U0826191

本書爲

國家出版基金資助項目

上海文化發展基金圖書出版專項基金資助項目

孫中山在廣州就任海陸軍大元帥時留影

一九〇八年清廷外務大員胡惟德題贈唐紹儀肖像照

張鳴岐，歷任廣西巡撫、兩廣總督兼廣州將軍。曾鎮壓廣州起義，殺害黃花崗七十二烈士。照片攝於辛亥革命前夕。

康有爲題贈瞿鴻禨肖像照

一九〇七年十二月，伍廷芳（坐者左一）、唐紹儀（坐者左二）、載搏（坐者左三）等在華盛頓訪問時留影。

端方（坐者右）與戴鴻慈（坐者左）等合影。攝於辛亥革命前。

詹天佑與家人合影，約攝於一九〇九年。

一九一〇年，攝政王載灃之弟載濤出洋考察軍政時，在美國陸軍大學參觀閱兵禮。

一九一一年三月，攝政王載灃在北京德勝門外校場檢閱禁衛軍。

上海圖書館　編

國家出版基金項目
NATIONAL PUBLICATION FOUNDATION

上海圖書館藏
稀見辛亥革命文獻

一

上海科學技術文獻出版社

圖書在版編目(CIP)數據

上海圖書館藏稀見辛亥革命文獻/上海圖書館編.—影印本 —上海：上海科學技術文獻出版社，2011.10
ISBN 978-7-5439-4822-8

Ⅰ.①上… Ⅱ.①上… Ⅲ.①辛亥革命—史料—彙編 Ⅳ.①K257.06

中國版本圖書館CIP數據核字(2011)第027270號

責任編輯：鄒西禮　倪文君
封面設計：何　暘

上海圖書館藏稀見辛亥革命文獻

上海圖書館　編
出版發行：上海科學技術文獻出版社
地　　址：上海市長樂路746號
郵政編碼：200040
經　　銷：全國新華書店
印　　刷：常熟市人民印刷廠
開　　本：787×1092　1/16
印　　張：138
插　　頁：4
版　　次：2011年10月第1版　2011年10月第1次印刷
書　　號：ISBN 978-7-5439-4822-8
定　　價：1980.00元(四冊)
http://www.sstlp.com

《上海圖書館藏稀見辛亥革命文獻》編委會

編委會主任　穆端正　吴建中

編委會委員　穆端正　吴建中　周德明　黄顯功　陳建華
陳先行　趙炬　鄔西禮　高洪興　王宏

主　　編　周德明

策　　劃　黄顯功

執行主編　高洪興　王宏

編　　者　高洪興　王宏　計宏偉　李卉卉　黄嫵婉
鄭春生　黄國榮　王曼儁　王繼雄

前言

對歷史文獻進行整理和研究是歷史文獻學的核心内容。歷史文獻工作者的基本任務就是將無序的、散見於各處的文獻進行編目、標引和歸類，使之方便讀者利用，爲研究者提供較爲可靠的原始資料。長期以來，上海圖書館憑藉豐富的館藏資源，秉持服務讀者的理念，自行編輯或聯合館外專家編選出版了多種專題文獻彙編，將歷史文獻的整理成果不斷以出版物的形式予以公佈和展示，爲學術界提供了一大批獨具特色的史料，本書即爲其中之一。

史料是歷史研究的基礎，是史家進行歷史撰述的主要依據。時間越接近現代，歷史文獻的形態就越豐富，數量也越龐大，其收藏和保存的狀況也因此更爲複雜。就中國近現代史而言，仍有大量的文獻有待整理和公開；在公私藏家的庋藏中，還有許多不爲人知的史料等待發掘和揭示。作爲中國近代史研究的重點領域，辛亥革命已爲海内外史學界研究得較爲成熟和充分，百年間出版了大量的論著與資料彙編。近六十年來，海内外學術界對辛亥革命史實的認識不斷走向深入和全面，同時在許多問題上仍存在着較大的分歧。因此，推進辛亥革命研究的深入開展還有賴於更加紮實地做好文獻的基礎整理工作，進一步發掘和出版新史料。史料範圍的擴大，無疑會爲辛亥革命的研究開拓新的視野，正如法國史學家朗格諾瓦和瑟諾博斯所説：「歷史學家靠文獻來進行研究……文獻是無可替代的。没有文獻就没有歷史。」（見朗格諾瓦和瑟諾博斯《史學原論》第一頁，鄭州：大象出版社，二〇一〇年版）

《上海圖書館藏稀見辛亥革命文獻》是爲紀念辛亥革命一百週年而策劃編輯的文獻彙編。本書所收資料係從本館所藏的盛宣懷檔案、唐紹儀檔案、熊希齡檔案、柳亞子檔案和名人手稿、歷史原照等專藏中搜檢所得。除極少部分文獻曾被整理發表外，存於名人專檔、尺牘和稿本中的絶大多數文獻屬於首次公開面世，具有很高的史料價值。本書分正編、續編兩輯出版，共收録檔案一千五百餘份，是本館歷史文獻中心近代名人檔案課題組成員歷時九個月完成的又一項專題文獻整理成果。本書收録的文獻範圍自辛亥革命前的反清鬥爭至「二次革命」，正編分爲「辛亥革命前的資産階級革命派活動」、「鐵路國有與保路運動」、「武昌起義與南北議和」、「辛亥革命時期的中國社會」等四個專題；續編分爲「辛亥革命前的反清鬥爭」、「鐵路國有與保路運動」、「辛亥革命時期的中國社會」、「民國初年的中國政局」等四個專題。每個專題前的導言概述了該專題所收文獻的主要内容與價值。本書全部文獻均按原件影印，以存歷史文獻的原貌。我們相信，這批稀見辛亥革命史料的整理出版，必將爲推動相關課題的研究發揮重要作用。

本書的編輯出版得到了多方面的關心與指導，先後被國家出版基金、上海市文化發展基金會列入資助項目，在此謹致謝忱。

上海圖書館歷史文獻中心
黄顯功
二〇一一年九月

凡例

一　本書所收文獻均選自上海圖書館館藏檔案及名人手稿，收録範圍原則上自辛亥革命前的反清鬥爭及資産階級革命派組織的愛國運動始，至二次革命止。但由於部分檔案涉及盛宣懷的復産事件，而該事件的解决以及由此帶來的遺留問題一直延續到二次革命以後，爲保持專題的完整性，故收録這部分檔案時不受此範圍限制。

二　本書所收文獻根據不同歷史階段和歷史事件，分爲辛亥革命前的資産階級革命派活動、鐵路國有與保路運動、武昌起義與南北議和、辛亥革命時期的中國社會等四個專題，在每個專題前有一篇導言介紹本專題所收文獻的主要情况。

三　本書各專題所收檔案按時間先後排列。原檔中有不止一個時間標識的（如信函往往包括落款時間、封緘時間、發信時間、郵戳時間、收信時間等；電報則有落款時間、發報時間、收報時間、抄報時間等），信函以撰寫者的落款時間爲准，電報則以發報人的落款電報韻目爲准。若無落款時間，則選用其餘時間標識中最早的日期。個别原檔標註時間明顯有誤的文獻，則以編者判讀的時間爲准。若原檔無時間標識，或者標識不夠完整，則編者依據檔案内容儘可能判斷出大致時間，並排列在相應位置。能大致推測但不能確定者用

〔 〕表示，僅能推出年月（或僅年份）者，則將該檔排列在該年該月（或該年份）最末。完全無法判斷者，則排列在該專題最末。

四　本書所收文獻存在新舊曆並用的現象，編者在確定時間標引時，一九一一年十二月三十一日以前的檔案，除明確註明爲「西曆」者，一律視爲舊曆並依其對應的新曆日期排列；一九一二年一月一日以後的檔案，除明確註明爲舊曆者，或根據檔案內容能明確判斷其爲舊曆者，皆視作新曆進行先後排列。

五　本書所收文獻標題均爲編者所加。標題中所涉人物，凡能考出者，均用該人本名，不用字號。不能考出本名者，則按原檔所署人名信息著録；若原檔中人名信息不全，則以□表示，以待高明研判。

六　本書所收檔案，除正檔外，往往另有可單列的附件。若附件與正檔關係不甚緊密，則將其拆分，按時間順序分開排列；若附件与正檔關係緊密，則考慮到檔案的完整性，仍舊附録於原檔之後，標題前加一「附」字，以與正檔區別。附件的排列不受時間順序的嚴格限制。

七　本書在編輯過程中，經常遇到相同內容的檔案出現若干份的現象。本書編者確定了以下編選原則：檔案內容完全相同時，選用最原始的檔案，如同一份電報既有電碼本又有抄電本時，選用電碼本。檔案內容存在差異的，分兩種情況，若在後一稿上可清晰看出前一稿的內容以及後稿的改動痕迹，則只收後一稿；若兩稿（或兩稿以上）有明顯不同，且從後稿上無法看出前稿的本來樣態，則多稿並收，並在檔案標題後註明「第一稿」、「第二稿」、「第三稿」或「草底」、「謄清稿」等以示區別。另有一些與正檔內容相關的殘件，也一併置於該檔之後，並於標題後註以「殘件」字樣。

八　本書中標題和時間完全相同的檔案，在時間後加以「之一」、「之二」……以示區別。

九　本書中個別檔案的部分文字字跡漶漫，辨識殊難；但考慮到一件檔案的完整性或該檔史料價值的重要性，編選過程中仍酌情予以收録，庶幾吉光片羽不致湮没。

十　武昌起義爆發後，各地督撫之間電報往來頻繁。本書所收相關電抄中，有相當一部分缺乏上款。從內容上判讀，有些電報的收電人僅爲一人，而有些顯係通電性質，另有少量處於兩可之間。凡此情況，本書在撰擬標題時，將收電人一律標引爲可明確判定者。

目録

辛亥革命前的資産階級革命派活動

鐵路國有與保路運動

武昌起義與南北議和

辛亥革命時期的中國社會

辛亥革命前的資産階級革命派活動

導言

辛亥革命，狹義上是指爆發於一九一一年十月的武昌起義以及隨後全國各地的連鎖響應並最終得以成功推翻清朝封建統治的革命運動；而廣義上的辛亥革命可指自十九世紀末至一九一二年初南京臨時政府成立這期間的系列革命運動。本專題所收檔案主要涉及資産階級革命派登上歷史舞臺後組織的各項反清鬥爭。

自一八九五年香港興中會成立開始，包括華興會、光復會以及其後成立的同盟會等資産階級革命組織先後在國内發動了一系列的反清武裝起義，包括廣州起義、惠州起義、萍瀏醴起義、黄岡起義、七女湖起義、安慶起義、欽州起義、廣州新軍起義、黄花崗起義等。雖然這些起義最後都以失敗告終，但起到了宣傳革命、鼓舞人心的積極作用。正是有了這十多年革命經驗的積累，武昌起義才會迅速得到各地響應而取得成功。本專題中的部分檔案關涉惠州起義、萍瀏醴起義、黄岡起義、安慶起義、廣州新軍起義、黄花崗起義以及熊成基組織的安徽新軍起義等。與以往敘述資産階級革命派活動多從革命黨人角度出發不同，本專題所收檔案多爲清朝政府官員關於起義的描述。例如有廣東巡撫德壽關於鎮壓惠州起義經過的奏片，有盛宣懷、岑春煊、薛鴻年、王存善等人的信函及電報中關於萍瀏醴起義的記述，有朱士林的信函中關於黄岡起義的記録等。一九〇七年安慶起義爆發后，時任兩江總督的端方和安徽布政使馮煦第一時間向朝廷發電奏報；此外身處起義風暴中心的時任安徽候補道巢鳳儀也在寫給盛宣懷的信中，詳細描述了事件發生的經過。次年爆發的「安慶馬炮營起義」是同盟會會員熊成基領導的又一次安慶起義，關於此次起義的情况，散見於郵傳部發給各地電報局的電文以及當年巢鳳儀與盛宣懷的往來信函。廣州新軍起義是一九一〇年二月同盟會在廣州依靠新軍發動的反清武裝起義，廣東試用縣丞趙文在呈給盛宣懷的稟文中，報告了清政府彈壓這次起義的概況。

除革命黨外，民間會黨也是辛亥革命不可忽略的重要力量。當時的資產階級革命派没有直接深入到群眾之中，而是通過會黨間接發動群眾。在歷次由革命派主導的武裝起義中都有會黨的身影，而且會黨還獨自組織並發動了一些起義及其他活動，在客觀上也推動了資產階級革命的進程。如本專題所收一九〇三年朱士林致盛宣懷信中提到的「壬寅冬會匪大舉」，即指光緒二十八年十二月洪全福領導的洪門廣州起義；送時報館、新聞報館之湖南、江西電訊，則提到了洪江會。

辛亥革命之所以成功，留日學生也曾發揮了重要作用。孫中山先生在《建國方略》中指出，革命思想乃是由「留東學生提倡於先，內地學生附和於後，各省風潮從此漸作」。中國留日學生人數在二十世紀初出現較快增長，當時在民族危機日漸深重的情勢下，許多有志青年把遊學當作救亡圖存的途徑，中國開始出現一支人數較多的資產階級、小資產階級知識分子隊伍，而其中最集中、最活躍的就是留日學生群體。他們相對國內同胞更多地接受了資產階級的政治學説和文化思想，逐漸形成一種新的理想、新的衡量是非的尺度，對當時嚴重的民族危機有着更深的體會。在革命宣傳的推動下，這批人首先積極投身到革命運動中去，起了先鋒和橋樑作用；另一方面，日本也是革命黨人在海外開展革命活動的重要據點。本專題所收吕祖綬致盛宣懷函及所附條陳，即反映了留日學生的革命活動，其中特別提到了一九〇六年八月程家檉、宋教仁、田桐等組織的在東京曲町區飯田河岸富士見樓舉行的歡迎孫中山的大會，以及留日學生一千數百人前往「爭聽」孫中山演説的盛況；另外還提到了在日本刊行的中國同盟會機關報《民報》的一些情況。除此之外，本專題還從唐紹儀檔案中選收了數份一九〇八年奉天省探訪局送呈時任奉天巡撫唐紹儀的密報，報告的內容是每天到達奉天火車站的外國人和留日學生的人數。其中密報來到奉天的留日學生人數應與清政府監視及防範革命活動有關。從當年徐世昌寫給唐紹儀的信函中可一窺清廷官員對留日學生革命傾向的關注，徐函所附東京探員報告則是關於留日學生動向的密報。

此外，本專題還有部分檔案涉及一九〇三年的拒俄、拒法運動和一九〇五年的反美愛國運動。這兩次群眾運動説明中國人民的覺醒程度在日益提高，是之後席捲全國的收回利權運動及保路運動的前導。如當時南洋公學提調張美翊寫給盛宣懷的信及隨信所附材料就與拒法運動、拒俄運動密切相關，也反映了在南洋公學師生中興起的愛國風潮之概貌。

奏為廣東惠州會匪被外匪勾結起事派營剿辦
獲勝並仍飭搜捕餘匪情形恭摺具陳仰祈
聖鑒事竊照惠州会匪肆擾歙奉電
旨垂詢經奴才將康孫各逆勾結土匪起事及洛飭水
陸各軍剿办情形於閏八月十八日先行電奏

二十三日欽奉電
旨此起土匪仍著督飭何長清等各營合力痛剿迅
速撲滅毋任蔓延欽此欽遵嚴督剿辦嗣據該文
武先後稟報屢次接仗獲勝大股匪類業已撲
滅等情續經奴才于九月初七日電奏十一日
欽奉電

奏稿

旨惠州土匪辦理尚為迅速仍著嚴飭搜捕毋留餘
孽欽此又經恭錄轉行並嚴催各營欽遵辦理在
案茲將該土匪勾結起事及調營剿辦詳細情
形謹縷晰陳之查廣東惠州府屬民情強悍聚
衆拜会械鬥搶擄習為故常近海之歸善海豐
等縣尤多洋盜塩梟以故嘯聚甚易動輒滋事

即歸善一屬十餘年來稔山会匪黃亜春烟壉
会匪黃狂成拒敵官軍搶刦圩市屢經派營剿
散迄未淨絕根株本年閏八月初間 努訪聞歸
善縣屬三洲田地方有孫康逆党勾結土匪起
事並在外洋私運軍火至隐僻海汊轉入内地
當以逆党主謀意圖大舉寔非尋常土匪可比

奏稿

且査三洲田地方山深林密路徑紆迴南抵新
安緊偪九龍租界西北與東莞縣接壤北通府
縣二城均可寗出東江直達省会東與海豐毗
連亦係会匪出没之處非多派營勇面面顧到
难期迅速撲滅爰咨水師提督何長清抽撥新
舊靖勇及各台炮勇共足一千五百餘人先由

新安之深圳圩向北兜截直搗三洲老巢防擾
租界復派大小兵輪在洋面游弋斷其接濟西
北一路派介勇一營駐紮歸善東莞交界要隘
又派總兵黃金福所統信勇一營提督刁經明
所帶廣安水軍一營分扼東江水陸防軍江面
東路為海豐陸豐二縣原派都司吴祥達帶哲

勇左營駐紮即飭回顧歸善並移潮州信勇一
營填紮海豐三面兜截而以惠州府歸善縣二
城爲進兵之路陸路提督鄧萬林原統哲字中
左右三營練兵正副兩營廣毅軍一營分赴惠
州十屬办理緝捕在歸善者僅哲勇練兵數哨
一聞匪警各屬震動不能抽回奴才先派補用副

將莫善積管帶喜勇一營由省馳往会剿一面
洛令鄧萬林添募一營名曰立捷軍又派北海
鎮総兵劉邦盛另募一營名曰静字營均由府
城直攻巢穴莫善積喜勇于閏八月初十日馳
抵歸善維時匪党未齊猝聞兵到遂定于十三
日豎旂起事先以數百人猛撲新安沙灣圩欵

奏稿

擾粗界幸何長清靖勇已抵深圳乃回攻横岡

進踞龍岡喜哲各勇連次接戰互有勝負兇燄

益張警報日至奴才以總兵黄金福所統信勇已

撥回兩營分駐東西兩路因令再帶一營由府

城進剿並令記名總兵陳維熊帶熊勇兩營繼

進以壯聲援此奴才添調營勇分投防剿之情形

也逆首孫汶伏處香港暗施詭計而三洲田匪
巢則以鄭士良劉運潆等充偽軍師蔡景福陳
亞怡等充偽先鋒何崇飄黃盲幅黃耀廷等充
偽元帥黃揚充偽副元帥旗幟偽書大秦國及
日月并悖逆字樣各匪頭纏紅巾身穿白布鑲
紅號褂甫于閏八月初八九日聚集既踞龍岡

奏稿

四出焚搶附脅日衆總兵劉邦盛新募靜勇成
軍惠州府知府沈傳義募土勇二百名委歸善
縣縣丞杜鳳梧管带二十二日会同喜哲各軍
齊赴前敵行至距城十餘里之平潭地方賊隊
麕至莫善積奮勇當先陣斬偽先鋒蔡亞生陳
亞幅苛甏匪數十名正期得手詎附近匪鄉糾約

千餘人各帶快槍牌刀齊來助匪分路包抄我
軍被困陣亡勇丁數十人縣丞杜鳳梧被擄府
縣兩城同時戒嚴幸是日都司吳祥達帶哲字
左營由海豐來鄧萬林所招立提新軍亦同時
抵惠橫瀝森柏洞團練適又誘獲僞副元帥黃
揚訊明正法兵氣稍振連日匪竄附城之梁化

奏稿

雷公嶺意圖直出東江各軍力扼其前不得上
竄此閏八月二十六日以前歸善匪勢猖獗之
情形也匪既不得竄出江面乃折而向東欲與
海豐陸豐股匪聯為一氣三多祝者歸善著名
匪鄉與海豐交界之要隘也先派哲勇練兵預
防勾結二十六日匪攻三多祝相近之黄沙洋

管帶練兵營副將朱義勝竭力救援吳祥達亦
由間道趕到而匪已進踞三多祝二十七日黎
明吳祥達率哲字左營及哲字中右營各哨並
立提軍三路進剿莫善積率喜字營勇援應匪
亦分路抵敵自辰刻戰至日昃槍砲齊施匪不
少卻吳祥達持槍血薄當場殺斃僞軍師劉運

滌偽元帥何崇飄楊發等多名匪勢漸覺披靡
遂揮眾掩殺斃匪五六百名奪獲旂幟馬匹槍
砲無算救拔縣丞杜鳳梧及被擄婦孺數百人
乘勝克復三多祝黃沙洋兩處查驗陣斬匪屍
内有一具係服外洋衣褲詢之生擒各匪均指
為偽軍師鄭士良未知是否確寔同日何長清

率隊進攻三洲田犁其巢穴搜獲槍枝紅巾等件餘党潰散此閏八月二十七日劉辦歸善會匪獲勝之實在情形也當歸善匪勢鴟張之日海豐縣大𡶶山聚匪數千河源和平兩縣亦有匪千餘人數百人不等同時撲城意欲乘我惶遽之際逞彼狡謀幸海豐先派信勇填紮又調

署碣石鎮總兵莫善喜率隊兜剿匪遂聞風潰
散河源和平兩屬先派參將石玉山帶廣毅軍
策應閏八月二十五夜匪攻河源縣城經知縣
唐鏡沅竭力抵禦匪退黃沙磚瓦窑二十七日
黎明石玉山帶隊掩至縱火圍攻斬馘百餘焚
斃無算和平本駐廣毅軍勇一哨匪首曾金養

卒衆焚燒南門城樓營勇兵團齊出力戰陣斬
匪首曾金養生擒數十名匪始潰散此又惠州
各屬會匪響應各勇營先後獲勝之實在情形
也奴才伏查逆首孫汶以漏網餘兇遊魂海外乃
敢潛回香港勾結惠州会匪潛謀不軌軍火購
自外洋煽誘徧及各屬豎旗叛逆先擾偪近稍

界之沙灣墟意在挑啟中外衅端從中取事其
桀險詭譎實與康梁逆黨勾結長江兩湖會匪
同時作亂情形遙遙相應雖官軍乘其未定先
已兜截使各路之匪不能聯合一氣歸善之匪
不能竄越一步然猶豕突狼奔橫厲無比戕殺
弁勇擄捉汛官各路會匪仍敢同時並舉雲集

御覽應罪大惡極無以逾此幸仰仗
朝廷威福將士用命旬日之間羣兇授首脅從逐漸
解散地方轉危為安城池租界均未擾及不致
貽外人口實尤為始料所不及其偽軍師偽元
帥等半已伏誅而首逆孫汶與同謀之康梁各
党初則伏匿澳港繼闌竄跡外洋前已照會香

奏稿

港澳門各洋官密拏懲辦即不能尅期就網當
亦不敢潛回惟是惠州各屬本多匪鄉散則為
民聚則為匪此次當會匪猖獗之時竟敢樹旗
助戰甘心從逆尤為狂悖現在大股匪徒雖已
擊散仍當凜遵電
旨嚴飭搜捕已分咨水師提督何長清陸路提督鄧

萬林督率營勇分赴各鄉挨村清查如有當時
助匪之犯拴獲嚴辦毋留餘孽務使根株悉除
以仰副
聖主綏靖海疆之至意至此次出力員弁衝鋒陷陣
拴斬渠魁實有微勞足錄且於外釁方張之日
力除内患其裨益大局尤非淺鮮可否俟事竣

奏稱……後由犖才查明捧尤奏請
優獎以示鼓勵出自
鴻慈除分咨軍機處吏兵刑三部查照及俟各局匯
鄉肅清另行奏報外所有惠州會匪勾結滋事
剿辦獲勝情形理合繕摺具陳伏乞
皇太后

皇上聖鑒訓示再廣東巡撫係奴才本任毋庸會銜合

併陳明謹

奏

具奏惠州会匪勾结滋事剿辦獲勝緣由

光緒　年　月　日

廣東巡撫德壽奏清查惠州匪鄉擬責成水陸提督妥辦由片（一九〇〇年）

一件片奏清查惠州匪鄉擬責成水陸提督妥辦由事

奏稿

年 月 日奉到

硃批

看稿

對摺

年 月 日具

摺弁 賚

繕摺

再惠州各屬大股會匪雖已撲滅而首要尚多逃匿必須澈底清查庶絕後患惟清查之策首在嚴設海防以杜內外勾結詳查匪族以免萌孽復生所有沿海一帶汊港島嶼擬即責成水師提督何長清督率靖勇兵輪切實清辦內地匪鄉挨村按族即責成陸路提督鄧萬林督率

各營分投搜捕倘清查不足餘燼復然即惟該
水陸提督是問至由有撥往營勇本係各有專
汛移緩就急權宜調派現在碣石鎮總兵劉永
福已帶福軍回粵擬俟抵省後即令馳駐歸善
之稔山範和鹽竈等鄉用資鎮攝俾前派各勇
營得以陸續調回不致顧此失彼是否有當理

合附片陳明伏乞

聖鑒訓示謹

奏

廣東巡撫德壽奏清查惠州匪鄉擬責成水陸提督妥辦由片（一九〇〇年）

片奏清查惠州匪鄉擬責成水陸提督妥辦由

光緒　年　月　日

宫保鈞座敬禀者昨蒙
傳見仰承
溫諭優加心感無既職道涵沐
栽培惟知始終罔報聞達一層久置度外前在江粵
但知勤慎從公潔白自守在江廣任繁劇地方事無
不盡心罷官後輿論未泯故靜帥有調蘇之舉在
粵則兼理兩院總文案並營務處釐務局等差均
無貽誤庚子之變文忠在粵全省震驚東南大局
幸賴我

瑤華僊館製牋

宮保與劉文誠、張南皮一力維持，而粵為南洋門户，其時人心浮動，盜賊蠭起，惠州一役撲滅稍延，恐決裂不獨五嶺海也。靜帥固不言功，而左右襄贊者實已心力交瘁。壬寅冬會匪大舉，省城戒嚴，飭道迄營務提調於數日間暗中布置，水陸兜防，遏於深夕，破其巢穴，亟勢瓦解，其危疑艱險，至今惴惴。雖蒙

奏奬得

旨存記，而但以意氣用事者，不問之事，即予罷斥，此鳥盡弓藏，尤可浩嘆者也。我

瑶華僊館製牋

宮保念舊情殷，留沭差使，不致漂泠矣。而宦海風波，何堪回首，功名一途，決不再生妄念矣。惟家累之重，不得不籲乞

恩施。現在僅存地契處薪資五十金，不日亦應裁撤，可否仍求於廠礦商約中

酌予一差，暫救眉急。我

宮保若盡爲懷，瑗球景仰

朝廷倚畀，定在指顧，棖拔沉淪，亦不患無期也。謹再稟求，伏乞

垂鑒。藏道朱士林謹稟。二月廿九日

瑶華僊館製牋

張美翊致盛宣懷函（一九〇二年五月）

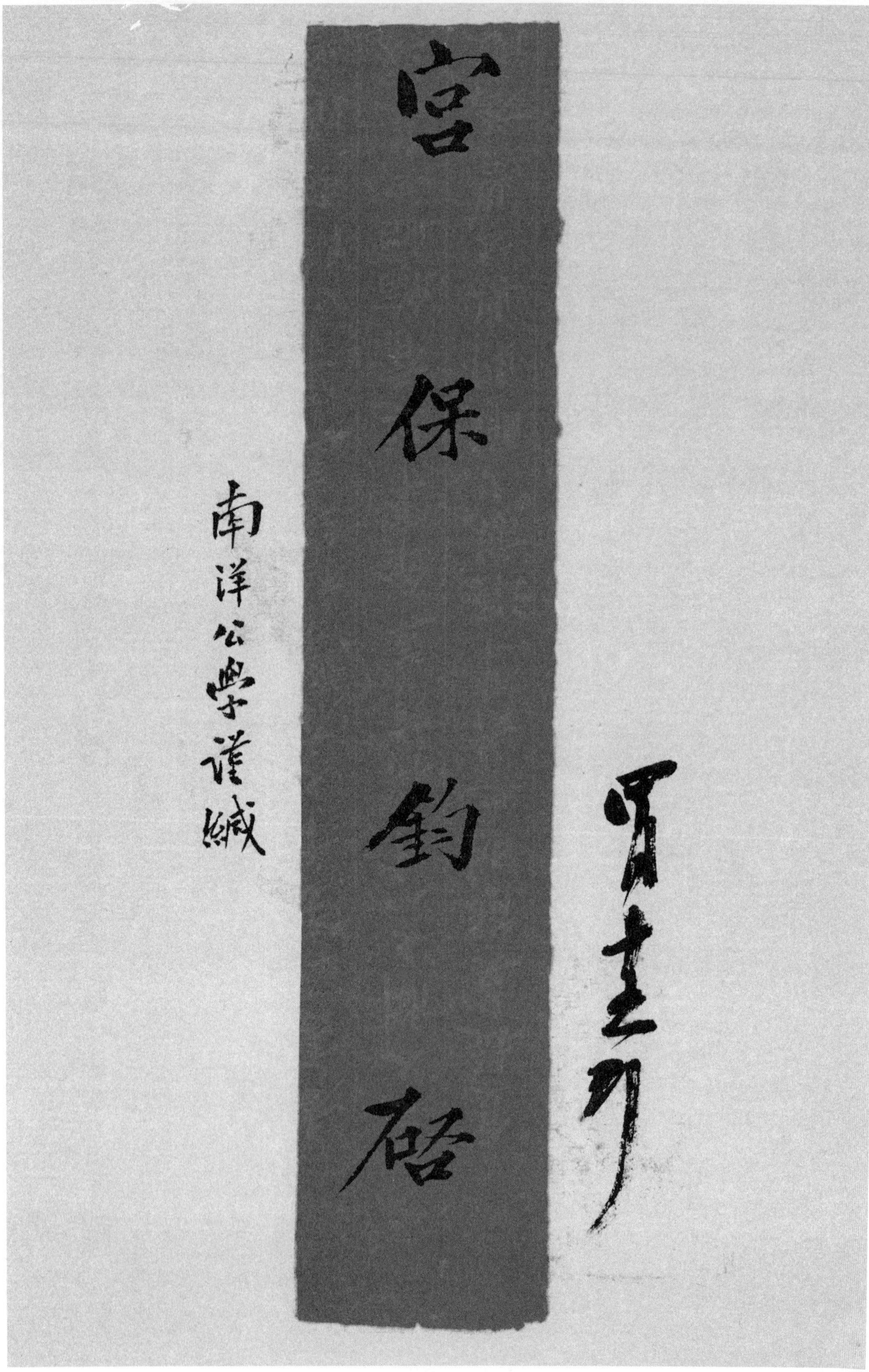
宮保鈞啓

南洋公學謹緘

敬密稟者上海學界風潮日大以肄業新黨諸人
動言流血革命意在借端起事其宗旨本不
在教育也三月廿八日公學西文察課上午完卷
是日係礼六午後例得請假忽有傳單送入公
學略言桂撫借法兵平內亂兩廣紳商集張園
會議阻止末稱紳商公啓諸生紛紛請假出門職
料其為憂國學社演說故事也即告諸生萬勿
海月箋 上海朵雲軒監製
入會簽名並親寫字條又囑教習程趙兩君前往

察看情形，至則紳商寥寥，而教育會諸人如蔡民友（即鶴廎）吳稚暉諸人咸在，即登檯演說，擬聯學生為義軍，有力者助錢，無力者簽名，又創中國四民總會，詞氣狂妄，不可名狀。四班生王懷沂頗為所惑，而新班朱增清附和之。王懷沂係王縢之編脩之胞姪，朱則一無知子弟，向在龍門書院肄業，去冬考取者也。王歸即鼓煽同學，幸皆不為所動，職聞之，招來再三勸戒其問答，已見四月初四日蘇報，大致相符，嘗

海月箋 上海朵雲軒監製

毀已甚，然藉此使公學與愛國截然分開，未始非福。今將該報所登王生書及四民總會啓呈覽。旋即退去學生六人：王懷沂、鄒炳文、楊承彝（均四班），張其桐（六班），朱增清、侯士綽（均新班）。餘即安靜照常上課。此外來風潮侵入公學之實在情形也。蔡、吴兩人創教育會、愛國社，其會員有烏目山僧（此僧能詩，不持佛戒，與新黨爲密友）、野雞大臣徐姓（此人識字無多，去年割辮，好狎雉妓，故名），而龍積之者，廣西人，康門弟子，戊戌後逃去，今始來滬演説，尤謬。其教員有章

海月牋 上海朵雲軒監製

炳麟浙江人似痰迷疾即作訄書為浙江當道
所訪拏者現薙髮衣僧服自浙江大學堂江南陸
師學堂罷散以後聲勢益雄總以聯絡日本留學
生創義軍為說今日演說赴廣西排法人明日言赴
滿州拒俄人後日言立議事廳遇有交涉與各國
直接隨起隨滅不能測其宗旨所在呂尚書函告
恩藝帥深怪地方官太不過問藝帥嚴札詰責袁
道不敢動手職與湯君亦頗勸袁公慎重將事已

諷英美領事禁止演說聞近日蔡吳又創秘密社會紹興人言蔡已於初五日剗辮改裝各處頗入會者書函旁午又在學社練義軍以陸師退學生教之又聞七八月將有革命軍起有輪船四隻或云八隻疑莫能明也若輩演說之暇則與公學為敵公學房屋既敞程度亦高萬非愛國所及因妬忌而生毀謗亦不足怪惟以勞玉初辦大學堂俞恪士辦陸師學堂臨以督撫權力尚不濟事甚至以嘉納治五郎

海月牋上海朵雲軒監製

在東京辦宏文院中國留學生且譁散職學問資
望才力一不如人其何能支上海事襍言龎公學幾
為新黨之的惟有竭力維護盡心戒勸其第一要
義則不與若輩聯絡一氣免致日後波及所藉手
以報
公者此耳一俟
鈞節蒞滬再行從長計議然如此風潮辦理學堂
真無從善其後也專肅敬請

海月箋 上海朵雲軒監製

鈞安維希
垂詧 職 名心叩
此紙閱畢即請藏過總之與我無涉即不必自
我舉發及為所毒惟見管學似不妨密告情
形頗尊學堂善後之策所探各節絕不虛妄
皆若輩自己說出或狂人妄言藉以惑衆不至實
有其事則不可測度矣諸祈
恪密為叩

海月箋 上海朵雲軒精製

激昂露竄者，現在風潮甚大，所有前請飭據一節，務乞
暫不批准，非措詞略從委婉，說先習體操，俟暑假後
再習兵操，則職不至失信諸生。緣愛國時時探訪此間
一舉一動，以為黨議之地。前王懷沂退學，僅譏我不愛
國，實在無話可說，非怨我也。尤可哭者，將公學諸生一
概抹倒，因之在此諸生，截然與若輩為二。然爭端猶出
和平，則若輩議我以籠絡諸生；恪守規矩，則若輩訾其奴
隸。充其所欲，非各學堂盡散不止，非學生盡入愛國者

海月牋 上海朵雲軒監製

其所添不止少年子弟一為所惑如飲狂藥又其宗旨首在剷辮改裝使不得同鄉里見父兄其計甚毒其心尤狠將來會匪學匪合而為一必至流血而黃以雅兒先攖其鋒甚于痛哭聞蔡頗自危故亦改裝以便逃走請公靜觀其變不必自我發難致招衆忌愛國實與會黨通氣其心殊不可測值此時勢學堂不易措手而上海尤難然無論如何總當盡力提之敬請

鈞安 職名心叩

海月牋 上海朵雲軒箋

事件擇要

南洋公學學生王君懷沂啓○前月二十八日午時沂等在公學接得廣西巡撫借法兵欵平亂廣東西紳商在味蒓集議之傳單聞之不勝駭愕即於下午一句鐘前偕同學六七人至張園同時公學中學生相繼至者約數十人沂敬聽諸公演說所議辦法及一切提議之事無不極力贊成并誓以血身殉國故簽名時沂居其首同時同學簽名者十餘人議畢沂即回堂因思吾等入保國會之事非同兒嬉自簽名日始即捨棄己之身家性命誓以保國無論何國侵吾國土奪吾主權罔不極力抗拒乃入會之本分遂集簽名之人集議皆誓聽保國會指揮當同學之離堂而至張園也提調張讓三氏曾諷教習某君面囑一班生某君告以公學學生不得入會簽名等事托某君照會衆同學某君答以可又恐不濟也更親書字條飭禁及歸堂時同學皆傳說沂等在張園簽名入會并言吾等在學中又勸他人來簽名者入會事爲提調所聞立傳沂至詢問此事沂答以沂昨日確是簽名入會但並未要求他人入會耳

提調云咳你們小孩子不識時務一經搖惑抵死不悟廣西之事朝廷自有辦法安用爾等起義兵試問中國四萬萬人果能皆爲義兵否沂答以國以箇人而積故一國之事起點於箇人既沂有此心則若種人亦有是心若等人亦有是心以是推之安見四萬萬人之不皆兵也若已無此心則若種人亦無此心若等人亦無

此心以是推之則四萬萬人中似乎無一兵矣一人發願則四萬萬人中已有其一吾等決不以革命無人望天嗟嘆畢乃事也以身殉國不知其他

提調又云嘻爾等豈豈無知何能妄言保國吾試問爾等義兵手無寸鐵果足以當法兵之堅槍利砲乎法兵果至豈懼爾等之豈豈舉動乎死且不利後悔無及速速改沂答以法人果不以吾等義兵爲輕重則吾儕國民遂可以束手無策將廣西全省甘心讓與法國乎況乎廣西而讓之法國則吾敢言所割者必不一廣西所讓者不獨一法國也勢必召瓜分而後已吾決不愛區區七尺以喪棄吾國土奴隸吾身也提調又云朝廷不用爾等爾等背命起義即爲叛逆爾知革命之義乎革命自有朝廷否決不容爾等革命況此地乃官辦學堂毋斤斤以愛國自名欲愛國至愛國學社去沂答以一國之事一國之人共謀之今政府既不能爲民平亂則國民起而自平之乃吾儕之天職政府爲無阻撓之理今日中國內亂外患無時或息政府因循苟且難以圖存非革命無以自立欲以改革屬之朝廷則吾恐地爲人割民爲人奴彼猶文聒武嬉歌舞於小朝廷之上爾南宋其已事也吾雖處官辦學堂愛國心未嘗無之若欲以愛國之人盡推之愛國學社豈愛國學社之人皆愛國南洋無一愛國者乎毋亦太重視彼等而輕視南洋矣

嗚呼欲愛國者往愛國學社去則入南洋公學者必不愛國而

後可必不愛國而賣國而後可雖然提調之喪心病狂不足言敎育之頑固無恥不必言而同學百數十人除同志十餘人外幾無一不逢迎私附痛詆同人同人處四面楚歌之裏危若朝露非善戢無以自存然同人年少學淺恐定力不堅竟爲反對者所聳望有以賜教爲幸朱增濬附注

後又談論沂之家世數往返吾事事與之反對彼再後乃曰爾係世家子弟犯大逆不道不顧身家亦知顯違王章罪有應得乎愼無蹈譚唐之覆轍也　答以苟犧牲吾一身吾一家而有利於我四萬萬同胞者則沂唯知有國不知有身家云云彼知吾之終不可以言誘也乃顧而至他沂即退出同學舍同志外皆謗余後聞提調語某君即答不簽名之人曰王某知此無禮不受約束非斥退不足以警其餘某君素工狐媚遂力勸提調切勿用激烈手段若遽將王某開除則彼簽名者必出而力阻不濟則必同時出學是以區區小事而遽致弄成事端不若以平和方法處置之爲得宜也等言嗟乎嗟乎提調之頑固不足責者也所可怪者豈吾南洋學生百數十人含同志十數人外竟無一愛國之人耶是亦可悲也矣然沂等既與此輩無心血之人對壘相攻雖堅守固持無少氣餒猶常恐毅力不足智識不周不足與此輩敵尙乞高明一一指教愈以遺練同人愛國之心則同人幸甚保國會幸甚中國前途幸甚

本埠紀事

附：《蘇報·事件摘要》（一九〇三年四月三十日）

時事要聞

四月初四日蘇報

改地集議述聞〇昨紀某某諸公擬合同志建一議事廳於上海定期初四日在徐園正廳集議一節茲已改於張園大洋房集議矣

中國國民總會處知啓〇外辱亟矣我國民無死所矣俄人有佔據滿洲之舉法人有調兵平亂以爲割據之舉眈眈逐逐如虎如狼瓜分之禍不日而至受此禍者非他人我國民也欲抵拒外禍保固內權亦非可望諸他人其責任惟在我國民而已茲事體大非結合大羣不足以禦之故同人堅欲立一固結公會凡我國人誰不當愛國則誰不當合力捐財共立此會各發愛國之血誠視國事如家事愛國土如家產勿任他人妄割取一寸之土妄侵攘我一毫之權廣西者非獨廣西人之廣西而爲我全中國人之廣西東三省者非滿洲人之東三省而爲我全中國人之東三省既入此會之人福則同享禍則同受同生同死只期勿負國家勿負國民茲將簡明辦法列下請高明增削斟訂焉

附：《蘇報·時事要聞》（一九〇三年四月三十日）

一此會以保全中國國土國權爲目的凡一切與中國有關係之事會中人皆當設法干涉之

一以後同志須聚議一切與中國有關係之事而患無一聚議之定所擬由同志合力建一議事廳於上海以爲各省議事廳之先聲

一本會團結已固勢力已强則本會人可與各國政府直接交涉如俄國欲佔據我國東三省我亦可要挾俄政府曰聖彼得京城不得讓與他人此言也我政府不敢言而我國民敢言之譬之有禍則我國民任受之不特任受之且宜有以善其後

一本會定名曰中國四民總會凡中國人不限定在上海者各地方人皆可入會有力者助貲無力者簽名既簽名後則皆當担負本會之義務以達其目的凡各內地並各省分入會者可在上海各舉代表者一人以便會時諮議且代表各內地省分之見解言論

附啓者本會既爲地方議事廳之先聲上海一埠爲通商最盛之地商家住居最繁以各國由多數舉代表人之例言之凡我商人宜發愛國之熱誠本愛國之天良屆期多來聚議辦法勿失商家體面爲要

議辦中國四民總會處公啓

京抄初八日

THE CHINESE TELEGRAPH COMPANY.

Telegrams accepted for all Telegraph Stations in the World

STATION

TELEGRAM Nr. 17/63 **Class** ... **Words.**

Given in at Peking the 8/5 190 H. M. /m

Tientsin 5913 1362 0202 Shanghai 0702

撫軍手豫熙時而練艱何家時不絶

猾見欽昭崇今理致尚博國不澤隔

軍召朕頤献方待以六物民事往下

將日諭康欽旨端之餉大千何往上

奉上佑恭懿百遺籌地之力乃由

鑒抄端壽后危用政國取民恤皆

鈞閱禧誠太[illegible]陆財要中非資軫究

憲機慈莊皇局[illegible]兵雖一借厘下

光緒皇帝爲除冗濫以裕度支及因慈禧七旬萬壽節而赦免罪人之諭旨
（一九〇四年六月二十一日）

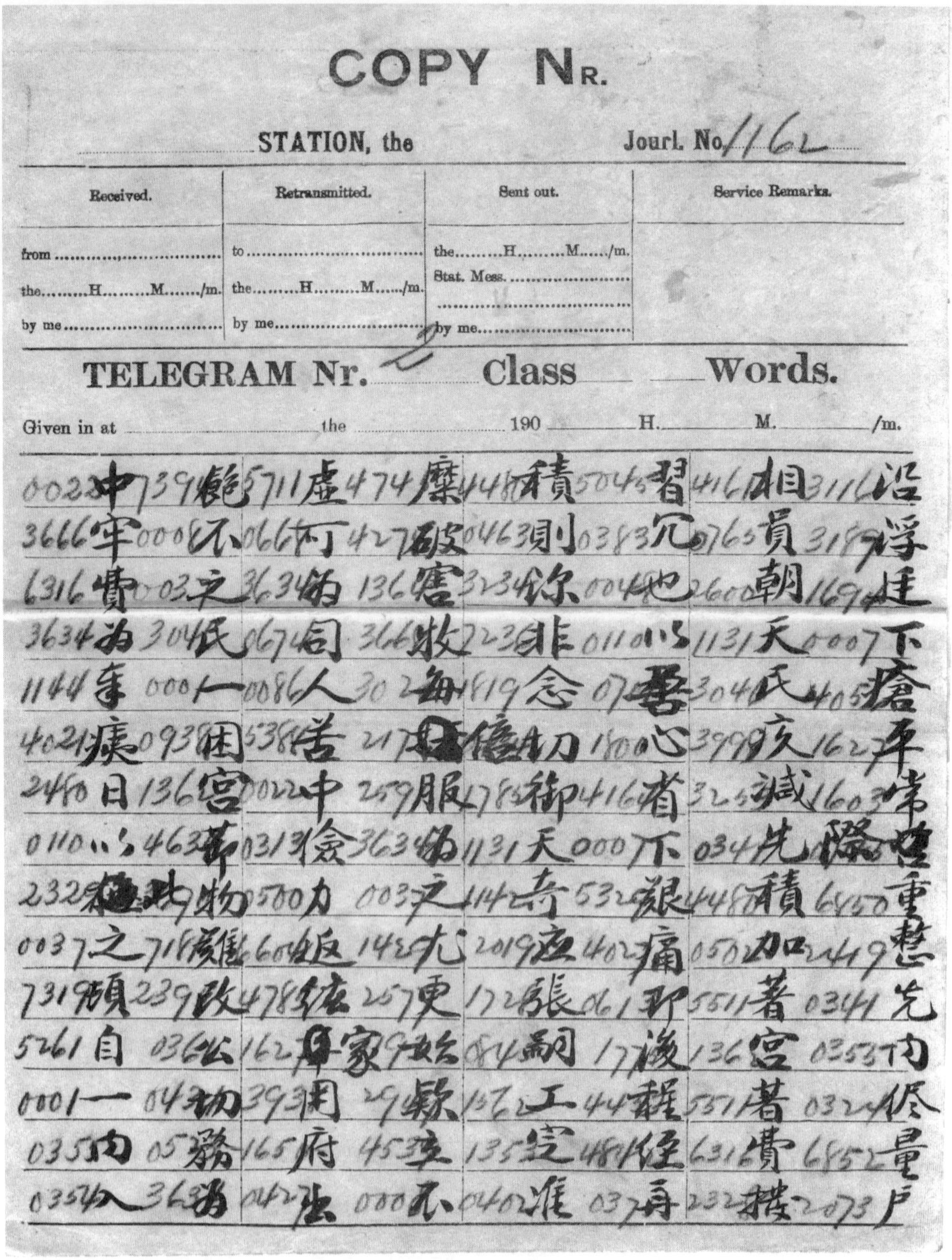

光緒皇帝爲除冗濫以裕度支及因慈禧七旬萬壽節而赦免罪人之諭旨（一九〇四年六月二十一日）

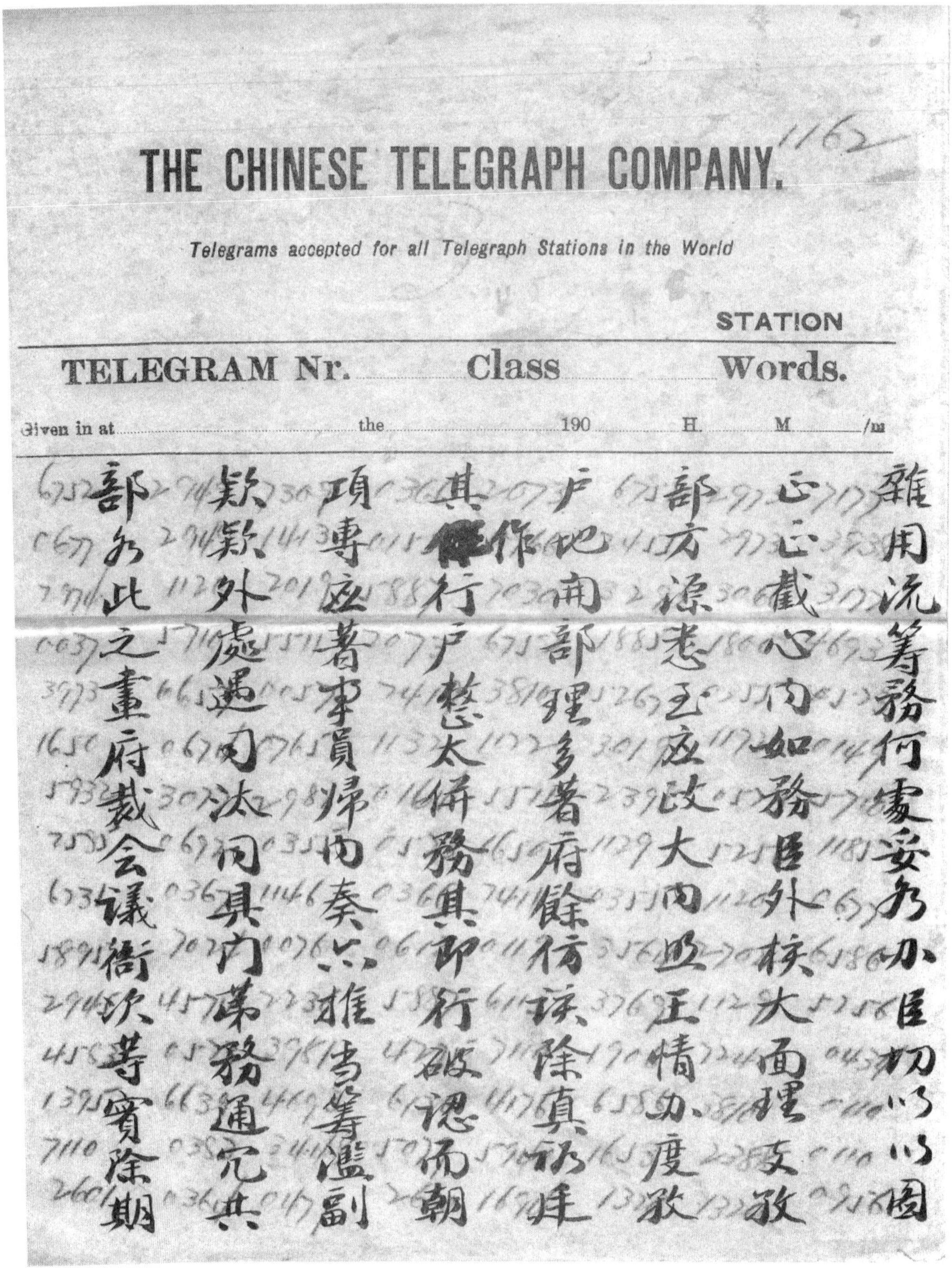

1162

THE CHINESE TELEGRAPH COMPANY.

Telegrams accepted for all Telegraph Stations in the World

STATION

TELEGRAM Nr. .... Class .... Words.

Given in at .... the .... 190 .... H. .... M. .... /m

雜用流籌務何處妥為办臣切以以圖
心心截心内如務臣外核大面理支款
部方源悉已應改大内照王情办度款
戶把南部理多著府餘衙該除真該庫
其[illegible]作行戶慈太併務其即行破認而朝
項專應著事員歸内奏只推考籌濫副
款款外處遇司汰同具内冗務通冗其
部為此之畫府裁会議衙次著實除期

光緒皇帝爲除冗濫以裕度支及因慈禧七旬萬壽節而赦免罪人之諭旨（一九〇四年六月二十一日）

1162

THE CHINESE TELEGRAPH COMPANY.

Telegrams accepted for all Telegraph Stations in the World

STATION

TELEGRAM Nr. Class Words.

Given in at the 190 H. M /m

諭康欽旨经氏思谋梁屠免多予者缉
上佑恭懿迭臣固除為寶赦内往戢飭
此端寿后寿外澤員有犯可案既革通
欽禧誠太萬京闔人康三無戍其经其
意慈莊皇向恩沾罪之文極戍寬曾復
乞年豫熙七施均獲会孫惡餘著剏甬
之欽貽崇年旨不前立超大其均自著
治朕頤獻車降無徒叛赴罪外員此俱

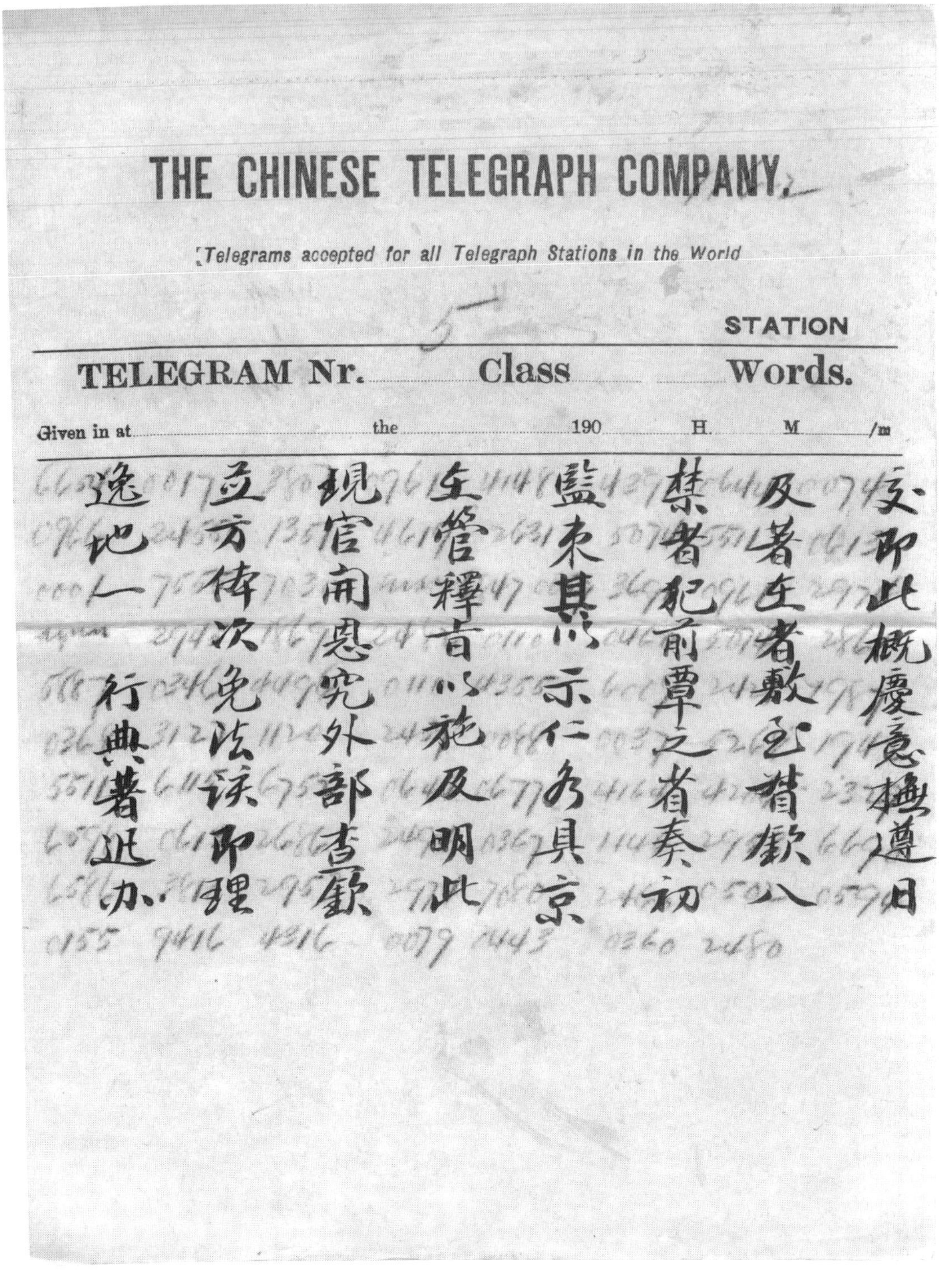

THE CHINESE TELEGRAPH COMPANY.

Telegrams accepted for all Telegraph Stations in the World

STATION

TELEGRAM Nr. Class Words.

Given in at the 190 H. M /m

交即此概慶意撫遵日
及著在者敷之着欽入
禁者犯前罪之省奏初
監束其以示仁系具京
在管釋肯以施及明此
現官開恩究外部查欽
並方俸次免法誅即理
逸地一 行典著迅办

0155 9416 4816 0079 2443 0360 2480

光緒皇帝爲除冗濫以裕度支及因慈禧七旬萬壽節而赦免罪人之諭旨（一九〇四年六月二十一日）

盛宣懷致楊文駿函（一九〇六年七月十二日）

奏調江西善後道楊

彝卿仁兄大人閣下：甫電往還，兆聽

芝泉、印維

勳華日茂。

署篆風清，宣猷遠邇，無有寧宇，樓祥澤

驗爲薛道、薛卿、磨局張道等，孫祥醴跡

曠野、洋貨去矣，你電西廣，乘閱法軍，請

咨飭營務、不分畛域、互相保護緝拏歷等因、
業經分具公牘、信函分致
贛
湘兩撫帥查照、並飭遵辦在案、查萍醴兩顧
閩粵之役、首任尊師郎令宮桐通事維持、為
粵東賴以安靜、郎令又節復、尊函語
胡景帥飭令營務遵時保護、並下至原轄以到
紉、而吾百度礦工游手一流、景帥不以為意、該

如彭令、並未認真峰亦、雖經解守道去
一起、該令亦被以撤委了結、以後該處刀匪、
日熾、滋長、現在湘贛兩省水災極重、哀鴻遍
野、良善難分、該處萍鄉、湘潭等縣均已
會黨匝月、萍鄉一帶羽黨尤多、萬一內結
安民工役、熏染蠢動、為害匪淺、已另電函致
仲帥、請將原駐萍鄉防營、移紮安源礦

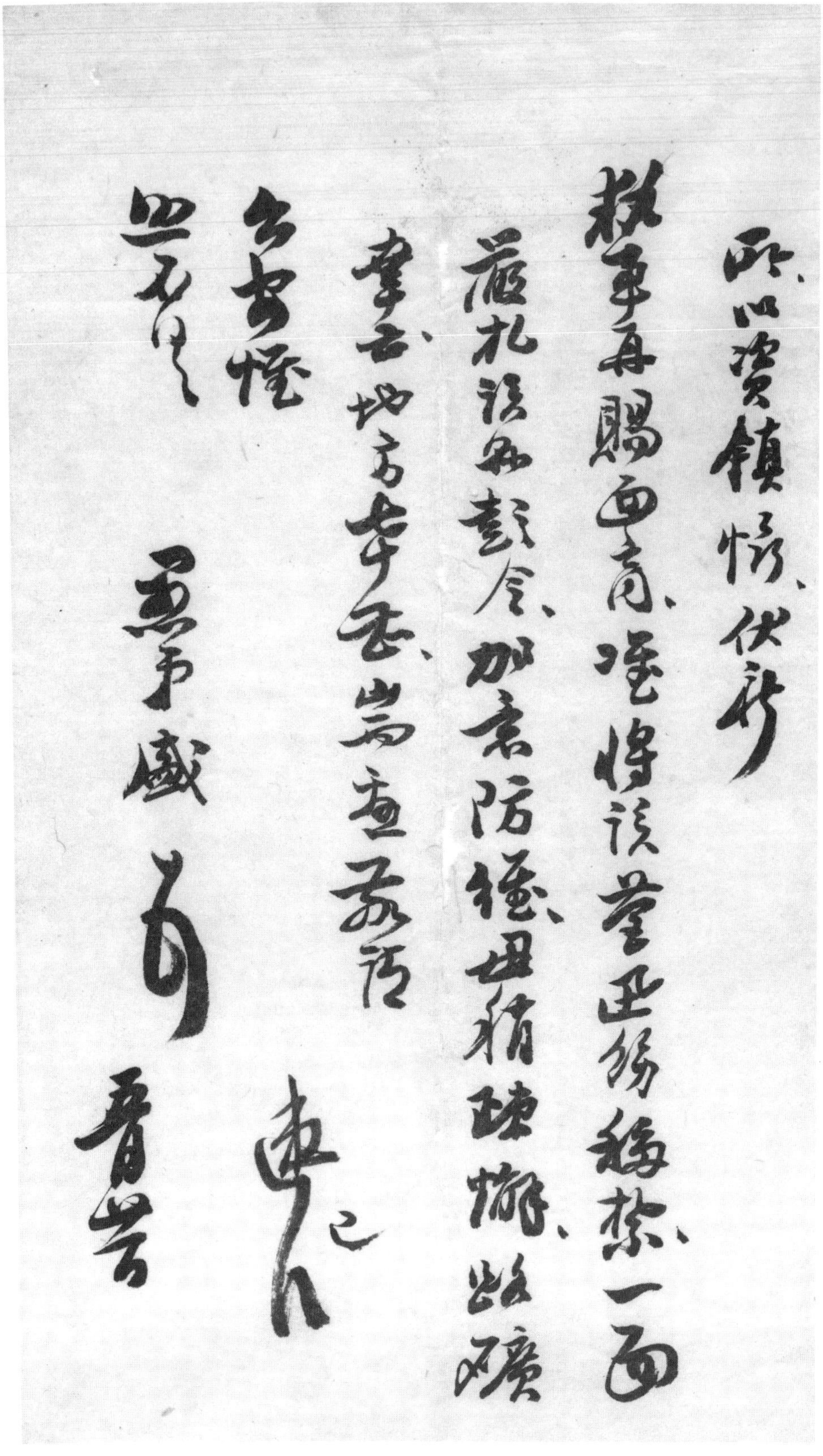

所以資鎮懾，伏祈
執事再賜函商，堪將該營亟飭移紮一面
嚴札該知縣彭令，加意防範，毋稍疏懈，以靖
峯云地方，幸甚。此尚希垂察
名心怪
四月十一
連之
愚弟盛宣懷頓首

留學日本陸軍士官候補生吕祖綬來函

大帥鈞鑒竊學生日前叩謁
崇墀渥蒙
温霽懷有所白以冠裳滿座未便儳言
節鉞政務殷繁尤不敢再以求見謹將東京近情就學生一得
之見粗陳厓略繕具四條伏候
賜覽學生問學淺薄其中言不達意措詞失當之處知
所不免竊冀
優容而誨督之幸甚幸甚學生吕祖綬謹呈

一東京留學界之現象

自科舉停止東渡者人数日增品類愈襍舉有關係者約以區之可分三類甲類潛心問學乙類集會演說丙類隨聲附和潛心問學者大都致求實際思將來為國家効力之人此類雖非多数實不在少集會演說者分兩派即持破敗主義與保全主義也兩派勢如水火互相攻擊其實皆拾梁啓超孫汶之唾餘以鼓吹而已為首者不過寥寥數人惟隨聲附和者絕無意識一味盲從最占學界之多數伊等聞他人提議一案決議一事並不根究其真相與利

害即關然成羣故往往有以一二人私見騁其舌辯主
刻可得大多數之贊成或有時可鼓起風潮者皆利
用此輩爲其黨羽也此等惡習實疇昔西洋議院之
流弊不料今成留學界之汚點以致墮落全體留學
生之名譽良可悲如去年取締風潮其一證也雖然
涇渭各分瑕瑜不掩平心論之決不可一筆抹撥也

二孫汶近來之舉動

孫汶在近年似無甚舉動然常往來東西洋各埠
華商多有崇拜之迷信之者彼長於英國語言文字

西人亦多與交通內地九流三教莫不知其姓氏而近來四川兩粵之黨羽尤為豐足實占有下等社會最優之勢力現在簧鼓於學界思收學界中人為其爪牙幸而識其機關者多受其煽惑者少去年西歷七月東京各學校正放暑假彼初由西洋抵日本開會於東京麴町區之富士見樓日本大酒樓學生不期而至者一千數百餘人爭聽其演說之宗旨無非以大家造就共和為指歸學生亦曾往聽不甚解其廣東鄉音但見其面貌軀幹年少甚為富強口講指畫井井有條倘納之正軌似亦

未易才也近在東京開一民報館有日本之民黨領袖及遺大為之庇護難我　公使知之請日政府干預竟莫可如何現在民報銷路非常暢旺北洋　袁宮保署已定全年五份即託振武學生購寄自梁啓超中國存亡一大問題之書出版以來民報之銷路頓減潛折其角梁亦不為無功學生與梁無百之雅非阿諛之誠以今日中國時局內察百姓之程度外視强鄰之勢力危險之狀不可思議斷無破敗之後而尚有成立之理也救亡之策惟有上下一心以行徑偏明治初維新語吾中國其庶有多乎

三滿漢之意見急宜融化

嗚呼我中國之不强必自人心離貳始矣同室操戈慘於外侮

本朝用人行政之制度何嘗有重滿輕漢之心即以學生家族世受

國恩

聖朝雨露有過無不及也惟中等以下無教育人家近日往往

習聞一種邪說頗以成見橫梗於胸究其原因未始無故嘗

攷各屬八旗子弟承平日久難免有驕惰習氣遇事

生風欺凌良善之事而民人之被屈者遂含怨益深學生

在金陵肄業兩年駐防兵衝毀民家毆傷老幼之事時有

所聞但未知他省駐防不如是之甚否凡此皆足以招漢民之怨尤學生知交中亦有旗員留學者每痛言其旗中習染甚深毫不迴護可見風氣所開迴非從前比矣惟京旗較為頑固學生在振武年餘見練兵處派來京旗數十人及奉天將軍所派者皆自成一隊從不與外省　生交通以各省學生多無辮髮指疑為革命黨也凡此皆由成見太深懷疑太甚而陸軍尤據前途重任將來不能不合在一處辦事以現在之意見隔膜又安望如當年官胡二公之和衷共濟協力同心耶竊

以為融化滿漢意見尤為國家立憲維新之要務矣

四日本對付中國之近情

日本自甲午以後頗有修好睦鄰扶助中國之意自去年以來一旦盡變其方針盖戰勝俄國併吞朝鮮其野心直有長駕遠馭之勢觀於設關東都督府行地方裁判權其他殖民政策次第實行履霜堅冰其象已見不甯惟是且陰忌中國之自强有意遏誤其新機現我

朝廷銳意練兵需材若渴　練兵處王大臣暨各　督撫大臣
派遣之陸軍學生亦儘有普通學術完備者以閩廣學
生爲優秀通英德語言文字者頗多　到日本後思直入其聯隊決
做不到　英國來學陸軍者即可直入其聯隊　必先入其振武學校振武
普通並不完備惟規則尚爲整齊　向例振武一年又三月卒業聞
此後須延長學期至兩年　向例聯隊六個月卒業入聯
隊年中兩期六月與十二月是　聞此後須延長至一年　向例聯隊卒
業即入士官學校今則新設限制每年祇准進士官六十
人計目前已在振武卒業之學生及既進聯隊者共四百餘

人（因日俄開戰日久振武前卒業一班至近日始得進其聯隊故擁擠一時）學生等班次最後直須
靜待至五六年後方得由士官卒業脩進紆緩焦悚何堪
曾蒙 楊公使與福島中將一再磋商（福島現任參謀部長又為振武校長）
彼堅持不少假借此事未知我 練兵處王大臣及
袁宮保究擬作何辦法實留學界關於軍政之一
大問題也日本自戰勝以後一切野外要務大小戰術
等悉加改良普法後此為觀止故西洋各國爭派陸軍
中人入其聯隊攷求此後我
國學生得進聯隊士官之目的其成果必較前為倍勝此實

時機使然學生愚見萬不可因其加我以限制使勇銳之氣隳於半塗揣日本之用心知內地各省練兵及設立陸軍中小学堂不外乎取法日本而將領教員處處缺乏惟恐學生即時学成歸國驟獲效果故有意遲緩而懈弛之且冀長此借材彼國陸軍中人以壟斷我陸軍教育之權學生此言非懸虛而發也一月以前振武學生監督名野村者曾在湖北充當教員頗嫻官話每晚傳各省新來學生數人講詢各人本省練兵幾鎮開設陸軍中小学校若干学額

若干卒業年限若干章名学生尚知大體以事

屬　政府学生未便過問答之不久而野材果奉

参謀部之命令遊歷沿江各省調查一切此志

實不在小也

鄭潤林致鄭觀應函（一九〇六年十二月十日）

父親大人膝下敬禀者昨接潮弟來書知
大人又蒙
周督慰留而
大人以返里安葬辭之甚慰惟聞現今粵匪猖獗有
日間掠人求贖者此等不法難以治之望
大人祈慎行藏為要營口已於本月廿一日交還男蒙
梁憲札委接收稅務是以往海關見各稅務司人員
等調查一切事宜以俾一同具禀報復
梁憲轉呈
宮保昨晚
梁憲設席謝辭各接收委員而各委員遂回原職禀
復銷差男所接收之事亦已畢矣未知

梁憲再派委何差男雖接得此差然要購買衣冠所
費不少矣當今之時凡辦事者總要人事至職銜
與才幹尤其次之昨接
五叔來函云欲於今年底代男捐知縣
五叔愛男之心雖自己之子亦猶如是也男實感激不
盡蓋欲辦大事必要其職銜相當
五叔其能豫知之矣
五叔之有今日豈非其才乎男深佩服凡事預則立
不預則癈孔聖之言當書以佩之節屆嚴冬伏乞
珍衛為要肅此恭叩
福安
十月廿五日　男潤林跪禀
母親暨各庶母福安

萍鄉礦局致盛宣懷電（一九〇六年十二月十一日）

萍鄉礦局十月廿六日來電

前蒙湘撫憲電諭派吴統帶及李統帶常備軍兩營職道即派火車在株洲守候數日昨吴統帶一營到醴醴陵縣汪令即全數截留須又奉湘撫憲電諭因據報萍醴之匪大股竄瀏陽極猖獗今已飭往赴該縣與萍醴營隊合勦等因湘勇現無一人到萍江西勇仍只原駐萍礦一營約二百五六十又袁州到一哨除此以外無續到一人瀏醴已有大兵進勦深恐萍鄉兵力太單匪勢亂竄危險異常至煤礦則目前一無可恃前日電稟駐礦防營百餘日内陸續調赴前敵今日在礦只有數十人礦工數千聚集一處外處匪勢猖獗風聲所播懦者滋恩黠者生心内訌堪虞職道惟有格外鎮靜日夜撫循剛柔互用以希冀無事而已

十一月初一送時報館新聞報館各電留稿

十月廿三湘電　湖南瀏陽醴陵與江西萍鄉交界地方有會匪滋事瀏陽拿獲匪目王永求供認聽從入洪江會充坐堂偽官匪首姜守旦即萬飛鵬啟圖劫獄起事等語起獲票布會名不一內惟自立社一票最為悖逆現已將王永求並醴陵縣在板山拿獲之匪首陳顯龍等五名一併正法云

十月廿三湘電　醴陵匪一已擊潰官寮股有七千餘現正剿辦瀏陽匪據报亦有一二千頭裹白巾肆行搶

燒當經防軍擊斃不少云
十月廿五贛電　萍匪二股一由醴來旂書革命軍臨上栗市一由桐來邀合瀏宜會匪旂書洪福齊天大股仍駐醴陵現袁統領分軍一半往安源親率一半由箬山關迎剿關匪已退回瀏陽界
十月廿八贛電　胡朱兩營官廿五赴上栗市一帶迎剿兩次斃匪二百餘名餘匪潰逃並聞瀏南城五里湘軍亦斃匪二百餘匪勢稍衰云
十月廿九湘電　醴匪神福股約九百餘人廿二四鼓胆

敵撲城為巡防隊擊潰官寨一股約三千人距萍鄉十
餘里之麻石匪亦不少現經各營兜剿瀏陽之匪廿
二夜從迎鳳團進剿鎗斃數十名金剛頭另起一
股頭裹白巾計有數千旋至三口並永和市地方串
取團局軍械掠燬民房數十間殺斃團總李浮中
等襲踞該市經蔣李二哨弁先後督勇迎剿鏖
戰兩時之久斃匪百數十名奪獲抬槍刀械多件
傷勇八人各勇仍奮勇猛進匪遂奔逃廿三竄至
牛石嶺人數更多豎旂列陣經畢國楨督隊進

擊斃三百餘人追至涼林鋪因天晚回駐城外南街市匪復尾綴而至正酣戰間適徐振岱領隊至縣追剿又斃匪二十九名生擒八人偽統領陳紹庭受傷甚重被匪抬竄現在萍醴大股多趨瀏境匪勢已漸衰云

十月三十贛電　袁統領電稱萍境無大股匪均竄匿山谷惟桐木尚有匪二百餘已撥隊赴桐木慈化並沿途搜剿鄉村鎮市貿易如常惟醴陵境內匪黨尚多防遏似尤緊要也

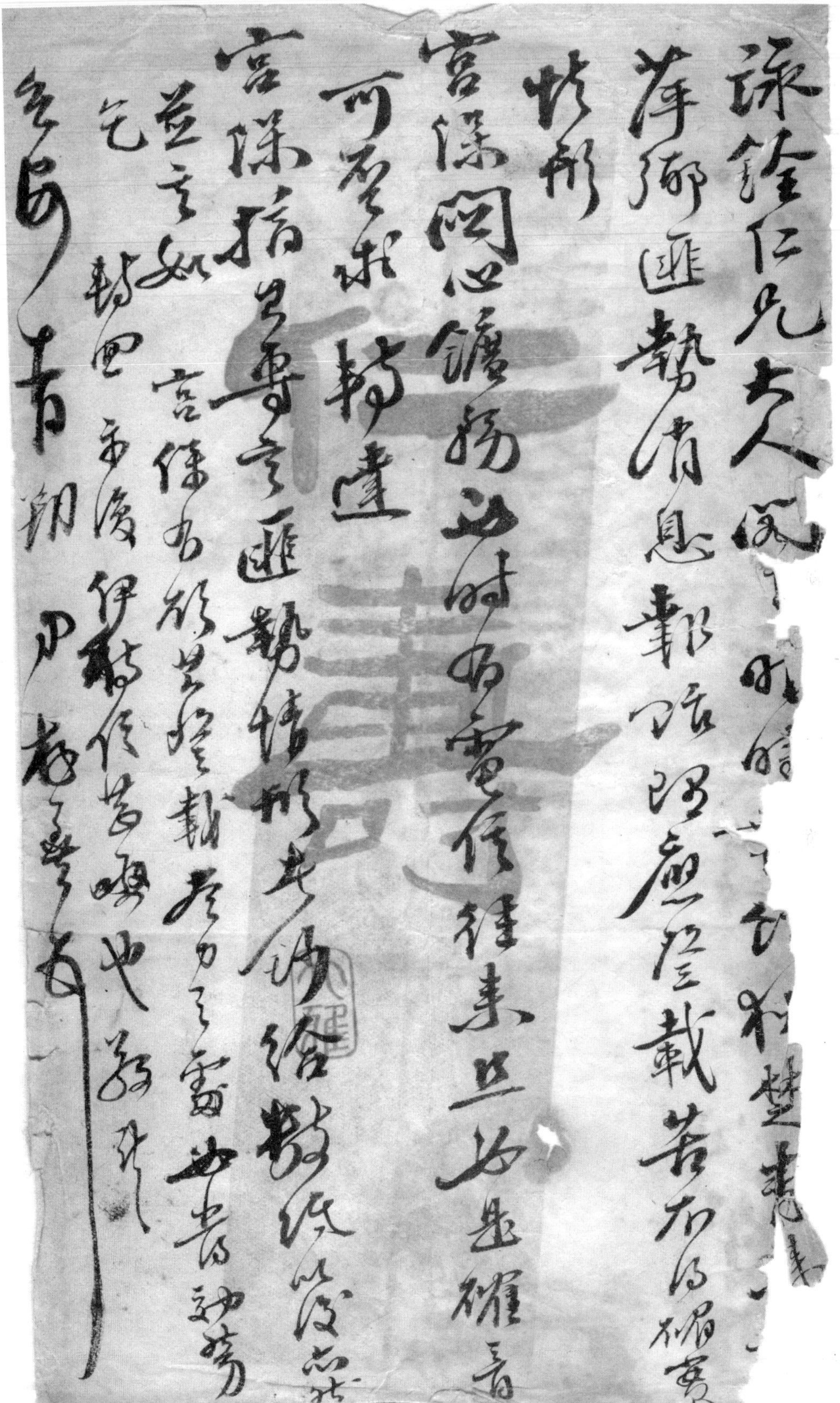

王存善致顧潤章函（一九〇六年十二月十六日）

收新授雲貴總督致外務部請代奏電 十一月十七日

煊於十月初抵滬，閱報章，知江蘇徐海淮揚一帶水災甚重，嗣有自淮北來者，詳詢災區之廣，災情之慘，尚有甚於報章所登。江北淮海灘墊久未疏治，今秋久雨暴漲，汜濫橫溢，徐海淮揚二十餘州縣田廬漂沒，慘成澤國，而宣洩無路，至今依

田瀦者水不能播種麥花而秋狃於成例先不報
災仍需捐稅紳商亦運賑糶之雜糧經過徐海
淮揚一帶厘卡留難需捐淮關有扣船月餘始
放此豆餅尚不抽捐因饑民食此其衆豆餅來此自
多而厘卡豪貪竟敢每斗加抽一文以致商販
裹足之饑民乏食仰懇

聖恩先後頒發帑銀貳十萬兩妥為賑濟江寧藩司
繼昌於被災最重之州縣每屬祗發銀肆千兩
且責令地方官指款歸還此膏不下飢民窮困
於是相率南下四出覓食現詢各屬災民之聚
集清江浦者約伍拾萬人揚州鎮江各有肆伍
萬人安徽鳳潁亳泗災民之來宿州者亦有數

萬轉徙流離凍餒露宿死亡枕藉慘不忍聞江
督端方自到任後將匿不報災之州縣撤換一
二籌款賑濟汲汲補救而災民已四散流亡不
可復遏淮北民情強悍為自古梟傑起事之地
今聚集數拾萬衆飢寒交迫難當
聖恩發帑截漕現又准撥桂捐陸拾萬兩已屬極救失时

若此後無鉅款振濟哀鴻徧地必致釀成亂端
目下奸黨四布正苦無隙可乘訪聞江西萍鄉之
亂即爲革命黨運動煽及江北禍且燎原
即聯數省之兵韋而撲滅已耗兵餉無算而小民
既被奇災復罹兵刃尤非
朝廷軫念民依之盛德所忍出此煊日夜焦慮頂

計弭禍之方惟有趕籌大宗賑款遣散飢民設
飢民之散而不聚惟有分就原籍責令疏治淮
河以工代賑之法本年水災原由淮河淤墊今合
附近各州縣籍其丁壯優給工價分就淮河所經之
處分段疏濬俾更迭監工一面多運米糧賑
糶撫卹其老弱婦稚之不能充工者兼辦義賑庶

以極此日之災黎且以待後來之水患惟事
不易舉在款與人江北提督蔭昌駐紮清江
於工賑一事本最切近惟地方經辦之事甚多不
能常駐工所查有侍郎盛宣懷前辦小清河工程
頗著成效且素洽商情挪墊工款易於經手
翰林院修撰張謇於疏治淮河情形研求有素如

事又極熱忱若派該二員赴蘇工賑必
能收效至需款甚鉅必賴
朝
廷再撥大宗款項以為提倡查該省解滬賠款現
存磅價盈餘甚多此項盈餘設非磅價跌落
本不為我所有今移以賑淮北之災黎修淮河
千里之水利無損於

國有益於民可否仰懇
天恩特派該二員督辦淮河一帶工賑並飭將滬存礦
價盈餘全數撥作工賑之用俾得即日開辦
亟降
諭旨嚴飭江蘇撫安徽撫加意認真趕緊設法遣
散勿令聚集一隅至釀大患並速將災區

之州縣辦賑不力之人員及關卡扣賑加捐之委員
查明據實從嚴參辦以蘇民困而振人心事關
民命至為緊要煊既有見聞不敢避嫌緘
默特急切電陳謹乞代
奏煊叩銑

宫保鈞鑒敬禀者竊職道接准江西臬司移稱據職員歐炳琳等具禀萍鄉匪徒倡亂推原禍始實因生計艱難向無教育故不逞之徒得以勾結肇事查萍鄉建立工業學堂原為振興工藝遏絶亂萌起見無奈去年開辦係屬集股興辦現經匪亂破壞非特股東灰心抑且力有未逮去年招足之學生五十名向學無所時來催詢而款項支絀實難應付竊查本邑公立各學堂重賴安鑛煤捐接濟常年所入

不下七八千串鐵路煤鑛事同一律現鐵路裝運客貨日凡四週萍鄉舉辦公事從未提用毫末可否仰懇移商鐵路監督按每日車票每張酌加若干作為常欵俾學堂重新設立將來漸推漸廣人人皆有教養之資無游民自無匪徒地方之利即鐵路之利等情據此查振興工業安戢游民實為近今要務所請由鐵路酌加車價作為常欵之處應請酌奪辦理等因查萍鄉紳民於地方公舉屢思求助於

路局疊經婉復令又稟請臬司移商前來似不能不畧予資助然加
收車價既有未便且恐別處援以為例勢難允行職道再四籌思醴
陵磁業學堂曾捐銀弍千兩現在萍鄉工業學堂或由路局捐助經
費壹千串俟將來路利稍充再行量予續捐蓋萍紳所望甚奢非許
以將來續捐難饜其欲是否有當伏候
[illegible]
憲示遵行實為公便肅此虔叩

崇安伏維

垂鑒職道鴻年謹稟 正月廿九日 未字第壹號

光緒叁拾叁年二月廿日

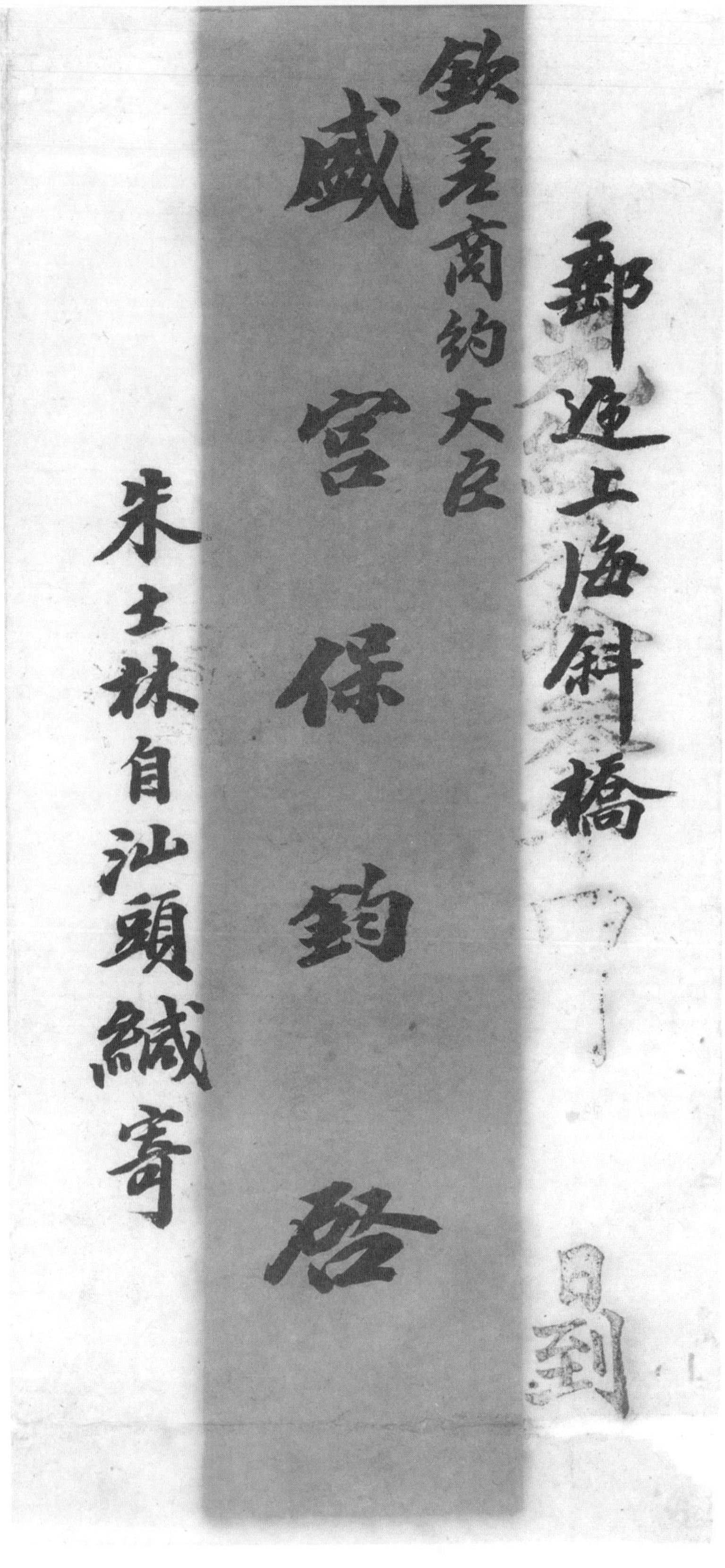
郵遞上海斜橋
欽差商約大臣
盛宮保鈞啓
朱士林自汕頭緘寄

朱士林致盛宣懷函（一九〇七年六月一日）

宮保鈞座敬稟者閩省詔安土匪竄入潮屬黃
崗地方揭竿起事戕官踞城勢甚猖獗
李直繩軍門躬率親往剿辦遄請勝道同
行幫同籌畫於十七日自省起程十八到汕匪
係烏合之衆大軍一到立即逃散現在嚴拏
首要搜捕餘匪不日當可肅清籌墊振款
一事甚屬爲難到汕後就李軍門向汕頭

源豐潤管事邵守文鐸商墊洋銀一萬五千
兩在汕設一分局籌捐歸款該號求保尋
常兩負方允墊款已電請
憲示俟後尊道行聯道俟與事办妥擬先回省
惟昨見電抄周積閑鉄參贊重來徐道已
請飭善滕道亦多未便應請
迅賜派員來粵將振務接收清楚滕道即可

旋滬倘一時無人可派擬求俟雲帥到滬
婉託匋齋以便從容料理俟人接替職道心亦
坦白焉
宮保尊稱指揮亦可無庸顧忌惟人心難測不
如束身自愛遠引為高是否伏乞
訓示軍務倥傯不及縷牟恭叩
鈞安伏祈 垂鑒 職道朱士林謹稟 四月廿日自沙市寄

再啓道翁〃來汕未帶密碼電本呈以肅
函請
示約計三兩日即可回省惟欽廉現又告警倘
李軍門仍遣同去回省殺賊徒勞跋涉於
事無益擬求
賜電復以便遵辦
來電或函諭安藏仍飭差送廣東省天平街李軍門公館向

交必可收回，即匯亦不誤也。倘其便於四省領
出，即當匯呈。大局已變，以後雖有續銷，更無把
握，殊堪浩歎。賑務學司所墊萬金，陸續擬俟
捐冊所募款項，提前先行劃款歸還，以了一
節。亦要所存營收，均係可靠之人，當可無慮。惟
賤恙悉愈，回滬身心稍安耳。再叩
鈞安。士林謹又上 四日書

九善堂七十二行平糶公所李興瑜等電（一九〇七年七月三日）

九善堂七十二行平糶公所電兩粵會匯稿帝前黃岡欽廉事起肇惠認
連點匯煽動潤岑督粵威望懾服現兩粵告甚悅節駐屬訛言四起百
般驚粵人浮動亂黨乘機竊可慮待育等現在平糶原保治安乞請
合電保岑督迅赴任大局幸甚廣東九善堂七十二行閤省平糶公所李
興瑜等叩　五月二十三日

新嘉坡泉商請代奏電粵東西江緝捕權已失近來英覺敢佈外埠
煽惑人心操粵路與粵西南綫內圖由粵商事募費使需被截資助諸
實繁有徒粵省補粵　帝下令粵紳催促非是難劃粵紳後非精殊寧之
粵路股票粵人鐵路七成皆人邇詢詢問此來撫張加三緩來後鐵路三了詢
禁粵省措者甚重利害安危所在一髮揭商等為粵稟籌為大局計用
敢瀝懇陳乞代奏飭粵省迅速籌粵以慰衆望　五月二十五日

馮煦請代奏電（一九〇七年七月八日）

皖撫電：昨據稟，為革命匪首徐錫麟槍傷中丞，當將徐錫麟擊獲，即行正法示衆。電
請代奏在案。查昨日在場被擊殞命有文巡捕紅翎用試用府經歷陸永頤、警局
收支試用府經歷顧松二人，被傷者有候補道巢鳳儀、安慶府龔鎮湘、武巡捕遊擊
銜候先補用守備車德文三人，外官隨從人役亦多有受傷者。巡兵為徐錫麟脅往軍
械所拒捕者不過三四十人，餘均在局未動。省城人心洶洶，徐錫麟正法後，隨即宵
帖現省江皆挨貼告示，專辦罪首，不牽旁人。擒獲亂黨黃福，供徐錫麟有死黨陳、
馬二人，一已擊斃，一經逃逸，現飭屬嚴密查拏。獲犯分別研訊，俟有確供即行電陳。
學界軍界均尚安靜，防營甚單，亦商借南洋軍隊，今晚可到，大局似可保安。
請代奏。　五月二十八日

江督致那電

昨日皖慶巡警學堂大考，新帥親臨該堂，會辦道員徐錫麟持鎗對新帥轟擊，身受數傷，延未刻出缺。徐匪旋即拿獲，供認蓄意排滿已十餘年，親書供狀不諱。當將該匪立時正法，被脅之學生除格殺外，悉數拿獲，人心大定。新帥擬今午入殮。甯省已派朱道恩紱，接關電後，即帶江元、南琛兩艦赴皖查辦，現又續派巡警隊擬今日分撥甯輪上駛。除電慶並電各省嚴密防閑外，特聞。五月廿八日

楊文駿致盛宣懷函（一九〇七年〔七月九日〕）

斜橋呈
欽憲盛
宮保
鈞
稟
先几

宮保鈞鑒：敬稟者，致外部電稿、致
蘇道函稿擬呈
核發。曾少卿來函已照撥，原函呈
覽。皖事已將徐犯正法，其死黨數人
及脅從人等均就獲訊辦，寧鄂各
派重兵前往矣。請獎奏稿刻正
擬辦。肅叩
鈞安。 文駿謹稟
南皮有復電否？乞示知。

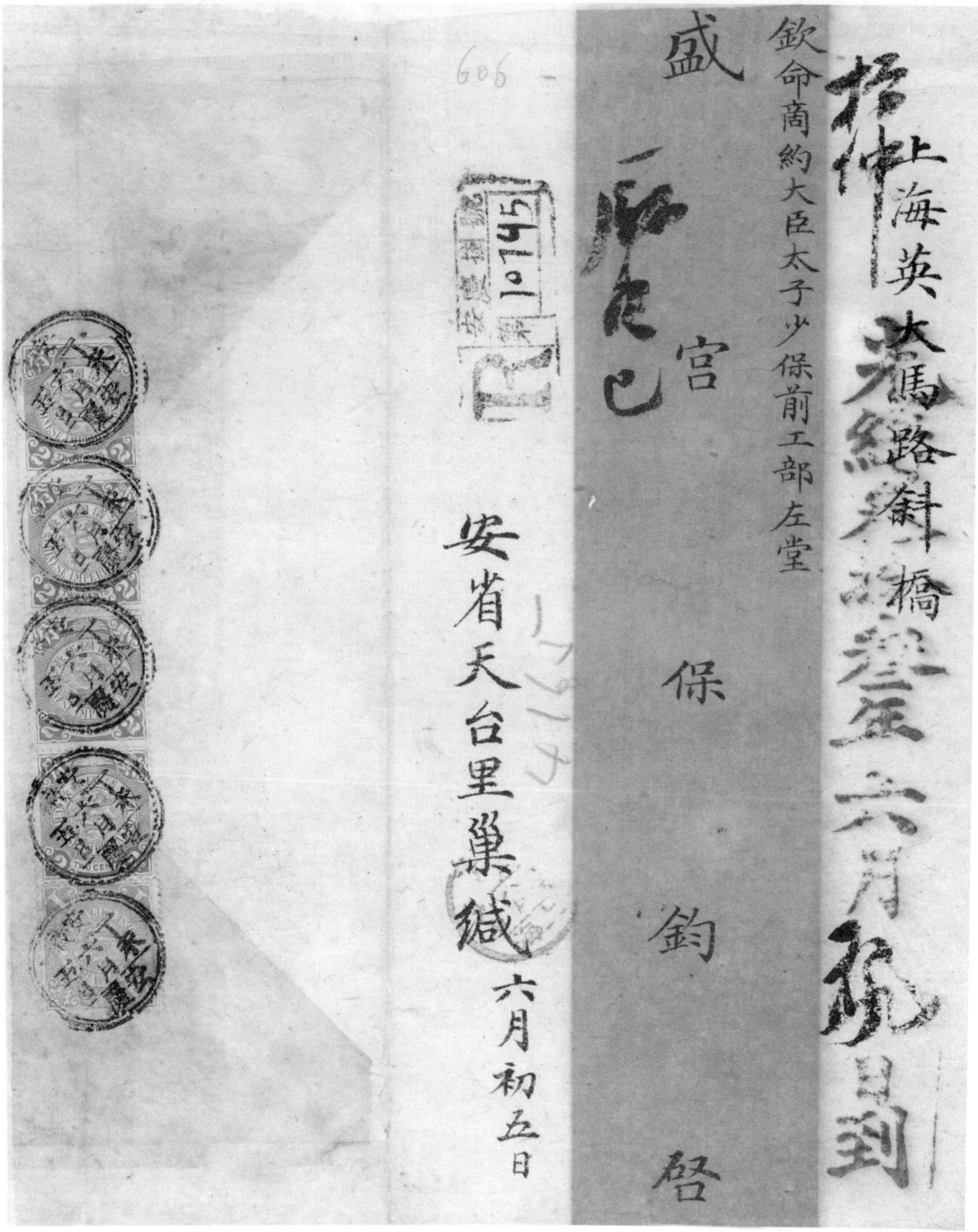

巢鳳儀致盛宣懷函（一九〇七年七月十四日）

宮保鈞鑒敬稟者前上寸稟計達
鈐轅昨奉
電示垂詢傷勢具徵
關愛逾恒銘感無既當經專電稟復亮呈
察覽上月念六日隨　帥往巡警學堂閱操不料變起
倉猝手鎗並擊發於該局會辦實非意料所及妹婿
素有足疾奔避稍遲致左臂下被回彈碰傷三處當
時血流如注亦不覺疼但見火星從衣褲中透過匆

匆由家人扶出門外乘輿而回先請傷科將一處碎彈取出用藥敷治據稱偏右則傷臂偏左則傷骨適如其位可謂萬幸繼請一精於祝由科者飲以符水貼以符布血止疼減次日傷處漸見結痂現已日見輕鬆堪慰

廑念所有當日肇禍始末情形另摺開呈以備

察閱設或當時堂門竟閉則自院司以至府縣未必盡能奪關而出在徐叛殆欲為一網打盡計耳再警生

同徐叛至軍械所者除由後園脫逃外拿獲者二十餘人　夢帥及兩司意存寬大以不株連為主大半訊供後取保釋放固屬法外施仁竊以為該警生雖係年少無知然見撫帥遭禍兇手横行臨時未能齊心救護事後被誘圖刼軍裝其居心已不可問若不擇尤懲辦似不足以懾服人心事關大局謹再密陳

肅復敬請

鈞安　妹婿巢鳳儀謹稟

謹略者徐叛錫麟年三十五歲係山陰副貢俞廉三
中丞之表姪也曾入東洋武備學堂卒業後捐納道
員分發安徽上年七月到省
新帥以其熟諳洋務始畀以陸軍小學堂會辦四月
調辦巡警兼該學堂會辦端午後凡有演說皆目無
君父荒謬絶倫知之者皆鄙之月内為警生三月卒業之

期先請示念八考驗行卒業禮奉命改為念六是日
巳刻
新帥正廾內堂各司道等隨班而入乃開操未久即
聞一响似銅帽聲初不介意繼而响聲漸大有人見
徐手持雙鎗脇挾兩枝後有衣洋裝者兩人隨護持
挾一如徐式
帥即中鎗仆地巡捕家人聞警趕護而鎗若連珠力

扶暫避他室各司道均奪門而出首府龔守亦受鎗
傷鳳儀因人多門窄暫立門外致被鎗傷猶步至
帥前問安知
帥傷勢尚輕奉命拿徐錫麟者再文武巡捕已各受
重傷倒地隨由撫轅親兵將
帥背負而出乃徐叛侯
帥出時潛從臀後追擊囬署後又為洋醫所誤延至

未刻出鈇文巡捕同時斃命武巡捕身受五彈幸為一精於祝由科者救治得法將彈取出可無性命之憂當徐叛開鎗時學堂收支委員顧松見而跪求亦被砍三刀擊一鎗而斃是日徐叛預囑一堂中聽差俟各官到齊後即將大門關閉以杜閒人混入該聽差以太不雅觀未曾遵從漸為徐叛查悉怒將該差擊斃徐復率警生數十人至軍械所希圖乘機刦奪軍裝乃門堅鎖固未能驟入猶擊斃營勇多名隨由杜副將春林勞直牧文琦帶隊入內將徐擒獲由

馮廾帥訊供後申刻開膛正法致祭其為從二名一
為陳伯平已被我軍擊斃一為馬子畦現已訊實尚
未正法其胞弟徐仲孫昨由九江拿獲押解來省矣
查念六僅閉城半日省中近日民情安謐市面如常
南洋及鄂省來兵除酌留外均已開回謹將變起倉
猝始末情形開摺禀
聞伏乞
鈞鑒巢鳳儀謹略

安徽候補道巢

楷仲仁兄大人閣下：仲春一別，忽忽已半年矣。每念
丰標，良深馳系。此次皖事變起倉猝，且
即出於警局會辦其人，若非有武侯
之神機，誰能料魏延之必反。前見報紀
執事受傷，為之心悸不寐者累日。及得
復電，稍釋厪私。昨奉
手書，備悉當日危迫情形，性命交關，間不
容髮，吉人天相，化險為夷，誠為萬幸。日
來傷勢已否平復，至以為念。新師整

綱飭紀百度維新以徐逆係日本武備
學堂出身且曾登副車畀以陸軍
學堂之重任委為巡警學堂之會办
用之不可謂非人待之不可謂不厚詎意
禍端猝發身而懷其毒以怨報德無有
如徐逆之甚者雖經剖心致祭昭示顯
戮然其預屬聽差將門闕閉擬為一
網打盡之計居心兇惡實屬死有餘
天聽亦足以增
實屬
辜聞乃父為紹郡善人初不料生此敗

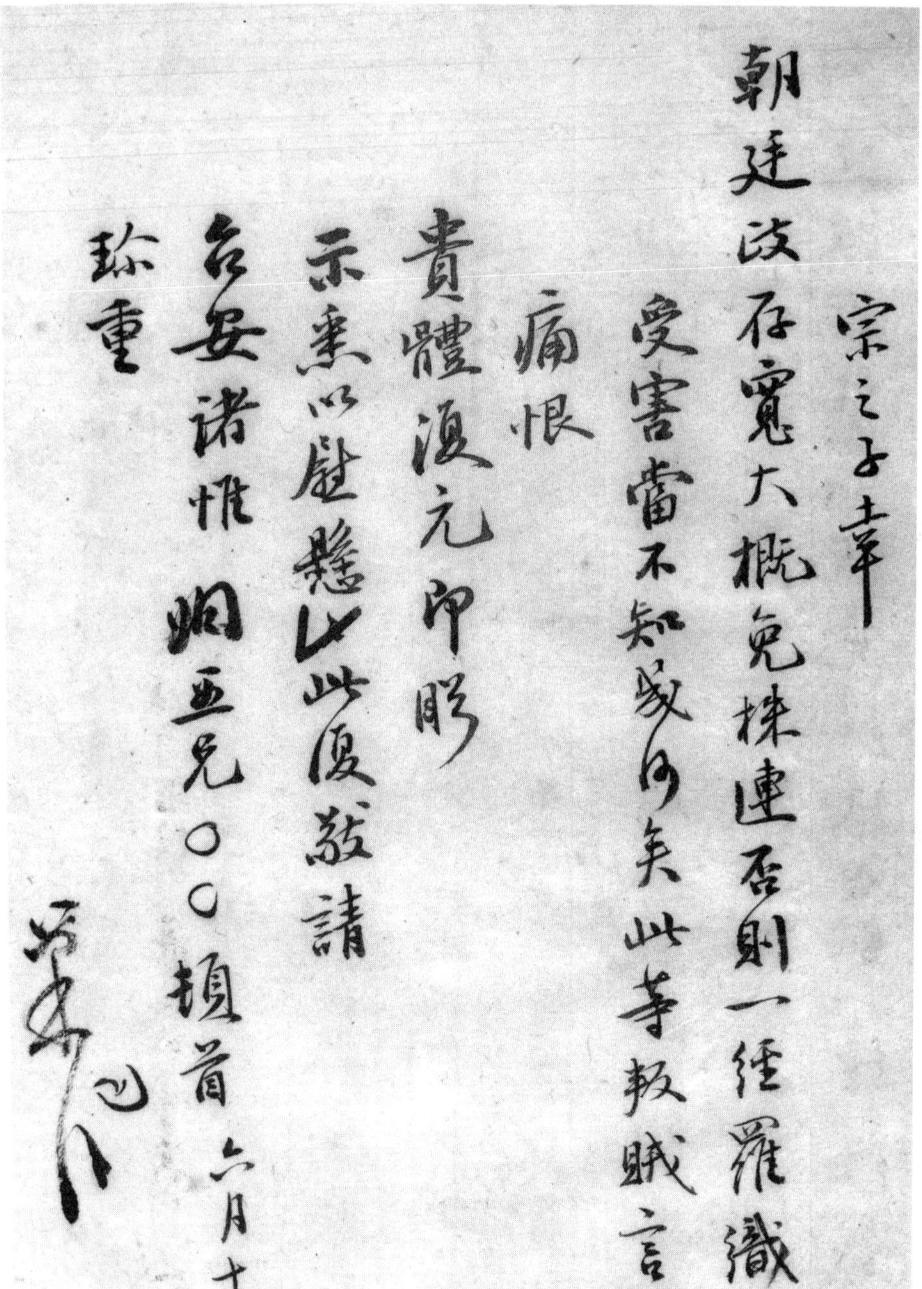
宗之子幸
朝廷政存寬大，概免株連，否則一經羅織，其受害當不知幾何矣。此等叛賊，言之
痛恨。
貴體復元，即盼
示悉，以慰懸念。此復，敬請
台安，諸惟
珍重。 炯西兄〇〇頓首 六月十三

謹將卑局查獲留東學生姓名籍貫繕具清
摺恭呈
憲鑒
計開
韓廷釗號金如直隸省高陽縣城内人年三
十一歲東洋留學生畢業有牽涉

曾市江號錫三湖北省安陸府天門縣人年三
十八歲東洋留學畢業生有牽涉
唐鴻斌號乃臣湖北省德安府安陸縣人年
二十三歲東洋陸軍畢業生
楊子綗號乾甫山東省曲阜縣城内人年二
十六歲中學堂畢業生

馬東兆十五日已赴吉林

光緒三十三年六月十八日探訪局呈

陶齋觀察大人閣下：茶渡者昨年到

尊示并葉小園性等稿收領，未蒙將奏准新文

賜來，似甚奇。貴昭文利碑之授矣。卷贊圖編假道餘以

至閩缺數月間，政府變幻非常，實難測料，可嘆可嘆。現

粵地近風日烈，貪吏日苛，保商往甚，名害商有其實，

人心離叛，將來大局難言，變狀廣東禍福定不遠耳。

閣下千疾葉到必愈，如快快語

端臨早一日，制早商之意，商會諸公場鵠立以待。目

周鍔瑩致鄭觀應函（一九〇七年八月十七日）

下旬會報廣烟收滿。應章臺事再章總理閣黃堂以示股東股運動，得總理若收商權，若中轂先封喉舌之理。鐵路事敗，作敵爲下手，亦算毒矣。總章早識機宜，想法抵制，俟後詳談。閣下接來股票，順之再運動，將友值股共羅集多數，同歸公正一路，或俟杜奸，是爲至要。此復，肅請大安，并祉閤府均安。

晚生周鍔瑩去

七月初九早

宫保姑丈大人鈞座敬禀者叩别
慈顔又逾一月姪自六月十一到京早擬修禀祇以所事未定
奔走求人不敢稍暇遂致遲遲前由 惲薇孫處奉到
電諭當即將履歷附家信寄呈想已早荷
鈞鑒姪此番隨 吕尚書到都時常晉謁極蒙賞識上月二十
二日已將洛文投遞并由薇孫介紹於七月初二日得見
那相凡三謁始見垂詢良久意頗嘉許并於
大人深致思念之忱且推為外交鉅手伊極欽佩刻下尚候

傳到大約月內必有佳音此皆仰賴
慈恩竭力培植得有今日地步私心感激沒齒難忘薇孫之
於姪事始終成全不遺餘力相待不啻手足尤為可感
呂尚書處授讀洋文亦曾面談俟其遷居後擬遷王中堂之宅
即請開學姪近日與同鄉先達論及
大人均代扼腕可見公道自在人心耳徐錫麟一案政府歸
咎於留學生甚有御史奏請將留學生一律裁撤又因各
學堂風潮疊起擬停止獎勵嗣經學部會議變通辦法

以後畢業生祇給文憑不作為實官指日即當出奏矣

薇孫近上兩摺備陳國家大計極荷

宸賞外間謠傳謂其嚴參西林實無其事也姪前將

鈞意告知彼甚願為

大人出力知關

廑注并以上聞　謹肅寸稟敬請

福安

姑母大人壼安

姪董邦幹叩稟

THE IMPERIAL CHINESE TELEGRAPH ADMINISTRATION.

Telegrams accepted for all Telegraph Stations in the World

STATION

TELEGRAM Nr. 741578 Class Words.

Given in at the 190 H. M. /m.

贛 黑 十二月

Peking

敬惟駐寧調去贛厚
雲案留當抽府問赴
元屢交事雖防未撥銳
洪深現匪勢云後到良
隆同隊蒙深加拜再復
保事軍後屹立撥回電
宮保處南防兩調撤先
盛速數贛參此區防特

瑞良致盛宣懷電（一九〇八年一月十九日）

謹將卑局探兵報稱火車來奉事宜繕具清摺恭呈

憲鑒

計開

一早六鐘由大連來日本留學生劉軼彭住車站天合棧又日商六名

一早七鐘由寬城子來日商二名

一早十一鐘由鐵嶺來日商四名又由遼陽來日商二名

一晚四鐘由營口來日商四名
一晚六鐘由安東來日兵四名日武官一員日商二名
一晚七鐘由寬城子來日武官一員英商一名日商九名
一晚八鐘由大連來日武官一員日商四名

光緒三十四年三月二十六日採訪局呈

謹將卑局探兵報稱火車來奉事宜繕具清摺恭呈

憲鑒

計開

一早六鐘由大連來日商十二名

一早七鐘由寬城子來日商二名

一早十一鐘由鐵嶺來日商二名又由遼陽來日商三名

一晚四鐘由營口來日官一員日商十六名
一晚六鐘由山海關來督轅行營支應處陸總辦印緒聲瀛春來
奉法武官一員法牧士一名住金城館日本留學生沈壽颸一
名住交涉司
一晚七鐘由寛城子來俄商一名日商四名
一晚八鐘由大連來俄商三名日武官一員日商五名
光緒三十四年四月初十日探訪局呈

字七十號　五月初七日

敬密啓者頃據張提學面稟據中學堂監督鄒大鏞呈到五月初六日由日本郵便局寄到一函面開全堂學生公啓當由監督折閱其中刷印革命黨宣告一式七紙語極悖逆顯係匪徒散布爲鼓煽學生之計審其封面郵局印記係由東京牛込區分局所發此等逆函都下想亦必有散布自應密加查察除函李星使嚴查外特檢呈兩紙乞即送交外務部察核此等謠言該逆黨聲稱得之

奉天官紙局

神洲日報該日報稱得之比國留學生似應澈底根
究因其説最足聳動反側之徒從而生心未可聽其
流播也尚祈
卓裁酌核爲荷專此敬請
勛安
弟徐世昌頓首
字七十號五月初七日

奉天官紙局

中國革命黨宣言

陽五日十四日上海神州日報載比國留學生電云『神州日報鑒。外部密借法兵。平滇亂。事甚碻。禍迫速。籲國人。並電雲南雜誌。比會。十四日戌刻比利時電。』

本黨按比國留學生。身在歐洲。見聞親切。此事可信爲眞。滿奴此舉。即西班牙政府賣非律賓之故智。法國爲革命母國。前此路易十六之求援奧人。以遏民黨。今不過百年。見聞尙在。度未必竟受滿奴啗餌。惟是人心不同。各如其面。今之法政府。或未必念前日之隱痛也。內地志士。留東學生。對于此事。當必電阻滿奴。令其中格。而本黨人則有異此。旣與虜廷斷絕關係。即不屑發電磋商。惟有雲合響應。滅此朝食。一面分遣俠客。梟奕劻袁世凱之頭。以謝天下。若法政府果受滿洲啗餌。是即公理之敵。雖死抗法人。使漢土夷爲墟墓。亦所不辭。特此宣布。勿謂言之不豫也。

日本在留之革命黨白

徐世昌致唐紹儀函（一九〇八年六月二十五日）

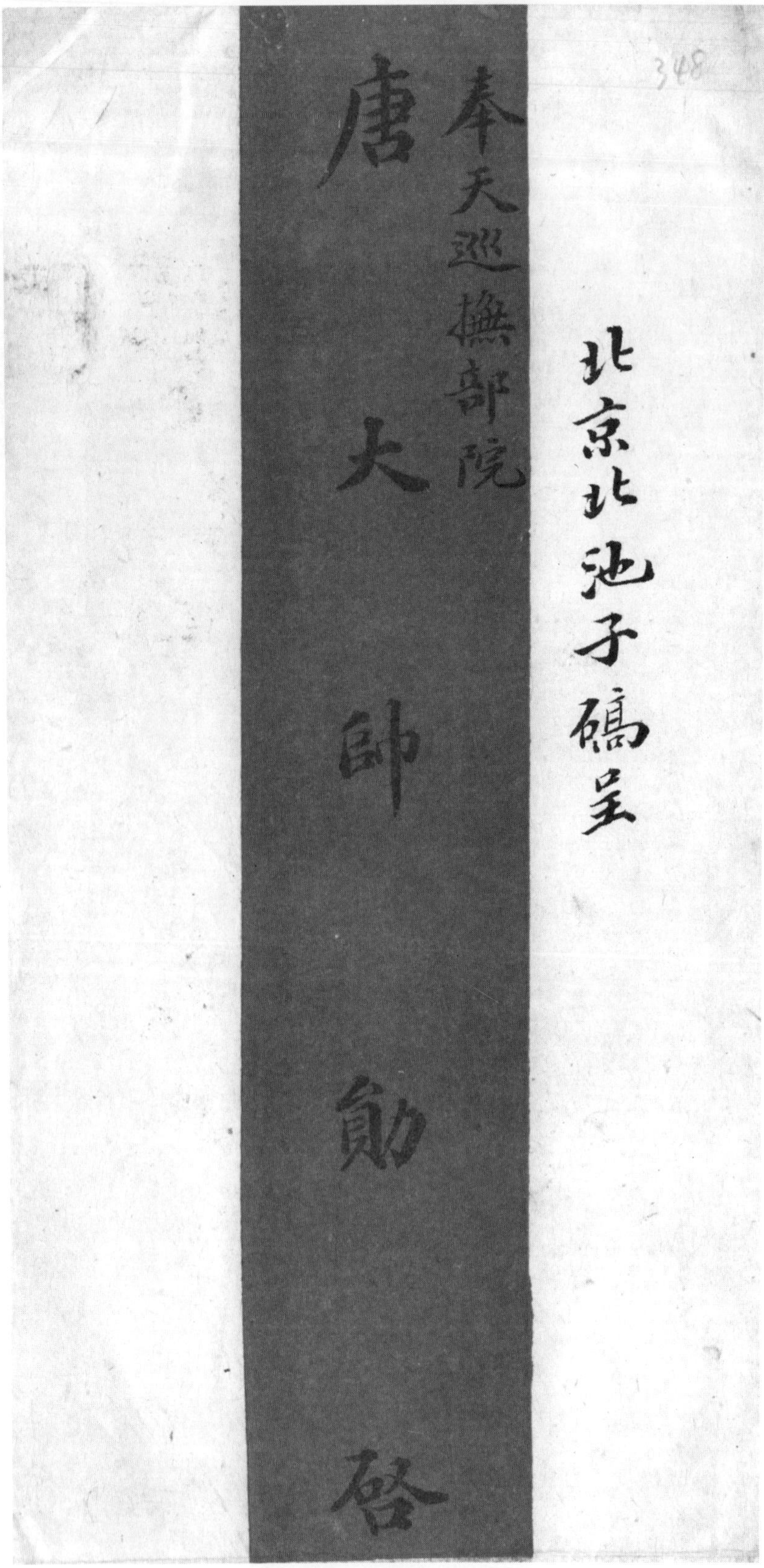
348

北京北池子碼呈

唐大帥勛啓

奉天巡撫部院

字八十九號　五月二十七日

少川四哥大人閣下：頃據巡警道呈東京探員報告一件，茲飭照錄寄呈台詧，希就近轉達智庵侍郎、蓮帥，以便隨時防範為禱。專此，祇請勛安，不一。

弟徐世昌頓首

附抄報告一件

奉天行省公署製牋

敬稟者衛部等到東之日正值雲南亂事方張此間雲南學生得上海神州日報載比國留學生一電云外部咨借法兵平滇亂事甚確異常憤激乃開雲南留日學生全體大會于神田錦輝館到者云有四千餘人先後登臺演說者約有十餘人皆慷慨激昂語語動人座中流涕者頗不乏人由多數決定倡義獨立並派員四百人回國實行

當時捐資約得五六百元之譜後官軍連捷黃順和黃軫兩
首領戰死參謀長汪精衛劉春林胡漢民等逃散勢大沮
探民報社之內容自黃軫出爲總司令官汪劉胡出爲參
謀張繼輩又往南洋羣島游歷所留者惟章太炎數人
而已報雖按期出版然影響所及甚小至黃鶴齡究係
何處人氏曾經留學與否尚未探悉昨檢大阪每日新聞

云北京革命黨由步軍統領衙門及民政部巡警局搜索
雖潛遷各處者尚有二百餘人首領張明倫黄鶴齡鑒
於無人統治屢被逮捕之故分部下爲二隊張明倫率一
隊留京黄合林率一隊下天津密謀承機起事據此則
黄合林現混跡津門而海城營口間是津門一勾結馬
賊之機關地前風聞由津入京及盤桓於海城等處不

為無因部擬於日内徧游各要地衡暫留京以通消息南洋
羣島之行至少須寄下八百元於來月初旬匯到至匯交處
所以公使館爲穩妥肅此餘容續禀

謹將職局探兵報稱火車來奉事宜繕具清摺恭呈
憲鑒
計開
一早五鐘由寬城子來英商一名日商五名
一早九鐘由大連來日商九名
一早十一鐘由鐵嶺來日商三名又由千金寨來日商五名

一晚三鐘由大石橋來日商八名
一晚五鐘由寬城子來日商六名
一晚六鐘由安東來日商二名又由山海關來英商二名日商一名
一晚七鐘由千金寨來日商四名
一晚十鐘由營口來留學生郭成熙徐宗衡二名住聱英館又日商二名俄商三名

光緒三十四年七月初十日探訪局呈

謹將職局探兵報稱火車來奉事宜繕具清摺恭呈

憲鑒

計開

一早五鐘由寬城子來日商四名

一早九鐘由大連來留學生胡萬泰一名住福和店又日商八名

一早十一鐘由鐵嶺來日商三名又由千金寨來日商五名

一晚三鐘由大石橋來日商七名
一晚五鐘由寬城子來日商五名
一晚六鐘由安東來日商一名又由山海關來英商一名
一晚七鐘由千金寨來日商三名
一晚十鐘由營口來日商四名俄商一名

光緒三十四年七月十一日探訪局呈

謹將職局探兵報稱火車來奉事宜繕具清摺恭呈

憲鑒

計開

一早五鐘由寬城子來日商三名

一早九鐘由大連來日商四名

一早十一鐘由鐵嶺來日商二名又由千金寨來日商七名

一晚三鐘由大石橋來日武官一員日商九名
一晚五鐘由寬城子來留學生于珍林震青于國幹彭士彬四名
住車站德盛棧又德商一名日商五名
一晚六鐘由安東來日商一名又由山海關來留學生晉文一名住晉隆店
一晚七鐘由千金寨來日商二名
一晚十鐘由營口來日商三名
光緒三十四年七月十二日探訪局呈

謹將職局探兵報稱火車來奉事宜繕具清摺恭呈

憲鑒

計開

一早五鐘由寬城子來日商二名

一早九鐘由大連來日商七名

一早十一鐘由鐵嶺來日商三名又由千金寨來日商二名

一晚三鐘由大石橋來留學生曲蘭馨一名住豫豐棧又日商六名
一晚五鐘由寬城子來日商七名
一晚六鐘由安東來日武官一員日商一名又由山海關來俄商一名
英商二名
一晚七鐘由千金寨來日商二名
一晚十鐘由營口來日商四名
光緒三十四年七月十四日　探訪局呈

謹將職局採兵報稱火車來奉事宜繕具清摺恭呈

憲鑒

計開

一早五鐘由寬城子來英商二名日商六名

一早九鐘由大連來日商九名

一早十一鐘由鐵嶺來俄商二名日商三名由千金寨來日商二名

一晚三鐘由大石橋來日商七名
一晚五鐘由寬城子來日商五名
一晚六鐘由安東來日商三名由山海關來英商一名日商二名
一晚七鐘由千金寨來日商四名
一晚十鐘由營口來留學生李移穆一名湖南長沙人住車站待
合所又日商二名

光緒三十四年七月十七日探訪局呈

謹將職局探兵報稱火車來奉事宜繕具清摺恭呈

憲鑒

計開

一早五鐘由寬城子來日商二名

一早九鐘由大連來日商九名

一早十一鐘由鐵嶺來日商三名又由千金寨來日商四名

一晚三鐘由大石橋來日武官二員日商八名
一晚五鐘由寬城子來日商七名
一晚六鐘由安東來留學生葉蓁一名住大有棧又由山海關來英
商一名俄商一名
一晚七鐘由千金寨來日商三名
一晚十鐘由營口來日商五名
光緒三十四年七月二十二日採訪局呈

郵傳部致各地電報局電（一九〇八年十二月一日）

COPY NR.

______ STATION, the　　　　Jourl. No. 1852

京局
移八

Received.	Retransmitted.	Sent out.	Service Remarks.
ol from 12.14 a the ... H ... M ... /m. 4.9/4 by me	to the ... H ... M ... /m. by me	the ... H ... M ... /m. Stat. Mess. by me	京

TELEGRAM Nr. 42/1165　Class a 56?　Words.

Given in at Peking the 8/11 190 H. 7 M. 20 p /m.

all stations

0977 7003 2639 4206 1987 0463 2639 ...

1144 0005 7193 1743 0577 0001 0005 7193 0402 2254 1779 4106 5887 0524 4583 0356

6752 4164 2555 7193 2588 4920 2480 2237 7193 0079 6528 5593 0755 2276 ...

7389 4920 1344 0059 2480 ...

筌東督慶則
東部撫霍李大大不稱營
收務事稱稱國國賓總防
均終總安二日收欽總總本法山本邊
五玫總路本閩大敗終管
局部肖暨電移積俄錄綜電集熟將本
月總日法電京鑾帝悼診
一肩本東積俄帝皇哀傳
名李三電彙
十三電准提以皇祈勝号

THE IMPERIAL CHINESE TELEGRAPH ADMINISTRATION. 1052

Telegrams accepted for all Telegraph Stations in the World

STATION

TELEGRAM Nr.________ Class________ Words.______

Given in at________ the________ 190____ H.____ M.____ /m

意粟二东馬操約知式の
及路得個我之歌月慶奴秋結俠擄系
閩昌十安门府中華被系
兵鋏一三法相閃電間西出暗省武兵
隊戚電方晚營兵壹座該服營
款法軍孝以哀特慶日砲防空鍾不兩
全东護穿月國語安六奴同墟動壓傷
兩号錄十门營有暴彈被

郵傳部致各地電報局電（一九〇八年十二月一日）

1852

THE IMPERIAL CHINESE TELEGRAPH ADMINISTRATION.

Telegrams accepted for all Telegraph Stations in the World

3

STATION

TELEGRAM Nr.______ Class______ Words.______

Given in at______ the______ 190____ H.____ M.____ /m

各兵撲纍砲次十退出三
三標南赴舊內派鎗挑輪屢三營回出
城並開砲兵兵退之自遠
已皖電兵面
擇標兵開邊數擊憲台投
時經面遣一
統鎮數令江該經數砲械
協憲該費知照均照遲繳
出鼓一祥援
係加城舊得協城察均敘
隊營守城並艇撲七廿門

THE IMPERIAL CHINESE TELEGRAPH ADMINISTRATION.

Telegrams accepted for all Telegraph Stations in the World

STATION

TELEGRAM Nr.______ Class______ Words.______

Given in at ______ the ______ 190 ______ H. ______ M. ______ /m

江皖匪夾由隊黨冒標覺
权遣之被佃阻協抄湖旋營救次湖纏
入械援台催入奈色萋援防飞两太均
逃南城及被巡丑並及城
餘收匪砲隊黨沒出城已同夜城營入
結給隊盛黨会忠撲防圍
十刹散收兵兵寶帯謝庫營同暗巡籍
救李著協務標房乘充兵

郵傳部致各地電報局電（一九〇八年十二月一日）

THE IMPERIAL CHINESE TELEGRAPH ADMINISTRATION.

Telegrams accepted for all Telegraph Stations in the World

STATION

TELEGRAM Nr. ______ Class ______ Words. ______

Given in at ______ the ______ 190 ___ H. ___ M. ___ /m

二昨会營兵先黨一江府隊兵桐營江
營救此日稽步數往巡派
退躲營防馬原該西九江此省亂且会
隊毀垣十慶江捺人潰捺
擊八師巡回砲轟省二爰及日百且皖
火輪內逃援軍走六帶稽
查十水同府營兵後亂馳寄於五一江
原統餘帶稽派兵均約錚由

1852

THE IMPERIAL CHINESE TELEGRAPH ADMINISTRATION.

Telegrams accepted for all Telegraph Stations in the World

6

STATION

TELEGRAM Nr.______ Class______ Words.______

Given in at______ the______ 190______ H.______ M.______/m

跟中均謹局電希
跟田擊汪貽廉同
往兵截知朴捋署八
馳總頭除局局拉務
隊派迎殲名名積京
步並兵數鉤由名照
馬彭派逕即並呈送
此追王已閱門務名

6

巢鳳儀致盛宣懷函（一九〇八年十二月十一日）

宮保鈞鑒敬稟者昨閱報章恭諗
鈞駕已由東旋滬
褆躬安健深洽頌忱安省自去年徐錫麟肇事後
該黨久有爲徐復讐之謠以前因事屬傳聞初
不之信上月二十後疊奉
憂詔又值太湖秋操乘城内空虚廿六夜城外之馬隊兩
營放火爲號同時並變其時城内廵防兵士僅有
二百餘人而二標一營已與暗合急欲開城救火

幸余協統大鴻得信較早傳令不准開城隨由
防兵登城守陴叛兵抬炮至塔頂轟城正在危
急之際適程軍門巡江艦自上游駛到聞變開炮
轟擊該叛兵始避至山凹廿七晚又乘黑夜攻城
預有準備得以保全經援軍絡續到安大局始
定叛兵擊退後由桐城竄往皖北其脅從者沿途
逃散據壽州報告該處並無大股匪徒惟首犯熊
成基尚未弋獲其原駐城內之二標二營事後

仍躍躍欲思月初由 經帥先令移紮城外嗣將
管帶隊官排長傳至院署飭司審訊該管帶
直供不諱業經訊明正法兵士亦絡續遣散地方
現尚相安惟據軍界中人云皖省爲長江中心點
該黨垂涎已久以後決非樂土官紳商民移眷附
輪南下者日有數百人各輪幾無隙地妹壻於六
月抄因段道書雲請假奉飭代總辦營務處
繼護院病革時忽改委王道接辦奉飭仍回帮

辦於秋節後交替省中大兵雲集年內必可無
必無事可勿動
虞准明春先移眷回蘇暫作避地之計妹壻或
留或改居時再行酌定　經帥勵精圖治始辦
秋操旋辦軍務刻無暇晷前奉
伯帥未上任以前仍須隨時函安
賜諭俟　經帥到任後當為切託銘感萬分可否仰求
俯賜栽培諒重以
鼎言當不至置諸閒散也倘蒙並託沈藩司尤為
心感　外甥兒女均各平善堪慰

廑念，耑此禀懇，敬請

鈞安。伏祈

垂鑒。妹壻巢鳳宜謹禀。遵例更名

十一月十八日

敬再稟者安徽候補知府張守茂鏞係與
揆臣鄉榜同年以皖垣兩遭危險久居非計現值
多事之秋遽爾請假離省又干未便屢囑轉求
宮保咨調作爲商約隨員[illegible]但求離省並不求給薪水
茲特據情稟懇可否
俯賜給咨之處恭候
鈞裁肅稟敬請
崇安 妹壻鳳宜謹再稟

安徽候補道巢

梧仲妹丈大人惠覽：東別三月，執訊久疏。昨奉

手書，敬諗

頌遙翔餘潭祺迪吉，為頌為慰。皖事幸城中

得信較早，得以轉危為安，誠為大局之幸。現在

匪首雖未就獲，而叛黨業經正法，匪膽已寒，人

心大定，必可無事。昨見部章，撫帥因省中

需次人員紛紛離省，不成事體，分別撤差停委，

亦過實屬咎由自取。

妹丈現充營務處差值此軍事倥傯之時尤宜
持以鎮靜宗旨幸勿輕動貽人口實
尊事兄與 經帥素無交情只可仍託沈方伯相機
進言張守一節已有他人與兄説渠將來出城侍與商約停議未便洽調業經
轉告 內人之病兄已告矣 兄就醫日東頗有效驗據肺科專門博士驗
稱肺部並無損傷只要平時調養得宜於冬令仍
居暖地一二年不發即可全愈回滬以來適際寒
令又復稍有咳嗽所幸眠食均安堪紓
注念 此復敬頌
勛祉 姻 兄頓

廿五日

吏部尚書陸

鳳石仁兄姻丈大人閣下：敬啟者，已革廣東候補道朱士林，前在江西被議後，即備才受賞，劉經德靜帥壹所賞，係寬抑。嗣赴蘇，旋即調粵，該員在粵數年，閱歷謹慎，於事務當實達

奏保。庚子之變，李文忠北上，粵東人心浮動，會黨蜂起，外國兵艦絡繹來，幸未釀成巨患，致生外釁，論者皆稱係該員籌積之功。其時身與劉忠誠、張樞相臣建東南保全之議，倘粵亂不平，大局恐亦難免牽動，

閣（右帥）勳躋中、謂該負運籌決策、勳合樞垣、似亦深許
之地、惜雲（帥）到任未久、登之白簡、以人才論、殊為可惜、該
員在川等差及十年、是亦深知、肯細、揣摩曾豪
合請拔見委派、擢希
青垂、覘幸
特請求賢、
懇恩浩蕩、俯予文移、情習達府、伏祈
速賜成裁、於閣學時、擇要教叙、蒂嶷
鈞宣、威希

隆施、如同身受、再同票被派之鐵道股實、應否承不
叙用、業已函商向後、並經 張安帥以查無實據複
奏、有案、該員情事相同、而勞績較著、倘可援案
或以藉手 請安帥查復
昭雪、並祈
卓裁、為禱、專此奉懇、敬請
台安、惟希
亮察不宣
姻立姪名另具
鄉吾兄大人 前
閏月初吉
遵
諭摺呈繕清後求 堂下隨告同寅君卯
刀 已 八

趙文上盛宣懷稟（一九一〇年二月十九日）

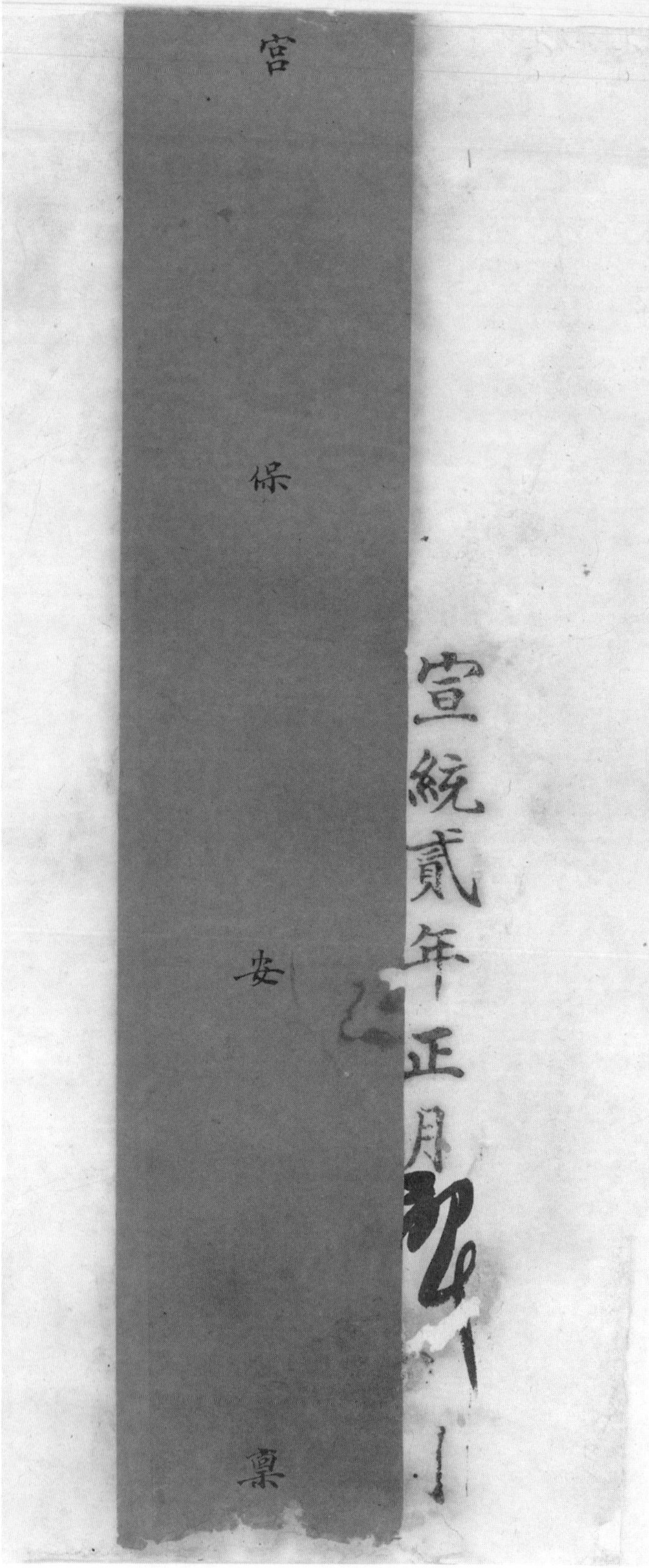
宮保安稟

宣統貳年正月

廣東試用縣丞趙文謹

稟

宮保大人閣下敬稟者竊縣丞恭叩

年禧敬請

崇安

敬再稟者前月中旬眷屬返粵荷
慈恩之眷照感篆莫名叨
雅愛以相留尤切愧悚前承
賞薦各函遵已照銜分投惟　王雪澄觀察尚未言旋俟
其返粵當即往謁承
賜致藩司陳方伯函敬以上遞而時在封印之期進見
約在開印之後　施觀察已於臘初抵滬自必上謁

崇轅頻行時曾荷其雅重
隆誼優加移薦於善後局提調譚子良直刺處聞有新商
承辦厝捐一差擬俟新舊交接議妥後再行詳請藩司
下委約期在正二月間凡此皆
仁慈之所賜
逾格之裁成私衷寅感舉室同欽客腊粵東幸尚安
靖不料晦夕新編成軍之一二隊因購物細故起衅致

與巡警局大起風潮竟致不服營統彈壓焚燬警局持衆横行現由水陸兩提會同剿辦聞甚得手惟若輩遭此一刼亦數使然城内各門均於元旦關閉嚴加防守蓋恐其勾結為患不得不未雨先綢也謡言四起幸大局無碍茲聞施觀察約於三四月間有回粤之説未知確否果爾自必進謁

台階諒荷

誥托於始終耳肅此嗚謝伏維
垂鑒縣丞文謹再稟

李漢銘致鄭觀應函（一九一一年五月十三日）

陶

公觀察大人鈞鑒昨奉初六諭到

大示並校正該委札文兩件經照收所囑輯

義陶公別補所失請勿為念粵垣革黨

肇亂幸張督鎮定尚即撲平現省垣具

讒言人心不附惶惑此番多南洋商賈不少

翩翩美少年勃舉亦甚文明所至秋毫不犯

受害者殊惜雖學解人能禁媒除之間民所

歎也尾肩背此勃靜本不足慮所慮比

土匪乘機四起，到處蔓延，草木皆兵，難以收拾矣。晚住城内，家人欺不堪言。度此時機，將來仍不免有預厭負燃之日，刻擬月抄籌款，將家眷送回鄉井，俾免日夕驚惶。剩晚一身，應可無憂内顧。我
公以萬緣虛之賤，可以點綴庸材，如有位置之
階堂
暴力栽成，以免閑居風塵，鵠候務覆

李漢銘致鄭觀應函（一九一二年五月十三日）

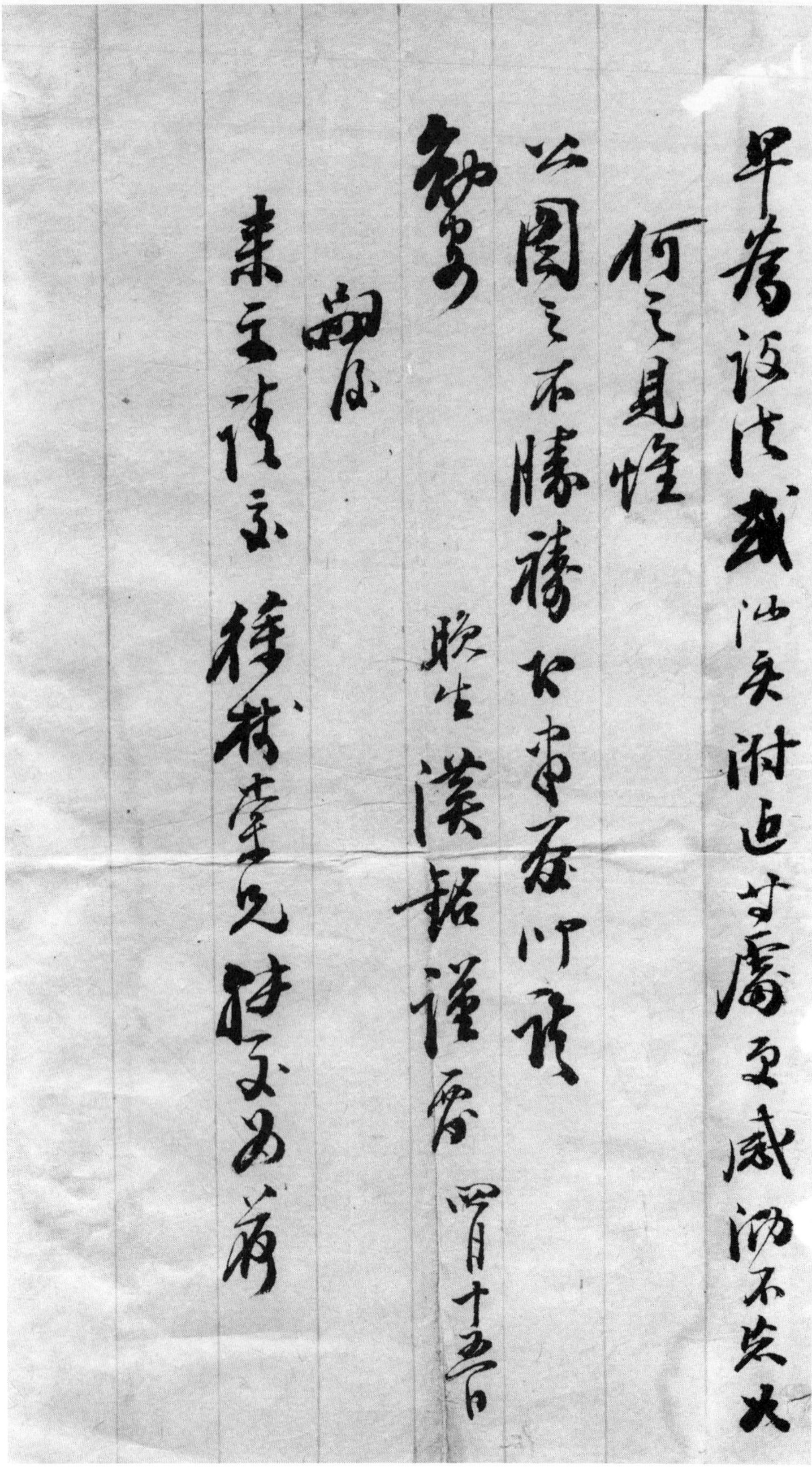

早為設法戡沙矣，附近廿屬更感激不淺矣。何之見憐，公閫之不勝禱切。專此，敬請
鈞安。
晚生漢銘謹啟 四月十五日
尚有
來函請示 徐樹堂先生核交為荷

父親大人尊前敬稟者久未問候負罪良深矣定卜
大人貴體安康女在省幸托粗安惟省城三月廿九晚革
黨亂女與各人三十日返澳至四月廿七返省矣伏望
大人在外保重金體是所深幸矣耑此敬請
福安
女蘇拜書 五月十五晚下

鐵路國有與保路運動

導言

一九一一年五月九日，清朝政府宣佈「鐵路幹線收歸國有」政策，將原先商辦的川漢、粵漢鐵路收歸國有，並與英、法、德、美四國銀行團訂立借款合同，公開出賣川粵漢鐵路修築權；與此同時，原先在地方上的集資也概不退還，而只是換發國家鐵路股票。這樣一來，引起了四川、湖北、湖南、廣東各地股東商民的强烈反對，其中尤以四川的反對最爲激烈。四川修築鐵路的股金，不僅來自紳士、商人、地主，還有農民，而且農民購買的股份占很大比例。由於清政府拒不歸還四川的股金，因此招致四川各階層，尤其是廣大城鄉勞動人民的反對，從而掀起了轟轟烈烈的保路運動。

川、湘、鄂、粵等省人民爲保衛川漢、粵漢鐵路路權而掀起的保路運動是辛亥革命的導火索，而「鐵路國有」又是直接觸發保路運動的誘因。因此可以説，時任郵傳部大臣、也即「鐵路國有政策」主要策劃者和執行者的盛宣懷與辛亥革命的爆發有着密不可分的關係。上海圖書館館藏的盛宣懷檔案中存有大量與「鐵路國有」及「保路運動」有關的文獻資料。當時無論是反對保路還是贊成保路的人，與盛宣懷均有大量信函、電報往來，尤其是一些内閣成員和封疆大吏以及督辦鐵路大臣端方等人與盛氏往來的私函密電，有助於我們對保路運動的歷史作進一步的認識和了解。本專題收録了包括電報、信函、奏摺、諭旨、公牘、合同、剪報、詩文等多種類型的檔案文獻，以求更真實、更全面地還原百年前「保路」之情形。由於本專題所涉及的檔案文獻較多，以下僅擇其要者約略介紹。

本專題所收檔案中，有若干清政府郵傳部、度支部官員撰擬的與「鐵路國有」政策相關的奏摺、説帖以及清廷頒佈的諭旨（多數也爲相關官員所擬），從中可以基本看清該政策從策劃、確定到執行、推進的整個脈絡。

主要包括推動鐵路國有政策出臺的《鐵路亟宜明定辦法昭示天下摺》和《鐵路亟宜明定幹路枝路辦法摺》，體現政策實施進度的《關於鐵路路權及租股之諭旨》、《郵傳部籌劃川粤漢幹路收回詳細辦法摺》、《關於收換國家鐵路股票之諭旨》、《川粤漢路股辦法詳細條目》、《川路收回後一切辦法由》、《湖南『鐵路國有』善後辦法議》、《鐵路國有説帖》以及《酌籌路政統一辦法明定通章遴選專門顧問人員以資整飭摺》等等。

當然，除了制定和執行「鐵路國有」政策的清政府官員的聲音外，還有不少反對該政策的言論，這在本專題所收文獻中亦可見一斑，例如護理四川總督王人文代四川紳民羅綸等遞送的關於路權及借款合同的奏摺，四川京官趙熙等上奏的《爲川路股本附入國家路股事出竊名請迅予更正摺》，還有《湖南全省人民保路公啓》，以及《川東商紳致全蜀會館諸公電》等等。

「鐵路國有」政策一經宣佈，首先起來反抗的是湖南人民。一九一一年五月十四日，長沙舉行了萬人群眾集會，接着又舉行了長沙至株洲的萬餘鐵路工人的示威，並號召商人罷市、學生罷課，拒交租稅以示抗議。次日，時任湖南巡撫的楊文鼎即致電盛宣懷報告此事，並商討平定之策。在湖南人民的帶動下，湖北、廣東、四川的人民也都積極行動起來，保路運動很快發展成爲聲勢浩大的武裝起義。本專題所收檔案中，有大量地方要員，諸如督辦鐵路大臣端方、湖廣總督瑞澂、四川總督王人文及其後任趙爾豐、兩廣總督張鳴岐、湖南巡撫楊文鼎等人與内閣成員以及彼此之間的往來書信、電報。通過這些電函，一方面可了解聲勢一浪高過一浪的保路運動的開展過程，以及清政府對其鎮壓的經過；另一方面還可從中看出，與中央政府的强硬態度不同，有些地方官員在奉命彈壓的同時，亦對保路運動抱有同情。

除此之外，本專題還收録了少量發生在「鐵路國有」政策頒佈之前、但與保衛路權運動密切相關的關於浙路風潮的文獻，以及辛亥革命爆發后，各地要求懲辦「禍首」盛宣懷的電報。

宫保太世叔賜鑒敬啟者現在川粵漢鐵路准附私股辦法昨聞
宫保云有人謂可援英美公建鐵路以為比例此人之言似是而實非也彼時毅在
署中自不應以本部候補參議直駁本部堂官之言故僅云英美係公司
性質而止歸而細思毅若不言恐無人言之
宫保若真信此說而認川粵漢為英美公建之比例則是公建二字出自郵傳
大臣之口民黨必據以為憑將來朝廷有所覺知又必指此以為破壞
君權之咎毅既任修法律若不直告是毅有負
宫保相待之殷亦即負朝廷也請縷陳之夫鐵路辦法於政策曰國有

私有於法律曰官建私建有者有路股之利也建者建其路之權也
私股之路於政策曰私有於法律即曰私建何以國家鐵路於政策
曰國有於法律不曰國建而曰官建蓋舉國家鐵路之權使盡歸
諸官即舉其權以歸諸　朝廷也而使民不得干預也英之政體君民
共主美之政體純係民主彼所謂公建鐵路純係民有性質官無監
督之權也雖以君主投貲入股亦謂之私股而其君主之對於此路視
民間私人之股東無異與我國　君主立憲政體適相反也國有政
策惟德曰有之民有辦法惟英美為盛則英美之公建為民有不

待煩言而解矣毅本刑部司員任修路律一年有餘集德日英美法五國法律大學畢業生而又兼長中文者參采五國路律由毅定一宗旨與施鶴雛反覆辯論苦心研究他人為總纂者不過分任其草於各起草員而已僅披覽而已毅則將各稿攜歸躬自彙纂一年已來彙纂之後再予各員會議商定一年已來每至夜深自問於路律一道較游學東洋速成法政者所得實深始奮得將民有民建等字改為私有私建又將地方公建之範圍極力縮小無非為防遏民權之弊而力保官權以尊 君權也今若遷認川粵漢之准附私股為英美公建之比例不惟毅等年餘推究之苦心頓成畫餅即

宫保所定之國有政策亦名存而實亡蓋公建云者與地方公建相類非官建也非國有也而其事又大足為 欽定憲法之累者也毅以肊度之為此說者非日本法政學生（法政與法律不同法政祇大概不若法律之專精也）即英美財政或鐵路學生非英美財政或鐵路學生即英美法律學生而不知中國政體之人否則其人本民黨欲乘此以暗換國有政策者否則其人於法律本未研究偶見此字面相似之公建名目遂以搪塞

宫保之垂問者也昨

宫保囑毅於律中規定私人祇許股不得干涉路權此正毅等所持之意

若以英美公建為比例。則非

宮保所囑私股不得干涉路權之本意矣。或若曰公建僅係虛詞祇要律中規定嚴密則虛詞不足為害此亦似是而非之言也蓋公建二字即招牌也。招牌既掛。則貨物必同。貨若不同。人必指招牌以相詰問。猶未立憲以前羣誑言立憲所以保護君權。既經宣布立憲以後人遂執立憲二字以削君權也。總之現在對於川粵漢辦法祇能認定為官建姑念從前本係商辦法特別許其將從前已經投入之私股作為官私附依此說法則凡非從前商辦之路凡非從前所已投之私股皆不得援以為例即就川粵漢一路而言千萬不可認為公建認為公且可預為將來贖回私股之地步也

建即民有也。以上各節如蒙
采擇務望
堅持如
鈞意不以為然亦望勿示他人蓋現在資政院將開必有多人往
宮保左右探聽消息也議員中（統欽選民選而言）本少（非無人也但不多耳）精通法律之員而於路律（此實無人）
尤屬茫然國有私有即（及）官建私建彼並分別不清若先將此信及
職司律先示他人是必至漏洩其中機關是不啻用兵時將本營之
正兵奇兵伏兵一一指示敵人而導之使攻也。魯饕之言出於忱悃

萬望

察奪專肅敬請

鈞安 候補參議世再姪陳毅謹啟 十二夜三鐘

敬求

密閱是幸前所呈之職司律第一章務懇

擲下為要為盼

浙路公司特別股東大會廣告

本公司有特別緊要事件定於八月初八日下午二鐘在上海斜橋紹興會館開特別股東大會務祈有股諸公屆期惠臨莅會爲盼

●浙路之風雲

浙路總理湯京卿壽潛自辦路以來杭滬通車營業發達成效業已大著。此次遽遭嚴譴。綸音到浙。湯總理方在滬濱。特於日昨乘車回杭。而浙人以路工正在吃緊。郵部覬覦路賊窺伺。正資拒絕。一時股東非股東咸往慰藉挽留。董事會已擬即日召集股東特開臨時會籌議對付。聞戶抱定不舉總理宗旨。并有一般激烈者擬將西湖盛莊用火焚燬。並繼續前議醵資鑄造盛侍郞鐵像跪之路側以爲賣路者鑑。

▲甯波各團體致浙撫電。杭州撫憲鈞鑒十九電旨褫公革職不准干預路事。商民聚議惶駭。浙路恭奉先朝諭旨商款商辦。總理係由公舉爲商民所信用。今杭嘉早竣。甯紹開工。諸事吃緊。全路勞働界幾以萬計。農工兩界投資附股尤多。設易總理恐滋紛擾。蟄公言論雖稍激直。辦路實著勤勞。人望所歸。必宜俯順輿情以安秩序。乞速電奏懇請收回成命。仍責成蟄公始終路事。大局幸甚。甯波商務總會。自治公會。府教育會。法政學堂。府中學堂。師範學堂。鄞縣自治事務所。勸業所。教育會。勸學所。高等小學堂同叩。

●湯壽潛革職之原因

浙路總理湯壽潛之革職。其原因極爲複雜。而主動力實爲郵部署尚沈雲沛侍郞。沈前次南下查勘蘇杭甬路。外間風傳沈主張借款。湯聞訊之下。並不詳審事之有無。驟行致函於沈。詆爲路賊。沈因之銜甚。此次湯電參盛宣懷爲罪魁。方隆監國卽密召徐世昌沈雲沛進見。諭曰。湯某驕橫過甚。目無法紀。若不嚴加懲處。則朝廷用人之權何在。徐唯唯。沈則竭力贊成。翌日遂有革職及不准干預路事之旨。識者謂湯固賢者。然好事謾罵。其被斥也。固在人意料中云。

▲湯壽潛之關係大矣哉

文滙報載二十日北京電云。頃奉諭旨浙路總理湯壽潛著卽行革職不准干預路事。此乃間接將其浙路總理一職奪去。因湯電奏盛宣懷爲民辦鐵路罪魁。不應令其回郵部侍郞任。致有此嚴譴之旨。論者一方面謂此上諭乃政府對於各省欲獲得絕對的中央集權。故出此橫厲手段。一方面謂此後浙省人民對於政府反抗之勢將益劇烈云。

浙路維持會廣告

敬啓者湯總理因路事獲譴苦求交卸此後浙路岌岌可危不獨股東坐失血本恐商辦局面亦因而破壞合力維持責無旁貸務望海內外各界熱心諸公或蒞會賜教或函致本會各抒高見共策進行並擇日特開大會〇事務所暫設小花園後面寶安里四百九十三號

湯壽潛電參盛宣懷由那相呈閱徐相因謂湯太沽名遂擬旨革職都人多以此舉歸罪於盛

二十一日北京電

湯革職旨下旅京朱儒嚴寅直陳佐清沈實甫等電慰湯請堅初志云云

同上

開封符縣新政石臣保證

來血氣虧心跳等症

明嘗病絕無進境嗣又餘即置之報各所載

長覺感游溪謀食從事幕中十年以來尤碍痔弱頻年服藥餌之品終鮮起色去冬承友人之高才生也晤譚及

者仲謝之函而不才尤謂虛無之事不足爲據今春有袁子信者係游美游英日

無二之精良無損之補劑聞鄙人袁君之言復檢久置之藥試爲照服未及兩月業已見效

爲略安以此觀之可見貴藥房之製藥行世固非尋常之可比也第此藥行銷尙覺不廣應如何減價

現充開封祥符縣新政員愚弟淩石臣頓自來血價目

回件全球老牌商標每瓶附有五彩說貨券一張值洋一角方不致悞

……五洲大藥房……

◎杭州電 浙紳聞鐵路總理湯壽潛革職不准干預路事省內外均大譁擬開會對付云

不議論此事人心憤激達於極點諮議局已發通告開協議會提議聞尚須連日續行開會杭州商務總會亦於昨日柬邀紳商會議維持方法湯總理自滬回杭昨已向董事會辭職演說之時聲淚俱下聞者動容此次風潮如何結果殊難逆料總之非浙路之福亦非國家之福則可斷言也茲將湯總理及各種電文分別錄下

▲湯總理辭職演說詞　潛無狀以言事獲罪不能始終路事既辜特許商辦之恩復負股東付託之重歉罪何可言願盛侍郎與江浙鐵路之關繫三尺童子皆能言之滬報載其奏對以借款造路可無流弊無論他路即滬甯一路亦

……局力
求補救現得沈君鈞儒來電知在京提出議案懇乞極力維持並通電各省諮議局合籌扶助以保大局浙江諮議局養叩

▲北京來電　湯蟄老直道亡人心死可爲痛哭浙路危蘇路隨之在京本有薦理滬杭甬事之意今若此聯合會終即南棣皓（按棣即楊翼之君）

▲北京來電　湯君顧固遂浙路何堪通（按通即王式通君）

▲北京來電　浙路蟄老皓電想達號電悉事出意外極爲惶駭梁函未發湘寓大慶元銀號處　又湯蟄翁爲公賀爲大局痛渠

▲蘇州來電　爲公憤爲浙危亦

▲鎮江來電　蟄老爲公賀爲路哭籌善後安人心情

▲嘉興來電　朝旨去湯路事危迫乞速開大會力爭嘉興全體股東馬

▲甬紳致浙撫電（爲湯總理革職事）

◎神州各報館轉浙學會鑒今報載浙路總理革職寔殊失人心合籌對付請示辦法蘇鎮江浙同鄉叩 二十日

◎北京公電（廿一日寅刻到）
時報館轉湯公蟄仙公罷都人歎請堅初志餘函詳京持公社朱𤄙陳佐清脇民沈乃誠嚴寅直鄭雲渠等

◎旅京浙人議定期開會呈請都察院代奏仍留湯壽潛總理浙路 北京二十日

◎樞府恐江浙人士因湯壽潛被擯激動公憤或起風潮電江督蘇撫浙撫滬道嚴禁開會集議 爲湯

▲浙人之一鼓作氣　文滙報載二十一日杭州電云浙路總理湯壽潛奉旨革職並不准干預路事浙人聞此消息省城及各處均大爲震動此間已開大會議期反抗政府之舉動

浙省鐵路始末述略

浙省鐵路始末述略

浙路遵　旨商辦。部臣扼其吭而承借款之害。乃有今日。奏案不足恃。法律不足恃。民以遵　旨被累。以愛國獲譴。號呼奔走。計惟　九閽高遠。或尚不禁人民之控訴耳。哀浙路。並爲全國之商辦鐵路哀。海外人笑之海內人其鑒之哉。請畧述如左。

一浙路商辦之緣始　光緒三十一年。美商倍次百計承辦浙贛鐵路。浙人以保國權爲急。羣起力爭。是年七月。商部具奏浙江紳士籌辦全省鐵路。公舉湯壽潛爲總理。劉錦藻爲副理。奏　旨允准。　先帝特許商辦鐵路之盛德。我浙人世世不敢忘。

二滬杭甬綫之轇轕　浙路既　奏准商辦矣。外務部並不提及光緒二十四年。盛侍郎宣懷與英商締結五路草議。五路者。滬甯九廣津鎭浦信。其一則蘇杭甬也。（蘇杭甬後改爲滬杭甬）當二十九年。浙紳李厚祐請辦江墅鐵

京師京華印書局刷印

路。盛侍郎函英商此路現有浙商請辦。如六個月不覆。九廣等路均作廢。三十一年。浙人已　奏准商辦。英商始提及草議。計自二十四年至三十一年。時逾七稔。英商既不遵草議。派人測勘。又不覆函。草議之應取銷。夫何待言。盛侍郎告江浙官紳及英公司。亦言草議應廢。且明見奏告。無可諱飾。乃到京後忽補具覆函。自此五路權利。斷送於遙遙二十四年盛侍郎之一草議。痛哉。滬杭甬路為下游門戶。軍港要道。　先帝是以有務期收回自辦之明詔。又經蘇撫陸蘇藩濮浙撫張信二公之力爭。江浙人民銳意經營。至杭滬通車。杭甬接勘。而猶以滬杭甬路借款見逼。乃知敵人所欲者。在路權。不僅債權矣。

三滬杭甬借款改為存款之歧異　自光緒三十三年至三十四年。江浙人民。派代表進京。力拒外款。於是外務部對於外人。為滬杭甬鐵路借款合同。外郵兩部。對於人民。為滬杭甬鐵路存款章程。借款一百五十萬鎊。共計虧耗三百四十九萬兩。人民自集款。自築路。而必强迫借款。本不需款。而必承認虧耗。不渴飲酖。可爲椎心。尤痛者。外務部抹煞英商熙禮爾無督辦。無查帳。無工竣後洋工程司管理之借款底稿。而比照津浦三者皆有之覆轍以定約。謂爲以利易權。又將誰欺。然猶幸撥款逾期。存款章程卽行作廢也。

四存款章程逾期作廢之變相　存款章程第四條。此項存款。約計一千萬兩。少不過七百五十萬兩。第一期自光緒三十四年二月初四日起。於七個月內撥八十萬兩。第二期於十二個月內一律撥淸。如有事故可展至十八個月。至遲不得過二十四個月。倘到期不能撥付。或撥付不全。此項存款章程。卽日作廢云云。自光緒三十一年迄今已三十三個月。謂英商不付耶。至十八個月。何以不據合同聲明作廢。謂兩公司不領耶。至二十四個月。明明以全領七百五十萬之領結呈部。何以僅撥一百八十萬兩。滬杭甬路關係蘇浙兩省。蘇路短。浙路長。浙人負擔倍於蘇。兩公司屢請不撥則廢撤存款章程。預備繳款撤局。辭洋工程司。乃郵部始爲洋工程司爭權限。繼且無言可答。惟百計摧殘。以實行其媚外之政策。夫滬杭甬綫。蘇則已成。何需洋工程司。浙則股集千萬。路成大半。而必强迫借款。强迫以築路權管理權授外人。强迫借款。而竟至於無款可撥。無款而使國家承受三百五十萬兩之虧耗。使江浙兩省。歲墊虧耗銀九萬兩。又使商辦公司。以所獲二十分之一。償此虧耗。部臣謀國。果如是耶。本年五月。浙路第五屆股東大會。決議請總理湯壽潛進京。遵章廢存款章程。湯壽潛以盛宣懷前年補授郵部右侍時。兩公司曾以文劾之。且痛心於盛之將以借款毒全國。又電劾之。甫於七月十九日行抵南京。奉 旨革職。且不准干預路事。眞得遵 旨脫卸矣。

五郵傳部事後以命令變更法律以浙路而夭閼全國商辦鐵路　湯壽潛既革職去。浙人皆大駭。以爲湯壽潛於去年奉 旨特簡滇臬。又授贛學。今忽革職。是浙路累之。查光緒二十九年 奏定鐵路簡明章程第九條。華人請辦鐵路。集股至五十萬兩以上者。按照 奏定十二等獎勵章程核辦。總理湯壽潛。副理劉錦藻。集股千萬。信用素孚。上年。郵部考覈路工成績。許爲全國商辦之冠。今以革職獎勵總理。當非 朝廷本意。商律第七十七條。總理進退之權。授之股東。 朝廷絕不加以干涉。郵部以人民之援用商律爲保障也。特於八月二十一日。奏鐵路公司。不得與普通公司律相比。應遵照歷次奏案辦理。查 奏定鐵路簡明章程第二條。開辦後應俟臣部奏定公司條律後一律遵照。又查中葡廣澳鐵路合同第三款。有凡係公司股份。及股東權利。董事人。查帳人。及各股東會等事之各章程。必遵守光緒二十九年十二月初五日之 欽定大清公司商律。與所訂立之創辦合同不相違背。卽可照行。非鐵路得適用商律公司律之明證乎。此猶曰他公司則然。他路則然也。然郵傳部 奏定滬杭甬鐵路存款章程第二條。江浙兩公司仍係完全商辦。並無變更。郵傳部仍與他商辦之鐵路公司。一律看待。第十

京師京華印書局刷印

一條兩公司自有遵照商律。今乃曰不准遵照商律。是事後得以命令變更之矣。曰鐵道關係軍防各國辦法。屬於國有者居多。徵之各國。英美純乎民有者也。德比奧意丹馬挪威日本國有多於民有者也。俄法和蘭瑞典羅馬尼亞。民有多於國有者也。未聞舉全國鐵道而不准民有者。且鐵路關係軍事之理由。在軌道制之劃一。與貨運率之輕減。中國則轉輸軍務。運費減半。軌道尺寸。業經頒定。並無何等必須官營之理由。浙人所痛者。非民有非國有。直外有耳。滬杭甬綫居長江下游。象山軍港所在。正宜鼓舞民氣。以絕外人之覬覦。不應與甯滬一誤再誤。自壞長城也。曰當遵照　奏案辦理。然則浙路完全商辦。　奏案也。兩公司遵照商律　奏案也。存款章程逾期作廢。　奏案也。今乃商律　奏案皆不足恃。殺其人而禁之不准援用抵償之律。若人民而非牛馬。得稍稍享受法律保障之權利也。應宣布於未殺之先。既殺之而爲之申其說曰。將改定刑律。汝等毋得藉口。浙人死不瞑目矣。

六郵傳部之欺壓商辦　光緒三十四年。江浙既舉代表。承認郵傳部存款章程。照章設路局。舉總辦。令總辦僱洋工程司。洋工程司既認合同。聽節制於總協理命令之總辦。郵傳部不爲總辦爭權限。卽爲洋工程司爭規則。甯紹三百數十里。華工程司勉力進行。先具草圖。至洋工程司富爾德。受僱兩年有餘。預算表及平面剖面圖。尙未具勘築錢塘江橋不合。爲言官所劾。郵部委員查復相符。僱洋工程司以趕工。不謂反以誤工。且郵傳部猶慮浙路之有華工程司可恃也。去年十月。暗誘黃春圃去川漢。今年五月。明奪邵善誾去海清。紾臂而奪。無非去其所恃。以授權於洋工程司。釜底抽薪。計亦得矣。浙人何負於大部。乃摧殘之不留餘地至此極耶。

自郵傳部　奏請鐵路。不准援用公司律之命下。於是商會惶恐。閤省驚駭。諮議局全體議員。呈請以浙路悋遵商律。與　先帝憲法大綱不以命令更改法律之明文。請撫院代奏。迄不上聞。於是九月十四日。浙路股東臨時大會。以爲郵傳部新易尚書。或者能持公道。決議公舉代表福詵等徑詣郵傳部面訴理由如不得請。則訴之都察院。如不得請。則訴之　朝廷。以爲嗣皇繼祚。　監國賢明。不至呼籲終窮也。如謂　先旨可背。　奏案可改。民選可奪。商律可由郵傳部事後變更。必以中國大局與浙路孤注。浙人惟有屏息待罪。尚復何言。

浙路全體股東代表　孫誦洛　祝震　朱福詵　沈宗傳　樓守愚　王錫榮　等謹述

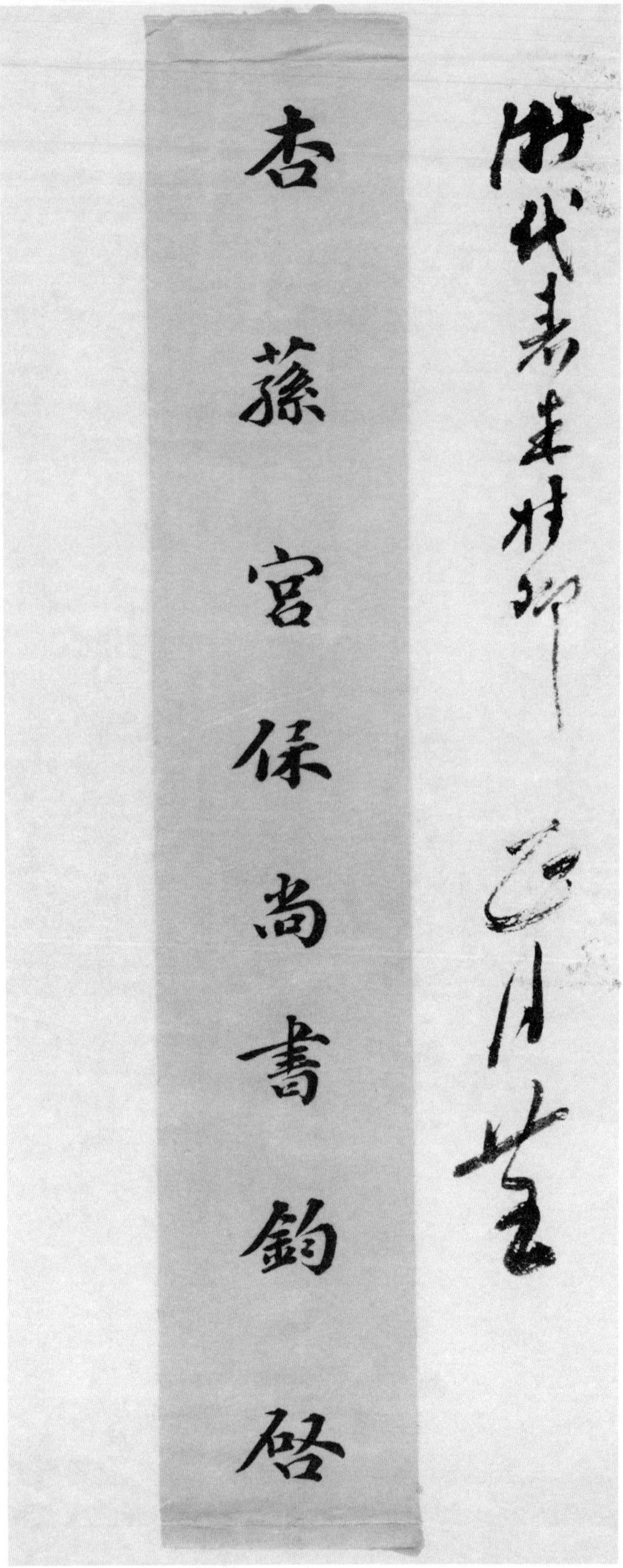
附代書朱林卿 正月廿五

杏蓀宫保尚書鈞啓

朱福詵致盛宣懷函（一九一二年二月二十三日）

杏蓀宫保尚書鈞鑒：新歲辰慶，未獲登
堂，嗣復專誠摳謁，知
政躬偶有違和，至深系仰。伏承
起居有相，祝頌無窮。敝省路事自去歲揔理獲譴，及
見八月二十一日奏案以後，浙人激烈不平之氣，達於
至高之度。洎代表入都，弟不惜以衰病之軀為之領
袖，原欲為兩方面維持，歸於和平辦理而已。客臘電
致南中揭示

宮保之盛意與 弟等表同情者周知社會屬其少
安毋躁此電亦已仰邀
鑒及今已一月有餘未得要領時機至迫無可再
緩 弟輩更有何辭以慰南中父老之心
宮保亦嘗計及之乎 弟等所爭者決廢合同適用商
律二者為至緊要之事存款逾期章程早當作廢公
司自可徑直行之至虧耗之鉅 國家受害最重
諸公為 國家計自當磋商作廢即日解決無俟 弟

等煩言況弟等固已屢言之矣若所爭法律一層今
路律未頒布商律未脩正以前完全適用舊公司律
固屬正當不易之理即與
大部並無妨礙請一一明之如謂衆股東爲前總理地
乎湯總理前次電奏明言不受
宮保命令今
宮保爲尚書矣以湯碰碰之性豈肯自言之而自蹈之
即使大衆舉湯總理湯亦不肯總理而進退之權仍在

大部豈不綽綽然有餘裕哉如謂已奉
諭旨遵照奏案辦理則公司適用商律者固歷次奏
案也初與
諭旨不相悖謬且過渡中間辦法亦可體會於
諭旨不言之中適以相成而非相反也況前奉
面諭謂八月廿一奏案當時實畫黑稿又謂此奏爲畫
蛇添足言之歷歷是
宮保明明以此奏爲過當矣今即舉而正之爲他人補

過為自己明心亦屬光明正大況語意渾融與前奏案絶非反對複何憚而不為乎抑更有進者變更法律公司無所適從害及全國匪獨浙人即宮保主持之招商局亦大受其影響宮保不為浙路計亦應為全國計不為全國計甯不自為計乎茲苐等不敢有奢望於宮保祗求為平易可行之事作目前兼顧之計謹為公司具一呈稿輙擬批荅數語奉呈

鈞鑒。如
大部以為可行，弟等俟奉到
批示後，一面暫安人心，一面促公司以進行甬紹路工，
必有把握。如並此區區者而靳之，是
大部有心棄浙路也，亦請
明白批示。弟此次出手，本為調停起見，至此惟有奉
身而退，一任
諸公如何蹂躪人民，人民如何反抗官府，抑或舉

全浙之人束手箝口推所以為弟已寘身事外一
不與聞總之可否一言而定務祈
宮保於月內議決
賜以復音不勝急切盼禱之至弟本擬面陳種切
因衰病不能遠涉勉奉此函由筱莊兄轉達敬啟
勛安統希
垂鑒鵠候
德音不具　愚弟朱福詵頓首

朱福詵致盛宣懷函（一九一二年三月六日）

府學胡同呈
郵傳部大堂
盛大人勛啟
請
示
朱緘
初七早

杏蓀宫保尚書鈞鑒：昨致舍親筱莊一緘，屬其
轉呈，計已仰蒙
詧入矣。洛呈已於初二日遵
諭繕遞，連日詢署候領
批示，聞路政司何司長云此件公事未辦，伏祈
宫保俯鑒實情，即日飭辦，從速發表，弟等奉到
部文即電致南中，令勿輕舉妄動，靜候
大部辦理。緣南中人心惶惶，朝不待夕，非有切實憑

據不能安定衆人，且可以閑執好事者之口，此於
數方面皆有利益也。至　部文決不宣播，使外人知
之，非特不登報紙而已。弟等非敢有所催促，因俗語
有云：夜長夢多。誠恐枝節橫生，將來多費口舌，殊非
代表等對於
宫保之心，用敢迫切直陳，干冒
鈞重，伏積惶灼，肅啓，恭敂
勛安，不具。世愚弟福詵頓首謹啓　初六夜

初七

881

川督署發

THE IMPERIAL CHINESE TELEGRAPH ADMINISTRATION.

Telegrams accepted for all Telegraph Stations in the World

STATION

TELEGRAM Nr. ...... Class ...... Words.

Given in at ...... the ...... 190 ...... H. ...... M. ......

悚遠定胡趙
恩蒙賜將以魚
承乃川主弓毫
第勝愿之內謝
簽弗恍叩月并
保力增道約渡
宮材愈勞大肅
國懼賀執紳札

王清穆致盛宣懷函（節略）（一九一一年三月七日）

照錄蘇路王總理來函 二月十四日到

（上略）迭奉函電並公電名單一紙均悉具仰

諸鄉老惠顧桑梓愛護鄙人之至意曷勝感佩月前

臨時會原為披露同鄉公函討論最後辦法開通一說亦

蘇路死中求活之計畫也

尊論謂蘇路結束必以部收為妥當辦法弟實不敢遽表

同情去冬翼之在京曾與部中談及迄未得其要領南線存
款既不續撥章程又不決𥣞部中明知公司艱困有意留難
道路傳聞有人獻議毘陵云俟一年半載蘇路無術自支部
可乘機攫取今日存款不廢即為異日收路張本雖虛實未
可知默察部中舉動似已早定方針坐是種種公司不得不勉
圖自立冀不為僉壬之言所中股中知其實情者莫不憤激萬

分遂議決撤路局辭退洋工程司並以部款九十五萬作公司
賠償損害之費文電並去部亦杳無消息度可如是已矣亦
存款應有之結果也時至今日無調停之法公司惟視部命
而已北綫辦法會場討論多端卒以投票表決贊成鄙議
者計一千二百五十權及對者計五權公電本屬同鄉名義
股東非股東無從查悉不能加入權數遂照多數通過第籌

畫不易仍須俟四月常會時再付提議然後呈部核辦
諸鄉老既顧念大局不吝賜教應請再將弟所倡議之改
綫借款兩端詳細研究當公司發起之初北線以海開爲正
幹本是弟所主張迨丁未戊申迭次調查方知海州開作商埠諸多
不便且津鎮改爲津浦我之北線較有展布餘地是以股東會決
議先築清徐次修底清並以海清暫歸官辦現在孜察地

勢酌度時宜。以清與津浦南段究嫌距離太近，況此路承開
徐而下，不僅關乎一省，爲規畫東西正幹計，開海不若開通路綫
長短利之厚薄，繫焉蘇路南綫僅一百十二里，加以浙之杭嘉二百五
十里，接軌後即勉敷開支。徐通趙訖計里十倍於滬嘉，將來通過豫
省，上連秦隴新疆，客貨來源遠及數千里，而猶慮無利，當無此理
也。至謂清通一段與運河並行，斷難獲利，此却不然。運河水大水

小皆不能行輪上年北綫轉運材料備極艱困即使鐵路與運河並
行而航業斷不能與汽車爭利況清通綫自高郵以南即趨泰州
固非全與運河並行也路政重要斟酌幹綫不厭求詳開通果能
決定則海清可照原議仍由官辦海徐直綫萬不能行事關一省利害
正不得以郵部曾有奏案遂置不議此改綫應再研究之說也拒款
之論起於東南懲外交之損失發愛國之熱狂一唱百和言之成理當

滬杭甬借款未定時　季老曾倡商借商還之說為家論所不容公司辦事人非樂於借款懼股款之不繼耳迫於公憤踴躍認股內款可恃焉用外資公司之進止視股東為轉移故在曩日有不言拒款而不能者詎部款定議改借為存而商股因之解體追路事進行勢難中止而部款亦復食言人事乖忤恒出意外夫路歸商辦　國家既許之矣中更故款不應手不得已而出於舉債此次

臨時會股東議論相同但能保全商辦使交通事業早日觀成
何損於國家而獨不許之乎以拒款始以借款終言固不順
以商辦始以官辦終言亦不順權其輕重審其利害吾甯借
款而保全商辦也此借款應再研究之說也如有高見祈於
四月以前
賜示以備常會討論資料至為感幸會場紀事已另

寄至望

轉告 諸鄉老部意不測宜求自全迂謬之見尚希

鑒察臨楮毋任結轖（下略） 二月初七日

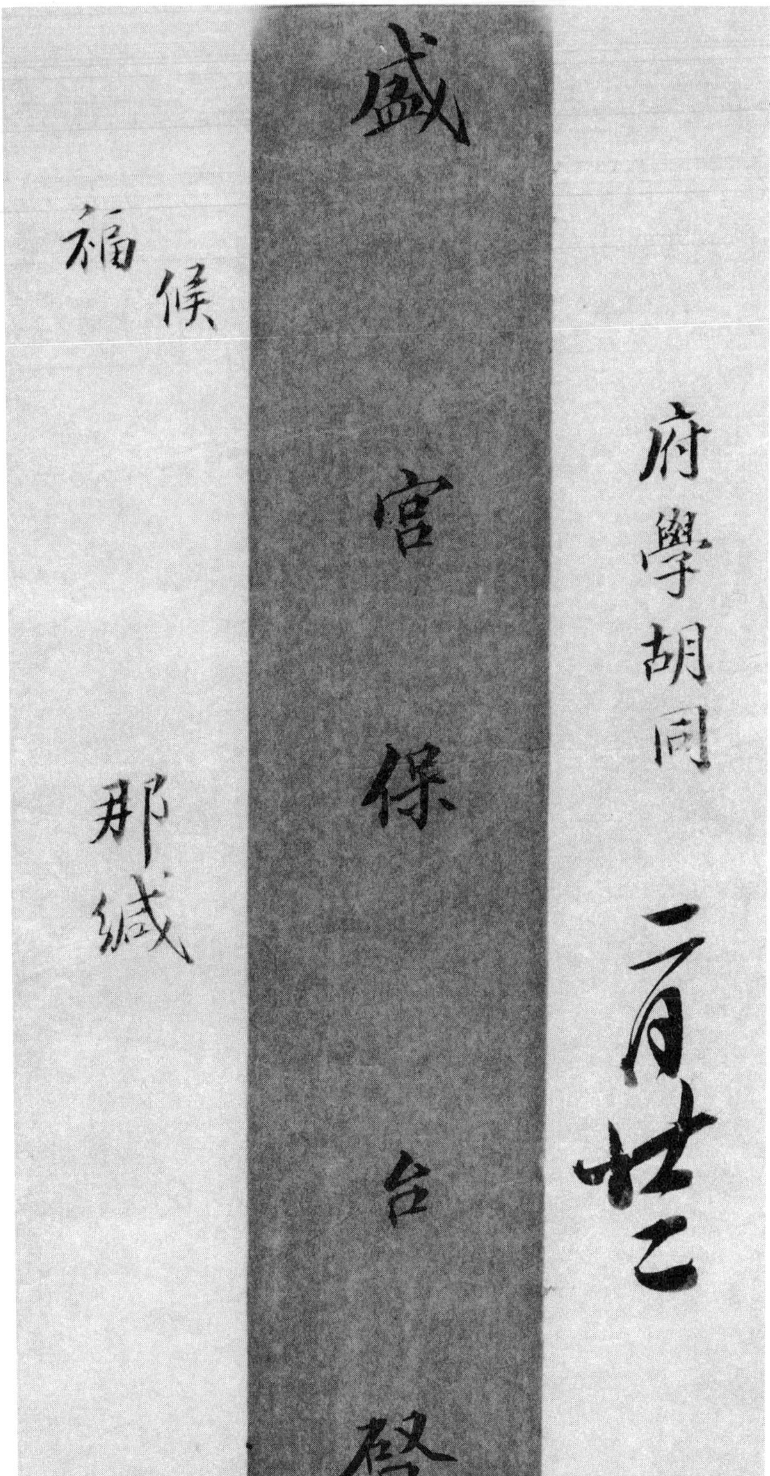
府學胡同　二月廿二

盛宮保台啓

福候

那緘

那桐致盛宣懷函（一九一一年三月二十二日）

杏孫仁兄大人閣下：滬杭甬事現經

蓋籌擘畫，想有眉目。英朱使約明日來

部晤商，近日情形如何，務乞

見示，俾得接洽一切，以為應付之資。感紉

公誼，實無涯涘。敬請

台綏

愚弟那桐頓首 二月二十二日

上那中堂函 二月廿二日

中堂鈞鑒頃奉

尊函敬悉一一滬杭甬事正與英公司代表梅尔思熟商办法使甬徐奏准興造之路得以早成将来即由洛潼以達西安府謂西幹路不致徒託空言且可将滬杭角借款移作甬徐之用使蘇浙路得歸完全商辦消除許多口舌梅尔思索取部函為憑日前已接其復函允為商辦日来經與江浙籌議繳還部借部還之款俟有端

倪郎可約英公司會議開徐借款合同以清轇
葛以上辦法曾將大概面陳
鈞聽仰承
許可但外交未定之局不敢遽行咨商乃該路局
王丹揆摠理等急不可耐竟將英國摠工程司
辭退並不呈商於部已屬非是逕
貴部來咨當已嚴詞詰責昨日梅爾思致伯行侍
郎函稱蘇路局用担文律師函催工程司交出
圖樣並促令離局實有窒礙等語似此野蠻手

段何以折服外人除已派員前往英公司許其
電止外並已函屬許道鼎霖等尅日電令王丹
揆阻止律師催從如再不遵該生枝節惟有會
同
貴部據實奏明辦理是否有當即祈
示復附呈抄件並希
察核敬請
鈞安
晚生盛

盛宣懷致外務部函（一九一一年三月二十二日）

外務部中堂大人鈞座：

敬肅者：頃奉

公函，以蘇浙路員勸撤路局、勸退英總工程司一事，現據英使函詢，本月二十二日到部提議，擬有何項辦法，佈於本公司處，以資因應云云。因查此案先奉

中堂鈞示，即於本日詳細函復，茲特照錄原底奉呈

鑒、即祈

查照核辦爲荷、崇頌敬請

台安

附抄件

那堂

盛　謹肅

二月廿二日

速[illegible]

鐵路亟宜明定辦法昭示天下摺（擬稿）（一九一一年五月）

謹擬路政急宜明定辦法昭示天下
免誤大局而蘇民困並免外人取
笑仍詰責致啓交涉情形恭呈
摺密呈
御覽事
一、路政亟宜明定辦法也。竊查我國興造各
省鐵路以來病在辦事有[illegible]商並未
深究發動之紛歧無一定方針則上下皆
稱無自擾亂大鐵路無為縮
地之良法國與民所利賴於利賴之
中有輕重緩急之分擇路政之

則大綱橫直貫一省或數省者亦遠
達邊防者為幹路自一府一縣接上
幹路者為枝路幹枝互相為用如百
川之章湊江河也合方是為
國計民生兼籌並顧惟省所宜幹路為
國有枝路為民有之一定辦法明白曉諭
使天下人民咸知
國家鐵路政策之所在此後上下官民所遵
庶對於鐵路問題數言可決不致
再如從前之叢病飛群異議紛紜莫
無所適從當此時事日急邊防最為

夫鐵路均歸國有而我分枝路与民已為便民謨於（幹枝相用上下相維推理亦尚順耳 此路政之大綱亟宜明定辦法者一也）
重要 國家不能不提挈東西南
北諸大幹路遲速次第興築則隔
斷之區［……］人民無識不
足責也 以大局論利害間不容髮
唯有仰懇
乾綱獨斷 大局幸甚 在德奧法日本墨西哥諸國
又川漢粵漢兩大幹路應即收回國有 查
粵漢幹路早於光緒二十六年
借美款興造 當時訂定合同後已築
成佛山鐵路三十五里 三水單軌鐵
路六十〇里 及乃三十年春間已收

學堂。張之洞總督湖北時，固執（信王先謙等之言）有司（?）
籌收贖此路之議，堅持（不）辜（?）
已停輟，成議而一時鉅款無著，
遂由駐滬英總領事介紹，向英
屬香港政府息借英金一百十萬鎊，
以收贖粵漢路之用。廣總督原欲
集鄂湘粵三省之力以成此路，
而張之洞固執（?）。原廣總督（?）
時逾兩年，集款無著（粵有利有款而不能，以湘鄂則……）。張之洞不
獲已，仍議借款築造，乃向英
德法三國銀行訂定借款草

合同簽押後正欲入[redacted]告[redacted]因美國援
案捧入皆候陳奏張之洞旋即
病故此事遂一擱已今計自慶續以歲
總忽已閱七年中間波瀾[redacted]起釀
成拒款之風潮此粵漢鐵路之始
末情[redacted]而川漢之集款自光遂
於三十二年春雖是粵漢直
貫三省[redacted]川漢遠[redacted]控西藏實為國家之有關大計必須一有事緩急可恃
[redacted]
[redacted]無論[redacted]
[redacted]
延數千里之幹路非民間集之款

所能成也，[illegible]欲[illegible]毋專年[illegible]年

總握其成，以國家大局論，此兩（此湘鄂川粵漢鐵路亟宜收歸國有者又一也）

路必應收回歸國有也。張之洞

訂借英美德法四國之款，互相牽

制，具有深意。現與該四國銀行

磋議十數次，已（多所補救）彼族無可再讓

步，彼持約詰責，無詞以對

[illegible]

一收回之[illegible]也，擬請明降諭旨，

申明此係國家再三審慎後所定

鐵路政策，[illegible]所有

川粵漢已未動工之路一律收歸國有
其造路已用之款由國家依實發還
照帳據實係路工所用者如數
發還以示體恤各省農民本因此
方今常徵鐵路租股正深嗟怨
從此停止民力為之一舒斷無隨畝擾之理也
彼好事生風之輩將要朝廷
持以堅決當亦不敢顯抗朝命也

給事中臣石長信跪

奏為鐵路亟宜明定辦法昭示來茲免誤大局

而蘇民困恭摺仰祈

聖鑒事竊查鐵路實為交通要政我國幅員廣遠

風氣各殊尤非鐵路聯絡不足以收郵政統一

之效況值時局艱難民生困苦商務衰頹凡一切軍事

實業財政民瘼無一不受交通之影響近年

內外臣工疏陳補救之策咸以大修全國鐵路為

請乃歷覽各省已辦未辦幹路或以款絀而工

程停輟或因虧本而眾股觀望因民間生計
困難集股不能踴躍各省有紳耆自私鄉土
枝枝節節之未能統籌全局長此因循貽誤於國
利民福大有妨礙亦當
朝廷力行憲政注重統一自應以鐵路為當務之急
而規畫線路尤宜貫通南北擬畫一圖謹擬要端
為我
皇上縷晰陳之竊查我國興造各省鐵路其病在
事前並未謀定後動如有一定方針使率土有所

寧區自無擾亂紛歧之弊夫鐵路者為縮地之良法國與民所利賴然利賴之中有輕重緩急之分幹路枝路之別其縱横直貫一省或數省而遠達邊防者為幹路自一府一州接上幹路者為枝路幹枝互相為用如百川之彙於江河今為
國計民生兼籌並顧惟有明定幹路為國有枝路為民有之一定辦法明白曉諭俾天下人民咸知
國家鐵路政策之所在此後上下有所遵循不致再

如從前之羣議龐雜茫無主宰當此時事
日急邊防最為重要
國家若不趕將東西南北諸大幹路迅速次第興
築則強鄰四逼無所措手人民不足責其如
大局何此中利害間不容髮惟有仰懇
乾綱獨斷不再游移查德奧法日本墨西哥諸國
其鐵路均歸國有而我於枝路與民已為優異
況幹枝相輔上下相維於理為順於事猶易
此路政之大綱亟宜明定辦法者一也又查東南幹

路以粵漢議辦最早，光緒廿六年督辦大臣會同湖廣總督等奏准借美款興造，當時訂定合同後，業已築成粵省之佛山三水鐵路一百餘里，廣州至英德幹路亦已購地開工。乃三十年春間，張之洞忽信王先謙等之言，不惜鉅資，徑向美公司廢約，堅持固執，幾至停罷。而廢約後，欲集鄂、湘、粵三省之力以成此路，詎料倏忽數年，粵則有款而紳士爭權，辦路甚少；湘、鄂則集款無着，徒糜局費。張之洞翻然悔悟不獲命雖經議借款築造乃向英德法三國銀行訂定借款草合同簽押後正欲入告因美國援案插入始復陳奏張之洞旋即病故此事遂一擱至今計自廢約以來已閱七載倘若無此翻覆粵漢早已告成亦如京漢已屆十年還本之期矣至川漢集款皆庸取諸田間其款雖有千餘萬紳士樹黨各懷意見上年始由宜昌開工至歸州以東此三百里工程尚不及十分之二三不知何年方能告竣而施典章擅將川路

祖股之所入倒賬竟至數百萬之多此又川粵漢幹路之遺誤延誤亟宜查辦者又一也近來雲貴督臣李經羲議造滇桂邊路於國防尤有關係然不有粵漢幹路自湖南之永州與廣西之全州相接則滇桂路何能自守攷之列強造路無不由腹地造起以達邊陲斷不能使邊路孤立與腹地不相聯貫不特修養之費難籌而防守之兵亦難往援且以日本欲籌造朝鮮之鐵路必先收回其國中民辦之鐵路今我粵漢直貫桂滇川漢遠控西藏實

爲國家應有之兩大幹路，萬一有事，緩急可恃，
故無論袤延數千里之幹路，斷非民間零星湊集
之款所能圖成，即使遲以十年或二十年造成之後，
而各分畛域，僥於有事之際命令不行，仍必以東西
洋之議歸國家收買，此幹路之必歸國有者又也。
國家成法，待民寬厚，維當財政極困難之際，不肯加
賦。四川、湖南現因興造鐵路，斂爲租股名目，每畝帶
徵，以充路款，聞兩省農民正深訾怨，偶遇荒年，追
呼尤覺難堪。但路局以路亡之說驚嚇愚民

遂不得不從川省民力較舒尚能勉強擔負湘民本非饒足若數年之間強偪百姓出此數千鉅萬之重貲而路工一日不完路利一日無著深恐民窮財盡欲圖富強而轉滋貧弱且以幹路歸國有

命下之日薄海百姓必無阻撓之處況留此民力以造枝路其工易成其資易集其利易收使其土貨得以暢行亦以河南之芝麻黃豆歲入數千萬之多民間漸資饒富此枝路之可歸民辦者又一也　以上數端如蒙

皇上俯加採擇應即責成度支部籌集款項並令郵傳部
將全國關係重要之區定為幹線悉歸國有其餘
枝路准由各省紳商集股辦理庶幾緩急輕重不
為倒置民政軍政財政從此皆可挽要以圖關係似
非淺鮮所有鐵路亟宜明定辦法各緣由臣愚昧之
見謹具摺瀝陳是否有當伏乞
皇上聖鑒謹
奏
宣統三年四月初七日

軍機大臣欽奉

諭旨給事中石長信奏鉄路亟宜明定幹路枝路辦法一摺該給

事中所奏不爲無見著郵傳部按照所奏各節妥籌議奏欽此

軍機大臣署名

奏為遵
旨議覆事竊於四月初六日欽奉
上諭給事中石長信奏鐵路亟宜明定幹路枝路辦法一摺該給
事中所奏不為無見著郵傳部按照所奏各節妥籌議奏欽此
仰見
朝廷慎重路政採納羣言之至意莫名欽服竊維辦天下大事難
事必經實驗而後知其難易又必臨機定斷而後免其游移
己故大學士張之洞老成謀國於粵漢川漢鐵路之事計畫

最深幾經試驗乃恍然於書生空論難以實行重定

國家籌款造路之策以赴事機而正從前築室道謀之誤此蓋

有識之士大夫所共諒其苦衷也總之環球大勢皆以趕造

鐵路爲治内禦外之惟一政策我國幅員廣濶欲謀行政之

統一必須路綫之交通又况天富中原饒於地利若無鐵路

之風馳電掣朝發夕至則數萬里之膏腴沃壤何以保全利

益鞏固邦基然欲造路縱横四達則非

國家出以全力斷難辦到聞德國於數十年前民間亦欲造路

而聚訟多年一路未成該政府洞見國家如此重大要政將

為民間牽掣所誤於是毅然定策悉歸國有不久即四通八
達碁布星羅今日德國餉源之最大者即鐵路進款是也此
誠可為中國前事之師矣近年以來邊防日亟疆臣輒以籌
造邊陲鐵路為救國第一策然欲修邊路必先通腹路若不
有腹路徵調之神速何以固邊路之防護不有腹路營業之
進款何以供邊路之修養今我置内地幹路為不急之務而
欲侈談國防是何異建高樓而不墊平地濬百川而不探河
源也查各省商辦鐵路自批准之後苟能隨時集款隨時興
工則六七年來亦必已有成就雖終不能化門户鄉土之見

他年再援日本之例買歸國有亦何不可而無如經理之人
或植黨以營私或蹈虛不務實集茲鉅款已由閭閻搜括而
來乃猶不免虛糜坐耗甚至侵挪倒帳失之於董司之手者
仍必索之於小民此皆苦於當局者程度不足副其責成以
致路工濡滯耗費浩繁皆出於意料之外不知鐵路不能完
工則所入必不敷所出遑論股分之息是欲利地方而適所
以害地方也該給事中所奏利害間不容髮者速成之利國
與民共之延誤之害實亦國與民共之也
諭旨嘉其不為無見臣等謹按原奏各節皆屬詳盡而其要尤在

幹路收歸國有迅速籌辦枝路則仍可由商民量力辦理此
為要領臣部經與外務部度支部王大臣再四面商意見相
同惟從前批准商辦各案並不分别幹路枝路且有已定官
辦而又續准商辦又有已定商辦而又續改官辦更有一幹
路而使官商錯雜其間不特將來路政無以收統一之效即
目前馭下亦未免軒輊實不足以成政策如該給事中所奏
國計民生兼籌明定統一辦法似不可再事因循應請
聖明裁斷並懇
明降諭旨曉示天下俾臣民共知遵守所有遵

旨議覆緣由是否有當伏祈

皇上聖鑒訓示謹

奏

宣統三年四月十一日具奏

再光緒三十四年五月二十日奉

上諭鐵路為交通大政利商振災運兵轉餉以及開通風氣振興實業胥賴乎此近年來各省官辦鉄路皆能尅期竣工成效昭著而紳商集股請設各公司奏辦有年多無起色坐失大利尤礙交通著郵傳部遴委妥員分往各路確實勘查各路工程應分幾年告竣公司股本能否按年接濟一面妥擬辦法嚴定期限倘所集股資不敷尚鉅或各存意見即由該部會同該管督撫另籌辦法等因欽此當由臣部派員查勘據實奏明在案又查接管卷内是年

六月奉

上諭大學士張之洞兼充督辦粵漢鉄路大臣欽此十一月該大學

士奏湖北湖南路工緊要請調員来京議定借款十二月奉

上諭張之洞兼為督辦鄂境川漢鉄路大臣欽此宣統元年六月

草合同簽字名為川粵漢鉄路四國銀行借款數至英金六

百萬鎊八月二十四日奉

上諭粵漢鉄路鄂境川漢鉄路事宜着歸郵傳部妥協接辦欽此

臣部自接辦以来見諸湖南巡撫及両省京官以籌款有著

力陳廢約情形奉

旨交臣部知道者前後七次外務部轉到英德法美以張之洞係
國家代表草約已畫即為成議催定正約者前後文咨不下十
餘次所持之說大相逕庭臣部與外務部屢次熟商對內對
外迄無兩全之策近日四國駐使照會外務部允將枝路不
包括在內此項正合同簽字之期毋庸再行延擱等語由外
務部咨行臣部從速核復惟查臣部上年二月批准湖北京
官設立公司招股立案四月照會湖南公司嘉許進行均經
知會外務部有案本年三月十四日湖南巡撫電奏又堅持
拒款奉

旨郵傳部知道欽此欽遵臣部詳核案由尚屬兩歧若不將前案

先行取銷則借款合同似難簽字除咨復該部查核外事關

大局勢難久延究應如何辦理之處理合附片密陳伏乞

聖明一併裁奪施行謹

奏

盛宣懷所擬關於鐵路路政之諭稿（一九一一年五月九日）

閱看

中國幅員廣闊，邊疆遼遠，袤延數萬里，程途動需數
閱月之久。朝廷每念邊防，輒勞宵旰，欲資控禦，惟有
速造鐵路之一策。況憲法之諮謀，軍政之徵調，土產
之運輸，交通便利，
得有東西南北大幹路，然足以資行政而握中央
之樞紐。從前規畫不□一定辦法，枝枝節
節，因循生誤，以致國家路政錯亂紛歧，不分枝幹，不
量民力，一紙呈請，輒行批准，商辦乃數年以來，
商民受其害

[illegible]

明白曉諭昭示天下幹路均歸國有定為政策所有

東西南北諸大幹悉由國家籌辦枝路仍聽商民

呈請酌核辦理[illegible]所有宣統三年以前各省分設公司集股

商辦之幹路[illegible]延誤已久[illegible]斷難再[illegible]

漢粵川[illegible]家收回[illegible]除枝路仍准商民量力[illegible]

從前批准[illegible]一律取銷應如何收回之詳細辦法著度

支部郵傳部[illegible]此旨悉心籌畫迅速

請旨辦理毋得依違瞻顧[illegible]如有不顧大局故意擾亂路

政煽惑抵抗即以違制論將此通諭知之

宣統三年四月十一日奉

上諭郵傳部奏遵議給事中石長信奏鐵路亟宜明定幹路枝路辦法一摺等因欽此

四月十一日内閣奉

上諭郵傳部奏遵議給事中石長信奏鐵路亟宜明定幹路枝路辦法一摺所籌辦法尚屬妥協中國幅員廣闊邊疆遼遠袤延數萬里程途動需數閱月之久朝廷每念邊防輒勞宵旰欲資控禦惟有速造鐵路之一策況憲政之諮謀軍務之徵調土產之運輸胥賴交通便利大局始有轉機熟籌再四國家必得有縱横四境諸大幹路方足以資行政而握中央之樞紐從前規畫未善並無一定辦法以致全國路政錯亂紛歧不分枝幹不量民力一紙呈請輒行批准商辦乃數年以來粤則收股及半

造造路無多川則倒帳甚鉅參追無著湘鄂則開局多年徒資
坐耗竭萬民之脂膏或以虛糜或以侵蝕恐曠時愈久民累愈
深上下交受其害貽誤何堪設想用特明白曉諭昭示天下幹
路均歸國有定為政策所有宣統三年以前各省分設公司集
股商辦之幹路延誤已久應即由國家收回趕緊興築除枝路
仍准商民量力酌行外其從前批准幹路各案一律取銷至應
如何收回之詳細辦法著度支部郵傳部凜遵此旨悉心籌畫
迅速請旨辦理該管大臣毋得依違瞻顧一誤再誤如有不顧
大局故意擾亂路政煽惑抵抗即照違制論将此通諭知之欽此

鐵路為交通要政我國幅員廣遠風氣各殊大非鐵路映絡不足以收行政統一之效況值時局艱難民生困苦商務衰敝凡一切軍事實業財政任何無不受交通之影響近年內外臣工疏陳補救之策咸以大修全國鐵路為請乃歷覽各省已成未成等路或以款絀而擱工或因爭辦而停息因困民間生計困窘集股不能踴躍亦由各省紳耆自私鄉土之見未能統籌全局長此因循實於國利民福大有妨礙若非朝廷力行憲政注重統一自應以鐵路為當務之急而視盡幹線大宜實通籌此核要以圖一應即著郵傳部將全國關係重要之區定為幹線收歸國有其餘枝路仍准由紳商集股辦理一應國有幹線並由該部會同度支部籌定辦法剋日興工副朝廷振興路政之至意

度支部、郵傳部致瑞澂、張鳴岐、王人文、楊文鼎電（原稿）

（一九一一年五月十日）

電湖廣總督瑞　兩廣總督張　護理四川總督王

湖南巡撫楊

奉

諭旨幹路收歸國有定為政策所有宣統三年以前

商辦各案一律取銷等因除全錄電咨前處並

行知各路公司總協理外查川漢粵漢皆屬幹

路遵

旨會議收回詳細辦法尚需時日應請貴[督撫]迅速遴

派大員前往該鐵路公司查明商辦已成之路

及已造未完之路各若干已用之款若干現存

材料及銀兩各若干迅速電復一面冊咨以憑

會議詳細辦法請

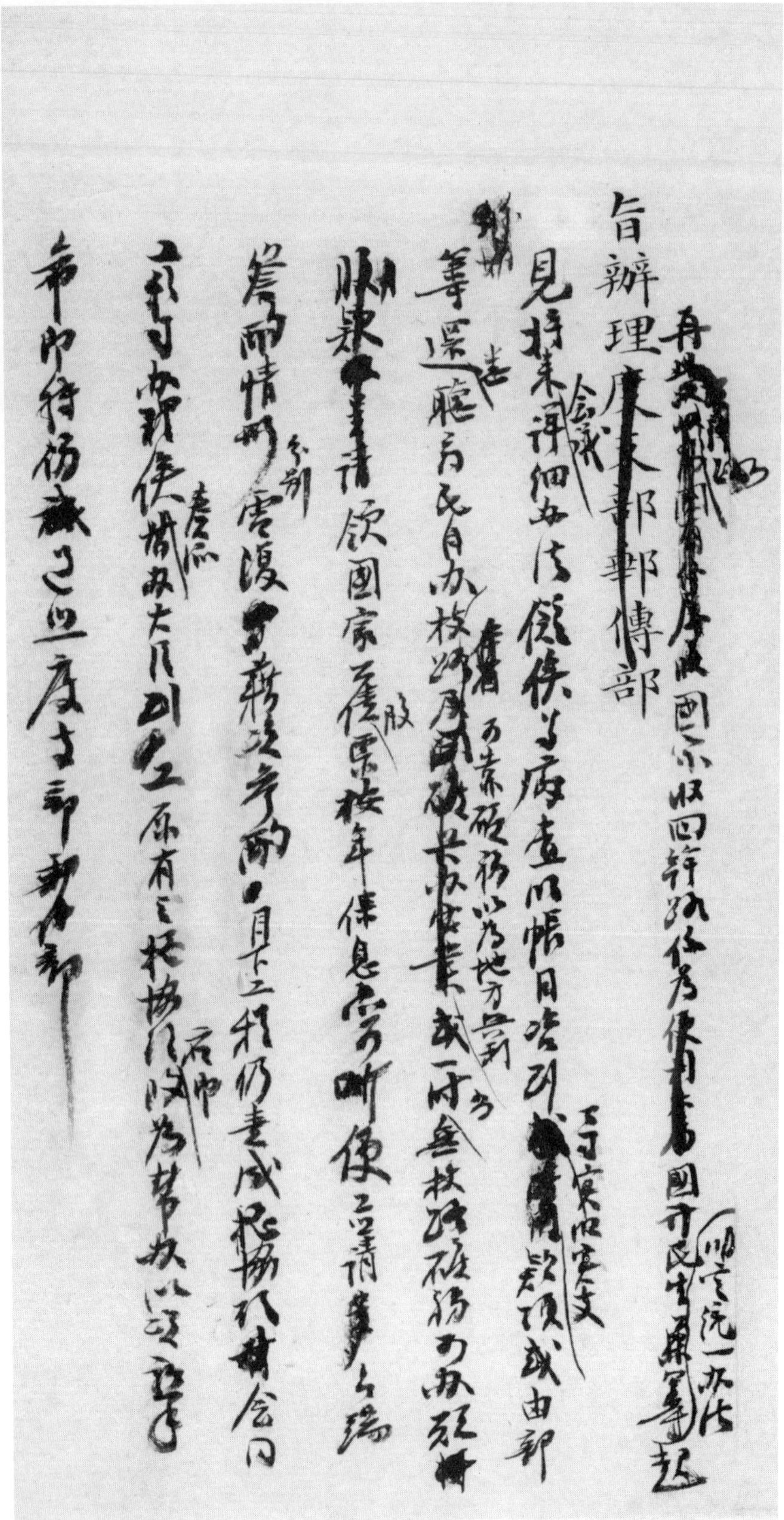

度支部、郵傳部致瑞澂、張鳴岐、王人文、楊文鼎電（原稿）
（一九一一年五月十日）

電武昌湖廣總督瑞　廣州兩廣總督張　成

都護理四川總督王　長沙湖南巡撫楊

昨奉

諭旨幹路均歸國有定為政策所有宣統三年以前

商辦幹路各案一律取銷應如何收回之詳細

辦法著度支部郵傳部悉心籌畫迅速請旨辦

理等因除全錄電咨並行知各路公司外查川

漢粵漢皆屬幹路遵

旨會議收回詳細辦法尚需時日應請貴督撫知會該

度支部、郵傳部致瑞澂、張鳴岐、王人文、楊文鼎電（滕抄稿）
（一九一一年五月十日）

鐵路公司毋庸停工以免夫役分散原用員司
一概仍舊並請迅速遴派大員前往該公司查
明商辦已成之路及已造未完之路各若干已
用股款若干現存材料及銀兩各若干迅速電
復一面册咨以憑請
旨辦理再國家收回幹路係為國計民生兼籌明定
統一辦法起見將來會議詳細辦法擬俟尊處
查明帳目咨到公司實收實支款項或由部籌
還悉聽商民自辦枝路及可靠礦務或一時尚

無枝路礦務可辦顧領國家公債股票按年保
息分期歸本亦可聽便並請台端詧酌情形分
別電復藉資參酌目下工程仍責成總協理及
工程司辦理俟奏派督辦大臣到工並循舊案
會同督撫趕辦原有之總協理或可酌量改為
幫辦以資熟手希即轉飭遵照度支部郵傳部文

盛宣懷致朱福詵函（一九一一年五月十二日）

朱桂卿去函 四月十四日

桂卿仁兄大人閣下頃奉
手示敬悉幹路國有時局如斯談何容易
惟川粵漢等路遲遲吾行民力尤不能恃
此朝廷不得已而出之斷非所論於枝路
從此枝路民有更無疑義蘇杭首屈一
指弟所力主廢約愈不能緩乃議者多以
公司存款未能赶期清繳爲慮與外人交
涉一經定議斷難刻緩交通銀行爲義善

源所累無力匡助是用遲疑靜候
尊處催齊存款公呈到日即當與英公
司訂期論定也復請
台安
聞經手大董事[孫虞]欲挪鉅款確否乞即
密示慰念為盼
尊方極感極佩麻黃與石膏同用能不致
動血否賤恙只此二味未吃過鳳老甚勸服
他人則阻之便中附示

楊文鼎致盛宣懷電（一九一一年五月十五日）

長沙楊中丞來電 四月十七日

湘路自奉改歸官辦後群情憤激全體譁譟連日開會聚議詞極激烈不可理喻不能勢禁文鼎竭力勸諭允爲代奏乞恩力戒暴動現雖暫時解散而人心終難平靖此間民情本囂自去年之變匪徒輕視時刻生心現又值粤省亂事地方戒嚴更慮伺隙思逞

倘聚衆要挾牽動下流社會藉端滋鬧必釀大患文
鼎有守土之責實不敢擔此責任俟各代表具呈即
當據實陳奏鄙意擬求鈞部先行電飭公司畧云該
公司所籌經費既係的款具見商情踴躍自應一切
仍舊辦理亦不另派員司及工程司將來應候督辦
大臣進止以昭同軌畫一之制等語俾可暫安人心

蓋無論官辦商辦此路均屬國有現值衆情洶洶之
時惟有設法轉圜徐圖就範若操之過急禍患立致
事機危迫謹先密陳籌商辦法立候賜覆禱切盼切
餘函詳鼎叩篠

寄湖北瑞制軍電

儉帥来電湘人反對幹路國有請一切照舊

辦理不知湖北湖南借款係張中堂與四國

簽定

旨交郵部近日四國公使至

慶王府立偪照辦在部權不過照議辦理

本難更改軍機中堂所奏定之約今將原合同
内枝路刪去改歸民辦實已費盡口舌此宜
揭明者一若照張中堂原定之辦法川粵兩省
本可暫緩國有政府恐湘鄂藉口何獨厚
於川粵而可民辦故作一次頒布此宜揭明
者二湘省援辦田捐名曰租股又收通省房

捐名曰房服實則湘民困苦不及川中饒富

而況米捐鹽捐房捐累上加累政府擬為飭停

川湘租服以恤民艱而暫准收米捐鹽捐以

興實業實係變困民而為裕民之策此宜

揭明者三

粵漢各段趕於限三年接通十年准分還本與京漢同商民均准附股

與國同受利益此宜揭明者四時局甚危不有借款何能救急

上意甚堅內閣會議後即當復奏詳細辦法

朝廷勢難反汗致礙
君權大局惟經手紳士造言生路擾亂人心街談巷議難免激生事
端修帥湘撫頗覺難支公望公才務請預籌抵制
勿致燎原並希授意湘撫或預派得力人員
以資鎮懾是為至要

武昌瑞制軍去電 四月十八日

倏帥來電湘人反對幹路國有請一切照舊辦理不知湖北湖南借款係張中堂與四國簽定
旨交郵部近日四國公使至外務部立請照辦在部權不過照議辦理本難更改軍機中堂奏定之約今將原合同內枝路删去改歸民辦實已費盡口

舌此宜揭明者一若照張中堂原定辦法川粵兩
省本可暫緩國有政府恐湘鄂藉口何獨厚於川
粵而可民辦故作一次須布此宜揭明者二湘省
援辦田捐名曰租股入收通省房捐名曰房股實
則湘民困苦不及川中饒富而況米捐鹽捐房捐
累上加累政府擬先飭停川湘租股以恤民艱而

暫准收米捐鹽捐以興實業實係變困民而為裕
民之策此宜揭明者三粵漢分段趕辦限三年接
通十年准可還本如京漢同商民均准附股與國
同受利益此宜揭明者四時局甚危不有錢路何
能救急
上意甚堅內閣會議後即當復奏詳細辦法朝廷勢

難反汗致礙君權大局惟經手紳士造言亡路搖
惑人心難免激生事端儉帥頗覺難支公望公才
務請預籌抵制勿致燎原並希授意湘撫或預派
得力人員以資鎮懾是爲至要宣嘯

長沙楊中丞

寄孫房憲帥改

寄湖北瑞制軍電 四月十八日

俊帥來電湘人反對幹路國有請一切照舊辦理不知湖北湖南借款係張中堂與四國簽定

旨交郵部近日四國公使至慶王府立偪照辦在部權不過照議辦理本難更改軍機中堂奏定之約今將原合同內枝路删去改歸民辦實已費盡口舌此宜

盛宣懷致瑞澂電（第三稿）（一九一一年五月十六日）

揭明者一若照張中堂原定辦法川粤兩省本可暫
緩國有政府恐湘鄂藉口何獨厚於川粤而可民辦
故作一次頒布此宜揭明者二湘省援辦田捐名曰
租股又收通省房捐名曰房股實則湘民困苦不及
川中饒富而況米捐鹽捐房捐累上加累政府擬先
飭停川湘租股以恤民艱而暫准收米捐鹽捐以興

實業實係變困民而為裕民之策此宜揭明者三粵漢分段趕辦限三年接通十年准可還本如東漢同商民均准附股與國同受利益此宜揭明者四時局甚危不有鐵路何能救急
上意甚堅內閣會議後即當復奏詳細辦法
朝廷勢難反汗致礙

盛宣懷致瑞澂電（第三稿）（一九一一年五月十六日）

80

君
權叔雨惟經手紳士遽以言路擾惑人心難免激生事
紳士中若有明白之人仍宜切實開導亦可免要激以安閭閻
端俟帥顧覺難支公望公才務請預籌抵制勿致燎
原並希授意湘撫或預派得力人員以資鎮懾是為
至要宣懷

武昌瑞制軍來電 四月十九日

嘯電敬悉。幹路收爲國有，此澂素所主張。來電所揭明四端詞意明切，佩甚。鄂省自奉旨及准部電後，即已電商粤川湘酌定查帳辦法，除粤川省公司各遝派員調查外，鄂省川粤漢鐵路局商辦鐵路公司已札派勸業道往查。湘省公司已由湘撫會銜札派王道銘忠。宜昌有川路公司，則同川督派員往查，俟稟復到後即摘要電聞。湘民無識，聚議反對，湘撫因此事先後共來兩電，云羣情憤激，已允代奏乞恩設法解散澂當以宣布枝路仍爲商民所有屬即協商士紳剴切諭導如有暴動即遵煽惑抵抗以違旨論之旨嚴重對付復之頃得巧電云現責成正紳曉以利害衆漸知晤當可徐圖安靖至代奏一節俟代表具呈到後必上奏亦必奉旨申飭若輩見撫臣已受申飭無可藉口久則勢散氣涣不難就範云似此情形湘撫以不沸輿情爲宗旨亦是急脉緩受辦法澂現以尊電揭明四端轉電湘撫並電藩學兩司關道責成商承湘撫妥密布置以免再有煽惑抗議之舉澂一得湘耗當即飛電商辦似可不另派員以免任事者轉多瞻顧既承指示用特瑣陳瑞澂叩效

寄長沙楊中丞電 四月十九日

篠電悉湘路反對國有請一切照舊辦理不知湖北

湖南借款係張中堂與四國簽定

旨交郵部近日四國公使至外務部立請照辦在部權

不過照議辦理本難更改軍機中堂奏定之約今將

原合同内枝路刪去改歸民辦實已費盡口舌此宜

揭明者一若照張中堂原定辦法川粵兩省本可暫緩國有政府恐湘鄂籍口何獨厚於川粵而可民辦故作一次頒布此宜揭明者二政府擬先飭停川湘租股以恤民艱而暫准收米捐鹽捐以興實業實係變困民而為裕民之策此宜揭明者三粵漢歸督辦大臣分段趕辦限三年接通十年准可還本商民均

准附股與國同受利益此宜揭明者四時局甚危不
有錢路何能救急
上意甚堅内閣會議後即當復奏詳細辦法
朝廷勢難反汗致礙
君權紳士中必有明白人似宜切實開導承先電諭謹
以密聞宣效

長沙楊中丞來電　四月二十日

兩效電敬悉湘路事聞衆萬餘譁譟滋鬧鼎允為代奏立刻解散此本救急權宜辦法否則早已釀成大亂風潮必較前年為劇現在一面責成紳士勸導彈壓一面布置軍隊保護外人一面出示禁發傳單如有匪徒滋事格殺勿論近日衆漸畏悟已無擾亂情

形係各代表具呈當為繕摺代奏不著一字以杜藉
口如奉旨申飭亦所甘受倘竟因此獲譴去官豈不
更好湘非福地早去為幸此事發動極烈必先使其
解散日久則若輩氣衰勢渙不難就範所謂急脈緩
受剛柔互用也公以為何如仍乞教之鼎號

郵傳部接辦粵漢川漢鐵路借款合同磋商定議摺（一九一一年五月二十日）

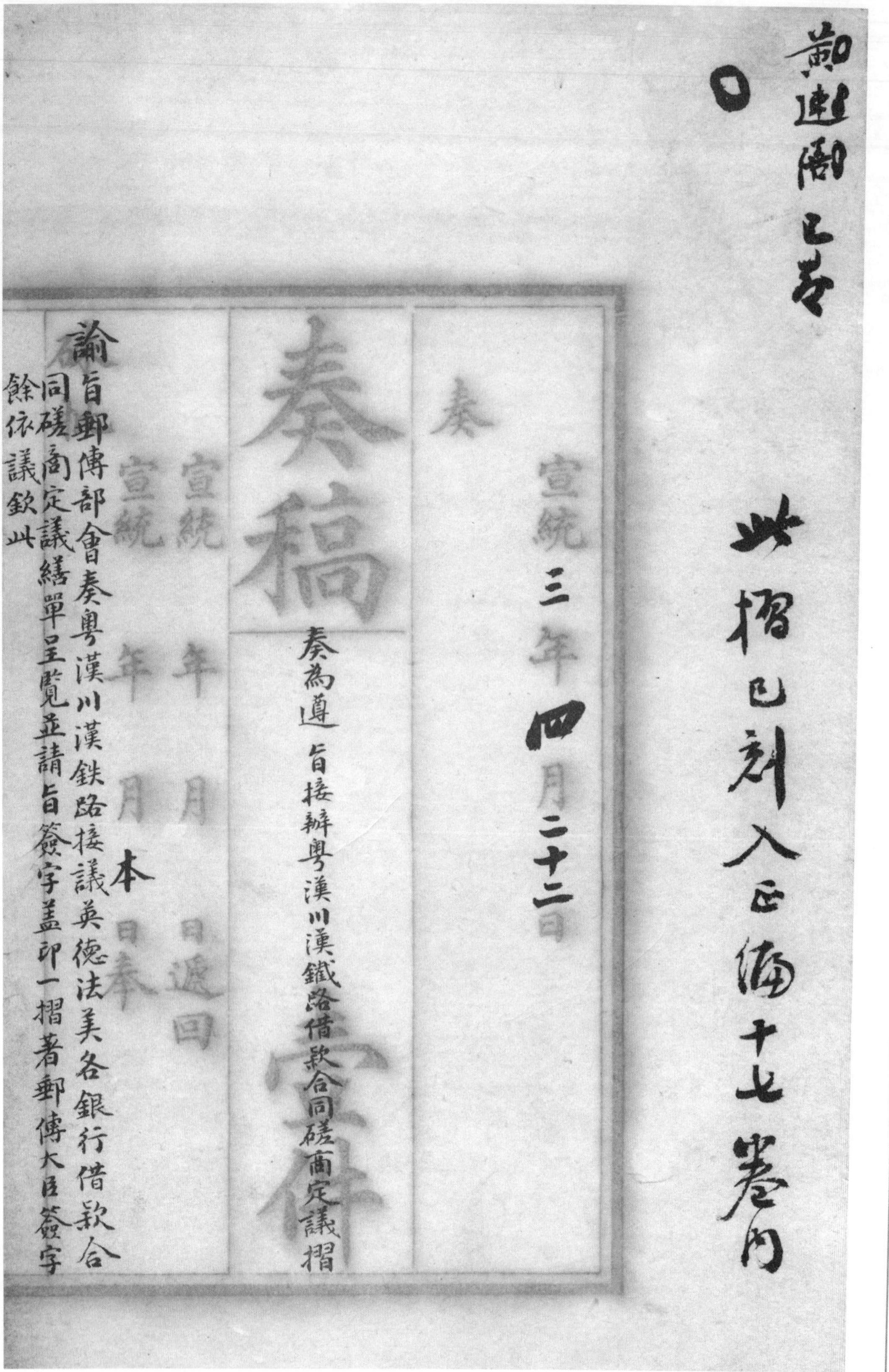

鄭遞閣已存

此摺已刻入正編十七卷內

宣統三年四月二十二日

奏

奏稿

奏為遵旨接辦粵漢川漢鐵路借款合同磋商定議摺

壹件

宣統 年 月 日遞回

宣統 年 月 日奉

本

諭旨郵傳部會奏粵漢川漢鉄路接議英德法美各銀行借款合同磋商定議繕單呈覽並請旨簽字蓋印一摺著郵傳大臣簽字餘依議欽此

奏為遵
旨接辦粵漢川漢錢路借款合同磋商定議恭摺會
陳仰祈
聖鑒事宣統元年八月二十四日欽奉
諭旨粵漢錢路鄂境川漢錢路事宜著歸郵傳部妥

協接辦欽此臣等查前大學士張之洞於光緒三十
四年十一月十六日奏明詳察目前時勢參以
津浦鐵路借款章程條款並無流弊英公司經
理人來京與臣定議已派令曾廣鎔高淩霨來
京與該公司面議鄂湘兩省借款條規大約不
過廿日即可定議已與湖廣總督陳夔龍湖南

巡撫岑春蓂商妥等語奉
旨依議欽此該大學士任内已定之借款草合同係
於宣統元年四月簽字未及陳奏旋即患病開
缺兩年以來各省拒款延擱至今而英德法美
四國銀行屢至郵傳部催辦及本年該四國駐
京使臣照會外務部均傳述各銀行之言以張

之洞係國家代表草約已畫即為成議催促實
行外務部郵傳部幾至無言可答（難於應付）臣等又查該
鐵路倘若不歸國有取銷舊案則商民籌款辦
工亦必延宕本年四月十一日欽奉
諭旨郵傳部奏粵漢鐵路鄂境川漢鐵路借款正合
同勢難久延請將該部批准前案取銷等語著依

議欽此臣宣懷遵即按照草合同與英德法美四
銀行代表再四磋磨原議五厘息九五扣借款
英金六百萬鎊一為贖回前美國合興公司發
售金圓債票約計五十萬鎊一為建造官錢路
幹綫由湖北省武昌府起經岳州長沙至郴州
宜章縣為止又為建造幹綫由廣水起經襄陽

荊門州至宜昌為止並又將原議建造枝路自漢
州止今改議將漢荊枝路之
陽府起至荊門六百里刪除以分枝幹界限又並因
宜昌以上山路崎嶇非用專門洋工程司不能
妥速議將宜昌至夔州難工約六百里抵補截
去之漢荊枝路其建造工程自實在開工之日起
限三年造竣惟宜夔路綫艱難期限准其稍長

此合同畫押後六個月內在武昌長沙廣水宜昌四處同時開工以赴幹路速成之宗旨又原議建造工程如有不敷則向銀行續借洋款其利息條款仍照現時合同而價值須九四五扣且須另加抵押之餉源今改議如不敷續借照本合同條款續售第二批債票毋庸多扣亦毋庸

再加餉源抵押其數不逾四百萬鎊惟因不加
抵押年限須改四十年仍訂明十年後無論何
時均可還清第十七年以後仍無須加二鎊半
則雖稱四十年之限仍與二十五年之限毫無
分別又原議本合同第二款所言之鐵路將來
或以為有益或以為須造枝路如須用外國資

本則先儘銀行等商辦今改議為第二款所言之
鐵路如欲展長先以中國款項自行建造如須
借外國資本倘銀行等所給之條款利益不少
於別家則先儘銀行等商辦又原議或在中國
或在外國所存鐵路款項皆須存於匯豐德華匯
理各銀行今改為照淨數一半存於郵傳部所

指之交通銀行或大清銀行又原議於購買材
料皆注重外國即鋼軌大宗亦言明一半購買
承辦借款之國今改為鋼軌及附件皆應自行
製造供用以及購買中國材料皆不給用錢其
外洋材料須由郵傳部遴聘專門工程司驗看
此項貨物又原議附件內甚言津浦錢路原訂

合同最為詳善允准酌照辦理因語涉籠統太無限制已莫
如將此附件刪除以上各節磋商數月會晤不持
迄及二十次辯論不止數萬言於原約稍可力爭
者舌敝唇焦始得挽回數事實已無可再爭至
於將來造路之遲速用款之繁簡駕馭工程司
之疎密寬嚴是在督辦大臣之挈領提綱及所派各

路總辦之精核勤察謹將接議合同二十五款
繕具清單恭呈
御覽應否即由郵傳部臣簽字蓋印請
旨遵行再此摺例由郵傳部主稿臣等再三會議意
見相同所有借款草合同實係宣統元年四月
簽字其時資政院尚未開辦現在正合同係遵

奉
諭旨著歸郵傳部接辦之案並非目下始行定議惟
此項借款將來如何用法甚關重要自應由郵
傳部會同度支部屆時分造各項表冊即交資
政院議決合併聲明所有接辦英德法美各銀
行鐵路借款緣由理合恭摺會陳伏乞

皇上聖鑒訓示謹
奏

宣統三年四月二十二日

總理大臣奕

協理大臣那

協理大臣徐

度支大臣載

郵傳大臣盛奏

附：湖北湖南兩省境内粵漢鐵路、鄂境川漢鐵路借款草合同（一九〇九年六月）

張中堂四國借款草合同

湖北湖南兩省境内粵漢鐵路鄂境川漢鐵路
借款合同
此合同係宣統元年四月　日即西歷一千
九百零九年六月　號在北京訂立其訂立合
同之人一係
欽命督辦粵漢鐵路兼鄂境川漢鐵路大臣大學士張　已

奉

旨允准訂立合同一條上海德華銀行
倫敦匯豐銀行會同巴黎東方匯理銀行

此後名為銀行等茲議訂條款如左

第一款

中國國家准銀行等籌五釐利息金鎊借款數目

係英金五百五十萬鎊此借款係宣統元年四

月　日訂定名為
中國國家湖北湖南兩省境内粤漢鉄路鄂境川
漢鉄路五釐利息借款
第二款
此借款指明係為籌備資本一為將比國現存
前購合興公司為

中國國家所出虛價小票計美金二百二十二萬
二千元及此票應付之利息又每一百金元加
二元半全數贖回一為建造湖北湖南兩省境
内粵漢鐵路幹綫鄂境川漢鐵路幹支兩綫官
鐵路之資本其數目係粵漢路用二百五十萬
鎊川漢鐵路用二百五十萬鎊收回比國金元小票

用五十萬鎊如收買比國票價不及五十萬鎊
所餘之數全撥歸粵漢路借用其粵漢路幹綫
係由武昌至岳州由岳州經長沙至郴州屬境
湖南南界接連廣東省所造之粵漢路綫止共
長約一千八百里約合九百佮羅邁當此後條
款均稱湖北湖南兩省境内粵漢鐵路其川漢

路幹綫係由宜昌經荆門州達襄陽至廣水或附近廣水之處接連京漢幹路止支綫係由荆門州經沙市至漢陽止此幹支兩綫共長約一千六百里約合八百啓羅邁當與此項條款均稱鄂境川漢鐵路其勘量路綫均由督辦大臣核定其贖回比票辦法應由

中國國家將此情由傳知持票人由銀行等以預
備贖票之款照數交付該票一經贖回立即作
廢呈交與
中國國家該金元小票交還之後由督辦大臣行
文外務部郵傳部暨鄂湘粵三省將前送盛大
臣與合興公司所訂以粵漢鐵路作抵押之語

全行註銷俟註銷後仍函知銀行等

第三款

所備之資本除第二款内載贖回金元小票所需用款外其餘借款進項專為建造以上指明各鐵路購辦地段車輛及一切應配物料并經營行車又於造路期内付還借款利息均在其

内其建造工程自實在開工之日起估計約需
四年造竣其開工日期於此合同畫押後不得
延至六箇月外該銀行等亦於尚未出售債票
之前預備五十一萬鎊知會督辦大臣如有需
用款項之時或測量路綫或建造工程或訂購
材料聽其或在歐洲或在中國提用作為銀行

等代墊出售債票進款此五十一萬鎊全數或
任實在提用之數并其利息均由出售債票進
款儘先扣除其利息常年不得過六釐為贊助
大臣不需用此款即可不提用亦不給利息
第四款
此借款利息按虛數常年五釐由

中國國家交付或由借款進項或由別款交付嗣

後先由各該銕路進款交付次由

中國國家以為合宜之別項進款交付每半年按

照此合同附表數目日期於十四日前交付一

次

第五款

此借款除後開之第六款詳載外以二十五年
為期自訂定借款之日起至第十一年起還本
每年應付還銀數由各該鐵路進項或由
中國國家以為合宜之別項進款交付每半年按
照此合同附表數目日期於十四日前交付銀
行等一次

第六款

由訂定借款之日起至第十年後無論何時若

中國國家欲將借款全數清還或欲先還合同附

表所載未到期之數若干均可照辦第十七年

未滿以前照債票上數目加價二鎊半即係每

一百鎊債票一張還一百零二鎊半至第十七

年滿後無須加價惟每次預還若干
中國國家應於六箇月之前用公文知會銀行等
其預還之數照借款拈帖內載拈鬮日期多加
拈鬮次數

第七款

每年應還本利除第四五兩款詳載外照此合

同附表數目日期由督辦大臣或在上海或在
漢口以上海規元或漢口洋例紋銀交付該銀
行足數在泰西交還金鎊其鎊價與該銀行等
同日訂定又可於還本利期前六箇月內無論
何時皆可隨便同時訂定此所還之本利可以
交付金鎊若

中國國家遇有金鎊實在存在歐洲欲提用交還本利亦可用金付還但不得為此故由中國匯去每年付還借款之本利銀行等於每百兩計收用銀二錢五分作為經理費用

第八款

此借款本利

中國國家承認全還若各該鐵路進項或及借款進
款不敷全還本利之數督辦大臣奏明由
中國國家設法以別項款項補足按期交付銀行
等清還本利
第九款
此借款本利以下列之款作保

湖北省百貨釐金每年關平銀約二百萬兩

湖北省川淮鹽局江防經費每年關平銀約

四十萬兩

湖北省川淮鹽新加二文捐每年關平銀約

三十萬兩

湖南省百貨釐金每年關平銀約二百萬兩

兩湖賑糶捐鄂款每年關平銀計二十五萬兩

湖南鹽道庫正釐每年關平銀計二十五萬兩

以上釐稅不得牽連他項進款若本利照常交

付不得干預各該省之釐稅倘若到期本利欠

付除展緩公道時日外即應於各該省釐金及

其他合宜稅項內撥足上開數目交與海關將

理以保執債票人之利權嗣後若再有抵該兩
省之釐稅總以此次借款本銀利息儘先償還
此借款或全未還或未還清之先倘有用該兩
省釐稅借抵他款用付本利一切事宜不得訂
明在此次借款之前亦不得訂明與此借款平
行辦理并總不得令此借款以該兩省釐稅逐

年抵還之質保有所窒碍減色將來若再訂立
抵以上所言該兩省釐稅之借款務於合同內
載明所有應付還本利等事俱在此次借款之
後辦理等語除此合同所載第二款比國現存
合興公司小票贖回以後此借款未還清以先
不得將各該鐵路及其收款抵押他款此款未

還清以前倘遇
中國國家議定修改海關稅則減免釐稅現在議
明不得因此借款係釐稅抵押而阻止修改減
免稅釐但若將此次所指釐稅減免則應先
向銀行等商明務於新增洋稅內如數撥足補
抵借款

第十款

此借款全數准銀行等印發金債票其數目由銀行等酌定其式樣文法由銀行等商同督辦大臣或中國駐德英法出使大臣酌定督辦大臣簽字之名及其關防均摹刻於上以省其親自畫押之煩惟中國駐德或駐英或駐法出使

大臣於債票發售之前須逐張蓋印并其簽字
之名摹仿於上以示
中國國家允准及承認發售此項債票該銀行駐
倫敦或柏林或巴黎代表人亦在債票上簽押
作為發售債票經理人倘此借款發出之債票
或遺失或被竊或經焚毀銀行等隨即知會對

貴大臣或中國駐德駐英駐法出使大臣由該
大臣飭知銀行在新聞紙上刊登告白聲明已
失之票不能憑以取銀并設法按該國例章貴
理倘所失之票已過該銀行限期仍未見回督
貴大臣或中國駐德駐英駐法出使大臣照原
數重發副票加蓋印信交該銀行收領所有一

切費用均由銀行自備

第十一款

所有此借款之債票息票以及收付各款在借
款期内不納中國各樣釐税

第十二款

所有借款招帖以及付利還本一切詳細辦法

未經本合同詳載者由銀行等會商中國駐柏林或倫敦或巴黎出使大臣酌定俟此合同簽字後即准銀行等出此借款招帖

中國國家飭知駐柏林或倫敦或巴黎出使大臣遇有應會同辦理之事與銀行等協同酌辦并將此借款招帖簽字

第十三款

此借款全數一次出售債票俟此合同簽字後將此借款全數從速出售不得延過十二箇月外其價值係按照虛數九五折即每百鎊實交九十五鎊交付

中國國家銀行等在歐洲及在中國招人購買中

國人與歐洲人一律照章辦理若
中國國家定購自應儘先照給但須於未發出借
款招帖至少四日以前定購出借款招帖日期
由銀行等先七日告知
中國國家
第十四款

借款進項或在中國或在英國或在德國或在法國交付德華匯豐匯理各銀行收存歸入湖南北官鐵路項下至交付此款係按照購票章程內所載購票人交付銀兩之日期辦理其在倫敦在柏林在巴黎所存之鐵路款項按常年三釐給發利息在中國所存之鐵路款項作為

隨時交易其利息嗣後酌定借款進項暨生發
之利息除照本合同第二款第三欵所載應先
交付各款外所有未經提用之款銀行等將欵
存放聽候督辦大臣提用在中國所需款項按
照造路一切開支費用實在應需若干可由督
辦大臣自定向匯豐德華匯理各銀行匯至中

國督辦大臣提用款項若過二萬鎊之數應於
用款十日前知照該銀行所匯之款存放該銀
行聽候為鉄路事提用由督辦大臣自便將銀
行等在中國所存放款內撥用凡係用於湖廣
境內粵漢鉄路修路項下者存在匯豐銀行凡
係用於鄂境川漢鉄路修路項下者存在德華

銀行此修路項下按照建造鐵路工程所需隨
時提用由各該鐵路總辦或其代辦出支取憑
單向德華銀行或匯豐銀行支取並須將所提
用之款先兩日另出兩單聲明緣由一單交該
銀行一單交該查帳員各該鐵路賬目用中文
及英文或德文登記按照妥善新法辦理並佐

以收支單為據於造路期内該帳目並收支憑單隨時任由銀行等自給薪水顧用之粤漢川漢各查帳員查看該查賬員之職專為公司查察此項借款是否按照本合同第三款所載提用開支並查明按照第十八款内載鐵路總局每月所購外洋材料賬目鐵路總局每年年終

结賬後將鉄路支收賬目及行車進款用中英
文刋刷印以便任人取閱
第十五款
設若建造鉄路時借款餘銀并生發之利息除
付第二款内載贖回比國金元小票所需用款
及付借款利息外不敷修造鉄路以及裝配所

需其不敷之數先由中國款項提付以免延誤
建造工程如仍有不敷之數則向銀行等續借
洋款其利息并條款仍照現時之合同辦理其
價值將来係按照售出之實數交付
中國國家銀行等於每百分扣留用銀五分半即
每一百鎊債票扣留用銀五鎊半若鉄路造成

後鐵路項下尚有存款將此未用之款移入後
詳第二十款内載借款利息公積項下以備
中國國家撥還此合同承認應還之款
第十六款
此借款出售債票措帖未發之先如有關繫大
局或銀市格外之事致

中國國家現在市面之債票價值有礙以致此次
借款未能按章辦理銀行等准展期緩辦惟所
展之期由立此合同之日起不得過十八箇月
若在限內債票仍未售出將此合同作廢所有
第三款內載銀行等付過之款並其利息由
中國國家付還但概不給別項酬金

第十七款

此铁路建造工程以及管理一切之權全歸

中國國家獨自辦理其建造管理一切規則均按

照津浦鐵路北段現時實行辦法辦理建造工

程之時

中國國家選用銀行等認可之英總工程司一人

修湖北湖南兩省境内粤漢鉄路德總工程司
一人修鄂境川漢鉄路若銀行等以所選之總
工程司為不合宜須將其不合之緣由聲明此
兩總工程司須聽命於總辦或其代辦所有繪
圖造路各事須遵照總局之意辦理其平日行
為須敬重督辦大臣與總辦其訂用該兩總工

程師合同由督辦大臣自行獨訂至鉄路上派
用專門人員分派各該員應辦各事以及辭退
各該員總辦或其代辦與該路總工程司商酌
辦理遇有彼此意見不合稟請督辦大臣判斷
判定後彼此均不得異言工程造竣後在借款
未清還以前

中國國家仍派一歐洲人作為各該鉄路總工程司但不須與銀行等商酌

第十八款

建造湖北湖南兩省境内粵漢鉄路及鄂境川漢鉄路建造期内匯豐銀行酌派經背爵大臣認許之公司暨德華銀行分别作為鉄路購買

外洋各材料機器什物之經理人所有購買此
項緊要材料由總辦招人投票若所購之材料
貨物係購由外洋者該經理須以鉄路最合宜
之價購買按照原買實價每百兩加用銀五兩
惟定購材料及支取費用非經總辦核准不能
照行德華銀行暨匯豐所派公司既得上文所

詳之用銀自應各在其路内代爲監購鐵路所
需建造裝配各外洋材料此等材料須在於公
共市場擇價值最廉而質料最佳者購買若材
料運至中國有與原單不符者鐵路總局有權
退收德英法所製貨物若質料及價值與他國
所製者相同應先儘由德英法購買鐵路總局

如欲在中國或在外國招他人經理購買各項外洋材料以為更覺合宜者可以有權照辦惟用銀仍照上文所詳給該經理人所有買貨單及驗單均呈總辦查核所有各項回用扣頭均歸還入鐵路項下所有該經理人購買各材料須有製造廠原賣單並驗單為據該經理人除

得上文所詳用銀外不再給用銀惟遇有僱用
工程顧問人員總局須由鐵路項下提給薪水
中國材料及經在中國製造之貨物若貨料價
值由中國所派用之驗收貨料人會商總工程
司查與德英法或他外洋材料相同自應先儘
購買以鼓勵中國工藝購買中國材料不給用

銀全路造竣後鐵路總局若為此兩路内購買
外洋材料應先儘向德華銀行暨滙豐所派公
司經理購買其辦法章程嗣後彼此商酌辦理
第十九款
本合同第二款内所言之鐵路將來或以為有
益或以為必需建造枝路由

中國國家以中國款項自行修造如須用外國資

本則先儘銀行等商辦

第二十款

歷年除付借款本利外鐵路總局將本年鐵路

淨進款盈餘足付交付來年到期借款利息之

數在漢口或在上海存放銀行等所存放之款

按照市面情形給發最優之利息

第二十一款

所有經理此項借款之費用如分給外國各行經紀費分售費分售經用電報告白郵票刋印抬貼債票各費印花稅律師酬費等一切用項概由承辦銀行在所得折扣內認出所有此次

中國任手官員言明不取絲毫費用

第二十二款

德華匯豐匯理銀行等將此借款應各分三分之一彼此不得違

第二十三款

德華匯豐匯理銀行等可將本合同應有之權

利及責任全行或分別交與他德國公司或他

英國公司或他法國公司接辦或再交代理人

代辦其接辦代辦應商請督辦大臣核准

第二十四款

本合同係遵宣統元年四月十九日

上諭簽定已由外務部用公文照會英德法駐北京

出使大臣

第二十五款

本合同繕寫華英文各七分

中國國家存四分銀行等存三分如有繙譯文字

可於之處以英文為准

此合同條款並另函現經派議借款委員

與銀行代表人商妥稟奉
督辦大臣允准由派議借款委員與銀行
代表人先將此合同暫行簽押俟
督辦大臣奏奉
諭旨交度支部核准後再簽立正合同為度支部有
駁改之處即再另商辦法合預聲明

一千九百十一年大清政府鉄路五釐行息借款合同

現因郵傳部議定為關於幹路國有之用代大清政府集借金鎊借款為數英金四百萬鎊此合同於宣統三年　月　日即西歷一千九百十年　月　號在北京訂立其訂立合同之人一面為郵傳部嗣後名為該部代大清政府訂立一面為中英銀公司嗣後名為該公司

第一款

大清政府准該公司承辦五釐利息金鎊借款數目英金四百萬鎊此借款之自出售債票之日起算名為一千九百十年大清政府

鉄路五釐行息借款

第二款

此項債票價值言明照面額虛數九五折交付大清政府即每金壹百鎊之票一張實付金九十五鎊中國按附表還本則仍照票面虛數交付執債票人即每票實付金壹百鎊

第三款

此次借款利息按票面本金虛數常年五釐計算即每本金百鎊給利金五鎊每半年一次交由附載特款內所開之銀行或銀行等嗣後即稱為銀行或銀行等轉付執票人此項利息須俟銀行或銀行等將收到債

票之進項數目如照郵（該）傳部歸入郵（該）傳部存款項下之日起算由大
清政府照此合同附表數目每半年一次先由京奉鉄路除新奉（臨）至遼
河以東一段外之進款除一千八百九十八年大清五釐利息金幣借款並一千
九百零八年滬杭甬鉄路借款應還之（各）本利外按期照數交付倘或此
項進款不敷應交之數即由大清政府以為合宜之別項進款交付並
於到期之（期）十日前交付銀行或銀行等此（本）款及本合同所（各款）載各期限須照
陽歷計算

第四款

此借款以三十五年為期自出售債票之日起至十年後每年抽

籤還本其應付之數須由大清政府照本合同附表數目每年一次先由京奉鉄路除新奉路至遼河以東一段外之進款除一千八百九十八年大清五釐利息金幣借款並一千九百零八年滬杭甬鉄路借款應還之各本利外按期照數交付倘或此項進款不敷應交之數即由大清政府以為合宜之别項進款交付並於到期之十日前交銀行或銀行等

第五款

此次借款由出售債票之日起至第十年後無論何時若大清政府欲將合同附表所載未到期之本金全還或額外多還若

干均可照辦惟自第十一年起至第二十年止須照票面數目加付百
分之二分半即每壹百鎊之票一張還壹百零弍鎊十先令第二十年後
即照票面之數付還惟每次預還若干大清政府應於六個月之前
由該部知會銀行或銀行等其預還之數在常年抽籤之日期多
加抽籤號數

第六款

銀行或銀行等為經理此借款之機關其每年應還本利除第三款
及第四款詳載外照此合同附表數目日期由該部或在上海或在
天津以上海規銀或天津紋銀交付俟新國幣通行即以國幣交

付銀行或銀行等足敷按期应在歐美洲交還金幣之數其滙價與銀行或銀行等照當日市價訂定該部亦可於到期前六個月之內任選一日或数日與銀行或同與銀行等同時預行照市商訂滙價若大清政府遇有金款實在存於歐美洲~~欲提用以還本~~並非為還此款而滙者亦可於到期前十二天用以付還但不得為此到期之本利每年付還借款之本利銀行或銀行等於每千鎊計收用錢二鎊十先令作為經理費用

第七款

此借款本利大清政府保其全還若京奉鉄路除新奉路至遼河以東

一段外之進款除第三第四款所内聲明所除之款外不敷全還本利之數該
部奏明由大清政府設法以別項款補足按期交付銀行或銀行等
清還本利

第八款

此借款全数准銀行該公司發售債票與承購之人其式樣與文字
由該公司與該部或中國駐倫敦出使大臣核定債票用中英兩文
將郵傳大臣簽名字樣及其印信均摹印於上並須將中國駐倫敦
出使大臣之簽名字樣及其關防并摹印於上以示大清政府允准及承
認此發售此項債票該公司有經理發行此借款之職亦須簽押

該票倘此借款發出之債票或遺失或被竊或經焚燬該公司或銀行或銀行等隨即知會該部由中國駐該國大臣由該大臣飭知該公司或該銀行或該銀行等在報紙刊登告白声明已失之票不能憑以取款並設法按各該國例章辦理倘所失之票已過該公司或該銀行或該銀行等所定之期限仍未覓回則中國駐該國出使大臣應照原數重發副票加蓋關防交該公司或代表該票主之銀行或銀行等所需一切費用概由該公司或銀行或銀行等代失票主擔任

第九款

所有此借款之債票息票以及收付各款在借款期内不納中國各
樣款釐税

第十款

所有借款招帖以及付利還本一切詳細辦法未經本合同詳載者
由銀行會商中國駐倫敦出使大臣酌定俟此合同簽字後即先
准該公司出此借款招帖大清政府飭知中國駐倫敦出使大臣遇
有應會同辦理之事與該公司協同酌辦並將此借款招帖簽字
改

第十一款

此借款俟本合同簽字後全數從速一次發行自出售〔發行〕借款

之日起銀行或銀行等應將收到借款進項之數目報知該部歸入該部
存款項下聽候該部提用此款或隨時匯交中國或匯寄別國或
暫存歐美生息均聽該部知照銀行或銀行等經手隨時照辦

第十二款

該公司應允此合同簽字之日起一月之內先備款項以英金
爲度聽憑該部提用自提用之日起按週年六釐起息俟第一次
債票進項收到後即先將此款連應有之息一併扣除希用此款匯寄
存放統照第十二款後段辦理

十三款

備於未發此項借款招帖以前遇有政治上或財政上意外之事以致大

清政府現在市面之債票價值有礙該公司以為此次借款未能按
章辦理准予該公司展緩公道期限如於商准期限内仍未發行則
本合同即行作廢大清政府除按照本款前半段應交還預支之款
及其應有之息外毫無他項酬費

第十四款

此合同於宣統三年　月　日即西歷一千九百十一年　月　號欽奉
諭旨允准郵傳大臣簽字並由外務部照會大英駐北京出使大臣

第十五款

本合同繕寫中英文各八份大清政府存四份該公司存四份如文意

有疑難之處以英文為準

宣統三年 月 日

西歷一千九百十一年 月 號

在北京簽定

改正第十一款底稿

第十一款

此借款俟本合同簽字後全數從速一次發行借款發行後應即將收到借款進項之每批數目報知郵傳部一經郵傳部知照匯寄來華銀行或銀行等即將該款隨時匯寄每星期以英金四十萬鎊為度暫時收存聽憑郵傳部提用至於在華提用該款郵傳部可開具憑單並載明需用該款之緣由交與銀行或銀行等即可提款

特款

本借款之條款係由該部與該公司訂定該公司經該部之允准可將該條款通知其聯合之行東方滙理銀行德華銀行美國資本家並與該銀行等另立一約以保其各得享受該公司在本合同所得之發行借款與經手付利還本權利並各有詢取彼此市面上該債票價值之權以及若本合同第八款所載者簽押債票之權

為此之故該公司與其聯合之行即指定滙豐銀行東方滙理銀行德華銀行花旗銀行為各該行之經理付利還本人該部亦於此第應允將第十三款所載之允准簽押之

諭旨由外務部照會法國德國美國駐北京出使大臣並飭中國駐巴黎柏林華盛頓出使大臣遇有東方匯理銀行德華銀行美國資本家遇有在法國德國美國分發存招帖並發行借款付利還本有應會商之事件即與協同酌辦

湖北湖南兩省境內粵漢鐵路湖北省境內川漢鐵路借款合同

此合同係宣統三年四月二十二日即西歷一千九百十一年五月二十號在北京訂立其訂立合同之人一係郵傳大臣已奉

旨允准訂立合同一係德華銀行匯豐銀行東方匯理銀行及美國資本家（以後即簡稱曰銀行等至美國資本家乃紐約城開設之摩根公司昆勒貝公司第一國立銀行國立城市銀行四家合成者）茲議定條款如左

第一款

大清政府准銀行等辦五釐利息金鎊借款數目係英金六百萬鎊此次借款期限由發售債票之日起算名為大清政府一千九百一十一年湖廣鐵路五釐利息遞還金鎊借款

第二款

此借款係為籌備資本一為贖回前美國合興公司代大清政府所發售而未贖回之金圓債票計美金二百二十二萬二千圓並此票按每百分應加價二分半

及應付之息一爲建造官鐵路幹綫由湖北省城武昌府經過岳州湖南省城長沙府至湖南省南界郴州境內宜章縣接連廣東省所造粵漢路綫爲止此路綫以後名湖北湖南兩省境內粵漢鐵路估計共約長一千八百華里約合九百啓羅邁當又官鐵路幹綫由湖北省附近廣水京漢路綫之處起經過襄陽荆門州至宜昌估計約長一千二百華里合六百啓羅邁當又由宜昌起至四川夔州府止（此段路綫係抵補截去之荆門州至漢陽枝路）估計約長六百華里合三百啓羅邁當以後名爲湖北省境內川漢鐵路二共長約一千八百華里約合九百啓羅邁當其勘量路綫均由郵傳部核定以上所言金圓債票一經銀行等稟請收回後大清政府應允照辦其贖票需用之款銀行等由此次借款進項內撥用此項贖回之債票作廢後即呈交與大清政府大清政府收到已贖回之債票後即將從前案內所訂以粵漢鐵路作抵押之字樣全行註銷並函知銀行等現並聲明贖取上開美國合興公司所售金圓債票所需虛數五十萬鎊俟該票全數收回後倘尚有餘款此所

餘之款應撥歸上所載兩鐵路項內

第三款

此借款所備之資本除第二款內所載贖回金圓債票之用款外其餘專爲建造以上指明各鐵路購辦地段車輛及一切應配物料並經營行車又於造路期內付還借款利息均在其內其建造工程自實在開工之日起估計約需三年造竣惟宜昌至夔州路綫工程艱難期限准其稍長此合同畫押後於六箇月內在武昌長沙廣水宜昌四處同時開工該銀行等亦於此期限內須備六十萬鎊知會郵傳部如有需用款項之時或測量路綫或建造工程或訂購材料或由大清政府收取該兩省已造之路聽其或在歐洲或在美洲或滙中國提用作爲銀行等代墊出售債票進款此六十萬鎊全數或經實在提用之數並其利息均由出售債票進款儘先扣除其利息按週年六釐計算此合同未畫押以前所有湖北湖南兩省已由各該省籌款築造之路綫並該兩省鐵路之產業應即收歸粵漢川

漢鐵路官局管理及照第十五款所載將來郵傳部因建築湖北湖南兩省境內粵漢川漢幹路綫款項不敷之故續籌之款均作爲湖北湖南兩省境內粵漢川漢幹綫項之成本惟此項成本應收之進款不得有妨碍此次借款歸還本利之處

第四款

此項借款週年利息按票面本金虛數百分之五計算每半年一次交與執債票之人該利息自借款發售之日起算由大清政府付給於造路期內或由此次借款進項或由他款指撥鐵路工程告竣後先由該鐵路進項次由大清政府以爲合宜之他項進款交付自借款發行之日起算按本合同附表開列數目照西歷每半年應交付之日期前十二天交付

第五款

此項借款期限定爲四十年除後開第六款所載外自發行借款之日期後第十

一年始還本每年應付還之數由各該鐵路進項或由大清政府以爲合宜之他項進款交付每半年按照此合同附表數目於西歷日期前十二天交付銀行等

第六款

自發行借款之日起至第十年後無論何時若大清政府欲將借款全數清還或欲先還合同附表所載未到期之數若干均可照辦惟未滿第十七年以前照債票面額加價二鎊半即每一百鎊債票一張還一百零二鎊半滿第十七年後無須加價每次預還若干大清政府應於六箇月之前用函知會銀行等其預還之數照借款招帖內載拈鬮日期多加鬮數一俟借款全數還清本合同即時作廢其已廢之債票息票由銀行等順次收齊交與中國出使英德法美大臣所有已經抽出之債票及息票自每次本息到期之日起三十年之內不來領取則該項本息銀行等應悉數繳回大清政府

第七款

本合同第四五款所載每半年應還本利按照此合同附表所訂數目日期前十二天由郵傳部或在上海以規銀或在漢口以洋例紋銀及或新國幣（一俟此項國幣行有實效）足數在歐美洲交還金鎊之數均分交付銀行等其鎊價與銀行等同日訂定郵傳部亦可於還本利期前六箇月內無論何時皆可隨意同時與銀行等訂定大清政府遇有金款實在存於歐美洲並非爲還此款而匯去者亦可於到期前十二天在歐美洲用以付還到期之本利每年付還借款之本利銀行等於每百兩計收用銀二錢五分作爲經理費用

第八款

此合同借款之本利大清政府承認到期如數照付若各該鐵路進項或借款進項不敷到期還足本利之數郵傳部奏明由大清政府設法以他項款項補足按期交付銀行等清還本利

第九款

本合同內借款六百萬鎊並第十五款所載之第二批債票之本利以下列之款
作爲頭次之抵押
湖北省百貨釐金每年關平銀約二百萬兩
湖北省川淮鹽局江防經費每年關平銀約四十萬兩
湖北省川淮鹽新加二文捐每年關平銀約三十萬兩
兩湖賑糶捐鄂款每年關平銀計二十五萬兩
湖南省百貨釐金每年關平銀約二百萬兩
湖南鹽道庫正釐每年關平銀計二十五萬兩
以上各釐捐每年共計關平銀五百二十萬兩特此聲明並無牽連於他項債款
征納抵押情事此項借款本利按期交付則不得干預各該省之釐捐惟其本利
倘屆期無著除展緩公道時日外則應將湖北湖南足敷歸還以上所開之釐捐
及他項合宜之內地捐即行交與海關管理以保執票人之本利此項借款或全

數或一分未還清以前倘再有將以上釐捐作他項抵押或作質保等用總須先儘此項借款本利還清除第十五款所載之本借款第二批債票外更不得有他項借款押款或征納各事加於此次借款之上亦不得與平行無論如何不能損害其此借款之擔保利權又在此借款之後他項借款押款或征納各事由指上文所開定各釐捐抵付者必先儘此借款有餘再及他款並須於在後他項借款押款或征納各事之約內載明以上第二節所載金元小票贖回以後此借款未還清以前不得將各該鐵路及其收款抵押他人此借款未還清以前倘遇大清政府議定修改海關稅則減免釐捐特彼此聲明一則不得因此借款係釐捐抵押而阻止修改稅則一則不得將此次所指釐捐減免如欲減免應先向銀行等商明務於新增關稅內如數撥足儘先補抵

第十款

此項借款准銀行等按總額數目發售金鎊債票與承購之人其債票每張數目

由銀行等斟酌定奪債票式樣文字由銀行等與郵傳部或中國駐柏林倫敦巴黎或華盛頓出使大臣核定並將郵傳部大臣簽名字樣及其關防均摹印於上以省其親自一一簽押未發售債票以前可聽憑銀行等請中國駐柏林或倫敦或巴黎或華盛頓出使大臣逐張蓋印並其簽名字樣加印於上以爲中國政府允准及承認發售此項債票之憑證銀行等之駐柏林倫敦巴黎或紐約代表人亦須在債票上加簽以證其爲發售債票經理人倘此借款發出之債票或遺失或被竊或經焚燬資本家及或銀行或銀行等隨即知會郵傳部由中國駐柏林倫敦巴黎或華盛頓出使大臣飭知資本家及或銀行或銀行等在報紙刊登告白聲明已失之票不能憑以取款並設法按各該國例章辦理倘所失之票已過資本家及或銀行等所定之期限仍未覔回則中國駐柏林倫敦巴黎或華盛頓出使大臣應照原數重發別票加蓋關防交資本家及或代表該票主之銀行或銀行等所需一切費用概由資本家及或銀行或銀行等代失票主擔任

第十一款
所有此借款之債票息票以及收付各款在借款期內不納中國各樣釐稅

第十二款
所有借款招帖以及付利還本一切詳細辦法未經本合同詳細載明者由銀行等會商大清國駐柏林倫敦巴黎及華盛頓出使大臣核訂茲允准銀行等於本合同簽押後將招帖從速分發由大清政府飭知駐柏林倫敦巴黎及華盛頓出使大臣遇有應會同辦理之事件即與銀行等協同酌辦並簽押此項借款招帖

第十三款
此借款六百萬鎊俟本合同簽押後全數從速一次出售不得延過十二個月外其價值係按照虛數九五折交付大清政府銀行等在歐美洲及在中國招人購買中國人與歐美洲人一律照章辦理若大清政府定購自應儘先照給但須於未發出借款招帖以前至少四日定購發出借款招帖日期由銀行等先七日告

知大清政府

第十四款

借款進項或在中國或在柏林或在倫敦或在巴黎交付德華匯豐匯理各銀行或在紐約交付美國資本家或在中國交其現所指定之花旗銀行或以後隨時指定之他銀行收存歸入湖廣官辦鐵路帳內至此款收帳辦法係按照購票章程內所載購票人交付票款之日期辦理其在柏林倫敦巴黎紐約所存之款項按週年三釐給發利息在中國所存之款項作爲往來帳其利息隨後酌定借款進項暨生發之利息除照本合同第二款第三款所載應先交付各款外所餘淨數歸銀行等收存聽候郵傳部提用在中國所需款項可由郵傳部定奪向德華匯豐匯理各銀行及美國資本家現所指定之花旗銀行或隨後指定之他銀行匯至中國惟每一禮拜不得逾二十萬鎊之數凡由歐美洲匯寄借款來華以及在中國由銀行等撥交款項與以下所指定之中國銀行等或其數目須設法使

各銀行相等每次由歐美匯款其匯價由郵傳部與匯款之各銀行同於當日訂定郵傳部亦可隨意於匯款之日以前六個月之內任選一日或數日預先商定匯價由各銀行滙撥款項倘難以使其數目均勻則郵傳部應與銀行等定一彼此以爲妥善之滙款辦法郵傳部可自行核奪將以上所載淨數之一半存於郵傳部所指定爲經理此事之交通銀行或及大清銀行歸入湖廣官辦鐵路帳內此項存於中國銀行之款全爲大清政府所擔任在中國所存於銀行等及所指定之中國銀行之款隨時由郵傳部按照預估造路工程一月所需之款撥交德華銀行收入鄂境川漢造路帳內並交滙豐銀行收入湖南湖北二省境內粵漢造路帳內以期於造路工程無所間斷爲要郵傳部每一季應將存於所指定中國銀行此次之借款報告於銀行等爲使下文所載之查帳員易於明瞭除爲撥入以上所言造路帳內外概不得提撥由此造路帳內提撥款項總辦應照下開辦法以銀兩提用至於提出之款如何由中國票莊分派於需款之處均聽總辦遵

郵傳部命令辦理凡提用款項應按照建造鐵路工程隨時所需由各該鐵路總辦或其代辦出支款憑單向滙豐銀行或德華銀行提用並須將所提用之款先兩日另出兩單聲明緣由一單交該銀行一單交該查帳員如查帳員於所支款項有以爲不應開支之處可一面向總辦詳細詢商如總辦仍不能解決該查帳員可呈請郵傳部示遵各該鐵路帳目用中文及英文登記按照妥善新法辦理並佐以收支單爲據於造路期內該帳目並收支憑單隨時任由銀行等自給薪水僱用之粵漢川漢各查帳員查看該查帳員之責專爲銀行等查察此項借款是否按照本合同第三款所載提用開支幷查明按照第十八款內載鐵路總局每月所購外洋材料帳目鐵路總局每一年結帳時將鐵路收支帳目及行車進款用中英文刊印以便任人取閱

第十五款

設若此次借款並生發之利息除付本合同第二款所載贖回金圓債票所需用

之款並於建造鐵路期內付借款利息外所餘之款不敷修造第二款所言之各鐵路以及裝配一切其不敷之數先由中國款項提付以免延誤建造工程如有不敷則再由銀行等照本合同條款續售此借款之第二批債票其數不逾四百萬鎊此第二批債票即以本合同第九款所指內地餉源平行抵押至於發行該批債票日期准銀行等自行酌定倘以後尚須再借洋款以完該路工程其辦法各節屆時商訂倘若鐵路造成後鐵路項下尚有存款可將此未用之款移入後項第二十款內所載借款利息公積項下以備大清政府撥還此合同承認應還之款或撥作於該各鐵路改良及有益各事之用

第十六款

倘於未發此次借款招帖以前遇有政治上或財政上意外之事以致大清政府現在市面之債票價值有礙銀行等以爲此次借款未能按章辦理准予銀行等展緩公道期限如於商准期限內仍未發行此次借款則本合同即行作廢大清

政府除按照本合同第三款應交還預支款及其應有之息外毫無他項酬費

第十七款

此鐵路建造工程以及管理一切之權全歸大清政府獨自辦理建造此項工程大清政府自行選用英國人一名爲建造湖北湖南兩省武昌至郴州之宜章縣境內粵漢鐵路之總工程司復自行選用德國人一名爲建造湖北省廣水至宜昌境內川漢鐵路之總工程司又自行選用美國人一名爲建造宜昌至夔州府境內川漢鐵路之總工程司一面知照該銀行等若銀行等以所選之總工程司爲不合宜須將其實在不合宜之切實理由聲明此總工程司一切自應聽命於督辦大臣及總辦或其代辦所有布置造路各事須遵照郵傳部之意辦理其平日行爲須敬重郵傳部與督辦大臣及總辦該總工程司合同由郵傳部訂立至鐵路上派用專門人員分派各該員應辦各事以及辭退各該員均由督辦大臣及總辦或其代辦與總工程司商酌若遇有意見不合可商請郵傳部判斷判定

後彼此均不得有異言工程造竣後在借款未淸還以前大淸政府仍派歐洲人或美洲人作爲各該鐵路總工程司但其選派不須與銀行等商酌

第十八款

建造湖北湖南兩省境内粤漢鐵路及湖北境内川漢鐵路建造期内中英公司及德華銀行分别作爲購買外洋各材料機器什物之經理人除鋼軌一項并其附件等郵傳部奏明應由漢陽鐵廠自行製造供用其價目一切由郵傳部與鐵廠比較他路歐美購運鋼軌之時値訂立惟不得遲誤倘漢陽鐵廠不及按時供應該鐵路所應需者即應令該經理人由外洋購買不敷之軌所有購買一切緊要材料由督辦大臣或總辦招人投票若所購之材料貨物係購由外洋者該經理人須以於鐵路最合宜之價購買按照原買實價每百分加用錢五分惟定購材料及支取費用非經督辦大臣或總辦核准簽字不能照行中英公司及德華銀行既得上文所詳之用錢自應各在其路内代爲監購鐵路所需建造裝配各

外洋材料此等材料須在於公共市場擇價值最廉而質料最佳者購買并用專門工程司之由郵傳部所選聘者驗看此項貨物此等專門之驗費由郵傳部及該經理人等均勻分給至英法德美所製貨物若質料及價值與他外國所製者相同應先儘由英法德美公平購買郵傳部鐵路總局如欲在中國或欲在外國招他人經理購買各項外洋材料以爲更覺合宜者可以有權照辦惟用錢仍照上所詳給該經理人其輪船運費及保險費等須選用最廉者并將其帳單及所有原來買貨單驗單等項呈送督辦大臣及各該總辦查核所有各項回用扣頭均歸入鐵路項下所有該經理人購買各材料須有製造廠原賣單並驗單爲據該經理人除得上文所詳用錢外別無他項用錢惟遇有聘用工程顧問人員其酬費由鐵路總局鐵路項下提給中國材料及經在中國各廠製造之貨物若質料價值與英法德美或他外國材料相同者由郵傳部派用之驗貨料員會同總工程司商酌定奪儘先購買以鼓勵中國工藝購買中國材料不給用錢全路造

竣後於此借款未還淸以前鐵路總局若爲此兩路內購買外洋材料應先儘向由中英公司及德華銀行經理購買其辦法章程嗣後彼此商酌辦理

第十九款

大淸政府或將來爲有裨益於該地方起見以爲須將本合同第二款內所言之鐵路展長自應由大淸政府先以中國款項自行建造如須用外國資本倘銀行等所給之條款利益不少於別家則先儘銀行等商辦

第二十款

此合同未滿以前歷年除付借款本利外鐵路總局將本年鐵路淨進款盈餘之內酌提足敷交付來年到期借款利息之數在漢口或在上海存放銀行等所存放之款隨時按照市面情形給與利息

第二十一款

所有經理此項借款之費用如分給外國各行經紀費分售費分售經用電報告

白郵票刊印招帖債票各費印花稅律師酬費等及其餘一切用項槪由承辦銀行等擔任

第二十二款

此項借款係德華銀行滙豐銀行東方滙理銀行及美國資本家均分承辦惟彼此均無互相擔任之責

第二十三款

德華銀行滙豐銀行東方滙理銀行及美國資本家可將其本合同應有之權利及責任或全體或分別過割或付託與德國他公司英國他公司法國他公司美國他公司或董事等或經理人等接辦或再轉過割或付託代辦惟其接辦代辦均須先請郵傳部核准

第二十四款

本合同係宣統三年四月二十二日即西歷一千九百十一年五月二十號欽奉

諭旨允准簽字並由外務部用正式公文照會德國英國法國美國駐京大臣

第二十五款

本合同繕寫華英文各八分大清政府執收華英文各四分銀行等執收華英文各四分如文意有疑難之處以英文爲准

宣統三年四月二十二日即西歷一千九百十一年五月二十號本合同兩造在北京簽押

Hukuang Imperial Government Railways.

Final Agreement.

Hukuang Imperial Government Railways.
Final Agreement.

THIS AGREEMENT is made at Peking on the twenty second day of the fourth month of the Third year of the Emperor Hsuan T'ung, corresponding to the twentieth day of May, One thousand nine hundred and eleven, Western Calendar, and the Contracting Parties are:

His Excellency the KUNG-PAO SHENG HSUAN-HUAI, Minister of POSTS AND COMMUNICATIONS, duly authorized by IMPERIAL DECREE to act on behalf of the IMPERIAL GOVERNMENT OF CHINA, of the one part,

AND

THE DEUTSCH-ASIATISCHE BANK,
THE HONGKONG & SHANGHAI BANKING CORPORATION,
THE BANQUE DE L'INDO-CHINE, AND
Messrs. J. P. Morgan & Company, Messrs. Kuhn, Loeb & Company,
The First National Bank, and The National City Bank, all of New York, constituting THE AMERICAN GROUP, hereinafter called the "BANKS" of the other part,
WITNESSETH as follows:

ARTICLE I.

The Imperial Goverment of China authorizes the Banks to issue a Five per cent Gold Loan for an amount of Six Million Pounds Sterling (£6,000,000). The Loan shall be of the date on which the bonds are issued to the public, and shall be called "THE IMPERIAL CHINESE GOVERNMENT FIVE PER CENT HUKUANG RAILWAYS SINKING FUND GOLD LOAN OF 1911."

ARTICLE II.

This Loan is designed to provide capital, first—

For the redemption at a premium of Two and one-half per cent, with accrued interest, of certain unredeemed Gold Bonds of the total par value of Dollars Two million two hundred and twenty-two thousand United States Currency, (G $ 2,222.000) issued by The American China Development Company on behalf of the Imperial Chinese Government, and secondly—

For the construction of a Government railway main line from Wuchang, the capital of the Hupei Province, through Yo-chou and Chang-sha, the capital of the Hunan Province, to a point in the District of Yi-chang-hsien in the Prefecture of Ch'en-chou on the southern boundary of Hunan, connecting with the Kuang-tung section of the Canton-Hankow Railway line, the total length of this line, hereinafter known as "The Hupei-Hunan Section of the Canton-Hankow Railway line," being an estimated distance of 1,800 Chinese li, or 900 kilomètres, and of

A Government railway main line from a point at or near Kuangshui in the Province of Hupei, connecting with the Peking Hankow Railway line and passing through Hsiang-yang, and Chingmenchou to Ichang, an estimated distance of 1,200 Chinese li, or 600 kilometres, and from Ichang to Kueichoufu in the Province of Szechuan, an estimated distance of 600 Chinese li, or 300 kilometres,—this latter section of the main line having been added in substitution for the branch line from Chingmenchou to Hanyang originally agreed upon,—the total length of this main line, hereinafter known as "The Hupei Section of the Szechuan-Hankow Railway line" being about 1,800 Chinese li, or 900 kilometres.

The survey lines shall be open to revision by the Ministry of Posts and Communications.

The Chinese Imperial Government undertakes to call in, after having received from the Banks application in writing to do so, the aforesaid Gold Bonds, and the Banks will apply the amount necessary for the said redemption out of the proceeds of the Loan, and will deliver the redeemed Bonds to the Chinese Government after having made the Bonds valueless. The Chinese Imperial Government will, after receipt of the redeemed Bonds, cancel the inscription of the pledge of the Canton-Hankow Railway Line in their archives, and will advise the Banks in writing after having done this.

It is understood that any surplus of the nominal amount of Five hundred thousand pounds Sterling (£500,000) hereby allotted for the redemption of the Gold Bonds issued by the American China Development Company, aforesaid, which may remain after complete redemption of those bonds, shall be allotted to the above named Railway Lines.

ARTICLE III.

After deduction of the amount required for the redemption of the Gold Bonds referred to in Article II of this Agreement, the balance of the Loan proceeds shall be solely devoted to the construction of the aforesaid railway lines, including the purchase of land, rolling stock and other equipment, and to the working of the lines, and to payment of interest on the Loan during the period of construction, which is estimated at three years from the actual beginning of the works, a longer period, however, being allowed for the completion of the section from Ichang to Kuei-choufu in consideration of the engineering difficulties to be encountered Work shall be commenced simultaneously at Wu-chang, Chang-sha, Kuang-shui and Ichang within six months after this Agreement has been signed, within which period the Banks shall notify the Ministry of Posts and Communications that the sum of Six Hundred Thousand Pounds Sterling (£600,000) has been placed at its disposal, in case funds should be required for survey or construction purposes, or for ordering of materials, and for the resumption by the Imperial Chinese Government of the portion of these lines already constructed by the Provinces concerned, the said sum to be held in Europe and/or in the United States of America or remitted to China as the Ministry may direct as a first instalment on account of the proceeds of the Loan. This amount of £600,000, or whatever portion thereof is actually advanced, together with interest thereon at the rate of Six per cent per annum, shall be deducted from the first proceeds of the sale of the Bonds.

It is understood that the lines of railway already constructed by the two Provinces of Hupei and Hunan prior to the signature of this Agreement with capital provided by those Provinces themselves, together with the property of those two Provincial Railways shall henceforward be taken over by and incorporated in the Canton-Hankow and the Szechuan-Hankow Government Railways Administration, and further that any supplementary funds which may be furnished in the future by the Ministry of Posts and Communications on account of a deficiency in the amount required for the construction of the Canton-Hankow and Szechuan-Hankow main lines within the boundaries of the two Provinces of Hupei and Hunan, as provided for in Article XV of the present Agreement, shall also rank as capital of the Canton-Hankow and Szechuan-Hankow Railway main lines within the boundaries of the two Provinces aforesaid. But the returns due upon such capital shall not in any manner impair the arrangements for payment of interest and repayment of principal of the present Loan.

ARTICLE IV.

The rate of interest for the Loan shall be Five per cent per annum on the nominal principal, and shall be paid to the bondholders half-yearly. The said interest shall be calculated from the date on which the Loan is issued to the public, and shall be paid by the Imperial Chinese Government during the time of construction either from the proceeds of the Loan or from other sources, and afterwards, in the first place, out of the revenues of the railways, and then from such other revenues as the Chinese Government may think fit to use for the purpose, in half yearly instalments according to the amounts specified in the Schedule attached to this Agreement, and twelve days before their due dates, Western Calendar, as calculated half-yearly from the date on which the Loan is issued to the public.

ARTICLE V.

The term of the Loan shall be Forty Years. Repayment of Principal shall commence after the expiry of Ten years from the date of the Loan and except as provided in Article VI hereinafter, shall be made by yearly amortization to the Banks in half-yearly instalments out of the revenues of the lines, or such other revenues as the Chinese Government may think fit to use for the purpose, according to the amounts specified in the Schedule attached to this Agreement, but twelve days before their due dates, Western Calendar, as calculated half-yearly from the date on which the loan is issued to the public.

ARTICLE VI.

If at any time after the lapse of Ten years from the date of the Loan the Imperial Chinese Government should desire to redeem the whole outstanding amount of the Loan or any part of it not yet due for repayment in accordance with the Schedule of repayments hereto attached, it may do so up to the end of the seventeenth year by payment of a premium of Two and one-half per cent on the face value of the bonds, that is to say, by the payment of £ 102 10/- for each £ 100 bond, and after the lapse of seventeen years without premium: but in each and every case of such extra redemption the Imperial Chinese Government will give six months previous notice in writing to the Banks and such redemption shall be effected by additional drawings of bonds to take place on the date of an ordinary drawing as provided for in the Prospectus of the Loan.

When the Loan has been fully repaid this Agreement will immediately become null and void. Bonds and interest coupons which have matured will be collected in due order and cancelled by the Banks as they are presented for payment and will be delivered by them to the Chinese Ministers in Great Britain, Germany, France and the United States of America. The Banks will refund in full to the Imperial Chinese Government the amounts of any drawn bonds and/or interest coupons which have not been presented for payment within thirty years from the respective due dates for redemption or payment of interest.

ARTICLE VII.

The half-yearly payments due for amortization and interest referred to in Articles IV and V, shall be made in accordance with the amounts of the Schedule attached to this Agreement, and twelve days before their due dates as fixed by Articles IV and V, in equal shares to the Banks by the Ministry of Posts and Communications which shall hand to the Banks in Shanghai or in Hankow, twelve days before the said due dates, funds in Shanghai « Kuei-yuan » sycee or Hankow « Yang-li » sycee and/or coin of the National Currency (so soon as the said Currency shall have been effectively established) sufficient to meet such payments in Gold in Europe and the United States of America, exchange for which shall be settled with the Banks on the same day, the Ministry of Posts and Communications having, however, the option of settling exchange with the Banks simultaneously at any date or dates within six months previous to any due date for the payment of interest and/orprincipal. These payments may, however, be made in gold in Europe and/or in the United States of America twelve days before their due dates if the Imperial Chinese Government should happen to have gold funds bona fide at their disposal in Europe and/or in the United States of America not remitted from China for the purpose, and desire so to use them.

In reimbursement of expenses connected with the payment of interest and repayment of principal of the Loan the Banks will receive from the Chinese Government a commission of one quarter per cent on the Annual Loan service.

ARTICLE VIII.

The Imperial Government of China hereby engages that the interest and principal of this Loan shall duly be paid in full and should the revenues of the railways and/or the proceeds of the Loan not be sufficient to provide for the due and full payment of interest and repayment of principal, the Ministry of Posts and Communications shall memorialize the Throne and the Imperial Government of China will thereupon make arrangements to ensure that the amount of deficiency shall be met from other sources and handed over to the Banks on the date upon which funds are required to complete full payment of interest and repayment of principal.

ARTICLE IX.

The present Loan of Six Million Pounds (£ 6,000,000) Sterling together with the second series thereof, provision for the issue of which is made under the terms of Article XV hereinafter is hereby secured, in respect to both principal and interest, as a first charge upon:—

1. Hupei General Lekin amounting to Two million (2,000,000) Haikwan Taels a year.

2. Hupei Additional Salt Tax for River Defence amounting to Four Hundred Thousand (400,000) Haikwan Taels a year.

3. Hupei New Additional Two Cash Salt Tax of September, 1908, amounting to Three hundred thousand (300, 000) Haikwan Taels a year.

4. Hupei collection of Hukuang inter-provincial Tax on imported Rice, to the amount of Two hundred and fifty thousand (250,000) Haikwan Taels a year.

5. Hunan General Lekin amounting to Two million (2,000,000) Haikwan Taels a year.

6. Hunan Salt Commissioner's Treasury Regular Salt Lekin to the amount of Two hundred and fifty thousand (250, 000) Haikwan Taels a year.

The above Provincial Revenues amounting to a total of Five Million two hundred thousand (5,200,000) Haikwan Taels a year, are hereby declared to be free from all other Loans, Charges or Mortgages.

So long as principal and interest of this Loan are regularly paid, there shall be no interference with these Provincial revenues; but if principal or interest of the Loan be in default at due date, then, after a reasonable period of grace, lekin and other suitable internal revenues of the Provinces of Hupei and Hunan sufficient to provide the amounts above stated shall forthwith be transferred to, and administered by the Imperial Maritime Customs in the interests of the bondholders. And so long as this

Loan or any part thereof shall remain unredeemed, it shall have priority, both as regards principal and interest, over all future loans, charges and mortgages charged on the aforesaid Provincial Revenues. No loan, charge or mortgage shall be raised or created which shall take precedence of, or be on an equality with this Loan, or shall in any manner lessen or impair its security over the aforesaid Provincial Revenues, and any future loan, charge or mortgage charged on the said Provincial Revenues other than the second series of the present loan provided for in Article XV aforementioned shall be made subject to this Loan, and it shall be so expressed in every agreement for every such future loan, charge or mortgage.

After redemption of the existing gold Bonds referred to in Article II of this Agreement it is understood and agreed that, so long as this Loan is unredeemed, the railways shall, under no circumstances, be mortgaged nor their receipts given as security to any other party.

In the event of the Chinese Government, during the currency of this Loan entering upon definite arrangements for the revision of the Customs tariff, accompanied by stipulations for the decrease or abolition of lekin, it is hereby agreed on the one hand, that such revision shall not be barred by the fact that this Loan is secured by lekin and provincial revenues and, on the other hand, that whatever lekin is required to provide the security of this loan shall neither be decreased nor abolished except by previous arrangement with the Banks and then only in so far as an equivalent is substituted for it in the shape of a first charge upon the increase of Customs revenue consequent upon such revision.

ARTICLE X.

The Banks are hereby authorized to issue to the subscribers to the Loan, bonds for the total amount of the Loan in Gold, for such amounts as may appear advisable to the Banks. The form and language of the bonds shall be settled by the Banks in consultation with the Ministry of Posts and Communications or the Chinese Minister in Berlin, London, Paris or Washington : they shall bear the facsimile of the signature of the Minister of Posts and Communications and of his seal of office, in order to dispense with the necessity of signing them all in person, and the Chinese Minister in Berlin and/or London and/or Paris and/or Washington at the option of the Banks shall, previous to the issue of the bonds, put his seal upon each bond, with a facsimile of his signature, as a proof that the issue and sale of the bonds are duly authorized by and binding upon the Imperial Chinese Government. The representatives of the Banks in Berlin, London, Paris or New York, as the case may be, shall countersign the bonds as Agents for the issue of the Loan.

In the event of any bond or bonds issued for this loan being lost, stolen or destroyed, the Group and/or Bank or Banks concerned shall immediately notify the Ministry of Posts and Communications and the Chinese Minister in Berlin, London, Paris or Washington, as the case may be, who shall authorize the Group and/or Bank or Banks concerned to insert an advertisement in the public newspapers notifying that payment of such bond or bonds has been stopped, and to take such other steps as may appear advisable or necessary according to the laws and customs of the country concerned, and should any bond or bonds be destroyed or should such lost or stolen bond or bonds not be recovered after a lapse of time to be fixed by the Group and/or Bank or Banks concerned the Chinese Minister in Berlin, London, Paris or Washington as the case may be, shall seal and execute a duplicate bond or duplicate bonds for a like amount and hand the same to the Group and/or Bank or Banks representing the owner or owners of such lost, stolen or destroyed bond or bonds, which Group and/or Bank or Banks shall pay all expenses in connection with such delivery and execution of such bond or bonds for the account of the owner or owners of such bond or bonds.

ARTICLE XI.

All bonds and coupons and payments made and received in connection with the service of this Loan shall be exempt from all Chinese taxes and imposts during the currency of this Loan.

ARTICLE XII.

All details necessary for the Prospectus and connected with the payment of the interest and repayment of the principal of this Loan, not herein explicitly provided for, shall be left to the arrangement of the Banks in consultation with the Chinese Ministers in Berlin, London, Paris and Washington. The Banks are hereby authorized to issue the Prospectus of the Loan as soon as possible after the signing of this Agreement; and the Imperial Government will instruct the Chinese Ministers in Berlin, London, Paris and Washington to co-operate with the Banks in any matters requiring conjoint action, and to sign the Prospectus of the Loan.

ARTICLE XIII.

This Loan of £ 6.000 000 Sterling shall be issued to the public in one amount as soon as possible after the signature of this Agreement, and not later than twelve months from the date thereof. The price of the bonds to the Imperial Chinese Government shall be Ninety five per cent of their nominal value. Subscriptions will be invited by the Banks in Europe, in the United States of America and in China from Chinese, Europeans and Americans on equal conditions, preference being given to the application of the Chinese Government provided such application be made not less than four days before the issue of the Prospectus to the public. Seven days' notice of the issue of the Prospectus will be given by the Banks to the Imperial Chinese Government.

ARTICLE XIV.

The proceeds of the Loan shall be placed to the credit of a «Hukuang Government Railways Account» with the Deutsch-Asiatische Bank, the Hongkong & Shanghai Banking Corporation, and the Banque de l'Indo-Chine in China, Berlin, London or Paris as the case may be, and with the American Group in New York or such Banks in China as from time to time shall be designated by the American Group, the International Banking Corporation being now so designated. Payments of the loan proceeds into the credit of this account shall be made in instalments and on dates conforming to the conditions allowed to the subscribers to the loan.

Interest at the rate of 3% per annum shall be granted on the credit balance of the portion of this account kept in Berlin, London, Paris or New York, and interest on the credit portion kept in China by the above Banks, will be allowed at the Banks' rate for current accounts to be arranged.

Subject to the payments and deductions to be made from the loan proceeds in terms of Articles II and III of this Agreement the Banks will hold the net balance with accrued interest to the order of the Ministry of Posts and Communications.

Transfers of the loan funds to China in amounts not exceeding Two hundred thousand Pounds Sterling (£200,000) transferred in any one week, will be made by the Ministry of Posts and Communications at its discretion, the transfers being effected through the Deutsch-Asiatische Bank, the Hongkong & Shanghai Banking Corporation, the Banque de L'Indo-Chine, and/or the Bank or Banks to be designated by the American Group, the International Banking Corporation being now so designated.

上海圖書館藏
稀見辛亥革命文獻

Transfers of the loan funds to China from the Banks in Europe and America, and transfers from the Banks in China to the Chinese Banks which are hereinafter designated shall be made as nearly as possible in equal amounts from each of the Banks, the rate of exchange for each transfer from Europe and America being settled simultaneously with the transferring Banks, either on the day on which such transfer is to be made, or at the option of the Ministry of Posts and Communications, on any date or dates within six months previous to the day on which the transfer is to be made. In the event of equal transfers being found to be impracticable a mutually satisfactory procedure for making the transfers above referred to shall be arranged between the Ministry of Posts and Communications and the Banks.

The transferred funds, to the extent of one half of the net balance of the Loan proceeds above referred to may, at the discretion of the Ministry of Posts and Communications, be deposited in a Hukuang Government Railways Account with the Bank of Communications (Chiao-Tung Bank) and/or with the Ta-Ching Government Bank, which Banks have been designated by the Ministry of Posts and Communications as its Agents for this purpose, and the Imperial Chinese Government hereby declares itself responsible for all the funds of this Loan deposited with the said Chinese Banks.

The Ministry of Posts and Communications shall from time to time make transfers from the loan funds held in China by the Banks and by the designated Chinese Banks to the credit of a construction account for the Hupei section of the Szechuan-Hankow Railway Line with the Deutsch-Asiatische Bank and of a construction account for the Hupei-Hunan section of the Canton-Hankow Railway Line with the Hongkong and Shanghai Banking Corporation, in amounts sufficient to cover one month's construction estimates in advance, so as to insure the uninterrupted continuance of construction. The Ministry of Posts and Communications shall hand to the Banks, for the information of the Auditors (hereinafter referred to), quarterly statements of the loan funds held on deposit by the aforesaid designated Chinese Banks, and these funds shall not be withdrawn from the said Banks except for the purpose of transfer to the construction accounts above named. Fund shall be drawn from these construction accounts in sycee by the Managing Director as hereinafter provided, and it will rest with the Managing Director under the instructions of the Ministry of Posts and Communications to make all necessary arrangements for the distribution of such funds through Chinese Banks or otherwise to the points where they are required.

Requisitions upon these Construction Accounts will be drawn in amounts to suit the progress of construction of the railway lines by orders upon the Deutsch-Asiatische Bank or the Hongkong & Shanghai Banking Corporation signed by the Managing Director of the line concerned or, in his absence, by his duly authorized representative, who shall moreover, two days previous to the presentation of such order, issue in duplicate a certificate stating clearly the object for which the funds are to be drawn, handing one copy to the Auditor concerned (hereinafter referred to) and one copy to the Bank concerned. If the Auditor should find that there are irregularities in the payments to be made, he may in the first place ask the Managing Director for specific explanations, and if the Managing Director is unable to furnish definite explanations, the Auditor may refer the matter to the Ministry of Posts and Communications for its instructions.

The Accounts of the Railways shall be kept in Chinese and English in accordance with accepted modern methods, and will be supported by all necessary vouchers. During the period of construction the said accounts and vouchers will be open at any time to the inspection of two Auditors for the Hupei-Hunan section of the Canton-Hankow Railway Line, and the Hupei section of the Szechuan-Hankow Railway Line respectively, appointed and paid by the Banks, whose duty it will be to satisfy the Banks as to the due expenditure of the loan funds in accordance with the provisions of Article III of this Agreement, and to certify to monthly statements of the foreign materials purchased by the Railway Administration under the provisions of Article XVIII hereinafter. The Railway Administration will publish annually upon the close of its financial year a Report in the Chinese and English languages, showing the working accounts and traffic receipts of the railways, which Reports shall be procurable by the public on application.

ARTICLE XV.

If after the deduction of the amount required for the redemption of the Gold Bonds referred to in Article II of this Agreement, and of the sums necessary for the service of interest on the Loan during the time of construction, the balance of the Loan proceeds, with accrued interest, should not be sufficient to complete the construction and equipment of the railway lines named in Article II of this Agreement, the amount of deficiency shall be provided, in the first place, from such Chinese funds as may be available so as to permit of the uninterrupted continuance of the work of construction, and any balance then uncovered shall be supplemented by the issue by the Banks, under the terms of the present Agreement, of a second series of the present Loan, for an amount not exceeding Four Million Pounds (£ 4,000,000) Sterling. This second series shall be secured pari passu as an equal charge in every respect on the internal revenues specified in Article IX of this Agreement, and the time of its issue shall be left to the discretion of the Banks. Should foreign capital still be required for the completion of the Railway Lines aforesaid it shall be provided by a further loan to be issued by the Banks on terms to be arranged. If after the completion of the lines there should be a balance at the credit of the Railways Account, such unused balance will be transferred to the credit of the Interest Reserve Fund, hereinafter mentioned in Article XX, as a provision for payments for which the Imperial Chinese Government is responsible under this Agreement, or will be devoted, if necessary, to the improvement of these railways or otherwise to their advantage.

ARTICLE XVI.

If before the publication of the Prospectus for the issue of the Loan any political or financial crisis should take place by which the markets and the prices of existing Chinese Government Stocks are so affected as to render, in the opinion of the Banks, the successful issue of this Loan impossible on the terms herein named, the Banks shall be granted a reasonable extension of time for the performance of their contract. If within this time limit, to be arranged, the Loan shall not have been issued, then this contract shall become null and void, and any advances made by the Banks under the provisions of Article III of this Agreement, shall be repaid by the Chinese Government with accrued interest, but without any other compensation or remuneration whatsoever.

ARTICLE XVII.

The construction and control of the railway lines shall be entirely and exclusively vested in the Imperial Chinese Government. For the work of construction the Imperial Chinese Government will select for appointment a fully qualified British Engineer-in-chief for the Hupei-Hunan section of the Canton-Hankow railway line from Wuchang to Yichang-hsien, and a fully qualified German Engineer-in-chief for the Kuangshui-Ichang section of the Szechuan-Hankow railway line, with a fully qualified American Engineer-in-Chief for the section of that line from Ichang to Kueichoufu at the same time informing the Banks of the selection made. If the Banks have objections to offer against the Engineers-in-chief thus selected for appointment, they shall, in stating their objections, give definite reasons therefor. The said Engineers-in-chief shall be under the orders of the Director General and the Managing Directors of the respective lines or, in their absence, of their duly authorized representatives, and will carry out all the wishes of the Ministry of Posts and Communications with regard to the plan and construction of the lines. In their general conduct they shall pay all due respect to the Ministry of Posts and Communications, the Director General and the Managing Directors. The terms of their respective agreements will be arranged by the Ministry of Posts and Communications.

Whenever appointments are to be made or functions defined of the technical members of the railway staff, as well as in the case of their dismissal, the Director General, the Managing Director or, in his absence his duly authorized representative, will act in consultation with the Engineer-in-Chief concerned, and in the case of disagreement the matter will be referred to the Ministry of Posts and Communications, whose decision shall be final.

After completion of construction, and during the currency of this Loan, the Imperial Chinese Government will continue to employ Europeans and/or Americans as Engineers-in-Chief of the said railway lines, these appointments being made without reference to the Banks.

ARTICLE XVIII.

For the Hupei-Hunan section of the Canton-Hankow railway line, and the Hupei section of the Szechuan-Hankow railway line respectively (a) The British & Chinese Corporation, Limited and (b) the Deutsch-Asiatische Bank will act as Agents of the Railway Administration during construction for the purchase of all materials, plant and goods required to be imported from abroad. From this category rails and their accessories are excepted; for the purchase of which the Ministry of Posts and Communications has memorialized the Throne recommending that they should be manufactured and supplied by the Hanyang Iron Works. Their price will be settled by the Ministry of Posts and Communications with the Hanyang Iron Works, after comparison with the current quotations for rails purchased by other lines from Europe or America. No delay will be allowed, and it is understood that if the Hanyang Iron Works are unable to supply the requirements of the lines in question in such manner as to insure uninterrupted construction, the Purchasing Agents will be instructed to procure from abroad the additional supplies required. For all important purchases of materials tenders shall be called for by the Director General or the Managing Director concerned: in the case of all tenders, indents and orders for the importation of goods and materials from abroad, the said Agents shall purchase the materials required on the terms most advantageous to the railways, and shall charge the original net cost of the same, plus a commission of five per cent (5%). It is understood that no orders for materials shall be executed or any expenditure incurred without due authorization by the Managing Director concerned.

In return for payment of commission as above stated the British & Chinese Corporation, Limited, and the Deutsch-Asiatische Bank as Agents for the respective railway lines, shall be prepared to superintend the purchase of all foreign materials required for their construction and equipment, which shall be purchased in the open market at the lowest rate obtainable, it being understood that all such materials shall be of good and satisfactory quality and that the aforesaid Agents will avail themselves of the services of engineering experts to be selected by the Ministry of Posts and Communications for the inspection of such materials. The fees of these Inspectors shall be borne in equal shares by the Ministry of Posts and Communications and the

Purchasing Agents. At equal rates and qualities goods of British, French, German and American manufacture shall be given impartial preference over other goods of foreign origin. The Railway Administration of the Ministry of Posts and Communications reserves the right, while paying the above stipulated commission to the said Agents in respect of all purchases of foreign materials, to avail itself of the services of other Agents in China, or abroad, should it see fit to do so.

The most favorable shipping and insurance rates are to be secured and statements thereof together with original invoices and Inspectors' certificates are to be submitted to the Director General and the Managing Director concerned: all return commissions and rebates of every description shall be credited to the railways, and all purchases made by the Agents on behalf of the railways shall be supported by manufacturers' original invoices and Inspectors' certificates. No commission shall be paid to the Agents except as above provided; but it is understood that the Railway Administration shall provide out of railway funds for the remuneration of Consulting Engineers whenever their services are engaged.

With a view to the encouragement of Chinese industries, preference will be given, at equal prices and qualities, over British, French, German, American or other foreign goods to Chinese materials and goods manufactured in China, such cases being left to the decision, in consultation with the Engineers-in-Chief, of an Inspector appointed by the Ministry of Posts and Communications. No commission will be paid on purchases of such Chinese materials and goods.

It is understood and agreed that, after the construction of the lines is completed, the British & Chinese Corporation, Limited, and the Deutsch-Asiatische Bank will be given the preference for Agency business for the respective lines, during the currency of the Loan, for the supply of foreign materials which the Railway Administration may require, on terms to be hereafter mutually agreed upon.

ARTICLE XIX

Should the Imperial Chinese Goverment itself hereafter consider it desirable to construct extensions in connection with the railway lines named in Article II of this Agreement in order that the interests of the country may be better served, such extensions shall be built by the Imperial Chinese Government with funds at its disposal from Chinese sources, but if foreign capital is required, and the terms offered by the Banks are as favorable as those offered by others preference will be given to the Banks.

ARTICLE XX.

After payment of interest and repayment of principal of this Loan for any current year, the Railway Administration will deposit with the Banks in Shanghai or Hankow any surplus of the net revenue of the railway lines for that year up to the amount required to pay the following year's instalments of interest on the Loan, the rate of interest on the deposit being arranged with the Banks from time to time with due regard to the conditions of the market.

ARTICLE XXI.

All expenses in connection with the flotation and issue of this Loan, such as underwriting, commission and brokerage, telegraph charges, advertising, postage, engraving and printing of Prospectus and bonds, stamp and legal fees, shall be borne by the Banks.

ARTICLE XXII.

The Deutsch-Asiatische Bank, The Hongkong & Shanghai Banking Corporation, the Banque de l'Indo-Chine and the American Group shall take the Loan in equal shares and without responsibility for each other.

ARTICLE XXIII.

The Deutsch-Asiatische Bank, the Hongkong & Shanghai Banking Corporation, the Banque de l'Indo-Chine and the American Group may, subject to all their obligations under this Agreement, transfer or delegate all or any of their rights, powers and discretions hereunder to any German, British, French or American Company, Directors or Agents, with power of further transfer and sub-delegation; such transfer, subtransfer, delegation or sub-delegation to be subject to the approval of the Ministry of Posts and Communications.

ARTICLE XXIV.

This Agreement is signed under the authority of an Imperial Edict dated the twenty-second day of the fourth month of the third year of the Emperor Hsuan T'ung, corresponding to the twentieth day of May, 1911, Western Calendar, which will be officially communicated to the Ministers of Great Britain, France, Germany and the United States of America in Peking by the Wai Wu Pu.

ARTICLE XXV.

Eight sets of this Agreement are executed in English and Chinese, four sets to be retained by the Imperial Chinese Government and four sets by the Banks. In the event of any doubt arising regarding the interpretation of the contract the English text shall rule.

Signed at Peking by the Contracting Parties this twenty second day of the fourth month of the third year of *the Emperor Hsuan T'ung, corresponding to the* twentieth day of May, One thousand nine hundred and eleven, Western Calendar.

THE MINISTER OF POSTS AND COMMUNICATIONS

SHENG HSUAN-HUAI

Seal of
MINISTRY
of
POSTS AND
COMMUNICATIONS.

For the DEUTSCH-ASIATISCHE BANK,

H. CORDES

For the HONGKONG & SHANGHAI BANKING CORPORATION

E. G. HILLIER

Agent.

BANQUE DE L'INDO-CHINE

R. SAINT PIERRE CASENAVE

For J. P. Morgan & Company,
Kuhn, Loeb & Company,
The First National Bank,
The National City Bank,
of New York
constituting
"THE AMERICAN GROUP"

WILLARD STRAIGHT

Representative

Schedule of interest and amortization of the Imperial Chinese Government 5% Hukuang Railways Sinking Fund Gold Loan of 1911 for £ 6.000.000.

Coefficient 6.505.144 per cent

Total annual payment of interest and amortization £ 390.308.12.10

Years.	Half-yearly Payments of Interest.	Total yearly Payments of Interest.	Half-yearly Payments of Capital.	Total yearly Payments of Capital.	Total annual Payments	Principal outstanding.
	£	£	£	£	£	£
1	150,000. -/- 150,000. -/-	300,000 -/-	nil	nil	300.000. -/-	6,000,000. -/-
2	150,000. -/- 150,000. -/-	300,000. -/-	»	»	300,000. -/-	6,000,000. -/-
3	150,000. -/- 150,000. -/-	300,000. -/-	»	»	300,000. -/-	6,000,000. -/-
4	150,000. -/- 150,000. -/-	300,000. -/-	»	»	300,000. -/-	6,000,000. -/-
5	150,000. -/- 150,000. -/-	300,000. -/-	»	»	300,000. -/-	6,000,000. -/-
6	150,000. -/- 150,000. -/-	300,000. -/-	»	»	300,000. -/-	6,000,000. -/-
7	150,000. -/- 150,000. -/-	300,000. -/-	»	»	300,000. -/-	6,000,000. -/-
8	150,000. -/- 150,000. -/-	300,000. -/-	»	»	300,000. -/-	6,000,000. -/-
9	150,000. -/- 150,000. -/-	300,000. -/-	»	»	300,000. -/-	6,000,000. -/-
10	150,000. -/- 150,000. -/-	300,000. -/-	»	»	300,000. -/-	6,000,000. -/-
11	150,000. -/- 150,000. -/-	300,000. -/-	45,154. 6/ 5 45,154. 6/ 5	90,308.12/10	390,308.12/10	5.909,691. 7/ 2
12	147,742. 5/ 8 147,742. 5/ 8	295,484.11/ 4	47,412. -/ 9 47,412. -/ 9	94,824. 1/ 6	390,308.12/10	5.814,867. 5/ 8
13	145,371.13/ 8 145,371.13/ 8	290,743. 7/ 4	49,782.12/ 9 49,782.12/ 9	99,565. 5/ 6	390,308.12/10	5.715.302. 0/ 2
14	142,882.11/- 142,882.11/-	285,765. 2/-	52,271.15/ 5 52,271.15/ 5	104,543.10/10	390,308.12/10	5,610,758, 9/ 4
15	140,268.19/ 3 140,268.19/ 3	280,537.18/ 6	54,885. 7/ 2 54,885. 7/ 2	109,770.14/ 4	390,308.12/10	5,500 987.15/-
16	137,524.13/11 137,524.13/11	275,049. 7/10	57,629.12/ 6 57,629.12/ 6	115,259. 5/ -	390,308.12/10	5.385.728.10/-
17	134,643. 4/ 3 134,643. 4/ 3	269,286. 8/ 6	60,511. 2/ 2 60,511. 2/ 2	121,022. 4/ 4	390,308.12/10	5.264.706. 5/ 8
18	131,617.13/ 2 131,617.13/ 2	263,235. 6/ 4	63,536.13/ 3 63,536.13/ 3	127,073. 6/ 6	390,308.12/10	5.137.632.19/ 2
19	128,440.16/ 6 128.440.16/ 6	256,881.13/-	66,713. 9/11 66,713. 9/11	133,426.19/10	390,308.12/10	5.004.205.19/ 4
20	125,105. 3/- 125,105. 3/-	250,210. 6/-	70,049. 3/ 5 70,049. 3/ 5	140,098. 6/10	390,308.12/10	4.864.107.12/ 6
21	121,602.13/10 121,602.13/10	243,205. 7/ 8	73,551.12/ 7 73,551.12/ 7	147,103. 5/ 2	390,308.12/10	4.717.004. 7/ 4
22	117,925. 2/ 2 117,925. 2/ 2	235,850. 4/ 4	77,229. 4/ 3 77.229. 4/ 3	154,458. 8/ 6	390,308.12/10	4.562.545.18/01
	Carry Forward	£ 6.246,249.12/10		£ 1.437,454.1/2	£ 7.683.703.14/-	

Years.	Half yearly Payments of Interest.	Total yearly Payments of Interest.	Half-yearly Payments of Capital.	Total yearly Payments of Capital.	Total annual Payments	Principal outstanding.
	Brought forward.	£ 6,246,249.12/10	£	£1,437,454. 1/ 2	£ 7.683,703.14/-	£4,562,545 18/10
	£					
23	114,063.13/-		81,090.13/ 5			
	114,063.13/-	228,127. 6/-	81,090.13/ 5	162,181. 6/10	390,308.12/10	4,400,364. 12/-
24	110,009. 2/ 4		85,145. 4/ 1			
	110,009. 2/ 4	220,018. 4/ 8	85.145. 4/ 1	170,290. 8/ 2	390,308.12/10	4,230,074 3/10
25	105,751.17/ 1		89,402. 9/ 4			
	105,751.17/ 1	211,503.14/ 2	89,402. 9/ 4	178,804.18/ 8	390,308.12/10	4,051,269. 5/ 2
26	101,281.14/ 7		93,872.11/10			
	101,281.14/ 7	202,563. 9/ 2	93,872.11/10	187,745. 3/ 8	390,308.12/10	3,863,524. 1/ 6
27	96,588. 2/-		98,566. 4/ 5			
	96,588. 2/-	193,176. 4/-	98,566. 4/ 5	197,132. 8/10	390,308.12/10	3,666,391.12/ 8
28	91,659.15/10		103,494.10/ 7			
	91,659.15/10	183,319.11/ 8	103,494.10/ 7	206,989. 1/ 2	390,308.12/10	3,459,402.11/ 6
29	86,485. 1/ 3		108,669. 5/ 2			
	86,485. 1/ 3	172,970. 2/ 6	108,669. 5/ 2	217,338.10/ 4	390,308.12/10	3,242,064. 1/ 2
30	81,051.12/-		114,102.14/ 5			
	81,051.12/-	162,103. 4/-	114,102.14/ 5	228,205. 8/10	390,308.12/10	3,013,858. 12/ 4
31	75,346. 9/ 4		119,807.17/ 1			
	75,346. 9/ 4	150,692.18/ 8	119,807.17/ 1	239,615.14/ 2	390,308.12/10	2,774,242.18/ 2
32	69,356. 1/ 5		125,798. 5/-			
	69,356. 1/ 5	138,712. 2/10	125,798. 5/-	251,596.10/-	390,308.12/10	2,522,646. 8/ 2
33	63,066. 3/ 2		132.088. 3/ 3			
	63,066. 3/ 2	126,132. 6/ 4	132,088. 3/ 3	264,176. 6/ 6	390,308.12/10	2,258,470. 1/ 8
34	56,461.15/ 1		138,692.11/ 4			
	56,461.15/ 1	112,923.10/ 2	138,692.11/ 4	277,385. 2/ 8	390,308.12/10	1,981,084.19/-
35	49,527. 2/ 6		145.627. 3/11			
	49,527. 2/ 6	99,054. 5/-	145,627. 3/11	291,254. 7/10	390,308.12/10	1,689,830.11/ 2
36	42,245.15/ 3		152,408.11/ 2			
	42,245.15/ 3	84,491.10/ 6	152,408.11/ 2	305,817. 2/ 4	390,308.12/10	1,384,013. 8/10
37	34,600. 6/ 9		160,553.19/ 8			
	34,600 6/ 9	69,200.13/ 6	160,553.19/ 8	321,107.19/ 4	390,308.12/10	1,062,905. 9/ 6
38	26,572.12/ 9		168,581.13/ 8			
	26,572.12/ 9	53,145. 5/ 6	168,581.13/ 8	337,163. 7/ 4	390,308.12/10	725,742. 2/ 2
39	18,143.11/ 1		177,010.15/ 4			
	18,143.11/ 1	36,287. 2/ 2	177,010.15/ 4	354,021.10/ 8	390,308.12,10	371,720.11/ 6
40	9,294. -/ 8		185,860. 5/ 9			
	9,294. -/ 8	18,588. 1/ 4	185,860. 5/ 9	371,720.11/ 6	390,308.12/10	
	TOTAL :	£ 8,709,259. 5/-		£6 000 000. -/-	£14,709,259. 5/-	

宣統三年四月二十四日內閣奉

上諭前經降旨將鐵路幹路收歸國有並派端方以候

補侍郎充督辦粵漢川漢鐵路大臣飭令迅速前

往妥籌辦理朝廷所以毅然行之者固以統一路

權亦藉以稍紓民困當川路創辦之初該省官紳

宣統三年關於鐵路路權及租股之諭旨（一九一一年五月二十二日）

遂定已按租抽股之議名為商辦仍係巧取諸民
乃今數年之久該路迄未告成上年且已倒虧鉅
款之事其中弊竇不一而竟是貽累於閭閻者不
少而裨益於路政者無多鄂湘省又復舉行租股
該省地方瘠苦更非川省可比際茲新政繁興小
民之負擔已重倘不詳加體恤將此項無益於民之

陝華早日革除積困歲獲能足贍何所求之而未足

已時艱如何以堪此現既將鐵路收歸官辦著自

降旨之日起所有川湘兩省租股一律停止其宣

統三年四月以前已收之款著郵傳部督辦鐵路

大臣會同該省督撫詳細查明妥擬辦法奏聞總

不使民絲毫虧損以致失信吾民倘地方官民隱

匿不報者一經發覺立予嚴參不貸此外如有另
立各項名目指作修路之款一併查明請旨辦理
著該督撫迅即刊刻謄黄遍行曉諭以示朝廷體
念民艱之至意欽此

長沙來電

黄米胡同督辦鐵路端大臣鈞鑒倏密湘路事代奏摺昨日拜發此事湘人爭持甚力雖暫時慰諭將來終恐激烈鄙意此摺到後所請批交郵傳部核議徐圖轉圜之法交公與內閣及盛宮保商籌為要鼎俟此事稍定即當乞退未敢戀棧也鼎叩有

奏稿

清秘閣

〔盛宣懷〕致余肇康電（一九一一年〔五月二十五日〕）

致余參議電

長沙鐵路局余堯衢同年洪密湘人對於路事爭執甚堅俊帥代奏羣情想應平靜公早年有功湘路與文襄往還商榷諸名論政界諸老知之最深極以為然至今猶時時言及此時路事固資熟手要政需人尤為迫切公雖有意引退恐政府諸公必

指催借款了

余所爭即在此

奏稿

清秘閣

奏稿　清秘閣

不敢不以此啟動之

不許公善藏鄙人與公至交苟可盡力之處斷不自惜敢以密聞至現在路事尤希極力維持宣上通下早致和平翳公是賴以後情形希隨時詳示至盼　泌

湘撫致端督辦電

黄米胡同端大臣鈞鑒：俊密戟門交閱兩電均悉。路事議論激烈，皆無意識之人，自開導後均已安静。鼎雖廉得主名，未敢據以爲實。譚組安在京，公可密詢，必知其人。至明達士紳多不贊成，此次代奏，係據諮議局原呈，以陳炳焕領銜，語極和平。鼎按語祇云該

議員陳請各節情詞迫切並非違背抵抗該局為輿
論代表未敢壅於上聞理合據情代奏等語摺於廿
五拜發近日合界議論均已帖然公來湘當為就範
何日出京甚盼鼎叩勘

一督辦川漢粵漢鐵路大臣擬請派一人幫辦請派
二人
一各路總辦應由督辦大臣會同郵傳部奏派
一工程不停必須截清界限應即派總辦分往各路
接收工程即為官辦截限之日期
一川湘兩省租股即奏請通諭停止以恤民力

一川粤湘鄂已用之款趕緊責成督造實報實銷之
帳册以憑分别核辦
一公司股票准其更換國債股票仍照長年六釐支
息
一此項鐵路國債股票須定歸還期限須准分派餘
利須准大清銀行交通銀行抵押則此股票自能

貴重

一該股票如願換領國債股票則該公司歷年虛縻

之款除倒帳外准不折扣以示體恤 股本

一該股票如願向國家領回資本則必動用洋債應

由督辦大臣所用之總工程司估價歸還聽其認

造枝路及開礦實業之用

以上兩種辦法應由督撫轉飭特開股東會聽股東多數取決

一此次收幹路為國有以速辦為宗旨武昌至長沙為一段長沙至郴州為一段廣水至宜昌為一段宜昌至夔州為一段均用洋工程司分頭趕辦除宜夔一段難工外其餘三大段均限三年完工

一廣州至郴州一大段擬即責成詹天佑一手趕造必令於湘工到郴州以前完工俾與相接

一粤路第三期股款未收如不願領受國債股票者聽之另由大清銀行交通銀行籌辦國債股票補足

一川路自夔州至成都工雖平易而路甚綿長擬俟

四路開工之後約計何時抵夔再另籌款開辦總
期與夔州同時相接

奉　五月初六日

上諭王人文電奏據四川諮議局呈稱川省紳民自奉鐵路改為國有之命紛紛函電請暫緩接收並請緩刊謄黃等語覽奏殊深詫異鐵路改歸國有乃以商民集款艱難路工無告成之望川省較湘省為尤甚且有長倒鉅款情事朘削脂膏徒歸中飽殃民誤國人所共知朝廷是以毅然收為國有並停收租股以恤民艱既經定為政策決無反汗之理該省諮議局不明此義輒肆要求並有緩刊謄黃之請是必所收路款侵蝕已多有不

可告人之處一經宣布此中底蘊恐不能始終掩飾難保該
局非受經手劣紳之請託希圖朦混為延宕時期接續抽收之
計不然前降諭旨指明停止租股並另妥籌辦法何至誤為捐款
强詞奪理情僞昭然該署督目擊情形一切弊竇應所深悉乃竟率
行代奏殊屬不合王人文著傳旨嚴行申飭並著迅速刊刻謄黄徧
行曉諭並隨時剴切開導俾衆周知至已收租股並著趕即查明
由度支部郵傳部督辦錢路大臣會同該署督妥籌切實辦法
請旨辦理欽此

王人文致郵傳部、端方電（一九一一年六月三日）

照抄成都王護督來電

郵傳部端大臣鈞鑒：辰迭奉兩電，敬悉。川紳路見現分兩派：甲純主自辦；乙則主歸國有，而要求不以路作抵，不提存款，全還用款。初甲勢頗張，經文再三諄曉利害，須章明白有力量者漸趨乙說。當初一日各團體集議，即有持國家或以路權委之外人、債票換提現款之說激扇衆意者，因有議局公司之呈請代奏。細查乙派卒占優勝，蓋因路難望成，而禁烟驟失大利，若能以路之餘

款遵鈞部前電為開丙崇之礦及興辦實業增加
生產之用川民生計亦可得一轉機以此衆情多主
其說人人之意存款僅七百餘万似應能給川人全
彰朝廷信用而救川民之窮已用之款較多除倒
帳外則照度支部所議辦法全換給鉄路股票雖
未必盡饜川人之望然國家既仁至義盡或足塞
川人之口惟合同內傳之全體注意之件應請早
日宣布初一日會議皆以合同勿論直接間接但
有拘束四川鉄路財政之力川人万不承認而派一

致情詞較議款尤激人文幸護畫符万不敢不念此
次借款備極委曲艱難仍乞迅賜將合同全稿宣
布面裁示處分存款辦法再當招集明白士紳盡
力勸導緩期不生枝節免煩屢電公司帳目現惟清
查惟頭緒太多恐尚須旬日乃得緩數李京卿辦
法未准電告其人乃川人所信仰材幹諒為鈞部
所知將來似可留充緩辦藉以羈攬眾情馬道
恐難勝任是否乞酌謄黄已遵旨刊布先聞人
文叩霙

郵傳部大堂
宮保
鈞啟
許大人

宮保鈞鑒：昨奉
復示，祗承種切。呈復之稿現經擬就，惟前呈
各節此次必須呼應，措詞尤不便過于直遂，
以啟衆人之詰責。復稿前來云云，具有不得已
之苦衷，非故示挑釁意也。伏乞
烱察。乃荷後來所陳辦法四項，本出自我
公盛意，無待詞費，惟終應見諸公牘，俾辦事
人確有依據。一旦宣布，衆意自必釋然。以上

各情本擬面陳
鈞聽適
福體欠安故敢肅函奉布區區之意良非獲
已倘蒙
裁可當即日繕遞再
大部照會兩件印發後請發上海電一通催令
公司速復此一緊要關鍵謹擬電稿乞即
核定譯發此間當另有電去接洽

大部接到公司呈復仍求發一最後照會公司即可招集股東特開臨時會公決此案遂結謬擬最後照會稿一紙并乞
裁示施行專肅敬請
勛安
鎮 鼎霖 廷棟 謹肅

收兩廣總督致內閣請代奏電 五月十三日

粵路收號

國有經郵傳部酌定辦法數條飭開股東會取決先經鳴岐剴切勸諭多數股東均知

國有政策

朝廷事在必行初無反對之意惟以郵傳部所定給回國路股票辦法恐蹈滇蜀路信股票之弊日後股東血本無可取償復經鳴岐力任維持衆情亦漸安帖嗣因川湘公司頗有謠言影響叢於粵省南洋各埠華僑之入股

者為亂党煽惑亦紛紛來電反對人心不免浮動初十日
開股東會復有集收不准干預路事之粵紳黃景棠
倡議抵抗大肆鼓吹經將詳情電達郵傳部並由鳴岐
出示曉諭將初十日會議各案取消另再詳訂會議
規則定期召集徐求徵集股東真正意見查粵路收歸
國有
國家既定為政策斷無變更本可無庸集議所待取決
股東者祇歸還股本之辦法耳但粵路自開辦以來
屢釀風潮人心已渙散公司議事慣為少數股東劫制

多數股東不敢發言意見頗难真確又值省城亂事
甫定外埠亂党藉口極力煽惑人心尤易摇動此法一日
不決異議一日不息愈久遲延更恐釀生意外變故恭
譯迭次
諭旨
朝廷於川湘租股歷經宣示不使人民有絲毫虧損俾恤民
隱薄海同欽粵路事同一律果能從速決定歸還股本
辦法務使商股資本毫無損則異議不禁自息一月
以來博採輿論多數股東意見約分數端一期股本決

不願再繳二用過資本意在全數歸還不予折扣三
公司歷年應派官息意在照數裁給四股本意在給還
現銀或以一半給銀一半給票備蒙
朝廷俯順輿情曲予照准則紳商士民咸曉然於
朝廷收路並非與民爭利必皆翕然樂從其股本給還現銀
一節如因為數過鉅一時難於籌措或即按照郵傳部
原定辦法准令大清交通兩銀行抵押並將抵押數
目先行規定極少總須五成凡有持票向銀行抵押者
不得借詞推諉俾人民知此項國路股票確實可靠不

至蹈昭信股票覆轍，亦可冀勉强就範。綜計粵路股
本僅二千餘萬元，即使全數向銀行抵押挹注，當不甚
難，而所以昭示
國家信用及維繫人心者，所關甚巨。際此憲政初立，財用
艱窘，日後取給於民者正繁。此次幹路收歸
國有，實爲
國家第一政策，正宜秉此確立信用，昭示人民，不宜規規
於目前路股之盈虧，過事計較，致滋商民疑慮。相應請
旨飭下内閣、度支部、郵傳部迅速核議決定，不惟路事可以

從速解決

國家信用既立，於日後推行一切要政，皆可無虞捍格矣。

局幸甚，乞代

奏。鳴岐謹肅。元

長沙楊中丞來電 五月十四日

盛宫保鈞鑒：申密。此次湘路風潮，極力維持，幸免暴動。鼎之心力實已盡瘁。現聞反對激烈者大半為鐵路學堂中人，因商辦既經取消，該學堂經費無著，是以譁譟。鄙意湘省鐵路學堂應改歸官辦，由公家籌給經費，仍令照舊辦理，以安其心。將来鐵路任用之

人皆取諸該堂則教員學生必可安靖若多用洋工
師後禍真不可測祈速與督辦大臣商酌先行電告
湘省此為最要之策又贖路修路之款現已派員確
查細數幹路既收歸國有凡屬商民所捐之股必須
如數撥還方足以折服人心其鹽捐米捐入款另籌
辦法此一節亦須明白宣布俾免藉此又起風潮切

要之至余堯衢力辭總辦志在得官聞湘人多屬意於黄忠浩如將余別位置而畀黄以總理湘人必大歡迎此亦平爭解愠妙劑務乞採納施行並祈裁覆

至盼鼎叩

奉
旨張鳴岐電奏幹路收歸國有請從速決定歸還股本辦法等語著度支部郵傳部督辦粵漢川漢鐵路大臣妥速議奏欽此

五月十五日

寄廣州張制台電 五月十六日

元電悉。四月十二日公電請貴督速派大員查明商辦已成之路及已造未完之路各若干，已用股款若干，現存材料及銀兩各若干，所有公司實收支款項聲明，俟尊處查明帳目咨到公司，以憑請旨辦理。時適一月，未據聲復，現奉交旨妥速議奏，而電奏内僅有股本二千餘萬元一語，實屬無憑核辦。電到，希即將文電請查各節迅即詳細電復為盼。度支部、郵傳部諫。

宣統三年五月十八日奉
旨張鳴岐電奏粵民對於路事抗拒情形酌擬辦法請堅
持國有政策准令商股悉領現銀等語著度支部郵傳
部督辦粵漢川漢鐵路大臣歸併前案妥速議奏欽此

鈐章　署名

武昌來電五月二十一日

郵傳大臣盛宫保鑒：恕盐兩電計達。宜昌路工公如何定議，盼速示。迭據荆宜道文稱該處謡惑頗盛，雖未滋事，兵單難防，現已派軍隊一營尅日前往，以資鎮懾。陶齋聞已到鄭州，明日能否到鄂，尚不知也。瀓。馬

郵傳部籌劃川粵漢幹路收回詳細辦法摺（原稿）（一九一一年六月）

奏為遵
旨籌畫川粵漢幹路收回詳細辦法恭摺仰祈
聖鑒事。竊臣於宣統三年四月十一日內閣奉
上諭：郵傳部奏之設法幹路中原有任奏仰祈
定幹路枝路辦法一摺……由本幹路近挨民
數年以來，粵則收股及半，造路無多；川則倡辦
館条進無善，湘鄂則開局多年，徒資坐耗，竭萬民
之脂膏，或以虛糜，或以侵蝕，恐曠時愈久，民累
愈深，上下交受其害，貽誤何堪，情形且同於明白曉

諭昭示天下幹路均歸國有定為政策至若如何收回之詳細辦法業郵傳部遵照令盡心籌畫迅速請旨辦理凡該紳民毋得任意阻撓一誤再誤如有不顧大局故意搗亂路政煽惑抵抗即照違制論特此通諭知之欽此四月二十四日內閣奉

上諭前經降旨將幹路收歸國有並派端方以候補侍郎充督辦粵漢川漢鐵路大臣迅速前往妥籌辦理現既將鐵路收歸官辦著自降旨之日起所有川湘兩省租股一律停止其宣統二年以前已收

郵傳部籌劃川粵漢幹路收回詳細辦法摺（原稿）（一九一一年六月）

之路，著郵傳部於奉使路者令日議出於此得仰望
明年鄉出作廢閎擬商律有立毫新約出作廢也
此等如有另立之租者自撥作修路之限一併由細然
另有化價作五月初六日由閎奏
上諭：王人文電奏稱，四川諮議局呈稱，以川省僅民自籌集
路政收國有之後，若於田畝捐股收路款利賠
並無甚確冤，奏請俟是鐵路改歸國有，乃以為民
累延難路二字出成之宜以省較湘省為尤甚，且
有長何但以性事，請民傳國人所共知，朝廷兼以

毅然以為國有之路停收租股以恤民艱此誠從寬至及
業經各省紳士人民各路公司呈請停收二股行中備為例遲速
利詞騰其編行收歸之時租股[塗]並無疑問者
明由度支部郵傳部妥擬保護辦法會同該管督撫
奏切實辦法請旨施行本月二十日奉
上諭署大理院少卿王世琪等奏懇加恩撫恤股款一摺
據此一摺●所奏收路俾部速籌意係察民下
疾苦著即將湖南兩省因路抽收米捐鹽捐房捐各股
與四川租股概行停止其已收之款仍著郵傳部妥

郵傳部籌劃川粵漢幹路收回詳細辦法摺（原稿）（一九一一年六月）

鐵路大臣湖南巡撫楊咨呈奉旨詳細查明妥擬
辦法奏聞欽此。五月十二日奉
旨：該路電奏辦理國有請從速決定歸還
股本每股六兩，一年應支郵傳部新借部款，另行歸川民
催請示妥速議奏。欽此。五月十四日奉
旨：湘路電奏具見對於路事擬招股以抵借款無從措
堅持國有政策，准照原奏辦理，該股仍專歸華股
郵傳部另辦具摺川民仍歸湘省路股，著
議奏。欽此。四月廿日又奉

奏御史生請將粵漢借債修路辦法宜嚴防流弊一摺。

又片請飭將借款以前所收本路各股撥解文。

片奉旨原摺片著度支部郵傳部妥籌具奏。

川漢鐵路未定之先及已定之後商民集股多有周知

朝廷通籌全局明定路策以幹路為國有枝路仍准商民原

日本以停收租股為體恤民艱之[illegible]要義善後之大作

俾[illegible]美意 [illegible]查公司合同承甚[illegible]光緒三十二年改

不惜借債虧息以[illegible]國[illegible]合同實係 早經借款修路

邦有五國之約主之實現元年又與四國訂立借款

合同亦經張之洞主之其條約所載亦實見有

故之非先成效可湘省股甚微湘路很能試辦求益 [illegible]

蓋指田租之房租然 [illegible] 民計甚窘 [illegible] 路綫甚長 [illegible]

告成無期 [illegible] 張之洞絕不回護 [illegible] 遽招商興辦 [illegible]

借款至 [illegible] 川 [illegible] 則租股 [illegible]

則前股已收第一第二期作一千數百萬兩六七年來 [illegible]

能切實進行其路所通 [illegible] 川路 [illegible]

[illegible]

一百 [illegible]

及已通之地 [illegible] 材料 [illegible]

與西[illegible]貴請[illegible]
卿主認乃之情形也

詹天佑到粵訪問狀況二十一日尚未聞奉[illegible]
由吳石證之呈明
[illegible]州[illegible]二百二十九里開通[illegible]其所支出之款已一千四百七十七万
但兩年半六月郵傳部派[illegible]袁樹勛奏奉粵路[illegible]
混一切協議認[illegible]達二年有查粵路自開辦以來
已用事五[illegible]通車之二百四十五里用仍六百二万五千[illegible]紅
甲機四万一千三百餘元核与原議[illegible]每里二万四[illegible]
路[illegible]每里二万六千及二万九千元相同[illegible]
因[illegible]路積成之[illegible]積之甘言[illegible]
因[illegible]之甘[illegible]
且歲月遷延[illegible]而[illegible]一万七十[illegible]
計[illegible]未成

郵傳部籌劃川粵漢幹路收回詳細辦法摺（原稿）（一九一一年六月）

擬遵旨馬西路已電飭

宜昌路工由[illegible]地[illegible]

又川路集股實用[illegible]二百八十[illegible]十兩
[illegible]同工已成通車運料去三十[illegible]未完未過半
去八年[illegible]在工支銀四百[illegible]自[illegible]三十二
年十月[illegible]起至元年十月止支用[illegible]計三十三萬餘兩
自元年十月開工起至三年[illegible]共支[illegible]四百[illegible]十[illegible]兩
現在材料約值六十[illegible]兩內[illegible]未付之價十六萬[illegible]兩均入
[illegible]計值七萬餘兩現存年[illegible]十萬兩現下二萬[illegible]
宜[illegible]存[illegible]文又路工計[illegible] 倒[illegible]
[illegible]至[illegible]工[illegible]裁[illegible]又[illegible]人文

雲[illegible]存銀債七百餘萬，與宜昌所收合而計之，僅共計
一千一百數十萬，其餘上海倒帳稽無著，約計三百萬，且虛糜
費另者亦不等，嚴飭經紀提之，俟撥團來
民有本屬無著，未入目下國計艱難，眾能自還，衷力每
行不設，[illegible]設財從撥人辦，無
原定辦法，可安居，遂設方策，無如所謂民
情則羣人文而責係此追呼（樂與訟獄，開閘悉聽其便），所從方便則以
素樹幼而兒童，年身之作耕工秤，華羣股東相互與開
於商民量宜無裁，而國防開發之作

郵傳部籌劃川粵漢幹路收回詳細辦法摺（原稿）（一九一一年六月）

朝廷毅然收回國有借債修路之策，前年業已於前日已三奏
具陳，請閣今搞術之黄瑞麒差和收回[illegible]路，而不
將所收股銀照原還[illegible]，因另生代，但還路[illegible]，伏
民間[illegible]業修路之利，似不足另生代，且[illegible]
今商股來[illegible][illegible]國本[illegible][illegible]，全[illegible]路[illegible][illegible]
諭旨將[illegible][illegible][illegible][illegible][illegible][illegible][illegible][illegible][illegible]
股票[illegible]只原定[illegible]初[illegible]時[illegible][illegible][illegible][illegible]一律[illegible][illegible]
[illegible][illegible]其[illegible][illegible][illegible][illegible][illegible]即將[illegible][illegible][illegible][illegible]不[illegible]
者[illegible]毫[illegible][illegible][illegible]上[illegible][illegible]加[illegible][illegible]股[illegible][illegible][illegible]

此以恤民艱，今國官商未嘗不可收之使來，一切
原擬分兩年⊙奏定[塗]所陳不爲無見，臣等
於四月十二日電致各省督撫，即是此意，並所以難責署者
情形各有不同，要難一致。（旁改：擬暫緩辦）臣等仰祈
聖主俯察輿情，但求於國（旁改：有力圖匡行）[塗]計，法不與民爭（旁注：自有）
利。至原奏所稱御史所請收將粵川湘鄂四省
所轄枝路可以攜及，[塗]今可收宗盡數收回，俟由度支
部、郵傳部籌出（旁注：以）[塗]國家鐵路股票，日後陸續收
俾之兩歧，只收更換，即以五年爲定，久之妥定。

且粵路多年佈股而另有股不另有何利此次於額外優定

近年以來自四五年以至十六年還本此
有何利益切合並非於此項優待於外
二者逐一核明陸付換給以後應還照章
股核此項國家保利之股票未有息照年減支
此之外不加折扣照例帳外不加利付或籌給發
本不成提作國家保利股票若到底分別辦理一
粵股全數是商股已收第一二批每股俱收二元
五角去年只每一元收二角現因本人
所收定銀股未發還現收一元五角

[illegible]人[illegible]及只[illegible]股[illegible]不[illegible]

樹多所丟[illegible]只五百七千餘之[illegible]數[illegible]不足之[illegible]

實爲所謂丟矣盡矣，其餘每股一元，實銀耗[illegible]

[illegible]借[illegible]既定，使[illegible]利[illegible]分作十年[illegible]

[illegible]保[illegible]一[illegible]湘[illegible]股[illegible]和[illegible]房股[illegible]收

[illegible]四千萬兩一百股約一千萬[illegible]其[illegible]

內[illegible]

三千[illegible]行路[illegible]料約二千萬兩[illegible]

[illegible]借[illegible]計[illegible]收[illegible]

[illegible]股[illegible]本[illegible]

[illegible]一百萬兩

除去[illegible]三千萬兩[illegible]

十年撥[illegible]以元本[illegible]公用一[illegible]所[illegible]股十萬千

係照擬湖廣借款〔按〕照辦每年兩起息每年付九十二萬零十餘兩應
將來定歸還民股〔內〕有〔動用〕指款〔數〕按及利息按年付給餘利實
圓積存預計共廿餘年〔之數〕後國家可無須借款股票便可收回
分作十年攤還[illegible]一月從起存七百餘萬均入
股[illegible]店股本〔按照〕換國家保利股票分成〔切〕分作十
〔六〕〔股〕〔股除照〕〔按〕〔分配外〕年還本[illegible]分作利息〔實〕定已用之款回歸[illegible]
十方以及官[illegible]商股各三十三萬均准給發〔國家〕
股票分作〔十年〕攤還以歸本省[illegible]吳〔官〕〔而〕〔宜〕〔而〕
衛〔部〕債目專所衙付〔向〕博〔乘〕〔與〕論似已不〔出〕〔載〕

盡。大內商股與公款不同，民股實用與虛靡不同，故名[illegible]稍異，

原刊因或還現銀，或給保利股票，或作為新股票，分作三項辦

法，務使民股不受毫虧折，[illegible]有[illegible]辛手抵

協議大臣會商再四，意見已如此等。

會允，應由[illegible]由川部咨明各[illegible]，由臣端方會

同商辦部臣迅速派員，會統籌一切，[illegible]安籌辦

一面趕緊開二五，於[illegible]起五二[illegible]，[illegible]

其[illegible]段，俟請以或另[illegible]，為一[illegible]以長沙至柳州，

至[illegible]四柳州[illegible]州至一[illegible]，以廣[illegible]至[illegible]為一[illegible]，以[illegible]

昌至夔州為一段以夔州至成都為一大段並武昌一
段長郴一段廣郴一段均限三年完工郴廣一段俟其竣
成詹天佑一手告成如今長郴一段則期完工俟須接軌
如其尚未竣之三批段乃夔萬以段係可毋庸借款
成渝一段路段甚長擬為民另行籌辦應於蒞宜一
段完工之時俾得接軌庶共用照乙日速之流未免於
拘此次各段鄉希用洋匠包工之說以求迅速雖各段
分段斷非一手一足之力所能兼籌並顧由此分办
合日新任部堂必速迭城宜可竣工之負責

并於監工之外另派若干收支一員以資稽核仍行部（借此）
派有專情之人此款日人不易於欺而挪移此中保守與收
自當不少為之派定之員而偽為之挾制各分職掌以
工程裁汰其他無關緊要之員若干已用之款仍令照舊
起造追加（竟）溢額之慣例以遷擾路政國家經投出之分并
責由督辦大臣遴選延派辦律之律七名有一人為經（隨時）
總之遴各地方之委派由總辦存底後詳細保護之隨
閣以上如所擬辦者何加籌酌之處不揣冒瀆
兩局一切事宜相同將來如有未盡之處隨時函

行察酌定施行

旨允凡所奏之

旨遵籌議各條由理應會同具奏是否有當伏乞

皇上聖鑒訓示施行

奏

奏為遵

旨籌畫川粤漢幹路收回詳細辦法恭摺會陳仰祈

聖鑒事宣统三年四月十一日内閣奉

上諭郵傳部奏遵議給事中石長信奏鐵路亟宜明定幹

路枝路辦法一摺數年以来粤則收股及半造路無多

川則倒帳甚鉅參追無着湘鄂則開局多年徒資坐耗

竭萬民之脂膏或以虛縻或以侵蝕恐曠時愈久民累

愈深上下交受其害貽誤何堪設想用特明白曉諭昭

示天下幹路均歸國有定為政策至應如何收回辦法
著度支部郵傳部凜遵此旨悉心籌畫迅速請旨辦理
該管大臣毋得依違瞻顧一誤再誤如有不顧大局故
意擾亂路政煽惑抵抗即照違制論將此通諭知之欽
此四月二十四日内閣奉
上諭前經降旨鐵路幹路收歸國有並派端方以候補侍
郎充督辦粵漢川漢鐵路大臣迅速前往妥籌辦理現
既將鐵路政歸官辦著自降旨之日起所有川湘兩省
租股一律停止其宣統三年四月以前已收之款著郵

傳部暨辦鐵路大臣會同該省督撫詳細查明妥擬辦
法奏聞總不使有絲毫虧損失信吾民此外如有另立
各項名目捐作修路之款一併查明請旨辦理欽此五
月初六日內閣奉
上諭王人文電奏據四川諮議局呈稱川省紳民自奉鐵
路政為國有之命紛紛函請暫緩接收並請緩刊謄黄
等語覽奏殊深詫異鐵路政歸國有乃以商民集款艱
難路工無告成之望川省較湘省為尤甚且有虧倒鉅
款情事殃民誤國人所共知朝廷是以毅然收為國有

並停收租股以恤民艱既經定爲政策決無反汗之理
王人文著傳旨嚴行申飭仍著迅速刊刻謄黃徧行曉
諭至已收租股並著趕即查明由度支部郵傳部籌辦
鐵路大臣會同該署督妥籌切實辦法請旨辦理欽此
五月初三日奉
上諭署大理院少卿王世琪等奏湘路加抽各股請一律
停止一摺所奏頗能仰體朝廷德意俯察民生疾苦著
即將湖南所有因路抽收米捐鹽捐房捐各股與前項
租股概行停止其已收之款仍著郵傳部籌辦鐵路大

臣湖南巡撫恪遵前旨一併詳細查明妥擬辦法奏聞
欽此五月十五日奉
旨張鳴岐電奏幹路收歸國有請從速決定歸還股本辦
法等語著度支部郵傳部督辦粵漢川漢鐵路大臣妥
速議奏欽此五月十八日奉
旨張鳴岐電奏粵民對於路事抗拒情形酌擬辦法請堅
持國有政策准令商股悉領現銀等語著度支部郵傳
部督辦粵漢川漢鐵路大臣歸併前案妥速議奏欽此
同日又奉

旨御史黄瑞麒奏借款官修幹路宜仍留商股一摺又片
請飭將傳收以前所收米鹽各款並數解交公司不准
挪用等語著度支部郵傳部督辦粵漢川漢鐵路大臣
悉心妥議具奏欽此各等因仰見
朝廷通籌全局明定政策以造路為統一行政之本原以
俾指為體恤民艱之要義恭讀之下欽服莫名臣等
公同會議粵漢鐵路於光緒三十二年改歸商辦不
惜鉅資贖銷美國借款合同實係張之洞主之宣統
元年又與四國訂立借款合同亦係張之洞主之豈

好為其难就亦實見商辦之難見成效鄂湘商股固甚微薄瑞澂電称鄂路並無尺土寸料湘路雖有米捐鹽捐田租房租然路綫甚長民計甚窘竭力搜索告成無期故張之洞絶不迴護前言遺摺尚言此次粤漢川漢鉄路関繫繁重必須官為主持俾得早日観成並准本省商民永遠附股藉為利用厚生之資等語又查移交案内總理余肇康致張之洞函称湘省財力有限斷難驟得大宗以之專造洙昭或可敷用此外工程自非多分撥國籌借不可惟盼早日定

局以期從速開辦大工等語此張之洞奏請鄂湘借款紳士認可之怙所也至川省則已收租股等項一千數百萬兩粵省則自丙午年起已本年四月止商股已收第一第二期銀一千數百萬兩六七年來果能切實進行粵路自黃沙至坪石不過六百里川路自宜昌至夔州亦僅六百里已可現成將謀接綫乃六年之久粵路僅造成一百七十里尚有前用美款造成黃沙至高塘幹路棠涌以下六英里已安鋼軌棠涌以上六英里築基已成未安鋼軌共十二英里

合三十六華里在内又石國塘行車處接收物料
值銀九萬三千餘元又黄沙貨倉接收物料值
銀四十四萬六千餘元又已買地價計銀十二
萬三千餘兩一概佔折移交詹天佑到粤
新訂軌之路由黄石站至黎峒二十一里尚
未開車自黎峒至韶州二百二十九里内
僅止築基過半兩支出之款已一千四百七
十七萬餘兩僅存材料價銀七十四萬八千
餘兩去年六月郵傳部覆奏袁樹勛奏叅

粵路弊混一摺據候補參議龍建章等查
粵路自丙午開辦起至己酉等五段通車
止一百四十五里用銀六百二萬五千餘元
每里攤四萬一千三百餘元核與梁誠電
稱每里二萬暨鄺孫謀面稱每里二萬
六千及二萬九千元數目不符造路如此
之少用款如此之多且歲月遷延恐新
路未成而一百七十里之枕木已朽爛矣
又川路據道員馬汝驥電稱宜昌路工查得

大概除北京滬漢成渝費用不計外自光緒三十二年七月設局起至宣統元年十月止支開辦費約計三十三萬餘兩自元年十一月開工起至三年四月止共支出銀四百十餘萬兩現存材料約值六十餘萬兩內有未付之價十一萬餘兩購入地畝計值十九萬餘兩現存錢莊生息十萬兩現銀二萬餘兩宜局向無多存款

按月須在滬漢撥支又路工計由宜昌至歸州綫長二百八十餘里分十段均開工已成通車運料者三十餘里橋峒未完未通車者八十餘里在工夫役四萬餘人俟接收之員到工後方能截數造報又據四川護督王人文電稱存款僅七百餘萬與宜昌所報合而計之共計一千一百數十萬其餘施典章上海倒賬約計

三百萬前經四川京官甘大璋等嚴劾在案總
之鉄路國有民有本屬無甚出入目下國計艱
難果能商民實力舉行不致延曠虛糜亦可毋
庸遽歸官辦無如取諸民捐則如王人文所言
催比追呼繁興訟獄閭閻愁歎不絕取諸商股
則如袁樹勛所言糜費作弊工程草率股東概
不與聞在商民受害無窮而國防關繫尤鉅
朝廷毅然收歸國有銷除商辦各案實亦出於萬不
得已之辦法今據御史黄瑞麒奏稱收回幹路

而不將所收股款絲毫給還固為失信但還股
款而不使民間享修路之利仍不免為失信且
京奉鉄路至今商股未退餘路國有不必完全
官股可知擬請
明降諭旨將川漢粵漢以前所抽所招各股改換官
辦股票仍照原定官利按時給息路成之後一
律分給紅利其有不願領換股票者即將原股
如數給還不使有絲毫虧損且各項加徵之股
款雖當停止以恤民艱而全國富商未嘗不可

招之使來以期衆擎易舉等語所陳不為無見
臣等於四月十二日電致各省督撫即是此意
其所為難者四省情形各有不同受弊輕重亦
異臣等仰體
聖意俯察輿情但求於國際力圖進行決不與民爭
利應即准如該御史等所請將粵川湘鄂四省所
招所抽之公司股票盡數驗明收回擬由度支
部郵傳部特出國家鐵路股票粵漢川漢仍分
兩種照數更換仍照長年六釐支息倘欲抽還

股本約以五年後分作十五年還本從前京奉鉄路所留商股不分餘利此次格外從寬如有餘利按股均分並准将此項股票向大清銀行交通銀行按照行規抵押以便流通惟該公司願領此項國家保利之股票者則悉照歷年路工交出之款除倒帳外毫無折扣倘或願領貲本不願領換國家保利股票者必應分別辦理以昭平允一粵路全係商股已收之第一批每股一元第二批每股一元五角近年因路工遲

滯糜費過多票價每一元跌至二角刻因有人
收買每一元漲至四五角現擬每股從優先行
發還六成每二元五角先發現銀一元五角以
路工及材料支款一千四百七十餘萬按里攤
算實不止袁樹勛所奏每里費銀五萬七千餘
元之數虛糜已達極點其餘每股四成久在虧
耗之列此皆任事人及股東查帳員應職其咎
在出股者不無可原然所舉非人漫無覺察亦
屬自失股東權利現擬格外從寬將四成一元

之數另發國家無利股票俟路成獲利之日准
在本路餘利項下分十年攤給以示體恤一湘
路所收五百數十萬內有米捐鹽捐租股房股
各項四百餘萬兩商股約一百萬左右支款內
開修路購料約二百餘萬兩據余肇康電稱洙
洲至長沙一百餘里已經完工開車碼頭各項
均已齊備約計其餘耗費無多擬定將實在商
股一百萬兩照本發還其餘米捐鹽捐租股房
股除美國贖約經費三百餘萬兩外准即另發

國家保利股票長年息六厘五年後分作十五
年攤還以充本省寔業公用一鄂路所收商股
粤川兩項共一百十四萬五千餘元據湖廣總
督上年冬季冊開除已支用外尚存現銀三十
二萬餘元向歸官局經理又該省上年所設公司
共收新股九十七萬餘元續據湖廣總督單開
現尚存銀九十一萬餘元其實在商股應准湊
足歸還現銀至川漢彩票股另發國家無利
股票俟路成獲利之日准在本路餘利項下分

十年攤還另有動用振糶捐除美國贖約經費不計外其餘如有寔用者准照湖南米捐一律辦理一川路現存款七百餘萬如願入股應准悉數更換國家保利股票五年後仍分作十五年還本亦准隨時抵押並可分得餘利除倒帳外其宜昌已用之款四百數十萬准給發國家保利股票一律辦理又宜昌開辦經費三十三萬及成渝各局用費若干則發國家無利股票與粵股一律悉歸本省興辦寔業之用此外粵

漢未贖之美比小票二十二萬二千二百金元

在此次借款內撥還前已

奏明在案至所借贖約英款尚有本息五十七萬

餘鎊未還三省路工既經收回官辦自應由郵

傳部查照原約按期另行籌還以上所擬辦法

臣等盱衡時局博採輿論似已仁至義盡大約

以商股與公捐不同實用與虛靡又不同故不

得不稍示區別或還現款或給保利股票或給

無利股票分作三項辦法而終不使其資本虧

折絲毫如晶、
朝廷德意如蒙
俞允應由臣部咨明各督撫臣並會商臣端方迅速
派員分往各省按照章程妥籌辦理一面由臣
端方收路開工至於隄辦工程之法必須多分
段落庶可尅期告竣擬請以武昌至長沙為一
大段以長沙至郴州為一大段以郴州至廣州
為一大段以廣水至宜昌為一大段以宜昌至
夔州為一大段以夔州至成都為一大段其武

長一段長郴一段郴廣一段均限三年完工郴
廣一段本擬責成詹天佑一手辦理必令長郴
一段同時完工俾得接軌如粵商欠繳之二批
未繳之三批股分如數照繳便可無庸借款成
䕫一段路綫甚長尚須另行籌款限於䕫宜一
段完工之時俾得接軌從前用點工自造之法未
免擔擱此次各段擬參用洋匠包工之法以
求迅速惟各段分局斷非一手一足之力所能
兼籌並顧應由督辦大臣會同郵傳部悉心遴

選廉明切實可靠之員奏明委派並於監工之
外各派管理收支一員以資稽核借款銀行雖
派有查帳員如我得人不為彼所輕視其中保
守利權自必不少各員派定之後即飭各段總
辦分往各路接收工程截清界限其商辦公司
前此已用之款飭令督同趕造寔報寔收之賬
冊以憑核辦各路總辦之外並當由督辦大臣
遴選正派幹練之紳士各省一人為總紳遇有
地方交涉事件應令認真照料俾免隔閡以上

辦法均經臣等細加籌酌並與總協理大臣妥商

一切意見相同將來如有未盡事宜容臣等隨

時會商請

旨辦理所有遵

旨籌議各緣由理應合詞具奏是否有當伏乞

皇上聖鑒訓示謹

奏

宣統三年五月二十一日

再正在封摺間據四川京官裁缺內閣侍讀學士甘大璋等四十六人聯名呈稱爲川省祖股籌集維艱懇請將收支款存各款分別徹查一律劃歸國家路款以釋羣疑而留民利事竊川路抽租作股比於加賦平日追呼剝敲竭數百萬家之膏血始裒集而成此巨款時閱七八年僅築就宜境數十里耗費已數百萬虧倒又數百萬凡屬川民莫不椎心疾首呼籲同聲上

月二十四日

宸斷毅然收為國有迭奉
諭旨停止租股減輕小民負擔已收之款查明妥籌
辦理不使絲毫虧損失信於民各等因仰見
朝廷燭照萬里軫念邊黎謄黄之詔一頒保赤之心
如見歡聲雷動禁令風行此後全路有告成之
望即全款不至有無著之虞祇聆之下欽感莫
名戢等以為路歸國有自屬
國家應行政策然民間疑慮既失其股東之利於
前又將擔其借款之害於後前此已收租股或

即如數發還。而中飽侵漁，層層朘削，較初收時尤甚。款未下逮，已歸烏有，仍與虧倒無異。竊維該路收回國有，本欲策路成功，並非與民爭利。查各國鐵路通則，官辦國有之路，可以不收民股，亦可附收民股，均由國家規定。今租股係先集之民款，自應予以共享之利益。且川路公司規定原有正式募股，其願照認股如數交款者，亦應利益均霑。現在國家帑藏空虛，築路一事，與其多借款於外，曷若多分利與民。停其按畝

抽租仍存正式募股則隱寓實行國債票之策
即預為備款贖路債之資為國為民兼全之計
莫善於此應請
飭令部臣暨督辦大臣四川總督轉飭各廳州縣各
局所將宣統三年四月以前川路已收已支及
現存之款未解之款分別查明册報一律歸為
路股換給國家鐵路股票並請查照官督創辦
時定章仍存正式募股招集商民認股售票以示
朝廷與民共利至公無私之意一轉疑間羣疑盡釋

大信昭然，抑更有請者，從前公司失敗，川紳商民尚有

會議查詰之權，今路歸國有，則局用之浮濫、經手

之侵欺虧倒之追繳，鄉人不能過問，應請

嚴旨按律勒追，或另籌抵補，務令出此千數百萬之民

人均得處於完全鐵路股東之地位，則全川士庶咸

頌

皇仁於無既矣。為此聯名環懇，除具呈度支部外，伏乞

據情代奏等情。臣等公同閱看核與臣部現籌

辦法大致相同，理合據呈附片代

奏，伏祈

聖鑒訓示。謹

奏

四川京官甘大璋等呈

具呈四川京官栽缺内閣侍讀學士甘大璋奎善禮部記名

丞參存記道宋育仁翰林院編修施愚賀維翰内閣中書李

昌宣董清峻民政部主事王荃善孫世彦胡琳章郎中衞清

亮度支部員外郎聶興圻主事杜德輿廖康能孫爾康張啟

愚秦允中劉毓槃吏部主事徐冕徐際恆張名振陸軍部主

事廖學潮張國仁劉樾勳七品小京官劉明昭法部員外郎
王樞夏侯瓚主事吴思璘傅驥熊煜童培楫戴錫章甘應泉
禮部員外郎紀大經主事盧文鉅外務部七品小京官柯鴻
烈民政部行走李新展七品小京官楊光湛學部主事吴思
訓大理院推事王德鵬胡庸章禮部司務李堯勳七品警官
羅兆鳳甘鴻寶國子監學正張孝履資政院議員張政萬慎等

為川省租股籌集維艱懇請將收支虧存各款分別澈查一律劃歸國家路款以釋羣疑而留民利事竊川路抽租作股

此於加賦平日追呼敲剝竭數百萬家之膏血始裒集而成

此巨款時閱七八年僅築就宜境數十里耗費已數百萬虧

倒又數百萬凡屬川民莫不椎心疾首呼籲同聲上月二十

四日

宸斷毅然收為國有迭奉
諭旨停止祖股減輕小民擔負已收之款查明妥籌辦理不使絲毫
虧損失信於民各等因仰見
朝廷燭照萬里軫念邊黎謄黄之詔一頒保赤之心如見歡聲雷動
禁令風行此後全路有告成之望即全款不致有無著之虞
祇聆之下欽戴莫名職等以為路歸國有自屬
國家應行政策然民間疑慮既失其股東之利於前又將擔其借

款之害於後前此已收租股或即如數發還而中飽侵漁層

層朘削較初收時尤甚款未下逮已歸烏有仍與虧倒無異

竊維該路收回國有本欲策路成功並非與民爭利查各國

鐵路通則官辦國有之路可以不收民股亦可附收民股均

由國家規定今租股係先集之民款自應予以共享之利益

且川路公司規定原有正式募股其願照認股如數交款者

亦應利益均沾現在國家帑藏空虛築路一事與其多
借款於外邑若多分利與民停其按畝抽租仍存正式
募股則隱寓實行國債票之策即預爲備款贖路債
之資爲國爲民兼全之計莫善於此應請
飭令部臣暨督辦大臣四川總督轉飭各廳州縣各局所將宣統
三年四月以前川路已收已支及現存之款未解之款分別

查明冊報一律歸爲路股換給國家鐵路股票並請查
照官督創辦時定章仍存正式募股招集商民認股
售票以示
朝廷與民共利至公無私之意一轉移閒閻羣疑盡釋大信昭然
抑更有請者從前公司失敗川紳商民尚有會議查詰
之權今路歸國有則爲用之浮濫經手之侵欺虧倒之

追繳鄉人不能過問應請
嚴旨按律勒追或另籌抵補務令出此千數百萬之民人均得處
於完全鐵路股東之地位則全川士庶咸頌
皇仁於無既矣爲此聯名環懇除具呈度支部外伏乞據情代
奏謹呈

宣統三年五月二十一日内閣奉
上諭度支部會奏遵旨籌畫川粤漢幹路收回詳細
辦法各摺片鐵路收歸國有固以維持路政實已
體恤民艱前經降旨停收川湘等省各項股捐並
累次諭令將已收之款妥籌辦法茲據奏稱請將
粤川湘鄂四省所抽所招之公司股票盡數驗明
收回由度支部郵傳部特出國家鐵路股票常年
六釐給息嗣後如有餘利按股分給倘願抽本五
年後亦可分十五年抽本未到期者並准將此項

股票向大清交通銀行照行規隨時抵押其不願
换國家鐵路股票者均准分别辦理以昭平允粤
路全係商股因路工遲滯靡費太甚票價不及五
成現每股從優先行發還六成其餘虧耗之四成
並准格外體恤發給國家無利股票路成獲利之日
准在本路餘利項下分十年攤給湘路商股照本
發還其餘米捐租股等款准其發給國家保利股
票鄂路商股並准一律照本發還其因路動用賑
糶捐款准照湖南米捐辦理川路宜昌實用工料

之款四百數十萬兩准給國家保利股票其現存
七百餘萬兩願否入股或歸本省興辦實業仍聽
其便等語籌畫尚屬妥協著督辦粤漢川漢鐵路
大臣迅速前往會同各該省督撫遵照所擬辦法
將所有收款分別查明細數實力奉行朝廷於此
事審慎周詳仁至義盡經此次規定後倘有不逞
之徒仍藉路事為名布圖煽惑滋生事端應由該
督撫嚴拏首要盡法懲辦毋稍寬徇以保治安欽此

武昌去電五月二十二日

武昌瑞制軍　馬電悉收回辦法昨已奉旨遵行公意以為何如陶帥尚未起程宜昌謠惑皆在包工深慮節外生枝漫無限制故商度支部即派次帥之馬道汝驥於查帳之便兼查目下工程用欵另冊登記茲已飭馬道到鄂進謁時請詳詢之承派軍隊一營前往鎮懾俾得有備無患同深感佩宣馬

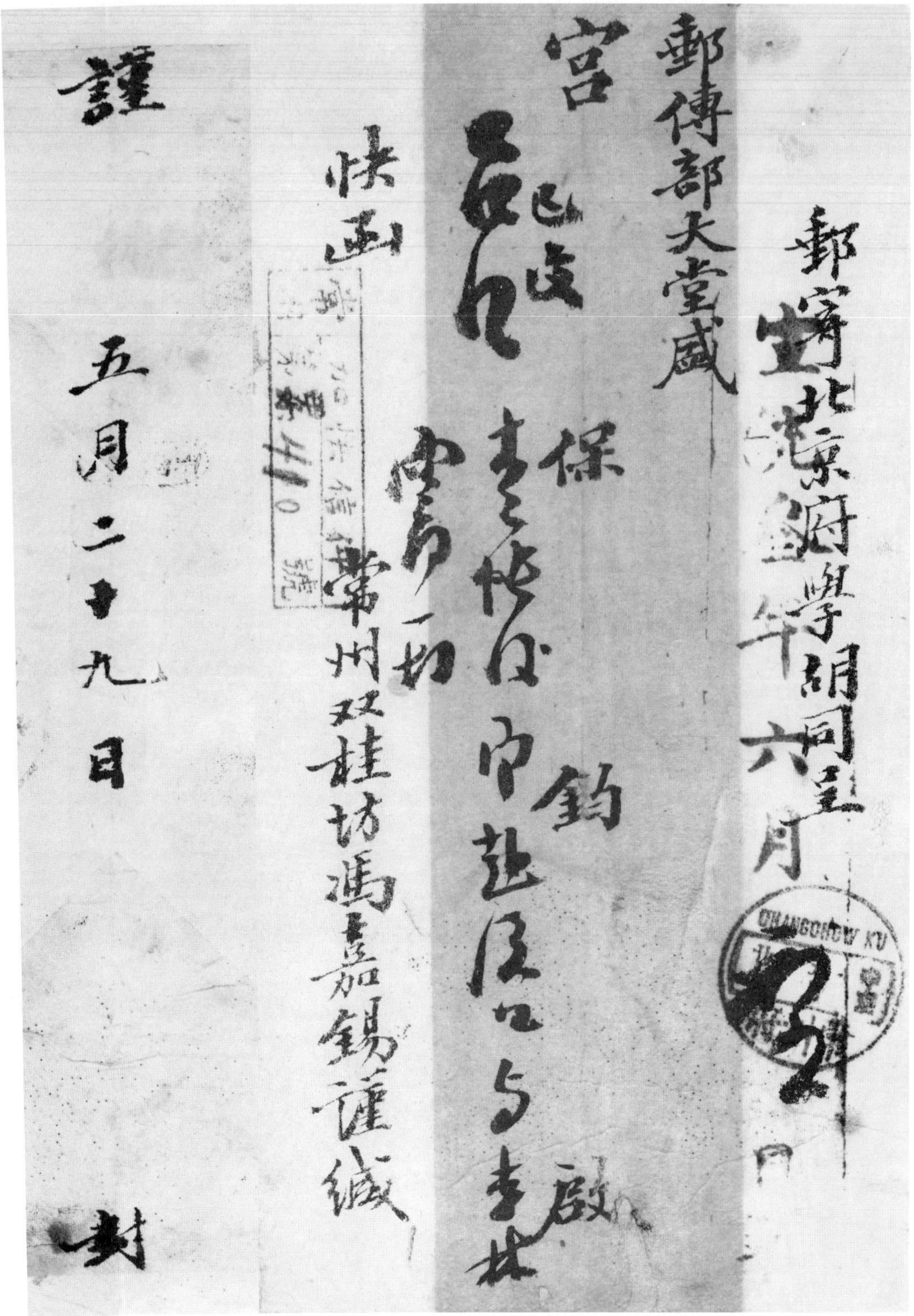

郵寄北京府學胡同

郵傳部大堂盛

宮保

鈞啓

快函

常州双桂坊馮嘉錫謹緘

謹

五月二十九日

封

馮嘉錫致盛宣懷函（一九一一年六月二十五日）

馮嘉錫致盛宣懷函（一九一一年六月二十五日）

宫保鈞鑒敬稟者職道於二十日曾上一稟二十[illegible]又函託詳
道叔平及我彭代陳想均邀
覽讀二十二日郵鄭藩司見
攝政王有粵湘漢幹路風潮非為公益實圖私利
朝廷持以毅力勿謂異論所惑此與職道所陳相同頃接朱道祖蔭
來函奉
憲台奏調欽感無極惟　俊帥不肯放行非得
宫保緊電不能離湘并云湘中經手事多非一二月不能理

楚如

宮保以部事迫不及待可先電催到京俟派定辦何事再扯

空回湘一行以清經手賬目職道陳明

鈞聽職道準十一日赴滬奉查銀行事宜乞

賜札文或請

電諭以憑前往專肅敬請

鈞安伏維

垂鑒 丁憂候選道馮嘉錫謹稟

東采義

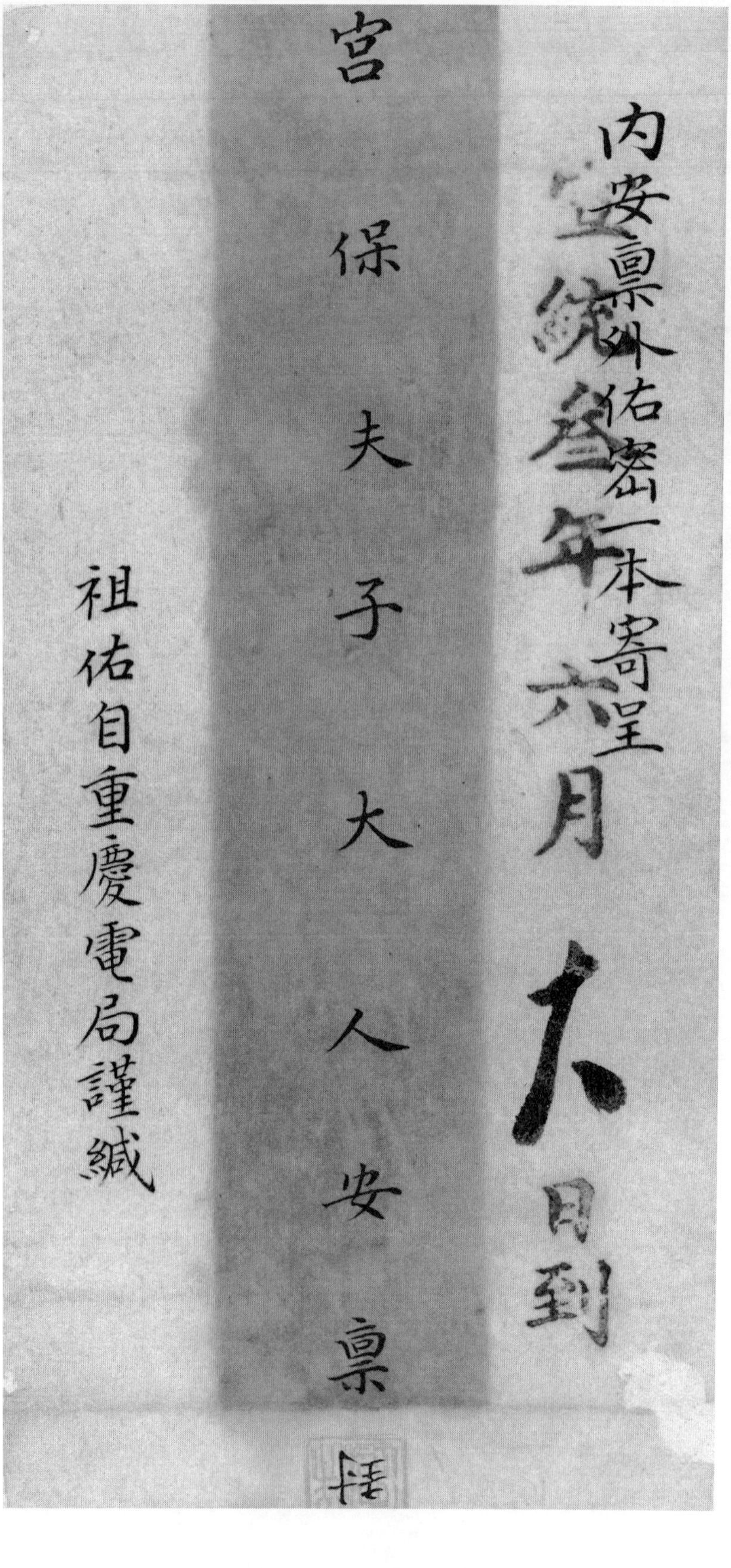

內安稟外佑密一本寄呈

宣統叁年六月大日到

宮保夫子大人安稟

祖佑自重慶電局謹緘

周祖佑致盛宣懷函（一九一一年六月二十七日）

宫保夫子大人鈞前敬禀者竊祖佑荷蒙
慈恩擻調成局喜生非望感何可言恭維
福躬安健
政祉綏和引企
師門莫名晋頌祖佑原擬交卸渝局後即日趲赴成都殊
連接省友函云川省鐵路公司自聞幹路收歸國有之
命令遂聯合諮議局員開會集議希圖抗拒其勢汹汹
近書名者已萬餘人且成局胡委聲言此次撤差由於

力顧公益未遵部示所致於是公司及路股中人被其煽惑有俟佑接辦時必迫令收發路事之電否則以白及相仇并有毀局之語勸佑暫緩赴成免當其鋒佑當將以上各情三次電稟諒邀
慈鑒佑蒙
恩委任何敢畏難稍存趨避惟因此刻正值風潮彼恃人衆理喻莫由是以擬請在渝暫住俟稍平靜即行前往接事惟將來佑接辦局事一切電稟雖奉有局密但此項密本

各局均有似覺未便茲佑另擬密碼一册名曰佑密嗣後

遇有密陳

鈞座之電即照此册繙譯庶免漏洩而昭慎密謹特附呈乞

賞存備譯為叩再此册寄呈到後即求

電示以便遵行謹肅寸稟恭請

勳安伏祈

崇鑒受業周祖佑謹稟 六月初二日申

計呈佑密一册

鐵路國有民有本屬無甚出入當此國計艱難果能商民
實力舉行不至延曠虛糜亦可毋庸遽歸官辦無如取
諸民捐則如王人文所言催比追呼繁興訟獄閭閻愁歎
不絕取諸商股則如袁樹勛所言糜費作弊工程草率
股東概不與聞在商民受害無窮而國防關繫尤鉅
朝廷毅然收歸國有銷除商辦奏案實出於萬不得已今據

御史黃瑞麒奏稱收回幹路而不將所收股款絲毫給還
固為失信但還股款而不使民間享修路之利仍不免為
失信擬請
明降諭旨將川漢粵漢所抽所招各股改換官辦股票仍給官
利路成之後一律分給紅利等語所陳不為無見應准如
該御史所請將粵川湘鄂四省所抽所招之公司股票

盡數驗明收回由度支部郵傳部特出國家鐵路股票
常年六釐給息從前京奉鐵路商股不分餘利此次格
外從優如有餘利按股分給並准將此項股票向大清交
通銀行隨時抵押其不願換國家鐵路股票者均准分別
辦理以昭平允查粵路全係商股因路工遲滯糜費票價
驟跌現無股從優先行發還六成其餘虧耗之四成並准

格外體恤發給國家無利股票路成獲利之日准在本路
餘利項下分十年攤給湘路商股照本發還其餘米捐
等款准其發給國家保利股票鄂路商股並准一律照
本發還其因路動用振糶捐款准照湖南米捐辦理川路
宜昌已用之款四百餘萬兩准給國家保利股票分十年
攤還其現存七百餘萬兩願否入股或歸本省興辦實業

均聽其便雖商股與公捐不同實用與亟應有別
朝廷仍不惜力籌鉅款曲體羣情不使有絲毫虧損用副
維持路政周恤商民至意

鐵路國有關係國家政策絕非與民爭利（與國與民交受其益）前此四省鐵路果能商民實力舉行不至延曠虛糜此時
全路交通國家早已隱受其利當茲財政艱難亦可毋庸收歸官辦無如四省商辦之路取

資瑞麟采已一律給紅利等語下接
又據代奏四川京官裁缺內閣侍讀學士
甘大璋等四十六人聯名呈稱國有
本紀業路成功並非與民爭利查各國鐵
路通例或不收民股或兼收民股均由國家規
定與其多借款於外國莫如利與民請將
宣統三年四月以前川路已收已支及現存之
款分別查明由郵部一律作為鐵路股換給國家鐵路股票等語

以下接[illegible]

鐵路國有關係國家政策期國與民交受其益前此
四省鐵路果能商民實力舉行不至延曠虛糜此時
全路交通國家早已隱受其利當茲財政艱難亦可
毋庸收歸官辦無如四省商辦之路取諸民捐則如
王人文所言催比追呼繁興訟獄閭閻愁歎不絕取
諸商股則如袁樹勛所言靡費作弊工程草率股東

概不與聞在商民受害無窮而國防關繫尤鉅
朝廷毅然收歸國有銷除商辦奏案實出於萬不得已今
據御史黃瑞麒奏稱收回幹路而不將所收股款絲
毫給還固為失信但還股款而不使民間享修路之
利仍不免為失信擬請
明降諭旨將川漢粵漢所抽所招各股改換官辦股票仍

給官利路成之後一律分給紅利等語又據代奏四川京官裁缺內閣侍讀學士甘大璋等四十六人聯名呈稱路歸國有本欲策路成功並非與民爭利查各國鐵路通則或不收民股或附收民股均由國家規定與其多借款於外曷若多分利與民請將宣統三年四月以前川路已收已支及現存之款分別查

明冊報一律歸為路股換給國家鐵路股票等語所
陳均不為無見應准如該御史等所請將粵川湘鄂四
省所抽所招之公司股票盡數驗明收回由度支部
郵傳部特出國家鐵路股票常年六釐給息從前京
奉鐵路商股不分餘利此次格外從優如有餘利按
股分給倘欲抽本五年後六[illegible]分十五年抽本未到期者按照行規並准將此項股票向大清交通銀行隨時抵

押其不願換國家鐵路股票者均准分別辦理以昭

平允查粵路全係商股因路工遲滯糜費太甚票價不及五成驟跌

現每股從優先行發還六成其餘虧耗之四成並准

格外體恤發給國家無利股票路成獲利之日准在

本路餘利項下分十年攤給湘路商股照本發還其

餘米捐租股等款准其發給國家保利股票鄂路商股並

准一律照本發還其因路動用振糶捐款准照湖南米捐辦理川路宜昌實用工料之款四百餘萬兩准給國家保利股票分十年攤還其現存七百餘萬兩願否入股或歸本省興辦實業均仍聽其便雖商股與公捐不同實用與虛糜有別

朝廷仍不惜力籌鉅款曲體羣情不使有絲毫虧損用副

維持路政周恤商民至意其餘悉准如所議辦理欽此

通諭兩廣四川湖廣各督撫將軍遵照

鐵路國有關繫國家政策期國與民交受其益前次四省鐵路果能商民實力舉行不至延曠虛糜此時全路交通國家早已隱受其利當茲財政艱難亦可毋庸收歸官辦無如四省商辦之路取諸民捐則如王人文所言催比追呼繁興訟獄閭閻愁歎不絕取諸商股則如袁樹勛所言糜費作弊工程草率股東

概不與聞在商民受害無窮而國防關繫尤鉅
朝廷毅然收歸國有銷除商辦奏案實出於萬不得已今
據御史黃瑞麒奏稱收回幹路而不將所收股款絲
毫給還固為失信但還股款而不使民間享修路之
利仍不免為失信擬請
明降諭旨將川漢粵漢所抽所招各股改換官辦股票仍

給官利路成之後一律分給紅利等語又據代奏四川京官裁缺内閣侍讀學士甘大璋等四十六人聯名呈稱路歸國有本欲策路成功並非與民爭利查各國鐵路通則或不收民股或附收民股均由國家規定與其多借款於外邑若多分利與民請將宣統三年四月以前川路已收已支及現存之款分別查

明冊報一律歸為路股換給國家鐵路股票等語所陳均不為無見應准如該御史等所請將粵川湘鄂四省所抽所招之公司股票盡數驗明收回由度支部郵傳部特出國家鐵路股票常年六釐給息從前京奉鐵路商股不分餘利此次格外從優如有餘利按股分給倘欲抽本五年後亦可分十五年抽本未

到期者並准將此項股票向大清交通銀行按照行

規隨時抵押其不願換國家鐵路股票者均准分別

辦理以昭平允查粵路全係商股因路工遲滯靡費

太甚票價不及五成現每股從優先行發還六成其

餘虧耗之四成並准格外體䘏發給國家無利股票

路成獲利之日准在本路餘利項下分十年攤給湘

路商股照本發還其餘米捐租股等款准其發給國
家保利股票鄂路商股並准一律照本發還其因路
動用振糶捐款准照湖南米捐辦理川路宜昌實用
工料之款四百餘萬兩准給國家保利股票其現存
七百餘萬兩願否入股或歸本省興辦實業仍聽其
便雖商股與公捐不同實用與虛糜有別

朝廷仍不惜力籌鉅款曲體羣情不使有絲毫虧損用副
維持路政周恤商民至意其餘悉准如所議辦理將
此通諭兩廣四川湖廣各督撫一體遵照

川粵漢路股辦法詳細條目（第一稿）（一九一一年〔六月〕）

謹將籌議川粵漢路股辦法詳細條目繕具清摺恭呈
御覽
計開
一、川省現存之款七百餘萬兩，均有該公司繕給股票。在外如該省不願附入國股，應准該省與辦實業，惟應給股票，應即取銷，由該省另給，俟鐵路告竣，以清界限。其股款於宗旨保官國票力而得此項存款七百餘萬之應生息，由川省會同公正紳商經營，凡官紳詢謀僉同，應即劃用或按實業冒險無多，莫若擇一易集而利有把握之枝路興築，以期均有裨益。此七百餘萬即可換給該省枝路股票矣。

一、五月初一日以後川路所用造路經費，皆撥李稷勳由保存存款七百餘萬內動用，此動用之款應照部新所派委員會同查明之數定款發還。

一、粵路股東如願照湘鄂兩路辦法換給國家股票，辦法亦照准，以免歧視。如不願領現銀，仍先發六成，其餘四成給保利股票，加蓋戳記，註明一年後願領取現銀，限於三個月內呈請者照為扣歸，准撥撥歸後一年內亦即發還現銀，並准作為有價證券，於此兩年之內隨時可持赴大清交通銀行抵押現款。

一、周息一釐應照如湘鄂兩有國家股照領取

現銀撥出與渡以歸還一而免歧異

一俟命允即由部派員分赴各省

趕速經理以清轇轕

再此次奉旨會同議以護理粵督直張鳴岐

有電奏粵路股款辦法事因即一併附陳

將川與廣路股款辦法

謹將遵議川粵漢路股辦法詳細條目繕具清單恭呈
御覽
一川路公司現存之款七百餘萬兩均有該公司舊給股票在
外此項該省不願附入　國股應否遵照前
旨聽該省爲辦本省實業作舊給股票自應取銷作廢由該
省另給股票以清界限此股款大宗本假官力而得此項款
存款應由川督會督公正紳商經管生息非官紳詢謀
合同不得動用至於實業收效尤爲不易要必擇一極要
最有利有把握之枝路剋迅籌興築均有裨益

共七百餘万即可換給該省枝路股票

一五月初一以後川路所用造路經費爰據李稷勳面稱係存款七百餘万內動用此動用之款應照部所派員見會同登記之數由部發還

一粵路股東如願照湘鄂兩省辦法換給　國家股票擬亦請照准以免歧異如每股領現銀除先發六成外其四成保利股票加蓋戳記註明如一年後亦願領取現銀限於一年後第一個月內函請該路局掛號准於掛號後一年為期六即發還現銀其准作為有價證券於此兩年內隨時可抵

赴大清交通銀行抵押現款

一湘鄂兩省所有股票准取現銀辦法一律照准以歸畫一俟

奉

旨俞允再由臣部派員馳赴各該省妥速辦理分別咨報查

核

國家出版基金項目
NATIONAL PUBLICATION FOUNDATION

上海圖書館 編

上海圖書館藏
稀見辛亥革命文獻

二

上海科學技術文獻出版社

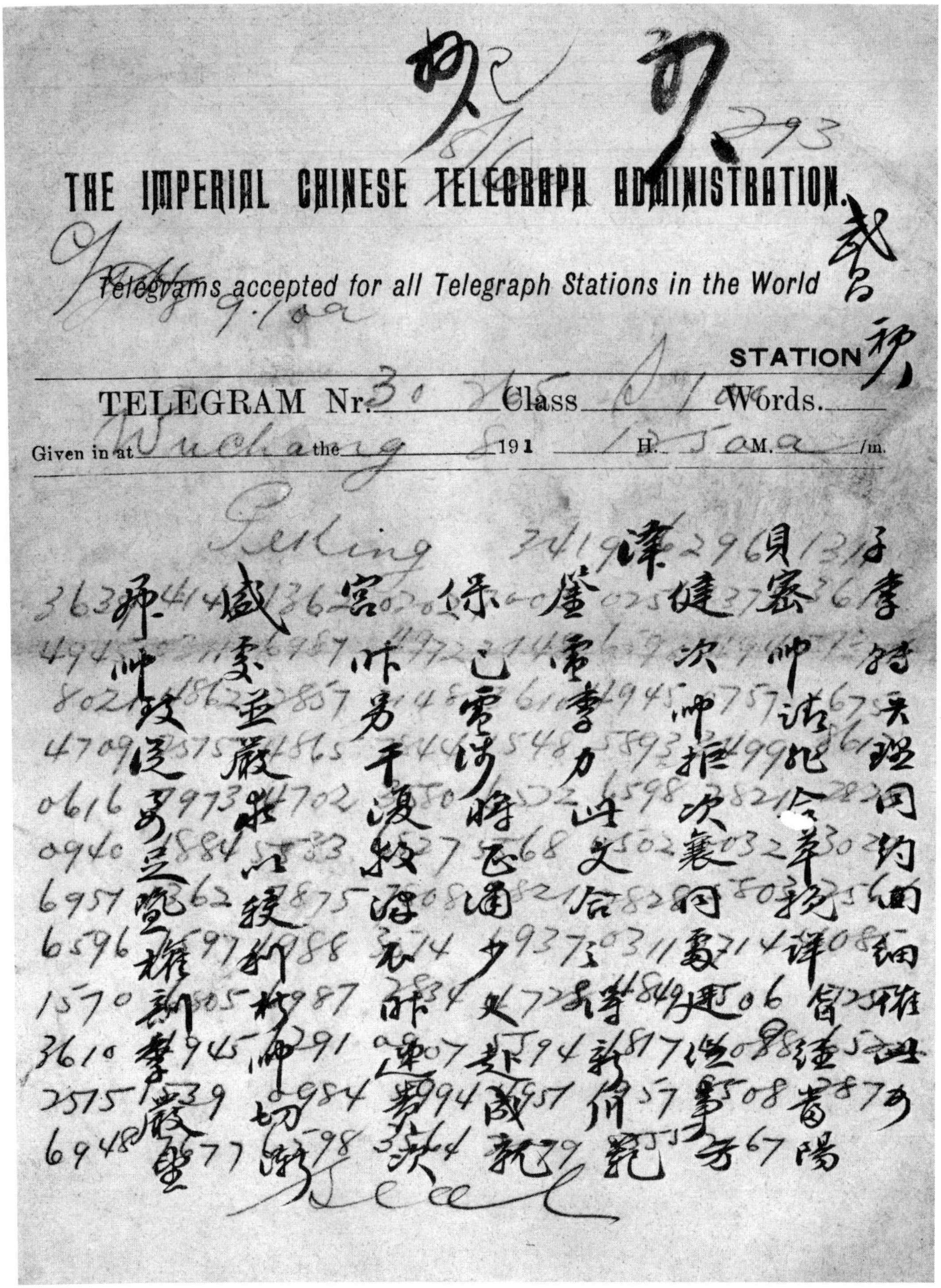
THE IMPERIAL CHINESE TELEGRAPH ADMINISTRATION.
Telegrams accepted for all Telegraph Stations in the World
STATION
TELEGRAM Nr. Class Words.
Given in at the 191 H. M. /m.
Peking

[illegible]

郵傳部大堂

盛宮保鈞啟

李緘

[illegible]

李稷勳致盛宣懷函（一九一一年七月六日）

宮保大人閣下，奉
示敬悉。頃得宜昌電，承准
大部歌電，已照轉成都總公司，如季帥早到，此事可望妥速
完結。照會稿極為妥協，惟該公呈係同鄉值年四人列銜，趙
侍御外尚有編修二人、駐京議員中書一人，可否一併照覆，
以免別滋意見。統候
卓裁。順請
鈞安

照會稿併繳呈

李稷勳頓首 制

端方致載澤、盛宣懷電（一九一一年七月七日）

武昌督辦大臣端　來電　六月十三日到

澤貝子爺盛大臣鑒健密杏老蒸電悉湘公司電稱
諭旨於商股換票給息對於不願抽本並無期限會
奏有妥定歸還年限之説應請遵旨辦理等語似甚
注重永遠附股不願五年後分期還本如能於此次
奏案内將五年期限融化無迹隱示以如願附股不

必限定年期人民之願附股者興更踴躍索還現銀
之說必漸取消且此時附股雖不必以年期異日府
庫充足人民愛國心切並不難一律收回於原奏似
亦無大出入至湘公司所力爭之兩大端尤應分別
解釋乃有著手之處一租股房股湘電主張與商股
一律查湘省租股援照川省辦法其初按畝派捐填

發捐票其後變捐為股歸併轉賣換有股票與商股
幾無分別惟諭旨已列入保利股票礙難變通且川
省租股數鉅尤恐財力不及似宜另行設法勸導以
期就範一米鹽等捐湘電均請給公積股票不抵除
贖路之款查米鹽各款性質互異與贖路墊款數目
亦不相符就算鹽觔加價之款為數無多且專以鐵

路名義徵收應准歸入公積其衡實溢銷係部准留
辦本省新政湘紳因路款竭蹶呈請權宜撥借由岑
撫批准然以後本利仍應歸還不能遽歸公積股至
賑糶捐在鄂本專指抵美比金元小票歲息及贖路
英款本息然所用僅三分之一餘款均經鄂督奏歸
本省他項之用與國家釐税無異在湘則因路款不

敷於鄙人撫湘時援鄂例批准撥濟路用並非因鐵路名義始行徵收未便認作公積股現擬將各項股款性質分清如鹽觔加價則准全數給予國家鐵路股票充本省實業公用米捐鹽溢二項則應抵除贖路其以他項墊撥贖路者應准毋庸抵除以清界限卓見謂然即請量加採用如於所言有須商酌處請

再電示此事不憚十反期於至當以免湘人再有異議定稿後如即須入告即請照在京面約辦法如時尚寬舒請將大稿寄示俾再加以研索冀成完壁川護院代奏稿並祈見示方十二日

端方致盛宣懷電（一九一一年七月七日）

武昌督辦大臣端　來電　六月十三日

盛大臣鑒：健密。前電意有未盡，尚有一藁與前電互相發明，特再電陳，用備疏中資料。文如下：湘公司所爭有二：一曰租房股之不願坿股者，請改照商股一律辦理。查租股之法，始於川省，湘人繼之，其初按畝派捐，無異加賦，其後歸併轉賣，直同商股，兩種性質

兼有異同故奏定辦法於租房之願坿股者權利與
商股同惟於其不願坿股者稍示區别予以分年劃
還之餘利股票然分年而仍年息分歸本雖較遲於
商股而本利均毫無虧損湘公司若以遲歸為歉儘
可經行入股則各種疑難自不煩言而解且朝廷因
民款艱難不得已而出於借債與其多借曷若少借

湘公司若不體此意凡有可借端要索現銀之處不遺餘力是迫朝廷以多借外債而已日後擔荷究在何人此意不可不使湘人共知之也一曰米塩各款均請給公積股票不抵除贖路之款查米塩各款性質有三一曰塩斤加價之款為數無多此專以鉄道名義徵收者可以歸入公積者也一曰賑糶米捐之款

在鄂則專抵贖路時所借英款之本息在湘則因路款奇絀援鄂例請撥由鄙人撫湘時批准撥濟路用此出於補助之意並非以鐵路名義徵收可以不歸入公積股者也一曰衡寶塩引溢銷之款部准留辦本省新政湘公司呈請借用由岑撫批准然以後本利路成後均須歸還不能以歸公積股者也三種性

質既各不同則米捐鹽溢二種自當抵除贖路款而
以鹽斤加價一種指歸公積其湘公司之以他項墊
撥者亦均不令抵除以折湘公司之心湘人似亦可
以無辭矣且贖路失算致損如是巨款然湘人所擔
任者少而國家所擔任者多除此次抵除少數之外尚有未
還英款本息五十餘萬鎊並美比小票二十餘萬金元均由國家

籌還在湘公司豈非隱卸一極大負荷乎此意亦不可不使湘人知之也總之湘人此番爭執各節均在路款範圍以內但能明晰解釋明達士紳自當謂然其借路造謠生事之徒亦必無從鼓煽前電所謂設法勸導者即指此也方十二日

川路收回後一切辦法由（一九一一年七月十八日）

咨 郵川兩督 度支部 端大臣

照會李參議
札馬道汝驥
顧副總工程司

川路收回後一切辦法由 宣統三年六月二十三日發

為照會咨行札飭事六月二十一日准四川川漢鐵路駐宜總理丁憂本部左參議李稷勳呈稱本年四月十一日奉

旨將

該路收回國有並經大部委派馬道汝驥馳赴宜昌查勘工料清釐款目計自開工起截至本年四月底止共用去庫平銀四百十餘万兩現存材料價值六十餘万兩地畝價值十九万餘兩均由馬道電稟在案至馬道到宜以後即遵照鈞示一切用款自

五月初一日起均會同馬道專冊登記以清界限此項用款應俟將全路工程交由官局接收始能截數清算惟鐵道進行最貴迅速工事有張無縮故凡財用消耗之多寡悉視工程進步之遲速該路既收歸國有應俟從前支出各款妥定歸結辦法始由官局訂期接收恐非倉卒所能完竣嗣後關於工程材料及工程司去留等事項應如何辦理之處統候酌奪施行等情查四月十二日本部會同度支部電知四川總督知會該公司毋庸停工以免夫役

分散目下工程仍責成總協理及工程司办理俟
督办大臣到工並循舊案会同督撫赶办原有之總
協理或可酌派以資熟手等語並據該京卿来京面
商宜歸工程情形現分十段照常办理每月所需工
項仍由川款支應実可毋庸停工現用之副總工程司
顔德慶甚屬可靠其餘分段各工程司皆能用命詹
天佑自赴粵之後久不到工可否即請責成顔德慶一
手办理本部覆按所論均属正當適接督办川漢粵
漢鐵路端大臣来電亦以川路全局亟須籌定辦法

請速与李京卿定議既據該京卿声称該路既收歸
國有应俟將從前支出各款妥定歸結办法其現存
七百餘万兩願否入股或歸本省與办實業仍聽其
便自应欽遵五月二十一日
諭旨办理毫無勉强目下尚未據督办大臣会同該省總
督查明細數所有宜歸路工用人用款仍应責成該
京卿悉心主持督同副總工程司顔德慶認真办
理至關於工程材料如有已定未收以及急須应用
不能等待者应准照舊籌款妥办以免耽誤全局仍

將办理情形隨時呈報本部及督办大臣查核分别咨追札飭 分别咨札

外相应咨行照会

贵護督 貴大臣 京卿 即煩查照办理可也須至咨照会者

右 咨

湖廣總督

四川總督

度支部

督辦粵漢川漢鐵路大臣

右 照 会

四川川漢鐵路駐宜總理前奉許左參議李

除分別咨照並札行顧副總工程司馬道外為此特札札到該

員即便遵照辦理此札

右札四川候補道馬道汝驥

四川川漢鐵路副總工程司顧郎中德慶

王人文代四川紳民奏路權及借款合同摺（一九一一年七月二十一日）

六月二十六日

護理四川總督臣王人文跪

奏為據情代

奏懇恩仰祈

聖鑒事竊據四川紳民羅綸等二千四百餘人聯名

呈稱紳民等恭讀收路

國有

諭旨並盛端兩大臣会同度支部郵傳部迅電川民

等惶惑驚懼不敢違命謹竭愚衷爲我

皇上披瀝陳之竊查此次收路

國家與四國訂立借款合同定名爲大清政府一

千九百一十一年湖廣鐵路五厘利息遞還金

鎊借款其中規定條件除抵押兩湖五百二十

兼部員之權捐外自路綫工程用款用人購材息利等項凡路政所有權限一一給於外人不啻我

國家置眾共耳四十年損失國權莫此為甚夫即以收回鐵路為政策亦不可輕借外債借外債是明明導外人以干預財政也即不得已而不

能不借外債然必使外人怪對吾已債權而不
已抵押權不可使其據抵押權而更據路權若
借一款而兩承其害則孰直接之讓予即間接
之斷送也今四國借款既以兩湖厘捐作抵並
援以三千六百里路之實權據湘粵鄂川四省
兩兩平分五千八百華里吾國東南從茲已矣

亡印度以英金三千萬鎊之一公司據吾東南
以必四國六百萬鎊之兩銀行遠縱臥榻鼾睡
之虞近凉厝火積薪之慘禍機迫矣可為寒心
況聞此外尚有四國借款派設外國顧問員果
爾則與此六百萬鎊合同之失等蓋我仰華外
債即設顧問亦當使債與顧問判為二事免受

藉彼債權擊吾財政之肘今債務與政務互相
牽混萬一外人藉此實行監督我國財政政患
曷可忍言收路

國民之
命川人尚可從收路而爲外國所民川人決不能從
借債主權內政川人尚可從借債而今外人奪

我財政川人決不能從該合同失敗若此即盡
華民款優恤川人川人亦所不受即郵傳部橫
施壓力强制川人川人只死而已不能從也又
查盛端兩大臣電稱川股由部籌還必借洋債
必出湘北以川省郡邑之財政作抵等語是意
在挾持川人不還股款可知又度支部会議細

则谓公司股票如愿领保息股票除倒账外非
不扣折者该是倒账款固永不归还路本亦必
折扣又可怪又度支部会奏谓湘粤商股一律
照本发还川路用款亦给保路票股其存款或
合入股或归存者举办实业其该是川路首民
商股不得如湘鄂商股照本发还又可怪部臣对

待川民種種切以威力從事毫不持以公平川

民荷蒙逢主寬沐浴

祖恩實不願見此專橫之郵臣污我郅隆之

聖治敢同聲呼籲於我

皇上之前惟裁察焉且川民皆我

皇上最懇摯之人民也常年負擔重於他省抑已罷

樞俱察，祇以時艱財窘[illegible]

宵旰憂勞。絞血瀝膏，輸將恐後，忠愛之忱。此次

千餘萬之股本，即令

國家以公用征收之法行之，但使於

國民法川民等亦當含辛茹苦，竭蹶以從。乃郵部

收路既如此，而四國借債又如彼，此所為不勝

其寒栗零涕者矣川民等非必對於
國家路政財政計畫敢於故事爭執惟以此次盛
宣懷辦理借債收路事項從其遠者而言則爲
外人佔我鐵路把我財權足召亡國之禍從其
近者而言則使人民生憲政上之缺憾損財政
上之牽掣一切新政皆隳廢而不能進行推其

禍根皆由盛宣懷蒙蔽

欽定資政院章程不問外債交院議決又蒙蔽

欽定公司律不實股東置一詞敢自挾其奸私先從根

本上破壞遂令

國家飲毒蹈危而川民首被其害〻川民之事猶

小害

國家之事甚大豈容國情以法治乃能一將人破
壞若此甚為我
皇上惜之竊見千古忠諫獲罪非明之見其事關宗
社大計不思其君躬蹈其害而宗社隨之以亡
故泣血力諫以死諍果何罪忠乃其罪今川民
等敢昧死以發聲聲之直述泣請

諭旨敕下內閣會同各部妥議具奏迅將郵傳部所
訂借款合同即行廢棄聲明收回關於外債事項請
敕下資政院照院章十四條第三款議決施行其川
路公司辦理及款項事件請
敕下四川總督令該公司遵照
欽定公司律召集股東會解決呈請查核施行至感宣

特慶法猾外侮

國殃民尤甚嚴治其罪以重

國典所有川民等冒瀆注請各端如蒙

皇上憫其愚而鑒其誠曲與采納寔為扶危定傾之

至計如不見宥則寧論何等罪名川民等惟無

命以待為此泥首泣陳並鐵注會同一併理合

吳呈協理代

一

奏等情據此伏查鐵路收歸

國有川省紳民初意惟注重股本爲多他議自五

月初五日郵傳大臣盛宣懷會辦大臣端方會

銜以電要求川路股款亦請有川路如由部

籌還必借洋債如照湖北以四川部有財政作

拯之語引起紳民向來恐怖借款必有抵押之
觀念十三日郵傳部又有通飭電局禁止收發
關於路事之通電羣情於是大駭迨十九日來
到鐵路借款合同二十一日各團體二千餘人
齊集鐵路公司會議其哀痛迫切之狀臣已於
前摺附陳並電達閣部在案是日會衆齊列以

羣望請電告廢棄合同情辭異常激烈經臣再
三勸導以合同既已簽字即欲援出修改之處
詳細陳明失敗之點及不得不修改之理并飭
電集所論詳以此權為推諉此後會議人數漸
增至四五千之多請願情甚痛切然從無擾亂
治安及不守秩序之言論行動未便輒加干涉

致激他變擬日約知利害明事理之士紳告以
朝廷之委曲時勢之艱難淆亂之可虞棄擇之宜慮
相與開誠布公反覆譬解尚能取信諒陳對
於借款合同詞意仍多激刺而於戒暴動守秩
序保外人之在內地者則復此諄切告誡是以
地方以常安靖現據呈遞公呈陳請甚迫不敢

塵於上

閣除將公呈全體姓名另單咨送內閣外理合連同

鐵路合同恭摺代陳伏乞

皇上聖鑒訓示謹

奏

再臣前據四川諮議局呈請緩收鐵路等情代

為電奏欽奉

諭旨嚴行申飭仰見
天恩高厚未即予以懲處震慄之下感淚隨之當已
傳知各紳民等再三開導在案頃羣情以激而
愈固民氣之攜則必伸此次借款合同舉路權
財政盡付於人將成不國誠紳民等食毛踐土
既具丹忠

君憂
國之超識而必实及身亦不能無私家之痛切當日
呼號於臣署者無至二千餘人之多臣實無術以
其言曲解與其扶同欺罔終釀變亂不如直陳於
君父之前
宗社所關天良難昧才識短淺咎戾滋深所以一再瀆
陳之罪固知無可倖免計維仰懇

聖明將微臣交議嚴懲以為率釀禍狀者戒臣既獲
譴謫猶戴
愚不勝戰慄待
命之至謹附片具陳伏乞
聖鑒訓示謹
奏

謹將四川紳民羅綸等籤注鐵路借款合同開

摺恭呈

聖鑒

第一款　原文只云名為大清政府一千九百

一十一年湖廣鐵路五厘息匯兑金鎊借款

按此語略觀之僅係借款命名似覺尋常

發覆按之，則其關係最為緊要。蓋債權此
未將某項事務抵押者，則不得定名為某
項借款，即債權者對於其借款所營之事
業，不得有何種支配干涉之權。今年合同
後列各款，此路款經理及派查帳員與選
用洋工程司等，規定各種之支配干涉之

權

權兩第一款即首揭湖廣鐵路借款之名
則該路之為借款抵押已毫無疑義
第二款　原文云此借款係為籌備資本一為
贖回前美國合興公司代大清政府所發售
兩未贖回之金圓債票計美金二百二十二
萬二千圓並此票按每百元應加價二元半

及應付之息一為建造官鉄路幹綫由湖北
省城武昌府經過岳州湖南省城長沙府至
湖南省南界郴州境內宜章縣接連廣东省
所造粤漢路綫為止此路綫以後名湖北湖
南兩境省內粤漢鉄路估計共約長一千八
百華里約合九百啟羅邁當又官鉄路幹綫

由湖北省附近廣水京漢路綫之處起經過襄陽荊門州至宜昌估計約長一千二百華里合六百啟羅邁當又由宜昌起至四川夔州府止（此段路綫係抵補截去之荊門州至漢陽枝路）估計約長六百華里合三百啟羅邁當以後名為湖北省境內川漢鐵路二共長約一千八百華里約

合九万啟羅邁當其勘量路綫均由郵傳部
核定
按此款注明借款若干用以贖還美金債
票若干其餘用以修路若干並注明其路
綫在何境域係何命名等一一朗若列眉
夫借款修路而路未抵押則修路不過為

借款之一原因於合同本係無須即偶贅一詞尚嫌無謂而易滋疑問並於其路綫起訖修短何如境域管轄繫係何如及命名何如等悉為記載若非完全抵押何至如此

原文又云大清政府收到已贖回之債票後

即將從前奏內所訂以粵漢鐵路作抵之字
樣全行註銷及俟該票全數收回後倘尚有
餘款此所餘之款應撥歸上所載兩鐵路項內
按債票贖回則對於合同內公司之抵押權
當然銷滅何待贅言再又贖票之款如有
盈餘該款仍未抵押則撥入與否亦何容

債權者之過問而必如是規定者殆故為

贅詞也蓋謂前此粵漢鐵路之抵押必須

該銀行稟請收回由我政府收到已贖回

之債票後此項抵押之路始得滿注銷則當

未經該銀行稟請收回時該路之抵押尚

未脫離關係茲之規定實轉移前次粵漢

鐵路之少數抵押物而併入此次兩湖川省鐵路之多數抵押物而所得抵押權之移轉變更及增加也又即抵押權者對於其抵押物上之保存手段也其必規定餘款仍撥歸路項者蓋真認此款為國債於該抵押物上所蓋之款故為此不能移作

他用之限制也且參考郵傳部原奏曰此次截去前張之洞草合同內之漢荊枝路而以宜昌至夔州難工約六百里抵補之以滿足三千六百里之數該路若非抵押則不得照草合同之原數抵補以此與上述種種之堅實抵押之規定互相證明該路

之為抵押物者髮

第三款　原文此借款所備之資本除第二款內所載續四全圖債票之用款外其餘專為建造以上指明各鐵路購辦地段車輛及一切應配物料並經營行車又於造路期內付還借款利息均在其內其建造工程自實在

開工之日起估計約需三年造竣惟宜昌至
夔州路綫工程艱難期限准其稍長此合同
畫押後於六箇月内在武昌長沙廣水宜昌
四處同時開工又此合同未畫押以前所有
湖北湖南兩省已由各該省籌款築造之路
綫並該兩省鐵路之產業應即收歸粵漢川

漢鐵路官局管理云云

按此規定一指所築地配料用途之限定同時開之日期三收回固有産業此即抵押債權此於貸抵押物上所設定之支配干涉權債務此對於貸所設定事項當有遵行之義務若非抵押此數不出此

原文又云將來郵傳部因建築湖北湖南兩省境內粵漢川漢幹路綫款項不敷之故續籌之款均作為湖北湖南兩省境內粵漢川漢幹綫項之成本惟此項成本應收之進款不得有妨礙此次借款歸還本利之處

按此規定其用意有二一因後列之第十

四及第十七兩款所訂經理路款派查帳員選用總工程司等係分別鉄路境域繫屬於該銀行得分段行使其抵押权黏懸將來中國續籌之款僅作為某一部不數之成本而減少該銀行之全部行使权利故特預為保存也一回階列第四第五及

第八各款照訂付還此次借款之本利先由該各鉄路進項交付除為最確實之抵押权蘇恐將来續籌款項时或利用其已抵押之鉄路進款而籌之故特预為妨止也其一則曰均作兩省幹线之成本再則曰不得妨此次借款之則為實在抵押

尤屬顯而易見且較徑以此次借款所經之路作為抵押比次致力尤大也

第九款　原文有云此項借款或全數或一分未還清以前僅再有將以上釐捐作他項抵押或作質保等用總須先從此項借款本利還清云云

按此規定云或全數或一分未還債以前不得
稍作此項抵押或質保即所謂債權此不
可分之債權也查本合同第二十二款所
訂此項借款各該銀行均分承辦彼此均
無相負擔任之責是於其担任某款時
本非不可分之債權而於担保抵押之日

目的物則規定有連帶關係之力而為絕
對不可分之債權不惟使將來既還半數
不得以兩湖之釐捐半數收回即以償還
三國銀行全數而於一國銀行有少數未
清兩湖釐捐仍全數關係於四國即不許
其收回並不許另行抵押以此片面的不

可分之義務與二十二款之規定比較何
不對等至若斯之甚乎
原文又有云此借款未還清以前不得將各
該鐵路及其收款抵押他人
據此規定即係明明以鐵路作抵押也夫
既曰此款未還清不得將各該鐵路及其收

款抵押他人則已將各該鐵路及其收款
抵押於此次借款可知矣此之規定尤為
消極目的規定債權者對於第三者之
關係使第三國不得分其抵押權也於此
而云尚未以路作抵殆將謂款

第十四款　原文有云此項存於中國銀行之

款全爲大清政府所担任在中國所存於銀
行等及所指定之中國銀行之款隨時由郵
傳部按照預估工程一月所需之款撥交德
華銀行收入鄂境川漢造帳路內並交滙豐
銀行收入湖南湖北二省境內粵漢造路帳
內以期造路工程無所間斷爲要云云

按此規定非僅為防工程間斷而設實證
明鐵路抵押權既為其所取得即應由其
指定支付路款之機關經理此機關既已
指定則借款進項存於外國銀行者固必
撥交此機關支付即存於中國銀行者亦
不得不交此機關支付合後文所訂查帳

負之設及第十七款所訂選派總工程司之參預不惟於兩鐵路上取得抵押權且不啻於其抵押物上更為設定占有權而所抵押者益形鞏固矣

原文又云郵傳部每一季應將存於所指定中國銀行此次之借款報告於銀行等為使

下文所載之查帳員易於明瞭，除爲撥入以
上所言造路帳內外，概不得提撥。
又云：提用款項，應按照建造鐵路工程隨時
所需，由各該鐵路採辦或代辦出支款憑單。
又云：並須將所提用之款先兩日另出兩單，
聲明緣由，一單交該銀行，一單交該查帳員

如查帳員於所支款項有以為不應開支之
處可一面向總辦詳細詢商
又云各該鐵路帳目用中文及英文登記
又云於造路期內該帳目並收支憑單隨時
任由銀行等自給薪水雇用之粵漢川漢各
查帳員查覈

又云查帳員之責應專為銀行等查察此項
借款是否按照本合同第三款所載提用並
查明按照第十八款內載鐵路總局每月所
購外洋材料帳目

按上種種規定凡造路應用之款無不仰
息於所指定之匯豐德華兩銀行至各該

路所設一切帳目皆係對於該銀行所負
之義務也又該銀行所應用之查帳員對
於該路於開支之時皆即時詢商拒絕之
權於既支之後皆隨時稽核盤查之權以
此更足證明該銀行等實為把握兩鐵路
之惟一機關恐借抵押鐵路者其支配干

涉權不若是之大既有是絶大支配干涉
權直不啻視該路為其所有權也

第十五款　原文云設若此次借款並生發之
利息除本合同第二款所載贖回全國債票
所需用之款並於建造鐵路期内付借款利
息外所餘之款不敷修造第二款所言之各

鐵路以及築路一切其不專之數先由中國

款項撥付以免延誤建造工程云云

按此文所訂造路之款如有不足時該銀

行等不但不負暫時墊支之責任且未負

速為再售債票之義務而中國對之特負

一先行撥款支給以免延誤工程之義務

蓋此義務之發生实由於中國既以路作
抵即須負有供其擔保之責任而使擔保
物稍有缺憾也

原文又云　倘若鐵路造成後鐵路項下尚
有存款可將此未用之款移入後項第二十
款内所载借款利息公積項下以備大清政

府撥還此合同該項應還之款或撥作於該
各鐵路改良及有益各事之用
按此規定所之將路款盈餘除撥作兩鐵
路改良有益之款外仍撥還此合同應
還之款並尤不但以兩條鐵路作抵且並
此盈餘未用之款亦包含於抵押之中兩

并為此次借款之抵押物矣

第十七款　原文云此鐵路建造工程以及管理一切之權全歸大清政府獨自辦理

按此款語似乎大清政府於該鐵路有全權矣乃旋即云

建造此項工程大清政府自行選用英國人

一名為建造湖北湖南兩省武昌至郴州之
宜章縣境內粵漢鐵路之總工程司復自行
選用德國人一名為建造湖北省廣水自宜
昌境內川漢鐵路之總工程司又自行選用
美國人一名為建造宜昌至夔州府境內川
漢鐵路之總工程司一面知照該銀行

按此款規定某路選用某國人爲總工程司既受指定之限制且負通知該銀行之義務又云

若銀行等以所選工程司爲不合宜須將其實在不合宜之切實理由聲明

按此規定銀行等已可提出對抗理由而

被其牽掣俾於選用時得先與之商酌然
是為積極的規定權裡是商酌之明文則
選用時即不與商酌彼權毫可據以相爭
也乃其末段又云
工程造竣後在借款未清還以前大清政府
仍派歐洲人或美洲人作為該鐵路總工

程司但由選派不須與銀行等商酌
按此文例用消極的規定方法於末條明
明揭出與銀行等商酌字樣言該選派
不須與之商酌故即可據為由前所選用
必與商酌之明文矣然則不惟將鐵路抵
押並甘心以建築管理用人之權授諸銀

行等兩充分圖滿其抵押權之效力且放
為迷離之語以圖欺蒙是皆盛宣懷磋商
數月而後得此條文之規定至於派用專
門人員及辭退更明定須與總工程司商
酌其明目張膽以用人之權間接授於銀
行等尤不待言

第十八款　原文有云建造期內中英公司及德華銀行分別作為購買外洋各材料機器什物之經理人

按此規定顧約中英公司及德華銀行獨占經理人被其束縛者一

原文又云英法德美所製貨物英貨料及價

值與他外國所製者相同應儘先由英法德
美購買
據此規定四國於借貸貨物有優先權
被規束縛者二
原文又云中國材料及經在中國各廠製造
之貨物若貨料價值與英法德美或他國材

料相同者由郵傳部派用之驗貨料員會同
總工程司商酌定奪儘先購買
據此規定似中國材料貨物應得優先
購買權矣然云經中國名廠製造者則祇專
指中國自廠而言此項中國優先權又將
為他國所侵奪且云必與總工程司商酌

宜奪則所附條件比較四國之優先權力

已甚彼此束縛者三

原文又云全路造竣後於此款未清還以前

鐵路總局尚若為此兩路內購買外洋材料應

使先向由中英公司及德華銀行經理購買

按此獨占經理之效力直須約至四十年

以後尤為營亂被其束縛也四
右列各款實明之對於我國種之束縛可
以一望而知尤有詭秘其詞以隱伏後日
據為營理之事者如首段訂中英公司德
華銀行為經理人明訂係購買外洋材料
什物則悉在中國購買者當由他日經理

可知既由他人經理則只給用錢與不給
用錢於此合同何預乃巧為策於中英公
司德華銀行之規定而不云給用錢使人
易於忽略以便異日據此文字可發生兩
種無理之爭議一為購買中國之材料貨
物中英公司及德華銀行亦不爭只經理

權而此給用錢之權定係歸於該公司
銀行出其款力則該公司銀行當然占其
經理權者也二曰購買外洋材料貨物中
英公司及德華銀行雖不經理亦可坐享
用錢也查本款下云
郵傳部鐵路總局如欲在中國或欲在外國

於他人經理購買各項外洋材料以為更覺
合宜者可以至權照办惟用錢仍照上所詳
給該經理人云云
如右規定購買外洋材料者附以更覺合
宜之條件者似以英公司及德華銀行為
東孫占處經理權願照規定至用錢仍照

上所詳該經理人之權所謂該經理人究竟誰屬已不分明若就定於此合同而論即可據為對於該公司銀行之規定早可避坐享用錢之爭矣況更益以購買中國材料不給用錢之反證乎窺其彌縫罅隙之用意尤在於此

綜右籤注各款既以鐵路幹綫收歸
國有則用款用人購材利息等凡該路所有
權限一一援授之四國銀行經訂合同並以
該路抵之明文而該銀行等種種支配干
涉特權實操之明以該路抵押尤足損害
該權而制吾死命則此合同成立不啻斷

送該此均條各款或規定款項交付債
票發行手續或規定錢該進行手續種種
出版品以證明該代理並喪失該權之
處不勝縷指茲特籤注均尤甚者合併摺陳

六月二十六日護理四川總督王人文奏代遞
四川紳民羅綸等呈摺奉
硃批鐵路國有政策早經宣示借款合同係有旨諭
令簽押決無反汗之理該護督一再瀆奏殊屬不
合著仍遵迭次諭旨辦理倘或別滋事端定惟
該護督是問單片一併發還欽此

端方致載澤、盛宣懷電（一九一一年七月三十日）

收端大臣電 宣統三年閏六月初七日到

澤貝子爺盛大臣鑒健密尹署藩電稱川省蒲議長等組織特別股東會聞其宗旨將倣粵路辦法成後再歸國有現要求移每年常新捐輸三百萬為修費查捐輸係逐年奏請展辦本非經常稅項惟常捐始自同治初年專供餉需新捐於光緒二十七年專為賠款

增籌均國用所必需川人此議手疏而理甚長季
帥念八抵鄂小住受篆尚無確期股東會以廿日為
限決議必在季帥交卸之後等語查辦路無動用
稅捐之理租股等款係因路抽收之款不能援以為
例欽定憲法大綱臣民既完之賦稅非經新定法律
更改悉仍照舊輸納川人此舉實屬無理取鬧即經

議決亦必取銷惟川民如此浮動非季帥到任嚴切干涉路事必難就範此時采帥一味附和必須妥籌先事消弭之法近來改綫漢中之說主張者多蘇堪亦力陳其便此說果能傳播無論辦與不辦自足懾川人之氣辦法另電詳陳湘議沸騰之時方曾有改路江西之電贛紳大為歡迎而湘人亦思變

計若能由部中派員勘西鳳漢中之路並電新陝撫
余壽坪屬其到任後協照勘路之事風聲所布必
易轉圜尊意如何方歌

五月二十一日奏定鐵路辦法粵川湘鄂四省所抽所拍之股盡數換給國家鐵路股票給息分紅此第一層辦法四省所同者也其不願換給國家股票者分別辦理湘路商股照本發還其餘米捐鹽捐租股房股除美國贖約經費三百餘萬兩外准其發給國家保利股票此第二層辦法湖南所獨者也

自湖南紳民一面觀之如遵第一層辦法則可免扣除贖
約而商股未必能退現銀如遵第二層辦法則商股可
退現銀而餘欵又有須扣除贖約二者欲擇所從頗不
易決方在籌議未定而湘撫忽有米捐及鹽引溢銷
二欵應為官股之説於是湘中紳民議論為之一變以
為如遵第一層辦法名雖不扣贖約實則米鹽二欵倘

竟歸官則民人視之與扣除贖約何異退至用第二層
辦法先求商股可退現銀再爭米鹽各款之不扣贖
約爭而不得亦不過湘中官民兩無所得而已湘人此種
議論亦勢所必然也
然從國家一面言之則自以第一層為正辦且宜使湘款
全數附股以為粵中商股之倡惟欲求湘款全數附股

而米鹽二款不以歸民則湘民未必肯犧牲退股之自由而徒為湘中官場增款項也故此事之辦法最上者莫如由部中主持將米鹽捐及鹽引溢銷二款准歸湖南公股與鹽斤加價一例給與分紅分息股票湘人於此既欲免〔和〕除贖約又欲免官中爭款勢非遵第一層辦法全數附股不能為功以此勸導商民附股措詞最

易其次則或以米捐歸民鹽引溢銷歸官官民各得其一湘民或猶有贊成之者若夫二款皆以歸官在部中則曰我但照第一層辦法發給股票為官為民非其所問而湘民皆民無所得即與扣除贖約無異何如遵第二層辦法尚有退股之自由如此而欲勸其出於第一層辦法恐無詞以喻之也

具呈四川京官值年掌江西道監察御史趙熙
翰林院編修胡駿黄德章裁缺内閣中書李文
熙暨同鄉京官等爲川路股本附入國家路股
事出竊名呈請迅予更正仍待公司股東總會
決議再行核定事竊
大部具奏遵
旨籌畫川粤漢幹路收回詳細辦法各摺片已於五
月二十一日欽奉
上諭欽遵在案職等查閲原摺附片有代奏四川京

官裁缺内閣侍讀學士甘大璋等四十六人聯名請將川省收支虧存各款一律劃歸國家路股一呈傳觀之餘同深駭詫徧詢該呈列名各員除甘大璋宋育仁函到承認外如翰林院編修賀維翰等多人均稱並未預聞又如該呈所列民政部七品警官楊光湛前後公呈職名亦不符合資政院議員張政大理院推事王德鷃先已出京始知甘大璋等原呈所列竊名實居過半 職等竊維此次各省商辦鐵路收歸國有

政策是否適宜外間猶多異議而川中人情洶
懼則不減於粵湘頃於二十二二十五等日先
後接川中來電略稱二十一日公司開會到者
五千餘人羣情悲壯議立保路同志會旋又電
稱保路同志會簽名者已達十萬人等語職等
迭次召集旅京同鄉在全蜀會舘籌議業經電
致四川公司囑令勸諭鄉人勉遵
朝旨迅開股東總會按照
郵度兩部四月十二日電咨四省督撫原案切

實研究定出交路接欵辦法舉定妥員代表公
司呈由川督咨明
郵度兩部及督辦大臣以便接洽據公司復電
方於閏六月初十日開股東大會而該甘大璋
等不經股東之決議不受公司之委託貿然請
以川省收支虧存各股一律劃歸國家路款其
居心何似雖非職等所能揣知然川路股本集
自租捐出租捐之糧戶有數千百萬即在公司
之股東有數千百萬四川京官於股東中爲最

小部分甘大璋等於四川京官中又為最小部分無代表之資格即不能有附股不附股之主張益大部會定收回幹路辦法於附股而外尚有公債票無利股票歸還現銀之種種辦法在
朝廷既肯聽從民便而不強之以必行在公司自當博采羣言未可出之以獨斷今甘大璋奎善宋育仁等竊名遞呈奮其臆説不但言附股無效即言不坿股亦無效也況
大部於收回各省路工經緯萬端正苦繁複其

官民交涉一切事宜亦當以各公司代表之言
為斷而不當以各公司個個別別之股東之言
為斷方能得其要領若網在綱而無事雜言厖
之患否則人百其說恐
大部亦將皇惑而無所適從抑有進者各省於
幹路國有政策至今紛紛反對風潮未已無所
容諱 職 等方仰望
大部俯順輿情銷弭隱患該甘大璋等乃飾為
謄黃之詔一頒保赤之心如見歡聲雷動禁令

風行等語以迎合
大部而欺謾
朝廷喪心病狂莫過於此川人得信憤慨交并尤虞
激出變端上煩
藎注職等雖迫於雷霆震盪之力莫敢直言而
關於桑梓敬恭之懷究難默息用特聲明甘大
璋等呈請附股係屬竊名並非川人公意所有
川路公司收支虧存各款是否願附國家路股
應俟股東總會議決推舉代表到部呈明再行

核辦方足以衷壹是而息羣疑爲此聯名呈請
迅予
批示遵行
宣統三年六月　　日

照會趙御史稿

為照會事據呈川路股本附入國家路股事出竊名呈

請更正仍待公司決議再行核定請迅予批示前來查

原呈所稱川路股本集自租捐出租捐之糧戶有數

千百萬甘大璋等不但言附股無效即言不附股亦

無效所有川路公司收支虧存各款是否願附國家

路股應俟股東總會議決推舉代表到部呈明再行
核辦等語查川粵漢幹路收回詳細辦法已經本部
會同度支部暨辦鐵路大臣遵
旨覆奏本年五月二十一日欽奉
上諭粵川湘鄂四省所抽所招之公司股票盡數驗明
收回由度支部郵傳部特出國家鐵路股票常年六

[illegible]給息嗣後如有餘利按股分給倘願抽本五年後亦可分十五年抽本未到期者准將此項股票向大清交通銀行照行規抵押其不願換國家鐵路股票者均准分別辦理以昭平允川路宜昌實用工料之款四百數十萬兩准給國家保利股票其現存七百餘萬兩願否入股或歸本省興辦實業仍聽其便

籌畫尚屬妥協著督辦粵漢川漢鐵路大臣迅
速前往會同各該省督撫遵照所擬辦法將所
有路款分別查明細數實力奉行朝廷於此事審
慎周詳仁至義盡經此次規定後倘有不逞之徒
仍藉路事為名希圖煽惑滋生事端應由該督
撫嚴拏首要盡法懲辦毋稍寬徇以保治安欽此

朝廷

通行在案是川路公司現存之款是否願入國家路股統籌四省大局分別規定辦法早飭督辦鐵路大臣會同各督撫遵照奉行毋待股東推舉代表到部再行核辦亦並不以學士甘大璋領銜之公呈爲定斷惟據所稱編修賀維翰等多人並未與聞應即准其備案可也須至照覆者

右　照　會

掌江西道監察御史趙

鐵路爲全省命脈。路權失則命脈絕。奪我路權。即不啻置全省人民於死地。前此賣國奴盛宣懷。與美國合興公司。訂立合同。將粵漢鐵路。送與外人。其時我三省人民。知路權不可失。故出死力以爭。幸得收回。奉有　諭旨允歸商辦。宣統紀元。張之洞倡議借欵。興築兩湖。人士函電力爭。拒欵代表。絡繹於道。誠以父母之邦。生命財產所繫。故不惜竭心力以爭之。我政府知民心之不可失。衆怒之不可犯也。於湘撫電奏。時奉　旨俞允。是　兩朝衛顧我湘人。亦既厚矣。乃盛宣懷自奉命入都。即日夜與私人謀借外債。欲藉此以飽私囊。四國借款。日本借款之約。遂以成立。將中國各省釐金漕糧及煙酒鹽稅等欵。作爲抵押。陽假鐵道國有之名義。實將粵漢幹路。斷送於外人。於時。訂約不在衙署。而在私宅。擅權罔利。賣國賊民。欺蒙　朝廷。違蔑　諭旨。綜觀四月十一日　上諭。出爾反爾。必非斷自　宸衷。其爲盛之矯誣也可知。夫以一人嗜利之私。不惜舉　國家之土地。人民之生命財產。拱手授之於外人。復陷我　皇上於不孝。歷觀載籍。賣國賊民之逆臣。無有敢明目張膽。至於此極者。凡我父老兄弟。當竭羣策合羣力。求一生於九死之中。與逆臣誓不並立於光天化日之下。上以冀　聖明之感悟。外以銷薦食之惡氛。愛國諸君。其有投袂而起者乎。是則同人所涕泣以俟命者也。謹將保路辦法。條列於左。

一萬衆一心。恪遵　先朝諭旨及宣統二年　上諭。完全商辦。實力進行。

二由各團體代表呈請撫憲電奏。收回成命。

三召集開正式股東會。

四添舉有名望之紳耆四人。充任協理。輔助總理。猛力進行。

五將全線千二百數十里（除長淥百里在外）劃作一百二十五段每段十里招人包修限宣統四年五月以前一律竣工所有包修章程容另詳擬。

六修路費用由各承包人墊出匀作六年償還願入股者作爲股本。

七聘用總工程司一人副工程司十數人購地員數十人分途測購刻日開工。

八湖南鐵路學生無論在外國本國畢業一律派用或司管理或司機關或充副工程或充監工。量材委任責盡義務不受薪金。

九湖南各界熱心路政之士全體團集分作四部甲部籌集股欵乙部進行建設丙部聯絡人心。共謀抵制丁部擔任文墨鼓動輿情。

十如有反對湘路之完全商辦妨碍湘路建築之進行者湘人認爲公敵以强硬手段對付之。

十一租股房股薪股照舊收集但房股租股歸各地方自治局代收彙繳不藉行政官廳之力。

十二鐵路公司發錢處改爲鐵路銀行吸收存欵廣行鈔票湘人共負維持義務一律流通。

十三外國人如來湘强事修築湘人必集合全體共謀抵制無論釀成如何外交鉅案在所不顧。若部派督辦來湘湘人亦以此法對付之。

十四政府如不以湘人之自衛爲然妄肆刑拘湘人必集合全體共赴行政衙署請其一體治罪。

十五政府如能收回成命仍歸商辦則聖朝厚恩湘人自當感激力圖報稱如不顧　先朝諭旨及宣統二年　上諭純以人民權利爲犧牲則我輩定以死力爭之閉市停課抗租均碻定爲最後之辦法。

湖南全省人民公啟

北京

郵傳大臣

盛宮保勛啓

廣州督署緘

張鳴岐致盛宣懷函（一九一一年八月四日）

杏蓀宮保座右前承
惠簡深慰渴懷比聞
柱石之躬偶示維摩之疾正思貢櫝上問
起居適拜
賜書敬承種是伏承
福履綏豫
石畫益閎慰甚粵中禍亂之餘人心甫定昨抗收
路事又復突起風潮幾費籌維始就安帖先

後情節均經電達

清聽龍參議頃已抵粤容即妥與籌議辦法

仍盼

時垂誨迪俾有遵循為幸韓守才識頗佳當

為徐圖位置俾資展布用副

諈諉肅復敬請

台安維

詧不備

愚弟張鳴岐頓首

宮保夫子大人鈞前敬禀者竊祖佑一介庸愚渥叨
煦育感
恩不次圖報莫由恭維
祜篤釐琚
勳高柱石翹詹
絳帳曷罄丹忱祖佑自抵成都當將胡嶸要求緩交及護督
逼令辭差並此次電請病假各緣由疊經密禀仰蒙
逾格成全體恤周至私衷感激不禁涕淋初一日祖佑往迓趙

季帥行次新津奉讀
鈞諭當即密電稟覆計邀
垂覽伏查此次路事風潮始由川路公司倡言發起意圖抗
拒遂聯合諮議局員及學界中人刊布傳單張貼廣告指
斥政府搖惑民心加以一班劣紳如胡嶸鄧孝可張瀾輩
大肆邪說多方煽惑於是學界中無知年少隨聲附和幾
於舉國若狂設當時行政長官稍加禁遏當不至此乃王
護院畏其鋒勢一味姑容而勸業道周善培詭譎居心暗

中主使掀波助浪希圖見好川人以致路事風潮迄今猶
未平靜者職是由耳伊等所立同志會以保路破約為名
並逼令各州縣設立協會實則會黨雖多各存意見遇事
齟齬常相反對同志之說良不足信該會自五月成立始
則逐日開會繼則間日一集近且十餘日不聞舉動矣川
人心志不堅於此可見前云書名者約二萬餘人祖佑密
加調查緣每值開會時凡一切來賓以及隨行輿卒但至
該會咸令書名固無怪書名如是其多也況省中不乏正

紳鮮聞有涉足其間者其他小民方共額手歡呼慶免租股豈復有入會抗拒之理即此書名一端可見伊等張大其詞無非恫嚇之伎倆而已更可恨者川省向有哥老會匪黨羽甚衆歷經大吏懲治近年多已斂跡乃因此次各州縣協會一開一般會匪死灰復燃爭赴協會書名現假協會名目煽惑滋事其禍尚小誠恐將來愈聚愈衆貽患滋大實於川省人民治安大有關係此皆同志會有以啟之也其罪何可勝言初聞各屬股東陸續抵省因先開準

備會繼又開全體大會及評議會其提議之案有四一遵
先朝諭保四川川漢鐵路仍歸公司自辦二請停新常捐
輸以便寬籌路欵三敝辦一文捐以籌路欵四設立清算
機關以上四案尚未議決十一日股東大會約數百人是
日行政長官均蒞其會蓋循常年例也有張瀾者惡跡多
端士林不齒亦以股東資格入會首先質問季帥對於路
事辦法詞意侵逼季帥答以盡力維持其力弗及者雖强
迫亦所不能等語繼則同志會書記員度支部主事鄧孝

可等羣起要求季帥遂嘿不一語意頗怫然是日該會票
舉翰林院編修顏楷為正會長張瀾為副會長此股東大
會之情形也再有外務部七品小京官廖治者現充成都
商會總理前曾列名同志會近因意見不合議論反對該
會惡其異己也謂為受佑指使遂將廖名取銷原廖與佑
交誼頗篤祖佑遂力勸其解散商界中之入會者以孤其
勢廖頗感悟日昨已集各幫商董一一簽名不助其會此
路事中商界漸已解體之情形也至伊等所刊廣告無非

喪心病狂毀謗政府之語未敢率瀆
鈞聽以後情形如何俟探明再為陸續電稟再祖佑現在假
期居滿雖風潮未平所幸季帥夙有聲威或可稍資鎮攝
兼以祖佑受
恩深重艱險奚辭若再延緩問心殊有未安日昨謁見季帥
亦囑祖佑早日到差意頗關注茲遵於十六日接事諸凡
凜慎以期勿負
委任至意除俟接事後由電稟報外謹肅寸稟恭叩

鴻慈敬請

鈞安伏乞

垂鑒受業祖佑謹禀閏六月十五日

敬再禀者路會黨衆由成都遞呈此禀恐有洩漏

兹寄由渝局發郵寄呈較爲慎密合併聲明祖佑再禀

8

趙炳麟致度支部、郵傳部電（沈秉堃代）（一九一一年八月十日）

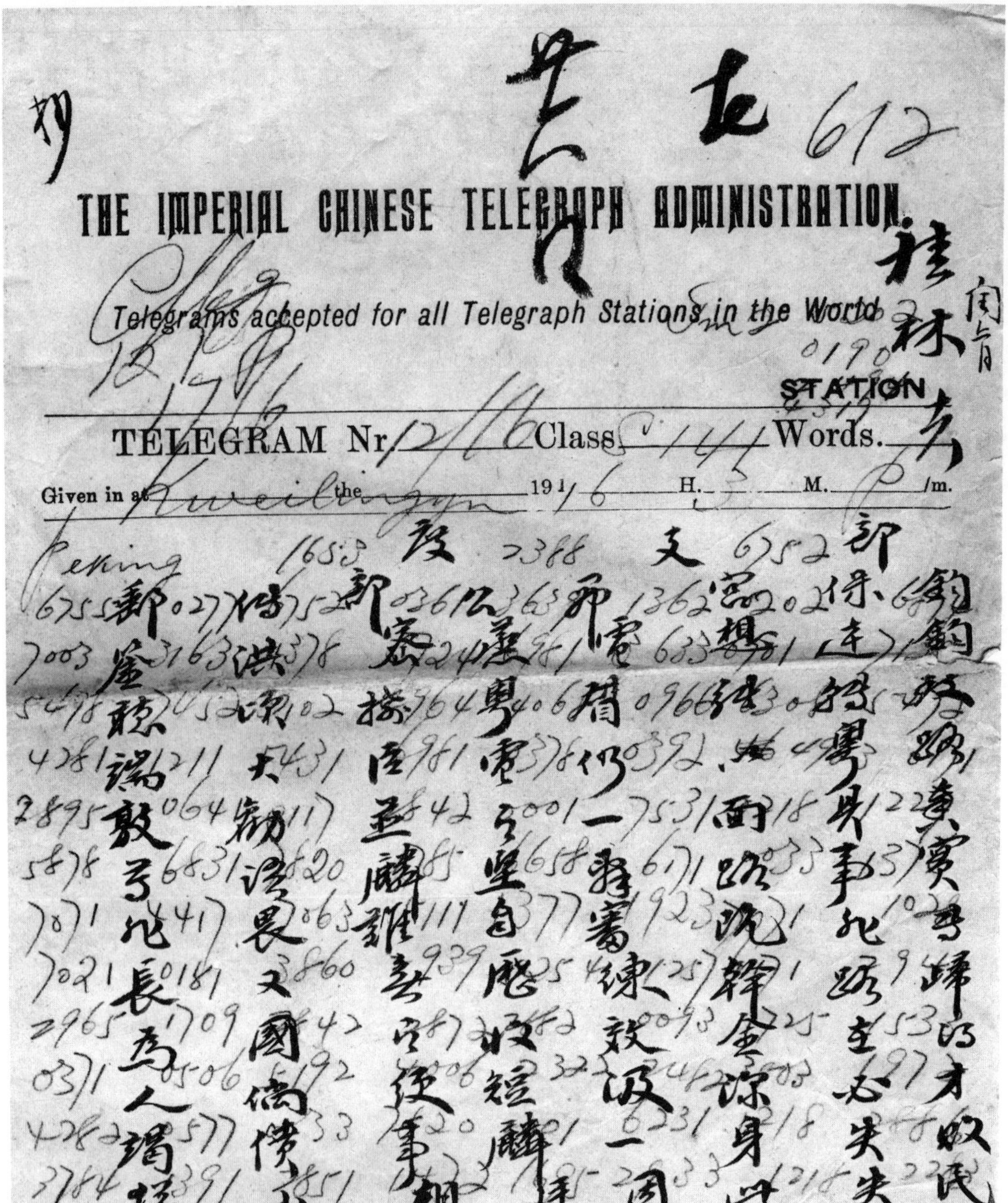
THE IMPERIAL CHINESE TELEGRAPH ADMINISTRATION.

Telegrams accepted for all Telegraph Stations in the World

STATION

TELEGRAM Nr. Class Words.

Given in at the 191 H. M. m.

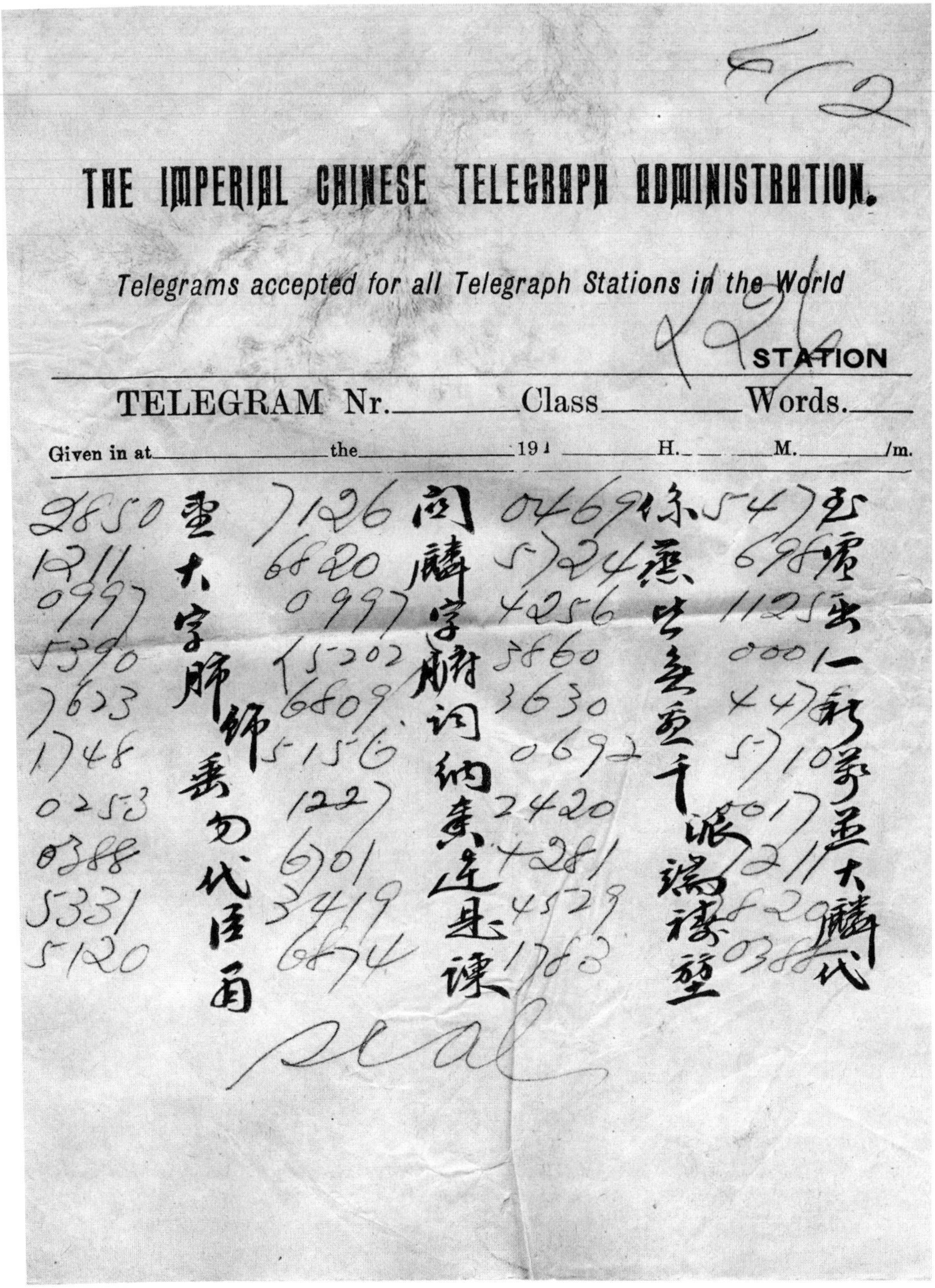

6/2
THE IMPERIAL CHINESE TELEGRAPH ADMINISTRATION.
Telegrams accepted for all Telegraph Stations in the World
STATION
TELEGRAM Nr. Class Words.
Given in at the 191 H. M. /m.

趙爾豐致盛宣懷電（一九一一年八月十六日）

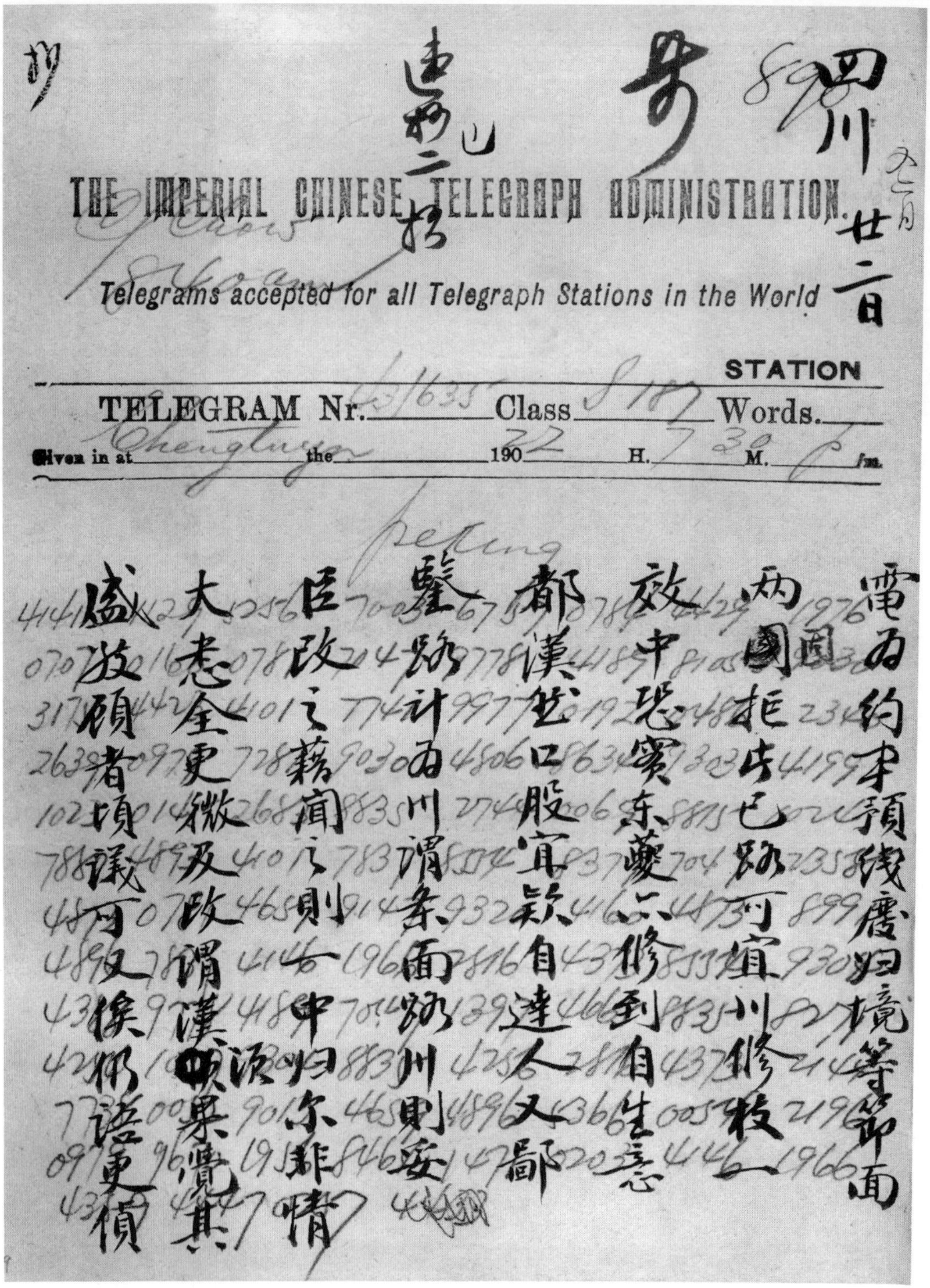
四川 廿二日

THE IMPERIAL CHINESE TELEGRAPH ADMINISTRATION.

Telegrams accepted for all Telegraph Stations in the World

STATION

TELEGRAM Nr. 4/1635 Class S 187 Words.

Given in at Chengtu the 22 190 H. 7 M. 30 p/m.

Peking

電西約半預錢應歸境等節面兩國拒收已路可宜川修枝一故中琨實東夔六修到自生意都漢並口股宜款自達人又鄙鑒路計西川謂係面路川則妥臣政之藉閒之則合中歸京非情大恚全更微及政謂漢[illegible]源果覺其盛致頤者填議可反倏鄉語更債

892

THE IMPERIAL CHINESE TELEGRAPH ADMINISTRATION.

Telegrams accepted for all Telegraph Stations in the World

2

STATION

TELEGRAM Nr.______ Class______ Words.______

Given in at______ the______ 190___ H.___ M.___ /m.

通渭禱可羅風路同電

漸予俾聆謗其其政外瓷

期量法所被芒柳再而汝叩

以僻辯是之至惟動之戊豐

夜

因偽示每佑而豐暴未者志

機圍詳著祖因諾使電知留

隨範六所寄無無不議有於

倆鈗融有周謂倫瀏之工己務

Seal

端方致載澤、盛宣懷電（一九一一年八月十七日）

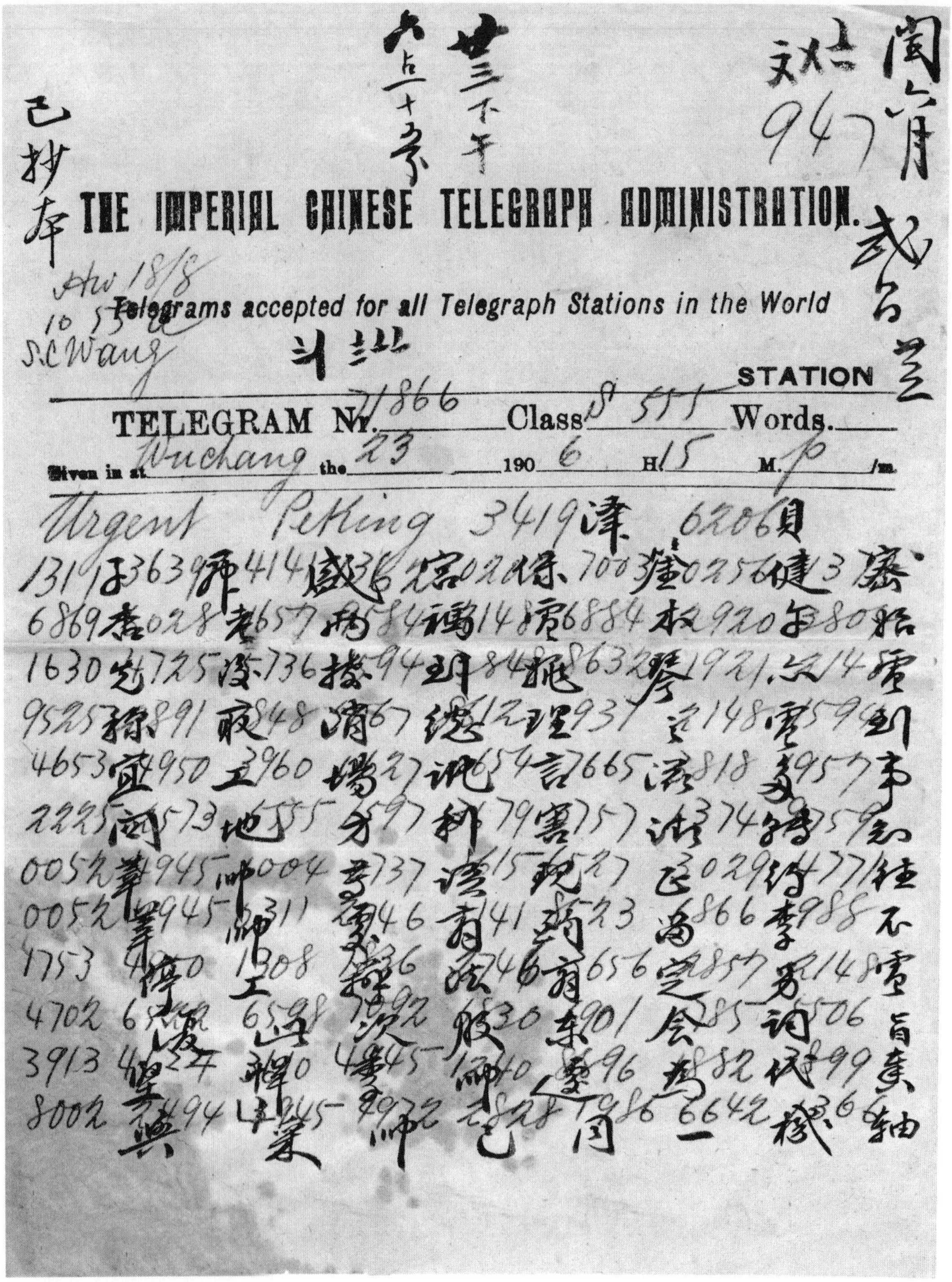
閏六月 947
已抄本
THE IMPERIAL CHINESE TELEGRAPH ADMINISTRATION.
Telegrams accepted for all Telegraph Stations in the World
STATION
TELEGRAM Nr. 1866 Class 8 551 Words.
Given in at Wuchang the 23 190 6 H. 15 M. p /m.
Urgent Peking 3419澤 6206貝

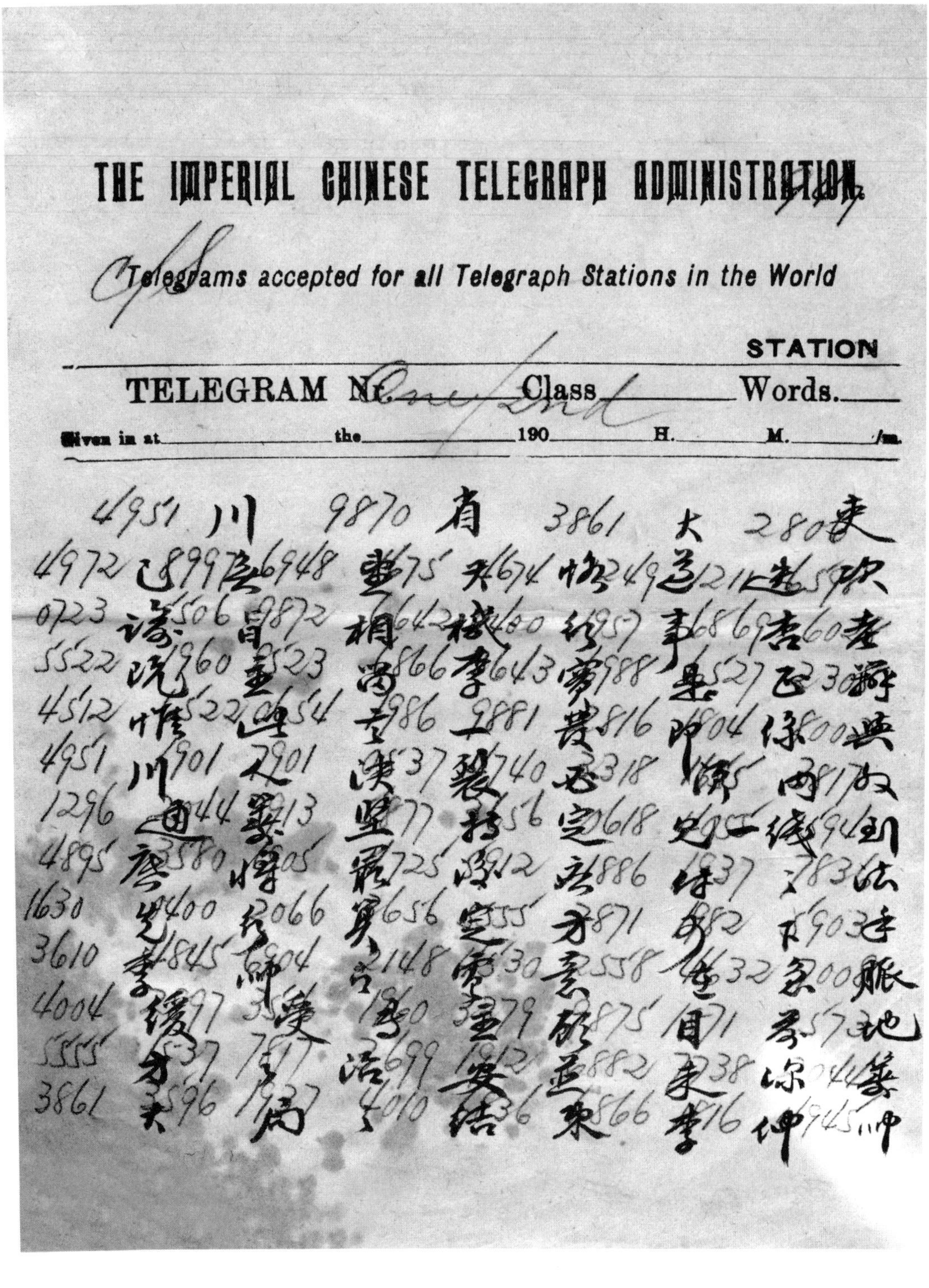
THE IMPERIAL CHINESE TELEGRAPH ADMINISTRATION.

Telegrams accepted for all Telegraph Stations in the World

STATION

TELEGRAM Nr. Class Words.

Given in at the 190 H. M. /m.

端方致載澤、盛宣懷電（一九一一年八月十七日）

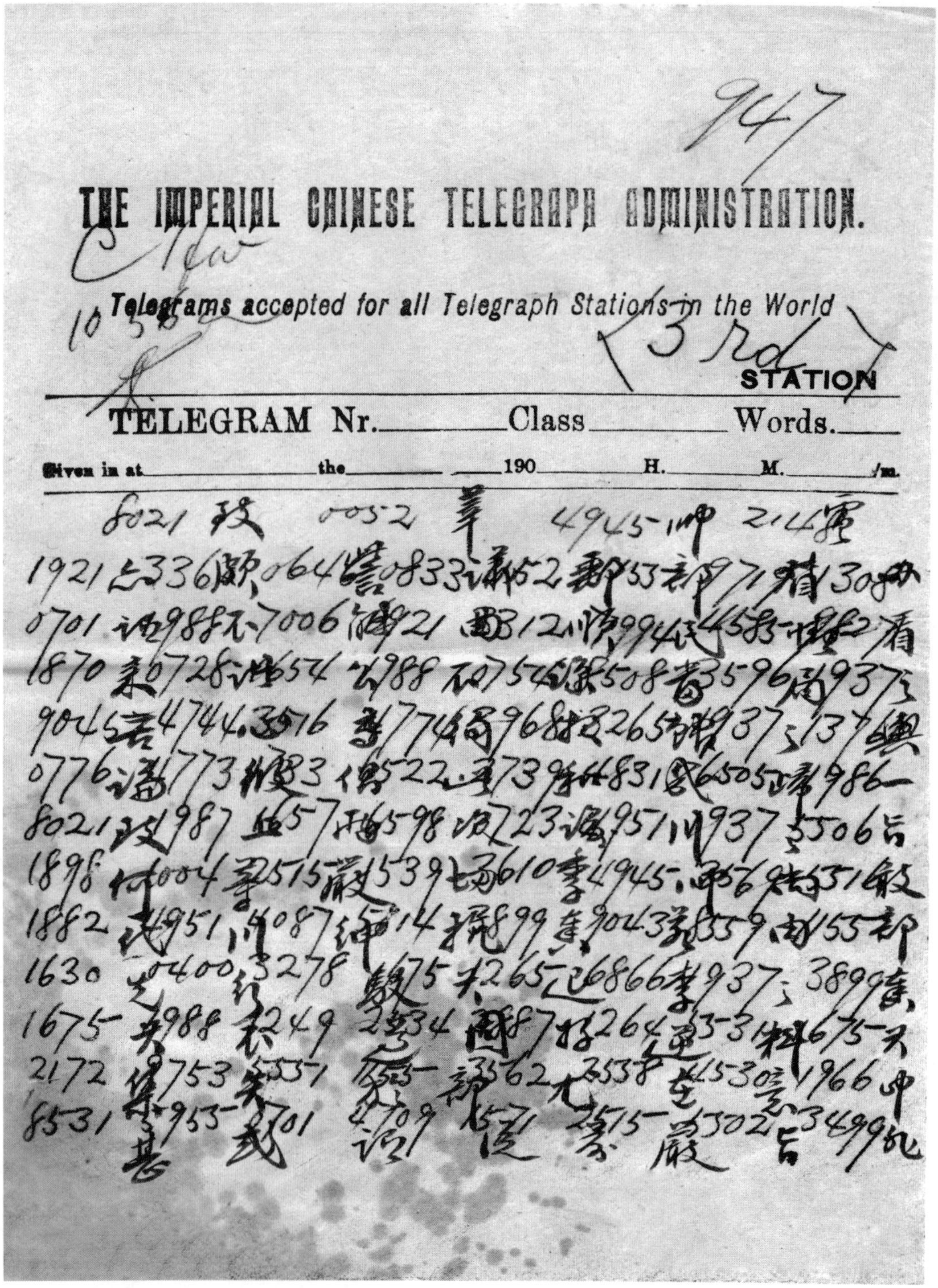
947

THE IMPERIAL CHINESE TELEGRAPH ADMINISTRATION.

Telegrams accepted for all Telegraph Stations in the World

3rd

STATION

TELEGRAM Nr.________ Class________ Words.________

Given in at________ the________ ________190________ H.________ M.________ /m.

94

THE IMPERIAL CHINESE TELEGRAPH ADMINISTRATION.

Telegrams accepted for all Telegraph Stations in the World

STATION

TELEGRAM Nr.______ Class______ Words.______

Given in at______ the______ ______190______ H.______ M.______ m.

6940 朝 4849 廷 6884 本 4530 意

[illegible]

端方致載澤、盛宣懷電（一九一一年八月十七日）

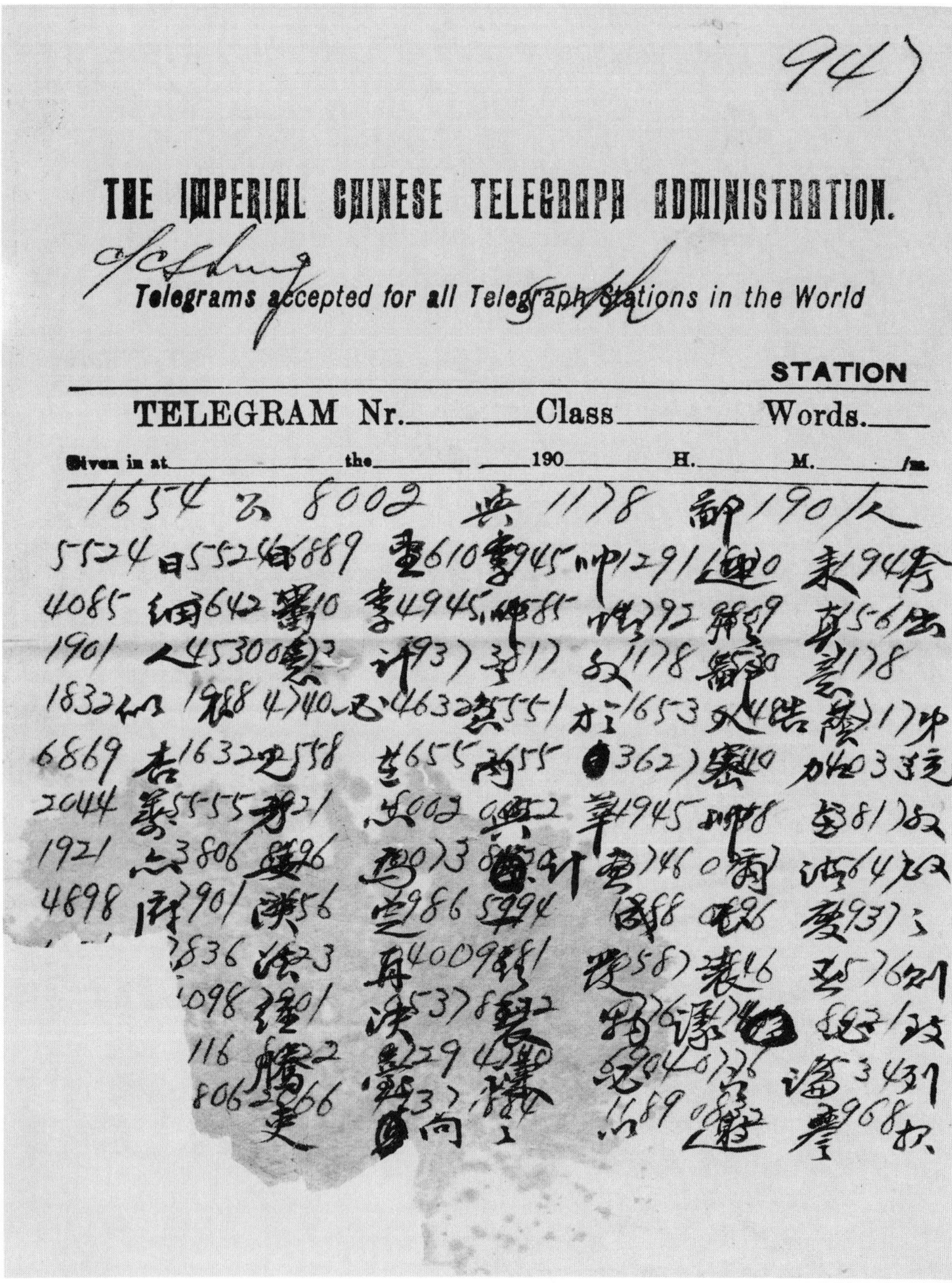
9417

THE IMPERIAL CHINESE TELEGRAPH ADMINISTRATION.

Telegrams accepted for all Telegraph Stations in the World

STATION

TELEGRAM Nr.______ Class______ Words.______

Given in at______ the______ 190___ H.___ M.___ /m.

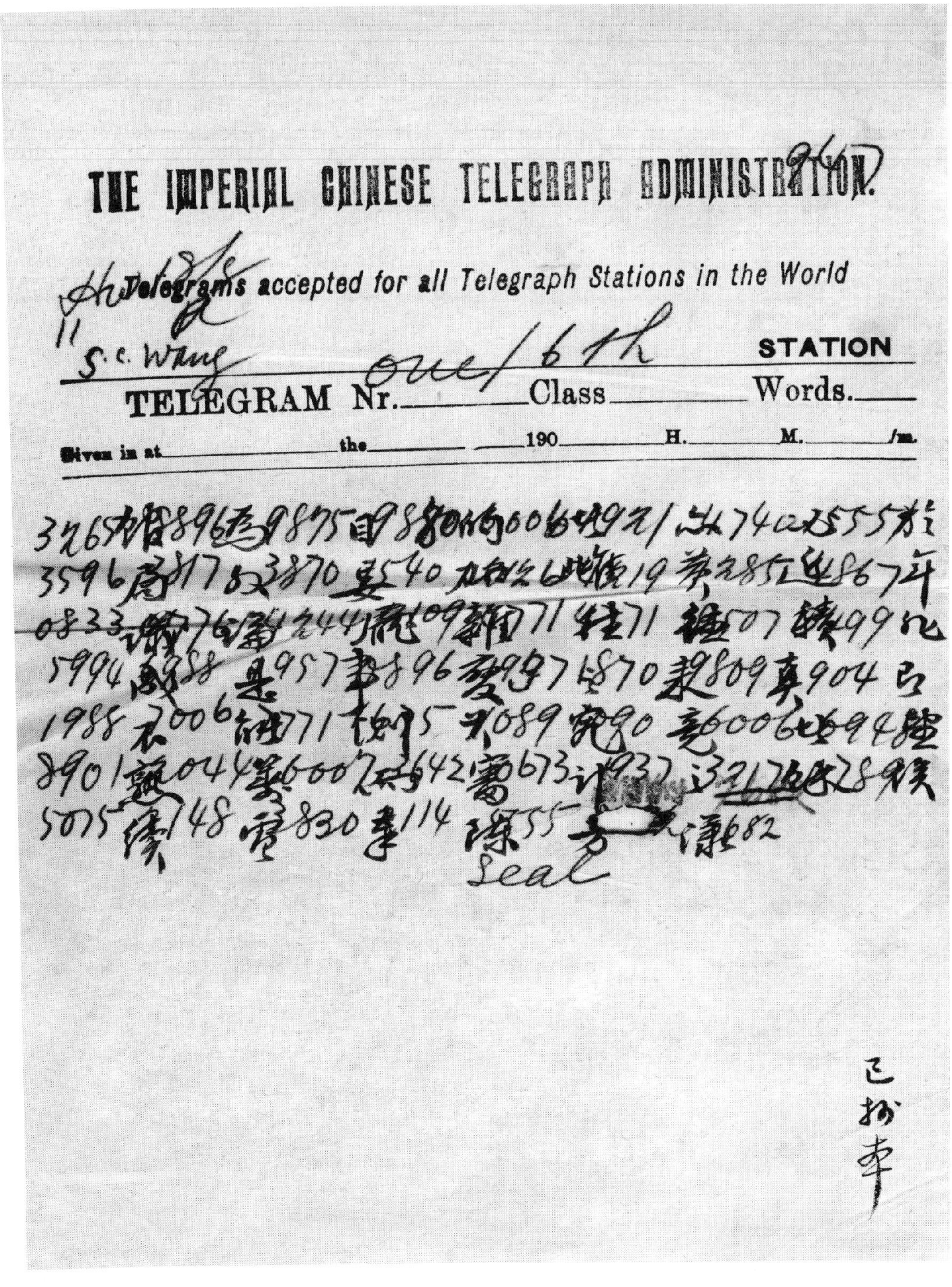
THE IMPERIAL CHINESE TELEGRAPH ADMINISTRATION.
Telegrams accepted for all Telegraph Stations in the World
S. C. Wang
one / 16th
STATION
TELEGRAM Nr. Class Words.
Given in at the 190 H. M. /m.
Seal
已抄奉

端方致盛宣懷電（一九一一年八月二十日）

THE IMPERIAL CHINESE TELEGRAPH ADMINISTRATION

Telegrams accepted for all Telegraph Stations in the World

STATION

TELEGRAM Nr. Class Words.

Given in at Wuchang the 190 H. M. m.

Peking

宮保：鹽利園歸捐之文，可一奏文，米無重既鹽銷收氏、弟謂明因爭給外款米支抽實旦則仍西人多是英之政路票於人贖作，盛湘五廠約路行園股已湘除律，簽意已贖贖方非利厚法扣一，維公票票还地並無不辦無當，鑒股小部為款得謂層案

THE IMPERIAL CHINESE TELEGRAPH ADMINISTRATION.

Telegrams accepted for all Telegraph Stations in the World

STATION

TELEGRAM Nr. 7212 Class d Words.

Given in at ______ the ______ 190 ___ H. ___ M. ___ /m.

之股收驗因公謂本一除去家歸
附所數非抽所還第扣會國別
出奏抽盡捐所無謂遵免課與等
原所票據內所謂可房應之
支查言股米尤之無所則實民稅
細明同向收票即帖該者歸方
路而法公收抽股股說辦約管地
款辦之明路同附湘左牘歸稅

端方致盛宣懷電（一九一一年八月二十日）

THE IMPERIAL CHINESE TELEGRAPH ADMINISTRATION.

Telegrams accepted for all Telegraph Stations in the World

STATION

TELEGRAM Nr. ______ Class ______ Words. ______

Given in at ______ the ______ 190__ H. ______ M. ______ /m.

議維事與惟借借川委湘已有利
本路應由不不收本就公所紅
局持其皆理日日不下先時票分
主政府之一一日從宜府股稍
議換清析事主一無仍浩利來
背牽不辯湘路主更全了無將
給
諮由府遷人在即路事求就績至
決國行湘現決收粵曲將允爭

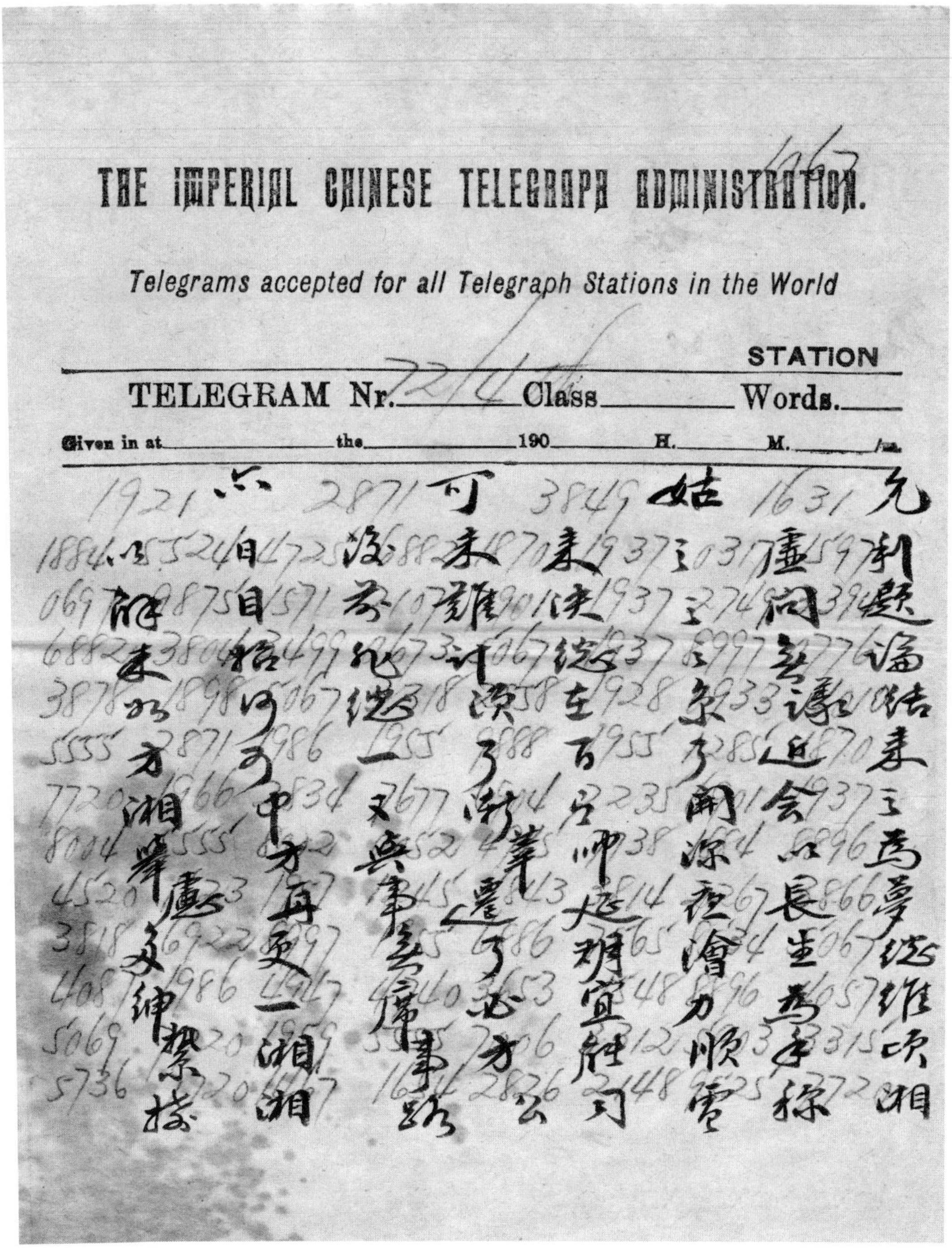

THE IMPERIAL CHINESE TELEGRAPH ADMINISTRATION.

Telegrams accepted for all Telegraph Stations in the World

STATION

TELEGRAM Nr.______ Class______ Words.______

Given in at______ the______ 190___ H.___ M.___ /m.

允姑可六

刺題論結束三為夢繇維吠湘
盧問甚議近會上長生為手林
三三三泉方開深夜澮力順電
來決繞在百品神廷期宜胜司
來難計須了將華還了必方公
後發紀繞一又與事無傳事路
日目糖何可中力再更一湘湘
三解來林方湘群廬又紳樑樸

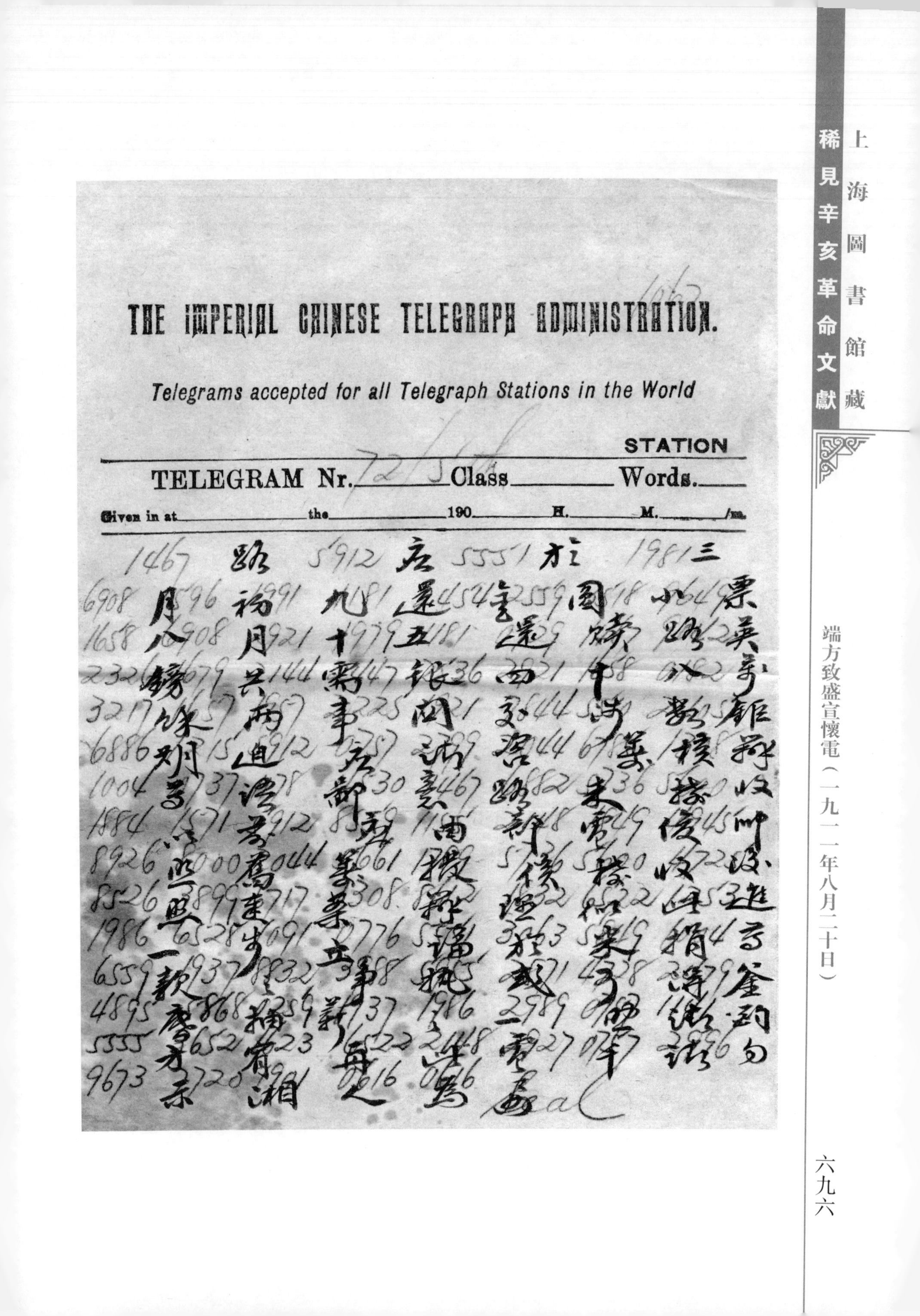

端方致盛宣懷電（一九一一年八月二十日）

THE IMPERIAL CHINESE TELEGRAPH ADMINISTRATION.

Telegrams accepted for all Telegraph Stations in the World

STATION

TELEGRAM Nr. 7215 Class ______ Words. ______

Given in at ______ the ______ 190__ H. ____ M. ____ /m.

宣統三年閏六月　日　梁用弧

奏稿

粵漢三佛枝路擬派羅崇齡充當總辦由

壹件

本日奉

旨

奏稿

郵傳部

郵傳部所上粵漢三佛枝路擬派羅崇齡充當總辦由摺（一九一一年（八月））

奏稿　　郵傳部

再粵漢三佛枝路約九十餘里原借美款官辦合同雖已贖廢而未收回之金元小票尚有二百二十二萬餘元現該路收歸國有其未還美款業由臣部籌還自應遴派妥員管理一切查有四川候補道羅崇齡熟悉情形擬即派充該枝路總辦並責成該員核實整頓俾路務日有

起色甚從前三省分派之員司應分別裁留以
省糜費謹附片陳明伏乞
聖鑒謹
奏

署左堂李　閏六月　日

正堂盛　閏六月　日

右堂吴　閏六月　日

電

THE IMPERIAL CHINESE TELEGRAPH ADMINISTRATION.

武昌 七月初二

Telegrams accepted for all Telegraph Stations in the World

STATION

TELEGRAM Nr. 127 Class Words.

Given in at Wuchang the 17 190 9 H. 50 M. 5 /m.

Peking

貝
帥諾諾故部奏留司次長大過
澤
季芬係上款代理公慶來此免
健東国自定來捷該会同權不
保股理操達並李行東合國論
宮路捷權至別然已股謂權言
盛缺李行奏擬仍旨至公路雖
即稱銷而代據李之照議甚失
于電撤旨為莒昨擬送開完换

端方致載澤、盛宣懷電（一九一一年八月二十四日）

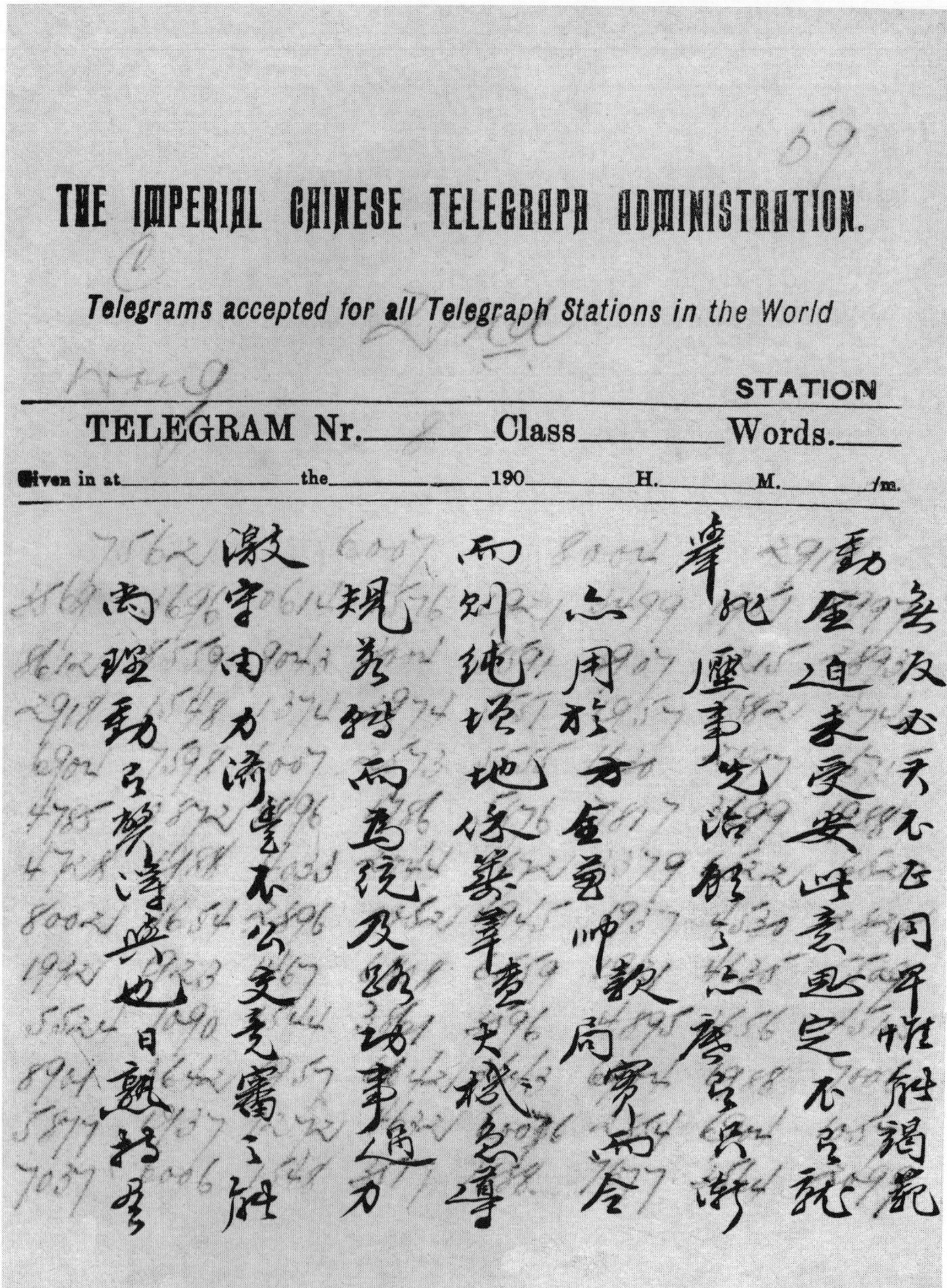

THE IMPERIAL CHINESE TELEGRAPH ADMINISTRATION.

Telegrams accepted for all Telegraph Stations in the World

STATION

TELEGRAM Nr.______ Class______ Words.______

Given in at______ the______ 190__ H.___ M.___ /m.

急友必天不在同年惟能竭蹶
勳全迫來受安此意思定不足兢
偉紀歷事先治顧之志度足共濟
心用於方金萬帥款局實而今
而則純堵地係築屠害大機急導
規劃轉而為統及路礦事遇局力
澂宇由力濟甚不公更震屬之能
尚理動足繫漢興也日韻趨

59

THE IMPERIAL CHINESE TELEGRAPH ADMINISTRATION.

Telegrams accepted for all Telegraph Stations in the World

STATION

TELEGRAM Nr.________Class________Words.____

Given in at________the________190____H.____M.____/m.

合公鑒：趣乃人此寄一電託電請兩久晰，言川由垂之似秀渡緩秀定多劑之調理，此事竟抱公待所甚為入尚無膺誤詞望次達亮襄權詳先，今全人已失望意祈文利帥讀已允根已疑參達團尚為田李誤帥論鈍來，惟以帥咨同挽與天李議善得日不次

端方致載澤、盛宣懷電（一九一一年八月二十四日）

59

THE IMPERIAL CHINESE TELEGRAPH ADMINISTRATION.

Telegrams accepted for all Telegraph Stations in the World

STATION

TELEGRAM Nr. 8 Class Words.

Given in at the 190 H. M. /m.

與議第條烈准群既之散學之穿
罪亟中激衆離解帥解于怯主
守尹靜川大甚衆挑積易道群急
濤安來紳衣於為已自速濤中
乃
脈情看士亟味出渡勢以覓帥
意群局速廿廿肯旨大文旨季
謂
冈謂結明事速不嚴導人宗戴
才電望有喜明疑濤指亟為愛

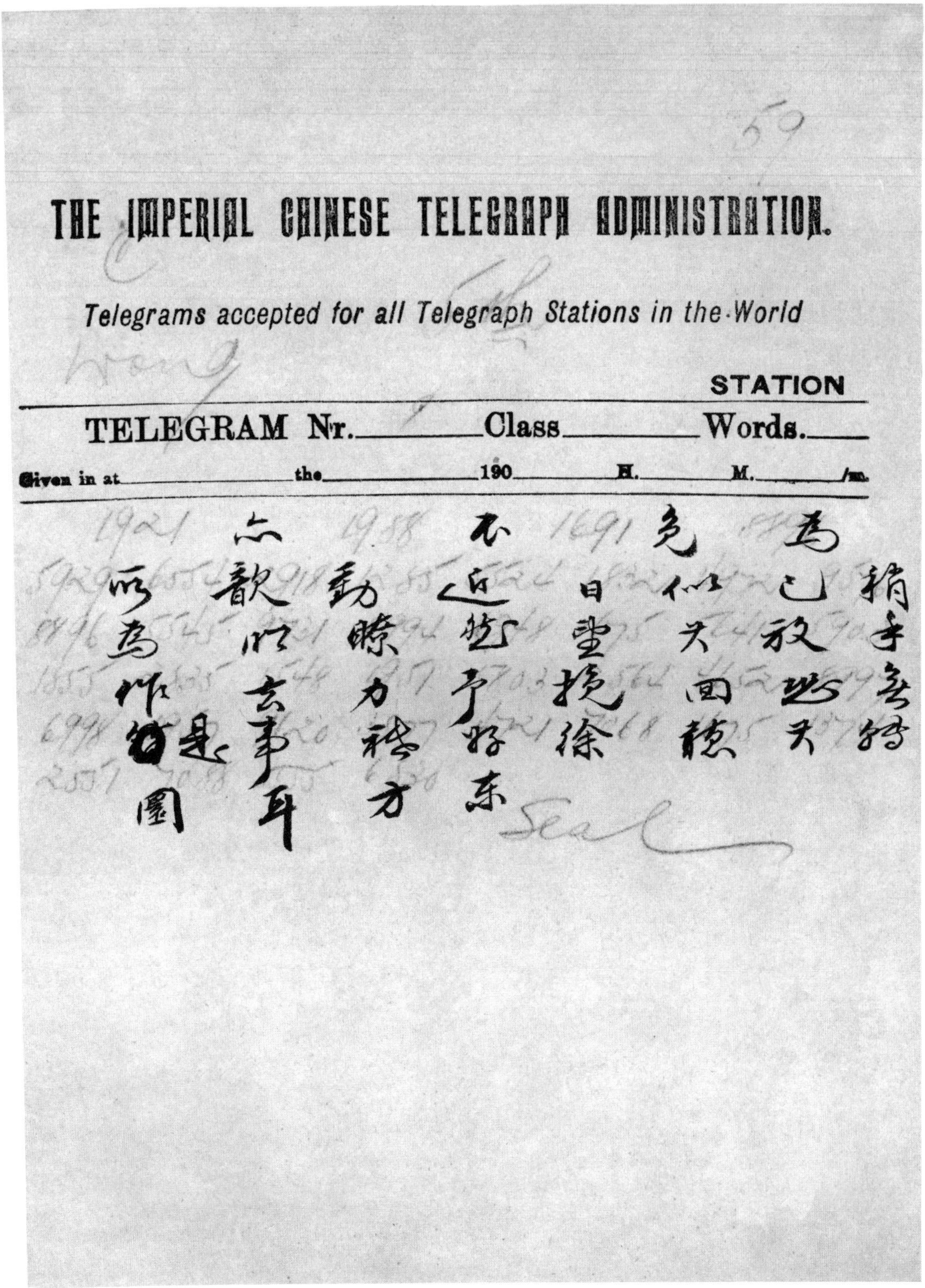

59

THE IMPERIAL CHINESE TELEGRAPH ADMINISTRATION.

Telegrams accepted for all Telegraph Stations in the World

Wong

STATION

TELEGRAM Nr.______ Class______ Words.____

Given in at______ the______ 190___ H.___ M.___ /m.

亦不免為
所歡動近日似已精
為收瞭艱望夫放手
作去力亨挽面地無
借是事稍好徐聽天轉
圖耳方東

Seal

端方致盛宣懷電（一九一一年八月二十四日）

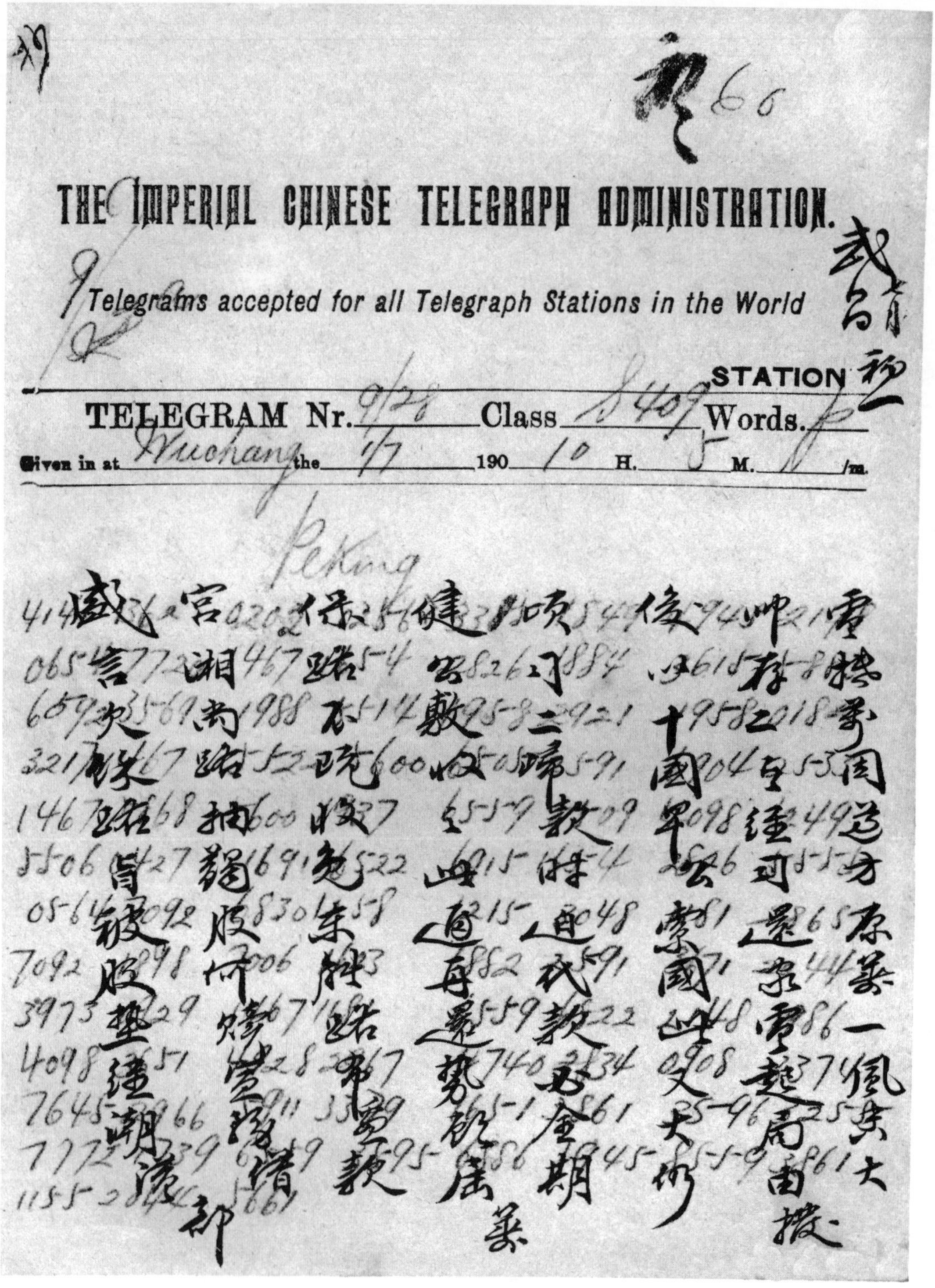

60

9/2nd

THE IMPERIAL CHINESE TELEGRAPH ADMINISTRATION.

Telegrams accepted for all Telegraph Stations in the World

STATION

TELEGRAM Nr.______ Class______ Words.______

Given in at______ the______ 190__ H.____ M.____ /m.

湘司業推行大綱者應本計十路
江公[illegible]選印權債法股票現月
據施撥[illegible]告爭來[illegible]呈商論八收
[illegible]並況屬代抗行陳鄙處至至
議收交更交以可察歸商[illegible]朔路
延接不人縣湘不再爭鄙二遲
股來容派安代必特通與進款
急路延已讓股事默讓權保[illegible]五

端方致盛宣懷電（一九一一年八月二十四日）

THE IMPERIAL CHINESE TELEGRAPH ADMINISTRATION.

Telegrams accepted for all Telegraph Stations in the World

STATION

TELEGRAM Nr.______ Class______ Words.______

Given in at______ the______ 190__ H.______ M.______ /m.

照衍電云謂司意爲附收米捐接
應續復帥公鄙見此截還
自列備此後仍知鴻恩直不稍予
路亟籌撥節省予道綱業廿股
辦理司予之延路降惟袁執爲尚
款將公私路司收派收照爭租
還業湘時收公務即撥道所有
去東南來至飛更和往若路鹽稿

60

9/11

THE IMPERIAL CHINESE TELEGRAPH ADMINISTRATION.

Telegrams accepted for all Telegraph Stations in the World

STATION

TELEGRAM Nr.________Class________Words.____

Given in at____________the__________190____H.______M.______/m.

兩節辦自議派股赴楊再由甘楊
事一律多行先辦勸費辦各鄉費
難現紀不公面路議與達渡湘與
紀還自定詳一收要詳後所系多
盂股款議夏至徑系事見帥叱電東
諸前的法楊性答由稱則電後電方
敢廿各擬費以道說為翁徑不籌看
瑶難尚股來以譯一分夏來有異夏

端方致盛宣懷電（一九一一年八月二十五日）

武昌省

THE IMPERIAL CHINESE TELEGRAPH ADMINISTRATION.

Telegrams accepted for all Telegraph Stations in the World

STATION

TELEGRAM Nr. 98/29 Class Words.

Given in at Wuchang the 3/7 190 9 H. M.

Peking

宜宜之川兩岸
勘且所綫岸謂
林成勘改一忠
保贊錘定為艸
健極一決實華
俟見險此計再
宮部銀籍之該參
盛端上可陳湯方

趙爾豐致盛宣懷電（一九一一年八月二十五日）

83

THE IMPERIAL CHINESE TELEGRAPH ADMINISTRATION.

川

Telegrams accepted for all Telegraph Stations in the World.

STATION

TELEGRAM Nr. 48 Class 66 P Words. 92

Given in at Chengtu the 190 2/7 H. 12 M. 50 /m.

Peking

宮
發羅勤諾租器現擇彈定
忽會散擧守以發一聲多差
大
市民有乘間事停辦罷市
盛
街白問市錦路行來派心查
日告並羅電於督居加人問
昨名謀練遲問概前已導續
都匯羅如憂民一齊市開再
簽見市各萬依電查閱歷條

寄成都趙制軍電　七月初三日

都冬電悉，已電飭周祖佑遵照辦理。密電恐難查孜，責成該守親自檢點，非衙局暫不准發匿名告白。要脅罷市罷課即是亂黨，湘粵初亦如此，經告示嚴禁有格殺勿論字樣，乃能相安無事。尊電一面偵其情僞，隨機因應，以期漸就範圍，仰見操縱在心。伺隙而

動尤深欽佩然關係治安遲速之間似難過綫閏六
月初六日電旨倘敢抗違即將倡首數人嚴拏懲辦
以銷患於未萌等因欽此罷市罷課倡首數人一經
嚴拏懲辦自可息事甯人公沈毅有爲當無俟參贊
也至辦法似須人心稍定方能籌商公以爲然否宣
江

川督來電 七月初四日

郵傳部鑒辰江電悉省地方初二日發現罷市之舉當經剴切開導並派兵警妥為彈壓一面密飭有電各屬將電局綫路妥為保護目前省城尚無暴動行為省外亦稱安謐豐支

四川趙制台來電 七月初五日

川人初奉路歸國有附股與否任民自便

諭旨皆無他議嗣見借款合同起而爭約爭路

皆謂合同雖根據於張文襄之草約然原約

並無四川在內今以宜夔抵補荊漢實非所甘

況川省以本省之款修省境內之路亦係為顧

全公益乃不待股東議決竟行收去不惟有負川

人初心且與附股與否任民自便之

旨更復相背一般人民則尤以合同中之種種箝制

國

國權盡失無異以送外人將貽全國大患故此次罷市罷課人心堅固謂國家以俯恤民情川路暫歸商辦並請將借款修路一事交資政院議決院議通過不敢再有異辭否則舉凡一切賦稅雜捐概不完納政府若不予轉圜人民亦將堅持以待官吏保持治安人民亦不暴動若用強迫手段即以全省之力對待云云現今外州縣頗為騷動多有聞風罷市者前飭各屬一律嚴行戒備勿令滋擾然

亂機已動大局可危兵力單弱不敷分布況又不盡可恃人人有眷懷桑梓之念而路送外人一語牢不可破欲其捍衛盡力實難憑信本省之兵力既不足恃如此外省救援又非月餘不能到爾豐受事之初已窺其隱患故思潛移默運收拾人心乃自交路查款之處發表遂相率而起再四開導言莫予從果實力充足自不難布置而環顧左右艱窘萬分一發難收大局不堪設想惟有仰懇

王爺
中堂密爲代
奏急圖轉圜拯救危局倘能准交院議即可
轉危爲安若始終堅持則禍亂不知所届目前
危險情狀有岌岌不可終日之勢披瀝上陳惶迫
待命
旨意如何乞速密示爾豐叩支

四川趙制台來電 七月初五日

頃電想邀鑒。川省路事，承豐受事後，即知解決不易。隱患方深，日與該會人等反覆磋議，以求完善。伊等每以合同善否，遂款向承豐質問，亦殊難致辭。近日本期竭盡心力，事機畛兖（？），局勢日見危迫。倘或執（持）勢屬為（萬）難，亦決不敢辭勞。

朝廷屢慮，惟望

王爺
中堂鼎力維持，籌商轉圜之策，倘蒙

朝廷加爾豐以嚴譴，慰川人以溫諭，縱或未能挽回全局，或可不致發生意外，保川即以保國大局，幸甚。不勝叩禱盼切之至。爾豐叩。豪。

216

THE IMPERIAL CHINESE TELEGRAPH ADMINISTRATION

Telegrams accepted for all Telegraph Stations in the World

Wuchang STATION

TELEGRAM Nr. 2.129 Class 5 58 Words.

Given in at Wuchang the 5-7 190 8 H. 10 M. m.

Peking

貝近均川呷節会煽亟宜立斷矛

澤健集備李多乐鼓应徒綏無不

隆雲責東謀服徒煽亟应覺行

保次之結羅係亟鼓凡首綏積

宮兩切易市盈係徒總為应天

盛呷嚴不羅患抑亟刑市從穗

邦季遺甚東竟為係行羅為应

子日未事電究所如現事決不

端方致載澤、盛宣懷電（一九一一年八月二十七日）之一

COPY Nr. 216

C STATION, the　　　　Jourl. No.

Received.	Retransmitted.	Sent out.	Service Remarks.
from 7.10.5	to Lnd	the....H....M..../m.	
the....H....M..../m.	the....H....M..../m.	Stat. Mes.	
by me Wong	by me	by me	

TELEGRAM Nr. 821　Class　Words.

Given in at　the　190　H.　M.　/m.

6808 李	5830 [illegible]	5960	德 1308 鄂				
3610 李	4945 帥	5718 [illegible]	673 兵	1982 執	7836 法	1988 不	700 能
1786 除	1651 全	2817 治	699 安	1972 心	6906 已	2912 應	47[illegible] 路
1937 三	2733 營	2878 各	1804 係	0922 股	6830 東	6901 會	5929 所
8896 為	1576 別	1522 匯	2823 種	1988 不	2821 合	14[illegible] 規	57[illegible] 則
1937 三	6901 會	1898 何	1884 以	1988 不	2912 [illegible]	1888 令	469 [illegible]
5519 散	5331 甚	1816 且	5557 屢	1448 電	2858 [illegible]	[illegible] 許	4830 [illegible]
0831 護	1988 不	2751 知	1988 是	1898 何	1593 居	[illegible] 心	3610 李
4945 帥	5551 [illegible]	0528 [illegible]	1457 [illegible]	[illegible] 持	2578 [illegible]	1997 [illegible]	1929 所
1262 遇	1583 [illegible]	1648 [illegible]	1951 州	1966 中	1615 現	[illegible] 在	7994 民
2224 間	1534 國	1918 [illegible]	1927 爛	1918 動	2922 更	6902 亡	679[illegible] 情
8075 [illegible]	1896 為	2457 之	2798 提	2833 倡	74 風	[illegible] 潮	1896 何
4600 要	1988 不	5960 退	5557 方	4530 [illegible]	5591 國	6902 亡	564 政

216

THE IMPERIAL CHINESE TELEGRAPH ADMINISTRATION.

82/ ...

Telegrams accepted for all Telegraph Stations in the World

STATION

TELEGRAM Nr.________ **Class**________ **Words.**______

Given in at________ the________ 190____ H.____ M.____ /m.

別積爲募調至帝蜩派川發兵學
紀帥白廿納兵逐鼓特到行施
寶李屯人屬帥澂加息獅再慶干
石行承天浮李流力推查置莹
洋寶良帥塵村家更言種市據道
反須系掌鎮山已兆央芝只為
孖吸帥堯物文遣窮侵認寢
象乞川尉不軌人嚴沐垂沒表逼

端方致載澤、盛宣懷電（一九一一年八月二十七日）之一

THE IMPERIAL CHINESE TELEGRAPH ADMINISTRATION.

Telegrams accepted for all Telegraph Stations in the World

STATION

TELEGRAM Nr.______ Class______ Words.______

Given in at______ the______ 190__ H.______ M.______ /m.

此事起內閣鄂川交讓方且喜疆諫再當東日時見以粵風捨之去進之想路湘閣收言三中綠繳了害陸將雖切禍停詐概防訊且差一文由布報由徒為徒局附人道羅攀之不欲之大以至以人當度支職

巳初

電 219

THE IMPERIAL CHINESE TELEGRAPH ADMINISTRATION.

武昌 七月 發

Telegrams accepted for all Telegraph Stations in the World

STATION

TELEGRAM Nr. ______ Class ______ Words. ______

Given in at ______ the ______ 190 ______ H. ______ M. ______ /m.

健路捐款積所購晴川可得湘
保收難虜一為鼓行與袁云詞
宮府振已事已湘撫生只士位
盛老後景川必到京學上人公
邸吉以股惟未人來推此湘鄉
子與來利帖湘川雖左同路同
貝電尚無人以閃以可一時甲
澤來事給收至動出申生元系

端方致載澤、盛宣懷電（一九一一年八月二十七日）之二

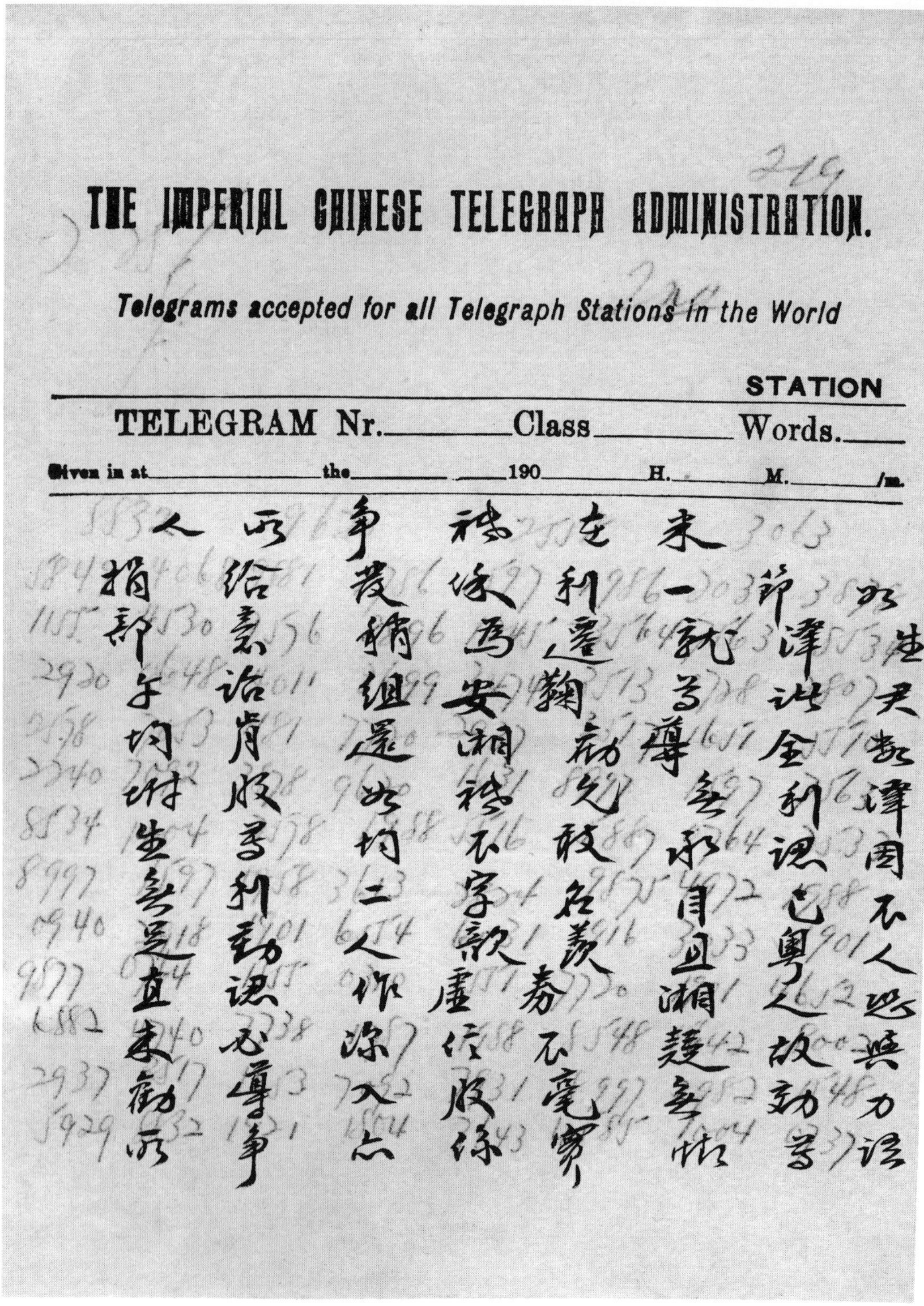

219

321

THE IMPERIAL CHINESE TELEGRAPH ADMINISTRATION.

Telegrams accepted for all Telegraph Stations in the World

STATION

TELEGRAM Nr.______ Class______ Words.______

Given in at______ the______ 190___ H.___ M.___ /m.

5555 方 5509 早 9757 允 56 收

澤宣公鑒鄂事果備始則不赴
長路以今日民竟願工緒可須
復議日費無問究不聞自忍卬
則半日之工云只聽備大票內
遲無著無聞款權到預候股月
事款現持獨信熟執不持料我
一統收相不與須堅路相無能
路務能立法且不能收經維給

端方致載澤、盛宣懷電（一九一一年八月二十七日）之二

THE IMPERIAL CHINESE TELEGRAPH ADMINISTRATION.

Telegrams accepted for all Telegraph Stations in the World

STATION

TELEGRAM Nr.______ Class______ Words.______

Given in at______ the______ ______190______ H.______ M.______ m.

久譯保事據一現內數利較再以
之費給一公廿ゝ至年完此時
與綢許股詳某股不安等相此決
難曲法折夏有前為過路兩莫
鄂已ゝ將楊所募股不全還失
路惟公票費萬十祖廿息先為望
甚則詳股本自之前費ゝ了來
湘持生利費但百銀所募并亦不

THE IMPERIAL CHINESE TELEGRAPH ADMINISTRATION.

Telegrams accepted for all Telegraph Stations in the World

STATION

TELEGRAM Nr.________ Class________ Words.______

Given in at________ the________ 190____ H.____ M.____ /m.

致袁松方

同紳從合為厚宜究互對默決民已將聯才有傒形各其解解惡聞必有為亂滑怙自文自飾將不以三字絕湘紳法法從事別事怙過不見慮起辭之兩鹽牘別此心更起戎釁同粵同旨川牘見生拒局湘必不對不此之粵民向堅大邪粵之異湘、參

端方致載澤、盛宣懷電（一九一一年八月二十七日）之二

229

THE IMPERIAL CHINESE TELEGRAPH ADMINISTRATION.

Telegrams accepted for all Telegraph Stations in the World

STATION

TELEGRAM Nr.______ Class______ Words.______

Given in at______ the______ ____190____ H.____ M.____ /m.

吉澤開缺時裁
黃路鈞
請與公妻收錫
札方迅
印得詳加由請
面面急
定老生一一甚支
議紳機方

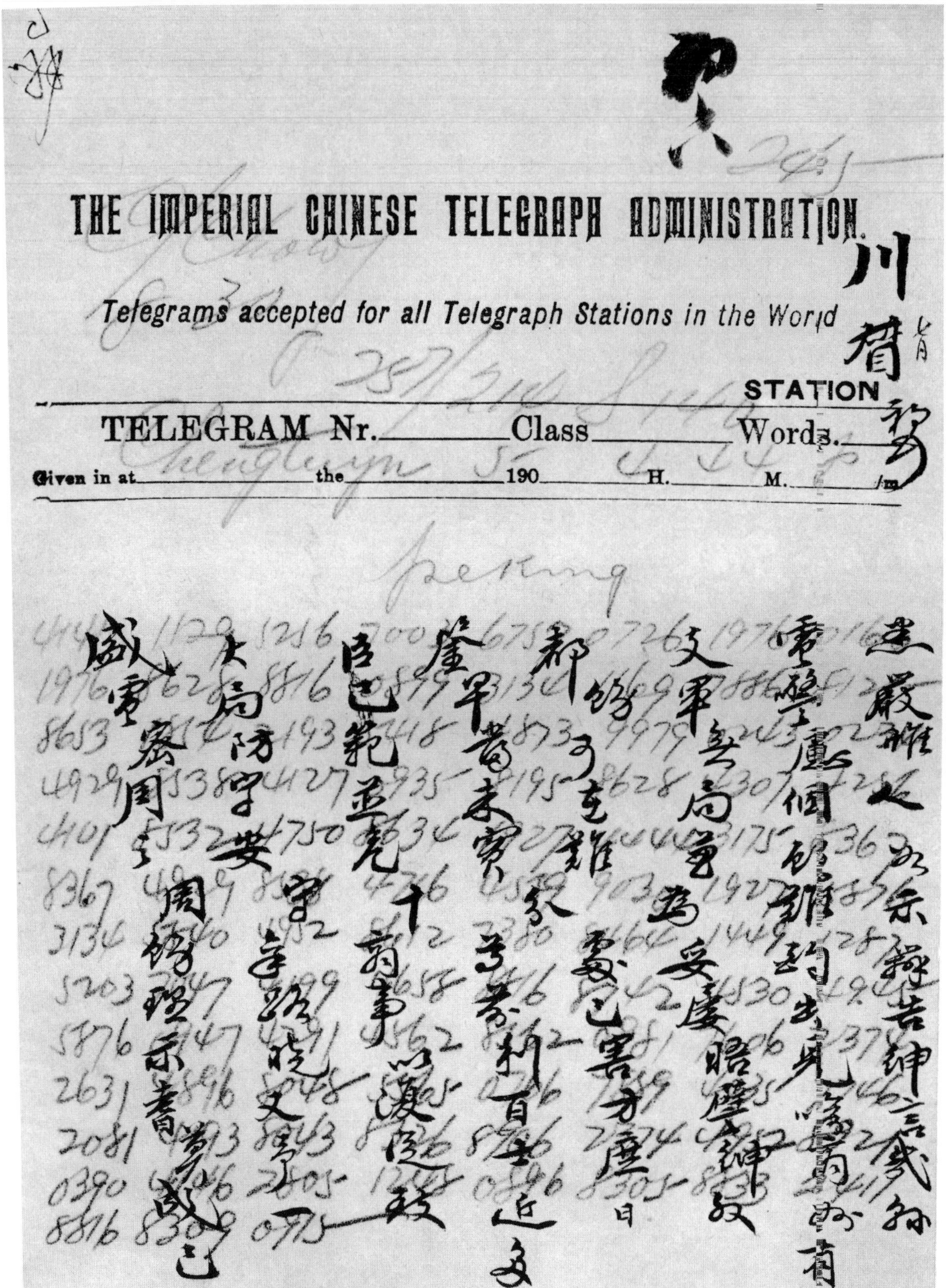

THE IMPERIAL CHINESE TELEGRAPH ADMINISTRATION.

Telegrams accepted for all Telegraph Stations in the World

STATION

TELEGRAM Nr.______ Class______ Words.______

Given in at______ the______ 190____ H.____ M.____ m.

Peking

趙爾豐致盛宣懷電（一九一一年八月二十八日）

265

THE IMPERIAL CHINESE TELEGRAPH ADMINISTRATION.

Telegrams accepted for all Telegraph Stations in the World

Chow
830

STATION

TELEGRAM Nr.________Class________Words.______

Given in at________the________190______H.______M.______/m.

8309 固 2851 羅 880 吊 4101 至 738 要 8316 大 … 局 … 發
8779 發 4148 瓦 4487 可 7307 繞 896 日 94 雅 … 謁 … 要
2709 路 4606 力 2696 兩 8178 固 1927 難 7128 籌 5083 議 4688 務
5877 新 735 鍾 3343 擔 139 亟 … 用 … 挽 … 此 … 竟
8628 局 9979 無 1215 任 204 威 1401 際 928 專 9387 款

奉天趙制軍來電 七月初五日

盛宮保鑒都送與舍弟通電渠意在急脈緩受徐令

就範似尚有成竹惟京官同鬨非由京用釜底抽薪

法不可公其思之改陝更難無好圖無以報命再東

電遵轉興鳳李道據覆稱當即轉商稅局一面飭妥

實木商詳查開單據稱枕木向未做過須與木把預

定以八尺長八寸寬六寸厚為度如榆柞紅松柳木等至津滬交貨平均每根大洋一元四角質堅耐久東洋松功用遜榆柞五分之一木樣另呈稅局尚未查來云云特聞巽歌

收粵督電　宣統三年七月初八日到

度支部郵傳部武昌端大臣鑒洪大部原奏收路辦法粵路股款虛糜准給六成現銀尚餘四成給予無利股票俟路成得有餘利後分十年攤還在大部以粵路虛糜甚多今給六成實為優待岐未抵粵時亦聞粵路虛糜之説乃經此次派委勸業道切實

調查復博攷輿論始知傳聞與事實大相懸殊謹
將勸業道查復情形一詳陳之查此次給還商股應
專就股東原交股本核算其公司歷年所收枝幹
兩路車利及息款等銀不在股本之内國家亦可
無庸籌還自應剔除不入收數現計公司自開辦起
截至本年五月底止共收過頭期股銀八百八十一萬

七千五百六十二元二期股銀一千零七十六萬六千六百一十四元五角兩期共收股本一千九百五十八萬四千一百七十六元五角七二伸算共銀一千四百一十萬零六百零七兩零八分此皆股東原交十足股本毫無假借者也其粵路支款有無虛糜應以所造工程及實存材料現款是否足抵原收股本為斷現查

已成開車之路共一百九十二里零已築尚未竣工之路
共二百一十八里零據詹總理摺稱未竣之路比較開車路工
所費已得半數茲將未竣路工折半估價作為已成之路一百九
里零連已開車之路共合三百零一里有奇龍參議
前查粤路每里估攤銀四萬一千三百餘元折合二
萬九千八百餘兩然當時橋梁涵洞等項巨工多

未興築每里攤計之數自可從省現在橋梁涵洞增築甚多按里攤計工本亦不能不略為加大現計每里成本及一切費用攤合龍毫三萬零七百兩比較龍參議原估之數每里僅增銀八九百兩以三百零一里核算所用路工費用共合龍毫九百二十餘萬兩內支購地價銀六十四萬八千餘兩建築及橋梁涵洞四百八

十五萬五千餘兩已用材料價銀三百一十七萬六千餘兩
歷年公司經費及收股費用五十九萬三千餘兩此皆
有冊可稽確難浮冒查粵路與北省路工比較則所費
工本似屬稍昂而粵中地價人工較之北省奚啻數倍
若就粵省現辦之廣九路工比擬廣九成本每里約
合毫銀四萬六千餘兩則粵路攤估三萬零七百兩

計尚有銀一萬五千餘兩詹總理現列預算表粤路未築之十五段至二十一段除山洞不計每里尚需成本三萬六千餘兩是現成路工比較廣九所省固多即較預算將來路工每里亦省數千兩以上公司所收股本一千四百一十萬兩零除支用路工九百二十餘萬兩攤還金鎊及金元小票二百七十七萬餘兩尚存未用材料

及付漢陽廠定造鐵軌銀七十二萬六千餘兩尚存各部分材料傢俱共值銀三十萬零一千餘兩公司承領辦公屋地輪船及承買湘省黄沙幹路七分之三共銀三十五萬九千餘兩另存現銀一百五十三萬三千餘兩以收支現存合計則粤路之款不特絕無虚糜且較原收股本有盈無絀蓋公司歷年所支之款其中即

有糜費而其所收車利及息款等項已足彌補是以原收股銀不至侵蝕此則現查粵路收支之實在情形也該路收支各數此次經勸業道會同龍參議及公司總協理董事等詳細句稽均屬相符該道列有各項細數清摺現已另文咨送竊維粵路商股是否虛糜總以股本有無侵損為據現在

粵路支銷一切及現存材料銀兩款項比較原收股本足以相抵有餘是其並無耗及股本已有確據且虛糜之説實公司辦理者之不善與原投股本者無干上年大部派委龍參議清查粵路弊混所有公司作弊各員均奉奏明懲處追賠即就上年清查之案而論公司侵蝕挪借各項亦無大宗鉅款安有

虛糜股本四成之事務懇大部俯念粵路商股實
無虛耗准照湘鄂一律給還十成現銀以示
朝廷體䘏商情不令股本稍有虧損至意乞迅裁示
復岐歌

收粵督電 宣統三年七月初九日到

郵傳部度支部端大臣鑒洪粵路或賠股或還
銀大部意在擇一而行不欲並行不悖若必只
准擇一而行自非開股東會無以取決惟粵路
股東以南洋美洲華僑資本最多該公司開辦
以來歷屆會議屢釀風潮幾成習慣此次路歸

國有粵省六戎紳商均知朝廷政策自無反對之意而外洋華僑不明內國情形既有亂黨煽惑復為川路激刺反對國有之函電紛至沓來一旦招集開會必至收股辦法未能解決而國有問題轉將起鬨審察情勢事所必然迭與龍參議籌商意見相同既不能開會取決即無執一之辦

法且願換國票與否係箇人營業自由只可勸導斷
難抑勒只可堅其信使之甘心樂從斷難狹其途
廹令勉强就範大部於附股者許以種種利益
於還銀者遂令種種吃虧蓋欲强廹股東出於
附股之一途不知愈强廹則愈疑懼愈抵抗何如
將給還股東一層示以至公至允之辦法俾人民咸知

國家非與爭利轉可以堅其信用或幡然歸於附
股之一途之為愈乎粵路股本並無虛糜情形昨
已詳電奉達既無虛糜何能迫其減成如謂時價
不過五成而股價漲落無定從前粵路股票亦有
漲至加一零者此民間自由貿易與國家收回商股關
繫朝廷政體情事大有不同在未宣示國有政策

以前大部如暗中照時價買收民人自無從議其後此時大部若欲以股票低落時之價值爲標準人民亦得以股票大漲時之價值反唇相稽何况粤路現存物產本足以抵股本而有餘何况有湘鄂商股十足發還之案相形見絀岐前請先解一半現銀一半股票係指有官利有餘利之股票而言

其前電所附股東意見二期股本不願再繳二用
過資本意在全還三歷年應派官息照數補給實均
徵諸衆論爲止息反對國有扼要之法舍此無可轉
圜明知國家財政困難大部或定減成給發原非得
已第以暫爲國家所省數百萬帑銀與立爲國家
失去數千萬人心比較兩害相權寧取輕者在大部

意謂所餘四成將來仍須發給股票並無虧損然
待路成獲利以後茫無定期且粤路小股多現時
每股僅交到二元五角先給六成下餘尚有一元分十年
攤還每年只還一角似此瑣碎辦法徵論人民不願將
來經理亦實不勝其繁現就粤路產業切實估計
如黄沙地皮原購地價僅數萬金現在時價已值四

十餘萬此外公司所置物業按之時價較原價增長者
頗多公家即照股本一千四百餘萬之數收回兩路亦
斷不至有虧國帑鳴岐熟慮焦思爲大局計爲粤省
計敢請大部於粤路還股一層務與湘鄂十成現銀
並請於願附股願還款兩項聽各股東自由不必執一
還股辦法既定即可定期接收股東無可藉口縱有

奸人煽惑自可以强權制之倘不蒙鑒察鳴岐自問才力萬不足以奉宣德意制服粤民惟有懇大部奏參請 朝廷另揀賢員當能有濟謹披瀝上陳伏乞鑒宥岐叩魚

收粤督電七月初九日

郵傳部端大臣鑒：洪歌魚兩電計達。粤路工程照常興築，所餘存欵一百餘萬，計至本年八月即罄。各股東以路定國有，三期股決不再交，若屆八月尚未接收路工，即須停辦。全路工人數萬，一旦失業，勢必流而為盗。粤省黨亂甫平，盗風素熾，若加以數萬失業窮民，地面將不可問。務懇大部早定給還股本辦法，一面宣示接收日期，以維治安而息異議，無任感盼。岐麻

端方致載澤、盛宣懷電（一九一一年八月二十九日）之一

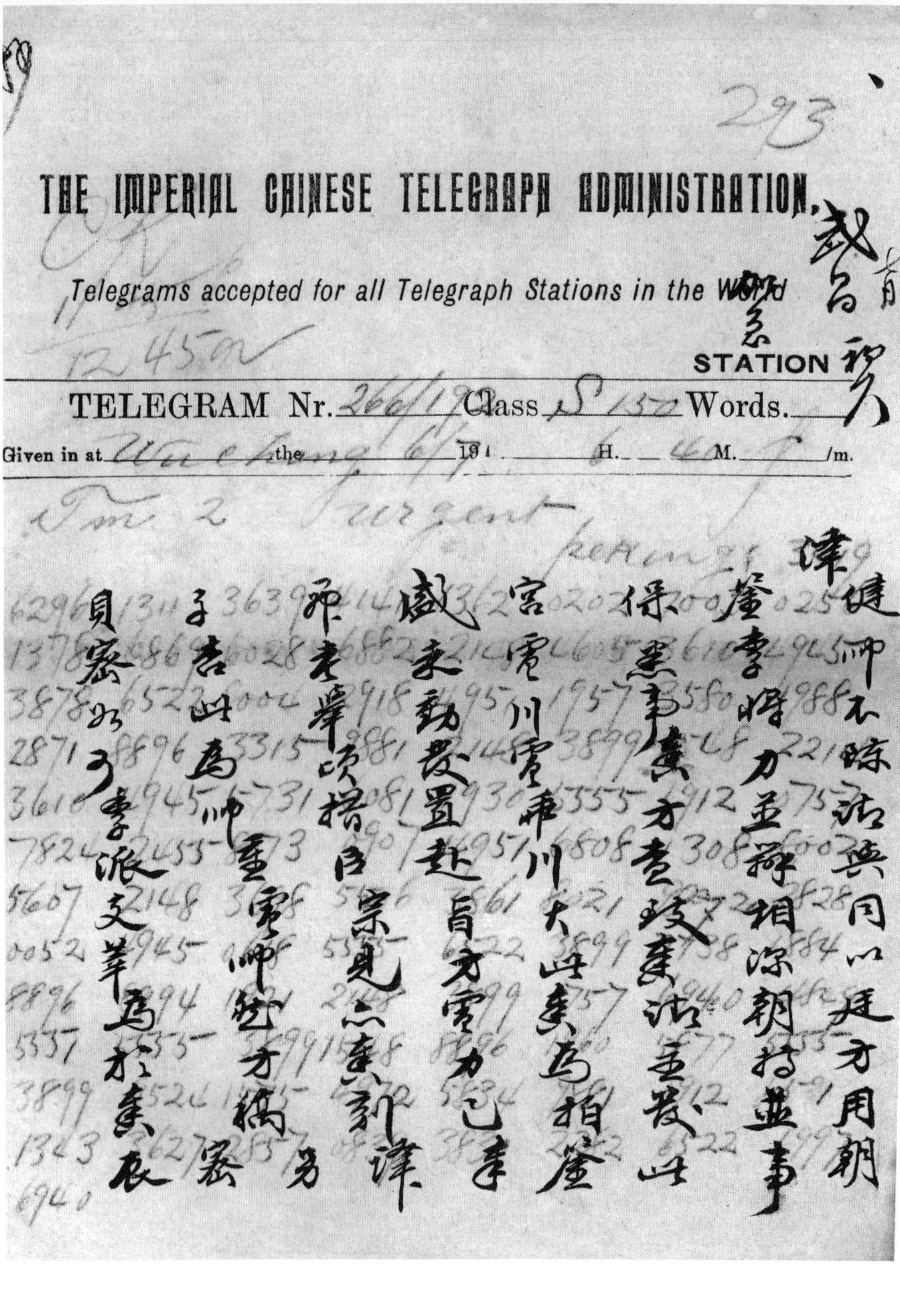
293
THE IMPERIAL CHINESE TELEGRAPH ADMINISTRATION.
Telegrams accepted for all Telegraph Stations in the World
STATION
TELEGRAM Nr. Class Words.
Given in at Wuchang the 191 H. M. /m.
urgent
Peking

293

THE IMPERIAL CHINESE TELEGRAPH ADMINISTRATION.

Telegrams accepted for all Telegraph Stations in the World

Second page

STATION

TELEGRAM Nr.________ Class________ Words:______

Given in at________ the________ 191 ____ H.____ M.____ /m.

迯動餘公局
庶謗暴不滿大
到真黨詭待
不綫成惡也維
若一壤手机為衆
見動帥禍力才
廷定暴季此內斗
持個以彌之三

Seal

端方致載澤、盛宣懷電（一九一一年八月二十九日）之二

324

THE IMPERIAL CHINESE TELEGRAPH ADMINISTRATION.

Telegrams accepted for all Telegraph Stations in the World

(2)

STATION

TELEGRAM Nr.________ Class________ Words.______

Given in at________ the________ 191 ____ H.____ M.____ /m.

5105 皇 2252 帝 6471 萬 4538 歲

歲後言誤不朝廷爾逮忌戀體國
為昌一文抗議趙速奏謨之入
萬辦中生人友已於抗民學會紛
歲川迷亞民禍誤日紛理柴僚
帝萬查受積排擾再約章從股廷
項語事讓為倡言倡旨主溫朝
皇頭寫給暴躬下涯據擠派萬心
脾寧慶親悍旨代表次乘雨撤

3224

THE IMPERIAL CHINESE TELEGRAPH ADMINISTRATION.

Telegrams accepted for all Telegraph Stations in the World

STATION

TELEGRAM Nr.______ Class______ Words.______

Given in at______ the______ 190______ H.______ M.______ /m.

3272 有 4596 政 5570 策 5401 而
1903 了 143 借 6562 債 5890 約 1144 之 7332 說 92 以 153 取
3447 循 481 實 793 已 5321 荒 240 謬 乘 431 方 亡
6802 韋 6240 戰 6432 守 434 然 1111 綫 402 于 319 湊 464 白
1237 到 3826 通 791 來 45 久 1823 要 464 曲 381 求 150 叁
2335 將 091 事 7311 語 227 欽 081 事 2057 嚴 281 重 74 據
2812 旨 392 故 941 示 817 錢 198 攝 1164 也 671 自 22 物
1747 二 2817 日 591 電 691 策 372 有 675 羅 243 帝 67 羅
7322 球 144 5698 犖 31 文 242 問 272 有 6266 衛 衡
5106 出 3068 諾 493 席 86 桐 30 供 229 徐 444 宗 28 景
5105 皇 2715 帝 471 等 38 蔵 65 牌 960 頭 169 戴 47 策
4138 歲 4065 牌 11 為 481 渡 91 錄 571 書 73 事 95 為
114 乃 5033 之 6298 趙 84 爾 04 壹 2572 屬 3055 攜 4 金

324

less 7 words

THE IMPERIAL CHINESE TELEGRAPH ADMINISTRATION.

Telegrams accepted for all Telegraph Stations in the World

STATION

TELEGRAM Nr.______ Class______ Words.______

Given in at______ the______ 190___ H.___ M.___ /m.

國連用兵不[illegible]去且席捲[illegible]何

極意始不[illegible]而[illegible]已差衝合[illegible]何

廷[illegible]兵謂人兵勢何衝容以[illegible]

達朝養[illegible]是省然大軍下運何有

寅[illegible]以[illegible]運[illegible]謂川宗之能[illegible]

[illegible]自衛[illegible]是四趙自以為如

[illegible]剃滿而除周兵首天何戴自

能[illegible]接作命軍于然難[illegible]綱頸[illegible]

端方致載澤、盛宣懷電（一九一一年八月二十九日）之二

端方致載澤、盛宣懷電（一九一一年八月二十九日）之二

THE IMPERIAL CHINESE TELEGRAPH ADMINISTRATION.

Telegrams accepted for all Telegraph Stations in the World

STATION

TELEGRAM Nr.________ Class________ Words.______

Given in at________ the________ 190____ H.____ M.____ /m.

[illegible]

324

THE IMPERIAL CHINESE TELEGRAPH ADMINISTRATION.

Telegrams accepted for all Telegraph Stations in the World

X61 STATION

TELEGRAM Nr.______ Class______ Words.______

Given in at______ the______ 190______ H.______ M.______ /m.

1301 人 4033 民 6823 造 1168 亂

不大於帝辟為凡盟根本擇

之此對皇藏尤綏訂市此皆飾

言皆無景莫辭刑直家倡方擔

於是宗宗頃學行歐土彼地國

還不趙德頭卸現從速丁民惟

事至保牌不查之結兵良學

以何方藏筆安逕相役害虐

合鄂尚地方之情不得衛為不

端方致載澤、盛宣懷電（一九一一年八月二十九日）之二

324

THE IMPERIAL CHINESE TELEGRAPH ADMINISTRATION.

Telegrams accepted for all Telegraph Stations in the World

STATION

TELEGRAM Nr.______ Class______ Words.______

Given in at______ the______ 190__ H.______ M.______ /m.

賊眾上書思立晙子哭必決有
華民、江闕廿綫查士衆經新人覺
貴刀人多優首又於衆帝諭綠尔
名之十淘謨為維蘇購有皇索十
武昆五市趙例盛年納章治子
文治西羅亞國足八佳祖國歎趙
方筆玉事畢擬為十尊世朱聖
地足衆僧塞光決治以脈揉金案

324

THE IMPERIAL CHINESE TELEGRAPH ADMINISTRATION.

337 Chow Te

Telegrams accepted for all Telegraph Stations in the World

STATION

TELEGRAM Nr.______ Class______ Words.______

Given in at______ the______ 190__ H.___ M.___ /m.

江襄大道名去日大會由設必而
互舉帝子認曰則他無理異事
至此定衣就則再將直心無之疆
何人證已能一口所是一處拳
寄川總兒居將藉其帝同加習
疆吸與之憲渡有摩過民率吸接
他免之秉救永為必丞標愚憂請
身不讀不趙可之可招議此壇將

端方致載澤、盛宣懷電（一九一一年八月二十九日）之二

324

THE IMPERIAL CHINESE TELEGRAPH ADMINISTRATION.

Telegrams accepted for all Telegraph Stations in the World

3 Chow Te

STATION

TELEGRAM Nr.________ Class ________ Words.________

Given in at ________ the ________ 190 ____ H. ____ M. ____ /m.

亦何至究可拒害是以能属敗
趙時日論去可利以改不已然替
又今主是又展判迷與款始事
治思
膀細事策是可言外宗岐再
嚴篮窮路改款又難改趙路羣疆
雖罷方就宜債是不可爆定可
时
彼之端者國勤同然急爆章
起書及事賣援合賠義據積兆壞

324

THE IMPERIAL CHINESE TELEGRAPH ADMINISTRATION.

4 Chow Te

Telegrams accepted for all Telegraph Stations in the World

STATION

TELEGRAM Nr.______ Class______ Words.______

Given in at______ the______ 190__ H.__ M.__ /m.

權之急勢月旨節速覆嚴事隨
至行駁寄六路各凡逆黨法生形電
望撫摧重閩李準近將亦深怵
兵艦日風濟鐵陸欽電執[illegible]纂候細照
用白成澄瓦日方方宗安毋詳
調有宴山為五端瑞趙旨歷時查
急民族長戒十徽南商路彈並
匡恩勢術必二瑞應會次行瑞時

324

THE IMPERIAL CHINESE TELEGRAPH ADMINISTRATION.

Telegrams accepted for all Telegraph Stations in the World

STATION

TELEGRAM Nr.______ Class______ Words.______

Given in at______ the______ 190__ H.______ M.______ /m.

趙友調由派部川應係坊洞查實叩
商語且理特候派趙已旨接方
電言甚有旨飭荷處之撲惡遺譴端奧
經電領尚濤查於京外洞達有形棄方
節渡奮勤降川再趙分為深明植代閩
近接急輩叫趙定洽棗以讓此細續準
歌處處人張俊景並至籍廟及詳陳特日
了京吾川紀重墨積治處重屋明直久稿

端方致載澤、盛宣懷電（一九一一年八月二十九日）之二

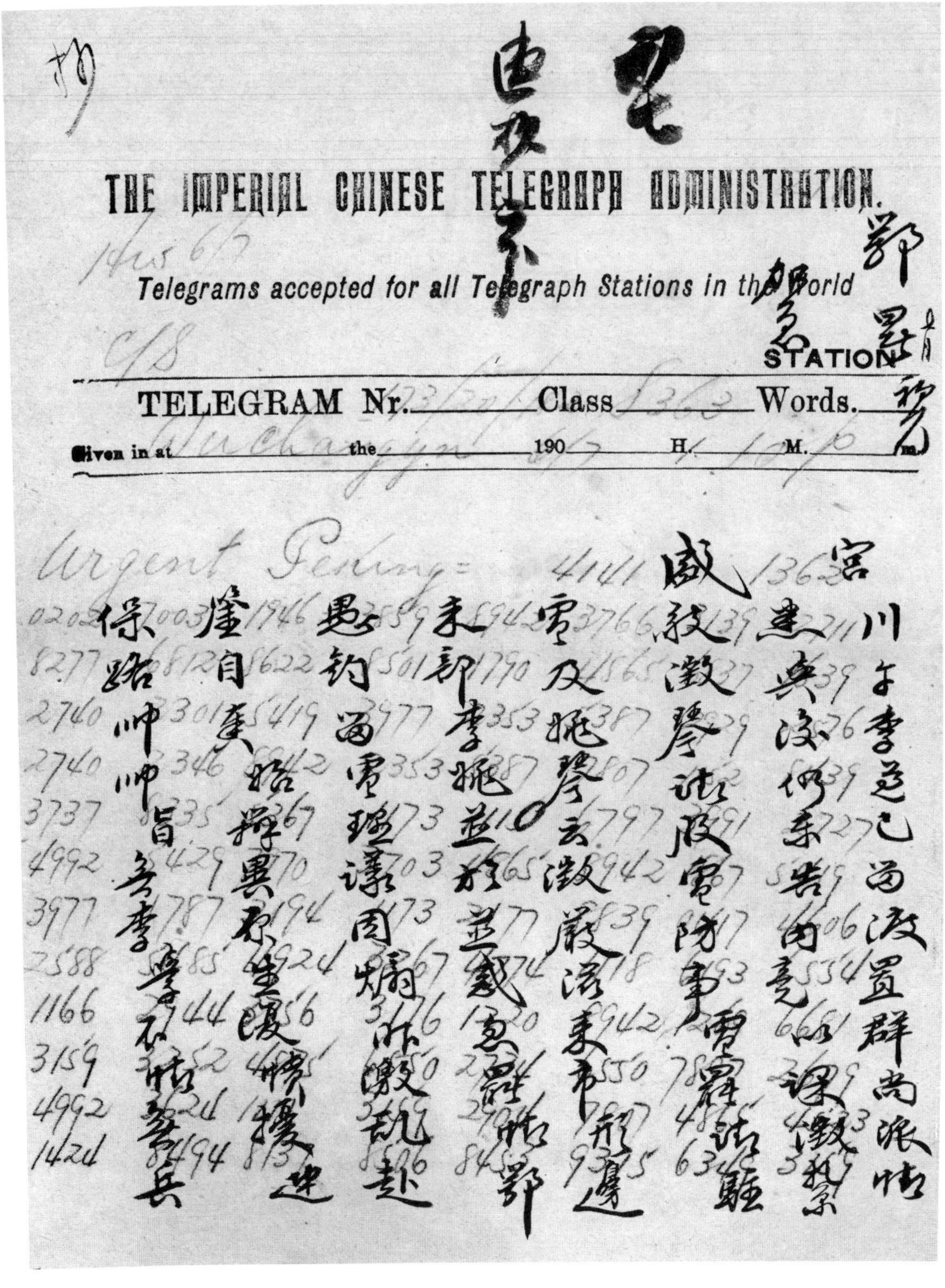
抄

電 由板不

THE IMPERIAL CHINESE TELEGRAPH ADMINISTRATION.

Telegrams accepted for all Telegraph Stations in the World

鄂署督發

STATION

TELEGRAM Nr. ______ Class ______ Words. ______

Given in at ______ the ______ 190 ______ H. ______ M. ______ m.

Urgent Peking = 4141 1362

宮

川乍李逸已回渝置群尚派怯

速與渝派來告內意以課澂執

盛

敘澂琴請股電防事雷羅請駐

電及挑琴云澂嚴洽來市形邊

來部李挑並於並截恩羅帖鄂

愚鈞函電璣議同矯州澂訊赴

逢自奏培擠異恐生復變援速

保路帅帅旨会李学不帖萃兵

瑞澂致盛宣懷電（一九一一年八月二十九日）

278

THE IMPERIAL CHINESE TELEGRAPH ADMINISTRATION.

Telegrams accepted for all Telegraph Stations in the World

STATION

TELEGRAM Nr.______ Class______ Words.______

Given in at______ the______ 190___ H.___ M.___ /m.

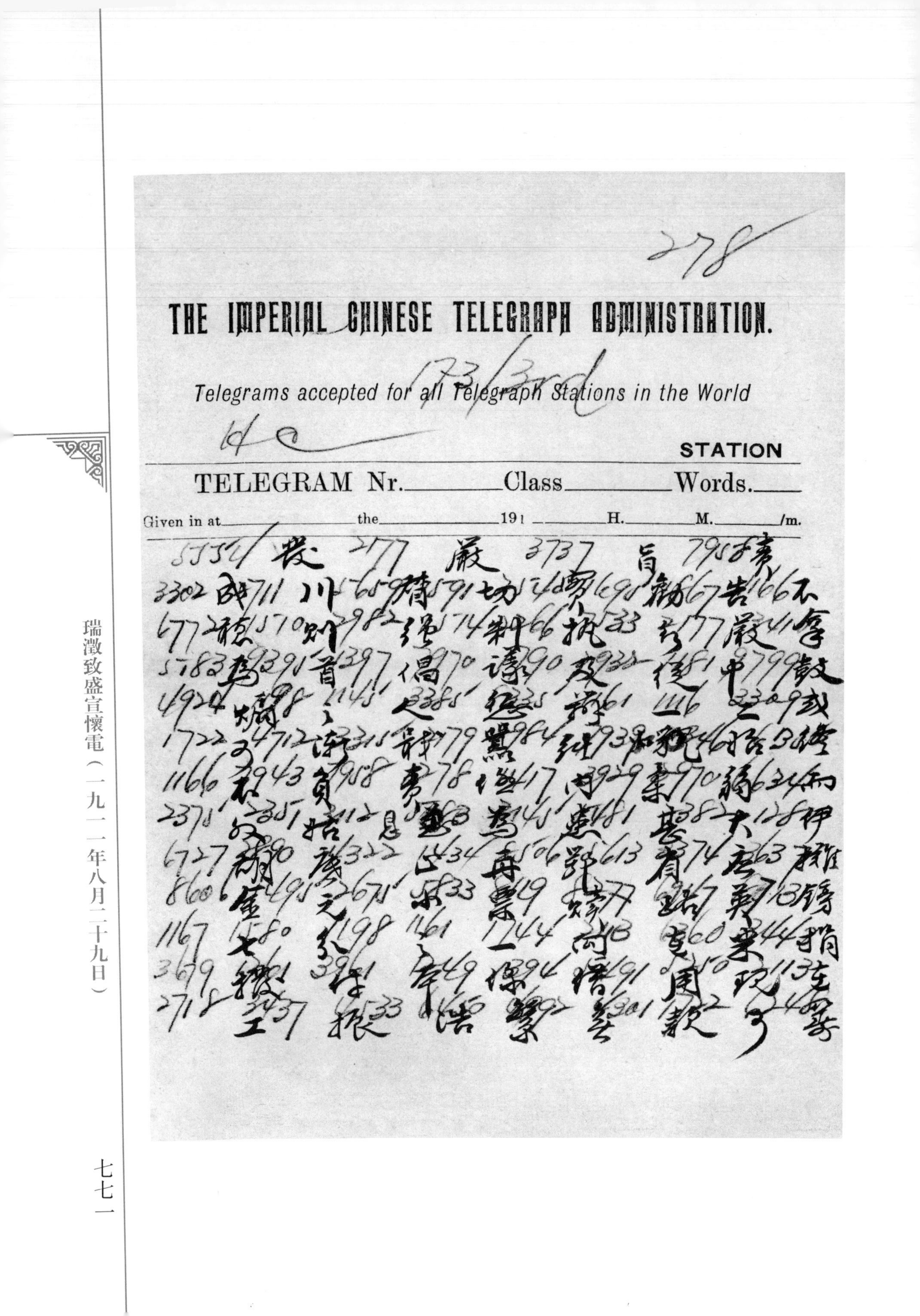

278

THE IMPERIAL CHINESE TELEGRAPH ADMINISTRATION.

173/3rd

Telegrams accepted for all Telegraph Stations in the World

14

STATION

TELEGRAM Nr.________ Class________ Words.______

Given in at________ the________ 191 ____ H.____ M.____ /m.

[illegible]

瑞澂致盛宣懷電（一九一一年八月二十九日）

278

THE IMPERIAL CHINESE TELEGRAPH ADMINISTRATION.

Telegrams accepted for all Telegraph Stations in the World

STATION

TELEGRAM Nr.________ Class________ Words.________

Given in at________ the________ 191________ H.________ M.________ /m.

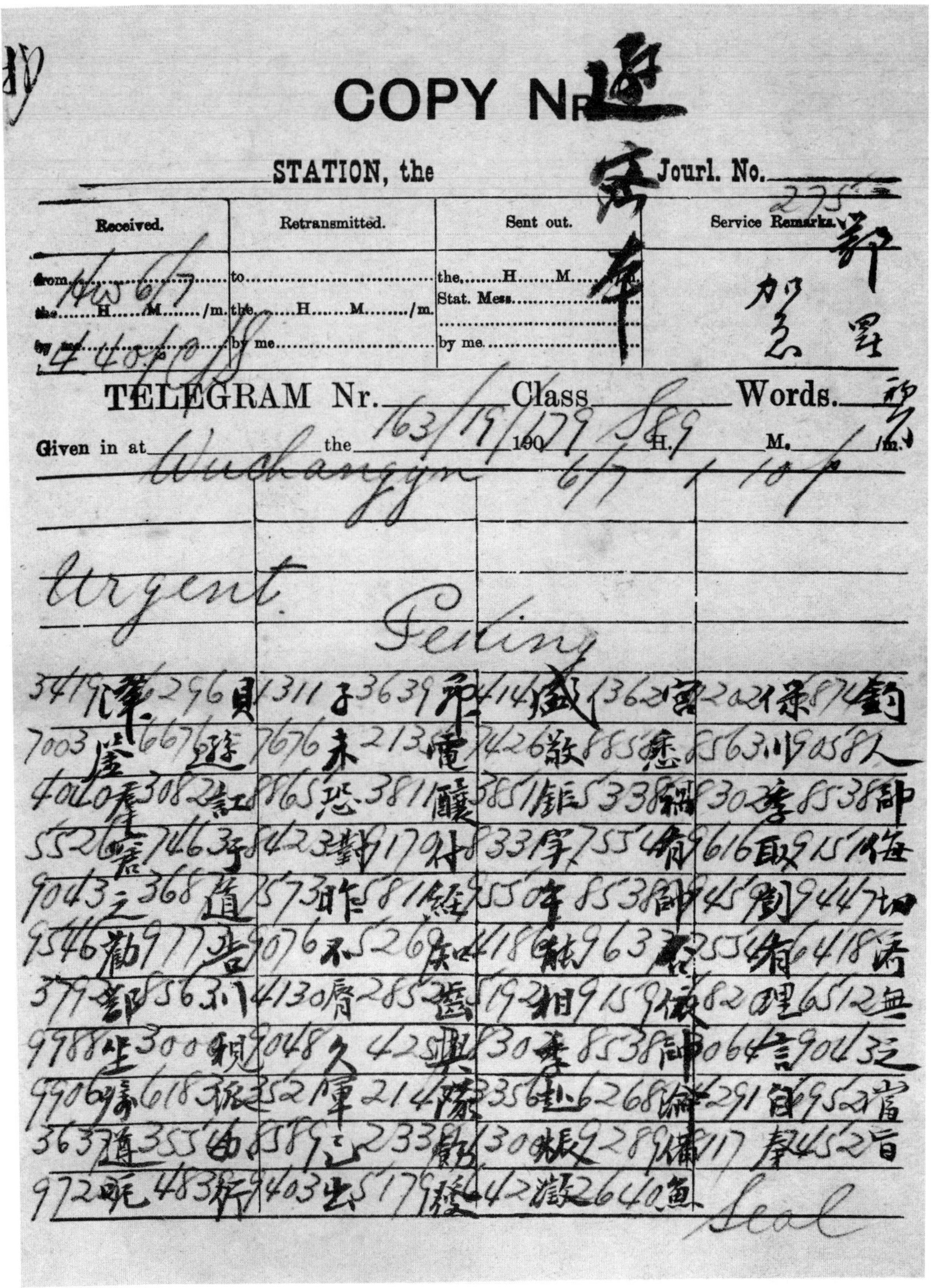

抄

COPY Nr 送

STATION, the 密本 Jourl. No. 275

Received.	Retransmitted.	Sent out.	Service Remarks.
from 1405 6/7	to	the H. M.	靜
the H. M. /m.	the H. M. /m.	Stat. Mess.	加急
by 4 40 p	by me	by me	譯

TELEGRAM Nr. 163 Class 15 Words. 179 589

Given in at Wuchangyin the 6/7 190 H. 10 M. p /m.

Urgent

Peking

Seal

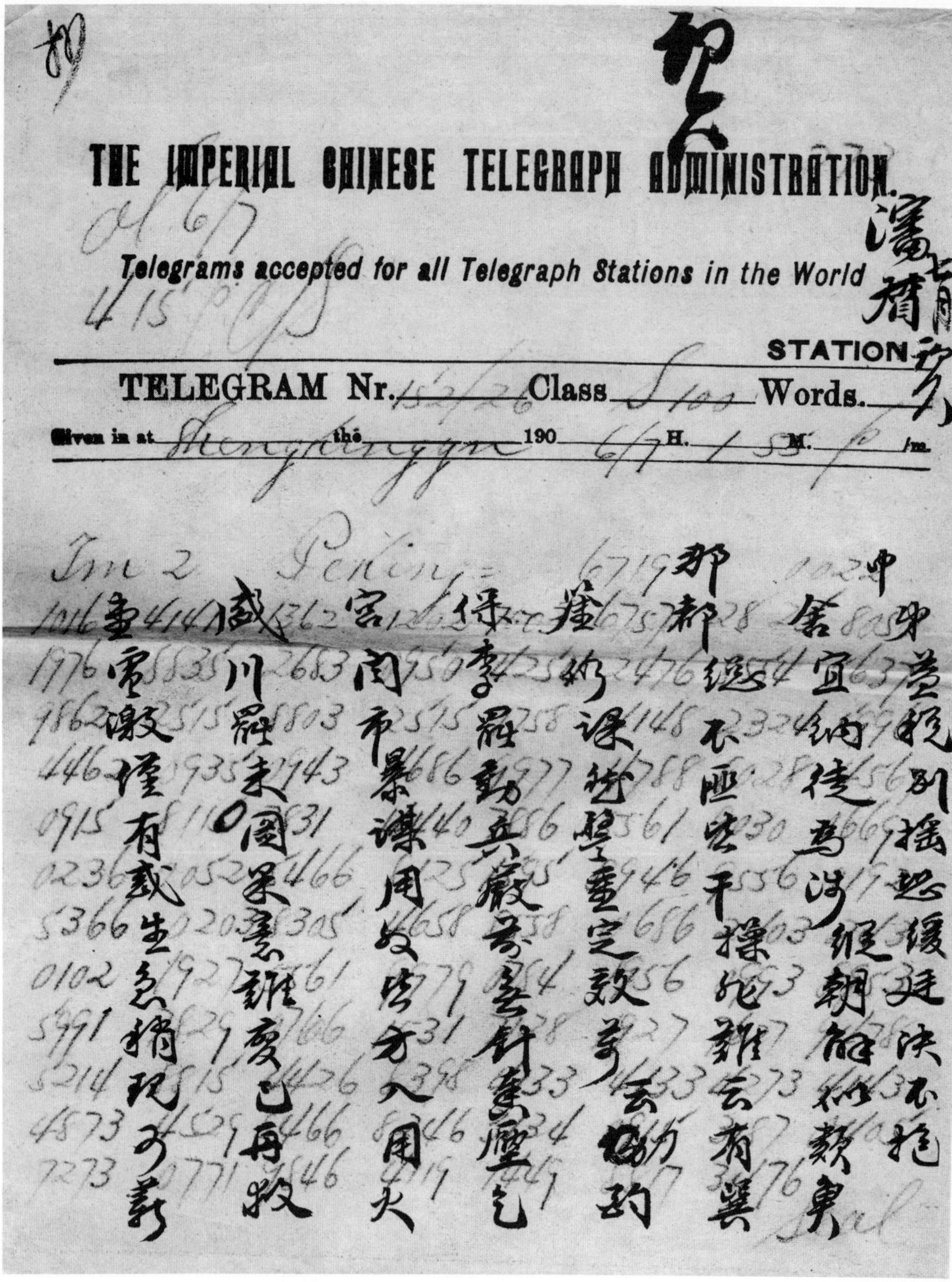

THE IMPERIAL CHINESE TELEGRAPH ADMINISTRATION.

Telegrams accepted for all Telegraph Stations in the World

濟 STATION

TELEGRAM Nr. 15226 Class S 100 Words.

Given in at Chengtu the 190 6/7 H. 1 55 M. p /m.

In 2 Peking

中堂抄別搖動緩廷決不挽
中舍宜納徒為沙經朝餘何數臭
那郴總不匯害干操縱雜云有巽
灌術謀紛擘畫定致芓云動韵
得李羅動兵嚴考盈針叢壓乞
宮閣市暴謀周設法入圍大
盛川羅未圍呆患難度已再救
壹電激懂有威生急轉現万新

趙爾巽致那桐、盛宣懷電（一九一一年八月二十九日）

收湖南諮議局陳炳煥等電 宣統三年七月初九日到

度支部、郵傳部鈞鑒：湘路收歸國有，屢奉明詔，不使民有絲毫虧損，米捐等款准給國家股票，欽遵在案。查衡永實配銷課鹽攤歸路用，湘紳原呈雖有作為官股分年籌還之文，而御史黄瑞麒奏請將凡各省因鐵路加征各款悉令按照商股填票給息，經大部通行辦路各省係在原呈之後自應遵 旨辦理即謂配銷並非因路加征而既撥作路款現征即是因路亦與應作地方公積商股之原奏相合且配銷本係准商籌款開辦作為地方外銷之款當原額一萬三千四百十五引議歸江北練餉時公司湘紳因路款難撥電牘交爭即江督咨部亦專録湘省原呈湘善後局

並無一字詳請爭執是現在湘路所得溢銷之款另是一項皆湘路公司獨自爭回已與善後局原名無涉蓋善後局初不料有此溢銷故不爭也至部復准於額引歸江北之外再有增銷僅云儘數撥歸湘岸應用至其路字係承工文所録紳呈路款而言歸湘云者即是歸湘路乞調查原卷自明又振糶米捐一項係以

地方接濟之資撥爲路款尤應查照黄御史奏案作
爲地方公積商股該款原名湘鄂振糶米捐雖當初
國家地方經費未經分别而此款實非國家經費之性
質況以民人輸出贖路之款今乃剔除不以還之民人
於義無取亦不聞大部將廣東贖路款貲剔除不還
湘路萬難獨異若夫租股房股向與商股無異款

到立即填給股票業經發息兩次且久已化散為整展轉賣買過戶多非租股本位無庸區別必須與商股一律辦理查商股租股房股共約銀二百六十萬兩應請一併照本發還願附股者聽配銷口捐米捐等股共銀二百四十萬兩內外應請發給國家鐵路股票湘路已建築百餘里加以已還贖路款二百八十七萬餘兩保息款十

四萬餘兩接濟湘鄂江皖振款十六萬餘兩合之歷年車輛機器一切料件學費公費置產勘路酬資匯費印票及一應經費現時尚未截數大致入款僅只五百四十餘萬兩其實用之建築購地亦不及二百萬兩雖尚欠該官商各號六七十萬兩而材料等項及財政公所扣存未交之款亦略可抵以視粵蜀大小固迥然矣月來股東

紛向湘路公司詰問股分下落而各項地方公積之股且
以換給國家鐵路收票爲請伏乞俯賜詧核立予分別施
行速賜明白宣布以安衆心而維大局不勝迫切待命之至
除歷經湘路公司電請督辦大臣撫院據情轉咨外謹特
合詞電呈湖南諮議局陳炳煥周聰埏商務總會陳文瑋
李達璋教育總會俞誥慶曹丕昌農務總會龍照廖名

縉長沙自治所黄魁業陳其昌喆化自治所唐擇時謝

光焯等公叩魚

346

THE IMPERIAL CHINESE TELEGRAPH ADMINISTRATION.

Oct 8/7 Telegrams accepted for all Telegraph Stations in the World 武昌

8 15 P

STATION

Rcbs

TELEGRAM No. 745/228 Class S 49 Words.

Given in at Puchang the 7/7 190 2 H. 40 M. p/m.

Peking

4141	盛	1362	宫	0202	保	7003	鑒
6424	路	0057	事	2455	方	3009	殷
7193	電	3658	牘	6525	較	1122	多
2948	欲	3061	求	1378	密	6643	速
1801	必	7312	須	2456	於	0361	公
2076	所	5261	自	6080	設	1032	報
2075	房	1653	度	0668	可	3541	無
6137	誤	2894	機	6008	要	1570	已
5280	與	5445	莊	6670	道	7240	面
0794	商	0017	並	6153	請	7389	飭
6690	遵	3564	照	3676	特	1144	奉
5113	聞	2455	方	7122	陽		

Seal

瑞澂致載澤、盛宣懷電（一九一一年八月三十日）

THE IMPERIAL CHINESE TELEGRAPH ADMINISTRATION.

武昌

Telegrams accepted for all Telegraph Stations in the World

Chow Te

STATION

TELEGRAM Nr. ____ Class ____ 212 Words.

Given in at ____ the ____ 190 ____ H. ____ M. ____ /m.

Urgent

Peking

325

THE IMPERIAL CHINESE TELEGRAPH ADMINISTRATION.

Telegrams accepted for all Telegraph Stations in the World

STATION

TELEGRAM Nr.______ Class______ Words.______

Given in at______ the______ 191 ______ H.______ M.______ /m.

中具足内憂不、命可維碩極救
次則柔破無尤廷不更不徹換
而釋復窮肆致朝咱憂是心为
慮閣采人復將策事可手紙速徵
為第致川益必政勢危頗味不幸
變乃無事情湘有行局紙一定全
激為港債隱粵國不夫川家趨任
以又奏以外憚特令為次國憤無

7070 704 753 9399 3613 6648 7156 7478
6512 9123 9126 8640 6321 1103 Seal

(0594) Counted 2 wds

寄武昌瑞制軍、端大臣電　七月初七日

昨與湘紳會商米款已允給保利股票以其息充路學經費溢引不給其餘一律皆給保利股票即是上諭第一層辦法俟佘堯衢覆電湘京官即入奏擬請明發以勵人心堯衢能否即由午帥勸令勿再多言澤生左庵均留京候信並擬請兩公將鄂省粵川

漢官局商股及公司股款付銀給票辦法速先商定
其鄂省動用米捐能否照奏案除贖約不計外餘照
湘省辦理若鄂省官紳欲援湘例於贖約款亦爭有
利股票宜聲明該息銀專供本省籌辦路學及振荒
之需名曰公股至本部函請午帥復核官錢局各冊
錯誤之處已飭王道即日回鄂會同該局查明聲復

惟振糶捐內贖約英款由美匯回之三十餘萬兩應照案提出仍歸撥抵三省還英款帳內按成攤分不便專歸鄂省一成項下留用俟各帳算清即請兩公加札高道隨辦鄂省收回路股事宜以期一手了結先行奏報使中外皆知鄂事先結再續辦收湘股事分省分起辦理較可迅速免使觀望生心別滋枝節兩公如以爲然乞速復宣陽

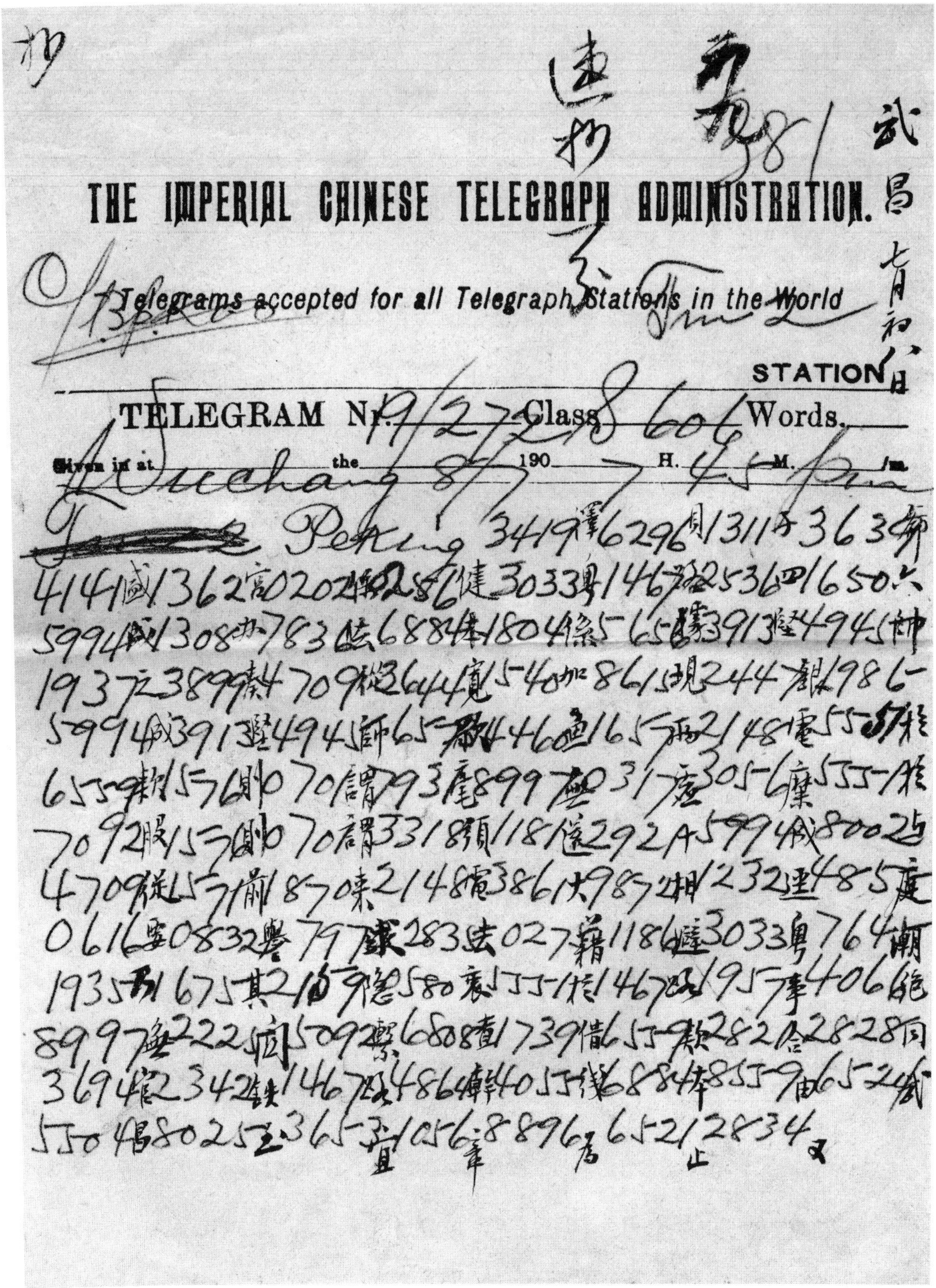

抄

速抄

武昌

THE IMPERIAL CHINESE TELEGRAPH ADMINISTRATION.

Telegrams accepted for all Telegraph Stations in the World

七月初八日

STATION

TELEGRAM Nr. Class Words.

Given in at Wuchang the 8/7 190 H. M. /m.

Peking

381

THE IMPERIAL CHINESE TELEGRAPH ADMINISTRATION.

C/ [illegible] 2/9

Telegrams accepted for all Telegraph Stations in the World

STATION

TELEGRAM Nr.________ Class________ Words.______

Given in at________ the________ 191________ H.______ M.______ /m.

3899[illegible]671[illegible]6909[illegible]4098[illegible]606[illegible]45明3878[illegible]3033粵
2746商6592[illegible]5056[illegible]1937元1958[illegible]5889[illegible]6882[illegible]5056[illegible]
1937元1981一5889[illegible]7092[illegible]1536[illegible]3878[illegible]1571[illegible]5926[illegible]
5056[illegible]180[illegible]2877[illegible]8997[illegible]4854[illegible]1739[illegible]6579[illegible]1988是
3033粵1467[illegible]6884[illegible]5002[illegible]739[illegible]6579[illegible]997[illegible]4865手
2533因4866[illegible]1467[illegible]2579[illegible]6904[illegible]3804[illegible]1570[illegible]1653入
2099[illegible]2950[illegible]1884[illegible]1657[illegible]6522[illegible]6915附4512[illegible]6904有
1739[illegible]8591[illegible]0945[illegible]7992[illegible]1549[illegible]3611[illegible]4632急7008[illegible]
4004[illegible]2897[illegible]1937[illegible]7831[illegible]0317[illegible]8002[illegible]3842[illegible]0359[illegible]
1630先4702[illegible]1986一2148[illegible]1631[illegible]1657[illegible]1571[illegible]0714[illegible]
4081[illegible]2044[illegible]2746商1296[illegible]9857[illegible]0657[illegible]8520[illegible]1884[illegible]
5092[illegible]1675[illegible]6948[illegible]9557[illegible]4004[illegible]5510[illegible]6989[illegible]6886期
1623[illegible]0697[illegible]7901[illegible]2533因

端方致載澤、盛宣懷電（一九一一年八月三十一日）

381

THE IMPERIAL CHINESE TELEGRAPH ADMINISTRATION.

5/19

Telegrams accepted for all Telegraph Stations in the World

STATION

TELEGRAM Nr.________ Class________ Words.____

Given in at________ the________ 190____ H.____ M.____ m.

4652 魏 3913 堅 4945 帥 5335 相 6522 凶 6915 時 5881 1884

9881 諸 1986 一 2148 電 3899 奏 3516 專 1884 以 4057 飛 5097 遷

0005 叢 1743 請 9011 人 4744 代 0091 之 0176 過 論 3 內 2297 倍

6922 要 0611 要 896 為 2107 難 988 不 3877 如 8998 暫 6915 時

5870 按 1893 尊 986 一 1180 處 1691 免 8002 與 4951 川 1957 事

2828 同 6915 時 5606 損 3596 為 8025 至 3033 粵 1957 事 0697 解

7901 決 1937 之 7836 情 987 查 2871 可 5750 暢 1457 股 1817 任

1888 令 8078 自 308 辦 8002 與 2865 原 3899 奏 912 並 8997 無

1988 不 2822 合 825 各 9870 省 2746 商 1308 辦 937 之 1467 路

6527 既 2558 枉 988 不 1955 3 7006 餘 6508 歸 2591 國 6904 有

3643 實 6988 是 5583 救 276 命 2454 全 1964 持 558 真 1949 今

5524 日 7562 辦 5551 路 3664 學 8534 生 1937 之 6999 瞻 7645 潮

8002 與 3968 援 3265 館 1937 之

4255 鼓 8927 蕩

端方致載澤、盛宣懷電（一九一一年八月三十一日）

THE IMPERIAL CHINESE TELEGRAPH ADMINISTRATION

Telegrams accepted for all Telegraph Stations in the World

STATION

TELEGRAM Nr.______ Class______ Words.______

Given in at______ the______ 191______ H.______ M.______ /m.

1276 遂 9812 相 8126 率 0908 起
6007 而 1548 力 8832 争 1768 倚
9809 真 1181 遂 1937 之 2746 商
1308 办 1576 则 0986 财 7983 殚
1548 力 9937 痛 [illegible] 3523 发 3523 发
1988 不 2871 何 4013 续 5524 [illegible] 2834 又 3558 将 4815 [illegible]绝 194[illegible] 并
5643 致 2555 国 1805 抹 165[illegible] [illegible] 5698 吹 5600 收 6505 归 2591 国
6904 有 1937 之 0123 伦 5506 旨 0616 要 7972 求 1945 [illegible] 6505 归
3694 官 1306 办 0176 盖 4772 [illegible] 6915 时 165[illegible] [illegible] 2826 日 1937 之
3056 康 0908 [illegible] 6922 爱 8997 [illegible] 2871 可 6808 [illegible] 7092 股 6830 东
1937 之 0420 [illegible] 5684 本 6922 [illegible] 8997 [illegible] 2871 何 6946 [illegible] 8078 自
9870 相 5643 致 5699 擎 4740 [illegible] 3580 将 1713 [illegible] 2290 首 5812 报
2185 降 1916 且 1155 部 1966 中 2536 四 6900 月 2921 十 1958 二
6884 本 6904 有 1888 令 2825 [illegible] 9870 有 1988 不 1153 停 4950 工
1937 之 2148 [illegible] 3033 息 7999 [illegible] 5018 [illegible] 6614 [illegible] 3597 [illegible] 276[illegible] [illegible]

THE IMPERIAL CHINESE TELEGRAPH ADMINISTRATION

Telegrams accepted for all Telegraph Stations in the World

5/19

STATION

TELEGRAM Nr.______ Class______ Words.______

Given in at______ the______ 191______ H.____ M.______/m.

1912 盡 1988 不 7006 能 0275 籌
2853 又 4843 延 0730 謹 4950 工
9554 種 7975 求 1661 償 5729 損
3839 失 3913 堅 4945 帥 1996 乘
4951 川 1957 事 3045 維 5678 援
1937 之 2193 [illegible] 1960 王 4762 張 2921 十 5994 [illegible] 1181 還 6874 [illegible]
0616 要 0757 請 1551 部 2832 [illegible] 4530 急 2555 撥 5805 款 1553 料
1988 不 3379 [illegible] 3861 大 3596 局 1868 令 1901 人 3606 寒 4744 心
4248 籌 2837 [illegible] 0833 設 1557 備 2148 電 3569 [illegible] 7701 謂 3033 粵
9870 有 2454 烽 0414 助 4652 [illegible] 3457 [illegible] 0757 請 2044 [illegible] 2536 四
9888 百 0182 萬 5600 收 7092 [illegible] 5051 [illegible] 1557 [illegible] 8002 與 3913 堅
4945 帥 7066 [illegible] 8896 為 1986 7955 策 1817 [illegible] 2148 電 3878 以
1561 出 1986 5903 手 8078 自 4682 [illegible] 1675 貴 8896 為 1155 [illegible]
7824 派 1937 之 1901 人 6922 [illegible] 0618 見 1901 1474 4744 心 2107 [illegible]
7771 [illegible] 1178 節 4530 急 6915 [illegible] 3596 局 8055 [illegible] 6522 此 1901 人

端方致載澤、盛宣懷電（一九一一年八月三十一日）

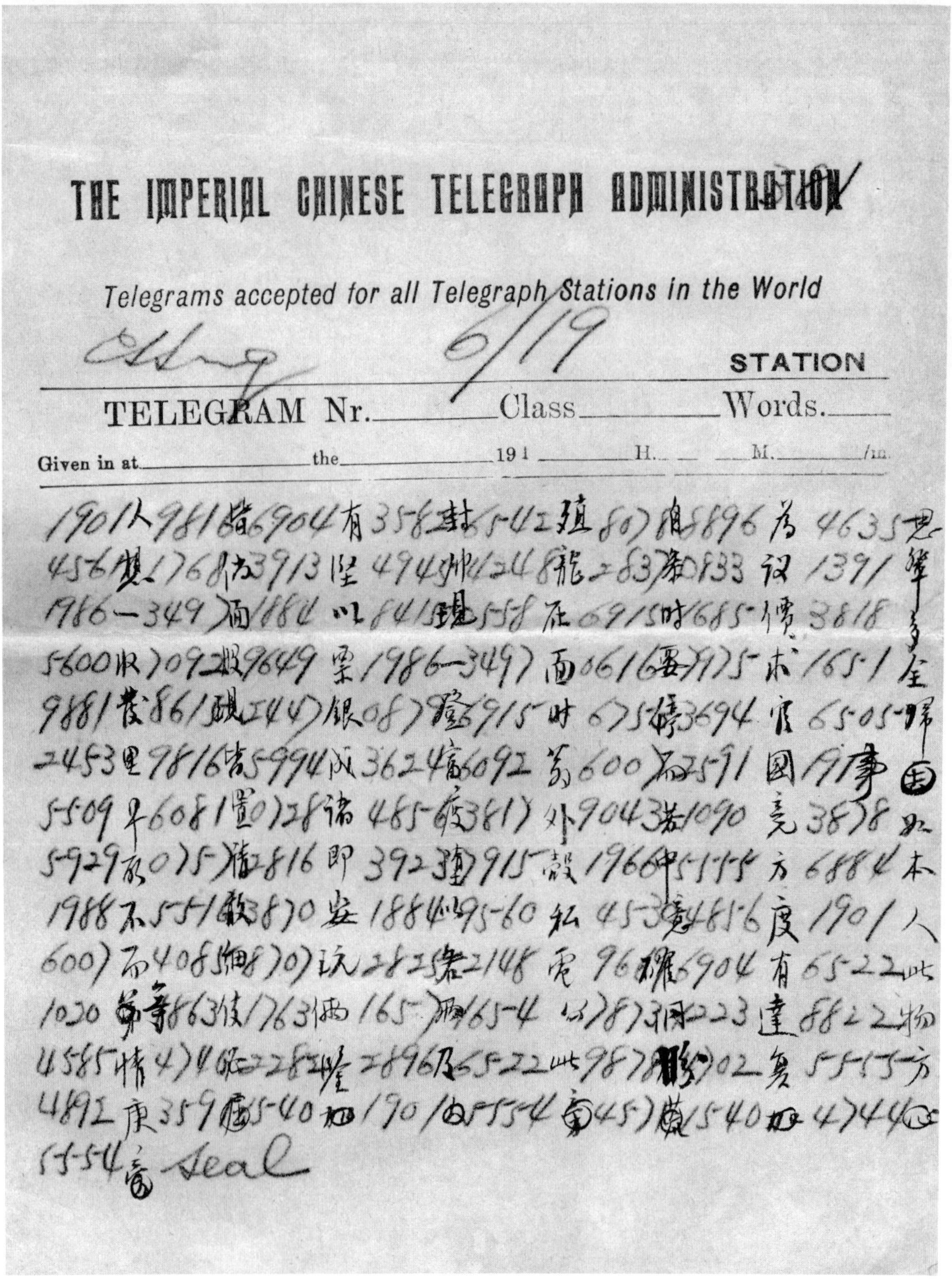

THE IMPERIAL CHINESE TELEGRAPH ADMINISTRATION

Telegrams accepted for all Telegraph Stations in the World

6/19 STATION

TELEGRAM Nr.______ Class______ Words.______

Given in at______ the______ 191 ______ H.______ M.______ /m.

Seal

覆

速抄示

武昌

THE IMPERIAL CHINESE TELEGRAPH ADMINISTRATION.

Telegrams accepted for all Telegraph Stations in the World

STATION

TELEGRAM Nr. 18137 Class S 126 Words.

Given in at Wuchang the 190 H. M. /m.

Peking

子

電兩帥威雖居康全功佩庶不

兩帥書已備公函呈慶邸並

目

思李為紀鎮吉能見沉勝將達

參示事自為少於言陸不日一

澤保抄川此種蔆亞蜀玉下早家

宮

公患玉臣局為陳不為解 回

盛吉具壞垂收力力裁去事挽

邸及電敗壘壘中座川不此冀

瑞澂、端方致載澤、盛宣懷電（一九一一年八月三十一日）

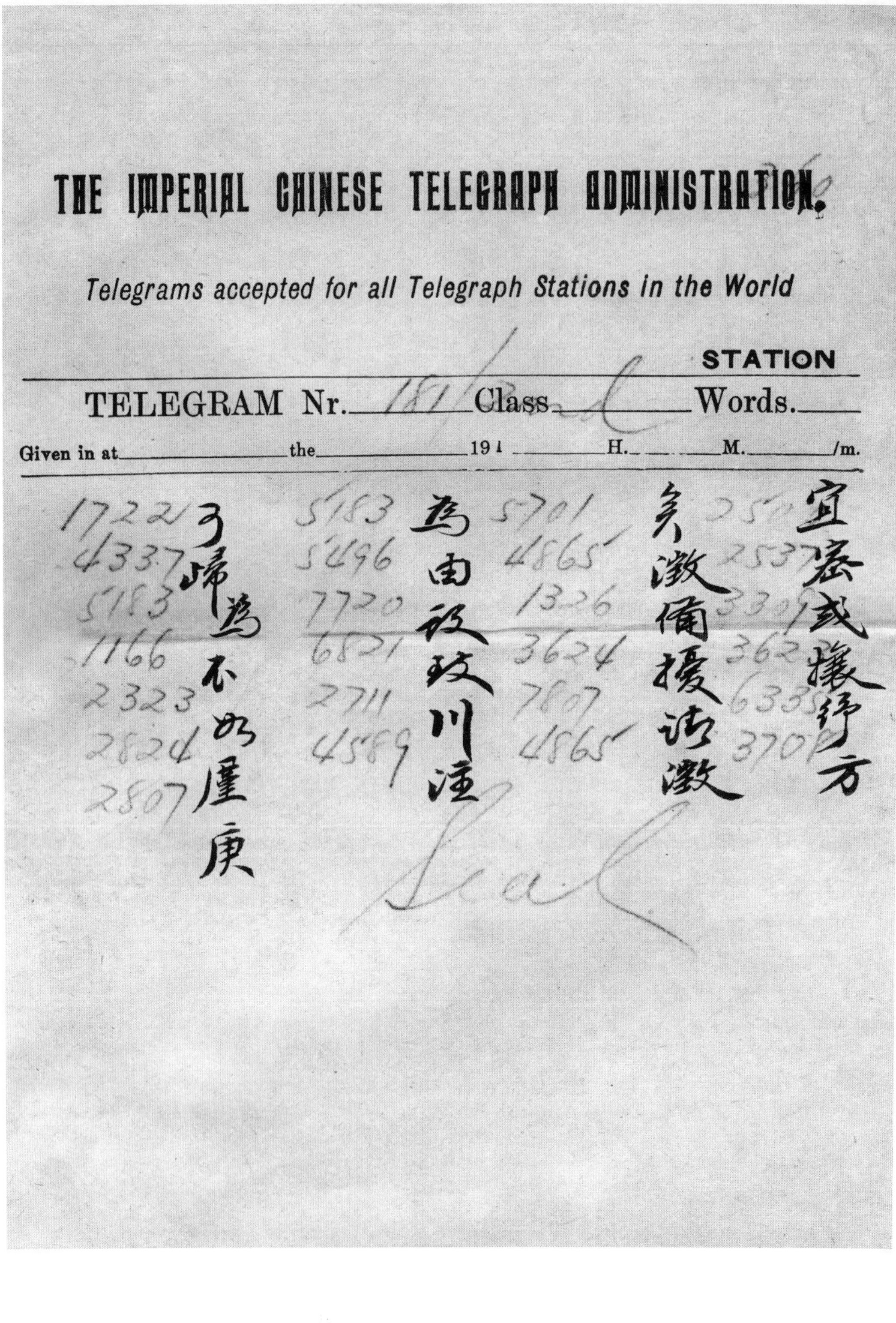

THE IMPERIAL CHINESE TELEGRAPH ADMINISTRATION.

Telegrams accepted for all Telegraph Stations in the World

STATION

TELEGRAM Nr. 181 Class. Words.

Given in at the 191 H. M. /m.

2501 宜
2537 密
3309 武
3620 攘
6335 紓
3701 方

5701 矣
4865 澂
1326 備
3624 援
7807 請
4865 澂

5183 為
5496 由
7720 設
6821 攻
2711 川
4589 匯

1722 于
4337 歸
5183 為
1166 不
2323 如
2824 屢
2807 庚

THE IMPERIAL CHINESE TELEGRAPH ADMINISTRATION.

Telegrams accepted for all Telegraph Stations in the World

STATION

TELEGRAM Nr. 179 Class 8 Words.

Given in at Wuchang the 190 H. M. /m.

Peking

端方致盛宣懷電（一九一一年八月三十一日）

359

THE IMPERIAL CHINESE TELEGRAPH ADMINISTRATION

Telegrams accepted for all Telegraph Stations in the World

STATION

TELEGRAM Nr.______ Class______ Words.______

Given in at______ the______ 190__ H.______ M.______ /m.

3179

THE IMPERIAL CHINESE TELEGRAPH ADMINISTRATION.

Telegrams accepted for all Telegraph Stations in the World

STATION

TELEGRAM Nr.________ Class________ Words.______

Given in at________ the________ 190____ H.____ M.____ /m.

1623	再	5643	改	4500	綫	1937	之
3899	東	1832	似	3318	須	0757	法
2235	閣	2291	閱	0933	議	2996	[illegible]
3576	帝	1923	交	1155	部	3173	爲
4130	意	3878	照	1898	何	0757	法
1091	立	4702	復	5555	方	4892	庚
4571		1540		4744		5554	

Seal

七月初十日奉

旨端方電奏川中昌言廢約事變迭生現已有罷市罷課之舉由此變本加厲焚香設壇誦經習拳之事必將接踵而起等語瑞澂電奏情事相同此中難保無匪徒藉端煽惑著趙爾豐懍遵疊次諭旨切實彈壓迅速解散毋任日久釀亂倘或養癰貽

患致滋事端定治該署督以應得之罪並將近日
所辦情形先行電奏欽此
同日奉
旨端方瑞澂電奏均悉現在四川民情浮動關繫地
方大局至為重要著端方迅速前往四川認真查
辦欽此

端方致盛宣懷電（一九一一年九月三日）

THE IMPERIAL CHINESE TELEGRAPH ADMINISTRATION

Telegrams accepted for all Telegraph Stations in the World

STATION

TELEGRAM Nr. Class Words.

Given in at the 190 H. M. /m.

Very Urgent Peking

盛

宮保鑒健密青電力
言杏公興方不宜許
川蓋辦義固有在昨
奉旨派方赴川謹先
將不宜前往實情為
兩公言之方為辦路
之人季帥抗違朝旨
助長亂民桐賜狹特
無所不有方在路言
路萬不能不出於一
閩參朝廷以方言為可閩
采育自宜另簡重臣前

531

THE IMPERIAL CHINESE TELEGRAPH ADMINISTRATION

Telegrams accepted for all Telegraph Stations in the World

STATION

TELEGRAM Nr.______ Class______ Words.______

Given in at______ the______ 190__ H.___ M.___ /m.

往侯到川

後撤換川督撫循善

良懲辦首惡於事庶

能有濟如以方奏尚

待國斟酌則方之前奏

即為原劾告季帥被參

即為被劾告應當派查

辦大臣為仲裁擬無

用原劾告以查被告之

理川省風潮起於侯

對借款合向凡主持

路政之人皆為國所省

及對之人方往查辦

端方致盛宣懷電（一九一一年九月三日）

531

THE IMPERIAL CHINESE TELEGRAPH ADMINISTRATION.

Telegrams accepted for all Telegraph Stations in the World (3)

STATION

TELEGRAM Nr.______ Class ______ Words. ______

Given in at ______ the ______ 190___ H. ___ M. ___ /m.

恐川省風
潮將益加劇四邛川亂
無此舉動亦以有從
而鼓吹之冀以殺寡其
前言之不謬者在朝
廷派重臣奉為彈亂
今諭辦路之人恐為
倡亂者所藉口是東
創彈亂遹以長亂芳
自劍鄂疊電季帥以
道義相劫劇以了理
相開喻季帥始尚和
平繼忽變為激烈承

5 31

THE IMPERIAL CHINESE TELEGRAPH ADMINISTRATION.

Telegrams accepted for all Telegraph Stations in the World

STATION

TELEGRAM Nr.________Class__________Words.____

Given in at____________the________ ____190________H.________M.________/m.

火之勢已
成齮齕之端首出方
置身於危險之地觸
目皆灰對之人恐乃
亦無從查起無從辦
起從前廷派重臣查
辦疆乃其所持意旨
為本省官民所冀測
故人人得靜候查辦
若方則全張國云迭
旨以致無宗旨收路
以致無稱法朝廷若
堅持國是政策則方

6904 5647 2016 1576 5555

端方致盛宣懷電（一九一一年九月三日）

5-31

THE IMPERIAL CHINESE TELEGRAPH ADMINISTRATION.

Telegrams accepted for all Telegraph Stations in the World

(2)

STATION

TELEGRAM Nr.________Class__________Words.____

Given in at______________the________ ____190________H.________M.________/m.

於
廣漢長又宣王大調方展友一吳
河察民員今身稽靈施雅對從
是峰倬○投勞宜廟部此從秋夏時
三巴中間衣人從存何史雅居
郭仍川另影之躬字拳投尚自
已
查嘉偽底意之佛學堂有旨大
意東續曲別德國華兵學川朝郭
秀方植法布社間遣赤且對查

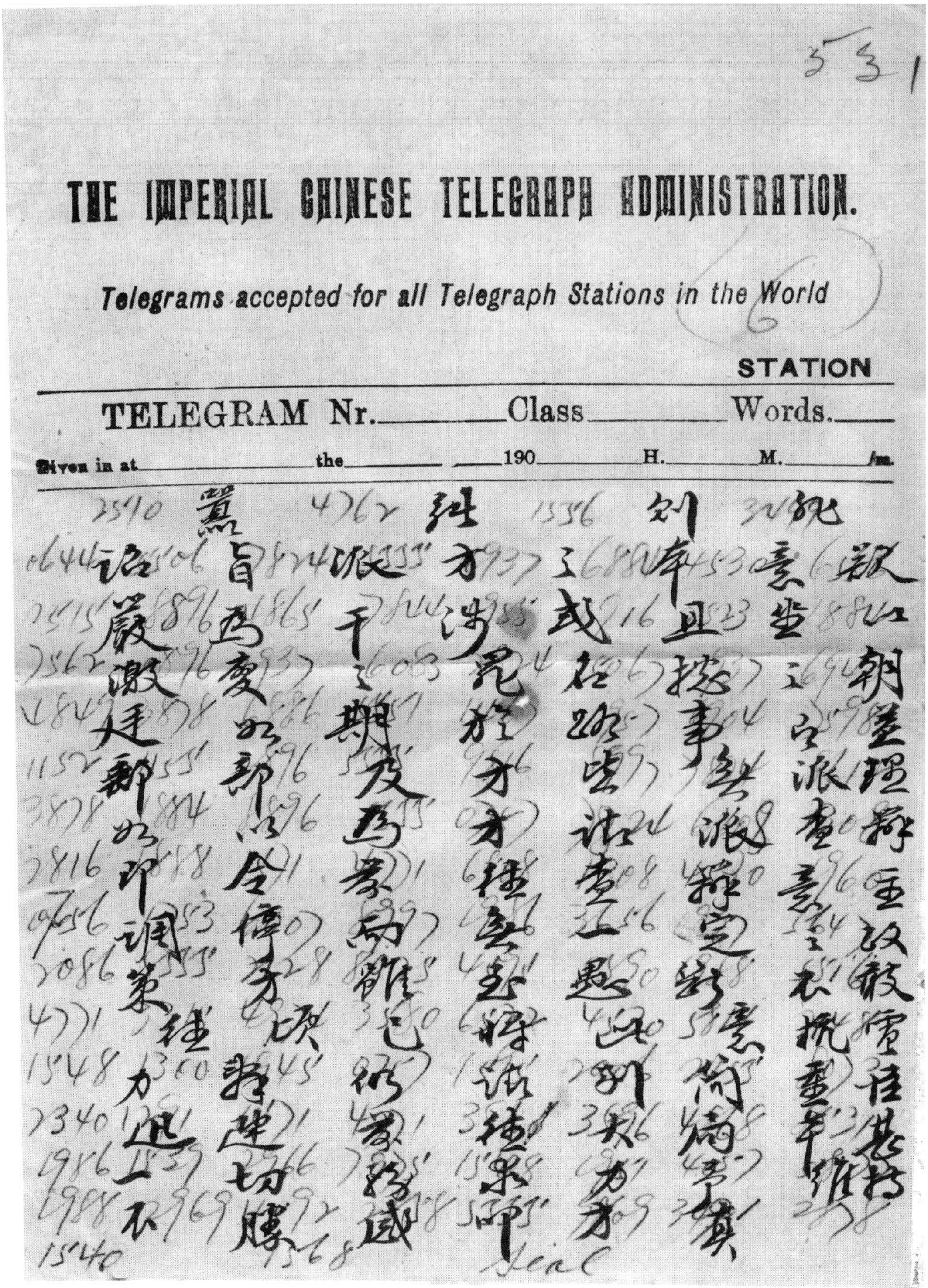

531

THE IMPERIAL CHINESE TELEGRAPH ADMINISTRATION.

Telegrams accepted for all Telegraph Stations in the World

STATION

TELEGRAM Nr.________ Class________ Words.____

Given in at________ the________ 190____ H.____ M.____ m.

端方致載澤、盛宣懷電（一九一一年九月三日）

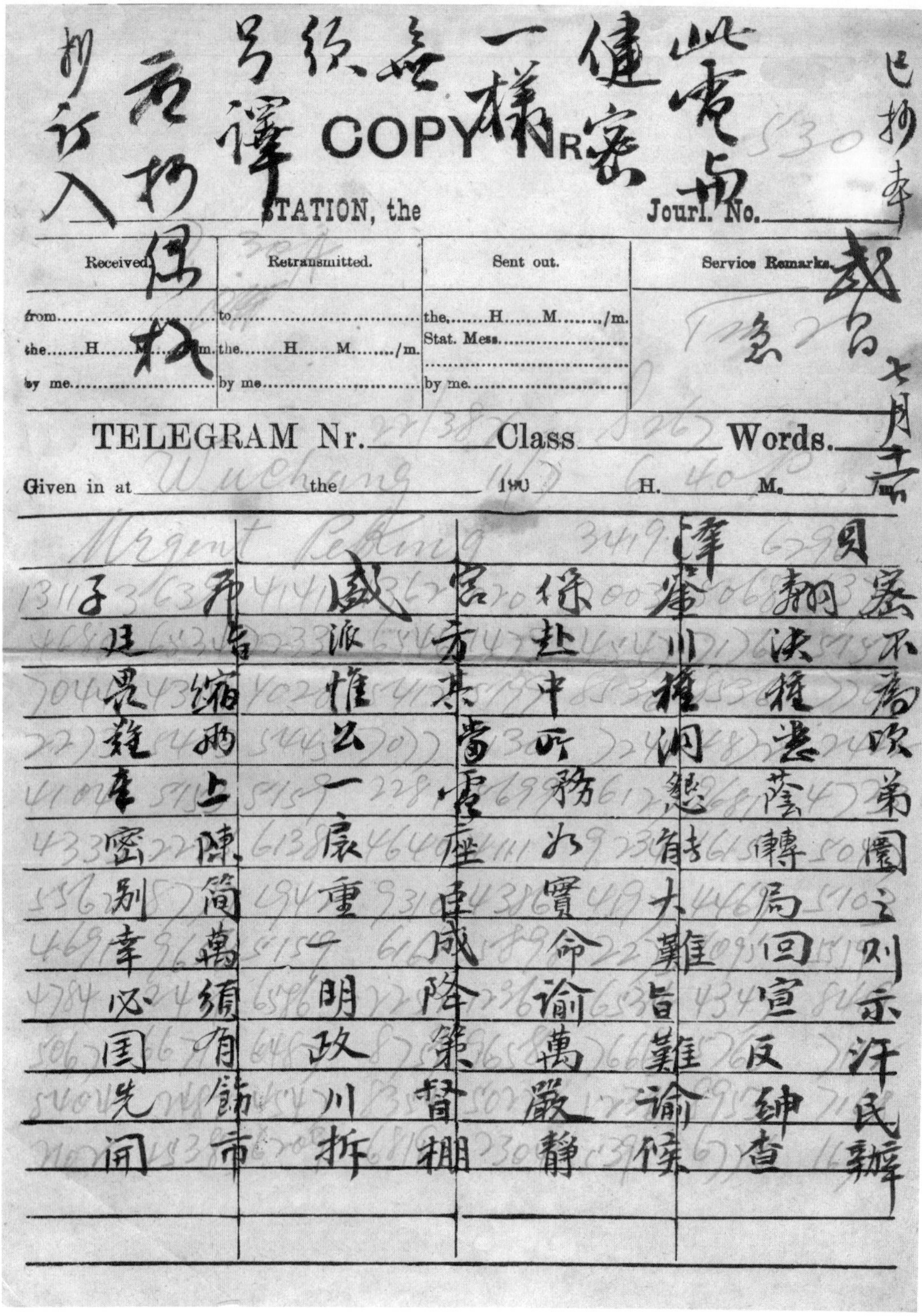

COPY Nr. 530

STATION, the ______ Jourl. No. ______

Received.	Retransmitted.	Sent out.	Service Remarks.
from......	to......	the......H......M......./m.	(2)
the......H......M....../m.	the......H......M....../m.	Stat. Mess......	
by me......	by me......	by me......	

TELEGRAM Nr. ______ Class ______ Words. ______

Given in at ______ the ______ 190 ______ H. ______ M. ______ /m.

	並		請		假		方
便	宜	准	与	瑞	督	相	商
酌	帶	鄂	省	軍	隊	入	川
並	准	隨	时	调	遣	川	中
水	陸	新	舊	各	軍	以	川
人	不	聽	勸	喻	有	暴	動
情	形	准	廿	執	法	懲	辦
得	此	諭	旨	此	去	尚	可
藉	手	否	則	無	益	有	害
然	正	当	辦	法	仍	以	持
簡	与	路	了	無	甚	閩	謀
素	有	威	望	之	疆	臣	前
往	方	解	撤	手	辦	了	大

端方致載澤、盛宣懷電（一九一一年九月三日）

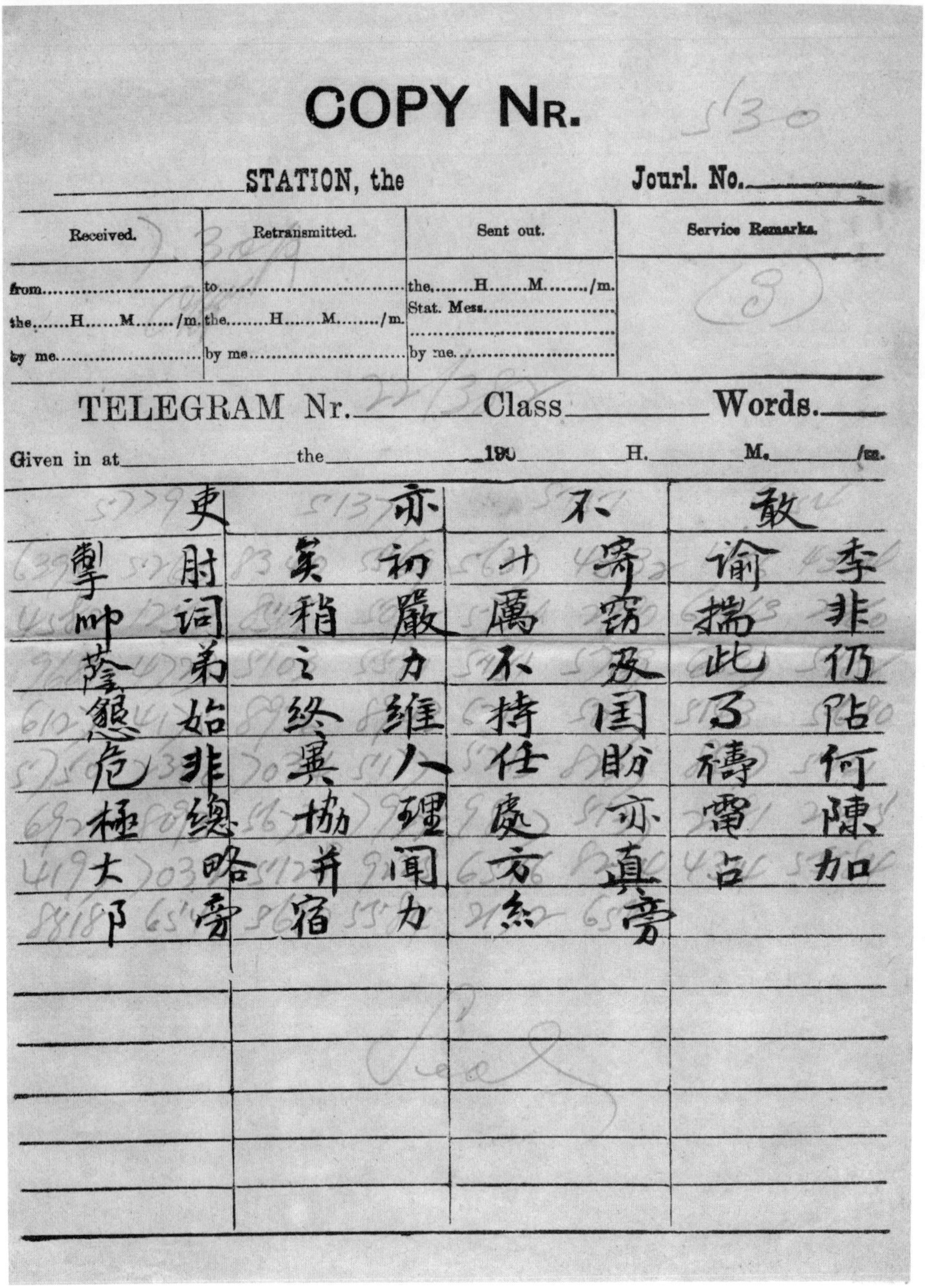

COPY Nr. 5130

STATION, the　　Jourl. No.

Received.	Retransmitted.	Sent out.	Service Remarks.
from...... the......H......M......./m. by me......	to...... the......H......M......./m. by me......	the......H......M......./m. Stat. Mess...... ...... by me......	(8)

TELEGRAM Nr.　　Class　　Words.

Given in at　　the　　190　　H.　　M.　　/m.

敢　不　亦　吏

李非仍阽何陳加
谕揣此了禱電占
寄窃及国盼亦真旁
廿厲不持任處方系
初嚴力維人理闻力
矣稍之终異協并宿
肘词弟始非總略旁
掣帅蔭懇危極大叩

THE IMPERIAL CHINESE TELEGRAPH ADMINISTRATION.

Telegrams accepted for all Telegraph Stations in the World

STATION

TELEGRAM Nr. Class Words.

Given in at the 190 H. M.

Peking=

瑞澂致盛宣懷電（一九一一年九月三日）

507

THE IMPERIAL CHINESE TELEGRAPH ADMINISTRATION.

Telegrams accepted for all Telegraph Stations in the World

STATION

TELEGRAM Nr. 109 Class Ord Words.

Given in at ______ the ______ 190__ H. ______ M. ______ /m.

1722 予 7807 請 3737 旨 92[illegible] 錫
4496 民 3649 改 8501 部 217[illegible] 嚴
3410 拿 4913 照 8421 速 151[illegible] 制
7806 論 1416 公 7834 調 120[illegible] 何
2323 如 4865 澂 8363 移

Seal

收署理四川總督致內閣請代奏電 七月十二日

上月奉

旨飭四川總督轉李稷勳仍駐宜歸暫管路事督辦大臣未接收以前勿許離工等因欽此欽遵轉飭去後茲據李稷勳以現在路事懸危人心紛擾自揣才力實在難勝兼因連日冒暑病泄精力驟減宜工數萬人關

係地方治安設有疏虞貽誤匪淺惟有籲懇
天恩俯念宜工緊急非病軀所能支持
恩准開去暫管路事差使現在川路尚未歸官可否請由
總公司另舉賢能呈請另派赴宜接辦等情電請代
奏前來查李京卿稷勳係奉
旨特派之員今以患病辭差應否准辭由川公司選舉呈

請奏
派之處理合據情上達謹請代
奏爾豐敬叩真
七月十三日奉
旨趙爾豐電奏李稷勳因病請開去暫管路事差使應
否准辭等語著郵傳部查核辦理欽此

端方致盛宣懷電（一九一一年九月四日）

十三 收

初六 辛

S81

THE IMPERIAL CHINESE TELEGRAPH ADMINISTRATION

Telegrams accepted for all Telegraph Stations in the World

STATION ____

TELEGRAM Nr. 417 Class 5 Words. 113

Given in at Peking the 12 190_ 8 H. 30 M.

宮保：

措意悵悵所接緣停川致電畧旨詰

軍名豈李疑員路以長李[illegible]送電

有聯市派攪派辦總以閏方咒李

川吾羅破以楷李旨道熖較虜淩

芸道人部李川省議當之與電數文

賽司川部費詔以次去民部漫爲方

健提請由兩電方叠爲亂貴方撫照

釜郗搞保戀查辦李滬有電同爲知

抄

收粵督電 七月十三日到

度支部郵傳部 端大臣鑒洪川肖保路會前派白堅等三人來粵布圖聯合粵人經歧預派警道干涉解散旋即赴港現聞白堅等在港開會到者將及萬人旅港華商已為所惑自路歸國有數月來防範煽惑之事智盡能竭僅免紛擾若收股辦法不能早決煽惑之輩正喜得間倘聲勢已成和之者衆必致枝節叢生再欲强制愈難為力歌魚麻三電敬祈早

賜核示無任感盼歧文

端方致載澤、盛宣懷電（一九一一年九月五日）

武昌端大臣来電 七月十三日

澤貝子爺盛宫保鑒健密湘鄂收路正在吃緊招考學生等事亦需人主持擬於奏報起程摺内聲明將總公所一切事件暫交革帥核辦遇有要事仍彼此電商方十六必行昨接宜昌李姚琴来電云赭塵萬之蜀通輪船正在修理能否駛行電詢李復民船由宜赴萬即不阻風阻水至速須半月由萬陸行赴省計十四站若由萬舟行赴渝又須半月由渝赴省計十站云云行程迂阻如此焦悶已極刻正與革帥商酌擬令兵船徑送至渝不知中國兵輪管駕有此本領否容商定再奉聞方元

收粵督電 宣統三年七月十五日到

度支部郵傳部端大臣鑒申龍參議交閱郵部復電悉粵路款鉅急切自不易籌惟辦法必須早定庶人心可安應請大部先將還股辦法從速切實宣示第粵民近為川事所激在港開保路會主張反對國有雖經嚴切禁制未敢在內地結合如粵

路股本將來出於借款償還則奸人益得藉拒款
保路爲名較諸反對國有風潮愈大更難收拾並
懇大部預爲籌防還股不妨多分數期萬不宜出
於貸借外債以弭隱患岐鹽

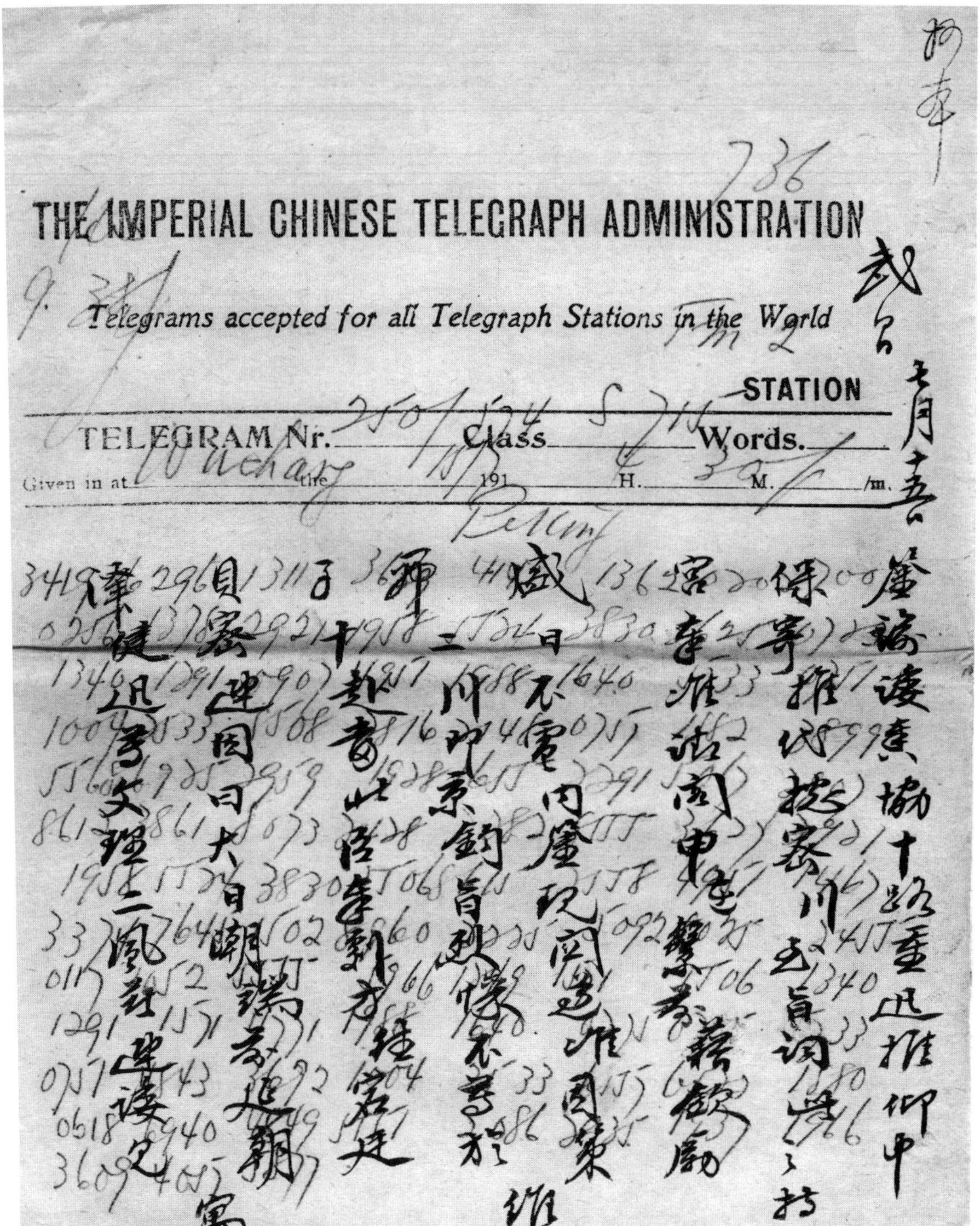
THE IMPERIAL CHINESE TELEGRAPH ADMINISTRATION
Telegrams accepted for all Telegraph Stations in the World
STATION
TELEGRAM Nr. Class Words.
Given in at the 191 H. M. /m.

端方致載澤、盛宣懷電（一九一一年九月六日）

THE IMPERIAL CHINESE TELEGRAPH ADMINISTRATION.

Telegrams accepted for all Telegraph Stations in the World

STATION

TELEGRAM Nr. ________ Class ________ Words. ________

Given in at ________ the ________ 191 ________ H. ________ M. ________ /m.

方

[illegible]公[illegible]宮[illegible]同[illegible]

路量總趕日查綱[illegible]要兵[illegible]

六[illegible]紀民為[illegible]軍[illegible]

端

[illegible]即路事十[illegible]西[illegible]到[illegible]鄂

續[illegible]鎮[illegible]於[illegible]事[illegible]撥

袁

重[illegible]將[illegible]

[illegible]至[illegible]即[illegible]

之

[illegible]不[illegible]現[illegible]政[illegible]

受[illegible]料[illegible]程表[illegible]端

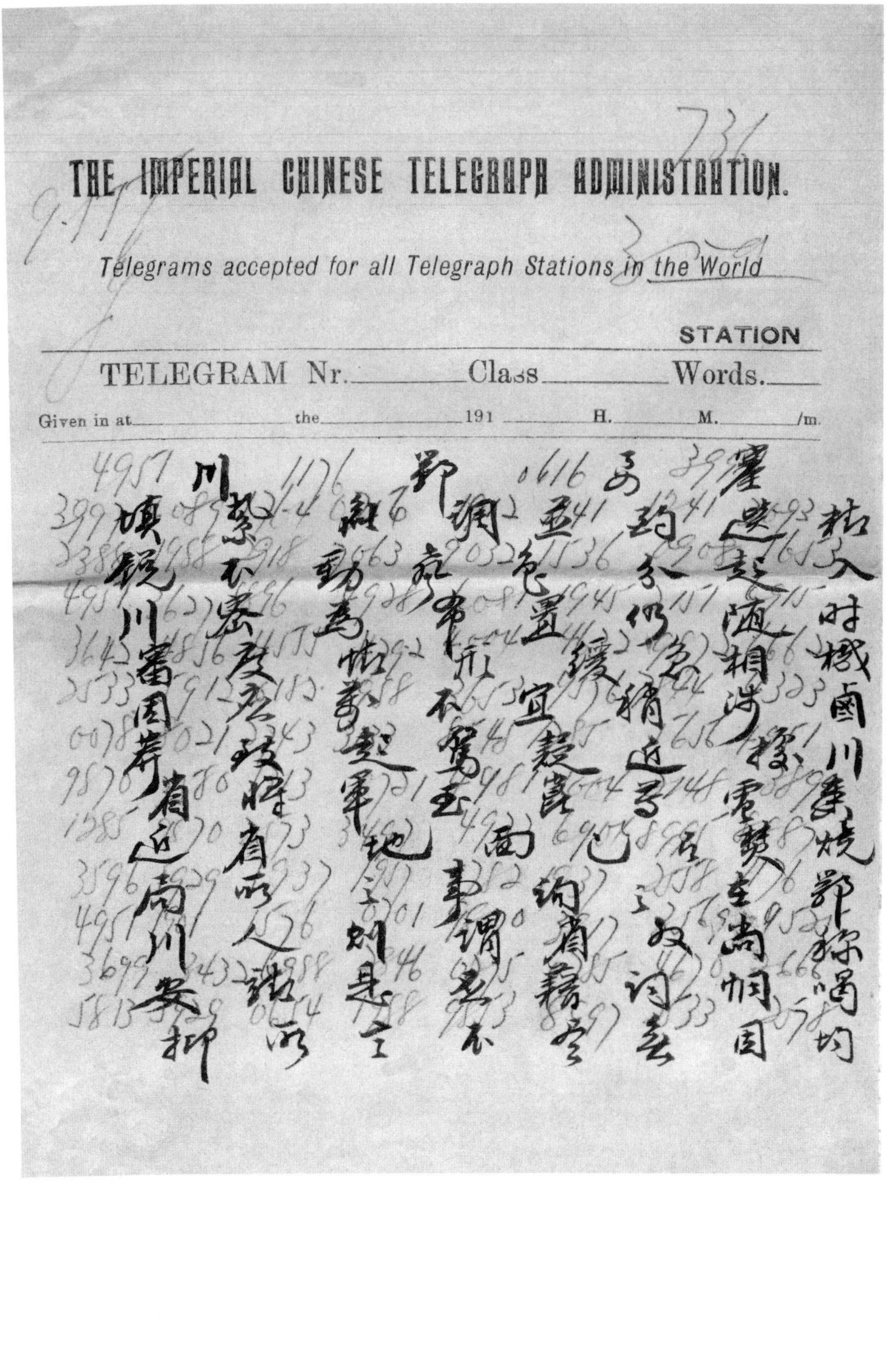
THE IMPERIAL CHINESE TELEGRAPH ADMINISTRATION.

Telegrams accepted for all Telegraph Stations in the World

STATION

TELEGRAM Nr. ______ Class ______ Words. ______

Given in at ______ the ______ 191 ______ H. ______ M. ______ /m.

端方致載澤、盛宣懷電（一九一一年九月六日）

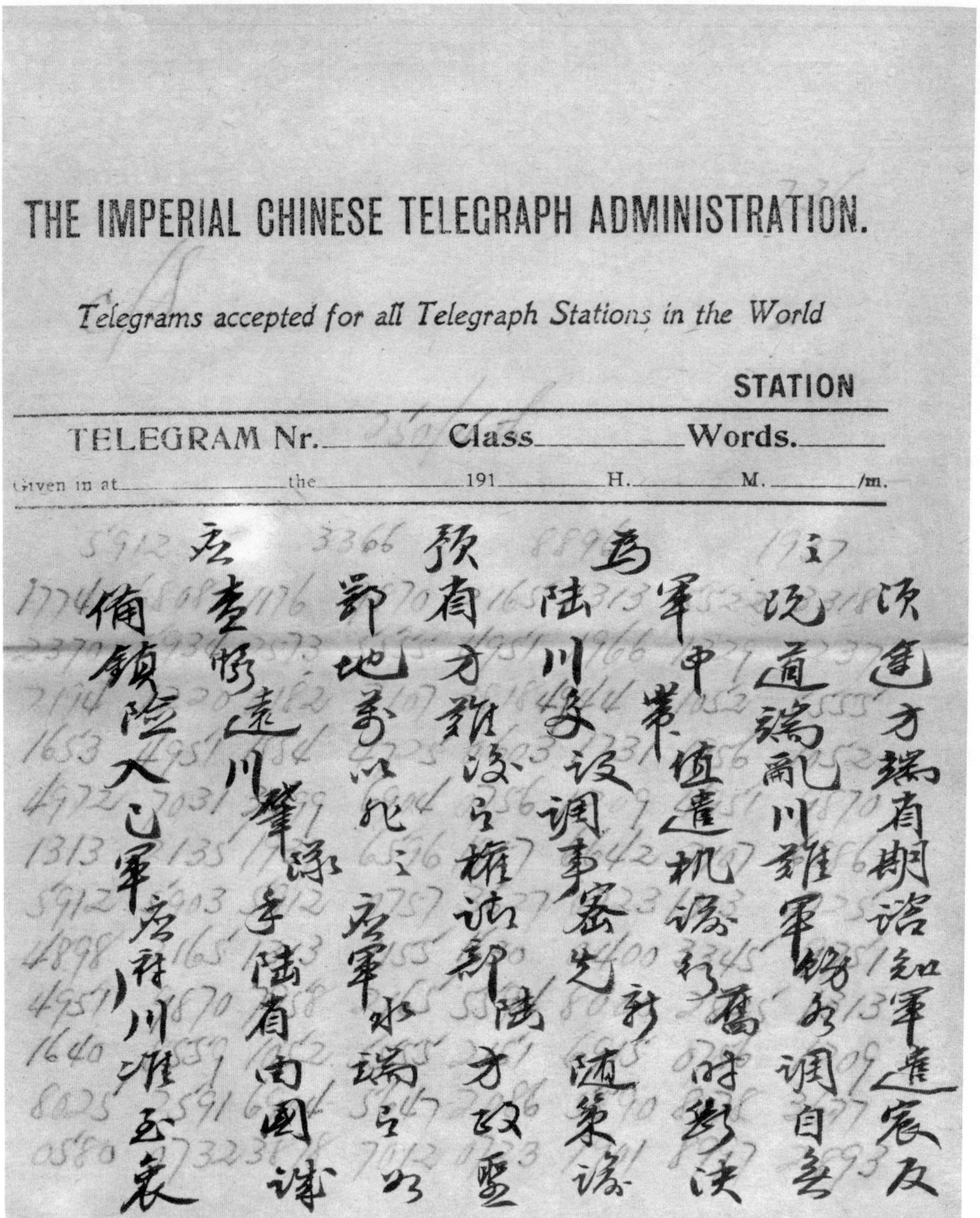

THE IMPERIAL CHINESE TELEGRAPH ADMINISTRATION.

Telegrams accepted for all Telegraph Stations in the World

STATION

TELEGRAM Nr._____ Class_____ Words._____

Given in at_____ the_____ 191_____ H._____ M._____ /m.

頃達方端有期諧知軍進宸及
文澂道端亂川雖軍務調自急
軍中帶值遣機務行舊時斷決
為陸川多設調事密之新隨策務
預有方難沒已權試郡陸方改要
鄂地藉以紀之宸軍水端已行
宸查悵遠川肇深手陸看南國議
備鎮險入已軍宸辭川准至宸

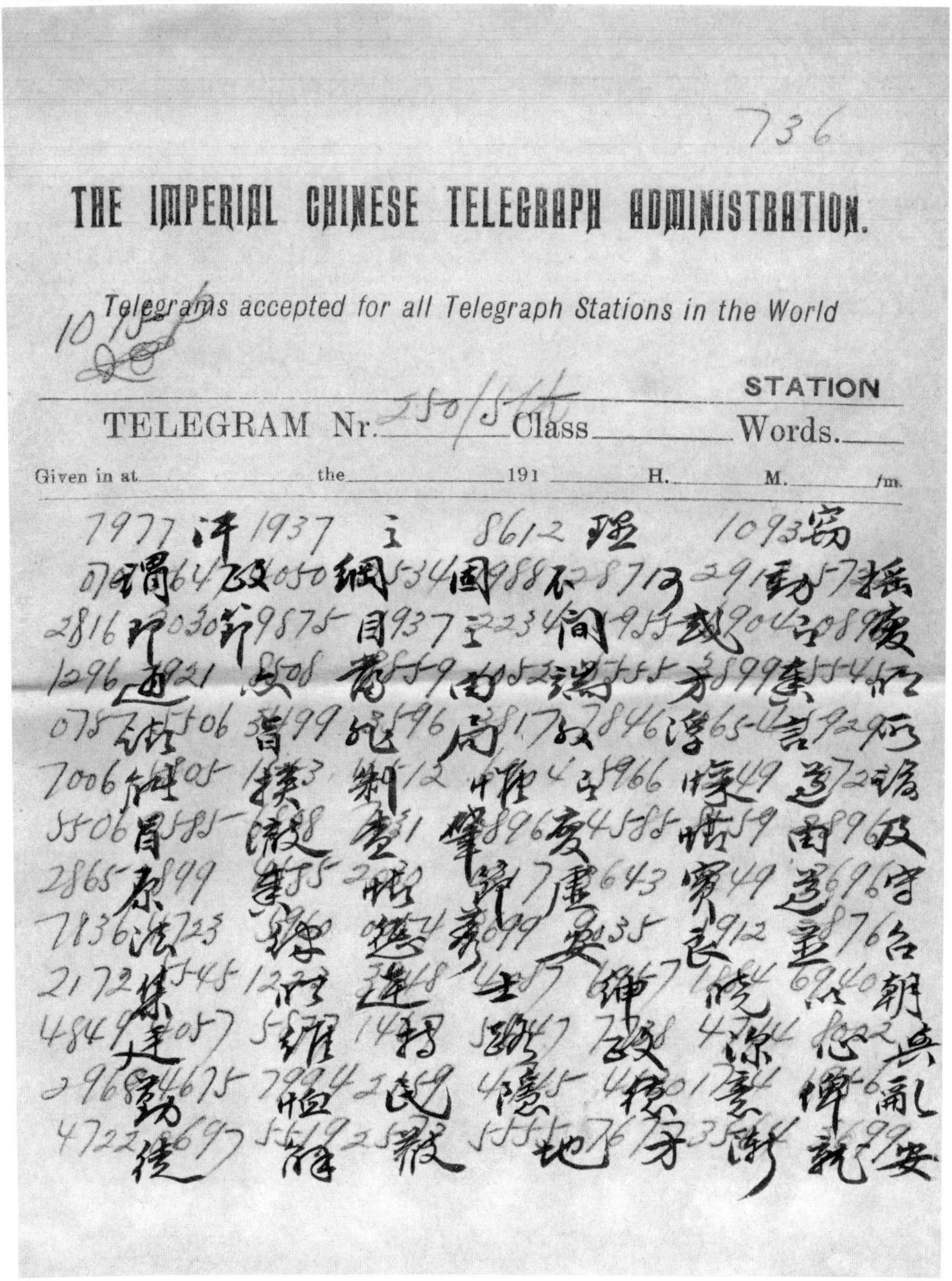
736

THE IMPERIAL CHINESE TELEGRAPH ADMINISTRATION.

Telegrams accepted for all Telegraph Stations in the World

STATION

TELEGRAM Nr. Class Words.

Given in at the 191 H. M. /m.

端方致載澤、盛宣懷電（一九一一年九月六日）

736

THE IMPERIAL CHINESE TELEGRAPH ADMINISTRATION.

Telegrams accepted for all Telegraph Stations in the World

STATION

TELEGRAM Nr. 250 Class ______ Words. ______

Given in at ______ the ______ 191 ______ H. ______ M. ______ /m.

仰 期 以 辛

方擬軍川均同[illegible]以鈍退川川
端函華鄂軍[illegible]費概賞竟罪云
集、旨宜電[illegible]達公速獨河標除
代電撥鄂舊調兩朝勉[illegible]電
法李合軍新附募衆貴事能來
屢日出陸陸隨奎[illegible]自川返良
辰岸法針於方事力宜論[illegible]尹
慰[illegible]擬譜有由此心使之義濡

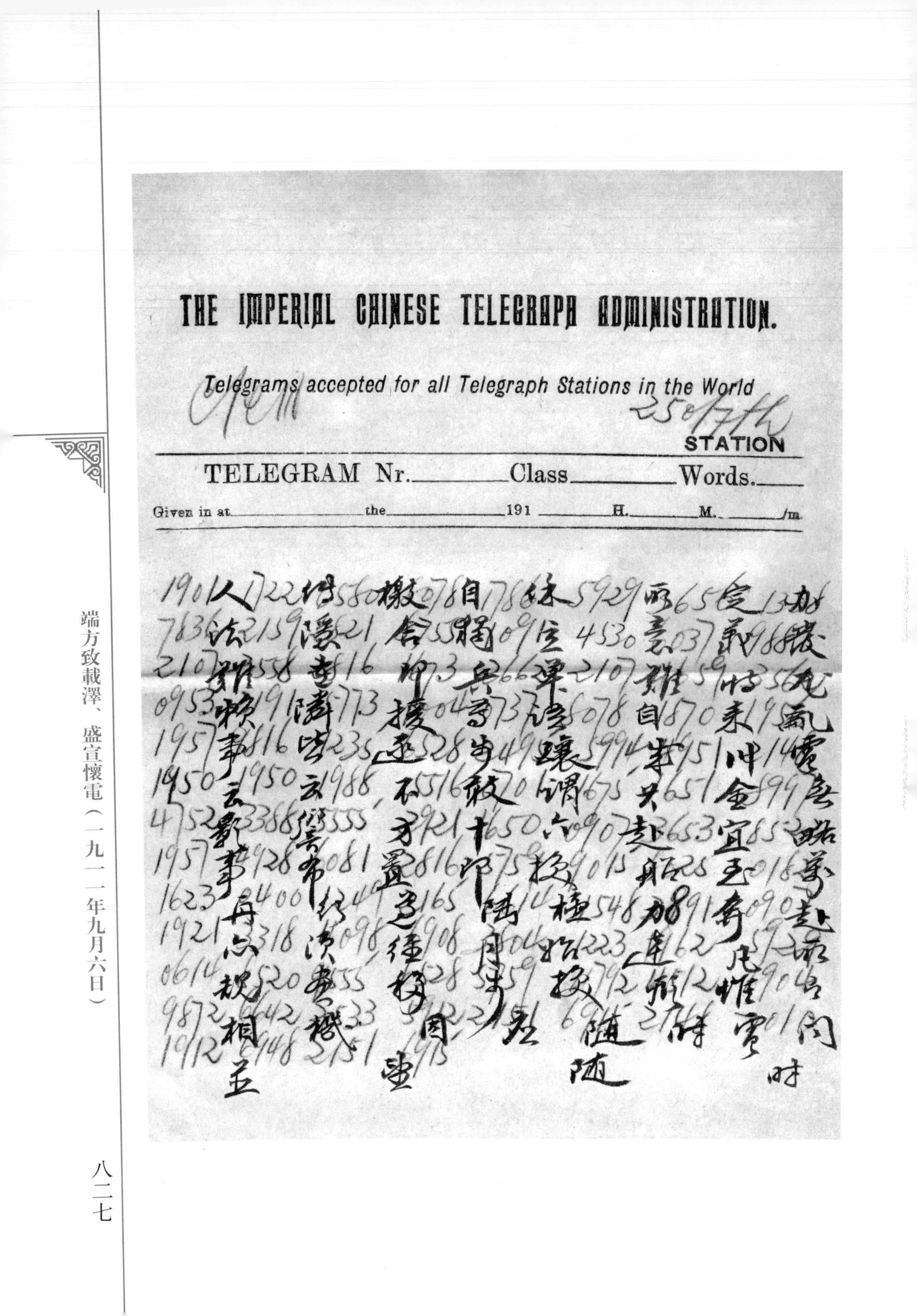

THE IMPERIAL CHINESE TELEGRAPH ADMINISTRATION.

Telegrams accepted for all Telegraph Stations in the World

STATION

TELEGRAM Nr.________ Class________ Words.______

Given in at________ the________ 191____ H.____ M.____ /m.

端方致載澤、盛宣懷電（一九一一年九月六日）

COPY Nr. 736

STATION, the ____ Jourl. No. ____

Received.	Retransmitted.	Sent out	Service Remarks.
C 10:30 pm			
from	to	the....H....M..../m.	
the....H....M..../m.	the....H....M..../m.	Stat. Mess	
by me	by me	by me	

TELEGRAM Nr. 25/8th Class ____ Words. ____

Given in at ____ the ____ 191 ____ H. ____ M. ____ /m

5878 指	9673 示	5555 方	8522 晤
5555 方	3606 塞	0905 走	2878 右
1540 加	0971 贊	1884 抄	~~1260~~ 達
1261 津	7563 府	4898	

Real

收署四川總督趙爾豐電 七月十五日
那中堂鈞鑒都内閣王爺中堂鈞鑒川人此次以路
事鼓動人民風靡全省氣燄熾張遂圖獨立竟敢明
目始則抗粮抗捐繼則刊散四川自保傳單儼然共
和政府之勢曉諭不聽解散不從逆謀日熾前經迭
次密陳在案連日採聞該逆等定謀於本月十六日

趙爾豐致那桐、奕劻電（一九一一年九月七日）

聚衆起事先燒督署旋即戕官據城宣布獨立爾豐已在嚴密警備旋於昨夜探悉逆謀益亟已聚匪徒近郊即於十五日意乘不備前來督署燒殺爾豐既得此信回於本日將照先將營隊再加警備戒一面電遵嚴拏首要前旨將蒲殿俊羅綸鄧孝可顏楷張瀾胡嶸江三乘葉秉誠王銘新設法誘擒一面出示

解散安撫居民不意午刻猝有匪徒數千先使人在督署附近放火以圖擾亂旋即先撲督署當經派出馬步各兵隊先在街口堵截無奈來勢異常兇猛堵截不住直逼轅門儀門步隊亦被撲退並砍傷哨弁鄒景壽數人進衛二門直至大堂前擁匪徒均帶火具並分撲兩廊官房爾豐見事勢已急當即飭令兵

隊開鎗抵拒傷斃前鋒十數人始據紛退該匪旋又分股一由打金街分撲督署後門一由文廟街擁去均經各駐紮兵隊分路擊退現在各街保路協會尚在鳴鑼聚衆各路兵隊雖在竭力彈壓察看大勢一二日内能否安靖尚不可知勝負之數亦無確實把握至省外州縣亦經通電分路安撫惟抗捐抗糧罷

羅市罷課風潮傳布甚廣，於自流井等處地方工徒
不下數十萬人，素為亡命逋逃之藪，深恐處處蜂起，
兵分力弱，實有應接不暇之勢。川為西南屏蔽，如蒙
飭調近畿得力兵隊數千人星夜來川，備資鎮攝，全
川幸甚，大局幸甚。以後辦理情形，隨時陸續電奏。謹
請代奏。爾豐叩。咸。

THE IMPERIAL CHINESE TELEGRAPH ADMINISTRATION.

Telegrams accepted for all Telegraph Stations in the World

STATION 武昌 七月十五日

TELEGRAM Nr. ______ Class ______ Words. ______

Given in at ______ the ______ 191 ______ H. ______ M. ______ m.

Peking= 盛宮保：

函萬萬八頌必合限尤實非時
昌數十倘無人工期折口文此
宜人入用議工包年周人作可
接工僅之路停閒數約川工不
送路款月川工并訂解貸持款
密宜路兩內紐動明旦以維撥
健謂存數之款騷有一且欲部
鑒電所計月緒至同者多若由

THE IMPERIAL CHINESE TELEGRAPH ADMINISTRATION.

Telegrams accepted for all Telegraph Stations in the World

STATION

TELEGRAM Nr. 2941/2 Class ______ Words. ______

Given in at ______ the ______ 191 ______ H. ______ M. ______ /m.

何從得此巨款況改
綫議成此路必將作
廢以有用之款築將
廢之路尤為失計乞
公詳加核酌電商華
飭辦理方抵宜後仍
將所察情形奉聞又
政綫摺稿業經頒備
擬請開閣議并交資
政院議決此摺可否
即發院決能否不生
阻力均乞酌示方
刪

Seal

武昌端大臣来電 七月十六日

澤貝子爺盛宫保健密須得季帥電川省保路同志會因路事之爭執風靡全省遍聞徒黨其勢甚固始則以罷市罷課爲要挾繼秘密偵察探聞有利用此時機欲圖一逞者而一般爭路之人遂爲其牢籠因自傾實力不足又思得其真相故未輕發繼則抗糧抗捐不完釐税昨日竟刊布四川自保傳單開載自收租税自辦民團逆迹昭著已無可掩并潛聚匪徒定期本月十五日撲攻督署幸已先爲預備已於今

晨十點鐘前後將各首要設法誘擒旋於午間猝有各協會匪徒數十人麕撲督署先將駐紮街口馬步各兵開衝破擁至轅门殺傷弁兵多人直衝入頭二门將上大堂勢極危迫在前匪衆均挾有火具并分撲廊房豊不得已兵隊開槍抵拒傷斃十數人始行散退旋又撲攻後门希圖包抄幸已立時擊退現在各街協會尚多鳴鑼聚衆以與兵隊互相攻擊恐二三日內未必能定至省外州縣亦復到處蜂起如自流井等處井竈徒衆不下數十萬人素為匪徒逋逃

之藪此次亦羅市停工抗納釐稅恐亦非筆舌所能
曉諭川域地大人衆深恐處處響應兵分力弱實有
應接不暇之勢貴大臣奉命來川務望多帶得力兵
隊迅速起程庶可藉資鎮懾特聞云云謹轉錄電聞
方銑

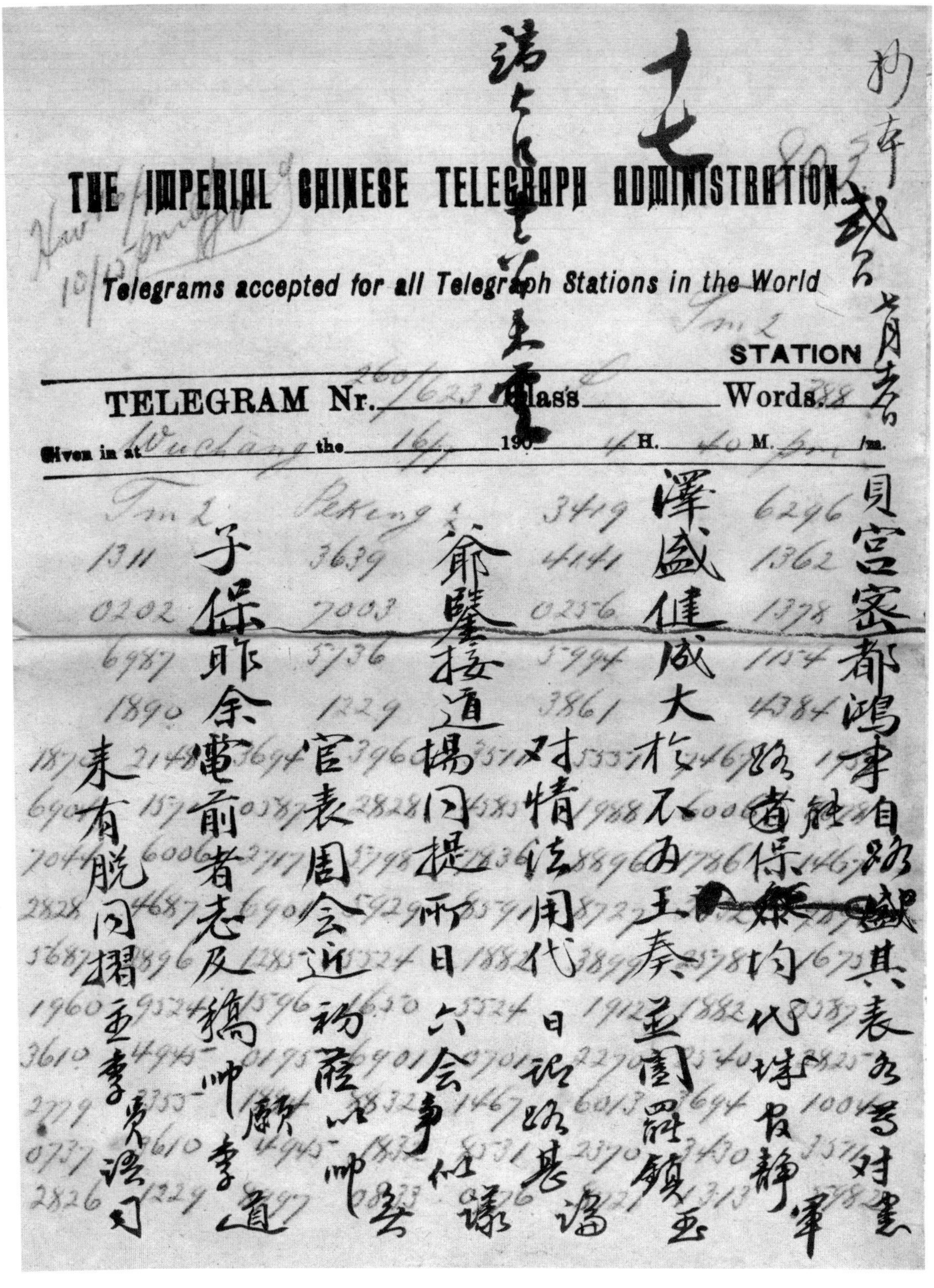

THE IMPERIAL CHINESE TELEGRAPH ADMINISTRATION.

Telegrams accepted for all Telegraph Stations in the World

STATION

TELEGRAM Nr. Class Words

Given in at Wuchang the 190 H. M. /m.

Peking

端方致載澤、盛宣懷電（一九一一年九月八日）之二

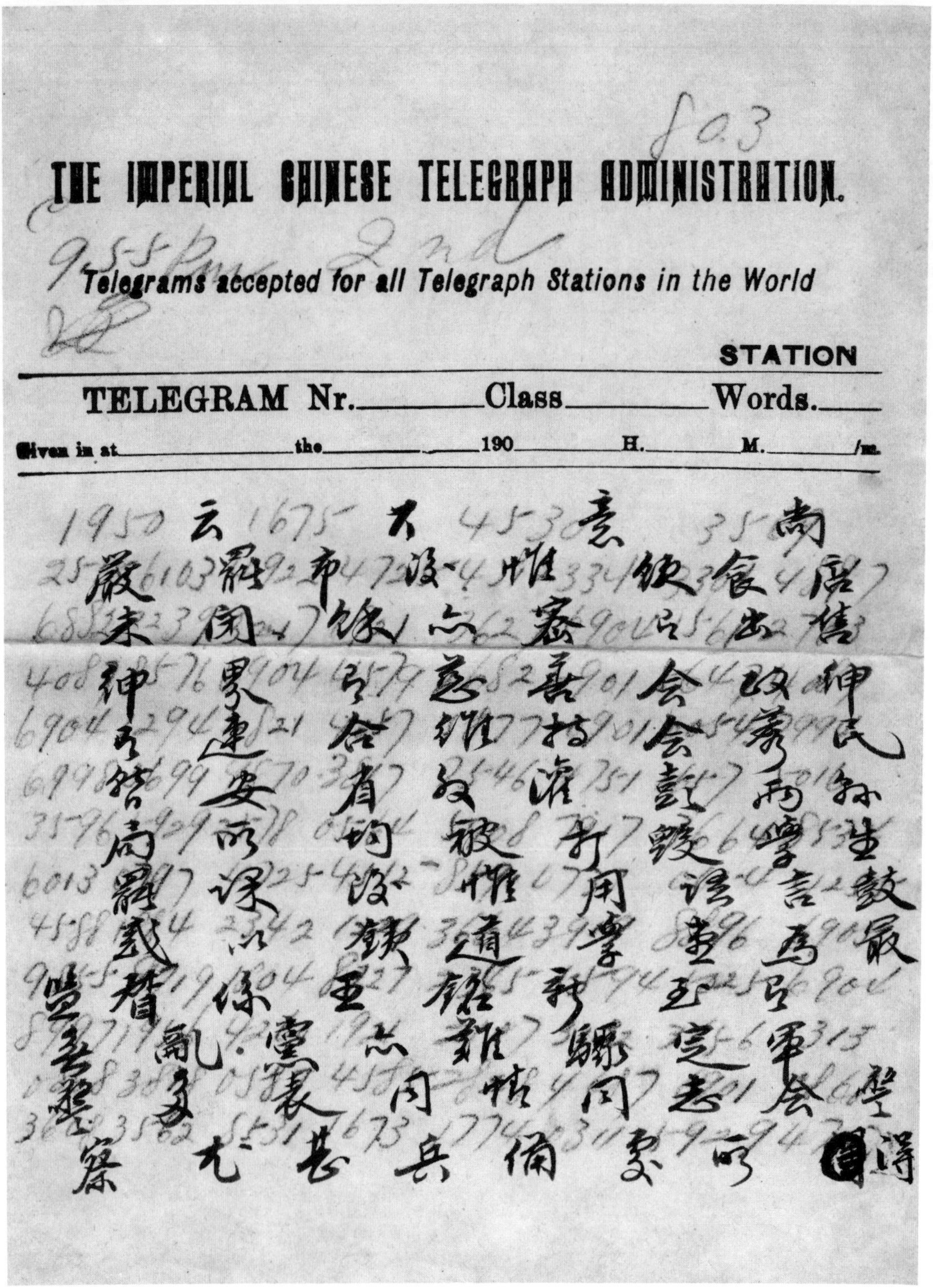
803

THE IMPERIAL CHINESE TELEGRAPH ADMINISTRATION.

9.55pm 2nd

Telegrams accepted for all Telegraph Stations in the World

STATION

TELEGRAM Nr.______ Class______ Words.______

Given in at______ the______ 190____ H.____ M.____ /m.

THE IMPERIAL CHINESE TELEGRAPH ADMINISTRATION.

Telegrams accepted for all Telegraph Stations in the World

3rd

STATION

TELEGRAM Nr.______ **Class**______ **Words.**______

Given in at______ **the**______ 190____ **H.**____ **M.**____ /m.

同志於惟實阻籍路事会
為長以防現材意將少決被回鎮所該
尤半肖巡情紳學但難議間生同人綫
飞變則言已款學会川汲
告異奴多了肖述東謠穩之議後詭乳
来不股撲抗肯塞以惠绥
权骇皆居稍調会禍甚民解並圖会有道信
討志避已婉紓己办政忠

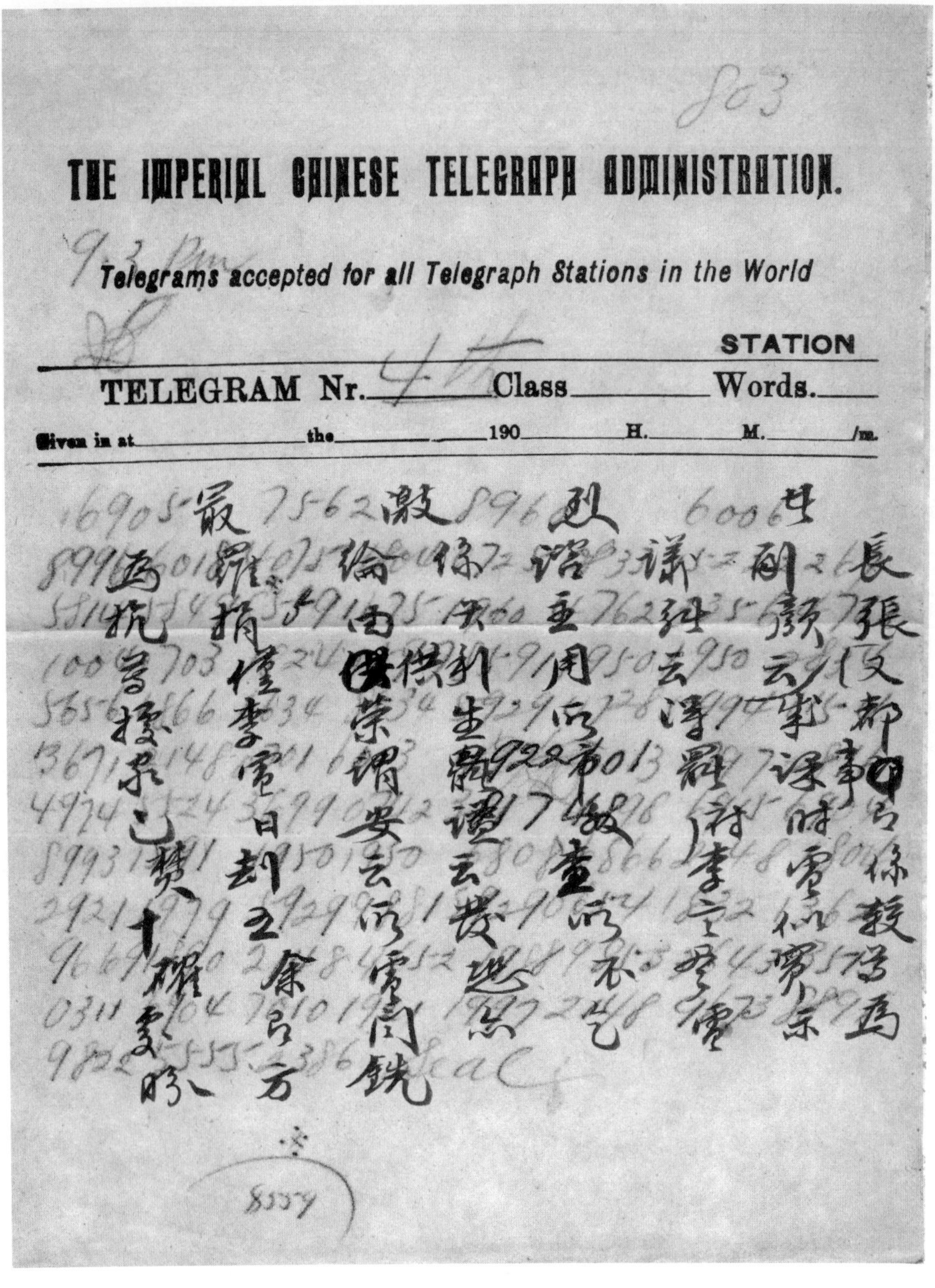
THE IMPERIAL CHINESE TELEGRAPH ADMINISTRATION.

Telegrams accepted for all Telegraph Stations in the World

STATION

TELEGRAM Nr.______Class______Words.______

Given in at______the______190___H.___M.___/m.

端方致載澤、盛宣懷電（一九一一年九月八日）之二

成都趙制軍來電 七月廿日

洪川省因路事而起爭執因久不解決而黨勢愈固初則罷市課以為要挾既聞不允商務竟悍然不顧實行抗粮抗捐不納厘稅迭經開導彈壓抗不聽命十三日忽刊發自保傳單語意狂悖直是宣布獨立並聞定期十六日舉事因密為布置於十五日晨間誘擒首要數人午後遂有匪徒數千人先赴督署左近放火鬨即先撲衛署轅門兵隊為其衝開直入二門其勢甚猛急飭兵隊開槍抵擊傷斃數人始各

退出又復繞至衙署後門意欲包抄後經竭力抵禦
方始散處此次幸為防範先發制人故街市尚未受
損惟察看情形非三五日所能靖謐尤可慮者其黨
羽衆多遍布各屬而兵力單弱兼顧甚難利害尚未
可料查該首要等皆係職官昨已一面請旨示遵特
此奉聞餘容續布豐銑

463

3473

THE IMPERIAL CHINESE TELEGRAPH ADMINISTRATION.

桂林育壽

Telegrams accepted for all Telegraph Stations in the World

638 a
Rol

STATION

TELEGRAM Nr. 147/26 Class P 22 Words.

Given in at Kweiling the 19/7 191 10 H. 15 M. a m.

Peking

1650	府	1331	學	5170	胡	068	同
4141	盛	1362	宮	0202	保	700	逢
7346	顏	2818	楷	0637	去	039	差
1571	已	7180	離	2710	桂	380	現
0961	去	5771	蜀	7792	麟	616	課

周萬鵬致郵傳部電（一九一一年九月九日）

周道萬鵬來電 七月十八日

郵傳部鈞鑒電悉據成都局諫電稱昨午路事首要就擒
督憲諭飭來往各電詳報照轉近餘均停止收發恐生滋
擾派委廖鹽大使襲華往局檢查城市未開現尚安靜等
情查停止收發各報鈞部自有權衡今川督憲遍飭停止
並派員往局檢查于權限未甚分明是否可行伏乞示遵
如毋庸停止並祈轉咨實為公便職道萬鵬叩霰

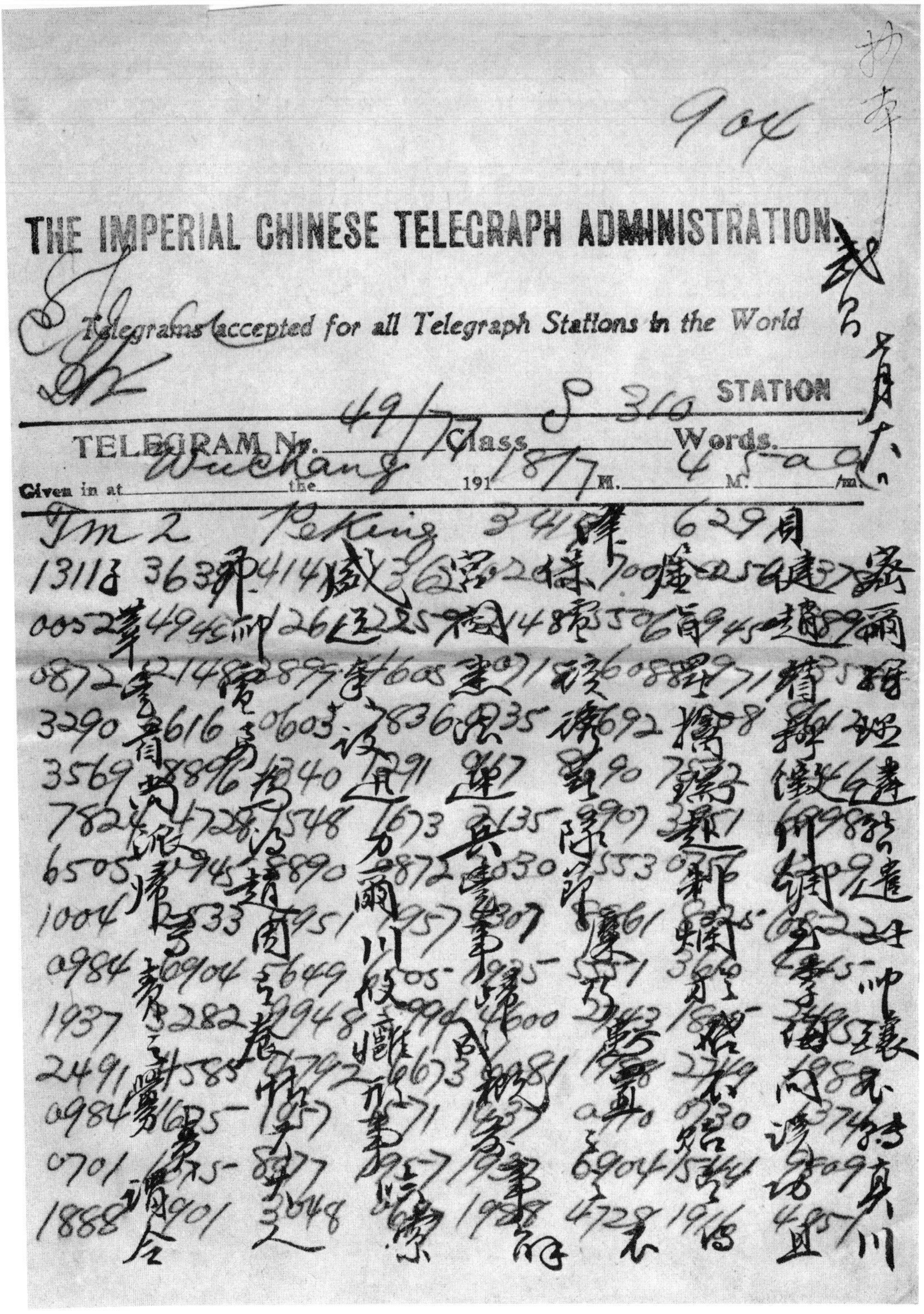
904
THE IMPERIAL CHINESE TELEGRAPH ADMINISTRATION.
Telegrams accepted for all Telegraph Stations in the World
STATION
TELEGRAM No.
Class
Words
Given in at
Wuchang
the
191
M.
M.
/m.
Peking

端方致載澤、盛宣懷電（一九一一年九月九日）

904

THE IMPERIAL CHINESE TELEGRAPH ADMINISTRATION.

(2)

Telegrams accepted for all Telegraph Stations in the World

STATION

TELEGRAM Nr. ____ Class ____ Words. ____

Given in at ____ the ____ 190 __ H. ____ M. ____ /m.

旨飭[illegible]保遵[illegible]事，即[illegible]亂事[illegible]滑新

[illegible]並為營調撥下於武昌，[illegible]充節

已遣川派新川何吉示秉[illegible]道可全[illegible]

隨調赴遣[illegible]節撥遣[illegible]見局電時於息隨

軍務軍帥，帥軍事地探電靜山將清先

陸營部[illegible]李，部[illegible]政[illegible]部議已三戰衣

北方帶鎖歸[illegible]剿[illegible]已據定來移已更

有歸隨次文將軍究將[illegible]尚危錢通

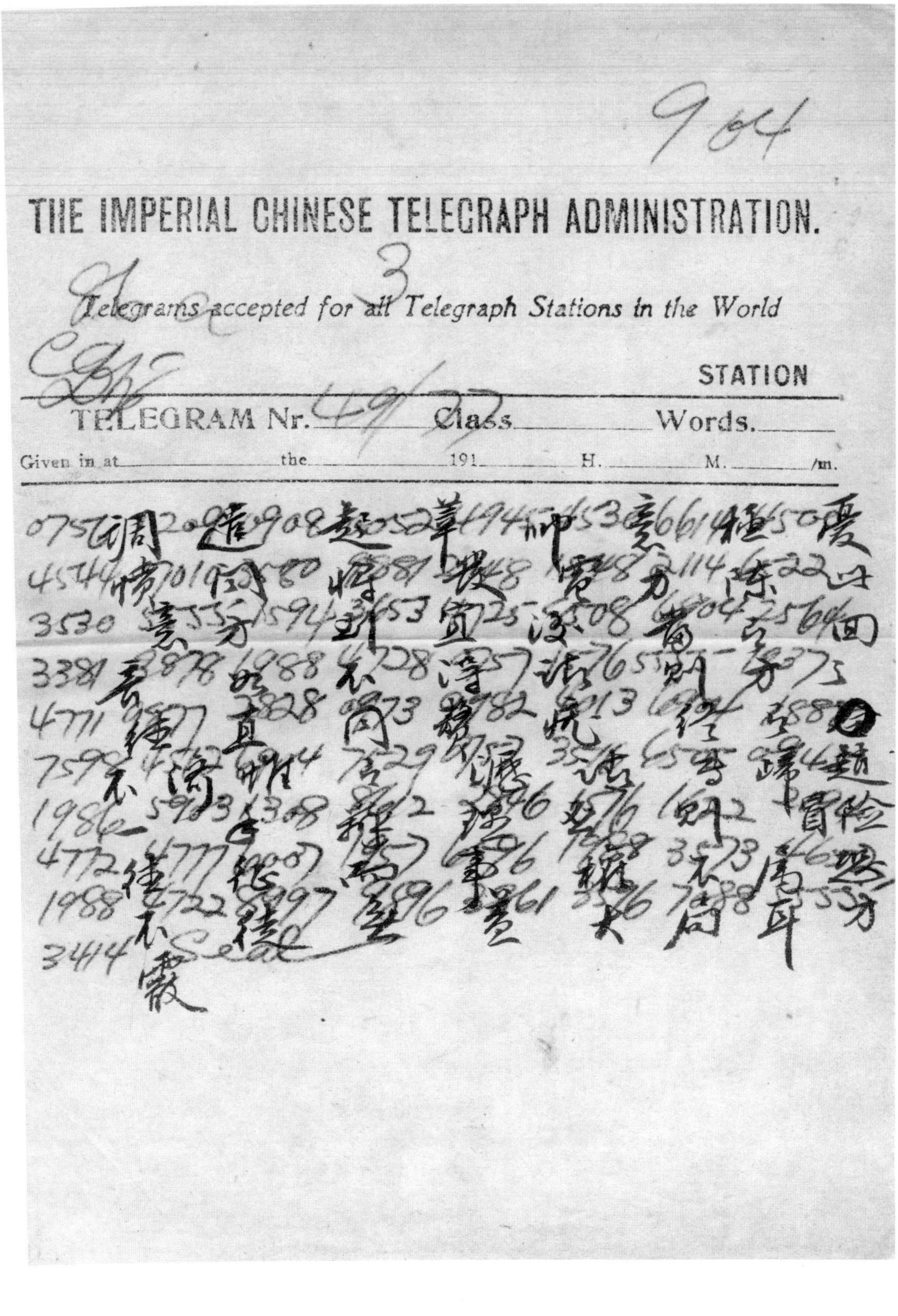
904

THE IMPERIAL CHINESE TELEGRAPH ADMINISTRATION.

Telegrams accepted for all Telegraph Stations in the World

STATION

TELEGRAM Nr. Class Words.

Given in at the 191 H. M. m.

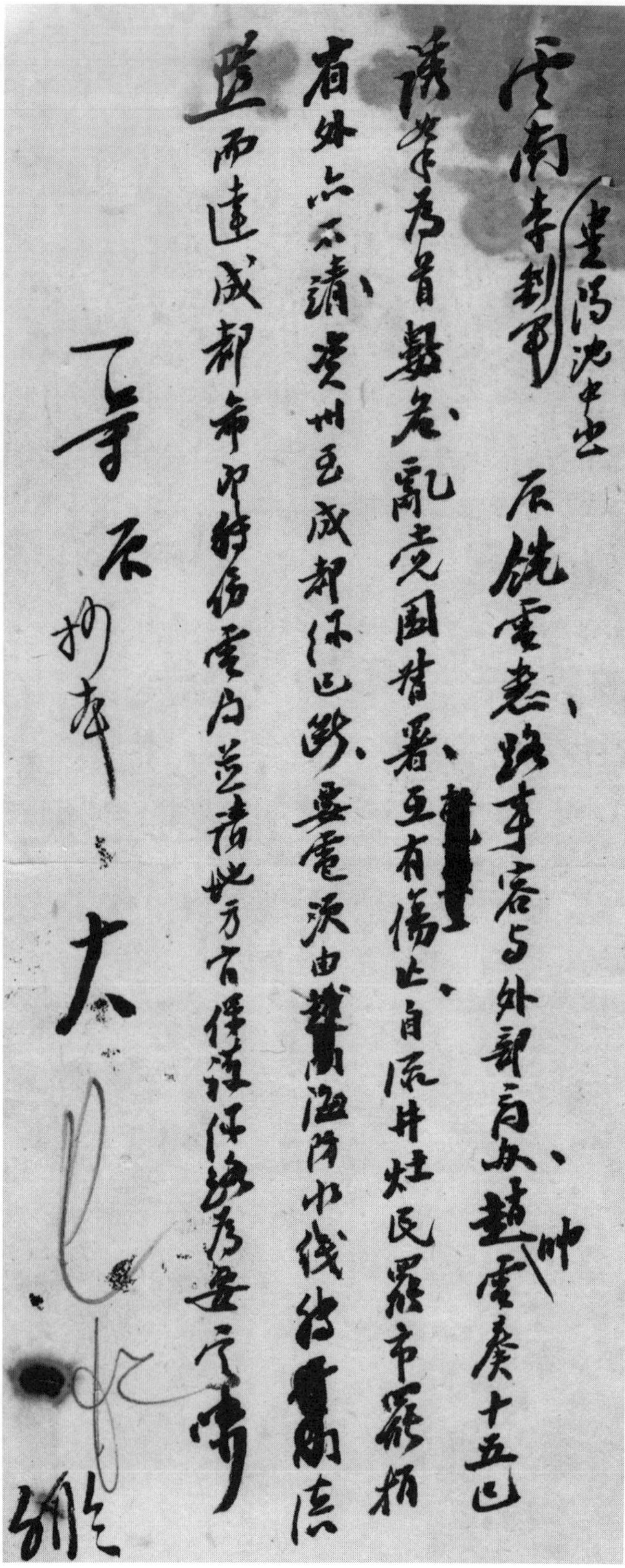
雲南李制軍、貴陽沈中丞：
辰。銑電悉。路事容與外部商辦。趙帥電奏十五日
誘拿爲首數名，亂黨圍督署，至有傷亡。自流井灶民罷市罷捐，
省外亦不靖。貴州至成都係正路，要電須由[illegible]瀘州中綫經[illegible]瀘
道而達成都，希即轉飭電局迅速設法保護保綫爲要。宣
丁 辰
抄本
大

盛宣懷致李經羲、沈瑜慶電（一九一一年九月十日）

武昌端大臣來電 七月十九日

澤貝子爺盛宫保鑒：健密。湘路昨奉明諭，嗣後收路障礙，停捐此雖湘官紳協贊之功，然非兩公在内主持，未克臻此。借外輪上駛，事莘帥一琴均慮有滯礙。十七日即屬繙譯詹貴珊辭謝英德總領，頃奉電旨，亦以此爲慮，幸辭之在先，俟到宜後再别籌進行之法。現乘楚同赴宜，但稍緩非五六日不能達，其能否入峽，尚須覓可靠之領港詳酌再定。川事有聞，仍望隨時電告。方嘯此電，金口遣人帶發。

端方致載澤、盛宣懷電（一九一一年九月十一日）

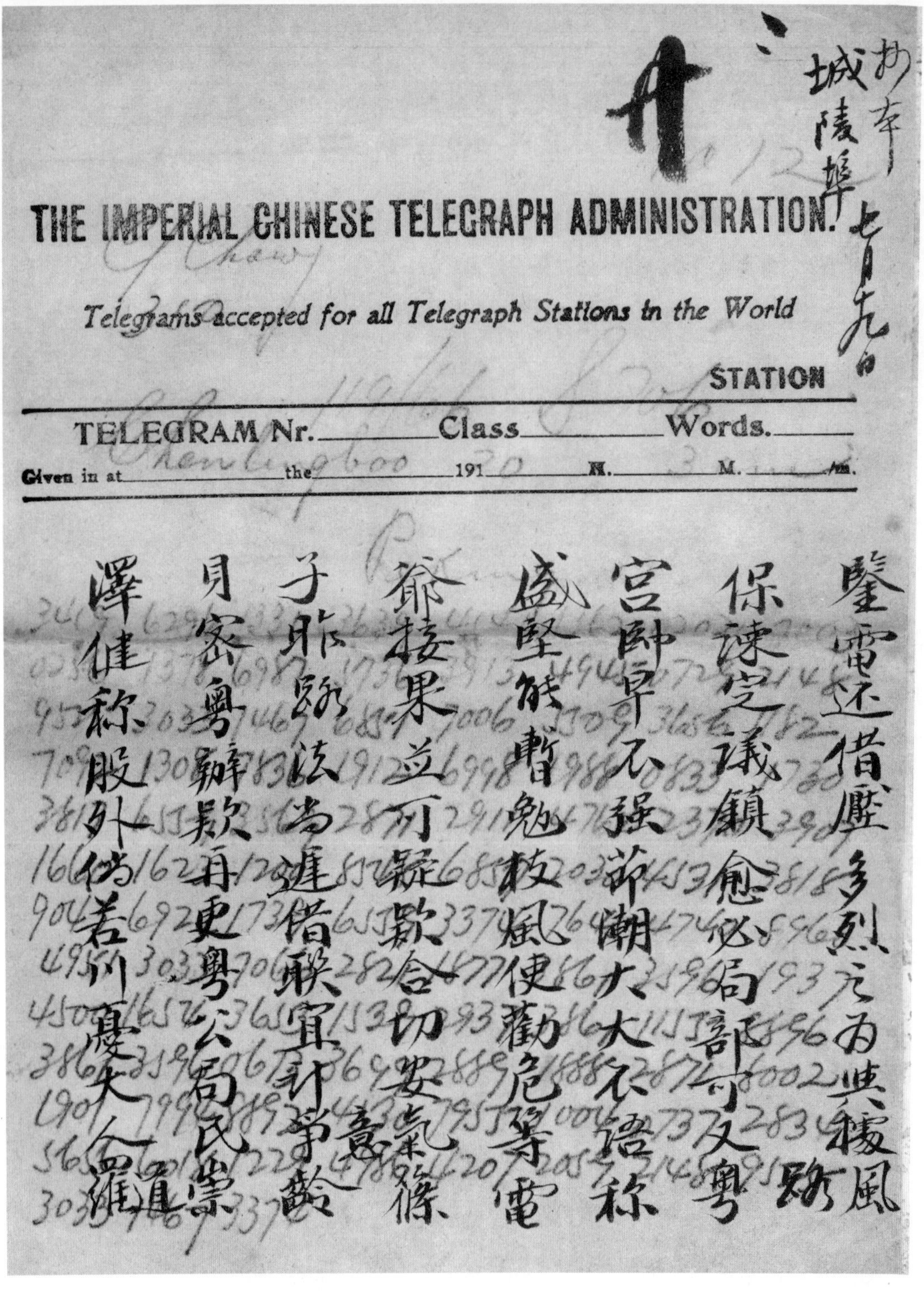

THE IMPERIAL CHINESE TELEGRAPH ADMINISTRATION.

Telegrams accepted for all Telegraph Stations in the World

STATION

TELEGRAM Nr. ______ Class ______ Words. ______

Given in at ______ the ______ 191 ______ H. ______ M. ______ m.

鑒電述借歷多烈亢西興穰風路
保護定議鎮愈必局部可及粵
宮師早不强節潮大大不諳称
盛堅能暫勉枝風使勸危等電
爺接果並可疑款合切要氣條
子非路法尚進借聯宜計掌意齡
月容粵辦款再更粵公局民崇
澤健称股外尚若川憂大合羅道

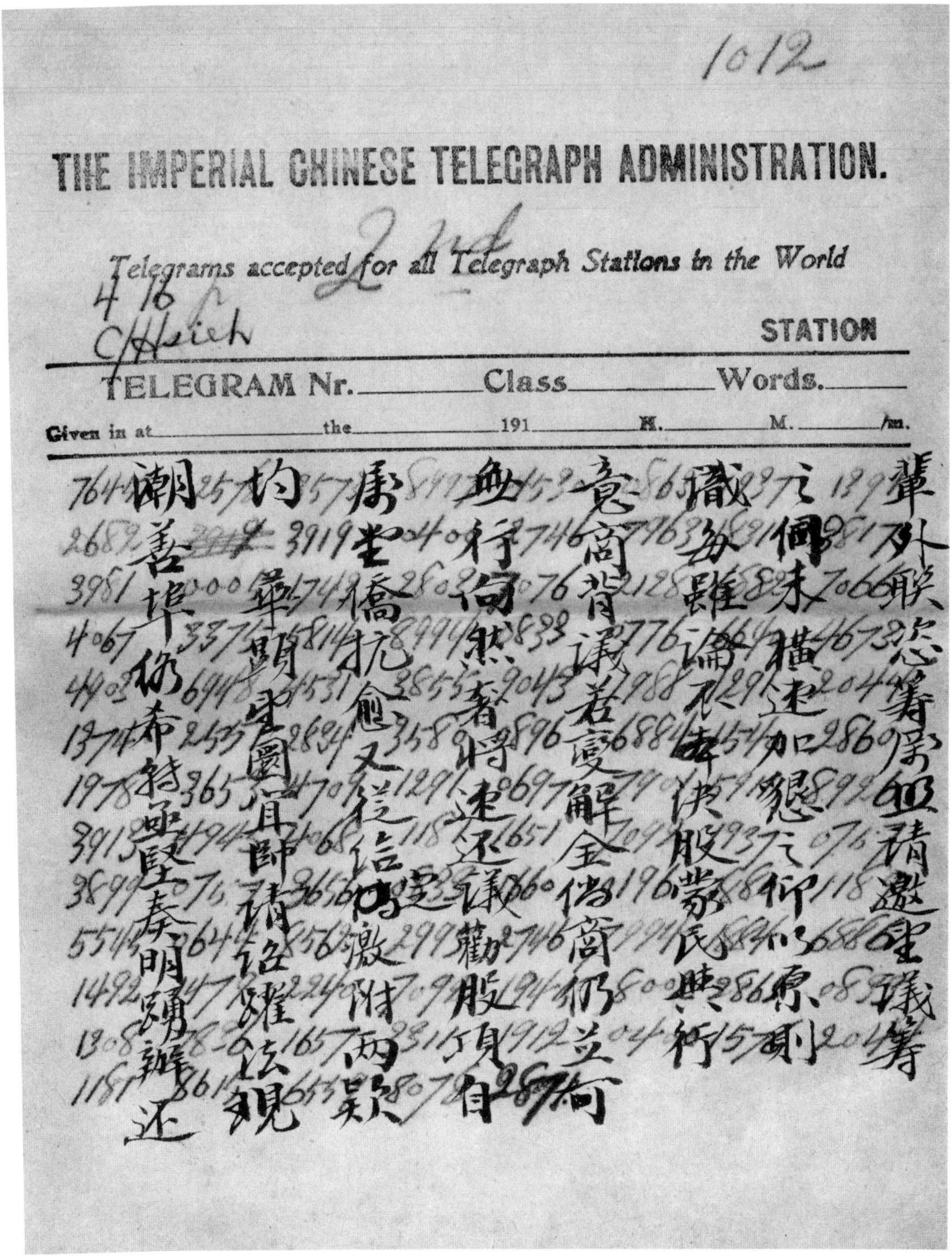
1012

THE IMPERIAL CHINESE TELEGRAPH ADMINISTRATION.

Telegrams accepted for all Telegraph Stations in the World

2nd

4 16 p

C.H.Hsieh

STATION

TELEGRAM Nr.______ Class______ Words.______

Given in at______ the______ 191___ H.______ M.______ /m.

輩外聯懇籌虧並請邀望議籌之個未橫述加懇之仰以原則識務雖論不毒決股蒙民興行竟商背議若實解金偽商仍並向無行向然者將述還議勸股須自局堂僑抗愈又從信內定激附兩款均華頭星圖眉師請洛羅法規潮善埠仿希特亟堅奏明鎔辦還

1012

THE IMPERIAL CHINESE TELEGRAPH ADMINISTRATION.

3rd

Telegrams accepted for all Telegraph Stations in the World

C/TSUM STATION

TELEGRAM Nr._____ Class_____ Words._____

Given in at_____ the_____ 191_____ H._____ M._____ /m.

昇非議員奈接世以而主今次
收要奈兩說便通同地面人償
接緊說鄂由乃顧略同鄉之股
佛願共湘路目接音時堅股全
三無經僕鉀帳又詞同合半還執
玉為電和受明語電電吻营信堅
減私陽商交查等删主氣浩派電
輕遲奇孰奇議收請上語張復來

1012

THE IMPERIAL CHINESE TELEGRAPH ADMINISTRATION.

Telegrams accepted for all Telegraph Stations in the World

Cheng

STATION

TELEGRAM Nr. ______ Class ______ Words. ______

Given in at ______ the ______ 191__ H.______ M.______ /m.

陳粵正鄂收不服收以致人一
所在什以對廣路轉力在之為
電道所商反誠粵者衆所事聯
庚羅有熟人節意力挾利路者
處中事就元情鄙大複大辦路比
漱言就典路中議有今股查爭川
移牽於竟收其思必數全出能與以
不不冀今後路可票多律派轉氣

端方致載澤、盛宣懷電（一九一一年九月十一日）

1012

THE IMPERIAL CHINESE TELEGRAPH ADMINISTRATION.

Telegrams accepted for all Telegraph Stations in the World

STATION

TELEGRAM Nr.________ Class________ Words.________

Given in at________ the________ 191____ H.____ M.____ /m.

劉瀛人以借無出隐當亂堅屈
楢緩令既以既何艱正宴徇全
亂秋下電復部從之拘牖曲一
重大愈帥要郵將付折潛若則
之則趙經相戒款應若[illegible]言允度
川粵愈接股相此以試必其請年
覺名利於予貨穴直嘗論寶之覺
粵為為齒給外全是相理以帥展

1012

THE IMPERIAL CHINESE TELEGRAPH ADMINISTRATION.

Telegrams accepted for all Telegraph Stations in the World

STATION

TELEGRAM Nr.______ Class______ Words.______

Given in at______ the______ 191__ H.______ M.______ /m.

4740必331須1773援6884本146路1994成3924十1979五
4867年1181遞1770清1937之6717案1155鄂1966中5555方
3872好3116騰5827挪8859盧5572既3244阻3817外1724情
2834又0616要5715現3444銀559斷3749非1753停1597利
364寬486并1988不7287可4652恐652此964票3818多
5570數091立456想988除986財1937之1901人790決
1988不76認287可904若194仍8359用463急7008脈
4004綫897免1937之7836法3848姑608置1986不8612理
3913堅194節193次1884以835去364官987為1591詞
2967勢74又505繼1884以473彈3588射1937之1568文
652此453意1966中195事495川783波6882未4868東
3033粵195亂3834又090起4652恐564政2579府1988不
7053旨3912堅5877持1594到

端方致載澤、盛宣懷電（一九一一年九月十一日）

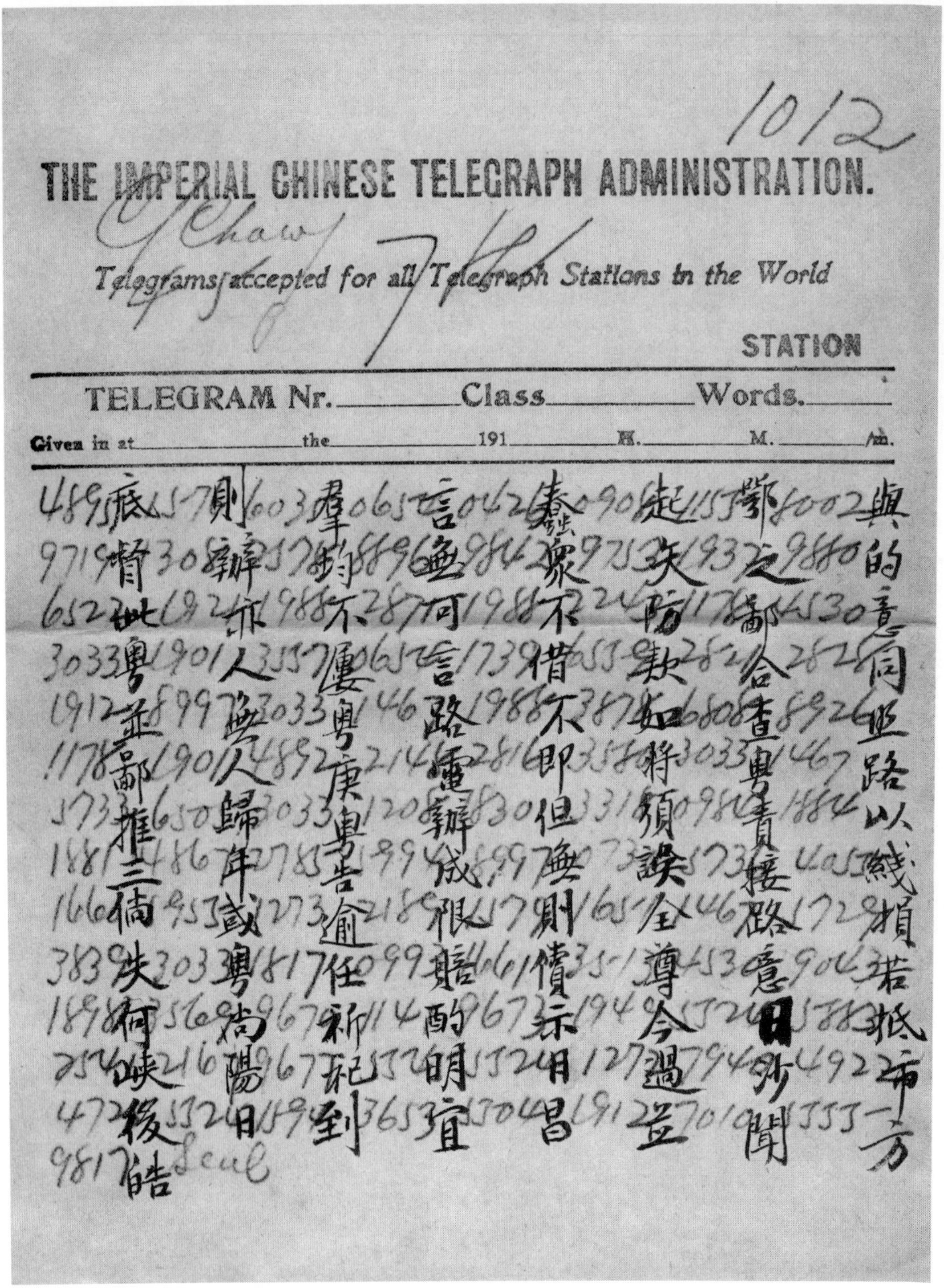

1012

THE IMPERIAL CHINESE TELEGRAPH ADMINISTRATION.

Telegrams accepted for all Telegraph Stations in the World

STATION

TELEGRAM Nr.______ Class______ Words.______

Given in at______ the______ 191___ H.____ M.____ m.

與的意同並路以綫損若抵帝一方
鄂之鄙合查粵責接路意日涉聞
起失陷款如將須誤全遵今過並
蠶豪不借不即但無則償示日昌
言無可言路電辦成限賠酌明宜
厚約不屢粵庚粵告逾任祁邨到
則辦亦人無人歸年或粵爲陽日
底皆此粵並鄙推三倚失何以後皓

上海周道萬鵬来電 七月十九日

府學胡同宮保堂憲鈞鑒洪昨奉霰電遵已電飭川
鄂兩省各局遵照辦理今奉嘯電敬悉惟資成僅祇
單线由水线繞道仍不能通祇得由成資兩局於斷
线之兩頭各暫設報房收轉各報中間阻斷處用快
馬傳遞未設好以前各報交州縣由百里排發一面
趕緊將线路修通以免貽誤除由急電分飭該兩局
照辦外謹聞職道萬鵬叩皓

盛宣懷致趙爾巽電（一九一一年九月十一日）

寄奉天趙制軍電 七月十九日

季帥十六電奏查明逆蹤昭著已誘擒爲首數人亂黨圍督署搶斃廿餘名省外亦多事旨令莘帥派隊午帥十六已行昨資州來電成都綫斷如有要電瀘資可轉惟所拏數人皆係職官主持獨立既能傳檄倡亂即可勒令傳檄止亂俾贖前愆免遭大辟可否請速密電季帥並望午帥未到前了事宣效

盛京趙制軍來電 七月廿日

盛宫保鉏密效悉遵轉並倡亂易止亂難未必有效

所奪職官何名可否密示午帥是辦路人川人已反

對公能建言另派人赴川彈壓爲宜巽號

重慶電局轉全川各分局譯交各府廳州縣
自治局勸學所農商會暨城鄉父老子弟公
鑒路事朝廷自有和（公）平辦法（絶無外人干預之說）諸公深明大義
幸勿為奸人所（演說）煽惑（明鑒萬里諒）如能照常開市上課方
免受人連累（朝廷……不至玉石俱焚）聞已有恩旨分別辦理矣願我
鄉人深思之安危之機間不容髮誼關桑梓

四川京官致重慶電局轉全川各分局電（一九一一年九月十二日）

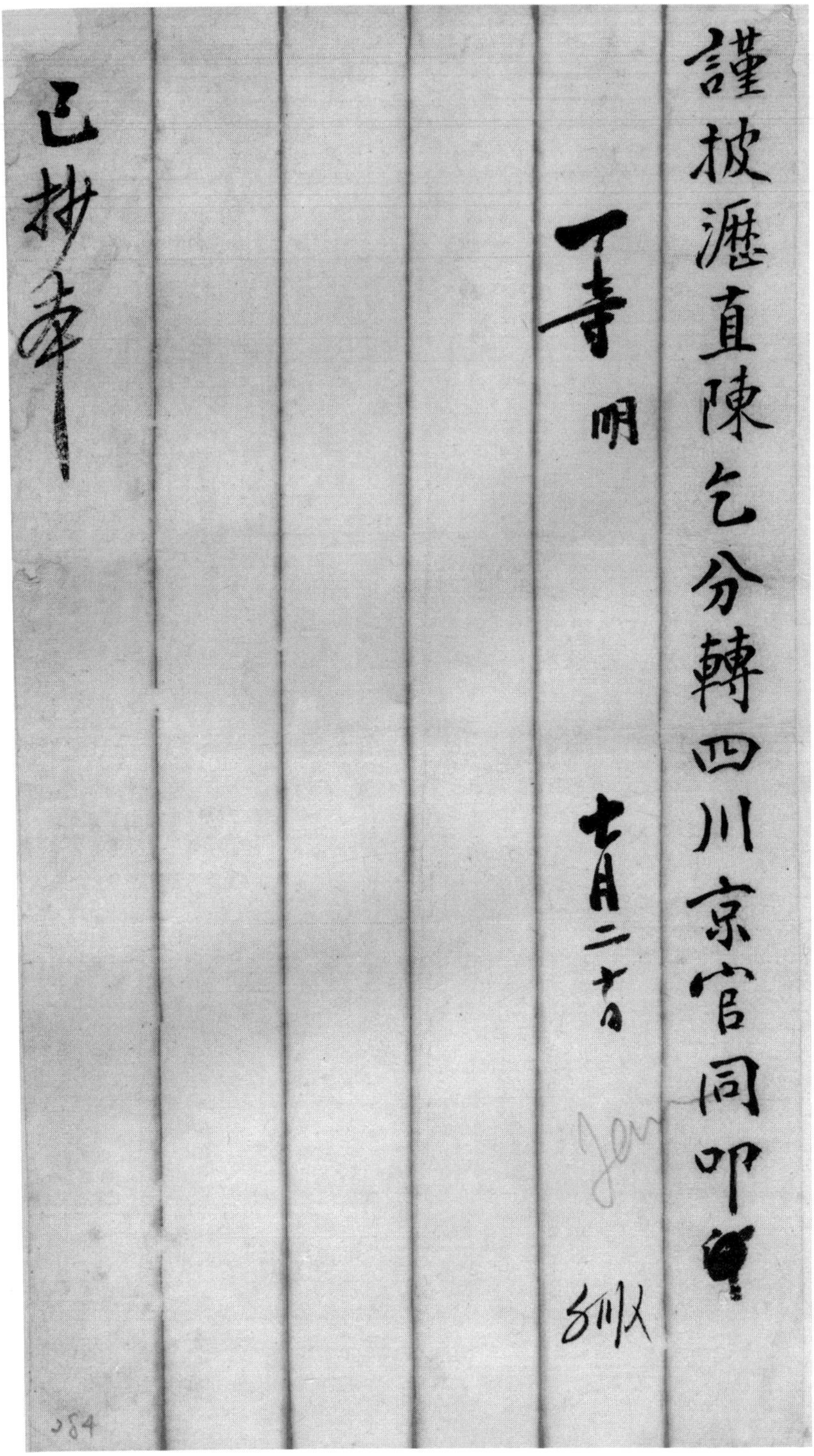
謹披瀝直陳乞分轉四川京官同叩[illegible]

丁壽明

七月二十日

[illegible]

已抄[illegible]

❀宮門鈔

七月二十日　海軍部　都察院　廂藍旗値日
李中堂前往　西陵請　訓
李擢英奏請開缺
都察院遞封奏三件隨書四函　溫肅遞封奏一件
典禮院奏請換戴暖帽日期
旨八月十六日　又奏派查齋大臣
派出英信　兜欽　芬車　額勒春　都滏阿　良揆　恩存　常英
召見內閣總協理大臣

❀諭旨

監國攝政王鈐章
七月二十日內閣奉

[抄入大府本]

上諭自鐵路幹路收歸國有凡從前商股民股均經飭部妥定辦法明白宣示既已減輕民累復不令虧損民財朝廷體恤閭閻實已仁至義盡乃川人未明此意開會演說藉端爭執始不過無知愚氓羣相附和繼則罷市罷課迹近囂張屢經電飭趙爾豐彈壓解散並飭郵傳部將路款轇轕妥速清理明示辦法以釋羣疑原冀早就敉平各安生業迄不忍加罪吾民不料抗糧抗捐之議相繼而起惟恐有匪徒從中煽誘別滋事端特派端方前往查辦僅准酌帶兵勇兩隊俾免驚疑旬日以來該省突有人散布自保商權書意圖獨立並有約期起事之舉經趙爾豐先期偵悉將首要擒獲本月十五日竟有數千人兇撲督署肆行燒殺並傷斃弁兵似此目無法紀顯係逆黨勾結爲亂於路事已不相涉萬難再予姑容已電飭趙爾豐相機分別剿辦該署督迅即懔遵前次電旨嚴飭新舊各軍將倡亂匪徒及時撲滅毋任蔓延其被脅紳民均係無辜尤當妥籌安撫不得少有株連免致地方糜爛如有爲逆黨强迫列名會簿者卽將該名册全行銷毀一槪不究端方帶隊入川務須申明紀律嚴加約束不准騷擾並沿途曉諭居民宣布德意俾皆曉然朝廷不得已而用兵純係爲除莠安良起見以定衆志而遏亂萌至該省商民一切路股仍著郵傳部督會辦鐵路大臣遵旨妥速辦理經此次申諭之後該省紳民人等勿再輕信浮言徒滋擾亂應卽照常開市開課各安本分用副朕諄諄誥誡之至意欽此

奕劻那桐假徐世昌署名

監國攝政王鈐章
七月二十日內閣奉
上諭李擢英奏因病懇請開缺一摺典禮院直學士李擢英著准其開缺欽此
奕劻那桐假徐世昌署名
監國攝政王鈐章
七月二十日內閣奉
上諭典禮院直學士著端緒補授欽此
奕劻那桐假徐世昌署名
監國攝政王鈐章
七月二十日內閣奉
上諭典禮院總務廳廳長著聶寶琛補授欽此
奕劻那桐假徐世昌署名

❀交　旨

七月二十日
監國攝政王鈐章
欽奉
諭旨都察院奏遵旨釐訂現行法規照章派員編纂一摺知道了欽此
奕劻那桐假徐世昌署名
監國攝政王鈐章
欽奉
諭旨都察院代奏縣丞用兼襲雲騎尉李滋然呈進舊撰書籍四種呈一件知道了書交南書
房閱看欽此
奕劻那桐假徐世昌署名

周萬鵬致盛宣懷電（一九一一年九月十三日）

上海周道萬鵬來電 七月廿一日
盛宮保堂憲鈞鑒洪密據瀘州局皓電稱成仍阻資
韋通查线加勤報由瀘轉資聞省城閉資差不得進
郵班亦誤十五日數千人圍督署經擊退近情不悉
瀘開羅市三反四覆今韋開昨擒党要一人餘黨猶
在煽惑省及各處洋人均下渝瀘兵單派来護局一
棚局中忙苦尚安敘府昨鬧府署登時槍斃七擒二
兵傷二各州縣開羅不一停貸尤廣等語謹聞職道
萬鵬叩箇

1052

沙市 七月二十一日

THE IMPERIAL CHINESE TELEGRAPH ADMINISTRATION.

Telegrams accepted for all Telegraph Stations in the World

STATION

TELEGRAM Nr. 203 Class ___ Words. ___

Given in at Shasi the 21/7 191 H. 50 M. ___ m.

Peking 3419 6296 1311

3639 4141 1362 0202

澤盛 貝子 宮保：

各較黨非與路，藉路復徒資
東棧草業本爭可爭人之乘，即
粵猝本亂，逞無端於之亂可
閱乱省肇圖即他趋吹謀釁實
近粵地機關有既鼓在有
密處烈之衆無亦中數幸情口
爺健深尤近次事潮羣暗多自
鑒電川蔓一路風今而居方為

端方致載澤、盛宣懷電（一九一一年九月十三日）之一

THE IMPERIAL CHINESE TELEGRAPH ADMINISTRATION.

Telegrams accepted for all Telegraph Stations in the World

STATION

TELEGRAM Nr. ________ Class ________ Words. ____

Given in at ________ the ________ 190__ H. ____ M. ____ /m.

奕激牢之銀華言必已时仍利時
路詞公全以煽未銀已實籌意
幸收一杏給屢黨銀全無之統鄙
以江非電亂全儻仍款名多
禍必家大勉來及給亂亂靡之尤
亦闻破使师心即弭粤受亂失
欒輩上可即堅生挾能而是釀所
之變不福然僑相即發則怨害機

1054

THE IMPERIAL CHINESE TELEGRAPH ADMINISTRATION.

Telegrams accepted for all Telegraph Stations in the World

STATION

TELEGRAM Nr.______ Class______ Words.______

Given in at______ the______ 190___ H.___ M.___ /m.

有人之用祈馬粵路利尚方惟歸爭徒陳祥暫紳匯所函此路官奪電俟粵籍以昨餘至收辦即資照緩自口之查

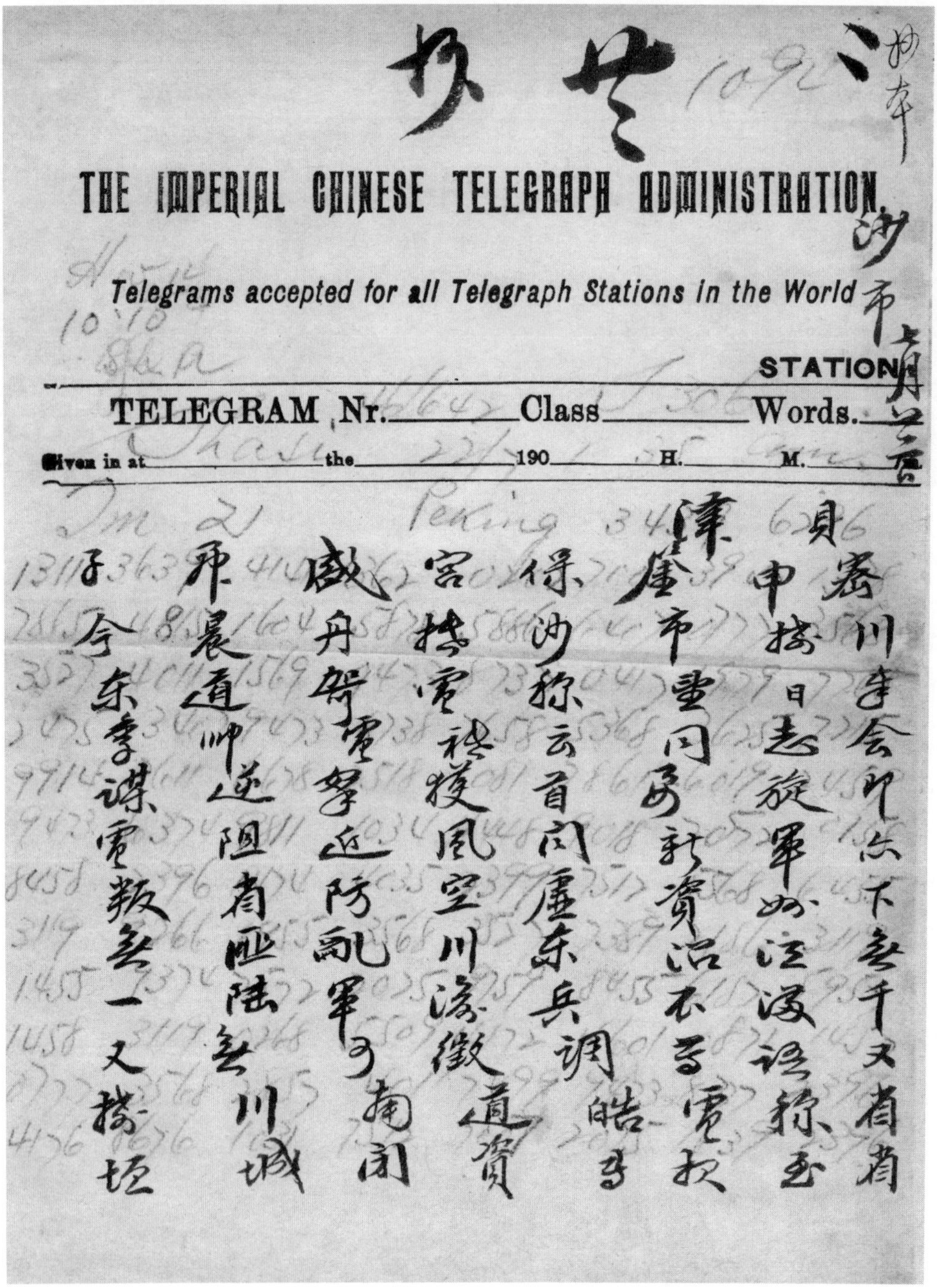

THE IMPERIAL CHINESE TELEGRAPH ADMINISTRATION

Telegrams accepted for all Telegraph Stations in the World

STATION

TELEGRAM Nr. ______ Class ______ Words. ______

Given in at ______ the ______ 190 ___ H. ___ M. ___

端方致載澤、盛宣懷電（一九一一年九月十三日）之二

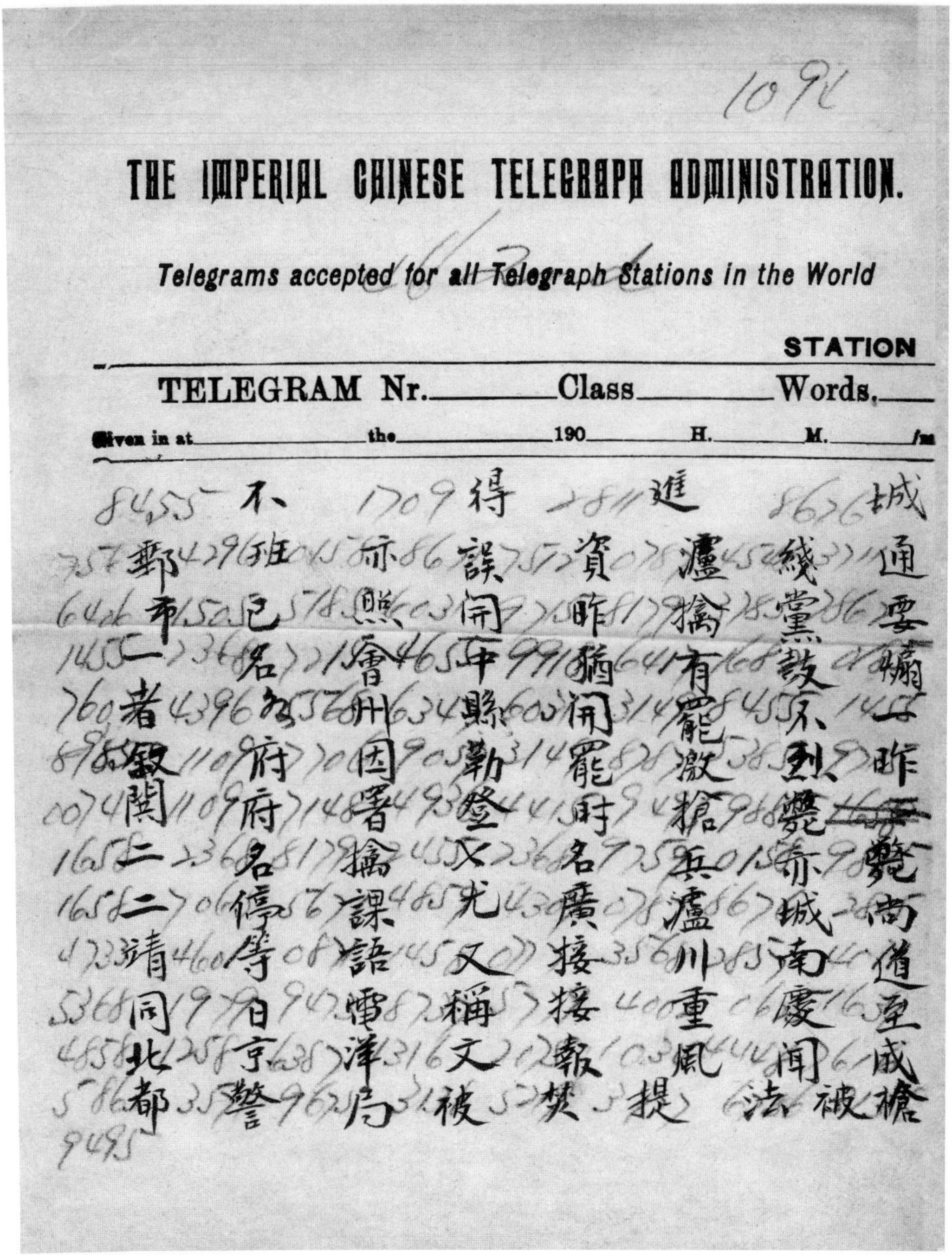

1096

THE IMPERIAL CHINESE TELEGRAPH ADMINISTRATION.

Telegrams accepted for all Telegraph Stations in the World

STATION

TELEGRAM Nr.______ Class______ Words,______

Given in at______ the______ 190______ H.______ M.______ /m

不得進城
鄧班亦誤資瀘綫通
市已照開昨擒黨要
一名會中猶有設孀
者多州縣開罷不一
欽府因勒罷激到昨
閣府署登時搶變
二名擒又名兵亦號
二停課光廣瀘城尚
請等語又接川南道
同白電稱接重慶至
北京洋文報風閒成
都警局被焚提法被槍

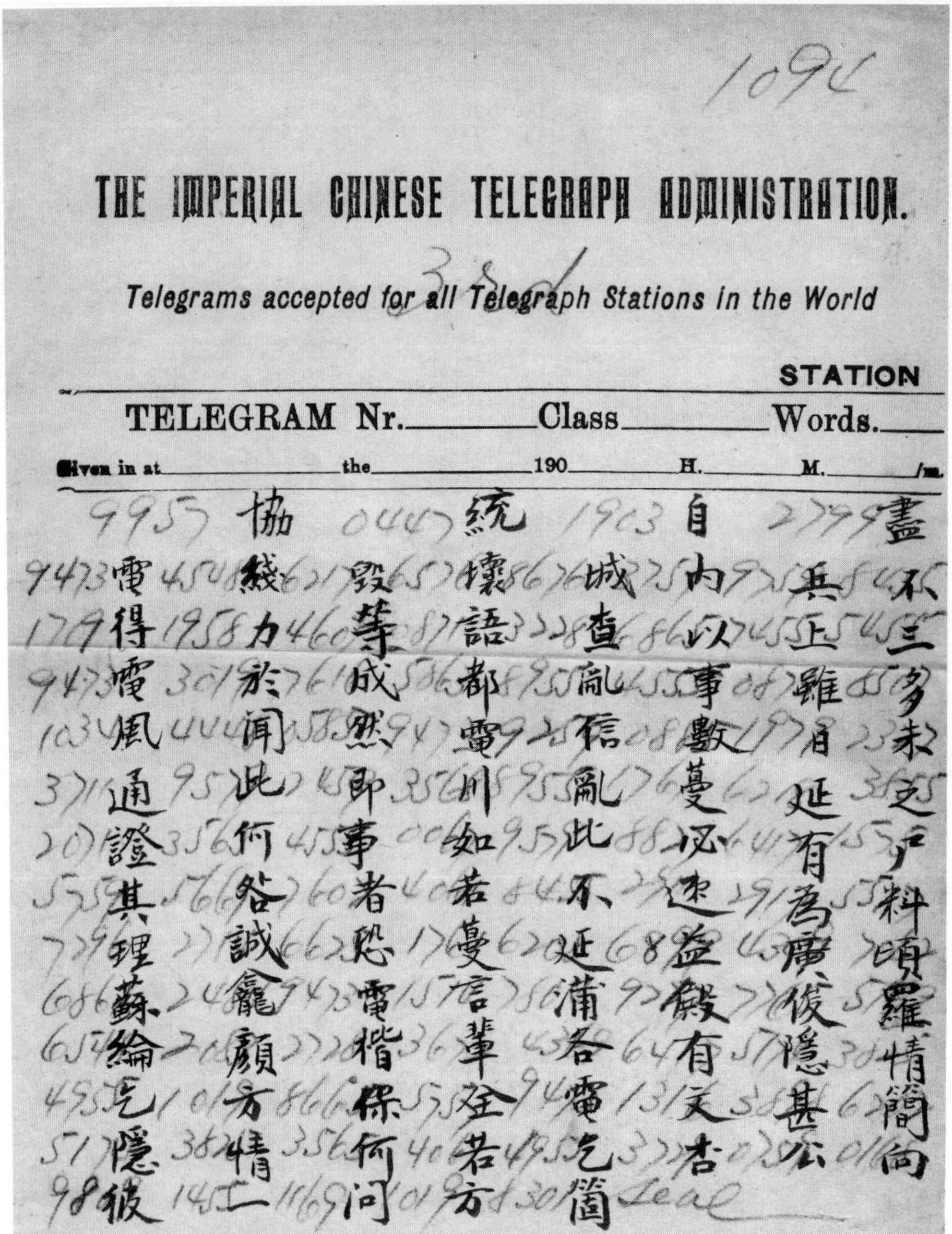
1094

THE IMPERIAL CHINESE TELEGRAPH ADMINISTRATION.

Telegrams accepted for all Telegraph Stations in the World

STATION

TELEGRAM Nr._____ Class_____ Words._____

Given in at_____ the_____ 190___ H.___ M.___ /m.

盡不三多未之戶料頭羅情簡向

兵上雖自延有爲廣俊隱甚公

自內以事數蔓迅速益熾有吴杏

城查亂信亂此不延蒲各電乞簡

統壞語都電川如若蔓言華全若方

毀等成然即事者恐電揩保何問

協綫力於聞此何答誠龕顧方情

電得電風通證其理蘇綸乞隱彼

Seal

端方致載澤、盛宣懷電（一九一一年九月十三日）之二

七月二十二晚沙市来電

此次川事勦辦匪徒實川督責任查辦情形宣布德意乃鄙人責任鄙意已見頃電及讀廿日上諭於鄙旨 相符合惟鄙人究係辦路之人川人不曉鄙意誤以為朝廷遣鄙人前往意主從嚴季帥不曉鄙意誤以為鄙人前往將取而代之兩處各挾疑團此事何從著手故鄙人辭之奏申明請派與路事毫無干涉之人是明言此役非獨鄙人不宜即莘帥亦不宜閣座未 諒鄙意仍責鄙

人迅往資屬進退兩難惟有請公偕行庶釋川人疑慮公如允往大局之幸公不肯行鄙人惟有將真確為難情形奏請宸斷另簡重臣或即責季帥一手辦理倘不得請雖獲嚴譴亦所不避請公向琴菊二老剴切敷陳鄙人多病之軀久甘屏退絕無進取之思公所深悉此番恩召出山及特命辦路實出承澤及琴菊二老汲引盛心若置之萬難之危地而又預知良果之必無於閣座推挽初心未免相左患難與共朋友之義是所望於我公幸速為密陳鄙人在宜守候環音立待取決感極急極方箇

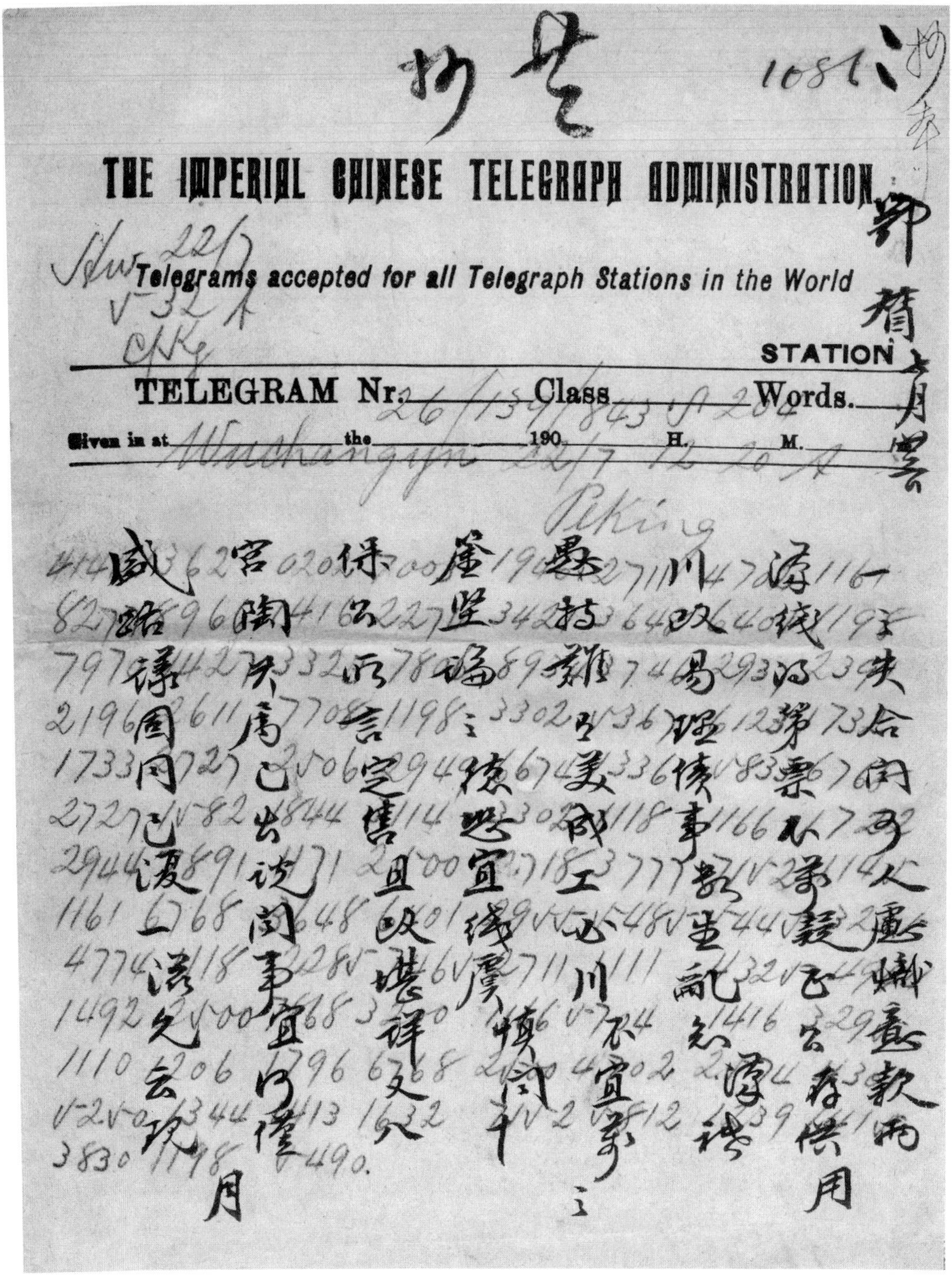

抄呈　1081

THE IMPERIAL CHINESE TELEGRAPH ADMINISTRATION

Telegrams accepted for all Telegraph Stations in the World

STATION

TELEGRAM Nr. 26/139/843 Class 0 Words. 204

Given in at Wuchangyin the 22/7 190 12 H. 20 M. A

Peking

鄂督[illegible]月署

一[illegible]合同可人[illegible]畫款兩月
海綫以第票不[illegible]疑已公存供用
川改易經債事款生亂之浮謠
恐持難[illegible]美成工必川不宜家之
簽堅端之後恐宜綫慶慎問午
保公所言定售且此堪詳文
宮陶只為已出談閱事宜仍僅月
盛諮議國同已渡一法免去現

瑞澂致盛宣懷電（一九一一年九月十三日）

1086

THE IMPERIAL CHINESE TELEGRAPH ADMINISTRATION.

Telegrams accepted for all Telegraph Stations in the World

2nd STATION

TELEGRAM Nr. 26/139 Class ______ Words. ______

Given in at ______ the ______ 190 ___ H. ___ M. ___ /m.

[illegible]

寄重慶電局朱道等電 七月二十二日

重慶電局朱道鈕守瀘州電局趙道送劉道郭牧資州電局送資州朱牧簡州牧川京官又有長電分寄各局望速抄印數千張各處遞送劉道須專送自流井陳孟翁朱道須送紳士舒迪翁資州牧簡州牧須設法分送成都城外民團切勿遲誤印刷遞送各費均准開支度支部郵傳部禡 七月二十二日

盛宣懷致李經羲、沈瑜慶電（一九一一年九月十四日）

寄雲南李制軍、貴州沈中丞電 七月二十二日

李帥十六日電奏因諮會逆跡昭著誘拏為首圍署圍城電線已斷資州探報成都城外亂民數萬滋蔓擾遍川北川東兵不滿千無可調省旨令鄂軍赴援革帥電須廿餘日到不如滇黔近川之處有軍隊可調營入不在多祇須得力統將帶槍隊一二千人馳往烏合之衆即可星散公宏猷體國如可設法以壯聲援乞速電內閣軍諮府核奪如鄰近無軍亦乞電示宣禡

武昌 廿二日

加急

速抄呈

THE IMPERIAL CHINESE TELEGRAPH ADMINISTRATION.

Telegrams accepted for all Telegraph Stations in the World

STATION

TELEGRAM Nr. 1/145/58 Class D 123 Words.

Given in Wuchangfu the 1911 9 25 M

漱致宜抵舍崎身總請兵首辦
老大由鐵迨途側何奏進并籌
電滬川鐵達蜀人如前通准統
禡來入六電設一論急兩復換
密另軍輪已而容無濟援議陝
保瀘鄂有兆陸就者不赴交楮
宮得同工貝登有過緩陝帶甘肅
盛處相而系舟艦而屬由己勵理

瑞澂致盛宣懷電（一九一一年九月十四日）

THE IMPERIAL CHINESE TELEGRAPH ADMINISTRATION.

Telegrams accepted for all Telegraph Stations in the World

STATION

TELEGRAM Nr. ______ Class ______ Words. ______

Given in at ______ the ______ 191 ______ H. ______ M. ______ m.

1682 已 2102 接 2419 洽 2733 戎 0911 間 3621 惟 0842 有 0557 催
1907 派 2422 派 0044 之 0216 兵 3404 星 1675 夜 6668 進 4014 發
0288 別 3864 無 0385 他 5898 稟 2642 澂 7627 養 Seal

瑞澂致盛宣懷電（一九一一年九月十四日）

一號

COPY NR. 電

STATION, the　　Jourl. No. 1394

成都 廿三 未 寄

Received.	Retransmitted.	Sent out.	Service Remarks.
from	to	the H. M. /m.	(9330) 0190
the H. M. /m.	the H. M. /m.	Stat. Mess.	2494 4316
by me	by me	by me	

那桐

TELEGRAM Nr. 4131/113　Class 8　Words. 10?4

Given in at Chengtufu the 23/7 191 5 H. 30 M. p /m.

Fire Urgent Peking 6719 那

中堂都內閣王爺中
堂鈞鑒十五日遵旨
拏獲首要隨將圍攻
督署亂民擊退曽於
咸電具陳在案是日
分段派兵彈壓兵民
仍多衛奪直至三更
城內始稍靜息而城
外大麪鋪
半市口民團數千人
貨夜已到城下三據称
係由同志会調令十
六日進城

二

COPY Nr.

STATION, the ____________ Jourl. No. 1394

Received.	Retransmitted.	Sent out.	Service Remarks.
from............	to............	the.......H.......M.......∕m.	2nd
the.......H.......M.......∕m.	the.......H.......M.......∕m.	Stat. Mess............	
by me............	by me............	by me............	

TELEGRAM Nr.________ Class________ Words.______

Given in at________ the________ 191____ H.____ M.____ ∕m.

始知逆謀
山狡實非一朝一夕
之故連日已到各團
計西有溫江郫縣崇
慶州灌縣南有成都
華陽双流新津及邛
州蒲江大邑等十餘
州縣一縣之中又多
分數起民匪混雜每
股約不下數千人或
至萬人所到之處搶
掠燒劫無所不為附
省居民紛紛逃徙陣

趙爾豐致那桐、奕劻請代奏電（一九一一年九月十四日）

三

COPY NR.

STATION, the 3rd　　Jourl. No. 1394

Received.	Retransmitted.	Sent out.	Service Remarks.
from.......... the......H......M....../m. by me..........	to.......... the......H......M....../m. by me..........	the......H......M....../m. Stat. Mess.......... by me..........	

TELEGRAM Nr.______ Class______ Words.______

Given in at______ the______ 191___ H.___ M.___ /m.

5159 獲 4101 之 4256 人 7740 訊
供或称系赴同志会
召集有称系羅蒲等
大人調来保路者十
四日即已暗中齊團
亦有沿江得有同志
会散布調兵木籤令
来保護羅蒲諸人者
今知渠等被擒特来
救援兵並要求從此不
納糧税不准則圍城
攻打當令經調派陸軍
及巡防軍衛隊一面

趙爾豐致那桐、奕劻請代奏電（一九一一年九月十四日）

四

COPY Nr.

STATION, the ______ Jourl. No. 1394

Received.	Retransmitted.	Sent out.	Service Remarks.
from...... the......H......M....../m. by me......	to...... the......H......M....../m. by me......	the......H......M....../m. Stat. Mess...... ...... by me......	4th

TELEGRAM Nr.______ Class______ Words.______

Given in at______ the______ 191______ H.______ M.______ /m.

7801 謹 8125 嚴 8261 城 8538 守
4146 一 1966 面 4539 分 7047 路 6324 迎 6246 勸 4254 仍 4448 具
8610 將 7714 誘 6383 逆 2374 紳 4614 等 7822 謀 4894 叛 2257 情
8000 形 4539 分 3148 頭 9947 曉 8547 諭 7026 解 7709 散 4483 免
2800 致 0206 愚 9437 者 9979 無 7110 知 2227 誤 8785 犯 4414 兵
9437 民 0517 接 0351 戰 0877 時 8130 官 8899 弁 2144 等 4416 亦
0122 必 4445 先 7522 行 4661 勸 7626 解 4111 乃 4885 為 7714 誘
8117 團 0191 恃 4444 其 4757 人 5622 眾 4660 勢 8033 強 4539 分
8179 四 7047 路 8113 圍 8261 城 8127 並 0786 敢 放 5258 槍 礮
4461 亦 4416 亡 0399 我 4444 兵 8326 士 1202 迫 0399 我 1169 軍
1711 開 9258 槍 8117 回 0677 擊 5179 猶 0786 敢 0496 抵 9312 死
0411 拒 0496 抗 2800 至 4661 擄 1927 雖 0796 支 0496 持 8431 始
4885 為 2398 潰 2381 紛 0773 敗 1355 退 4108 嗣 0991 有 8311 大

COPY Nr.

STATION, the 5 th Jourl. No. 1394

Received.	Retransmitted.	Sent out.	Service Remarks.
from........	to........	the.......H.......M......./m.	
the.......H.......M......./m.	the.......H.......M......./m.	Stat. Mess........	
by me........	by me........	by me........	

TELEGRAM Nr.______ Class______ Words.______

Given in at______ the______ 191___ H.___ M.___ /m.

股匪围数
千人盘据距省五十
里之龍泉驛山頂扼
守险要寨列礮械揭
言進攻省城我軍馳
往勦擊匪即開砲轟
打我軍於黑夜猛撲、
上山占據山頂奪獲
大砲数十具槍彈刀
茅無算匪遂下山紛
竄蓋龍泉驛而東路
要害該匪等意在扼
险固守截斷省城聲

趙爾豐致那桐、奕劻請代奏電（一九一一年九月十四日）

六

COPY Nr.

STATION, the 6th　　Jourl. No. 1394

Received.	Retransmitted.	Sent out.	Service Remarks.
from............	to............	the......H......M......./m.	
the......H......M......./m.	the......H......M......./m.	Stat. Mess............	
by me............	by me............	by me............	

TELEGRAM Nr.______ Class______ Words.______

Given in at______ the______ 191______ H.______ M.______ /m.

文所和匪双防匪流廂軍仗持鬆
其中千具兵詠双官我接相稍
徑西浦數於派詎攻燒迫匪利始
致庫有横徑退圍焚危與勝圍
幸不路復縱復敗股火甚援獲城
奪西處集間即分放勢往均夜
援攻而等聚元當又城市縱次晝
時制塢徒流勸旋員衙攝數一

七

COPY Nr.

STATION, the 7th   Jourl. No. 1394

Received.	Retransmitted.	Sent out.	Service Remarks.
from…………	to…………	the……H……M……/m.	
the……H……M……/m.	the……H……M……/m.	Stat. Mess.…………	
by me…………	by me…………	by me…………	

TELEGRAM Nr.______ Class______ Words.______

Given in at______ the______ 191__ H.___ M.___ /m.

竄後坐徙兵六ノ無以將當篏

擾續先全又今十防剿激各府奪

竄豆亦報處須自擊時賞雖多

場匪探苗猶軍七西隨重命甚

其和之揚州警我戕馳急以用斬

中寺剋漢先查連東爾犒尚搶

解浦家退絲救令外器義均糜

庠唐擊什綠往至攻賑忠士氣。

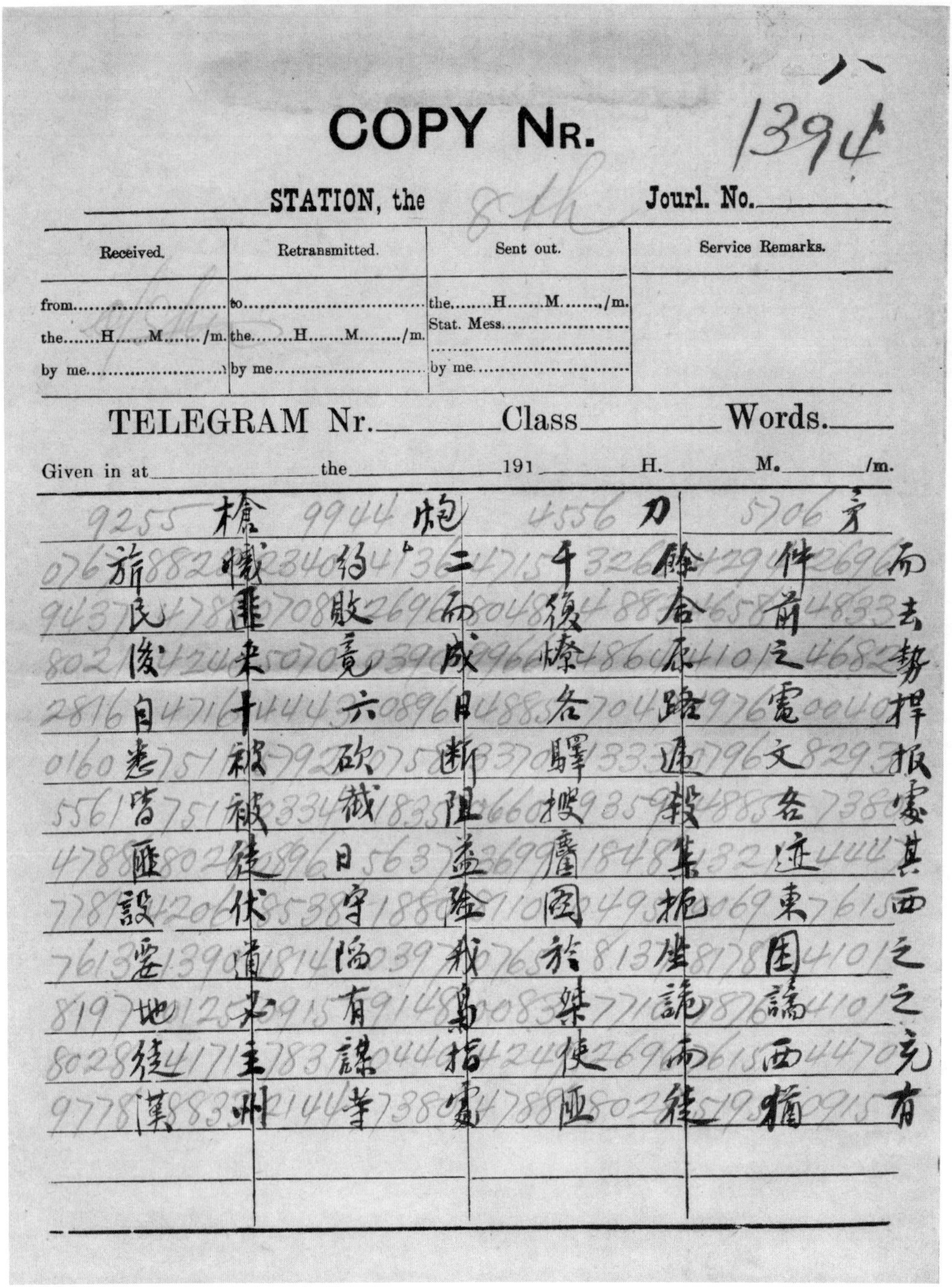

八

COPY Nr. 1394

______STATION, the 8th   Jourl. No.______

Received.	Retransmitted.	Sent out.	Service Remarks.
from........	to........	the.....H.....M.....m.	
the.....H.....M.....m.	the.....H.....M.....m.	Stat. Mess........	
by me........	by me........	by me........	

TELEGRAM Nr.______ Class______ Words.______

Given in at______ the______ 191______ H.______ M.______ /m.

槍炮刀斧
旂幟約二千餘件而
民匪敗而復合前去
後來竟成燎原之勢
自十六日各路電桿
悉被砍斷驛遞文報
皆被截阻搜殺各處
匪徒日益麇集迹其
設伏守險圖扼東西
要道隔截於坐困之
地必有梟桀詭譎之
徒主謀指使而西充
漢州等處匪徒猶有

九

COPY Nr.

STATION, the 9th　Jourl. No. 1394

Received.	Retransmitted.	Sent out.	Service Remarks.
from [illegible]	to	the H M /m.	
the H M /m.	the H M /m.	Stat. Mess.	
by me	by me	by me	

TELEGRAM Nr. Class Words.

Given in at the 191 H. M. /m.

4559	分			7047	路			4240	來			5607	有		
4101	之	7750	說	1440	兵	0717	數	0915	有	1832	限	4360	備	8309	多
4606	一	4559	分	0192	恐	4300	倉	4714	卒	0933	未	0817	易	9333	殲
1816	除	2062	撥	4388	集	8220	城	5338	守	5991	精	8105	團	4761	即
0400	抽	8760	隊	9447	雜	4620	勤	4429	以	8110	閩	8910	廓	9633	請
4444	其	4477	先	5021	後	7894	陣	0689	擒	1888	各	5183	犯	4189	中
0915	有	5111	被	2708	脅	0200	愚	3437	民	8135	均	5466	開	4061	善
7746	言	1717	開	8605	導	0160	甚	4193	予	8690	寬	4483	免	5607	有
1513	釋	1344	餘	4447	其	4620	勸	4945	告	1473	鄉	5960	里	4649	勿
2805	致	7750	謀	1184	踏	2505	罪	0365	庚	9030	為	8461	安	2254	驚
7627	解	0709	散	4101	之	7774	計	0234	惟	2686	閩	0089	被	3746	靈
8816	已	8653	竄	5961	派	8309	多	4256	人	1312	運	4688	動	4885	各
5607	有	7858	諧	7888	議	8628	局	4895	及	4162	京	8305	外	8550	官

趙爾豐致那桐、奕劻請代奏電（一九一一年九月十四日）

十

COPY NR.

STATION, the 10 th Jourl. No. 1391

Received.	Retransmitted.	Sent out.	Service Remarks.
from…… the……H……M……/m. by me……	to…… the……H……M……/m. by me……	the……H……M……/m. Stat. Mess…… …… by me……	

TELEGRAM Nr.______ Class______ Words.______

Given in at______ the______ 191______ H.______ M.______ /m.

2374 紳		0203 熹		8110 園		9665 清	
4112 亂	3646 里	5566 白	9013 爾	7928 專	4146 一	7966 面	1371 通
1976 電	4888 各	5607 有	5642 請	0603 撫	1565 宣	8809 布	4447 其
2505 羅	4291 州	4418 亮	1125 人	0943 民	7755 諭	0905 會	0336 武
0916 有	9046 牽	4686 動	2806 至	2214 現	9195 在	2254 籌	1287 亦
1854 防	8538 守	0369 所	0915 有	2254 籌	5498 畫	3195 餉	1975 需
1024 額	4366 備	434 供	2393 給	4893 及	7069 賞	7540 郵	0771 救
9834 濟	8838 巡	0006 查	8819 地	1966 面	4888 各	4199 事	8554 宜
2816 自	4148 不	2709 借	7379 無	2247 總	4788 匯	9202 撥	1767 國
4291 以	7965 資	5642 請	5265 辛	4447 其	7289 臨	0861 時	1975 需
5466 用	4888 各	1932 款	416 亦	9030 為	1024 領	2105 算	0369 所
4148 不	4893 及	0465 劃	8816 已	0765 移	7222 蕭	2507 署	3134 飭
7781 敷	2254 籌	1854 防	8628 局	8464 安	9030 為	128 辦	5203 理

十二

COPY Nr.

STATION, the 11th Jourl. No. 1394

Received.	Retransmitted.	Sent out.	Service Remarks.
from ...... the......H......M....../m. by me......	to...... the......H......M....../m. by me......	the......H......M....../m. Stat. Mess...... by me......	

TELEGRAM Nr.______ Class______ Words.______

Given in at______ the______ 191______ H.______ M.______ /m.

4301	俾	4392	得	2359	綜	7617	核
4529	再	4885	各	7047	路	1976	電
8293	報	4109	久	8815	已	4148	不
1371	通	8170	因	4658	前	0896	日
8610	將	2265	簡	8833	收	4788	匯
2744	股	0672	擊	1328	退	8458	始
8617	專	3276	馬	7061	費	5953	稿
2806	至	7965	資	8833	收	1976	電
8628	局	5559	費	1333	還	0802	是
4291	以	4448	具	8293	報	5991	稍
1359	遲	4883	合	4222	併	2680	声
0811	明	7801	謹	7768	請	4293	代
8398	豐	9013	爾	7928	變	4800	叩
9702	養	Seal					

盛宣懷致岑春煊、瑞澂、端方、趙爾巽電（一九一一年九月十五日）

成都岑宮保、武昌瑞制軍、宜昌端大臣、奉天趙制軍：申宸　十五日

川電悉。川人以路事鼓動人民，風靡全省，氣燄熾張，逆圖獨立，

竟敢明目張膽，抗糧抗捐，陸刊發四川自保傳單，儼然共和政府

之勢。曉諭不聽，解散不從，逆謀日熾，若任其決裂，深恐牽連無株。

閱德逆等定謀於七月十五日聚眾起事，先燒督署，旋即戕官踞

城，宣布獨立。爾豐早在嚴密警備，旋於師庭拿獲逆謀首

逆，已聚二萬餘逆黨，即於十五日前來督署燒殺，不使得逞，因於

本日特明先將營隊再加警戒一面將逆黨首要若呂持蒲
殿俊羅綸鄧孝可顏楷張瀾胡嶸江三乘葉秉誠王銘新設
法誘擒一面出示解散無如居民不靠午刻猝有匪徒數千先
後入在督署附近扭大隊圍攻亂放槍即先撲督署東首經派出兵與
之接戰兵隊在街口堵截無奈來勢兇猛直逼轅門所傷匪徒
等數人直至大堂均當火吳尔坐即傷令兵隊開槍傷斃匪（并擒匪徒）
徒十數人始敗退現在各街協會多在鳴鑼聚眾多殺兵隊

盛宣懷致岑春煊、瑞澂、端方、趙爾巽電（一九一一年九月十五日）

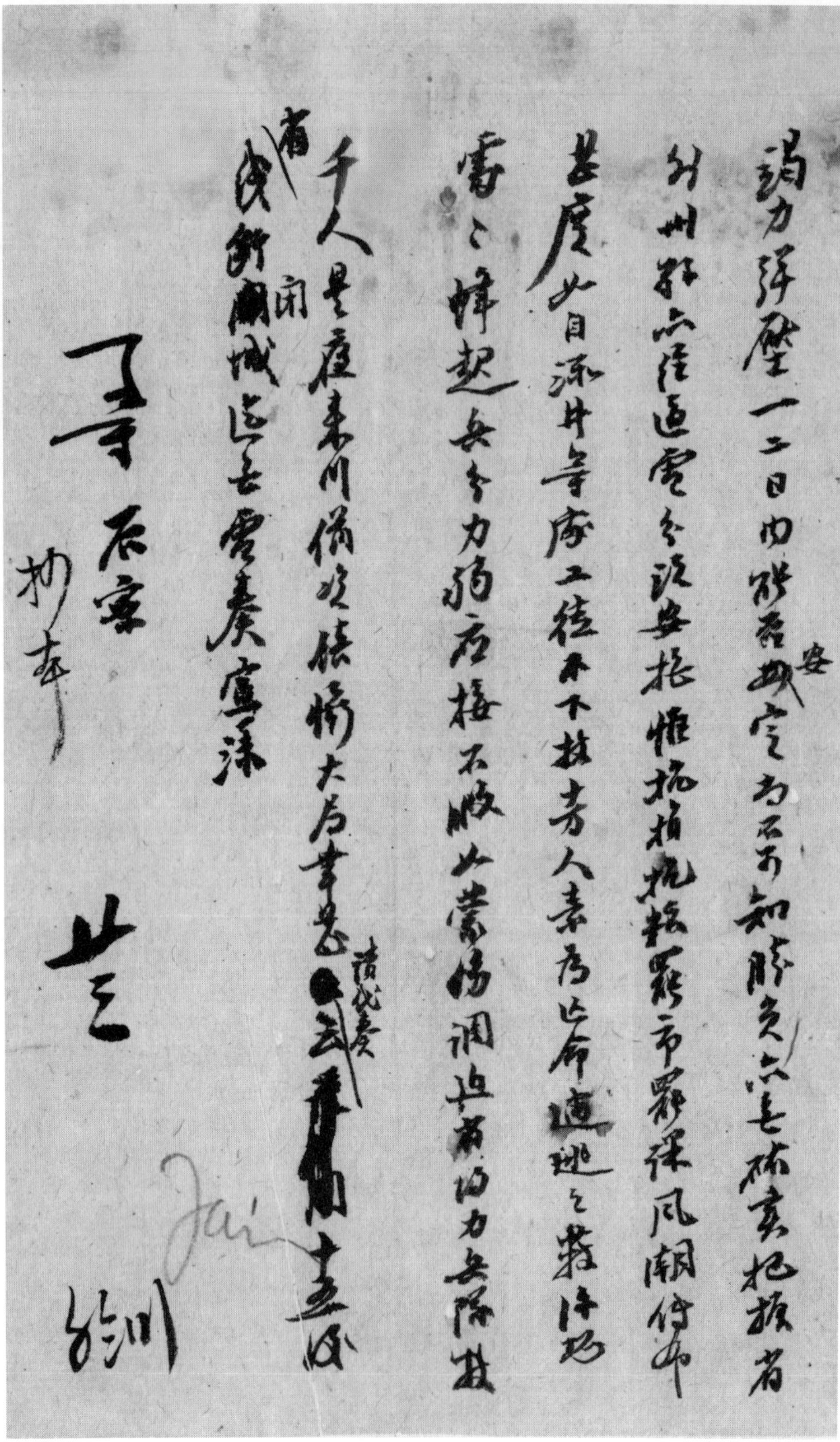
竭力彈壓一二日內務求安定否則知路民亦未佈告抱赦首
外州縣亦經通電令設法招撫惟抗捐抗糧罷市罷課風潮傳布
甚廣如自流井等處工徒不下數十萬人素為亡命逋逃之藪倘地
震之蜂起兵分力弱應接不暇如蒙飭調近省協力兵隊救
千人是否奏川備收招撫大局幸甚 請代奏 武昌瑞 十五戌
省
成都趙 閱 送去電奏底謹錄
王寺 辰宗 抄奉
廿三
端川
Jai

上海廿三日

廿三日

杭

THE IMPERIAL CHINESE TELEGRAPH ADMINISTRATION.

Telegrams accepted for all Telegraph Stations in the World

STATION

TELEGRAM Nr. Class Words 65

Given in at Shanghai the 191 23 H. 7 M.

電可決綫請慎代兩不解路奏岌已密財急之上塗益滬商鄙有妨民字鑒事怪國何生說議保川真段公免此叩宮恙拾另奇似有煊盛致收非不肯李辭

14816

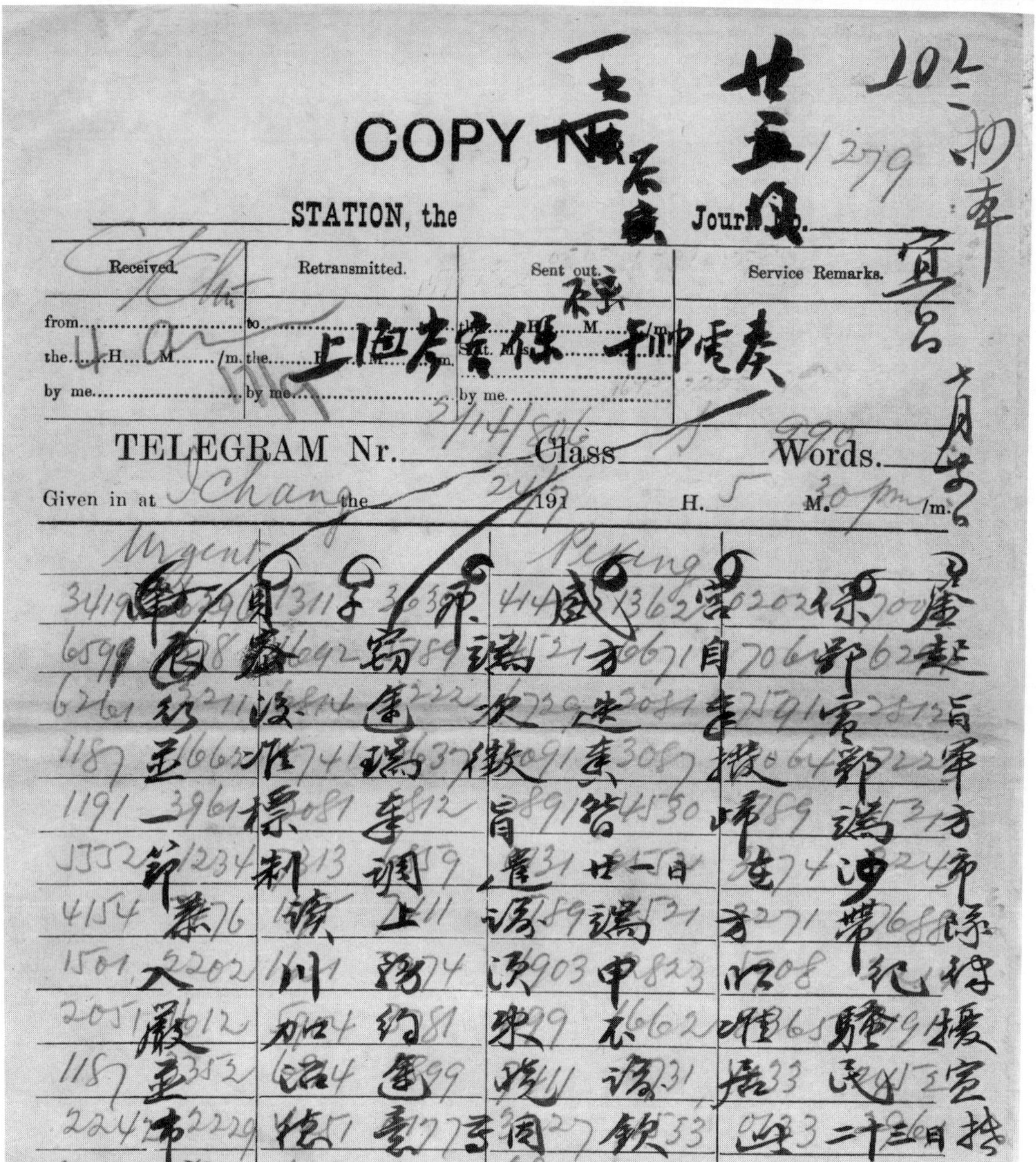
COPY No.

STATION, the Journal No.

Received.	Retransmitted.	Sent out.	Service Remarks.
from..........	to..........	the......H......M......	
the......H......M....../m.	the......H......M....../m.		
by me..........	by me..........	by me..........	

TELEGRAM Nr. ______ Class ______ Words.

Given in at Ichang the 24 191 H. 5 M. 30 pm /m.

Urgent Peking

端方致載澤、盛宣懷電（一九一一年九月十五日）

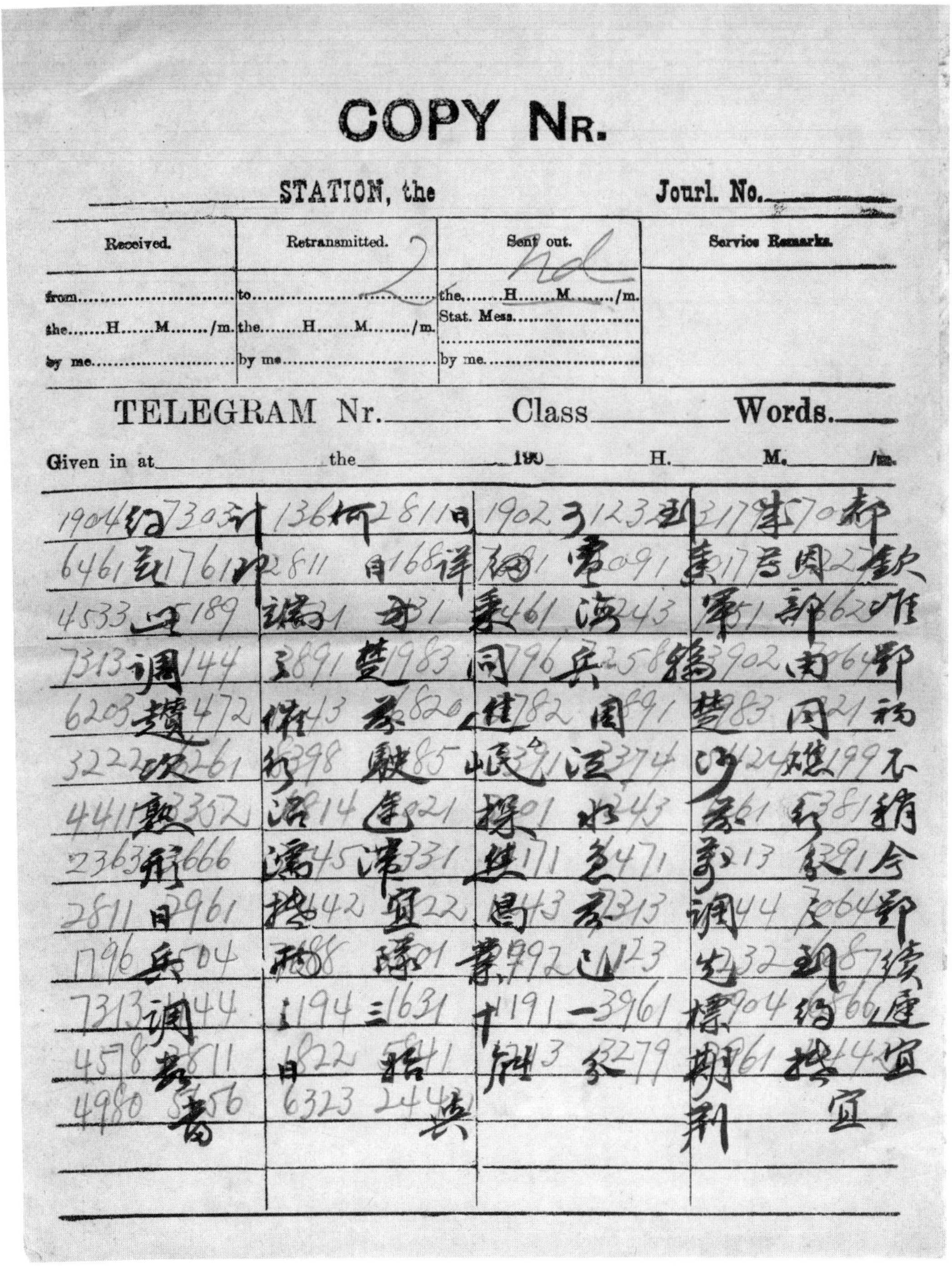

COPY Nr.

STATION, the ______ Jourl. No. ______

Received.	Retransmitted.	Sent out.	Service Remarks.
from......	to......	the...... H...... M...... /m.	
the...... H...... M...... /m.	the...... H...... M...... /m.	Stat. Mess......	
by me......	by me......	by me......	

2nd

TELEGRAM Nr. ______ Class ______ Words. ______

Given in at ______ the ______ 190 ______ H. ______ M. ______ /m.

端方致載澤、盛宣懷電（一九一一年九月十五日）

~~1266~~

THE IMPERIAL CHINESE TELEGRAPH ADMINISTRATION.

Telegrams accepted for all Telegraph Stations in the World

2.40 am
C. Lafayette St.

STATION

TELEGRAM No. 32d Class ______ Words. ______

Given in at ______ the ______ 191__ H. ______ M. ______ /m.

6851 遍 1970 吴 5562 莳 2388 徐
2202 川 8263 藍 2744 局 6050 總
6806 謝 3784 李 2371 孺 2442 宜
2822 昌 2508 府 5033 知 2508 府
7701 金 1183 世 1951 和 4411 轉

1911 府 3301 水 7664 陸 820 從 261 行 1144 之 5570 東 4513 旋
2081 李 1195 上 7411 該 202 川 4852 省 2071 大 2744 局 2106 發
2106 光 1902 之 1776 督 278 謝 292 逮 4489 瑞 3491 凉 4331 焦
4271 [illegible]

3279 [illegible]

4881 [illegible]

1243 [illegible]

7351 [illegible]

2792 [illegible]

2202 [illegible]

THE IMPERIAL CHINESE TELEGRAPH ADMINISTRATION.

Telegrams accepted for all Telegraph Stations in the World

STATION

TELEGRAM Nr.______ Class______ Words.______

Given in at______ the______ 191______ H.______ M.______ /m.

1259 勞 3084 擾 1173 事 2442 宜

0177 [illegible] 團 227 欽 533 山 3731 [illegible] 0021 川 [illegible] 省 1546 亟 1116 亂

4781 現 4531 [illegible] 3279 成 2063 都 [illegible] 城 [illegible] 1281 道 [illegible] 雲

1546 亟 1630 籌 4404 [illegible] 3791 [illegible] 2293 [illegible] 2202 [illegible] 3771 東

2202 川 1690 南 [illegible] 1631 [illegible] 3341 [illegible] 2293 暴 1633 動

4111 [illegible] 1630 [illegible] 1916 [illegible] 1691 [illegible] 2283 [illegible] 2063 年

1342 余 1115 [illegible] 1144 [illegible] 4468 亂 1471 [illegible] 0021 川

3771 東 1741 [illegible] 4791 [illegible] 2063 年 1906 [illegible] 1586 [illegible]

1134 [illegible] 1168 [illegible] 3279 [illegible] 2063 [illegible] 1223 [illegible]

1503 全 [illegible] 1241 [illegible] 2411 [illegible] 1213 [illegible] 1227 [illegible] 1102 良

6317 [illegible] 1259 [illegible] 3084 [illegible] 2221 [illegible] 2442 [illegible] 4311 [illegible] 1192 [illegible] 2 [illegible]

1761 [illegible] 4488 [illegible] 1894 [illegible] 1162 [illegible] 1510 [illegible]

3791 [illegible] 2021 [illegible] 4311 [illegible] 1176 [illegible] 1441 [illegible] 4533 力 1222 欽

端方致載澤、盛宣懷電（一九一一年九月十五日）

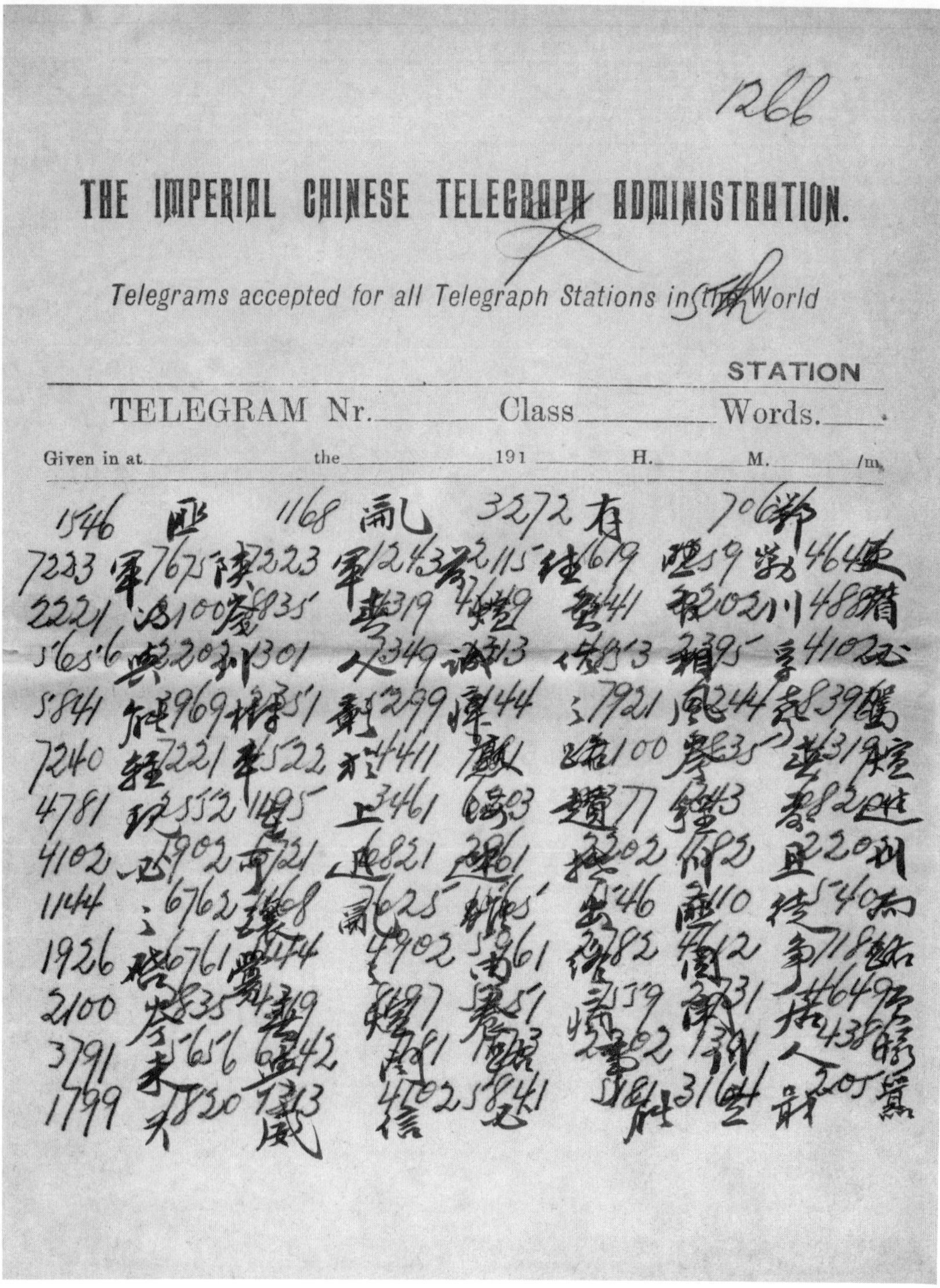
1266

THE IMPERIAL CHINESE TELEGRAPH ADMINISTRATION.

Telegrams accepted for all Telegraph Stations in the World

STATION

TELEGRAM Nr.________ Class________ Words.______

Given in at________ the________ 191____ H.____ M.____ /m.

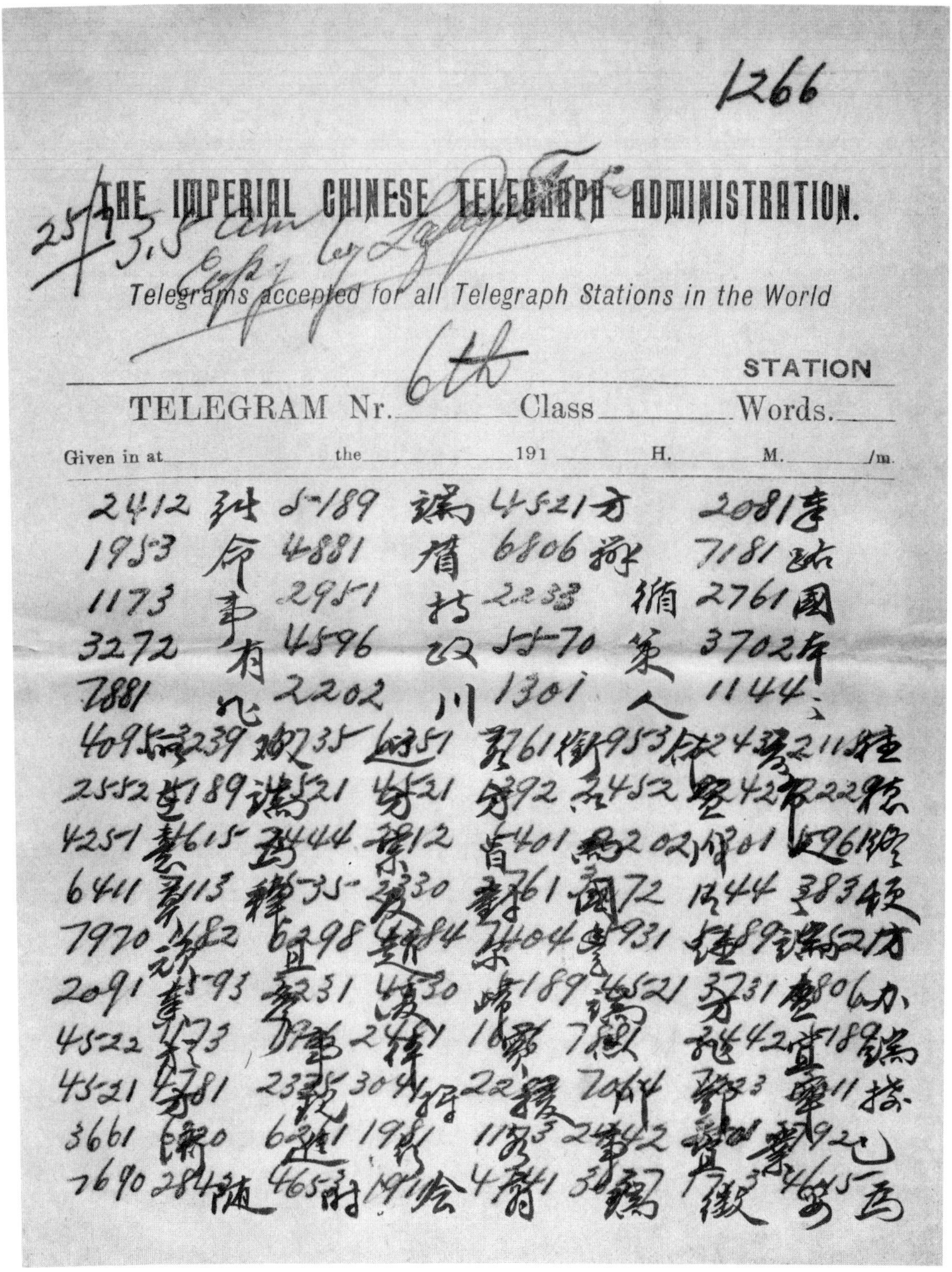
1266

THE IMPERIAL CHINESE TELEGRAPH ADMINISTRATION.

Telegrams accepted for all Telegraph Stations in the World

STATION

TELEGRAM Nr. 6th Class Words.

Given in at the 191 H. M. /m.

2412 張 5189 端 4521 方 2081 李
1953 命 4881 措 6806 辦 7181 路
1173 事 2951 於 2238 循 2761 國
3272 有 4596 政 5570 策 3702 本

端方致載澤、盛宣懷電（一九一一年九月十五日）

THE IMPERIAL CHINESE TELEGRAPH ADMINISTRATION.

Telegrams accepted for all Telegraph Stations in the World

STATION

TELEGRAM Nr. ________ Class ________ Words. ______

Given in at ____________ the ____________ 191 ________ H. ________ M. ________ /m.

協著於廿光在宜防大填入玉工
之方人三營方國江廣險次機
張瑞令練廣鎬內亟邑泛迎事路
行係該歷去年絕籌調查力趕
激拔拔有說土積湖業標以退昌
瑞承氣頗標七繼大營金資解
置鄂造事標三江赴屢帶極必
布統年軍三組兩軍空統黎川宜

2242 5941 2063 7223 1194 5916 1584 7223 4662 5941 5953 2202 2442

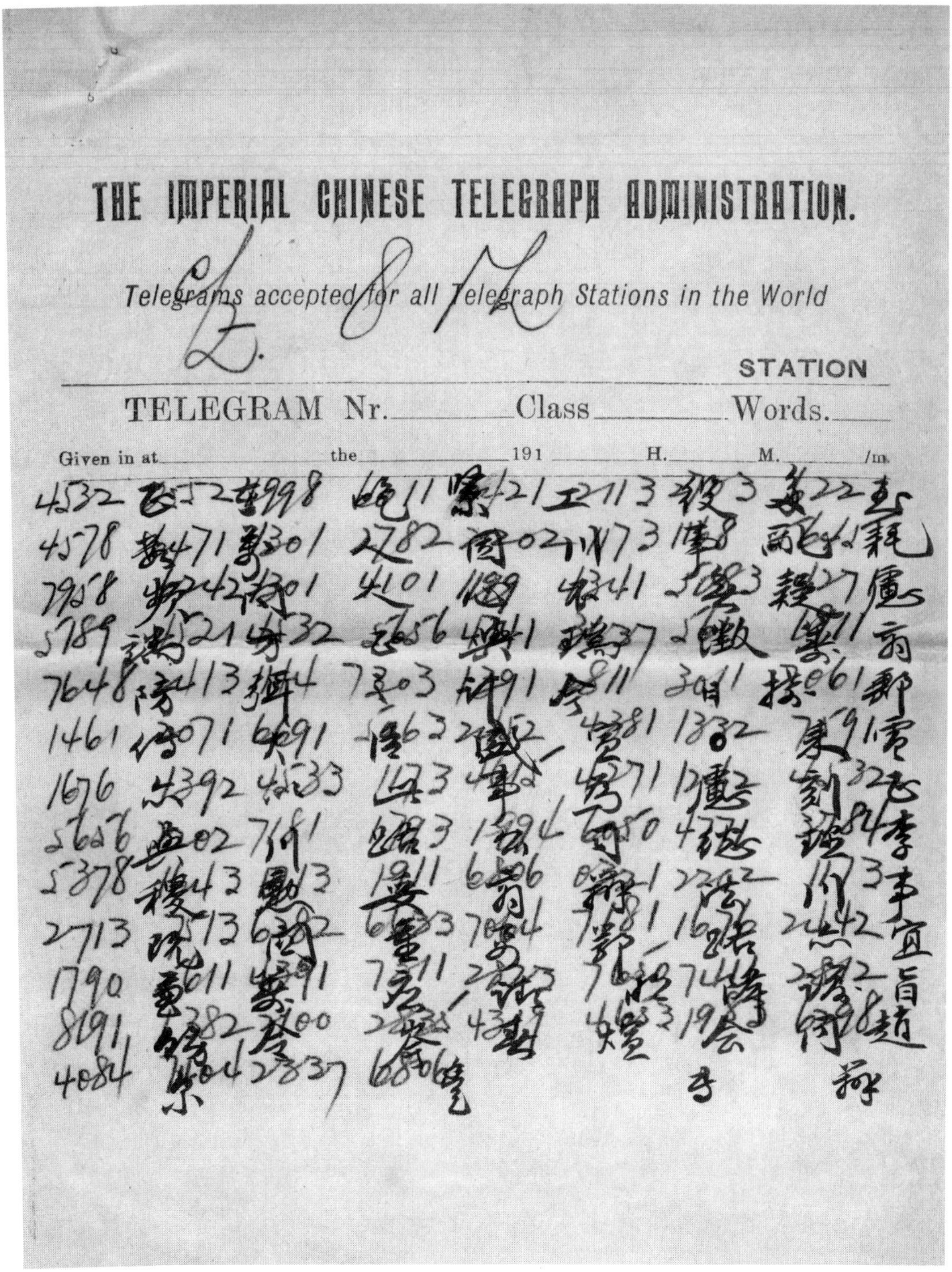

THE IMPERIAL CHINESE TELEGRAPH ADMINISTRATION.

Telegrams accepted for all Telegraph Stations in the World

STATION

TELEGRAM Nr.________ Class ________ Words.______

Given in at________ the________ 191 ______ H.______ M.______ /m.

端方致載澤、盛宣懷電（一九一一年九月十五日）

1266

THE IMPERIAL CHINESE TELEGRAPH ADMINISTRATION.

Telegrams accepted for all Telegraph Stations in the World

STATION

TELEGRAM Nr.______ Class______ Words.______

Given in at______ the______ 191___ H.___ M.___ /m.

2202 川 4852 省 1542 匪 1168 亂

[illegible]

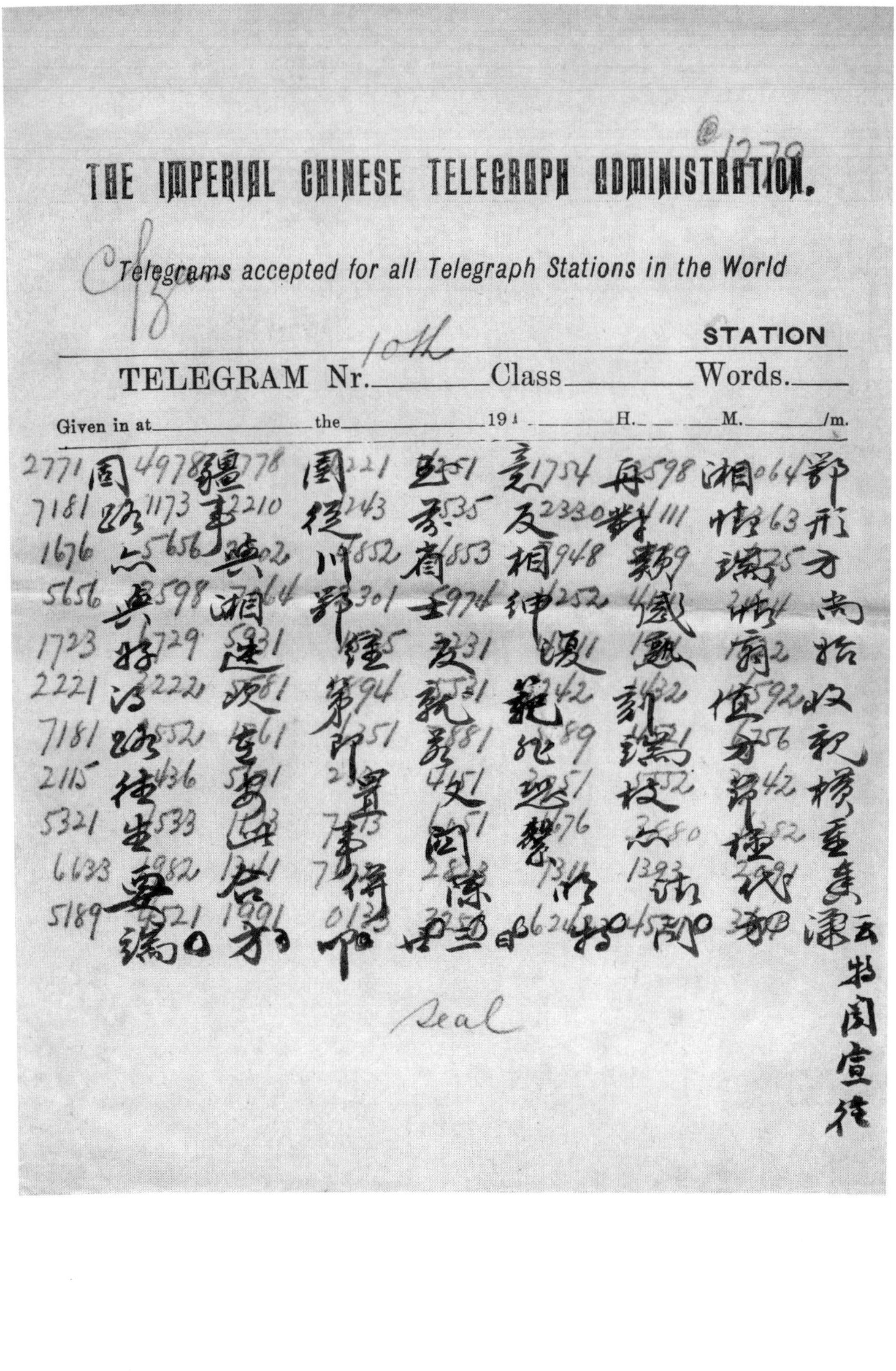
1279

THE IMPERIAL CHINESE TELEGRAPH ADMINISTRATION.

Telegrams accepted for all Telegraph Stations in the World

STATION

TELEGRAM Nr. 10th Class ____ Words. ____

Given in at ____ the ____ 191 ____ H. ____ M. ____ /m.

Seal

※宮門鈔

七月二十三日　郵傳部　內務府　廂黃旗値日
華世奎謝改罰俸一年　恩
李盛和　田吳炤伺候　召見
郵傳部　都察院　范之杰各遞封奏一件
召見內閣協理大臣　李盛和　田吳炤

※諭　旨

監國攝政王鈐章
七月二十三日內閣奉
上諭前因四川逆黨勾結爲亂當飭趙爾豐分別剿撫並飭端方帶隊入川現據瑞澂及重慶等處電陳四川省城城外聚有亂黨數萬人四面圍攻勢甚危急等語成都電報現已數日不通附近各府州縣亦復有亂黨煽惑鼓動川省大局岌岌可危朝廷殊深焦慮昨已電飭端方尅期前進迅速到川開缺兩廣總督岑春煊威望素著前任四川總督熟悉該省情形該督病勢聞已就痊著即前往四川會同趙爾豐辦理剿撫事宜岑春煊向來勇於任事不辭勞瘁即著由上海乘輪即刻起程毋稍遲延此次川民滋事本係不逞之徒藉端誘惑迫脅愚氓以致釀成此變現在辦法自應分別良莠剿撫兼施其倡亂匪徒亟須從嚴懲辦所有被脅之人均係無辜赤子要在善爲解散不得少有株累以期地方早就敉平岑春煊未能立時到川端方計已行抵川境著先行設法速解城圍俾免久困並沿途妥爲布置毋任滋蔓該大臣等其各懍遵諭旨迅赴事機以紓朝廷西顧之憂而免川民塗炭之苦欽此
奕劻假　那桐徐世昌署名

監國攝政王鈐章
七月二十三日內閣奉
上諭本日補行召見京察一等之陸軍部郎中李盛和著記名以道府用欽此
奕劻假那桐徐世昌署名

❀交　旨
七月二十三日
監國攝政王鈐章
欽奉
諭旨郵傳部奏審定商辦輪船招商局股分有限公司章程並改良辦法繕單呈覽一摺著依
議欽此
奕劻假那桐徐世昌盛宣懷署名

監國攝政王鈐章
欽奉
諭旨本日召見之保舉候選道田吳炤著以道員分省補用並交內閣存記欽此
奕劻假那桐徐世昌署名

黃廷傑致盛宣懷函（一九一一年九月十六日）

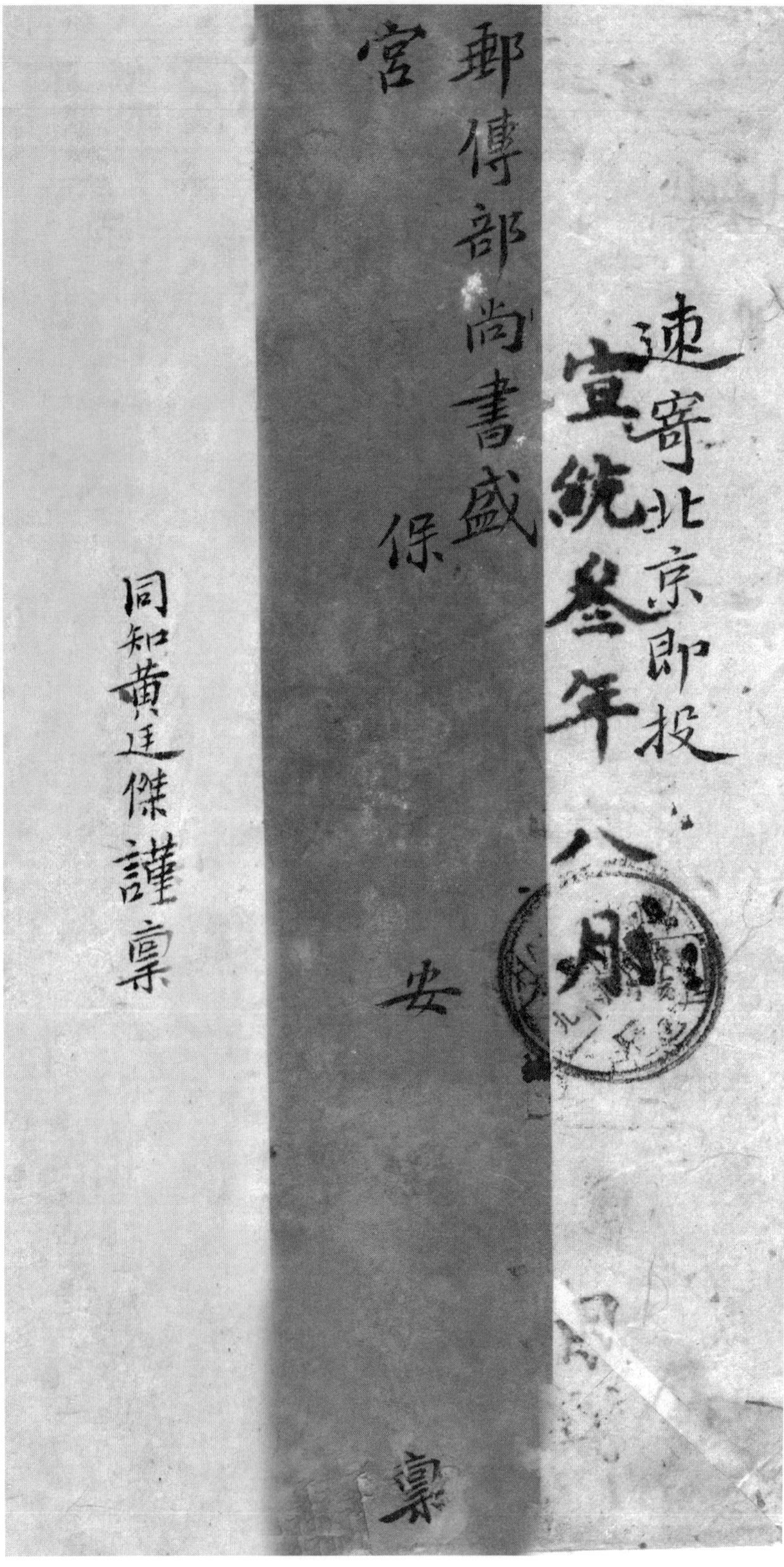
速寄北京即投
宣統叁年八月
郵傳部尚書盛
宮保 安 稟
同知黃廷傑謹稟

宮保閣下敬稟者川省七月十五日團匪暴動一案現經
明降諭旨該團等即應立時解散聽候查辦其罪尚猶可
原今該團仍在成都城外龍泉驛一帶合匪近萬與
官軍相持自十五至二十四日四城圍困消息不通各屬
匪徒羣皆蠢蠢欲動久持不解恐全川即有糜爛
之虞同知之愚竊謂川省首創保路同志會之人布散
傳單演説謗言致匪徒以可藉之名敢為抵抗政府
欲構成政治經濟兩方面上之大變其居心行事明為

造亂首惡之人何得謂無爲逆確據抗捐罷市聚
衆打局皆何事也圍城撲署是誰使之豈非叛逆之大
者乎似此不辦恐叛匪接迹天下矣然辦理之法一請
湖北不分畛域宜續由拖輪趕急進兵駐紥重慶恐
端大臣客軍深入無援剛柔俱困而備意外一請
朝廷簡派大員駐紥重慶與川東道相度機宜以保重慶
商埠免起交涉而爲成都及各路援應一請
明降諭旨飭川東道趕刷謄黄在起鬧各地方廣遍張貼派

各場卿紳首預為開導有股票者為股東應靜
候
欽差平和審判無股票者速散違即捕辦以肅國威並飭
川東道統籌全局並各屬預為防堵各事宜成都
圍急之秋並准其專摺代奏免誤事機首惡不過
數人
朝廷不得已而用兵非先示之以威不可解鈴仍須繫鈴
人如能圖功贖罪然後

特沛殊恩一概不究庶威克厥愛可慶敉平此時局安危之
機稍鬆即肆我不速自了結外人即有詞可措一
經插手則更夜長夢多矣此同知所尤為懔懔之過慮
者也以上各節是否有當知閎
蓋系用特密陳冒昧草率之愆諒邀
原恕毋隶密稟敬請
鈞安伏乞
慈鑒 同知廷傑謹密稟 七月二十四日

送呈府學胡同
郵傳部尚書府
盛大人勛啟
章緘
七月廿五日

杏蓀宮保大人賜鑒：前奉蕪函，備陳交
誼，點似毛
錐之薦，賓為馮鋏之彈，乃久盼
玉音，未蒙
賜覆，徒以
雲泥分隔，慚感無既。今閱川事亟矣，至
壓制或至和平，如何造因，及何結果，均於

公所主宰涉既策萬全不可不再四圖維
採及葑菲以補
明哲也眼花不能作楷草草不恭為乞
原宥肅此布肊順請
鈞安伏祈
垂鑒不備　世晚名正肅
七月二十四日

章志鴻致盛宣懷函（一九一一年九月十六日）

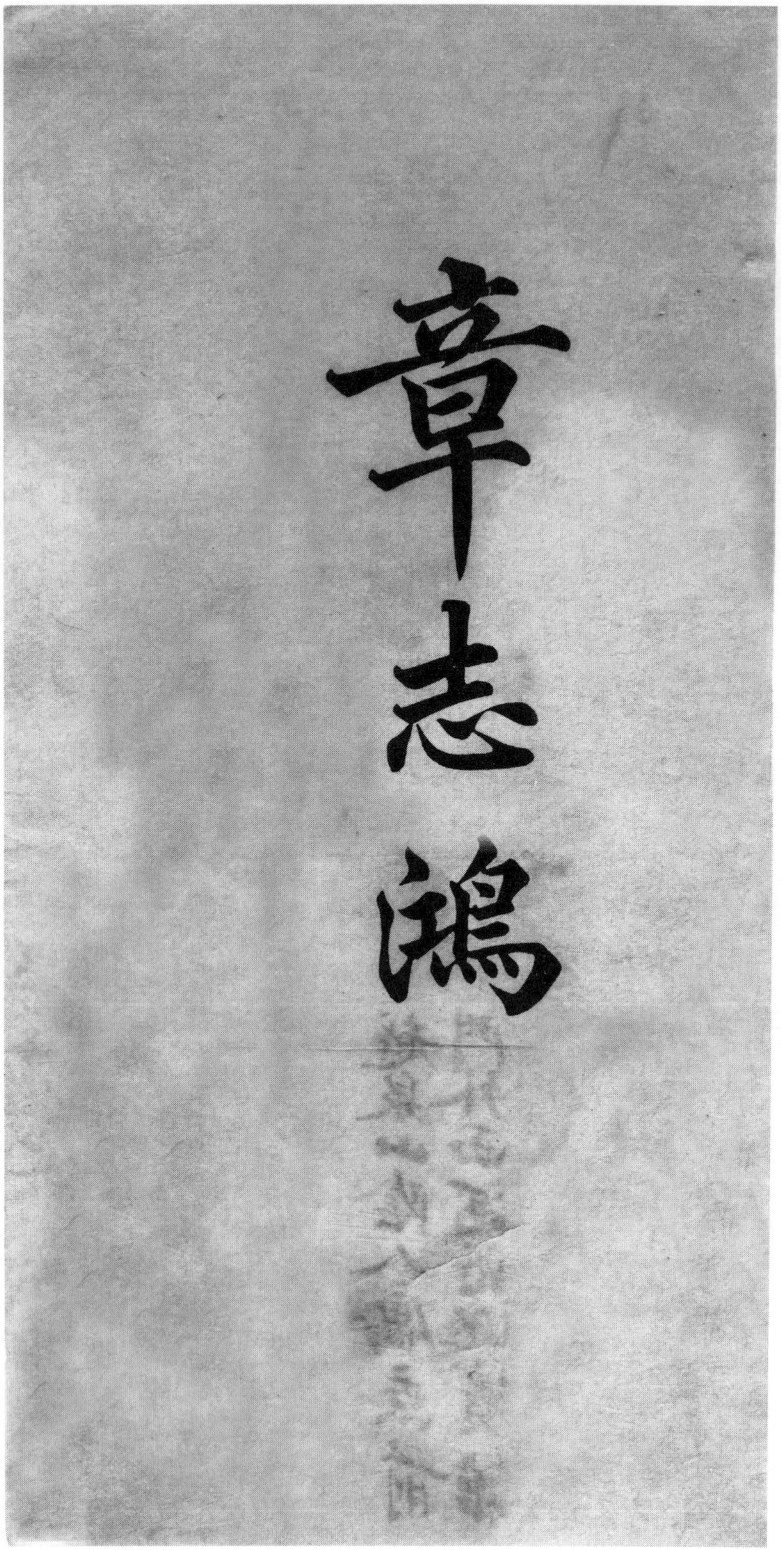
章志鴻

章太[illegible]

越泉山陰人寓京前

門外西河沿迎賓館

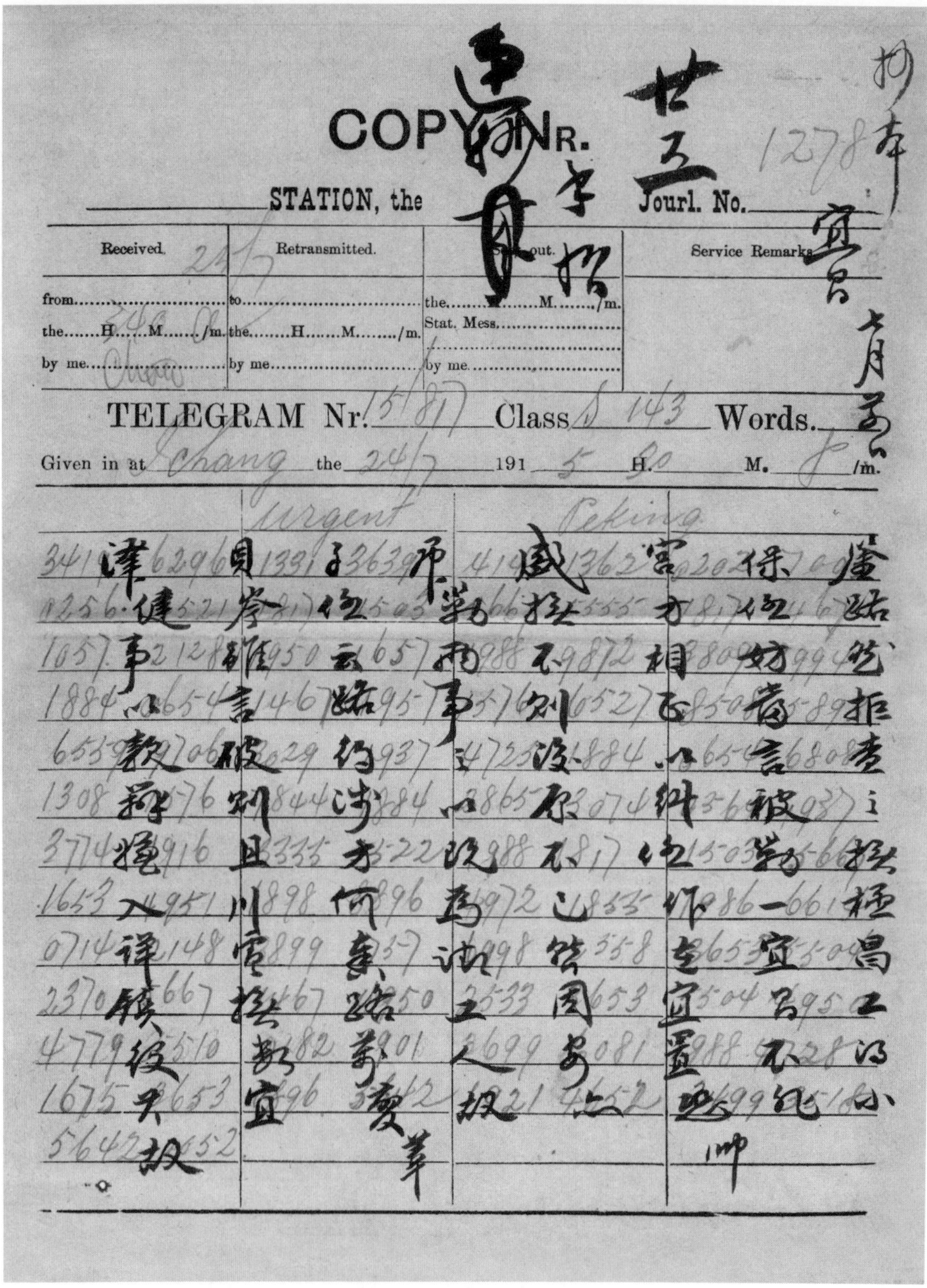
COPY Nr.

STATION, the　　　　Jourl. No. 1278

Received. 24/7	Retransmitted.	Sent out.	Service Remarks
from	to	the ... M. .../m.	
the ... H. ... M. .../m.	the ... H. ... M. .../m.	Stat. Mess.	
by me	by me	by me	

TELEGRAM Nr. 15817　Class S 143　Words.

Given in at Ichang the 24/7 1915 H. 30 M. P/m.

Urgent　Peking

蜀路既拒查之據極昌工司亦保住好商言被鄉一宜旨不能官方相面以紳住作主宜置之迎帥盛據不別沒原不已結圍安之帥鄉兩事之以政為謀工人投子位云路約涉方何棄路茍變華見學雖言破則且川電據數宜澤健事以款辦穩入譯鎮綏失敗

端方致載澤、盛宣懷電（一九一一年九月十六日）

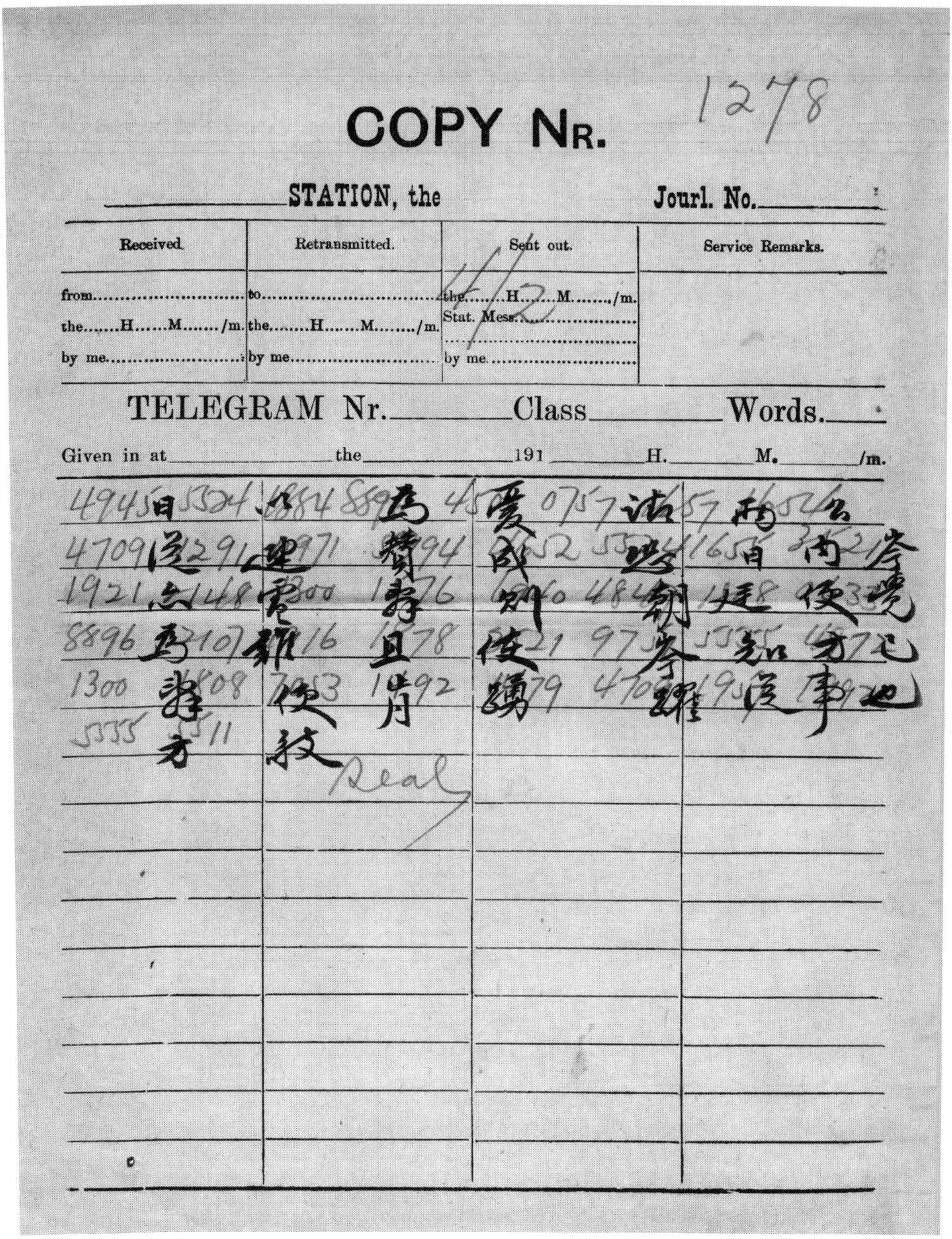

1278

COPY Nr.

______STATION, the ______ Jourl. No.______

Received.	Retransmitted.	Sent out.	Service Remarks.
from..................	to..................	the......H......M......./m. 4/2	
the.......H.......M......./m.	the.......H.......M......./m.	Stat. Mess..................	
by me..................	by me..................	by me..................	

TELEGRAM Nr.______ Class______ Words.______

Given in at______ the______ 191______ H.______ M.______ /m.

4945 日	5324	1884	889 爲	45 覆	0757 諸	57 兩	4652 公
4709 邊	2291 建	971	贊 94	成 52	55 送	165 白	內 3152 參
1921 点	1148 電	300	1976 壽	別 0	484 劍	1158 廷	使 33 覺
8896 爲	2107 報	16	1278 且	使 21	97 參	5535 知	力 4672 已
1300 迷	808 使	7053	1092 月	鑛 79	4709 躍	195 退	事 9 也
5355 方	5511	教					

Real

張鳴岐致郵傳部電（一九一一年九月十六日）

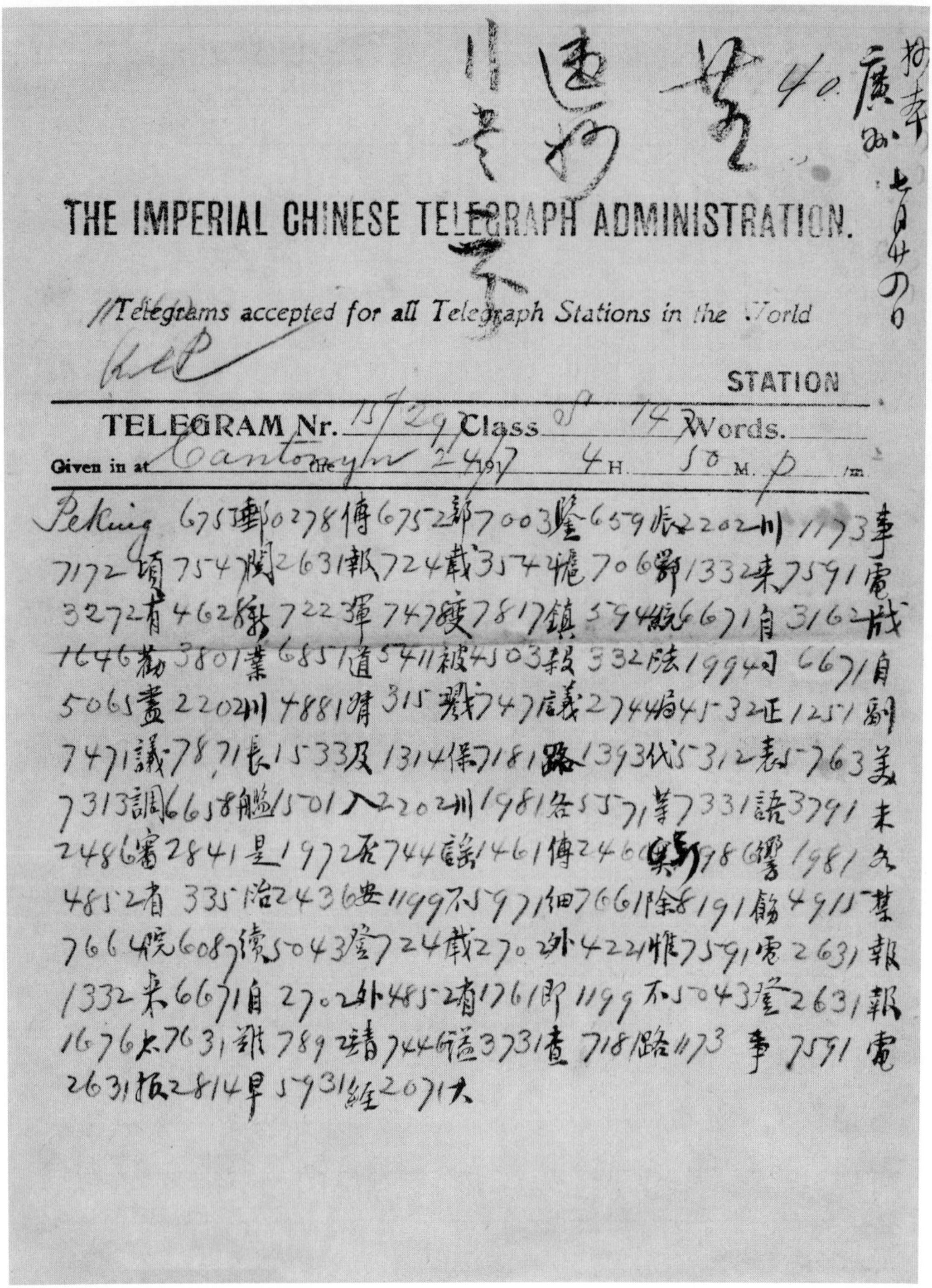

THE IMPERIAL CHINESE TELEGRAPH ADMINISTRATION.

Telegrams accepted for all Telegraph Stations in the World

STATION

TELEGRAM Nr. 1529 Class S 14 Words.

Given in at Canton the 24/9 1911 4 H. 50 M. p m.

Peking 6751郵 0278傳 6752部 7003鑒 6591張 2202川 1173事
7172頃 7547閱 2631報 7240載 3547據 7069鄂 1332來 7591電
3272有 4622線 7223彈 7477變 7817鎮 5944統 6671自 3162戕
1646勸 3801業 6851道 5411被 4503殺 3321陸 1994司 6671自
5065盡 2202川 4881省 3157戰 7477議 2744局 4532正 1251副
7471議 7871長 1533及 1314保 7181路 1393代 5312表 5763美
7313調 6618艦 1501入 2202川 1981各 5571節 7331語 3791未
2486審 2841是 1972否 7444謠 1461傳 2460[illegible] 7186響 1981各
4852省 3351治 2436安 1199不 5971細 7661除 8191飭 4915某
7664院 6087續 5043登 7240載 2702外 4221惟 7591電 2631報
1332來 6671自 2702外 4852省 1761即 1199不 5043登 2631報
1676太 7631踐 7892請 7446諒 3731查 7181路 1173事 7591電
2631振 2814早 5931經 2071大

40

THE IMPERIAL CHINESE TELEGRAPH ADMINISTRATION.

Telegrams accepted ~~for all~~ 2 Telegraph Stations in the World

STATION

TELEGRAM Nr.______ **Class**______ **Words.**______

Given in at______ the______ 191____ H.____ M.____ /m.

7051	部	8191	飭	4915	禁	4592	收
5044	發	3272	有	3811	案	3105	抄
7311	請	6282	重	4903	申	1243	前
4905	禁	2051	慶	8191	飭	1678	京
3542	滬	2202	川	7064	鄂	2783	四
2744	局	2031	嗣	2211	長	7513	國
4522	於	2202	川	1167	李	7591	電
2631	報	3981	概	1293	勿	4592	收
5044	發	6221	至	5740	粵	2744	局
2791	已	4902	由	2103	岐	6813	逕
8191	飭	5032	吳	1187	益	6242	商
2103	岐	4572	款	Real			

端方致内閣請代奏電（一九一一年九月十六日）

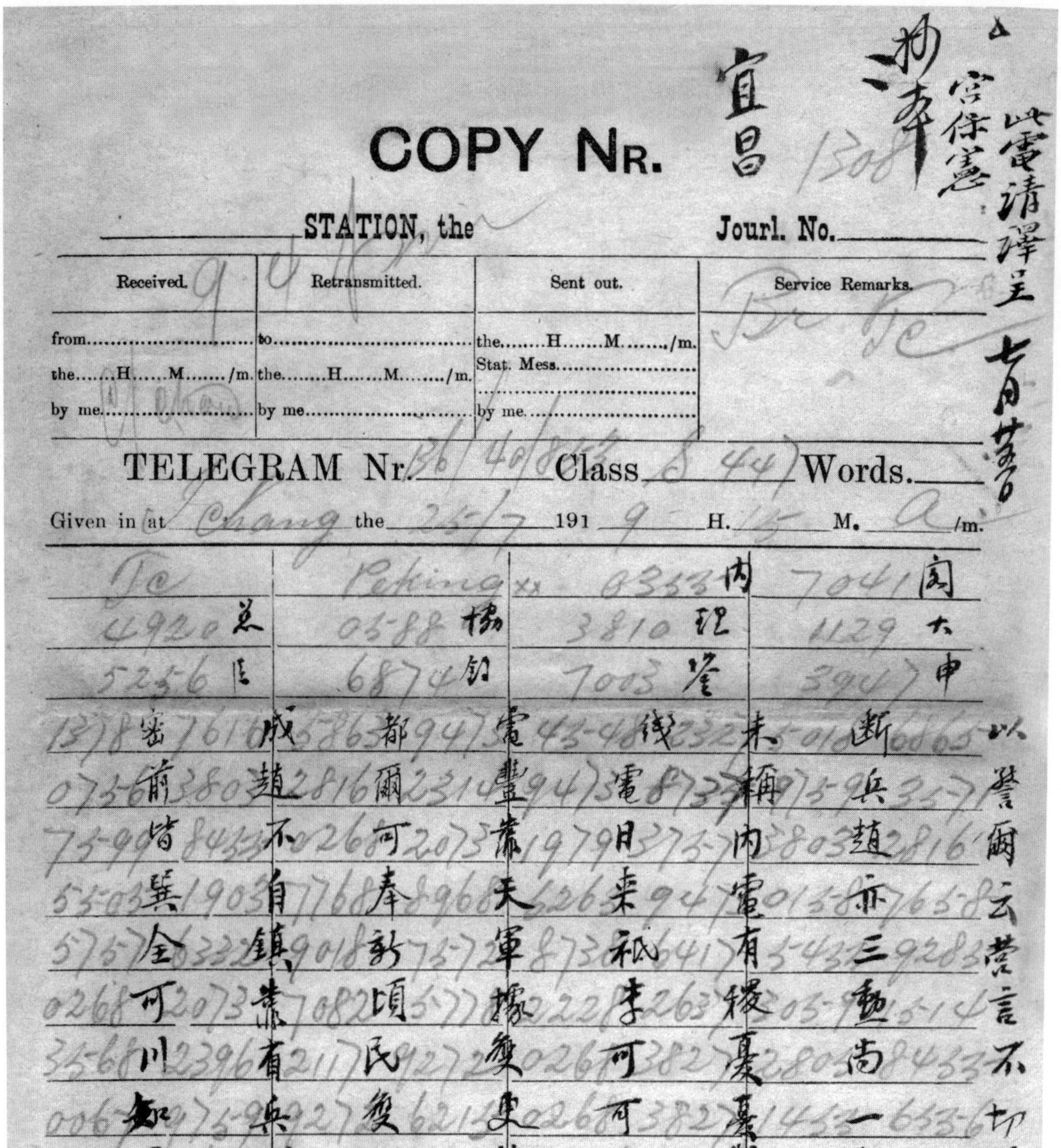

宮保憲 此電請譯呈 宜昌

1308

COPY Nr.

STATION, the Jourl. No.

Received.	Retransmitted.	Sent out.	Service Remarks.
from	to	the H M /m.	
the H M /m.	the H M /m.	Stat. Mess.	
by me	by me	by me	

TELEGRAM Nr. 86/40/882 Class 8 44 Words.

Given in at Ichang the 25/7 191 9 H. 15 M. a /m.

To Peking 0355 内 7041 閣 4920 總 0588 協 3810 理 1129 大 5256 臣 6874 鈞 7005 鑒 3947 臣

密。成都電線未斷以前，趙爾豐電稱兵警皆不可靠，日內趙爾巽自奉天來電亦云全鎮新軍祇有三營可靠。頃據李稷勳言，川有民變尚可，如兵變更可慮，一切軍械火藥及造槍砲廠一為亂黨所據，則事將不可聞，擬此

COPY Nr.

1308

STATION, the ________ Jourl. No. ________

Received.	Retransmitted.	Sent out.	Service Remarks.
from........	to........	the......H......M....../m.	136/2nd
the......H......M....../m.	the......H......M....../m.	Stat. Mess........	
by me........	by me........	by me........	

TELEGRAM Nr. ________ Class ________ Words. ________

Given in at ________ the ________ 191 ________ H. ________ M. ________ /m.

川中數年
以來捐糜千百萬今
閱教練新軍一旦有
事竟無可帶之兵惟
有督用客軍以紓目
前之急端方最先所
調援川之鄂軍兩隊
已飭乘舟先發奉旨
續派之鄂軍一標亦
於二十二三四等日
由鄂分期乘輪來宜
昌派妥員預行雇定
船隻料理一切進行

端方致內閣請代奏電（一九一一年九月十六日）

1308

COPY Nr.

STATION, the　　Jourl. No.

Received.	Retransmitted.	Sent out.	Service Remarks.
from	to	the H M /m.	
the H M /m.	the H M /m.	Stat. Mess.	
by me	by me	by me	

TELEGRAM Nr. 1361 Class 3 Words.

Given in at　the　191　H.　M.　/m.

3673 需 1699 用 6865 以 7165 便
各營隨到隨即前進
金擇兩入峽夜若不阻
風十日內外可以到
萬取齊合陸兼程赴
援至川有追日軍情
前已電飭川東川南
兩道隨時探聞日內
複辦查防守各營是
否得力並詢以何嘗
最為可靠仍便就近
派援有城查成都十
六屬民棄葉稱強悍

COPY Nr. 1308

STATION, the　　Jourl. No.

Received.	Retransmitted.	Sent out.	Service Remarks.
from............	to............	the.......H.......M......./m.	
the.......H.......M......./m.	the.......H.......M......./m.	Stat. Mess............	
by me............	by me............	by me............	

TELEGRAM Nr.　　Class　　Words.

Given in at　　the　　191　　H.　　M.　　/m.

始則圍攻
不散繼必四竄夔延
現在川東川南雖未
逐漸蔓延然必須先
事預防頃已電請雲
貴總督李經義貴州
巡撫沈瑜慶雲貴兵
力是否尚可兼顧及
川即兵力微有不敷
亦宜調撥川南川東
交界際要隘所以免
川匪將來竄擾並可
遥為川省聲援倚事

端方致内閣請代奏電（一九一一年九月十六日）

1308

COPY Nr.

________STATION, the   Jourl. No.________

Received.	Retransmitted.	Sent out.	Service Remarks.
from........	to........	the......H......M......./m.	136/5th
the......H......M....../m.	the......H......M....../m.	Stat. Mess........	
by me........	by me........	by me........	

TELEGRAM Nr.________ Class________ Words.________

Given in at________ the________ 191______ H.______ M.______ /m.

0127	檄	9246	际	5208	迫	6005	再
1749	行	3678	拔	3174	隊	1757	入
3568	川	8159	俟	1709	得	3586	川
6883	黔	5609	複	9473	電	8471	請
3715	旨	2212	辦	7296	理	2817	所
6417	有	1979	日	3757	内	8803	赶
9246	际	7701	籌	7298	畫	2378	援
3568	川	4369	各	4355	事	2306	宜
5071	謹	4356	先	9473	電	3474	陳
6865	以	6825	慰	3205	宸	0209	廑
8471	請	5665	代	2768	奏	6695	端
1019	方	4392	二十四日				

Seal

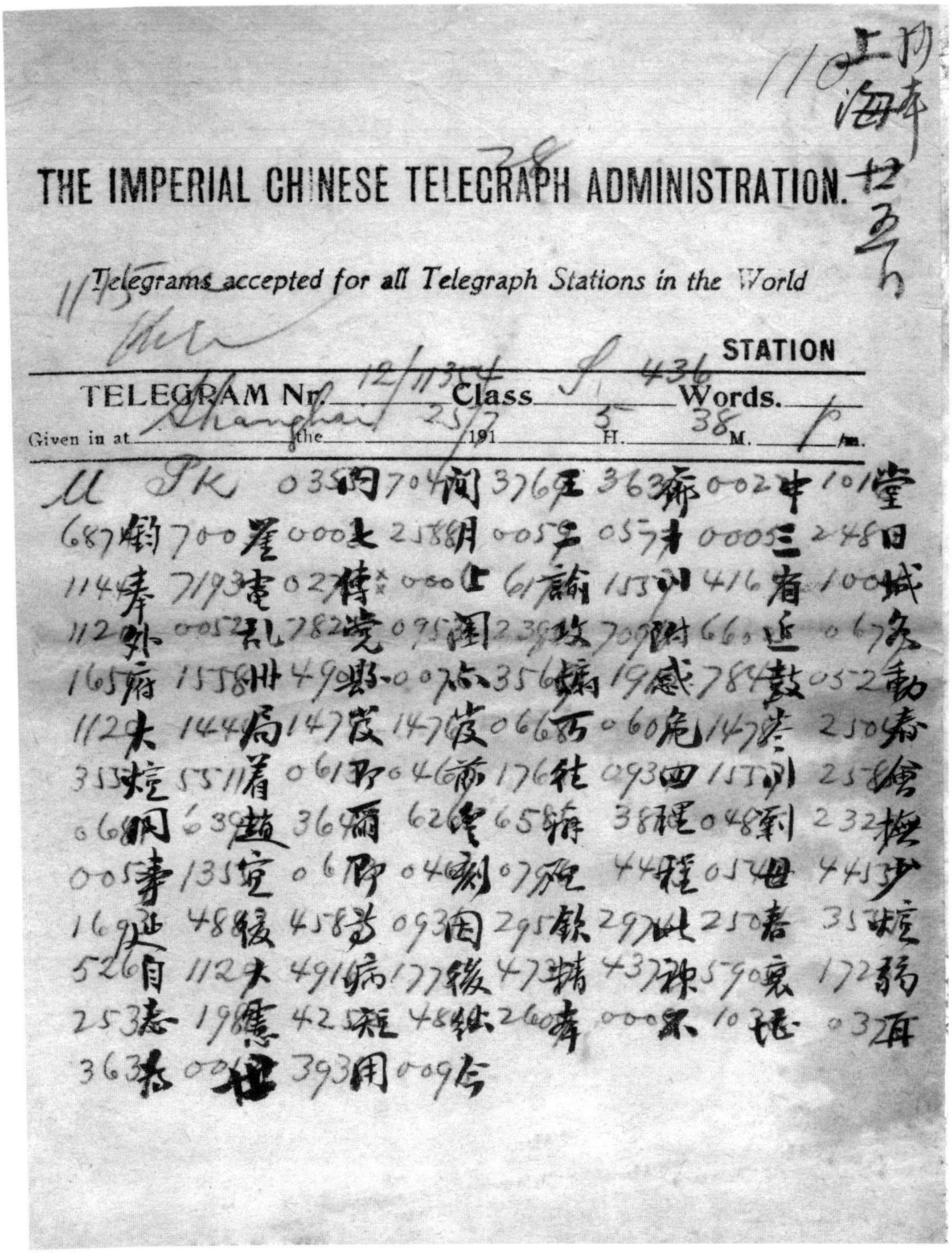
THE IMPERIAL CHINESE TELEGRAPH ADMINISTRATION.
Telegrams accepted for all Telegraph Stations in the World
STATION
TELEGRAM Nr. Class Words.
Given in at the 191 H. M. m.

岑春煊致內閣請代奏電（一九一一年九月十七日）

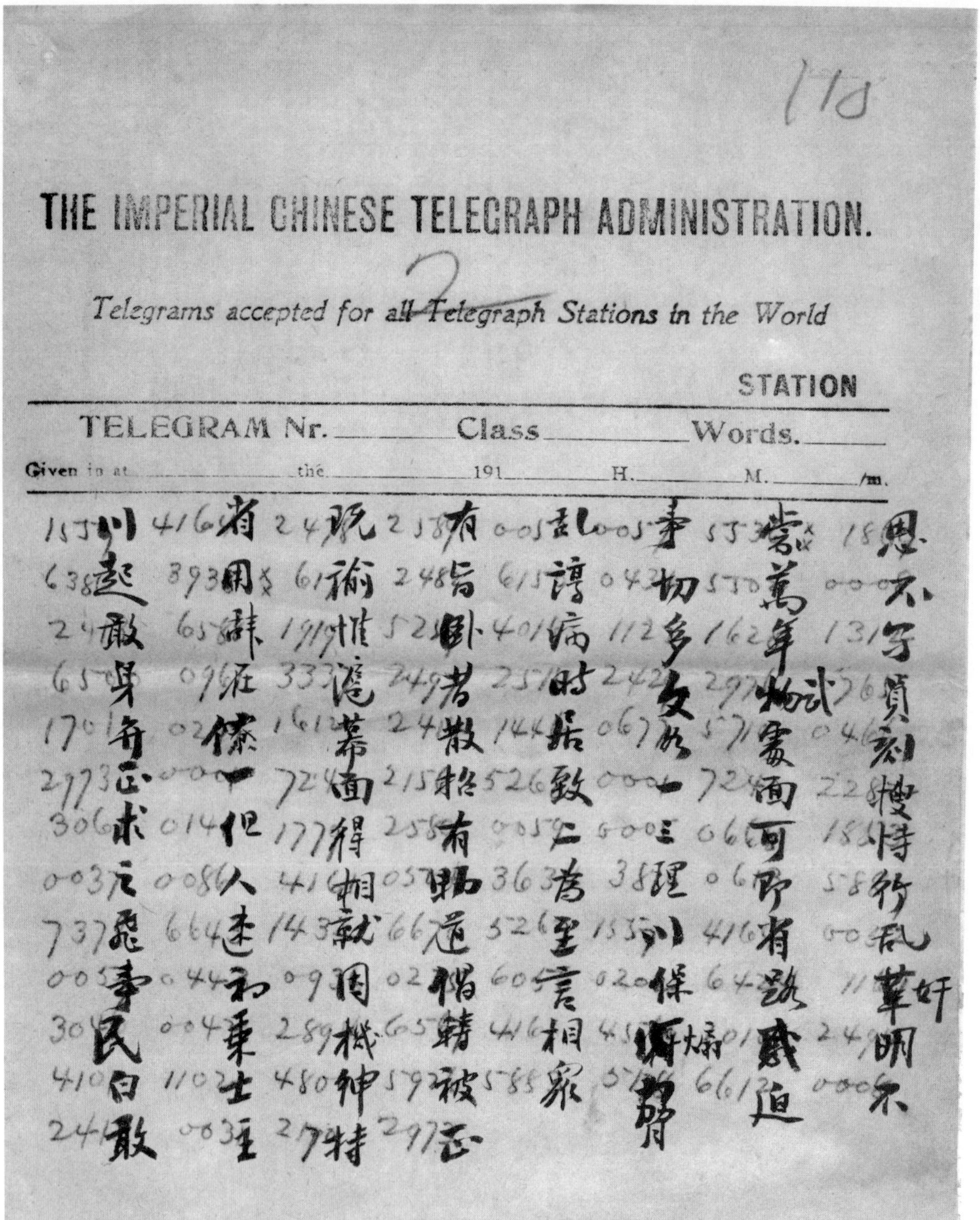

110

THE IMPERIAL CHINESE TELEGRAPH ADMINISTRATION.

Telegrams accepted for all Telegraph Stations in the World

STATION

TELEGRAM Nr. 6 Class ____ Words. ____

Given in at ____ the ____ 191 ____ H. ____ M. ____ m.

春萱文川东不行天聽非亦树
乱旨撰饬晓数期岸豪曼往而
福谕先電称悔以壅乱潰前腹
戒遵批谕先后事民在怪隊匪
醸恢甚筋官知從疑现亦兵懶请
致当散切方果戮廷推外力以批
逐灌绑闡長民殺朝意有得是式
論煊为昔有川愚剧匪最常不琴

岑春煊致內閣請代奏電（一九一一年九月十七日）

110

THE IMPERIAL CHINESE TELEGRAPH ADMINISTRATION.

4th

Telegrams accepted for all Telegraph Stations in the World

STATION

TELEGRAM Nr. ______ Class ______ Words. ______

Given in at ______ the ______ 191 ______ H. ______ M. ______ /m.

148旨 738飭 000不 03兩 168廣 49總 420督 172張
76鳴 147岐 65轄 07告 457第 005六 0577十 006五
69鎮 482統 04制 135官 289龍 344濟 34光 213由
23撥 177得 05力 332旗 036兵 21營 356四 245新
657軍 3602營 045劃 488編 04列 297步 71隊 035兩
369營 679配 787府 284操 275械 004乘 65輪 66逕
638赴 1353宜 249昌 011以 027備 61調 39用 789龍
344濟 034光 517帶 069各 526自 188行 48統 732領
046前 017來 211抑 007交 394由 43端 425方 691鎮
492併 03兵 070吳 438祥 66達 48統 376率 38赴
135川 394由 172張 768鳴 147岐 526自 588行 679酌
658辦 000一 72面 611請 73飭 000不 165度 238支
675部 469籌 23撥 410餉

110

THE IMPERIAL CHINESE TELEGRAPH ADMINISTRATION.

Telegrams accepted for all Telegraph Stations in the World

STATION

TELEGRAM Nr. ________ Class ________ Words. ________

Given in at ________ the ________ 191__ H.____ M.____ m.

740 鈞	329 源	329 源	22 據
3444 倚	165 應	6398 是	011 以
0271 南	488 援	1838 急	507 而
634 免	523 聪	251 時	613 誤
0057 事	711 降	144 將	077 想
445 程	248 日	26 期	065 另
088 於	114 照	103 報	112 訓
62 禮	61 請	010 代	114 照
25 春	35 煊	25 看	Seal

盛宣懷致岑春煊電（一九一一年九月十七日）

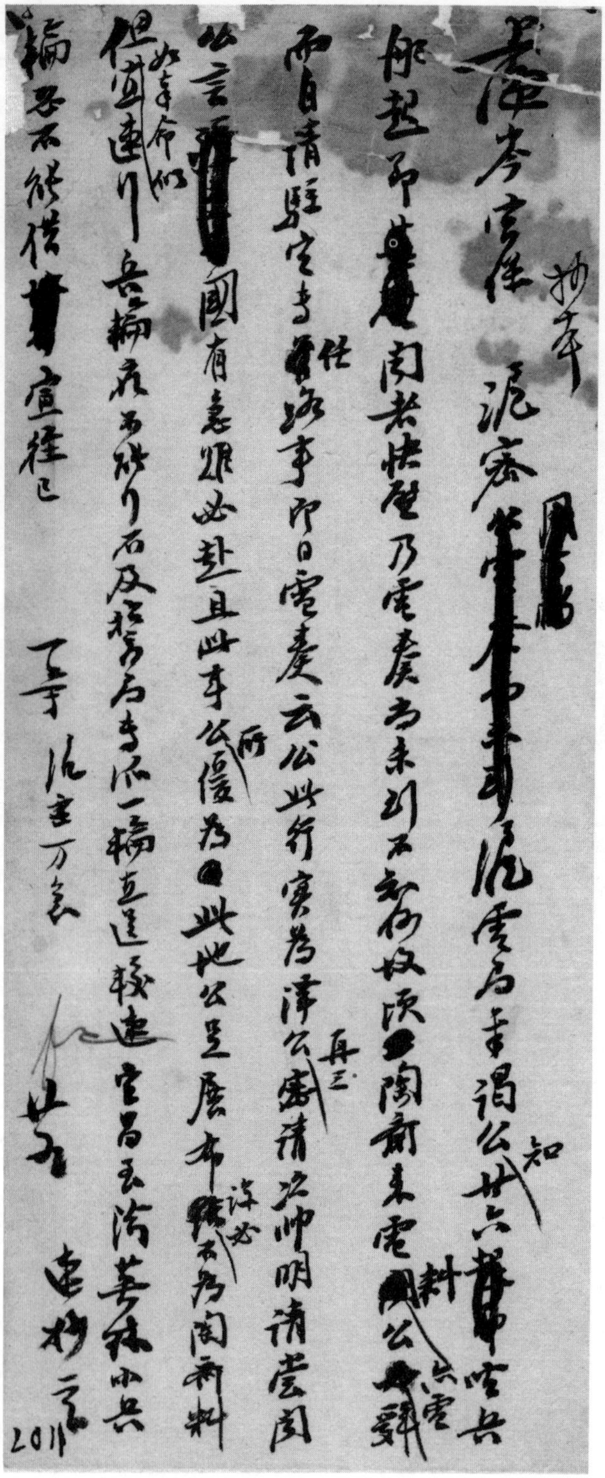
岑宮保：抄奉。泥密。[redacted]泥電局幸謂公知廿六[redacted]啓兵
輪起節，[redacted]閣老怯懼，乃電慶爲未到，不知何故須[redacted]陶齋來電，料[redacted]公[redacted]兵電
而自請駐宜專任路事，即日電慶云公此行實爲澤公再三密請次帥明請，豈閣
公言[redacted]國有急難必赴，且此事公所優爲，[redacted]此地公足展布，[redacted]許如不爲陶齋料
但武漢逆行如孝命似，兵輪夜不能行，及招商局專派一輪直送轉運宜昌，至漢若添小兵
輪恐不能借，[redacted]宣懷叩。
下寧 泥密 万急 廿七 速抄 二
2011

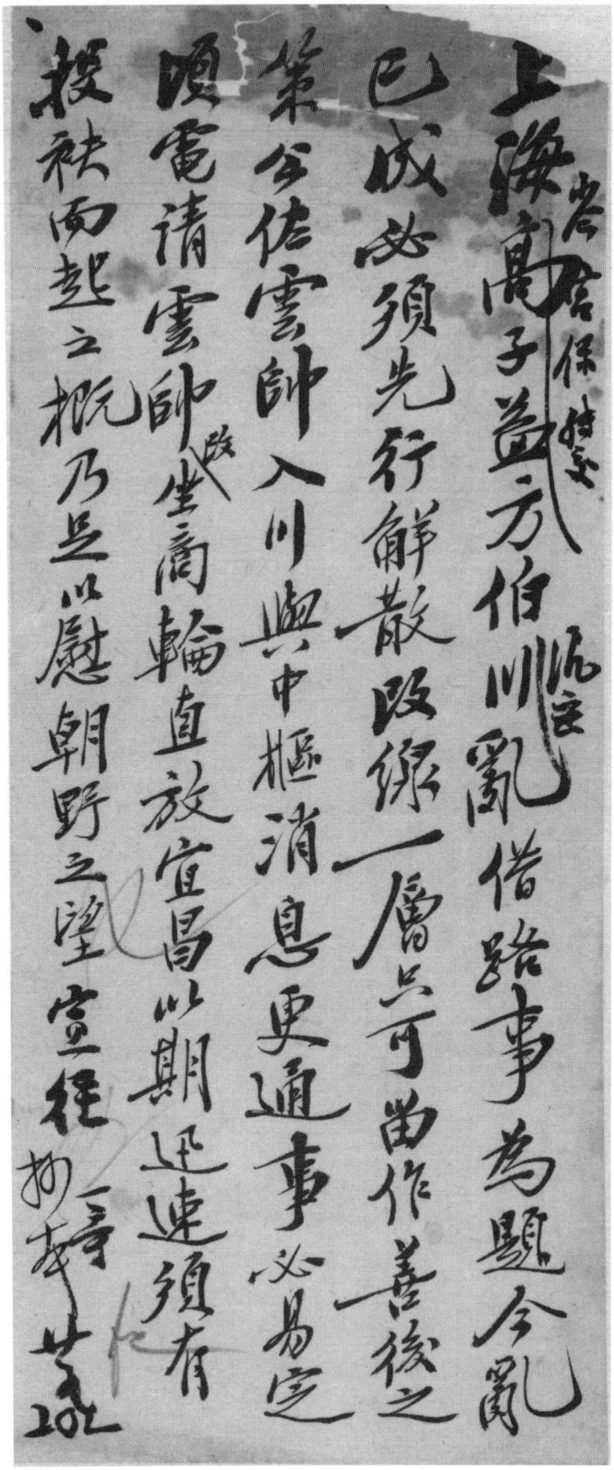
上海岑宫保轉高子益方伯：川亂借路事為題，今亂已成，必須先行解散股綫一層，只可留作善後之策。公偕雲帥入川，與中樞消息更通，事必易定。頃電請雲帥改坐商輪直放宜昌，以期迅速，須有投袂而起之概，乃足以慰朝野之望。宣。徑。抄寄。廿[illegible]
202

趙熙等四川京官致岑春煊電（一九一一年九月十七日）

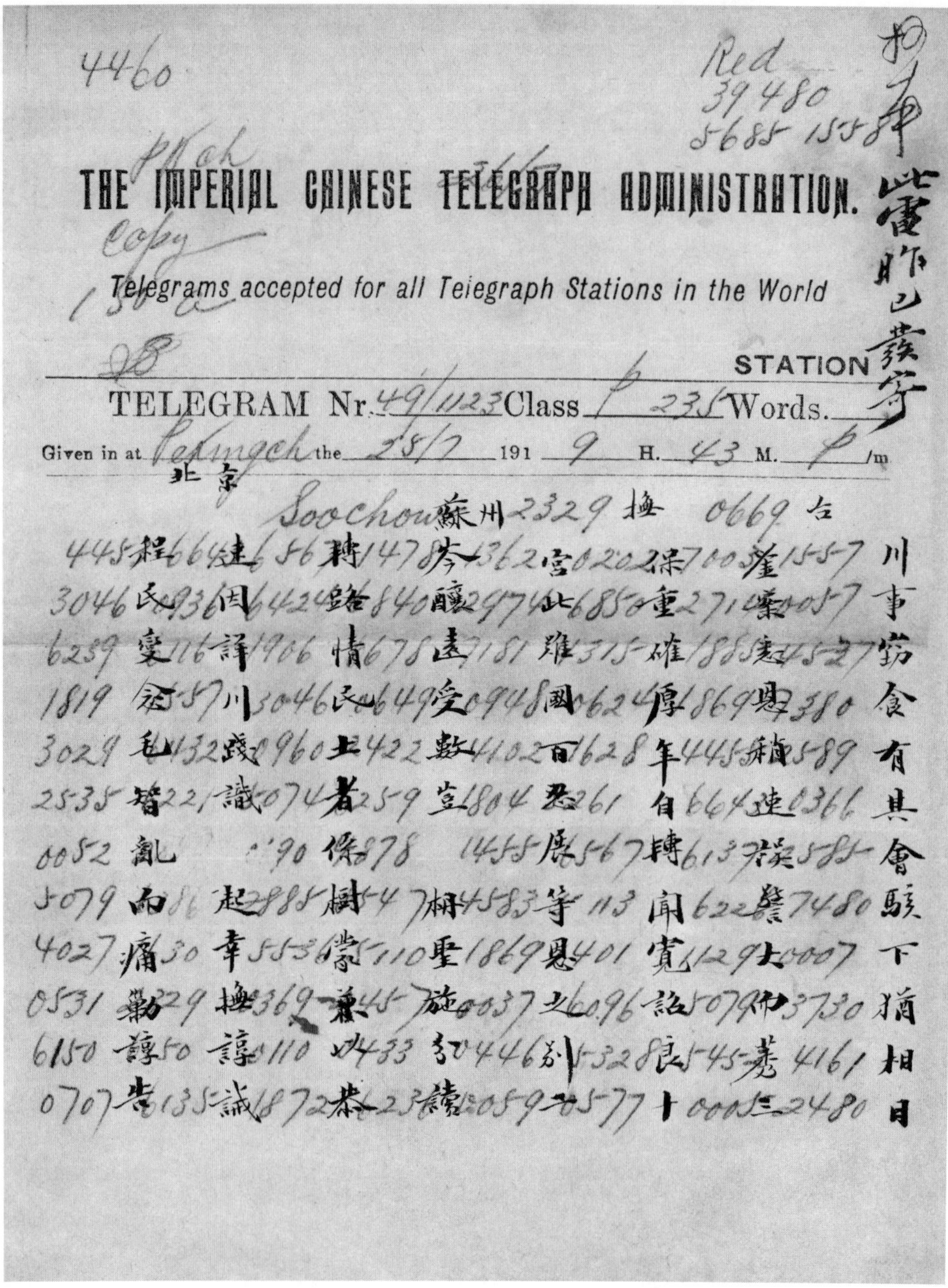
4460

Red 39480 5685 1558

THE IMPERIAL CHINESE TELEGRAPH ADMINISTRATION.

Copy

Telegrams accepted for all Telegraph Stations in the World

STATION

TELEGRAM Nr. 49/1123 Class P 235 Words.

Given in at Pekingch the 28/7 191 9 H. 43 M. P /m

北京

Soochow 蘇州 2329 梅 0669 台

THE IMPERIAL CHINESE TELEGRAPH ADMINISTRATION.

9Hob

Telegrams accepted for all Telegraph Stations in the World

STATION

TELEGRAM Nr. 4460/2nd Class ______ Words. ______

Given in at ______ the ______ 191 ______ H. ______ M. ______ /m.

6170 諭 2482 旨 5267 至 0971 均
0190 除 3541 無 6581 韋 6375 赤 1311 子 6008 要 0961 在 0810 善
3631 為 6043 解 2414 散 4583 等 6133 語 2607 未 5930 奪 0008 不
1949 感 3423 激 3199 涕 7190 零 0048 但 1557 川 4164 省 0001 一
7126 隅 0037 之 3112 治 0052 亂 7070 關 0190 係 1129 大 1444 局
0037 之 1344 安 1573 危 2053 我 0361 公 1218 威 0207 信 4790 素
5511 著 1557 川 3046 民 5283 舊 6067 託 1596 解 1619 儻 7114 引
7325 領 1970 慕 1835 思 1569 之 7236 非 0001 一 2480 日 2974 此
2914 次 1144 奉 0730 命 0350 入 1557 川 1429 九 3225 梁 2914 歡
6460 躍 0430 加 2017 慰 1596 帥 4634 節 6640 速 4099 發 0227 碼
1557 川 3046 民 2483 早 1983 慰 7207 霖 7183 雨 0037 之 2579 望
1629 弟 0341 先 7193 電 6170 諭 1557 川 2639 東 6670 道 1786 府
0278 傳 6639 遍 4164 省 2551 鏡 6174 諭 6044 辭 2414 散 3874 經

趙熙等四川京官致岑春煊電（一九一一年九月十七日）

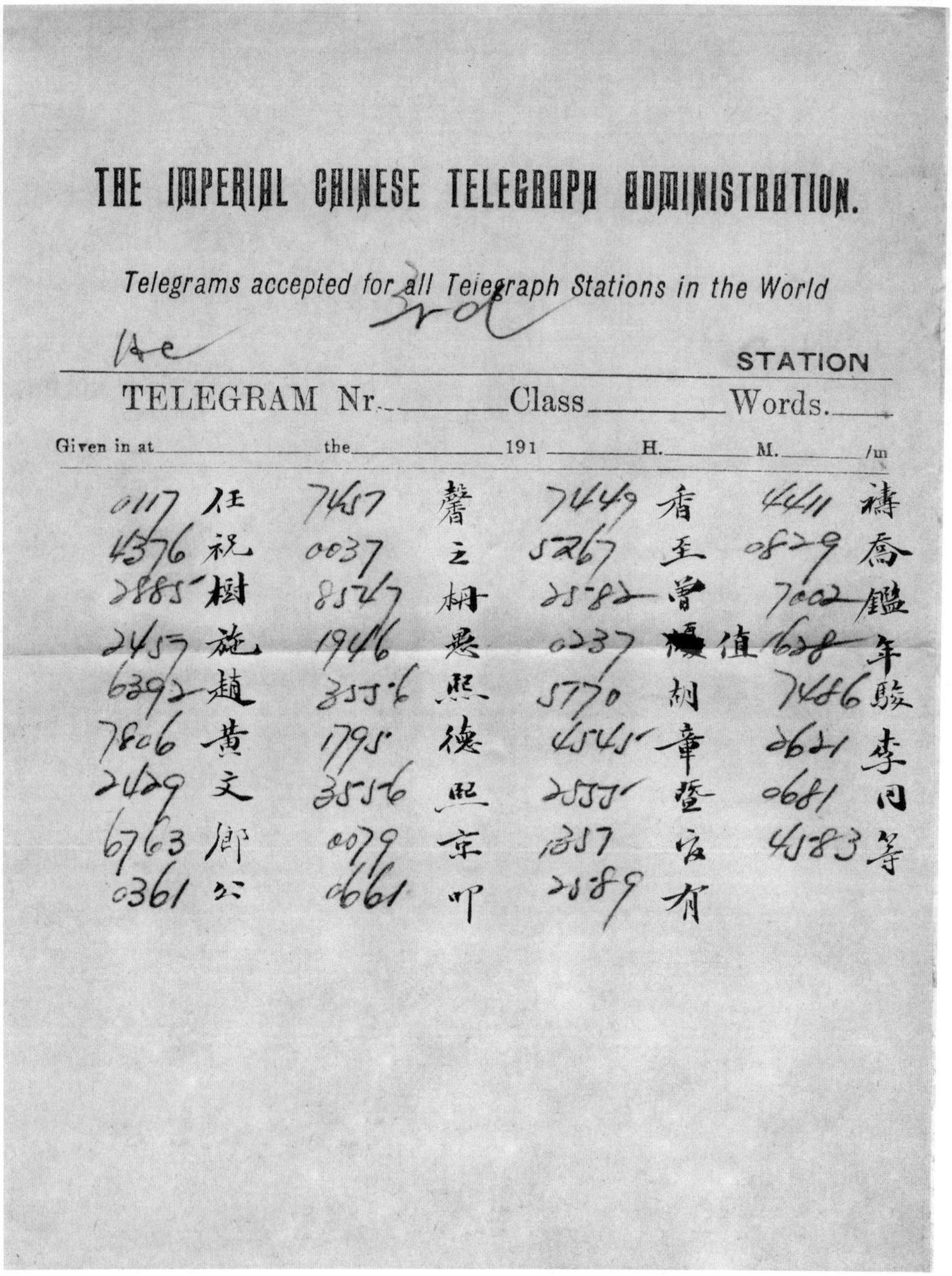

THE IMPERIAL CHINESE TELEGRAPH ADMINISTRATION.

Telegrams accepted for all Telegraph Stations in the World

3rd

STATION

TELEGRAM Nr.______ Class______ Words.______

Given in at______ the______ 191______ H.______ M.______ /m

0117	任	7457	馨	7449	香	4411	禱
4376	祝	0037	之	5267	至	0829	喬
2885	樹	8527	柟	2582	曾	7002	鑑
2457	施	1946	愚	0237	值	1628	年
6392	趙	3556	熙	5770	胡	7486	駿
7806	黃	1795	德	4545	章	2621	李
2429	文	3556	照	2535	暨	0681	同
6763	郎	0079	京	1357	宦	4183	等
0361	公	0661	叩	2589	有		

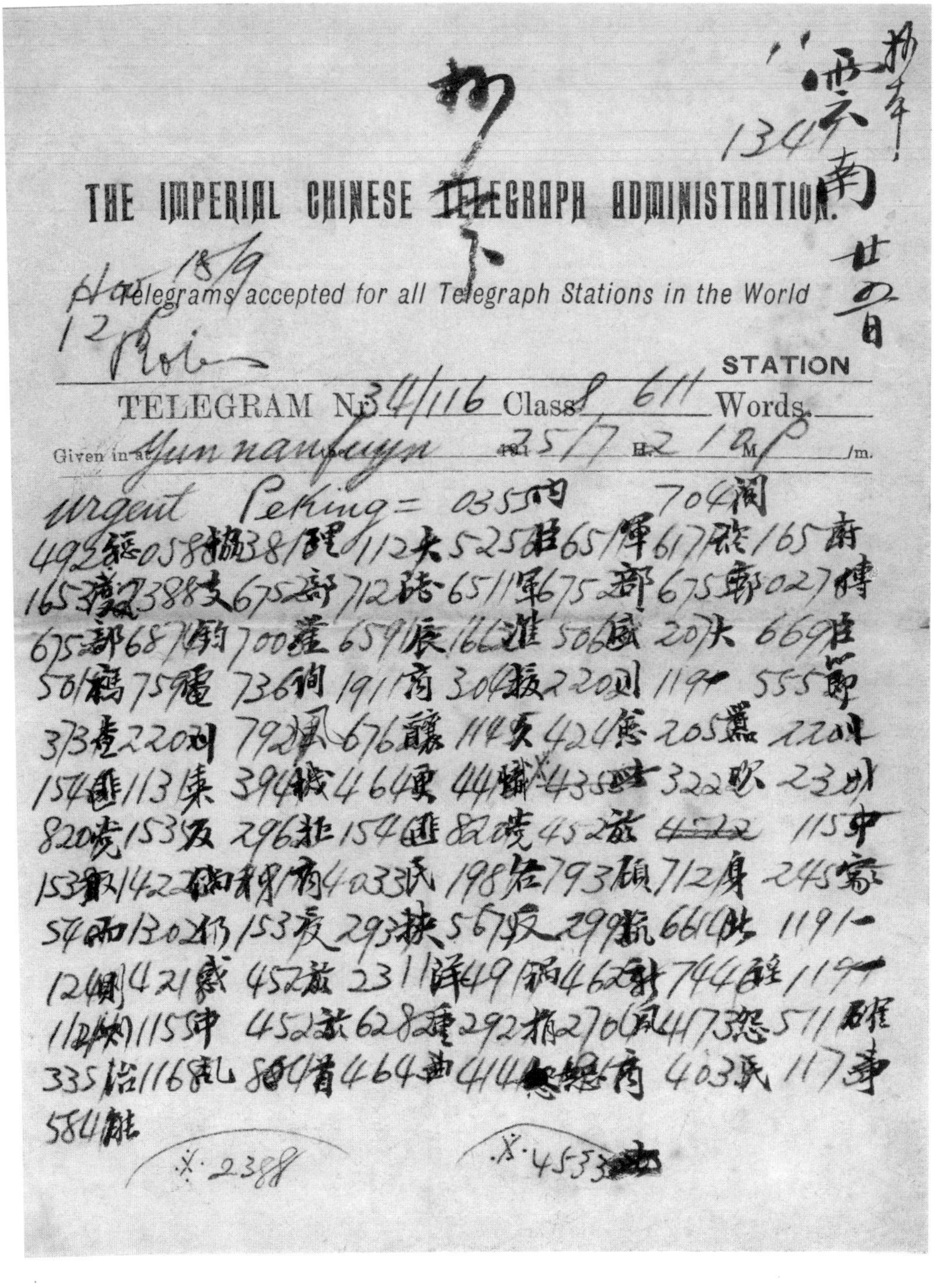
THE IMPERIAL CHINESE TELEGRAPH ADMINISTRATION.

Telegrams accepted for all Telegraph Stations in the World

STATION

TELEGRAM No. 34/116 Class 8 611 Words.

Given in at Yunnanfuyn 25/7 H. 2 10 p M. /m.

urgent Peking= 0355 內 704 閣

李經羲致內閣、軍諮府、度支部、陸軍部、郵傳部電

（一九一一年九月十七日）

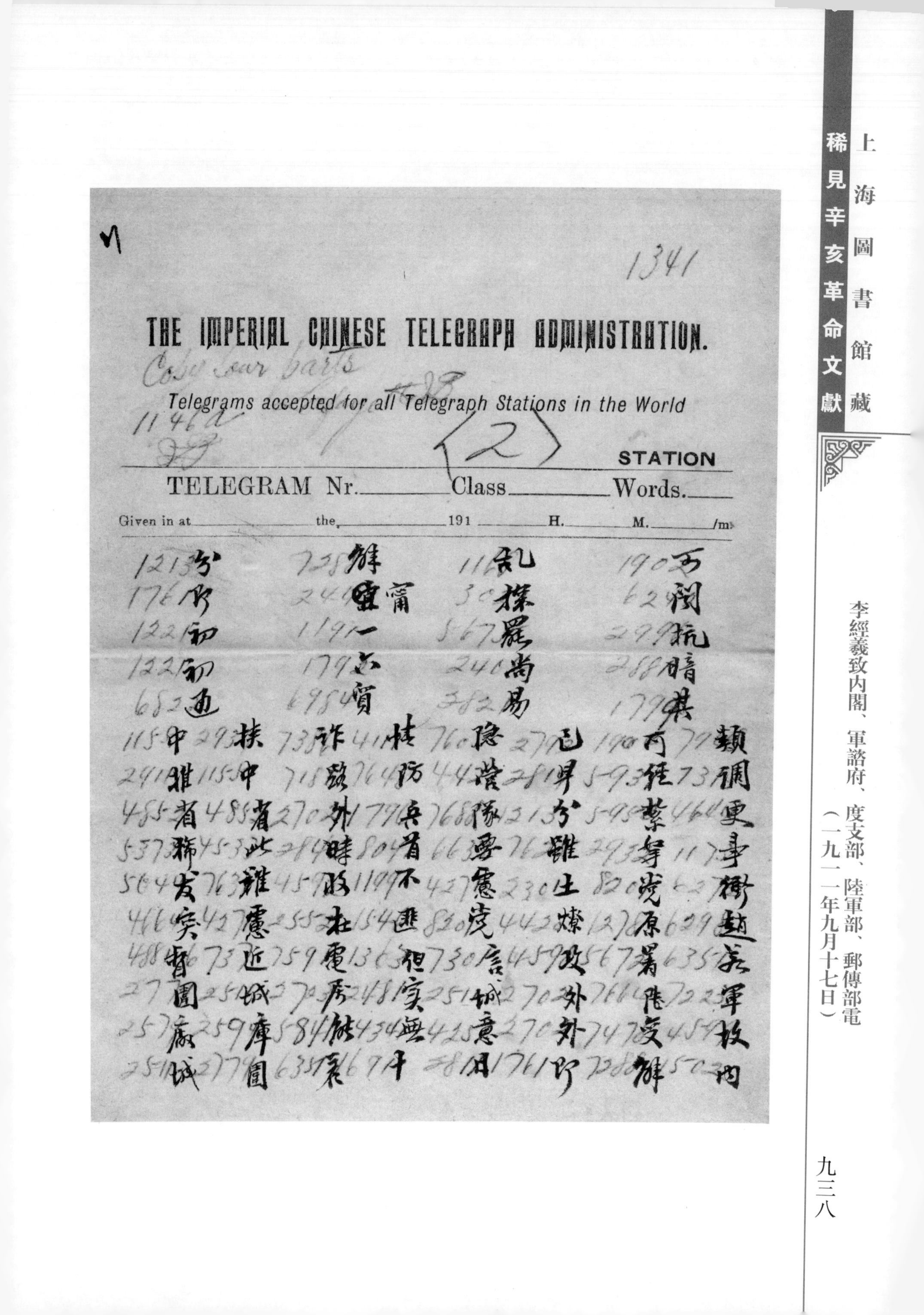

李經義致內閣、軍諮府、度支部、陸軍部、郵傳部電（一九一一年九月十七日）

1341

THE IMPERIAL CHINESE TELEGRAPH ADMINISTRATION.

Telegrams accepted for all Telegraph Stations in the World

(2)

STATION

TELEGRAM Nr.______ Class______ Words.______

Given in at______ the______ 191______ H.______ M.______ /m

1341

THE IMPERIAL CHINESE TELEGRAPH ADMINISTRATION.

11.46.a

Telegrams accepted for all Telegraph Stations in the World

STATION

TELEGRAM Nr.________ Class________ Words.______

Given in at________ the________ 191____ H.____ M.____ /m.

吞心鎮不斗定軍徵台駐同防
兵殺鉄將振趕前宥塞防郡年甚
鄂督不赴晉目該阻兩州近起
理行擊支程缺是視疆南停單日
無吃久日兵濟在鎮西十最平
外招外雜十鄂要速密郵刖撒援
可內照四即怒遽內信畧最亂
平沙灼亂兵及作亂竄諷重兵匪

李經義致内閣、軍諮府、度支部、陸軍部、郵傳部電（一九一一年九月十七日）

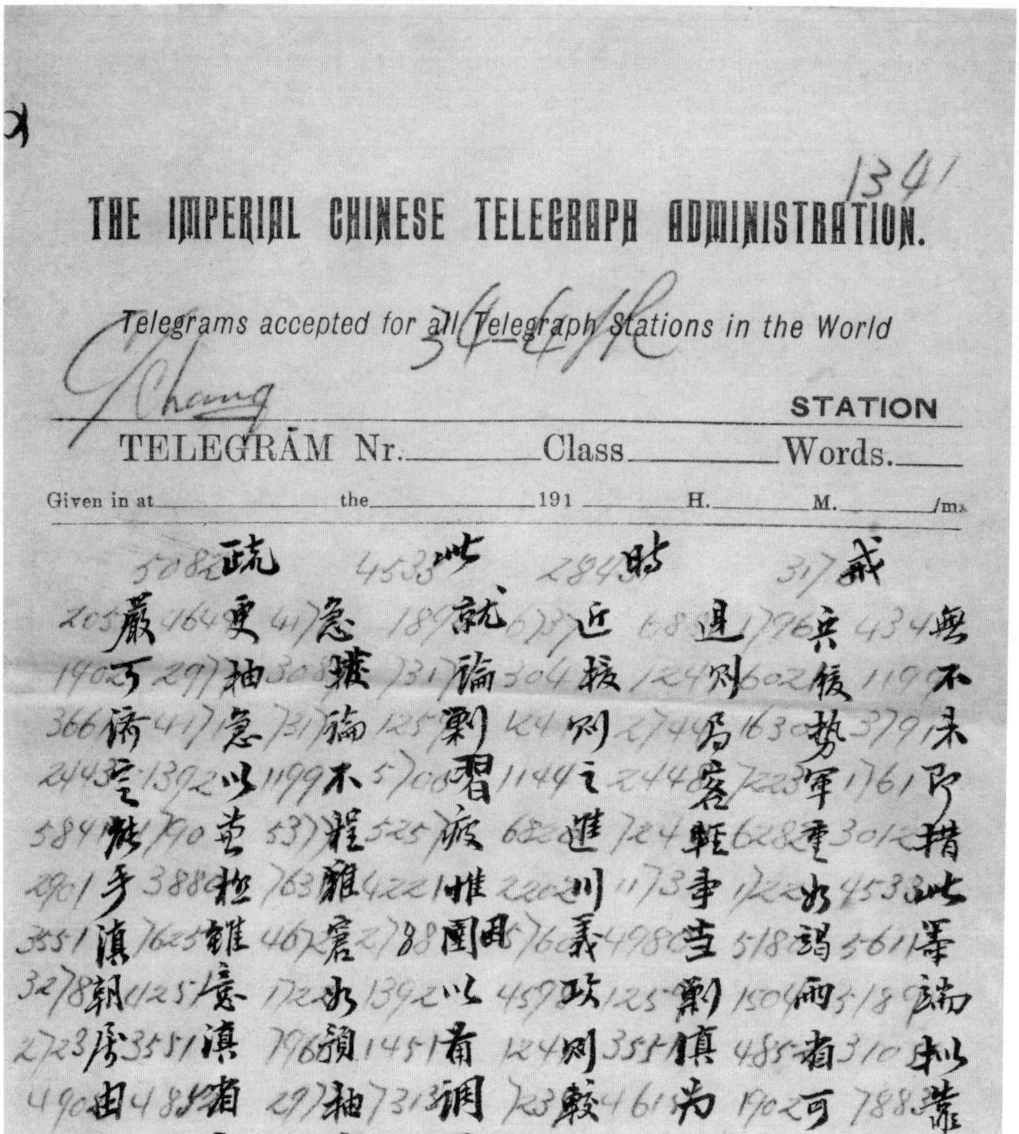

1341

THE IMPERIAL CHINESE TELEGRAPH ADMINISTRATION.

Telegrams accepted for all Telegraph Stations in the World

34-4/14

Ichang STATION

TELEGRAM Nr.____ Class____ Words.____

Given in at____ the____ 191____ H.____ M.____ /m

戒 時 此 疏

無不未即措此等端抄叢千款

兵後勢軍電如竭兩省可為之

退則為客輕事宜劃鎮為合統

近援則之進則義攻則較務將

就論劃習疲惟團以備調軍幹

急據論不程雜窘承領抽舊旅

更抽急以黃標雖慶滇省新遠

嚴可濟之撫手滇朝居由之人

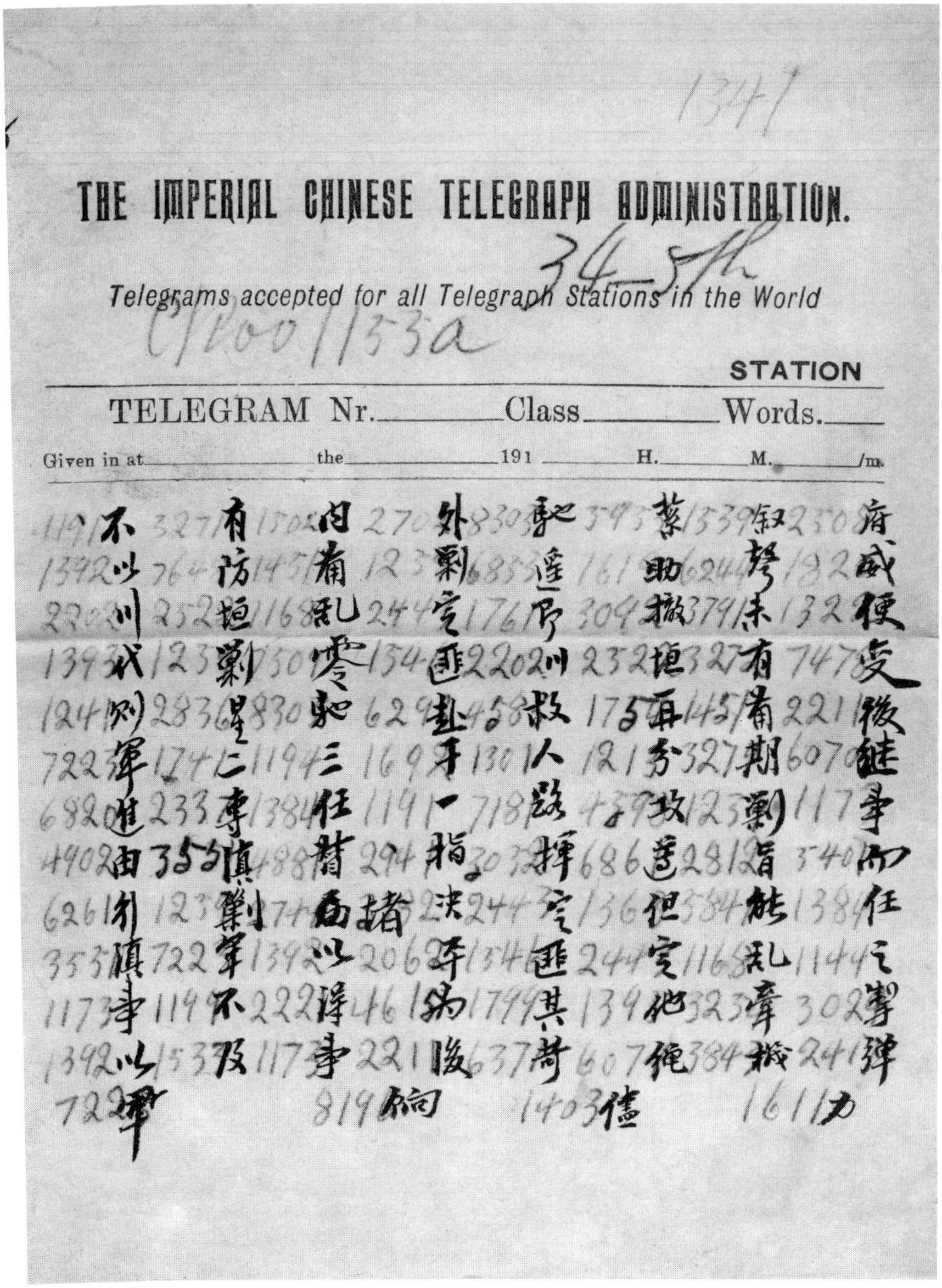

1341

THE IMPERIAL CHINESE TELEGRAPH ADMINISTRATION.

34 5th

Telegrams accepted for all Telegraph Stations in the World

C1100/153a

STATION

TELEGRAM Nr.______ Class______ Words.______

Given in at______ the______ 191______ H.______ M.______/m.

府威稷變後繼爭而任之掣彈力
叙督未有肯期劉旨能乱章撥
蔡助撤垣再分攻遂但完他絕信
馳逕所川救人路揮完匪其寄
外剿完匪赴手一指決時為後詢
内肅乱零馳三任背面以得爭諸
有防垣剿星仁專慎劉掌不及
不少川我則軍進由制鎮爭以罪

李經羲致内閣、軍諮府、度支部、陸軍部、郵傳部電（一九一一年九月十七日）

李經義致內閣、軍諮府、度支部、陸軍部、郵傳部電（一九一一年九月十七日）

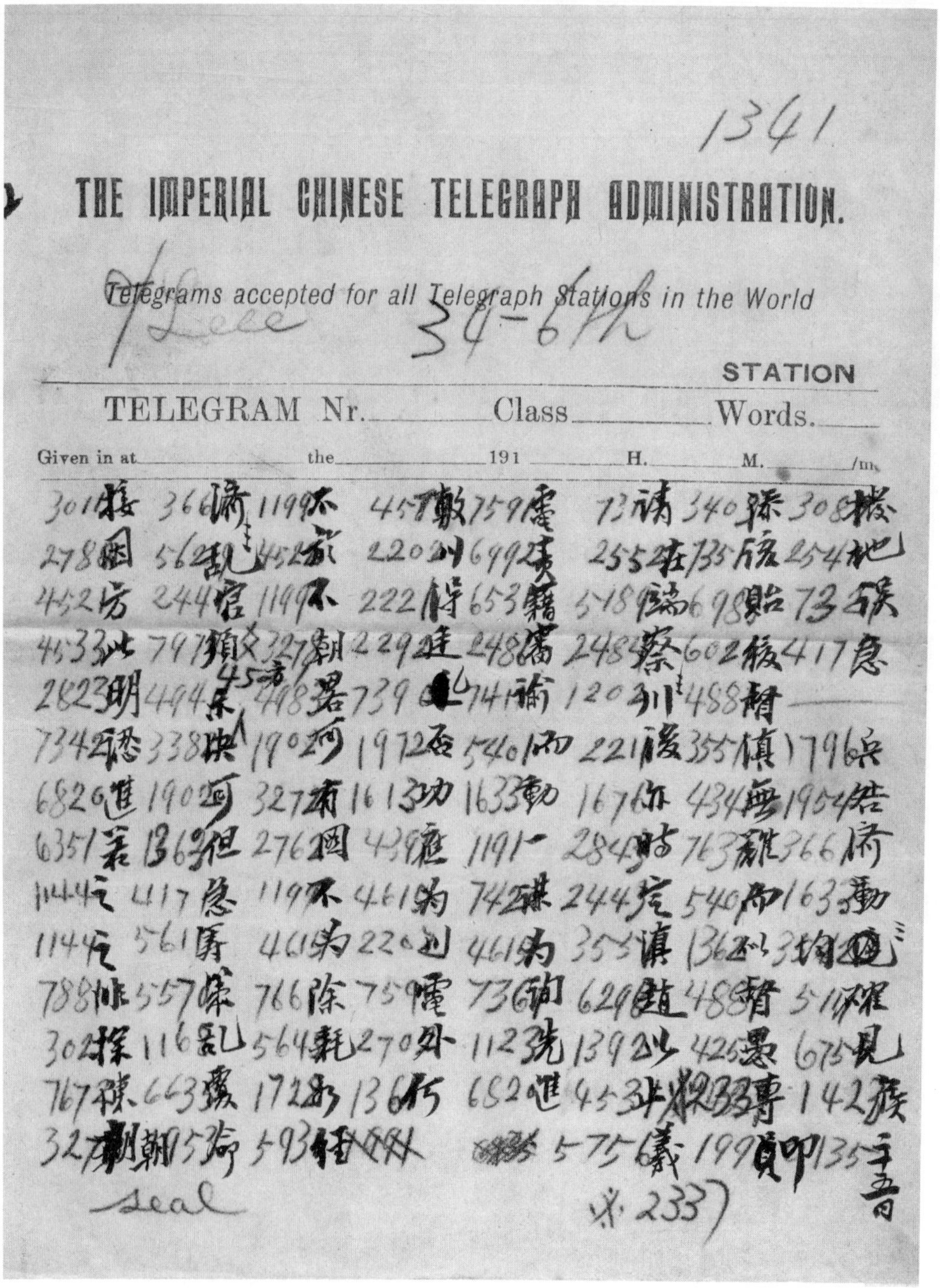
1341

THE IMPERIAL CHINESE TELEGRAPH ADMINISTRATION.

Telegrams accepted for all Telegraph Stations in the World

STATION

TELEGRAM Nr.______ Class______ Words.______

Given in at______ the______ 191___ H.___ M.___ /m.

seal

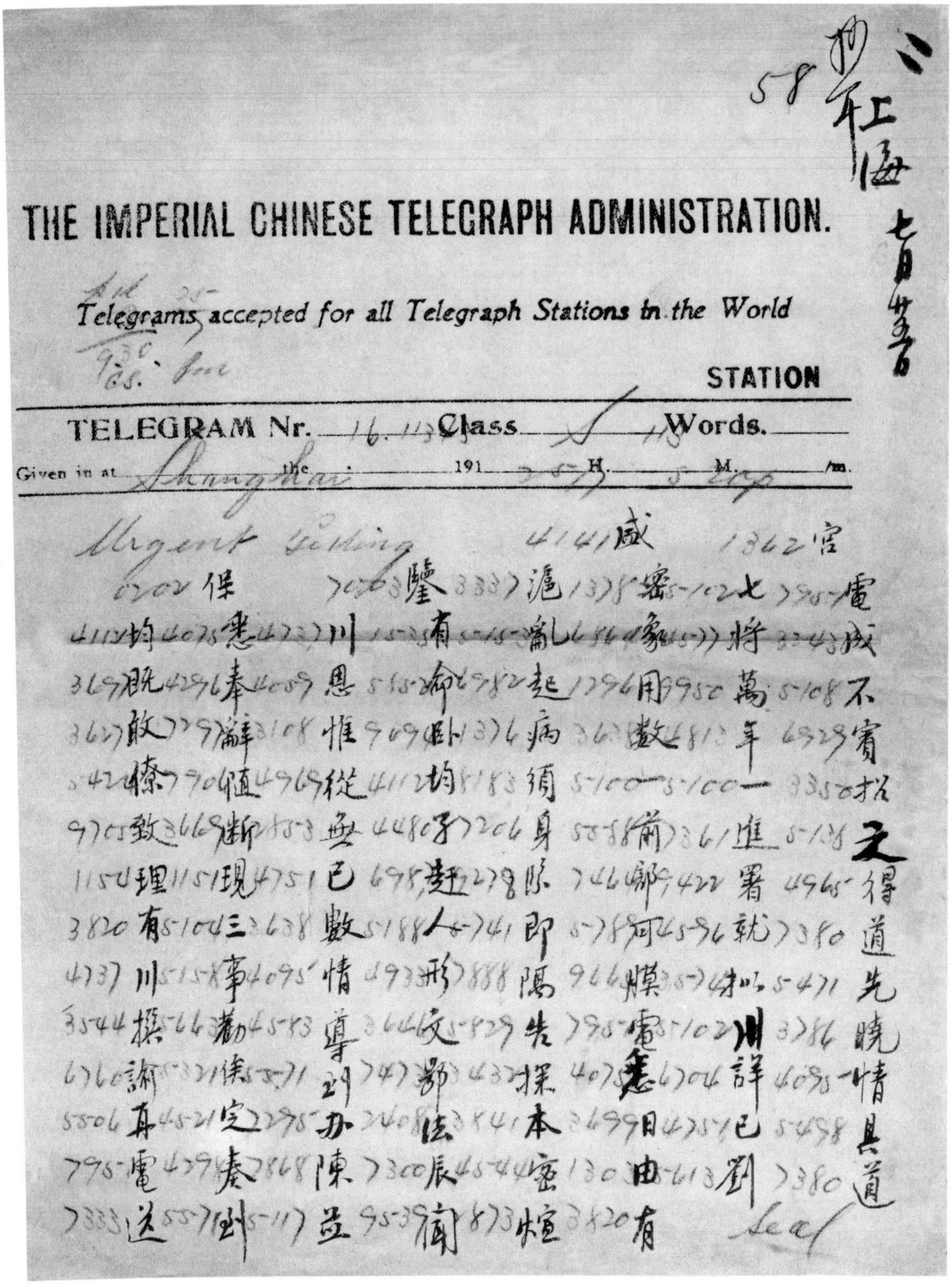

58

THE IMPERIAL CHINESE TELEGRAPH ADMINISTRATION.

Telegrams accepted for all Telegraph Stations in the World

STATION

TELEGRAM Nr. 16.113 Class S 118 Words.

Given in at Shanghai the 191 H. M. m.

Urgent Peking

盛宫
保鑒滬密七電
均悉川有亂象將成
既奉恩命起用萬不
敢辭惟卧病數年賓
僚隨從均須一一招
致斷無孑身前進之
理現已趕赴鄂署得
有三數人即可就道
川事情形隔膜擬先
擬勸導文告電川曉
諭俟到鄂採悉詳情
再定辦法本日已具
電奏陳辰密由劉道
送到並聞煊有

Seal

盛宣懷致岑春煊等電（一九一一年九月十八日）

抄本

二川

丁亭 石達

莫

廣州岑宮保 武昌瑞制台 奉天趙制台 南京張制台 天津陳制台 長沙余中丞 廣州張制台 雲南李制台 貴陽沈中丞

石案

外務部來函 七月廿一日

頃英參贊來稱接十九日成都消息趙督已將拘禁之首
事五人交將軍看管人心一定官又勒令開市各舖亦
多有遵從者又總稅司接同日成都來電稱城內官兵
勢尚足攻擊城外亂民亂民死傷甚多又有藏兵二千從
外間調到等語因以奉聞如尊處得有近聞亦祈示及敬
請勛安 陝州雲台 有電
有傳此間有大股匪襲道經仍挾 自流井陳棄堂錢行
電咨湯督安瀾如常云 宣寄

雲階宮保：養日摘電局報廿五起節，昨陳康虞謂公不行，直若較之遲留不近者[redacted]

吳帥奏更制並圖，乃大喜許，謂一入川境即當撥[redacted]川督[redacted]並請加你欽差大臣亦照許

[redacted]頃見電虞未報起程，[redacted]乃大詫[redacted]反對者，且[redacted]謂瑞[redacted]在鄂

進退尚與瑞商撤調，恐有何事並以調鳥軍何能請急，陳誠易帥持據擾退，成都危

矣。渠意皆使[redacted]如春[redacted]由[redacted]出居保公，此次更以閩[redacted]出者輪[redacted]近[redacted]復[redacted]謂公赤忱

急於能速進，昨且西奏廿五已行，今見奏懷閩欲阻止，見此情形，尤覺無以對人，不若請

今晚速乘江輪赴鄂，此[redacted]後俟調希保在鄂稍留[redacted]請與莘帥商一切[redacted]至明

電復近宿[redacted]子益[redacted]轉[redacted]萃堪要否

宣　泥密　不急

廿六

盛宣懷致岑春煊電（謄抄稿）（一九一一年九月十八日）

致上海岑宮保電 七月廿六日

如春以輪電局稟報廿五起節昨陳宸座謂公一往直前較之逗留不進者奚啻天淵監國乃大嘉許謂一入川境即當援川督並謂加欽差大臣亦默許頃見電奏未報起程乃大訝反對者且謂端在鄂遲延尚與瑞商徵調滬有何事并以調粵軍何能濟急臨敵易帥轉輾擔延成都危矣諸皆侵如春因其屢保公此次更以陶坐兵輪延緩謂公素性急必能速進昨且面奏廿五已行今見奏懊悔欲絶止見此情形尤覺無以對人可否請請今晚速乘江輪赴鄂如須候調幕僚在鄂稍留藉與莘帥商一切立盼電復子益事已轉告蘇堪要否止宥

上海 廿六日

THE IMPERIAL CHINESE TELEGRAPH ADMINISTRATION.

Telegrams accepted for all Telegraph Stations in the World

STATION

TELEGRAM No. 11/1175 Class S 170 Words.

Given in at Shanghai 26/9 191 3 H. 35 M. p /m.

U	PK	0351內	7041閣	3764王	3634爺	0022中	1011堂
687鈞	700鑒	6059宸	208奉	195命	629赴	2201川	465會
680辦	1259劉	308梅	283琳	233將	5?6籌	498畫	207大
398概	4111情	236形	757電	767陳	255在	3811案	462新
301接	750雲	169南	65?舊	199?高	80?閣	高40?內	744進
283[illegible]	2811日	123[illegible]	357[illegible]	735該	193員	124前	769隨
283春	431煊	255在	284晉	6080辦	477理	458敘	3811案
203嗣	284後	69?隨	2115往	220川	57?粵	485相	548處
4605最	114久	410心	418性	167交	239務	1799共	379材
747識	194[illegible]	55節	281[illegible]	255在	62經	282明	331閣
7855[illegible]	1144元	1155中	1391今	2201川	118事	601[illegible]	663要
1953命	283春	431煊	176即	124刻	192起	537程	1410總
1699[illegible]	763龍	626[illegible]	417急	1214切	434無	1301人	1351佐
747[illegible]	1371仰	439[illegible]	2072天	415恩	166准	138?合	808高
540兩	744[illegible]	769隨	198同	283春	43?煊	629赴	220川

岑春煊致內閣請代奏電（一九一一年九月十八日）

109

THE IMPERIAL CHINESE TELEGRAPH ADMINISTRATION.

Telegrams accepted for all Telegraph Stations in the World

STATION

TELEGRAM Nr.________ Class________ Words.________

Given in at________ the________ 191________ H.________ M.________ m.

131俟 220川 117事 680辦 327有 189就 5916緒 1757再
629赴 353滇 138任 153又 [illegible] 208奉 195命 629赴
220川 335陪 6814途 404文 4066牘 797須 327有 751關
76防 45方 710足 139以 284昭 13信 233守 42擬
177即 404文 43庭 172函 13傳 12利 124刻 711請
2812旨 494示 686遲 743謹 731請 139代 209奏 28春
43煊 14肴 seal

抄奉、再寄上海岑宮保相同一分電文

COPY Nr.

STATION, the　　Jourl. No.

Received.	Retransmitted.	Sent out.	Service Remarks.
from............ the.......H......M......./m. by me............	to............ the.......H......M......./m. by me............	the.......H......M......./m. Stat. Mess............ by me............	Chg

TELEGRAM Nr. 1467 Class S 191 Words.

Given in at Pkwy the 26/7 191 3 H. 30 M. p /m.

M Kweiyang 6311 貴 1558 州 2329 撫 3088 沈

6591 辰 8 奉 2812 旨 2100 岑 2835 春 4319 煊 7191 電

2091 奏 4131 悉 4095 所 7672 陳 2202 川 1173 事 680 將 3321 法

~~南 合 機 宜 著 即 選 帶~~

2221 得 1611 力 1931 員 275 弁 2836 星 830 馳 1891 就 51 道

4095 所 3277 有 2202 川 4852 省 3301 水 7668 陸 1981 各 7223 軍

1534 及 1981 各 4852 省 4095 所 3421 派 6292 赴 2202 川 3041 援

7223 軍 1312 集 2100 岑 2835 春 4319 煊 2962 抵 2202 川 2211 隊

1191 一 1341 併 4530 歸 7353 該 4885 督 2894 暫 626 行 5552 節

1234 制 7313 調 6859 遣 6222 之 4095 所 7311 請 8191 飭 85 龍 濟

3661 濟 1127 光 2977 抽 3087 撥 2222 得 1611 力 355 隊 1796 兵

2942 按 4321 照 4628 新 7223 軍 4421 營 1234 制 6031 編 1223 列

4534 步 7688 隊 5045 [illegible] 4421 營

内閣致沈瑜慶電（一九一一年九月十八日）

COPY Nr.

_______ STATION, the _______ Jourl. No. _______

Received.	Retransmitted.	Sent out.	Service Remarks.
from........	to........	the.....H.....M...../m.	
the.....H.....M...../m.	the.....H.....M...../m.	Stat. Mess........	
by me........	by me........	by me........	

TELEGRAM Nr. 64/85 Class Words.

Given in at Hankow the 18/9 191 H. M. /m.

670配 8581齊 3981槍 384械 131乘 725輪 6813運 6293赴
2442宜 2822昌 1392以 1451備 313調 460用 855龍 3661濟
1127光 5841號 1972在 667自 626行 594統 7963領 2982柳
1674愛 4902由 513碣 5161石 781鎮 605總 716兵 1970吳
4927祥 685達 594統 320率 629赴 2202川 178諒 646著
2412張 844鳴 2103岐 670配 628量 6806加 477理 672退
6821速 759電 209奏 1187並 646著 259度 339支 7051部
5611籌 308撥 5104的 819餉 357源 357源 3011接 3611濟
2100岑 283春 1319煊 791未 123到 2202川 1392以 1243前
1302仍 646著 5189論 152方 488情 7688隊 1243前 6820進
672退 7228解 2511城 2779圍 735該 626衛 557門 5033知
6851道 3227欽 1533此 7549閣 121 二十六 Real

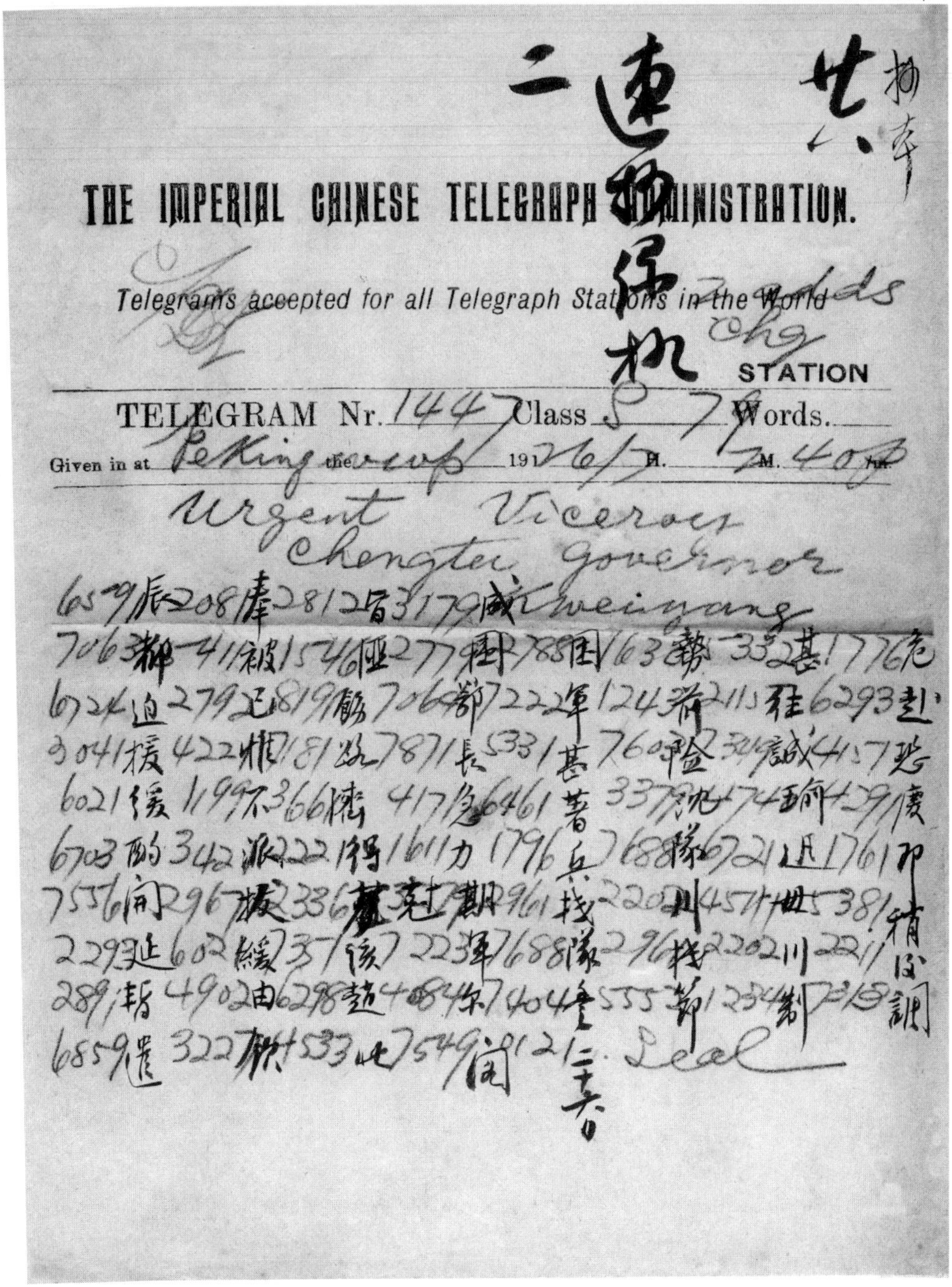

廿六 抄奉

二 速 [illegible] 保 机

THE IMPERIAL CHINESE TELEGRAPH ADMINISTRATION.

Telegrams accepted for all Telegraph Stations in the World

[illegible] STATION

TELEGRAM Nr. 1447 Class S 79 Words.

Given in at Peking [illegible] the 19 26/7 H. M. 40 [illegible]

Urgent Viceroy Chengtu Governor

6579辰 208奉 2812旨 3179成 Kweiyang

7063鄂 411被 1546匪 2779佔 [illegible] 困 [illegible] 勢 332甚 1776危

6724迫 [illegible] 足 [illegible] 飭 [illegible] 鄂 7222軍 [illegible] 前 2115往 6293赴

3041援 [illegible] 相 [illegible] 長 5331甚 [illegible] 險 [illegible] 誠 4157恐

6021緩 1199不 [illegible] 濟 [illegible] 酌 [illegible] 派 [illegible] 得 1611力 [illegible] 兵 [illegible] 隊 [illegible] 近 [illegible] 赴

6703酌 [illegible] 派 [illegible] 得 1611力 1796兵 [illegible] 隊 [illegible] 近 [illegible]

7556間 [illegible] 撥 [illegible] 隊 [illegible] 川 [illegible]

2293延 [illegible] 緩 [illegible] 隊 [illegible] 川 [illegible]

2891暫 [illegible] 由 [illegible] 趙 [illegible] 節 [illegible] 制 [illegible] 調

6859遣 [illegible] 此 [illegible] 閣 [illegible] 二十六 Seal

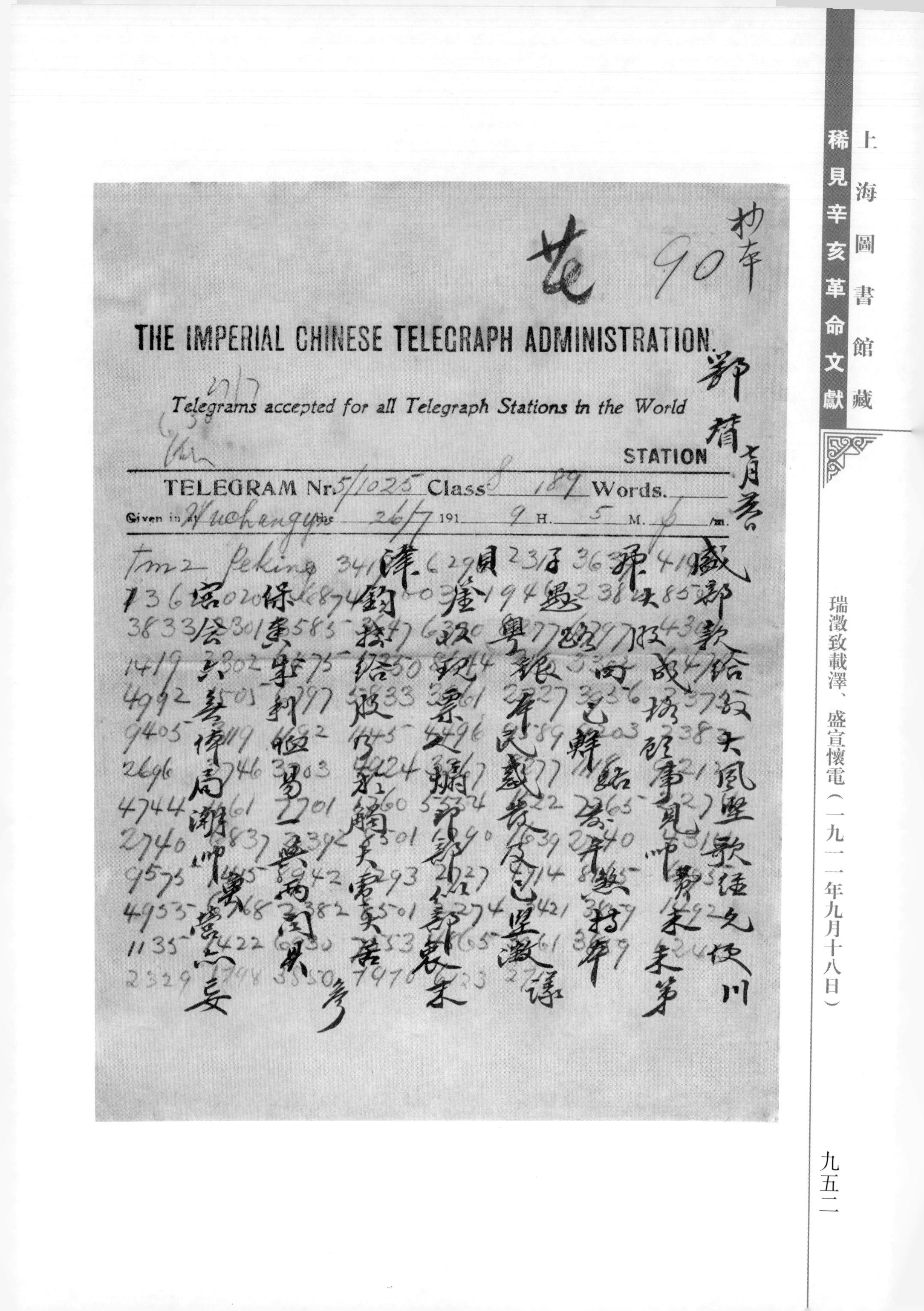

花 90 抄本

THE IMPERIAL CHINESE TELEGRAPH ADMINISTRATION.

Telegrams accepted for all Telegraph Stations in the World

STATION

TELEGRAM Nr. 5/1025 Class 8 187 Words.

Given in Wuchang the 26/7 191 9 H. 5 M. p m.

tmz Peking [illegible]

瑞澂致載澤、盛宣懷電（一九一一年九月十八日）

90

THE IMPERIAL CHINESE TELEGRAPH ADMINISTRATION.

Telegrams accepted for all Telegraph Stations in the World

STATION

TELEGRAM Nr. ________ Class ________ Words. ________

Given in at ________ the ________ 191__ H. ________ M. ________ m.

四辰婣解鄂縱意敎倆蓋寢
尚棕句日節見之俾俊禪澂
筆翼說弄校看東軸共魯渡
電呈濬股生澂股通施衣景
詼璁潘粵孔摟知亨所局乞
劇勁青擇總文安精意天行
乙婣望不誠更謝晉世莊去
亂憂啓君決拔不忘姻仁是

趙爾豐致那桐、奕劻請代奏電（一九一一年九月十八日）

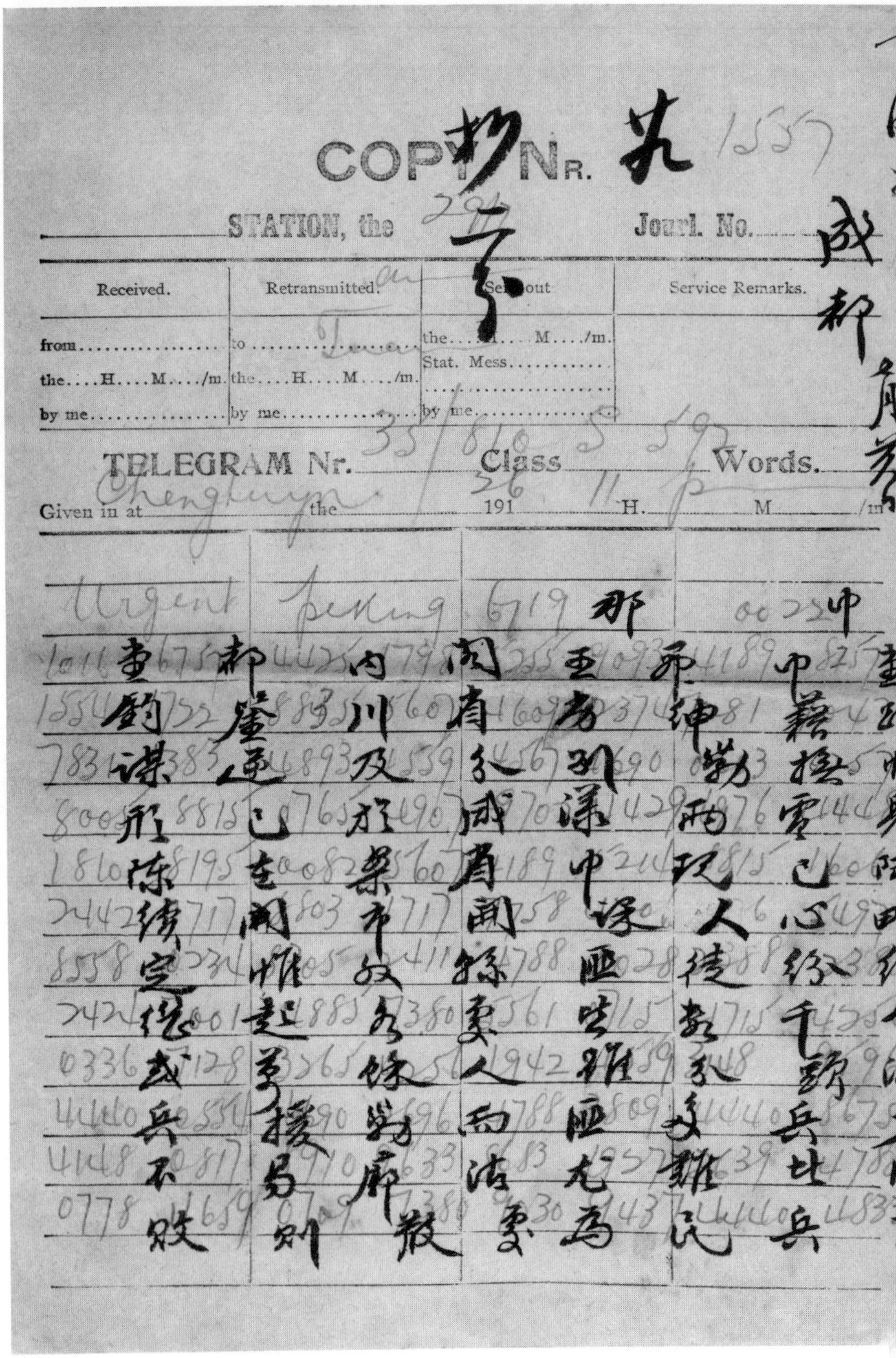
COPY Nr.
STATION, the
Journ. No.

Received.	Retransmitted.	Sent out	Service Remarks.
from	to	the ... H ... M ... /m.	
the ... H ... M ... /m.	the ... H ... M ... /m.	Stat. Mess.	
by me	by me	by me	

TELEGRAM Nr. Class Words.
Given in at the 191 H. M /m

Urgent Peking 6719 那

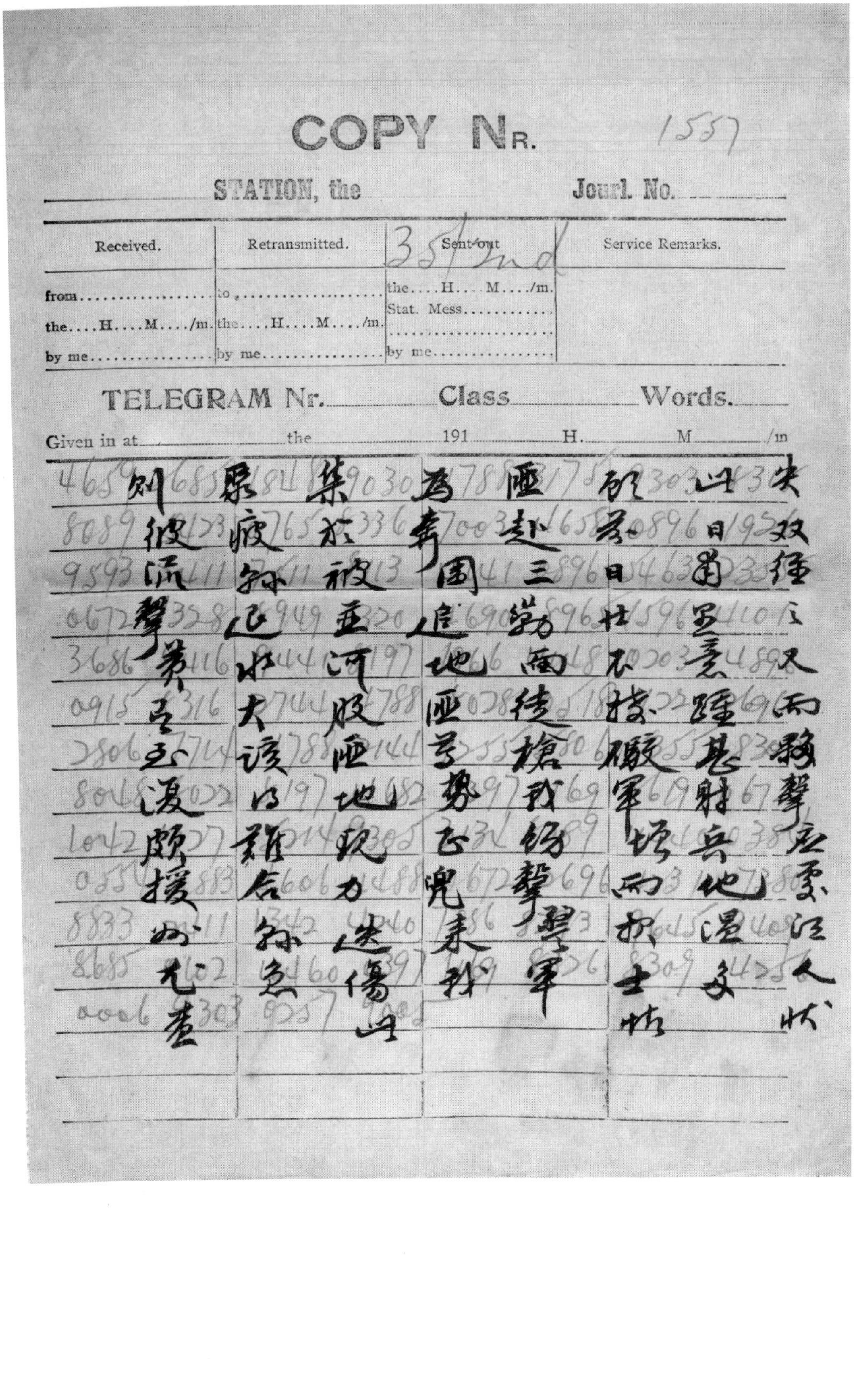
COPY Nr. 1557

STATION, the Jourl. No.

Received.	Retransmitted.	Sent out 35/2nd	Service Remarks.
from........ the....H....M..../m. by me........	to........ the....H....M..../m. by me........	the....H....M..../m. Stat. Mess........ by me........	

TELEGRAM Nr. Class Words.

Given in at the 191 H. M /m

趙爾豐致那桐、奕劻請代奏電（一九一一年九月十八日）

COPY Nr. 1557

STATION, the　　　Jourl. No.

Received.	Retransmitted.	Sent out	Service Remarks.
from	to	the H M /m.	
the H M /m.	the H M /m.	Stat. Mess.	
by me	by me	by me	

TELEGRAM Nr.　　　Class　　　Words.

Given in at　　　the　　　191　　　H.　　　M　　　/m

字校易戰三次克遍擾亦如之抗大不速傷人於總而十號頭憂力遣戰離已一難復時府屬尊兵派襲軍頗死困仆此威邛崍吏集面逼我亦已之勞且係南本厚一分故能不人則是南西亦備內路旅功捷年一亟皆然及已紀哥動為遠兵力稍地亂屬鈔勢

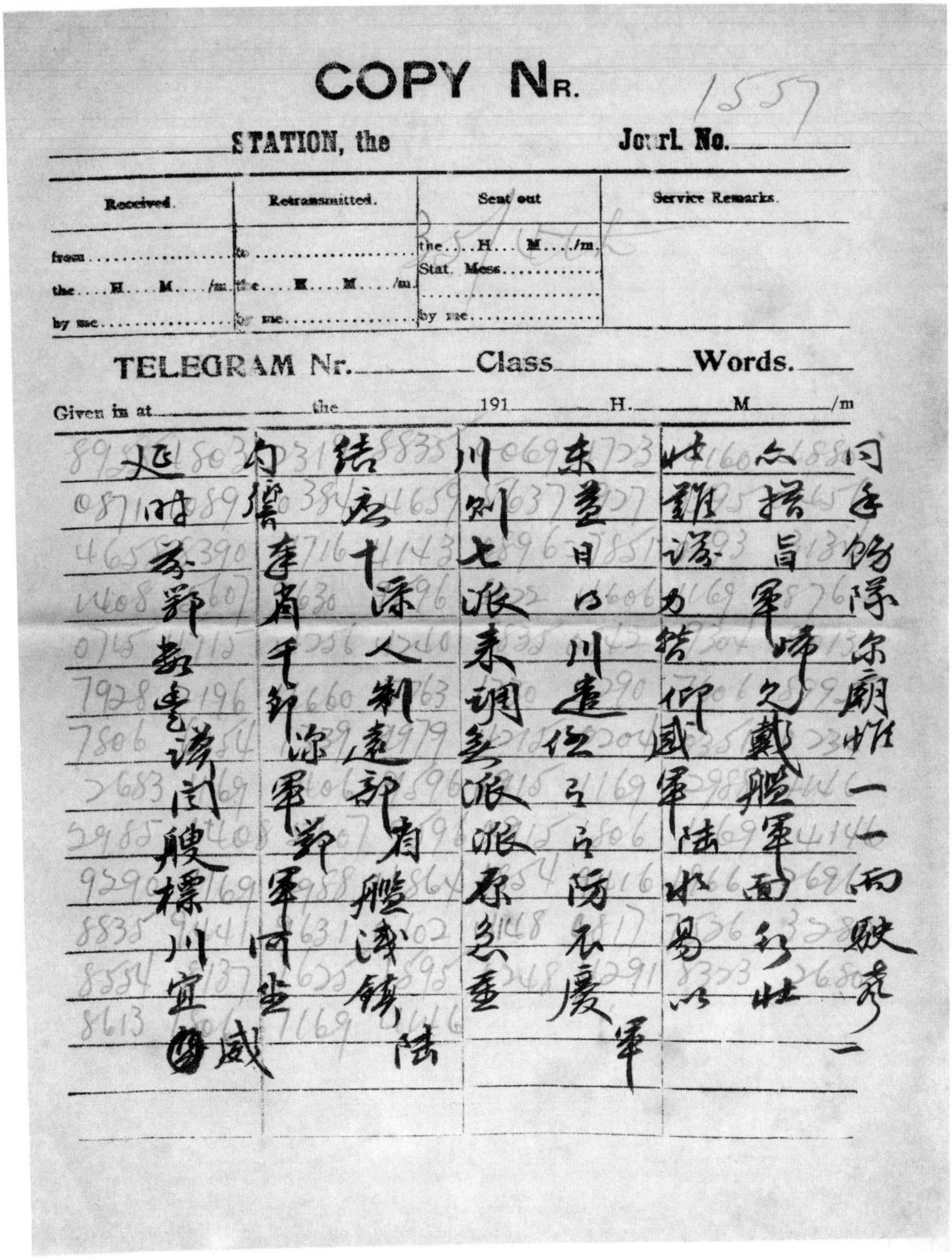
COPY Nr. 1557

STATION, the Journ. No.

Received.	Retransmitted.	Sent out	Service Remarks.
from	to	the H M /m. Stat. Mess.	
the H M /m.	the H M /m.		
by me	by me	by me	

TELEGRAM Nr. Class Words.

Given in at the 191 H. M /m

趙爾豐致那桐、奕劻請代奏電（一九一一年九月十八日）

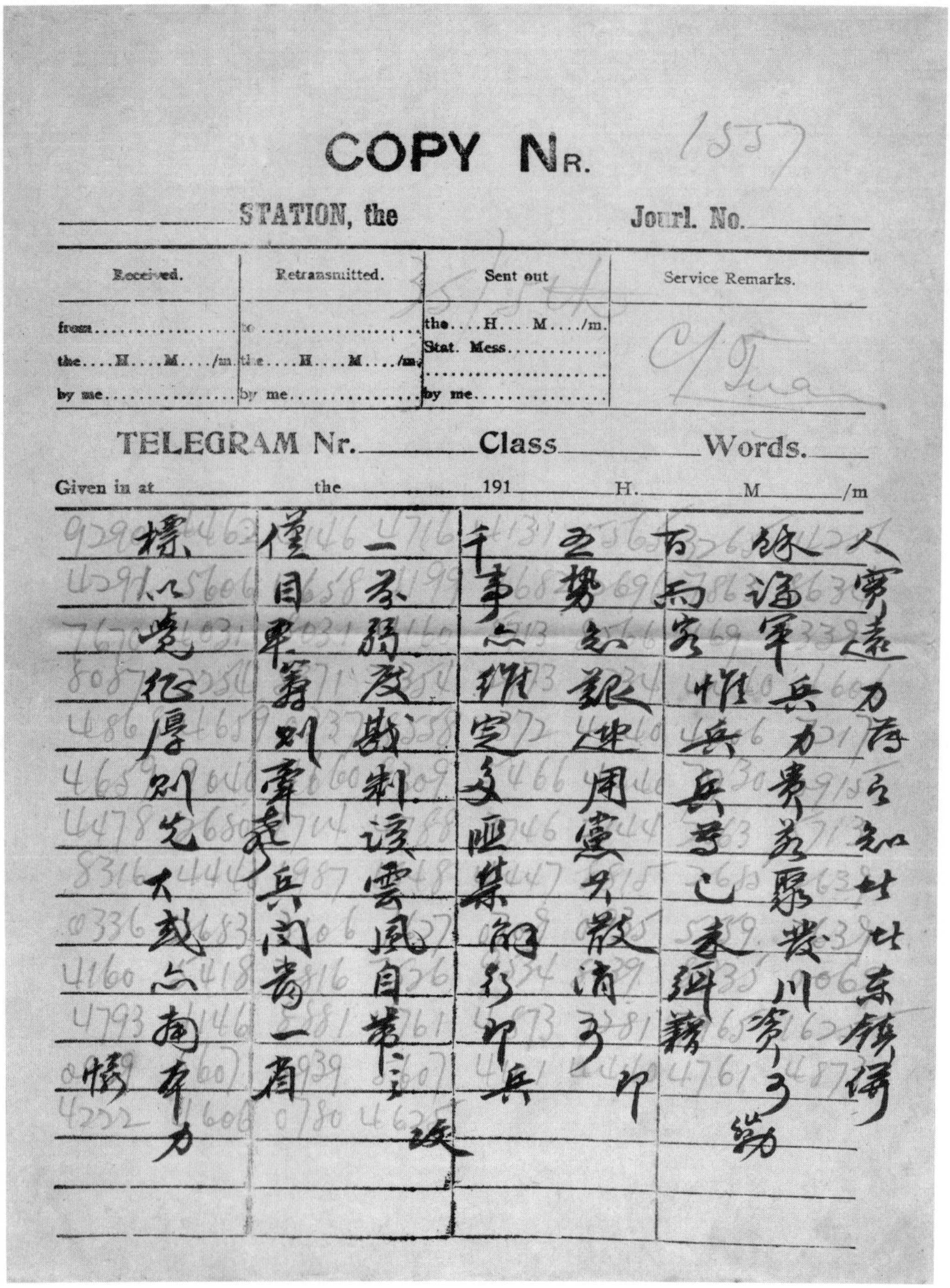
COPY Nr. 1557

STATION, the ______ Jourl. No. ______

Received.	Retransmitted.	Sent out	Service Remarks.
from........	to........	the....H....M..../m.	C/5
the....H....M..../m.	the....H....M..../m.	Stat. Mess........	
by me........	by me........	by me........	

TELEGRAM Nr. ______ Class ______ Words. ______

Given in at ______ the ______ 191 ______ H. ______ M ______ /m

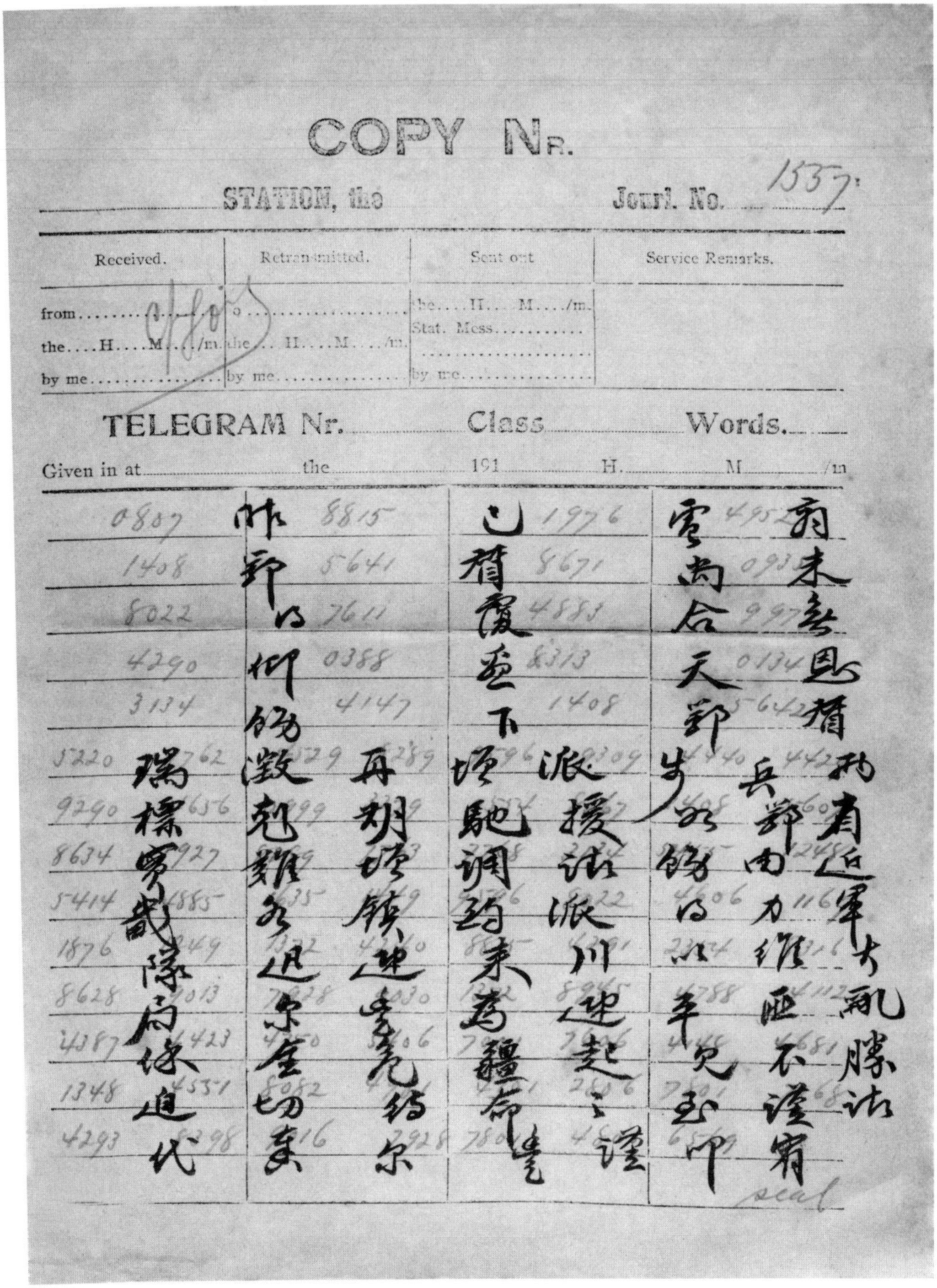
COPY Nr.

STATION, the .... Journ. No. 1557.

Received.	Retransmitted.	Sent out	Service Remarks.
from............ the....H....M..../m. by me............	to............ the....H....M..../m. by me............	the....H....M..../m. Stat. Mess............ by me............	

TELEGRAM Nr. .... Class .... Words. ....

Given in at .... the .... 191 ..... H. ..... M. ..... /m

趙爾豐致軍諮府電（一九一一年九月十八日）

THE IMPERIAL CHINESE TELEGRAPH ADMINISTRATION

Telegrams accepted for all Telegraph Stations in the World

STATION

TELEGRAM Nr. Class. Words.

Given in at the 191 H. M. m.

1580

THE IMPERIAL CHINESE TELEGRAPH ADMINISTRATION.

Telegrams accepted for all Telegraph Stations in the World

Second STATION

TELEGRAM Nr.________ Class________ Words.________

Given in at________ the________ 191 ________ H.________ M.________ /m.

5174 隱 0585 能 1206 宣 1307 帝
9718 獨 1695 立 7167 并 0566 作 0226 建 3335 是 3417 州 0082 [illegible]
7974 合 2396 有 3507 奴 2117 民 4706 國 7215 会 8266 西 3019 於
1957 十 6719 六 1879 日 7037 午 4555 事 5298 省 3019 於 1957 十
6658 五 1969 日 6007 將 9071 該 7611 違 6847 紳 4601 号 2917 謀
2518 被 7148 毀 6655 中 6865 涇 3262 碗 2507 奴 0874 向 2958 動
7733 稱 8776 城 4455 卯 1159 卯 4415 時 2854 鳴 5149 羅 7448 聚
6796 眾 2048 約 8904 義 8333 餘 1359 人 6265 來 2278 撲 6896 督
7148 黑 2369 在 2849 街 1982 等 1556 先 2187 派 3717 有 7572 軍
3174 隊 6605 彈 1275 壓 2374 阻 2755 至 8455 兩 0268 于 2845 峰
4478 擁 2135 破 5874 門 7798 而 5757 入 2749 衛 0874 隆 2831 開
9495 槍 2266 傷 7695 毀 9957 十 9333 餘 1259 之 2267 指 1417 紛
6985 斃 5329 退 5298 者 1715 譯 2459 即 7417 己 2474 揮 2811 近

趙爾豐致軍諮府電（一九一一年九月十八日）

1580

THE IMPERIAL CHINESE TELEGRAPH ADMINISTRATION.

Copied by jah

Telegrams accepted for all Telegraph Stations in the World

251

STATION

TELEGRAM Nr. 32 Class ________ Words. ________

Given in at ________ the ________ 191 ________ H. ________ M. ________ /m

1580

THE IMPERIAL CHINESE TELEGRAPH ADMINISTRATION.

Telegrams accepted for all Telegraph Stations in the World

STATION

TELEGRAM Nr. ______ Class ______ Words. ______

Given in at ______ the ______ 191 ______ H. ______ M. ______ /m

1580.

THE IMPERIAL CHINESE TELEGRAPH ADMINISTRATION.

copied by yah

Telegrams accepted for all Telegraph Stations in the World

STATION

TELEGRAM Nr. ________ Class ________ Words. ____

Given in at ________ the ________ 191 ____ H. ____ M. ____ /m

量閬巢今州局
到內統淖諸大
鎮諮部樞宇邊宥
無電大維攻安印
歲已於法實就電
近昨仍設立軍京
於派秉局備方甚
武昌代金軍地羊

Seal

趙爾豐致軍諮府電（一九一一年九月十八日）

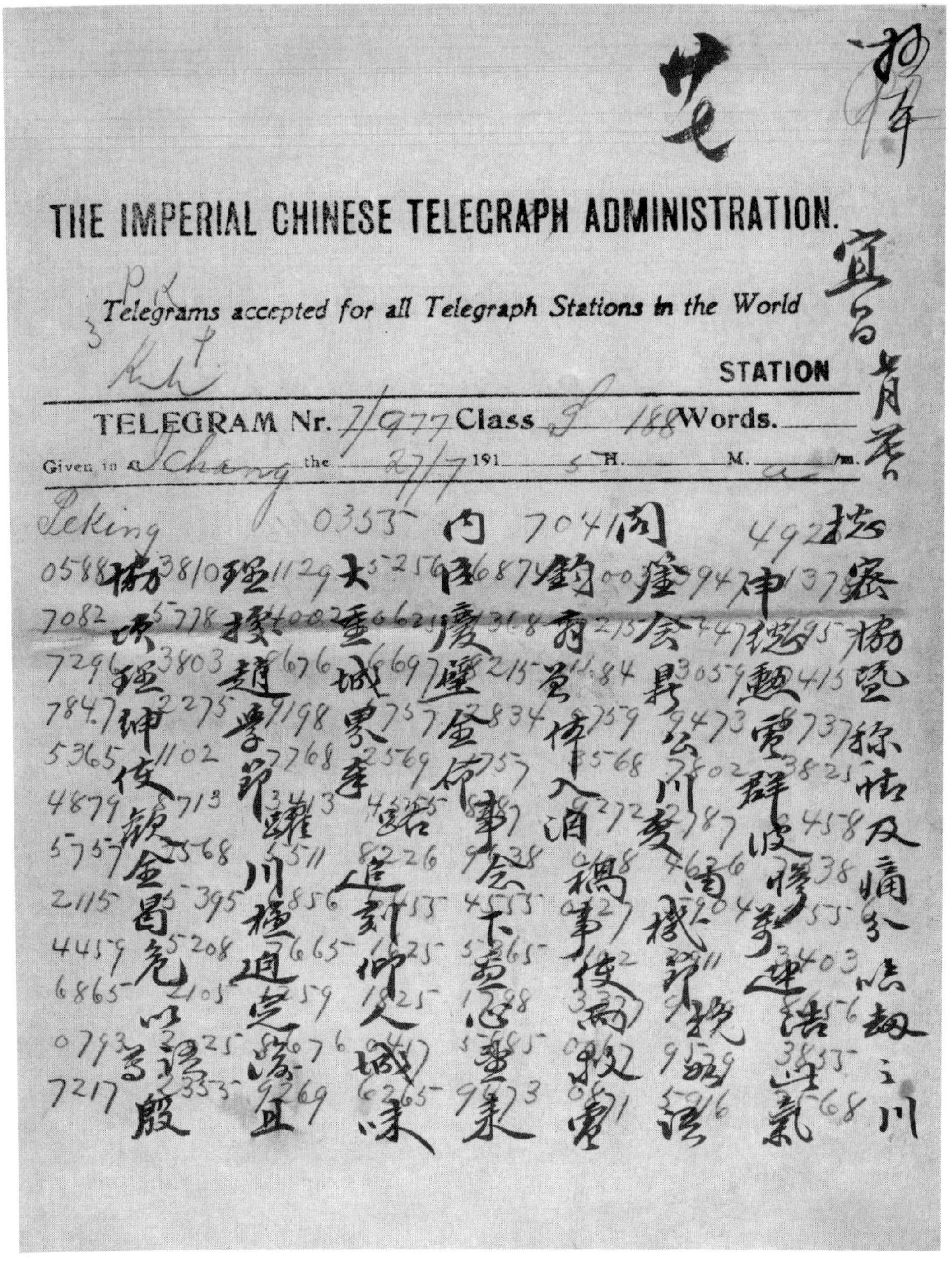
THE IMPERIAL CHINESE TELEGRAPH ADMINISTRATION.

Telegrams accepted for all Telegraph Stations in the World

STATION

TELEGRAM Nr. 7/977 Class S 188 Words.

Given in at Ichang the 27/7 191 H. M. m.

Peking 0353 內 7041 閣 4929 總

端方致内閣請代奏電（一九一一年九月十八日）

端方致內閣請代奏電（一九一一年九月十八日）

9?2

THE IMPERIAL CHINESE TELEGRAPH ADMINISTRATION.

Telegrams accepted for all ~~Telegraph Stations~~ in the World

STATION

TELEGRAM Nr.______ Class______ Words.______

Given in at______ the______ 191______ H.______ M.______ m.

1259 人 408 頗 417 有 1326 悔 638 禍 855 之 425 ?7 北
2911 迷 809 種 885 援 378 援 119 急 865 以 ?4 際 ?8 群
3825 時 3855 之 0417 再 6695 端 019 方 979 日 375 內 130 ? 部
7148 羅 363 鄂 572 軍 811 進 82 ● 6749 行 476 均 650 已
3859 就 6748 徒 825 惟 3 鄂 759 兵 1355 一 2428 標 370 號
3882 須 378 援 396 省 1458 文 306 宜 982 起 025 諮 975 兵
1958 力 1106 實 417 只 8455 不 2985 敷 889 湘 74 陝 88 黔
5455 三 2396 省 2378 援 72 軍 825 急 471 請 23 電 715 旨
9466 催 6665 令 1856 趕 47 期 1269 進 6665 發 571 資 訊
0777 援 777 8825 為 8136 厚 8348 發 2378 援 ~~一~~ 訊
8471 代 8471 5 奏 2 端 6695 方 1019 巾 1168 廿 129 六日

Seal

七月二十七夜一点鐘收宜昌來電

澤貝子爺盛宮保鑒翻昨奉兩旨既以川事委岑又責方於岑未到以前帶兵前進方入川後以旦夕受代之人一切指揮地方官及新舊各軍必致處處掣肘為方秘計祇有力辭讓岑之一法為大局計則方於川東川南均已略有布置且重慶商會總協理及紳商學界全體亦有公電歡迎於川事辦法漸有迎刃而解之勢而岑在川素有屠戶之名川人感情並不甚好宜昌川人最多已人人悚懼且粵中草黨甚熾正當加緊防備之時而岑向調粵兵入川未免顧此失彼但此言出自方口則近包攬把持反復思維實

屬進退維谷蔭弟能援方於水火之中請向慶邸座力陳
粵潛伏已久一旦起事其禍較川更烈不如以粵責岑以
川責方現堅師本求離粵岑與粵人又較有感情或可
弭亂於未發若責方專辦川事事權歸一辦理無效甘
任其咎如必須令岑赴川則請飭方速往鄂湘趕辦收路
事宜亦可免兩面躭誤事機甚迫請速援手明日起程
在途候復以定進止方二十七日

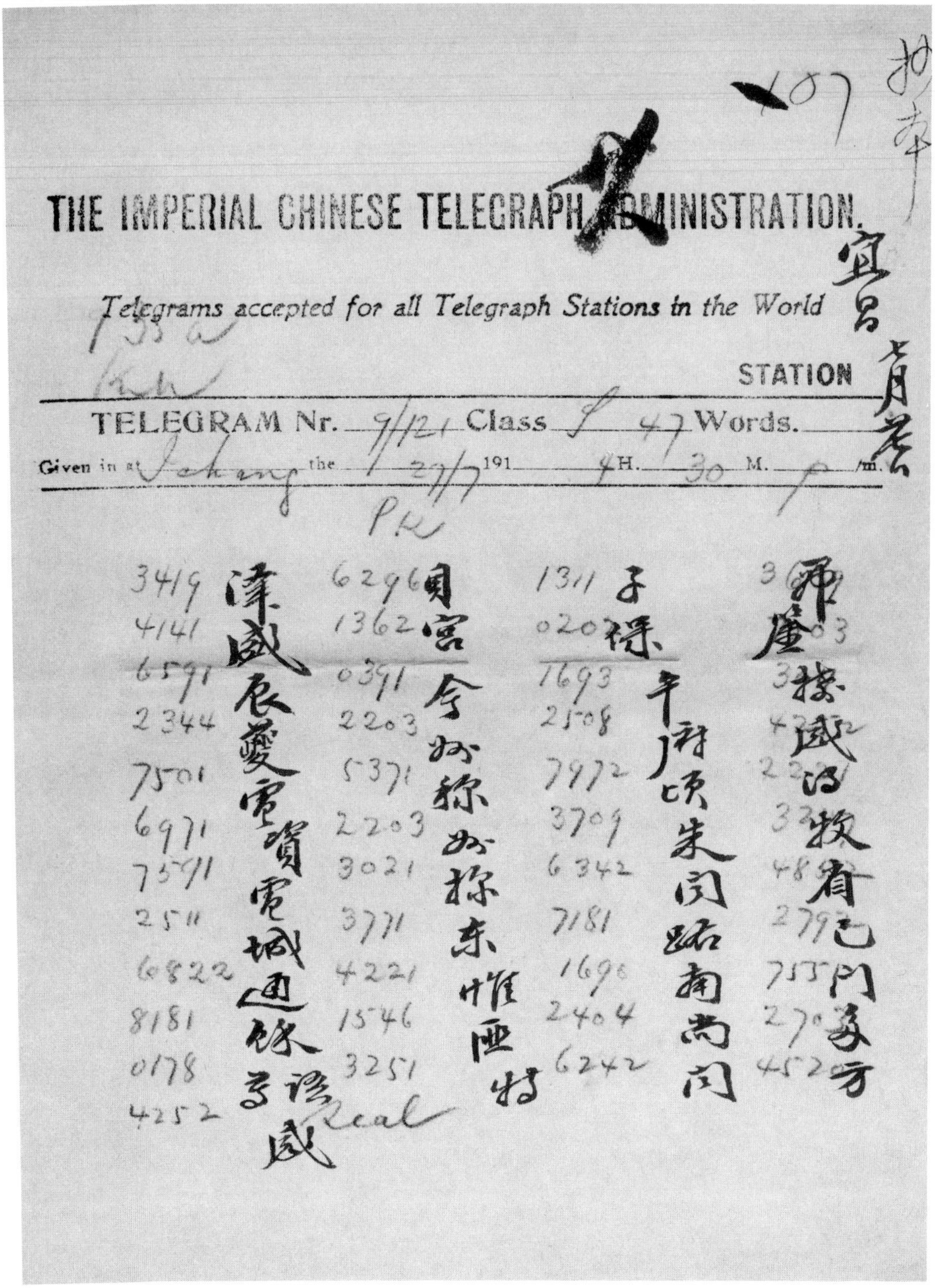
THE IMPERIAL CHINESE TELEGRAPH ADMINISTRATION.

Telegrams accepted for all Telegraph Stations in the World

STATION

TELEGRAM Nr. 9/121 Class 47 Words.

Given in at Ichang the 27/7 191 4 H. 30 M. p /m.

宜昌肯庵

3419	6296	1311	3[illegible]
4141	1362	0207	[illegible]03
6591	0391	1693	3[illegible]
2344	2203	2508	43[illegible]2
7501	5371	7972	22[illegible]
6971	2203	3709	33[illegible]
7571	3021	6342	48[illegible]
2511	3771	7181	2793
6822	4221	1690	7537
8181	1546	2404	270[illegible]
0178	3251	6242	4520
4252			

Real

沈瑜慶致內閣請代奏電（一九一一年九月十九日）

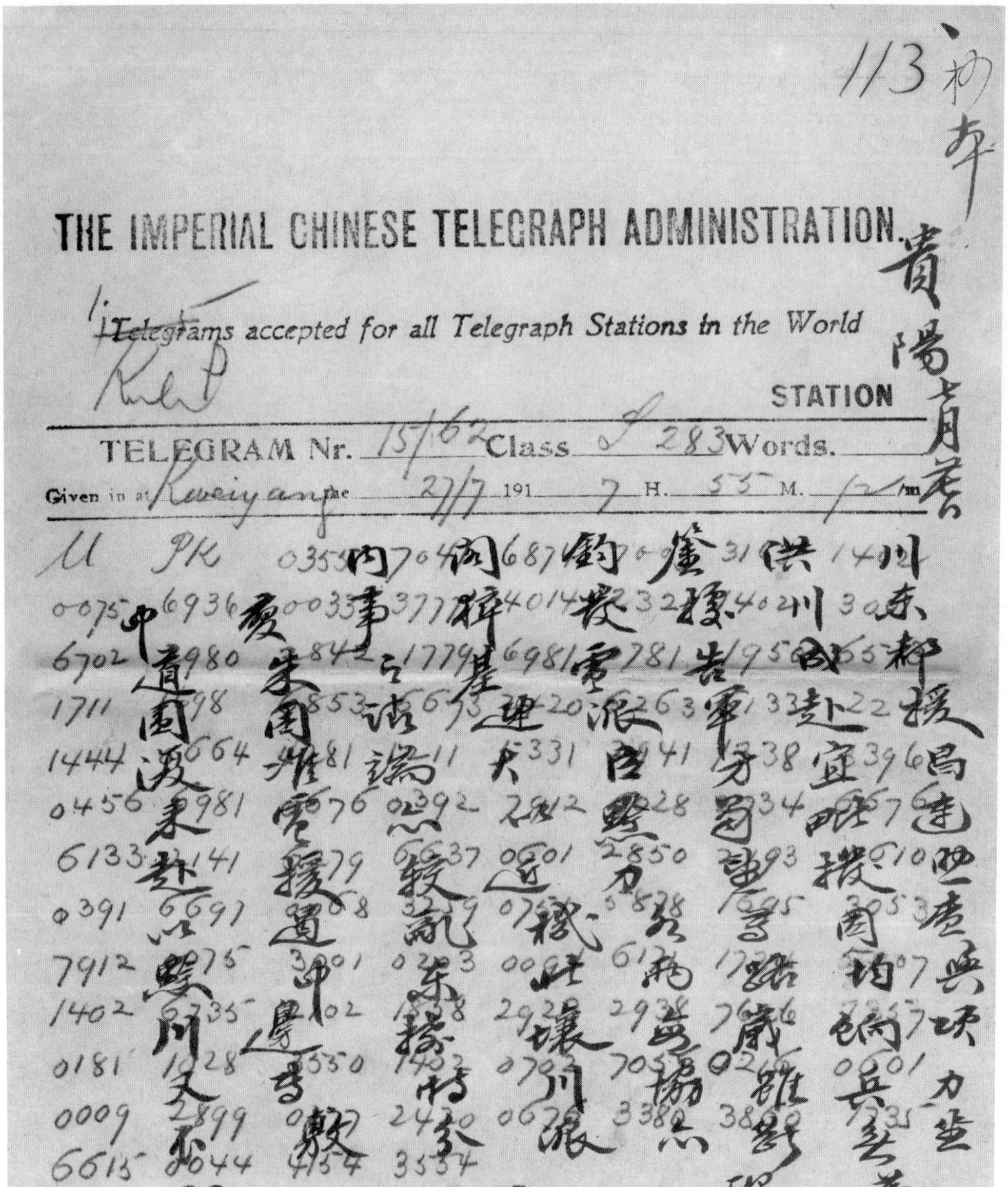
113

THE IMPERIAL CHINESE TELEGRAPH ADMINISTRATION.

Telegrams accepted for all Telegraph Stations in the World

貴陽省 STATION

TELEGRAM Nr. 15/62 Class 283 Words.

Given in at Kweiyang the 27/7 191 7 H. 55 M.

113

THE IMPERIAL CHINESE TELEGRAPH ADMINISTRATION.

Telegrams accepted for all Telegraph Stations in the World

STATION

TELEGRAM Nr.______ Class______ Words.______

Given in at______ the______ 191____ H.______ M.______ m.

岑川道兼兩地燹不斷福千總

派入峽拖裝用期詎已董隊慶臣

賚後逕行輕裝以赴不現兼槍重大

旨芝現再臣不難[illegible]資力赴兩

滌方接隊大段文元急營以聞

時端部軍兩軍兵速所兵兼日端

帽燈械阻蜀川援較易撤撥款岑

讀悉相報匯紅有地先派兩人赴

沈瑜慶致內閣請代奏電（一九一一年九月十九日）

113

THE IMPERIAL CHINESE TELEGRAPH ADMINISTRATION.

Telegrams accepted for all Telegraph Stations in the World

STATION

TELEGRAM Nr.________ Class________ Words.________

Given in at________ the________ 191____ H.____ M.____ /m.

鈞範路窘境廷轄所西路
嚴防之銀出朝國福緣葉
面力竄畢師並謀大局代
一家多兵援惟邊受川利
揮武黨跡次已動同趨攻
指文匯綱出沒震疆隊喀
自邊鄂中收不踐靜浪多
到治以黔兼務國則安除慶

Real 沁

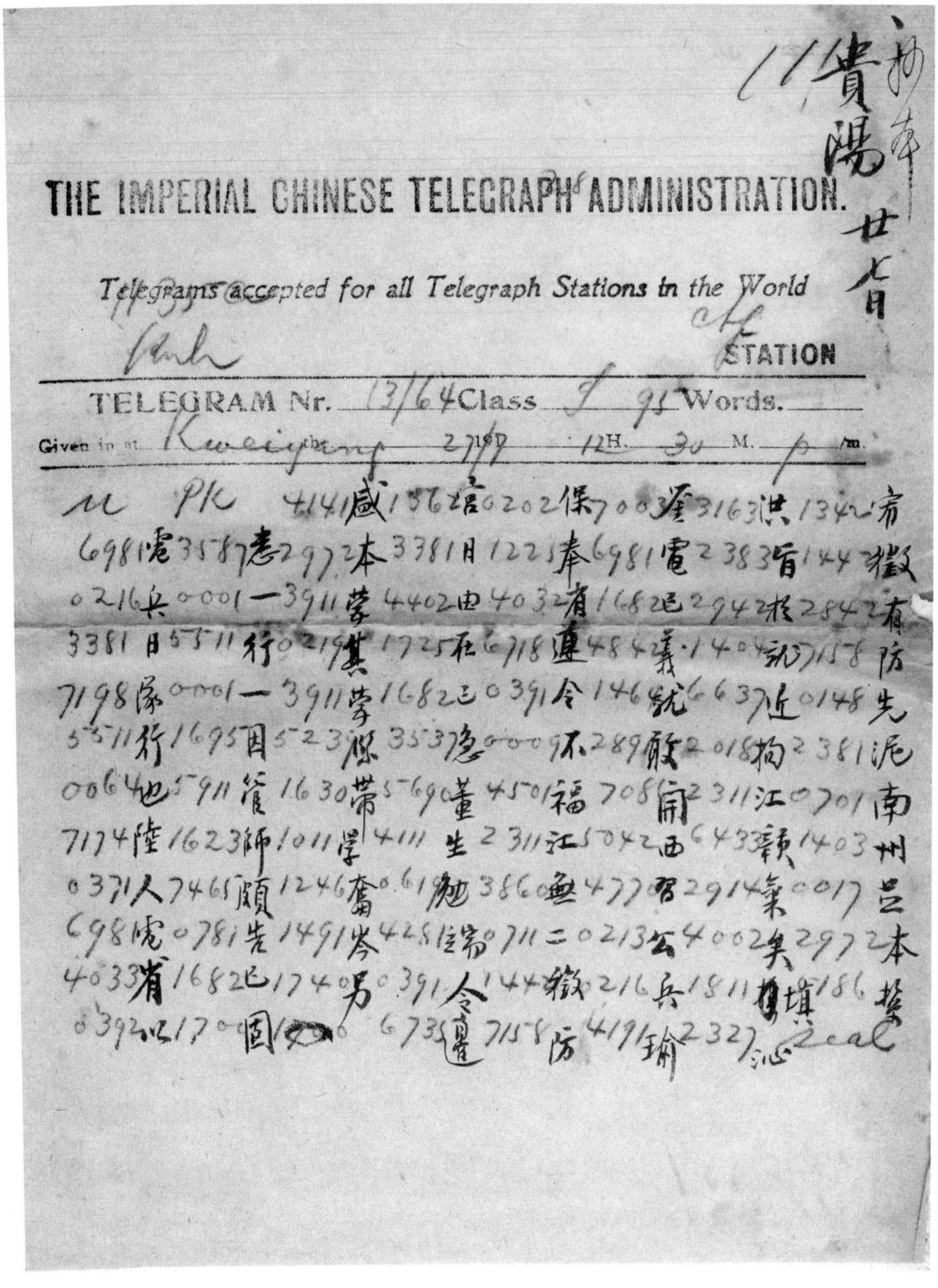

貴陽 廿七日

THE IMPERIAL CHINESE TELEGRAPH ADMINISTRATION.

Telegrams accepted for all Telegraph Stations in the World

STATION

TELEGRAM Nr. 13164 Class 9 95 Words.

Given in at Kweiyang 27/9 12H. 30 M. p.m.

M PK 4141盛 1562宮 0202保 7003鑒 3163洪 1342宥
6981電 3587悉 2972本 3381月 1225奉 6981電 2383旨 1447徽
0216兵 0001一 3911營 4402由 4032省 1682已 2942於 2842有
3381日 5511行 0219其 1725在 6718道 4844義 1404就 7158防
7198隊 0001一 3911營 1682已 0391令 1461就 6637近 0148先
5511行 1695因 5239際 3537急 0009不 2891敷 2018調 2381派
0064也 5911管 1630帶 5690董 4501福 7081開 2311江 0701南
7174陸 1623師 1011學 4111生 2311江 5042西 6433贛 1403州
0371人 7465頗 1246奮 0619勉 3860無 4777省 2914棄 0017邑
6981電 0781告 1491岑 4258督 0711二 0213公 4002矣 2972本
4033省 1682已 1740另 0391令 1444徽 0216兵 1811填 1861紮
0392以 1700固 [illegible] 6735邊 7158防 4191瑜 2327沁

岑春煊致內閣請代奏電（一九一一年九月十九日）

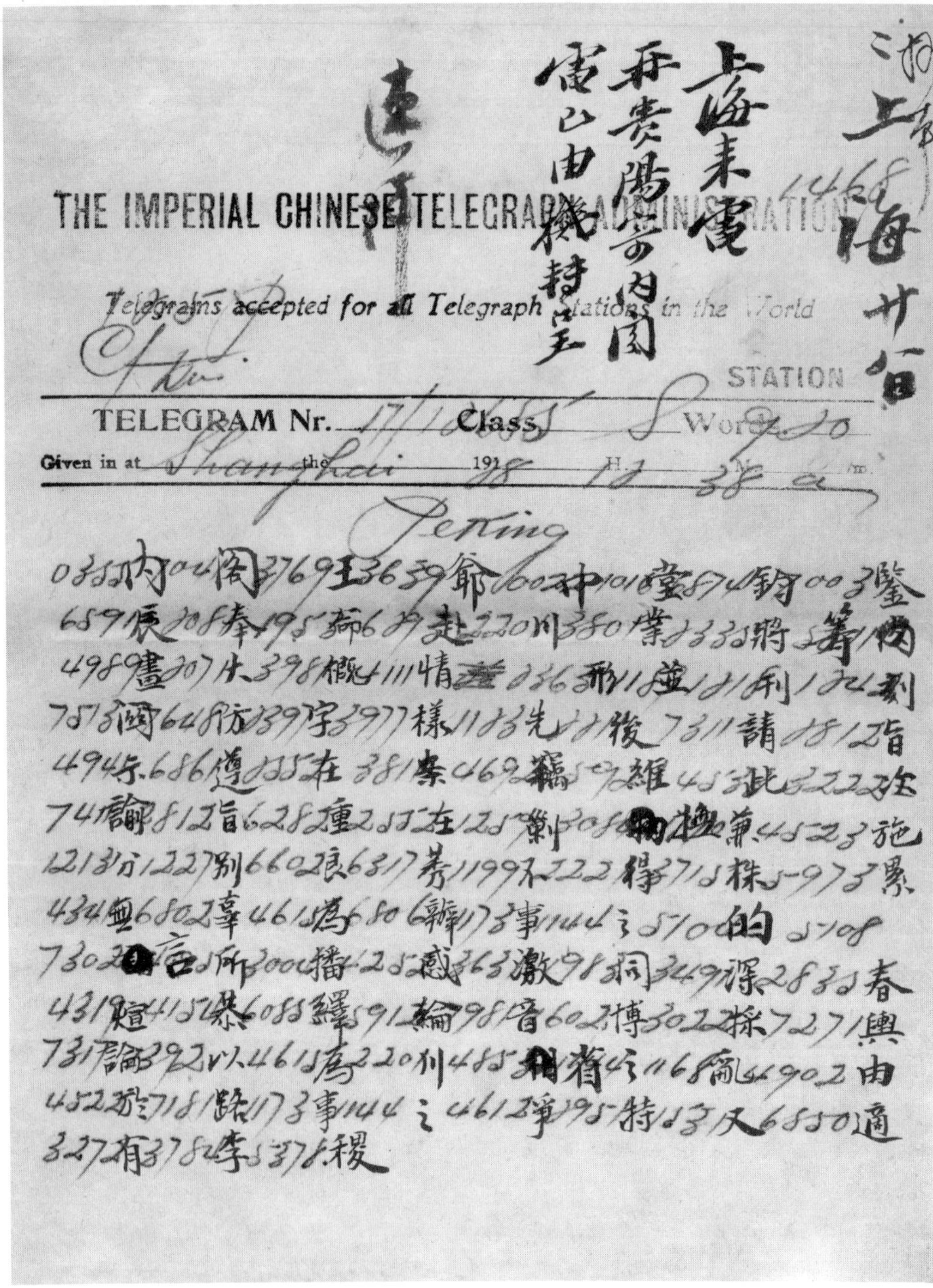
上海來電

THE IMPERIAL CHINESE TELEGRAPH ADMINISTRATION

Telegrams accepted for all Telegraph Stations in the World

STATION

TELEGRAM Nr. Class Words

Given in at Shanghai the 191 H. m.

Peking

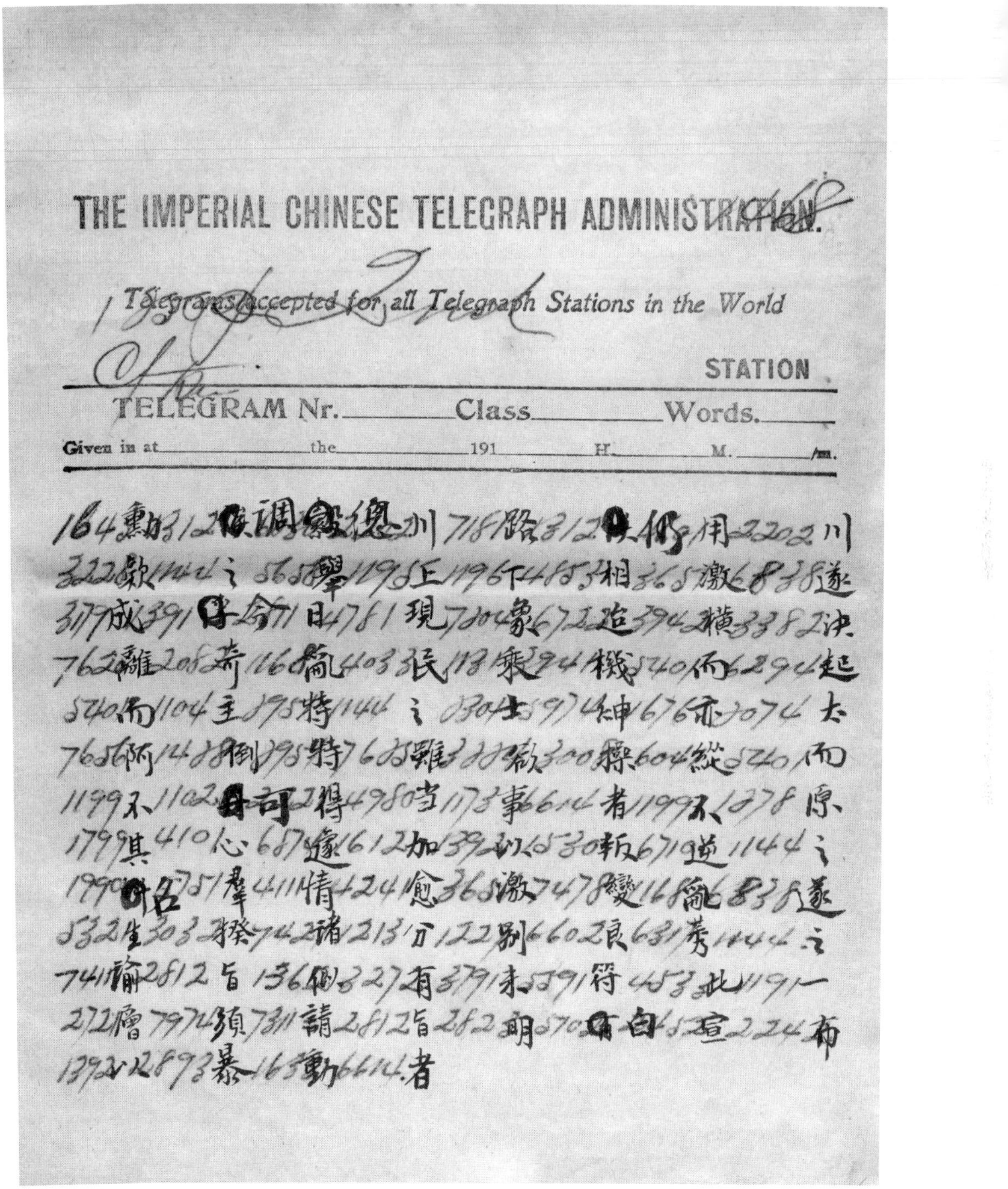

THE IMPERIAL CHINESE TELEGRAPH ADMINISTRATION.

Telegrams accepted for all Telegraph Stations in the World

STATION

TELEGRAM Nr.______ Class______ Words.______

Given in at______ the______ 191______ H.______ M.______ m.

164勳3312陳調[illegible]總[illegible]川7181路3312[illegible]們用2202川

3222款1144之5658舉1198上1196下4485相3658激6838遂

3117成3391[illegible]今71日4781現7204象6722迫3942横3382決

7622離2085奇1166亂4403民113衆3944機5540而6294起

5540而1104主3975持1144之2304士5974紳6761亦2074太

7656阿1488倒3975持7602難1388歛3200操6044縱5540而

1199不1102[illegible]可2212得4980當1178事6614者1199不1378原

1799其410心6871遂6122加3392以5530叛6719逆1144之

1990[illegible]名7751羣4111情4124愈3658激7478變1168亂6838遂

5322生3032揆7422諸1213万1222別6602良6315莠1144之

7411諭2812旨1136倘8227有3791未5591符4453此1191一

2722層7974須7311請2812旨2820朗5702[illegible]白2415宣2224布

1392[illegible]2893暴1653動6614者

岑春煊致內閣請代奏電（一九一一年九月十九日）

1468

THE IMPERIAL CHINESE TELEGRAPH ADMINISTRATION.

Telegrams accepted for all Telegraph Stations in the World

STATION

TELEGRAM Nr.______ Class______ Words.______

Given in at______ the______ 191___ H.___ M.___ /m.

4613為 468亂 403我 124則 1199不 1222得 2792已 2460而
460用 1257剿 685若 1471僅 4613為 4612爭 2958持 7849鐵
7181路 5391應 7894靜 4423候 4887督 6806辦 2071大 6691臣
5189端 452方 1533及 2832春 4311煊 1123先 2221後 2332到
220川 791體 2488察 4111情 2300形 1213方 122別 6806辦
4771理 5411被 5977押 7422諸 5974紳 2891暫 6261行 6708開
6284量 814保 7113釋 3622似 4453此 2883明 7630降 7411諭
2812旨 1241則 5189端 4524方 1533及 2832春 4311煊 3791來
1232到 1144之 1221前 1858庶 4033民 4554氣 5338稍 2062平
3227有 4409所 2225希 2237望 1199不 6221至 6760釀 3179成
7789鉅 2478變 4453此 624則 189就 1259剿 2084撫 範 尊
2779圍 5840倫 7501言 4613為 3538治 5396標 4102以 1199不
1902可 6022緩 6612者 1164也

1468

THE IMPERIAL CHINESE TELEGRAPH ADMINISTRATION.

Telegrams accepted for all Telegraph Stations in the World

STATION

TELEGRAM Nr. ________ Class ________ Words. ________

Given in at ________ the ________ 191 ___ H. ___ M. ___ m

惟川亂既由於爭路
而國有政策斷難反
汗即修改合同更易
路綫辦理亦無把握
岑春煊反覆籌思惟有
將股本發還之一策
請示朝廷並無民
爭利之心春煊查各
國政向民有鐵路不
但不損失人民股本
並須稍予以利益今
朝廷毅然宣布國有方
針為統一

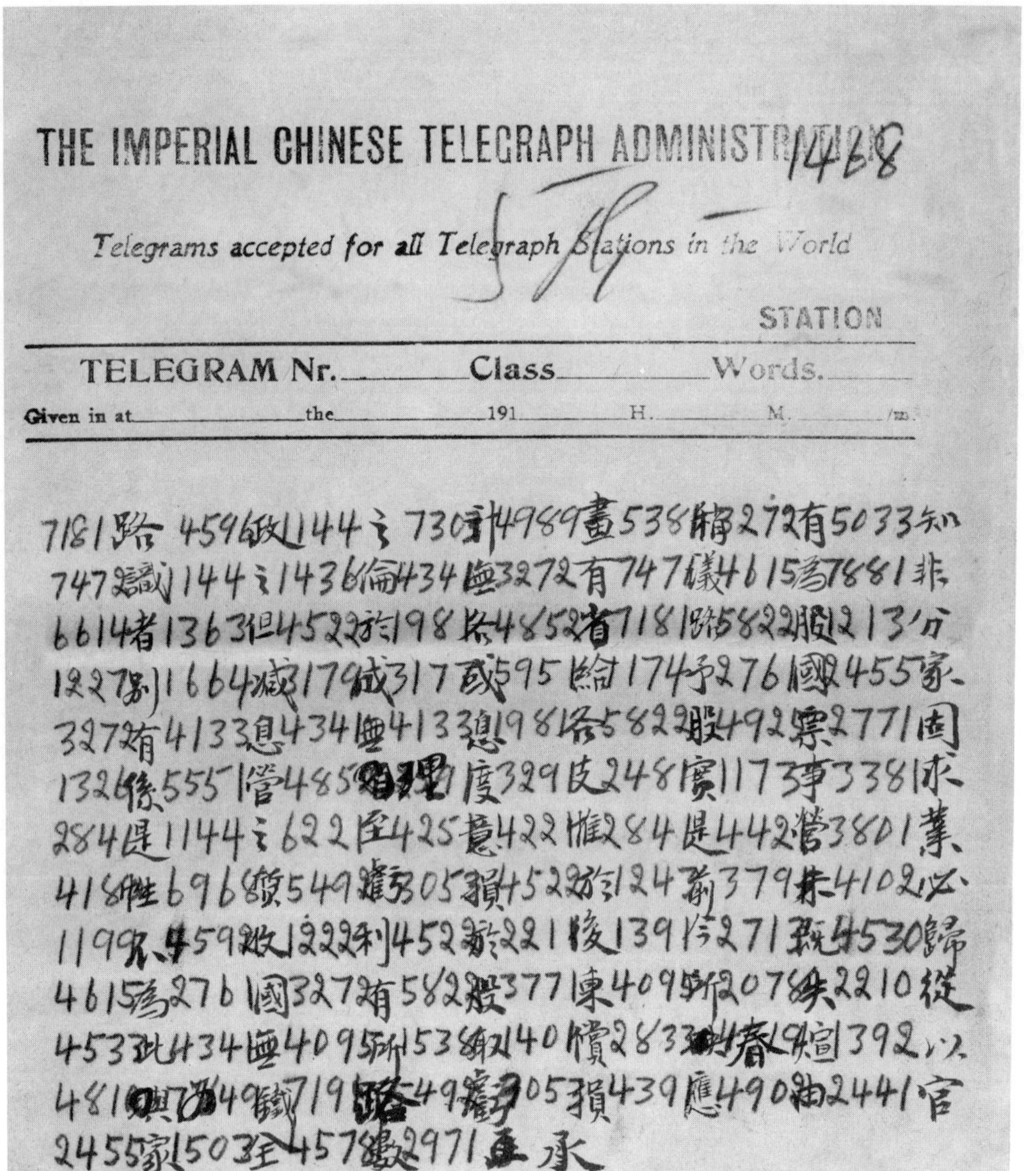

THE IMPERIAL CHINESE TELEGRAPH ADMINISTRATION 1468

5 Rq

Telegrams accepted for all Telegraph Stations in the World

STATION

TELEGRAM Nr.______Class______Words.______

Given in at______the______191______H.______M.______/m.

7181路4591鐵1144之7301神4989畫5381歸2722有5033知
7472識1144之1436倫434無3272有747議4615為7881非
6614者1363但4522於1981係4852省7181路5822股2213分
1227別1664減1791歲3177盛5951給1744予2761國4555家
3272有4133息434無4133息1981係5822股4922票2771固
1326條5551管4855理度3291皮2481實1173事3381求
2841是1144之6222至4251意4222權2841是4422營3801業
4181性6968質5491權3051損4522於1241前3791株4102必
1199紊4591亂1222利4522於2211後1391除2711就4530歸
4615為2761國3272有5822股3771東4095所2078失2210從
4533此434無4095所1538補1140償2833岑春1941煊3922以
4810興7749鐵7191路4591權3051損4391應4901由2441官
2455家1503全4578體2971再 承

ettw

岑春煊致内閣請代奏電（一九一一年九月十九日）

1468

THE IMPERIAL CHINESE TELEGRAPH ADMINISTRATION.

Telegrams accepted for all Telegraph Stations in the World

STATION

TELEGRAM Nr.______ Class______ Words.______

Given in at______ the______ 191____ H.____ M.____ m

7342認7621雖1191一2843時5381猶3272有5645耗2078失
659藉4533此1902河1392以4592收2078天1196下6471萬
4033民1144之1301心4102不2413聊3272有2363形4341無
2363形1144之 ~~4444~~ 4917禍4122患7239較1144之1173事
4171急4601用1796兵2761國56565 4093民1674疚1597受
1799其4580敝1799其2221得2078失1199不1902可1392以
685道6281里7309計1967周2821湯3033操1195上5054益
1194三4615為5054益1799其5760義2771固1749典4492儒
1907古1199不2821易6614者1164也4533此2772層1722如
1199不7288解3392臆434無7317論2591剿3068撫1504兩
7631難761即1382[illegible]1632勉1894就5531範2779閫5401而
1301人4101心1191一1592去2211後4121患1361何2632堪
6371[illegible]設[illegible]想4391應7311請6721迅

岑春煊致內閣請代奏電（一九一一年九月十九日）

1468

THE IMPERIAL CHINESE TELEGRAPH ADMINISTRATION.

Telegrams accepted for all Telegraph Stations in the World

STATION

TELEGRAM Nr.______ Class______ Words.______

Given in at______ the______ 191___ H.______ M.______ /m

6962賜662敕1196下706郵146傳705部2335將4553此
3222次4592收2778回0948國2972有1981各7181路0911商
5622股2544均4432照6914十3177成4728現3292數5957給
6872還2202川4855省5492虧4428倒1144之3298款2715既
3444務7391新7392訟4498當4902由0948國1245家1213分
1227別3033提6712追1903第3817擔6806辦4227理6052總
1144之1199不5037短2400少7118路5622股1911一7740錢
1199不1711妥3152戮3434無6802辜0002上1301人4102必
7797願7626雙4452方1118並6342進1118並4574於6877諭[illegible]
2812旨1155中5382稍6122加2312別1959各1144之7331語
1241則5751肇7472議6672自2062平5401而5295綏6875還
1508在5622股1565東6672自1332朝2229廷2352特1144恩
1981各7181路1301人4033民

1468

THE IMPERIAL CHINESE TELEGRAPH ADMINISTRATION.

Hsieh

Telegrams accepted for all Telegraph Stations in the World

1 50

STATION

TELEGRAM Nr.________ Class________ Words.________

Given in at________ the________ 191____ H.____ M.____ m

4102 内、323 觀 3224 [illegible] 鼓 211 舞 1754 再 6992 責 3179 成
2835 春 4311 煊 1243 前 2115 往 5841 能 6861 遵 4531 此
2812 旨 6614 者 1761 即 4615 為 6602 良 1199 不 5841 能 6861 遵
6614 者 1761 即 4615 為 6317 莠
2822 明 [illegible] 詔 1191 一 7964 頒 461 凍 395 撤 902 可 2443 定
2835 春 4311 煊 902 何 4311 [illegible] 容 724 載 392 囊 1392 以
2115 往 5032 案 4453 此 335 治 3702 本 1144 之 1892 亢 1242 刻
1199 不 2161 [illegible] 緩 6614 者 1164 也 2835 春 4311 煊 3976 [illegible]
392 [illegible] 382 [illegible] 材 4181 忽 6481 蒙
8081 高 1273 [illegible] 厚 1144 之 4144 恩 2924 捐 5738 [illegible] 何 4211 惜
1363 但 1391 [illegible] 1144 之 2841 時 2744 局 5656 [illegible] 2831 昔 2071 大
4988 異 2202 別 1144 之 1168 亂 1173 事 5656 與 395 弛 7977 負
1546 匪 7478 變 676 亦 1199 不 1983 同 5666 罪 2792 已 902 可
1392 以 1565 興 7021 邦 1222 利

[illegible]

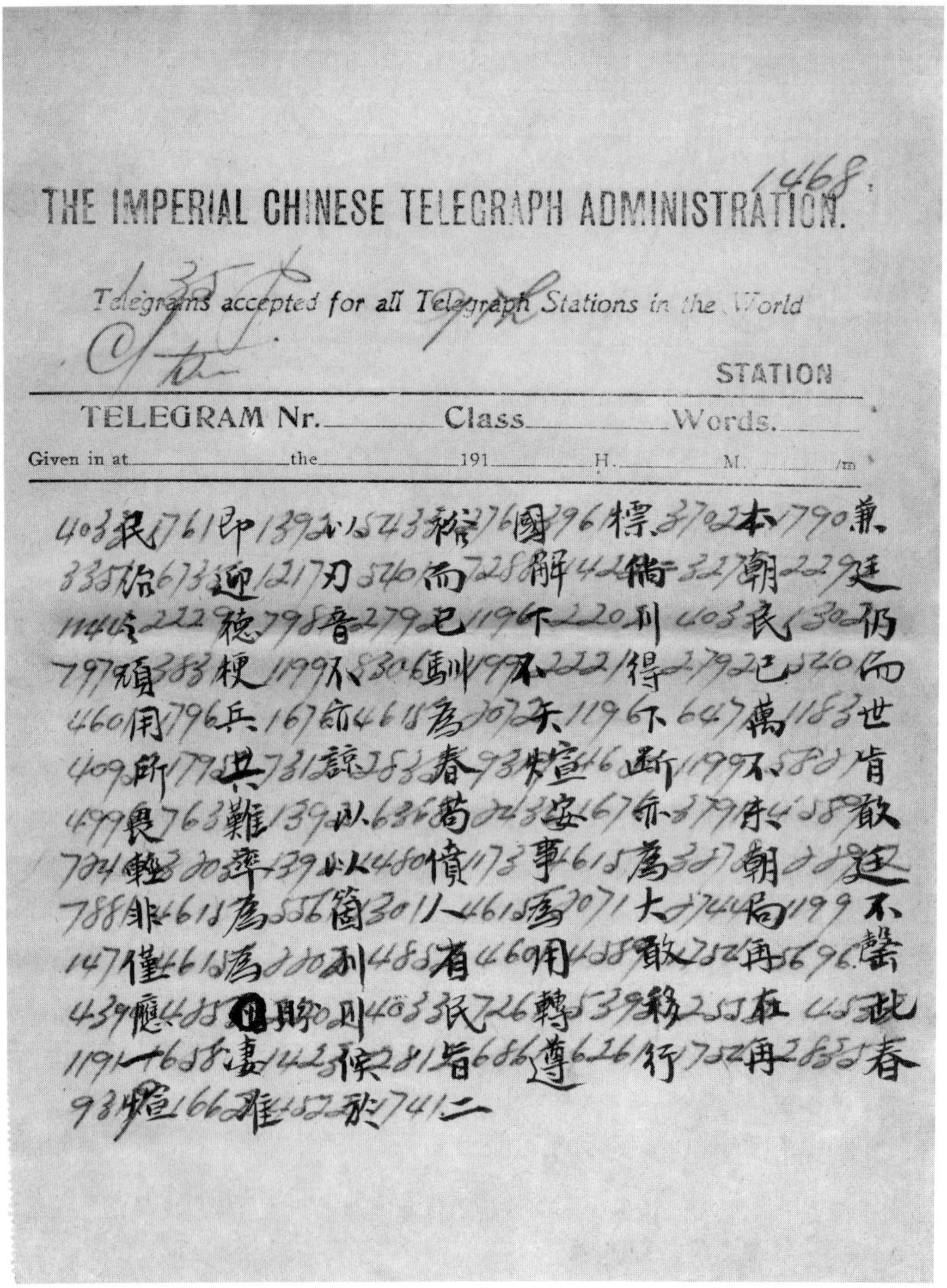
1468
THE IMPERIAL CHINESE TELEGRAPH ADMINISTRATION.

Telegrams accepted for all Telegraph Stations in the World

STATION

TELEGRAM Nr.______ Class______ Words.______

Given in at______ the______ 191______ H.______ M.______ /m

民即以稱國標本兼
治迎刃而解備朝廷
之德音已下則民仍
頑梗不馴不得已而
用兵亦為天下萬世
所共諒春煊斷不肯
畏難以苟安亦未敢
輕舉以僨事為朝廷
非為箇人為大局不
僅為利有用敢再囂
瀆冒聰同民轉移在此
一淒候旨遵行再春
煊准於二

岑春煊致內閣請代奏電（一九一一年九月十九日）

1468.

THE IMPERIAL CHINESE TELEGRAPH ADMINISTRATION.

31 10th

Telegrams accepted for all Telegraph Stations in the World

STATION

TELEGRAM Nr.______ Class______ Words.______

Given in at______ the______ 191___ H.___ M.___ m.

1694十1791八、2811日1131乘7250輪29赴7060鄂4152恭
1482[illegible]候命1796下7431[illegible]謹請3793代709奏1866春
4319煊99叩3385沁

岑春煊致内閣電請代奏電（一九一一年九月二十日）

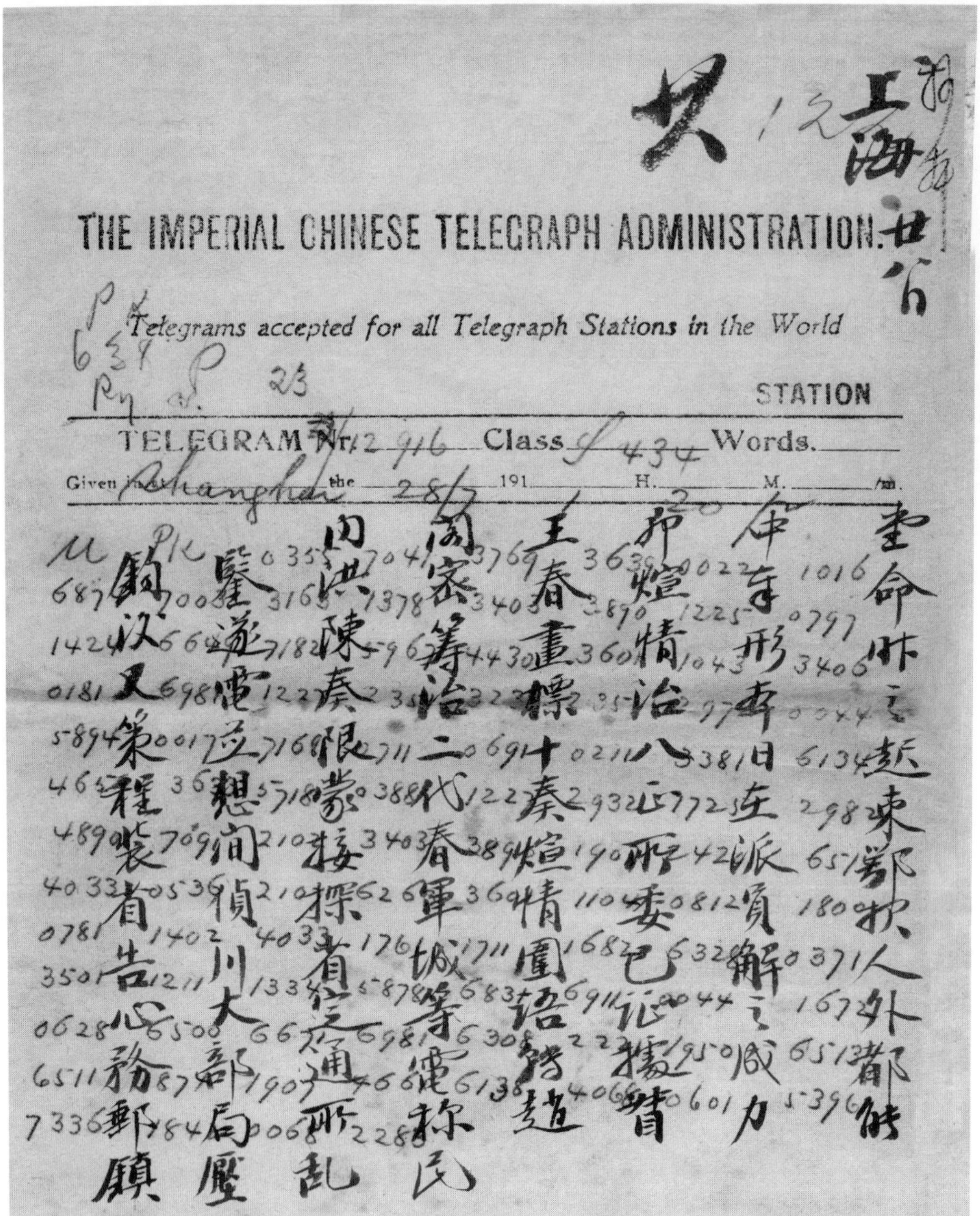

122

THE IMPERIAL CHINESE TELEGRAPH ADMINISTRATION.

Telegrams accepted for all Telegraph Stations in the World

STATION

TELEGRAM Nr. 27 Class ______ Words. ______

Given in at ______ the ______ 191 ___ H. ___ M. ___ /m.

退市罷勸告而照命有昨由項
失開因而愈疑者進恐煊亂倒他
擊飭等相率投川朝此來春川非
嚴乃致率以以局換起故以求
被針從大廟亦虞大勸間生即路
詢遵閣煊命有擾閂乘橫奏執
已兵多傳春閣者擁合徒節電爭徙
边以間維坎起隅往匪核日於匪

岑春煊致内閣電請代奏電（一九一一年九月二十日）

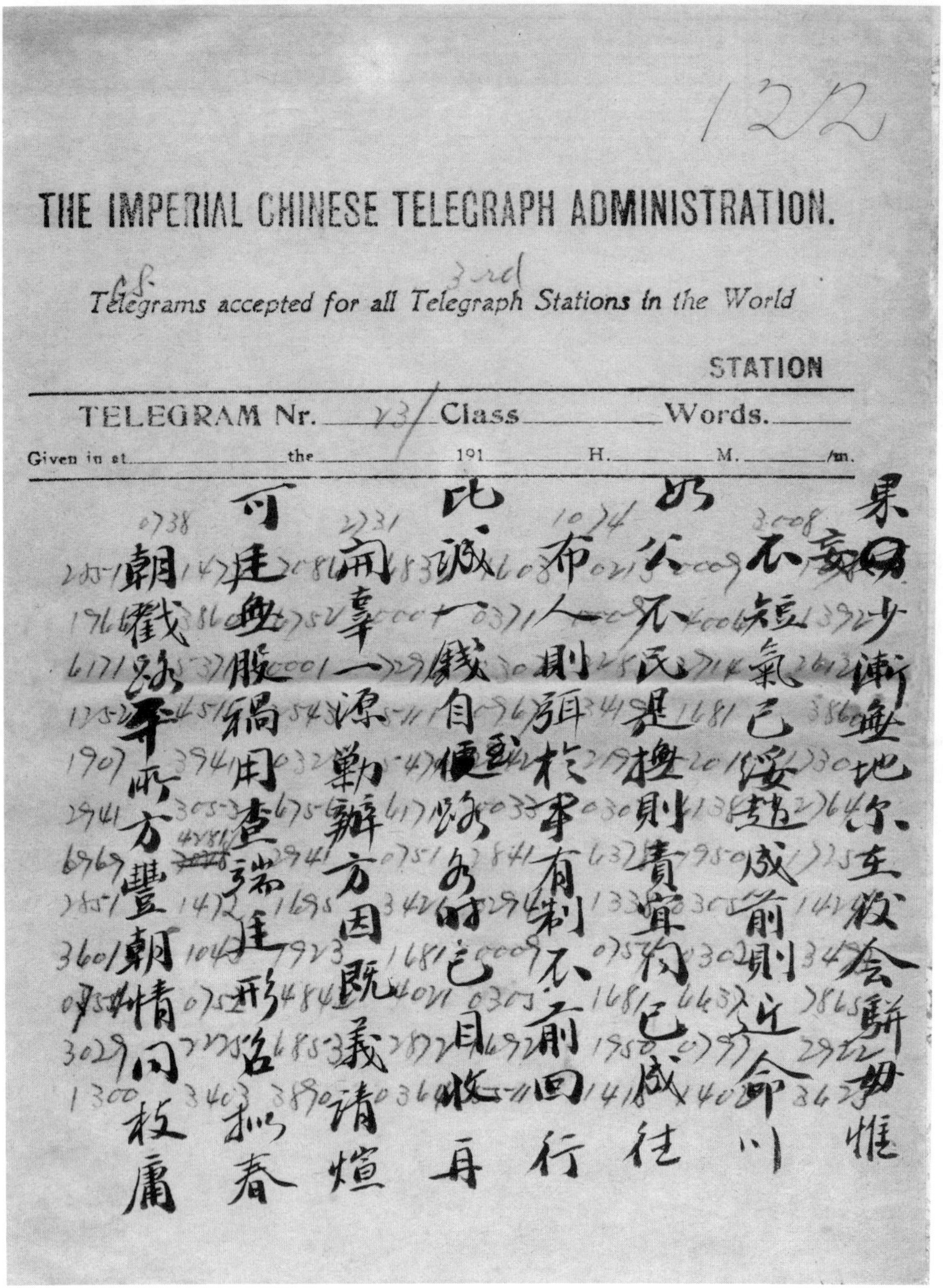
1212

THE IMPERIAL CHINESE TELEGRAPH ADMINISTRATION.

Telegrams accepted for all Telegraph Stations in the World

STATION

TELEGRAM Nr. 231 Class ______ Words. ______

Given in at ______ the ______ 191 ______ H. ______ M. ______ m.

果因少衡無地你在救会駢毋惟
妄不短氣已援趙成前則近命川
即公不民提擾則責宜内已成往
布人則須於事有制不前回行
比誠一錢自便路多時已目收再
南皐一源勸辦方因既義請煊
可廷無服禍用查端廷形宕擬春
朝戳路平所方豐朝情同枚庸

122

THE IMPERIAL CHINESE TELEGRAPH ADMINISTRATION.

Telegrams accepted for all Telegraph Stations in the World

STATION

TELEGRAM Nr. ______ Class ______ Words. ______

Given in at ______ the ______ 191 ______ H. ______ M. ______

見而倍時之奔川納亂橐更罪之聽

愚悚數一年治西操所載從民恩觀

日六年方重僅明則須全於特布煊

煊局苦可忘歸不聖旨不服當其並局春

時困不而奏局蒙法既路藏言時則

春在情前安非大偽布年往以之同敝

現民於之計西省須要而可已語一

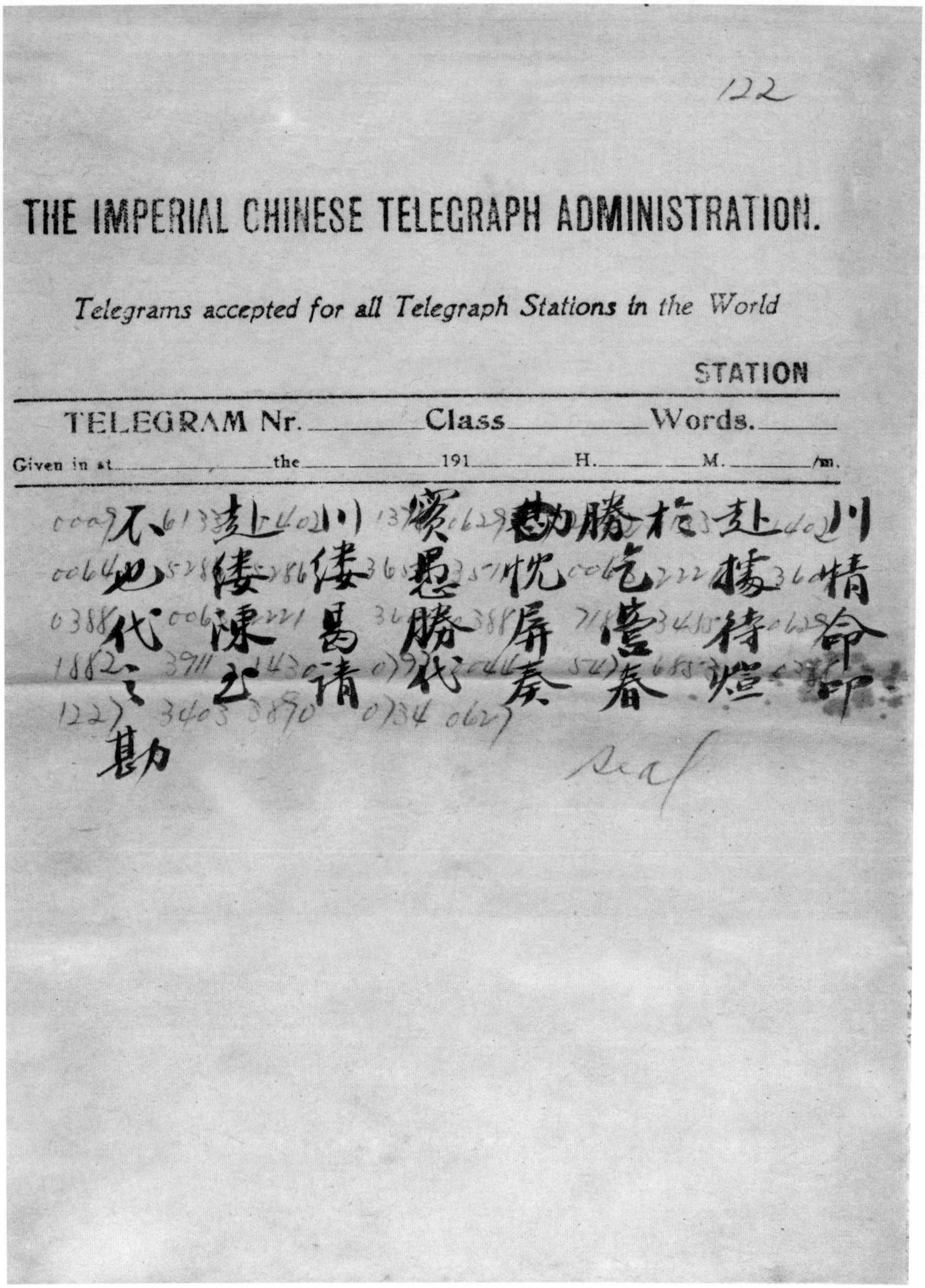

122

THE IMPERIAL CHINESE TELEGRAPH ADMINISTRATION.

Telegrams accepted for all Telegraph Stations in the World

STATION

TELEGRAM Nr. ______ Class ______ Words. ______

Given in at ______ the ______ 191 ______ H. ______ M. ______ /m.

川情命叩
赴檮待煊
杭乞憲春
勝忱屏奏
勘
寶懇勝代
川倭曷請
赴倭陳之
不也代之勘

岑春煊致内閣電請代奏電（一九一一年九月二十日）

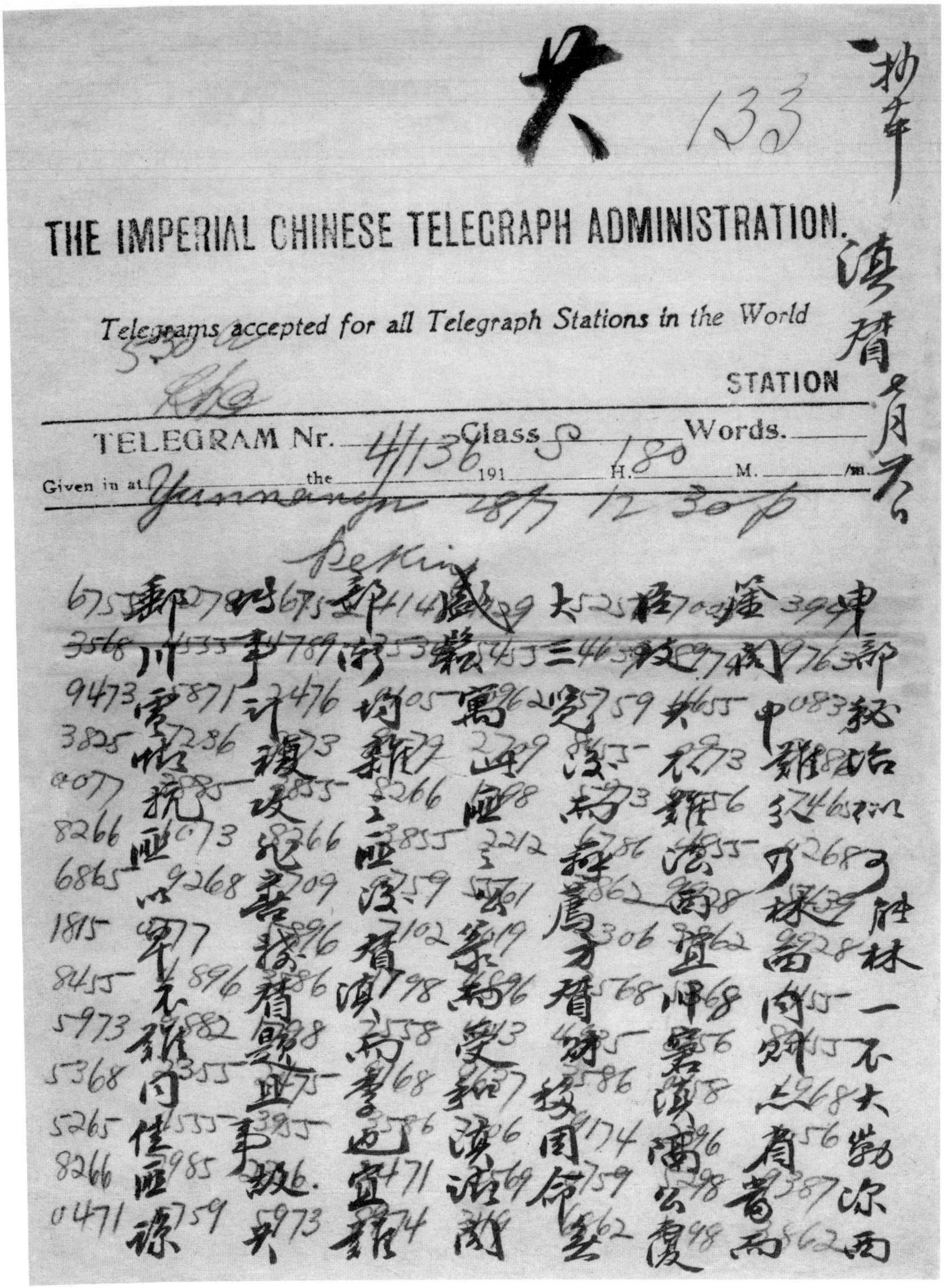
大 133
THE IMPERIAL CHINESE TELEGRAPH ADMINISTRATION.
Telegrams accepted for all Telegraph Stations in the World
STATION
TELEGRAM Nr. 4136 Class S Words. 180
Given in at Yunnanfu the 191 H. M. /m.
Peking

李經義致盛宣懷電（一九一一年九月二十日）

134

THE IMPERIAL CHINESE TELEGRAPH ADMINISTRATION.

Telegrams accepted for all Telegraph Stations in the World

Second STATION

TELEGRAM Nr. ________ Class ________ Words. ________

Given in at ________ the ________ 191 ____ H. ____ M. ____ m.

叫雲林帥福命事詢
至來西圖吉朝廷李日
望薦隨高變惟參以八
已高薦去更宜之密十
事矣鼎川為為耳甘二
命文公赴皖演之曲義
有勢牽兵能往在彼渡
林之云沿歌才在是明

共 132 抄本

南昌存查

THE IMPERIAL CHINESE TELEGRAPH ADMINISTRATION.

Telegrams accepted for all Telegraph Stations in the World

3.50

CDC STATION

TELEGRAM Nr. 3/8409 Class S Words. 222

Given in at Nanchangyn the 28/7 19 8 H. 25 M. p m.

Peking yohp

南潯款決十成集股力散碼名總過
九三借公字公同不同同實係財文
接紳綵會查指銷浚心勢變暫難發
洪陳電東同行本文同意為從緩
逢理照股共除設稿濟岳趙與較
郵總景係事寄給函定盧設理不
郵路紳將董至認訂事附錄擬奪
郵錄劃自派八成會此方沙何豪理

馮汝騤致郵傳部電（一九一一年九月二十日）

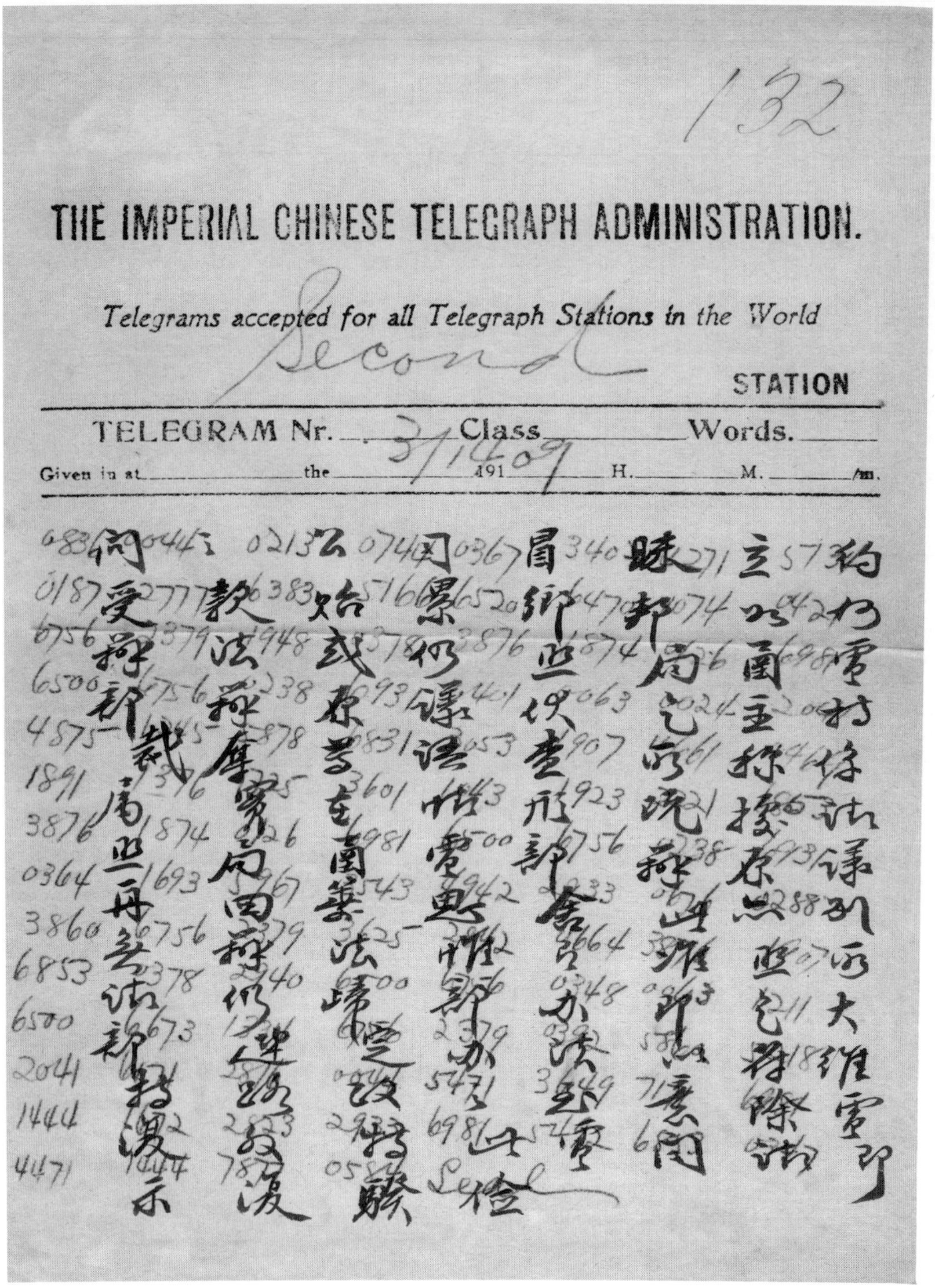

115 抄 武昌 自 白

THE IMPERIAL CHINESE TELEGRAPH ADMINISTRATION.

Telegrams accepted for all Telegraph Stations in the World 6 廿八日

2.15 p

Pkh

STATION

TELEGRAM Nr. 17/1086 Class S 86 Words.

Given in at Wuchang the 28/7 191 1 H. 4 M. a m.

Tm 6 Urgent Peking

0357内 7070閣 6511軍 6517諮 1650府 3189海 6511軍 6752部
7127陸 6511軍 6752部 1653度 2388支 6752部 6753郵 0027傳
6752部 6877鈞 7003鑒 7308頃 2234接 3472滬 1558州 0491劉
6677道 2600朝 2598望 2609本 2480日 1311子 0466刻 7193電
6180謂 6321贛 1558州 7193電 4390稟 2233探 1032報 1337川
4164省 1004城 0934四 7024门 0564匪 0977庫 均 41擊 2414退
1919惟 7411餘 0564匪 2607來 4147盡 1004城 7024门 7030閉
2429交 1032報 6653通 5888行 0861一 3544無 0091阻 7193電
4848綫 4847經 4206督 5002署 3175派 0089 6385赶 0208修
0008不 2480日 0668可 1788復 0061云 3670特 1131聞 3413澂
0313候 Real

端方致內閣請代奏電（一九一一年九月二十日）

宜昌寄內閣

宜昌廿日

COPY Nr. 1485

STATION, the .... No.

Received.	Retransmitted.	Sent out	Service Remarks.
from..................	to..................	the.... H.. M..../m.	
the.... H.... M..../m.	the.... H.... M..../m.	Stat. Mess..........	
by me..................	by me..................	by me..................	

TELEGRAM Nr. .... Class .... Words. ....

Given in at Ichang the 28 191 H. 8 M. 30 /m

To peking 0353 7041

七月二十六日迭
次欽奉諭旨命端方
迅速赴川遵即料理
就道並將軍行應備須
事宜妥為布置惟海
軍鄂楚通兵輪未能
應用海軍統制薩鎮
冰所派列字魚雷艇
吃水較淺亦非日內
可到漢陽頗廠楚強
輪船亦經往探峽險

1489

COPY Nr.

STATION, the   Jourl. No.

Received.	Retransmitted.	Sent out 189/2	Service Remarks.
from........	to........	the....H.. M..../m.	
the....H....M..../m.	the....H....M..../m.	Stat. Mess........	
by me........	by me........	by me........	

TELEGRAM Nr.   Class   Words.

Given in at   the   191   H.   M   /m

1749 行 1639 至 4032 空 0288 冷 1508 峽 8455 木 5439 能 7455 上

4609 駛 2817 所 6417 有 6046 續 4758 到 0363 鄂 7572 軍 8455 三

1987 十 1455 一 9428 標 3301 第 1455 一 9288 營 3301 標 第 8558 二

9288 營 9868 仍 0198 由 1986 水 2933 程 6080 赴 3568 川 8803 赶

6080 赴 5904 萬 6347 縣 7006 屯 0004 紮 1639 至 9196 瑞 6886 徵

2817 所 3187 派 0363 鄂 7572 軍 0888 數 1979 日 3855 之 0874 间

5555 予 1703 期 5782 全 5587 撤 5530 宜 7711 昌 7572 軍 7812 資

3707 晚 5395 極 0206 完 9256 備 1197 輸 2311 送 0158 係 4083 顺

4066 無 2911 速 9826 帆 3568 川 2188 江 4579 正 5529 當 0637 秋

4288 汛 2999 盛 9588 漲 2417 民 6503 船 7178 撓 9759 兵 2281 值

1749 行 4459 即 1034 風 5958 勢 0008 順 2656 利 0158 係 3882 须

1987 十 1455 一 1658 二 1979 日 6019 方 5439 能 5838 找 5904 劳

6347 縣 5298 當 9579 此 3862 西

端方致内閣請代奏電（一九一一年九月二十日）

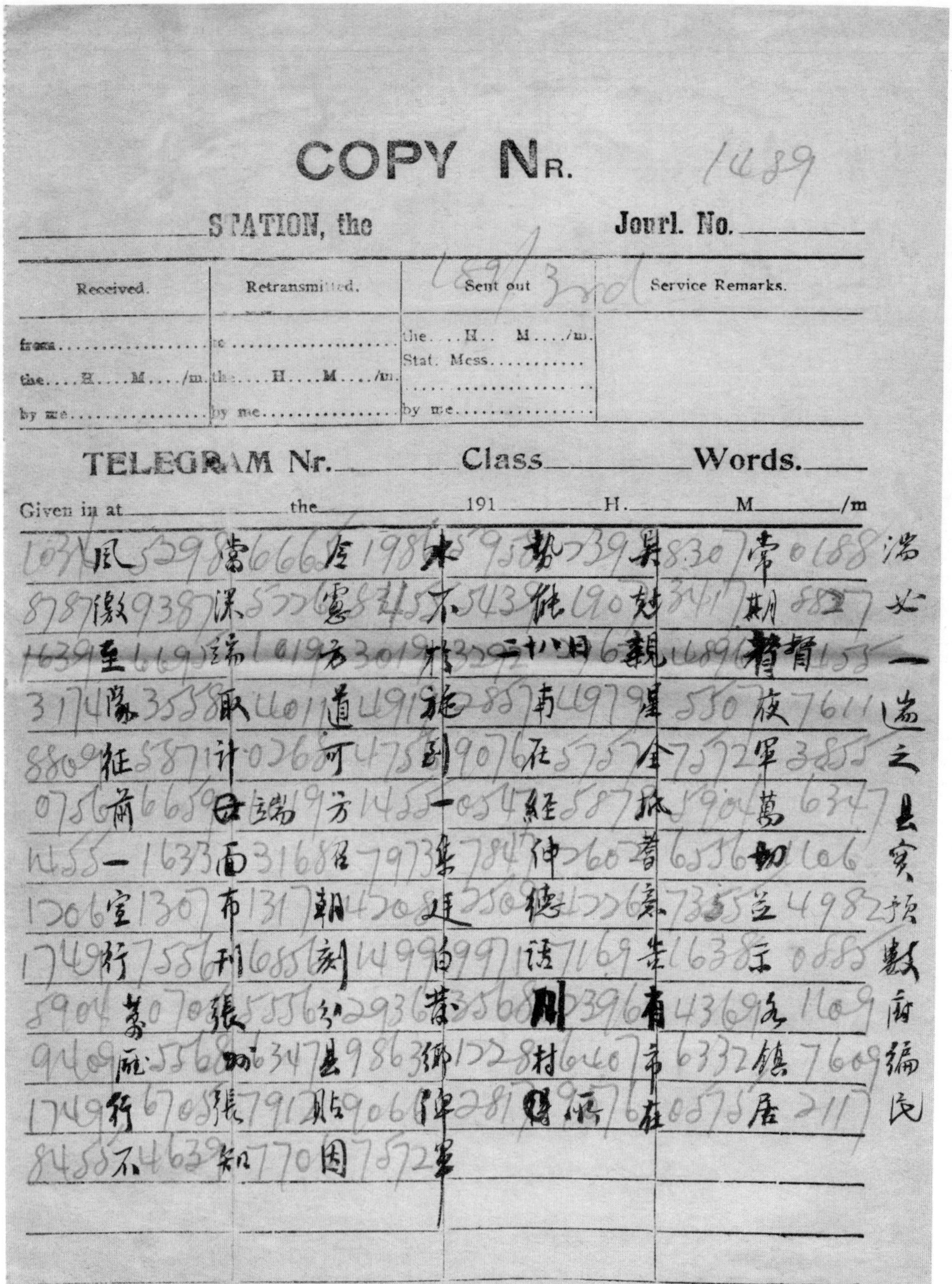
COPY Nr. 1689
STATION, the
Jourl. No.
Received. | Retransmitted. | Sent out | Service Remarks.
from........ | to........ | the....H..M..../m.
the....H....M..../m. | the....H....M..../m. | Stat. Mess.........
by me........ | by me........ | by me........
TELEGRAM Nr. Class Words.
Given in at the 191 H. M /m

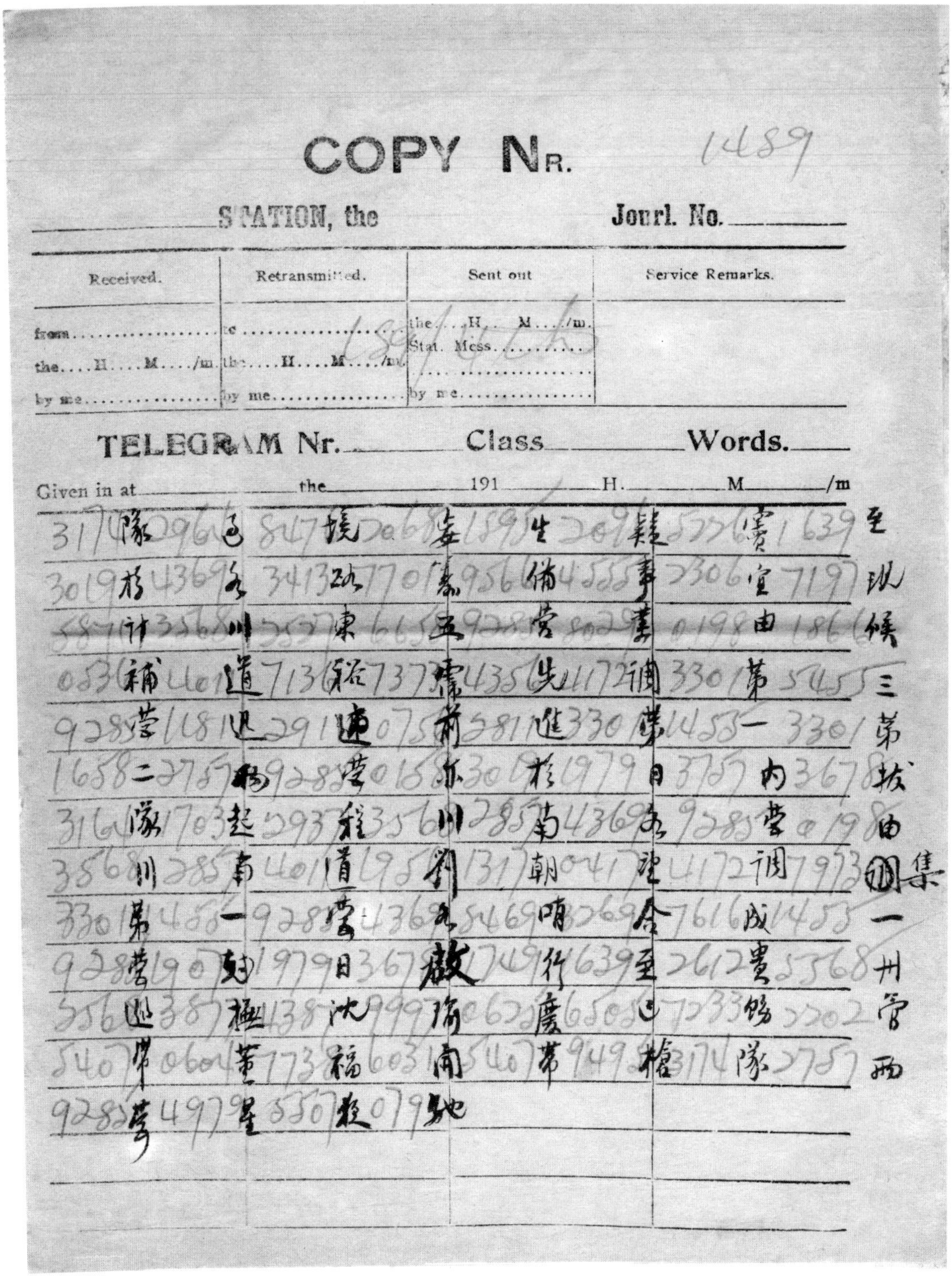

COPY Nr. 1489

STATION, the ______ Jourl. No. ______

Received.	Retransmitted.	Sent out	Service Remarks.
from........	to........	the....H....M..../m.	
the....H....M..../m.	the....H....M..../m.	Stat. Mess........	
by me........	by me........	by me........	

TELEGRAM Nr. ______ Class ______ Words. ______

Given in at ______ the ______ 191 ______ H. ______ M ______ /m

COPY Nr. 1689

STATION, the 28/7 Journl. No.

Received.	Retransmitted.	Sent out	Service Remarks.
from........	to........	the....H....M..../m.	
the....H....M..../m.	the....H....M..../m.	Stat. Mess........	
by me........	by me........	by me........	

1809/5 4 5

TELEGRAM Nr.______ Class______ Words.______

Given in at______ the______ 191______ H.______ M______ /m

4808 往 4602 垂 0625 慶 9681 溯 0857 南 2562 迴 3877 撫 4365 全
2714 誠 0195 極 6262 來 9473 電 6508 巳 4982 頑 9566 備 5455 三
9285 營 1348 龍 1866 傳 4191 調 2778 搭 3372 雲 2612 贯 5447 名
4836 猜 2228 李 0554 徑 6702 義 626 來 9473 電 0158 尔 8737 稍
3856 訓 2396 有 1474 防 1056 剿 5298 當 2917 為 2798 長 1958 力
6695 端 1019 方 7355 並 9473 電 1368 商 2757 兩 2186 江 5447 兹
4896 蜡 6702 張 1259 人 4999 駿 9271 樸 2936 楚 0157 機 2933 閱
4331 驗 4606 四 1874 门 8526 酌 1813 是 1275 子 0561 葉 0198 由
7066 甯 8866 選 0366 部 8455 不 1979 日 1639 至 2306 貢 7355 之
0198 由 6695 端 1019 方 9473 電 6467 委 1607 廢 5568 鄂 1609 府
9498 知 1109 府 7612 廣 2718 耑 2917 為 3568 川 8476 撓 1749 行
9285 營 9285 營 1058 援 3299 需 7355 並 6467 委 1866 候 0536 補
4011 道 2228 李 3277 孺 7148 署

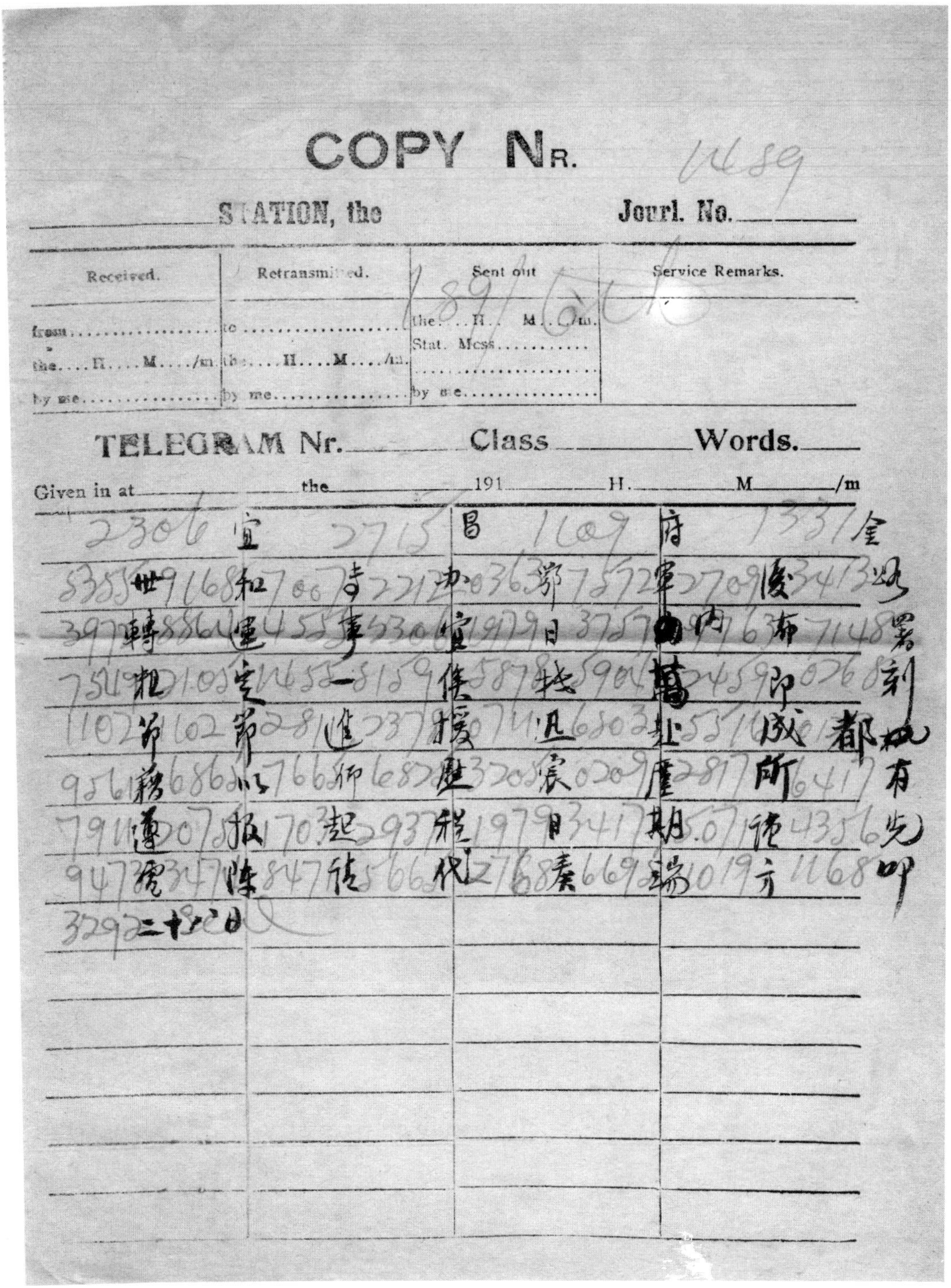
COPY Nr.
STATION, the
Jourl. No.
Received.
Retransmitted.
Sent out
Service Remarks.
from
the....H....M..../m
by me
to
the....H....M..../m
by me
the...H...M.../m
Stat. Mess
by me
TELEGRAM Nr.
Class
Words.
Given in at
the
191
H.
M
/m

趙爾豐致那桐、奕劻請代奏電（一九一一年九月二十日）

COPY Nr.

STATION, the Jourl. No.

Received.	Retransmitted.	Sent out.	Service Remarks.
from......	to......	the....H....M..../m.	
the....H....M..../m	the....H....M....	Stat. Mess......	
by me......	by me......	by me......	

TELEGRAM Nr. Class Words.

Given in at the 191 H. M /m

成都先發

十爺中迭隊形案六箇罰鮮顧至

那
王有匪軍情在廿恩黙迅眷之
閣日兵派切陳到蒙滇川建勞
内近及增一具奉道飭来朝憂
都鑒課請守電後兩並期見旰
垦鈞開仗攻宵先旨臣剋仰宵
劇臺市接資於日諭重軍圍疆
空中閑次以巳廿日派各城危

COPY Nr. 57

STATION, the　　Jourl. No.

Received.	Retransmitted.	Sent out	Service Remarks.
from........	to........	the....H.. M..../m.	
the....H....M..../m.	the....H....M..../m.	Stat. Mess..........	
by me........	by me........	by me........	

TELEGRAM Nr.　　Class　　Words.

Given in at　　the　　191　　H.　　M.　　/m

欽防心北工面民尚良如獲有
現遲以人川井一勸意是治拿昨
城門入閧東流作示德若究或賞
城出其川自工告廷業連團重
有惟查跡定及常語朝宇株鄉其
嚴嚴混安擾照白布常不散許
意解閉黨覺未亦發宣安決解首
已早匪漸尚徒刑歌能民能匪

趙爾豐致那桐、奕劻請代奏電（一九一一年九月二十日）

COPY Nr. 57

STATION, the　　　　Jourl. No.

Received.	Retransmitted.	Sent out	Service Remarks.
from......	to......	the....H.. M..../m.	
the....H....M..../m.	the....H....M..../m.	Stat. Mess......	
by me......	by me......	by me......	

TELEGRAM Nr.　　Class　　Words.

Given in at　　the　　191　　H.　　M　　/m

之

鎮與他當使致在力縣解分等

之和止有札不現勢流雖人崖

屬

屬之阻来與起惑有雙圍千耳

州屬等今兩與煽最縣城數插

都

簡州保不銀感言團江流徒場

宮漢團團以觀蔑匪溫雙匪家

成

羊場各匪犒民為股惟處有彭

青

壟子場處即人又大者兩尚踞

57

COPY Nr.

STATION, the　　　　Jourl. No.

Received.	Retransmitted.	Sent out	Service Remarks.
from .... the....H....M..../m. by me	to .... the....H....M..../m. by me	the....H....M..../m. Stat. Mess.......... by me	(42)

TELEGRAM Nr.　　　　Class　　　　Words.

Given in at　　　　the　　　　191　　　　H.　　　　M　　　　/m

江縣交皆之挾處覓兵餘一兵
扼溫於縣股与復四甚弁十砲處
嵎勢聚四大團勢阻擊斃者步初
之璟州兩鄉得為攻陣傷派壹
負角人慶此匪地河軍前負添爾
犄餘崇匯悍既特我日名又劉
處為萬繁之名合器伏手十現助
要亦新界著聯利設費數名營

趙爾豐致那桐、奕劻請代奏電（一九一一年九月二十日）

57

COPY Nr.

STATION, the ______ Jourl. No. ______

Received.	Retransmitted.	Sent out	Service Remarks.
from ...... the....H....M..../m. by me......	to ...... the....H....M..../m. by me......	the....H..M..../m. Stat. Mess...... ...... by me......	

TELEGRAM Nr. 13/5-En Class ______ Words. ______

Given in at ______ the ______ 191__ H. ______ M ______ /m

恩署防總卒數息無省為更平彤廑
以賴瀾鎮土十甯毫三吏當敉情宸
加尤慶潘邮以刻命遣声黨就概釋
事義朱松撫是一用派軍匪早大上儉
遇忠制署蔡感無往蒙援該可下奏叩
力以統領徵知雖奮今赴壯或自代謹
得激軍統田心来能懈隊一懾有請旨
不惠陸軍兵軍日皆鬆軍之震所謹爾

125

THE IMPERIAL CHINESE TELEGRAPH ADMINISTRATION.

Telegrams accepted for all Telegraph Stations in the World

STATION 宜昌

TELEGRAM Nr. 2728 Class 1071 Words. 68

Given in at Ichang the 191 H. M.

Peking

篠電誠敬聞電修問
保盛有擊門阻趕謹
宮道扠已鄉急之語
盛南桴均至人派為日
帶川行徒來行隻渡八
子接資亟亟通積予十
員項接門條扠經日二
澤辰棕回惟文綫不方

周萬鵬致郵傳部電（一九一一年九月二十日）之一

104

先

THE IMPERIAL CHINESE TELEGRAPH ADMINISTRATION.

上海

Telegrams accepted for all Telegraph Stations in the World

STATION

TELEGRAM Nr. 1572 Class Words.

Given in Shanghai the 191 H. m.

Urgent Peking

[illegible]

104

THE IMPERIAL CHINESE TELEGRAPH ADMINISTRATION.

Telegrams accepted for all Telegraph Stations in the World

STATION

TELEGRAM Nr. 157 ~~Class~~ 35 Words.

Given in at the 191 H. M. /m.

0203	候	1779	以	2589	六	1788	滬
7299	音	0375	再	5887	紅	4390	来
7115	陳	1120	以	6210	謹	1788	滬
5120	敢	6670	道	5502	呈	7720	鵬
0661	叩	0313	佺	Seal			

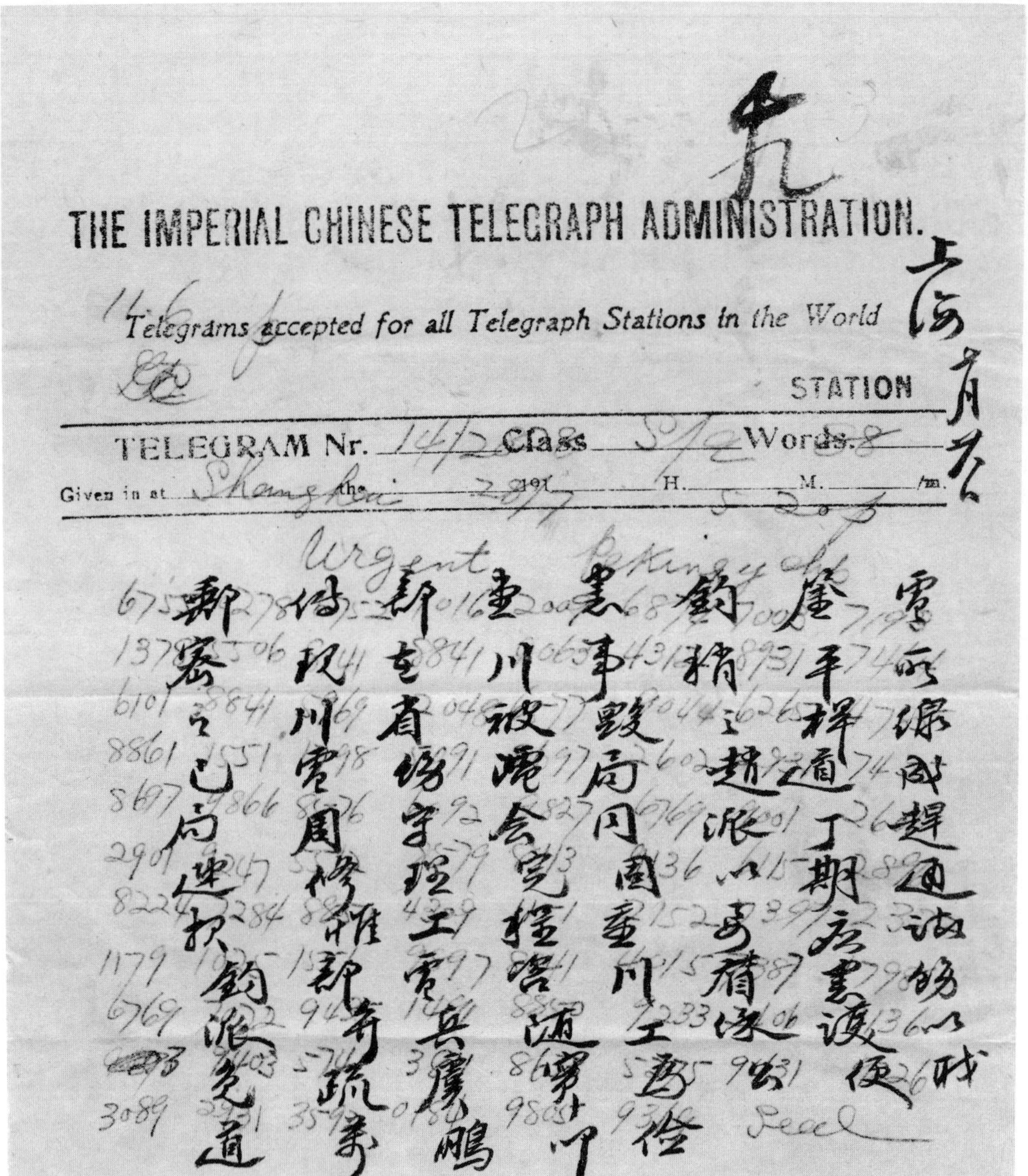

THE IMPERIAL CHINESE TELEGRAPH ADMINISTRATION.

Telegrams accepted for all Telegraph Stations in the World

STATION

TELEGRAM Nr. 1412 Class S Words 88

Given in at Shanghai the 2 191 H. M. m.

Urgent Peking

Seal

周萬鵬致郵傳部電（一九一一年九月二十日）之二

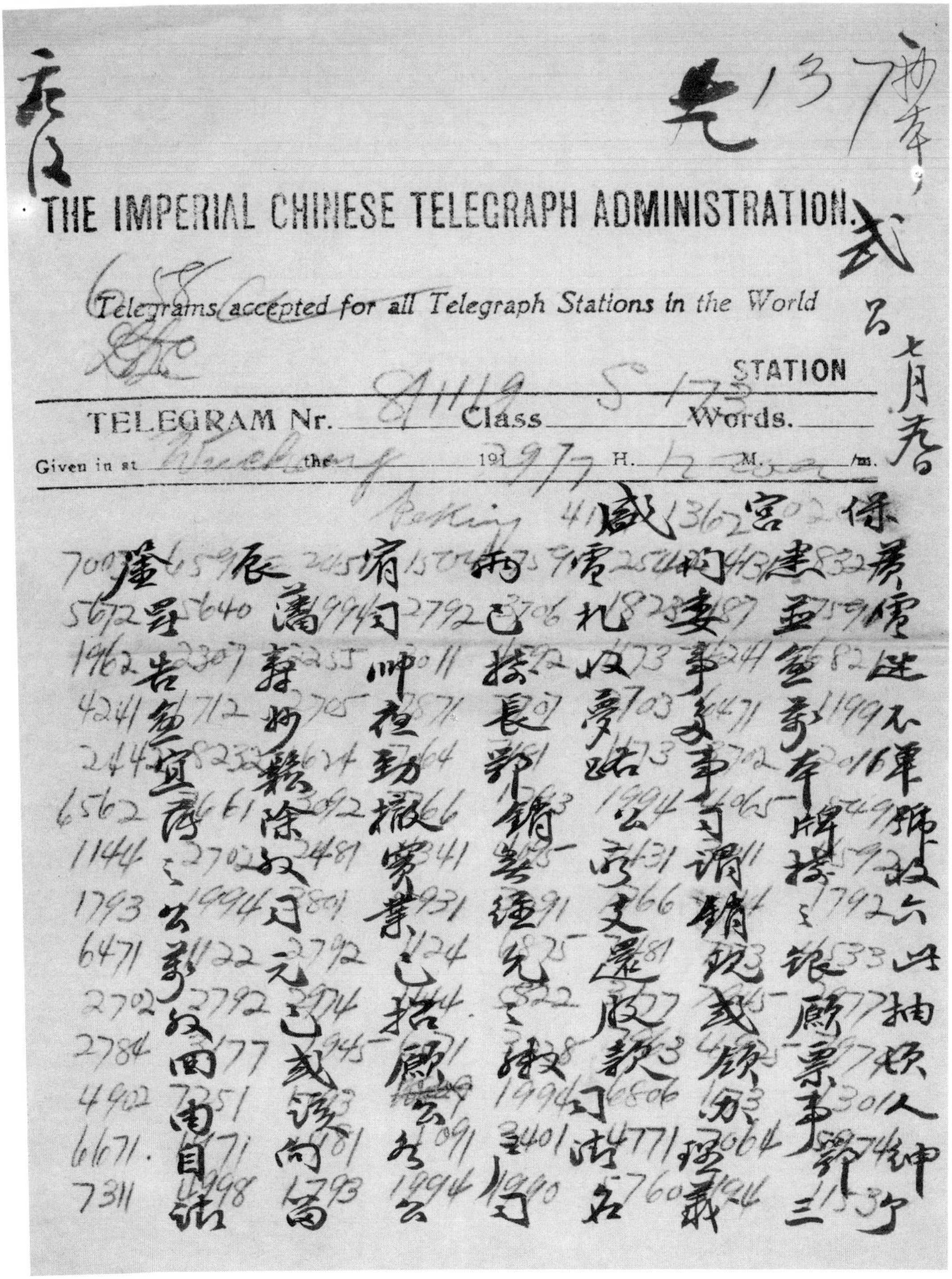

瑞澂致盛宣懷電（一九一一年九月二十日）

瑞澂致盛宣懷電（一九一一年九月二十日）

137

THE IMPERIAL CHINESE TELEGRAPH ADMINISTRATION.

Telegrams accepted for all Telegraph Stations in the World

Second

STATION

TELEGRAM Nr. 8/11 Class ______ Words. ______

Given in at ______ the ______ 191__ H. ______ M. ______ /m.

事銷〻股艺議澂
股撤藤理裁廖问
逕時葛漢限幽轉
理主當設權付告
清令勸另武昌人
於則為詳慮二行
李叄过例電一即
月款公計款係要勸

seal

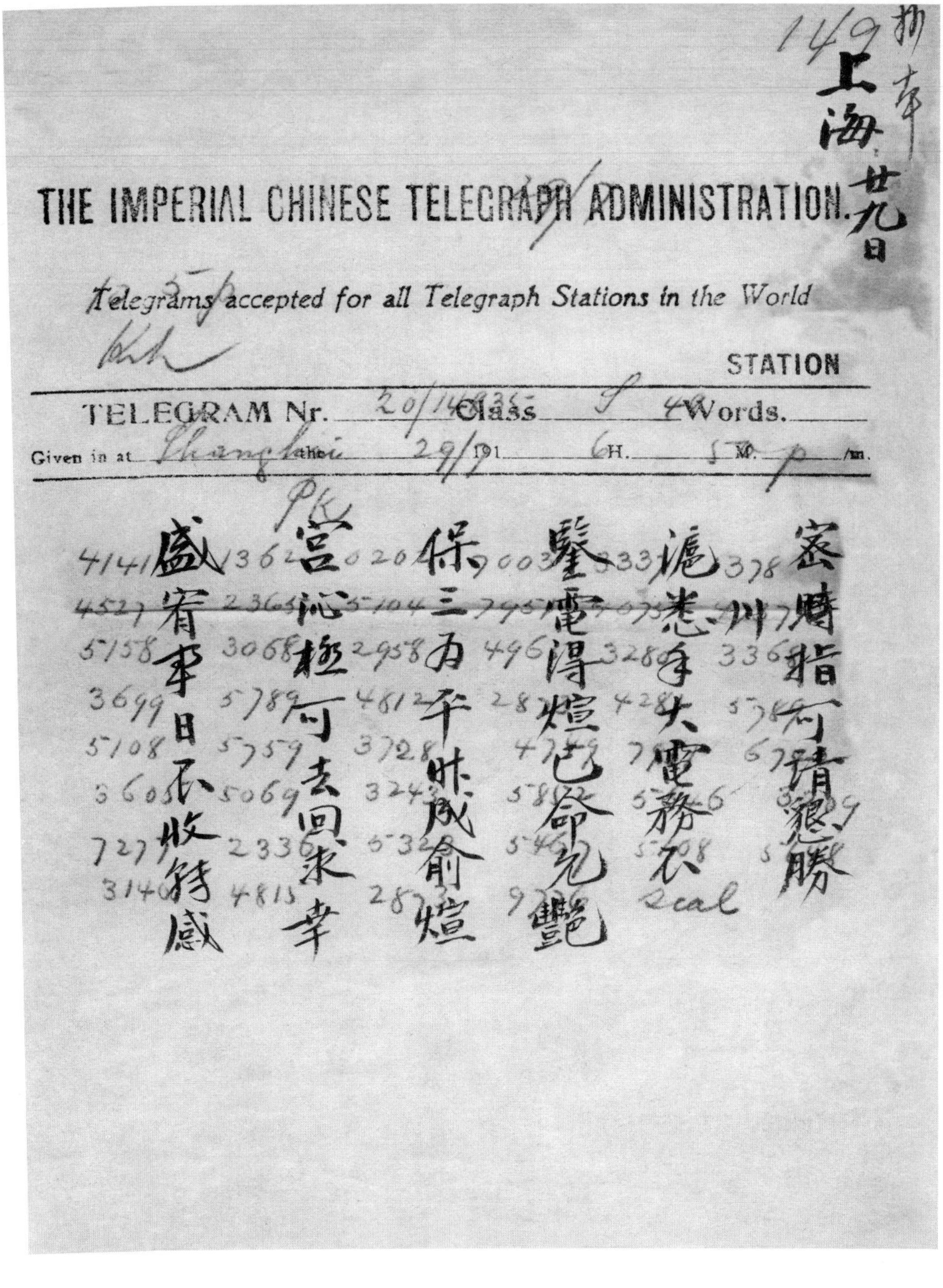
149
上海廿九日

THE IMPERIAL CHINESE TELEGRAPH ADMINISTRATION.

Telegrams accepted for all Telegraph Stations in the World

STATION

TELEGRAM Nr. 20/14935 Class S 40 Words.

Given in at Shanghai the 29/9 191 6 H. 5 M. p m.

PK

盛宮保鑒滬密
宥沁三電悉川時
事極丙得手指
日可平煊大何
不去昨已電清
收回咸命務懲
特來俞兒不勝
感幸煊艷

七月二十九日奉

旨岑春煊電奏均悉自定鐵路國有政策疊經降旨不令民間股本絲毫損失及川民聚衆要求復經累次諭令開導解散事起之後並嚴飭趙爾豐分別良莠不得株累無辜朝廷本以體恤民艱慎重民命爲心與岑春煊此次電奏不妄戮無辜一人不短少路股一錢正復相同惟此次川匪肇亂純係藉端煽惑隱有逆党從中主持察核先後情形已經昭著昨今兩日迭得趙爾豐電奏連日擊匪

尚為得手惟匪衆蔓延一時難望救平岑春煊仍當遵旨迅速前進尅日抵川相機辦理所請收回成命之處著毋庸議至所陳川省路股辦法尚得要領與朝廷前次諭旨亦相符合其中詳細條目著郵傳部速議具奏岑春煊前奏請飭龍濟光抽撥得力滇兵一節頃據張鳴岐電奏於五六日內先成一營立即開拔餘一營即催令尅日成軍從速起程龍濟光現充陸軍統制與統防營粵省正值多事未便遠離吳祥達現署高州鎮總兵交卸

亦需時日先派現充滇軍分統補用叅將黎天才
統率該兩營前往一面即委員接署高州鎮總兵
飭吳祥達交卸立即起程等語已有旨電飭張鳴
岐迅速辦理矣欽此

張鳴岐致度支部、郵傳部電（一九一一年九月二十一日）

THE IMPERIAL CHINESE TELEGRAPH ADMINISTRATION.

Telegrams accepted for all Telegraph Stations in the World

STATION

TELEGRAM Nr. 24/759 Class 926 Words.

Given in at Canton the 1/8 191 1 H. 10 M. am.

Peking

度支部

郵傳部鑒申粵路商

股除給還十成現銀

[illegible]

張鳴岐致度支部、郵傳部電（一九一一年九月二十一日）

16

THE IMPERIAL CHINESE TELEGRAPH ADMINISTRATION.

Telegrams accepted for all Telegraph Stations in the World

(121) STATION

TELEGRAM Nr.______ Class______ Words.______

Given in at______ the______ 191___ H.______ M.______ /m.

伊 手 草 同

不帑悉湘省還民窮願氣耗疏
蔣股未能款給前意不尚百萬
前且並過股即兆用決定變釋
可還東方例現已大解此後解
義退股地收摩成窺受國俗難
已銀自之難屢十願擬歸之無
即原出股所來銀甚前德傳尊
擬成此亮鄂當現所在照將勸

張鳴岐致度支部、郵傳部電（一九一一年九月二十一日）

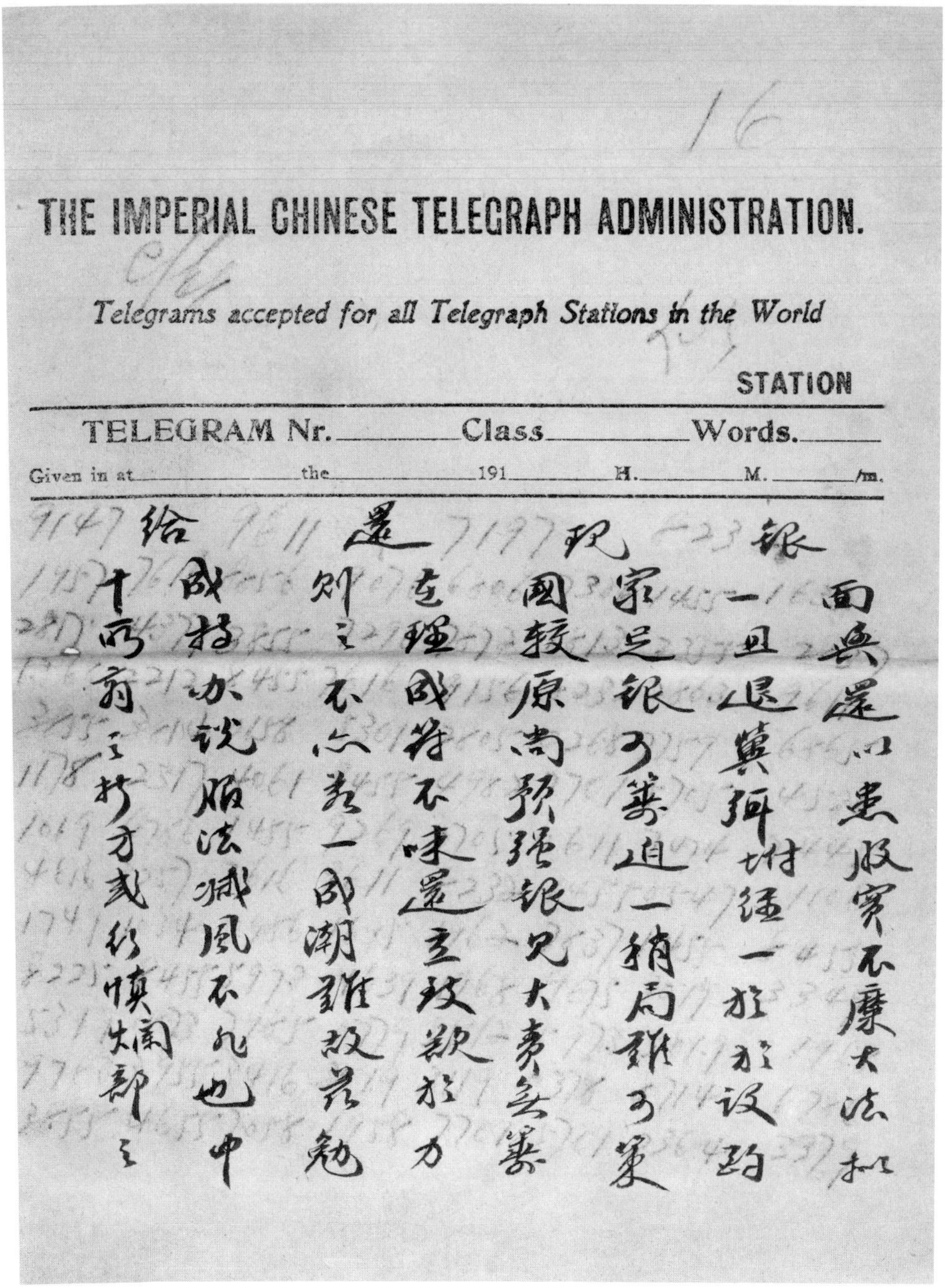

16

THE IMPERIAL CHINESE TELEGRAPH ADMINISTRATION.

Telegrams accepted for all Telegraph Stations in the World

STATION

TELEGRAM Nr.______ Class______ Words.______

Given in at______ the______ 191____ H.____ M.____ /m.

面與還□患收實不廉大法和
銀
一旦退莫彌付經一於於設路
家是銀可籌追一時局難可策
現
國較原尚預踐銀只大索無策
查理國將不味還立致款於力
還
則之不必為一國潮難故為勉
給
國特此說頒法減風不亂也中
十兩前之於方式行慎閩大部之

16

THE IMPERIAL CHINESE TELEGRAPH ADMINISTRATION.

Telegrams accepted for all Telegraph Stations in the World

(14)

STATION

TELEGRAM Nr.______ Class______ Words.______

Given in at______ the______ 191______ H.______ M.______ /m.

路公由新起年全款欠二一條
下鐵办理照日按海股票給息在
在前一時之息粵路條條國二
路國家息票票條分粵百年由此
鐵江省鐵鐵在均查四兩此則
法全廿撥於自國何利千息票撥
願票欠家撥由給條一百條補
办一股可國補即撥路共撥百條

張鳴岐致度支部、郵傳部電（一九一一年九月二十一日）

THE IMPERIAL CHINESE TELEGRAPH ADMINISTRATION.

Telegrams accepted for all Telegraph Stations in the World

STATION

TELEGRAM Nr.________ Class________ Words.______

Given in at________ the________ 191______ H.______ M.______ /m.

[illegible]字概較多江东部通公举票
九卯款比目粤年尚核并用国
惟行股则银百常年厲款行领
柳东路票、现六作八项公札全
虚股该国还有粤七并于国願
近生使领给结百息补计、而今
粗江且全成了六计孫萬入番二
粤急心解六两以原了璽出国廿
願 领

張鳴岐致度支部、郵傳部電（一九一一年九月二十一日）

16

THE IMPERIAL CHINESE TELEGRAPH ADMINISTRATION.

Telegrams accepted for all Telegraph Stations in the World

STATION

TELEGRAM Nr.______ Class______ Words.______

Given in at______ the______ 191__ H.______ M.______ /m.

照
內並前省填區分一路之期節
餘票惟發示而參股粵之兩天
廿
因股利欠以票大續以收用
成利餘爲給廿股一股奇僅五
銀
六厘外總存路爲小分現元
還給均司本國國元一股股三
現
給何得各概欽三十爲司一銀
股成一派息金別五元公爲合

張鳴岐致度支部、郵傳部電（一九一一年九月二十一日）

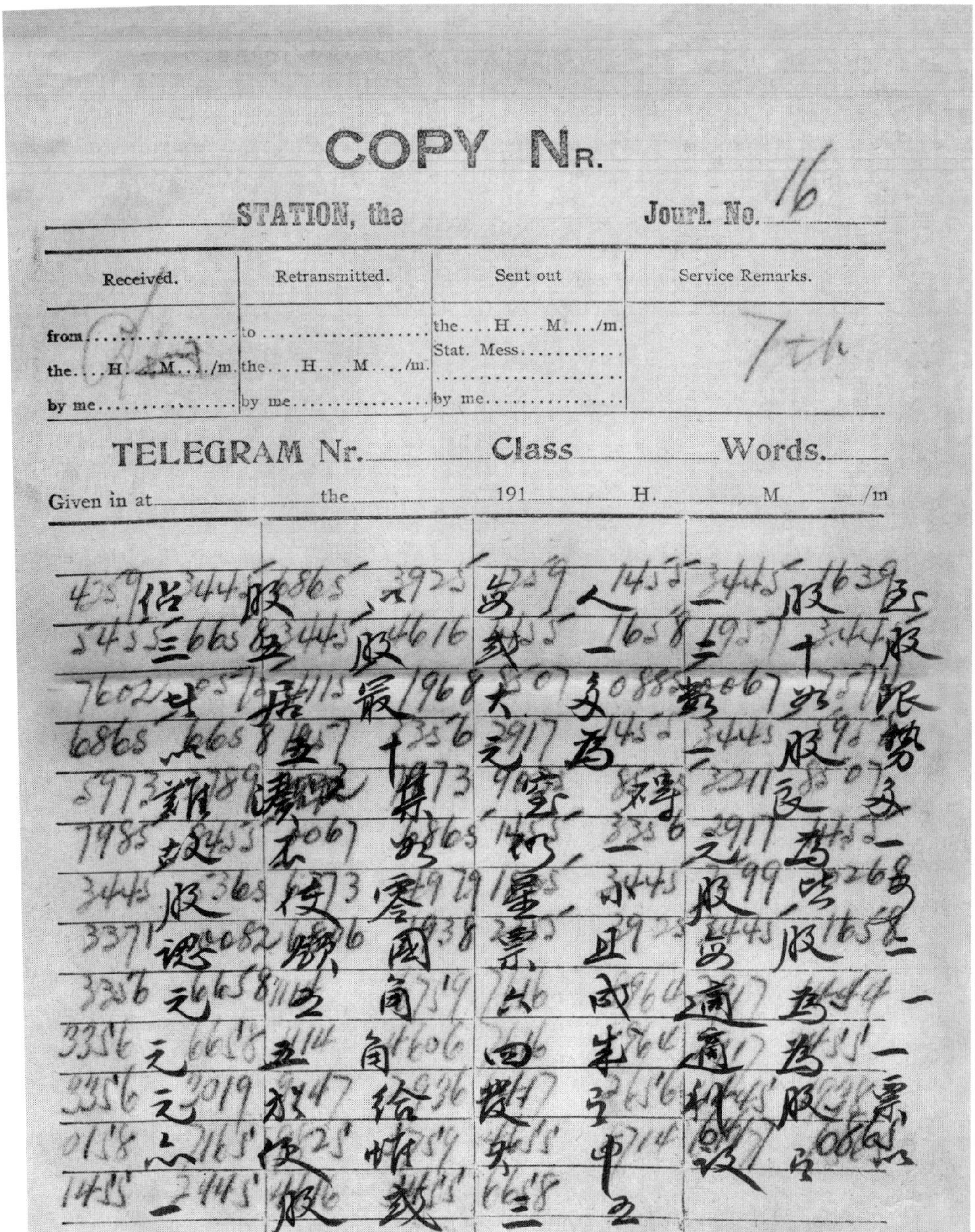

COPY Nr.

STATION, the ...... Journ. No. 16

Received.	Retransmitted.	Sent out	Service Remarks.
from	to	the....H....M..../m.	7th
the....H....M..../m.	the....H....M..../m.	Stat. Mess.	
by me	by me	by me	

TELEGRAM Nr. ...... Class ...... Words. ......

Given in at ...... the ...... 191 ...... H. ...... M. ...... /m

張鳴岐致度支部、郵傳部電（一九一一年九月二十一日）

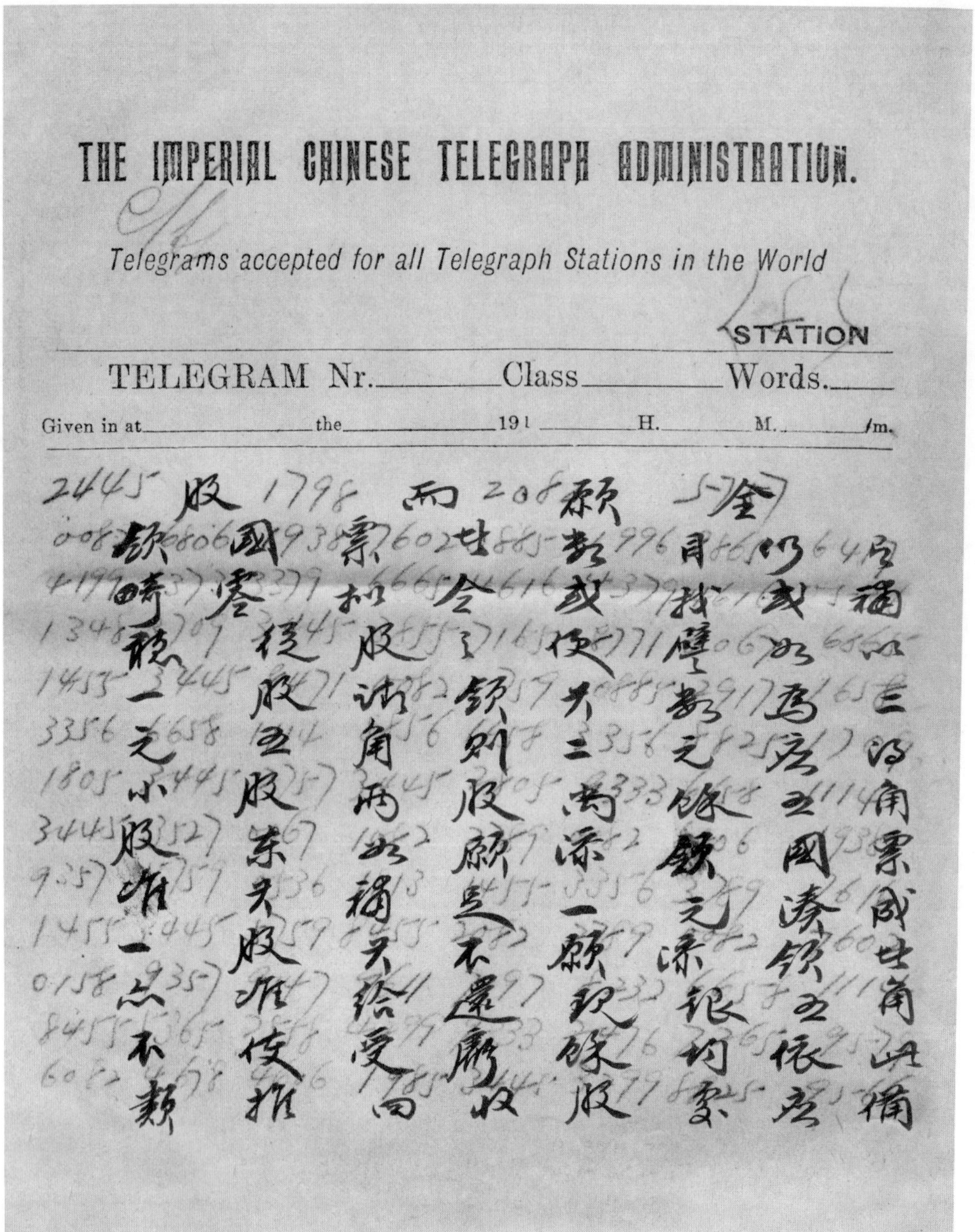

THE IMPERIAL CHINESE TELEGRAPH ADMINISTRATION.

Telegrams accepted for all Telegraph Stations in the World

STATION

TELEGRAM Nr.______ Class______ Words.______

Given in at______ the______ 191 ______ H.______ M.______ /m.

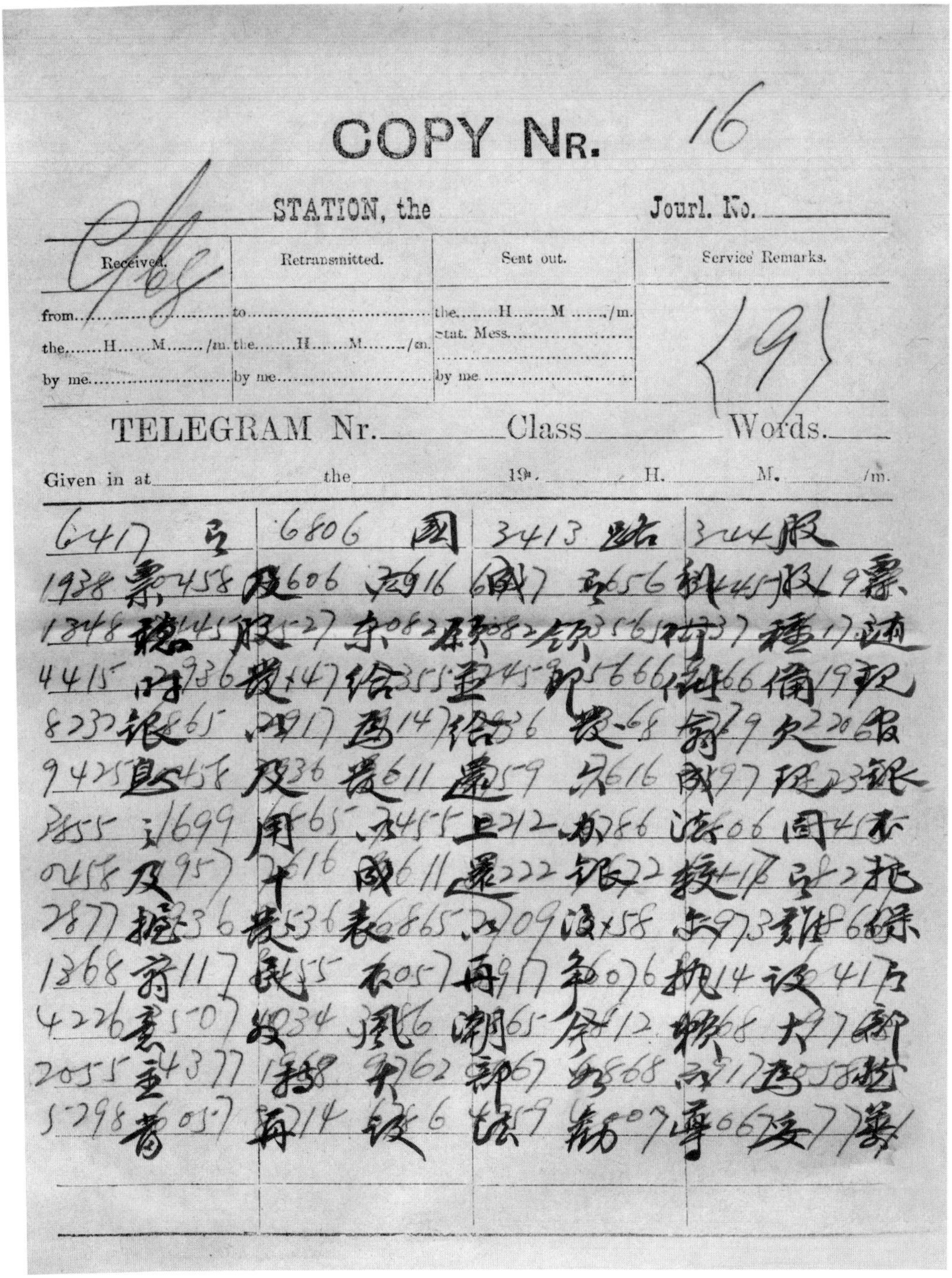
COPY Nr. 16

STATION, the　　Jourl. No.

Received.	Retransmitted.	Sent out.	Service Remarks.
from	to	the H M /m.	(9)
the H M /m.	the H M /m.	stat. Mess.	
by me	by me	by me	

TELEGRAM Nr.　　Class　　Words.

Given in at　　the　　19　　H.　　M.　　/m.

張鳴岐致度支部、郵傳部電（一九一一年九月二十一日）

COPY Nr.

STATION, the — Jourl. No. 16

Received.	Retransmitted.	Sent out	Service Remarks.
from	to	the....H.. M..../m.	10
the....H....M..../m.	the....H....M..../m.	Stat. Mess..........	
by me..........	by me..........	by me..........	

TELEGRAM Nr. ______ Class ______ Words. ______

Given in at ______ the ______ 191 ______ H. ______ M. ______ /m

7712	辯	7296	理	7355	至		6007	將
2327	來	2799	奏	4555	事		2306	宜
7215	会	1368	商	1484		龍	2357	參
2771	議	9614	详	4059		加	7701	葉
2298	要	6173		4415	随	時	9417	電
8471	話	1638	示	7911		送	7608	岐
3314	聽							

Seal

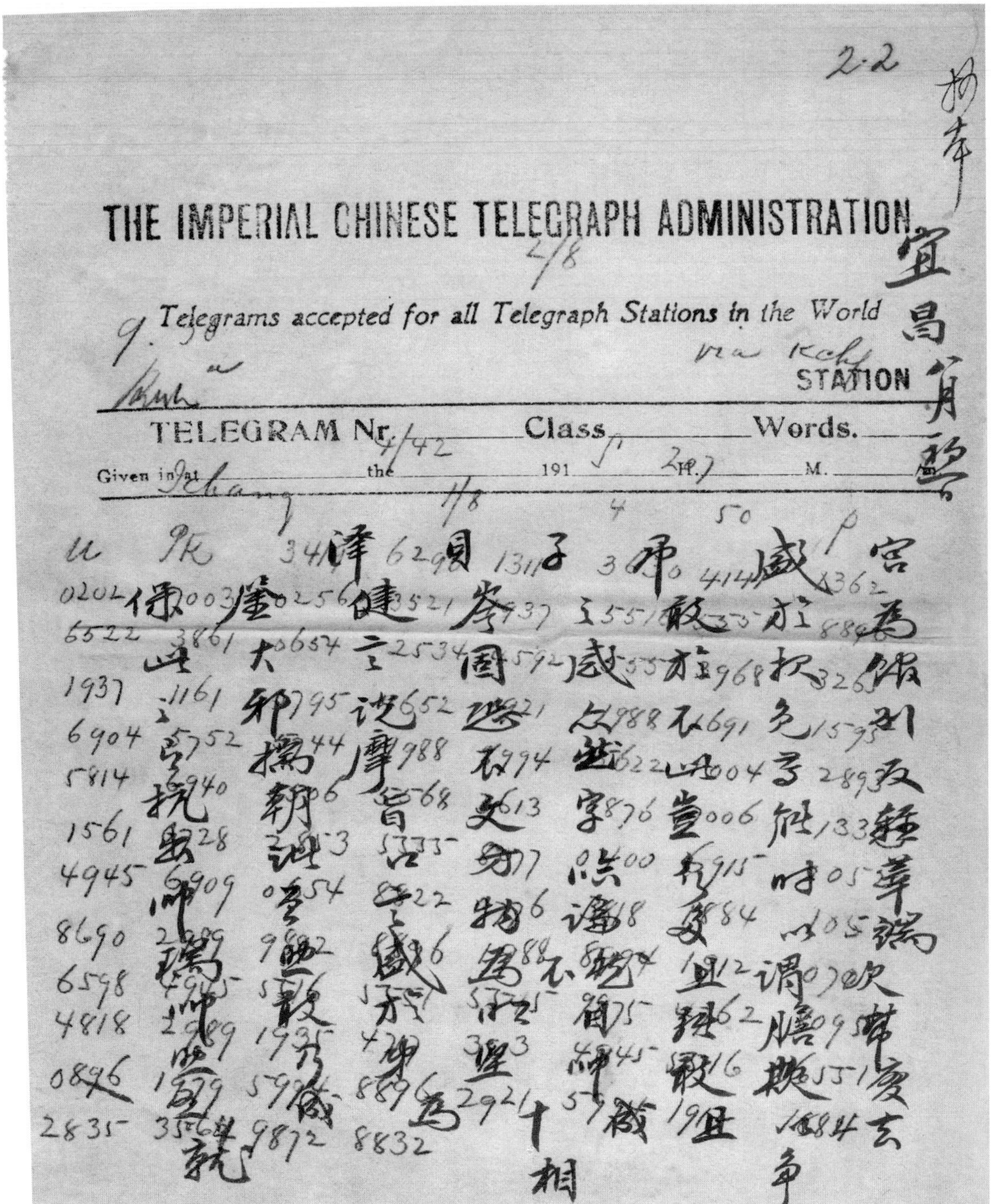
THE IMPERIAL CHINESE TELEGRAPH ADMINISTRATION

Telegrams accepted for all Telegraph Stations in the World

STATION

TELEGRAM Nr. Class Words.

Given in/at the 191 M.

22

THE IMPERIAL CHINESE TELEGRAPH ADMINISTRATION.

Telegrams accepted for all Telegraph Stations in the World

STATION

TELEGRAM Nr.________ Class________ Words.________

Given in at________ the________ 191____ H.____ M.____ /m.

6528 816 6904 592 801 587 987 1571
497 9881 8615 1937 3495 958 4972 988
5547 5607 5617 4739 679 6882 288 815
1937 3033 1956 6922 307 731 681
5555 1701 78 3521 955 3033 6527 688
6522 4530 1830 675 775 824 937 4744
3868 4632 4771 3033 921 6882 240 70
4728 9035 6857 043 675 530 17
1594 6083 972 576 5547 086 88 602
6007 078 026 80 6994 4292 338 0883
1983 591 937 8004 15 026 11 710
6988 3499 1267 6941 1988 2871
4635 0833 06 6848 623 4530 3366 24
2169 6919

端方致載澤、盛宣懷電（一九一一年九月二十二日）之一

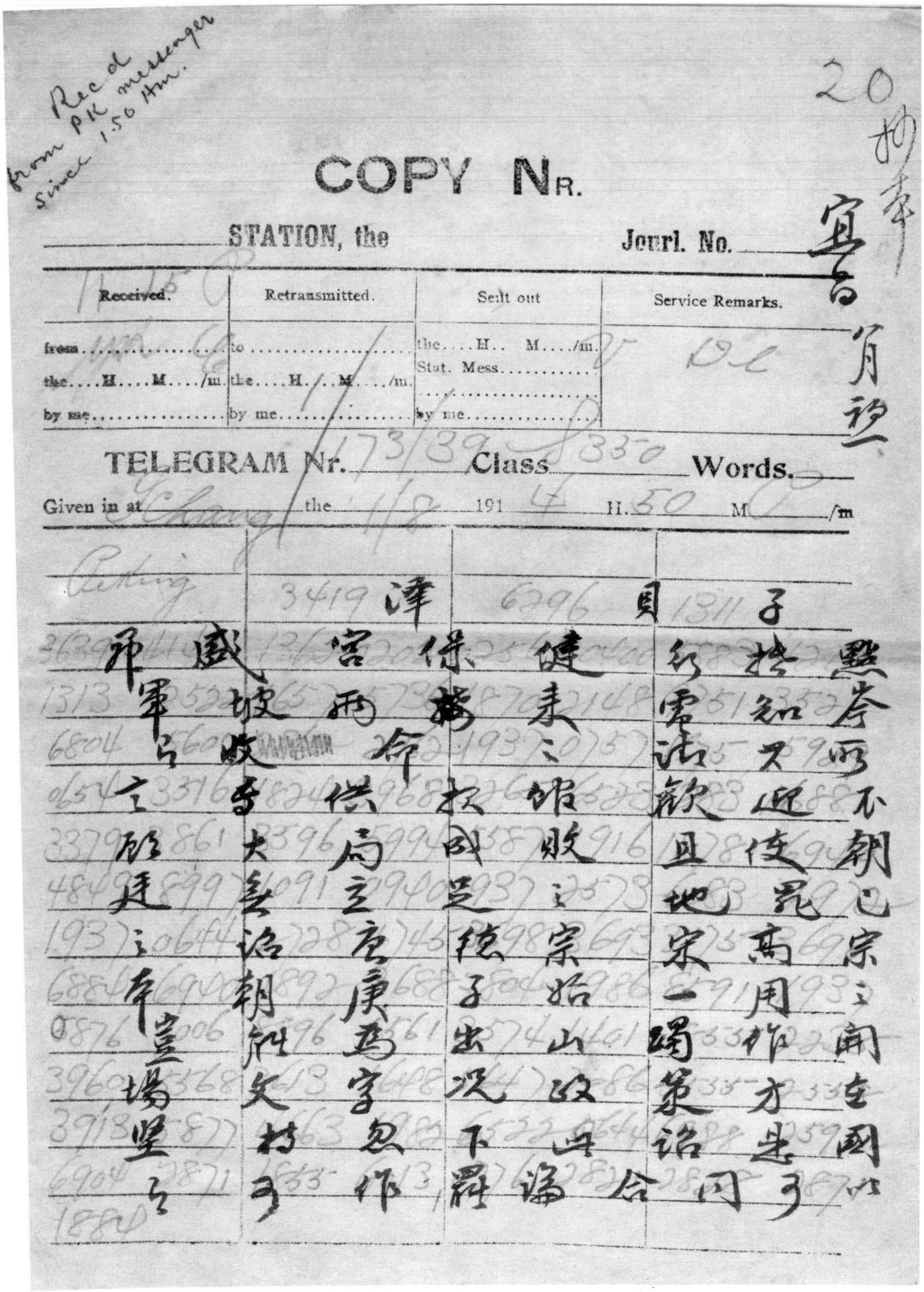
Rec'd from PK messenger since 1.50 Am.

20

COPY Nr.

STATION, the Jourl. No.

Received.	Retransmitted.	Sent out	Service Remarks.
from......	to......	the....H.. M..../m.	
the....H....M..../m.	the....H....M..../m.	Stat. Mess......	
by me......	by me......	by me......	

TELEGRAM Nr. 173139 Class Words. 330

Given in at Chang the 11/8 191 H. 50 M. /m

Peking

3419 澤 6296 貝 1311 子

邸 盛 宮 保

黔參兩不朝已宗之開在國以
捨知不近使旡高用我方是于
行需請欲且地宗一蜀策語同
合
鍵來之館敗之宗始山攻出論
保為權國是總子出沒下羅
宮兩命供局主意庚為字急作
坡收者大無語朝能文村可
軍之立破廷之帝宣場望之

端方致載澤、盛宣懷電（一九一一年九月二十二日）之二

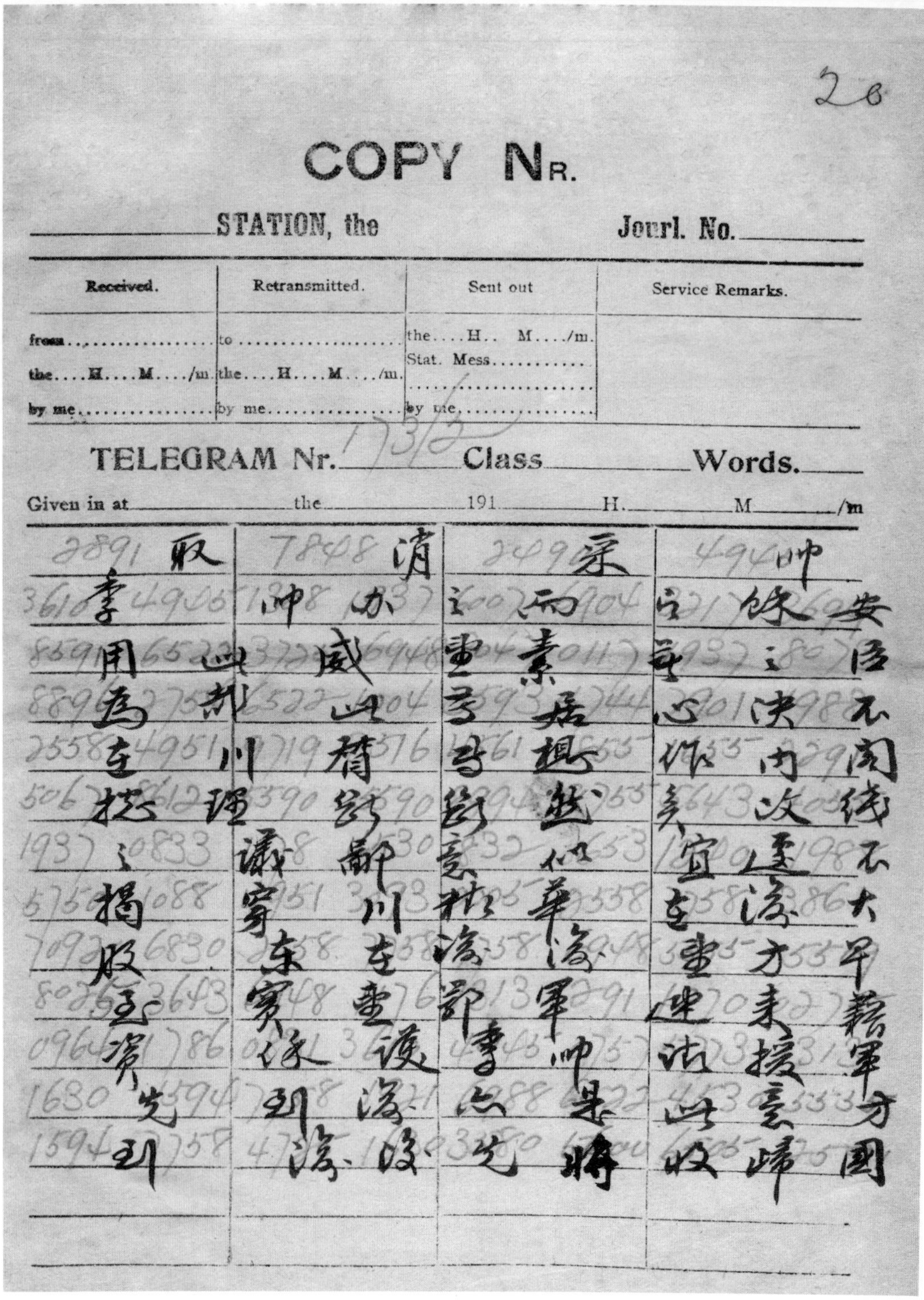

2c

COPY Nr.

STATION, the ________ Jourl. No. ________

Received.	Retransmitted.	Sent out	Service Remarks.
from..........	to..........	the....H.. M..../m.	
the....H....M..../m.	the....H....M..../m.	Stat. Mess..........	
by me..........	by me..........	by me..........	

TELEGRAM Nr. 17318 Class ________ Words. ________

Given in at ________ the ________ 191 ________ H. ________ M ________ /m

6904〻 1937〻 9896

盛 覽

英辭後動〻揭捐還頗辦允宋

係銷然款導并恐纖須商且穆

閱細查办利益權改正吵憲條

〻詳所商中變太甚題奈新股

〻款商鑄歸滬年價乘向退班東

信紳意還線路還另办究一股

〻國由不以改〻並〻商研甚也

〻回照看再〻方穿外歸為甘莫

20

COPY Nr.

________ STATION, the　　　　　Jourl. No. ________

Received.	Retransmitted.	Sent out	Service Remarks.
from........	to........	the....H.. M..../m.	
the....H....M..../m.	the....H....M..../m.	Stat. Mess........	
by me........	by me........	by me........	

TELEGRAM Nr. 1714 Class ____ Words. ____

Given in at ____ the ____ 191 ____ H. ____ M. ____ /m

1786 係 1651 全 6596 權 169 利
新黨別所受指使兩
不相涉不能專就一
遏甚想私後到諸再
定办法另意加何渡
電並務宜日追速施
南迎救方朔

Seal

端方致載澤、盛宣懷電（一九一一年九月二十二日）之二

趙爾豐致那桐、奕劻請代奏電（一九一一年九月二十二日）

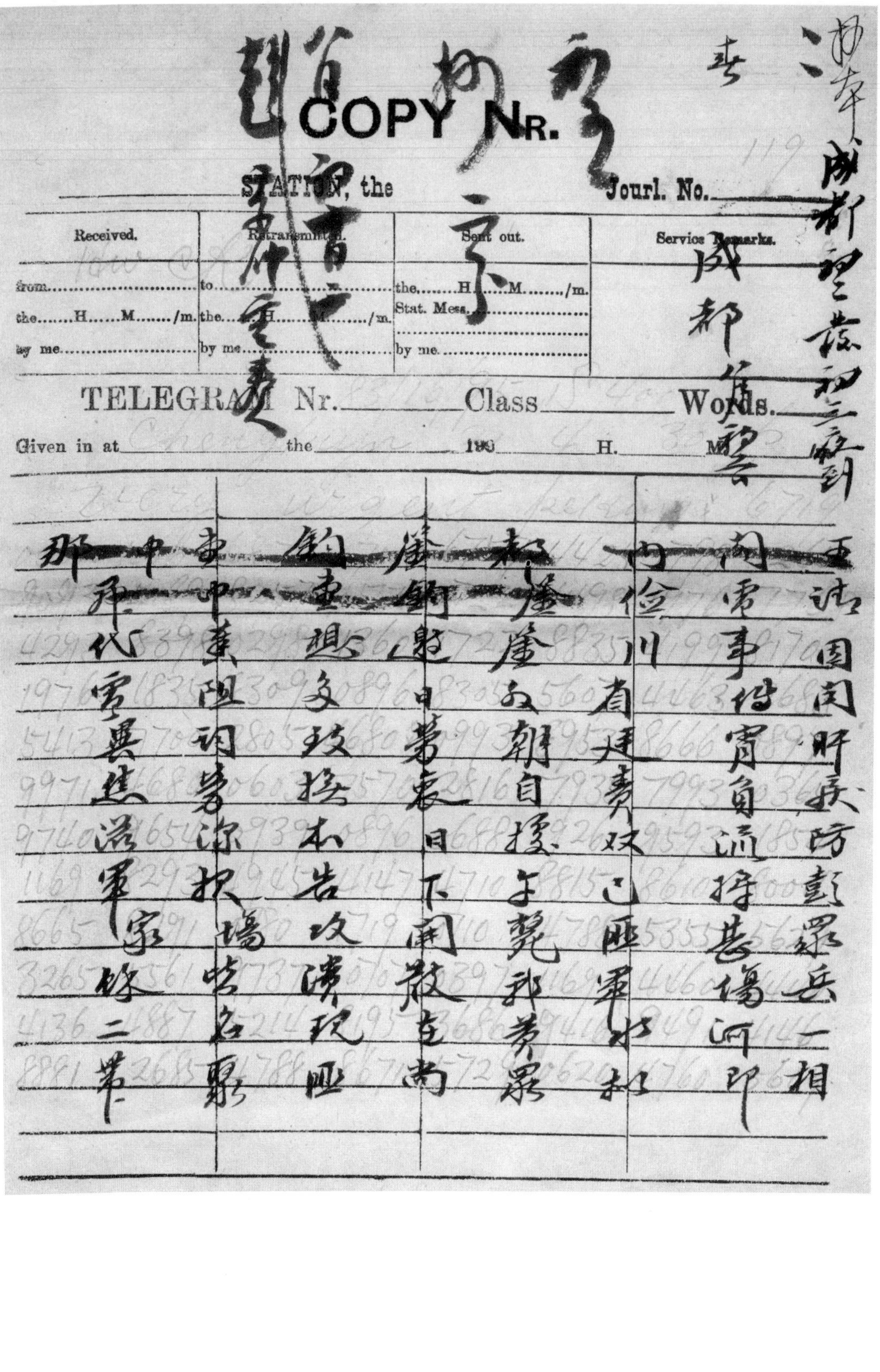
COPY NR.

STATION, the　　Jourl. No.

Received.	Retransmitted.	Sent out.	Service Remarks.
from	to	the　H.　M.　/m.	
the　H.　M.　/m.	the　H.　M.　/m.	Stat. Mess.	
by me	by me	by me	

TELEGRAM Nr.　Class　Words.

Given in at　the　190　H.　M.

趙爾豐致那桐、奕劻請代奏電（一九一一年九月二十二日）

COPY Nr. 119

STATION, the Jourl. No.

Received.	Retransmitted.	Sent out	Service Remarks.
from	to	the....H.. M..../m.	
the....H....M..../m.	the....H....M..../m.	Stat. Mess......	
by me......	by me......	by me......	

TELEGRAM Nr. 835 Class Words.

Given in at the 191 H. M /m

稽稽惟踞面時時擬為時警抄
東提流進估均一稱已自修破營
羅雙家匪梁渡標錄方新志
攻前赴日乘回橋方文兩地洚工防
管觀劉慶雯水交山雲新綫
進即郡第崇隱名河攻鼓兩禁來工
苗根進江倫毁離渭踞嶋尚
械壹田師溫安設執尚新匪破房毁

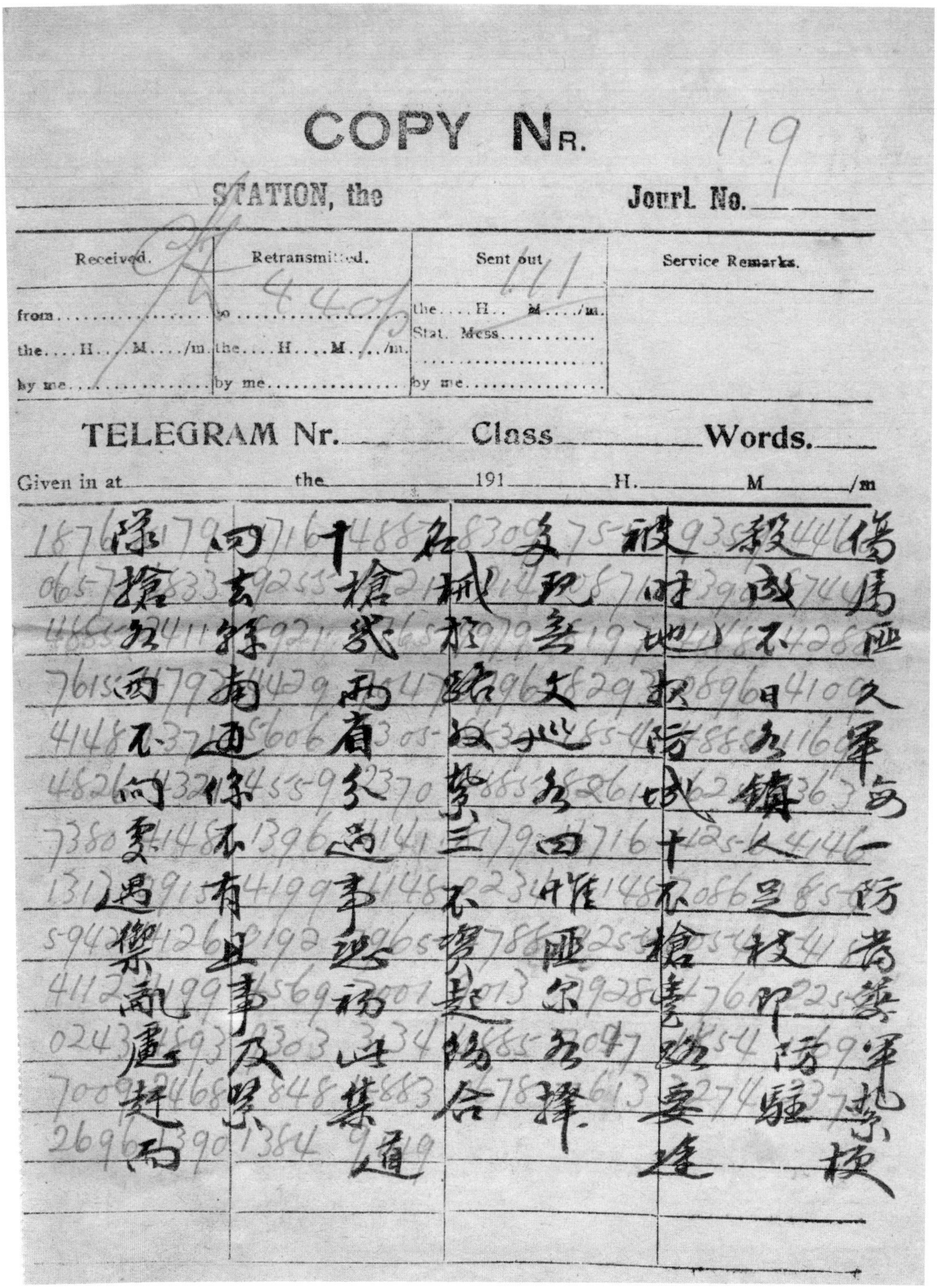

COPY Nr. 119

STATION, the　　　　Jourl. No.

Received.	Retransmitted.	Sent out 441	Service Remarks.
from..........	to..........	the....H.. M.../m.	
the....H....M..../m.	the.....H....M..../m.	Stat. Mess..........	
by me..........	by me..........	by me..........	

TELEGRAM Nr.　　　Class　　　Words.

Given in at　　　the　　　191　　　H.　　　M　　　/m

僞屬匪久軍無一防尚藥軍執校
毅成不日為鎮人足枝即防驍
被時地取防城十不槍毫殊要隆
多現無文巡為四準匪宗為擇
名械捏路收警三不實題協合
十槍械兩有分過事逆祕此集道
同志籌南通係不有且事及眾
隊搶殺西不向更遇懲亂廬封而

趙爾豐致那桐、奕劻請代奏電（一九一一年九月二十二日）

COPY Nr.

STATION, the　　　　Jourl. No.

Received.	Retransmitted.	Sent out.	Service Remarks.
from......	to......	the......H......M......./m.	
the......H......M......./m.	the......H......M......./m.	Stat. Mess......	
by me......	by me......	by me......	

TELEGRAM Nr.＿＿＿＿Class＿＿＿＿Words.＿＿＿＿

Given in at＿＿＿＿the＿＿＿＿190＿＿H.＿＿M.＿＿/m.

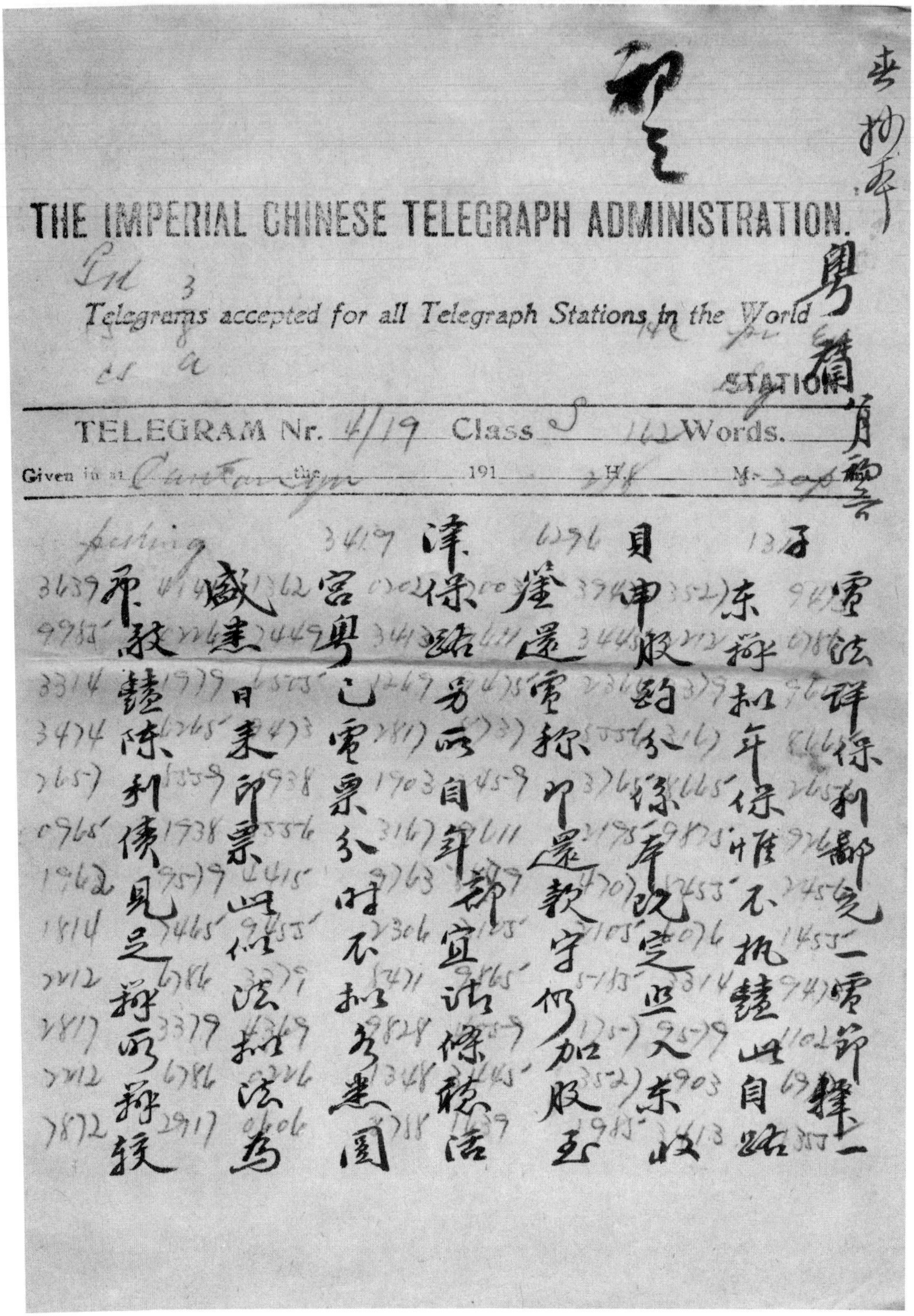
到

THE IMPERIAL CHINESE TELEGRAPH ADMINISTRATION.

Telegrams accepted for all Telegraph Stations in the World

STATION 粵省

TELEGRAM Nr. 4/19 Class S 112 Words.

Given in at Canton the 191 H. M.

子 目 澤 宮 盛

電悉詳保利鄙見一電節譯一

東辦訂年保惟不執韙此自路

申股約分條序既定照入東收

遂還電稱可還款字仍加股至

保路另所自算部宜詳保護活

粵已電粟分附不知為達圓

建日來印票此但法並法為

命敕韙陳利債見足辦所辦候

張鳴岐致載澤、盛宣懷電（一九一一年九月二十三日）

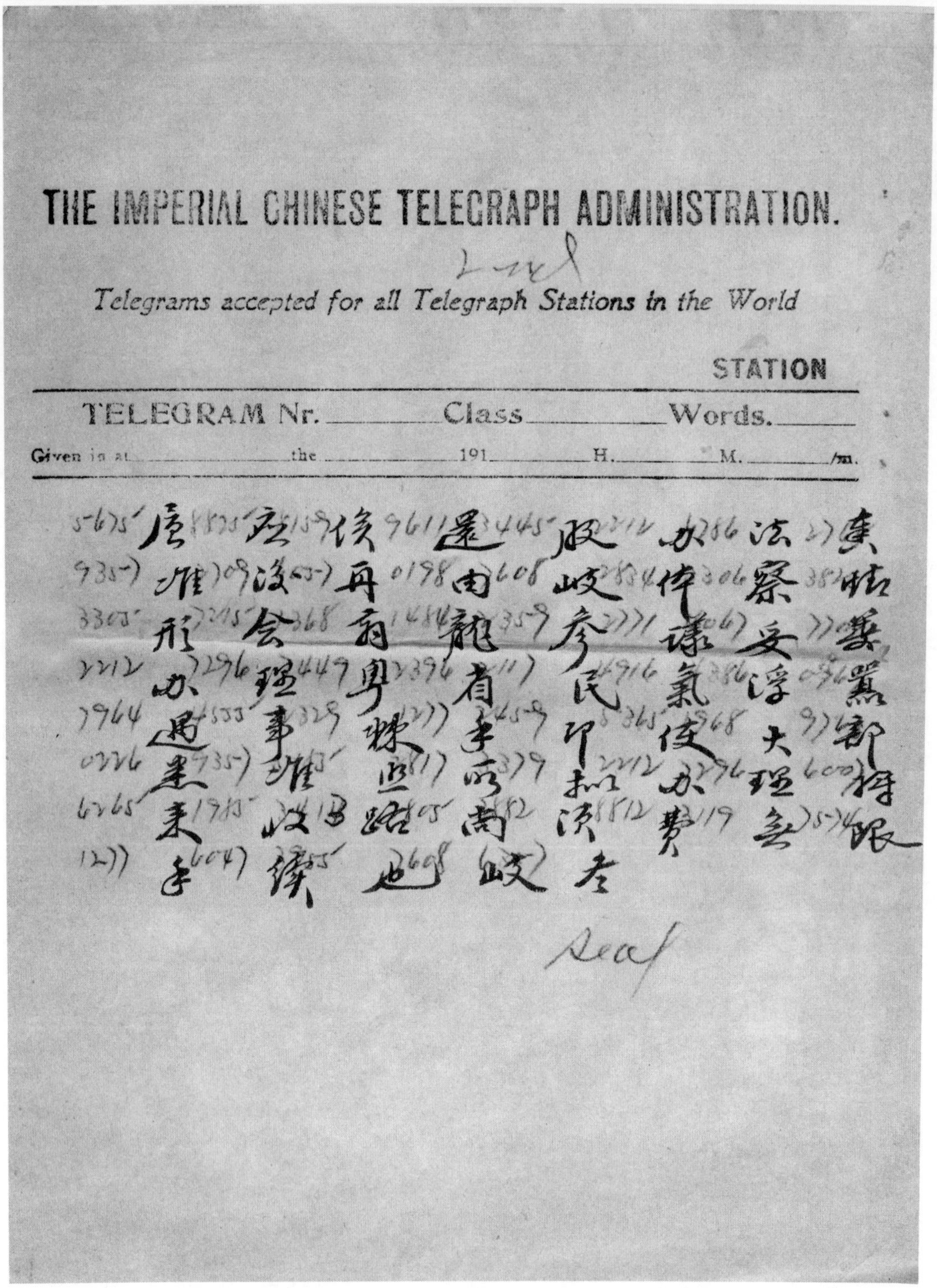
THE IMPERIAL CHINESE TELEGRAPH ADMINISTRATION.

Telegrams accepted for all Telegraph Stations in the World

STATION

TELEGRAM Nr. ______ Class ______ Words. ______

Given in at ______ the ______ 191 ______ H. ______ M. ______ /m.

瑞澂致盛宣懷電（一九一一年九月二十五日）

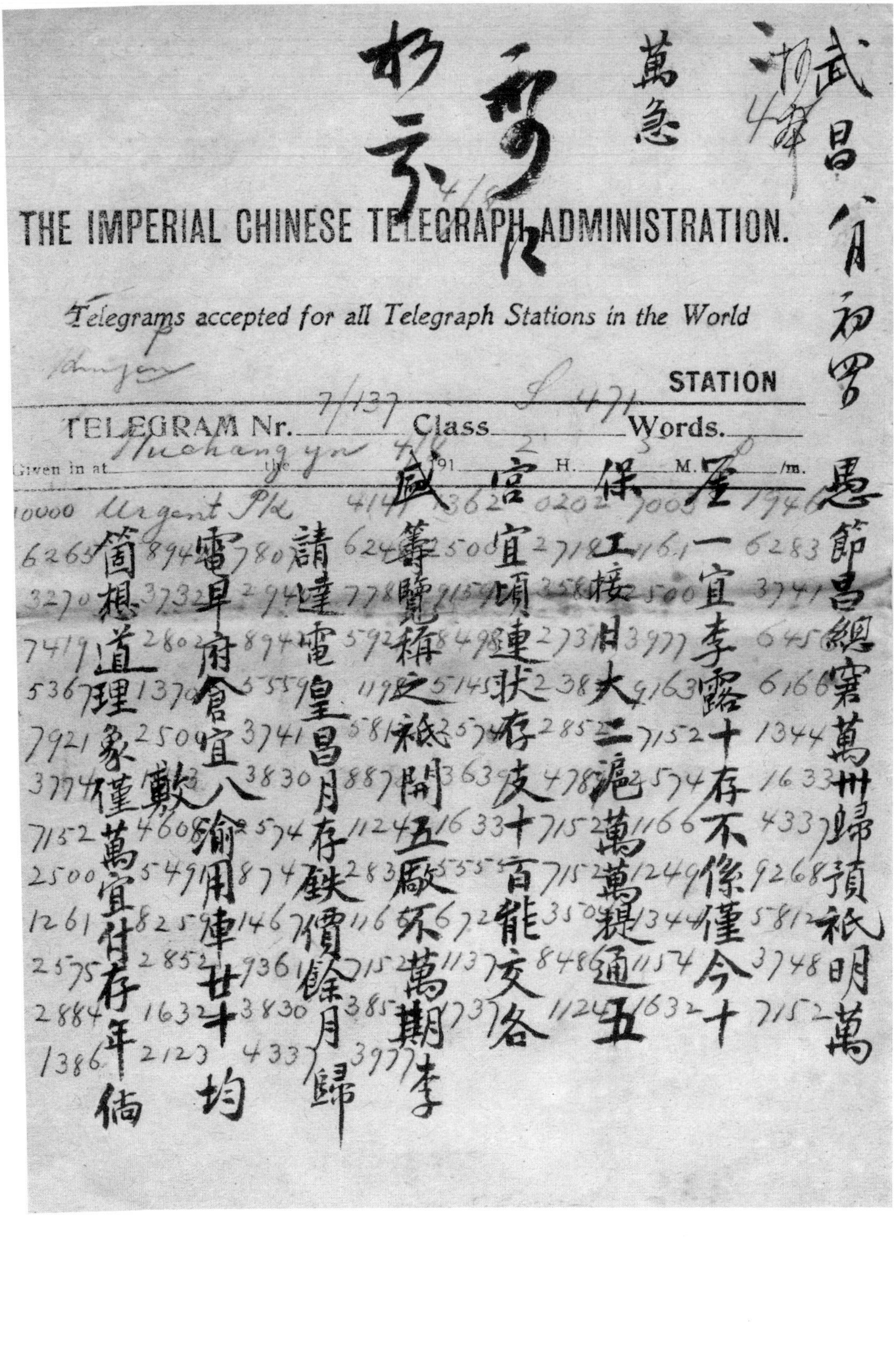
萬急

抄示

THE IMPERIAL CHINESE TELEGRAPH ADMINISTRATION.

Telegrams accepted for all Telegraph Stations in the World

STATION

TELEGRAM Nr. 7/137 Class Words. 471

Given in at Wuchang yn 418 the 191 H. M. /m.

Urgent Pk

盛宮保

武昌八月初四

愚節昌總寓萬卅歸頭祇明萬

屋一宜李露十存不係僅今十

保工接日大二滬萬萬提通五

宮宜頃連狀存皮十百能交各

盛籌驗稱之祇開五廠坏萬期李

請達電皇昌月存鉄價餘月歸

電早府倉宜八數渝用連廿十均

箇想道理象僅萬宜付存年倘

瑞澂致盛宣懷電（一九一一年九月二十五日）

47

THE IMPERIAL CHINESE TELEGRAPH ADMINISTRATION.

Telegrams accepted for all Telegraph Stations in the World

STATION

TELEGRAM Nr. 7/432 Class______ Words.______

Given in at______ the______ 191__ H.______ M.______ /m.

數皆歎李川受兩播停須至綫
延人宜勢人工有經束亦必改
苟川除之之宜仍已收工散載
可督感歎權而人象屬停違叙
不川懸止無氣工窘密即況紙議
始如生有立意現歎帥云萬報此
來無李已派鬧響工午李餘潰如
用月與外一人形萬轉工百譁果

47

THE IMPERIAL CHINESE TELEGRAPH ADMINISTRATION.

Telegrams accepted for all Telegraph Stations in the World

STATION

TELEGRAM Nr. 7/137 Class_____ Words._____

Given in at_____ the_____ 191_____ H._____ M._____ /m.

必初李顧萬即台非特交交公路等今不事月憲亦維飭提為宜道特司此八非籲可部行如收職可公則辦維呼無郵先急不地有如顧轉思可力電萬濟必交死李免不局四無大速百理持不之為騎背了再德台請將總把則置以成川難過威憲擬通李司

瑞澂致盛宣懷電（一九一一年九月二十五日）

THE IMPERIAL CHINESE TELEGRAPH ADMINISTRATION.

Telegrams accepted for all Telegraph Stations in the World

STATION

TELEGRAM Nr. 7/137 Class ________ Words. ________

Given in at ________ the ________ 191 ___ H. ___ M. ___ /m.

發為則前已迫救郎澂蓋面黃
行以款目理此[illegible]顏虞無收青
易部付在總為撫據可苦朱在
准郵能即李敢速前債復路正忽
允倘不濟因始乞事款心時已需
部擠路工等握語此言夜此未陶
郵接收繼道把之語面日盡亂接
請款未款職無切等中即策川不

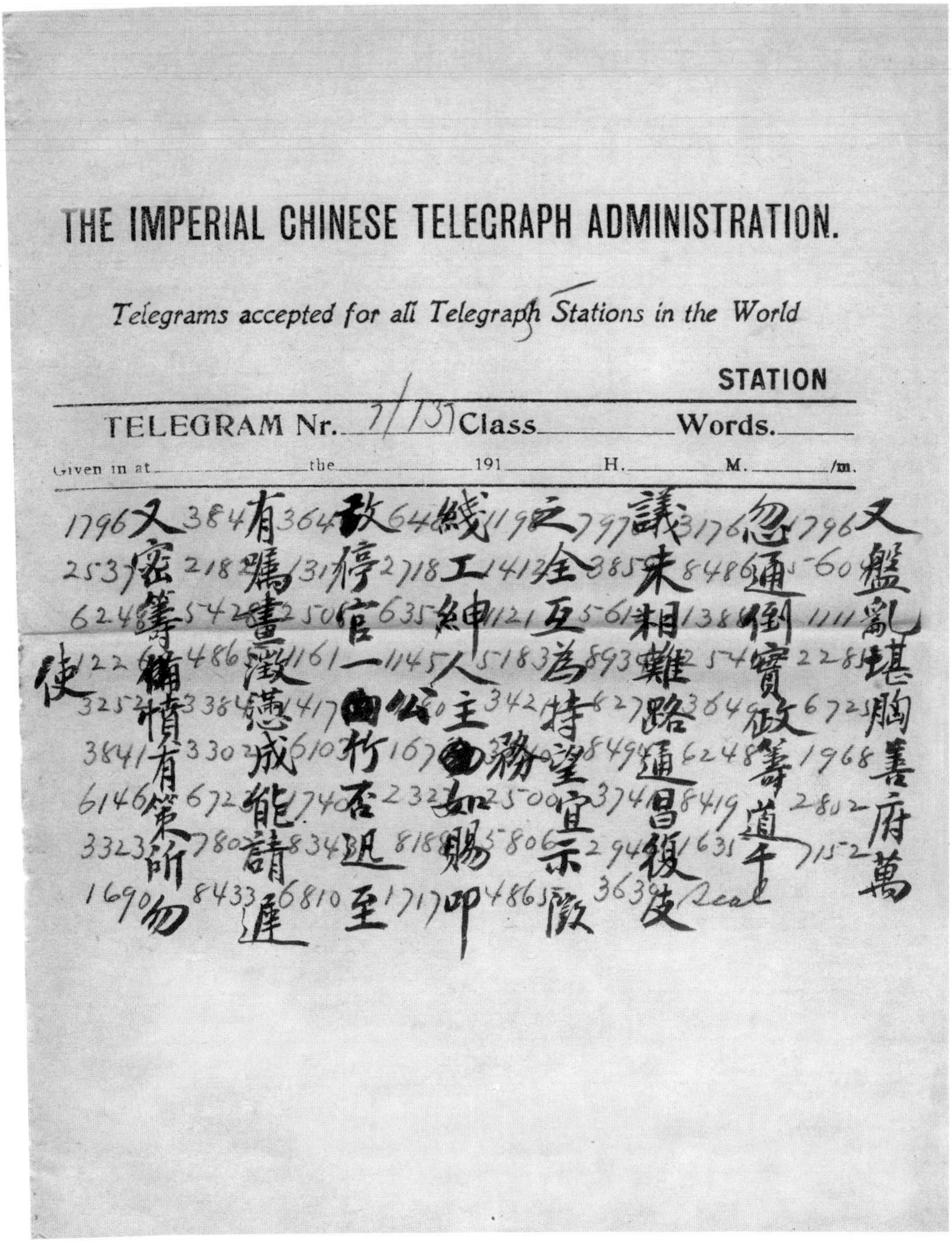

THE IMPERIAL CHINESE TELEGRAPH ADMINISTRATION.

Telegrams accepted for all Telegraph Stations in the World

STATION

TELEGRAM Nr. 7/135 Class ______ Words. ______

Given in at ______ the ______ 191 ______ H. ______ M. ______ /m.

又盤亂堪胸善府萬
忽通倒實啟籌道千
議未相難路通昌復皮
之全互為特望宜示徵
線工紳人主務如賜叩
敢停官一公竹否迅至
有馮畫澂德成能請遲
又密籌備情有策所勿
使

Seal

教育總會、商會、諮議局、自治公所、鐵路公司、礦務公司等致全蜀會館同鄉京官電（一九一一年九月二十六日）

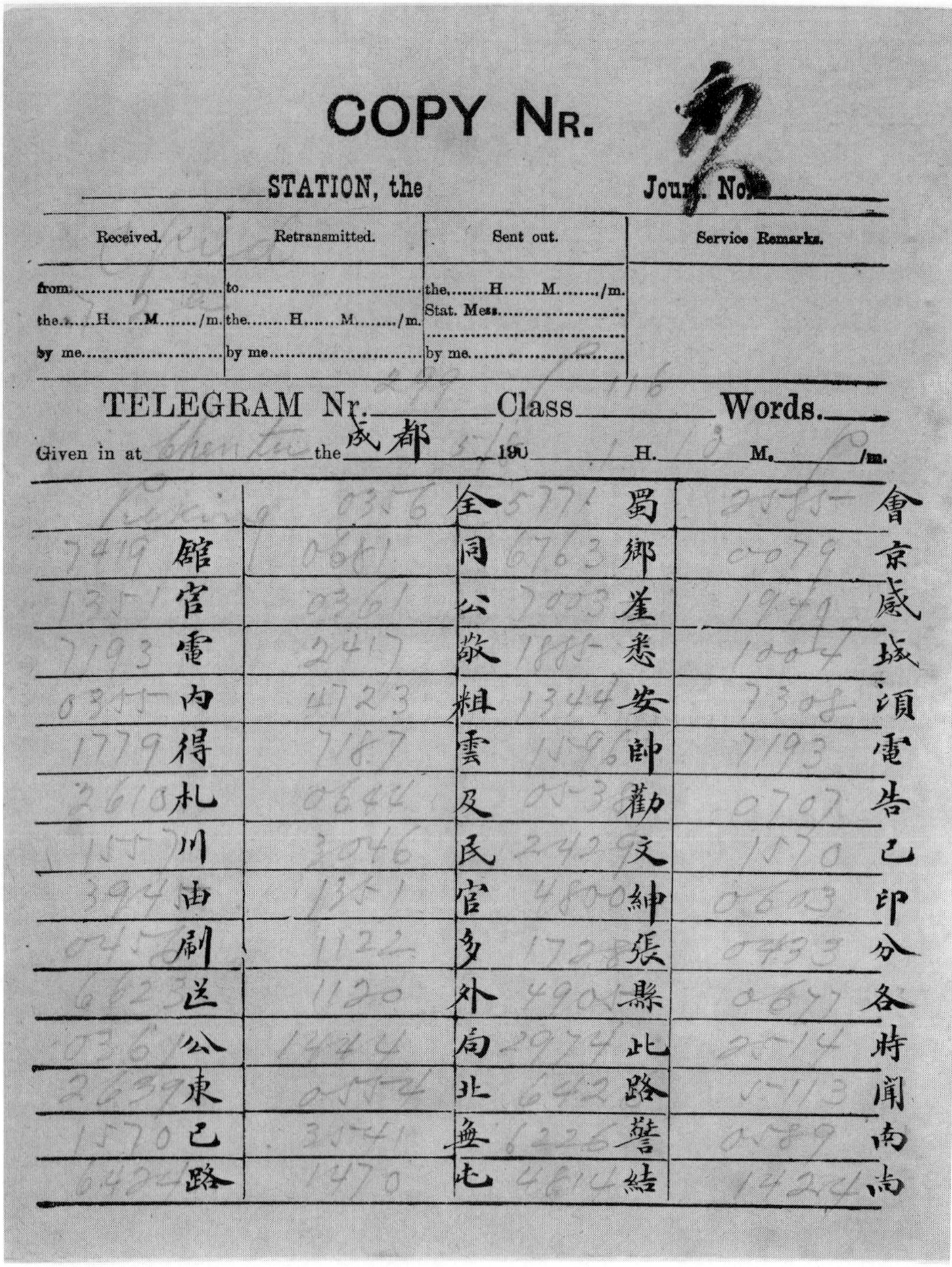

COPY Nr.

STATION, the Journ. No.

Received.	Retransmitted.	Sent out.	Service Remarks.
from	to	the H M /m.	
the H M /m.	the H M /m.	Stat. Mess.	
by me	by me	by me	

TELEGRAM Nr. 2?? Class 1 Words. 116

Given in at Chentu the 成都 5/10 190 1 H. 13 M. p/m.

Peking		0356	全	5771	蜀	2585	會
7419	館	0681	同	6763	鄉	0079	京
1351	官	0361	公	7003	鑒	1949	感
7193	電	2417	敬	1885	悉	1004	城
0355	內	4723	粗	1344	安	7308	頃
1779	得	7187	雲	1596	帥	7193	電
2610	札	0644	及	0538	勸	0707	告
1557	川	3046	民	2429	文	1570	已
3944	由	1351	官	4800	紳	0603	印
0455	刷	1122	多	1728	張	0433	分
6623	送	1120	外	4905	縣	0677	各
0361	公	1444	向	2974	此	2514	時
2639	東	0554	北	6424	路	5113	聞
1570	已	3541	無	6226	警	0589	南
6424	路	1470	屯	4614	結	1424	尚

COPY Nr.

STATION, the ______ Jourl. No. ______

Received.	Retransmitted.	Sent out.	Service Remarks.
from........ the.....H.....M...../m. by me........	to........ the.....H.....M...../m. by me........	the.....H.....M...../m. Stat. Mess. 2 .... by me........	

TELEGRAM Nr. ______ Class ______ Words. ______

Given in at ______ the ______ 190 ______ H. ______ M. ______ /m.

1122	炙	5267	至	0341	先	1775	後
0001	一	0434	切	1906	情	1748	形
2953	欽	2009	憲	0455	到	1775	後
2686	查	2494	明	5261	自	1779	得
4176	真	4161	相	1004	城	7024	門
0796	啟	7028	閑	3541	無	1603	常
0428	並	7193	電	0677	各	2589	有
7091	阻	3333	滯	7411	餘	0008	不
3977	釐	2407	教	5148	育	4920	總
2585	會	0794	商	2585	會	6171	諮
6231	議	1444	局	5261	自	3112	治
0361	公	2676	所	6993	鐵	6424	路
0361	公	0674	司	7005	礦	0524	務
0361	公	0674	司	1792	微		

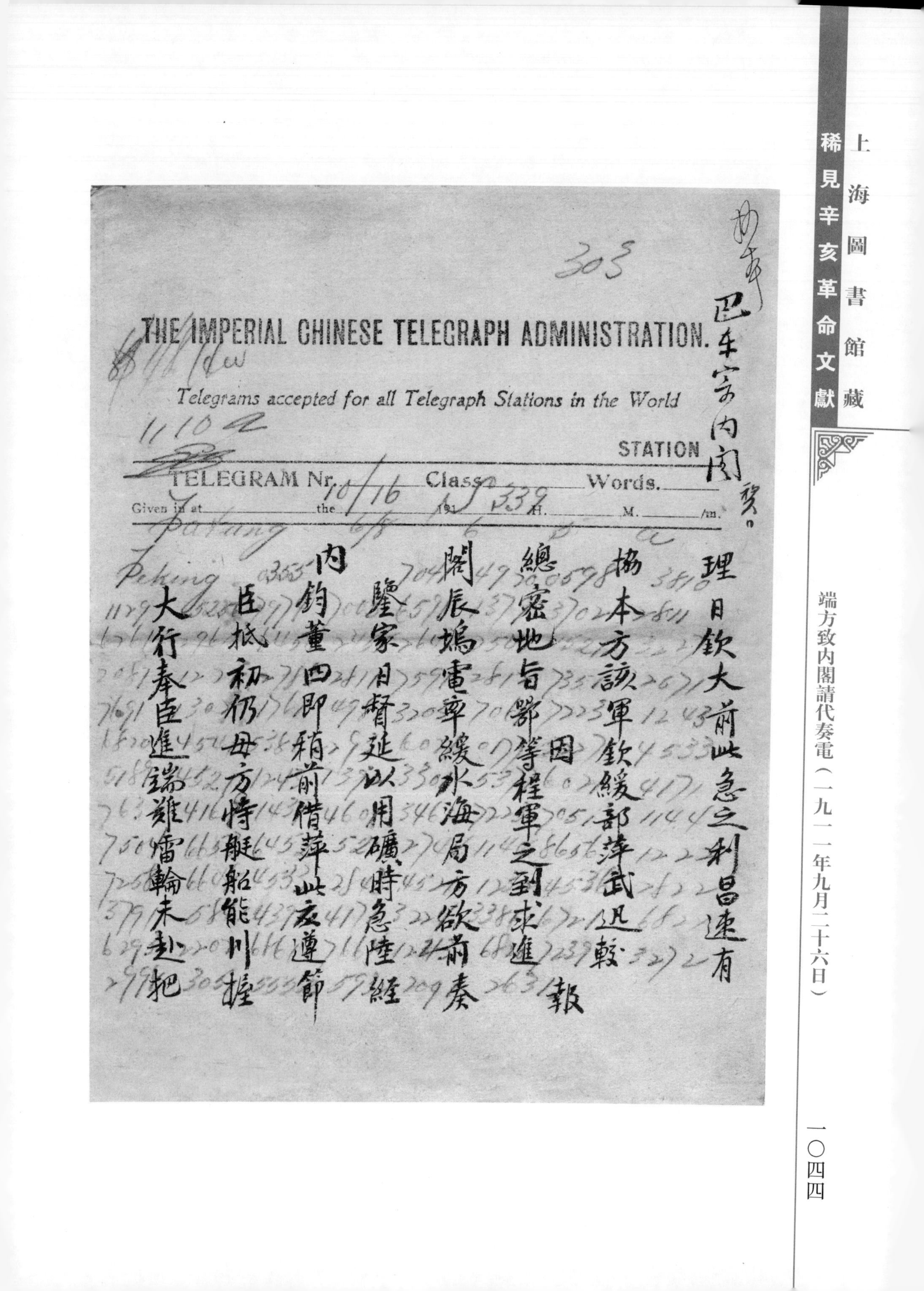

端方致内閣請代奏電（一九一一年九月二十六日）

303

巴東寄內閣電

THE IMPERIAL CHINESE TELEGRAPH ADMINISTRATION.

Telegrams accepted for all Telegraph Stations in the World

STATION

TELEGRAM Nr. 10/16 Class Words. 339

Given in at the 191 H. M. m.

Peking

理日欽大前此急之利昌速有
協本方該軍欽緩部萍武迅較
總密地旨鄂等因程軍之到求進報
閣辰鳩電率緩水海局方欲前奏
鑒家月督延以用礦時急陸經
內鈞董四即稍前借萍此夜遵節
臣祇初仍毋方恃艇船能川趕
大行奉臣進端難雷輪未赴把

端方致内閣請代奏電（一九一一年九月二十六日）

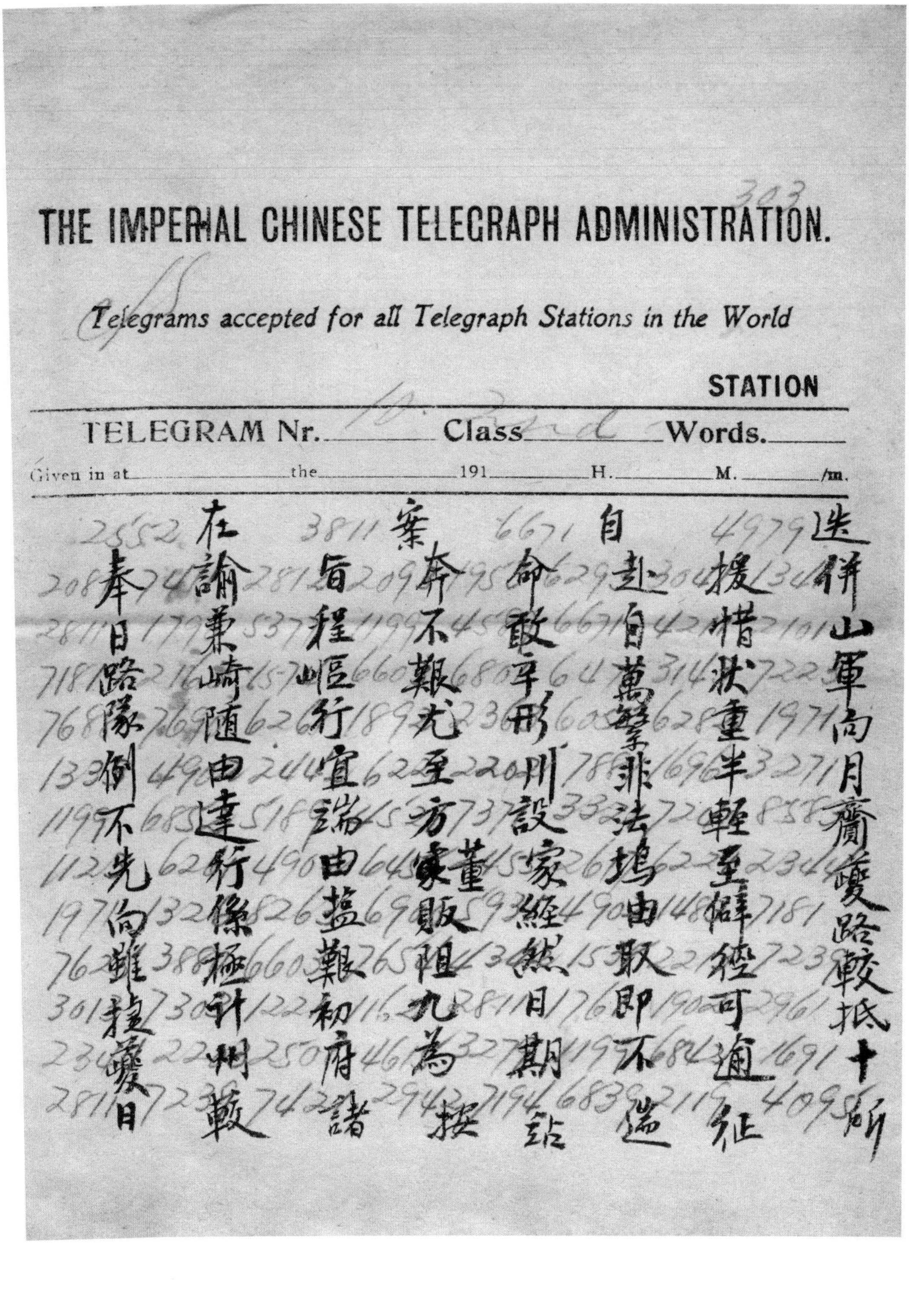

THE IMPERIAL CHINESE TELEGRAPH ADMINISTRATION.

Telegrams accepted for all Telegraph Stations in the World

STATION

TELEGRAM Nr. Class Words.

Given in at the 191 H. M. /m.

迭併山軍向月齋夔路較抵十所
援措狀重半輕至鄂經可適征
自赴自萬禦非法搗由敢即不遽
命敢平形川設家經然日期鈷
案奔不艱尤至方寨董賊阻九為援
旨程嶇山行宜端由鹽艱初府諸
在諭兼崎隨由達行係極計州較
奉日路隊倒不先向難提夔日

303

THE IMPERIAL CHINESE TELEGRAPH ADMINISTRATION.

Telegrams accepted for all Telegraph Stations in the World

STATION

TELEGRAM Nr.________Class________Words.________

Given in at________the________191________H.________M.________m.

所實爲重抚前成尚現稱軍到酌
速夔都面程解徒施李援内可
半之及成一趟雖亟兼籌看日益
程不與通面圍縣劉東黔電夔
鐵新所鎮靈一看州防巴峽道柢
次料重息揮時尖在豫巴東方
有此始川消指此十重軍過川端
幸爲全慶要進屬騰鄂已據渝

THE IMPERIAL CHINESE TELEGRAPH ADMINISTRATION

Telegrams accepted for all Telegraph Stations in the World

STATION

TELEGRAM Nr. ______ Class ______ Words ______

Given in at ______ the ______ 191__ H. ____ M. ____ /m.

1046 1803 3941 7313 6671 7341 2459 4821 1612

匯全機調自詳宸方加

2223 5611 6193 1814 2363 2843 4878 2789 1574

屬家赴切衛時慰瑞匯

3179 5941 6781 1191 4111 7690 1195 0106 0178 4524

成綫迅一樣隨上代

宣 初五日 東 旁

6884 3114 2744 2447 2591 4980 2631 2571 1991 2101

量猶局宜度當報厘叩山

Seal

沈瑜慶致盛宣懷電（一九一一年九月二十七日）

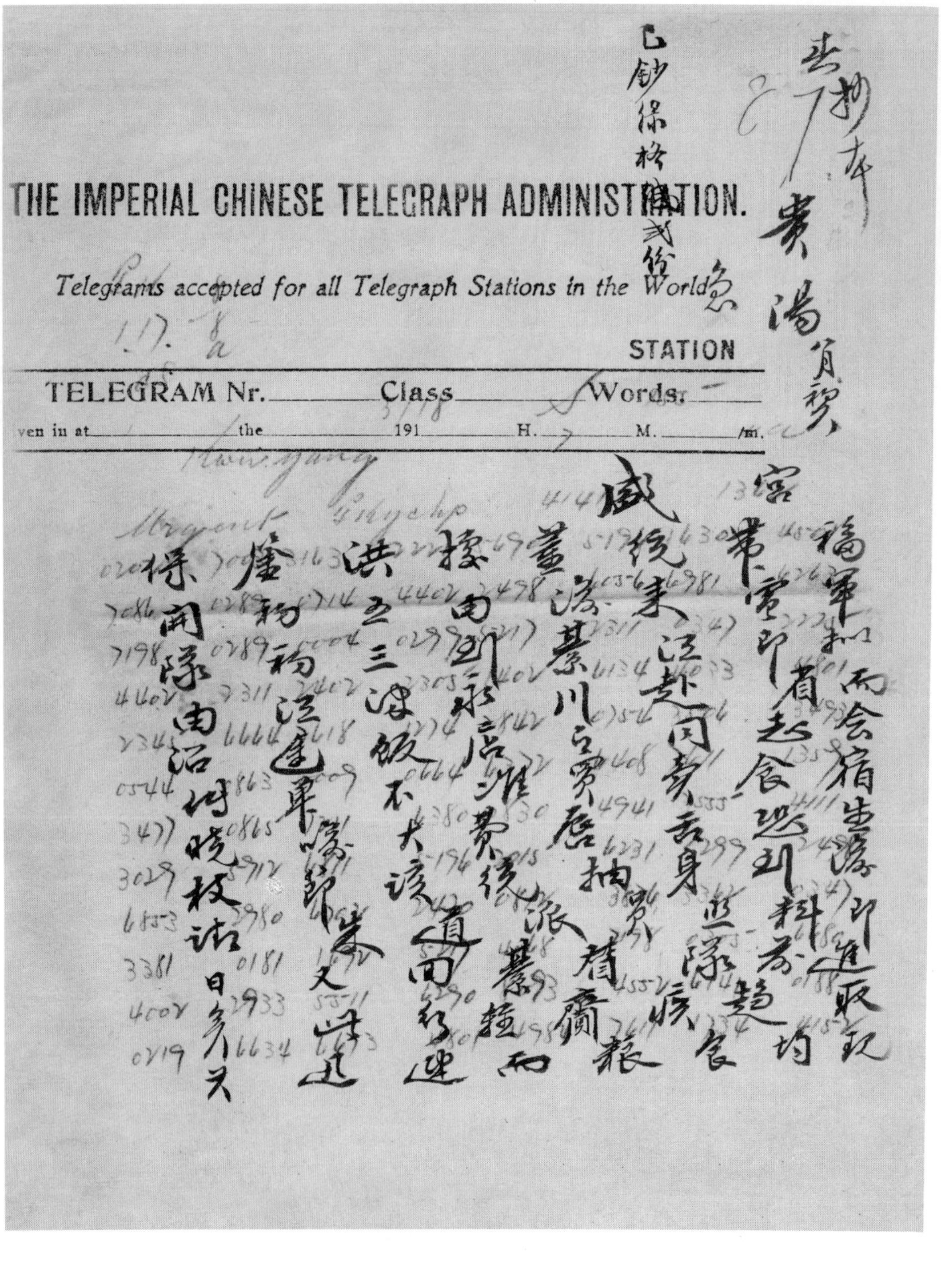
THE IMPERIAL CHINESE TELEGRAPH ADMINISTRATION.

Telegrams accepted for all Telegraph Stations in the World.

STATION

TELEGRAM Nr. Class Words

ven in at the 191 H. M. m.

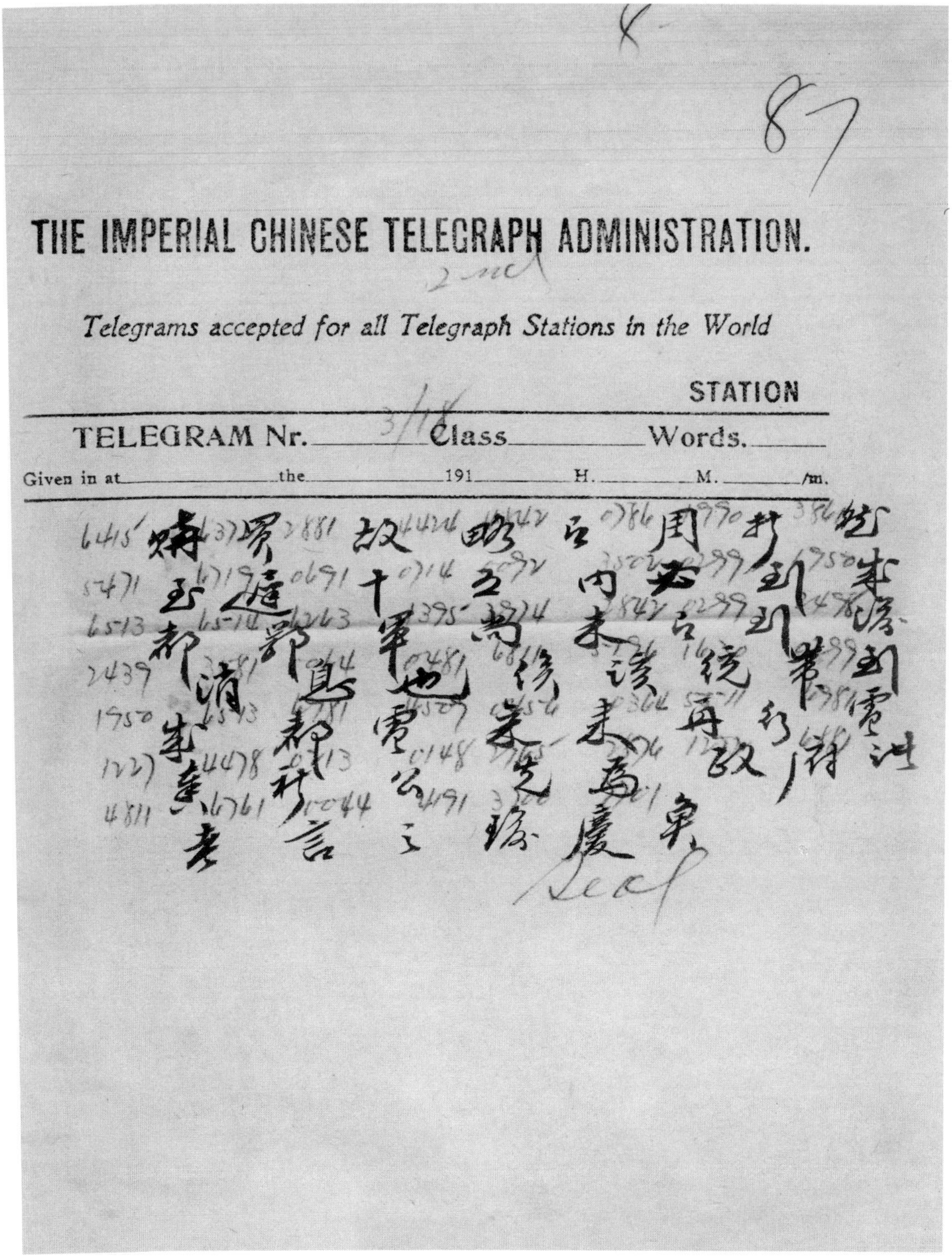

87

THE IMPERIAL CHINESE TELEGRAPH ADMINISTRATION.

2nd

Telegrams accepted for all Telegraph Stations in the World

STATION

TELEGRAM Nr. 3/118 Class ______ Words. ______

Given in at ______ the ______ 191 ______ H. ______ M. ______ /m.

Sent

端方致盛宣懷電（一九一一年九月二十七日）

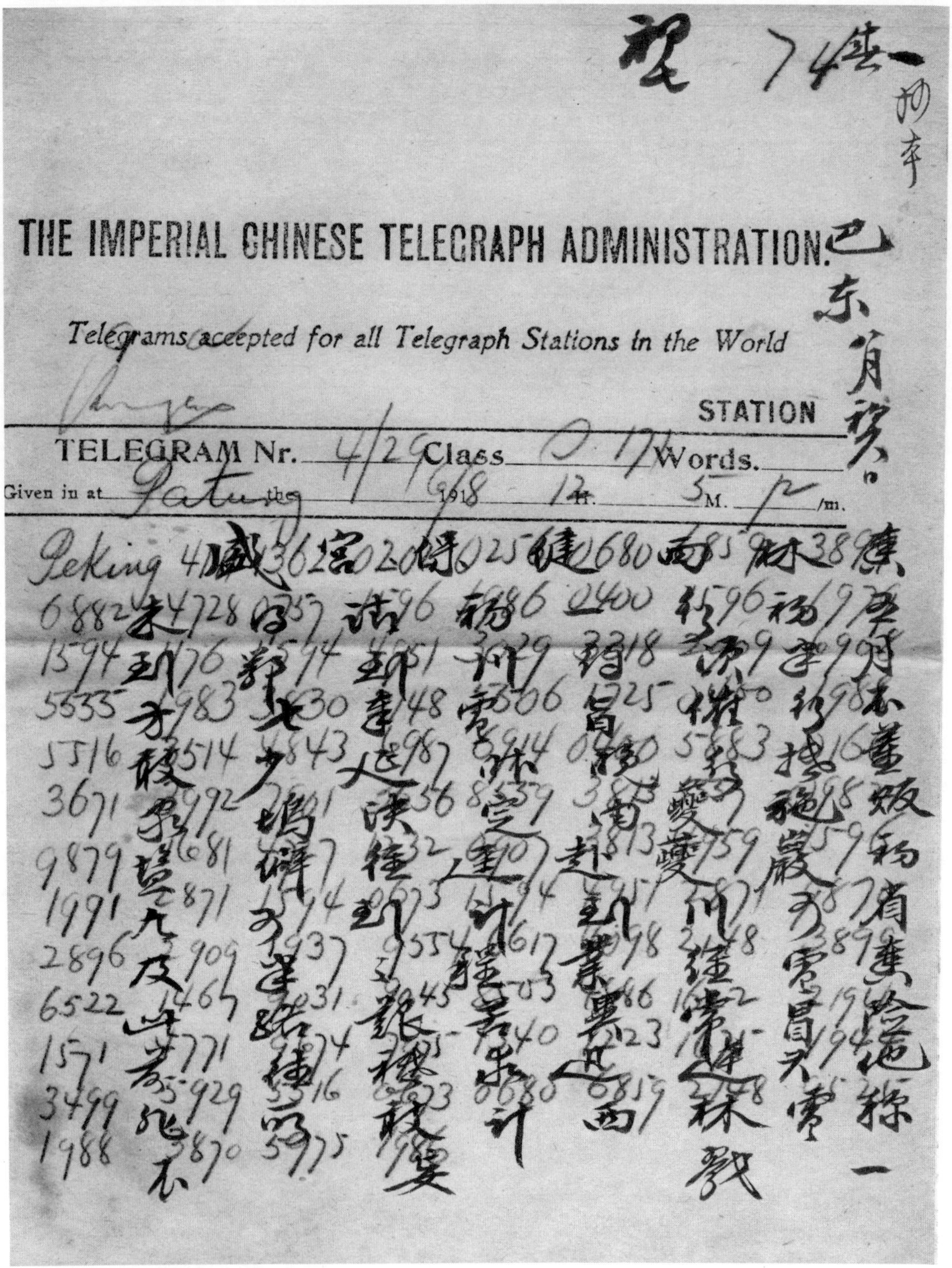
THE IMPERIAL CHINESE TELEGRAPH ADMINISTRATION.

Telegrams accepted for all Telegraph Stations in the World

STATION

TELEGRAM Nr. 4/29 Class Words.

Given in at Patung the 1 / 918 12 H. 5 M. p /m.

Peking

74

THE IMPERIAL CHINESE TELEGRAPH ADMINISTRATION.

Telegrams accepted for all Telegraph Stations in the World

STATION

TELEGRAM Nr.______ Class______ Words.______

Given in at______ the______ 191___ H.______ M.______ /m.

趕[illegible]兵費誤[illegible][illegible]鈴
錢一綫之焙仍宜證
一一生路跋川商需要
程峰均慶議見斷公另方
百事費之土林恢衷投
卅路方文示面爲宜迸
不事理該權同院我向
人匯經之事大伯手與變

瑞澂致盛宣懷電（一九一一年九月二十七日）

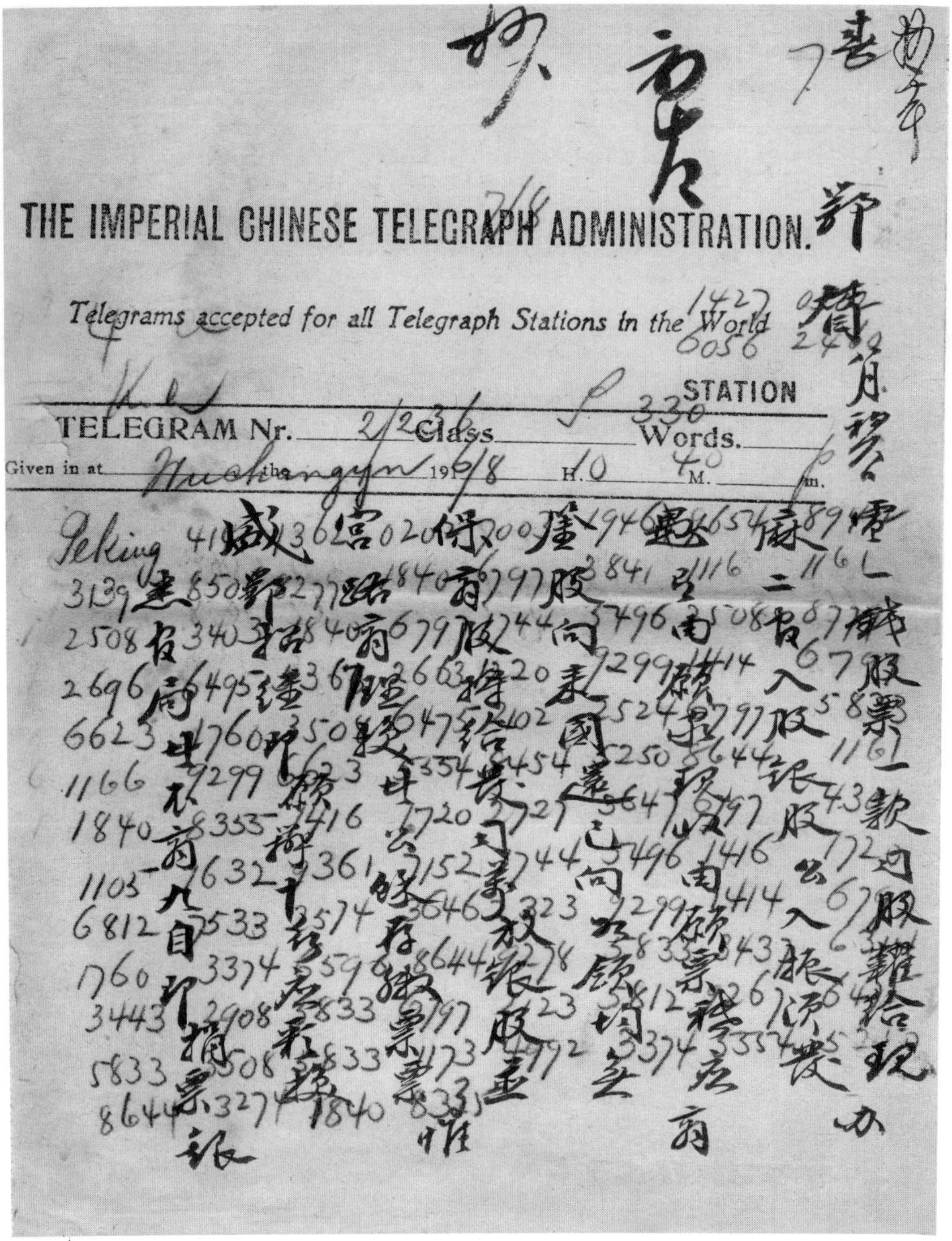
THE IMPERIAL CHINESE TELEGRAPH ADMINISTRATION.

Telegrams accepted for all Telegraph Stations in the World

STATION

TELEGRAM Nr. ______ Class ______ Words. ______

Given in at ______ the ______ 191 ______ H. ______ M. ______ m.

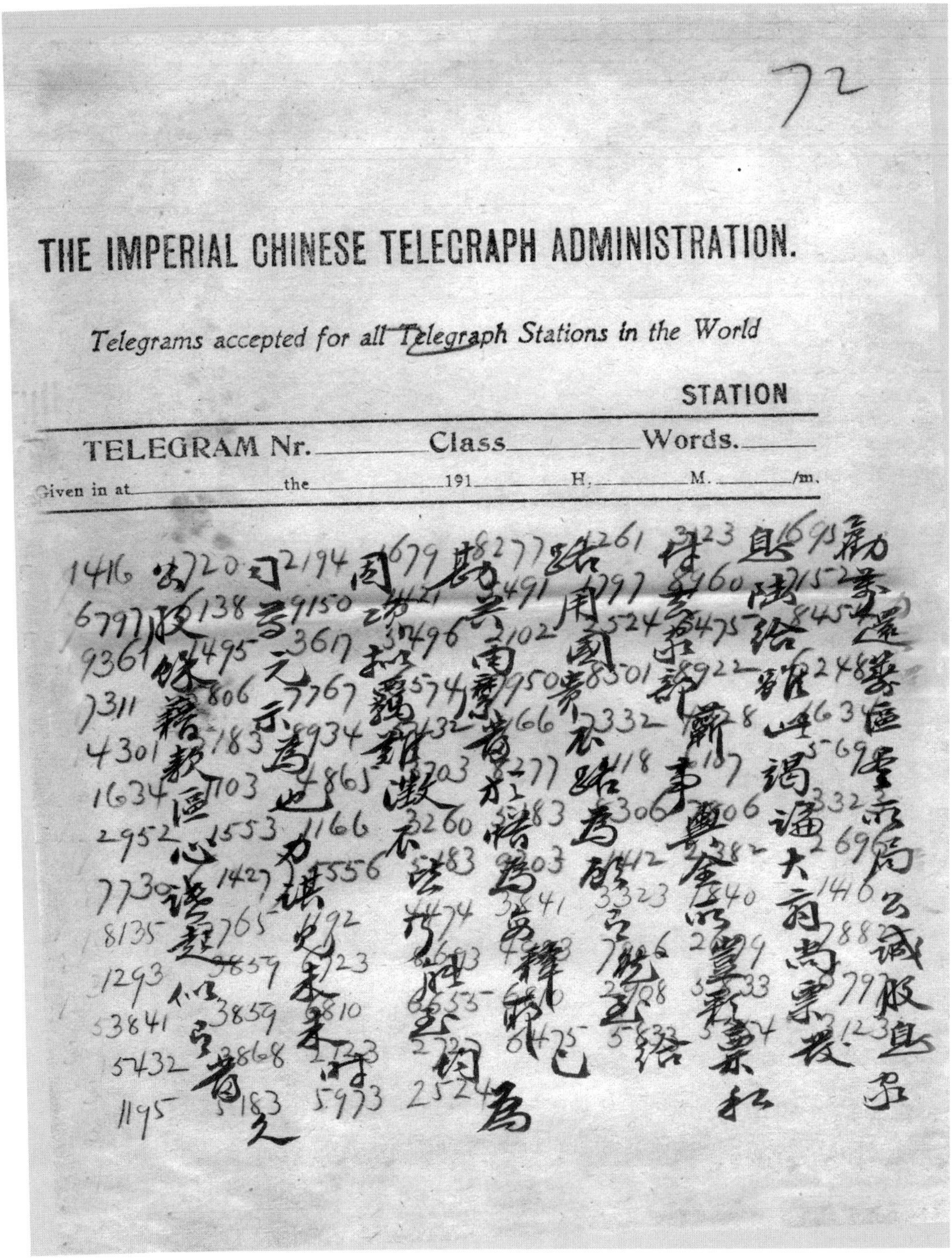
72

THE IMPERIAL CHINESE TELEGRAPH ADMINISTRATION.

Telegrams accepted for all Telegraph Stations in the World

STATION

TELEGRAM Nr.________ Class________ Words.________

Given in at________ the________ 191____ H.________ M.________ /m.

瑞澂致盛宣懷電（一九一一年九月二十七日）

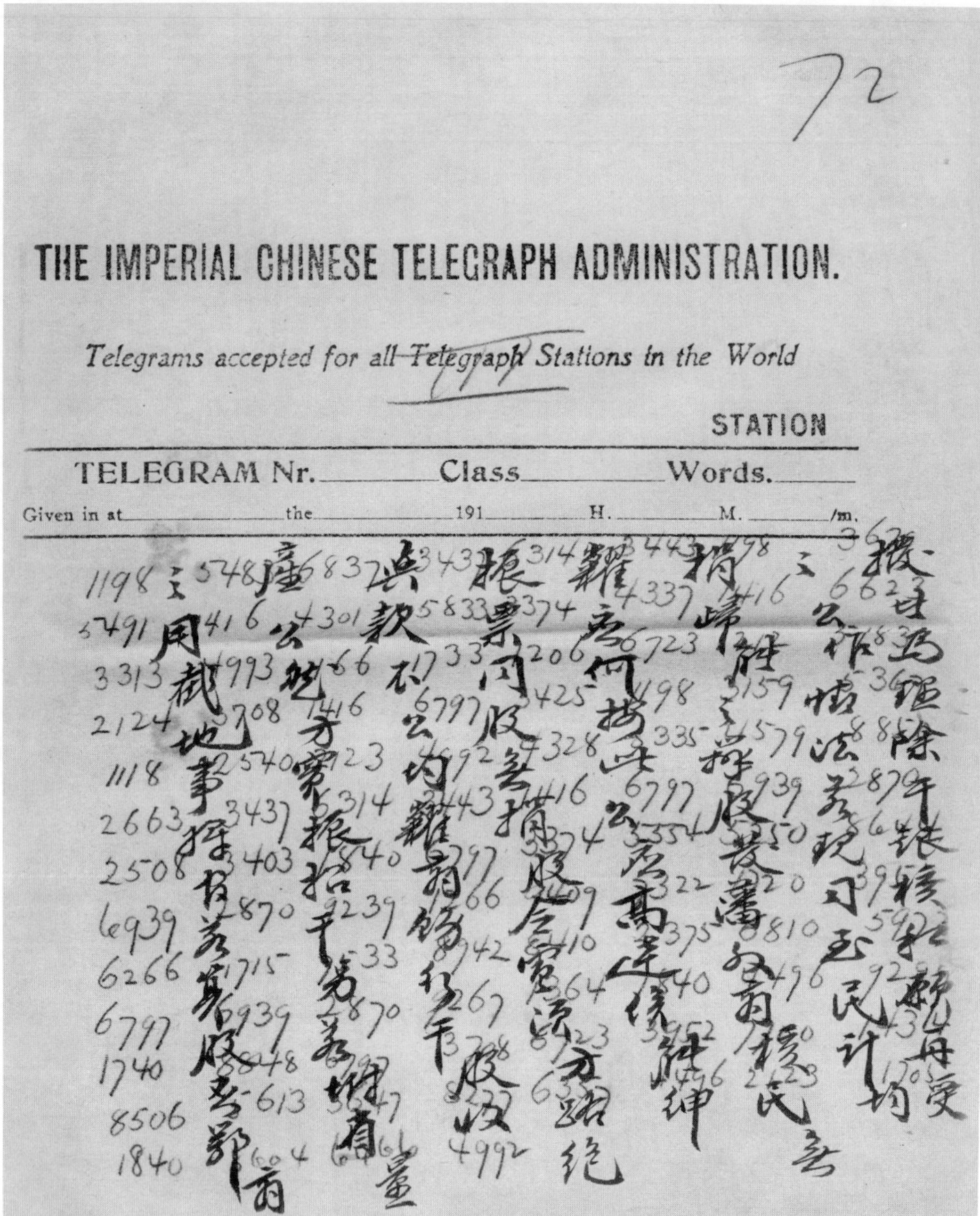

72

THE IMPERIAL CHINESE TELEGRAPH ADMINISTRATION.

Telegrams accepted for all ~~Telegraph~~ Stations in the World

STATION

TELEGRAM Nr.______ Class______ Words.______

Given in at______ the______ 191____ H.____ M.____ /m.

1198
6491
3313
2124
1118
2663
2508
6939
6266
6797
1740
8506
1840

72

THE IMPERIAL CHINESE TELEGRAPH ADMINISTRATION.

Telegrams accepted for all Telegraph Stations in the World

STATION

TELEGRAM Nr.________ Class________ Words.________

Given in at________ the________ 191________ H.________ M.________ /m.

4588 波 2475 折 5183 為 4626 湘 6370 粵 0711 川 2323 而 1166 不

1790 及 2323 此 1434 再 5281 [illegible] 2251 豫 1510 [illegible] 2301 [illegible] 6463 結

8433 違 2846 延 9183 [illegible] 4865 澂 3268 之 1894 發 1603 也 1732 合

1499 先 8965 陳 3748 [illegible] 4865 澂 5 [illegible]

趙爾豐致郵傳部電（一九一一年九月二十七日）

成都 八月初七日

THE IMPERIAL CHINESE TELEGRAPH ADMINISTRATION.

Telegrams accepted for all Telegraph Stations in the World

STATION

TELEGRAM Nr. Class Words.

Given in at the 191 H. M. m.

傳藉首聿一明行稍之曉路歸已
紳獲路由申即使民已爭仍款
郵另擒興理並定不紳多人同還
決於本之示平決以者川合的
此已亂識曉經本是理行政目
辰亂將相分一路失本喻修而
鑒倡汶不劃本商損白與以辦
部路要絕再亂籌有明甦本商

97

THE IMPERIAL CHINESE TELEGRAPH ADMINISTRATION.

2nd

Telegrams accepted for all Telegraph Stations in the World

STATION

TELEGRAM Nr.______ Class______ Words.______

Given in at______ the______ 191____ H.____ M.____ /m.

若總及鹽叩所除而電惟宜俟電
將費爲除部指还剔扣自一允
著又經土剔大臣派删懸奏備咨
中過豆行服是概所以昔籌叩
次之用虧概折者一有難有兩議
款倒項以款存仍明既亟定
虜还司號等難还現扣指歸部商
於公莊股恐謂玄言未雲由会
分

趙爾豐致郵傳部電（一九一一年九月二十七日）

97

THE IMPERIAL CHINESE TELEGRAPH ADMINISTRATION.

3rd

Telegrams accepted for all Telegraph Stations in the World

STATION

TELEGRAM Nr.______ Class______ Words.______

Given in at______ the______ 191______ H.______ M.______ /m.

还侯文鈞鑒豐
昔擬電侯示示
早續將情形酌
及手先拿行於
便布到覘有仍
川公復川川否
撥來部報咨是
請將大登奏諭魚

rec'd

COPY Nr.

STATION, the　　　　Jourl. No.

Received.	Retransmitted.	Sent out.	Service Remarks.
from…………	to…………	the……H……M……/m.	
the……H……M……/m.	the……H……M……/m.	Stat. Mess…………	
by me…………	by me…………	by me…………	

TELEGRAM Nr.　　Class　　Words.

Given in at 雲南李副軍　內閣接滇諮議局魚電　H.　M.　/m.

內閣鈞鑒頃據の川
旅滇官商代表蔡榮
謹談廷識吳榮本王
正邦劉燮章等十維
人到向面稱頃振肩
州確信川有學生赴
楷署要求釋放羅蒲
諸人時趙楷用大殿
轟死學生一佰六十
餘人趙精3盛區民變
渡誣民叛因此羣情
大憤咸欲求免懇請
代電

雲南諮議局致內閣電（一九一一年〔九月二十七日〕）

COPY NR.

STATION, the　　　　Jourl. No.

Received.	Retransmitted.	Sent out.	Service Remarks.
from........	to........	the.....H.....M.....m.	
the.....H.....M.....m.	the.....H.....M.....m.	Stat. Mess.	
by me........	by me........	by me........	

TELEGRAM Nr.　　　Class　　　Words.

Given in at　　　the　　　190　　H.　　M.　　/m.

語　學陞不奏定滇
等人謂若為持日芯印
持滇全氣大王力事魚
維全攢元叔速議國甲
求際悲豪挽請欽中謹
力之深國亟想匹理為
閣閣同為不設嚴辦議
內聽士生府諸派明諮

云南諮議局[illegible]

[illegible]

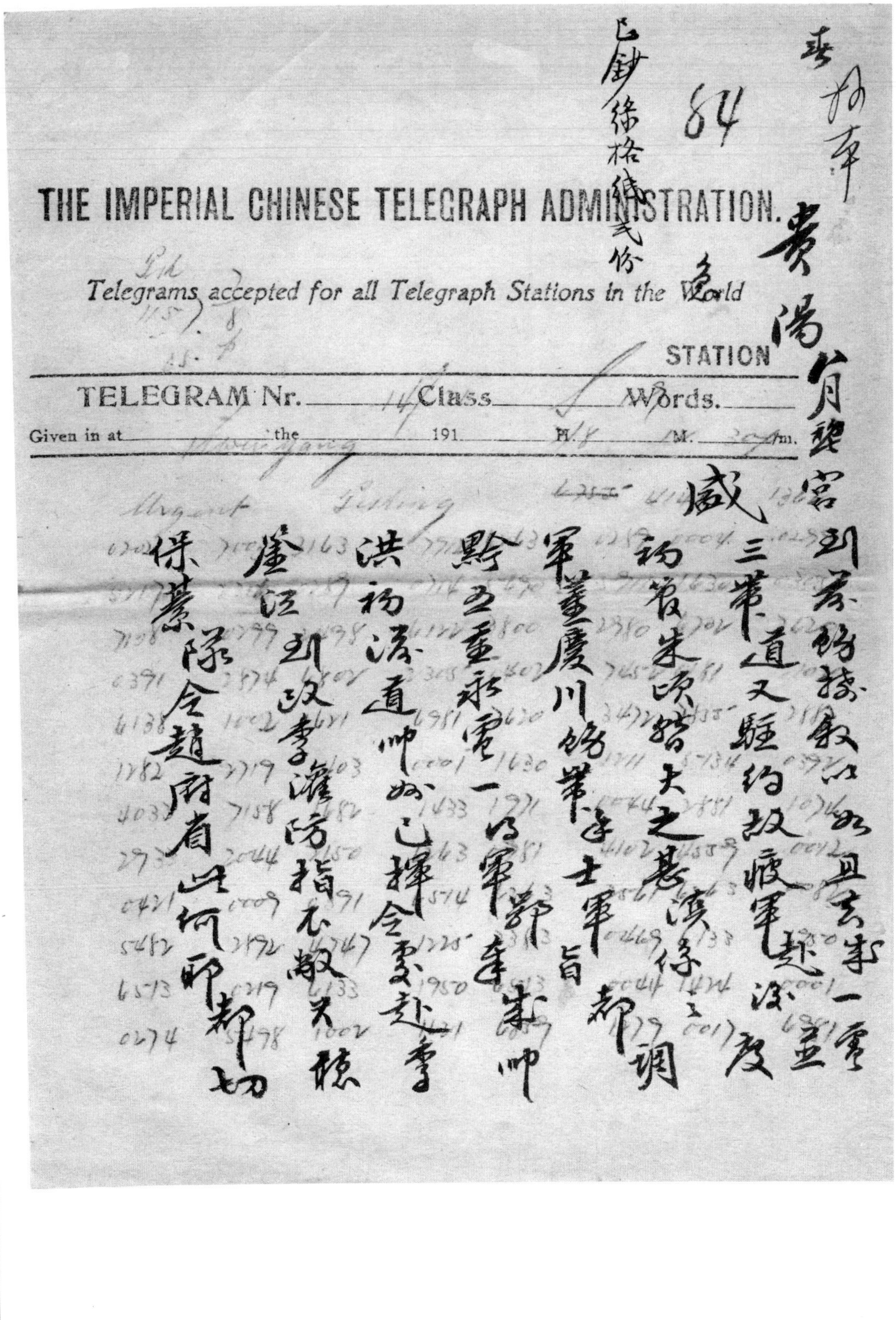
THE IMPERIAL CHINESE TELEGRAPH ADMINISTRATION.
Telegrams accepted for all Telegraph Stations in the World
STATION
TELEGRAM Nr. Class Words.
Given in at the 191 M. m.

沈瑜慶致盛宣懷電（一九一一年九月二十八日）

84

THE IMPERIAL CHINESE TELEGRAPH ADMINISTRATION.

2nd

Telegrams accepted for all Telegraph Stations in the World

STATION

TELEGRAM Nr.______ Class______ Words.______

Given in at______ the______ 191______ H.______ M.______ /m.

帥事甘暗不人陽
年此起力持奴璐
帥決發大維為耳
雲裁公書中足道

1621 1032 4814 3459 0007 0371 7196
1693 2933 6134 0601 2641 1672 4191
1621 2325 4014 1211 5218 2965 5481
6973 4425 0213 2830 0075 6151 6702

Recd

抄　凡　10

夔州府　八月初八日

THE IMPERIAL CHINESE TELEGRAPH ADMINISTRATION.

Telegrams accepted for all Telegraph Stations in the World

STATION

TELEGRAM Nr. 19 Class Words.

Given in at the 191 H. M. m.

臣湘丕發何兩操及言布勢殊蜀

電謂許意朱中計公有川案妨

大

兩附潮以楊氏貽典自入翻有

帥全風現之策乎曾鄂既再局

盛

寿股生領商善典六生今若全

接商致多更籌曾貽若法制聿

連对必無或更方午方之遂路

健人發反如君縱计之置維於

端方致盛宣懷電（一九一一年九月二十八日）

103

THE IMPERIAL CHINESE TELEGRAPH ADMINISTRATION.

Telegrams accepted for all Telegraph Stations in the World

STATION

TELEGRAM Nr. ________ Class ________ Words. ________

...en in at ________ the 19/96 191 ________ H. ________ M. ________ m.

9031 根 1957 李 5524 日 0318 虞

6614 梅 7720 湘 1986 一 5555 方

2158 隸 5554 於 2650 嘗 4618 念

1951 李 2107 雖 6882 未 1988 不

Seal

呈

本部右堂

八月初八日下午點刻分

承值所司員謹呈

關於調派施紀雲赴滬接辦川路駐滬辦事處之奏電及諭旨
（一九一一年九月二十九日）

八月初八日奉
旨趙爾巽電奏川省鐵路公司呈請電調湖北候補道施紀雲赴滬
接辦川路迅籌善後等語著照所請該部知道欽此
收四川總督致軍機處請代奏電 八月初七日
川省鐵路股款經滬莊虧倒百餘萬人情洶洶據該公司呈請
電奏調派湖北候補道施紀雲赴滬接辦川路駐滬辦事處

迅籌善後等情擬懇

恩俯准飭派以協羣情而維路政謹請代

奏粪叩陽

承值所司員謹呈

八月初八日

瑞澂致盛宣懷電（一九一一年九月二十九日）

武昌 八月初八日

THE IMPERIAL CHINESE TELEGRAPH ADMINISTRATION.

Telegrams accepted for all Telegraph Stations in the World

STATION

TELEGRAM Nr. 141/382 Class S Words.

Given in at Wuchang yu the 191 H. 8 M. 1150 am.

Peking

保因遲恐不慨除另外同賢極電
澂思涼電諒名未奏公迫若有
宮恙及了前曲莫外即與度何只
效粵速故公佩辦復澂未恙痢
盛電斥不夢承感應渴謝路尊患
虞未路多突請服達陳情知庵
懇求湘長唐所服詳先相可韜
鑒川鄂夜免允將電特病勞念

98

THE IMPERIAL CHINESE TELEGRAPH ADMINISTRATION.

Telegrams accepted for all Telegraph Stations in the World

STATION

TELEGRAM Nr.＿＿＿ Class＿＿＿ Words.＿＿＿

[Gi]ven in at＿＿＿ the＿＿＿ 14/191＿＿＿ H.＿＿＿ M.＿＿＿ /m.

務以狗共爲言苦焚
1670 1269 8861 1135 9724 7208 6930 4994

戒益風近陶極之憂
6777 5686 2378 8351 8966 4269 1198 3245

澂繁本費填電役代庚
4865 6450 1118 5554 9260 8942 2913 1263 2807

告正路復委來行殊澂
1867 4325 8277 2944 2358 1220 7533 4342 4865

real

郵傳部盛宣懷、吴鬱生、李經方、汪大燮等所上奏摺（附草稿）（一九一一年九月二十九日）

宣統三年八月初八日

奏

奏稿

壹件

宣統　年　月　日遞回

宣統　年　月　日奉

硃批

再川粵漢鐵路收歸國有款鉅工長必資借款此次所訂四國銀行合同係照張之洞原定之數皆在湘鄂境内而草合同内已允之荆宜枝路特令刪除留歸鄂省商辦騰出此款以抵鄂境幹路宜昌至夔州一段路工[極難工築]川粵兩省並未[illegible]借款初經會議因恐商辦各省不願退股則拒

款尤力故必先儘其附股而緩借外債今湘鄂
雖附股皆出自願張鳴岐來電粵商願領現銀
似皆
並謂不宜即指粵路以借外債川公司總理李
致啟口實
稷動來京面商欲求全領國家股票保守桑梓
前次
血本而屢次電商川督究應如何辦法復電初
則專指合同為不然繼則無暇計及路事其不

能即指川路借款更無待言此次奉
旨交議沈秉堃岑春煊先後所請全還現銀四川一
省如此粵湘鄂三省亦必連類而及現在會籌
總以符合歷次
上諭為宗旨仍當附股發銀二者兼籌各聽其便但
必須預備全數發銀一著以杜藉口且此次還

免為難

款擬請以各該公司所收之股分為應還之實數不能再問其支款則其所有虧耗倒帳實已一概認還惟其股分之外粵省尚有列收存息路餘溢水各雜款銀二百三十七萬餘兩張鳴岐來電已允剔除以抵虧耗其實股本以外本無再有認還之款川省王人文來電亦有列收

生息及雜收銀三百三十餘萬兩皆在股本之
外似與粵省無異論理既已全收發還股本則
此外列收列支皆不應問又粵股以前利息尚
有兩年未付按粵省招股章程商辦不成祇交
回原本銀不得計息又云不繳全股可另招接
受現在粵股第三批未繳故照章無從扣利又

聞四川租股以前利息亦係年年牽搭租户未
必到手然亦難保其不索補此兩項一出一入
各有五六百萬之鉅似祇可俟其續查再定准
駁但約計借款似須從寬預籌統而計之至少三千
萬兩方能應目前之急度支部郵傳部庫空如
洗除借款實無他法儻即以川粵鐵路明借外

債該會黨愈必藉口鼓惑臣部與度支部熟商
惟有暫不指明川粵鐵路但以郵傳部出名籠
統商借英金四百萬鎊仍照五釐九五扣
暫以京奉路餘利為實抵仍由度支部不拘何
省另指進項為虛抵得此鉅款雖川粵省均不停緩
願領國家股票皆索現銀亦不致臨時貽誤姻
國票
计借款五厘九五扣科合僅及五厘半比较每年应省商股六

有數成願領國票則騰出現款可以歸還張之
洞所借贖約之香港英鎊其粵省路工並可將
此款赴期接濟如蒙
俞允容臣部即與銀公司銀行等妥速籌議再行會
同度支部議訂合同請
旨辦理所有密籌借款收回商股情形理合附片密

陳伏乞
聖鑒謹
奏

郵傳部左侍郎汪

八月　日

署郵傳部左侍郎李

太子少保郵傳大臣盛

八月　日

郵傳部右侍郎吴

八月　日

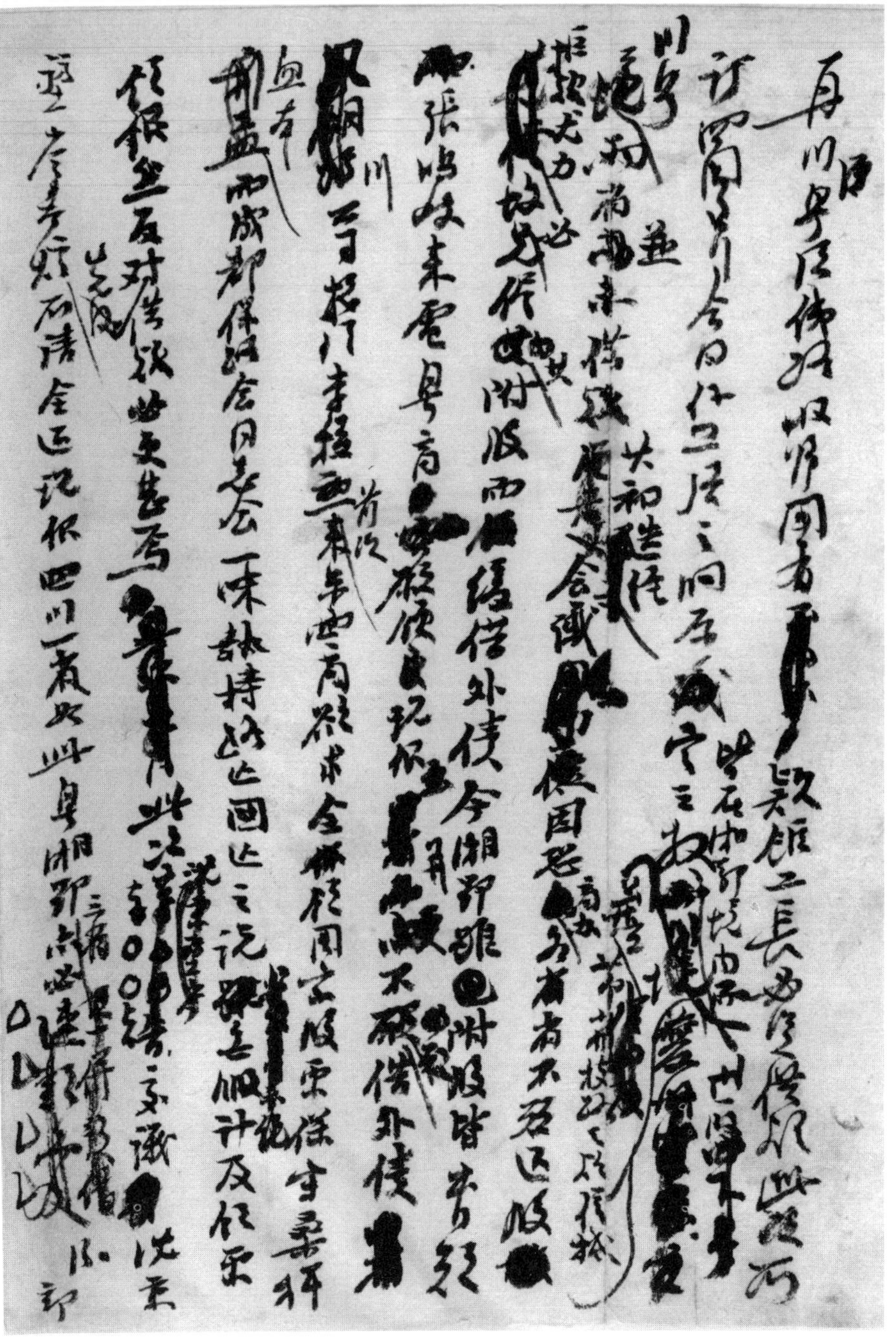

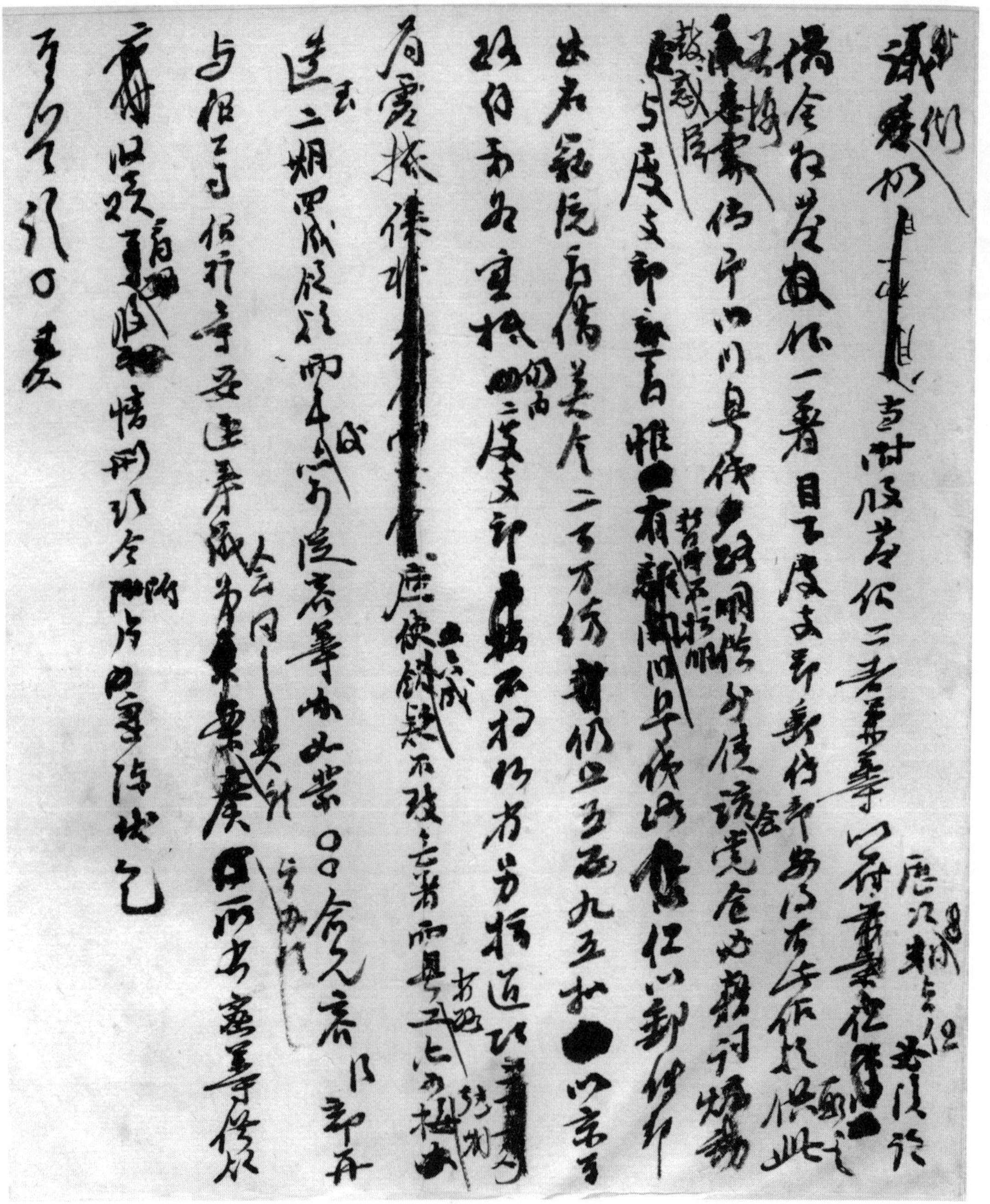

郵傳部盛宣懷、吳鬱生、李經方、汪大燮等所上奏摺（附草稿）（一九一一年九月二十九日）

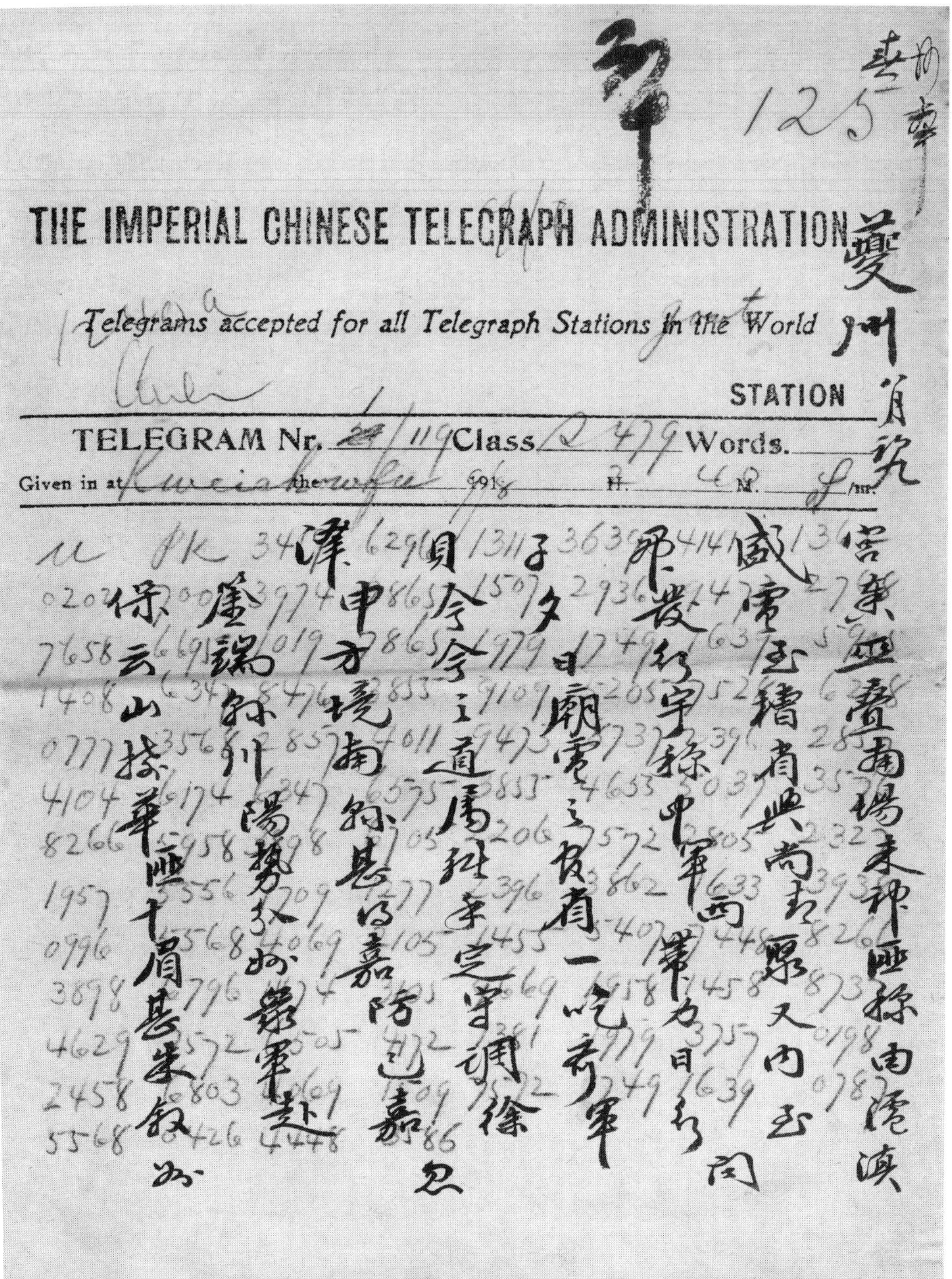
125

THE IMPERIAL CHINESE TELEGRAPH ADMINISTRATION

Telegrams accepted for all Telegraph Stations in the World

夔州有電 STATION

TELEGRAM Nr. 119 Class 2 479 Words.

Given in at Kweichowfu the 191 H. 40 M. 8 m.

宮保、並叠南場來稞匯稞由滬滇、
盛電悉。漕肴興尚未覆，又內志閔
眾裝行字稞中軍兩營，本日行
子夕日廟電之飭有一吃新軍
貝今令主道屬班來定字調徐忽
澤中方境南飾悬時嘉防邊嘉
釜瑞飾川陽勢孜如彙軍赴
保云山接華匯十眉甚集叙

端方致載澤、盛宣懷電（一九一一年九月二十九日）

125

THE IMPERIAL CHINESE TELEGRAPH ADMINISTRATION.

Telegrams accepted for all Telegraph Stations in the World

STATION

TELEGRAM Nr. ________ Class ________ Words. ________

Given in at ________ the ________ 191 ____ H. ____ M. ____ /m.

地原道江至省錄疊竄意徒城以
境向東綦海于謁蒼徒生匪
孫黠川至注省書以匪自生剿而
郭沒援已川赴各境剿屬要章軍
三出又軍球滲期當逆內了款夜
界匪壓毀道由鍾入扶都最少
交已彈絲汝綫日來集成大以
川方防軍相問二方亦擾中蓄內

125

THE IMPERIAL CHINESE TELEGRAPH ADMINISTRATION.

Telegrams accepted for all Telegraph Stations in the World

111

STATION

TELEGRAM Nr.________ Class________ Words.________

Given in at____________ the____________ 191________ H.________ M.________ /m.

金入經馬棧江鎮朱陽口赴嘉許
則近偪嘉匪沿岸肆軍已退嚴
竄動勢更亟下防敘府時飭防不
下震賊之第兩隊調調往雷波
江所閱敘瀘流不滿內嘉已江
沿為要嘉上順防次日赴新撫置
敬擇境查江舟斜歎程敘開機
支川川眉岷樑蹄方軍由彭事布

端方致載澤、盛宣懷電（一九一一年九月二十九日）

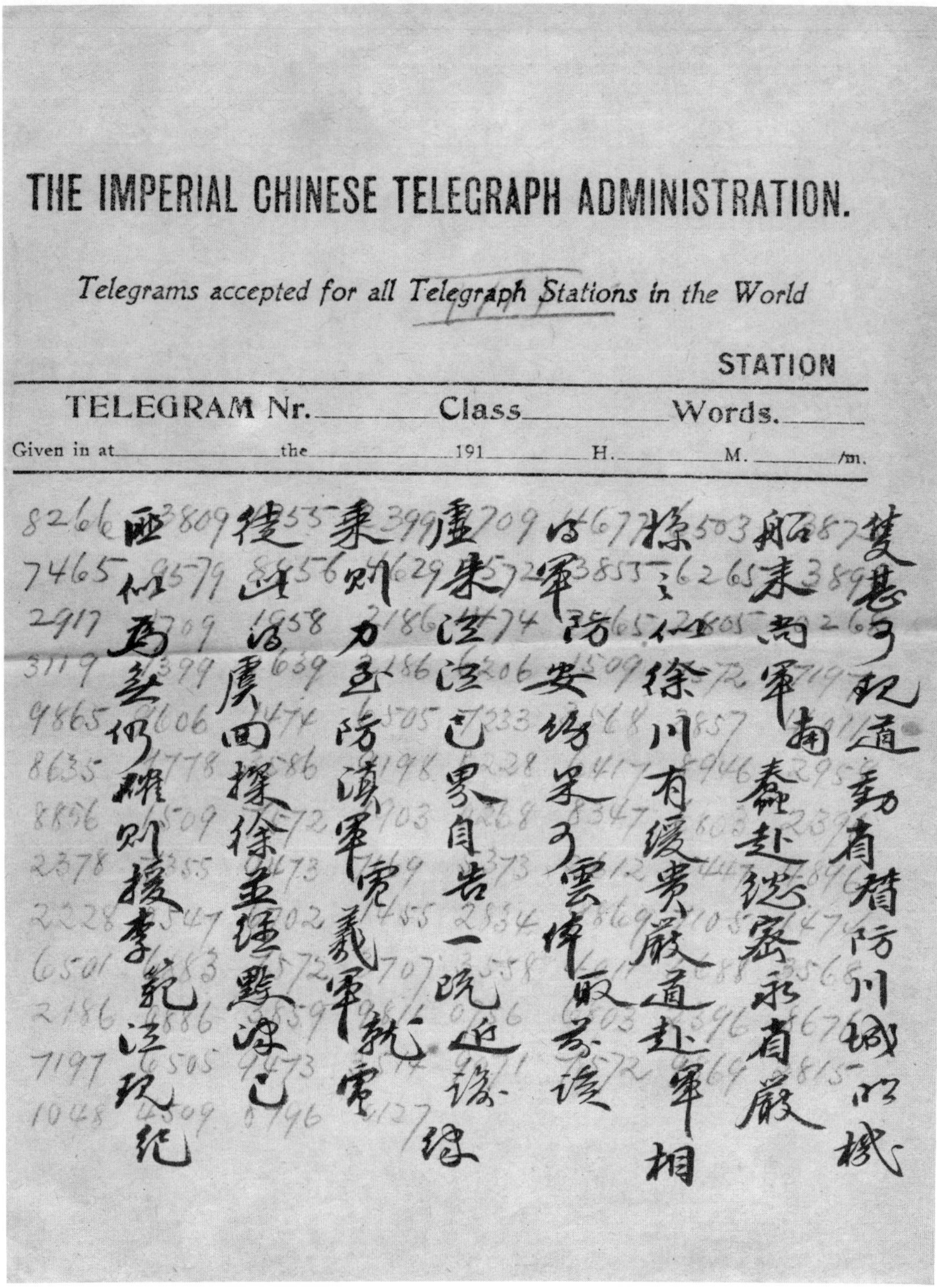

THE IMPERIAL CHINESE TELEGRAPH ADMINISTRATION.

Telegrams accepted for all Telegraph Stations in the World

STATION

TELEGRAM Nr.______ Class______ Words.______

Given in at______ the______ 191____ H.____ M.____ /m.

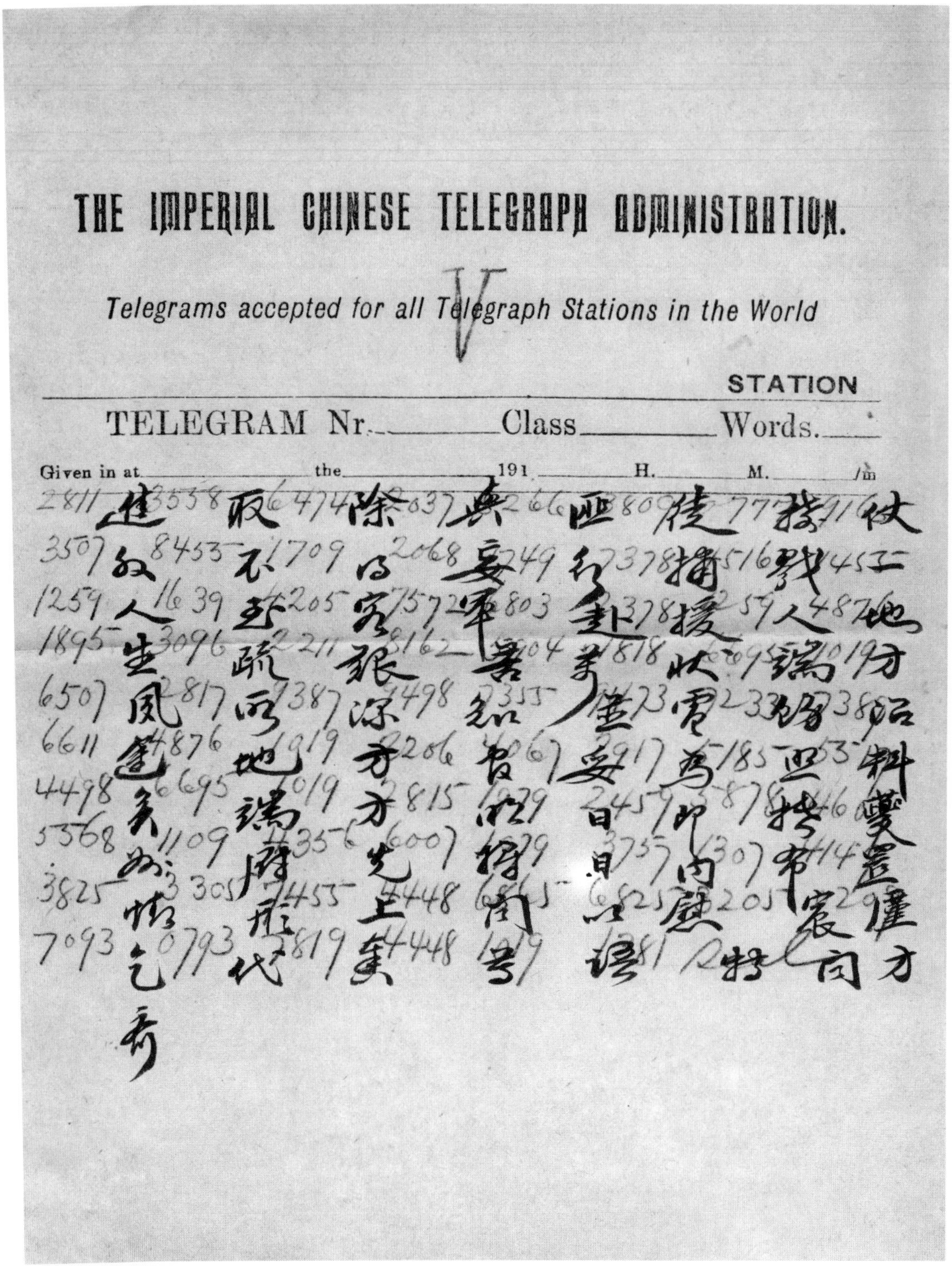

THE IMPERIAL CHINESE TELEGRAPH ADMINISTRATION.

V

Telegrams accepted for all Telegraph Stations in the World

STATION

TELEGRAM Nr. ______ Class ______ Words. ______

Given in at ______ the ______ 191 ______ H. ______ M. ______ /m

仗工地方沿料變置僅方
務戰人端館匹捲常宸向
徒捕援收電為叩內應特
匝行赴弟並要日自已語
兵宴軍需紹食糧糧開號
除以密銀深方方先上奏
取不赴疏而地端府飛代
進敘人生風遠矣如情乞奏

端方致盛宣懷電（一九一一年九月三十日）

密 12 夔州有密

THE IMPERIAL CHINESE TELEGRAPH ADMINISTRATION.

Telegrams accepted for all Telegraph Stations in the World

STATION

TELEGRAM Nr. 3/139 Class Words. 178

Given in at Kweichowfu the 10/8 191 H. 4 M. 2a /m

Peking

電遲入寧次抵可進見達至不

魚始險霆一日已必前接明備廷

健建危春過今早今逹迻逕朝

釜道經鮑走奉明督治不歡抗

保改山惟曾闔軍日境亦體反

宮次州至匯無鄙即川似全民數

盛此夔罕劉此州豫入者學川步

悉赴蹄軍外夔到自紳商是過

127

THE IMPERIAL CHINESE TELEGRAPH ADMINISTRATION.

Telegrams accepted for all Telegraph Stations in the World

STATION

TELEGRAM Nr. 3/139 Class ______ Words. ______

Given in at ______ the ______ 191 __ H. __ M. __ m

警(?)稿(?)八發部上咸部電
有奏初請交議肯及望
頫(?)電林奏旨部方交務
帶夕西此奉侯緒全復佳
一昨覽前已聞就奏議方
嘉詳詳聞成又事電何郵(?)
眉具公部十議路其若為
惟耗包到股速後行中示

Real

瑞澂致盛宣懷電（一九一一年九月三十日）

THE IMPERIAL CHINESE TELEGRAPH ADMINISTRATION.

Telegrams accepted for all Telegraph Stations in the World

STATION

TELEGRAM Nr. 2/342 Class ______ Words.

Given in at Wuchang the 9/8 191 ______ H. ______ M. ______ /m

齊林持商銀百大能進吏劃西
愚西堅一現勸以法為可收果
簽與仍要成諄意辦以法既林
保午意首十四其銀請他廷西
宮令刻辦還再又股奏無朝屬宗
其
盛達事主給澂回復所仍惟任此
計川不非可不議如澂言重挟
電論一股不折部否止逾撫林

武昌 八月初九日

THE IMPERIAL CHINESE TELEGRAPH ADMINISTRATION.

Telegrams accepted for all Telegraph Stations in the World

STATION

TELEGRAM Nr. ________ Class ________ Words. ______

Given in at ________ the ________ 191 ____ H. ____ M. ____ /m

以影為不既止為辭於均輸電復
反甚勁如林進量力則面商特速
足肆澂不西為節必准方電用裁
不驕有則聞奏各執照兩項決酌
亂之他之宜復請林旨林澂解商青
平人及危為部如西降西到為要澂
則川將林川大將敢此事顧屬包切
旨長響西入視則議趙川可公陳盼

手摺面上百足帖二分

國家内籌憲政、外顧國防、必須幹路早成、方足以利轉輸而
通邊圉、非規收路政、非專權統一、必致款成無期、本年四
月十一日、特降明諭、將全國幹路收歸國有、期於數年之内、
先將腹路造成、再及邊路、從前京奉京漢滬寧正太津浦
各路、成於
先朝、
世中均有借款、無損主權、即如京漢鐵路、初借比債、及期還款
註銷合同、毫無流弊、且歐美列邦、無不國債盛行、足以川漢粵
吳劍業
漢兩路、張之洞以爲辦難成、奏准借款、並不以路抵押、工程司亦
由我自募、利權皆自我操、復因宜夔工艱費鉅、不得不一律借資

併造、與等妥領、朝廷今詢謀合同、然後審定宣佈、現在滇桂西藏緣
海烟瘴各路、皆因商辦無效、請歸官辦、在國家惟力是視、官
辦商辦、本無二致、但國有之利、為國人全體所共受、私有之利、為個
人一股所專收、其在法律、僅以官建私建為別、朝廷不過執其行鐵路政
政權之權、其實國有之利、仍溥於公、國中外所共知也、現在政策改定、
全出惟行、惟念各該路從前原為商辦、若不許私股附入、將
失路利民溥之本意、前以各省股款、募法不同、用途各異、因
於還本付息、畧示區別、今再博采衆論、飭部覆議、茲接奉
稱、諭四五月二十一日諭旨、公司股票、照數驗明、收回、特出國家

鉄路股票、其願附股者、仍准照相當辦法、一律派利分紅、以免向隅、其願領現銀者、仍准照粵省先發六成現銀、其餘四成、皆給保利股票、加蓋戳記、註明此項願取現銀、限於一年以三個月內、至該省路局掛號、准於掛號後一年為期、即發還現款、並可作為有價證券、於此兩年之內、隨時可持赴大清交通銀行、抵押現款、等語、應准照行、似此附股與不附股、生息可擇便、保本、並於保利息年虧損、朝廷於已定政策一再變通、無非俯順輿情、曲加體卹、當為天下所共諒、應即責成督辦大臣迅速查明、由部派員辦理、至國有鉄路詳細辦法、路律自有規

定、現距資政院開院日期已迫、著郵傳部趕前提辦、陸續
交由該院議決、以垂久遠而利進行、一俟明歲審計院成立、並將此
項用款、隨時交院審查、務使詳慎嚴密、將從前積弊一律掃
除、以副整理交通、一秉大公之至意、

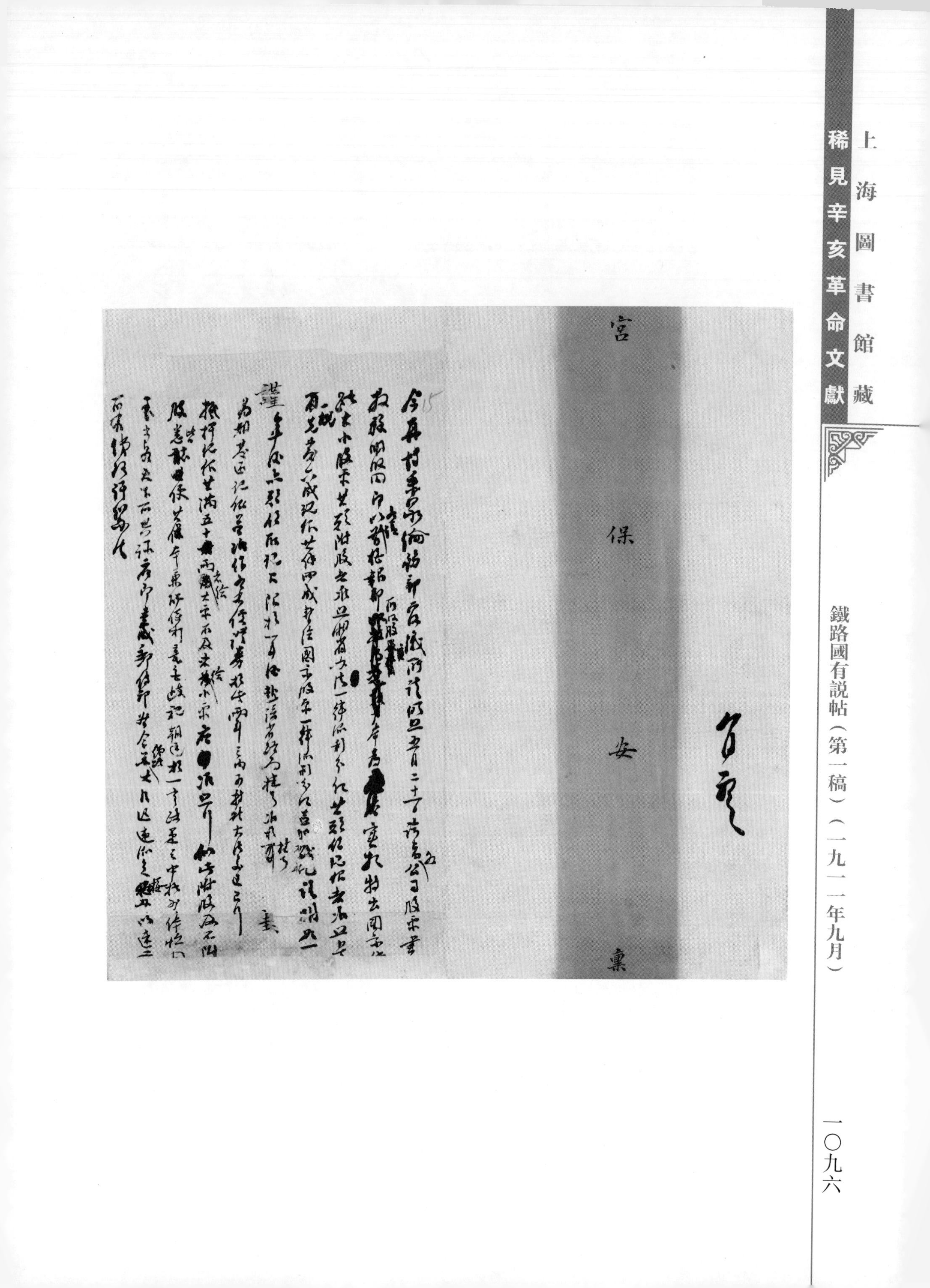

[illegible]

宮保安稟

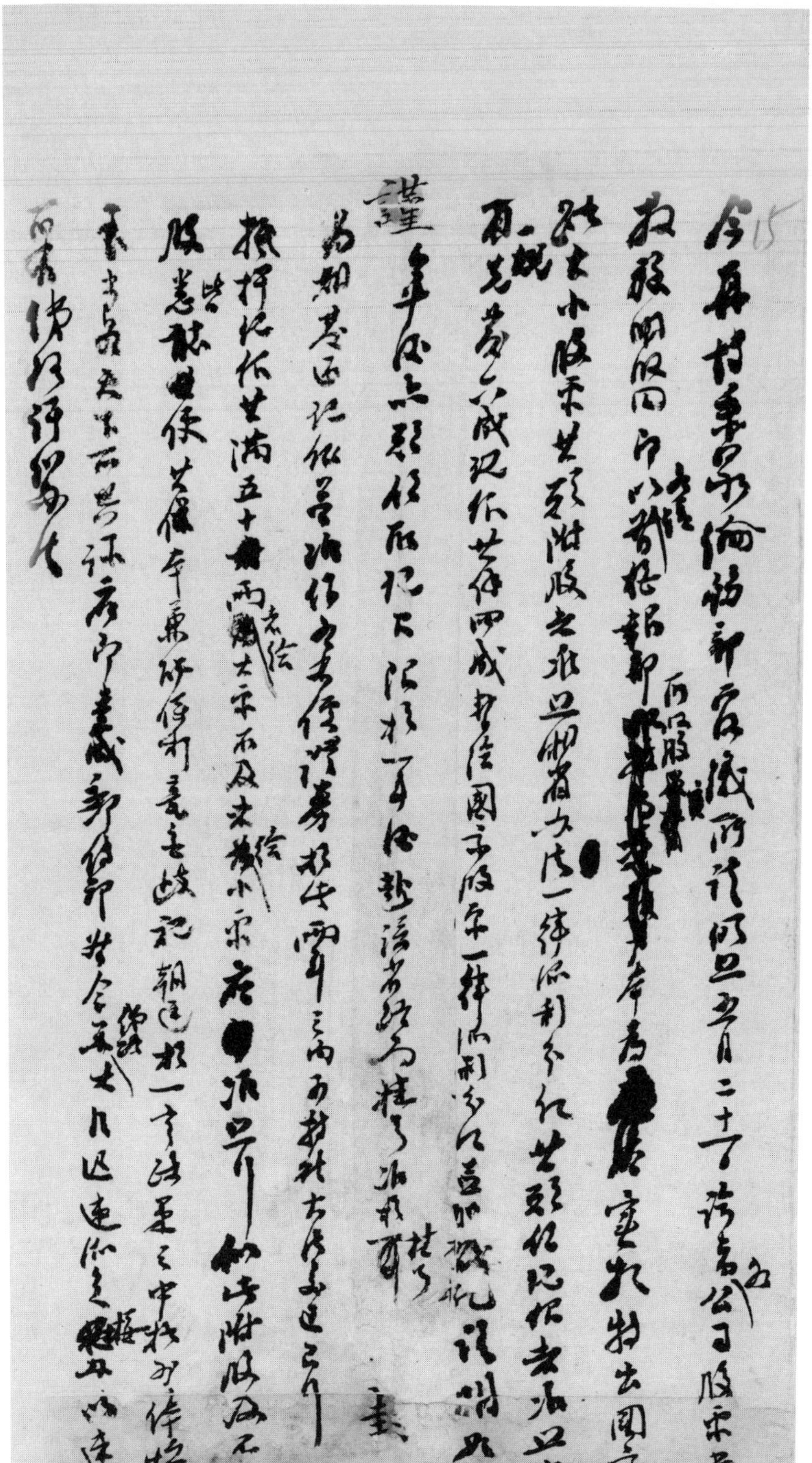

朝廷內籌憲政外顧國防必須幹路早成方足以利轉
輸而通邊圉惟規籌路政非事權統一不足以觀成
無期本年四月十一日特降明諭將全國幹路收歸
國有期於數年之內先將腹路造成再及邊路
祇因同時並舉度支難繼不能不借貸外債以
助其修歷辦者奉滬甯正太道清汴洛津浦各
路成於
先
朝皆屬借款建築路成之日主權我操無所爭執
即如京漢鐵路借之於比法國若及期還款註銷合

同毫無疑沮揆之歐美列邦國債在所恆有此次
川漢粵漢借款張之洞以商辦難成奏准借款合同並不
以路抵押工程司由我自募利權皆自我操復因宜
夔工艱費鉅亦不得不一律借資併造此等要領
朝廷詢謀僉同方始審定宣布現在滇桂西潼徐
海煙灘各路皆因商辦無效請歸官辦在國家惟
力是視官辦商辦本無二致但國有之利為國人全
體所同享私有之利為私人投貲者所獨享其
在法律僅以官建私建為別官不過執其鐵路行

政之權究之國有為利溥而公固中外所共知也現
今在國有政策既定若不許私股附入轉失路利公
溥之意前以各省股款募法不同用途各異因於
還本付息畧示區別今再博采衆論俯恤輿情
仍照五月二十一日諭旨無論購股抽指一律發給國
家鐵路保利股票常利照支六厘并准與官款一
律永遠按股分紅亦可分年抽本至存款之願否
領回及後來之陸續附股均各聽其自便所有詳
細辦法路律自有規定現距資政院開院日期已迫

著郵傳部將路律各編提前趕辦務於開院期內
陸續交由該院議決俟明歲審計院成立并將
此項用款隨時交院審查務使法意嚴密將從前
積弊一律掃除以副朕整理交通一秉大公之至意

建為別宜不過執其鉄路行政之權究之國有為
利溥而公固中外所共知也現在國有政策既定若
不許私股附入轉失路利公溥之意茲以各省股
欵募法不同用途各異因於還本付息畧示區
別今再博采眾論體恤輿情仍照五月二十一日
諭旨無論購股抽捐一律發給國家鉄路保利

朝廷內籌憲政外顧國防必須幹路早成方足以
利轉輸而通邊圉惟規籌路政非事權統一必致觀
成無期本年四月十一日特降明諭將全國幹路收歸
國有期於數年之內先將腹路造成再及邊路祇因
同時並舉度支難繼不能不借貸外債以助興修
歷溯京奉滬甯正太道清汴洛津浦各路成於
先朝皆屬借款建築路成之日主權我操無所爭執
即如京漢鐵路借之於比法者及期還款註銷合同
毫無疑阻揆之歐美列邦國債在所恆有此次川漢

粵漢張之洞以商辦難成奏准借款並不以路抵押工程司由我自募利權皆自我操復因宜夔工艱費鉅亦不得不一律借資併造此等要領朝廷詢謀僉同方始審定宣布現在滇桂西潼徐海煙濰各路皆因商辦無效請歸官辦在國家惟力是視官辦商辦本無二致但國有之利為國人全體所共受私有之利為私人投貲者所專守其在法律僅以官建私建為别官不過執其鉄路行政之權其實國有為利溥而公固中外所共知也現今

國有政策既定若不許私股附入轉失路利公溥之
意前以各省股欵募法不同用途各異因於還本
付息畧示區别昨據湖南京官奏請明降諭旨今擬一律體恤商情仍照
五月二十一日諭旨無論贈股抽指一律均發給國家
鉄路保利股票常利照支六釐并准與官款一
律永遠握股分紅並有分年抽本並格款嗣後商民並准陸續附股他省之願程
自可准其一律照以昭持平
領兩省後來之陸續附股均各聽其自便所有詳
細辦法路律自有規定現距資政院開院日期
已迫着郵傳部將路律各編提前趕辦務於開

院期内陸續交由該院議決一俟明歲審計院成立并將此項用款隨時以布周知務使法意嚴密將從前積弊一律掃除以副朕整理交通一秉

大公之至意

上海圖書館　編

國家出版基金項目
NATIONAL PUBLICATION FOUNDATION

上海圖書館藏
稀見辛亥革命文獻

三

上海科學技術文獻出版社

1)

奏為遵

旨議覆事七月二十七日奉

旨沈秉堃電奏川省變亂請飭郵傳部分備銀兩散還零星民股其川路虧倒股本并飭部墊認按股散還追繳歸款等語著郵傳部速議具奏欽此二十九日又奉

旨岑春煊電奏悉所陳川省路股辦法尚得要領與

朝廷前次諭旨亦相符合其中詳細條目著郵傳

部速議具奏欽此先後由内閣鈔交前來仰見
聖明維持路政有加無已之至意欽服莫名竊查四
月十一日
諭旨幹路均歸國有定為政策昭示天下實緣各該
省鐵路歷年商辦成路無期因路抽徵重滋民
困故停其雜捐即所以體恤民艱准其附股即
以示與民同利歷次會議奏陳辦法無非本此
宗旨於所有集股抽捐之款項定為欲附股者
任其投資所享利益與商辦無異欲領款者分

别遲早如數給還總不使股東已出資本有所
虧損而路工早成地方商民大沾便利較之股
削民膏虜歸中飽路成無日得失易明且張之
洞原奏美國贖约應還金元小票以及香港所
借英鎊兩大銀（鉅）款皆為商股所認繳者今則皆為
國家所代還而川省至艱至大之工程民（商）辦數十年
費十萬萬亦所難成必致無利可收者今則皆為
國家所擔負竊料四省商民應如何感激
皇仁額忭鼓舞乃此政策發布以来凡明白大體者

無不以為然而未悉內容者尚多誤會甚至川
因同志会未經揭破之前屢經部電川督[illegible]查禁並面告王人文剴切以合同宣布 該会 諸君
省匪徒藉端煽亂[illegible]上煩
□於地方該紳士無不解說以[illegible]
聖慮叶諭伏念川粵漢為東南一大幹綫
朝廷為大局起見收歸國有但求速成並無排除民
股之見故仍准附股並聽自願今茲悉照沈秉
堃電奏散還零星民股岑春煊電奏一律給還
現銀各路法款項轇轕固可一旦廓清但於與
民同利之
旨既有未符且按之王世琪黃瑞麒甘大璋等先後

為各該省人民要求附股之意亦多不合籌維
至再惟有將辦法酌量變通格外體恤務使整
齊畫一俾附股者固有紅利可分領銀者亦有
常利可得一經自換給國家之後不特本無一文之失即利亦無一日之停庶足以昭大信
皇仁而釋羣疑查各省商辦籌款其途有二如湖南
之米捐鹽捐湖北之賑糶捐係量假官力籌措
而得者如四省之商股及四川湖南之租股係
純由商民集合而成兩項性質既殊辦法即應
區別今擬凡各省抽捐所得項下悉遵七月二

十日

諭旨特從湘紳之請一律換給有利股票專留爲各

該省辦理公益實業之需其廣東商股一千四

百四十萬兩四川商股二百六十萬兩租股九

百五十餘萬兩湖南商股一百五十萬兩租股

九十萬兩湖北川漢商股四十八萬兩粵漢商

股三十四萬兩已據各該督撫咨報實數到部

四省合計實收股銀一千九百餘萬兩當有股

票根簿爲憑除川省現存之款七百餘萬兩前

已奉

旨願否入股或歸本省興辦實業仍聽其便今當剔

除在外鄂不過問其餘四省私股皆執有公司

股票既有曾報告總數計當以實收之數為

為憑毋庸再查支款數目以免煩瑣如有情願

附股者仍准原收股款給發保利股票分紅

分利如不願附股者仍遵照五月二十一日

諭旨一律實發六成現銀其餘四成原擬換給國家

鐵路無利股票者准其改給保利股票准一

律分紅並於票上加蓋戳記註明如願領銀照
於三年後收抽籤辦法分作三年攤還並准作
為有價證券隨時可赴大清交通銀行抵押惟
各該省商辦股票散之於外府州縣粵省股票
且多散之於南洋各島輾轉查核挂號分別往
返需時擬請自此次奉
旨之日起飭令各該省督撫會同督辦大臣印行出
示曉諭凡持有商辦股票者准赴各省路局清
理股票處挂號計核對票根彙齊票數約須數

月方能竣事俟届時到局支取現銀並換領保

利股票如此變通酌劑實與歷次准商附股聽

其自願以及給還股本總不使有絲毫虧損以

失信吾民之

[illegible]

諭旨仍本屬相符各股東益曉然於

[illegible]

朝廷公溥之用心不復以歧視為藉口如蒙

俞允應請

[illegible]

明降諭旨以便飭遵再以上所擬各辦法係由郵傳

部與度支部會同商議意見相符合併聲明所

有遵

[illegible]

旨議覆緣由理合恭摺具陳伏乞

皇上聖鑒訓示謹

奏

奏為遵
旨議覆事七月二十七日奉
旨沈秉堃電奏川省變亂請飭郵傳部分備銀两散
還零星民股其川路虧倒股本並飭部墊認按股
散還追繳歸款等語著郵傳部速議具奏欽此二
十九日又奉
旨岑春煊電奏悉所陳川省路股辦法尚得要領與
朝廷前次諭旨亦相符合其中詳細條目著郵傳

部速議具奏欽此先後由内閣鈔交前來仰見
聖明維持路政有加無已之至意欽服莫名竊查四
月十一日
諭旨幹路均歸國有定為政策昭示天下實緣各該
省鐵路歷年商辦成路無期因路抽收重滋民
困故停其雜捐即所以體恤民艱准其附股即
以示與民同利歷次會議奏陳辦法無非本此
宗旨於所有集股抽捐之款項定為欲附股共
任其換票所享利益與商辦無異欲領款共分

別遲早如數給還總不使股東已出資本有所
虧損兩路工早成地方商民大沾便利較之朘
削民膏屬歸中飽路成無日得失甚明且張之
洞原奏美國贖約應還金元小票以及香港所
借英鎊兩大鉅款均係商股所認繳者今則皆為
國家所代還川省至艱至大之工程觀成無日商辦無速成
之日徒以虛糜民間血汗金錢者今則皆為
國家所擔負四省商民應如何感激
皇仁歡忭鼓舞乃自政策發布以來凡明白大體者

無不以為然而未悉內容者尚多誤會甚至川
省匪徒藉端煽亂上煩
聖廑一再諮詢伏念川粵漢為東南一大幹綫
朝廷為大局起見收歸國有但求速成並無排除民
股之見故仍准附股並聽自願今為恤沈秉
堃電奏散還零星民股岑春煊電奏一律給還
現銀各辦法款項轇轕固可一旦廓清但核與
民因利之
旨既有未符且按之王世琪黃瑞麒甘大璋等先後

陳奏

為各該省人民要求附股之意亦多不合籌維
至再惟有將辦法酌量変通格外體恤務使整
齊畫一俾附股者固有紅利可分領銀者亦有
常利可得一經換給國票之後不特本項無一
文之失即利項亦無一日之停庶足以昭大信
而釋羣疑查各省商辦籌款其途有二如湖南
之米捐鹽捐湖北之振糶捐係量倚官力籌措
而得者如四省之商股及四川湖南之租股係
純由商民集合而成兩項性質既殊辦法即應

區別今擬凡各省抽捐所得項下悉遵七月二
十日
諭旨特從湘紳之請一律換給有利股票專留為各
該省辦理公益實業之需廣東商股一千四
百十萬兩四川商股二百六十萬兩租股九百
五十餘萬兩湖南商股一百五十萬兩租股九
十萬兩湖北川漢商股四十八萬兩粵漢商股
三十四萬兩已據各該督撫查報實數到部四
省合計實收股銀二千九百餘萬兩當有該公

司股票根簿為憑除川省現存之款七百餘萬
兩前已奉
旨願否入股或歸本省興辦實業仍聽其便今當剔
除在外由川省川紳另換本省實業或枝路股
票部不過問其餘四省私股計銀二千二百餘
萬兩即當以借款報告實收之總數為憑毋庸
再查支款詳細數目以免煩瑣如有情願附股
者仍遵
諭旨按照湘股給發國家鐵路股票一律分紅分利

如不願附股者仍遵五月廿二日
諭旨悉照粵股一律實發六成現銀其餘四成願擬
換給國家鐵路無利股票由六准改給國家
鐵路股票一律分紅分利並於票上加蓋戳記
註明如一年後願領現銀限於[illegible]年[illegible]月[illegible]該
省鐵路局掛號准於掛號後一年為期發還現
銀並准作為有價證券抵押此兩年之內隨時可
赴大清交通銀行抵押惟各該省商辦股票散
之於外府州縣粵省股票且多散之於南洋各

島輾轉查核挂號分別往返需時擬請自此次奉
旨之日起飭令各該省督撫會同督辦大臣即行出
示曉諭凡持有商辦股票者准赴各省路局清
理股票處挂號計核對票根彙齊票數約須數
月方能竣事俟届時到局支取現銀並換領
利股票如此變通酌劑實與歷次准商附股睦
其自願以及給還股本總不使有絲毫虧損以
失信吾民之
諭旨均屬相符其已准粵省領六成現銀其亦可准

其附股其已准湘省全給國路股票者亦可准
其領銀仍照此辦法為股東當益曉然於
朝廷公溥之用心不復以歧視為藉口再此次奉遵
旨議覆川路適張鳴岐有電來商粵事因即將川粵
漢各路法清摺詳細條目清單一併附陳如蒙
俞允應請
明降諭旨以便飭遵再以上所擬各辦法係由郵傳
部與度支部大臣會同商議意見相同合併聲明所
有旨

旨議覆緣由理合恭摺具陳伏乞

皇上聖鑒訓示謹

奏

奏爲遵
旨議覆事七月二十七日奉
旨沈秉堃電奏川省變亂請飭郵傳部分備銀兩散
還零星民股其川路虧倒股本並飭部塾認按股
散還追繳歸欵等語著郵傳部速議具奏欽此二
十九日又奉
旨岑春煊電奏悉所陳川省路股辦法尚得要領與
朝廷前次諭旨亦相符合其中詳細條目著郵傳

部速議具奏欽此先後由內閣鈔交前來仰見
聖明維持路政有加無已之至意欽服莫名竊查四
月十一日
諭旨幹路均歸國有定為政策昭示天下實緣各該
省鐵路歷年商辦成路無期因路抽收重滋民
困故停其雜捐即所以體恤民艱准其附股即
以示與民同利歷次會議奏陳辦法無非本此
宗旨於所有集股抽捐之款定為欲附股者任
其換票所享利益與商辦無異欲領款者分別

遲早如數給還總不使股東已出資本有所虧
損而路工早成地方商民大沾便利較之朘削
民膏屢歸中飽路成無日得失甚明且張之洞
原奏美國贖約應還金元小票以及香港所借
英鎊兩大鉅欵均係商股所認繳者今則皆為
國家所代還而川省至艱至大觀成無日之工程徒
以虛糜民閒血汗金錢者今則皆為
國家所擔負在四省商民應如何感激
皇仁歡忻鼓舞乃自政策發布以來凡明白大體者

無不謂然其未悉内容者動多誤會甚至川省
匪徒藉端煽亂以致上煩
宸廑一再諮詢伏念川粵漢為東南一大幹綫
朝廷為大局起見收歸國有但求速成並無排除民
股之見故仍准附股並聽自願今若悉照沈秉
堃電奏散還零星民股岑春煊電奏一律給還
現銀各辦法款項轇轕固可一旦廓清但於與
民同利之
旨既有未符且按之王世琪黃瑞麟甘大璋陳善同

等先後陳奏為各該省人民要求附股之意亦多不合籌維至再惟有將辦法酌量變通格外體恤務使整齊畫一俾附股者固有紅利可分領銀者亦有常利可得一經換給國票之後不特本項無一文之失即利項亦無一日之停以昭大信蓋各省商辦籌款具途有二如湖南之米捐鹽捐湖北之振糶捐四川之土藥鹽茶燈捐土釐係量假官力籌措而得如四省之商股及四川湖南之租股係由商民集合而成兩項

性質既殊辦法即應區別今擬凡各省抽捐所
得項下悉遵七月二十日
諭旨特從湘紳所請一律換給有利股票專留為各
該省辦理公益實業之需查護川督王人文五
月二十日來電實收租股九百五十餘萬官民
購股二百六十餘萬土藥鹽茶商一百二十餘
萬兩此外尚有生息及雜收三百三十餘萬兩
且收支之中尚有重複糾葛非合各處帳冊檔
卷互證參稽斷難確定等語粵督張鳴岐七月

二十日來電公司帳目截至五月底總共收銀一千六百四十七萬餘兩前電只請照股款一千四百十萬兩實已剔除雜收二百三十七萬餘兩所有虛糜各項以剔除之款彌補然六成現銀亦須八百四十萬其餘四成五百六十萬尚分年抽還等語湘撫楊文鼎來咨除米捐鹽捐之外實收商股一百五十萬兩租股九十餘萬兩湘京官會奏已請准作為私股願領國路股票湘撫余誠格來電湘路房股租股自應遵十

七日

諭旨換給股票惟商股一百五十萬未曾揭明如湘

商執五月二十一日

諭旨有湘路商股照本發還兩語明知路事有利願

退股者必不多然不能不儲款以待以免藉口

等語實則湘省房股租股亦可准其退股以歸

一律鄂督瑞澂來咨粵漢商股三十四萬餘兩

川漢商股四十八萬餘兩已據各該督撫查報

總數到部四省合計實收股銀二千

萬兩當（以為）各有公司股票根簿為憑除川省現存
之款七百餘萬兩前已奉
旨願否入股或歸本省興辦實業仍聽其便今當剔
除在外由川督川紳另換本省實業或枝路股
票或發還現銀部不過問要以收銷公司股票
為斷其餘四省私股計銀二千三百（四）餘萬兩即
當以督撫報告實收股本之總數並當覆按其
收股根簿為據毋庸再查支款詳細數目以免
煩瑣如有情願附股者仍遵

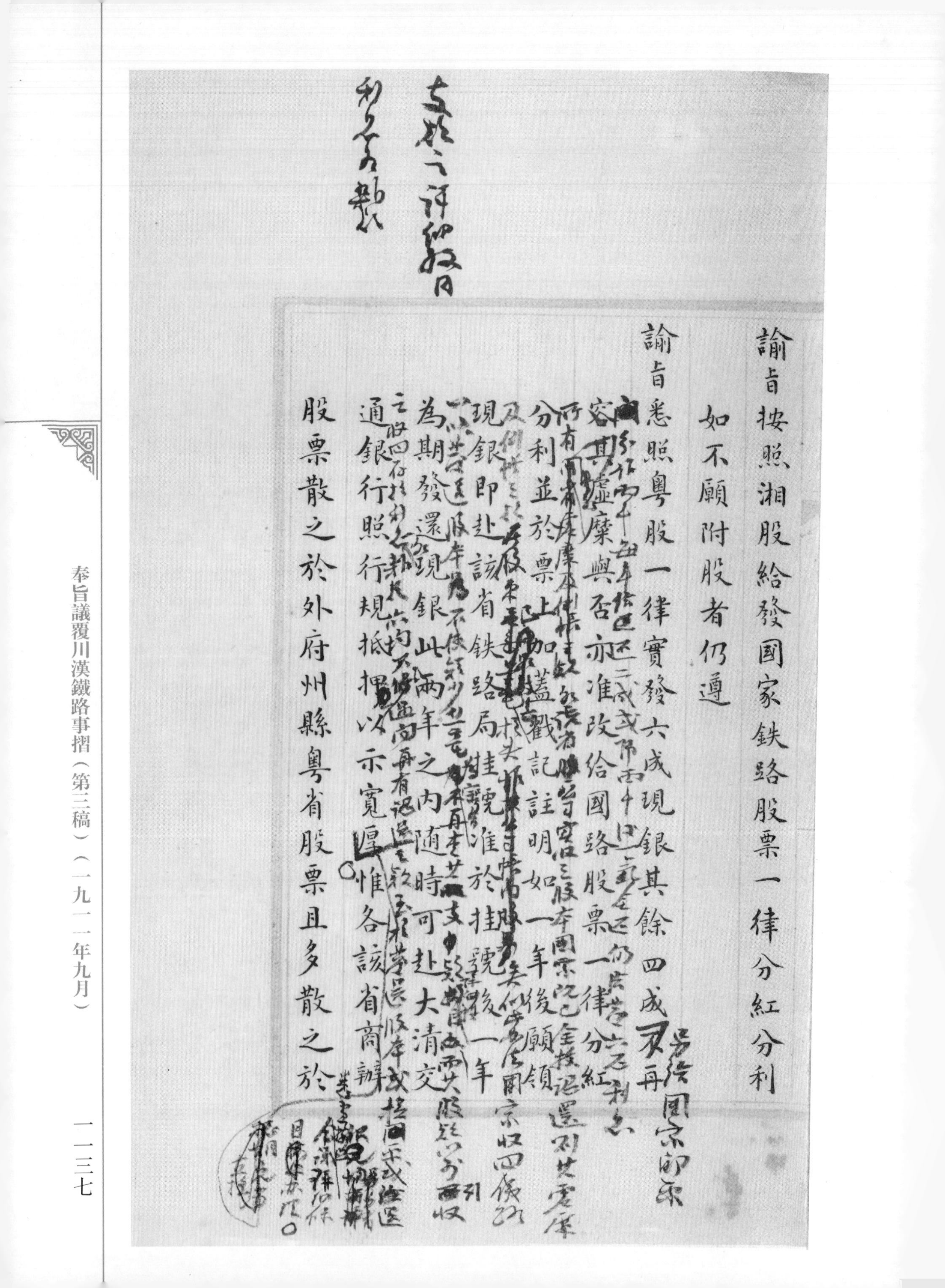

諭旨按照湘股給發國家鉄路股票一律分紅分利

如不願附股者仍遵

諭旨悉照粤股一律實發六成現銀其餘四成再

容其虛糜與否亦准改給國路股票一律分紅

分利並於票上加蓋戳記註明如一年後願領

現銀即赴該省鉄路局掛號准於掛號後一年

為期發還現銀此兩年之內隨時可赴大清交

通銀行照行規抵押以示寬厚惟各該省商辦

股票散之於外府州縣粤省股票且多散之於

南洋各島輾轉查核挂號分別往返需時擬請
旨飭令各該省督撫會同督辦大臣[illegible]行出
示曉諭凡持有商辦股票者准赴各省路局清
理股票處挂號計核對票根彙齊票數均須數
月方能竣事俟屆時到局支取現銀並換領國
路股票如此變通酌劑實與歷次准商附股聽
其自願以及給還股本總不使有絲毫虧損以
失信吾民之

諭旨均屬相符其已准粵省領六成現銀者亦可准
其附股其已准湘省全給國路股票者亦可准
其領銀似此辦法各股東當益曉然於
朝廷公溥之用心不復以歧視為藉口再此次本遵
旨議覆川路適張鳴岐等有電來商因即將川粵漢
各路辦法一併附陳如蒙
明降諭旨以便飭遵以上所擬各辦法係由郵傳
部度支部大臣會同商議意見相同合併聲

[illegible]

明所有遵
旨議覆緣由理合恭摺具陳伏乞
皇上聖鑒訓示謹
奏

右摺係銜之
擬稿

奏為遵
旨議覆事。七月二十七日奉
旨：沈秉堃電奏川省變亂，請飭郵傳部分備銀兩
數還各民股，其川路虧倒照章由部籌
認，按股發還，俟路歸款等語，著郵傳部速議具
奏。欽此。二十九日又奉
旨：岑春煊電奏所陳川省路股辦法尚屬妥協，與朝
廷前次諭旨亦相符合，其中詳細條目著郵傳部速
議具奏。欽此。先後由內閣鈔交前來。仰見
朝廷維持路政，曲加體恤之至意，恭讀之餘，莫名欽服。
竊查此次幹路收歸國有，實係應身當籌辦事

郵傳部

奉旨議覆川漢鐵路事摺（殘件之二）（一九一一年九月）

會議奏底

籌款一端，路成期因路抽租，已寬免，分信其難指。

即應以體恤民困，准其附股，即以示路利同民，故

應諭各該籍，詳於各省商籍之集股、抽捐所籌

款項，宜為抵附股，任其報股票，於享權利、與

商籍宜從豐給，發股款，其本分別情形，妥籌固

庶可總不使民間已出之股輕於虛籍之時特撥

頒撥，足固御禦。

朝廷德意，以示不乎。乃路策肇事以來，各省未悉

由來，動輒誤會，特以省治畛界，附有煩言，川省

國維且因之擾亂，除從疆吏電滬上煩

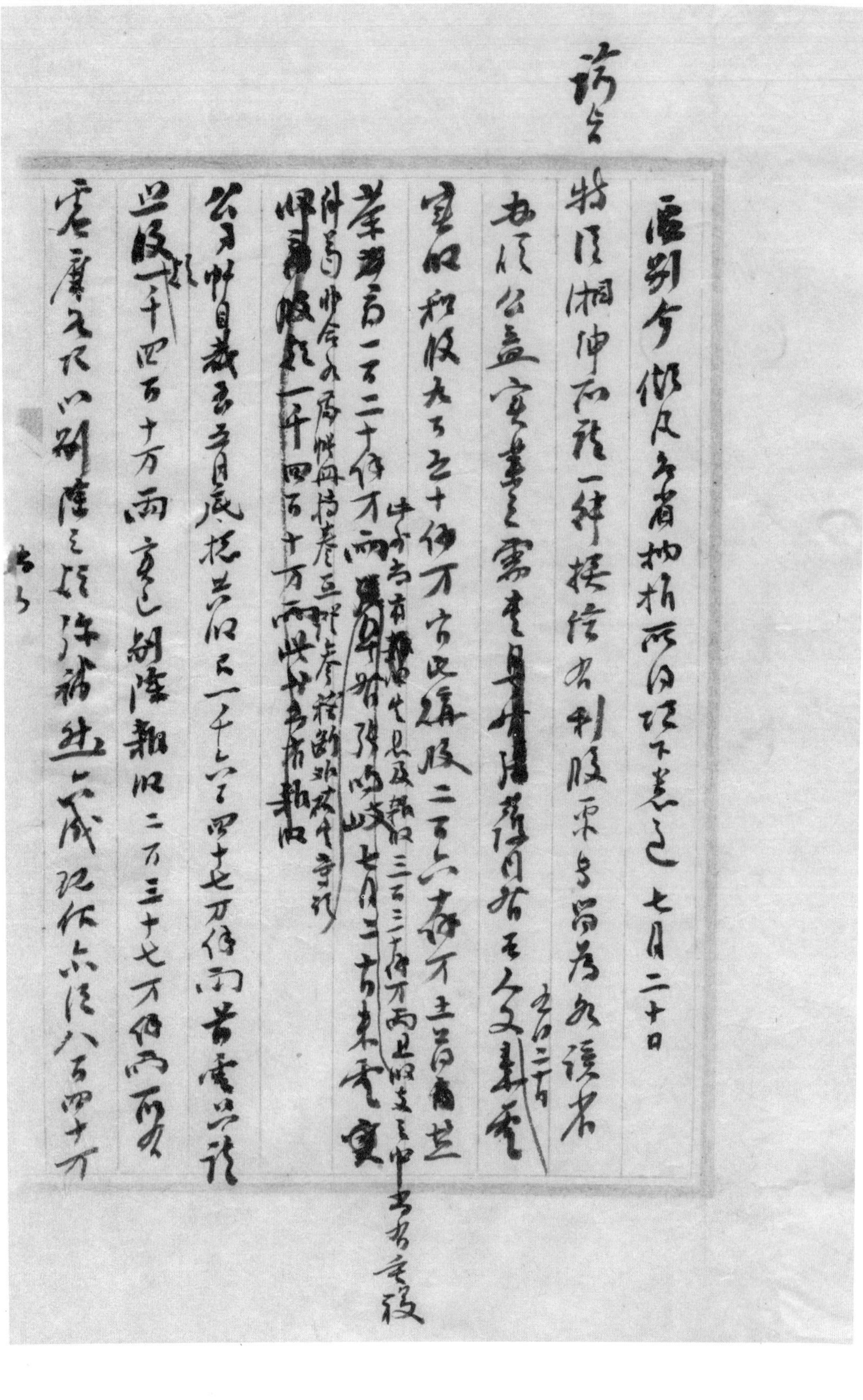

并四成之百六十万本年今年抽还事，谨[illegible]湘抚杨文鼎
来咨，除米捐盐捐之外，实有商股一百五十万两，湘路商股九十
万余两，湘省东南会馆已请作为私股，另认购国有股票，湘抚余诚格
来电，湘路商股私股尚自愿退还十七
请旨饬该抚将所有商股一百五十万来电拟明此湘抚商股自二十一万
请旨 有湘路商股四本发还，而湘明知路事者利，愿退股者当不多，实则湘省商股私股亦不能将此股一律退还
然不能不俟其以特别之办法 湘路
总来说只有川路商股三十四万余两 川路商股四十八万余两
已据各该督抚奏于报引部四省合计实
收路股三千一百万两以外

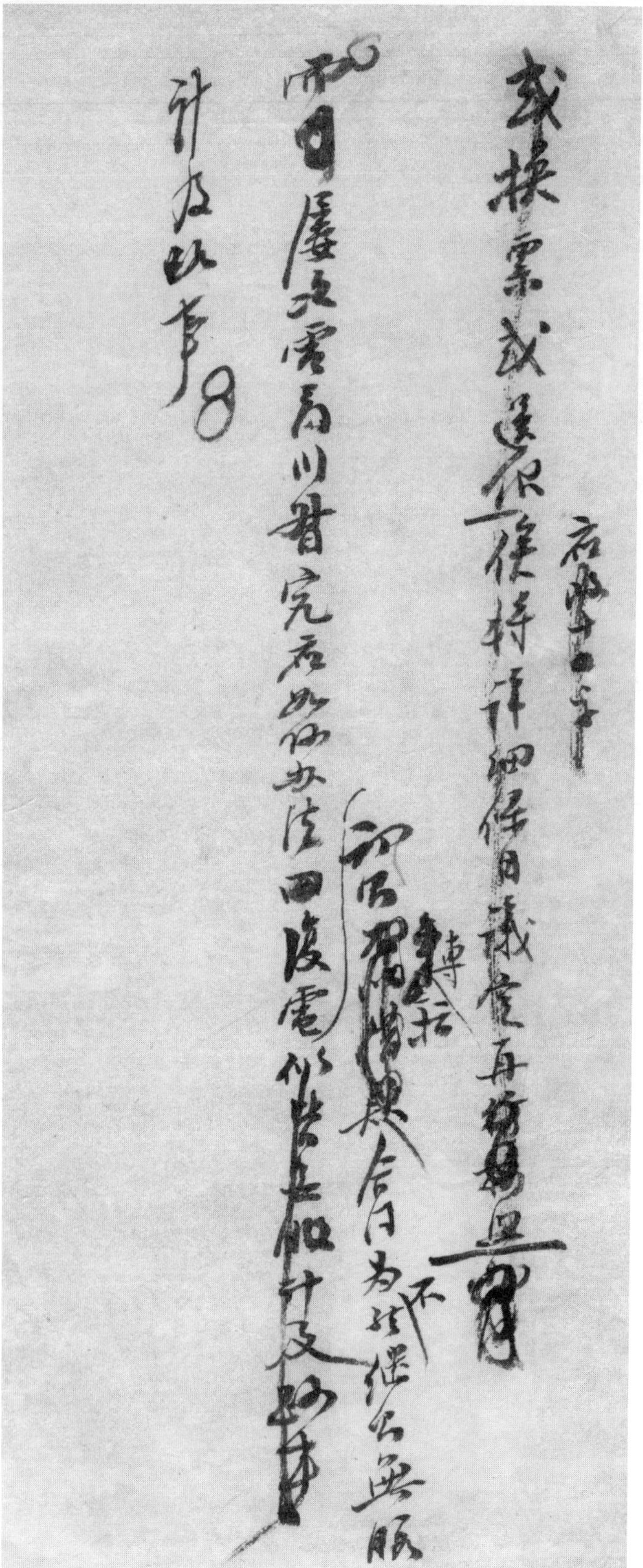

趙爾豐致内閣請代奏電（一九一一年十月一日）

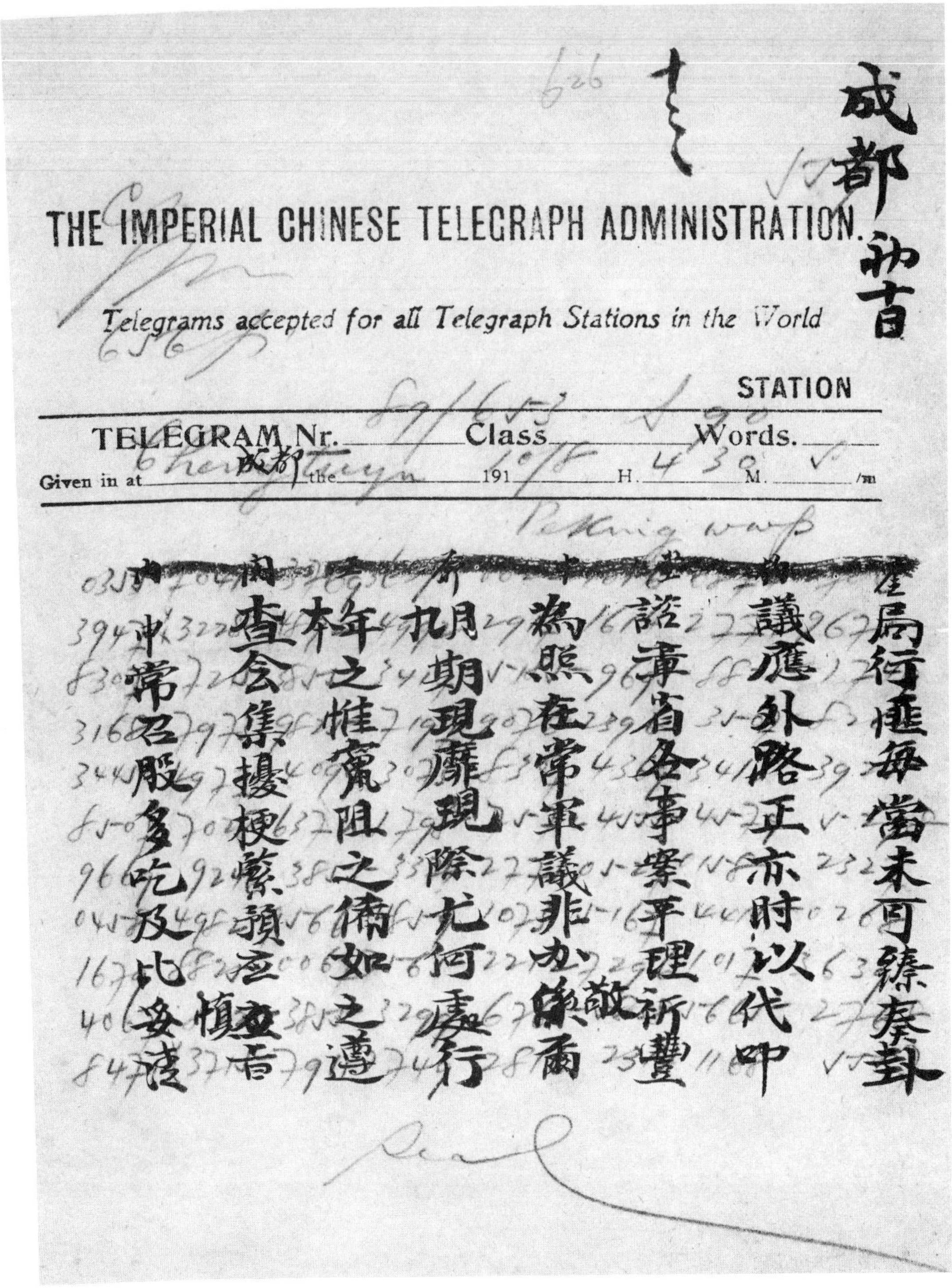

626

成都 初吉

THE IMPERIAL CHINESE TELEGRAPH ADMINISTRATION.

Telegrams accepted for all Telegraph Stations in the World

STATION

TELEGRAM Nr. Class Words.

Given in at 成都 Chengtuyn the 10/8 191 H. 4 30 M. /m

Peking

局行匯毋當未可縻奏封
議應外路正亦时以代叩
諮審省各事案平理祈豐
為照在常軍議非办緣爾敬
九月期現靡現際尤何處行
本年之帷竄阻之備如之遵
查会集據梗藍頒应查旨慎
中常召股多吃及比妥洼

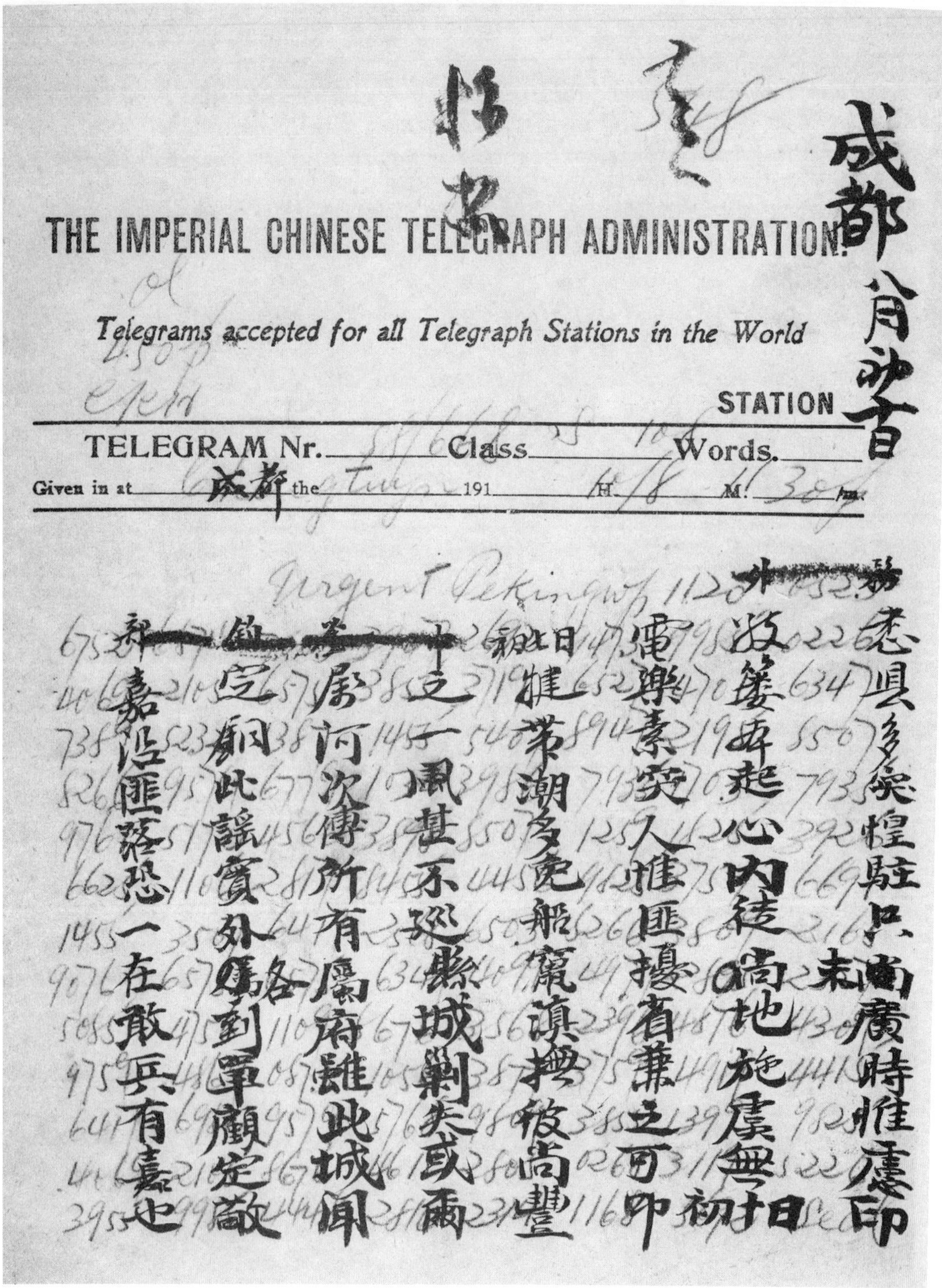

成都 八月初十日

THE IMPERIAL CHINESE TELEGRAPH ADMINISTRATION.

Telegrams accepted for all Telegraph Stations in the World

STATION

TELEGRAM Nr. ______ Class ______ Words ______

Given in at 成都 the ______ 191__ H. ______ M. ______

Urgent Peking

外務部

悉具多矣惶駐只尚廣時惟慮印

末

收簽并起心內徒尚地施虞無拍日

初

電樂素突人推匪據省兼之可印

初十日

推帶潮多竟船竄滇撫彼尚豐

之一風甚不巡縣城剿失或兩

扇河次傳所有屬府雖此城聞

迄銅此謠實外屬各到單顧定敵

嘉沿匪踞恐一在敢兵有嘉也

岑春煊致內閣請代奏電（一九一一年十月一日）

[illegible]

武昌省十萬

4899

THE IMPERIAL CHINESE TELEGRAPH ADMINISTRATION.

Telegrams accepted for all Telegraph Stations in the World

STATION

TELEGRAM Nr. ______ Class ______ Words. ______

Given in at 武昌 the ______ 191 ______ H. ______ M. ______ m.

Peking

鈞程熱致進使方鎮爾軍利有兩前奏
堂趙風驟前差端迎趙川勝所才[illegible]代
中滬受症雖去謂民見電獲語多亟乞
諭自感舊萬開澂商又通迭等黎鄂遵
王煊鄂血勢恩瑞府靜有約清軍到飭蒸
閣留抵咯其天暗變平各勝廓粵朱旨叩
內辰八動頓態昨抵方致少就調尚請煊
奎初觸委養[illegible]已地豐以期前營往春
煊

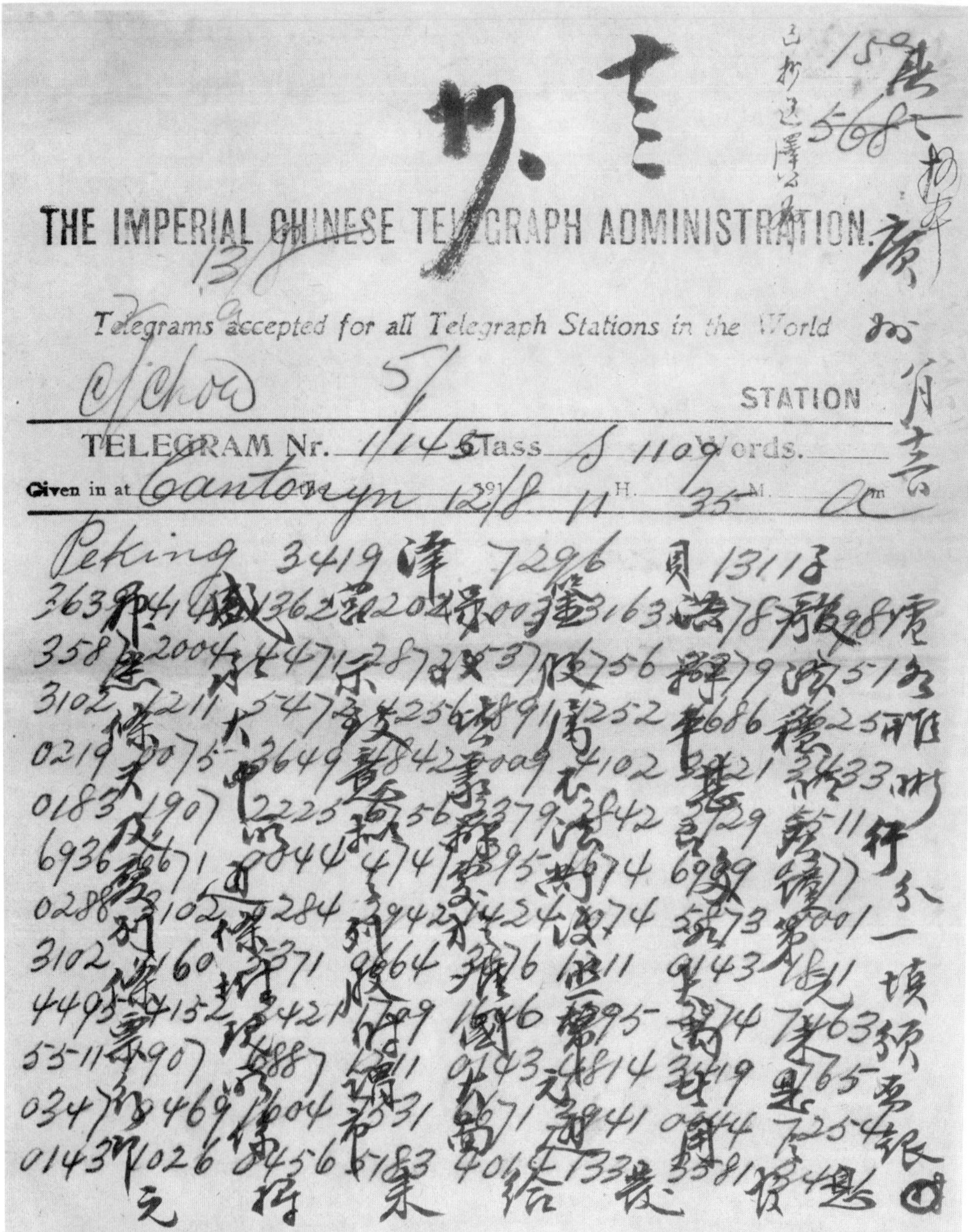
THE IMPERIAL CHINESE TELEGRAPH ADMINISTRATION.

Telegrams accepted for all Telegraph Stations in the World

STATION

TELEGRAM Nr. 1145 Class S 1109 Words.

Given in at Canton 191 H. M. m

Peking 3419 澤 7296 貝 1311 子

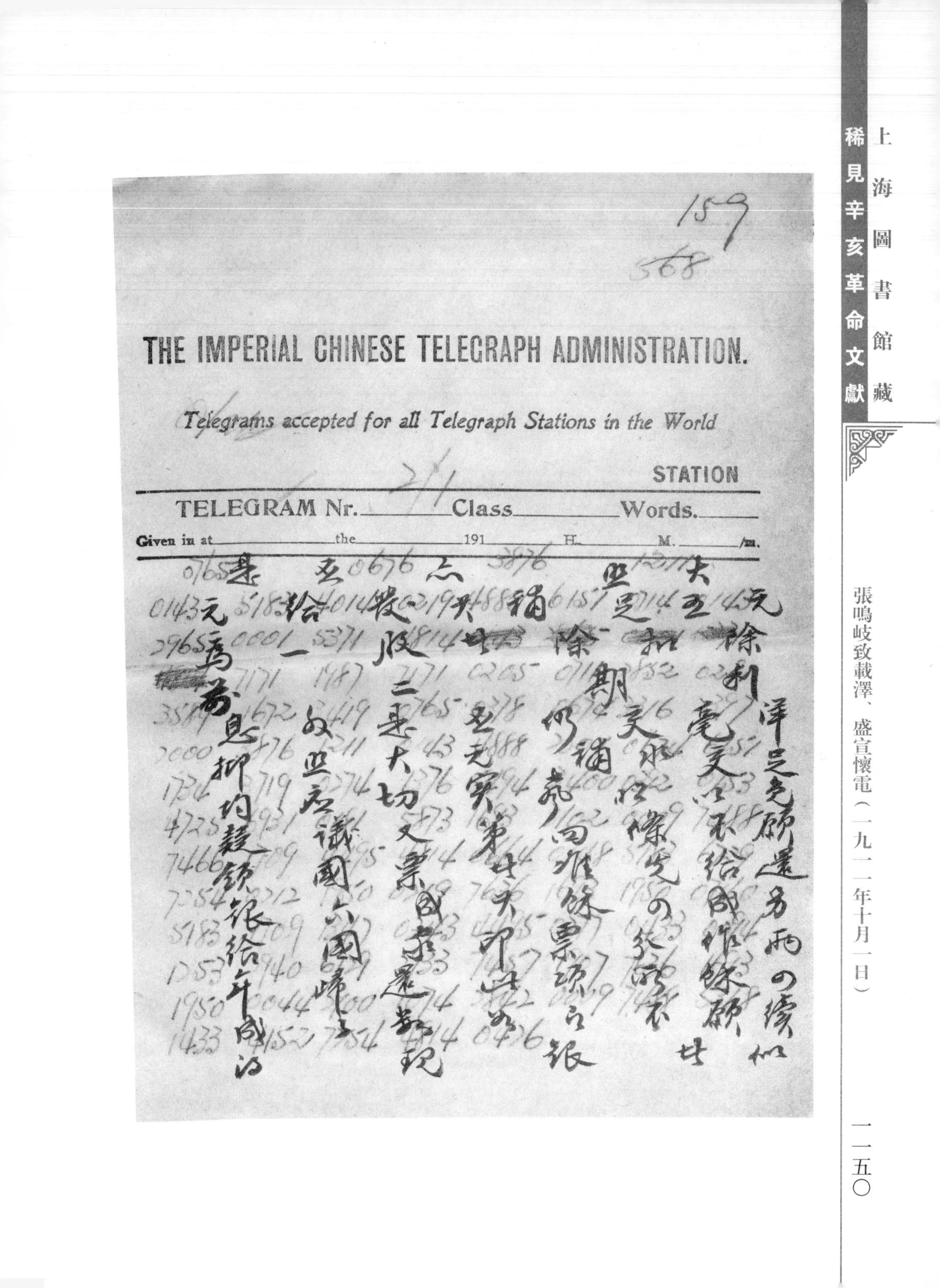

張鳴岐致載澤、盛宣懷電（一九一一年十月一日）

159

568

THE IMPERIAL CHINESE TELEGRAPH ADMINISTRATION.

Telegrams accepted for all Telegraph Stations in the World

STATION

TELEGRAM Nr.______ Class______ Words.______

Given in at______ the______ 191___ H.___ M.___ /m.

159
568

THE IMPERIAL CHINESE TELEGRAPH ADMINISTRATION.

Telegrams accepted for all Telegraph Stations in the World

STATION

TELEGRAM Nr.______ Class______ Words.______

Given in at______ the______ 191___ H.______ M.______ /m.

一條票大、正、下、銀、隨填宜一蓋一
一股紙填款照票派紳章。
天第一路票定定所定之數股分票式
也鐵國十十面各股收者票合
惟時求條之式票並收條部分必
股國五種票票各式七面同不
樹給第兩大小是按第為會理
應給填文小給給數時文收第辦

159

568

THE IMPERIAL CHINESE TELEGRAPH ADMINISTRATION.

Telegrams accepted for all Telegraph Stations in the World

(40)

STATION

TELEGRAM Nr.________Class________Words.______

Given in at________the________191____H.____M.____m.

如察公意且身任之函致沖
緣個內全恐節董所舉澤不瞭
事故而如得校紳國出公如董了
董結大之起查對肯合本紳式
董紳國水董别吾友多維办為擊
董飞相三生為东累印達使攻
二吾似应一様時收波生不詞之
為事實澤見看廬雯事剁又雯

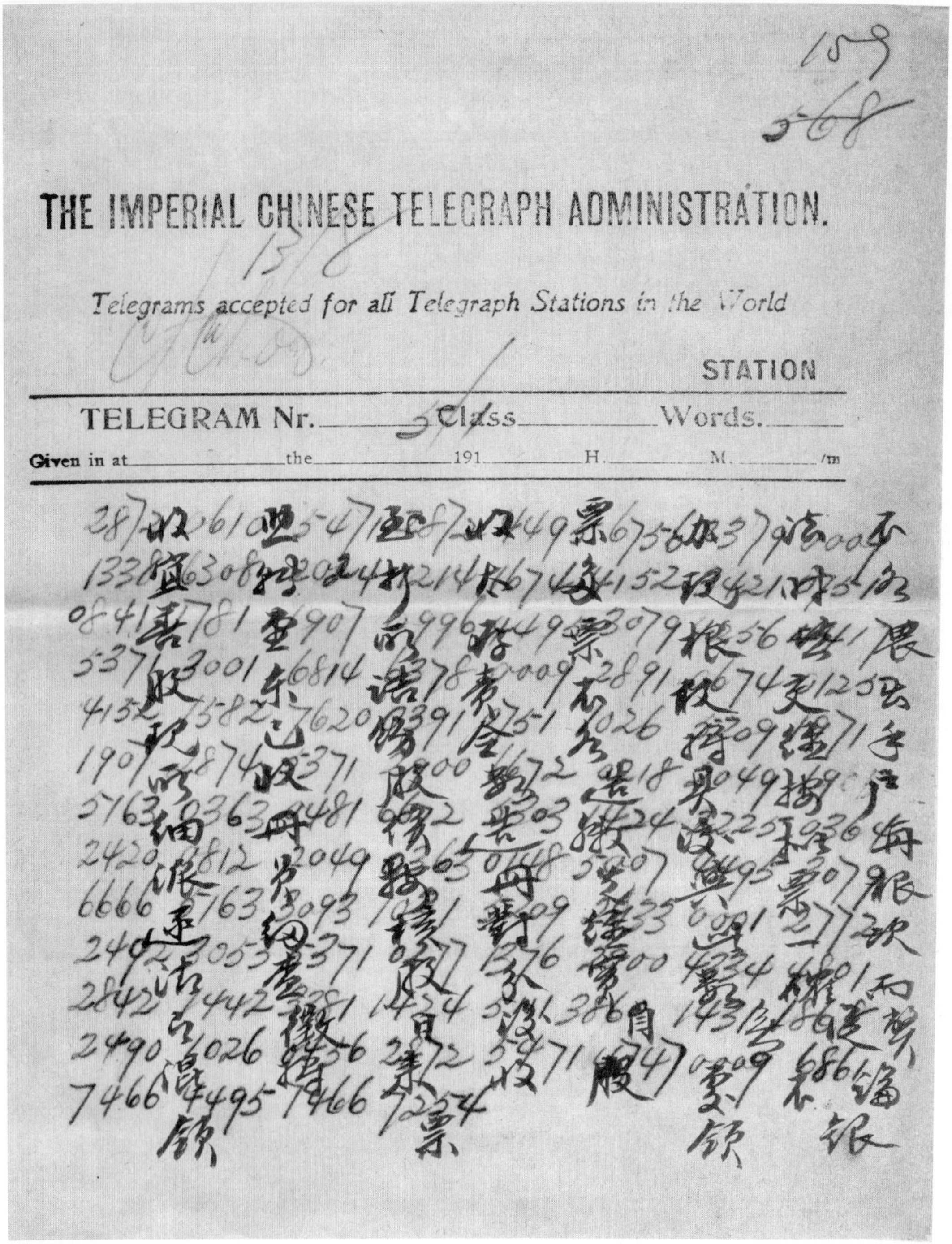

THE IMPERIAL CHINESE TELEGRAPH ADMINISTRATION.

Telegrams accepted for all Telegraph Stations in the World

STATION

TELEGRAM Nr. ________ Class ________ Words. ________

Given in at ________ the ________ 191 ____ H. ____ M. ____ /m

張鳴岐致載澤、盛宣懷電（一九一一年十月一日）

THE IMPERIAL CHINESE TELEGRAPH ADMINISTRATION.

Telegrams accepted for all Telegraph Stations in the World

STATION

TELEGRAM Nr.________ Class________ Words.________

Given in at________ the________ 191____ H.____ M.____ /m.

股
股辦兩赴如果抄發甚宜簡捷
股將掛一款根收周票華似六條
令發票、果人票將有股發期以為上
自股收派對令以東各股各
方安收給票查印銀股有股多以
期存發股查詢領路各收並華
早之繳兩收居相票　粵及省寬為
東票一角各果換惟局遠銷月

THE IMPERIAL CHINESE TELEGRAPH ADMINISTRATION.

Telegrams accepted for all Telegraph Stations in the World

STATION

TELEGRAM Nr. ________ Class ________ Words. ________

Given in at ________ the ________ 191 ________ H. ________ M. ________ m.

張鳴岐致載澤、盛宣懷電（一九一一年十月一日）

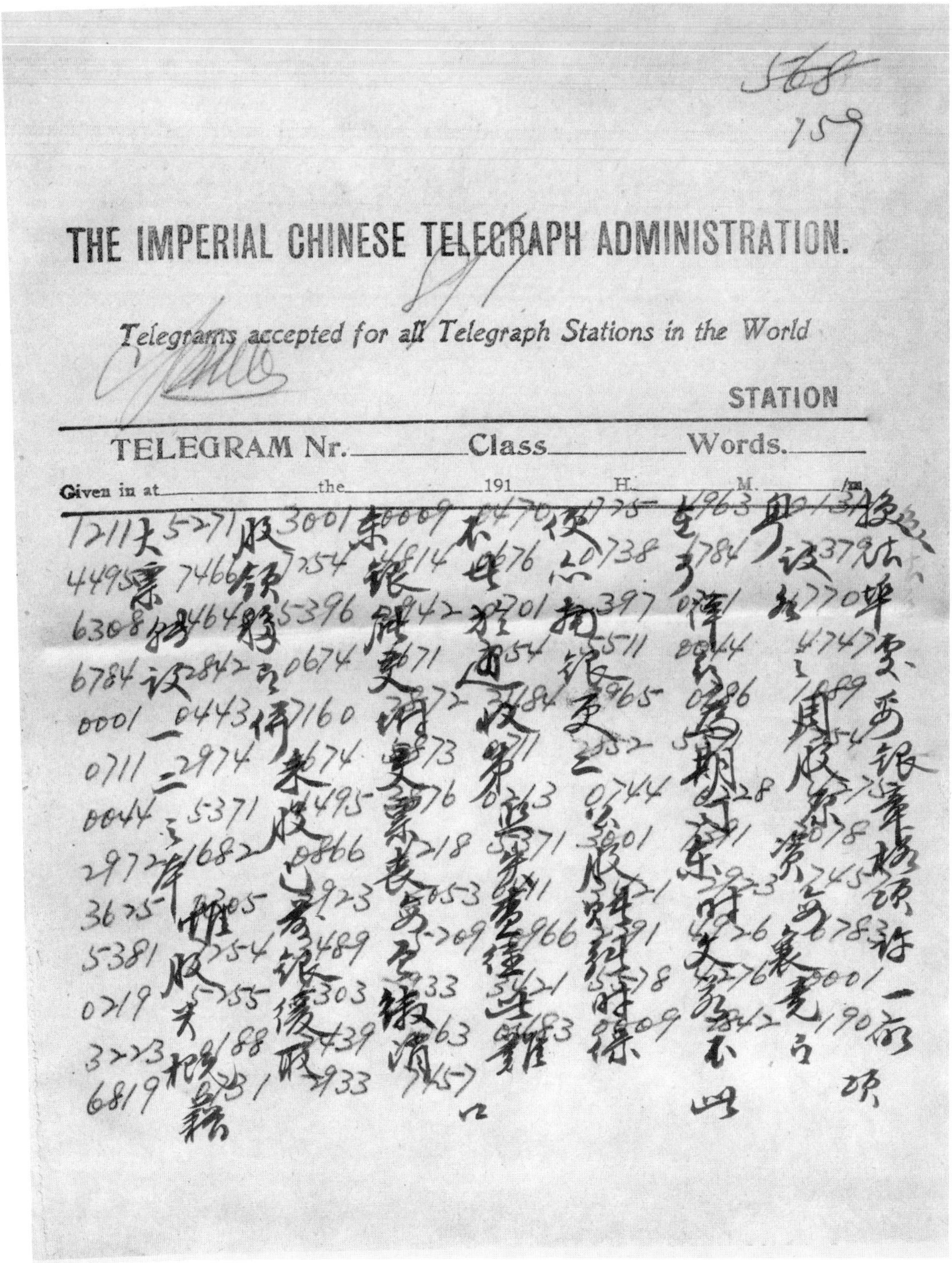

THE IMPERIAL CHINESE TELEGRAPH ADMINISTRATION.

Telegrams accepted for all Telegraph Stations in the World

STATION

TELEGRAM Nr.______ Class______ Words.______

Given in at______ the______ 191___ H.___ M.___

159

568

THE IMPERIAL CHINESE TELEGRAPH ADMINISTRATION.

Telegrams accepted for all Telegraph Stations in the World

STATION

TELEGRAM Nr.________ Class________ Words.________

Given in at________ the________ 191____ H.______ M.______

量國對重和平抵於事難爲
股百萬領去辦事派兩成路費華
期四收願股多路還第官收辦前
千內官埠收充屢經擬派同
一 淮展擬不肯爲定的會
一 查兩聽何作來時本與東洽司
第 那萬通生紅指銷理部法公
款十予票金三請買協大辦黎

張鳴岐致載澤、盛宣懷電（一九一一年十月一日）

159
568

THE IMPERIAL CHINESE TELEGRAPH ADMINISTRATION.

Telegrams accepted for all Telegraph Stations in the World

C/Chow

STATION

TELEGRAM Nr. 1011 Class _____ Words. _____

Given in at _____ the _____ 191 _____ H. _____ M. _____ /m.

張鳴岐致載澤、盛宣懷電（一九一一年十月一日）

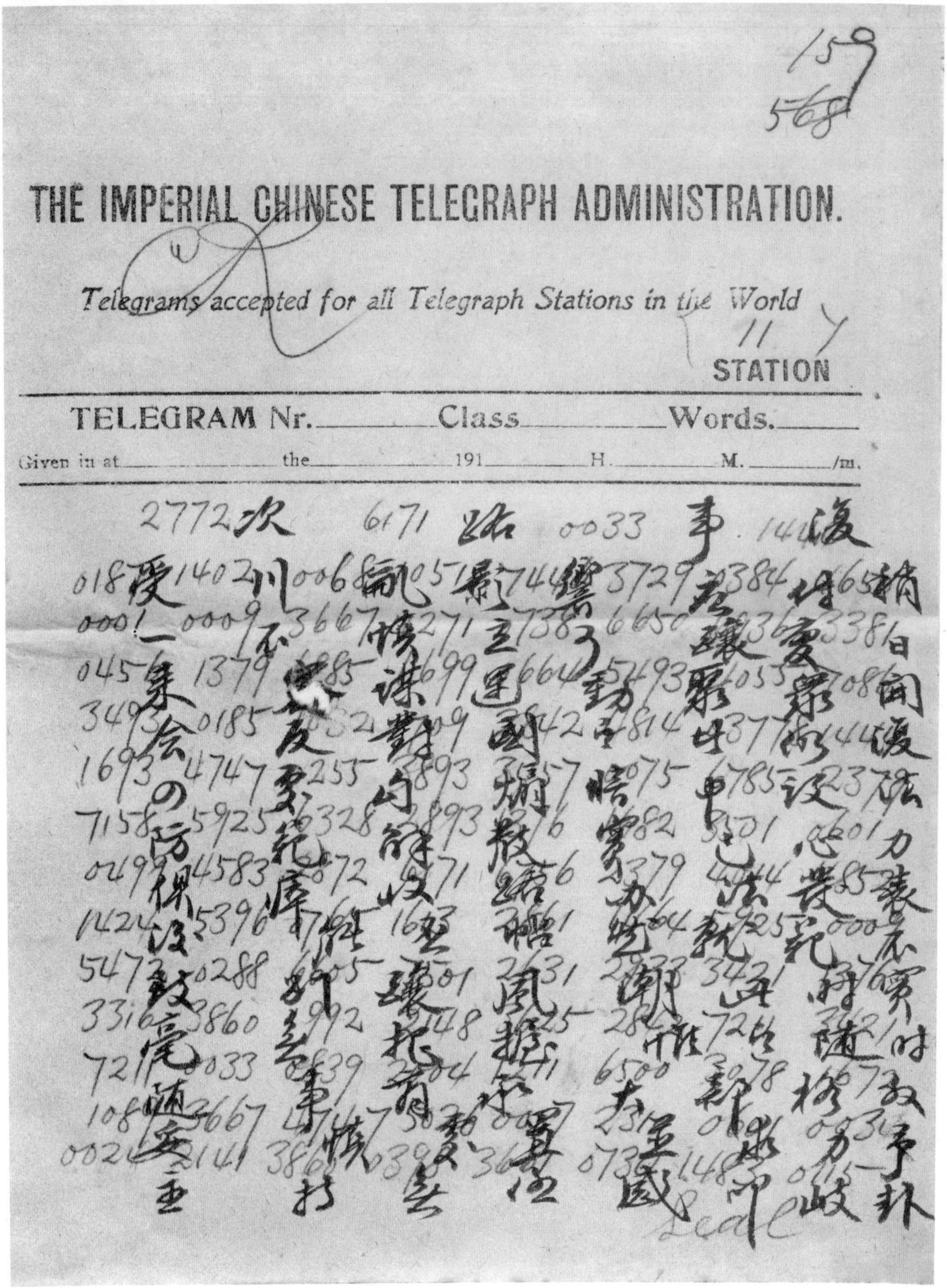

THE IMPERIAL CHINESE TELEGRAPH ADMINISTRATION.

Telegrams accepted for all Telegraph Stations in the World

STATION

TELEGRAM Nr.______ Class______ Words.______

Given in at______ the______ 191___ H.______ M.______ /m.

内閣致岑春煊電（一九一一年十月二日）

Forwd. from B O.

IMPERIAL CHINESE TELEGRAPHS.

PEKING STATION.

Station from
Time
Date
Clerk

Local No.

Local No.

190

Station to
Time
Date
Clerk

北京寄湖北

577

No. 13016 Words S 55 Date 11/8 Time m. 120 Rmks pchg

From Pekingwwp

Hankow

2232 探 2121 投 7030 閘 4972 鉄 0355 [illegible] 1684 廣 492 總
4206 [illegible] 1478 岑 6591 云 2081 奉 2812 旨 2100 岑 2835 春
4319 煊 7591 電 2091 奏 2961 抵 7064 鄂 425 感 15 受
7921 風 4423 熱 7292 觸 1633 動 5659 舊 527 症 6471 萬
7631 難 1243 前 6830 進 7311 請 7556 開 1592 去 2426 差
1831 使 0178 等語 2100 岑 2835 春 4319 煊 646 著 69 賞 [illegible]
1442 假 7213 調 4771 理 0891 暫 602 緩 629 赴 2202 川
3227 欽 4533 此 7549 閣 0151 十一日

Seal

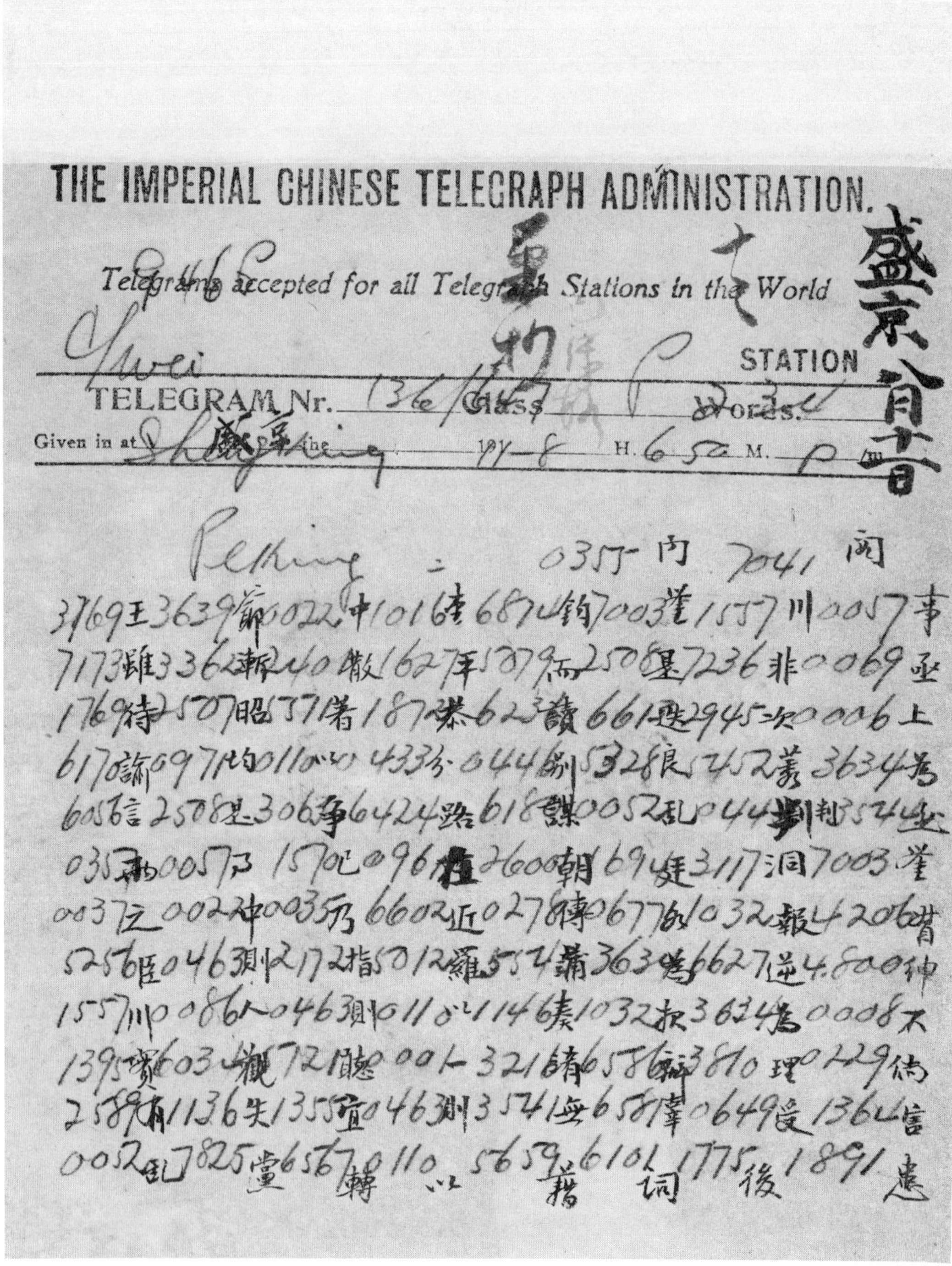

THE IMPERIAL CHINESE TELEGRAPH ADMINISTRATION.

Telegrams accepted for all Telegraph Stations in the World

盛京八月十一日

STATION

TELEGRAM Nr. 136 Class Words.

Given in at Shengking 盛京 the 11—8 H. 6.50 M. p.m.

Peking 0355内 7041閣

3769王 3639爺 0022中 1016堂 6874鈞 7003鑒 1557川 0057事

7173雖 3362漸 2410散 1627平 5079而 2508是 7236非 0069亟

1769待 2507昭 5771著 1870恭 6233讀 6611迭 2945次 0006上

0617諭 0971均 0110以 0433分 0446別 5328良 5452莠 3634為

6056言 2508是 3063爭 6424路 6180與 0052亂 0446判 3541然

0355兩 0057事 1570已 0961在 2600朝 1694廷 3117洞 7003鑒

0037之 0022中 0035乃 6602近 0278傳 0677各 1032報 4206背

5256臣 0463則 2172指 5012羅 5554譜 3634為 6627逆 4800紳

1557川 0086人 0463則 0110以 1146奏 1032報 3634為 0008不

1395實 6034觀 1672聽 0001一 3215請 6586辭 3810理 0229倘

2589有 1136失 1355宜 0463則 3541無 6581韋 0649皆 1364害

0052亂 7825黨 6567轉 0110以 5659藉 6101詞 1775後 1891患

奉天諮議局致内閣電（一九一一年十月二日）

1845

THE IMPERIAL CHINESE TELEGRAPH ADMINISTRATION.

Telegrams accepted for all Telegraph Stations in the World

Canton STATION.

TELEGRAM Nr.________ Class________ Words:________

Given in at________ the________ 191____ H.____ M.____ /m.

0149何1030堪6080設1927想6177諮2233議1444局3634為
6559與6152論0108代5903袁5502萬0008不2413敢0936因
0649便0086人6663運0522動5079而6056言5079而1129大
1444局2076所7070向0076亦0008不2413敢3956畏2172指
3634為0649便0086人6663運0522動5079而0008不6056言
6134議0110以6112該4800紳4583等3634為2583最0341先
3630爭6424路0037之0086人0011且4842雍1557川4164省
2429後2976武1129大0684吏1412將3630爭6424路4583等
1906情7193電7044閣0108代5903袁0149何5267至0936因
0564匪1778徒0042乘7030間3322滋0057事6112該4800紳
4583等6659遂5267至5280與0052乱0681同4430科2974此
1395賓3634為0356全0948國0037之1129大3992疑4532竇
0126伏2017懇6874鈞1654座

奉天諮議局致內閣電（一九一一年十月二日）

1845

THE IMPERIAL CHINESE TELEGRAPH ADMINISTRATION.

Telegrams accepted for all Telegraph Stations in the World

STATION

TELEGRAM Nr. ______ Class ______ Words. ______

Given in at ______ the ______ 191__ ______ H. ______ M. ______ /m.

0111	仰	7555	体	2600	朝	1694	廷
1795	德	1942	意	1919	惟	2494	明
1919	惟	0336	其	0110	心	7231	靖
0086	人	1800	心	5079	而	4850	维
0948	国	2508	是	2500	曝	2984	死
0006	上	6056	言	3541	無	0117	任
1929	惶	1884	悚	1144	奉	1131	天
6171	谘	6231	议	1444	局	6210	谨
0661	叩	4176	真				

瑞澂致盛宣懷電（一九一一年十月二日）

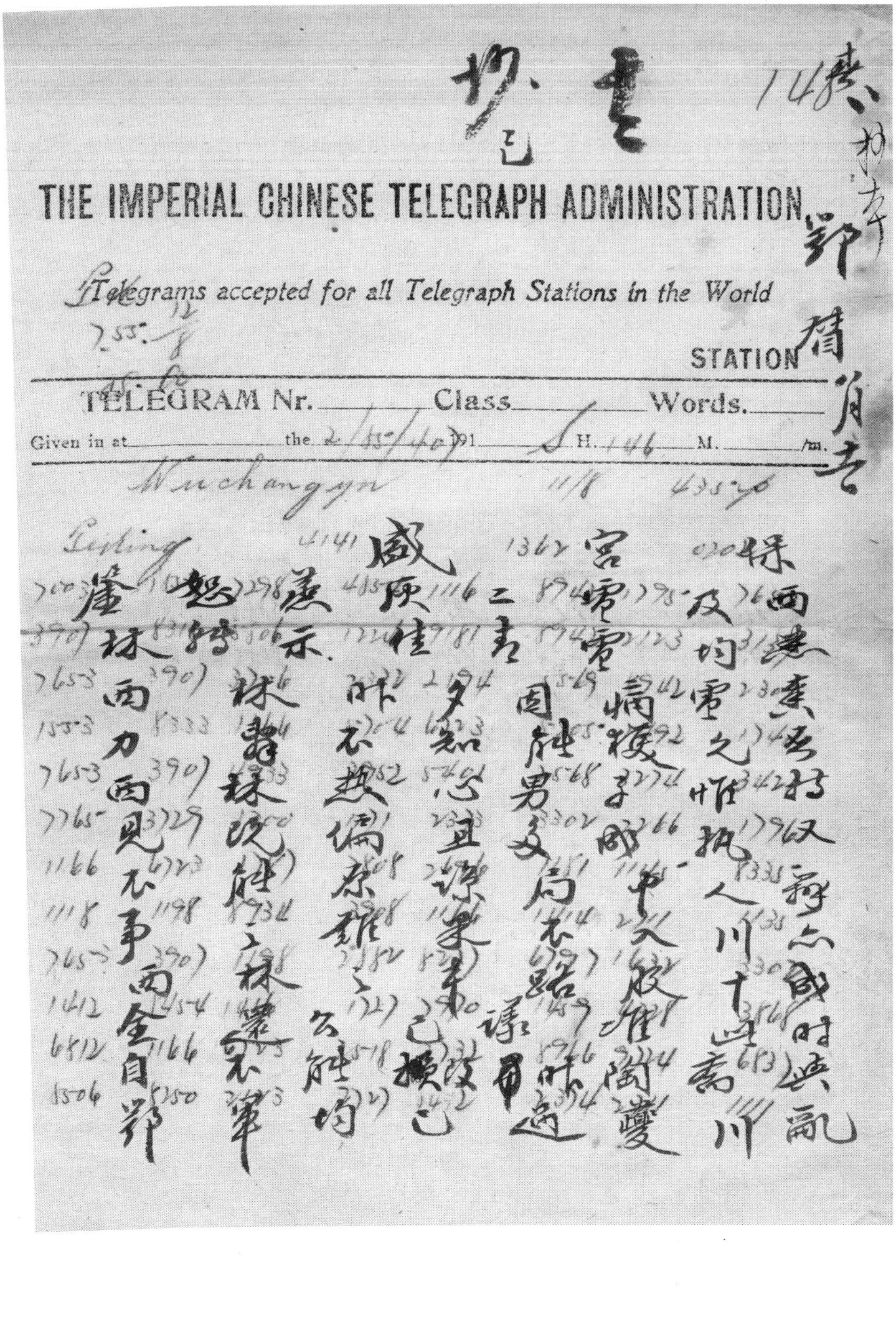
THE IMPERIAL CHINESE TELEGRAPH ADMINISTRATION.

Telegrams accepted for all Telegraph Stations in the World

STATION

TELEGRAM Nr. ______ Class ______ Words. ______

Given in at ______ the ______ 191 ______ H. ______ M. ______ /m.

148

THE IMPERIAL CHINESE TELEGRAPH ADMINISTRATION.

2nd

Telegrams accepted for all Telegraph Stations in the World

STATION

TELEGRAM Nr. 2 Class ______ Words. ______

Given in at ______ the ______ 191 ______ H. ______ M. ______ /m.

8277 路 4514 時 2740 復 8965 陳 3204 議 3644 散 3876 語 2947 乃 3841 已 2679 尚 4865 澂

1648 南 3701 新 2168 規 2887 前 3731 日 1978 喝 3859 未 1427 失 2929 沒 7806 論 1103 也

7653 西 4113 隸 3859 來 3177 會 8298 速 5554 發 1154 令 3907 林 8942 電 7970 諒 5704 知

3274 惟 2679 尚 2679 尚 5704 知 4865 澂 2536 塞 3756 昨 7653 西 1416 公 1206 何 1166 不 5629 真

Seal

盛宣懷致端方電（一九一一年十月二日）

夔州速遞端大臣

保侍憲公閒道抵夔，莫不欽佩，惟勞苦過甚，尤深私念。鄂軍

到省即將全黨進剿，員皆謂匪有進無退，據頃到滬[illegible]一切自有解決

本日初慮川人與正反對，實則云云[illegible]無違，必採取權宜之策，[illegible]與亂分開為

二事，匪與民[illegible]斷難一視。公約何日方能抵滬，乞示。宣[illegible]。真

已抄某檢式似下等

徒寅抄存

十二

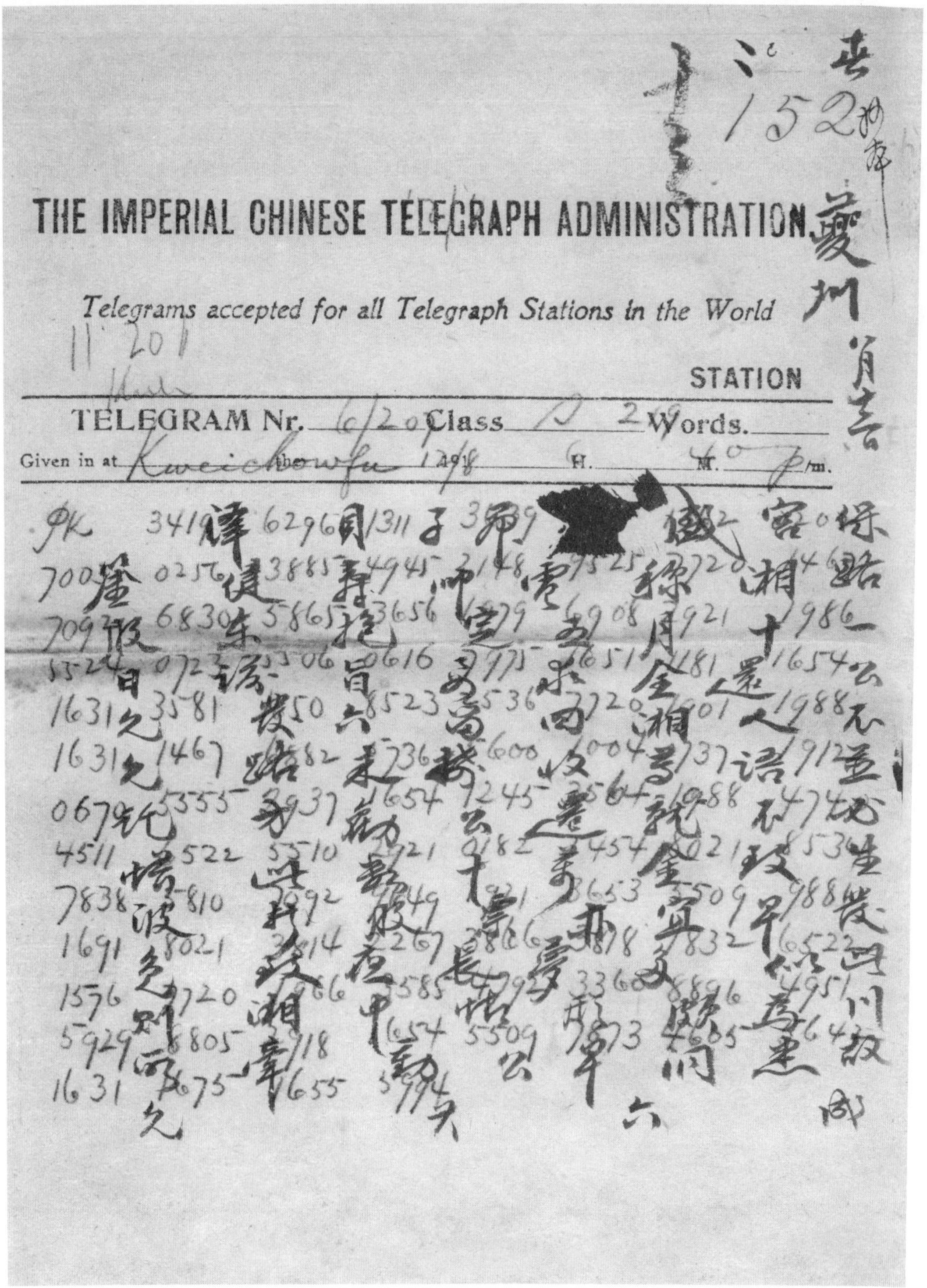
THE IMPERIAL CHINESE TELEGRAPH ADMINISTRATION.

Telegrams accepted for all Telegraph Stations in the World

STATION

TELEGRAM Nr. Class Words.

Given in at Kweichowfu the H. M. m.

端方致載澤、盛宣懷電（一九一一年十月二日）之一

152

THE IMPERIAL CHINESE TELEGRAPH ADMINISTRATION.

Telegrams accepted for all Telegraph Stations in the World

STATION

TELEGRAM Nr. Class Words.

Given in at the 191 H. M. /m.

THE IMPERIAL CHINESE TELEGRAPH ADMINISTRATION

Telegrams accepted for all Telegraph Stations in the World

STATION

TELEGRAM Nr. 5/201 Class 169 Words.

Given in/at Kweichowfu 12/8 191 6 H. 40 M. p /m.

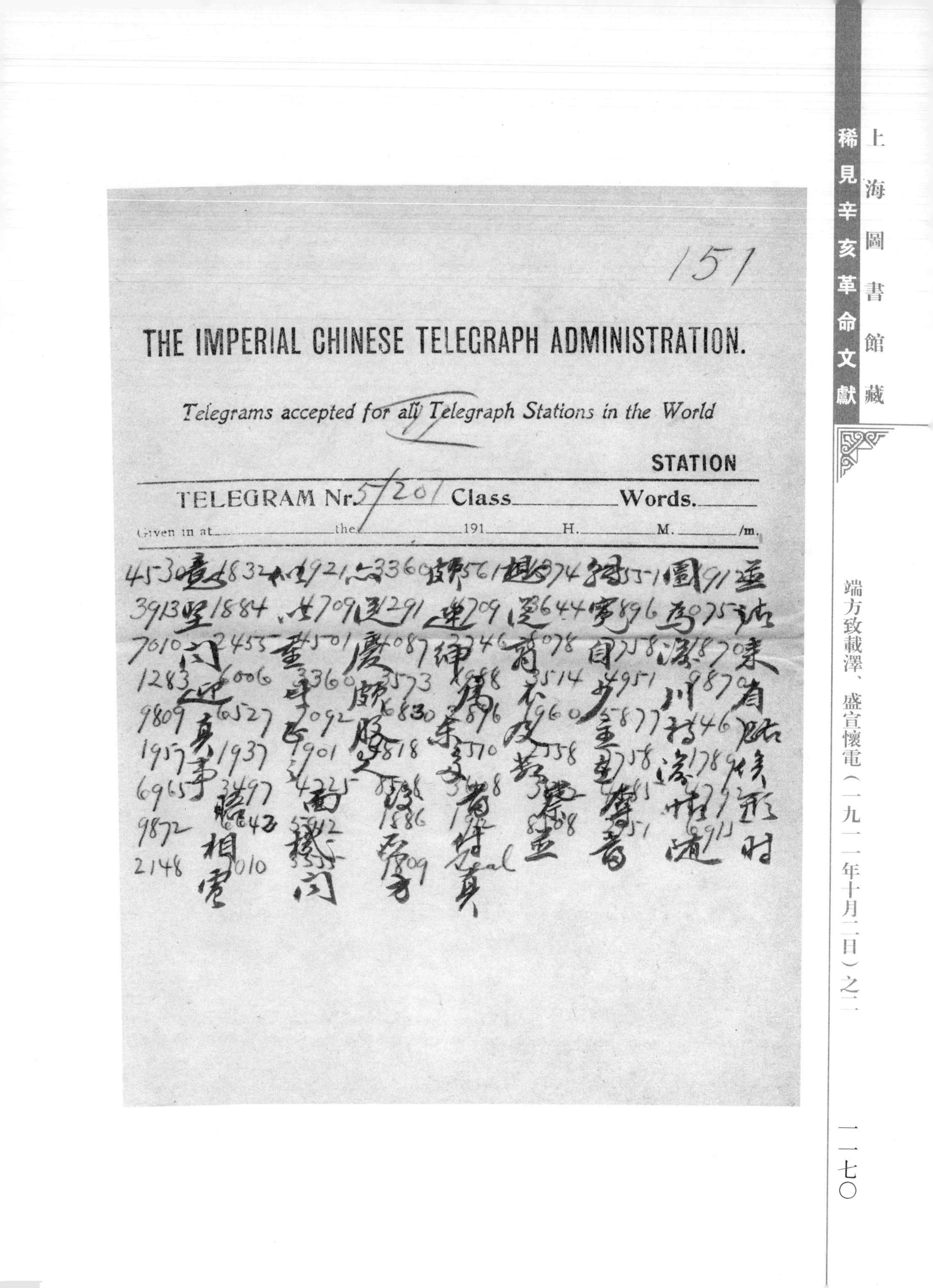

端方致載澤、盛宣懷電（一九一一年十月二日）之二

151

THE IMPERIAL CHINESE TELEGRAPH ADMINISTRATION.

Telegrams accepted for all Telegraph Stations in the World

STATION

TELEGRAM Nr. 5/201 Class ______ Words. ______

Given in at ______ the ______ 191 ______ H. ______ M. ______ /m.

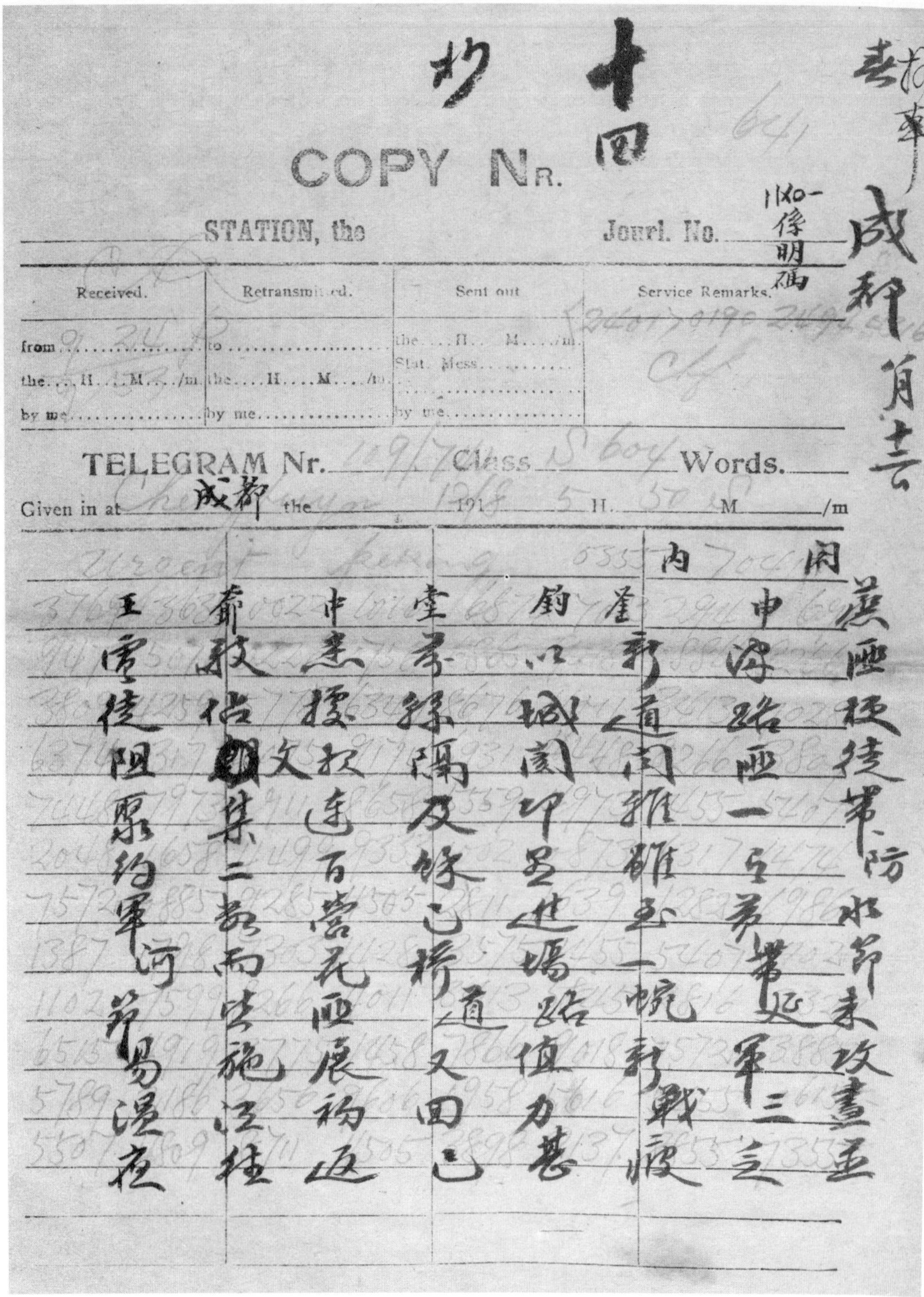
COPY Nr.

STATION, the　　　Journ. No.

Received.	Retransmitted.	Sent out	Service Remarks.
from	to	the....H....M..../m.	
the....H....M..../m.	the....H....M..../m.	Stat. Mess	
by me	by me	by me	

TELEGRAM Nr.　　Class　　Words.

Given in at 成都 the 191　H.　M.　/m

內閣

趙爾豐致內閣請代奏電（一九一一年十月二日）

641

COPY NR.

STATION, the ______ Jourl. No. ______

Received.	Retransmitted.	Sent out.	Service Remarks.
from	to	the ...... H ...... M ...... /m.	
the ...... H ...... M ...... /m.	the ...... H ...... M ...... /m.	Stat. Mess.	
by me	by me	by me	

TELEGRAM Nr. ______ Class ______ Words. ______

Given in at ______ the ______ 19 , ______ H. ______ M. ______ /m.

并不復勞多制の兩攻君按扣牧
書問進技并饒軍多進南吹禘
弓不萬抄惟軍陆陳例軍崖告报援、
亟置受車怵陆章步左防耳圖
三节力来会罢闌礙流巡摘貢
深至兵高屢令慶馬双塲攻剿亟
新顏息以廷普朱覽由橋進繞
閏人少是朝十日禘㪅營猕花鋸讀嶺、

趙爾豐致内閣請代奏電（一九一一年十月二日）

COPY Nr.

STATION, the ______ Jourl. No. 641

Received.	Retransmitted.	Sent out.	Service Remarks.
from	to	the......H......M......./m.	
the......H......M......./m.	the......H......M......./m.	Stat. Mess.	
by me	by me	by me	

TELEGRAM Nr. ______ Class ______ Words. ______

Given in at ______ the ______ 19 ______ H. ______ M. ______ /m.

辛亞人數告生效係收巡受二

者龍緣亡山門戰日兵仗官第聯

高擊千閘馬雨沒告千探區兵

泉攻擒生牧風以抵數船徒駛船

萬力生水將大營亡匪巡抵下

之舊人被亡虜露以之壞亡巡

山保十巡人者項來以巡損毀

馬系蒸毀十領山高江道船傷區

趙爾豐致内閣請代奏電（一九一一年十月二日）

641

COPY Nr.

STATION, the ______ Jourl. No. ______

Received.	Retransmitted.	Sent out	Service Remarks.
from	to	the.... H.. M..../m.	
the.... H.... M..../m.	the.... H.... M..../m.	Stat. Mess.	
by me........	by me........	by me........	

TELEGRAM Nr. ______ Class ______ Words. ______

Given in at ______ the ______ 191__ H. ______ M. ______ /m

州桂不解軍裝初九日到彼一鎮
眉被軍隊不黔各軍緣同已多屬
皆防救時處合鄂甘軍桂將滇
山獄路要需集抵府須邊截匪過
彭新設要調深川省約有匪圍通
徒調兵徵寧永敘於到被收難
匪已第通到到於變亂於兩處
合於禁援靈已滬機方難伏時

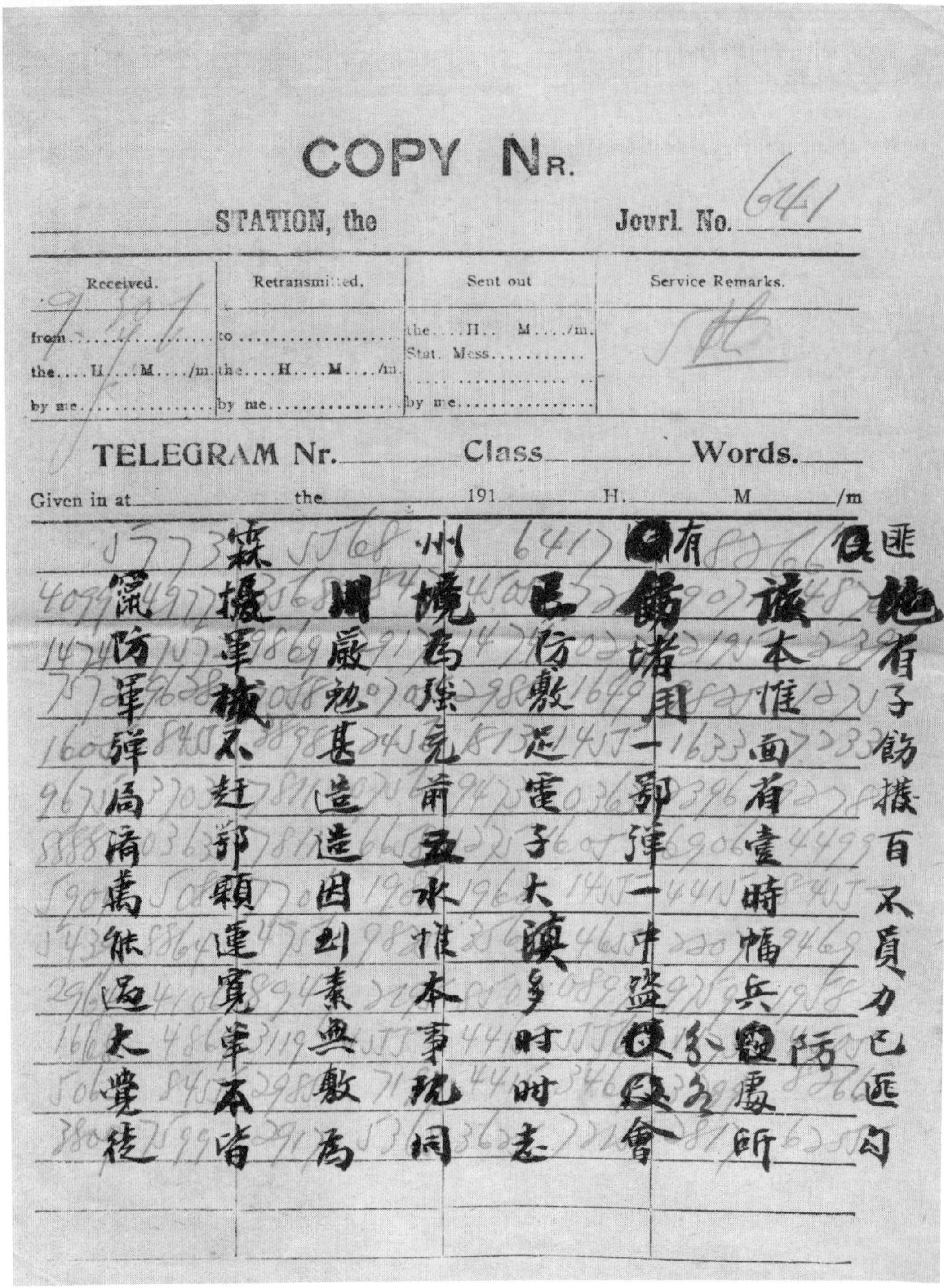

COPY Nr.

STATION, the　　　Jourl. No. 641

Received.	Retransmitted.	Sent out	Service Remarks.
from 9/10/11	to	the....H....M..../m.	
the....H....M..../m.	the....H....M..../m.	Stat. Mess.	
by me	by me	by me	

TELEGRAM Nr.　　Class　　Words.

Given in at　　the　　191　　H.　　M.　　/m

匪[illegible]他有子餉攜百不負力已逾內
[illegible]議本惟面有壹時幅兵[illegible]處所（防）
有[illegible]飭諸用一鄒彈一中盜[illegible][illegible]會（分々）
已防敷迅電子大滇多时附志
州饒爲强宄前五水推本事號同
川嚴飭甚造造因虬素無敷爲
森攝軍械不赶鄂顆運寬筆本皆
派防軍彈局湧萬能過太覺徒

趙爾豐致内閣請代奏電（一九一一年十月二日）

COPY Nr.

STATION, the Jourl. No.

Received.	Retransmitted.	Sent out	Service Remarks.
from........ the...H...M.../m. by me........	to........ the...H...M.../m. by me........	the...H. M.../m. Stat. Mess........ by me........	

TELEGRAM Nr. Class Words.

Given in at the 191 H. M /m

請 公 光 興
官 單 撫 拒 此 伏 彼 起
既 散 復 聚 川 軍 祇 有
此 數 既 任 攻 剿 又 須
堵 防 是 以 遷 不 竟 早
就 救 平 上 煩 聖 慮 彌
切 恐 棟 爾 憂 推 有 就
視 有 之 兵 謁 盡 心 力
剿 挂 兼 施 對 切 開 導
唉 醒 愚 迷 使 川 事 明
定 工 紓 宵 旰 憂 勞 下
禪 地 方 安 謐 此 近 日
大 概 情形 謹 請 代 奏 爾
豐 真

收股辦法說帖

八月十二日

查鐵路股款辦法前因各省情形不同應付之方亦不能不略示區別現湘鄂粵三省已無異詞惟川事尚未結束除迭次奏擬各節外謹再議定通辦法三條開列於後

一股款全數還清計統共約須銀二千三四百萬兩之譜如借英金三百萬鎊即可將四省路股悉數收回發給現銀從此永斷轇轕似最簡捷但實有不願領銀而願全數附股者亦應聽其自便此節二條附股之法辦理且粵省接造路工之款尚須

設法另籌俟將來可指粵路借款方能歸墊

二股款先發現銀六成其餘四成發給有利股票名股東於一年後在各該省局掛號再於一年後發還現銀並可將換領國票作為有價證券兩年之內隨時可持赴大清交通銀行抵押現款其不願領銀而願全數附股者亦聽

三股款無論願領現銀與否一概先發現六成但其餘四成均須照第二條附股辦法方得通融歧異

以上三條第一條係格外體恤無可再加惟鄉曲愚

民於路事政策實屬茫然佈奸徒煽惑謂國家雖
示優待而必將股款悉數收回可見路利無窮不
如仍爭商辦此雖意外過慮亦不可不防第二條
係曲順輿情各從所願第三條先昭大信亦係牽
息兼籌在明理能事之人必當樂從無異至領現
之後或願併六成悉數附股或只以四成照章換
票似均可行仍與第二條無甚出入其零星小股
當時但從衆照派款數既極纖微鄉愚又多茫昧
無所適從亦滋疑慮必須由各省大吏遴派明安

委員先出白話告示將路事明晰講解務令家喻

戶曉除整股照辦外再將各屬零股設法湊併計

算一律分别收付以歸簡括而免糾紛此係推闡

鈞裁

理由另備採擇研究伏候

鐵路收股辦法說帖（擬稿）（一九一一年十月三日）

說帖擬稿

查鐵路股款辦法，前因各省情形不同，應付之方，亦多殊不畫一。現湘、鄂、粵三省已各具詞，惟川省尚未結束。除迭次奏報各節外，謹再議變通辦法三條，開列於後：

一、股款全數還清，計統共約需現銀式千三四百萬兩之譜，除備借英金三百萬鎊，再加借一千萬鎊，即可將四省路股全數收回，發給現銀，從此永斷糾葛，似最簡捷。但恐實有不願領銀而願全數附股者，亦應聽其自便，照第二條附股之法辦理。且粵省接造路工之款，尚須設法籌集，俟將來可於接手擬借[illegible]

[illegible]方能辦理

二股款先發現銀六成、其餘四成、發給有利股票、各股東於一年以後[redacted]內、在各該局掛號、再於一年以後發還現銀、並可持換領國票作為有價証券、兩年之內隨時可持赴大清交通銀行抵押現款、其不願領銀而欲全數附股者亦聽、

三股款無論願領現銀與否、一概先發現六成、但其餘四成均須遵照第二條附股辦法、不得通融歧異、

以上三條、第一條係格外體卹、二三條再加、惟鄉曲愚民於路事政策、實屬茫然、倘奸徒煽惑、謂 國家雖示優待、意欲將股款全數收回、可見路利無窮、不如仍爭為辦、此雖意外過慮、

亦不可不防、第二條係曲順輿情、各從所願、第三條先貽大任者（亦係）負兼籌、不明理解等等人、必當衆從無異、已領現々股或股併六成並對附股、或只收四成照章[?]、換票似均可行、仍與第二條無甚出入、如零星小股、當於但從照[?]收款、對現極纖微、鄉里五分範圍[?]無存[?]、適從之區別[?]處、必須由各省大吏遴派明妥委員、先將路事明晰（出自法告示）講解、務令家喻戶曉、除整股照辦外、再將各房零股設法湊併計算、一律分別收付、以歸簡括而免糾紛、此爲推闡理由、另備採擇、俯請研究、伏候鈞裁、

趙錫年致郵傳部電（一九一一年十月三日）

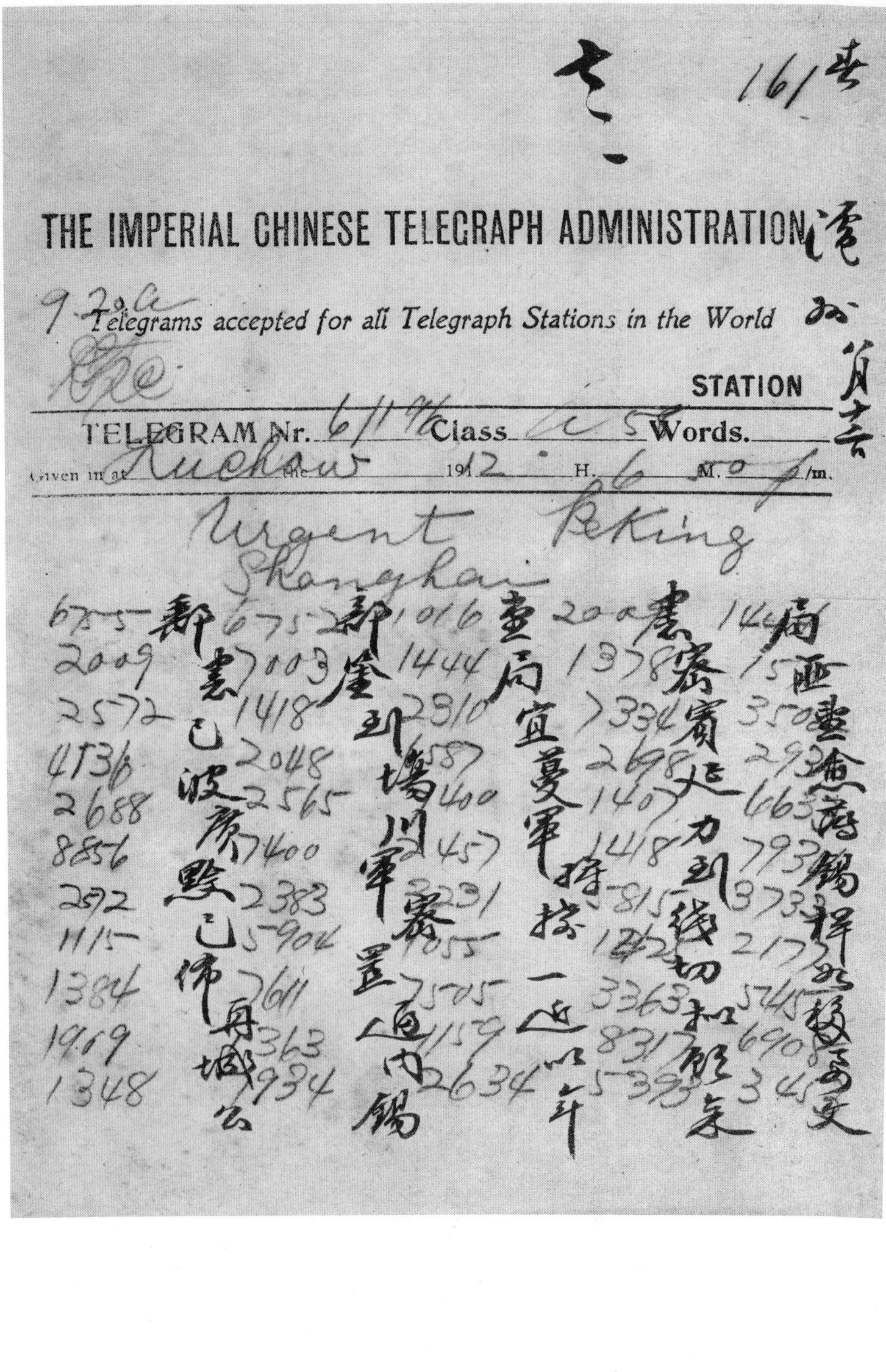
THE IMPERIAL CHINESE TELEGRAPH ADMINISTRATION

Telegrams accepted for all Telegraph Stations in the World

STATION

TELEGRAM Nr. 6119 Class Words.

Given in at the 191 H. M. /m.

Urgent Peking

Shanghai

余誠格致郵傳部、瑞澂、端方電（一九一一年十月三日）

長沙　月　十三日

THE IMPERIAL CHINESE TELEGRAPH ADMINISTRATION.

Telegrams accepted for all Telegraph Stations in the World

STATION

TELEGRAM Nr. 5/852 Class 1 525 Words.

Given in-at Changsha the 191 13 H. M. /m.

加急北京　武昌　夔州

傳送部路局務諭鉄辦粤湘發換遵
欽
專大收自省日省定同李前告
洪家工丙一四籌不照楊司
郵
帥鑒國臣省廿鄂別並有經公
請飭慮外節月湘分截實業路
瑞帥故內求五粤經省股字鉄
大電辦力查川約系商四行
部端卦自以惟音路法路還轉

1171

THE IMPERIAL CHINESE TELEGRAPH ADMINISTRATION.

2nd

Telegrams accepted for all Telegraph Stations in the World

STATION

TELEGRAM Nr. 5/182 Class ______ Words. ______

Given in at ______ the ______ 191 ___ H. ___ M. ___ /m.

公
抵追路米地皆給奏諭有日鉄、
諸知將難為股律票工另一尚
諭
登皆請根作租一股日股廿消
旨國官價准股股息七商月取
理
諭通京加皆房秋多十及五每未
將為籍勸款股西江月提是京
辦
隨李湘鹽兩公作多七未該意
司紙沒用捐方准典年六辦旨

余誠格致郵傳部、瑞瀓、端方電（一九一一年十月三日）

1711

THE IMPERIAL CHINESE TELEGRAPH ADMINISTRATION.

3rd

Telegrams accepted for all Telegraph Stations in the World

STATION

TELEGRAM Nr. 5/ Class ____ Words. ____

Given in at ____ the ____ 191 ____ H. ____ M. ____ /m.

國紛兩既又剖範忽照成結還之
論爭奪款紳就奏悉只另攤緊
歸議追商等官始原着發成年吃
人對以股以情電股實四分路
收湘反感租加釐部附律餘票收
初兩諭還票導等願一其印核正
路之頭上發換勸令不股銀家語
有紜次可可聯圍有粵現國等

1171

THE IMPERIAL CHINESE TELEGRAPH ADMINISTRATION.

Telegrams accepted for all Telegraph Stations in the World

STATION

TELEGRAM Nr. 5-/872 Class ________ Words. ________

Given in at ________ the ________ 191 ____ H. ____ M. ____ /m.

辦
旨此竟號言亂不路路係國所何
諭前今之之禍車粵湘均旨理
改
奪省息評信恐前查滅還諭辦
所湘未反無窮生鑒、舊日別
頓
汝符平柄行服而股四本分
先不雖以不不之為分照廿係
时
典鐵潮人所之因可股股月明
泣迴風授勢聽印遠商商五載

余誠格致郵傳部、瑞澂、端方電（一九一一年十月三日）

THE IMPERIAL CHINESE TELEGRAPH ADMINISTRATION.

Telegrams accepted for all Telegraph Stations in the World

STATION

TELEGRAM Nr. 5 Class ______ Words. ______

Given in at ______ the ______ 191 ______ H. ______ M. ______ /m.

硯 日 强 餘

一以且百还十六于照左当另立示各费六、成信股旨理处筹同揭其過本銀借大商等辦審形、電任不照多可失者已遵恩勝遵維股為成何歧湘既欽熟不竟裂商款、廷而是还宜部行若決務十較朝款民费今大施律歧湘又僅款十商本前乞奏

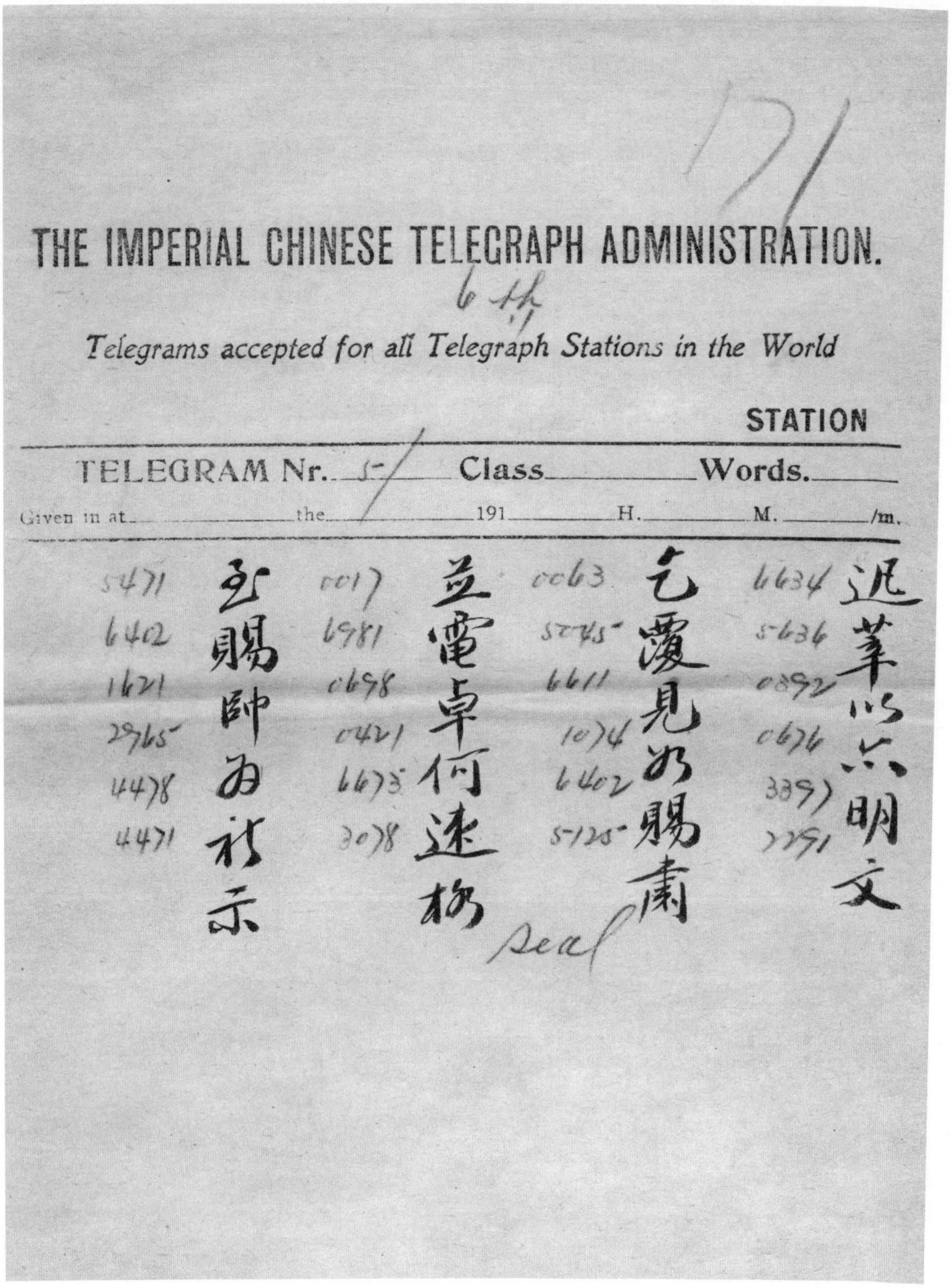

171

THE IMPERIAL CHINESE TELEGRAPH ADMINISTRATION.

6th

Telegrams accepted for all Telegraph Stations in the World

STATION

TELEGRAM Nr. 5 Class ______ Words. ______

Given in at ______ the ______ 191 ______ H. ______ M. ______ /m.

迅革以六明文

乞覆見如賜肅

並電卓何速核

並賜帥為酌示

Seal

端方致盛宣懷電（一九一一年十月五日）

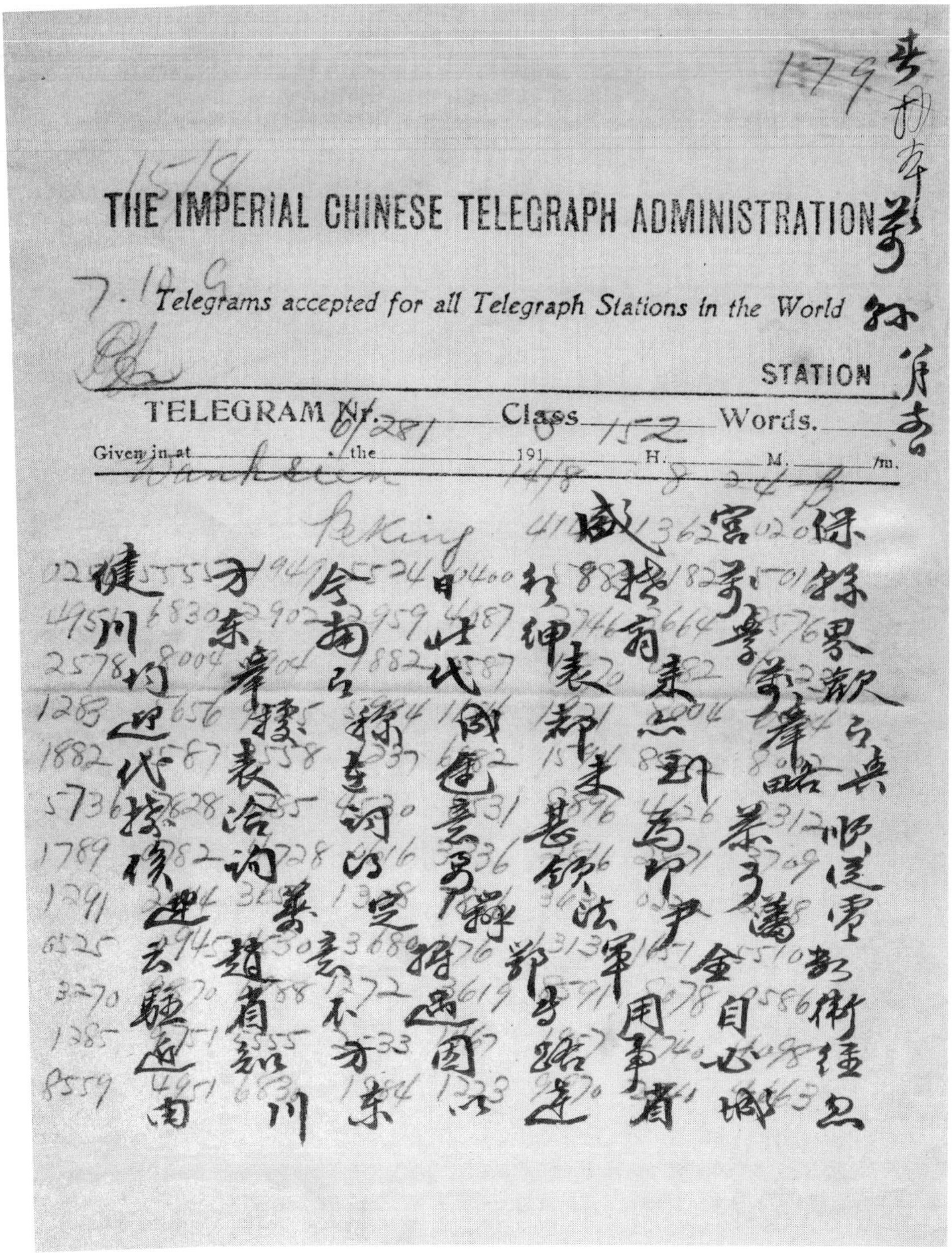
THE IMPERIAL CHINESE TELEGRAPH ADMINISTRATION

Telegrams accepted for all Telegraph Stations in the World

STATION

TELEGRAM Nr. ______ Class ______ Words. ______

Given in at ______ the ______ 191 ______ H. ______ M. ______ /m.

Peking

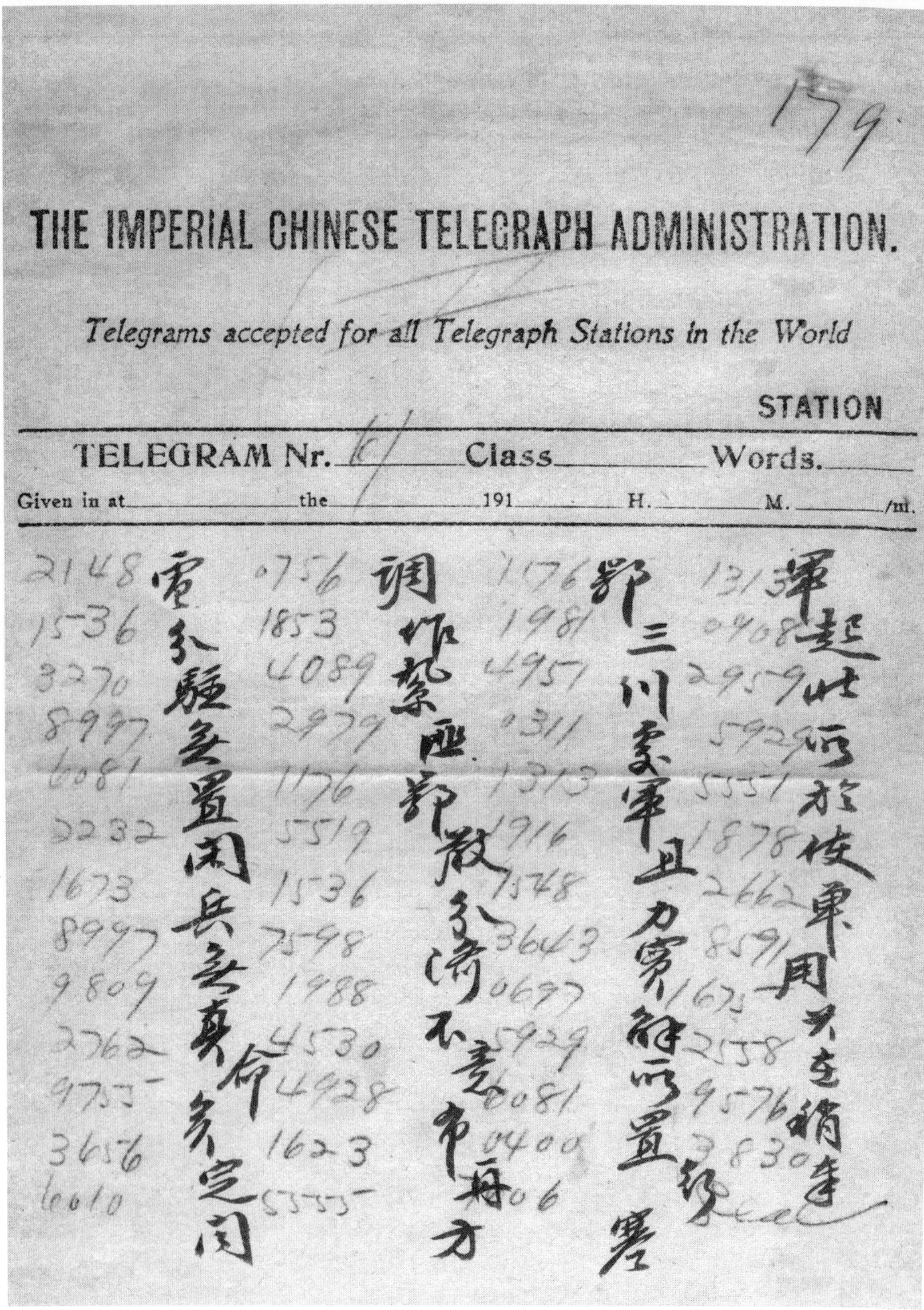

179

THE IMPERIAL CHINESE TELEGRAPH ADMINISTRATION.

Telegrams accepted for all Telegraph Stations in the World

STATION

TELEGRAM Nr. 61 Class ____ Words. ____

Given in at ____ the ____ 191 __ H. ____ M. ____ /m.

1313 0408 2959 5929 5551 1878 2662 8591 1674 2558 9576 3830

軍起此何於使東用其迭精年

1176 1981 4957 0311 1313 1916 7548 3643 0697 5929 0081 0400 4406

鄂三川變軍且力窮解何置錄塞

0756 1853 4089 2979 1176 5519 1536 7598 1988 4530 4928 1623 5555

調作梨亟鄂散分濟不意市再力

2148 1536 3270 8997 6081 2232 1673 8997 9809 2762 9755 3656 6010

電分驅急置闲兵無真命無定闲

端方致內閣請代奏電（一九一一年十月五日）

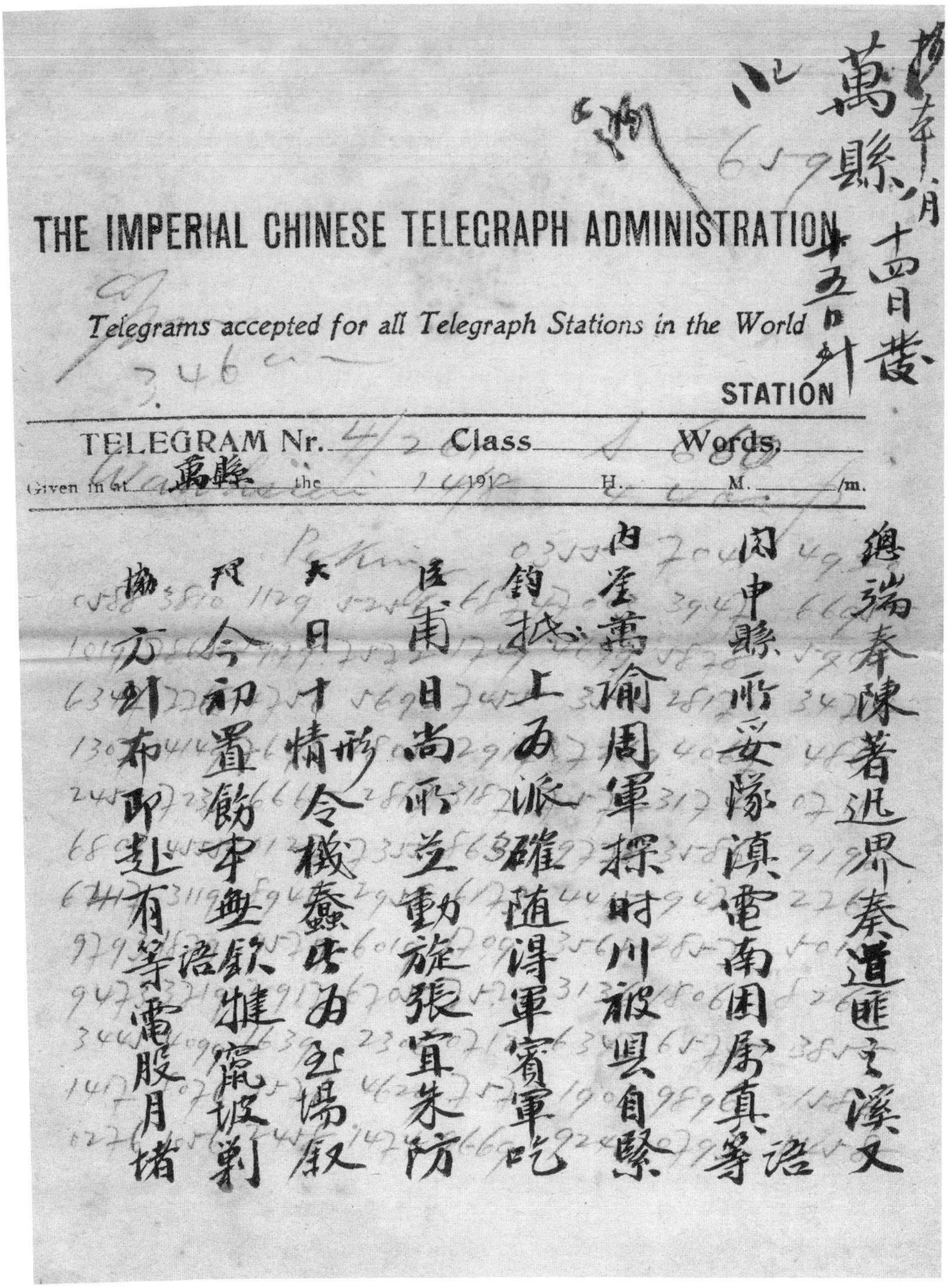

萬縣 八月十四日發 十五日到

THE IMPERIAL CHINESE TELEGRAPH ADMINISTRATION

Telegrams accepted for all Telegraph Stations in the World

STATION

TELEGRAM Nr. ____ Class ____ Words ____

Given in at 萬縣 the ____ 191 ____ H. ____ M. ____ /m.

總
端奉陳著迅界奏遣匪之溪文
閣中縣所安隊滇電南困屬真等語
內屋萬諭周軍探时川被县自縣
欽拢上西派確随得軍賓軍吃
圧甫日尚所逆動旋張宜朱防
天日才情形令機蠢吹西至場叙
珵令初置飭枣無語欽捷竄波剿
協方卦布即赴有等電股月堵

659

THE IMPERIAL CHINESE TELEGRAPH ADMINISTRATION.

Telegrams accepted for all Telegraph Stations in the World

STATION

TELEGRAM Nr.______ Class______ Words.______

Given in at______ the______ 191______ H.______ M.______ /m.

紳諸路疑羣前員川咸匪則地患
袁称無諭日探道達無此咸防
慶代均不曉方傾取巧尚何責範
恭迎城示端路定川探事但防
重公來渝電又前經潼察情叢竊
界續趕奉安之由慶逢動一嚴
擾學陸初迭大派稱順沿煽北官
商人尤懼情竊亦北都徙川方

端方致内閣請代奏電（一九一一年十月五日）

649

THE IMPERIAL CHINESE TELEGRAPH ADMINISTRATION.

Telegrams accepted for all Telegraph Stations in the World

(5)

STATION

TELEGRAM Nr.________ Class________ Words.________

Given in at________ the________ 191____ H.____ M.____ /m.

可帶防端前其援酉警渝西軍軍
一渝並赴嫌格近有抵府徐黔
即東紐帖調者誠降設可敘軍間
川樞屬軍兵余省豪便以朱氣
並力西仍防之商湘仍西帶左定
兵城即慮紮電紮江日一現嘉
未頻渝警猶慎巴駐黔十南紐集
丕以無方敵少軍陽扶川樞並

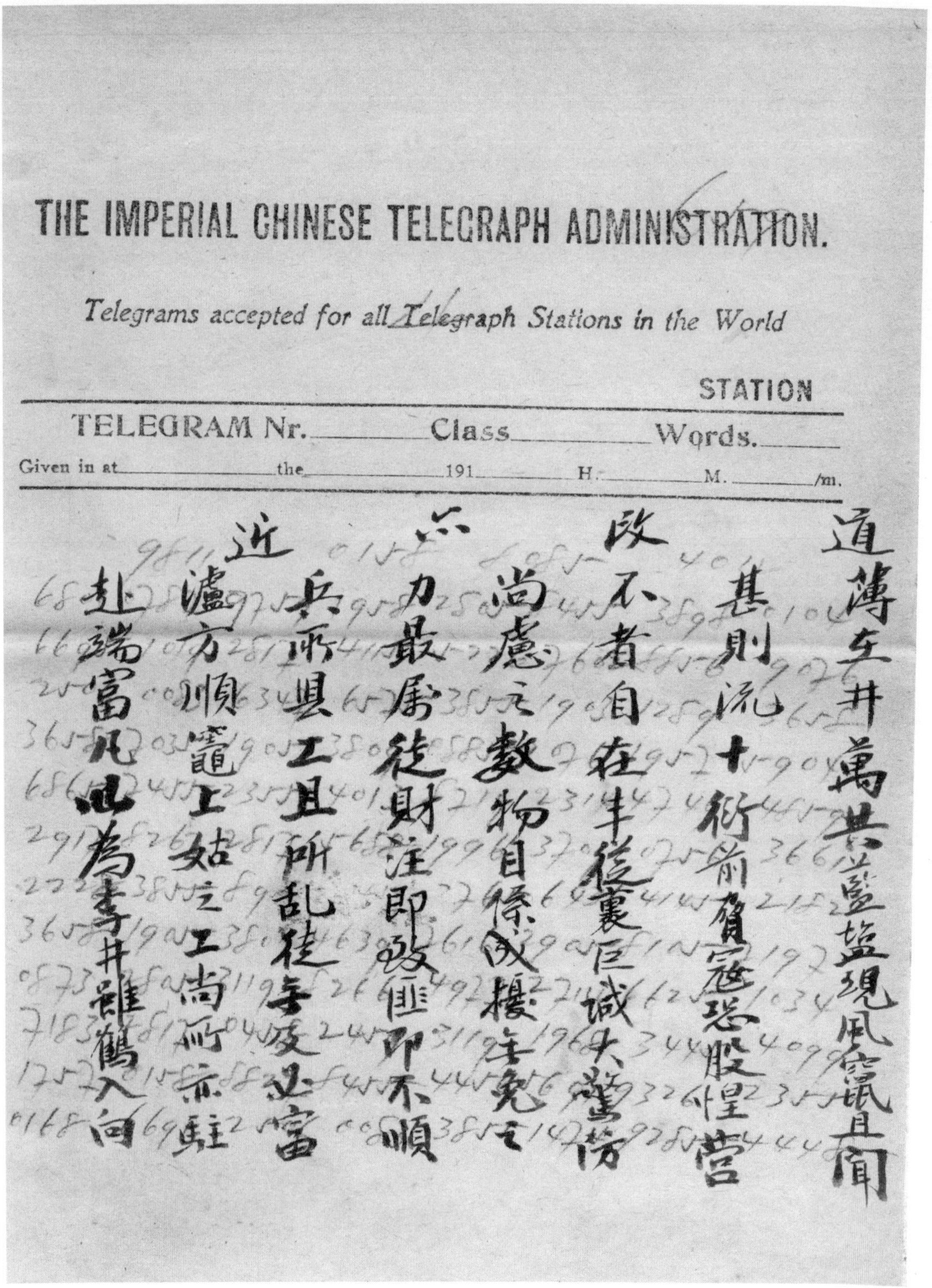

THE IMPERIAL CHINESE TELEGRAPH ADMINISTRATION.

Telegrams accepted for all Telegraph Stations in the World

STATION

TELEGRAM Nr. ________ Class ________ Words. ________

Given in at ________ the ________ 191 ________ H. ________ M. ________ /m.

道

薄在井萬共竈盐現風竄且聞

甚則流十衍前貸寇恐股惶營

改

不者自在半從裏巨識大驚傍

尚慮之數物自條成擾年兇之

六

力最屬徒財注即改匪即不順

兵所具工且所乱徒年度迭富

近

瀘方順竈工姑之工尚所京駐

赴端富凡由為青井雖鶴入向

659

THE IMPERIAL CHINESE TELEGRAPH ADMINISTRATION.

Telegrams accepted for all Telegraph Stations in the World

STATION

TELEGRAM Nr._____ Class_____ Words._____

Given in at_____ the_____ 191_____ H._____ M._____ /m.

叙黔一由縣令事首節其意飭
慮抽畫順勿生三由局大直縣
赴可擬並富捷工練並半可下州
有瀘順飭工停團場亦不以各
調竇赴富飛魁言募鹽趙著定江
防正恭道撫謠提衛商以嘉鋁
已井現慎看查聽面專電重自變
援軍營川一誤一人方注其渝

THE IMPERIAL CHINESE TELEGRAPH ADMINISTRATION.

659

6

Telegrams accepted for all Telegraph Stations in the World

STATION

TELEGRAM Nr.______ Class______ Words.______

Given in at______ the______ 191__ H.______ M.______ /m.

隨許隻文近陝正調中取成行
匪警不敷陝軍若亦所來錢路附成
水但民川宜顧路前途以未
年意查商其離兼此綫已鄭川尚
印留稽留疑點以則界若由入若
出窩阻驚用可援兵軍共陝背
其亦嚴故敵多軍進行粵令由之
謎附年政界省軍共之可便都

端方致內閣請代奏電（一九一一年十月五日）

THE IMPERIAL CHINESE TELEGRAPH ADMINISTRATION.

Telegrams accepted for all Telegraph Stations in the World

STATION

TELEGRAM Nr.________ Class________ Words.________

Given in at________ the________ 191____ H.____ M.____ /m.

則請攻眷界散股軍明
遠即鳴以文解小張聲十四日
未急張來滇已有經併叩
而濟不前川近間亦合万
行不飭上力匪安逸捕端
或緩旨電兵之江竄追乞代奏

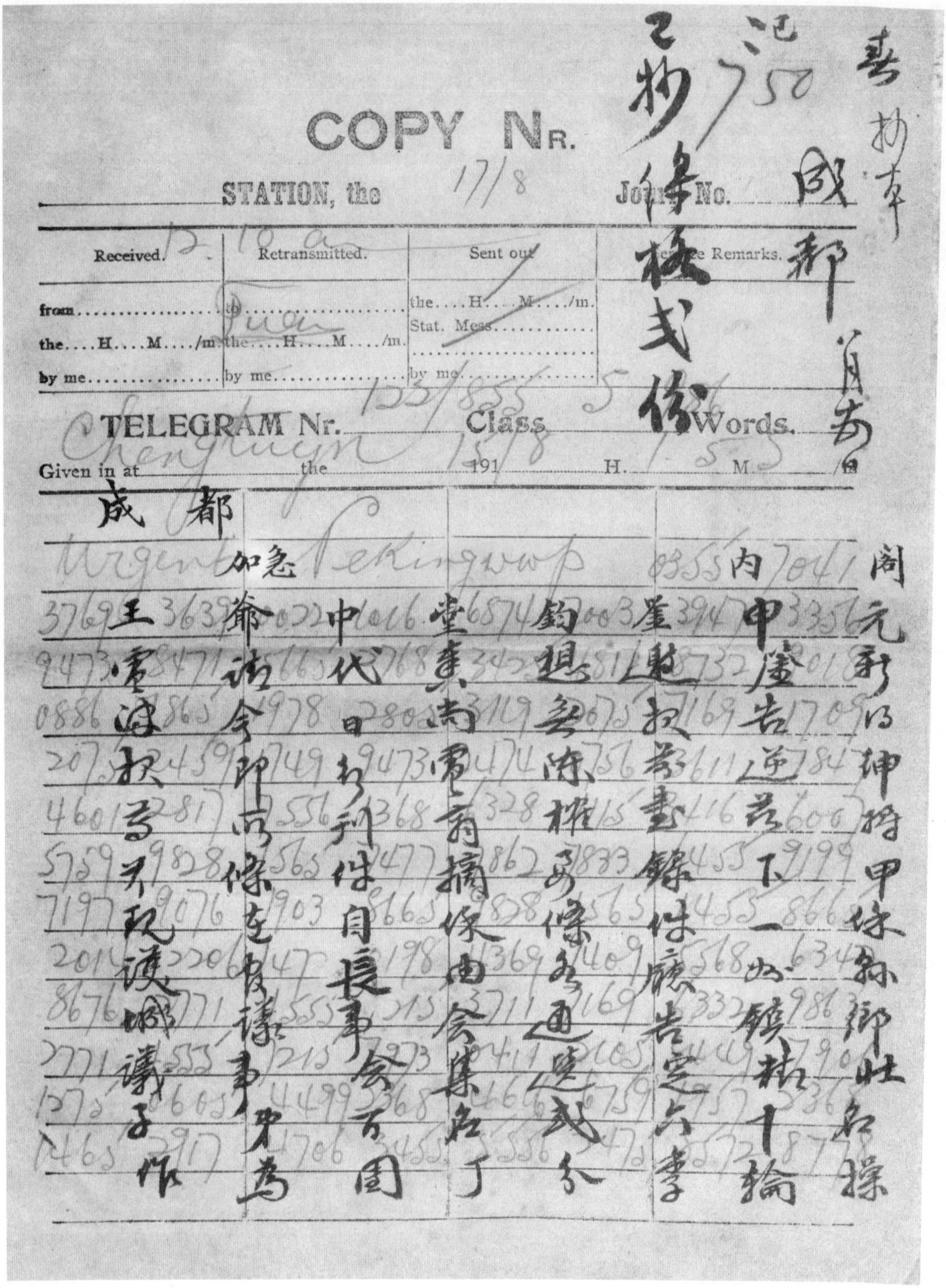

已抄 750 條 核 式 依

奉抄本 成都 首

COPY Nr.

STATION, the 17/8 Journ. No.

Received. 12.10 a	Retransmitted.	Sent out	Service Remarks.
from	to	the....H....M..../m.	
the....H....M..../m.	the....H....M..../m.	Stat. Mess.	
by me	by me	by me	

TELEGRAM Nr. 123/855 Class Words

Given in at Chengtu the 15/8 191 H. 1.55 M.

成都 加急 Urgent Pekingwup 內閣

王爺中堂鈞鑒甲元
慶請代奏退駐慮新
瀾令日尚無叔告旧
叔即在電除帶逆坤
寄內列前權畫黨將
君條件摘以錄下甲
現定自條條件一係
護設長由多願如鄉
城議事會通告鎮社
議事會集達定指名
子眾百名式六十操
作為團丁令李輪

趙爾豐致内閣請代奏電（一九一一年十月五日）

7507

COPY Nr.

STATION, the　　　Jourl. No.

Received.	Retransmitted.	Sent out	Service Remarks.
from........	to........	the....H....M..../m.	
the....H....M..../m.	the....H....M..../m.	Stat. Mess........	
by me........	by me........	by me........	

TELEGRAM Nr.　　　Class　　　Words.

Given in at　　　the　　　191　　　H.　　　M　　　/m

二市擾会既晓乃知害國不損
宁護羅肆志謗民逆金錢市工志
騷缘川機同協亂藉迫戮國羅同
便金秉路局為不壓殺謀謀人
川以安民係謗認以彈而南羅川
局治亂諮議義兵不三市略
罢捐一由同決大大但罷羅表
常貴維茅寔会經以以嚴同工通

趙爾豐致內閣請代奏電（一九一一年十月五日）

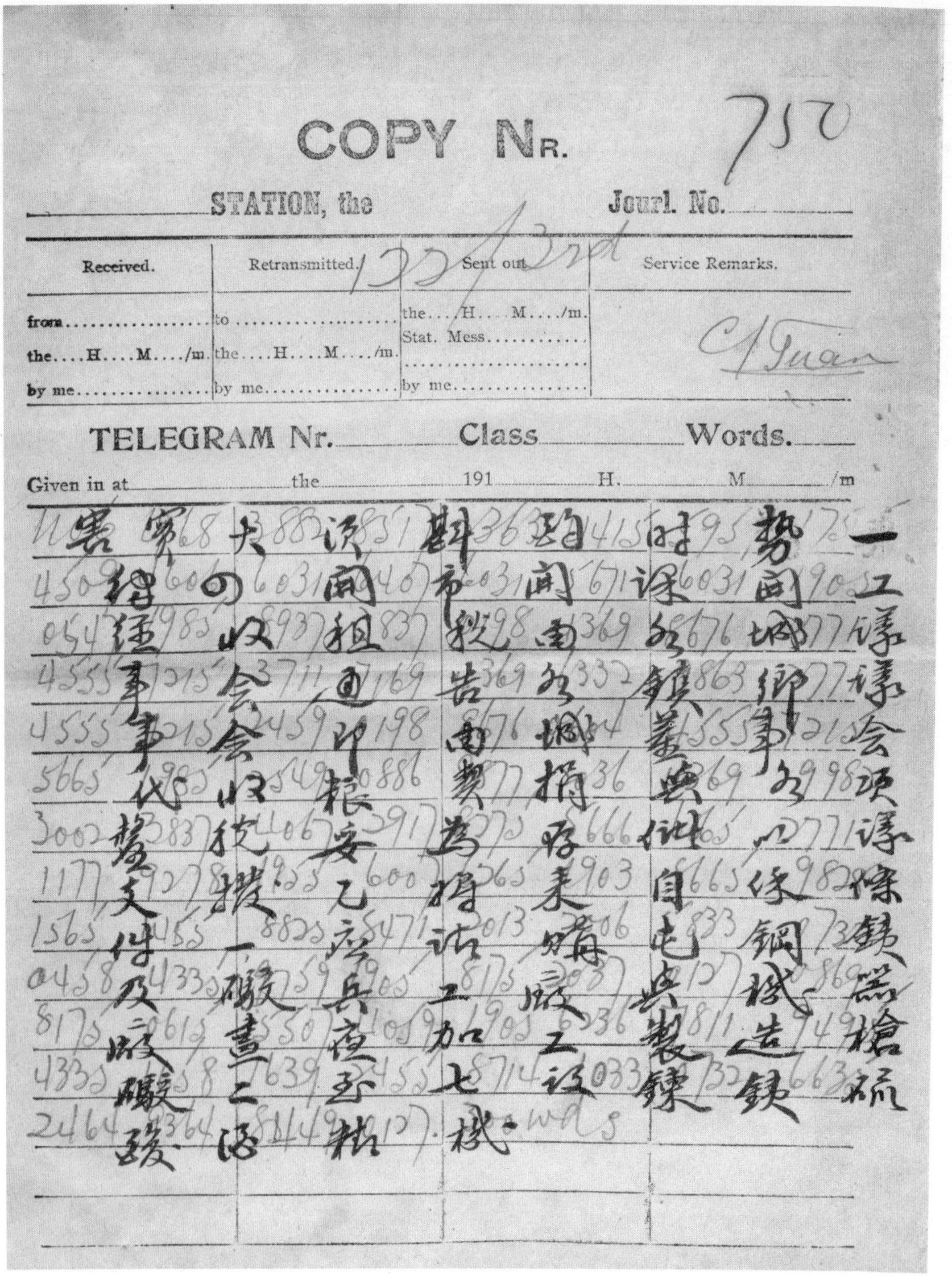

趙爾豐致内閣請代奏電（一九一一年十月五日）

750

COPY Nr.

STATION, the ………… Jourl. No. …………

Received.	Retransmitted.	Sent out	Service Remarks.
from…………	to………… 4/10/2	the…H…M…/m.	
the…H…M…/m.	the…H…M…/m.	Stat. Mess…………	C/ Tuan
by me…………	by me…………	by me…………	

TELEGRAM Nr. ………… Class ………… Words. …………

Given in at ………… the ………… 191 ………… H. ………… M ………… /m

八民廠十輔量地寶畧料改軍
廠國設所致所險三多發將給
等設特驗鎮一邊十集轉不優
電九廠試送變二台應多纂の軍
水軍工及成宜十廠育議編十需
材民兵習修輪長藝發協自發
製國廠請一川浙建及走應續鋼
練練軍兵十以勢力業日畫府人

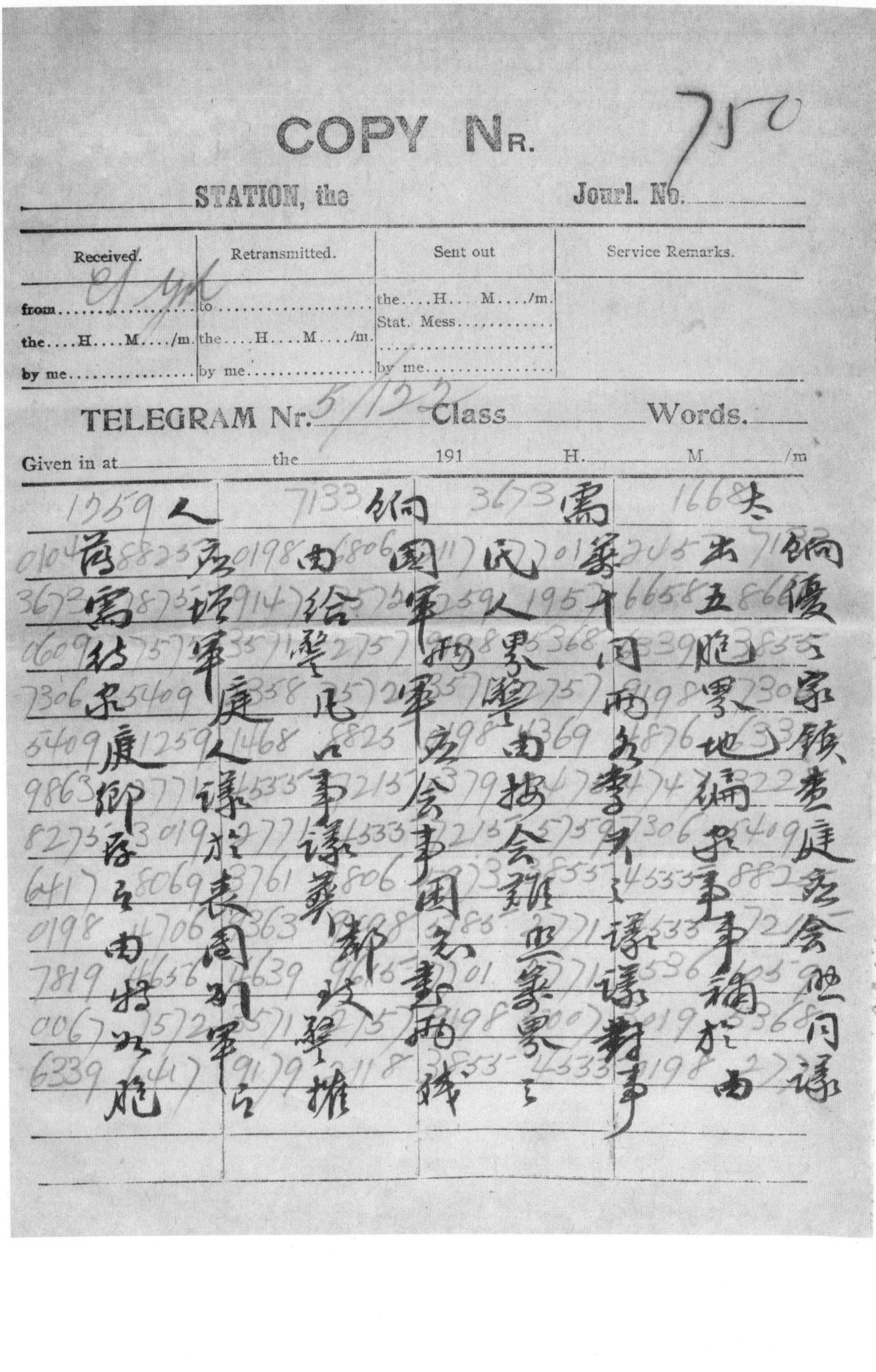

COPY NR. 750

STATION, the Jourl. No.

Received.	Retransmitted.	Sent out	Service Remarks.
from	to	the....H....M..../m.	
the....H....M..../m.	the....H....M..../m.	Stat. Mess..........	
by me	by me	by me	

TELEGRAM Nr. 5/122 Class Words.

Given in at the 191 H. M /m

趙爾豐致內閣請代奏電（一九一一年十月五日）

趙爾豐致內閣請代奏電（一九一一年十月五日）

COPY Nr. 7150

STATION, the Jourl. No.

Received.	Retransmitted.	Sent out	Service Remarks.
from ... the ... H ... M ... /m. by me ...	to ... the ... H ... M ... /m. by me ...	the ... H ... M ... /m. Stat. Mess ... by me ...	

TELEGRAM Nr. 6/122 Class Words.

Given in at the 191 H. M /m

係之稅務係口位條議貴所呈
語自籌撥省自人擔保並國家兩
究備捐議節說撥商自多費即不
築已三四五費表將人已提譽
兩停銄將經到如川如阻了
会庭一協款薪之分去經了早赴
象費止入人國權除皮說這候
事共經停契事應地丁將決紳義

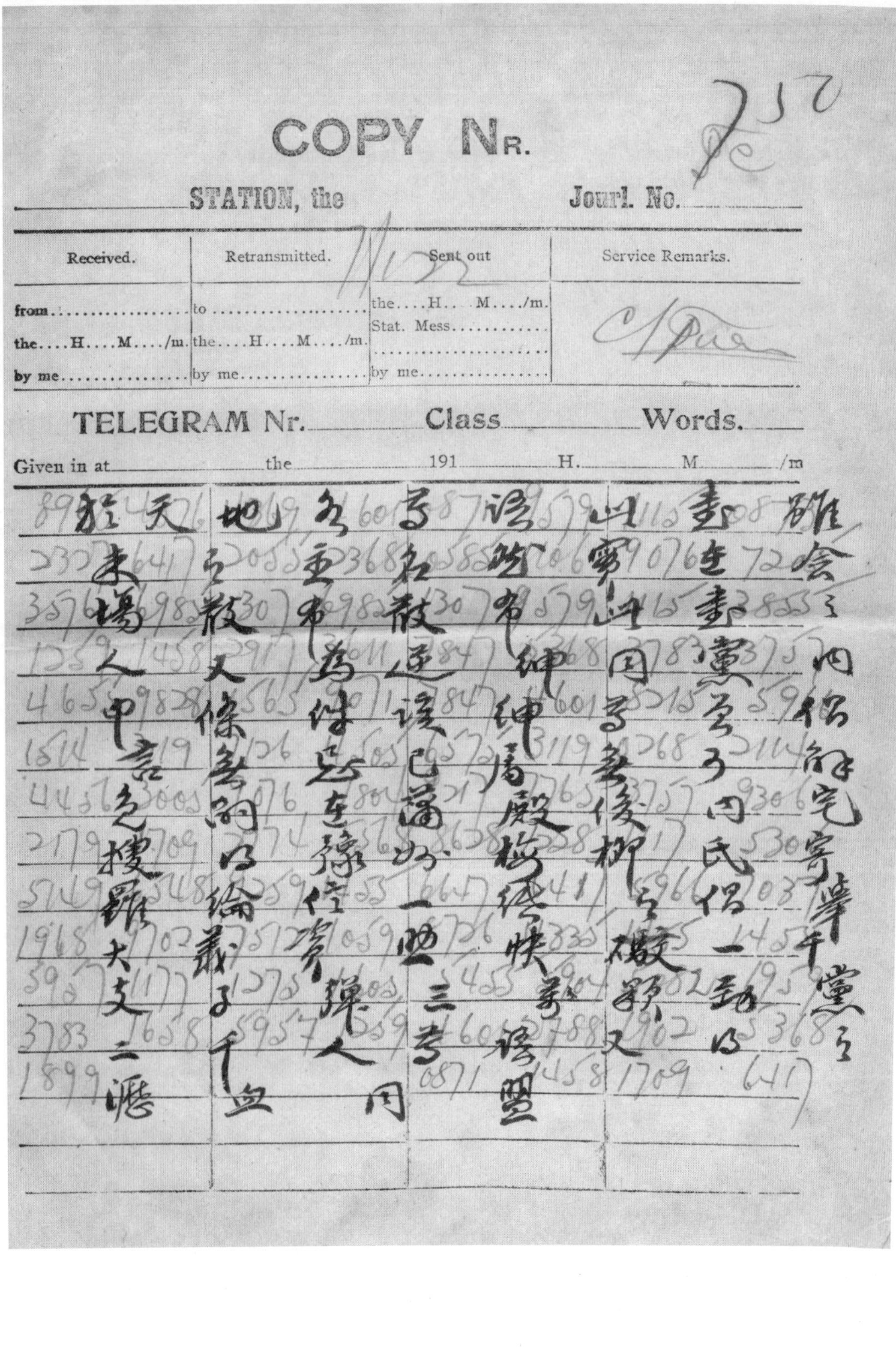
COPY Nr. 750

STATION, the ____ Jourl. No. ____

Received.	Retransmitted.	Sent out	Service Remarks.
from ____ the....H....M..../m. by me ____	to ____ the....H....M..../m. by me ____	the....H....M..../m. Stat. Mess. ____ by me ____	

TELEGRAM Nr. ____ Class ____ Words. ____

Given in at ____ the ____ 191 ____ H. ____ M. ____ /m

趙爾豐致內閣請代奏電（一九一一年十月五日）

750

COPY Nr.

STATION, the .... Jourl. No. ....

Received.	Retransmitted.	Sent out	Service Remarks.
from	to	the....H....M..../m.	
the....H....M..../m.	the....H....M..../m.	Stat. Mess............	
by me............	by me............	by me............	

TELEGRAM Nr. 8/126 Class .... Words. ....

Given in at .... the .... 191 ...... H. ...... M ...... /m

府外用黄
後色裏内用黄緞綾書
十路大院領王蒲羅
蕭鄧張閣劉周[illegible]程[illegible]
十人之牲遍灑血[illegible]
後開僞號大岷西顧
開甚之於歲在辛亥
月建已未朔日丁酉
共訂於鎮道學校僞
印文曰大岷西顧受
天之寶騎封[illegible]處書皇
字一號似以大逆不
道羅寶難逭存應恪

COPY Nr.

STATION, the ______ Jourl. No. ______

Received.	Retransmitted.	Sent out	Service Remarks.
from	to	the....H....M..../m.	
the....H....M..../m.	the....H....M..../m.	Stat. Mess	
by me	by me	by me	

TELEGRAM Nr. ______ Class ______ Words. ______

Given in at ______ the ______ 191 ______ H. ______ M ______ /m

地廣布黨徒布該捏而復非擬

就各分亂欲宣乃敢聽亦是混

行以隊有動行刑例觀人例拿

即假軍例待再典刑清之顛相

據音殷中機定亡黨混事和事監

實之方首伺精明之言路百路同

有法事外狀穢搆等謠造唱以將

壹正亂於潛軍証逆造奔一仍光

遂

COPY Nr. 710

STATION, the Jourl. No.

Received.	Retransmitted.	Sent out	Service Remarks.
from	to	the ... H ... M ... /m.	
the ... H ... M ... /m.	the ... H ... M ... /m.	Stat. Mess.	
by me	by me	by me	

TELEGRAM Nr. Class Words.

Given in at the 191 H. M /m

國 蒲 照 印 席
張 宣 布 於 衆 俾 紳 民
人 等 早 為 覺 悟 該 逆
黨 [illegible] 無 所 施 其 伎 倆
此 外 尚 有 偽 護 衛 [illegible] 州
六 人 及 各 種 秘 密 [illegible]
件 閱 已 藏 匿 銷 燬 正
協 嚴 密 偵 察 統 將 犒
錄 商 權 書 及 同 盟 將
確 實 証 據 先 行 具 陳
伏 乞 代 奏 爾 豐 謹 赦
鹽 [illegible] 即

趙爾豐致內閣請代奏電（一九一一年十月五日）

由滬至渝舟次即景並聞蜀路鬧事感作敬呈

教正

長江通十省。地腴物產厚。商務日興旺。強鄰思豆剖。（由滬至宜英德法日為有商輪船往來重慶有四國兵船）我來察商務。並訪山林友。由滬至宜昌。扁舟上渝阜。四望盡峰巒。疑是無路走。江流曲折多。瞬息一峽口。兩山如斧削。壁立危而陡。大石橫江中。水聲震牛斗。勢若錢塘潮。白浪掀天吼。渦漩淵且深。舟過必攻掊。大小數十灘。天塹何雄糾。頻見商船沉。貨起堆峋嶁。我船屢撞石。桅折破艙漏。舍舟欲登岸。鐵路事靖否。強鄰虎視迫。速辦不可苟。 郵部籌大局。商辦歸 國有。包辦免虛糜。利權非外授。工程有限期。材料無尅扣。勢須借洋款。爲 國而蒙垢。（查郵傳部借款築路整頓紙幣及東三省以東三省等項作按

鄭觀應《由滬至渝舟次即景並聞蜀路鬧事感作》詩（一九一一年十月六日）

鄭觀應《由滬至渝舟次即景並聞蜀路鬧事感作》詩（一九一一年十月六日）

欲牽制强鄰計出張文襄爲顧大局計吾儕休誤會。細究知良莠。暴動必遭殃。毋爲狂妄誘。欽差素英名。幸能善其後。安民懲妄殺。仁哉撫則后。欽差出示安民宣布朝廷德意並勸諭商民各安其業如有冤情准爲代奏蜀民甚爲悅服外禦其侮時。合羣須共守。同室若操戈。尤恐招外醜。立憲須得人。議員須合人格和衷無掣肘。君民共一心。上下均知愛國何慮强鄰取。蜀湘誤借款築路爲外人有方今論富强。富强和約久。欲强必先富。工商與農畝。礦産不開採。五金變瓦缶。外侮日要求。上下宜知忸。發憤以圖强。大聲震聾瞶。我愧年古稀。精神難抖擻。創辦粤漢路。功成赴江右。欲學陶朱公。不願綰印綬。川江輪船多危險。不再受。有能速奏辦功德言不朽。

宣統三年中秋　羅浮待鶴山人初稿

202

THE IMPERIAL CHINESE TELEGRAPH ADMINISTRATION

Telegrams accepted for all Telegraph Stations in the World

STATION

TELEGRAM Nr. 4/396 Class S 60 Words.

Given in at Wan hsi the 191 16 H. 7 M. 55 m.

Peking

盛宮保

公執宮予粵心
求早小稍川之速
路股事慶之公子
湘事川一既手矣
速房周股事．蘇停
電組近前湘易交
咸壹囤澗通穀為
健碩花波爱忘力

Beaf

端方致盛宣懷電（一九一一年十月七日）

劉朝望致内閣電（一九一一年十月七日）

THE IMPERIAL CHINESE TELEGRAPH ADMINISTRATION.

Telegrams accepted for all Telegraph Stations in the World

STATION

TELEGRAM Nr. 106 Class Words.

Given in at Luchow the 191 H. 3 0M. m.

瀘州 北京 Peking 0355 內 0441 閣 4192 總
0588 協 3810 理 1129 大 5256 臣 6874 鈞 7003 鑒 2354 據 1355 宜
6333 賓 7193 電 4468 稱 2612 朱 6198 登 0006 五 6511 軍 0934 四
3602 營 0686 向 2682 犍 5634 爲 0467 前 6651 進 5564 匪 1122 多
5113 間 7364 風 6651 進 5564 匪 1122 多 5113 間 7364 風 6625 逃
6658 遁 0642 又 2354 據 4958 續 7193 電 2223 稱 1103 敘 0564 匪
3724 添 1122 多 0086 人 6436 路 0857 嘉 1004 城 0355 內 1120 外
6158 謀 2123 抗 2612 朱 6511 軍 6153 請 0275 催 7816 黔 6511 軍
6664 速 0171 來 2402 敘 4593 業 2201 盛 2108 抵 3068 江 0911 嚴
7089 防 0007 下 4533 竄 4558 等 6133 語 3800 現 7816 黔 4164 有
2450 新 6511 軍 0001 一 ~~0357~~ 3602 營 7089 防 6511 軍 0357 兩
3602 營 0971 均 1570 已 0451 到 3472 瀘 2450 新 6511 軍 4852 統
1601 帶 5516 董 4395 福 7030 開 0009 今 2480 日 7039 開 6352 赴
2402 敘 1650 府 7089 防 6511 軍 0491 劉 0337 乞

THE IMPERIAL CHINESE TELEGRAPH ADMINISTRATION.

Telegrams accepted for all Telegraph Stations in the World

STATION

TELEGRAM Nr. ______ Class ______ Words. ______

Given in at ______ the ______ 191 ______ H. ______ M. ______ /m.

堂一營駐
瀘防守會昌鎮一營
奉調日內開赴富順
而瀘城前駐徐軍一
營亦已全調赴富井
廠得此兩營與張輔
周軍聯為一氣當可
無虞聞敘府得黔軍扼
緊為朱軍後援總可
遏匪下竄之路就瀘
間江防已由朝望背
率鹽巡水師營扼守
險灘防匪擄舟竄逸

2734

THE IMPERIAL CHINESE TELEGRAPH ADMINISTRATION.

Telegrams accepted for all Telegraph Stations in the World

STATION

TELEGRAM Nr.________ Class________ Words.________

Given in at________ the________ 191________ H.________ M.________ m.

5267至 3329滇 7816黔 6708邊 1064境 564匪 7875黨 1580布
6702誣 1835恩 6642遠 2506昨 2354據 1776徐 3940甫 7115陳
0428丞 446鎮 3057永 1380寧 1558州 1129協 2741填 2589有
0564匪 1122多 0086八 2170時 275械 5116聲 4468稱 3945由
3068江 1344安 6665過 3109河 1570已 3945由 1776徐 6511單
2328撥 0365兵 1039靖 2066截 1144奉 7189飭 6311青 4900總
4206督 7193電 1570已 7389飭 2507將 6639道 5685蘇 6966鎮
3764率 7130隊 4559迎 2686查 0642又 3945由 4164省 3175派
0001一 360營 7465駐 349攏 7333頭 2108祇 4796禁 1570已
3945由 2600朝 259壁 738飭 2231援 3954界 2429放 2976武
4315確 2273探 0564匪 190情 006五 416相 6639道 1032報
5114聯 4812絡 7089防 1035堵 0642又 2332擄 6327資 1558州
7193電 439稟 0088 110壽

劉朝望致內閣電（一九一一年十月七日）

2734

THE IMPERIAL CHINESE TELEGRAPH ADMINISTRATION.

Telegrams accepted for all Telegraph Stations in the World

STATION

TELEGRAM Nr. ______ Class ______ Words. ______

Given in at 0564 the 0447 191 3739 M. 0447

1351	官	1570	已	7389	飭	2686	查
2494	明	4315	確	1906	情	1424	尚
2607	未	2234	接	1788	復	3057	永
1380	寧	6671	道	0491	劉	260	朝
2598	望	0066	卯	6897	銑		

印

劉朝望致內閣電（一九一一年十月七日）

內閣致端方電（一九一一年十月七日）

內閣寄川督
八月十六

846

THE IMPERIAL CHINESE TELEGRAPH ADMINISTRATION.

Telegrams accepted for all Telegraph Stations in the World

STATION

TELEGRAM Nr. ______ Class ______ Words. ______

Given in at ______ the ______ 191 ______ H. ______ M. ______ m.

Acting Viceroy

Chengtu

軍机了川蔓尔剿以解刳自衆
杖
行軍道奏趙䢖營法任陳人
奏路祖電被飭分數設毋所徒
電有情形并伏旨軍募着民方工
方據有尔内有有添仍良端灶
勢
端接買趙戌虞飭准布輯贅井
旨貝布據匪可猎之分撫裹井
奏萬及耶省延并辦資散處流

846

THE IMPERIAL CHINESE TELEGRAPH ADMINISTRATION.

Telegrams accepted for all Telegraph Stations in the World

STATION

TELEGRAM Nr. ________ Class ________ Words. ________

Given in at ________ the ________ 191 ____ H. ____ M. ____ m.

廣東無梗着置粵立誠措孚汝議
所川尚無赴布調川余內以都籌
重北称必即籌前赴徵隊援成速
注川探路立妥至後瑞軍赴到安閣
宜查擾道途手宜暫著者督方李此
檢覘既則方你李飭首湘三端畧歉
弁是處蹤端趙切已有於兩力將奏
財甚等匪阻與一軍已據調兵趕具

十六日

Seal

内閣致趙爾豐電（一九一一年十月七日）

840

THE IMPERIAL CHINESE TELEGRAPH ADMINISTRATION.

内閣寄川督 八月十六

Telegrams accepted for all Telegraph Stations in the World

STATION

TELEGRAM Nr. ______ Class ______ Words. ______

Given in at ______ the ______ 191 ______ H. ______ M. ______ /m.

Viceroy

Chengtu

秦兵湘余之湘川方諫
電以調徵近力赴端遣諫
事並請端接得速歸調閣
爾情形布著湘派近暫制此
趙匪分語等川選營應節欽
旨劉敷川於量三策手道
奉軍不援㮣酌兩資尔知
申新力軍誠處軍以趙部

Seal

626

780

THE IMPERIAL CHINESE TELEGRAPH ADMINISTRATION.

9.50 Telegrams accepted for all Telegraph Stations in the World

Ch. 8/10 STATION

TELEGRAM Nr. 88/405 Class S Words.

Given in at Wanhsien 萬縣 the 17/8 191 H. 9 M. 50 am

Peking

内閣總協理大臣鈞
鑒申密達奉十六日
兩次上諭川峽川東

[illegible]

三

端方致内閣請代奏電（一九一一年十月七日）

THE IMPERIAL CHINESE TELEGRAPH ADMINISTRATION.

Telegrams accepted for all Telegraph Stations in the World

STATION

TELEGRAM Nr.__________Class__________Words.______

Given in at__________the__________190_____H._____M._____m.

調鄂之鄰操桂要為勝捷江至
峰剩空人後偵往復捷大至南定
節方屬匪力難邊於勢單軍直
管壹端為充以混兵圍匪集徐捷
尔出南嘉張匪散被場張散匪
川趙欽川以多民則軍端所擊戮
赴方署園見詢並給至禮畀方給坍
端遣發即追兵自之端匪安

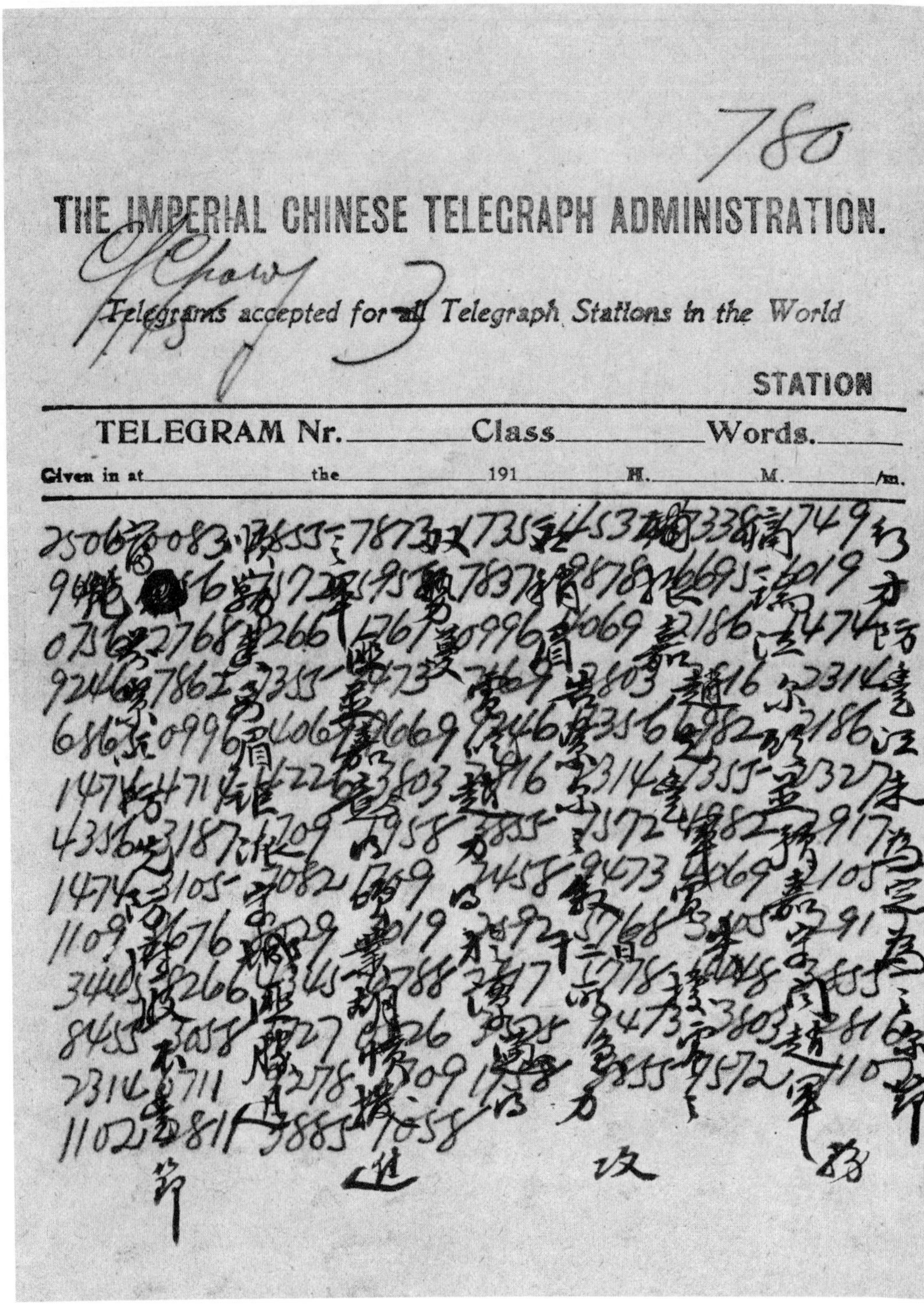

780

THE IMPERIAL CHINESE TELEGRAPH ADMINISTRATION.

Telegrams accepted for all Telegraph Stations in the World

STATION

TELEGRAM Nr.________ Class__________ Words.______

Given in at______________ the____________ 191______ H.______ M.______ /m.

端方致内閣請代奏電（一九一一年十月七日）

780

THE IMPERIAL CHINESE TELEGRAPH ADMINISTRATION.

Telegrams accepted for all Telegraph Stations in the World

STATION

TELEGRAM Nr.______ Class______ Words.______

Given in at______ the______ 190___ H.___ M.___ m.

渡兆以備治軍及內匪不嘉義濟
收並營竄甚方尤之軍餉經驗
進下嘗本地匪散多進李
日責
平之捷防空防案事已至匪窩
定土曲兩坊教君起境何教電派
嘉字軍防無王寶往來親率經
將丞朱江之罷我匪郭設律書
期以修題日不落弓結出解定將

780

THE IMPERIAL CHINESE TELEGRAPH ADMINISTRATION.

Chow
775

Telegrams accepted for all Telegraph Stations in the World

STATION

TELEGRAM Nr.________ Class________ Words.______

Given in at________ the________ 191____ H.____ M.____ /m.

9198累3855乞6861蘇2228撫1658二7572軍2814進0048紫
0201窃1914違4675席1408紅3855乞0874閘2917瀉2458叔
8346譬2737援1639空3514節3715昔2814所3184祇6889湘
7572軍6861以3555取4011道8830帶2504總3814達1164西
6174僑4115最9174鴻3855就8811近2024諭8676械1474防
9283營1102節6779次4172調0680赴0755前8885敵8889湘
7572軍1455—4755到6215建0268新1777頭1106寶2255路
1474防9835隊0進2816窮3114黨3377轉6665令0就
7572軍5555務0048紫3568川1485亂0083順6625慶5888潼
3568川3311無8266延3298霧2817所6695瑞8819方6861叩
6417有1699兩8855乞9759兵2327來0268可4149錄翌5555乞
3119與99用8855乞4876地2155止嘉[illegible]2455叔9669吃
9246縣5579咨9076在3568川

端方致内閣請代奏電（一九一一年十月七日）

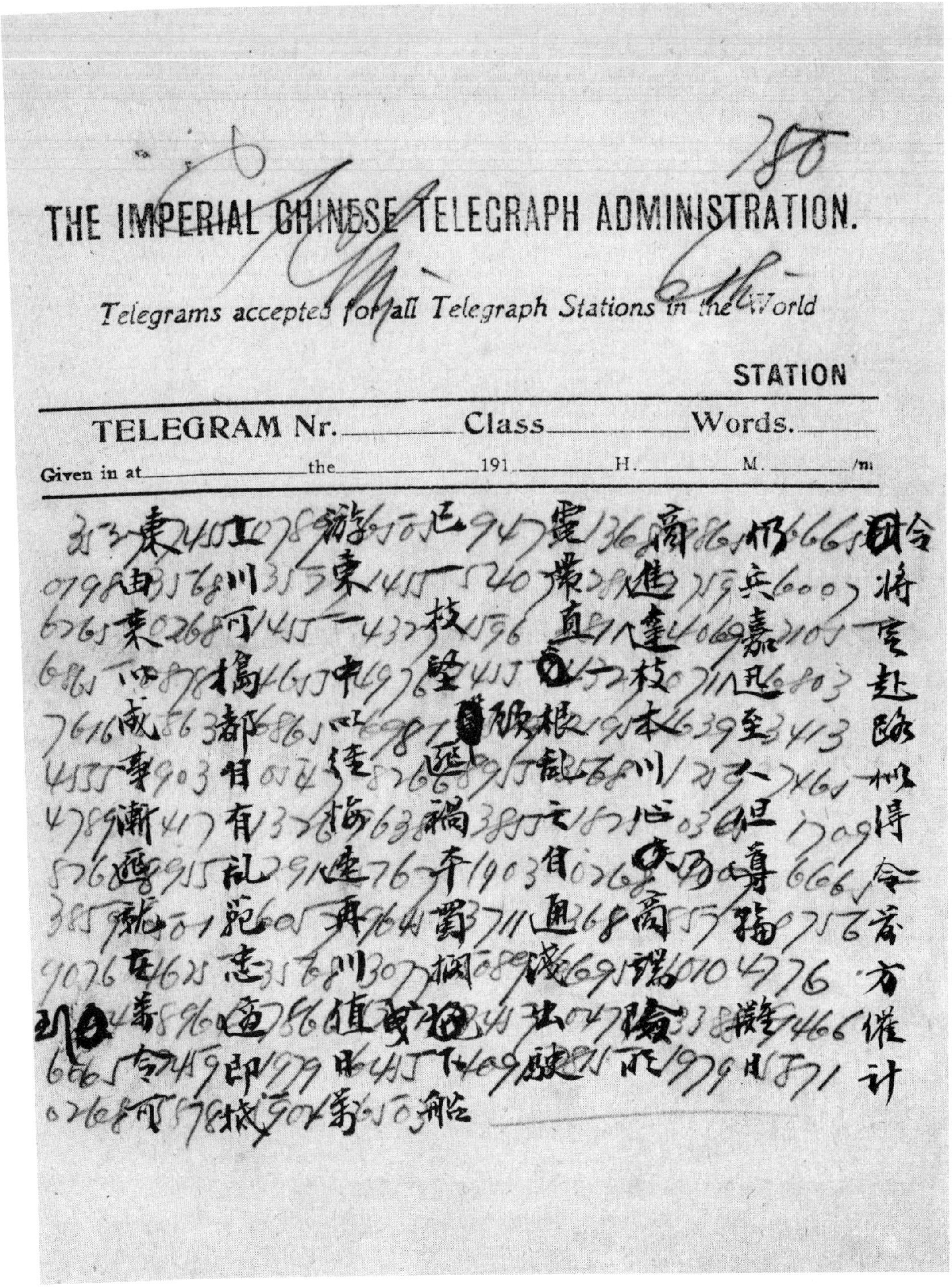

端方致内閣請代奏電（一九一一年十月七日）

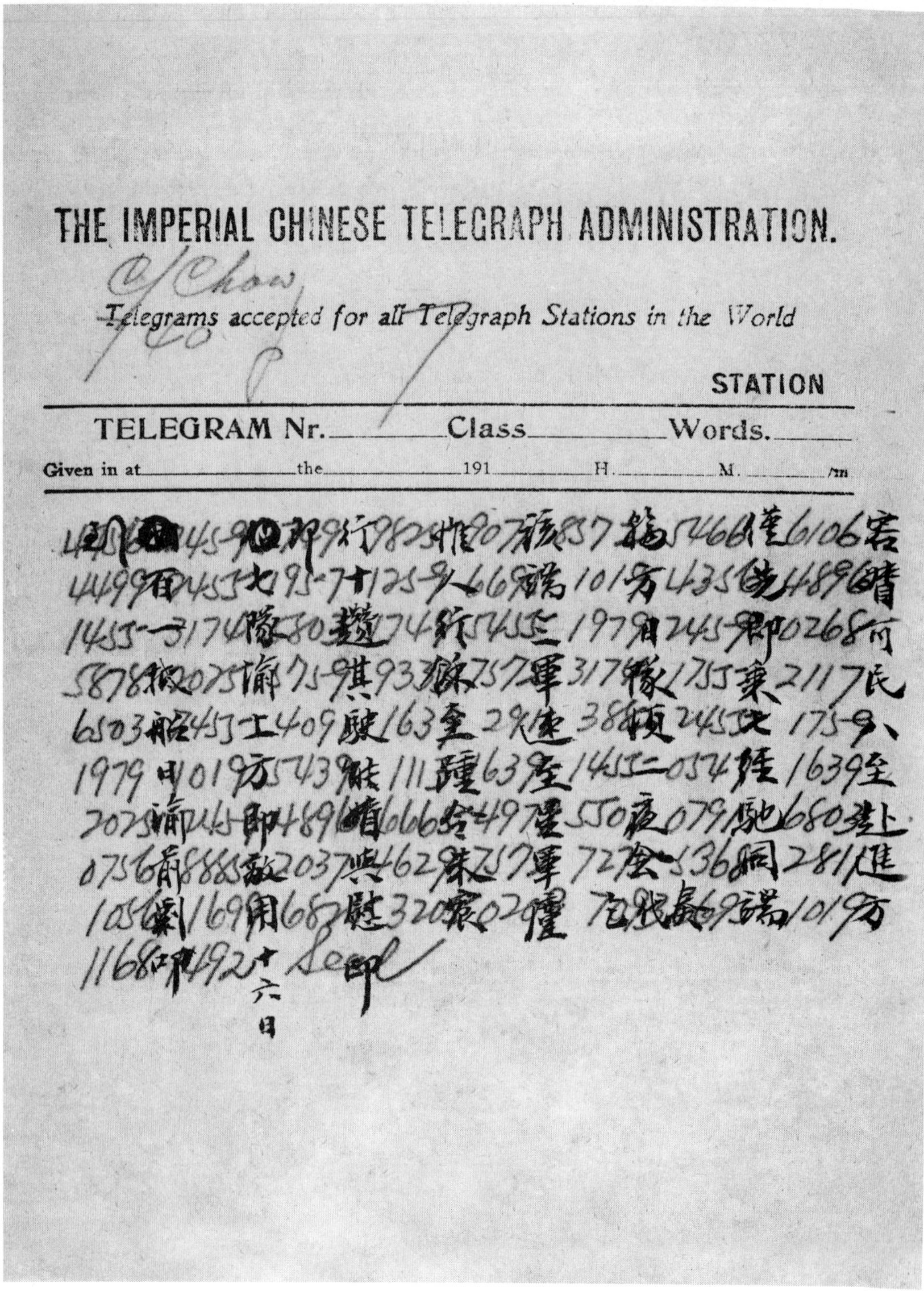

THE IMPERIAL CHINESE TELEGRAPH ADMINISTRATION.

C/Chow

Telegrams accepted for all Telegraph Stations in the World

STATION

TELEGRAM Nr. ______ Class ______ Words. ______

Given in at ______ the ______ 191 ______ H. ______ M. ______ m

十六日

Seal

已抄奉

桂林十日

大

THE IMPERIAL CHINESE TELEGRAPH ADMINISTRATION.

code

Telegrams accepted for all Telegraph Stations in the World

STATION

TELEGRAM Nr. Class Words.

Given in at Hweiling the 18 190 H. M. /m.

Peking

宮敬奏頭言由兼鈞麟民麟
爺電會有電内會達甚定嬌
公咸部漸院日赴面念豫鑿
部咨兩路政麟旨形否有面
傳辰聞桂至資即遵情息國容
郵鑒人之接在京路潮持見
支鈞桂激麟期回桂蜀維蜀諫
度保悉感緒會全將部有心肅

趙炳麟致度支部、郵傳部電（一九一一年十月七日）

2915

THE IMPERIAL CHINESE TELEGRAPH ADMINISTRATION.

Telegrams accepted for all Telegraph Stations in the World

STATION

TELEGRAM Nr.______ Class______ Words.______

Given in at______ the______ 190______ H.______ M.______ /m.

濟南　北京　内閣王
爺中堂鈞鑒川事自
趙督電奏奉第二次
諭旨以剿良籌劉撫
仰見朝廷對於争路
興謀乱確為两事洞
鑒靡遺惟該争路代
表係遵局章属於本
有權利存發事件為
天下所共諒現在立
憲實行似宜准司法
審判之公例方可議
川紳處分若處理

山東諮議局議員楊毓泗等致內閣電（一九一一年十月八日）

2915

THE IMPERIAL CHINESE TELEGRAPH ADMINISTRATION.

Telegrams accepted for all Telegraph Stations in the World

STATION

TELEGRAM Nr.________ **Class**________ **Words.**______

Given in at________ the________ 190______ H.______ M.______ /m.

後慶維大人臣山局毓
恐多事顧安下甚議楊叩
平滋善以而天幸諮員等
失患祈特局心民東議泗

2926

THE IMPERIAL CHINESE TELEGRAPH ADMINISTRATION.

Telegrams accepted for all Telegraph Stations in the World

Recd

STATION

TELEGRAM Nr. 437 Class 1 Words. 62

Given in at 萬縣 the ... 191 ... H. ... M. ... /m.

P

Peking

0356 全 5771 蜀 2585 會 7419 館
0829 喬 0015 丞 1116 堂 6392 趙
0174 侍 1785 卿 2555 暨 0781 同
6763 鄉 6175 諸 0361 公 7003 鑒
1478 參 1596 帥 6053 請 0250 假
4551 端 1596 帥 5267 至 5502 萬
1942 意 0031 主 0735 和 1627 手
1919 惟 665 進 4164 省 4234 尚 1931 需 514 将 480 日 416 看
1466 屬 592 被 048 劉 197 慘 3525 烈 718 難 103 堪 201 熊
0341 先 608 設 127 法 7193 電 8405 救 488 緩 048 斷
155 川 263 東 480 紳 794 禀 1102 士 1659 庶 036 公 166 叩
464 篠

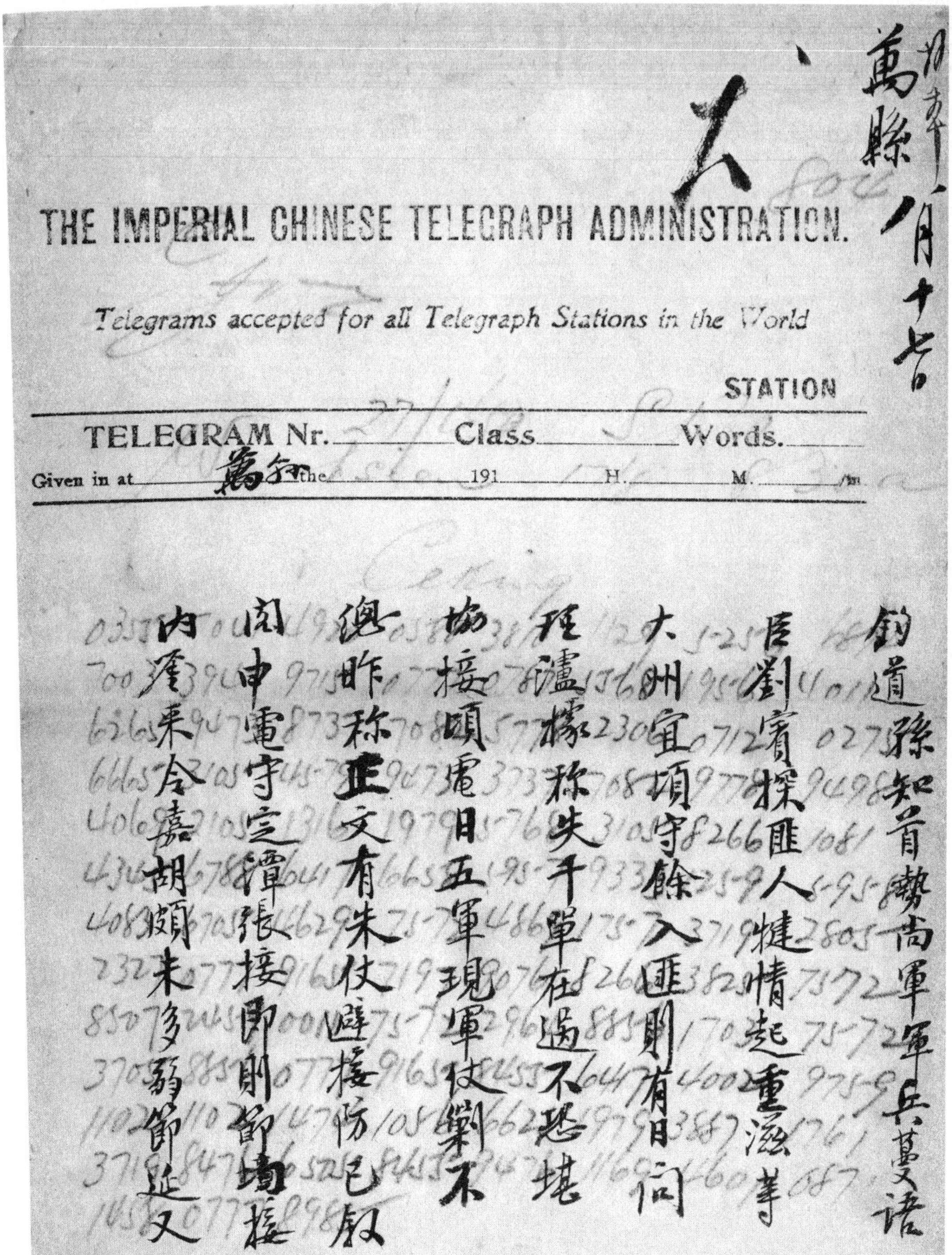

萬縣 月十七

大

THE IMPERIAL CHINESE TELEGRAPH ADMINISTRATION.

Telegrams accepted for all Telegraph Stations in the World

STATION

TELEGRAM Nr. Class Words.

Given in at 萬縣 the 191 H. M. m

鈞遣遞孫知肯勞尚軍軍兵莫曼語
臣劉賓探匪人犍情起重滋等
大州宜頃守餘入匪則有目問
程瀘榛称失千單在過不恐堪
協接頃電日五軍現軍仗劉不
總昨称正文有朱仗避接防已叙
閬中電守定潭張接即則節墻接
内覆来令嘉胡頻来後弱節延又

端方致内閣電（一九一一年十月八日）

THE IMPERIAL CHINESE TELEGRAPH ADMINISTRATION.

Telegrams accepted for all Telegraph Stations in the World

STATION

TELEGRAM Nr.________ Class________ Words.________

Given in at________ the________ 191____ H.____ M.____ m

在匯防資来營敘語
現率敘難前之爲等
稱潭到兵調頭江盜
電胡未重飛灘橫袢 十七日
来爲軍有速蔡至有叩
守已黠非請駐移並方
羅城驛軍蔡省能援闌
州嘉佑過把川如之稽

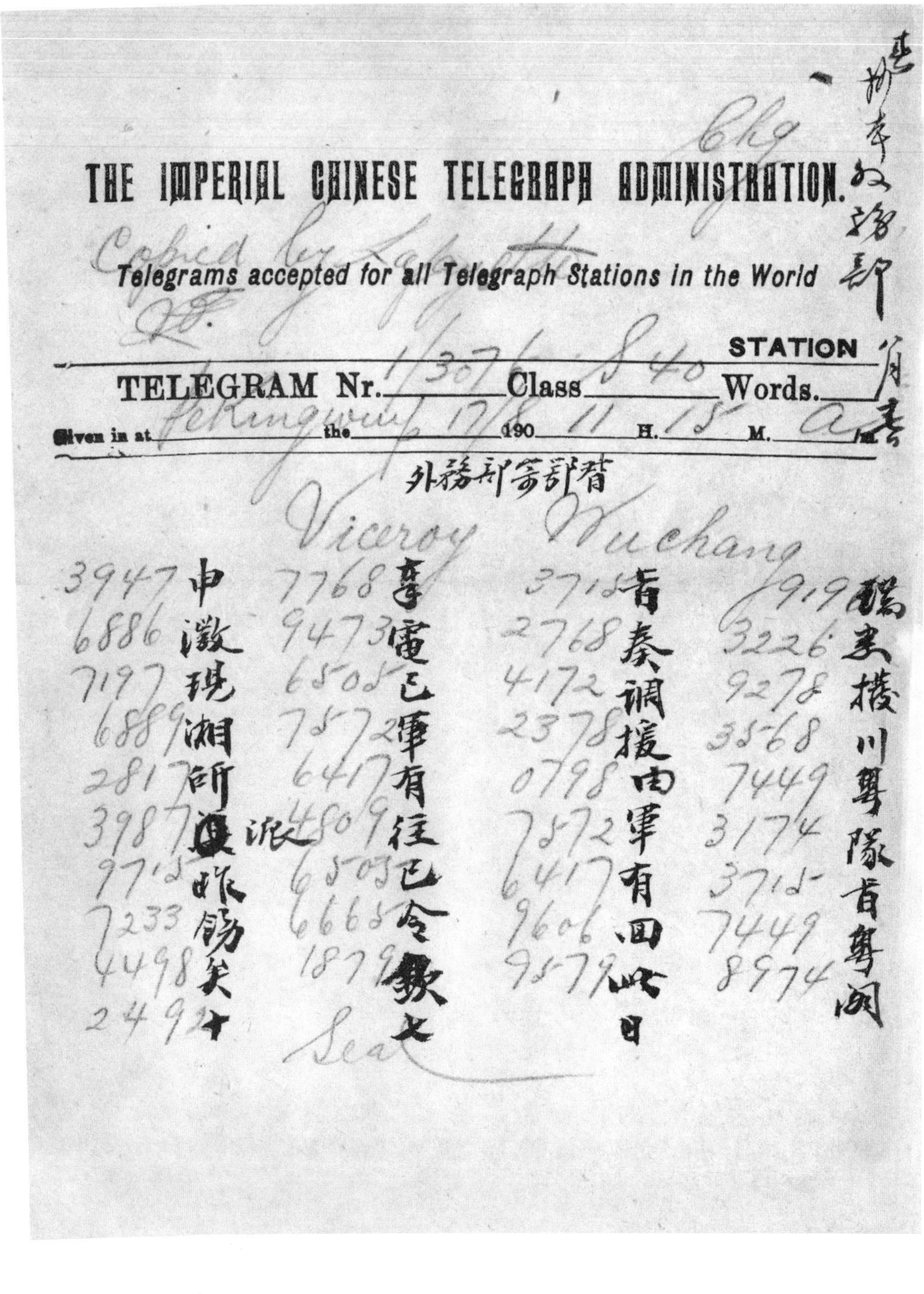

THE IMPERIAL CHINESE TELEGRAPH ADMINISTRATION.

Copied by Lafayette

Telegrams accepted for all Telegraph Stations in the World

STATION

TELEGRAM Nr. 1/3076 Class 8 Words. 40

Given in at Peking the 17/8 190 11 H. 15 M. a.m.

外務部寄部者

Viceroy Wuchang

瑞來援川粵隊旨粵閩
9191 3226 9278 3568 7449 3174 3715 7449 8974

旨奏調援由軍有回此日
3715 2768 4172 2378 0798 7872 6417 9606 9579

亭電已軍有往已令數支
7768 9473 6505 7572 6417 4809 6503 6665 1879

申澂現湘所派炸餉矣十
3947 6886 7197 6889 2817 3987 9712 7233 4498 2492

Sea

内閣致瑞澂電（一九一一年十月八日）

去電 政務部 月杏

606

THE IMPERIAL CHINESE TELEGRAPH ADMINISTRATION

Telegrams accepted for all Telegraph Stations in the World

STATION

TELEGRAM Nr. 3056 Class S Words. 273

Given in at Peking 武昌 the 4-10-P 191 1 H. 2.40 M. P

Vicroy Wuchang 394 3

川省撥去滇川州援陝除查少望
申近武端又而遣應貴佩改兵滇
時商以定殷調亂雲至粵有軍
延之頃嘉日敷川湘桑回陝滇
積憂無匯之知事不以鄂黨皆遠援
鄂亂百多處亂軍電出省已發赴
匯數地秉守兵來不六軍軍解
省城無餘失中以出甘粵甘不

2398 6266 9958 ...

內閣致瑞澂電（一九一一年十月九日）

THE IMPERIAL CHINESE TELEGRAPH ADMINISTRATION.

Telegrams accepted for all Telegraph Stations in the World

STATION

TELEGRAM Nr.______ Class______ Words.______

Given in at______ the______ 191______ H.______ M.______ m.

[illegible]

THE IMPERIAL CHINESE TELEGRAPH ADMINISTRATION.

Telegrams accepted for all Telegraph Stations in the World

STATION

TELEGRAM Nr.______ Class______ Words.______

Given in at______ the______ 191____ H.____ M.____ /m.

盧漢鄧迅挑畔經覆十
硃黃南營勦不必電閣
核楚何者協力撥裁奪
迅飭撥營尚調卓遠
稍援兩抽以大何弟　旨
之沒電打種稱如務請
趕即轉奔各鳳應變者　日
事川省建事域文印八

内閣致瑞澂電（一九一一年十月九日）

去

去電

外務部

肖右

626

THE IMPERIAL CHINESE TELEGRAPH ADMINISTRATION

Telegrams accepted for all Telegraph Stations in the World

STATION

TELEGRAM Nr. 886 Class Words.

Given in at 成都 the 191 M. M.

護川督

申電悉節防高界藉聲調敝游嘉爾節敘電滇桀敘經到嘉定奏趙隊優經駐進為節一防東當商軍收省派軍間營渾瀘州方電力日得將二之防湘寶左端已得早單戴李山城敵塡正旨寄撥政甚經蘇席俞斋可架奉失迅進奉李之連援赴即乞鄂

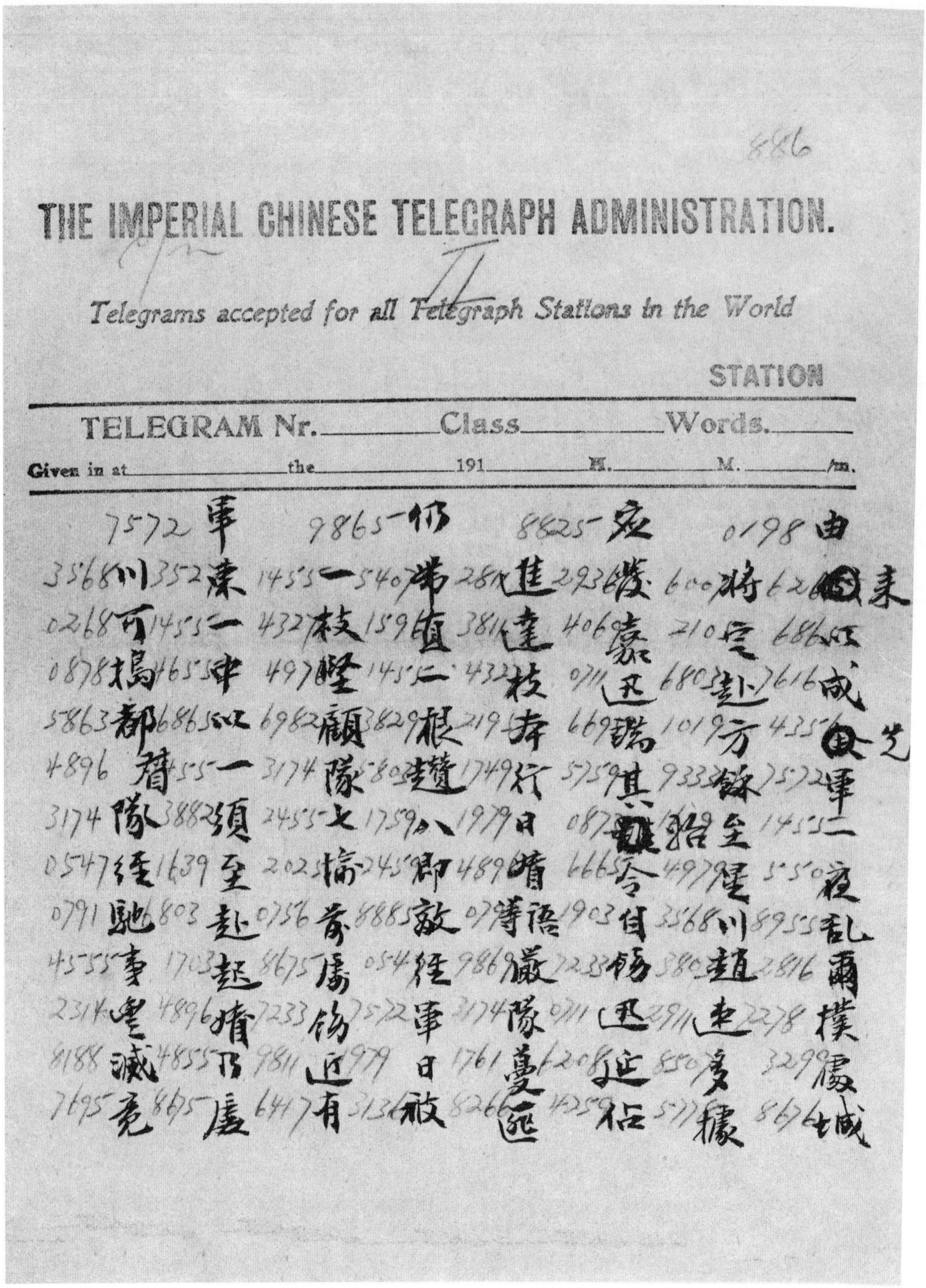

886

THE IMPERIAL CHINESE TELEGRAPH ADMINISTRATION.

II

Telegrams accepted for all Telegraph Stations in the World

STATION

TELEGRAM Nr. ________ Class ________ Words. ________

Given in at ________ the ________ 191 ____ H. ____ M. ____ m.

軍		仍		宏		由	
川	棠	一	帶	進	發	將	[illegible] 來
可	一	枝	直	達	豪	宅	江
揭	串	壁	二	枝	迅	赴	成
都	以	顧	根	奔	瑞	方	[illegible] 艾
督	一	隊	趕	行	其	錄	軍
隊	須	七	八	日	[illegible]	至	二
經	至	協	即	晴	令	星	夜
馳	赴	前	敵	等語	付	川	亂
事	起	屬	經	嚴	飭	趙	爾
[illegible]	督	飭	軍	隊	迅	速	撲
滅	乃	近	日	蔓	延	處	處
竟	屬	有	被	匪	佔	據	城

內閣致趙爾豐電（一九一一年十月九日）

Cerjmd

THE IMPERIAL CHINESE TELEGRAPH ADMINISTRATION.

Telegrams accepted for all Telegraph Stations in the World

STATION

TELEGRAM Nr.______ Class______ Words.______

Given in at______ the______ 191__ H.__ M.__ /m.

東華迅不名川省安廊欵

力宜軍渡乞拔袁法日蝸

兵以飭遂現援撥辦早麾

周來鎔部援陸才荼期久日

雖究嚴地延已端可捍日八

事理攢守之軍無異置鼓十

至辦羅失步援印捕軍愛閱

他得讀將以有得辦為法此

奉

COPY Nr. 626

Chg

報 轉 局 報 電

Station from St. the/8 App. T. of Exp. Nr.

Nr.	Class.	Number of words. Words	Cph.	Tx.	DEPOSITED. Station.	D.	H.	M.	SERVICE REMARKS via
898	S	76			Pekingwuh	18	8	2.40 pm	

Sent the/8 h. m. m. Stat. mess. by me.

Re-transmitted by Telegr the/8 to Stat. by App. Nr. from h. m./m. to — —/m. by me

Received from h. /m to — /m. by me

政務處 箐(?)

Wanhsien 萬縣

辦 箐 投 採

端節趙爲安字軍蔓日
旨名該安兩失隊已八
奉葉電陳表揮軍再十
申兩心所和並名令閏
臣速宜照印械餘無內
大棄械携務事嚴浪此
端電合宣置赴方速欽
鄂方甚宗常退地日退

內閣致岑春煊電（一九一一年十月九日）

來

武昌電

COPY Nr.

電報局　　轉報

Station　　from St.　　the/8　　App. T. of Expd. Nr.

Chg

Nr.	Class,	Number of words.			DEPOSITED.				SERVICE REMARKS.
		Words	Cph.	Tx.	Station.	D.	H.	M.	via
892	S	34			Pekingwork	18	3	30	

Sent the/8
h. m. m.
Stat. mess.
by me.

Re-transmitted by Telegr the/8
to Stat.
by App. Nr.
from h. m./m.
to — —/m.
by me

Received from h. m./m
to — —/m.
by me

Wuchang

7030	商	6912	鉄	1352	那	1866	廣
4920	紀	4206	贊	1478	岑	6591	良
2081	岑	2812	旨	2100	岑	3835	要
4319	煊	7591	電	2091	奏	2552	言
7064	鄂	3301	水	2851	上	1199	不
3474	服	7311	諭	2881	答	2784	上
1195	海	3461	就	1894	覽 多	6796	諭
0078	花	6461	近	4322	所 諭		欽
7311	瓜	3227	閣	4537	十 八	7556	日
0143		Seal					

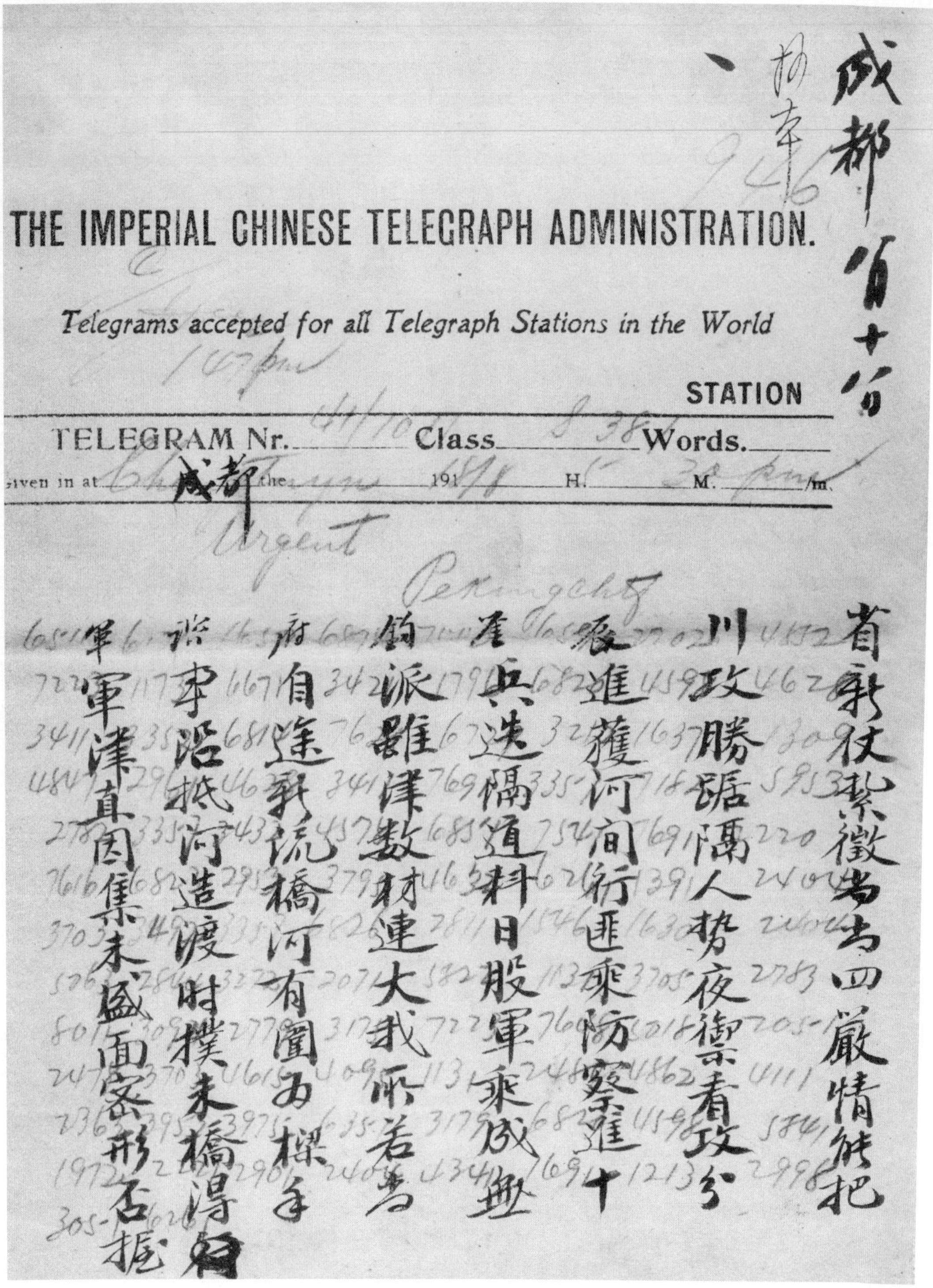
THE IMPERIAL CHINESE TELEGRAPH ADMINISTRATION.
Telegrams accepted for all Telegraph Stations in the World
STATION
TELEGRAM Nr. Class Words.
Given in at 成都 the 191 H. M. /m.
Urgent

趙爾豐致軍諮府電（一九一一年十月九日）

THE IMPERIAL CHINESE TELEGRAPH ADMINISTRATION.

Telegrams accepted for all Telegraph Stations in the World

STATION

TELEGRAM Nr.________ Class________ Words.________

Given in at________ the________ 191____ H.____ M.____ /m.

處領萬之嘉等雖防端軍南月

近

等統下城報壽軍章薛鄧川經

附

灌有來有標仁監統芓辛東軍

崇主約攻帶山氣並嫌統川矣

城

郫動大團一彭賊州均已畫防

溫泰月有游州片灌軍有現規有

省

縣復名日下眉一到名員渝務

州又等人警定處已寒大赴防守

946

THE IMPERIAL CHINESE TELEGRAPH ADMINISTRATION.

Telegrams accepted for all Telegraph Stations in the World

STATION

TELEGRAM Nr.______ Class______ Words.______

Given in at______ the______ 191______ H.______ M.______ /m.

無川帶亦應鄂援顧救川想招
後小一編勢防以補兩思可
多慮川勾之駐調者後變立兵軍
日可運往動將近進事事獨無容
病為廣蕭欲組就路致次有有派
傷深會羅府標一免此搗本多
成兵順志躍大一北本難心以不
苦援北固有精軍川根愈人所若

趙爾豐致軍諮府電（一九一一年十月九日）

946

THE IMPERIAL CHINESE TELEGRAPH ADMINISTRATION.

Telegrams accepted for all Telegraph Stations in the World

3.16 P

STATION

TELEGRAM Nr.______ Class______ Words.______

Given in at______ the______ 191____ H.____ M.____ m.

肆經軍報地邊不早察
事新榮邊文司諺皆府聽
定之由溪調外土之恐大禍
鎮測清前閱閘結塞望勝
可至踞州通連梗並不
行不直匯雅不有氣聲事及嘯
速且西為林餘匪氣無築卯
變以地恆月方藏免為雲

趙錫年致郵傳部電（一九一一年十月十日）

COPY NR. 九

電報局轉報

Station from St. the/8 App. T. of Expd. Nr.

Nr.	Class.	Number of words. Words Cph. Tx.	DEPOSITED. Station. D. H. M.	SERVICE REMARKS.
947		193	peking wup	via.

Sent the/8 h. m. m.

Stat. mess.

by me

Re-transmitted by Telegr the/8 to Stat. by App. Nr. from h. m./m. to — —/m. by me

Received from h. m./m. to — —/m. by me

Viceroy 湖廣總督

申奉旨瑞澂等電奏選派巡防三隊先後開拔赴川等語著瑞澂余誠格飭令參將陳彬生迅速督隊前進現在川省匪勢蔓延務須克期赴援毋得延緩派出之巡防三隊共有若干人如者不敷分布仍應酌量續撥以壯聲援欽此閣

十九日

內閣致瑞澂電（一九一一年十月十日）

重慶

八月廿二日

THE IMPERIAL CHINESE TELEGRAPH ADMINISTRATION

Telegrams accepted for all Telegraph Stations in the World

STATION

TELEGRAM Nr._____ Class_____ Words._____

Given in at Chungking the_____ 190__ H.___ M.___ /m.

Thro Peking

澤貝子
鈞盛宮保鑒申頃發
電奏云端方由萬县
乘蜀通商輪上駛水
勢暴漲伋灘出險今
午始別棧重慶稼朱
軍電祇在捷為城外
阻風山遇捷亟內綫
之嘉陵大服四千路
人派人持論晚尊令
兵鮮散亟徒不促猛
撲館軍當經接伏陣
襲亟首白姓畢姓亟
姓三姓

端方致載澤、盛宣懷請代奏電（一九一一年十月十三日）

1352

THE IMPERIAL CHINESE TELEGRAPH ADMINISTRATION.

Telegrams accepted for all Telegraph Stations in the World

2nd STATION

TELEGRAM Nr. 113 Class Words.

Given in at the 190 H. M. /m.

匪銅匪李軍竄趕截十點出
嘉引至轄徐股猶踞二軍夫正
人向題據匪稟日擒搶連現查
餘旋股軍又撤屬連被槍由逸等語
而去匪我援家縣處健得匪竄補
三退邊城轉郭宋等匪奪路場進
徒衰三復為稱古棋劉人餘翁兵
匪勢雖勢捷電入場進餘多老兮

1382

THE IMPERIAL CHINESE TELEGRAPH ADMINISTRATION.

Telegrams accepted for all Telegraph Stations in the World

3rd STATION

TELEGRAM Nr. 113 Class ______ Words. ______

Given in at ______ the ______ 190__ H. ______ M. ______ /m.

為貴捷以前匯軍令所得到
宗楊爭邊得當援豐貼有鋭已
嘉直力三不匯後等頓用精限
匯軍全飛軍軍纂力勞政兩軍捷
之朱以鋼朱朱頓孤精叙粮該赴
南路故召制在為勢本至受蓄勝
川策堅發痒硯兄免東糧陸養已
查老中反般進衛姑遠由輸以敘

端方致載澤、盛宣懷請代奏電（一九一一年十月十三日）

端方致載澤、盛宣懷請代奏電（一九一一年十月十三日）

1352

THE IMPERIAL CHINESE TELEGRAPH ADMINISTRATION.

Telegrams accepted for all Telegraph Stations in the World

STATION

TELEGRAM Nr. 113 Class ______ Words. ______

Given in at ______ the ______ 191 ___ H. ___ M. ___ /m.

以來大之已料寬續邊徐進進
戒須可敗俯並甚者南令學節
並疏不不粮為不節外益一節
合生毫主役預孫全靡鬆力洪
会地縱自夫官子暫穩略得似由
軍人進能切方攜好諸勢抽府軍
朱軍穩方一地虜只殺匯駒敘朱
與審常意地由惟條外畏軍擊斷

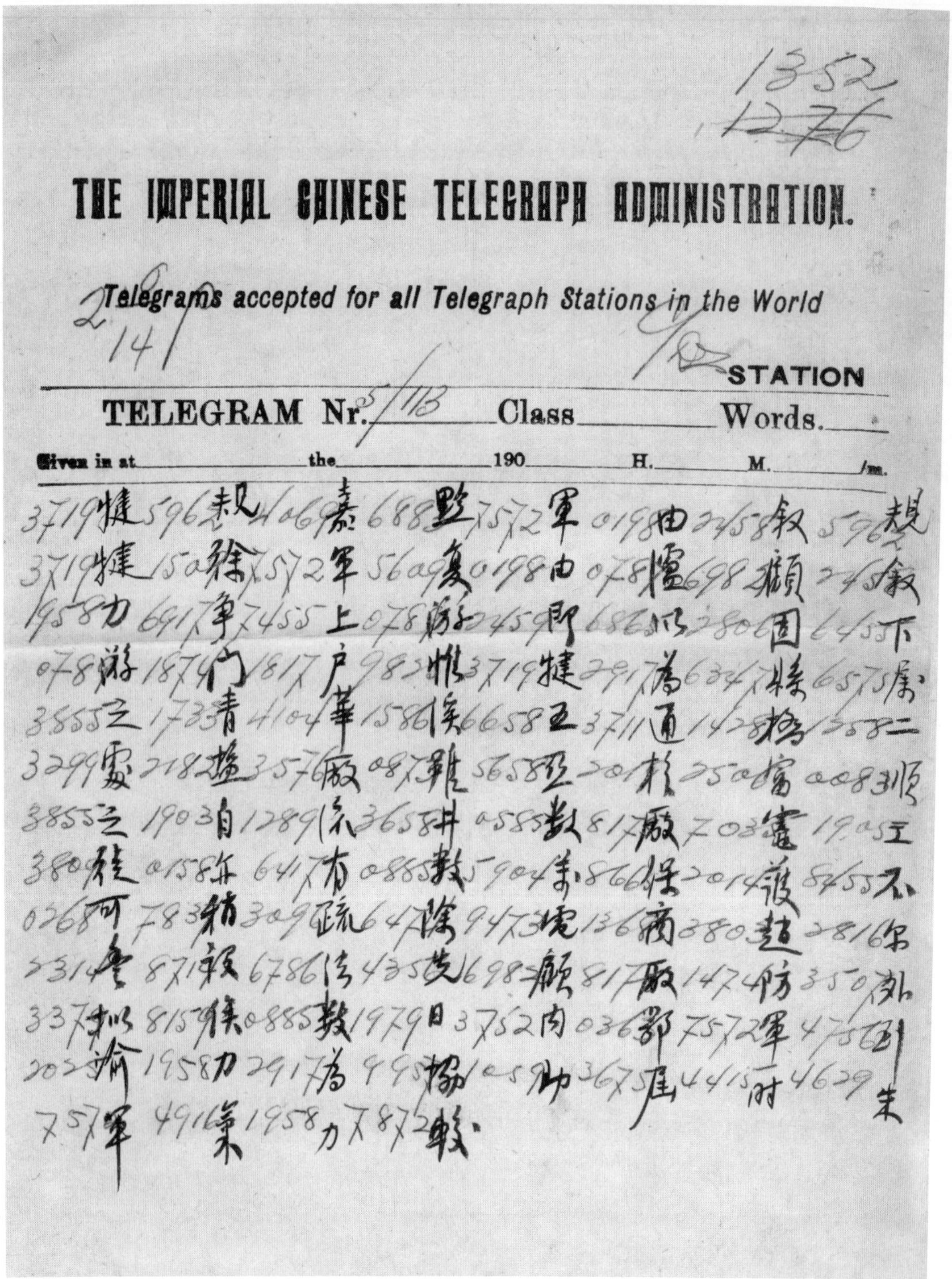

1352
1276

THE IMPERIAL CHINESE TELEGRAPH ADMINISTRATION.

Telegrams accepted for all Telegraph Stations in the World

STATION

TELEGRAM Nr. ______ Class ______ Words. ______

Given in at ______ the ______ 190 ______ H. ______ M. ______ /m.

覲叙下屬二順工不宗勛劃朱
叙願圍綠橋當靈渡趙防軍附
由擅汎為通相廠保商廠鄂屆
軍由即捷五鄧數集境艦內助
贊復漢帳俟難井數隊黃日協較
嘉軍上户華廠流有疏涪數為力
叔徐爭們青鹽自在精殺集力策
捷捷力游之震之往可奪掛渝軍

端方致載澤、盛宣懷請代奏電（一九一一年十月十三日）

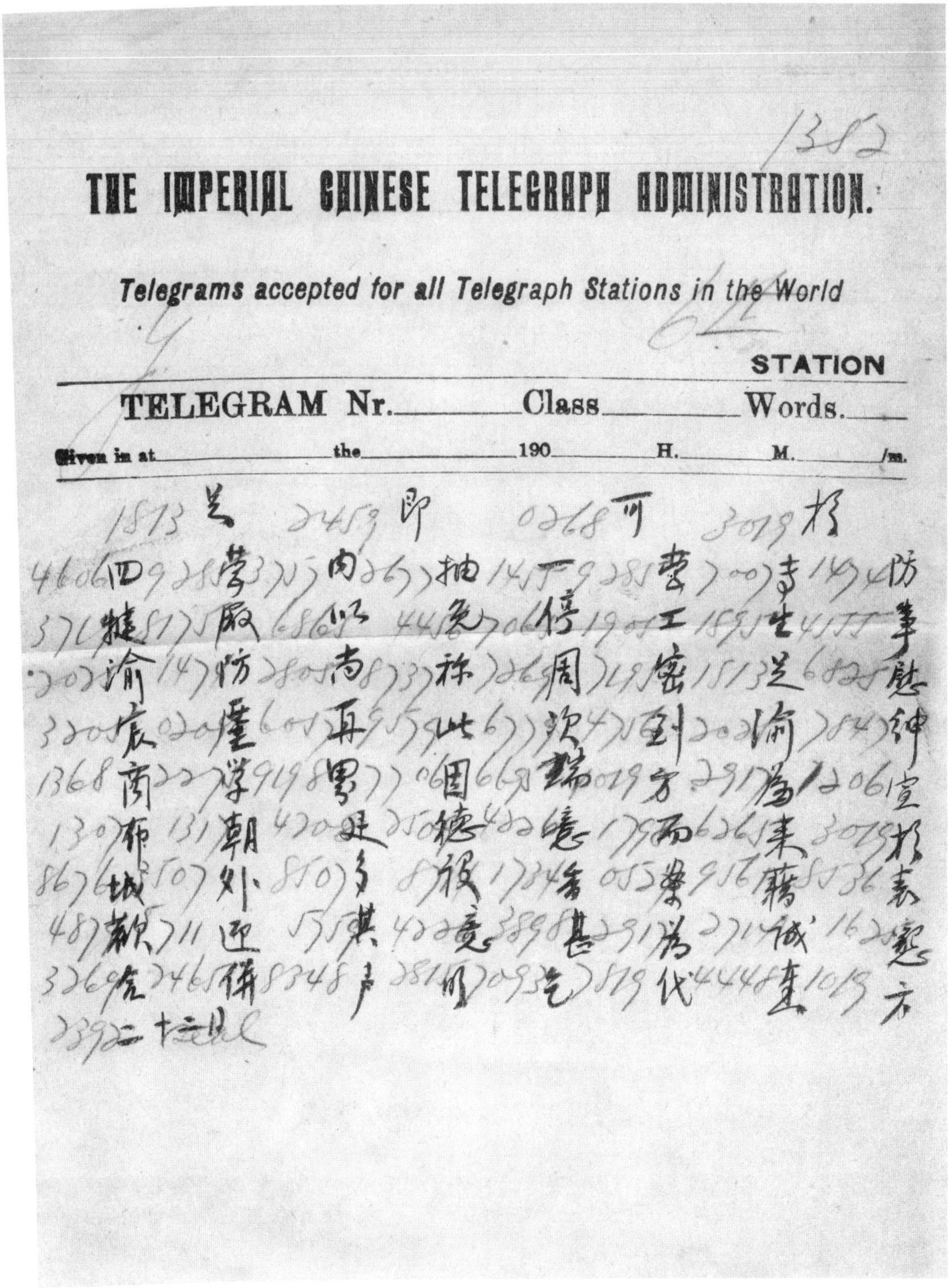

❀宮門鈔

九月初五日　學部　典禮院　廂紅旗値日

徐中堂等　張英麟等　譚學衡等同鄉官謝　恩

奎俊由　西陵回京請　安

資政院遞封奏三件　法律館遞封奏一件隨民律草案四函　禁煙大臣　洵貝勒

等　學部國子丞徐坊　翰林院侍講學士文華　翰林院侍講程棫林　鄭沅　御

史麥秩嚴　范之杰　齊忠甲各遞封奏一件

明日換銀鼠袍褂

內閣奏派驗放王大臣

派出恭王　恩存　郭曾炘　王垿

召見內閣總協理大臣　澤公

❀諭　旨

九月初五日內閣奉

上諭

監國攝政王面奉

隆裕皇太后懿旨現在設立慈善救濟會著賞宮中內帑銀三萬兩以資拯濟欽此

監國攝政王鈐章

奕劻那桐徐世昌署名

監國攝政王鈐章
九月初五日內閣奉
上諭孟冬時享
太廟遣懋林恭代行禮
後殿派載功行禮兩廡派延康錫露各分獻欽此
奕劻那桐徐世昌署名
監國攝政王鈐章
九月初五日內閣奉
上諭資政院奏部臣違法侵權激生變亂據實糾參一摺據稱禍亂之源皆郵傳大臣盛宣懷欺矇朝廷違法斂怨有以致之該大臣手握交通機關不惜專愎擅權隔絕上下之情於應交院協議交閣議決之案一切不顧於閣制發表之後二日首先破壞單銜入奏罔上欺民塗附政策釀成禍階此次川亂之起大半原因即以該部奏定僅給實用工料之款以國家保利股票不能與鄂路商股一律照本發還又將施典章所虧倒數百萬棄置不顧怨苦鬱結上下爭持川亂即作人心浮動革黨叛軍乘機竊發該大臣實爲誤國首惡等語鐵路國有本係朝廷體恤商民政策乃盛宣懷不能仰承德意辦理諸多不善盛宣懷受國厚恩竟敢違法行私貽誤大局實屬辜恩溺職郵傳大臣盛宣懷著即行革職永不敘用內閣總理大臣慶親王奕劻協理大臣大學士那桐徐世昌於盛宣懷朦混具奏時率行署名亦有不合著交該衙門議處嗣後該大臣等於一切用人行政事宜務當不避嫌怨竭誠贊畫以維大局而濟時艱欽此
奕劻那桐徐世昌署名

監國攝政王鈐章

九月初五日內閣奉

上諭郵傳大臣著唐紹怡補授迅速來京供職未到任以前著吳郁生暫行兼署欽此

奕劻那桐徐世昌署名

監國攝政王鈐章

九月初五日內閣奉

上諭前派端方前往四川查辦鐵路事宜嗣據都察院代奏四川京官曾鑑等爲川民爭路致釀重案懇飭秉公查辦以維大局而遏亂源呈一件又經諭令端方按照所陳各節秉公查明具奏茲據端方電奏稱行抵川境迭據各屬士紳代表呈訴並先後接據委員報告及所聞官紳議論詳加考核查得川中罷市罷課不戕官吏不刦倉庫絕非逆黨勾結爲亂其七月十五日民居失火僅係南打金街民人自行失愼人民因蒲殿俊羅綸等被拘赴轅請釋統領田徵葵擅行槍斃街正商民數十人附近居民聞知遂首裹白巾奔赴城下求情又爲槍斃數十人以致衆情憤激其所傳布之自保商榷書並無獨立字樣亦無保路同志會及股東會圖記其中且有皇基萬世等語並非出自蒲羅等之手又有搜獲木牌血書皆匪徒假託非士人所爲川中官吏周善培王棪饒鳳璪等復挾諮議局糾舉之嫌搆成寃獄不納捐糧一說係官紳聯合會內提倡有緩辦捐輸以請息扣糧之議並非股東實行征收國家租稅等語此次川事糜爛既據端方查明實由官民交[illegible]而成所有辦理不善之地方官自應分別懲治前護四川總督王人文現署四川總督趙爾豐身任封圻既不能裁制於前復不能弭患於後實屬咎無可辭王人文趙爾豐均著交內

閣議處署松潘鎮總兵營務處總辦候補道田徵葵貪功妄舉擅斃平民著即行革職發
往巴藏責令戴罪圖功署提法使勸業道周善培輕躁喜事變詐無常候補道王棪王梓
結怨紳商聲名素劣均著即行革職候補道饒鳳璪資輕望淺輿論不孚著以同知降補
以昭炯戒四川諮議局議長法部主事蒲殿俊副議長舉人羅綸度支部主事鄧孝可翰
林院編修顏楷貢生張瀾民政部主事胡嶸舉人江三乘葉秉誠王銘新對於匪事絕無
干涉均著即行釋放法部主事蕭湘前被拘留著一併免其置議現在川省土匪竊發蹂
躪地方煽脅良民蔓延日久著端方傳旨責成蒲殿俊等分投開導迅速解散不得藉詞
諉卸其有抗拒不服甘心作亂之匪徒仍著端方趙爾豐嚴飭地方文武切實剿辦總使
良莠分明毋枉毋縱以副朝廷綏靖地方之至意餘照所議辦理該衙門知道欽此
奕劻那桐徐世昌署名
監國攝政王鈐章
九月初五日內閣奉
上諭昨據盛宣懷奏設立慈善救濟會派員赴鄂救濟被難人民一摺此次湖北變亂武漢
居民同遭慘禍現既不得已而用兵凡軍前之受傷被難軍民其困苦尤堪憫念著即設
立慈善救濟會盛宣懷現已革職著尚書呂海寰妥速籌辦幷督飭派往各員於醫傷救
難兩事認眞救濟又片奏派令沈敦和福開森前往辦理救濟事宜又片奏在京設立會
所遴派得力人員隨同規畫各等語均著呂海寰酌核辦理該衙門知道欽此
奕劻那桐徐世昌署名

監國攝政王鈐章

九月初五日内閣奉

上諭禁煙大臣奏職官煙癖未除據實糾參一摺度支部候補主事楊典誥著革職永不叙用所有爲楊典誥出結之度支部員外郎色克圖度支部主事黄鳳藻均著降一級調用欽此

奕劻那桐徐世昌署名

監國攝政王鈐章

九月初五日内閣奉

上諭直隸巡警道員缺著葉崇質補授欽此

奕劻那桐徐世昌署名

監國攝政王鈐章

九月初五日内閣奉

上諭浙江處州府知府員缺著雙壽補授欽此

奕劻那桐徐世昌署名

❀交　旨

九月初五日

監國攝政王鈐章

欽奉
諭旨貝勒載洵等奏謹陳現修
崇陵工程情形一摺知道了欽此
奕劻那桐徐世昌署名
監國攝政王鈐章
欽奉
諭旨陳邦瑞著派充籌辦江皖賑務大臣欽此
奕劻那桐徐世昌署名
監國攝政王鈐章
欽奉
諭旨資政院奏請將改訂院章交院協贊一摺所有此次改訂之資政院院章著交該院協
贊再行奏請欽定欽此
奕劻那桐徐世昌署名
監國攝政王鈐章
欽奉
諭旨修訂法律大臣奏編輯民律前三編草案告成繕單呈覽一摺著內閣覆核具奏欽此
奕劻那桐徐世昌署名

南洋華僑商會致内閣請懲誤國大臣電（一九一一年十月二十八日）

463

THE IMPERIAL CHINESE TELEGRAPH ADMINISTRATION.

Telegrams accepted for all Telegraph Stations in the World

南洋海島 STATION

TELEGRAM Nr. 242 Class Words. 20

Given in at Ampenan 27/10 191 H. 45 M.

Loeckoek

内 閣 王 爺 Peking

03557		04137		69363		90022	中
10167	堂	鑒	03364	路	24239	收	20948	國
25890	有	加	02202	借	34315	洋	20280	債
61370	誤	國	94829	殃	88304	民	60047	乞
66432	速	收	39209	回	32205	成	20730	命
09172	嚴	懲	03367	郵	55142	尚	40793	商
25850	會		66137	叩	13000	虞		

浙江諮議局致內閣請懲誤國大臣電（一九一一年十一月十八日）

THE IMPERIAL CHINESE TELEGRAPH ADMINISTRATION. 5247

已扣

Telegrams accepted for all Telegraph Stations in the World

248 a

297

red ex

STATION

TELEGRAM Nr. 4/1226 Class 38 Words.

Given in at Hangchow the 1911 28 H. 9 M. 50 p.m.

杭州 北京 Peking

0355	內	7041	閣	3769	王	3639	爺
0022	中	1016	堂	6874	鈞	7003	鑒
1557	川	0057	事	4745	縻	3620	爛
6755	郵	1424	尚	1557	川	4206	背
1395	賣	3634	為	4393	禍	7445	首
0047	乞	1146	奏	6153	請	0917	嚴
2033	懲	0110	以	6200	謝	1131	天
0007	下	3181	浙	3068	江	6171	諮
6231	議	1444	局	0661	叩	0522	勘

郵傳部修正川粵漢借款暨幹路國有辦法辯明書

郵傳部修正川粵漢借款暨幹路國有辦法辯明書

本部此次修正川粵漢借款同時經軍機大臣外務部度支部郵傳部會議定為鐵路幹路國有辦法奏

旨依議在案此項政策發布以來擾攘數月報界記載動輒誤會致資政院諸君生出彈劾問題其中原因繁雜非口答所能詳盡本大臣特將外間誤會之處作為質問編成答案以釋羣疑若於所擬問題尚有遺漏之處仍請再行條詢隨即咨答總期是非曲直天下共見以昭公道

閱者鑒之

一質問川漢粵漢借款應先交資政院議決後方能辦理何以此次郵傳部並未交議逕行簽押

答曰院章第十四條資政院對於公債有議決權本部豈有不知之理惟凡屬交議各案資政院認爲可行者方能照辦一經否決勢須取銷此項川粵漢借款係於宣統元年未開資政院之前經前督辦大臣　張文襄與四國銀行同簽過押者已有成約在先　萬難毁廢　如果交議資政院認爲不應借貸彼時國家有此權力銷毁四國合同乎　是此案即經議駁亦恐不能生出效力自無交議之必要况去歲資政院開議之時已在磋磨此項條件期間　前任郵傳部大臣並未將此案交議本大臣承接辦理已在資政院閉會之後其時四國催促尤急外務部掌握外交如可再延斷無不推宕之理計　前後由外務部咨轉四國來文催促畫押者十有餘次及至四國公使向外務部執定原約力爭幾致

決裂乃經三部會議奏明畫押本部上遵
朝旨外顧邦交故於會奏借款摺末聲敘未能交議理由原摺具在儘可覆按

一質問
先朝諭旨特准川粵漢商辦今忽收回國有是何緣因
答曰川粵漢係國家東南幹路關繫國防商務應剋期竣工該兩路自奉
旨商辦以來時閱多年廣東糜費無算修路有限見諸股東會屢次攻訐有案四川路
成更少糜費之外倒款且二三百萬湖南據今年六月楊中丞派員查帳報告截
至本年五月止尚虧短二十八萬湖北已集之款僅百餘萬元 綜觀四省情
形兩路一任商辦萬無告成之望
朝廷鑒於商辦無成而各省疆吏請造邊路以顧國防不得不趕成腹路方能由近及

遠乃定收回國有政策屢經
明降諭旨皆可覆按今諸議員反對國有者謂旣歸國有股東權利大有損失甚且以
奪民利而歸諸官來相責備 不知此次所定國有辦法第一條件悉
准民間附股常利分紅一律援照商辦毫無虧損卽將來陸
續附投股本亦所不禁但於民力不及之處國家特任其難
使之早成是商辦應有好處商民仍舊享受 而商辦所慮權力
薄弱工程疲緩財政不敷路工中輟各情形旣歸國有國家一切擔任自可無慮
且粤蜀兩處仍舊責成股東公舉之總理詹天佑李稷勳更又
何嫌何疑而民間所負擔不起之租股及各項雜捐因有國家籌款無須强迫藉
可稍釋重負此等辦法得失利害無待煩言而轉歸咎政策之不善眞無是非矣

一質問既收國有即應國家自籌的款辦理既無的款可籌即不應收歸國有

答曰商辦既無的款又不能按期竣工只有收歸官辦之一法而國家値此財政支絀又只有借款趕造路成後以利歸還且此次借欵并非屛斥民股係因路長工艱民力附股之外不敷之數尙鉅不能不有助於借款耳　本部體察粵蜀兩省財力尙富或且無須借款故於此次借款合同除宜夔一段之六百里險工外均未涉及廣東四川　外間乃謂本部將廣東四川一律抵押殊多誤會況諸君所慮借款者即惑於路亡國亡之說耳請問京奉汴洛正太滬甯廣九各路均係借款建造此數省主權並未落諸外人之手　即京漢全路借自比國者及期淸還註銷合同又未聞比國出而留難爭執　借款事既如彼實可解釋疑慮　若本大臣於

此次磋磨合同之條件比較原約有所損失自應擔負辦理不善之咎乃稽核內容只有將原約損失之處補救甚多奏案具在且有本部編成始末記逐條比較爲憑諸君詳閱便可曉然矣

一 質問郵傳部規定收股辦法四省并無一律以致外間嘖有煩言

答曰廣東股款虧蝕既爲該省股東會屢控有案粵督郵傳部派查指出確據有案四川倒帳甚鉅該省同鄉京官參劾有案此項虧倒在商辦之時已無著落該管衙門上顧國帑下察路工不能不會議分別辦法而於各省所有股本除無著之倒帳外仍無絲毫損失但分別目下有利無利仍與各督撫隨時商酌嗣因各督撫往返電商格外體恤復由本部奏請定爲四省畫一辦法無論虛糜倒帳一律發給國家保利股票是前之辦法稍有分別

者今皆一致矣前之商辦各欵無著者今歸國家全認矣且或附股或收回現銀仍聽股東自便試問商辦之時各股東有此自由便利否

一質問張文襄原草約只有湖南湖北並無四川廣東此次何以加入粤蜀兩省

答曰原合同借款用法於湖南湖北幹路之外又有漢陽府起至荆門州止六百里枝路在内今幹路既定國有枝路自應聽鄂人自辦以符奏案而洋人以成約在先漢荆枝路里數不能讓減持之甚堅本部調停辦法特以宜昌至夔州之幹路六百里以換漢荆枝路六百里里數並無加多在

朝廷一視同仁湖北四川何分軒輊況宜夔一段西人測量所稱爲世界

第二險工專用華工程師一有貽誤成本無歸不如歸併借款任用歷有經驗之美國工程師既專責成無慮蹉跌至夔州以及成都二千二百里暨廣東漢粵全境現時合同均無在內但願粵蜀全省人士踴躍附股力底於成則款項充足儘可成吾完全自辦之路

朝廷何樂於續借洋款以致利權外溢耶

一質問此次川亂即因郵傳部不認倒帳各款憤激而成

答曰四川風潮自始迄終見諸王護督趙署督諮議局保路會歷次電奏咨呈及各報館之登載并無提及倒款無著等字及李稷勳到京要求倒款須償本部業已允准即經電致王

護督有案并一文亦不損失何以謂四百萬股本化爲烏有而王護督覆電所咨皆非所問 其所主張者皆屬於完全商辦拒絕外款八字問題 如此極端反對並不計較款目試問租股既經王護督電請停罷將以何款爲商辦而借款合同及奏案並未涉及夔州至成都之二千餘里更無所用川人之拒絕本部遵旨辦理無不會商相機因應歷次電報奏摺未嘗一字操切可以覆按 若云倒款無著必須償還儘可由本省督撫諮議局保路會或同鄉京官文電要求

朝廷無不格外曲從即如湖南京官曾合詞請將歷年墊解之金元小票二百餘萬換給國家鐵路股票摺入

明諭特准先例具在川人何不援照辦理 則此次召亂別有原因非爲倒帳無著也明甚況本部允許川路總理李稷勳商定辦法即倒帳及虛靡之款已概由國家承認一律換給鐵路保利股票並此亦不喫虧更無所容其反對矣

辛亥九月郵傳大臣盛宣懷識

郵傳部修正川漢粵漢借款合同暨幹路國有辦法理由

本部此次修正川粵漢借款合同同時經軍機大臣外務部度支部郵傳部會議定爲鐵路幹路國有辦法奉

旨依議在案此項政策發布以來擾攘數月報界記載動輒誤會致資政院諸君生出彈劾問題其中原因繁雜非口答所能詳盡本大臣特將外間誤會之處作爲質問編成答案以釋羣疑若於所擬問題尙有遺漏之處仍請再行條詢隨即咨答總期是非曲直天下共見以昭公道

閱者鑒之

一借款何以不先交院議決

查此項借款在未開資政院之前張文襄業經簽押者如交議資政院認爲不應

借貸撥之成約在先又不能銷毁合同彼時轉損　貴院議決之權況去歲開院
正在磋磨此項條件期間上屆並未交議本大臣接續辦理已值　貴院閉會彼
時四國在外務部催促甚急相距　貴院開會之期尚遠故於四月間三部會議
後即行請
旨辦理現屆第二次開院已由本部於五日前將此項借款理由送交內閣轉咨　貴
院請歸事後承諾辦法編入四年特別預算
一借款合同何以必言幹路國有
查四國借款合同不能銷滅所以提議鐵路國有如鐵路不爲國有則借款合同
萬不能簽字是鐵路國有之舉其原動力實在於借款之關係至於
朝廷既以國有爲政策則天下一家自不能專指湖南湖北而言況疆吏紛紛議造邊
路以守疆域更不能不先造腹路
一川粤漢原准商辦何以收回國有致奪民利

查川粵漢係國家東南幹路關繫國防商務應尅期竣工請[illegible]自奏
旨商辦以來時閱多年糜費無算修路有限一任商辦萬無告成之理
朝廷鑒於商辦無成而各省疆吏請造邊路以顧國防不得不趕成腹路方能由近及
遠乃定收回國有政策屢經
明降諭旨皆可覆按今之反對國有者謂股東權利損失甚且謂奪民利而歸諸官諸
按歷屆
諭旨所定辦法第一條件悉准民間附股常利分紅一律分派毫無虧損但於民力不
及之處國家特任其難使之早成是商辦應有好處商民仍舊享受而商辦所慮
財政不敷路工中輟既改國有國家一切擔任自可無慮且粵蜀兩處仍舊責成
股東公舉之總理詹天佑李稷勳更又何嫌何疑而民間所負擔不起之租股及
各項雜捐因有國家籌款無須強迫藉可稍釋重負此等辦法得失利害無待煩
言也

一草合同何以加入四川

查草合同有漢陽至荊門六百里枝路應聽商辦而四國銀行不允删除特以宜昌至夔州幹路六百里更換此段只有川境不及二百里况險工非華工程師所能辦故訂用美工程師以期妥速其夔州至成都以及廣東境內此合同並無在內但願川粵附股官民一氣國家亦决不願多借洋款

一收股詳細辦法何以使川省吃虧獨多

查原議雖有倒帳在外一語李稷勳來京要求本部亦已承認使其毫無所損並電告王護院趙制台在案而來電總言川人竭力反對並不計較欵目無非主張完全商辦拒絕外款試問租股既經王護督電請停罷將以何款爲商辦而借欵合同及奏案並未涉及夔州至成都之二千餘里更無所用川人之拒絕及滋亂以後川督來電已言明滋亂原因非關路案矣

郵傳大臣盛宣懷識

路政司額外科員鐵路管理科畢業生曾鯤化謹呈
宫保大人鈞鑒為幹路國有業務日繁擬請詳訂法律廣儲人才以期
統一而圖發達事竊謂國家大事必言人所不能言為人所不能為
者而後其所言所為乃足以見重於世幹路國有之發表也耳食
者流不知此為世界各國自然之趨勢羣起而訾議其非我
宫保獨能遠矚高瞻毅然行之而毫不為其所動此誠路界振興之先

機而亦國家長治久安之至計也然鐵路政策固以國有為歸而營業方針尤以生財為要此次借債收路本為撐持大局厚集貲財萬一無利可獲債務難清則前途恐慌不堪設想現正大滬甯等路每年所絀已不下二百萬餘津浦川粵告成必達千萬以外故通盤籌畫非極力以擴充利源則所得決不能償其所失而欲吸收大宗利益更非改良路務不能為功改良之道雖曰千緒萬端然就根本上言之要不外法律與人才

二項請先言法律法律者治事之模範也法而詳明則所辦事業必得優美之結果歐美各國路律其總綱雖只數千百條而分類例規輒以數十卷或數百卷計凡鐵路所關事務鴻纖畢舉朗若列眉故總理路事者類能操縱數十萬人如身使臂臂使指歷年如日絶不見有弊端之發生我國正式路律尚未頒行各路局亦僅有載客運貨等簡章無規則之可語且路與路各自參差權限不明樞機不備於是營私舞弊之舉遂

迭出而無窮如築路則包工購料在在侵漁近來每里建築費有平均在四五
萬兩以上者其冒濫之多自可不言而喻如行車則載客運貨多方搜括以
飽私囊甚有乾蝕數十百萬而見諸章奏者公家之進款有限而黠吞蠶
食者則紛至而沓來此無他皆無法律以繩之之所由致也今宜選派管理
專家按照本國情勢參考列强成規將大綱細則分别彙編頒諸各路
俾一律恪守成規事事與章程脗合且不時以幹員實地暗查有功者必

賞有過者必罰將見全體員役不敢不互相勉勵互爲糾查雖欲苟且狗情

亦無所弄其伎倆數十年積弊既一旦廓清而利益之增加不能操券以待者

未之有也請更言人才語云人無法不立法無人不行法之與人猶魚水之有密切

關係我國路界人才原如鳳毛麟角今又加以二大限制愈覺舉國無能

一左工程而右管理凡辦一路祇注重工程而以管理置諸腦後此實爲辦理不

善之總因查世界通例均視管理爲統治機關鐵路名義上雖分工程機

械管理三科其實無一不爲管理家所支配者良以鐵路屬商業性質管理乃命脈所關路務之成敗盛衰恒操其掌握之内而非學工程機械者所能贊一辭也一輕國語而重洋文各路任人大概以熟諳英法文者爲斷東洋鐵路畢業生永久速成合計將近二百人率以不通英法文之故棄所學而從事他途不知語文雖有不同而學理則無或異何可學而不用使巨帑虚縻況以本國之人辦本國之路舍其所長之國語而取其所短之洋文於

行政上亦不無妨礙此司員所以屢請改用國文而不避駢枝之誚也雖然往者不諫來猶可追幹路既歸中央求才必因而愈急工程機械已有相當學校或可應其所求惟管理一科需數甚夥待用方殷而各處所辦程度過低僅可勝中下級之任今欲刷新路務圖營業之擴張促收入之增進勢不可不特設高等管理學校以養成重要人員此項學堂司員曾於宣統元年將所有規則及其教科課程詳擬在案茲不贅述以上所陳不

過其犖犖大者耳然凡百事業貴正本以清源提綱而挈領苟法律既

備人才既齊則路政修明自易如反掌行見遠追歐美近軼東瀛

不但形式文明可臻一道同風之盛而國家歲入亦可藉此無限之利

而且充且盈矣至改良路務之詳細辦法已具見於條呈改良

京漢事宜中是否有當伏候

鈞裁

外呈

桂路調查記　三冊　宣統二年奉部命查勘桂路時所作

條呈改良京漢事宜　一冊　宣統元年上本部條呈

東三省鐵路大計畫　一冊　宣統元年代某統制所擬

中國鐵路現勢通論　二冊　光緒三十三年奉湘撫命調查全國鐵路時所作

比國鐵路營業律　一冊　在圖書局所刪譯稿

墨西哥鐵路律　一冊　同上
德國幹綫營業律　一冊　同上
日本郵律詁義　一冊　同上

來函

旅滬居易廬主人致粵路股東代表幷兩粵廣仁善堂董事書

昨接惠書論粵路歸國有、不能照湘鄂路股一律看待、又未能照稟定招股章程、所謂商辦不成、原銀繳還辦理、祇給還本銀六成餘四成給無利股票、俟該路獲利然後分十年攤還、以致人心不服、市論譁然等語、竊思此事實由於吾粵紳商不和迭起風潮、不顧大局所致、殊堪慨恨、如無風潮、大衆協力同心、一秉至公則路已早成、何有今日之累、溯迭次風潮之起、莫非因私利之爭、黨同伐異、工程遲悞、積弊難除、計自創辦以來、無日不、風潮、安得不受國家、所責時事日亟、路綫不通設有軍務貽

悞大局安得不收歸國有以期速辦平僕亦股東一分子查公司存欵尙餘二百萬計須收足三期股銀方可完工睹此情形如鐵路政策必歸國有若以市價六成交易甚少不能照市價作算則請將公司已成軌路若干里未安軌之路地價若干塡築工程費銀若干里所存材料機器各件共銀若干所存各等行車共銀若干所贖湘省七分三幹路該銀若干所存局產家具一切共銀若干尙存現銀若干逐欵一一開明核實合共應値銀若干呈請勸業道轉禀郵傳部公宗前者旣有不使股商絲毫虧耗之諭當遵諭照章領還萬不可逞意氣致生橫議貽識中外我粵東民智日開自應文明任事況專制之下縱然反對亦終無好效果徒爲外人乘機傾陷於大局有損無益鄙見如此想不以迂儒之論見哂也

盛宣懷致趙爾豐電（一九一一年）

成都趙制軍　帥

江電並覽吾周祖佑支電現收擱北京上海等處來電及封閉

電已十餘起緊來請問當以殘斷支吾惟謠言無稽轉易為難不再久擱

[redacted]擱各電誠恐激怒致啓籌議除仍嚴飭道由外分飭各派巡警保護議局為要

聞匪黨煽惑[redacted]且民皆在傳單不肯請[redacted]援照湖南所發白話告示多派人員赴[redacted]近省[redacted]城鎮

散發（遍）說[redacted]理由以[redacted]救濟（所謂即以其人之道還治其人）寄官發工艱路遠不特民受其苦雖[redacted]後官亦受虧方

（但以國防實業首重交通）雖全蜀關係路為要務關收為在此成滇桂陝甘各省滇湘以手圍收保速成蜀

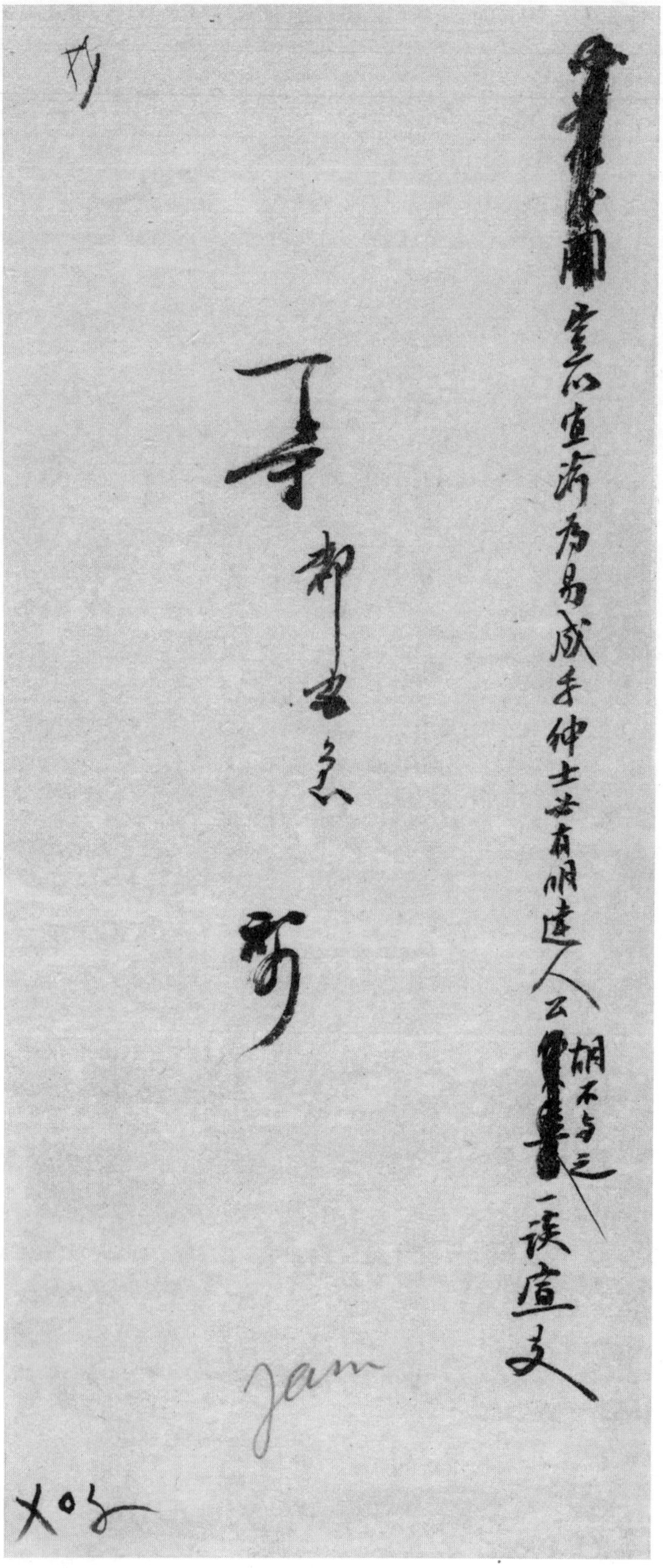
办
[illegible]閣
宣以直濟為易感手紳士並有明達人云
胡不與之一談 宣 支
丁寺 都[illegible]急
[illegible]
Jam
X03

奉天趙制軍：

蒲道已遵委。三省電乃極力矣。成都反對路事，全

閣會商兵來，臣醞釀之，而今計熄之，季帥如何[illegible]，採非[illegible]出關者成竹

如有所聞，乃告寫示[illegible]，試詢[illegible]，仍[illegible]民亦限幾年內成，請季帥即告白話

告示，編傳待諭，以其人之道還治其人。宣支

[illegible]

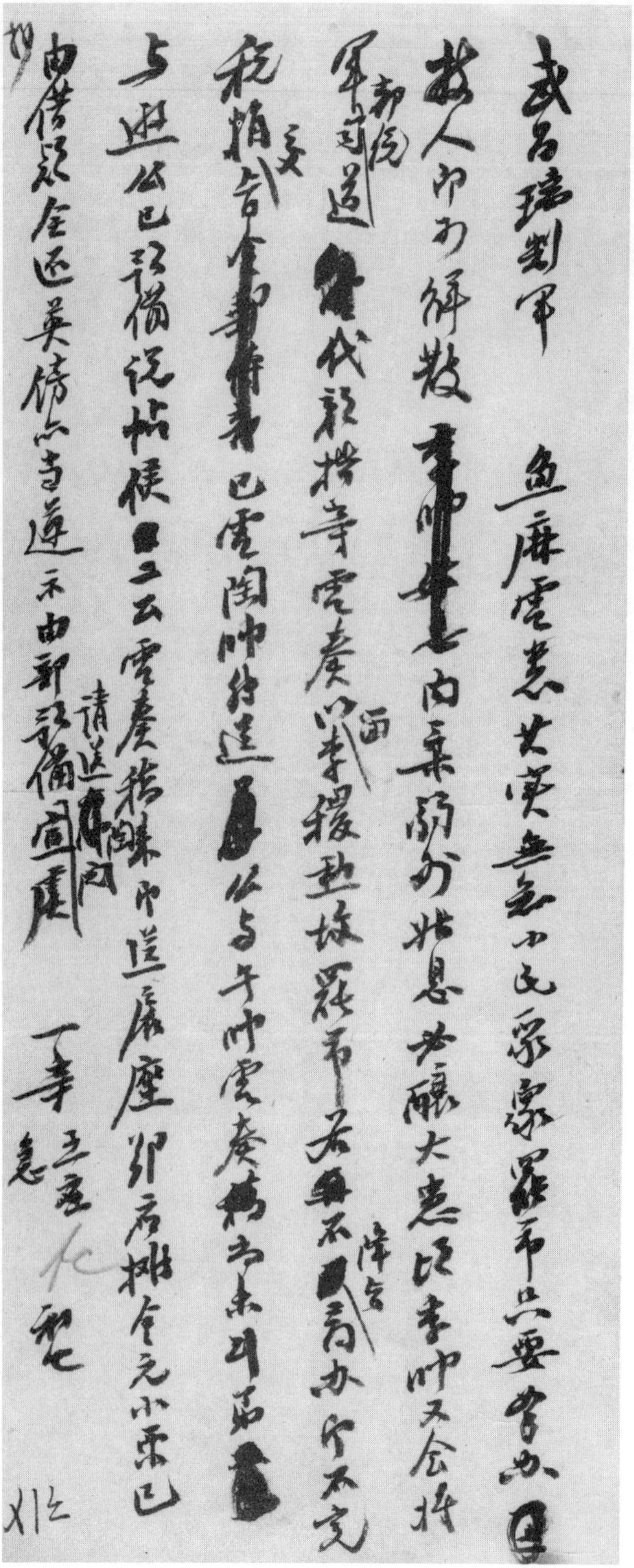

盛宣懷致端方電（一九一一年）

武昌端帥：

青電悉。昨交松林森花旗送呈弟上各函，計可遞到。

佳仲代律湘可呈力爭款股與克鄉與公私電[redacted]相同，可屬其亦回到。乞

示方針，以便稟入。佳（？）陝附慶李瑞昂到京，面談甚歡，將[redacted]存款作為定師

需（不能去西）用有款，且不許李帳務外。季帥到任，恐難結束。據云王蘧院[redacted]文已代表

矣。庸（？）逕（？）。

[illegible] 健

抄

初十

[illegible]

武昌官錢局高松如：鄂省紗局收商股洋九十七萬餘元，除用六萬三百餘元，存洋九十一萬餘元，請查現存何處。又官局收商股息洋四十七萬兩，除商股息洋六十七萬元，內有五十九萬元係新軍股七萬兩，係商局股，此兩項共收洋十四萬三千餘元。請查工程日用價若干，武昌城外填土若干，四省材料處若干，另用若干，現存若干。又振款捐另款若干，兩湖賑內除去修築用去若干，局用若干，尚存若干，鄂省工程款辦法，分別川漢粵漢，查明詳晰電示。

宣。

江。

丁未 抄 初

復楊復帥

復卿仁兄大人閣下：月前接漢皋來電，因正值百忙雜遝，未及即覆，為歉殊深。維綏畫受祜，春秀山指揮退處松楸，稍紓難季，坦閣隴歡聲已吹。福星一照矣。川中風潮劇，近者電不通若半月。始不過一二奸紳藉端煽亂，而鄉民被惑附和

遠畧妄辜加以兵威實非

朝廷本意解散脅從不必大隊具仰

不刊名論都中自接季帥電來知省國已解風謠

如足原電並

共已由宣呂啟凡 郵一已由虎彭帥

諭旨已刊列又報紙午帥雪帥均有中止明衍之

本埠滬漢傳聞

非外府常多騷動全在承時擾攘不知大局然即見

奠定否今群疑眾難欲罷不能衰病之軀惟有

殫竭棉力勉盡當為而已姑來細繹想瞭

莘帥時必已略詳梗概也長沙電飭撤換先

任委座陸道宗彬調翁
萬壽引時在廿後來拜别
節尚希
諒望朱道祖蔭來知於日北上信來舍面詢一切再
與壽卿商定可也專肅佈復敬請
台安並賀
大喜不一　侄罡弟
初一日

昨經明降諭旨，幹路均歸國有，定為政策。所有宣統三年以前各省分設公司集股商辦之幹路，延誤已久，應即由國家收回，趕緊興築。除枝路仍准商民量力酌辦外，其從前批准幹路各案，一律取銷。因應如何收回之詳細辦法，著由所有川漢粵漢湘漢同處幹路居(海清)偕度支部郵傳部籌定辦法，併即會奏該(督撫)有管理地方之責，著即(迅)遴派大員會同該公司協理查明商辦之款及已造竣完各路里數並已用(股)款並自用剩餘款材料各項，迅速電(奏並造)細冊咨明度支部郵傳部核辦，毋稍瞻顧，致延誤。欽此。

郵傳部公箋

昨經明降諭旨幹路均歸國有定為政策所有宣統
三年以前各省分設公司集股商辦之幹路延誤已
久應即由國家收回趕緊興築除枝路仍准商民量
力酌辦外其從前批准幹路各案一律取銷等因所
有川漢粵漢洛潼海清同屬幹路應俟度支部郵傳
部籌定辦法再行降旨該督撫有管理地方之責著迅

即遴派大員會同前派該公司總協理查明商辦已
成及已造未完各路里數並已用股款數目用剩銀
款材料各項迅速電奏並另造細冊咨明度支部郵
傳部查照毋稍瞻顧遲延

前據郵傳部議奏全國幹路均歸國有所
有各省分設公司集股商辦之幹路應由
國家收回除枝路仍准商民量力酌行外其
從前批准幹路各案一律取銷業經明白曉
諭昭示天下茲據湖南巡撫　電奏公司
仍求照舊辦理藉端滋鬧必釀大患請即設

法轉圜等語查該省設立公司業已數年所集商股甚微乃立米捐鹽捐以及田租房租各名目多方剝削不遺餘力尤恐商民不願出貲乃布散謠言謂鐵路不歸民辦路亡即是國亡試問粵漢造路雖有借款十年還債毫無為難其路成之後所出土貨每年值銀

數千萬沿路地方賴以~~致富~~充足湖廣初為流言
所誤以致鐵路至今不成國與民虧損不計
其數張之洞翻然悔悟遂與四國銀行訂立
借款合同改歸官辦該故大學士若非實鑒
該省商股難招民力拮据亦何肯紛更其原
議張之洞開鉄又逾兩年湘省仍無商股而

公司糜款已五百餘萬兩皆屬民脂民膏路
成不及百里今國家洞知其弊飭令取銷成
案詎料士紳不能曉諭商民輒以釀隱爲辭妄爲
瀆請實屬不諳政體擾亂路政
著即行革職以爲辦事不力者戒
收回之詳細辦法仍著度支部郵傳部迅速
籌畫務期盡紓民困顧全大局迅速請旨辦
理以釋天下之疑將此通諭知之欽此

前經降旨幹路均歸國有定為政策所有四川省租股自開辦以來已收數百萬兩迹近加賦本屬弊政迭據四川官紳奏施典章虧挪倒帳或及三百萬兩左右且聞股票股息民間未盡收足是該省紳士等徒假鐵路之名而搜括田畝租捐民財半歸中飽歛費糜也多年築成路工甚少湖南省自議廢美國借款合同悠忽七年實在商股尤

極徵薄創立米捐鹽捐無非剝削民財近又援照川省
開辦租股田畝之外并及房租該省民力本非川省可
比小民竭蹷以將其何以堪現在鐵路既歸官辦自降
旨之日起應即全行停止將租股名目一概刪除所有
宣統三年四月以前已收之款並由督辦鉄路大臣迅
速派員核實查明再行請旨辦理將此通諭四川
湖南官紳士庶人等知之並著該省督撫將此
諭旨刊刻謄黃發貼毋稍違延致干咎戾

川省路事風潮激烈滋釀事端　朝廷亦係地方官办理不善所致故派端大臣前往查办其所帶鄂軍兩隊乃端大臣自衛之計並非與民為難凡我鄉人致滋誤會竟有抗官圍署圍城之事倘究匪乘機煽起　朝廷即不能不調鄰省兵隊剿於彼時玉石俱焚其財產生命之喪亡豈非我鄉人實受其禍某等官於都門深惕巨禍之來即在旦夕用特剴切布告及早解散各安生業俟端大臣到川查明其冤懷必可昭雪時以并望傳告省外各州縣鄉人勿再蹈危機為要

美兵艦五隻速赴宜昌海軍統領莫大今日知照美府沙〻麻兵輪
於今日開赴宜昌三日可到以而開納仍留漢口莫大明日離中
帶兵輪三隻如事緊帶一隻至宜昌各府均為諸處本國人
民憂成都電綫三日不通無從通信
重慶最近消息云與外人無礙制台已命諸處洋人離川
成都亂事已甚孔孫二華黨暗發傳單定孔孫五攻擊制
台衙門孔孫回制台捕殺頭目五名本日下午拔黨三面圍
攻制台衙門家損失頗多亂黨〻死者無數

抄王丹揆來函

（上略）迭奉手書，諸承関愛，感甚佩甚。路事艱困，欲進不得開通，幹線地勢較優，茂此問題，實為死中求生之一法。去冬聞郵部籌築開海一面，即緩修張綏，輕重倒置，有妨大局，不僅破壞我北線已也。嘗向當路切實陳明，月前臨時股東会議路線、借款兩層，均經解決，第以事係重大，不厭求詳，擬俟四月常会，以呈部立案。孝章果顧念桑梓，應亦贊成。部中查照原議，分築開徐、清海，如是則官商融洽，省得多少閒氣，豈不甚善。另有詳函致東海，請接洽。廿八尊函已轉季老，初三電，俟商冀之，再行奉復。

宣統　年　月　日　陳毅謹擬

奏稿　壹件

本月奉

旨

奏稿　郵傳部

再幹路國有定為政策以後。
朝廷復因護理四川督臣王人文之請。將租股一
律停罷。臣當即遵電該護督嚴令宣布
德意。乃該護督忽焉指合同所訂用人購料為失川
人乘機煽惑。遂致釀成風潮。極臣○□於六月
初七日。致電督臣趙爾豐。稱述政府不欲強逼

紳民，故於准附股外，另備分別還本辦法，並述
及宜昌實用工料各款，准給保利股票，宜昌及
成渝局所虛糜用費，給以無利股票，分年籌還，
並聲明務使人民共知國有政策，非與民爭利，
而收路辦法又於人民有百利而無一害，則浮
議自息等語，經寳陳（閣臣代）

御覽在案。不意該督接到又電。值風潮正劇。竟致無從宣告此川路風潮之大略情形也。究之川人所執為爭端者。無非路亡國亡一語。不知贖路材料傭用工程司等事。尚能於合同內劃清權限。於路權固無毫損。於國權尤屬無所干。謂為路亡國亡。實屬所見多所誤會。臣等詳慎國之幹路既

經定為國有。當此庫帑支絀，若不借貸外債，必須枯索吾民，是不惟與商辦無殊，仍屬覩成無日。查國債之法，無論歐美各國，皆屬盛行。即

先朝所辦京漢等路，無非借款興築，而及期還款，即行注銷合同，於一切路權毫無損失。此次川粵漢一路，因歷年商辦無效，經故大學士張之洞奏

准借款與修，並不以路抵押，應用之工程司由我自募，路權路利皆自我操。復因宜慎費鉅工艱，亦一律借資借造。而合同所訂各條祇從前合同附為機密。就現在而論，不惟借款自張之洞督鄂時已有成局，即國有政策在張之洞奏准借款時亦已具有規模。臣嘗反覆籌思，韓路

所經。動關全局。在

朝廷遂為內籌憲政外顧國防計。欲收其捍御

飭路之權。而所為籌憲政顧國防諸大端。無非

為利民保民起見。初非於飭路有與民爭利之

意。惟既收歸國有。自應由官建築。因以重

朝權。即不以襲用私建規模。致路權無從統一。國較

然無可疑者。蓋國有之利，為國人全體所共享。私有之利，為私人投資者所專收。其在法律之中，僅以官建私建為別。凡國有者屬諸官建，凡私有者屬諸私建。而在朝廷不過援其餘施行政之權，其實國有為利溥而公，固中外所共知也。夫國有政策，本倡行於

德日諸邦其創事之初，皆由政府募債為之，從無許商民附股者。今川粵漢既經收歸國有，猶念該路等舊係商辦，慮其無利可獲（亦所[illegible]也），准其將公司股份作為私股附入，俾得紅利均分，視德日之不附私股者，尤見仁至義盡。惟既經許附私股，其詳細（大綱）辦法須在於路律中酌量規定，並予

規定特別章程奏明辦法經期俾得有所遵守此下省以保全私人之產上以

宸衷

君上

朝廷之權庶國交通日益發達而國力亦日益鞏固

是否有當擬總所有籌畫辦理國有辦法各緣由謹附片密陳和衷共濟辦妥

明降諭旨俾本大臣四稱遵循之處出自大部

伏乞

皇太后

聖鑒訓示謹

奏

奏

郵傳部左侍郎汪

署郵傳部左侍郎李

月 日

郵傳部尚書盛

月 日

郵傳部右侍郎吳

月 日

左參議梁　月　日

左丞李　月　日

右丞李　月　日

右參議胡　月　日

再幹路國有、定為政策以後、
朝廷復因護理四川督臣王人文之請、將租股一律停罷、
臣部並電該護督、擬令宣布
德意、乃該護督並未以指令所訂用人購料為先、似於原定
辦法各條、未及詳細會商、兩川人乘機煽惑、迭起風潮、
臣等復於六月初七日、致電督臣趙爾豐、轉述政府不能強迫紳
民、故於准附股外、另籌分別還本辦法、冀及宜昌實
用工料之款、准給保利股票、宜昌及成渝局所虛糜
用費、給以無利股票、分年籌還、並聲明務使人民

共之國有政策，並非與民爭利，而收路歸公，又於人民有
百利而無一害，則浮議自息等語，並經閣臣代呈
御覽，不意該督猶稱接到臣電，正值衆議洶洶，以致無從宣告，此路
風潮之大概情形也。究之川人所藉為口實者，無非路款
路已國有之謬說，不知購辦材料、僱用工程司等事，皆經
於合同內劃清權限，於路權國權無毫損，於國權尤可
保存，該省路已國有，未免有意誤會，以多誤會，且維斡
路任定為國有，當此庫款奇絀，若非借貸外債，難有
枯窘於民，不惟集款甚難，第恐與之商辦無殊，終為觀成

旨、查國債之法、無論歐美各國、久已盛行、即
先朝所辦京漢路、亦係借款興築、及期還款、即行注銷
合同、於一切路權毫無損失、證之已事、無待贅言、此次以粵
漢一路、因歷年商力無成、經派大學士張之洞商准借款
興修、並不以路抵押、工程司由我自募、路權路利、悉自我
操、而現在之合同所訂各條、則視從前合同、更加緊密、就借
款而論、不惟張之洞措辦時已有成局、即國有政策、彼時
隱已具有規模、且實反覆籌思、幹路所經、動關全局、在
國家內審憲政、外顧國防、所以必收回控馭之權者、識慮有

事之秋，各省商路紛歧，非特難免掣肘貽誤，是收回政策，

實為統籌大局，便利人民起見，初無與民爭利之心，惟既歸

國有，自應官建，以肅

朝權，即不得襲用私建範圍，該路事仍難統一，總之國有之利，

為國人全體所共受，私有之利，乃個人入股所專收，其在法

律，僅以官建私建為別，國有屬諸官建，私有屬諸私建，

朝廷不過執其行政之權，其實國有之利，仍溥焉，固中外所

共知也，且此項政策本創行於德日諸邦，其初皆由政府

募債為之，並不許商民附股，迄今川粵漢既歸國有，體念

免該路舊存商股，慮其無利可圖，致本向隅，仍依
將公司股本作為秋股附入，俾同紅利均分，為億日之圖
成例所無，屬仁至義盡，如院經許附秋股，所有籌法
大綱，自應於路律中酌量規定，並準妥籌特別章程
傳擬請交資政院核議，俾以永遠遵守，以期下保人民之產
上鞏
君上之權，實於國力商情兩有裨益，可否仰懇
天恩，明降
諭旨，擇要宣示，以釋群疑而昭大公，[illegible] 不勝欽悚待

命聖裁、謹附片密陳、伏乞
聖鑒訓示、謹
奏、

此次川督代奏川紳摺件係屬節外生枝於路事已交黄一到
題至請易總理李稷勳一節尤為詫異查宜昌工程其所以
遲遲未派員接收者誠以諭旨係兩層辦法故俟督臣籌定
決定以順輿情現將值交接之際若處處易生手在工夫役至四
萬餘名之多其中良莠不齊倘惶惑停散蔓延滋事危險不
堪設想或工役停輟又值天雨時到已成之工稍有敗壞將來部
員接收款懸賬含糊糾公家之虧損不少款誤失查懸估如計則
影響必及於股東其所舉之杜黄兩員勝任與否尚不具論
也且李稷勳係屬 奏派之員尤非川紳所能得擅事更易李

稷勲呈部請示各節，如原指之第一層乃請緩交工廳係籌定辦法方能交出之意，第二層乃爲四月十一日奉旨收歸國有以後所用之款求有着落之意，此皆注重川人路股款見，并無不合。然工程不能停，故不能不責成李稷勲暫照常辦理。工程未停，即需款應付，而部未接收界限，紳舊帳未清，又不能勒交部款，故不得不籌其暫仍就股款應付，俟接收時一併核結。[illegible]將來籌法，籌定當須請旨裁奪，豈如該奏所言私相授受所能從事。該紳等本以私意著言煽播鼓惑其鄉所及，實多可慮，應請飭下督臣遵此籌決，諭令迅速妥認。

之辦法，電部俾得請　旨早日派員接收工程，庶於路政路
股兩有裨益。
其未能停工與常支款情，李稷勳當再次與成都諮議局
董事局紛紛函電商明辦理，當南收回國有　諭旨時，部
曾慮及宜路工料殘流滯，旋因鄂川督臣電部，於不能停工情
形及保留李稷勳為得力幫手，勿遽更易等情，頗為懇切，是以無須
復委四川道員高江濂前往清理工料，並將督辦大臣未派員到
工接收以前所出料目，會同李稷勳專冊登記，以便接收之日一併
由部核算。

奏為酌籌路政統一辦法、明定通章、並遴選專門顧問人員

以資整飭、恭摺具陳、仰祈

聖鑒事、竊臣部總轄路郵船電四政、實掌全國之交通、

而四政之中、尤以路政最為繁要、中國幅員遼闊、物產

滋豐、惟東南江河流域貫輸尚便、其餘則道途梗阻、

貨物壅滯、實業雖興、幾同財棄於地、論國防界域、

則又門戶洞開、滯危無限、利用厚生、不得不恃鐵路以為命

脈、惜造端之始、未暇統籌全局、僅就乎中原繁盛之區、

試行建築既成一段，復行枝節籌計，固因集股艱難，

借款不易，實逼處此。然試之他國，幹路支路，預先規定，一

氣呵成之辦法，其利鈍得失，瞭然可見。光緒三十二年始立

專部，將路事提歸於一，惟造路不僅一人，借款不至一國，

即原訂合同亦紛歧互異，繁賾糾結，不可名狀，以時歷五年，

部臣屢易，頭緒尚未大定。臣等受事以來，夙夜彷徨，力求

整頓之法。現查借款已經造成之路，若京奉、滬甯、汴洛、

道清、正太、廣九，合同未滿，動受束縛；未成之路，有津浦、吉長，

及尚未開工之湘粵、川漢。此外則有贖回之京漢，及自款已造之萍

株萍、張□未成之張綏、已在議办之開徐海、陝甘、滇桂等路，

此次罥看𨐃綏之收回，尤為備極艱苦，並性質又有不同，非令

出一致，猶恐窒礙橫隨，是即伏乞中臣等受

臣經方等

因陳委、職任所在，但肅紛竭盡誠，不敢因循推諉，對用以兼

命，京中若統理路政之長，按月以來皆係各路接已成之各段，交部轄於未成之工，依整道策

彈專員以司為致，謹將應行改良辦法為我

不敢悍然通辯，要言依聖

皇上縷晰陳之：竊維徒善不足為政，立法乃可用人，路事發

端近世，於古無徵，在外國則為專門之學，而專門之中又分養路、

行車、廠務各項，歐美列強於此項人才皆自少至老，專精一

業，故於同軌利弊因應無窮。中國科學講求未久，遂

派遊學生年月為淺、間有畢業回國、或程度不高、或經驗未足、仍須隨同洋員練習、始能適用任事、以致各借款公司、時以為言、不肯稍讓權限、即已贖回各路之路政、今尚參用洋員、良由人才尚闕、無可如何、即趕籌儲備、亦緩不濟急、則救敝補偏、尤須操之有術者、各國路政、維大同小異、必有統一章程、為全國所同守、中國近來議及、致各路自為政令、聲氣不通、動形窒礙、臣部現已飭各路總辦、及各首領華洋請員限於九月初一日、齊集本部、特開會議、將各路規條、逐件集合、以供商榷、博采外洋有效之章程、參以內地各省之

性、務期集思廣益、衆論僉同、再由臣等詳加考核、斟酌盡善、通飭各路試辦、果能推行盡利、然後定案明示遵守、庶歸整齊畫一、不致長此紛歧、俾開會時自無爭執、大政策、不厭詳求、本年但將行車章程、首先釐訂、至於路廠務、諸端、頭緒繁紛、尤未易驟臻完備、但將條款開明、交鐵路總局各廠、向負陸續參考、准俟明年、再行議決、又臣部鐵路總局、為各路薈萃之區、計各路所用洋員洋匠、不啻數百、雖由我駕馭驅策、亦須提綱挈領、方可操縱咸宜、並擬於總

局內添設養路行車廠務顧問洋員名一人、擇其心
正學優名譽素著者、妥慎派充、冀以輸誠用命、令
其隨同總辦提調各員、講求各路利弊、研究工科、鉤
稽簿冊、尤應辨別洋匠勤惰、不得袒庇粉飾、務
令條舉目張、仍由臣等總攬大綱、以資鈐束、而免疎
睽、而於路事不無裨益、所有酌擬統一辦法、及遴選用
顧問洋員各事宜、臣等係為路政整飭起見、是否有
當、伏乞
皇上聖鑒訓示、謹
奏

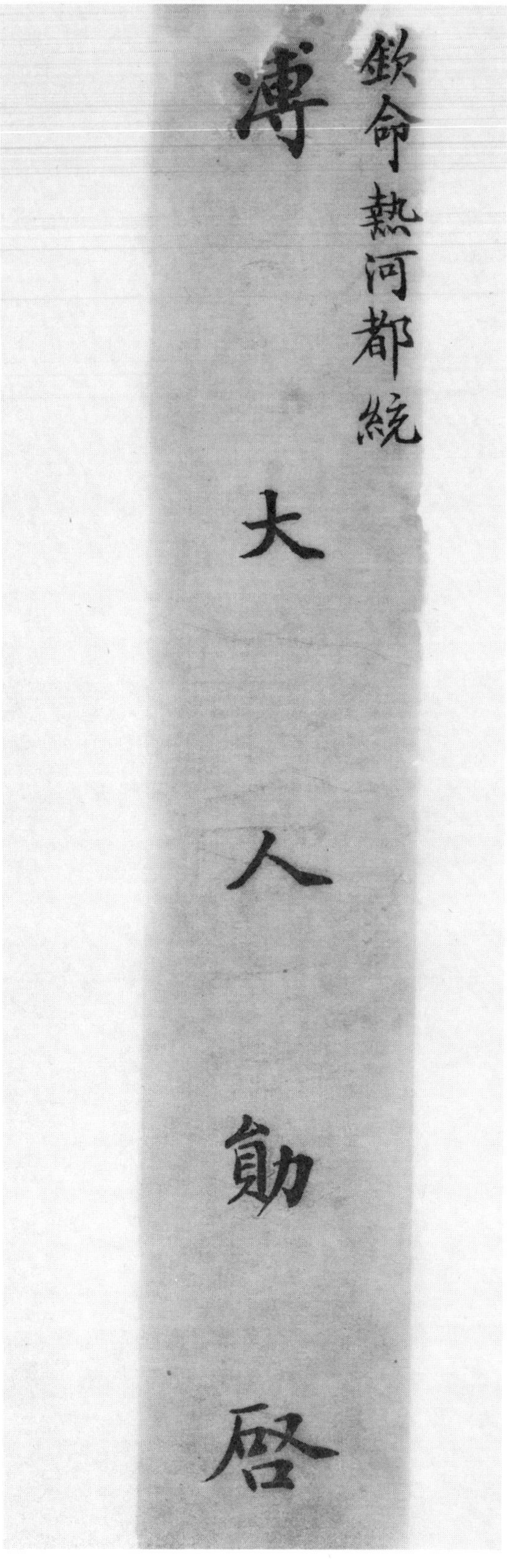

欽命熱河都統
溥大人勛啓

西山爽氣每當拄笏以思
賢北海文鮮渥荷
損書之貽遠臨風浣誦積日欽遲敬維
仲弢仁兄大人盡抱秋澄
沖懷月朗
磐石重
長城之固
勛高虎帳牙旗

觚陵懸戀
闕之忱
夢到瓊樓玉宇翹瞻
駿績莫罄驩悰弟時序虛抛蟾圓又屆涓埃無補蚊負增
慼月前川路風潮劇烈函電不通謠諑繁興莫衷壹是
嗣接　季帥来電始知省圍已解人心稍定涑陽西林
兩公先後入川儻解散脅從相機撫諭大局當漸就敉
平衰病侵尋無以上紓

宵旰焦勞悚疚惟有殫竭棉力勉盡當爲而已

世兄磊落英多具見

淵源家學自當遵

囑留意俾得及時展布知關

雅注特以附陳專肅佈復恭賀

節禧敬請

勛安統希

愛照不具

愚弟盛宣懷頓首

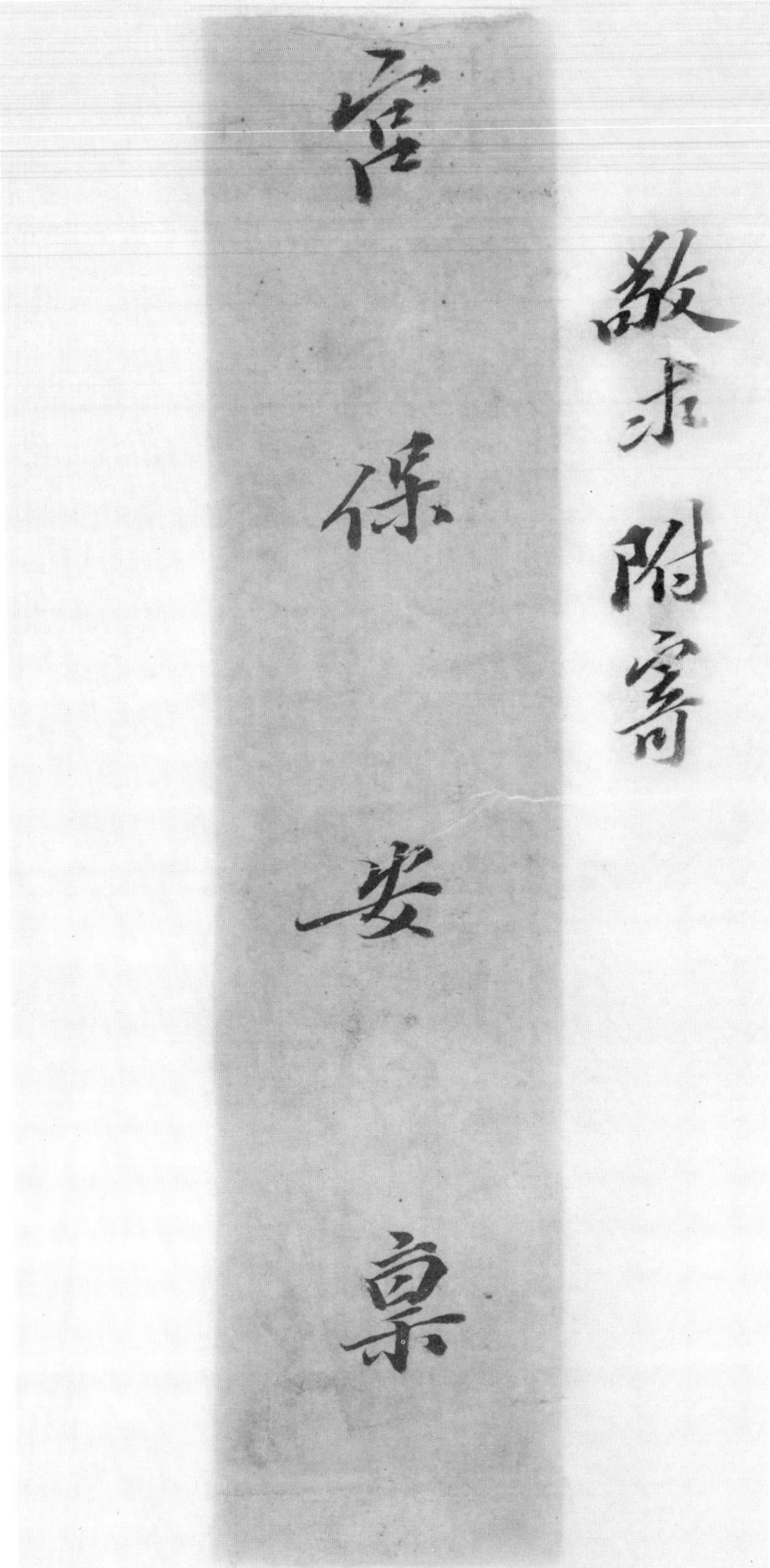

敬求附寄
宮保安稟

敬禀者際此乱世能退居即是福至於路帰國有以
及川乱鄂乱相継而起將来自有公論犹之庭珠撤
差候參之寬然已受累不淺不待辯剖而自能昭雪天下事不親歷
者皆會說現成話旋者之自命為大將者今何如乎
回想當日禀珠逃走能無愧死 孟聖曾言以五十步笑
百步其斯之謂与
珠所苦者本無積存加以此次隻身而出数十年之心血一洗
而空 老天不許我善終耶 庭珠叩

506

從前濱粵官綫電工，如李蘭蓀、沈小園、周少逸所辦之原冊以及後來報部之冊底，裝一竹箱。廿八年冬電報案卷移入上房，此件漏下。當時因係竹箱，未曾檢閱，擱至今年六月移家於滬，始知箱中均要件也。本擬九月間赴京面交，適武昌變生，北上不果，滬電局旋亦被佔，以致該件於慌亂之際未及帶出，將來入於民政府或清政府之手，似無益也。因而懇重賞，如能取出，給若干，一時竟無人敢於冒險。回滬後，益無從著手，不得已告知子文，混言要件，於是

予文与洋參責商之。即在機上。轉商洋總管。設法取出。許以重酬。日昨總管來滬。告以竹箱已代藏好。意外酬到即交。應如何辦法。或所云。或函四。速請示遵。名叩。

路事始末記公同細閱一過首篇綜論明切詳
盡讀之懍然所有應酌一二字及所改誤字均摺
角為記餘均係各項原文無可酌改 請
轉呈
宮保核閱
寶銓
景端 同啟

武昌起義與南北議和

導言

一九一一年十月十日，即農曆辛亥年八月十九日爆發的武昌起義是辛亥革命的標志性事件。起義槍響後各地積極響應，最終成功推翻了歷時二百餘年的清王朝統治，結束了中國兩千多年的封建帝制，是中國近代歷史上影響最爲深遠的歷史事件之一。

早在武昌起義爆發前的十多年間，革命黨人已在華南各地多次起義，然而都以失敗告終。於是他們調整戰略，將起義地點北移至長江流域，並最終確定在湖北武昌。一九一一年九月二十四日，新軍中的革命團體文學社、共進會召開各部隊代表會議，制定了總動員計劃，決定於中秋節即十月六日發動起義。之後由於局勢變化，又將起義日期改爲十月九日。然而，當起義各項准備已基本就緒時，事態又發生了變化。十月九日下午，共進會負責人孫武在漢口裝配炸彈時不慎發生爆炸，湖廣總督瑞澂下令閉城大搜查，漢口和武昌的起義指揮機關遭到破壞，起義領導人劉復基、彭楚藩、楊洪勝等人被捕，並于十日凌晨被殺害。次日一早，瑞澂嚴令各新軍長官按所繳革命黨名冊於各營中大肆搜捕革命黨人，局勢已十分緊張。在這種情況下，新軍各標、營中的革命士兵開始自覺行動，商定當晚按原計劃發動起義。晚間七時，工程第八營率先發難，打響了武昌起義的第一槍。與此同時，城外的輜重營也順利奪取了楚望臺軍械庫。這樣，整個局面立刻急轉直下，各標營相繼而起，按照九月二十四日所定計劃行動。經過一夜激戰，革命軍終於佔領總督署，完全控制了武昌局勢，首義成功。

武昌起義的成功，如同晴天霹靂，震動全國，正式揭開了轟轟烈烈的辛亥革命大幕。第二天，漢陽和漢口隨即光復，湖北各地及其他各省的革命黨人相繼響應。至十一月底，先後有湖南、陝西、江西、山西、雲南、貴州、

上海、浙江、江蘇、廣西、安徽、福建、廣東、四川等十四個省市宣告獨立，在短短五十天内，革命風暴席捲全國，清王朝隨時面臨着土崩瓦解。與此同時，在各方壓力下，清政府不得不重新起用袁世凱，任命其爲欽差大臣，率軍鎮壓革命。十一月，袁世凱出任内閣總理，掌握軍政大權，並抓緊時機通過各種途徑要求停戰議和，以便利用南北對峙的局面，攫取全國政權。十二月，在英國駐華公使的斡旋下，南北雙方分别派遣伍廷芳和唐紹儀爲代表在上海舉行和平談判。和談歷時近兩個月，最終以清廷下詔退位、袁世凱繼任民國大總統而結束。

本專題所收檔案主要分爲三個部分。

第一部分是武昌起義爆發後清政府的内閣官員與各地督撫的電報往來，所涉人物包括内閣總理大臣奕劻，協理大臣那桐、徐世昌，海軍大臣載洵，陸軍大臣廕昌，郵傳大臣盛宣懷，湖廣總督瑞澂，河南巡撫寶棻，直隸總督陳夔龍等。電報内容主要涉及兩方面：一是地方官員關於革命形勢及其所採取的應對措施的奏報，其中尤以湖廣總督瑞澂的電奏爲要；一是中央政府調配各地軍隊以圖鎮壓革命的諭令。此外還有時任漢口電報局委員的王庭珠、外籍雇員漢口郵務總辦海瀾等向盛宣懷稟報事態發展的電報，以及駐漢口外國記者向海外發送的有關武昌起義的通訊等。這些電報真實地記載了武昌起義的過程，有助於讀者加深對這次革命活動的了解和感悟。

第二部分電報主要選自上海圖書館館藏的孫寶琦電報，這部分是武昌起義爆發後各地督撫的往來電抄。時任山東巡撫的孫寶琦在革命爆發後的表現較爲特别，他先是於十一月十三日宣佈獨立，積極派員赴上海參加籌建臨時中央政府的會議；旋又於二十四日宣佈取消獨立，仍然承認北京中央政府。因此在其往來電報中，既有與已宣佈獨立的各省都督往來之電，亦有與中央政府的往來之電，其在革命爆發後猶豫、摇擺的政治態度，在這些電文中一覽無遺。除此之外，這一部分還包括其時在東三省積極組建保安會的趙爾巽、陳昭常等與其同僚的往來電報，以及與趙氏鎮壓遼陽起義有關的電報和檄文等。

第三部分是與南北議和相關的檔案，包括袁世凱任命唐紹儀爲和談全權大臣的授權書，黎元洪、胡景翼寫給唐紹儀的有關議和談判的信函，以及散見於各地督撫往來電報中的關於敦促南北停戰議和的内容。

除以上這三部分外，本專題最后還收録了與革命黨人有關的幾篇時人文章，以及一份辛亥首義同志會工兵第八營會員録。

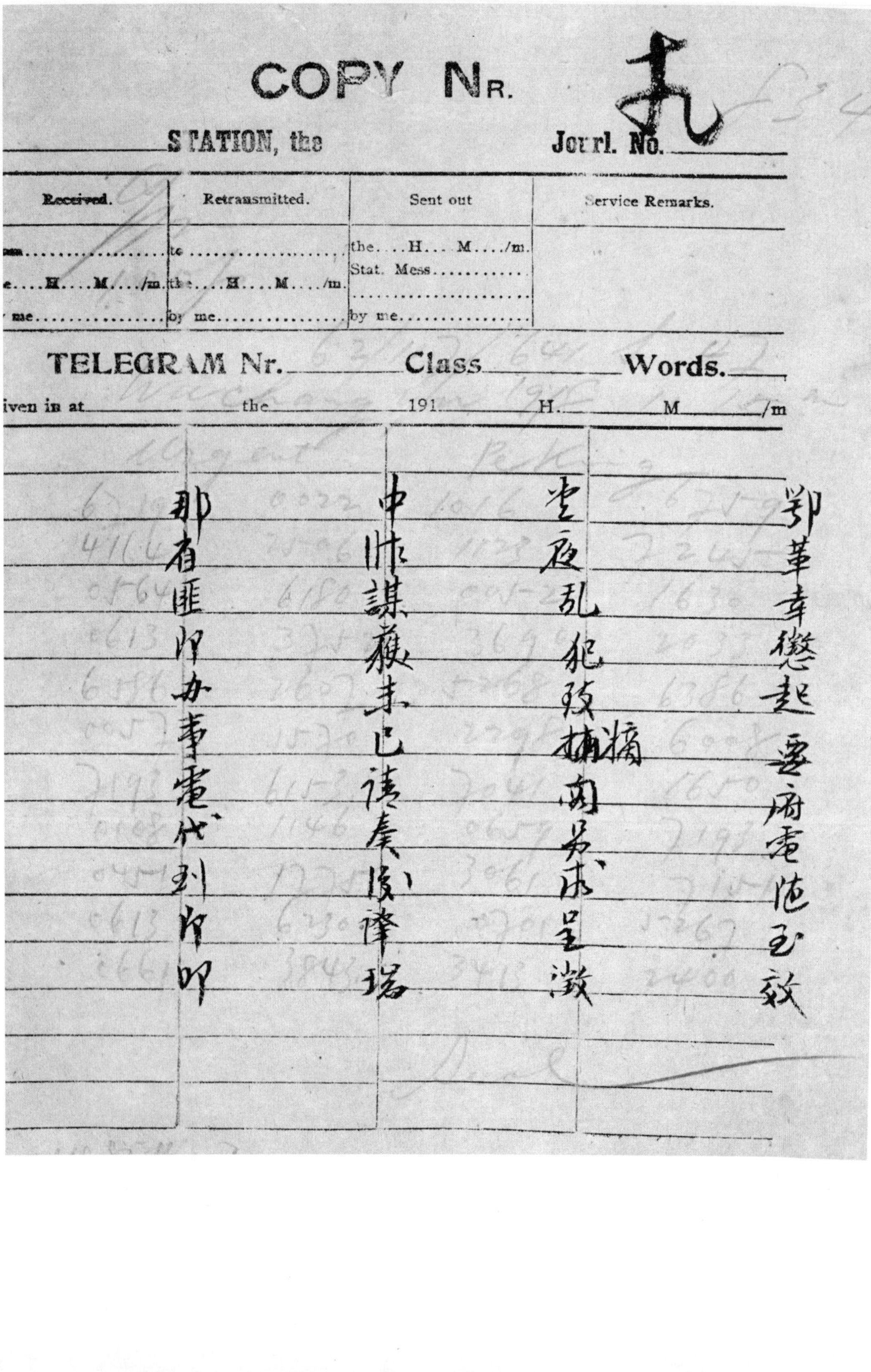
COPY Nr.

STATION, the　　Jourl. No.

Received.	Retransmitted.	Sent out	Service Remarks.
......	to	the... H... M... /m.	
...H... M... /m.	the... H... M... /m.	Stat. Mess......	
by me......	by me......	by me......	

TELEGRAM Nr.　　Class　　Words.

Given in at　　the　　191.　　H.　　M　　/m

鄂革幸變起要府電飭王敘

堂夜乱犯致捕摘南另求呈澂

中帥謀獲未已請奏俟肇瑞

那有匪印毋事電代列印印

瑞澂致內閣、軍諮府、海軍部、陸軍部、度支部請代奏電（一九一一年十月十日）

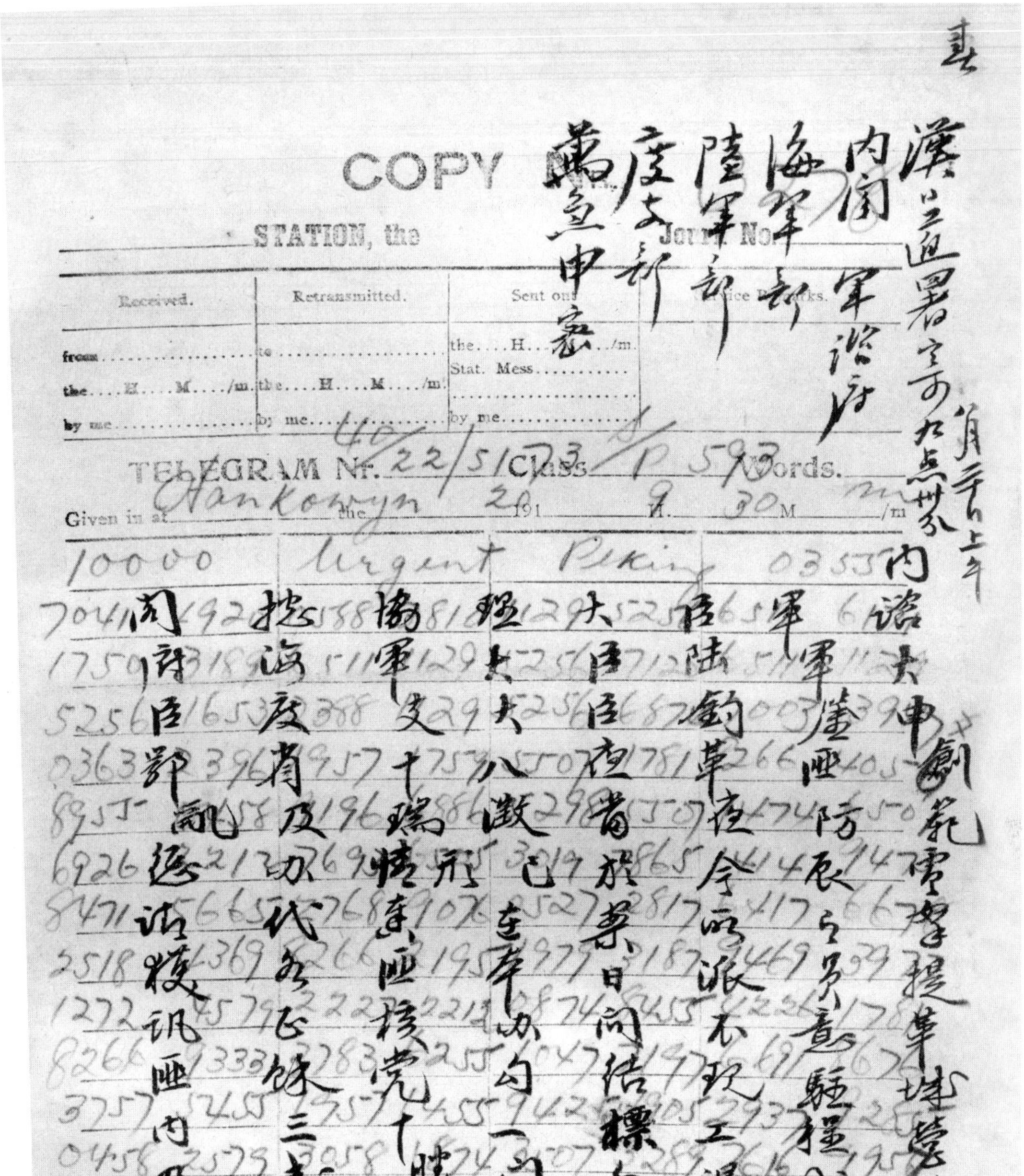

3278

COPY Nr.

STATION, the　　　　Journl. No.

Received. | Retransmitted. | Sent out | Service Remarks.

from　　to　　the　H　M　/m.

the　　the　H　M　/m.　Stat. Mess

by me　　by me　　by me

TELEGRAM Nr.　　Class　　Words.

Given in at　　the　　191　H.　M　/m

八經軍督段瑞忠隨及馬械軍
在工台攻營時鐵[illegible]艦第軍我存
本處並進就大艦軍經[illegible]洪緣扶、
於鑾楚之則入鎮派由國陸探意
突攻撲敵營內同分并充隊援
營內糧并重面積存置察三建[illegible]
重鐘則局轄軒即[illegible]電線共乃
轄點營械器火激互地擲步局大

瑞瀓致内閣、軍諮府、海軍部、陸軍部、度支部請代奏電（一九一一年十月十日）

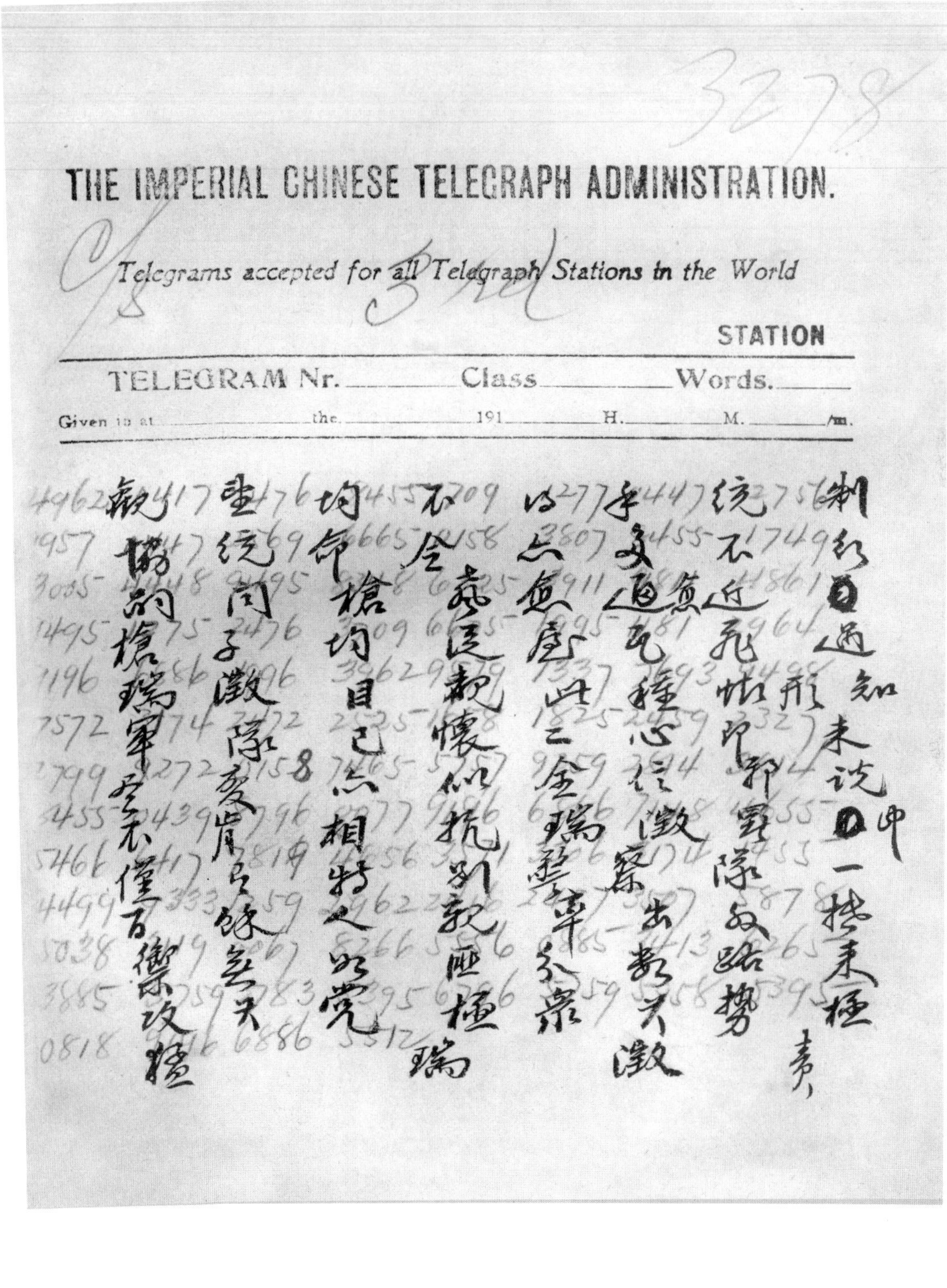
3278

THE IMPERIAL CHINESE TELEGRAPH ADMINISTRATION.

Telegrams accepted for all Telegraph Stations in the World

STATION

TELEGRAM Nr. ______ Class ______ Words. ______

Given in at ______ the ______ 191 ______ H. ______ M. ______ /m.

瑞澂致内閣、軍諮府、海軍部、陸軍部、度支部請代奏電（一九一一年十月十日）

3278

THE IMPERIAL CHINESE TELEGRAPH ADMINISTRATION.

Telegrams accepted for all Telegraph Stations in the World

4th

STATION

TELEGRAM Nr. ______ Class ______ Words. ______

Given in at ______ the ______ 191__ H. ______ M. ______ /m.

牲祝瞑退漢兵此破兵瑞莫佰

奉犧生不諉往調查事廣安死加

会之死蒙移徽狀先太此肅嚴

墉推存旌恥痛期城往結構囊此

殉城躪恩兵以省雄自致不聖

疆死與蘇已豫上復匯為應理請

身省得楚江桃華不匯籀庭

任應

此鄂太發口集次獲與徽辭罷

瑞澂致内閣、軍諮府、海軍部、陸軍部、度支部請代奏電（一九一一年十月十日）

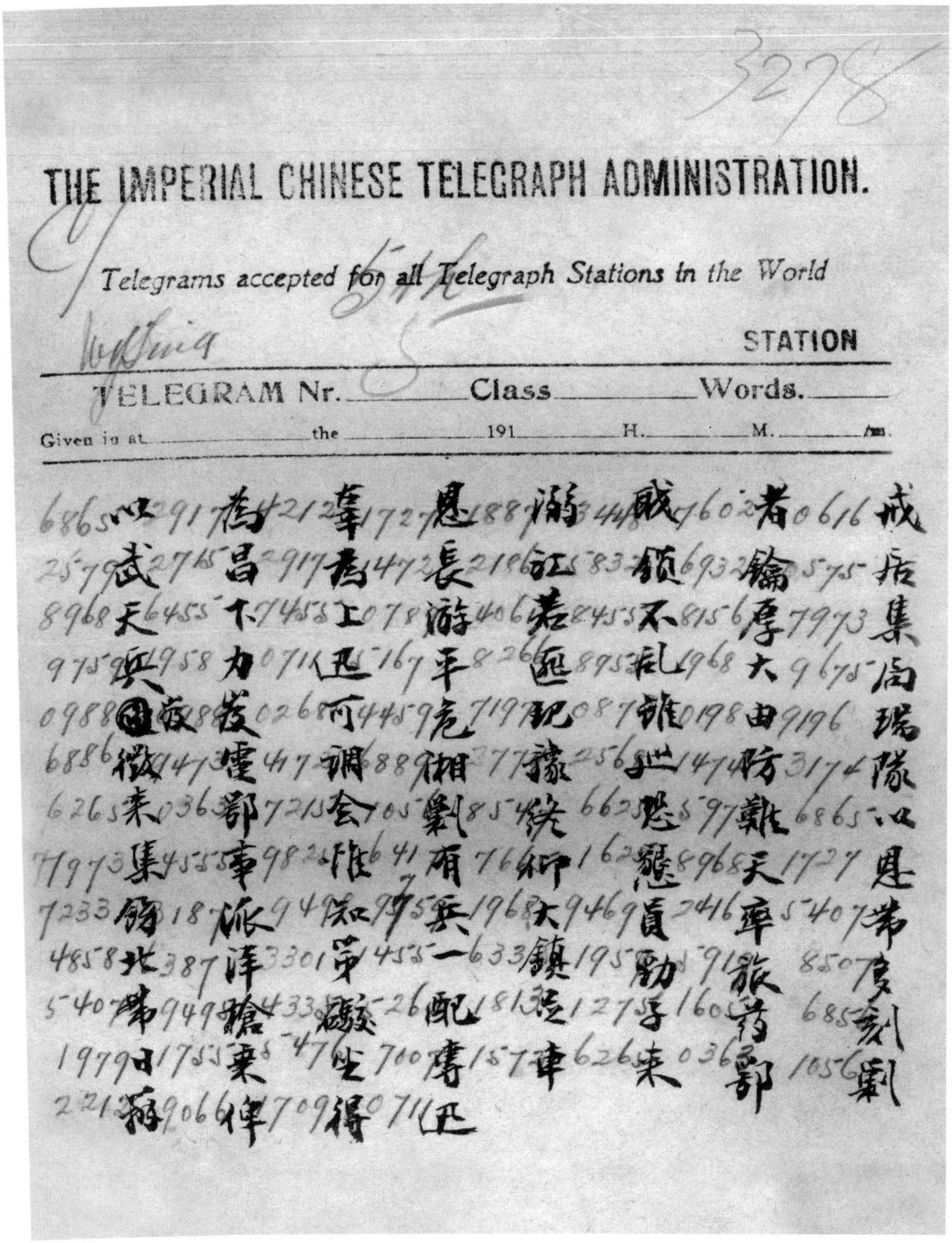
3278
THE IMPERIAL CHINESE TELEGRAPH ADMINISTRATION.
Telegrams accepted for all Telegraph Stations in the World
STATION
TELEGRAM Nr. Class Words.
Given in at the 191 H. M.

戒居集局瑞隊以是常度劉
者鑰厚大由防難天率旅前部
賊鎖不亂誰出懇懇員勤子來
瀨江若匯現豫統衍大鎮道車
恩長游平危湘劉有兵一配專迅
華為上迅可調会惟知第營坐得
為昌下力發還鄂軍派洋槍乘俾
以武天兵國故徵來集鄂北帶日期

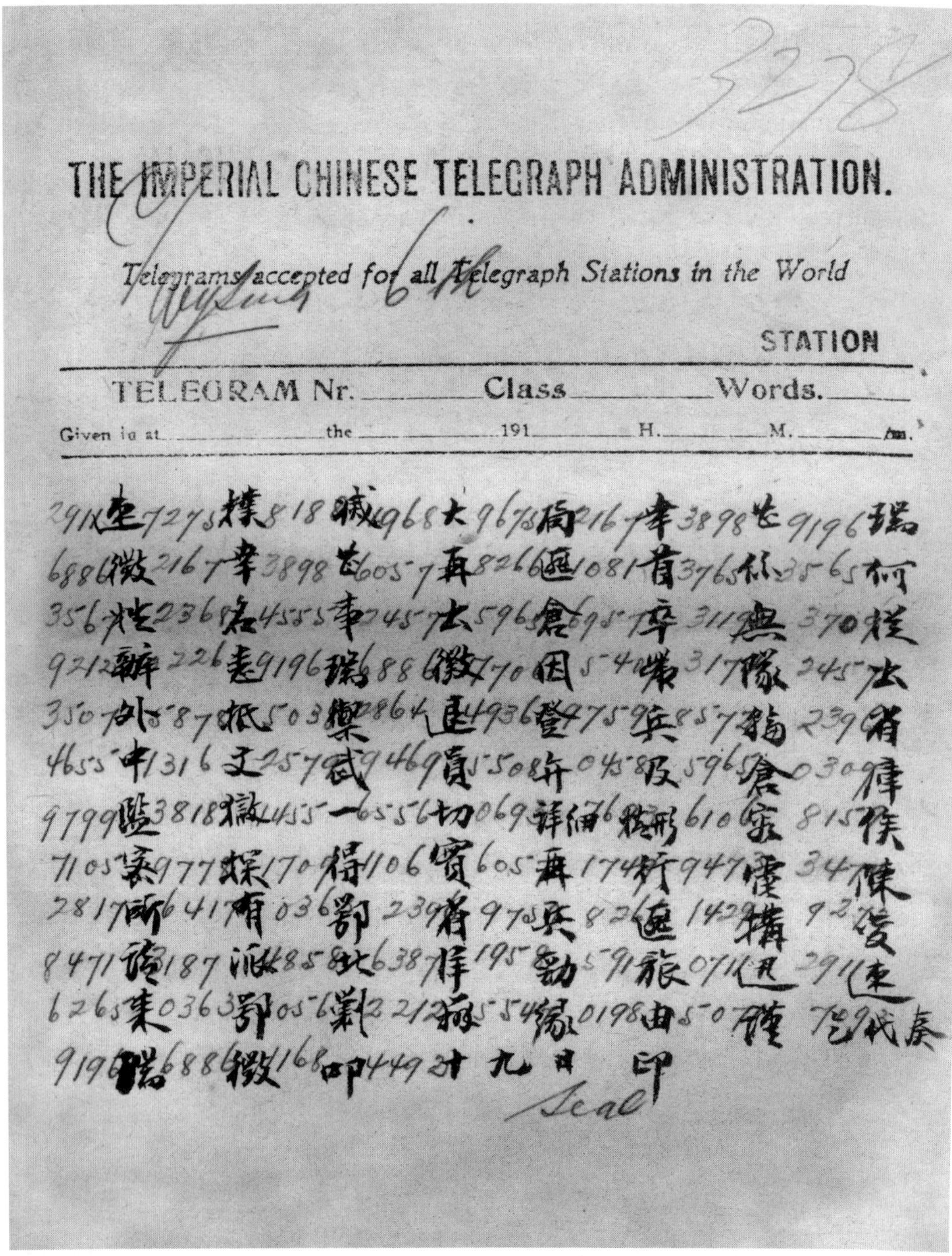

3278

THE IMPERIAL CHINESE TELEGRAPH ADMINISTRATION.

Telegrams accepted for all Telegraph Stations in the World

STATION

TELEGRAM Nr. ________ Class ________ Words. ________

Given in at ________ the ________ 191__ H. ____ M. ____ m.

Seal

瑞澂致內閣、軍諮府、海軍部、陸軍部、度支部請代奏電（一九一一年十月十日）

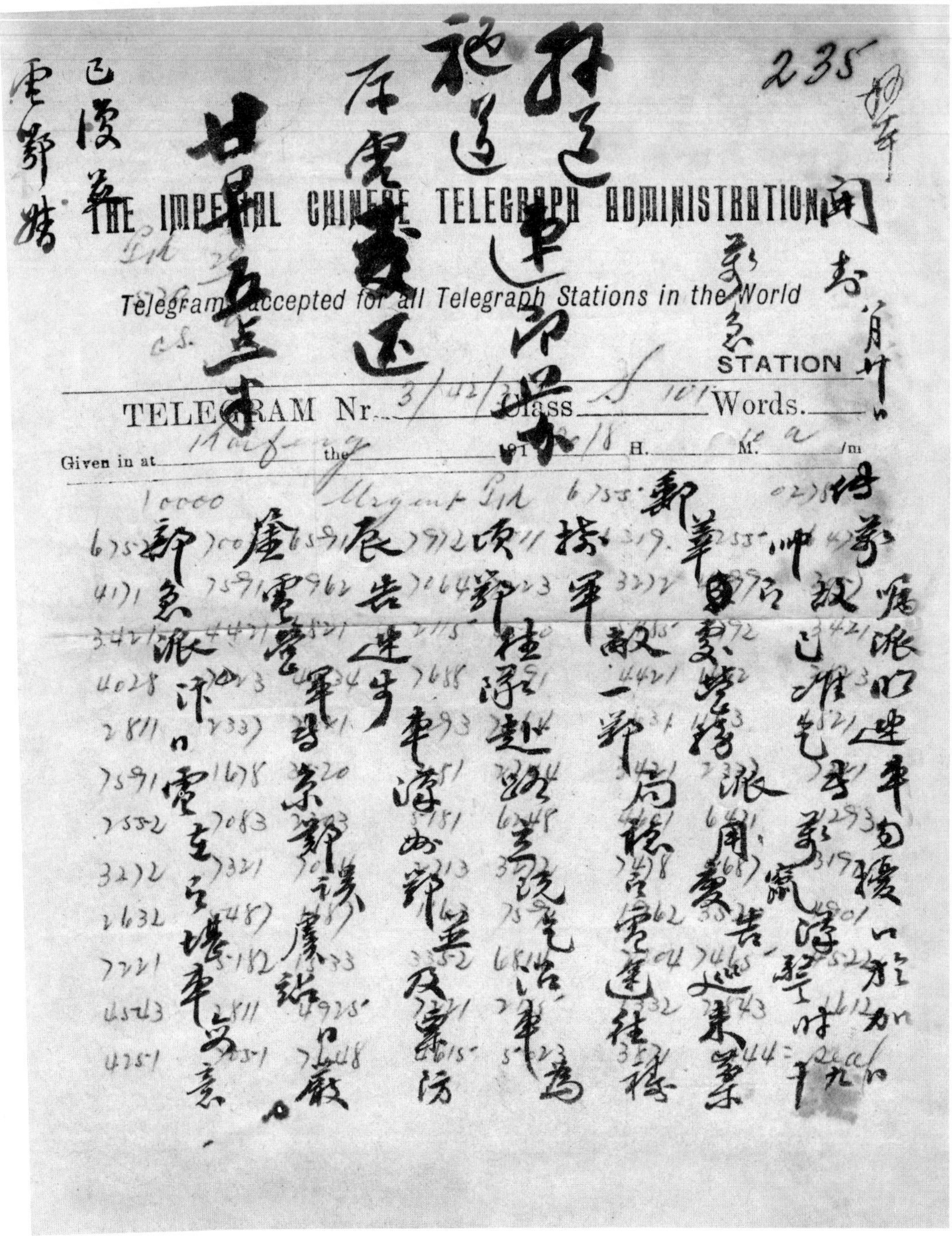
THE IMPERIAL CHINESE TELEGRAPH ADMINISTRATION

Telegram accepted for all Telegraph Stations in the World

STATION

TELEGRAM Nr. Class Words.

Given in at the 191 H. M. m

寶棻致郵傳部電（一九一一年十月十日）

武昌瑞制軍

此間革匪謀亂，幸[illegible]早發覺[illegible]

密。如今辦事全在神速，欽佩之至。對於明[illegible]，鄂紳兄之吉可[illegible]

[illegible]以悅川是矣之致

[illegible]

上海致北京憲報電 八月十九日

鄂省偵知革黨將起事，昨夜拿獲多人，內有女黨二人，起獲炸彈三十箱，有三人正法。斌

武昌制台来電 二十日

鄂省昨夜革匪謀乱幸發覺較早已拿犯懲辦

昨電閣代奏其文曰内閣總協理大臣軍諮府陸軍

大臣鈞鑒竊瑞澂於本月初旬即探聞有革命黨

匪多人潛匿武昌漢口地方意圖乘隙起事當即

嚴飭軍警密為防緝雖時有撲攻督署之

謠瑞澂不動聲色一意以鎮定處之所轄地方

則密派偵探不敢一刻稍懈昨夜七點鐘據偵探

報稱本夜十二鐘該匪准定在武昌為變並探知

該匪潛匿廣地即飭防營復據江漢關道齊

耀珊電稱於漢口俄租界寶興里查獲匪蹤

並拿獲要匪劉耀璋一名起獲偽印偽示偽

照会等件及鉛行支簿僞用鈔票并查有製造炸
藥形迹當派荆襄水師巡防隊往提來署審訊
遂將統制張彪軍事參議官鐵忠巡警道王履
康督派弁勇暨兵分往城内大朝街小朝街係安
門等處查明該匪潛匿之地先後拿獲匪目匪
黨計共三十二名並起獲軍火炸彈多件内有劉汝夔
開槍拒捕并擲炸彈楊宏勝私藏軍械並有演
試炸彈面部受傷確據當即派員提訊内有彭
楚藩係已革憲兵楊宏勝曾充礮隊及三十標兵目

盟心擾逆與劉汝夔之狂悍均屬法無可貸若不即加顯誅無以彰
國憲而昭炯戒當將該三犯訊供確鑿恭請王命即行正法
其餘已獲在訊之匪一併研鞫得實當分別重輕定罪果
情節重大應請即行立正典刑在逃各匪嚴飭兵警及各屬地方文武
一律嚴密查拿務獲究辦一面剴切出示曉諭如有被脅勉從者准
其首悔予以自新此次革匪在鄂創亂意圖大舉將以鄂為
根據沿江各省皆將伺隙而動湘省尤所注意且黨羽分布私
藏軍械炸藥甚夥所幸發覺在先得以即時撲滅當逮捕
之時黨匪拋擲炸彈亦幸未經觸裂張彪鐵忠王履康齊耀珊

員以及員弁警兵無不忠誠奮勇迅赴事機俾得殄患於初萌定亂
於俄頃駐漢俄總領事於租界拿匪極為贊助因得先破匪巢以寒
匪胆是皆仰賴朝廷威德所致瑞澂藉免隕越慚幸交并現在武
昌漢口地方一律安謐商民並無驚擾租界秩序均已嚴飭保護
瑞以上慰宸廑此案破獲尚早地方並未受害所有失察之巡警及
地方文武均經隨同協拿出力應請寬免置議在事異常出
力員弁容照律擇尤請獎以示鼓勵俄總領事處已由
瑞澂先行致函申謝除善後情形隨時具奏外謹摘要電
陳乞代奏瑞澂叩十九日用特奉布此次訊據匪供意圖大舉
沿江各省即應預防湘尤緊要請查照密備瑞澂致

瑞制軍：頃蔭中堂急電開：鄂軍有報已派衛軍步隊一營，廿日專車赴鄂，乞速飭京漢路局派專車至鄭州立候聽用等語。當即電飭該局迅妥撥備。鄭州車站現無空車，他處調車恐遲，擬即以汴洛鐵

記周共保

路開封站裝送到鄭之車，由京漢今午刻鄭州票車掛送駐馬店，連夜派車頭送往漢口，備票車東

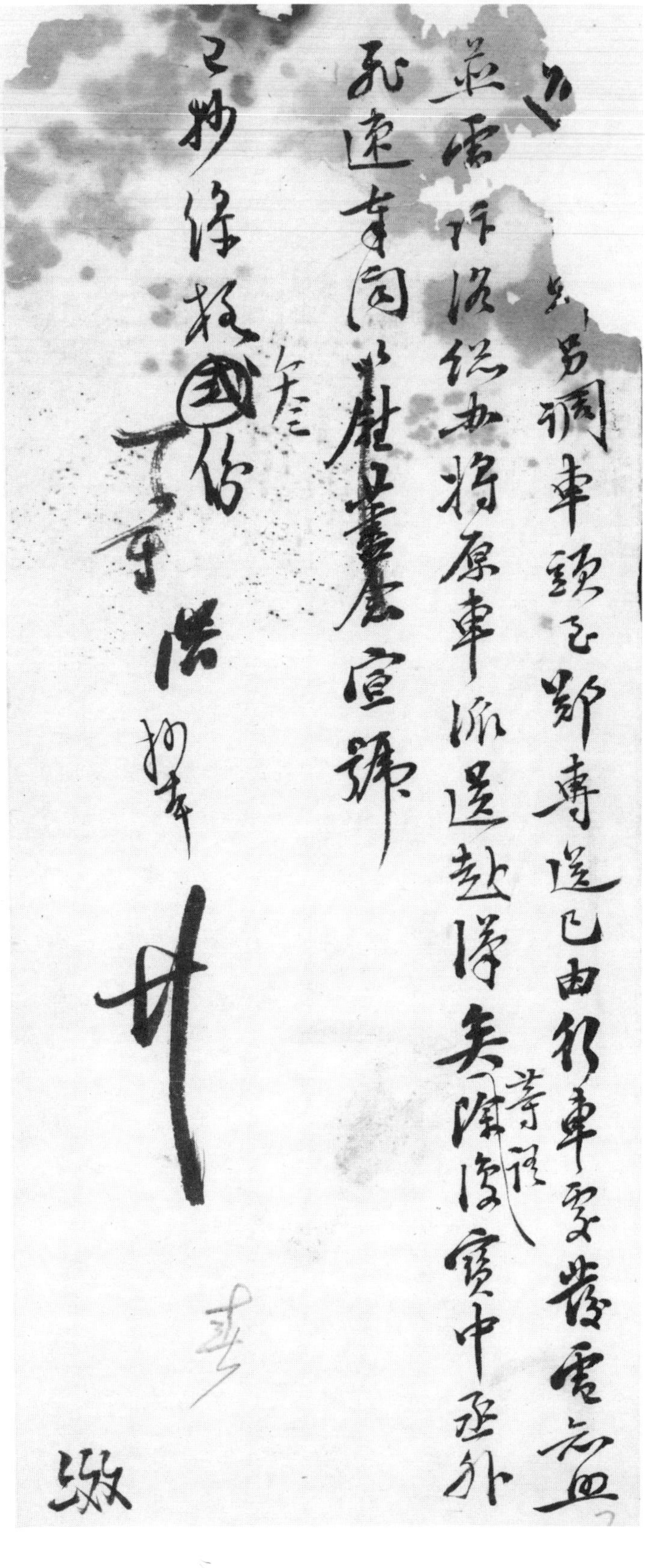

盛宣懷致瑞澂電（原稿）（一九一一年十月十一日）之一

寄武昌瑞制台電 八月十九日

頃寶中丞急電鄂軍有故已派汴軍步隊一營廿日專車赴鄂乞飭京漢路局派專車在鄭州立候聽用等語當即飛電飭該局照辦據稱現因秋操鄭州車站無空車他處調車恐遲擬即以汴洛鐵路開封裝送到鄭之車由京漢今日午刻鄭州票車掛送駐馬店連夜派車頭送往漢口倘票車未能掛送則另調車頭至鄭專送已由行車處發電知照並電汴洛總辦將原車派送赴漢矣等語除復寶中丞外飛速奉

聞宣號

盛宣懷致瑞澂電（一九一一年十月十一日）之二

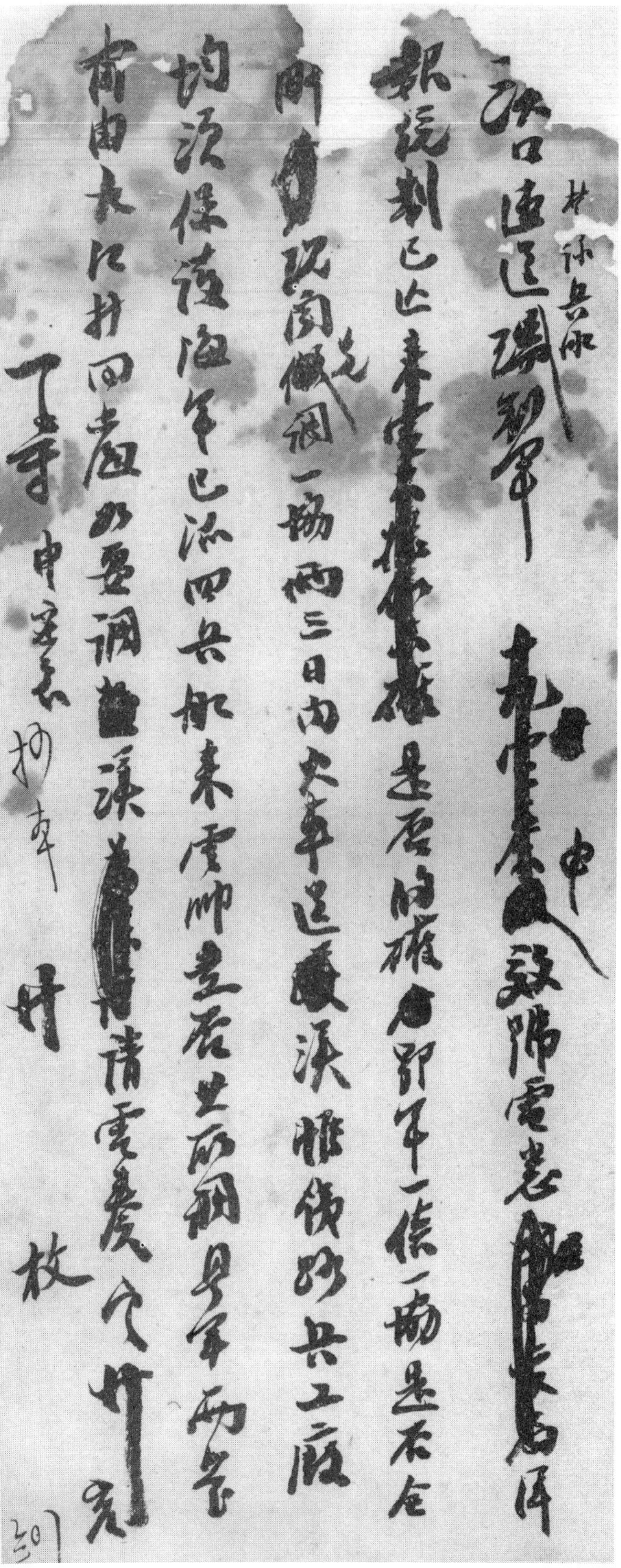

漢口電局王道來電八月廿日上午兩点卅分發

刻至夏口廳細詢實情據云今晚營中大失幸得信早

軍械早移閘尤幸一營之中譁變只一小部城內及漢

鎮尚安靜現在江內派兵艦上下游弋武漢綫忽阻王

王庭珠致盛宣懷電（一九一一年十月十一日）之二

THE IMPERIAL CHINESE TELEGRAPH ADMINISTRATION

Telegrams accepted for all Telegraph Stations in the World

STATION

TELEGRAM Nr. Class Words.

Given in at the 191 H. M. /m

漢口電局王道来電八月二十日上午九鐘發

昨夜武昌陸軍兵變城內軍械銀餉均被佔踞其意似

與川合踞城不擄掠故百姓尚安葦帥現避楚豫兵輪

專候各路援師王

漢口電王來電　八月二十日上午

頃聞武昌法政學生團軍械所並有匪衝進武局毀機割綫人無恙王

漢口二十日五点四十分

2b

THE IMPERIAL CHINESE TELEGRAPH ADMINISTRATION.

Telegrams accepted for all Telegraph Stations in the World

STATION

TELEGRAM Nr. 31/7915 Class a 50 Words.

Given in at Hankow the 191 20 H. 5 M. 40 p/m.

住武派並乘王
向近黑機人酌
眷左天候之請
丁房敵處江如
鑾綫雷該過何
保水處到前行
宮外尊輪午同
盛城由一派輪

漢口領事致北京各報電（一九一一年十月十一日）

漢口致北京各報 西十月十一上午八鐘三十分發

華官告知各領事署制台逃避革命党佔據武昌省城統制炸死督藩署焚燬官雖保護外人必須自保有美教士二十五人武昌殘斃此間有兵船五艘在租界商團巡護漢口

開封寶中丞：致電悉，當即飛飭京漢路局照辦。據稱鄭州車站現無兵車，他處調車恐遲，擬即以汴洛鐵路開專業送到鄭之車，由京漢今午鄭州票車掛送駐馬店，速應派車頭送往漢口，惟票車來鄭掛送，則另調車頭，已鄭專送，已由開車票業電知照，并電汴洛照辦，將原車派送赴漢矣等語。一切經理為屬妥速，並已由該局嚴飭漢口車

盛宣懷致寶棻電（原稿）（一九一一年十月十一日）之一

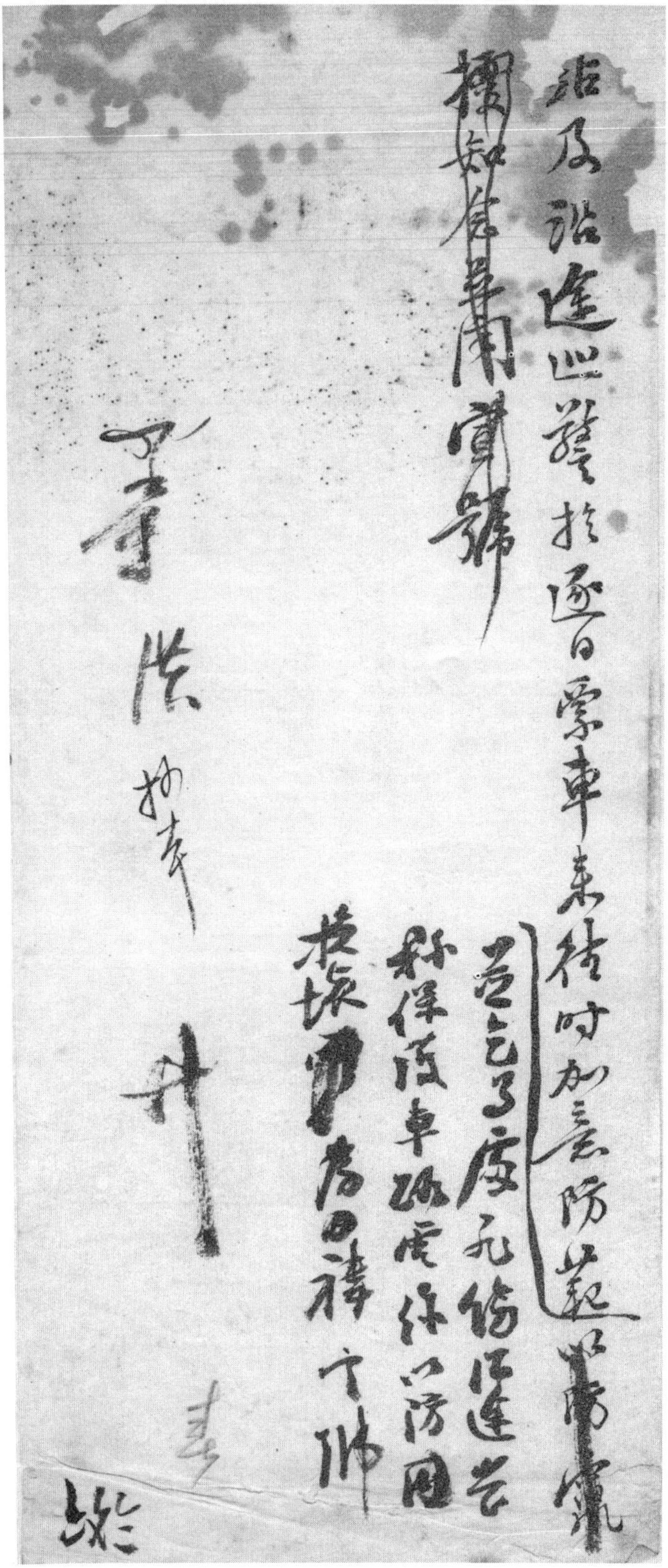

盛宣懷致寶棻電（原稿）（一九一一年十月十一日）之一

寄開封寶中丞電 八月二十日

洪效電悉當即飛飭京漢路局照辦據稱鄭州車站現無空車他處調車恐遲擬即以汴洛鉄路開封裝送到鄭之車由京漢今午鄭州票車掛送駐馬店連夜派車頭送往漢口倘票車未能掛送則另調車頭至鄭專送已由行車處發電知照並電汴洛總辦將原車派送赴漢矣等語辦理尚屬妥速並已由該局嚴飭漢口車站及沿途巡警於逐日票車來往時加意防範並乞尊處飛飭沿途營縣保護車路電綫以防損壞為禱宣號

盛宣懷致寶棻電（原稿）（一九一一年十月十一日）之二

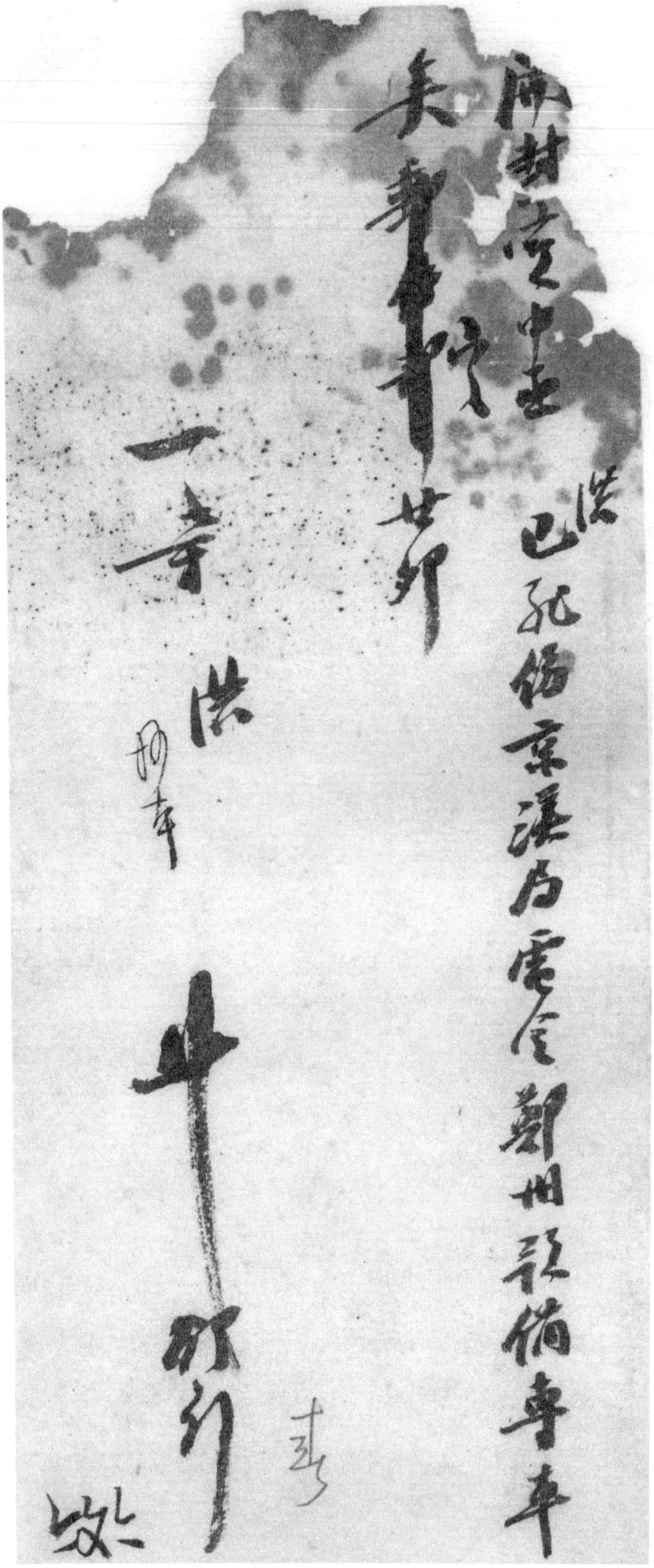

寄開封寶中丞電 八月二十日

洪已飛飭京漢局電令鄭州預備專車矣宣廿卯

瑞澂致内閣、軍諮府、海軍部電（一九一一年十月十一日）

武昌 八月廿下午二点發

THE IMPERIAL CHINESE TELEGRAPH ADMINISTRATION.

Telegrams accepted for all Telegraph Stations in the World

STATION

TELEGRAM Nr. Class Words.

Given in at 漢口 the 191 H. M. /m.

Urgent 急 Peking

内閣總協理大臣軍諮府海軍大臣鈞鑒辰十九夜電奏鄂亂情形計蒙鑒達今日武昌漢口電已不通城内是何現狀屬派密探尚未復到漢口租界現已戒嚴外國兵輪在漢者計英德美日各一艘我國兵輪在漢計有楚豫建威二艘湖隼湖鹰两鱼雷艇

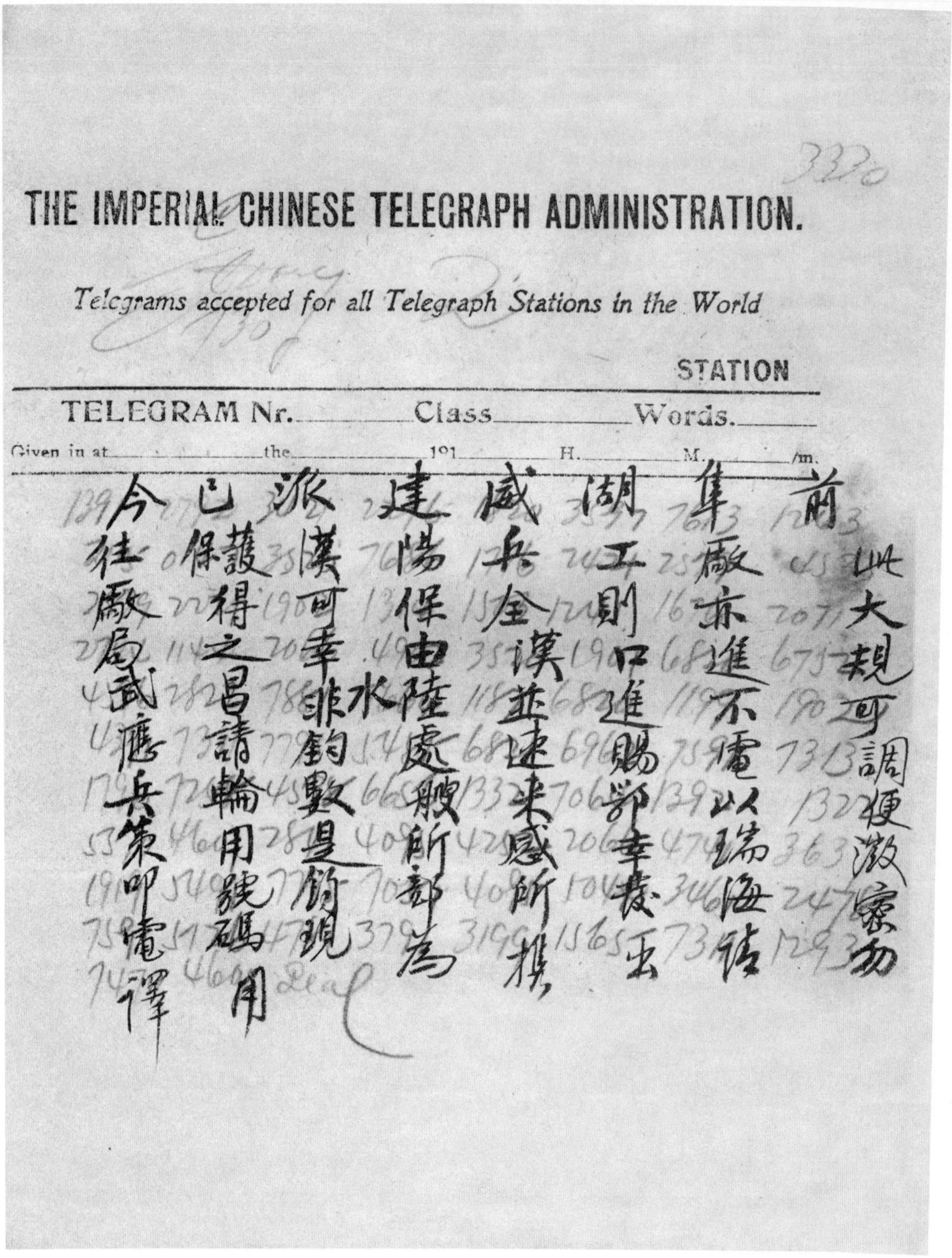

3320

THE IMPERIAL CHINESE TELEGRAPH ADMINISTRATION.

Telegrams accepted for all Telegraph Stations in the World

STATION

TELEGRAM Nr.______ Class______ Words.______

Given in at______ the______ 191 H.______ M.______ /m.

前此大規可調便激變动
集廠亦進不電以瑞海結
湖工則口進賜部幸長玉
威兵全漢並速來感所携
建陽保由陸處艘所部為
水
派漢可幸非鈞數是餉現
已保護得之昌請輪用號碼用
今往廠局武應兵策叩電譯

瑞澂致內閣請代奏電（一九一一年十月十一日）

去

已抄從稿乙份

到 八月廿四下午 十二点

THE IMPERIAL CHINESE TELEGRAPH ADMINISTRATION

Telegrams accepted for all Telegraph Stations in the World

STATION

TELEGRAM Nr. Class Words.

Given in at 漢口 the 191 H. M.

Urgent Peking

大急

閣中處請派鎮兵已匯來新練營
鑒悉自飭一營連并應照查補回
內
鈞匯來請第掃亂軍將之捷軍
臣兵電並第八鎮作新請陳位護
大有經署鄂黨之變嘶升僅
現鄂業治另來匯請寄緩自行
協與桑加大旅次獲此由艺问
迦窃一嚴紐動此破楠原軍之

925

THE IMPERIAL CHINESE TELEGRAPH ADMINISTRATION.

Telegrams accepted for all Telegraph Stations in the World

STATION

TELEGRAM Nr.______ Class______ Words.______

Given in at______ the______ 191____ H.____ M.____ /m.

練財協鎮成而軍林陳紛兵
募招悍混八混補編洞異雜弛兵
處式一第為納館之尔切漸慶
淥班設鎮為洪年有班趙一紀安
乃由亂之一魔元逹鄂的士位營赴
均度成班祭餘資此學接而騎
總營子練派制統不旗大龍為漸
參廣力逐統協費因但變天象

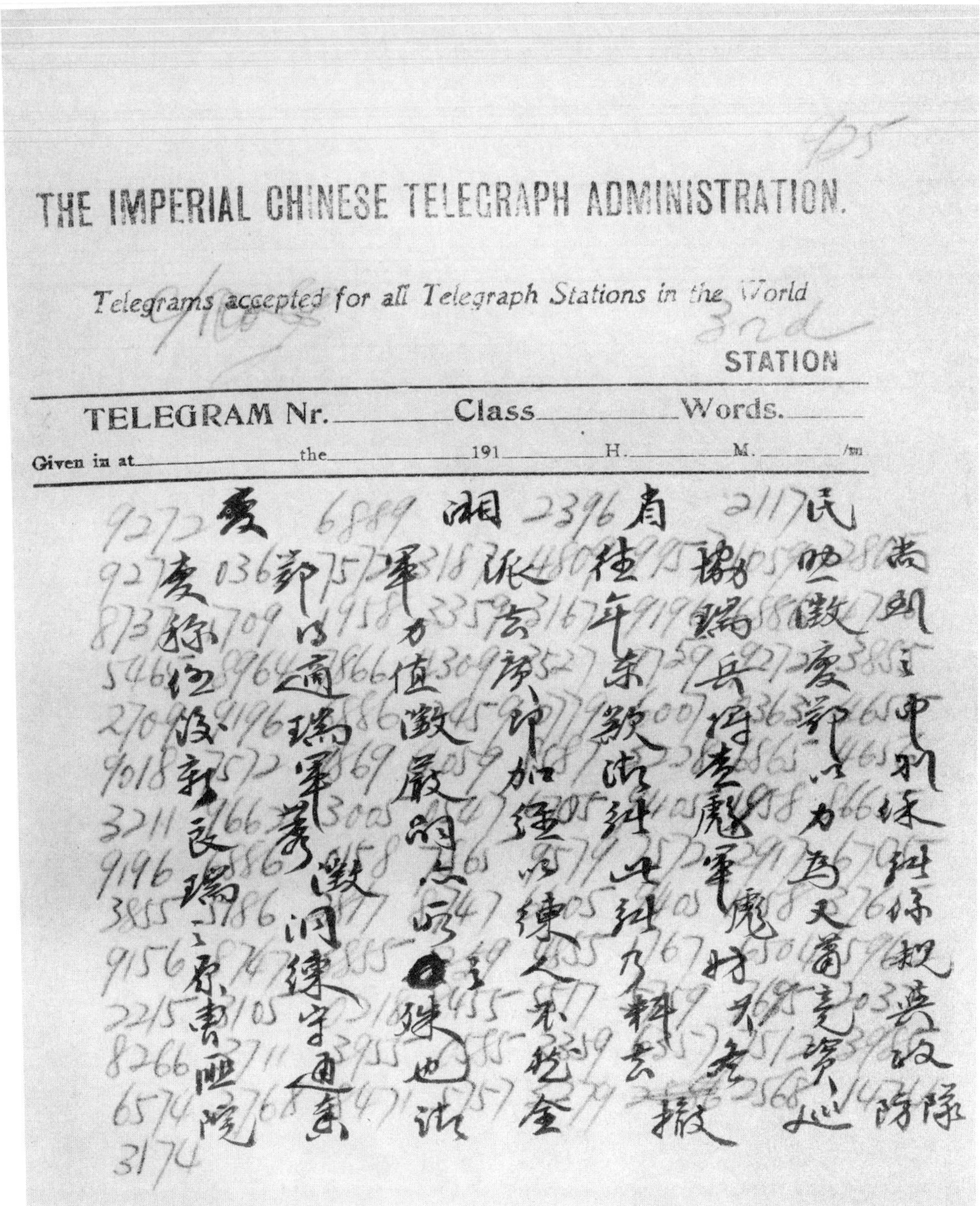

THE IMPERIAL CHINESE TELEGRAPH ADMINISTRATION.

Telegrams accepted for all Telegraph Stations in the World

STATION

TELEGRAM Nr. ______ Class ______ Words. ______

Given in at ______ the ______ 191 ______ H. ______ M. ______ /m

瑞澂致内閣請代奏電（一九一一年十月十一日）

925

THE IMPERIAL CHINESE TELEGRAPH ADMINISTRATION.

Telegrams accepted for all Telegraph Stations in the World

STATION

TELEGRAM Nr.________ Class________ Words.________

Given in at________ the________ 191____ H.____ M.____ /m.

奏年奏、省
用
貝年部議
於
經爭軍參
盡力陸設又

實係自滋內匪通亡畜查制 專
辦竟事擬殺軍僞謠實綻
爭ゝ趙以甚新訊ゝ切為
斷制匪軍謀ゝ匪隊魔軍
斷餘黨民逆奔撲軍斜陸
權相命國旨房謠及屬以
ゝ隱華為宗甚ゝ淌動蓋
舍寓日粽為結匪已印办

8215 1958 9574 8714 3939 0105 1979 5737 2717 1047 8266 6417 2457 2212 7007

瑞澂致内閣請代奏電（一九一一年十月十一日）

925

THE IMPERIAL CHINESE TELEGRAPH ADMINISTRATION.

Telegrams accepted for all Telegraph Stations in the World

STATION

TELEGRAM Nr. ______ Class ______ Words. ______

Given in at ______ the ______ 191 ______ H. ______ M. ______

治
把握城起行倉張隊存且彪甚兮
有有突不策兮學意去張傷亮
彪
碓間營令無萬章或散者死匪
必夜數命手蹶親軍即向隊退
張
自光軍彪束竭洪新产相遇敗
年十新張亦置元而威戊軍即
青
有料外匪患布黎劉望倒親旋
兵不内痤鉄穿彪往觀且章多

9251

THE IMPERIAL CHINESE TELEGRAPH ADMINISTRATION.

Telegrams accepted for all Telegraph Stations in the World

STATION

TELEGRAM Nr. ________ Class ________ Words. ________

Given in at ________ the ________ 191 ____ H. ____ M. ____

請
極警懸已電奏第三力軍衆九
鋒別寡得即處之隊竭我甚無
撲其特衆不當殲擊兩往久者嘗
施剩人禦輪夜駐營復時傷相
猛並僅餘殘兵是外重隊六人傷
礮署百足隊棄在輜馬至十死
路槍猜一何楚在調鎮軍劉數叩
署鋭察殊登奏死八親攻死匯

瑞瀓致内閣請代奏電（一九一一年十月十一日）

925

THE IMPERIAL CHINESE TELEGRAPH ADMINISTRATION.

Telegrams accepted for all Telegraph Stations in the World

STATION

TELEGRAM Nr. ______ Class ______ Words. ______

Given in at ______ the ______ 191 ______ H. ______ M. ______ m.

者

以人不虞營嚴得台局城設楚

益千寡張重軍探望議在安藏

安

隊五人持輜持瀓楚諸部山建

一回百支幸安瑞據[illegible]據令鳳集

營止數難城國適估並司鳳調

軍

三何僅萬出蕭適已所為山遂

新有黨兵衆亦薄敵黨械屋蛇庭

共匪我敵遂氣不匪軍房内礮

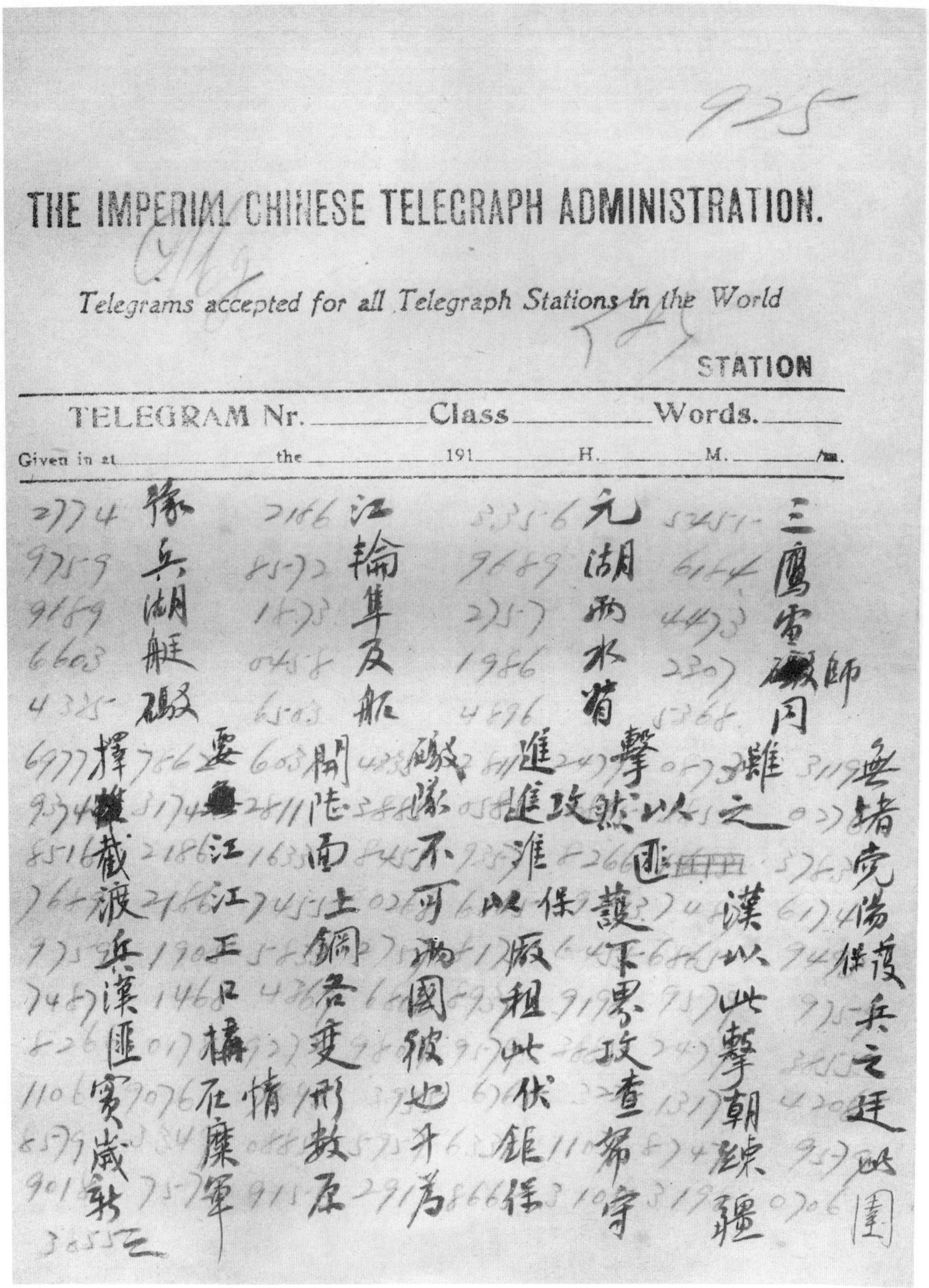

9725

THE IMPERIAL CHINESE TELEGRAPH ADMINISTRATION.

Telegrams accepted for all Telegraph Stations in the World

STATION

TELEGRAM Nr. ________ Class ________ Words. ______

Given in at ________ the ________ 191 ____ H. ____ M. ____

三鷹雷礮師同
元湖兩水省
江輪隼及艇
豫兵湖艇礮
無諸究傷保度兵之廷以圍
雖之漢以此擊朝疑疆
擊然以匪護下署攻查部守
進進攻淮保以廠租此伏鉅係
礮隊不可為國彼也弁為
開陸面上鋼各變形數原
要[illegible]江江工口橋在糜軍情
擇[illegible]截渡兵漢匪實歲新
3855三

瑞澂致内閣請代奏電（一九一一年十月十一日）

THE IMPERIAL CHINESE TELEGRAPH ADMINISTRATION.

Telegrams accepted for all Telegraph Stations in the World

STATION

TELEGRAM Nr.________ Class________ Words.________

Given in at________ the________ 191____ H.____ M.____ /m.

言三宣均樸迭數賸隊隻足額派
兵變緒變變時隊十州步數不以
此先兵兵立防僅府僅船亦徵
期
蔽前慶東隊巡陸各共徵集瑞
不突悍安廣舊北水防處人衙餞
通心年年防捌撤巡三餘調一
計歷痛四元巡今歲且藁百徵供東
身之十鏡額減次營式一郎以

925

THE IMPERIAL CHINESE TELEGRAPH ADMINISTRATION.

Telegrams accepted for all Telegraph Stations in the World

Wei

STATION

TELEGRAM Nr. ______ Class ______ Words. ______

Given in at ______ the ______ 191 ______ H. ______ M. ______ /m.

引此無所夫軍見員之含飲一

兵有火智決鐵新對派後想准大

於惟水無敏管有於請薑設備查

從民自能明合致奏篆堪恩部

家無極平不聖惟亂不速何天來

手師徵事席辭椅若益慮熟良

措援瑞辭離何以鮮處後卿大

身上頒皆勇致復迭不查法無派

925

THE IMPERIAL CHINESE TELEGRAPH ADMINISTRATION.

11th

4 am

Telegrams accepted for all Telegraph Stations in the World

9/11 / 9/11

STATION

TELEGRAM Nr.________Class________Words.________

Given in at________the________191____H.____M.____/m.

1633西 7233鐵 6455下 7572軍

1614諮 1109府 9374陸 7572軍 976部 0711退 600將 4369各

2396省 9374陸 7572軍 882應 2067[illegible] 356柯 465[illegible] 3228青

1474防 6501範 406[illegible] 2110定 969[illegible] 293程 3711通 7233鐵

6556切 1108實 791[illegible] 221[illegible] 686[illegible] 424[illegible] 1968[illegible] 9675局

6057再 907該 8266匯 719現 577[illegible] 2396省 86[illegible] 886[illegible]

9759兵 475[illegible] 7487漢 388[illegible] 0198由 1986水 341[illegible] 2811進

596[illegible] 257武 2716昌 719現 6505已 947電 136[illegible] 7286海

7572軍 976部 7233鐵 3187派 9759兵 857[illegible] 0688[illegible] 2603艘

6265來 0363鄂 882應 1699[illegible] 145[illegible] 7487漢 468口 8937[illegible]

9198[illegible] 6505已 7233鐵 2188[illegible] 7487漢 293[illegible] 401[illegible] 2057與

4369各 6806國 0080[illegible] 457[illegible] ~~[illegible]~~

~~[illegible]~~ 037[illegible] 2048[illegible] 7105密

1368商 2212辦 6788[illegible] 965[illegible] [illegible] [illegible] 9493[illegible] 3269[illegible] 2465[illegible]

3474陳

925

THE IMPERIAL CHINESE TELEGRAPH ADMINISTRATION.

12th

Telegrams accepted for all Telegraph Stations in the World

Twei

STATION

TELEGRAM Nr.______ Class______ Words.______

Given in at______ the______ 191____ H.____ M.____ /m.

2815 明 5071 懂乞代 523 奏 9196 瑞

6886 澂 1168 叩 5492 二十日

Seal

瑞澂致内閣請代奏電（一九一一年十月十一日）

盛宣懷致劉燕翼、王存善電（一九一一年十月十一日）

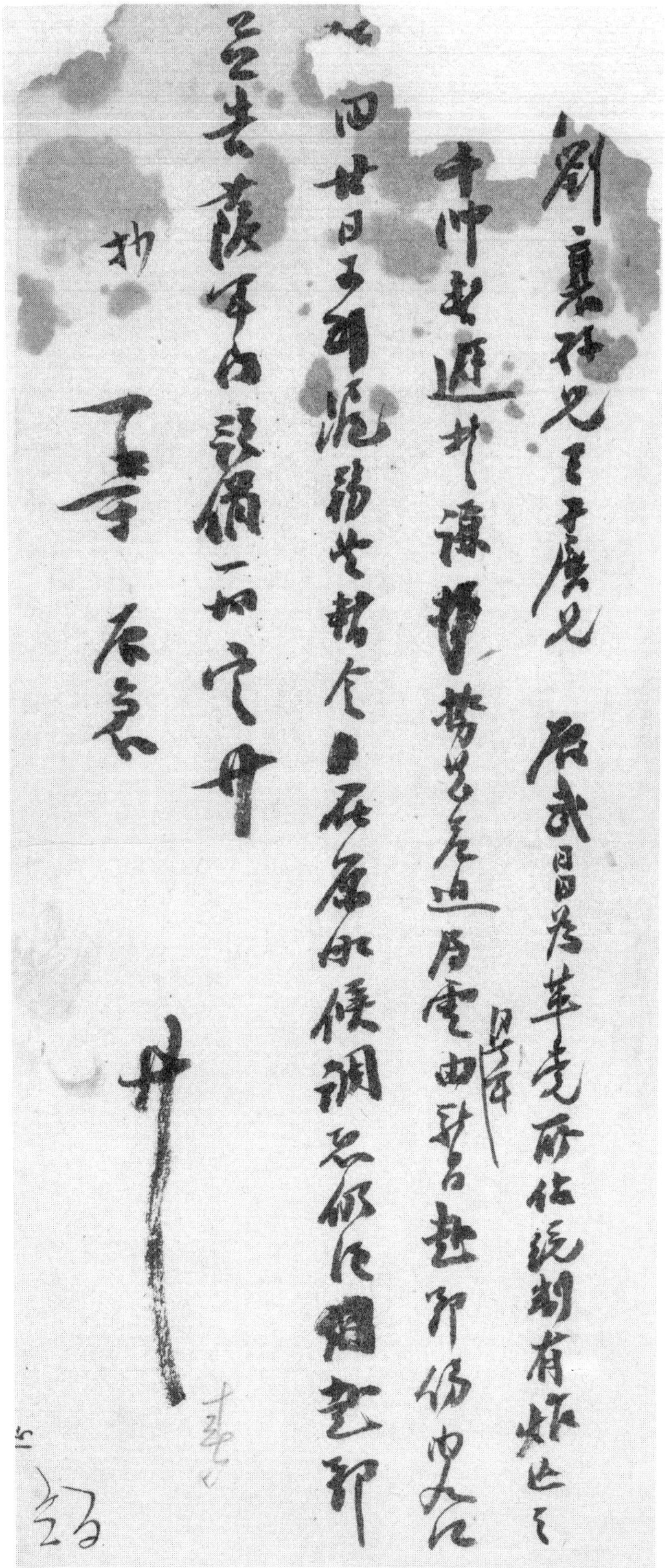

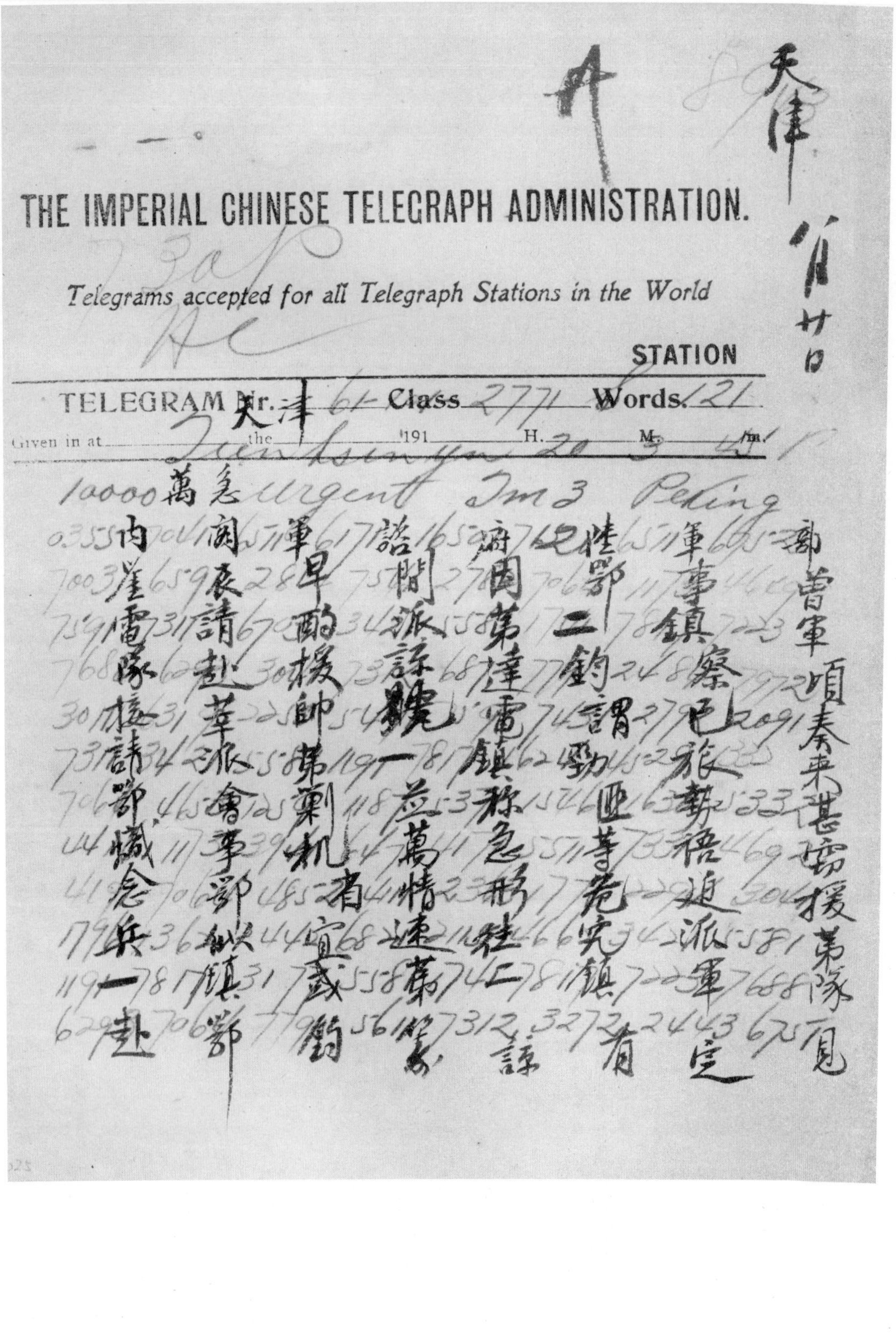

天津 八月廿日

THE IMPERIAL CHINESE TELEGRAPH ADMINISTRATION.

Telegrams accepted for all Telegraph Stations in the World

STATION

TELEGRAM Nr. 天津 61 Class 2771 Words 121

Given in at Tientsin the 191 H. 20 M. 3 m.

10000 萬急 Urgent Im 3 Peking

內閣、軍諮府、陸軍部鑒：衷早間因鄂事，曾電請酌派第二鎮軍隊赴援，諒達鈞察。頃瑞革帥[illegible]電，謂已奉請派第一鎮勁旅來鄂會剿，並稱匪勢甚熾，事機萬急等語。焦念鄂省情形危迫，援兵尤宜速往，擬派第一鎮或第二鎮軍隊赴鄂，鈞處諒有定見。

陳夔龍致内閣、軍諮府、陸軍部電（一九一一年十月十一日）

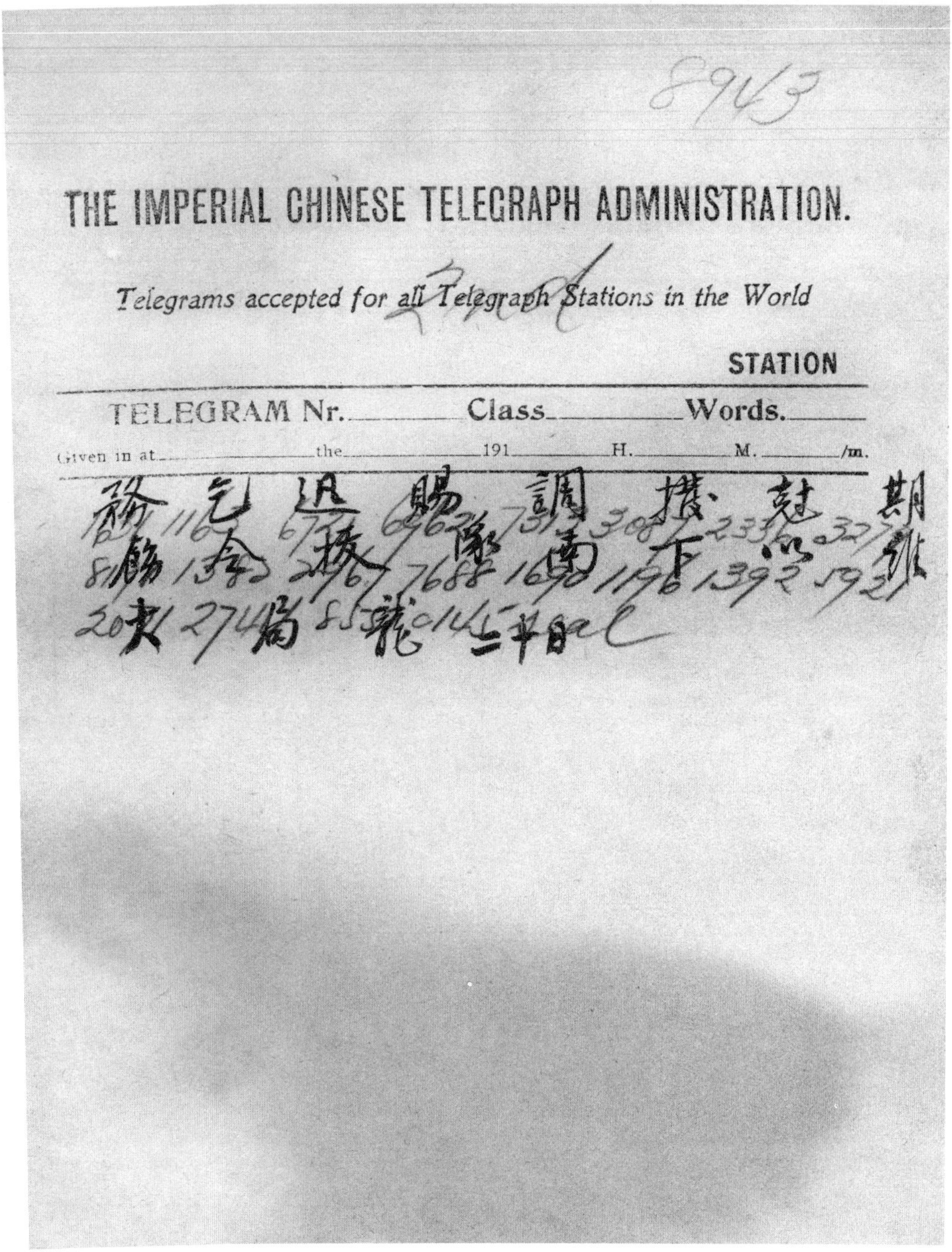

8943

THE IMPERIAL CHINESE TELEGRAPH ADMINISTRATION.

Telegrams accepted for all Telegraph Stations in the World

STATION

TELEGRAM Nr.______ Class______ Words.______

Given in at______ the______ 191__ H.______ M.______ /m.

務乞迅賜調撥赴期餉令援隊南下以維大局 龍 二十日

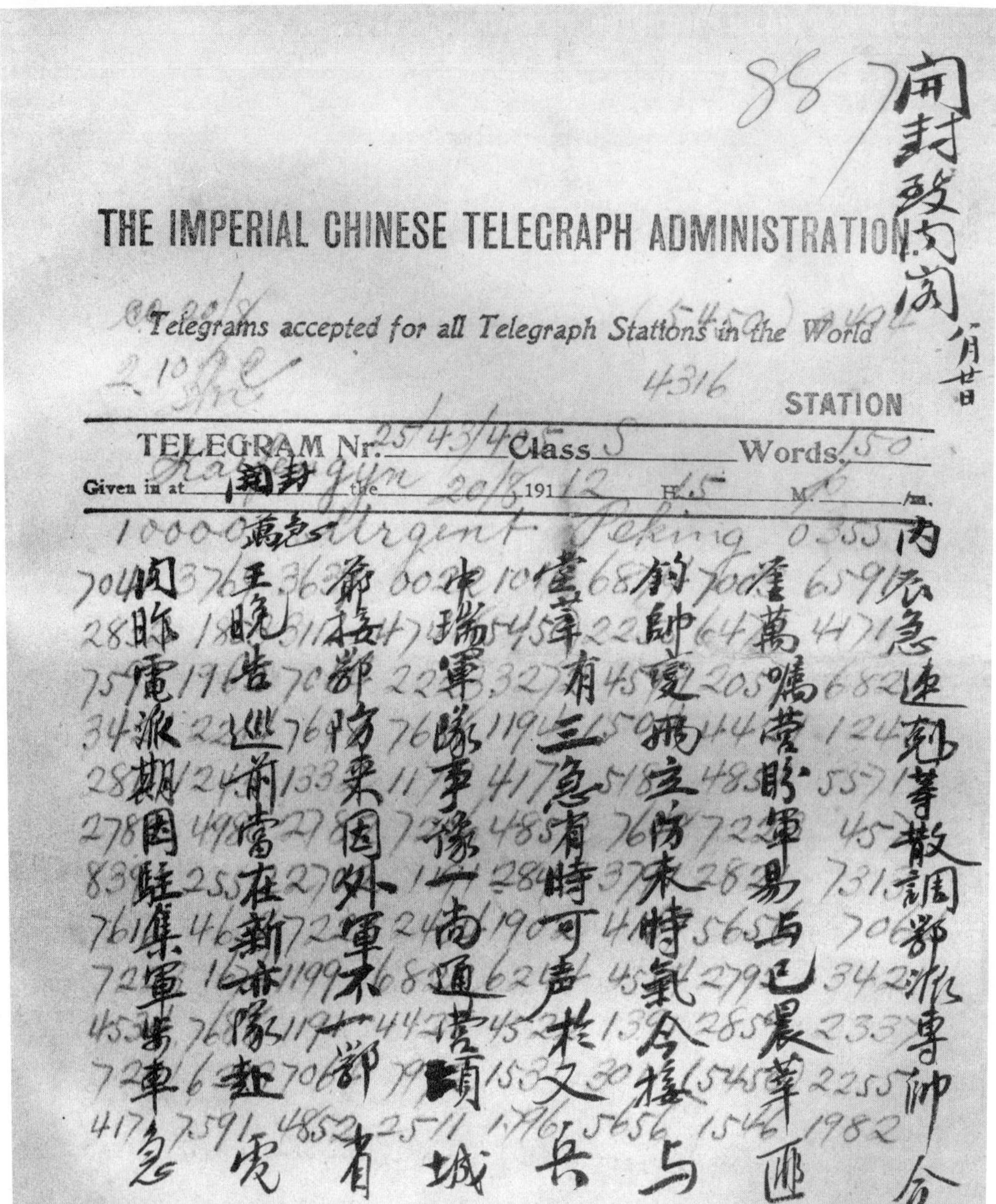

8857 開封致內閣 八月廿日

THE IMPERIAL CHINESE TELEGRAPH ADMINISTRATION

Telegrams accepted for all Telegraph Stations in the World

STATION

TELEGRAM Nr. 2543/405 Class 5 Words 150

Given in at 開封 Kaifeng the 20/8 1911 12 H. 15 M.

10000 萬急 Urgent Peking 0355

內閣急速。魏等散調鄂派專師合奎萬囑營勝軍易与已晨華匯鈞帥寬飭立防來時氣今搖与營葦有三急有時可声於文兵中瑞軍隊事隊一尚通營頭城節樣鄂防來因外軍不一鄂有王晚告巡前當在新赤隊赴覺閣昨電派期國駐集軍步車急

寶棻致內閣電（一九一一年十月十一日）

寶棻致內閣電（一九一一年十月十一日）

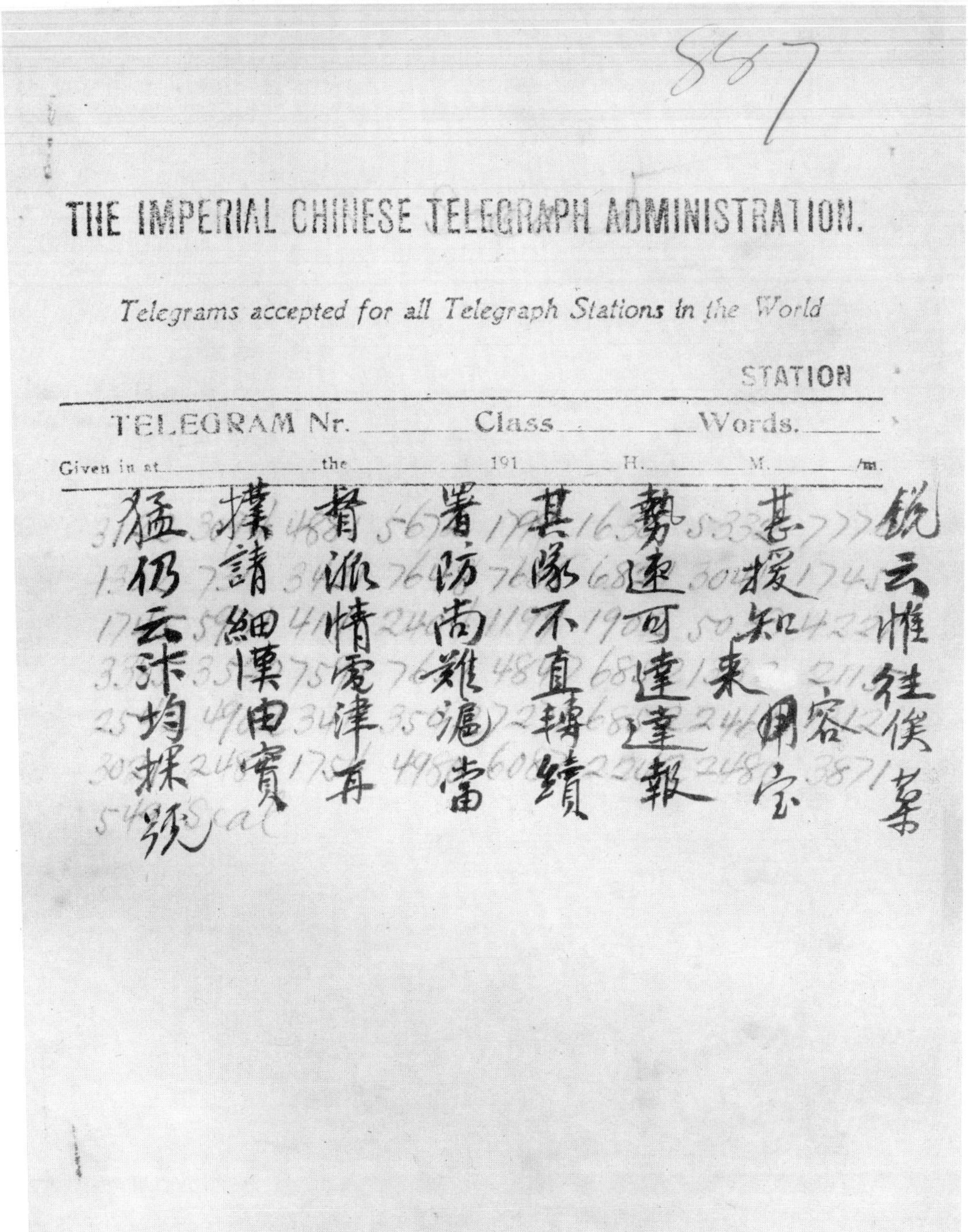

887

THE IMPERIAL CHINESE TELEGRAPH ADMINISTRATION.

Telegrams accepted for all Telegraph Stations in the World

STATION

TELEGRAM Nr. ______ Class ______ Words. ______

Given in at ______ the ______ 191 ______ H. ______ M. ______ /m.

銳云惟往俟棻
甚援知來容用宗
勢速可達達報
甚隊不直轉續
署防尚難滬當
督派情電津再
撲請細漢由實
猛仍云汴均探覆

開封

THE IMPERIAL CHINESE TELEGRAPH ADMINISTRATION.

Telegrams accepted for all Telegraph Stations in the World

STATION

TELEGRAM Nr. 26 Class 409 Words.

Given in at 開封 Kaifengfu the 191 20/8 H. 12 30 M. p m.

1000 urgent Tm 2 重急

Peking

軍諮府陸軍部鈞鑒：密。昨電計達。覺此間步隊一營已起程。頃又接華帥急電，省城兵與匪合，猛撲督署，其勢甚熾，仍請派防隊速援云云。豫省防軍盡數散駐在外，省城新軍除分派各要外，所駐無幾，且槍械均係舊式。鄂亂情形如此，恐非豫省兵力所

寶棻致軍諮府、陸軍部電（一九一一年十月十一日）

890

THE IMPERIAL CHINESE TELEGRAPH ADMINISTRATION.

26/4v/1409

Telegrams accepted for all Telegraph Stations in the World

STATION

TELEGRAM Nr.______ Class______ Words.______

Given in at______ the______ 191___ H.___ M.___ /m.

當徐由殷鄂援棻
皖青應大赴霍宜
路連似力行防衛
南毘隊得遷襄施
況路抽派車輛的
顧東敢速專長截
兼守來處隊資克
能防亦飭軍收統臨號

seal

漢口盧道洪昶等來電 八月廿日下午二点四十分

宮保密堂憲鑒：十八日武昌捉獲革黨二十餘人，漢口亦捉四人，當時正法四人，即晚焚營房二處。聞新軍除馬隊外，餘皆叛，革黨用炮轟督署，督憲移節兵輪，現轟藩署，城門已閉，交通斷絕，勢甚危險。漢口為中外商場，痞匪又多，無得力之兵，殊為可慮，應否派兵前往保護，出自鈞裁。洪昶等稟。叩

錄本月二十日晚十一點漢口來電

武昌府城大半爲革命黨所踞據云官兵已與之聯合

未叛之兵有一標現在城内山上安設炮台外國人不克脱離

總督及藩署均被燬軍械局及銀行均被黨據總督已

在巡洋艦情形甚危

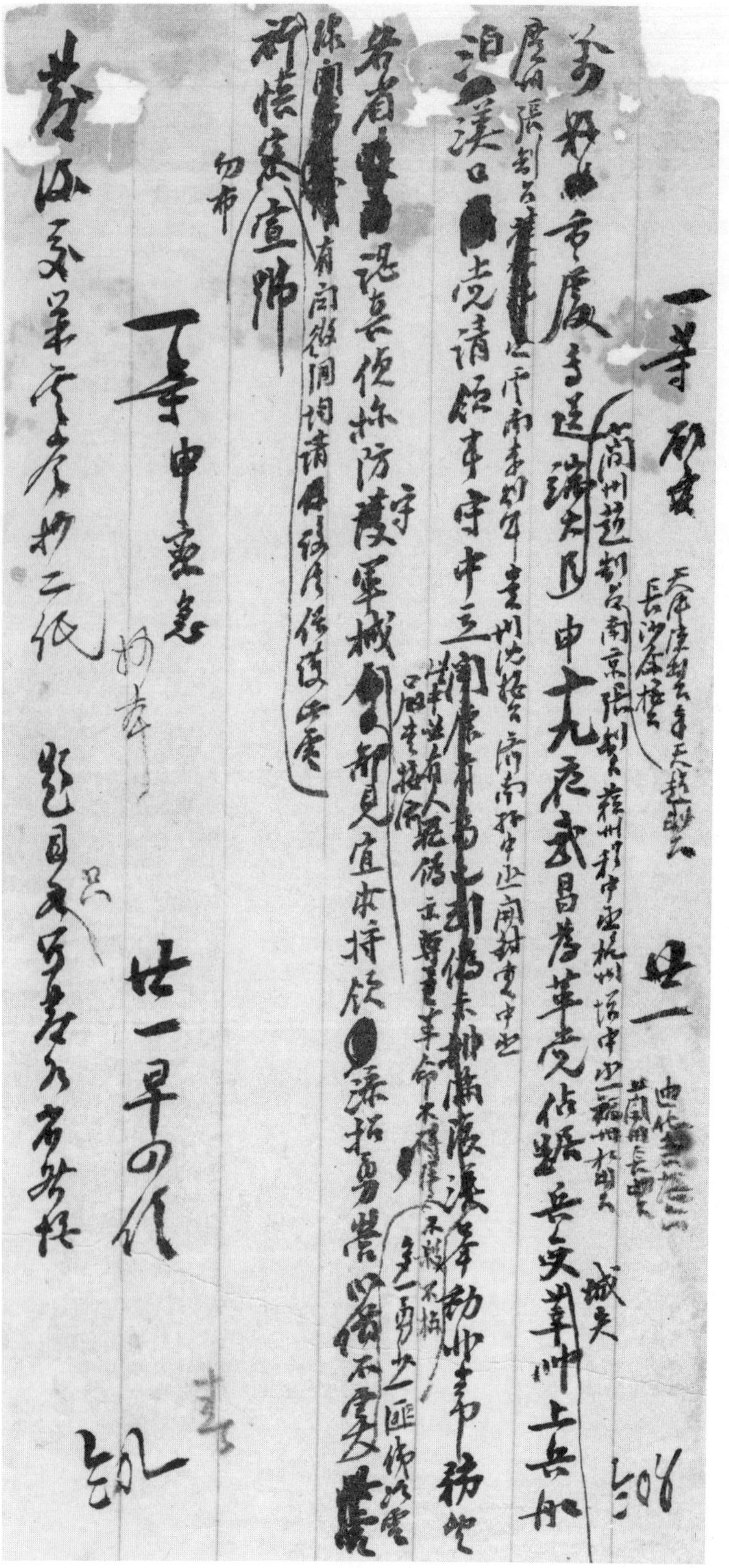

盛宣懷致各省督撫電（謄抄稿）（一九一一年十月十一日）

寄各省督撫電 八月廿一日早四鐘

申十九夜武昌爲革黨佔踞兵變城失革師上兵船泊漢口黨請領事守中立此中必有人在僞示專主革命不礙洋人不殺不掠舉動非常務望各省認真偵探防守軍械嚴查接濟鄙見宜求將領添招勇營以備不虞多一勇少一匪鉄路電線有關徵調均請設法保護此電祈慎密勿布宣號

漢口訪事發英京電

廿一日一點四十分到

THE IMPERIAL CHINESE TELEGRAPH ADMINISTRATION

Telegrams accepted for all Telegraph Stations in the World

STATION

TELEGRAM Nr. 46/56 Class 3 50 Words.

Given in at Hankow the 12 191 9 H. 50 a M.

Advertiser London

Wuchang

hanyang fallen hands
revolutionists including
hanyang ironworks
arsenal loyal troops
~~mutiny~~ outnumbered
general Changpiao
escaped local government
dispersed proclamation
issued rebel hupeh general
peoples army overthrown
manchu government
revive rights Chinese
penalty molestation

漢口外籍訪事致倫敦報館電訊（一九一一年十月十二日）之一

THE IMPERIAL CHINESE TELEGRAPH ADMINISTRATION.

2

Telegrams accepted for all Telegraph Stations in the World

STATION

TELEGRAM Nr.________ Class________ Words.________

Given in at________ the________ 191____ H.____ M.____ /m.

foreigners or commerce
execution movement
spreading rapidly reported
several cities vicinity
fallen incendiarism
continues howard

武昌漢陽及漢陽鐵
廠製造廠均為匪黨
佔據統制張彪脫逃
本處官員四散叛黨
出示宗旨在排滿復漢
蔓延甚速傳聞尚有
鄰近城邑數處均被匪
擾該黨現仍四處放火

漢口洋人訪事致英倫報館電 二十一日下午十一點到

漢口華界已被匪據武昌兵艦與匪佔砲台互相開砲

洋兵登岸保護租界傳聞長沙業已起事南京制台

及將軍衙門均已被毁京漢鐵道已拆毁二十英里事

機甚危

八月廿一夜十點半鐘施道由鄭州來電

孫蘇宮京塞已電朱總巡抽撥巡警四十名同駐橋南北並託葉竹舟電寧豫撫酌派馬隊順接南岸電稱鄂軍第四十二標已變現聚劉家廟恐有折橋毀路情事望速轉盛宮憲電致鄂憲撥派兵輪保護路橋至要曾箇

漢口電報局探投瑞制軍電 八月廿一日

申密昨發號電未知遞密本在手下否接兩電即密陳宸坐署謂新軍不足恃宜亟派防軍往援刻聞閣府部仍擬派一鎮前往能否得力殊不可知似應由尊處切實電奏截調回粵軍兩營輪船於回在滬亦為近便浦口張勳所部亦可抽調數營以圖恢復若任閣府部調度恐無合機宜之望眷屬現遷何處極念盼電告韜

盛宣懷致陳夔龍、寶棻電（一九一一年十月十二日）

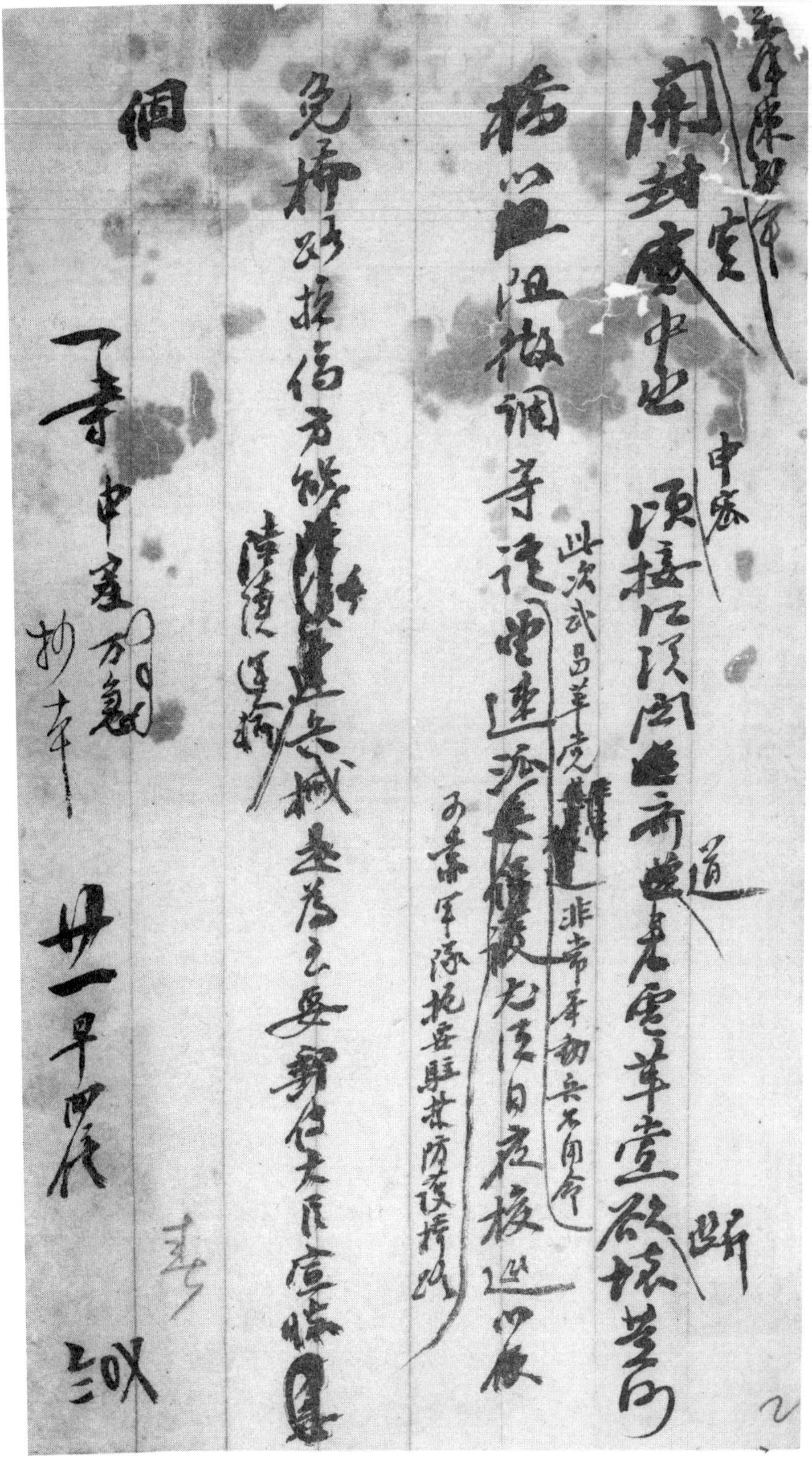

天津陳制軍、開封寶中丞：頃接江漢關道齊電，革黨欲壞黃河橋以阻北援調等語，望速派兵保護，尤須日夜梭巡，（此次武昌革黨亂非常，軍勢兵不敷用）（可參軍隊抵岳駐扎防護時）免橋路損傷，倘有缺少兵械，速爲至要。郵傳大臣宣懷。佃

漢口郵務總辦海瀾來電　八月二十二日到

錄本月二十一日漢口來電（下午一點五十分發）

武昌及漢陽之軍械廠火藥局均為革黨所據革黨

已另設政府漢口平安海瀾

瑞澂致內閣、軍諮府、海軍部、陸軍部、度支部、郵傳部請代奏電（一九一一年十月十二日）

2/5901 260

THE IMPERIAL CHINESE TELEGRAPH ADMINISTRATION.

Telegrams accepted for all Telegraph Stations in the World

STATION

TELEGRAM Nr.________ Class________ Words.________

Given at ________ 191 ____ H. ____ M. ____

相安之日兩採二嗣該賓匪公願議告
之據守將有援軍叛從殺由局統由民
与占久鎮內滋翻同始慘剝議協並安
回山為漢營黨有未逼遭義諮成首謀
潛龜以黎一協另並圍全主北混為主
故將座駐軍叛中時匪兵滿湖派洪之
無竟燒又執亦着當兵薪排与原元為
皆應設計之隊間營被營行營排察員

瑞澂致内閣、軍諮府、海軍部、陸軍部、度支部、郵傳部請代奏電（一九一一年十月十二日）

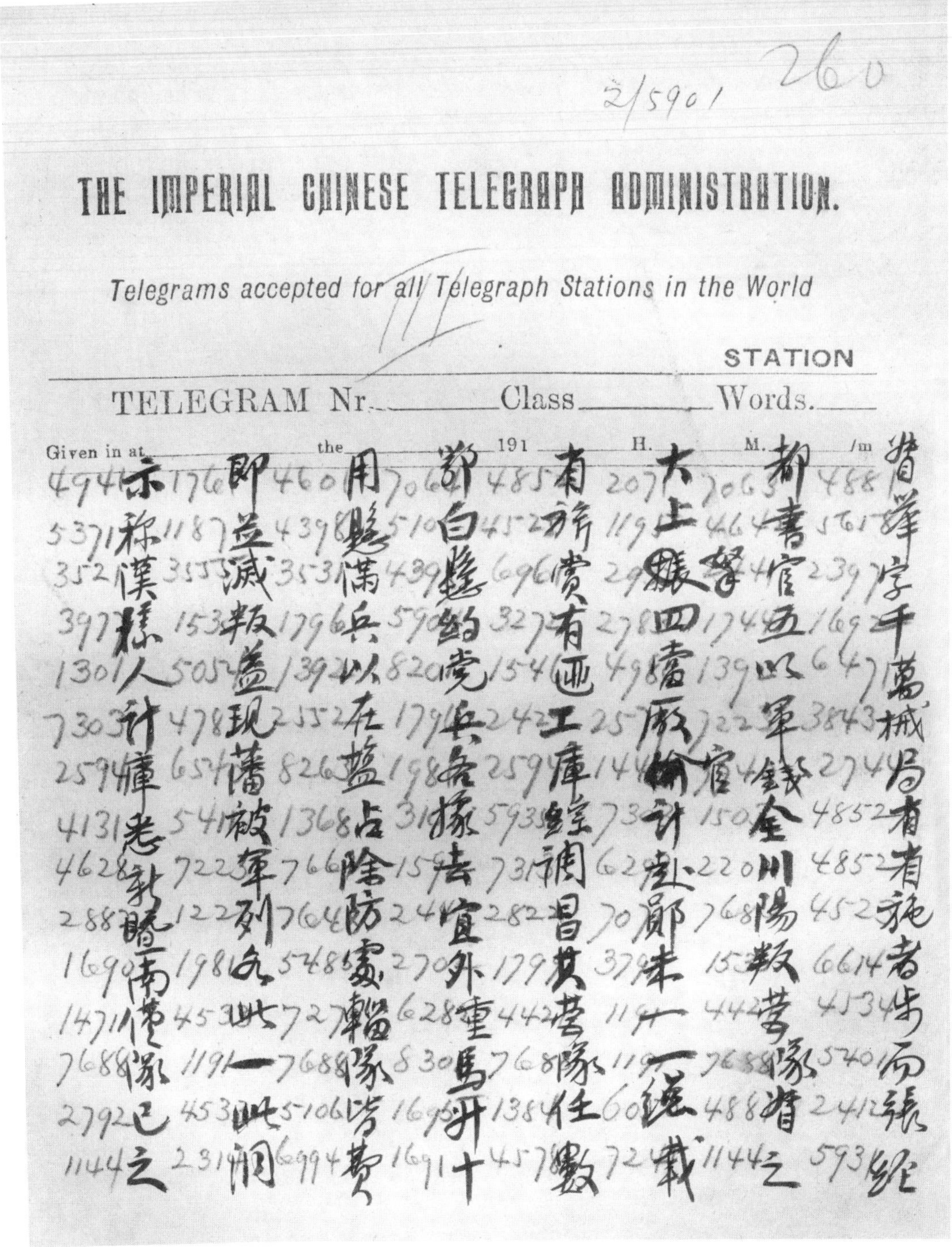

2/5901 260

THE IMPERIAL CHINESE TELEGRAPH ADMINISTRATION.

Telegrams accepted for all Telegraph Stations in the World

STATION

TELEGRAM Nr.________ Class________ Words.______

Given in at________ the________ 191__ H.____ M.____ /m

借華字千萬械局有有施者先而張經
都書官五以軍錢全川陽數萬隊潜之
大上張擊四廣廠輪官計赴鄂米一一總載
有旂賞有逆工庫綫調昌其營隊任數
鄂白匪的黨兵各據去宜外重馬开十
用匪滿兵以在鹽占除防處輜隊省費
即並滅敗益現藩被軍列兵此一此間
亦稱漢標人計庫悉新聞南傳隊已之

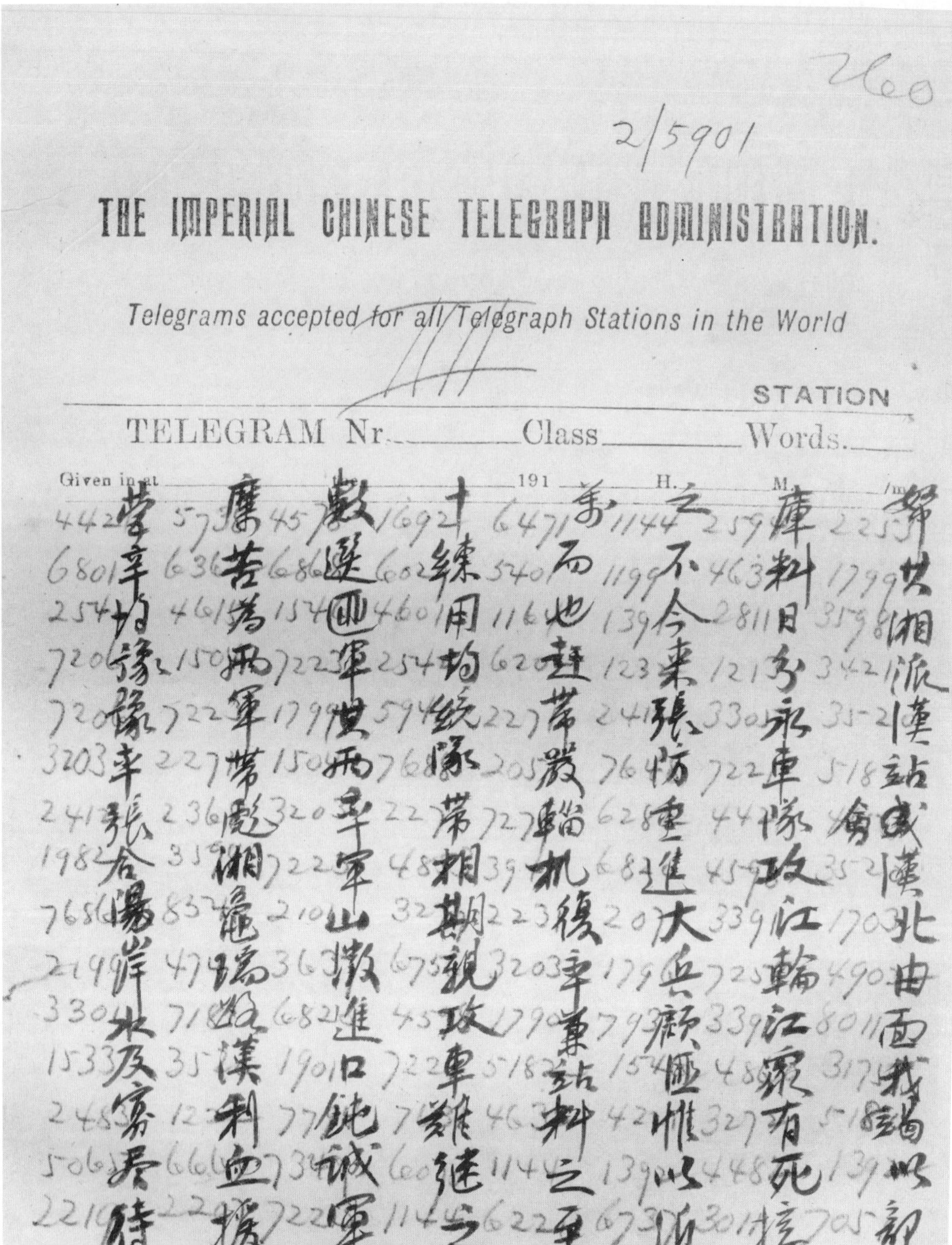
260

2/5901

THE IMPERIAL CHINESE TELEGRAPH ADMINISTRATION.

Telegrams accepted for all Telegraph Stations in the World

STATION

TELEGRAM Nr.______ Class______ Words.______

Given in at ______ the ______ 191 ______ H. ______ M. ______ /m

鄂共湘派漢站會成漢北由西我端以部
庫料日多永車隊攻江輪江霧有死傷
之不今來張防重進大兵顧匯帷以近
並而也趕帶嚴輜機復率集站料之至
十練用均統隊帶湘甚期親攻車雖繼之
數選匯軍費兩率軍山繳進口鈍誠軍
廣苦為兩軍帶彪湘總瑞澂漢剩血援
華辛均豫豫率張合陽岸水及寄暑待

瑞澂致内閣、軍諮府、海軍部、陸軍部、度支部、郵傳部請代奏電（一九一一年十月十二日）

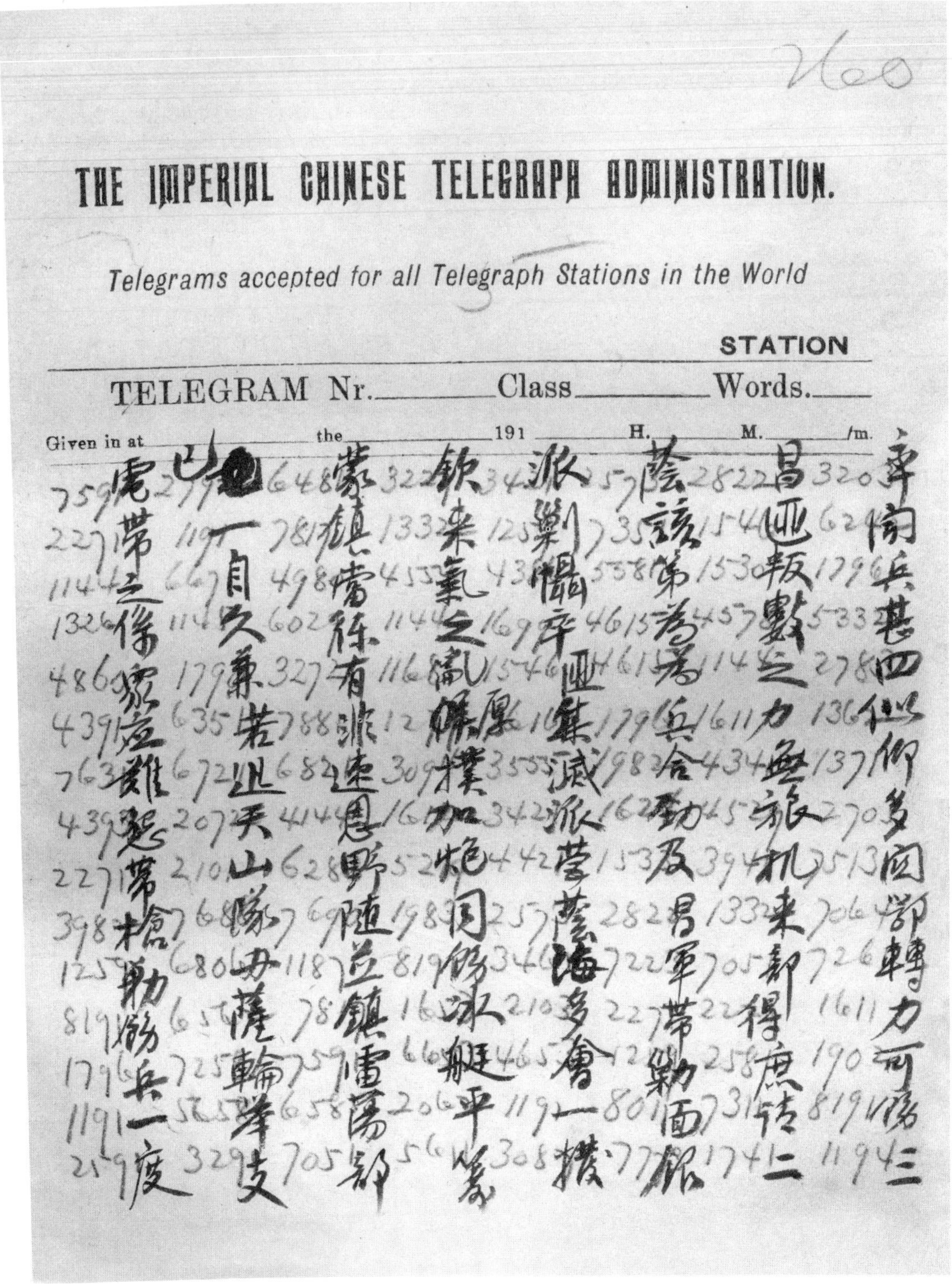
2600

THE IMPERIAL CHINESE TELEGRAPH ADMINISTRATION.

Telegrams accepted for all Telegraph Stations in the World

STATION

TELEGRAM Nr.______ Class______ Words.______

Given in at______ the______ 191______ H.______ M.______ /m.

平閩兵甚四似仰多回鄂轉力可湯三
昌匪叛數之力無旅機來鄂得應請二
蔭該第為着兵合動及昌軍帶勦面稟
派劉聯辛匪藉滅派營蔭海多會一撥
欽來氣之亂瑞厚撲加炮同艦派艇平策
蒙鎮當絲有派速恩野隨道鎮雷陽部
巳一自火藥若迅天山隊母薩輪軍支
電帶之係猶應難起帶槍勦餘兵一度

2160

THE IMPERIAL CHINESE TELEGRAPH ADMINISTRATION.

Telegrams accepted for all Telegraph Stations in the World

STATION

TELEGRAM Nr.________ Class________ Words.________

Given in at________ the________ 191________ H.________ M.________/m.

費鎮標無異處布置變已為妥的端
懸八部毫種總北司師的司松無乞代奏
械第所院種加湘學施康法高尚德
餉再於前又嚴又提使按提道徽明
備用彪事時何裁甲浩王城業祖陸
以之張亂臨戎聖連發道出勸黃俤
萬項制作範應飭使彭發服棹道合叩
百萬統兵防萬狀瞰籌巡徽吉鹽耗澂
十一日

寶棻致内閣、軍諮府、陸軍部請代奏電（一九一一年十月十三日）

開封寶中丞電奏 八月廿二日

内閣總協理大臣軍諮府陸軍部鈞鑒辰鄂亂寶棻於二十子初接瑞澂十九亥刻萬急電告鄂軍有故速派得力防軍二三營赴援當因防軍均係零星散駐一時未易調集豫省陸軍與鄂軍素不相通氣尚屬可靠派步隊一營專車赴鄂昨晚約已到漢二十巳刻又接瑞澂十九晚續電云兵與匪合猛撲督署其勢甚鋭不得已暫避兵輪仍祈派兵速援等語又因豫省兵力萬難兼顧電請軍諮府陸軍部速派得力

大枝軍隊逕行赴鄂二十一日初又接瑞澂復電張
統制與匪鏖戰一夜因衆寡不敵已退出瑞澂率兵
輪進攻亦不得手是鄂軍已難撲滅武昌似全被兵
據咨軍已到者恐該豫中新軍一營並無新式快槍
頃又准郵傳部萬急電告據江漢關道報告兵黨欲
圖折毀黄河鐵橋以斷南北軍路囑派重兵保護經
核先後情形此次革党與兵互相勾結意圖大舉殊
非尋常草寇可比此時鄂中並無得力兵隊豫省處
處牽掣自守不遑萬難勦辦鄰匪長江下游適逢突

荒鄂事既有革党在内響應堪虞昨接張人駿霞電
各埠雖尚安靖現已戒備恐無餘力顧及上游所恃
者惟此軍援應耳萬一武昌坐困日久各處伏莽聞
風附和後患不堪設想更可慮者鄂省新軍各來沿
京漢鐵道直駐至黃河鐵橋北岸約計在豫境者亦
有一營現雖安靖人心難測萬一勾引暗合毀斷橋
道一時無路進兵其禍更大除由寶棻移緩就急抽
調大隊先保黃河鐵橋暨入豫鐵路首站其餘盡力
相機布置外惟有仰懇天恩速飭軍諮府陸軍部酌

派近識得力大枝軍隊剋速專車運行赴鄂鎮懾剿辦以免滋蔓一面飭下沿江一帶督撫臣一體認真嚴防盡力籌備大局幸甚豫省幸甚再以上所述均係瑞澂電奏懲辦革党以後之事大約續又潰決以致不堪收拾現在事更危急又迭次查探武昌電局已被匪佔毀應寄瑞澂之件應由江漢關道轉交方不致為匪党所得轉有洩漏合并陳明伏乞代奏寶棻謹叩二十一日未刻

實棻致軍諮府、陸軍部、郵傳部電（一九一一年十月十二日）

部 四 257 閱
封 八月廿一日 下午四點卅分

THE IMPERIAL CHINESE TELEGRAPH ADMINISTRATION

Telegrams accepted for all Telegraph Stations in the World

STATION

TELEGRAM Nr. Class Words.

Given in at the 191 H. M. /m.

傳簡南自路豫勢武有將毀機
郵部爲處鉄閎防時口應拆乘
部郵橋敝但機設此漢法詰人
軍貫河紐護意需端一辦胥匪
陸辰黄樞保易一均一萬事端竟
府鑒悉通隊軍處注陷軍南以
諮鈞敬交派用到專已照漢段
軍部電北當本中難昌警京一

257

THE IMPERIAL CHINESE TELEGRAPH ADMINISTRATION.

2nd

Telegrams accepted for all Telegraph Stations in the World

STATION

TELEGRAM Nr.______ Class______ Words.______

Given in at______ the______ 191___ H.___ M.___ /m

部河守令漢無數顧失自當途
乞軍將駐命武將停力蹟車自沿
遠費隊道時誤否暫部時各有來已
府運鐵隨貽可車郵暫漢本現
入鈞派股免有[illegible]票費以京後查
由專此以別日上乞勿至境嚴
而明速及理一勢北大局意豫段
商從橋管不情日日大為入逐

寶棻致軍諮府、陸軍部、郵傳部電（一九一一年十月十二日）

257

THE IMPERIAL CHINESE TELEGRAPH ADMINISTRATION.

3 ul

Telegrams accepted for all Telegraph Stations in the World

STATION

TELEGRAM Nr.________ Class________ Words.____

Given in at________ the________ 191____ H.____ M.____ /m

2353 1133 1326 2061 6822 6830 1931 2690 3731 2654 6221
弁事係郵通遇員隨查阻至

1931 4583 2513 6991 1761 5182 2933 1799 2221 1293 4605 5561
員此間貴即站項其車勿爲留

3421 4331 3272 1163 6821 1981 4533 1662 1195 6471 2841 3571
派理有乞速各此准上萬昰棻

1313 5557 3880 1631 2057 8191 3232 2953 2843 2426 4531 6633
分管極務部飭有弁時塞止要

寄漢口瑞制軍電 八月廿一日

申密奉日諭旨公革留仍以總督會同廕昌辦理已調陸軍一鎮分批運漢頃接漢電兵工鋼藥廠已被佔今夜有毀路之信若橋路毀斷則北軍難渡大局不堪設想望速飭標統張永漢盡力防護鐵路自漢灄起至黃河橋止武勝關山洞名大橋尤要注意須懸重賞以期得力勿延為要澤宣箇

內閣致孫寶琦電（一九一一年十月十二日）

內閣來電 廿一

奉旨頃據瑞澂電奏兵匪勾結爲亂武昌失守長江一帶最關重要現在人心浮動伏莽甚多又值連年荒歉饑民徧野殊屬可慮亟宜嚴防勾結響應著張人駿程德全朱家寶馮汝騤加意防範毋稍疏虞海外革黨密布内地到處煽惑潛謀不軌並著各督撫隨時嚴密偵防免生事端以顧大局而弭隱患將此密諭各該督撫知之欽此 閣 廿一日

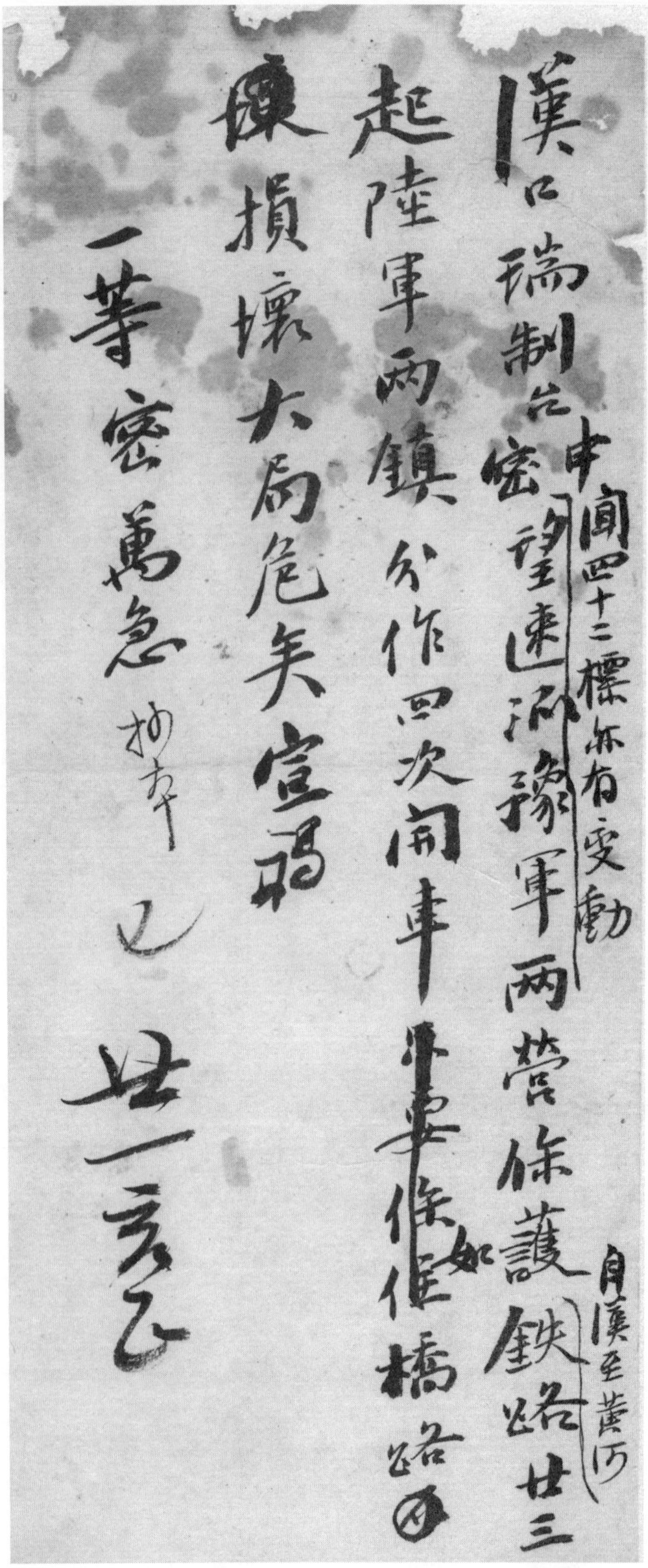

漢口瑞制台密 中聞四十二標亦有變動
望速派豫軍兩營保護鐵路自漢至黃河廿三
起陸軍兩鎮分作四次開車須要保住如橋路因
損壞大局危矣宣碼
一等密萬急 抄去
乙
廿一亥

盛宣懷致瑞澂電（原稿）（一九一一年十月十三日）之二

漢口瑞制軍：[illegible]二三次電奏，命早[illegible]上諭[illegible]奉命[illegible]飭[illegible]請停撥
則一二條，擬速行。軍力太薄，應先保護大軍到後，方可一鼓成功[illegible]
[illegible]十二標各路已撥[illegible]動[illegible]張[illegible]溝溪須[illegible]提督[illegible]丁槐現任孝感，公可電[illegible]黃忠浩回長沙
奏請就近各募十營[illegible]以備不虞。又招一勇，少一匪。輯令[illegible]酉奏五百一遙作共議
宣福
丁未
[illegible]申
[illegible]急
抄奉
廿二

寄漢口瑞制軍電 八月二十二日

申二三次電奏今早上韜奉命銷假請停操則一二鎮現成可速行軍力太薄千萬先保橋路大軍到後方可一鼓成功四十二標變否路已拆動否張永漢須懸重賞提督丁槐現住孝感黄忠浩回長沙公可電奏請就近各募十營以備不虞多招一勇便少一匪韜今面奏公再一提即決議宣禡

漢口郵務總辦海瀾（Hyland）致盛宣懷電（原文）（一九一一年十月十三日）

Copy of telegram from Hankow dated 13th October,
1. p. m.

Provisional government established and complete order now prevails. Despatch from General to Consul states new regime established existing treaties will be recognized subsequent treaties ignored. Wuchang Hanyang post offices closed. In Hankow work as usual. Money order issues suppressed. Silver and copper coins very scarce. All jails opened. Yamens burnt as object lessons. All ruling race destroyed when found. Yesterday northern mails sent Shanghai. Kingchow, Changsha, reported captured

Hyland.

郵政來電

已譯

照譯漢口西歷十月十三號下午十一點鐘所發電文

已立暫時政府，一切安靜，中央行文領事，謂已立新政府，現有條約皆當承認，嗣後條約不認，武昌漢陽郵局已閉，漢口辦事如常，郵匯已止，銀銅元錢甚少，一切監獄皆開，衙署俱燒燬，遇貴種即殺，昨日北方郵信送上海，荊州譯音長沙均報失守

怡府
鈞啟者、頃據京漢路局特到漢口本日下午
四鐘來電、據稱第一次北軍三鐘到漢、又
接奉　薩大臣帶兵艦八艘先後抵漢已發
傳單知照各銀號保護租界等語、又接京奉
路局送到　南平漢總管來電一件、京漢路
局送到援鄂軍隊專車時刻數目清
單兩紙、均鈔呈

鈞閱。又頃接京奉路局送到開平運兵專車時刻表，知第五次車已於本日下午六鍾開至雷台矣，並以奉聞。專此，敬請

鈞安

盛〇〇頓首 廿一晚十二鍾

附鈔電一紙、清單二紙。

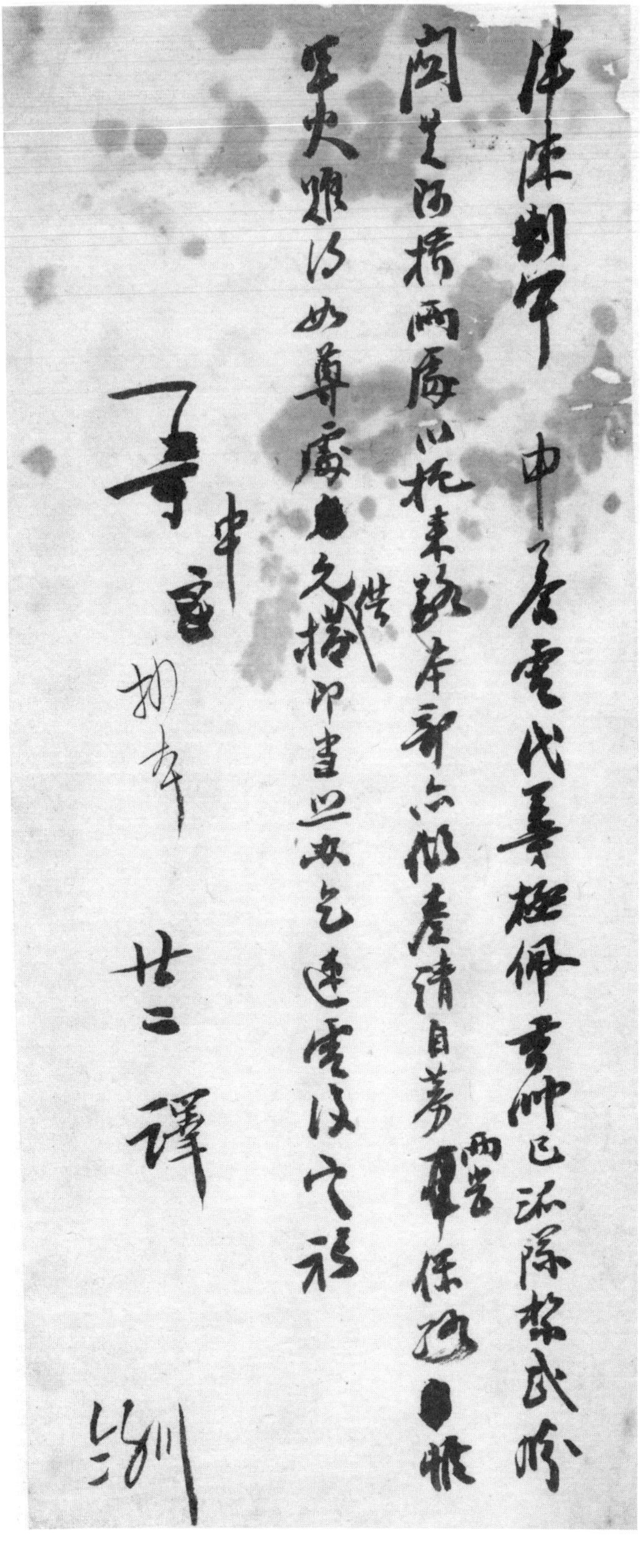

津陳制軍：中堂電代奏極佩。貴帥已派隊援武，昨聞並派撥兩營以抵東路。本部亦擬奏請自募兩營軍隊保衛□□。惟軍火艱得，如尊處□久借撥，即盡照數，乞速電復。宣。

盛宣懷致陳夔龍電（一九一一年十月十三日）

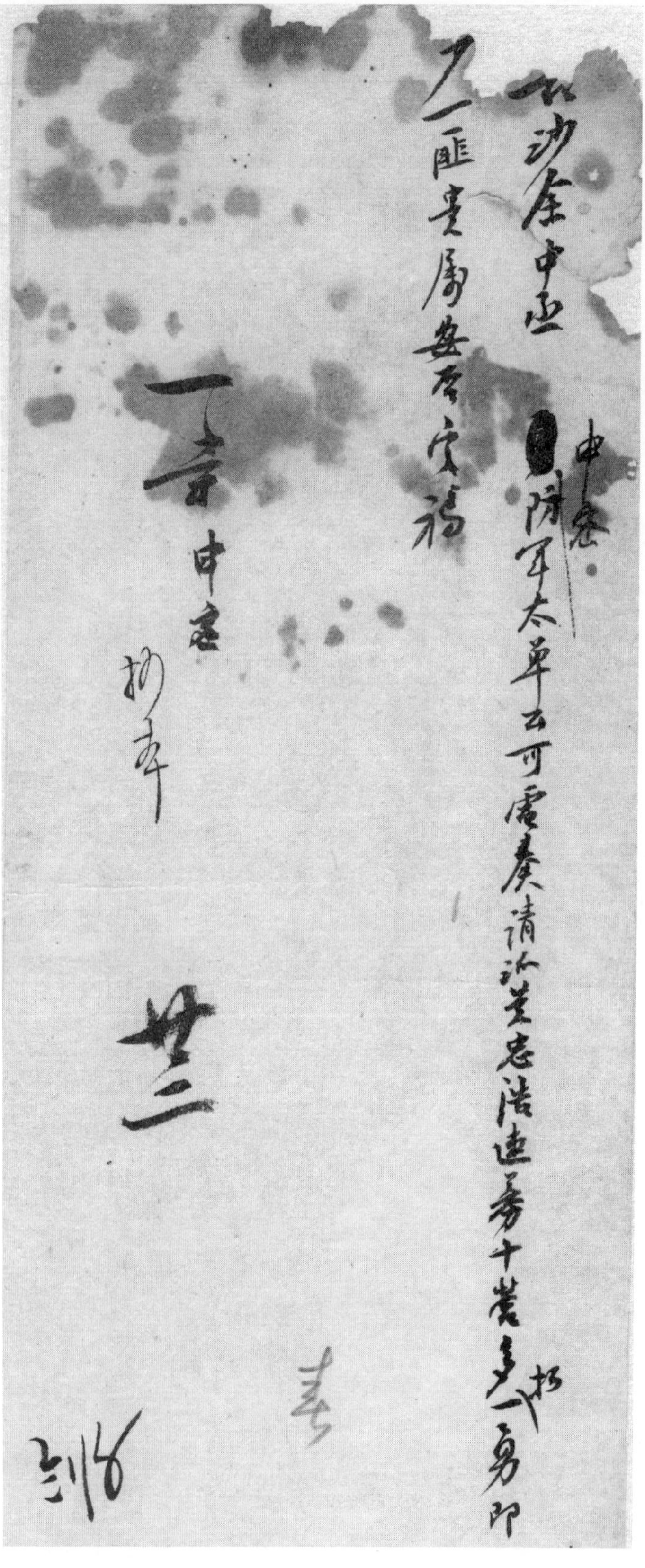
長沙余中丞：中密。附軍太平云可電奏請派黄忠浩速募十營多扣一勇即
又匪實屬要害實禍
一等中密
初平
廿三

南京張制台：申鄂電需款甚急，已電飭造幣廠蔡景丈將已鑄銀元速運滬，請台憲派妥人護送上船，勿張揚。宣。禡

發電房後抄送還底

寄申寒亥

抄存

廿一

刪

THE IMPERIAL CHINESE TELEGRAPH ADMINISTRATION

Telegrams accepted for all Telegraph Stations in the World

STATION

TELEGRAM No. 9/84/5 Class 2 Words.

Given in at Kaifengfu the 22 191 H. 8 M. 7

10000 Urgent Peking

郵傳部致京漢鐵路局電（一九一一年十月十三日）

寄京漢局電 八月廿二日

京漢路局准豫撫電請速飭京漢局將凡有武勝關以南車頭悉數拖入武勝關以北愈遠愈妙敝處已飭駐灄口之軍隊將逼近匪佔之鉄道相機拆毀數十里此外別無救急之法乞速分飭遵辦等因准將灄口一帶車頭拖進武勝關其灄口以南鉄軌須留為運兵之用應設法保護萬不可拆郵傳部蒸

開封府中堂　洪　今早上有人告往欲將黃河鐵橋炸下

鐵路速飭護道防軍赴黃河橋[illegible]趕緊守護有明

日即有運兵列橋希仍邪福

郵傳部　洪　萬急

抄本

郵傳部致竇棻電（一九一一年十月十三日）之二

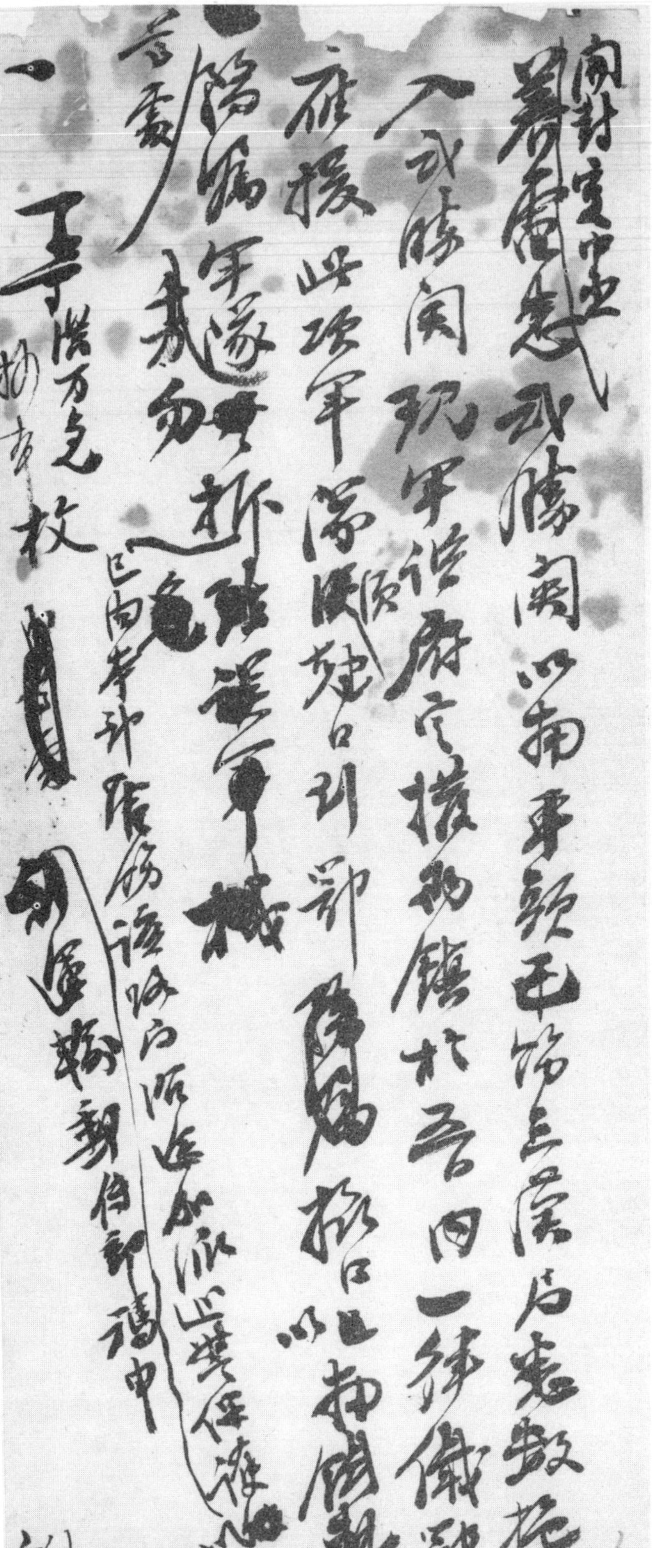

開封寶中丞：洪
張漢京車准停，即歸子府運兵，■張即
特飭道與漢口京車已停，但車站已被佔，恐非匯兵自開
北上。要軍赴武勝關，亦即相阻。本部已一面電飭將火車收扣，
調鄭、漢口。新任即福
丁可
浩泉
抄存
廿七
喜
三×八

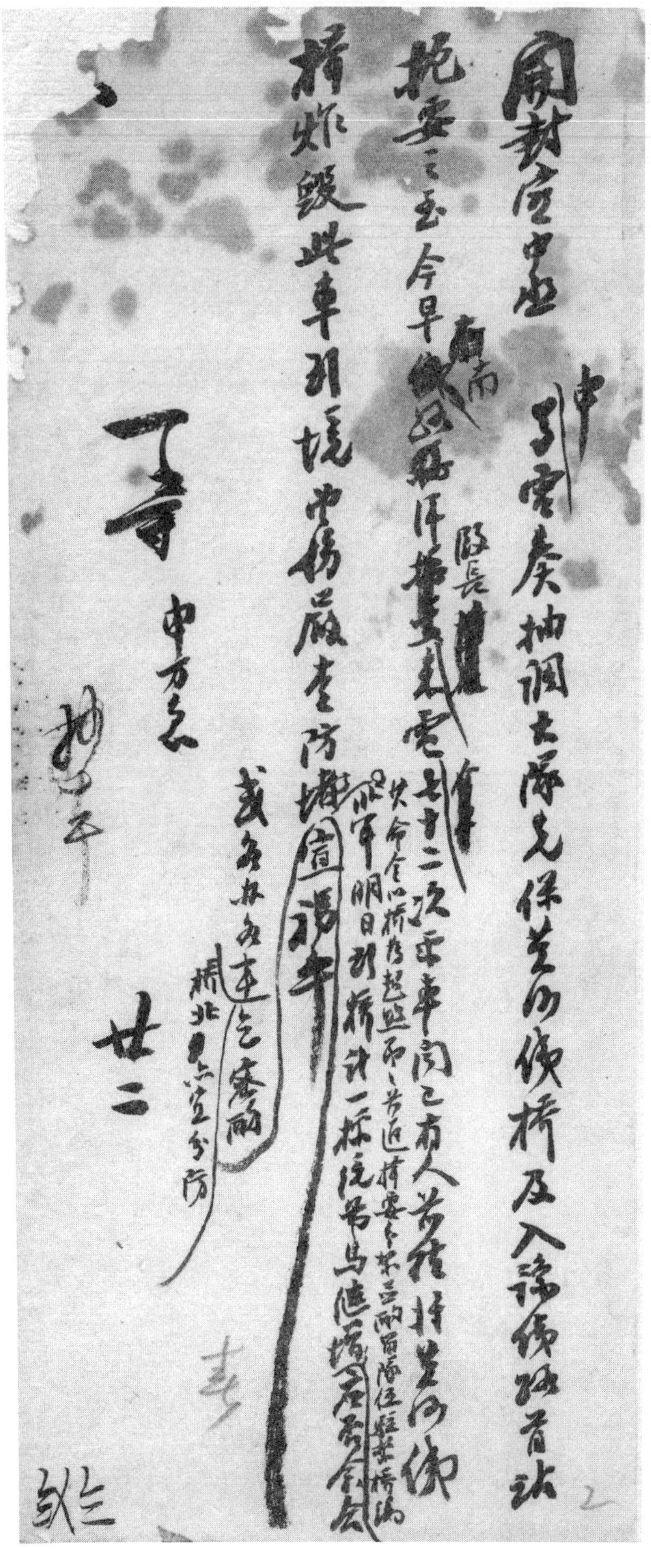

開封寶中丞

子雲奏抽調太原兵保黃河鐵橋及入豫鐵路首站扼要之區今早[illegible]來電[illegible]

橋炸毀與車到境[illegible]嚴查防堵

宣

廿二

盛宣懷致寶棻電（一九一一年十月十三日）之一

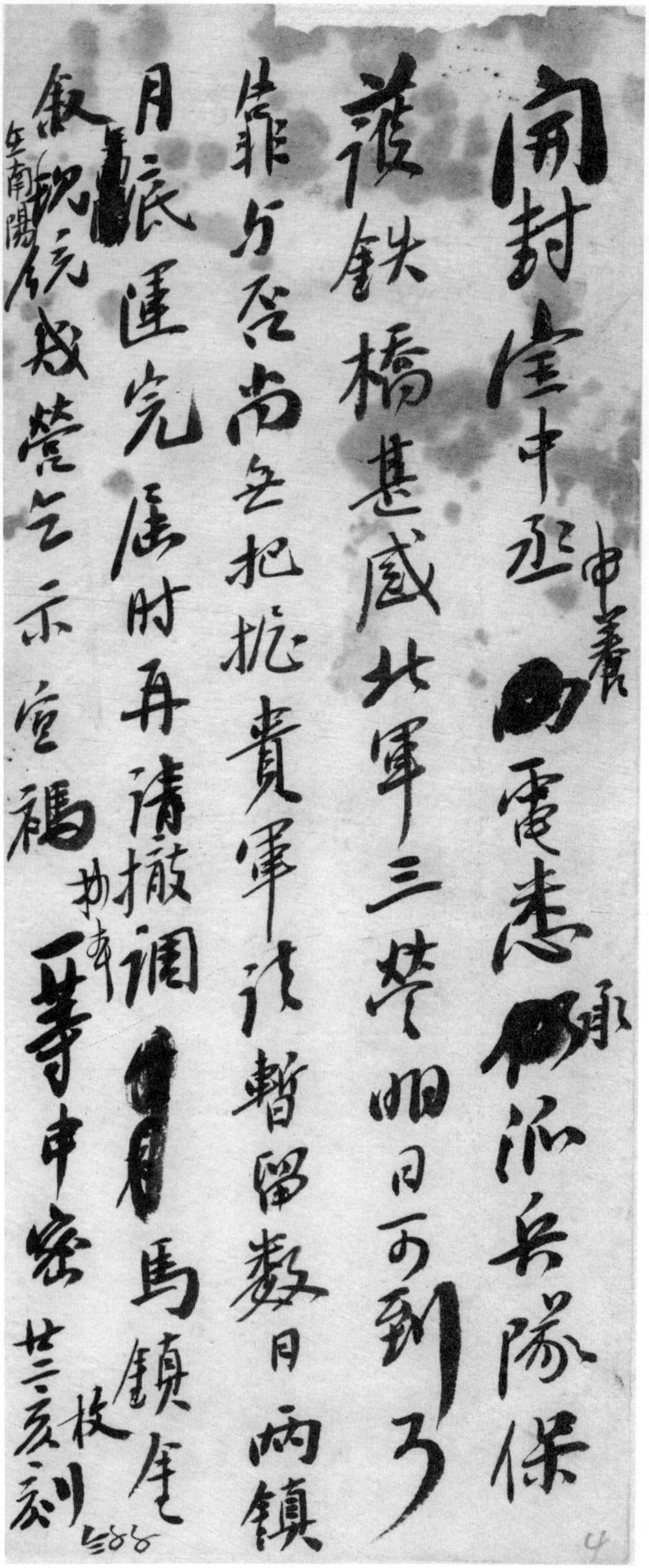
開封寶中丞（旁注：申蕭）電悉。承仍派兵隊保
護鐵橋，甚感。北軍三營明日可到，乃
靠不住，尚無把握。貴軍請暫留數日，兩鎮
月[illegible]餉運完，屆時再請撤調。（旁注：協奉）[illegible]馬鎮台
敘。（旁注：在南陽）[illegible]統戍營乞示。宣。禡
一等中密
廿三亥刻
校
488
4

盛宣懷致寶棻電（一九一一年十月十三日）之二

八月二十二日發致開封撫台電鈔呈

台覽

開封撫台鑒：辰密養電悉，大智門車站謠傳已被匪黨佔據，究無確實消息，請轉飭貴處派駐灄口之軍隊詳審匪情，如有確耗，即可由灄口大橋末端十數里起向江岸車站方向

拆毁惟北方军队现正运输滆口距省四十余里军行迟速关系甚大务宜慎审相机办理为盼军谘府养印

瑞澂致外務部電（一九一一年十月十三日）

漢口八月廿三日下午八點 到

6081

THE IMPERIAL CHINESE TELEGRAPH ADMINISTRATION.

Telegrams accepted for all Telegraph Stations in the World

STATION

TELEGRAM Nr. 121 Class 6091 Words. 8 176

Given in at 漢口 the 22/8 191 H. 8 M. P. /m

火急

Fire Urgent Peking

此作省不安民匪動欲事多睦家兵毀日鎮游土舉有領想款中段燒王漢業ゝ明匪國說素產結標先動無實文訴我銷向搶火焰及搶無間口約其斯竟意外又徒燒毫擇漢ゝ之事務匪肆內叶痞大皆異叶動ゝ領外次亂城絕地放無惟焰無國

THE IMPERIAL CHINESE TELEGRAPH ADMINISTRATION.

Telegrams accepted for all Telegraph Stations in the World

STATION

TELEGRAM Nr.________ Class________ Words.________

Given in at________ the________ 191____ H.____ M.____ /m

其借切欺渴商口等絕
假一毫不容漢匪扼禍
兩雖而任簡請飭該行徵
匪義雜所容遇嚴端
不該各只有告使為惑甚
且軍情形既密公平媥幸
誼動民殘第先國領言局
所國既誑不為為甘大

武昌光復，各省革黨必同聲響應，虜大臣赴鄂，發難得手，虜廷招募
陸營以爲抵制之計，雖覺緩不濟急，定而要務之補，
一虜謀　古寓陽承接指揮集宿將，選才俊，各省鐵路提領中尚有
湘淮將領，一聲號召，必能應募，
一招勇直隸、山東、河南、江北、淮北、直東、豫三省人，亦能直入虜營者少謀
淮北風氣強悍，飢饉之後，正當窮困思亂，招募爲國軍亦大有關，且可清
除隱患，

一、要害宜急，宜先募十營，用宿將指揮，募成軍者易，專軍攻館耕桂剿、
但事需賢，賢之策有幾，十營需將之帥、劉廷不疑、且可一面招撫、分其黨勢、
現在兵有消費無力、不可不作緩圖、

一、直隸之省防軍成立、非可指揮神京、南可防荊湘鄂、江北非北洋多
募兵將、居天下之中、調遣迅速、且為南方屏蔽之有、

一、現在各省能戰之營、惟有兩廣、因廣西軍務素清、廣西能戰、廣東水師程
璧光、李準、碣石鎮吳祥達、欽廉道郭人漳、廣西蔡鍔、實乃成、致郭人漳

任將門之子、劉永福征三郡時、連戰三日三捷、一鼓盡平、尤為勇敢、廣東必有

陳捷、秦炳直、饒儀、龍濟光、胡生若人、豈不實其字耳、

一嚴革黨一聞即據城守土者、不戰不死、貽笑天下、廣東常兵趁亂、必為存

皆其之見、待其部署一定、又有革黨繼起、必致不可收拾、應請

朝廷密諭廣東兵到即剿、不可稍存玉石俱焚、致誤全局、

一假所為特選命脈、應請從嚴為保存、又為通緝、被人用而報不能開、互為

大據

川事與鄂事情形不同、川因路起、鄂乃兵變、

以上兩條、皆係實在可行之事、請

密交揆閣之意、如以為可採、宜早與政府商酌、擬募防營、並不僅用京之

計將易安者、博訪將才及知兵之人、並當有實在閱歷者如何用

謀事之策、刻不容緩矣、

首肯

致瑞莘帥信稿　首廿三日夜發

頃由京漢南局將行知糧台即各二件即妥交誠面交施提調了
道據云昨今兩日並未接到鄂藩經理糧台札文亦未經齊
道前來商辦一切無論如何必能辦到了了決不推諉惟查現
現在情形鄂省之內斷難設立中國糧台即京漢局鐵路
宜急秘密恐懼實屬力難兼顧也
鈞處必欲糧台而須與聯絡一氣惟有以劉家廟為中心點設
一了轉所推該站倚岳輪兩艘停泊江岸一艘專掌收發

米糧一艘乃掌發收銀錢即派該輪發帶看守由乃務所發
給聯票並請乃派委逕赴該所內調度一切及至某處
已購之米某處已算了銀錢並由本路火車運送并隨時
知照蓮施道已要為設法運送至乃藩計賬送尚之隨商再回會此藩
請租界內實不敢一毫由乃也先此奉商祇候
鈞奪施行明日再請　行船西發
擬定再者覓小輪已由本商代借俄旗保駛來漢亦飭令至船前候差惟
該二輪必須以一艘先携歸糧台調遣以期便利北京河南電已發本天
電與本路告僱不通無從代發仍俟是京電一帶附鈞覽亦肅請
大帥鈞安

盛宣懷致瑞澂電（一九一一年十月十四日）

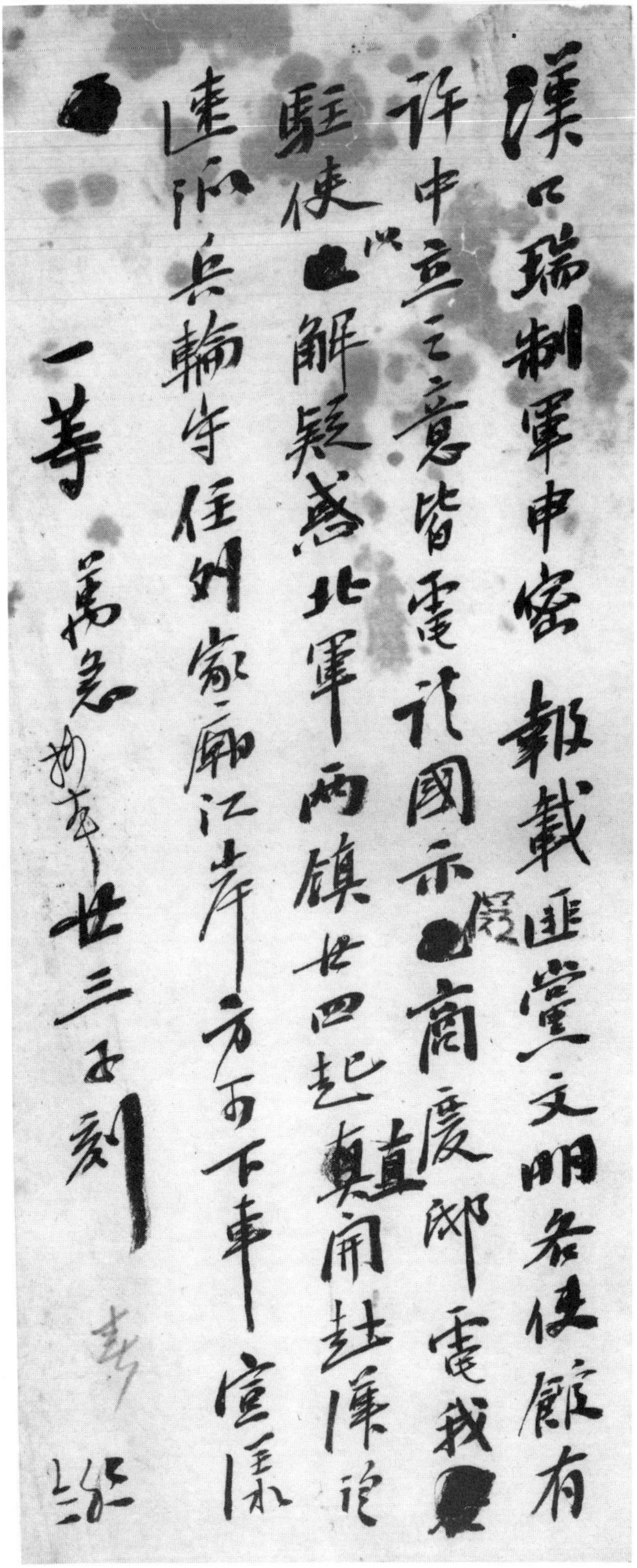
漢口瑞制軍申密。報載匪黨文明，各使館有許中立之意，皆電詢國示疑，商慶邸電我駐使以解疑惑。北軍兩鎮廿四起直開赴漢陂，速派兵輪守住劉家廟江岸，方可下車。宣懷

一等
萬急
世三子刻

漢施省三速送瑞制軍中丞年台閱匪黨有攻打劉家廟江岸使

我兵車難於起卸之說著瑞澂會同薩鎮冰速派水陸軍隊嚴為防

堵以便兵車到漢起卸無礙毋稍疏虞欽此特逕

丁平中丞

楊布

廿五

校

先電台詳矣[illegible]

[illegible]

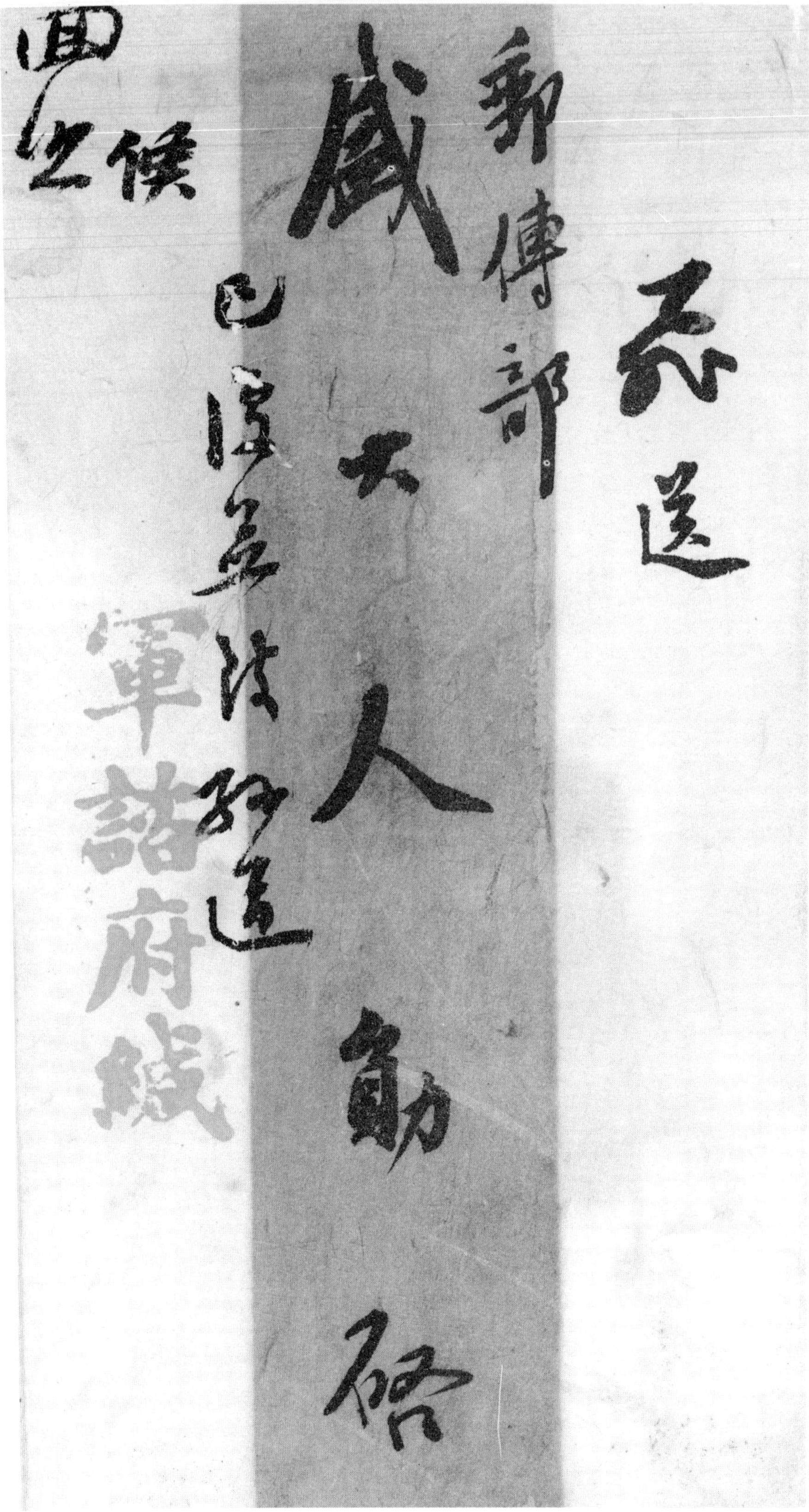

呈送
郵傳部
盛大人勛啓
已得吳使知道
回信候
軍諮府緘

軍諮府致盛宣懷函（一九一一年十月十四日）

逕啓者頃接本府陳顧長由開平來
電，第三協到豐台後既須仍用原車
轉入京漢，恐二十六日第四鎮運輸車載
仍不敷用，務請迅達郵部，速令京漢
路車及該路借用京奉車輛，兼程運至
豐台，以備應用等語，用特鈔送
台閣，即希

轉飭迅速照辦爲盼，即候
公安
軍諮府 啓
月廿三晚九點

107

寄京漢局電八月廿三日

奉軍諮府諭運兵赴鄂緊急萬狀沿途鐵道不可妄行拆斷仰即飛電各站傳諭一體懔遵郵傳部

郵傳部致上海輪船招商總局電（一九一一年十月十四日）

郵傳部急電上海招商總局文

滬招商局員董速備大輪船五隻須要船身寬大喫水稍淺能由秦皇島直達漢口不進吳淞只上領港如公平新昌等船儘在滬者調用必須能裝四五千人馬七百匹砲十二尊大車七十一輛甯寬備務要二十七八日到齊秦皇島二十八九人馬輜重一氣登舟煤水裝足馬蘢已令

預備如有現成者可帶備用每船須派一幹練委員會
同坐艙料理雖軍中自備麪包舟中須多帶麵粉以備
不虞船名噸位船價速電復軍務緊急萬勿遲誤
彈藥已另備一船裝送惟槍彈軍士須隨身攜帶郵
傳部漾

郵傳部、民政部致保定司道電（一九一一年十月十四日）

保定司道：今日下午五點自保南開來快慢車至保，鎮車卓不准駛京，緣該兩次車恐有匪徒在內，須由路警暨保地方巡警認真將人物檢查，切勿忽。此要。郵傳、民政部議。限刻。一等。

德州機器局來電　又

鄂省之變，職局正擬電部請示，昨聞蕭道來局接洽，蒙派巡防隊兩哨以資保護，良深感激。除肅稟北洋大臣暨陸軍部外，謹此叩謝。機器局謹肅。漾

發內閣電 廿三日

洪 恭奉廿一電旨據瑞澂電稱兵匪勾結為亂
武昌失守海外革黨密布內地到處煽亂潛謀
不軌並著各省督撫隨時嚴密偵防免生事端等
因欽此敬聆之下驚悚莫名當即飭知巡警道並電
各鎮各統領一體欽遵確查本省幅員遼闊各營分
撥巡防除省城外各府州多者一哨少者一二棚零
星散布實屬單薄本年淮豫盜賊越境竄擾各處
驚懼由省城抽撥營隊分往協緝近因萊陽曲士文勾
引鬍匪復圖起事又撥隊兜拿今因省城重要亟
應悉數調回而兗沂曹素係盜賊出沒之區又值鄰省荐

飭登萊青環海曲土文未獲靖匪劫掠頻聞在在均屬可慮新練
九十三標第三營分紮萊海第一二營分紮青州昌邑專為防護鐵路
及附近環界免致外人藉口斷難再有抽調。。職任封圻責無
旁貸不得已籲懇天恩俯准皆添巡防馬隊一營步隊
三營俾可派紮各路稍厚兵力以靖地方而清隱患一俟鄂
亂大定即當相機遣散至第五鎮軍隊在東雖不能責以巡防
如遇意外緊急之事必當立時調撥防禦豪須電部請示殊多
轉折擬請飭下軍諮府轉飭該統制查照皆歸○○節制隨時
陸續調以備不虞而免貽誤請代奏○○○謹

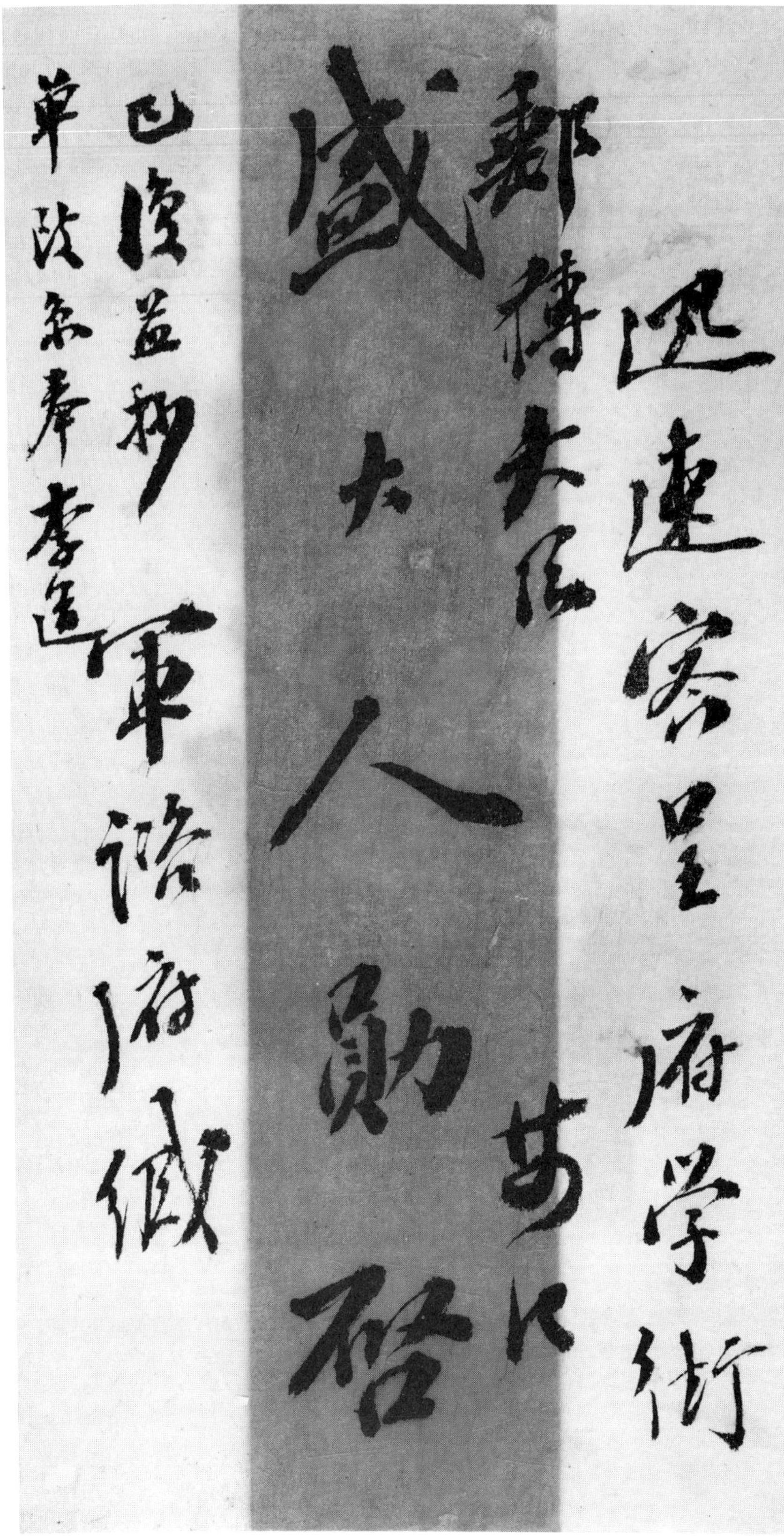

軍諮府致盛宣懷函（一九一一年十月十五日）

逕啓者：第二軍所編各隊奉
旨屬希睦候調遣，現預定
輪送，務請照單抄送，希
飭預為籌備，至要為盼。
時祉
軍諮府啓

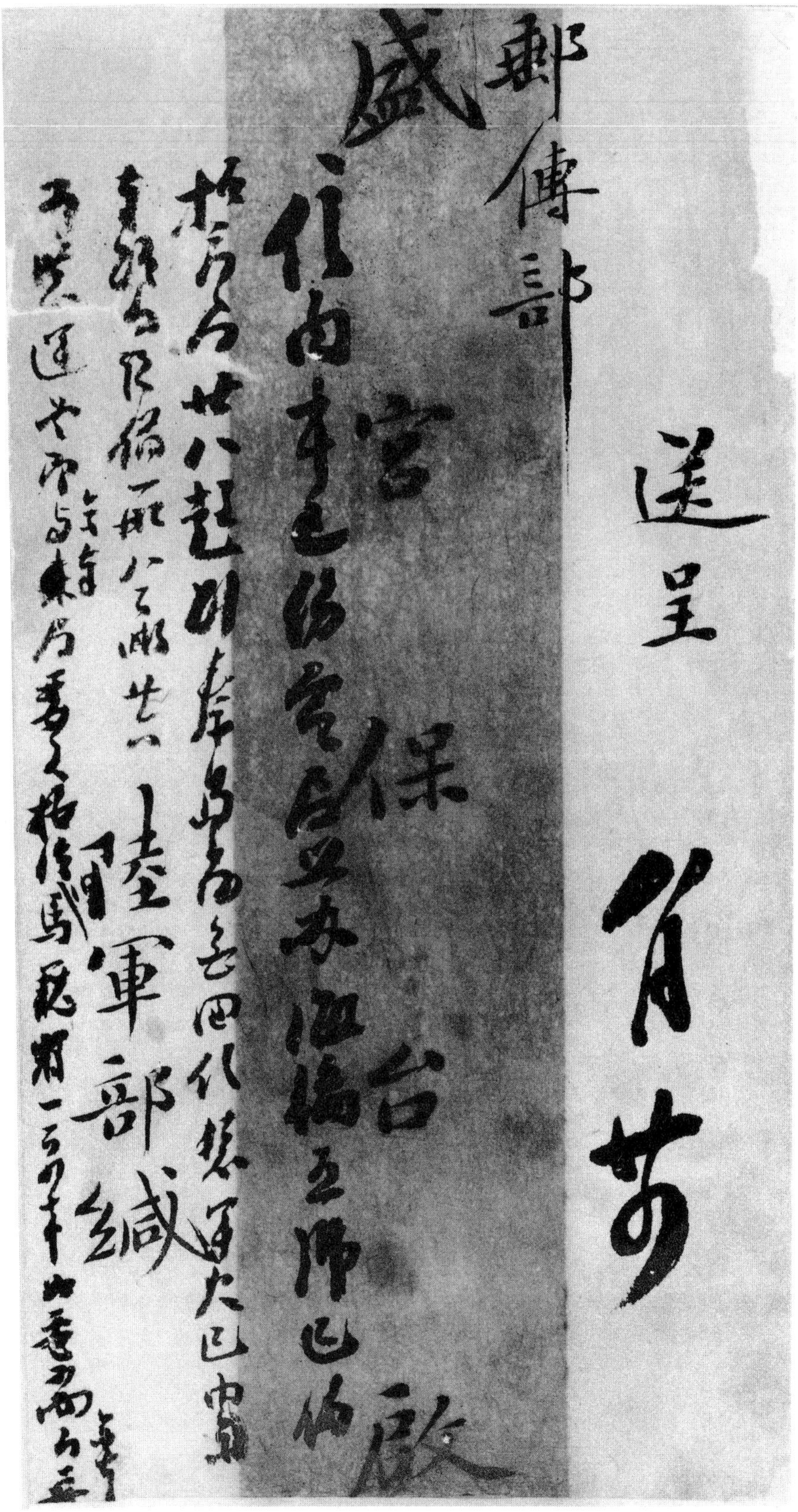

陸軍部致盛宣懷函（一九一一年十月十五日）

逕啓者現值軍務吃緊
輦轂重地防範宜嚴擬請
飭知電報總分各局及鐵路電局除
各衙門軍隊局廠公所用印文電外
其餘一切商電凡用密碼傳達北省
行營以收發譯文電報併由電局
人員隨時留意查閱以防勾結漏

淺是否久愜孫候
酌川敬請
籌安
陸軍部公啟
八月二十四日

84

天津

天津陳制台鑒：漾電悉。爲奉撥派混成協一標二營兵隊保護鐵路，擬於廿四午後由郎坊開往彰磁一帶駐防，需備三等車八輛、廠車三輛，以便軍行。照在即刻照辦。惟蔭大臣本日亟要赴鄂，援兵均萬分緊急，車輛恐本日不敷分用，已飭路局迅速設法騰挪，以免延緩。並候逕示等處[redacted]郵傳部敬

丁寺 治 拔 廿曹

抄本

兩電共[illegible]由抄送行

5446

王存善致盛宣懷電（一九一一年十月十五日）

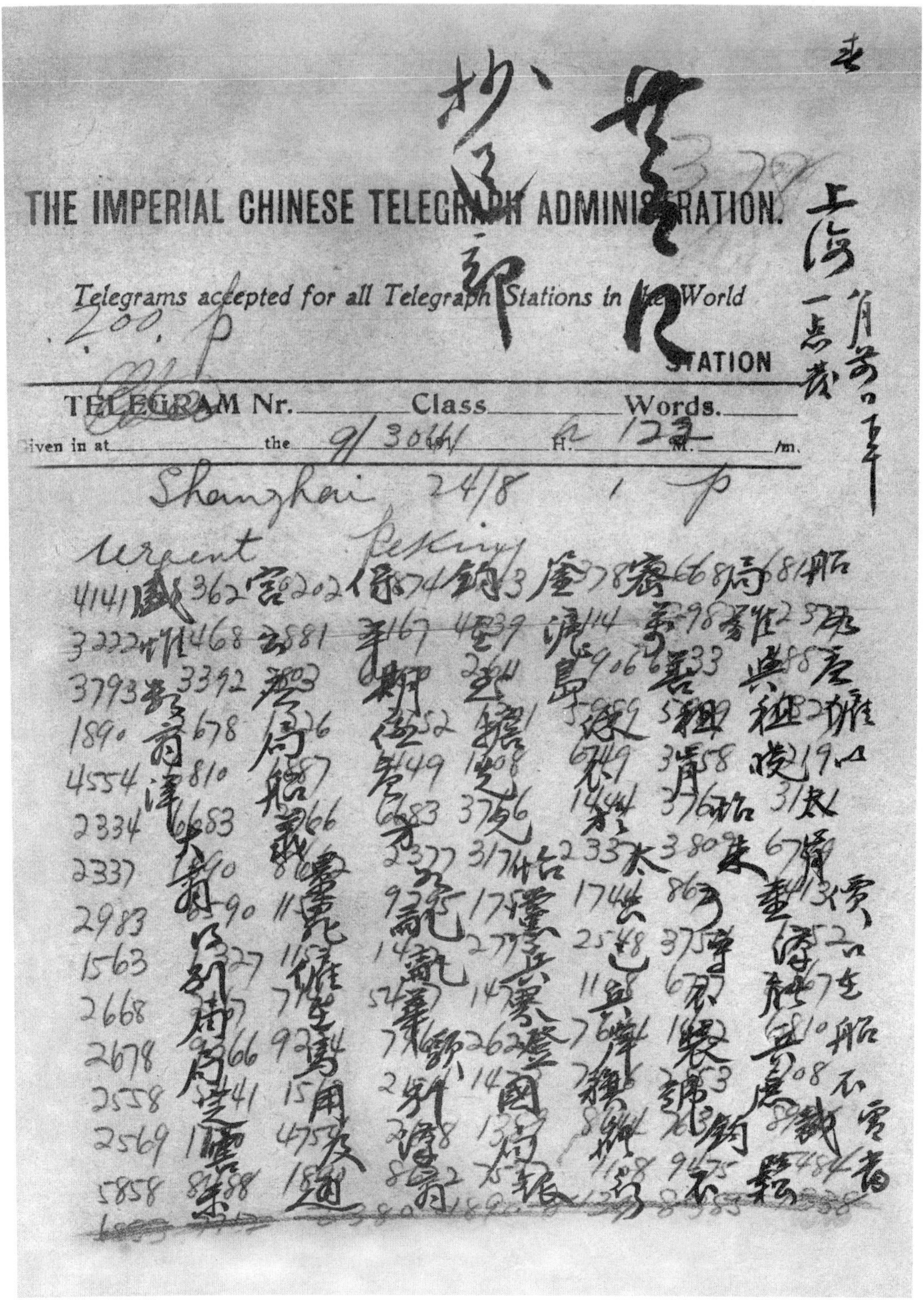
THE IMPERIAL CHINESE TELEGRAPH ADMINISTRATION.

Telegrams accepted for all Telegraph Stations in the World

STATION

TELEGRAM Nr. Class Words.

Given in at the H. M. m.

Shanghai 24/8 1 p

Urgent Peking

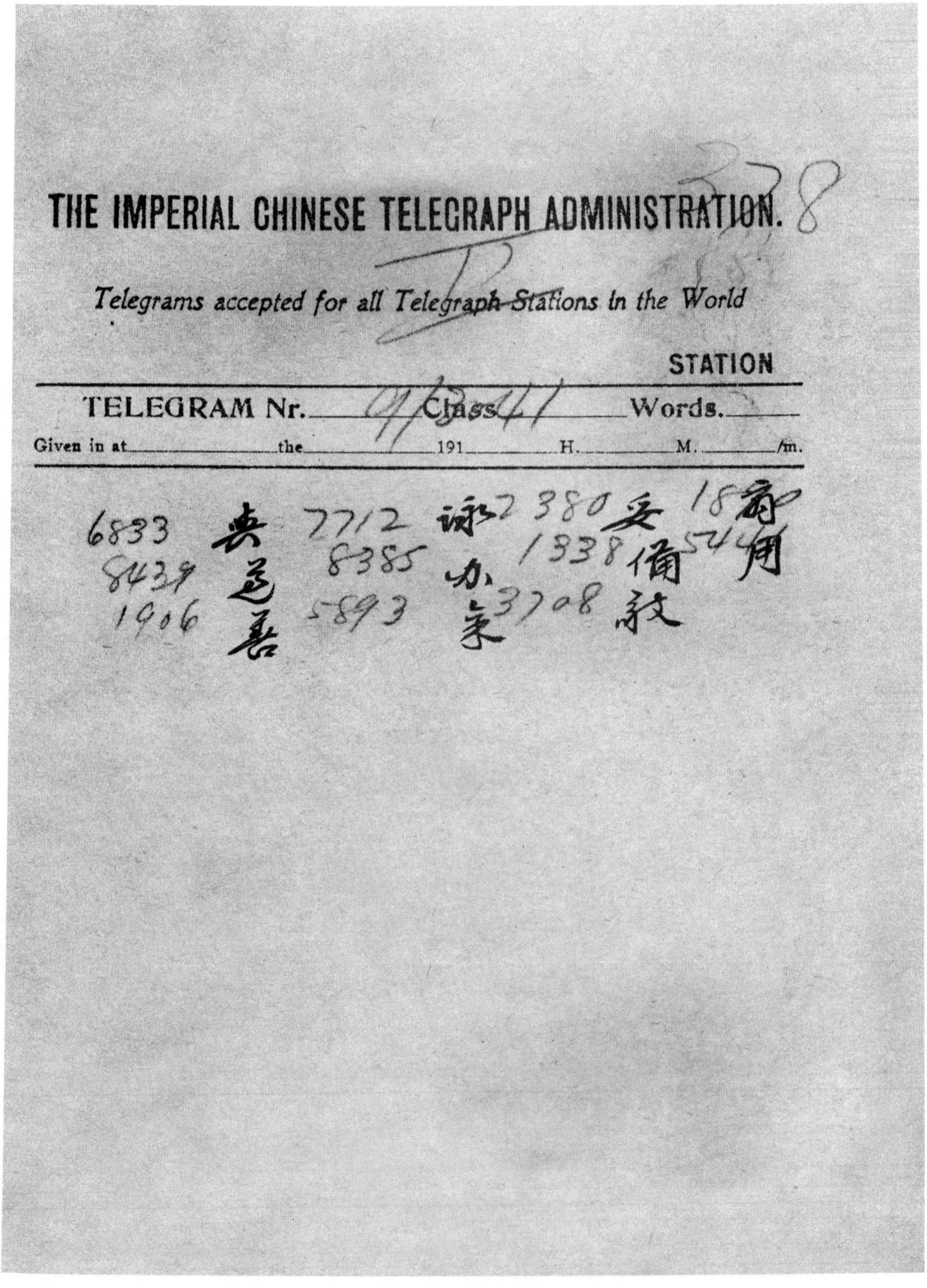

THE IMPERIAL CHINESE TELEGRAPH ADMINISTRATION. 378

Telegrams accepted for all Telegraph Stations in the World

STATION

TELEGRAM Nr. 97 Class 41 Words.

Given in at the 191 H. M. /m.

6833 典 7712 谈 2380 妥 18 商
8439 送 8385 办 1338 备 54 周
1906 善 5893 案 3708 敍

盛宫保来電　廿四

漢口電局昨為匪佔，各電均不可為憑，請暫通

九江由輪船寄漢，俟移設租界後再行奉

聞。宣叔

度支部來電　又

川鄂用兵需餉浩繁部庫窘竭岌岌可虞各

省應解京餉希飭迅速籌解現在大局所關

萬勿貽誤度支部敎

又來電　又

川鄂興兵各項洋款暫時未能照解滬關

稅收又絀勢難代墊洋款關係緊要萬

難貽誤希飭迅籌解滬切切勿誤度支部

内閣來電　廿四日

現在革黨肇亂謠言四起最足搖惑人心希每日發一電只用一安字已足藉慰懸系沿江沿海地方尤盼時通消息再革黨偽電亟宜注意閣敬

又來電　又

奉旨孫　電奏東省幅幀遼闊防營零星散布實屬單薄萊陽逆首曲士文未獲勾引鬍匪均屬可慮請暫添巡防馬隊一營步隊三營

派赴文邑第五鎮軍隊在東以遇緊急之事必当立時調撥以備不虞等語着照所請暂添巡防馬隊一營步隊三營該撫即妥為布置嚴密偵防曲士文久經漏網務飭早早備獲免致勾結為患至駐东軍隊暫归該撫節制隨時調撥一节着軍諮府陸軍部酌核辦理欽此閣致

軍諮府來電　廿五日

昨接汴接電称武昌失陷皆署密碼電本恐
已為賊所得昨晚赦處接漢口軍政處來長
密電一件既未標明長密字樣下署瑞澂又
無印字種種均與京外通行電式不符且有
借款購粮運送劉家廟備大軍之用等語
詞意支離尤為可疑此事關係甚巨乞杭
外面竟為幸等語查此電恐係賊党所
為深慮此後捏造各種要電通告軍
隊賊黨必戕特此電達希即轉飭貴省
所駐新舊各軍隨時詳查毋得輕忽至
要軍諮府敬

飛遞　廿五
盛大臣親展
軍諮府緘

軍諮府致盛宣懷函（一九一一年十月十六日）

逕啓者，頃接薩大臣電稱：京漢車站停設，逆黨潛蹤北來，鐵路一有破壞，則大軍後路殊為危險，請告郵部迅速結將南北京車站停為要等語。即希轉飭遵照辦理，至紉公誼。此祝

軍諮府啓 八月廿五日

101

逕復者：頃接
函稱第四鎮軍須今晨為未提前開運
等語。查本府今早六鐘業經電
飭（本府駐站調度軍運輸指揮官轉飭）車站四號卅五起運，卅六運完，卅七接
運禁衛軍等因，用特函覆，即希
查照迅速辦理為要。此覆，
日祉

軍諮府 八月廿五 三鐘

盛宣懷致蔭昌電（一九一一年十月十六日）之一

彰德行轅
鄂州蔭午帥 花車上
盛密
宗奉電車已停，㬎成協已運完，廿五接運一鎮，廿六可完。因職接收打別字，府速電瑞蒨帥，竭力保護車綫，否則日[illegible]不能到矣。
漢髭鄂定[illegible]
宣 盛宣懷 叩
廿五
[illegible]

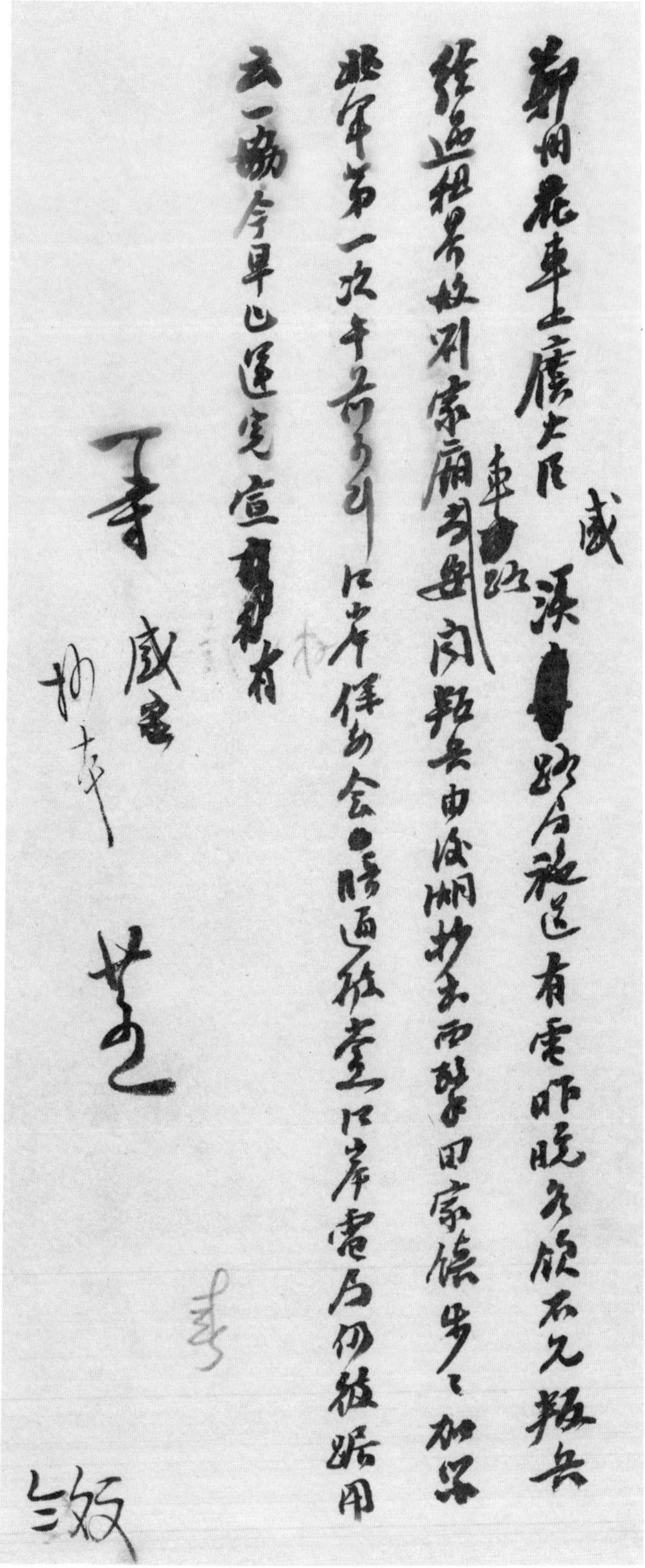
鄭州花車上蔭大臣 盛
漢[illegible]路局抄送有電：昨晚九鐘不久，叛兵
繞道租界放火，劉家廟車[illegible]站及內叛兵由後湖抄來，西擊田家鎮，步步加緊。
北軍第一次失利退至江岸，保安會[illegible]勝西已經棄江岸，電局仍被踞用
云。一路今早已運完。宣。有
盛密

盛宣懷致蔭昌電（一九一一年十月十六日）之三

鄂州花車上蔭大臣：盛第四條仍甚是，早開恩亢

經來

寄盛

廿五

盛宣懷致各省督撫電（一九一一年十月十六日）

各省督抚
中密。武昌兵变，不及万人，城中乏粮，[illegible]
惟防军太少，统帅未到，兵匪杀掠汉口，[illegible]
十数归萨大臣统[illegible]万夫军赴汉，明后日可到，另有万人[illegible]
[illegible]
[illegible]谣言，[illegible]不可信[illegible]
[illegible]
[illegible]

奉天　月廿五日

1438

THE IMPERIAL CHINESE TELEGRAPH ADMINISTRATION

Telegrams accepted for all Telegraph Stations in the World

STATION

TELEGRAM Nr. 2/104 Class 9 Words. 102

Given in at Shengkingfu the 25/8 190 10 H. 40 M. /m.

辰舊局小辦猝自外而請務幸
鑒鑄制鑄商憂慌恐乱秦允局
保停幣仍電鄂鸞元攫電俞大
宮厰達汶後充常銀有已蒙鑄
盛幣電月底現異小一項必赶
爺造經兩當桌市鑄處已行幣有
公省前侯允充在赶逼甚飭飭巽
澤奉幣請銀等因趙非人患旨請甚

孫寶琦致徐世光電（一九一一年十月十七日）

發烟台徐道電 又

兩接度支部電，川鄂用兵需餉浩繁，部庫窘竭，岌岌可危，各省應解京餉須迅籌解濟，以川鄂兩省各項洋款暫時未能照解，滬關統籌，勢難代墊，各省應解洋款亦須迅籌解滬，切勿貽誤。又盛京夏電東省糧石尚可購運，惟不能多，當經統希一併查照分別辦理。寶琦另發○宥

寄京滬彰德至漢口各電局電八月二十六日

頃奉袁宮保電各處要電往來頗多請飭局列爲一等出半價由鄂彙付現無關防擬鈐圖章等因仰即遵照不准稍有遲誤郵傳部宥

程德全致孫寶琦電（一九一一年十月十七日）

上海圖書館藏

程雪帥來電 廿七日

國事危迫，應從根本處痛切柬陳，諸帥贊成聯銜，請次帥領銜，詳晰謹擬柬稿，文曰：窃自川亂未平，鄂難繼作，以士攜貳，官吏逃亡，鶴唳風聲，警聞四播，沿江各省處處戒嚴。朝廷分飭蔭昌、薩鎮冰統率軍隊水陸並進，亟召用袁世凱、岑春煊總督川鄂，剿撫兼施，其煩聖明南顧之憂者，亦至矣。而民之訛言日甚一日，或謂某處兵變

上海市歷史文獻圖書館藏

或謂梟匪作，其故由於沿江梟盜本多，加之本年水災橫連數省，失所之民窮而思亂，亦無可亦，防不勝防，河流之勢將成曲突之謀已晚。論者僉謂緩急之圖必須標本兼治，治標之法曰剿曰撫，治本之法不外同民好惡，實行憲政。臣鳴岐、臣德全亦曾以是概要上陳，以驗臣等今日廣徵輿論，體察情形，標本之治無事分途，但得治本有方，即治標可以一貫。臣等受國厚恩，忝

膺畫膏國事至此無可飾諱謹更披瀝為
我皇上陳之若内政不修外交失策民生日
蹙國恥日深於是海内人士憤懣之氣雷動
電急而政治革命之論出一聞先皇帝頒
布立憲之詔和平者固合並纏而望治理
激烈者亦降心而待化成雖有時因外侮之
侵陵不無憂危之陳請然其原本忠愛則
無貳心也無朝廷所務惟是籌備憲政以
來立法施令名實既不盡符而内閣成立

之後行政用人舉措尤多失當在當事或亦有操縱為用之患在人民但見有權利不平之迹志士由此灰心鄰人從而煽動於是政治革命之論一變而為種族革命之狂而萬禍乃烈矣積此惡感釀為深語愚民易惑和者日多今若行治標之法必先用勦然安徽廣東之事再見三見以前仆後起悍不畏死即此次武昌之變猜臣瑞澂夙抱公忠其事前之防範何嘗不密臨時之戒備何嘗

不嚴而猝變生倉卒潰若決川恃此而昭有異心恃兵而兵不用命即使大兵雲集聚覺而殲而已見之患易除方來之患仍伏有形之法可按無形之法難施以朝廷而屢用威於民人則威褻用威而以萬有一挨則威尤褻是勤有時而窮繼勤而撻惟有寬兵好言寬兵則啟兵玩好言則近於虛縱可復及倒於一時終難導人心於大順況息自借商款賠信股票等事失信於人民

者已非一端，今欲對積疑懷貳之徒而矢以
皦日丹青之信，併信已褻，不信而有違言，則
信尤褻，是推有時而窮，故臣等之愚，必先注
意於治本。蓋治病必察其脈，導水必溯其
源，種族革命之說，既係政治革命而變
成，必能覆其前此政治之心，方可滅其歧視
種族之見，然爲無實事之施行，仍不足服與
歸之大信。今輿論所集，如親貴不宜組織內
閣，如閣臣應負完全責任，既已衆口一聲，

此次釀亂之人亦為天下人民所共指目擬請
宸衷獨斷上繼祖宗之成法旁師列國之
良規先將現在親貴內閣解職特簡賢能
另行組織代居主確負責任庶永保皇族
之尊嚴而杜當政鋒之衝突並請明詔罪
己其釀亂首禍之人亦即明降諭旨予以處
分以謝天下然後定期告廟誓民提前宣
布憲法與天下更始庶冀鼓如流之說藉
口無資潢池盜弄之兵因心而釋用勸易

散用撫易安否則伏莽消息其機牙張敵
徘徊於生與民氣囂而不能遏請人心渙
而不能遽收肩腱之禍勢已燎原膏肓之
疾醫將束手雖以袁世凱岑春煊之威望
夙著恐亦窮於措施微論臣等臣等亦
知急迫之言非朝廷所樂聞然區區之血心是
念國步艱難已甚民情趨向所歸是以敢
冒斧鉞不遑顧忌至罪已詎言臣等業已
會商恭擬奏行其陳用備採擇如尚不蒙
聖明垂察則負戾滋重惟有懇恩概予罷
斥諒免遺誤國家臣等不勝激切屏
營待罪之至等語請即日電復切盼德全肅

盛宣懷致輪船招商局電（一九一一年十月十八日）

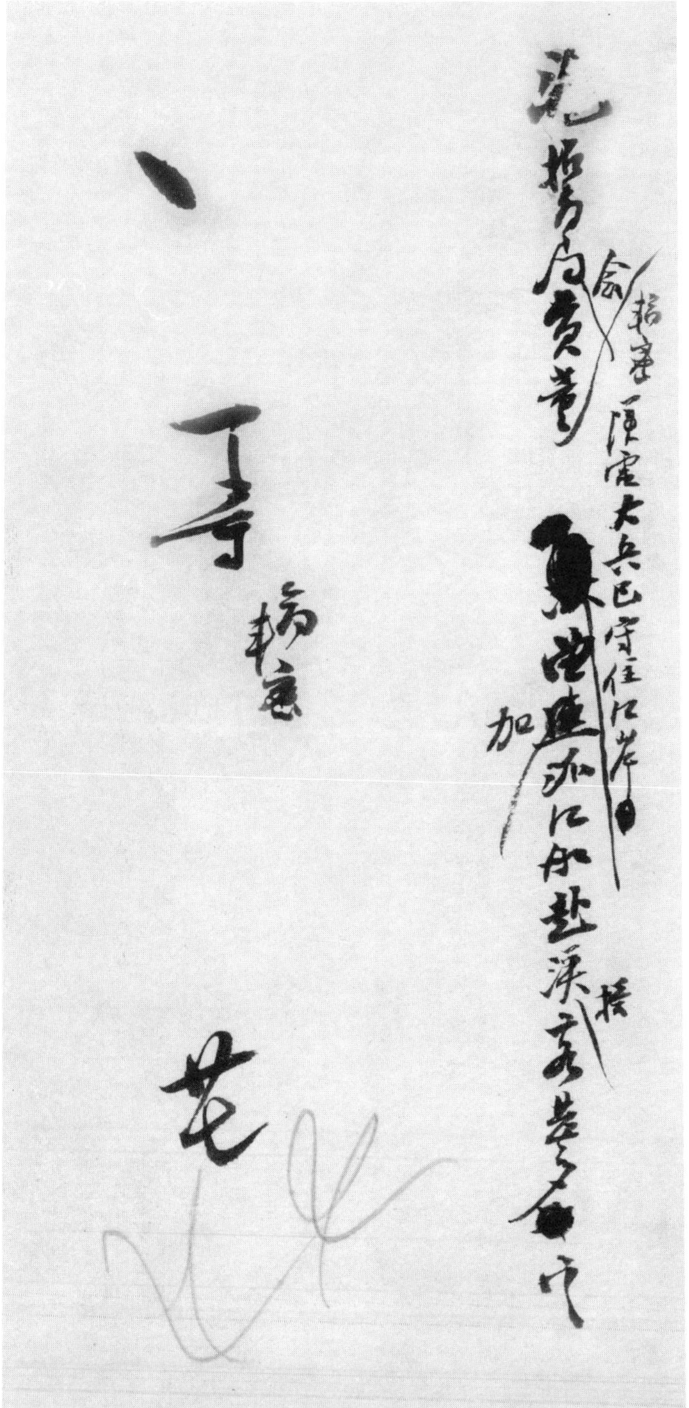

Peking 18th October 1911

The following is received from Mr Langebak the foreign Superintendent of telegraphs at Hankow to H. E. The president of the Tuchepu

Viceroy Zui Cheng has several times telegraphed after funds, but the telegrams do not seem to have come through. Please go to the Tuchepu and inform the president and request H. E. to arrange through the German Bank that the Bank gets the authority to pay one million Taels (1000,000) or part this amount. This is by order late Viceroy Zui Cheng

On asking Mr. Langebak how he received this, he replied: through the Viceroy's foreign Secretary Mr. Ensinger

Respectfully
Mengel

孟及爾關於瑞澂致度支部請款電文之說明（譯文）
（一九一一年十月十八日）

下開電報乃由漢口電報詳監督蘭其爾轉來
致度支部大臣「瑞制軍處電請款似未違例請
至度支部稟明大臣請其設法商諸任國銀
行令該銀行撥付壹百萬兩以應需平款此乃前
督瑞澂命令」經詢蘭由文案詢問何以此電文復云
得之於據後稽之詳查記錄將新孝云
西曆十月十八號　孟及爾啟

THE IMPERIAL CHINESE TELEGRAPH ADMINISTRATION.

Telegrams accepted for all Telegraph Stations in the World

STATION

TELEGRAM Nr. 75/384 Class 2 53 Words.

Given in at Hankow the 17/10 190 10 H. 10 M. a m.

Ohl American Legation
Peking

Just arrived launch kilometre ten train troops Honan arrived causing fire commence between combatants landed soldier royalist army attempted fire correspondent prevented comrades firing heavy general Sah signalled fire Wuchang answered ships divided Wuchang Hankow engagement proceeding launch left shots falling closeby foreign ships land parties ready ~~emergencies~~

Hiscock

歐各克致美國駐華使館歐羅電（譯文）（一九一一年十月十八日）之一

北京美國使館歐羅呈：適來小輪至鐵道十法里界牌，河南兵對陸軍革黨彼此開砲，官軍開砲，該事只阻止革黨猛力攻擊；嗣後軍門施砲，機關砲攻擊武昌處之，武漢為舟互絕，戰事已急。小輪已被敵開砲彈墜落離外國船甚近，岸上人已預備不測。歐各克由漢口發。十月十八號上午十一點鐘

此電語意不甚明晰，姑照譯之。

THE IMPERIAL CHINESE TELEGRAPH ADMINISTRATION.

Telegrams accepted for all Telegraph Stations in the World

STATION

TELEGRAM Nr. 95/384 Class 253 Words. 6

Given in at Hankow the 18/10 190 10 H. 10 M. P /m.

Obl American
Peking

Engagement finished result indecisive casualties revolutionaries exceed hundred royalists unknown German sailor accidentally wounded battle renewed arrival troops guns Wuchang women and children ordered leave Hsiaokan hands revolutionaries peaceful inform Sheng Kungpao Alfred Sze conditions

Hiscock

歐各克致美國駐華使館歐羅電（譯文）（一九一一年十月十八日）之二

北京美國人歐羅（巴）接仗後，勝負未决，革黨死百餘人

官軍死傷甚[illegible]，誤傷一德國水手，刻下又復接戰

兵隊鎗砲續至，婦孺[illegible]令[illegible]武昌 小口 譯為革黨

所信[illegible]安靜，請告[illegible]宦保及施[illegible]以上情形

歐各克由漢口發[illegible]下午十点鐘

八月廿七日

致天津陳制台電 文

東省因郡亂匪滋擾防以固鐵右門户而司庫
空虛市面緊急籌餉十分困難不得已飭丁道
赴津籌借現款並令趙渭面求務祈鼎力玉
成為叩、感

運送援鄂兵隊開車時刻暨列車次數、車輛數目單（一九一一年十月十九日）

謹將運送援鄂兵隊開車時刻暨列車次數車輛數目開單恭呈

鈞鑒

計開

八月二十八日

二十四次 由京奉来運往漢口 由長辛店早八点三十分開計掛 三等車二輛 蓬車二十五輛

二十五次 由京奉来運往漢口 由長辛店早十点開計掛 頭二等車一輛 蓬車十三輛 平車十六輛

京漢鐵路局謹呈

瑞大臣來電　八月三十日

度支部澤公鈞鑒北軍齊到均平安昨已開戰大勝斃匪三千奪砲六尊兵費緊急請速撥銀百萬兩交德華銀行電匯澂佮

寶棻致孫寶琦電（一九一一年十月十九日）

寳湘帥來電廿八日

雲帥感電想已鑒及鄂亂方熾滇省籌

防頗艱昕夕不遑茲事關繫非輕萬忙

之中寳未敢妄參末議懇處乞勿列銜

爲幸棻勘

滬道來電又

聞今日官軍與匪在漢口開戰，海陸軍已得

勝，匪敗退。謹聞。燕翼勘

孫寶琦致葉長盛電（一九一一年十月十九日）

發青如葉鎮台公鑒：廿八

請轉碩果軍門，鄂省奇變，易勝焦憤。寧省

保甚平靜，皖省無恙，每日通電，謠言不足信。弟系

任甚圻，不得不未雨綢繆，預有布置，要仗熟手，速命駕

來省面館，一切並望於明何時乘車，先電復為

盼禱。季廷並希柏芳勸駕。同叩。勘

發青州吉統 業鎮 張李鎮 鮑守
沂州田鎮 李守 曹州靳鎮 董守
濟甯吳道 李直牧 東昌黃守
烟台徐道 登州吳守 萊州楊守
兖州洪守 並呈孔公尸 泰安玉守
武定李守 臨清謬直牧 膠州趙直牧
鄂省惟武昌漢陽有亂漢口無恙京漢通車
應大臣率兩鎮薩軍門統八艦均到漢長沙
及沿江沿海各省均安靖北方亦無事端大臣廿四
到重慶川事亦漸鬆每日均有安電訛言不足恃
希向諸查照並迅傳知各屬嚴禁謠言偵防
匪類以靖地方是所至要勤

成都來電 初三日

鄂事變但不得確音，叙變所發之電，多不能達，焦急
萬狀。川匪大股以新津為最，憑山阻河，形格險要，已于
二十二日克復。通屬各匪時思圍攻省城，皆經驅剿，堵截
先後擊敗。惟地廣兵單，防剿尤難周密。匪黨到處勾結，
時散時聚，已定之區，仆而復起，未發之處，亦有蠢動之形。惟
有傳現有之兵力，次第盪除，究已午帥帶兵輪一標，尚在
渝城，約下月當可到省。餘容續佈。爾豐。儉

吉林梓台來電 初十日

各省制台、梓台、將軍、都統、辦事大臣，重慶端大臣鑒：

申雪帥宥電敬悉。此次川鄂之變，與尋常匪寇不同，揭由于政府未清，致釀斯患。雪帥劉梓兩翁之說，披瀝導陳數暢，忠辭默。攜政府意見，似于標本兩端未能顧擇。連電一舉萬不可緩，惟大稿後半之論徵驗已激，謹本雪帥原指，參以鄙見，於大稿後第三段必先加意治本，向下另行僭擬文曰：一請確立內閣責任也。我國因閣制度規法歐日，誰以其所能立制一人，行政又一人，今日施令行政，所異于昔日軍機處者，多一閣署而已。責任本未分明，功罪即無專屬，且

借制詔爲護符，係崇威爲箝制，論者不察，謂今日内閣視
昔日軍機處尤巧，而工以爲外襲文明，陰行專制，殆且違責于
君主之人。是雖過論，實等危言。懇請飭下閣臣，確定責任
制，院成專其功，敗尸其咎，庶浮議可以息。臣一請速行召集國
會也。國会與内閣監督機關，今内閣既已成立，而國會期限尚
需至宣統五年，豈不曰憲政籌備未可猝期，然臣竊以爲
國会與憲政本係截然兩事，所謂議院法、選舉法，是當於
國會未設以前制定之；所謂憲政問題、財政問題，均可于
國會既設以後議及之。省專行機關先責省監督機關，此

一義也有权利之處生焉有義務之擔負此又一義也否
則行一新政不啻多一具文增一紛擾源頭鳴岐曾于敬陳時局
艱難摺内痛切言之因請特頒明詔速行召集國会並飭
下閣臣詳定新政緩急取不急之政務悉行停罷庶民氣稍
紓而民力亦稍足矣以上數端皆就國本言之也抑臣尤有請
者近日新政無不興内外迭作雖然所望于疆臣其責任
甚重顧如軍備問題財政問題現制皆惟奉仰于部臣
是總其事猶之可也有事故兵权不屬即潰變隨之今日武
昌之變可為殷鑒抑凡百政務財权不屬即因循疲之蓋

責未對待之詞，未有事權不專而能言責任者。請飭下閣臣，于編定外官制時，宜將軍備、財政兩項，壯予督撫特權，功罪概督撫是問，庶疆臣無可諉卸，且于朝廷監督之旨亦相照合。由前兩說，庶杜外流之論，藉臣無資潰池盜弄之兵，回心而釋用，則為散用撫易，安由後之說，庶臨時有以制變，遇事可以程功矣。局言之，不僅為川鄂言之，為國家言之，不僅為近事言之。至臣等忝膺疆寄，年來既無狀，不能奉宣德意，彌患未形，應請朝廷嚴予懲治，以為闒冗不職者戒，臣等不勝屏營激切待命之至。其等語，文未達意，章偶制正，世態風雲，瞬息萬變，無論何帥，幫銜從速入告，為上叡處，並望附銜，仍候諸帥裁奪。昭常廿九日

概以奉電

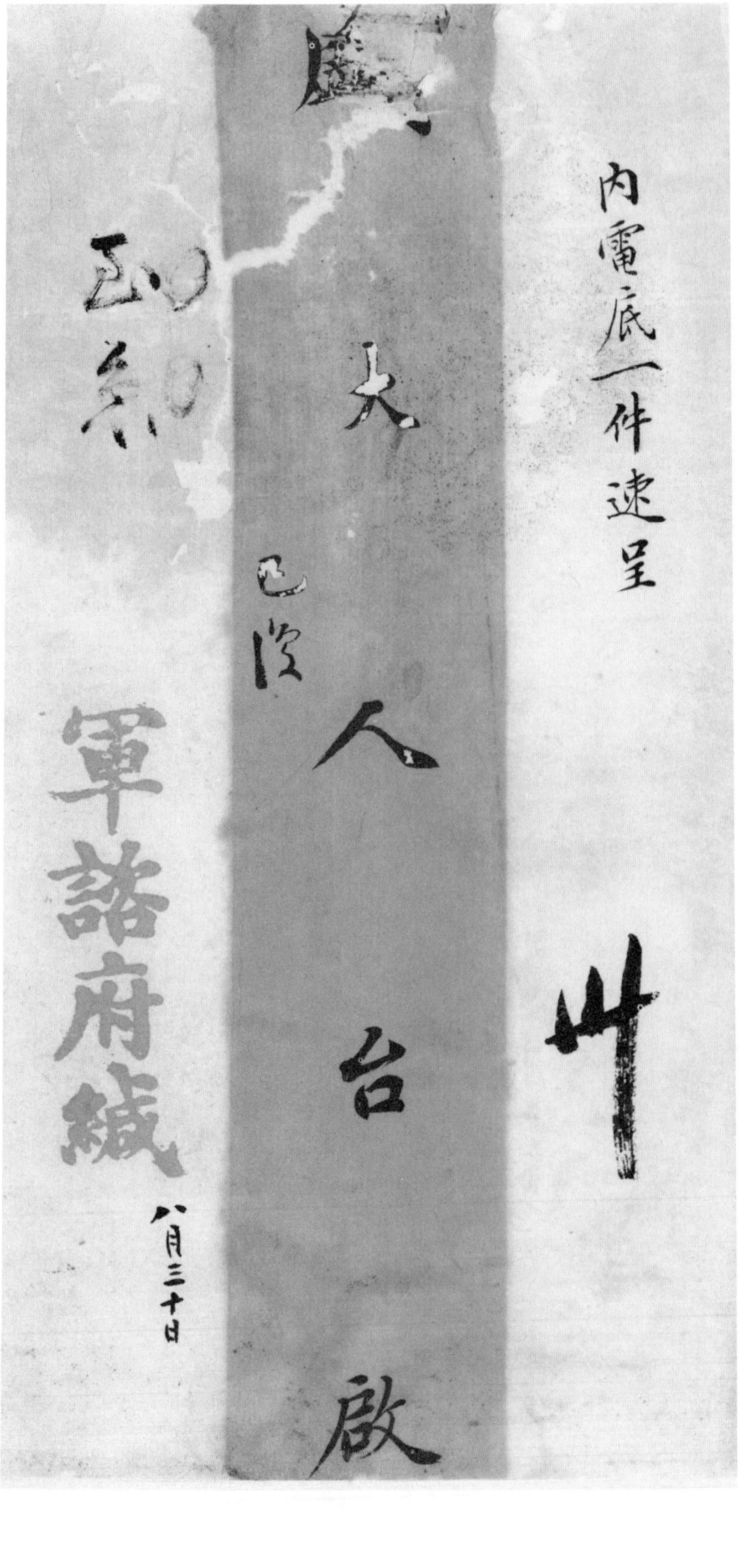
内電底一件速呈
大人台啟
軍諸府緘
八月三十日

敬啓者：本府前有致 盛大臣宫保
書，昨郵寄
貴局設法從速轉遞為荷。專
此，敬頌
台祺

[illegible]

軍諮府啓 八月三十日

濟甯吴道來電　又

鄂省用兵人心浮動濟甯北臨衛要害為
東省門户兵單地廣防務吃緊誠恐曹匪
蠢動勾結湖匪及徐淮飢民乘機竄擾
為患甚鉅擬請添募巡防隊二三營或歸
道督練或派大員統帶分駐沿河一帶認真
操防以備緩急伏祈鈞裁施行永叩東

郵傳部致孫寶琦電（一九一一年十月二十二日）

郵傳部來電　初二日

川電悉。鄂事變起倉卒，各處市景均形恐慌，貴省為難情形，本當竭力籌借，奈未適應付，各路正在筋疲力盡之時，籌不能並顧。乞諒。郵傳部東。

發內閣電 又

鄂亂遠近驚惶爭取現銀牽動市面益以增兵設備在在需款非借大債分配各省不足以救危急頃據德華銀行云上海各銀行存現銀三千餘萬因大局不定不敢出放若由政府出面商借有切實抵押方能允借事機萬急際會此無策應請飭下閣臣迅交資政院決議請旨施行大局幸甚請代奏 孫〇〇 東

發內閣申密　初三日

財政以罰亂受困牽動市面恐慌萬狀本省故
已分因紛紛持票取款受擠不堪迭經督同司道
設法補救現存銀錢幾已搜索一空內京中及各
省皆然禍在不用錢幣血脈不能流通勢將枯竭
欲移信用鈔票而人心不定非官力所能壓制惟有仰
祈速頒朝旨通諭人民毋得驚擾照常通用紙幣
再由各省疊任出示曉諭一体欽遵庶可挽救危
機務望鈞閣轉請代奏孫寶琦冬

郵傳部
盛宮保台啟
海軍部緘
九月初四日

海軍部致盛宣懷函（一九一一年十月二十五日）

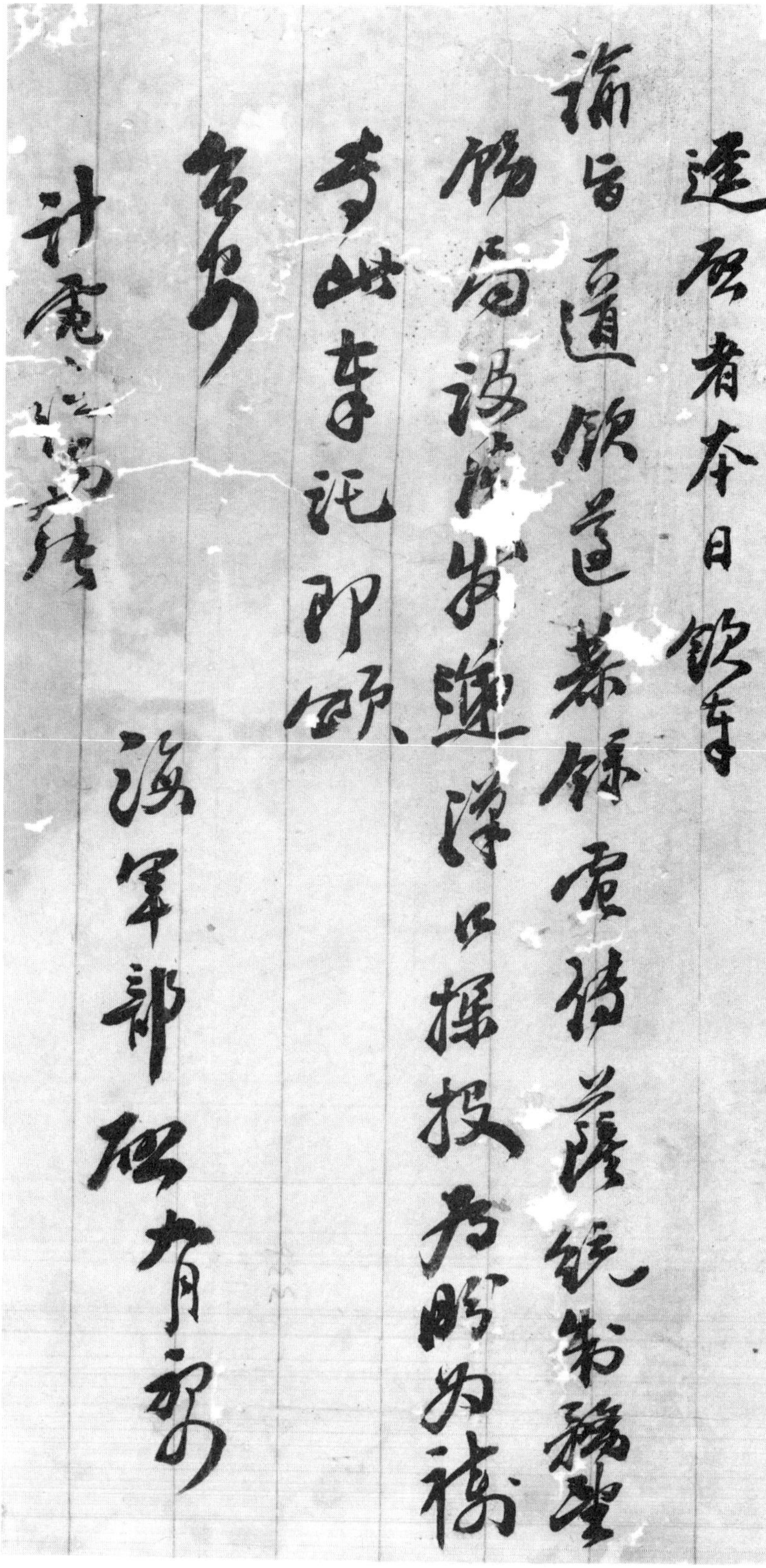

逕啟者：本日欽奉
諭旨一道，欽遵恭錄，處請薩鎮[illegible]務望
飭局設法[illegible]遵[illegible]以操授為盼為禱。
專此奉託，即頌
台安。

海軍部啟 九月初四

計鈔諭旨一件

急北京內閣洪密初五日

赴鄂大軍近日失利長沙宜昌九江黃州

相繼失守西安又有兵變憂憤何窮日前偕

蘇撫程德全等聯銜電奏請速另行組織內

閣計蒙聖鑒目下華鋒正盛人心思亂到

處響應大局立見瓦解專主用兵斷難濟

孫寶琦致內閣請代奏電（一九一一年十月二十五日）

急竊維近年皇族布滿朝右皆少不更事
信用非人各部大臣又多不饜人望舉措失
宜軍民懷怨釀成今日之禍伏懇朝廷以
宗社為重解散現任內閣另簡賢能以維
大局並宣布皇族不得再膺國務大臣並
憲法為君民共守之條文斷非欽定所能強
以服從應請飭交資政院議員迅速協議
取決輿論俟有頭緒行本年各省到處水災
飢民遍野財用匱乏市面緊急危亡呼吸

竊聞宮內歷朝存貯金銀不下數千萬應

請俯念財散民聚之義盡數頒發以三分之

一振瘡痍三分之一維持市面三分之一撥

充軍餉如此正本清源由實從新庶可

收未散之人心動薄海之觀聽孟子曰民如

彼何哉彊為善而已矣○○受恩深重事

機緊迫不敢再有忌諱昧死上陳備愚忠

不蒙採納應請立予罷黜嚴加治罪臣

亦甘心謹請代奏○○○友

雲南都督府來電 廿二日

各省軍政府諮議局鑒：滇於本月初九軍隊全數反正，佔領省城，宣布獨立，乞表同情。滇軍都督府。麻印

發 上海 岑宫保洪 初七日

魚電悉大局危在旦夕主劇戡不消事日前借
雪帥聯銜起已見及昨又電陳之端稿附後呈
教並乞轉雪帥堅帥尚贊洪帥共挽危局田鎮
統巡防營亦正喫緊公如另得良將兔調尤感○虞
電奏曰 全稿譯發

皆泰安府玉守 初九日

五鎮奉調赴鄂，需用隨營二把手車，每輛車夫二名，每名行日給艮二千，坐日一千二分，車夫以三十歲左右為合格，營中預備套騾甚長鞭，由車夫自帶，應由該府飭縣趕僱三十輛，限三日內備齊，派差由火車運省，送到五鎮，火車運費另付，希先電復爲盼。餘詳文。椿陰孫佳

湖南都督來電 喜

各省制台撫台藩臬學司鈞鑒：自鄂省宣告獨立，與偽清援兵三戰三北，湘省亦於初一起義，克復全境，昨又派遣大軍會鄂北討。公等素明種族大義，時勢至此，豈甘復為滿人用，乞共舉義旗，刻日出師，共搗幽燕為盼。湘南鄂督焦青印

安慶朱撫台來電十一月

皖省自湘鄂變起，人心惶恐，迨九江、湖口相繼淪陷，事機益迫。初九夜新軍猝變，現竭力抵禦，叛兵退散。茲將電達情形電達左右。其文曰：皖省砲營兵龔家寶曾以蒸電來陳，在案。竊初九日晨，新軍群向當鋪、孫質衣被，意在劫營。家寶迨知有變，即將南寓調皖之江防兩營先調兩哨入城，嚴為戒備

傍晚突[illegible]聞炮營排長胡有信率黨迫擠
管帶王全勝，該管帶睛將砲針抽去，潛
逃出營。家寶立飭安豐兵輪管帶陳應
濂、拜商飛鷹兵輪管帶林頌莊駛泊砲台
江岸，時放電光燭察，該黨潛伏未動。初十
日向晨，即派江防營往捕，立將叛兵衝散。
正在布置間，據報六十一標第二營分據
子彈，內象頭露，隨該標統胡永奎剴切開
導，曉以利害，一面將兵輪調對該標營壘，勤

限三小時繳回槍械否則開砲旋據該標統
由電話稱各兵士半係被脅情願繳械
乞貸旋思家寶以本省防營此次亦間
被煽惑斷難盡恃所恐同時並起益難收
拾遂准所請以孤其勢午後槍械甫經繳
清乃距城二十五里之集賢關所駐六十二
標亦從火焚營擊傷官長排隊來撲省
城行至張昌家坡工程輜重兩隊從而附入
幸日間已將江防兩營調入城內與衛隊分

嚴防守，一面電飭駐紮北門外防營管帶王國翰防西截擊。是夜九鐘，該叛兵果結隊來攻，城內四處放火嚮應。幸先飭周道以下周歷巡查，隨時撲滅。該叛兵竟攻擊彈壓兩岸江防營管帶尹占魁、林慶元各率所部奮勇抵禦，又以兵輪開泊西南隅放電開砲，以助聲勢。直至黎明，叛兵始退出竄潰散。以城內兵力太單，未能輕出遠追。此次大局畢定，實賴仁濬、張人駿江南

提督張勳所派江防二營最爲得力而兵輪
衛隊防營中亦頗有奮勇可嘉者俟事定
後再行懇恩優奬以昭激勵勸合將目前
督查情形電懇宸廑謹乞代奏等語特
聞家寶真

内閣來電 十六日

十五日内閣奉上諭資政院懇准此次革命
黨人按照法律改組政黨並赦擬用一切黨
摺該院請開黨禁業經降旨允准所有此
次黨人均著准其按照法律改組政黨藉
以養成人才備作國家之用欽此閣感

發天津制台洪 十六

咸電悉。昨省城各界人聚集，本已昌言獨立，

幸有和平派勸解，改爲勸告。政府八條，各舉

代表來見，請爲代奏。昨已電達，計邀　洞鑒。及戰

事不已，必將瓦解。蘇杭滬均起事，此省終必

不免。〔孫寶琦〕銑。辰。

廣西軍政府來電　廿二日

急。各省軍政府、制台、撫台鑒：滇、川以宣布獨立為要圖，對外以組織聯邦為急務。廣西軍民要求亦於今日宣布獨立。敬請各省督撫一律宣布獨立，化除畛域，無分滿漢，共謀組織聯邦政事。對外致取法於美，宜武昌為華順頓，暫行公認一人為大統領；欲取法於德，宜北京為普魯士之；公認一人為內閣總理大臣。事關大計，務於從速協同。律民議妥，通電各省，以多數取決。廣西軍政府篠印

九江軍政分府來電　初四

軍政府都督鑒：接桂林沈撫、陸電開治由以宣布獨立為要，當對外以組織聯邦為急務。廣西軍民要求已於昨日宣布獨立，敢請各省督撫一律宣布獨立，化除畛域，無分滿漢，共謀組織聯邦政府，凡事對外，或取法於美，定武昌為華盛頓，暫行公認一人為大總統；或取法於德，定北京為普魯士，公認一人為內閣總理大臣。事關大計，務祈從速協同紳民議商，通電各省，以多數取決等語。敝處議決於法於美，暫以武昌為華盛頓，至大總統之公舉、聯邦之組織，擬請各省特派委員赴鄂會議，其委員之集期，仍由鄂都督指定通告。潯軍政分府馬巧印

上海都督府陳來電　廿三日

上海電政總局本為全國電政統一之總機關現
由本都督收復派王震君為交通部長唐元湛
君為該總局局長因有外洋水線公司交涉在
內頗為重要事權必須統一仍令管轄全國電
局凡各省電局用人報費及一切行政悉歸該總局
主持各電報分局請各省都督及民政長力任保護
遇有事務與該總局逕行接洽可也滬軍都
督陳其美九月廿一日印

贛州都督等來電　初三日

武昌黎、九江馬、長沙譚、杭州湯、南京張、福州、蘭州、西安張、廣東、雲南蔡、成都、太原、迪化、貴陽楊、安慶、臨安、濟南各都督鑒：接鄂都督電開獨立各省俾速派全權并負赴鄂會議等因。敝處地理雖戰地甚遠，整頓軍事與改革內政並行，此間組織已取共和制度，似於民國本質始終符合。會議時擬至張此尚尊處，若何，乞示知。贛州都督劉、行政官湯、軍團民總會長張。禡印。

南寧都督府來電　初九日

現承桂省人民公舉榮廷爲全省都督，自慚淺薄，詎能鮮（解）？惟顧念大局，保持治安，不得不勉肩其責。務望聯絡努力，共我漢族，以光歷史。此後彼此應商之事甚多，望隨時以文電直告。陸榮廷叩養印

雷奮、沈恩孚、姚桐豫、高爾登致各省都督府、諮議局電（一九一一年十一月十二日）

江蘇淞江都督府來電 廿二

急 福州安慶濟南都督府諮議局天津開封盛京吉林齊齊哈爾諮議局公鑒鄂省起義一月以來各省響應現在光復者已有十四省亟應結合辦法外交迫逼對外舉動急須統一本日同滬各領事消息

列強有即日派兵規畫之說，舊政府垂傾，新政府未立，蓋以兩來國際関係最難，萬端此時对付稍一不慎便肇大禍。本省既設政府，應即派代表仿美國於立法第一二次會議速籌結合，即將來國體政體根本計議，亦有聯絡之道。而目下國際交涉尤為亟亟。聯合之地一時以上海為便，現由江蘇、浙江兩省共同發起臨時國會，派奮等先蒞滬，專候各省公議。並公推伍廷芳、温宗堯二君為臨時外交代表，以便與外交團正式交涉。此事務懇公議，事機之迫，乞即日公舉員來

雷奮、沈恩孚、姚桐豫、高爾登致各省都督府、諮議局電（一九一一年十一月十二日）

會議所舉之員未經即到茲先電致貴省在滬
人士加以貴處委任令其暫行代理俾得早日籌商
以維危局乞賜電復不勝迫切待命通信雷暫寓上
海西門江蘇教育總會并聞江蘇都督府代表
雷奮沈恩孚浙江都督府代表姚桐豫高爾登叩養
印

烟台軍政分府王來電 廿四日

來電悉。公為總統，全軍（華）歡迎。烟台已於今早聯合軍學商各界宣佈獨立，徐道逃，軍政分府已成立，市面安靜。軍政分府王叩。漾

趙爾巽致孫寶琦電

奉省紳商學各界議設保安會以尊重人道保全中外民命財產為宗旨公舉爾巽為會長諮議局議長吳景濂三十九協統伍祥楨為副會長於本月二十日成立委派部長各員分執會事省外各屬均立分會以地方長官為會長除本省行政事宜照常辦理外保安事宜均由會內執行各國領事意均贊成地方商民及軍學各界亦須欣慰安靜吉江兩省另有章程分咨先此電聞爾巽漾

致武昌各省軍政府電 九月廿四日

武昌暨各省軍政府鑒：山東全省官紳軍民人等於九月二十三日公同組織山東軍政府，舉定本省巡撫孫〇〇為都督，陸軍第五鎮協統賈賓卿為副都督，全省一致，居民安堵。以後彼此行動，均必事前通知，以期統一。都督府

上海市歷史文獻圖書館藏

吉林陳撫台鑒保安會包滿漢回蒙各省各國居留
人皆保安之執行機關分外交軍政財政内政執法
教育勸業交通八部會長一副二均公推部長正副
各一由正副會長委任又參議部總長一副長二均
公推各屬設分會現任官爲分會長前日公推巽爲
會長伍協統祥禎吳議長景濂爲副會長一切行政
機關仍舊部長皆以現任司道充之不稱職者另换
副長兼用本省人吉省事少各部儘可兼充巽敬九月
晉[?]

江蘇浙江都督府：卅四

電示派代表赴上海協議一節，深同政見。

要領敝省派定諮議局議長雷先生二員，即

日前往。孫。有

孫寶琦致王傳炯電（一九一一年十一月十五日）

烟台軍政分府王　又

山东已宣告獨立，共表同情，貴分府即鎮攝烟埠，極須安民人，幸勿派軍入內地，致有驚擾，實為至禱。孝胥孫有

江蘇軍政府來電　廿六

各省軍政府都督鑒：大局粗定，軍政民政亟須統一。擬聯東南各軍政府公鑒，懇請孫中山先生迅速回國組織臨時政府，以一事權。中山先生為首創革命之人，中外人民皆深信仰，組織臨時政府，舍伊莫屬。我公力顧大局，想亦無不贊成，即請速覆。程德全。齊印。

致各都督及奉天保安会並各諮議局電　廿六日

蘇州杭州安慶長沙南昌太原西安廣東福州雲南貴州桂林清江武昌成都都督瀋陽保安会長開封天津蘭州諮議局均鑒：頃接清政府廿五日上諭，以各省應舉代表赴京公同会議國是等語。寶琦前經電奏確定共和政體，現在全國軍民意見相同，萬無更变。擬請由鄂都督聯名電致清內閣袁世凱，如承認不私君位，宣布共和，仍當承認北京為中央政府，以派員赴京会議優礼皇室、制定國法等事。否則該判無可開端，惟有另行組織臨時政府，以維大局。乞即酌核電覆。孫〇〇

浙江軍政府來電　廿六日

濟南軍政府孫都督鑒：來電敬悉，賀光復。浙江軍現與潯皖甯蘇滬各民軍聯合進攻南京，俟南京省城克復，即與各省民軍協議進攻偽都。浙軍政府湯壽潛叩

浙江軍政府來電　卅日

濟南都督孫電悉。尔省既已組織臨時政府，非此無為列強干涉中國為重，請公加入同胞，以支大局。為清計，惟有速請各主以大位公之天下，中央政府應在何地，尔省已派代表莅滬公議決定，優禮皇室具表同情。浙軍府湯叩寢印

上海都督府來電 昔

各省軍政府都督鑒本日蘇滬浙聯軍合攻南
京張勳竄龍潭鎮軍由高資前進擊散之希
知照所屬貴處近狀如何還乞詳細示知以便布置
一切是盼滬軍都督陳宥印

上海都督府來電　　廿晉

各省軍政府都督鑒：上海製造局所出槍礮悉

數充進規南京需用，尊處如軍火不敷，倘備款

來滬，由敝處代爲籌辦，祈知照。所屬爲盼。滬軍都

督陳宥印

上海都督府來電　廿六

濟南都督府鑒：電悉。貴省獨立，快甚。以後行動，自當彼此聯絡。滬軍都督陳宥印

江北都督府來電　廿四

濟南都督孫鑒：敦電悉。潰兵已竭力招撫，可無深慮。惟據揚州徐公府轉徐固卿通報，姜桂題率兵十營南下，經道貴省，望酌派兵隊堵截，勿使南侵。

江北都督蔣。宥印。

吉林陳簡帥八部機關雖分但執行仍歸官府宣布
命令於督撫名義下加會長一條否則外交不認如
官府不稱職者由會公議仍由督撫撤換是也巽宥
九月二十五日

廣西議院致孫寶琦電（一九一一年十一月十六日）

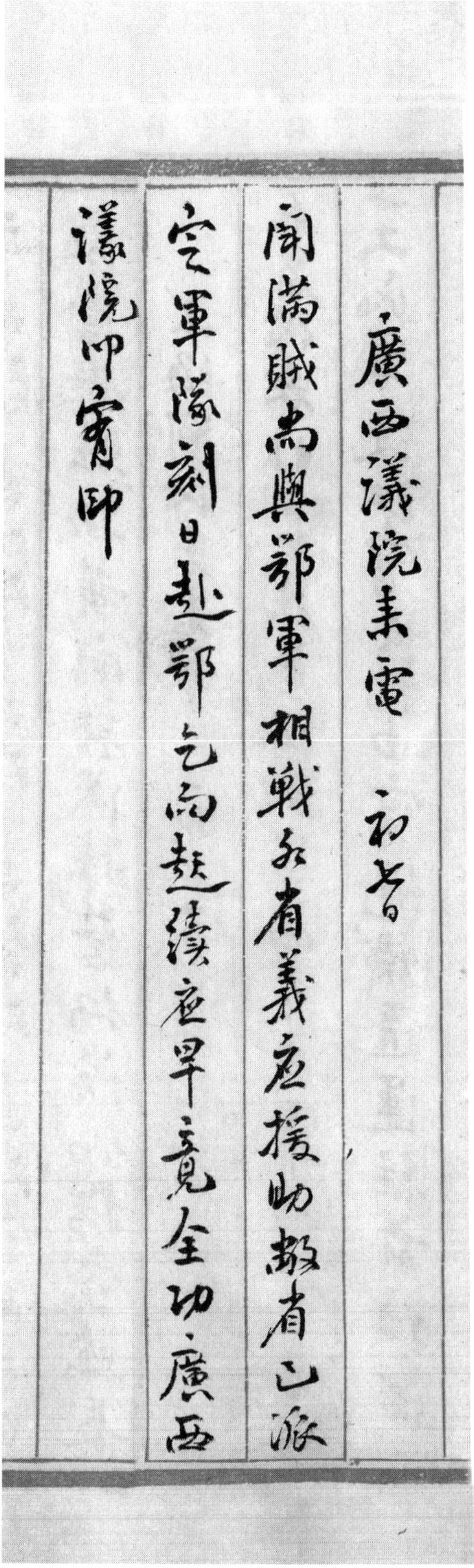
廣西議院來電　初者
聞滿賊尚與鄂軍相戰，如有義應援助，敝省已派
定軍隊，刻日赴鄂，乞尚趕速援應，早竟全功。廣西
議院叩宥印

覆上海陳都督電　發

上海陳都督鑒：兩電均悉。已派代表雷光宇、謝鴻燾赴滬，迅速會同各代表籌設臨時政府。伍先生為外交總長，極所信仰，並已特致鄙意。電局自當歸滬總轄，即如尊意通飭遵照。孫〇〇沁

江北都督府來電　廿七

各省都督鑒各省分謀獨立全體告成若無統一
機關恐各國乘勢干涉瓜分之慘即在目前請速
各派代表赴滬組織共和政府公舉大統領本代
表全國以杜列強藉口大統領一職須望重列邦内
洽輿論揆度現勢非孫君逸仙不能擔此重任此
表同情我易有卓見即電復民國存亡迫於
眉睫幸勿刻延致誤大局盼切禱切江北都督蔣
沁印

致蘇州程都督、杭州湯都督　廿七

各省獨立，官紳軍民均為爭共和而起，決非甘心叛逆，確係政治革命，並無種族之見。到處保護滿人，確有可憑。迭次北京朝旨令各省派代表入京，徵集意見，以定國是。項城並不知各省輿情，但不能憑一二人之條奏，遽主張大計。今宜聯合各省都督，沉痛切忠告，致電於攝政王，冀其悔禍降心，相從項城之所執，以省詞早日解決，免通國擾攘，發生意外。吾華幸甚。兩君意見是相同，即請蟄翁主稿，附銜事不宜遲。再，南京可否緩進兵，實不願同類相殘，請籌酌，至盼。立盼。手沁

周樹模致北京各部院、各省督撫電（一九一一年十一月十八日）

齊齊哈爾周撫台來電 先日

北京各部院各省督撫大臣鑒洪現在大局未平人
心浮動江省為籌防綏擾共保公安起見業於本月
二十六日聯合紳商軍學各界設立保安公會以
尊重人道保全中外人民生命財產為宗旨公
舉樹模為會長民政使宋小濂陸軍協統壽
慶諮議局議長李品堂為副會長各屬設立分
會以地方長官為會長訂立簡章委任職員執
行保安事務各界均極贊成地方安靖特此電
聞樹模勘

福州都督府來電　初二日

孫都督鑒：武漢事定，本省響應共和，政治已為全國所認。易行組織臨時政府，由本省舉代表到滬會議。敝省已派潘祖彝、林長民在滬候集代表團商議矣。謹復。閩都督孫勷印

蔣雁行致各省都督、奉天保安會長暨開封、蘭州、保定諮議局電
（一九一一年十一月十八日）

江北都督府來電 初四日

上海蘇州杭州安慶長沙南昌太原西安廣東福州雲南貴陽桂林武昌成都濟南都督、盛京保安會長、開封蘭州保定諮議局均鑒：程都督沁電敬悉。電請逸仙先生回國組織臨時政府，未回以前擬請黎都督代理臨時政府，敝處甚表同情。惟電商清廷派代表赴鄂，時機已迫，萬不能待，莫如各省急派代表赴滬會議，公舉大統領，速維大局。江北都督蔣勘印

上海都督府来電　初四日

各省軍政府都督鑒今日標鎮江林来電称張寇東竄勢頗猖獗賴蘇浙援兵并集海軍亦陸續歸順兵力加增均無恐又徐紹楨来電称蘇軍已飭由白兔鎮開赴句容扼守鎮軍駐高資一標擬即開往龍潭浙軍砲工輜隊昨已開赴高資步隊稍令休息亦即前進張寇有向高資之説並不足慮并聞該敵有十三營屯駐浦口至江北都督来電各省獨立強半告成苦無統一機關恐貽外人干涉亟宜各派代表赴滬組織臨時政府大統

陳其美致各省軍政府都督電（一九一一年十一月十八日）

欽一二席非孫中山莫屬之文鄙意以北京未下大
局難平擬組織聯軍共謀北伐現在蜀湘楚為
第一軍由京漢路進行甯蘇皖浙為第二軍由
京浦路進行閩粤為第三軍由海道進行除由
昨日分電閩浙兩省外今再電閩以便準備惟今晚
得福州電知該處業經承認矣又張季翁久孚
衆望洞悉淮鹽弊害公推為兩淮鹽務總理頃已
電請贊成但未得復再尊處近狀如何亦乞電
告滬軍都督陳其美叩

覆吉林陳簡帥電　宣統三年九月二十八日

吉林陳簡帥鑒：酉。東三省不能獨立，盡人皆知。以有人干涉故也。革党到奉倡言獨立，聳軍隊同心握槍力争，會場遂無一人反對，專以保安爲主。然初議草章尚有界限不清，而日本已下緊急命令，厲兵待發。經巽更定爲輔助機關，不但各界認可，即革党亦認可，始得如常。蓋深知地位與各省不同，稍有新異名詞，彼即指爲離開政府，則攫取爲有辭。故全省軍民

上海圖書館藏

抵死與革党爭競得不墜外人術中要之皆軍隊嚴
重之效今吉省學生運動乃惑於唆聳不知利害即
在自身即在目前公但將内容説透當可憬悟奉省
明智人多果非痛切剝膚誰甘居各省之後毫厘千
里切勿自誤改章已咨只可照辦斷不可立異至南
省之関以交通便利軍械充足吉省僻在一隅武裝
本少两强壓境豈能獨立此又最後之解决也總之
一言獨立即是爲虎作倀即是我國民公敵求福求

禍當自擇也再今日京電日使言彼國願助兵平亂

並保衛京師經袁總理力却誠恐蹈亡韓故轍也此

時東省之不便獨立眼光全在兩强日人之言曰東

三省是日本以生命換來而還之清國豈容他人獨

立然我日本正可因其獨立而取得之與俄平分清

國無辭各國亦無辭也其居心如此尚不悟乎願創

議者深長思之勿貽後悔儉一

宫紙局

致陳簡帥電 宣統三年九月二十八日

吉林陳簡帥鑒酉奉省開會之先巽已將陸軍聯好有敢獨立者彼等將用武故羣情帖然現在防陸兩軍同心戮力大局幸安萬不可由吉變封要知各省革党本無實力徒以軍隊挾制今我軍不爲彼搖雖千萬人吾何懼爲公於軍隊須聯其心用其力自有把握稍一放鬆東三省立歸外人矣迫切密陳儉二

上海都督府來電　初七

今接福州電知該省於宣布獨立後新政府
亦同時成立內分民政財政參謀司令司法軍務
外交交通等部應辦各事已著著進行惟編練兵
單為第一要策耳章太炎先生於昨晚〔陽〕抵滬與
程都督協商擬在滬組織大共和報近以鼓吹
臨時政府之成立遠以催促共和政體之完全亦
要舉也至攻甯消息刻今猶未明耳滬軍都
督陳卅印

葉長盛致孫寶琦電（一九一一年十一月二十一日）

辰欽崖葉鎮台來電　十月初一日

大帥鈞鑒：江密卅電謹遵。盛卅電稟擬探報閩革軍來煙兵艦煙台炮台嚴備一語，並非攻擊兵艦，係指革軍用煙輩炮台防範我軍而言，請釋憲廑。王處盛亦無庸去電，並陳。長盛。卯東

又來電　初一午

河山再造，日月重光，惟無統合之方，恐有分崩之虞，臨時政府之組織，其要舉也。目下浙、蘇、閩、湘、鎮、魯六處代表已次第到滬，奉、吉、直亦在派遣中，日內當達此間矣。今日由已到各代表先行開議，業議定認鄂軍為民國中央軍政府，已由各代表電告鄂軍都督矣。皖省廿五以後匪徒擾亂，糜爛不堪，朱都督逃走，皖人堅請黎宗嶽君為都督，黎固辭不就，為維持皖省秩序起見，勉以大局為軍政分府，舉黎為都督，安慶事宜已請滬軍政府為都督兼理該事，稍定。至攻甯情形，尚未得開仗消息。孫中山先生此間已託汪兆銘君電促其早十日起程，一併到滬，有期再行電告。滬軍都督陳東叩

各軍政府代表來電　初一日

鎮江都督、南昌都督、福州都督、廣東都督、長沙都督、雲南都督、安慶都督、桂林都督、太原都督、貴陽都督、西安都督、濟南都督、九江都督、清江都督、天津諮議局、開封諮議局、蘭州諮議局、盛京保安會、吉林保安會、齊齊哈爾保安會鑒：頃致武昌黎都督、黃總司令電云：前電請派代表來滬會議各省

聯絡辦法尚未乃復至貽現在各都督府代表到滬
者浙蘇鎮魯閩湘滬七處奉吉直復電即
日派人之到該代表先行逐日開會眾議謂獨
立各省無統一機關則事事無所滙歸民國前途
異常危險中華民國軍政府向未名義既為
各都督府所認目下不能不實行之於國中以樹建
帥之望今日公議決定先由某等所代表各省認鄂
軍為民國中央軍政府即以武昌都督府執行中
央政務統籌全局畫一軍令其中央軍政府

組織請貴都督府制定大局所繫宗旨所屬務
乞主持除分電各都督府外謹此電告至全國外
交總副長前經推定伍廷芳温宗堯二君
駐滬辦理交涉並已電達鄂督乞再以中央軍
政府名義委任之革國幸甚特此報告乞示覆
并電鄂浙代表朱福銑蘇代表雷奮魯代表雷
光宇謝鴻燾閩代表林長民潘祖彝湘代表宋
教仁滬代表朱葆康俞寰澄袁希洛叩東印

武昌外交部來電　初九日

外省舉義外交關係大局最重滬上舉伍廷芳爲
外交總長鄂極贊成惟中央政府必速成立外交
政策始能統一湘贛代表來鄂會議鄂省外交最繁
且戰事嚴急外交尤極困難用敢據情電催希速
施行至盼鄂外交部東印

長春来電

督憲鈞鑒：靖密。知府前遵督憲電飭設立保安分會，當經紳商到會公舉知府爲會長。紳意多主宣布獨立，知府力稱長春地界强鄰，萬不可鹵莽蔑裂，致壞大局，自應仰體憲意，遵照奉省辦法，以保安爲宗旨，有擾亂治安者即以公敵目之，用是大拂衆意，羣起反對。聞各紳竊議非稟撤知府無以達其目的，因以警務財政任用私人等情稟揭，查警務長康槼財

政主計傳乃鄉誠係知府稟請委任且各紳攻訐知
府係別具用意更毋庸深辨要之不能附和衆紳即
屬不洽輿情咎有難辭應請恩准撤省查辦並請將
警務長財政主計另行委員接替以全大局而息羣
議知府厚琦謹稟東　十月初二日

謝鴻燾、雷光宇致孫寶琦電（一九一一年十一月二十一日）

上海謝雷兩代表來電　初六

孫都督鑒：民軍府駐南京，不久必有大戰，請飭津浦沿路兵警加意防堵，以備張勳敗兵竄擾。

燾宇叩。東印

上海雷劉代表來電　初七日

各省代表昨日公決先認武昌爲中央軍政府以資統一，又民軍攻江甯者均由甯滬鐵道運往前傳，甯滬中立之說不確。宇叩。東印

膠州全體人民來電　初五

大帥鈞鑒膠州全體人民適聞張州牧鈞具稟
辭職膠屬人民惶恐無措自鄂省亂起全州人民
均賴州牧深謀遠慮布置得宜遽求去任則全州
大局不堪設想爲此公懇　大帥恩准留任以保治安膠
州全體人民公電稟

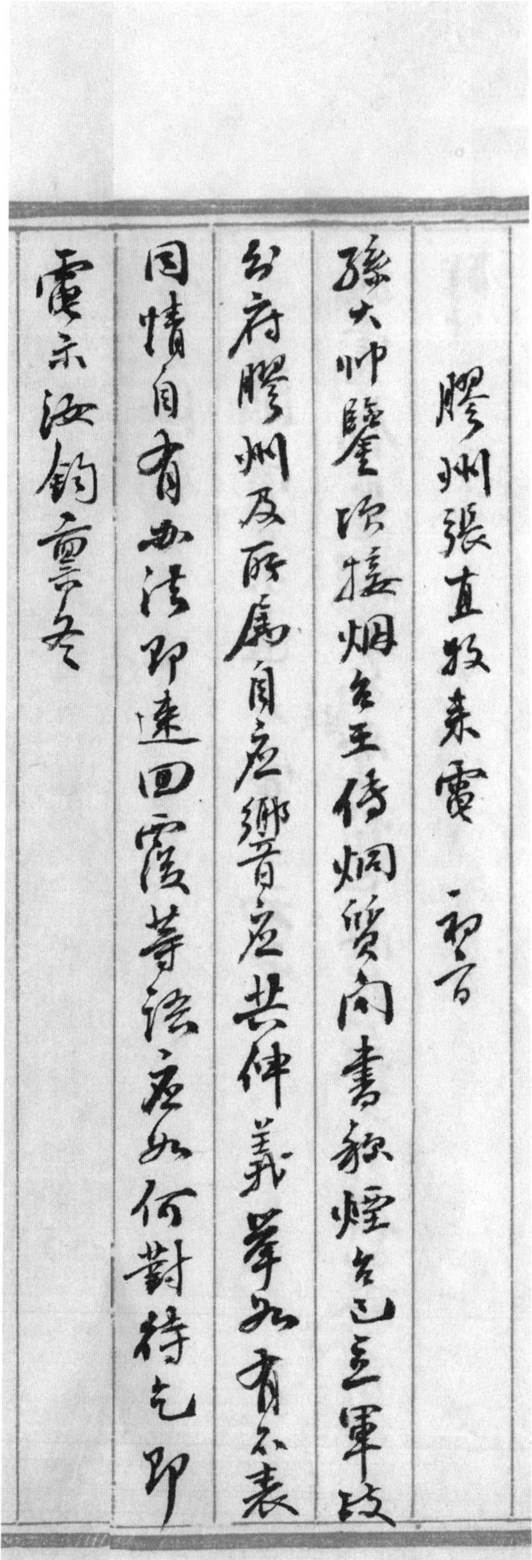
膠州張直牧來電　初二

孫大帥鑒：頃接烟台王侍炯質問書，敘煙台已立軍政府，膠州及所屬自應響應，共伸義舉，如有不表同情，自有辦法，即速回覆等語。應如何對待，乞即電示。汝鈞。養叩。

煙台軍政分府來電 初十日

都督孫鈞鑒東電敬悉煙埠前月二十二晚民
軍倡義二十三次序大亂是晚本埠全体紳商
為煙台人民生命財產計為保全中國大局計公推
傳炯暫竭心力以盡國民責任屢辭未允始担義
務炯才輕無識覲於其間數日來市面安堵中外
翕然尚堪告慰惟財政困難不得不求措撑之計
煙台存款將盡紳商力薄難任指助若再失此餉
源非惟束手待斃且恐立見危亡前請派船宣布
都督意旨併船自往收稅理無驚擾都督爲拯救

東隅人民計印花允准前議且加口稅本炯分範圍
以內之事併非額外要求因一山東財源應請先其
所急此項稅規歸炯暫五年總為此條來歲統籌
預算再定統一條件迫切陳請務懇俯准否則
炯惟辭職另任能者為之不勝待命之至即請電
示傳炯叩冬印

長春孟道靖東三省不能獨立盡人皆知蓋一言獨
立即歸外人掌握也奉吉且不敢倡言長春乃有言
之者豈不大愚大謬該道速即切諭一切遵照第二
次改章及所發分會章程辦理萬不可立異自取斷
送至何守與地方究因何齟齬是否不能再處速將
內情密電督冬

致各省都督府　初三日

武昌　九江　長沙　杭州　江西　蘇州　福州　蘭州　西安　廣東　雲南　成都　太原　迪化　貴陽　安慶　臨安

各省都督府鑒：建設共和政體，原爲國民要求幸福，同胞相殘，大非初志。近者南北意見兩無歸宿之途，深恐停滯日久，戰禍方長，萬一牽及外交，爲患更鉅。前因清廷召集各省代表，曾經電達鄙意，請聯名致電袁世凱首先提議共和，不知此電已否照發，有無覆音？頃順直諮議局來電，欲另擇地點速開臨時議會，解決危局，此爲最良，而組織議會最簡便之法，尤莫如仿德國聯邦參事會之制，先立上院，以爲國權基

礎其今負由各都督府派代表人充當若未經獨立省分則於今所諮議局派員與會其會地印宜於京津酌定一處使北方易於加入凡國體政體問題皆可於此議決如此則議會兼有臨時政府之作用外交易於締結而會員兼收未獨立各省在內異日以全國意思要求遜位可無兵戈而收勝利殺之武力從事保全實多且亦無常紫鬱畏懦之設或不能孝果快人意惟義軍之起為真理非為血氣謹致忠告備蒙採納令商實行全國幸甚 孫寶琦江

吉林來電

奉天制台卜奎撫台鑒：本日召集政軍警學紳商各界代表，決定仿照奉天改訂保安會章程辦法。吉林保安會即於本日實行成立，公舉常為會長，孟統制恩遠、諮議局議長慶康、民政司韓國鈞為副會長，至貴省保安會辦事細則如已訂妥，即速寄示為禱。常江印。十月初三日下午

吉林陳撫台來電　初四日

各省制台撫台鑒：吉省現仿照奉天保安會辦法，聯合政、軍、諮、學、紳、商各界組織保安會，已於本日成立，公舉常為會長，孟統制恩遠、諮議局議長慶康、民政司韓國鈞為副會長。現在合境安謐，特聞。常。江印。

各省都督府代表聯合會來電　初四

武昌、濟南、福州、杭州、蘇州、清江、長沙都督府鑒：本日鄂、魯、閩、浙、湘、蘇、滬、江、北等處代表均到會，議決各省代表均赴武昌，以十月初五日為行期。伍、溫二君仍為駐滬外交全權委員。各省都督府代表聯合會叩。江印

沈秉堃、陸榮廷致孫寶琦電（一九一一年十一月二十三日）

桂林都督府來電　初九日

准鄂都督卅電開現擬權設臨時政府於鄂分部
組織由各省公舉各部首長希速會議舉定等
語敝處擬力贊成除外交長業經各省公認伍溫
生公財政長張公謇外交政長擬舉桂南都督
王公芝祥其餘各長應舉何人希速電示以資
參考桂都督沈秉堃陸榮廷江印

大通軍政籌議局來電　初三

各省都督府鑒：大通二十三日宣布獨立，現已設立軍政籌議局，公舉潯軍政府黎宗嶽爲首領，

甯、徽、池、太四府暨廣、和二州所屬事宜統歸管

轄。大通軍政籌議局。印。

謝鴻燾、雷光宇致孫寶琦電（一九一一年十一月二十四日）

上海謝雷兩代表來電　初四日

鄂代表已到，決定偕往武昌商議組織臨時政府。又

魯鄂電報不通，以後請由廣東或滬軍都督府轉

燾宇叩印

煙台商會自治會等來電　初四

都督孫鈞鑒：來電責備王司令長固屬因公，惟王君見電決意辭職，煙埠無人主持，合界慌甚。當倡獨立之初，條道逃去，若非王君力擔責任，大局豈有今日。所以致電登萊青膠四府者，亦係合商紳商辦理，一因旅煙商民四府人籍貫甚多，二因有救遠我莫及，三則關道權限本轄四府，電安四處，亦恐該處官府不擔責任，恐慌逃避，致生亂端。乃都督不諒，來電詰責，致令王君寒心。此時恐我都督之力不能兼及，煙台保護中外生命財產，電到，千懇速電來烟慰留王君，則煙台十萬商民幸甚。商會自治會及紳商合界同叩。支

滬軍陳都督來電　初九日

吉林、畫國東專直接本部應鄉晉長殷遲閣昨
日聯合律商和界組成保安會，并公訂進行方法
軍民安滬鐵庫照常滬鄂電已於今日復通漢
口全部恢復、刻正擴張軍備直搗黃龍盡括顧
聞耳攻甯聯軍已分駐湯水鎮、土覆鎮等處明
日當有開仗消息容再招告滬軍都督陳士印

廣東都督府來電　初九日

長沙譚都督冬電擬以黃興君任軍政詹天佑
君任交通張謇君財政數處均極贊成惟梁啓
超君任教育則絕對不承認謹聞漢民叩支印

彭程萬致孫寶琦電（一九一一年十一月二十四日）

南昌軍政府來電　初九日

鄂電舉張謇任財政湘電舉黃興任軍政詹天佑任交通滬電舉伍廷芳温宗堯任外交均贊成由鄂轉敝省擬舉湯壽潛贛軍政府彭程萬支印

又來電　初九日

江電計達。頃准湘都督冬電：南軍政舉黃公興教育，舉梁公啓超交通，舉詹公天佑鐵路政。敬審公極贊成，惟梁公才色宜於內務、財政兩部，教育次之。外交部陸公謂伍、溫兩公於部可否任此，如何？公謂兩人敬審，擬舉梁公任內務或財政。至軍政，湘舉黃興、王芝祥兩公，餘未舉定。至告。桂都督秉望、榮廷支印

吉林来電

趙督帥鑒酉頃孟統制面呈京電徐相袁宫保有調
該統制進京之意現在吉省軍心穩固全賴該統制
維持昨又得保安會公舉爲副會長此時萬難離吉
如袁徐兩公電商尊處請勿輕許曷勝盼禱常支

十月初四日下午

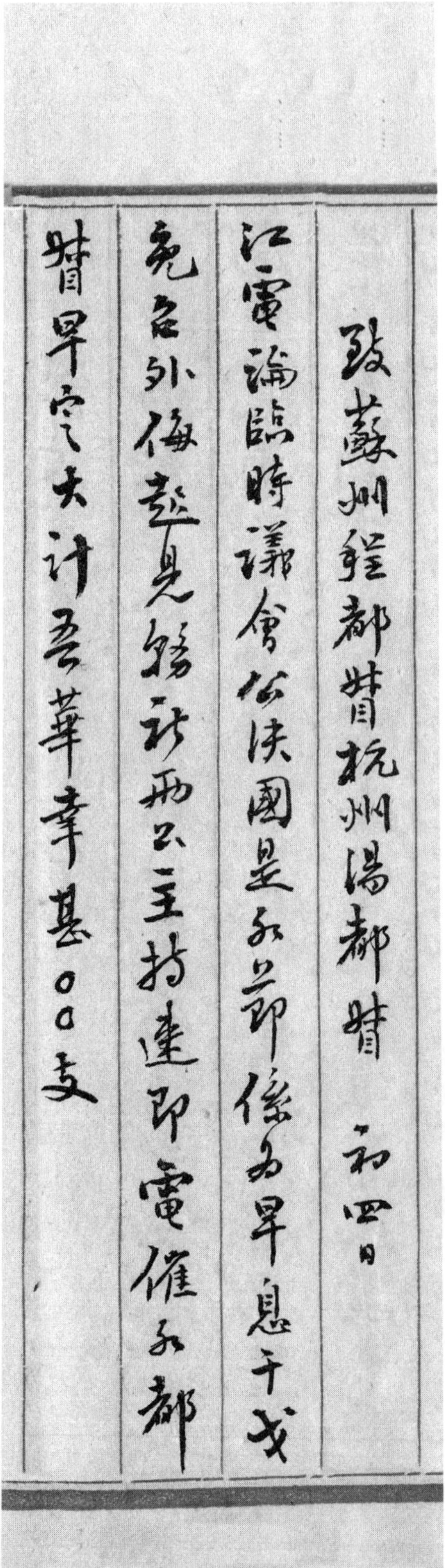

致蘇州程都督杭州湯都督 初四日

江電論臨時議會公決國是各節，係為早息干戈，免啟外侮起見，務請兩公主持，速即電催各都督早定大計，吾華幸甚。〇〇支

陳其美致各省軍政府都督電（一九一一年十一月二十五日）

滬軍陳都督來電　初八日

各省軍政府都督鑒：漢皋血戰，積日全部已恢復。惟此軍姦淫殺掠，慘絕無人道。現各國代表擬請軍政府担任漢口交涉全权，並將與清政府要求重大賠償，正請由外務主持公理，亦由都軍人群起以動人所致也。至組織共和政体一節，現陸到滬各代表首先承認外，訂直亦有贊成民主說。數千年之專制毒今從此遁矣。攻甯聯軍已於昨晚占領烏龍、幕府各要塞，未傷一人，即於該處安置巨砲，合同兵艦攻擊，今日蘇浙軍前往上方、麒麟兩處布置。既周密，將士亦踴躍，併聞有女子國民軍三十人業已編入行間，巾幗從戎，應不乏梁、秦其人也。滬軍都督陳歌印

皖軍柳晴李來電 初九日

程柳晴電敬悉。電請孫中山先生回國組織臨時政府，未回以前，擬請鄂柳晴代理臨時政府，此論爲現時第一要着。敝處極表同情。現甯省指日可克，宜聯邦以次進行，務達共和目的。大局幸甚。敝處已派赴鄂代表康達韋，經赴滬代表汪彭年、陶鎔與議。皖軍柳晴

李烈鈞歌

胡漢民致孫寶琦電（一九一一年十一月二十六日）

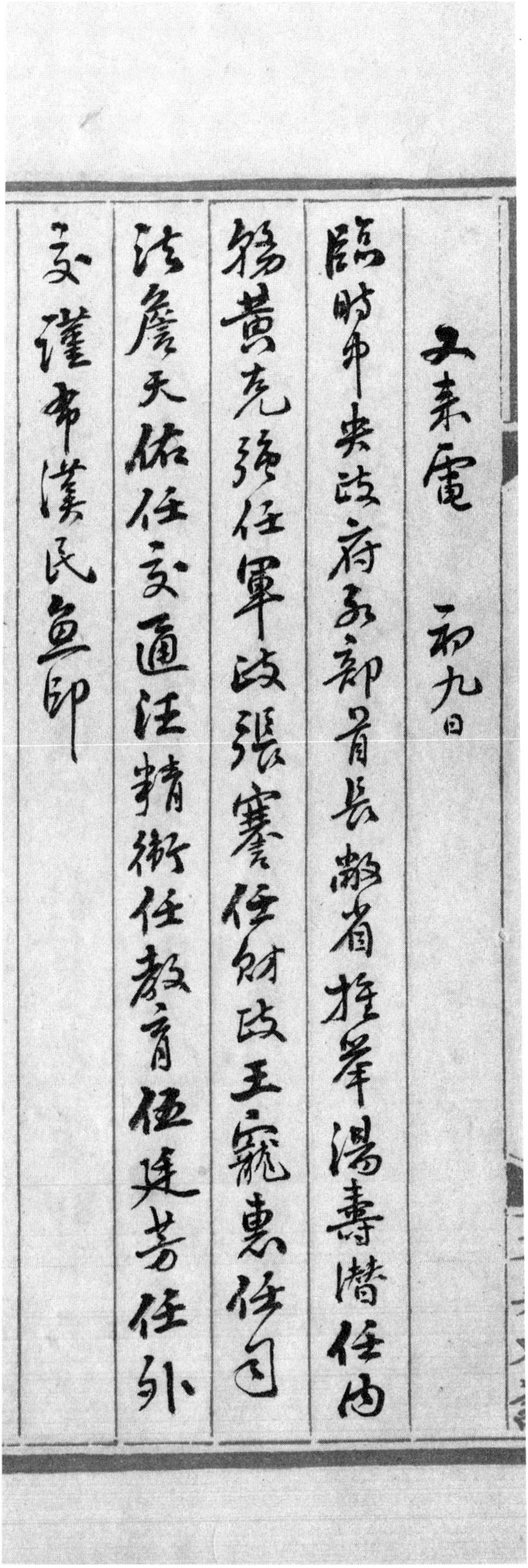

又來電　初九日

臨時中央政府各部首長數省推舉湯壽潛任內
務黃克強任軍政張謇任財政王寵惠任司
法詹天佑任交通汪精衛任教育伍廷芳任外
交謹布漢民魚印

南昌都督府來電　初九日

頃接江北都督泌電謂大總統一職非孫君逸仙不克擔此重任敝處極贊成現已派湯騎赴滬会議貴省若何贛都督彭佳卯

謝鴻燾、雷光宇致孫寶琦電（一九一一年十一月二十七日）

上海謝雷兩代表來電　初七日

蘇浙閩湘代表已到告訴直系派人民軍攻江寧有共

三萬人軍艦十隻今日會議情形已由會中通電

併聞壽宇巾印

滬軍陳都督來電 初九日

江寧昨今兩日連獲勝仗昨晚曾得我軍佔領
烏龍山幕府山鍾山孝陵衛等通電各處今
日復佔領雨花台紫金山並轟壞北極閣太平
橋印後老虎山離城僅五里金陵之下可拭目
俟之組織臨時政府愈速愈妙蓋一日無政府

陳其美致孫寶琦電（一九一一年十一月二十七日）

即一日外交無主體多有應速派代表到鄂會
議以便早日成立使外交易於着手湘有擬以
黃興任軍政詹天佑任交通張謇任財政梁
啓超任教育惟梁係保皇黨多不承認九江
有海籌海琛海容三水艦及魚雷艇一隻昨日
投効並自收砲台送上四海艦為中國海軍中
堅乃此運以奪敵人之氣而壯我軍之威現海
籌海琛等艦由本處電令赴鄂以為後援特
此通告滬軍都督陳陽

遼陽來電 十月初七日

公署保安會會長鑒：教練學生倡革命，西區響應，城内外勢甚岌岌。倡首者均係前警長王令永江、學生及舊屬。王令威望足以攝服，請速派到遼安撫，以維大局。遼陽保安分會叩

馮國璋致孫寶琦電（一九一一年十一月二十八日）

漢口馮軍統來電　初八日

我軍屢戰屢勝，今日午刻佔領龜山，四點克復

漢陽。特此奉聞。國璋。齊印

軍諮府來電 初八日

馮軍統電稱初七日天曉攻梅子山十一點佔領龜山下午四點克復漢陽華匪乘船渡江被我軍炮擊反溺死約千餘人兵工鋼藥各廠未被毀壞我軍傷亡不多奪獲槍炮無算特請奉聞軍諮府庚

遼陽来電

督憲靖庚電敬悉維持數日力盡技窮禍機危迫刻不容緩空拳赤手無法挽回伏乞垂念紀常稟庚

官紙局

北京來電　初九日

據漢〻前敵電稱我軍於初九日下午兩鐘已克復
漢陽鋼藥廠並未損壞云特奉聞欽差大臣行轅電
務處庚印

熊仕進致孫寶琦電（一九一一年十一月二十九日）

徐州府來電　初九日

革軍入鳳陽後道府不知下落日來匪勢猖獗湖濱石幕兩子店先後被搶損失甚鉅司友均逃尚未查報其餘各子店亦均岌岌可危局勇百餘名除保護場運外所餘無幾軍械皆未福鎗望係損偏地方係安一軍已革前任江北提督雷總統祇能守城遊擊不克分防各子店孤立四鄉危險萬分不得已仰懇憲恩就近由兗州防軍賜撥一營來宿防衛事平即回抑或准由局暫招募勇隊三百名口糧由鹽價內作正開銷並乞賞發軍裝是否之處伏乞鈞裁電示遵行為仰　仕進謹稟

烟台軍政分府來電　初十日

連日聞南京漢口官民兩軍相戰甚激傷亡不計其數同是人民同是兄弟何忍自相殘殺一至於此我都督素以生民為念對此情景諒必悽然烟意我都督素負聲望可否趁此時機宣布大義電約兩省官民兩方面急速停戰并出舉代表齊集於絶無軍事關係南北適中之烟台共開一國事大會以解决此君主民主立憲問題庶可免戰禍俾連生民准存國事甚可共濟乎為此冒昧瀆陳不勝待命之至傳烱叩佳印

督憲鈞鑒：靖密。昨發電後，即連夜調齊巡警、鄉防，分路攻勦。該匪二百餘人，多半竄往遼陽劉二堡與該處大夥黨匪結合。除率隊追勦外，合先電聞。遼中知縣章啟槐叩。初九日。

新立屯左路統領馮海城稍報中路幫統徐錦府左路幫統耿靖今日陸軍出發勦辦遼陽遼中一帶匪徒深恐一經擊散必致竄入遼西騷擾愈廣爲患滋大應飭該統領通飭各營擇衝要地段嚴加堵禦倘稍有匪徒竄入務各認真兜捕痛加迎勦總期一鼓蕩平肅清地面倘敢稍有疎防致滋竄擾定惟駐防之該管帶是問將此電通諭凜遵切切督佳十月初九日

內閣致孫寶琦電（一九一一年十一月二十九日）

北京内閣洪密　初十日

奉　旨由閣代奏孫〇〇三次電奏請罷黜治罪並取銷獨立撤銷臨時政府各等語現在朝廷頒布憲法信条實行改革政治与民更新該撫未能仰体此意懇救剝害徒事張皇於理殊為非是本应加以嚴譴惟念該撫世受國恩不应荒謬至此自係被人迫脅並非出自本心近日以来該省已取銷獨立名目地方政事亦漸就緒是該撫尚知愧奮亟圖補救姑予寬宥仍著留任効力籌須守之宗旨毋再

為浮言所惑。此次該省首先反對獨立統制吳
縣元等及該省紳商均屬深明大義，忠毅可嘉，
均著先行傳旨嘉獎，並迅即督飭地方官紳，悉
心布置，保衛治安。該撫自當激發忠誠，力圖報
稱，以維大局而贖前愆。欽此。閣佳

各省代表致孫寶琦電（一九一一年十一月〔二十九日〕）

各省代表自武昌來電　初九日

組織臨時中央政府事前經迭電奉告現大局若自廣定此舉刻不容緩湘贛江浙各省業派代表到鄂務希速行派員刻期赴會同人不勝盼禱各省代表公叩印

武昌都督府來電　初九日

現大局粗定，非組織臨時政府，內政外交均無主体，極為可危。前經迭次電請速派員會議組織之達，咨照鑒。惟外省全權委員一時未能全到，擬變通辦，請先由外省電舉外部政務長，擇其多數宗

黎元洪致孫寶琦電（一九一一年十一月（二十九日））

並聘請來鄂以政府成立照会各國領事轉達各公
使請各本國承認庶國基可以粗定敝省擬中央
臨時政府暫分七部一內務二外交三教育四財政
五交通六軍政七司法其首長之人選件以整望
素著中外咸知其能出而任務者為要蓋非此不足
昭各國之信用也現除外交首長為敝省公認
伍廷芳溫宗堯二君外其餘各首長應請協舉電
知敝省俟彙齊後其得多數者當送去一面電聘
一面通告時事急迫希即会議舉定再財政
首長敝省擬舉張謇並聞葛能達震為印鄂
都督黎元洪鑑印

督憲請事機萬急幸馬步軍隊到齊已設法布置能

否轉危容再電稟紀常叩初十日

欽命頭品頂戴都察院副都御史兼副都統銜賞戴
花翎吉林巡撫陳為咨明事案照吉省僻在邊陲强
鄰偪處頻年水災疫癘繼以荒歉民窮思亂滿地萑
苻平時内憂外患本已至極此次鄂軍倡亂不及兩
月内地十數省紛紛相繼獨立兵連禍結瓦解土崩
此誠
國家之極變抑亦環球所注目幸未波及靡爛者僅
順直魯豫及關東三省耳然影響所及風鶴易驚本

省自聞武漢失守以来本撫院當經會同
貴督部堂往復電商密籌善策一面力主鎮靜一面
嚴飭偵察乃至八月下旬果有少數人等亦因熱心
政治倡言獨立迨為日愈久附和者為數愈多又有
奸宄之徒從中煽惑秘密結社陰圖暴動外人之無
意識者復謀煽通軍隊利我内亂藉起釁端攘攫主
權當時吉省情形殆哉岌岌不啻一髮千鈞本撫院
既慮滋蔓難圖又恐激急生變加以長春三鎮軍隊

陸續開拔各屬抗捐風潮將息未息兵單餉絀保衛
難資本撫院焦急萬分幾至於束手無策既而思之
此項黨人其中亦有兩派其一不過對於政治熱度
過高急不暇擇其一則並無政治思想徒抱野心情
同匪類而第一種人多屬中流社會人士實爲一省
人民之望尤宜有先安置妥貼消患無形庶幾大局
安全不致破壞因特翻然變計欲以衣裳集會之事
濟兵車武力之窮遂率各司道邀集本省各界人士

訂期開會首由本撫院演説本省情形萬不可獨立
不能獨立之理由開誠布公苦口譬喻乃始而人雜
言龐猶復各存意見主張激進者仍不免持其前説
主張和平者幾不得伸其意見至後相持不下争辯
劇烈復經本撫院百端曉諭委蛇言説幸而後来感
動贊成和平者人數較多軍隊復默遵事前命令首
先表示贊成於是以多數取決議定永不宣布獨立
仿照奉天另立一會名曰保安用以輔助行政保衛

治安會中重要職員兼用本地明達人士使之與聞
行政藉以互資聯絡此本撫院開會宣布永不獨立
及設保安會之大略情形也保安會既設立當由各
界多數舉定本撫院為正會長陸軍二十三鎮統制
官孟恩遠民政司使韓國鈞諮議局議長慶康為副
會長總掌會中一切事宜下分八部曰軍政部曰内
政部曰外交部曰財政部曰執法部曰教育曰勸業
曰交通每部置正部長一人即以本省原有五司一

道等行政官兼充副部長一人以本地紳士充任別
設參議部爲本會監督機關置參議總副長及參議
若干人則均由本省各團體紳士充當會長部長之
下並設書記長等各辦事人員各府廳州縣有必須
設立分會者亦概行設立其權限與總會大同小異
總之默鑑時局補偏救弊既以採擇輿論復不破壞
政權剛柔並用消患未然此本撫院守土之責不容
旁貸者也成立以來幸托

朝廷福庇在會之人多能謹守範圍辛勤將事其會外不軌之徒雖潛謀蠢動仍時有所聞然大勢所趨當亦氣沮無能爲患至於馬賊土匪毫無政治思想業飭軍警隨時剿辦不令貽害地方其一切外交事宜並飭交涉司格外妥辦以免別生枝節要之吉林爲朝廷發祥之區關係至重際此危局惟有勉竭駑鈍極力支撑昔年庚子之役張劉二督力保東南前賢典型至可師資本撫院逢此百憂不惟非笑怒罵非

所計及即刀鋸斧鉞亦甘之如飴豈遑顧慮至於本
省將来一切保衛治安事宜仍當督率各地方官及
該會人員極力籌辦以謀地方安謐一俟大局大定
即將該會取消除分咨外相應備文咨明
貴督部堂請煩查照施行須至咨者
右咨東三省總督部堂

請現在派兵勦辦遼中遼陽新民八十標
一帶鬍匪逆料匪敗必致四竄新民距遼甚近亟請派馬步約三四百人務從輕減開赴遼中有匪地方迎頭助勦一鼓而下以杜枝蔓是所至盼爾巽祥禎

烟台軍政分府王來電十二日

真電敬悉。黎、黃與政府有和平解决君主民主之說，慰極。建龍已抵省否？烟埠所以獨立，都督知其詳細情形否？所謂原有起義之十八人業已盡行解散，都督皆得知否？炯之所以抱病竭力維持烟埠者，亦正如都督所謂若使兵民激變，仇殺慮動外人干預，不獨烟埠首先糜爛，勢必戕及山東全省，中國大局何堪設想。炯若一味坐視，奈天理良心何？况亦絕非我海軍人保國保民之原意。故炯於連日推辭不得後，始終以鎮壓地

面保護中外人民嚴防匪徒等等為宗旨炯䇿
獨立之與不獨立實際上本絕無絲毫差異
不過徒經此十八人人之一番擾亂而已今奏銷東省
獨立自係都督曉然於求全之至意炯當爲東省
人民慶幸及至炯之所有一切事似可仍行照舊
辦理少一番更動即少一番擾亂一俟大局定後全
國自有統一制度都督若以炯意爲然炯當
黽勉竭心力保持煙埠治安至則炯決不敢過
問此間事至若炯之一身核於告無罪於國民
已矣功名祿利非所敢知迫切虞陳不勝待命傳
炯叩文印

北京內閣啟　十四

金陵已失現由漢口英領介紹兩軍停戰三日擬

議綱要或可望和平解決內閣元

王傳烱致孫寶琦電（一九一一年十二月三日）

烟台軍政分府來電　十三

支電敬悉近聞南京已全爲南軍佔據項城被刺

未知確丕先電覆烱叩元印

北京內閣軍諮府洪密 十四

元電悉。東境內匪蜂起，自應防範。惟近衛無乃

力營兵可撥，應請就近飭五鎮相機辦理，以未便零

星分防，致掣兵力為要。閣府

袁世凱致孫寶琦電（一九一一年十二月四日）

北京袁宮太保請安 十四

頃據津浦南段段總由寒電開有軍隊二千餘人已由倩橋張行乘車北上此係革軍大為可慮請預籌撥禦等語不知是否南京退出之軍抑係革軍請留意防範為要凱寒印

補抄

補

上海陸道連來電 十四

魯自取消獨立民軍大譁帥現處境甚危昨訪湯公
適已去杭乃見伍溫陳其美等力表帥之同情並言取
消甚哀實為保守治安長竭思無策惟有乞帥請
旨議和挺身擔任事成則造福無窮不成亦可藉此
抽身免禍彼等告長本不願戰但如何議和須先示
條款可允則再由民軍開呈如款兩面磋商滿意趁
後再派正當代表到滬會盟惟條款內須去萬世一
系字樣且言如能讓位萬事皆可聽從冀望將此
意電商袁公立宣和意並求電示條款以便得勁死
力與彼等先行磋磨長實為息戰安帥起見區區血
誠萬叩先行電復後馬路福興棧陸恩長寒鹽

王傳炯致孫寶琦電（一九一一年十二月四日）

烟台軍政分府來電 十四日

近聞省垣局勢頃刻變更以致各國兵輪相繼來烟
駐泊中外人心均爲震懼更加外交團宣言爲烟
台稍有擾亂彼等即當代爲鎮壓等語烟台局勢
如此後境何堪設想烟衷處此當以鎮靜爲第一
千萬勿誤以傳炯一人把持此間則烟民幸甚大局
幸甚炯叩寒印

烟台孫守、揚令等來電　十五日

寰電敬悉。當與王、曾令熟商，並無反對省城形跡，獨立之意。惟據稱南軍兵艦有信，此來即將更張，告無所付。昨忽風傳省兵東下，市面驚惶，非兵亦逃，欣登岸。熙澤等竭力安撫人心，稍靖，究未釋然，實意緩則不難和平解決，急則恐激變端，生命財產，中外倚閎，懇恩主持，電復以釋群疑。知府熙澤、知縣楊遠商全體同叩

上海市歷史文獻圖書館藏

為札飭事照得遼陽劉二堡地方匪徒倡亂已派重
兵往剿復選派當地士紳一再前往勸解該匪黨仍
負固不服本擬立下剿除之令茲復據中學堂教員
栗宗周等聯名呈稱為官革交攻居民罹險懇請簡
員撫綏以保居民而重人道事竊日来革黨竄入遼
境極力運動希圖大舉細考其實約分兩股一股隐
伏城關内外一股屯聚州城西劉二堡其在城關内
外者既經官軍撲滅盪掃無遺而屯聚劉二堡之一

股聞亦添派陸軍携礮往剿戡亂以武勢固宜然第此役與前確有不同者劉二堡為城西巨鎮居民不下數萬餘家商戶富戶充盈其中平昔為防衛鬍匪起長塹包圍村外其可據守無異堅城自本月初六日革党即已驅逐警兵入據其內倘官軍遽至突加攻擊革軍勢必據守土圍死力抵抗礮火硝烟之下居民之生命財產且將同歸於盡職紳等或住居該村或在該村附近禍同切膚不勝惶駭伏思該村革

党原係倉卒組合團體不堅心志終易撼搖倘能開以生路必不至甘蹈覆轍擬請一面飭令陸軍暫在城内屯紮藉以威臨一面簡派本地士紳就近勸諭革軍半係土著本地士紳之威皆彼等夙所欽仰若簡派得人曉以利害諒不難立時解散干戈不動閭閻無驚而大亂弭平則有造於該村居民者靡有涯涘矣職紳等為保全該村居民生命財產起見用是懇請簡員撫綏以弭亂端而保民命並據公舉莊頭

田雨公舉人周紹棠徐及淮山東補用知縣李明善
附生柳春和五員堪勝前往招降之任本大臣對於
此股匪徒怒其頑而哀其妄亦深慮禍及無辜如其
無須用兵豈不甚願但恐養成賊勢貽害無窮既據
該紳等籲懇不得不勉如所請茲發寄空白札文五
件即由該牧酌量填委並另由本大臣撰擬檄諭告
示各一件即分別發送張貼仍令該委員等按照檄
諭並告示內之事理辦理不得違誤所有鐘點起限

確期由該牧酌定通知前敵各營除分行外合就札
發札到該牧即便遵照辦理毋違特札
計札發空白札五件　檄諭十張　告示一百張　一札遼陽州史牧
除分行外合亟札知札到該統帶即便飛飭前敵各營於前後兩限二十四點鐘以內緩施攻擊切切特札
計發檄諭告示各一張
一札第四標統帶劉恩鴻營務處

宣統三年十月十五日

為檄諭事照得革命名詞係要求改革政治之意非
亂党可以託名獨立之義係脫離異國壓制之稱非
叛人可以襲用現在漢陽既復武昌乞降我大清國
國體已革專制而改立憲本月初六日宣誓 太廟
中外咸知固已無革命之可言各省之倡言獨立徒
襲北美之名詞不合中國之情勢久為外人之所竊
笑現山東首告反正廣東浙江亦次第請將獨立取
消革党皆知自悔大亂指日可平乃爾遼陽鬍匪亂

党聚烏合之徒據彈丸之地亦復襲此邪説鼓惑人心現在大軍雲集四面合圍並帶有巨炮四尊一經轟擊恐劉二堡區區之地不俄頃而成瓦礫之場所有人民生命財産亦將隨彈火硝烟同歸消滅爾亂党困死有餘辜嗟我無罪良民罹斯慘劫本大臣實有不忍因特諭前敵各軍暫緩攻擊一再派員反覆諭降勿誤認本大臣爲有所怯爾等所據尚衹劉二堡一隅之地爾等所恃不過數百無賴之徒爾等之

軍火無非搶刼竊敗之物爾等之餉力大抵除掠擄打搶以外別無来源試一思奉省勢處全盛可恃之兵力不竭之餉源與器械之精利比較爾等之所據所有所恃豈非奮臂當車以卵擊石乎其悍可誅其愚可憫茲復以最後之言誥誡爾等如能翻然知悔限此諭到後二十四點鐘以內繳械来歸無論首從皆當赦免其罪一律以良民看待決不食言如果負固不服尚敢一戰即率爾醜類出離劉二堡一二十

官紙局

里之遠指定一處以為戰地亦即限於此二十四點鐘內明白回報如其既不肯降又不能戰限期既滿決當以砲火從事本大臣視爾亂民皆吾赤子未忍不教而誅迨至舌敝唇焦仍不能牖彼愚頑萬不得已而出於剿除亦全為公共治安起見當亦奉省全體人民所能諒此心也除仍飭委開導并另行曉諭住居劉二堡內良民各保生命迅速遷移免致同遭兵火外特此檄諭遵照如律令

右諭遼陽劉二堡亂匪知悉

宣統三年十月十五日

官紙局

爲出示曉諭事照得該處匪徒假革命獨立爲名煽
惑擾亂省城大兵現已雲集四面合圍並帶有大砲
數十尊因不忍我無罪良民慘遭此刼特諭各軍緩
攻一再派員勸令投誠乃該匪等仍猶豫不決本擬
即飭攻擊復據該處紳民等公呈懇稱官兵遽加攻
擊砲火硝烟之下居民之生命財產將同歸於盡紳
等或住居該村或在該村附近禍同切膚請再派本
地士紳曉以利害不難立時解散等因本大臣視我

亂民皆吾赤子非萬不得已豈肯用兵據呈前情不
得不俯如所請一面遴員前往勸告一面為最後之
檄諭如肯降則繳械来歸免治其罪能戰則出堡一
决免禍良民統限於檄到後二十四點鐘以内善自
審度限滿不戰不降即當以炮火從事爾等良民如
見此諭張貼以後歷二十四點鐘之内匪徒不降不
戰即是有心貽禍於爾爾等豈無忠勇奮發之士有
能將匪首或殺或縛乘間来歸或破壞匪党之戰鬥

力以爲官軍之助定必破格優予獎敘如其不能亦
須各保生命於此限内迅速遷徙出堡如不肯遷移
出堡者即是負嵎抗拒愍不畏死之徒縱使喪其生
命亦無所惜爲此曉諭爾等住居劉二堡諸色人等
務各輾轉勸告依限遷移毋稍徘徊致貽後悔切切
特諭

右諭住居劉二堡商民

宣統三年十月十五日

遼陽来電

督憲靖願電敬悉鈴木中尉槍傷知州前經聲明戰時流彈誤中並親赴醫院慰視傷情頗重惟日領所云並非正式談判用意如何尚未明言姑俟該中尉槍傷愈否再行交涉紀常叩十五日

宣統三年十月十五日

北京袁宮太保來電 東密 十六日

顧電悉。現庫倫活佛獨立，奉省鬍匪肆虐，雖係外蒙人煽使，重以我國土匪乘機竊發，蹂躪地方，外人深慮中國從此破壞，均勢主義難保存。皇統有所繫屬，則群雄角逐，兵爭迭無已時，領土既難統一，故我國對於共和聯邦，極不贊成。昨由首領英使介紹，議續停戰十五日，互開談判，如大綱不背，可望和平解決。昔電宗旨似微與此意有間，是以未經代奏。總之我國均反對共和，既難望成，並還質諸明達，當亦諒此。凱。感

炯〻王分府來電　十五日

適接安稅務司來函據云昨閩東省已經取銷獨立本稅司殊為詫異茲於宣昨常洋兩關稅款已歸中國國家所有即省垣爲激閩道應炯所有稅款亦當仿照津關辦法仍由稅司經管決不交回閩道等語特此電陳炯叩刪印

又來電　十五日

願電敬悉，辱蒙過譽，徒增愧悚。都督種種籌畫，東省人民稍明事理者自當感戴。省垣既已取銷獨立，烟台獨立事論情理似不能不取銷，度局勢萬不能即取銷。烟台凡兩害相形必取其和，況時事如此，更宜處以和平，都督以為然否？乞即電示。烟叩。删

印

杭州湯壽潛來電 十七日

感電正與第支電相發明宜謂以破壞始統一不可
以慘殺各瓜分不可敢畏紛議霸由感外注背中
立樞紐於公再三辭職信去十一此事待大公宜有
以自明舒則任智人見尚可解繆託淵源不敢終
默潛叩篠

袁世凱咨唐紹儀文（一九一一年十二月七日）

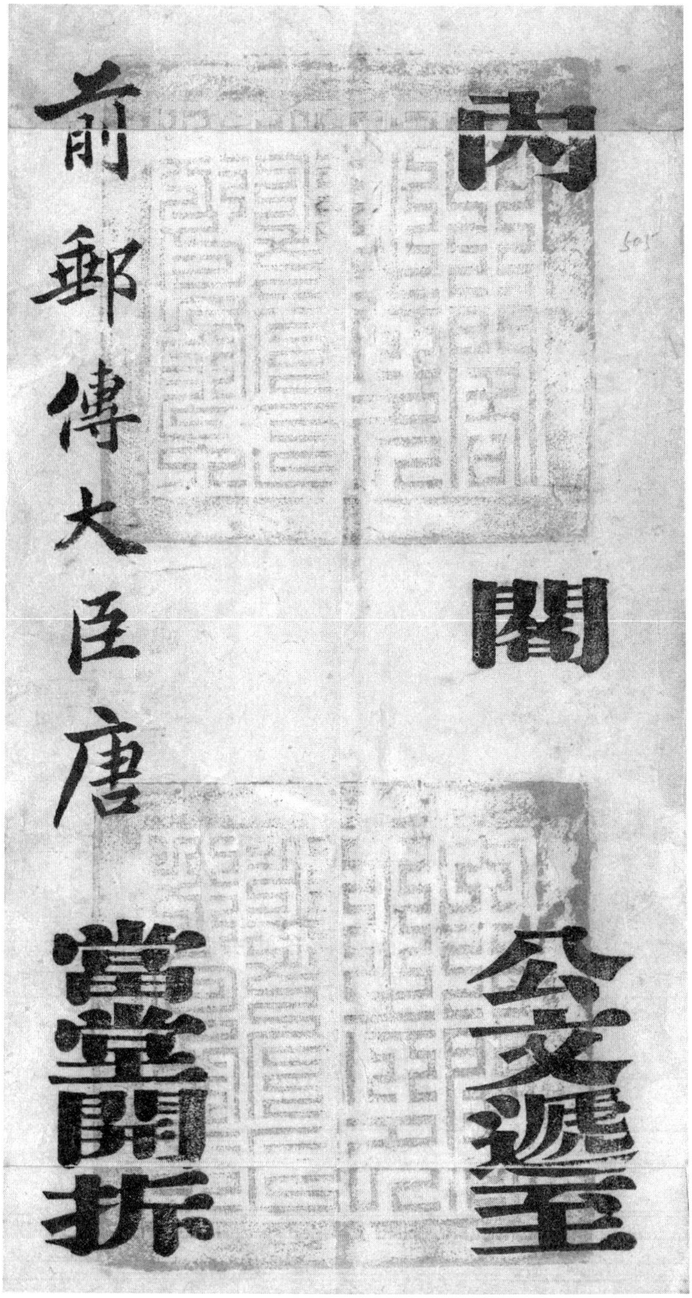
內閣公遞

前郵傳大臣唐

當堂開拆

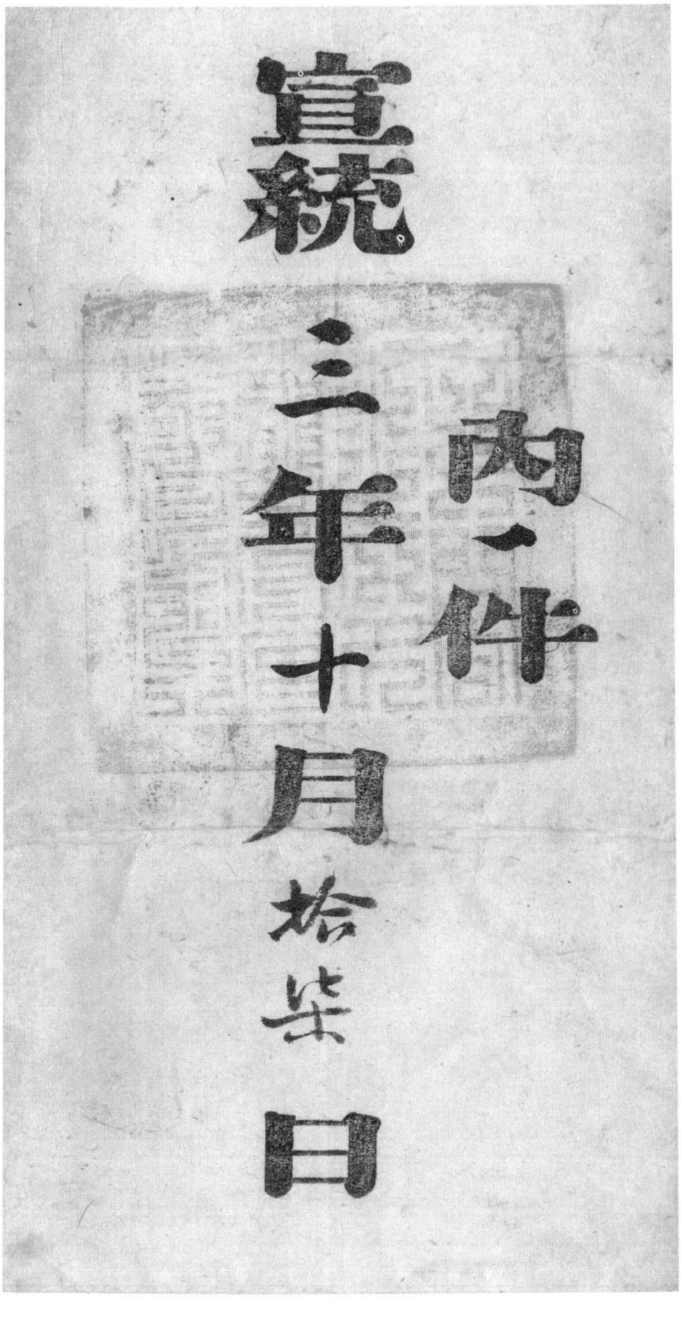
內一件
宣統三年十月拾柒日

咨

欽命全權大臣內閣總理大臣袁　為

咨行事本日奉

旨現在南北停戰應派員討論大局著

袁世凱為全權大臣由該大臣委託代表

人馳赴南方切實討論以定大局欽此

遵

旨委託

貴前大臣為本大臣之全權代表即

希剋日遵

旨前往除分咨外相應咨行查照可也

須至咨者

右咨

前郵傳大臣唐

宣統三年十月拾柒日

監印官麟

青州秀都統、李軍門、張守、萊州葉軍門、楊守、曹州靳軍門、丁守、濟甯吳道、兗州田軍門、陶守、沂州楊統領、李守：十七日攝政王退位，四府不干預政事，總理大臣負完全責任。武昌續停戰十五日，唐大臣紹怡代表袁內閣前往開議談判，特聞。○祿

上海市歷史文獻圖書館藏
上海圖書館藏

烟台軍政分府來電　十号　孫守同具名

以鏡電敬悉憂勞成疾，焦慮萬狀。現當時局艱

難，總祈爲國爲民善自保重。烟熙同叩。篠印

吉林陳撫名通電洪　十八日

今日接奉電傳懿旨一道吉省政軍各界要求奏
請收回成命茲經擬稿電請内閣代奏其文曰本
日恭讀隆裕皇太后懿旨監國攝政王辭位業經
俞允昭詔天下伏讀之下惶惑昭常念自攝政王監
國以來孜孜求治昕夕不遑海内臣民同信仰此次川
鄂變作實在事諸臣有以召之攝政王以謙抑

為我自不能不引咎自責而值此艱危時局實萬不
能輕易從攬之權現在東南各省雖云林沸而黄
河以北地方尚屬安静軍民尚稱固定實賴朝廷
名義有以維繫人心若朝堂之上先事紛更在之
亂之處將謂政權不一更屬藉以有詞未亂之區或
以宮廷不和而妄相窺測竊皇上正在沖齡皇太
后亦尚未預聞政事即使聰明天縱而深宮端拱

經驗所以未必即發攝政王為當照新內閣本負完全責任而統治大權究在元首當此危急存亡之秋非可舉天下之重注於一擲乎東三省本祖宗發祥之地在今日又強鄰勢力之圈自月以來訛言時至軍學兩界早已倡言獨立主於共和勢甚危急幸賴朝廷威德昭常等得以宣慰鎮撫暫獲少安本日攝政王退位奉命下此間輿論

僉益蕉然謂即此以推宣誓太廟之十九條豈能
示大信於天下萬一奸黨人民藉此煽動地方必至
糜爛而既之強敵即攫而有之根本既搖畿輔告
警斯時即治臣等以不職之罪於國家前途從何
補救是以不揣冒昧披瀝上陳仰懇收回成命以固
主權而安人心否則者有危而實死臣常等竊以
所能支持惟有立請罷斥臣常等另簡賢能

戎邑以資鎮定若朝命不允則東省顛危迫在眉睫

昭常等微材駑鈍負此重任用敢先事陳明不

勝迫切待命之至謹請代奏等語請帥如表同情

還望賡續電奏以維大局常篠

爲札飭事照得本大臣現有檄飭匪等諭一道發交
該幫統州迅往傳布剴切招撫如果来降准予從寬否
則傳令千山良民迅即遷避以免誤被兵禍該文武
等即便妥速進剿勿任蔓延滋害爲此札仰該幫統州
遵照辦理切切特札

右札徐幫統遼陽州准此

宣統三年十月十八日

為檄諭事照得爾鮑化南等無故聚衆擾害地方良民被爾迫脅身家被爾破壞萬民切齒罪不容誅今以窮蹙無歸竄入千山又將貽害完善地方實屬狡毒異常現在徐幫統已會合各軍追剿捕滅即在目前本大臣念爾等皆吾赤子不忍遽誅果有一線之可原不妨再申夫誥誡現查遼陽遼中莊復各匪皆已次第就撫本大臣概准收降爾等當有見聞爲此檄諭爾鮑化南等速即傳知爾衆各各親赴前路大

營陳明悔罪呈繳器械一律投誠本大臣已飭該營
統領等分別收撫如有材能可用之人亦准留營効
力此即爾等再生之機萬萬不可錯過如仍然抗違
則爾等匪衆中有能將著名匪首或殺或縛自拔來
歸者必立予重賞此外千山居民有能拒擒匪衆者
必加予官職如敢檄到不遵剿辦斷不再寬爾等試
思區區不足百人豈能抵抗大兵速速醒悟歸降各
安生業後來幸福甚長何苦執迷害人害己本大臣

言盡於此各宜凛遵切切特諭

右諭鮑化南等知悉

宣統三年十月十八日

官紙局

督憲鈞鑒前奉委充之差兼帶第五營擬定駐防海
城適中之地幫統於九月二十六日到海因西北高
力房告警遂帶隊馳抵牛莊佈防間適於十月初六
日接奉
憲札營蓋劃歸前路幫統改擬駐防遼陽又值遼陽
警信頻来乃蒙省来電話催勳幫統遂由牛莊連夜
起程於十一日到遼正值陸軍黄管帶先將城東一
股匪党勦敗幫統撥隊援追捕獲正党李尊遠一名

移交陸軍懲辦各節呈報在案遂與陸軍和商佈置
防守不意西路革党勾合盜匪聚有四五百人拒守
劉二堡幫統遵札承商劉標統於十五日晚六句鐘
帶隊起程偃旗息鼓十一句到城南三十里之靈山
寺駐紮十六日黎明派兵赴劉二堡就近偵探據報
党匪聞勦先後逃散大半尚有二百餘人堅拒該堡
正擬候同陸軍到齊合力圍攻乃於午後四句鐘接
該堡紳董周化南等来信報稱党於午後一句鐘向

西北逃走等語幫統即派隊追擊復據東方七嶺子巡區来報有鳳城追敗之鮑党七八十名於十六日竄入千山無量觀宿飯幫統曾於前日轉接鳳城馬統領朱太守專電請堵擊等因當即分隊防守於十七日夜間在千山北崔家屯一帶遇獲被第五營派出之右哨哨官闞玉魁左哨哨長韓嵩嶬帶隊截勦該鮑党受傷四散當經拏獲剪髮匪党一人獲馬二匹俄連珠槍一枝除調集遼海鄉團併力防堵並與

陸軍會合西勦外所有連日佈置勦匪大概情形先
行馳稟
憲察籌示機宜以匡不逮再所獲匪馬二匹當由幫統
賞給該兩哨哨官長分騎外肅此敬請
勛安
幫統徐珍謹稟
宣統三年十月十八日

致北京袁宮太保、徐中堂：東密。十八濟南有黨人造炸彈，將毀鐵道，斷絕接濟。張勳已由此防備，旋獲二彈，現囑吳統制、吳道、聶道嚴密防範，請飭京津、津浦各車密防。除電北洋外，特此密陳。○○肅

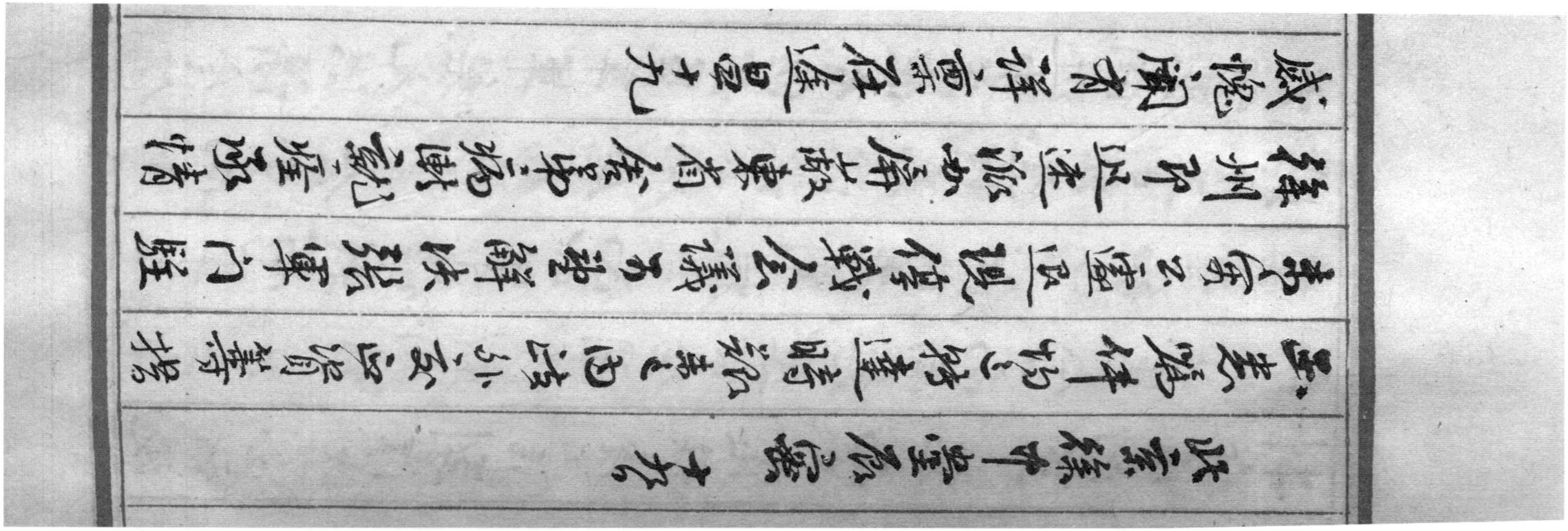

孫寶琦致袁世凱電（一九一一年十二月九日）

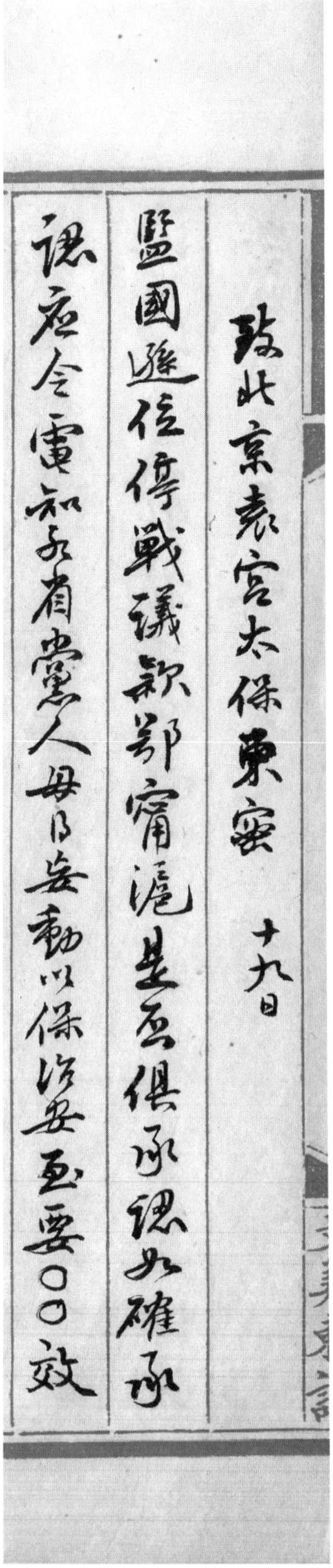
致北京袁宮太保東密　十九日
鑒國遜位停戰議款鄂甯滬是否俱承認如確承
認應令軍知又有黨人毋得妄動以保治安至要○○效

閣府部來電　二十日　辰密

兩月來因政治爭競至天下騷動生靈塗炭　朝廷
極切悲憫近由英使介紹武昌革軍黎元洪議定停
戰十五日並遣代表討論派唐楊諸大臣今日南下
甚望和平解決本閣擬令南北軍停戰南軍不
向北北軍亦不向南黎要求全國停戰閣請以能直節
制全國民軍黎尚未覆俟唐大臣到漢再面訂現
在着意辦法嚴殺禁掠是為土匪無民軍資格

仍須用兵掃除。畫定之戰區，民軍不得接洽停戰，我軍仍照舊進攻。倘民軍先來撲攻，須竭力抵禦。我軍不必先進攻，其各路防軍仍嚴密整備，勿因停戰稍涉疏懈。候唐大臣定明停戰地段，再行電商。望先轉知管轄及就近各軍營一律遵照。閣、府、部。致印

北京馮軍統來電 二十日

續停戰條件由黃道呈到已兩面蓋印英總領事簽押一停戰十五日由西歷十二月初九日即十月十九日早八點鐘起至二十四日即十一月初五日早八點鐘止期內除秦晉蜀三省另條外兩軍於各省現在駐兵地方一律按兵不動二袁總理已派唐紹怡尚書爲代表與黎大都督或其代表人討論大局三因秦晉蜀三省電報不通距離即日停戰時限一時省以下停戰條件與該三省無涉惟停戰期內兩軍於該三省亦不加增兵力或軍火此條詢明已有之兵力開戰及剿土匪不在此例除通停第一軍外謹聞國璋卯 九日印

北京來電 二十日

本日停戰通電尾段此条至此例一等係馮軍

統商詢之語不在停戰約內因南號即

致青州秀都統、曹州張鎮、兗州田鎮、萊州葉鎮、大嵩李標統　二十日

頃閱致電英使介紹停戰十五日，唐欽諸大臣今日南下，甚望和平解決，而臨軍仍嚴密整備，而因停戰稍涉疏懈。倘民軍先來撲攻，須竭力抵禦，我軍亦不先進攻。其有姦殺焚掠，是為土匪，無與民軍資格，仍須用兵掃除。望傳知各軍營一體遵照。等因希即查照辦理。○哥

孫寶琦致田中玉等電（一九一一年十二月十日）

致兖州田鎮、沂州楊統領、李守 廿日

頃接美領事電，囑飭保護美人財產等情，希即查照美國教堂妥為保護，協力迅辦，毋稍大意。撫院孫琦印

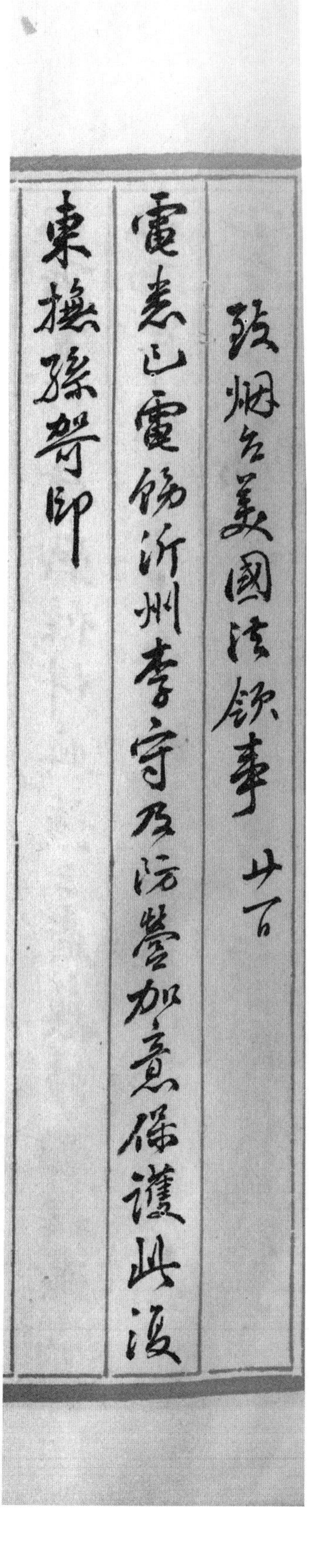

致烟台美國法領事　廿日

電悉。已電飭沂州李守及防營加意保護。此復。

東撫孫。哿。印

孫寶琦致山東各地軍官電（一九一一年十二月十一日）

致濟甯吳道丈、嶺李標統、青州莫都統、兖州田鎮台、萊州葉鎮台、曹州張鎮台、徐州張軍門：廿日

頃接北京通電，稱議停戰條件由黃道呈到，已兩面蓋印，英欽使從事簽押。一、停戰十五日，由西歷十二月初九日即十月十九日早八點鐘起，至廿四日即十一月初五日早八點鐘止。期內除秦晉蜀三省專係外，兩軍於各省現在駐兵地方一律按兵不動。二、袁總理大臣派唐紹怡尚書爲代表，與黎大都督或其代表人討論大局。三、因秦晉蜀三省電报不通，恐難即日停戰，昨以所有以下停戰條件與該三省無涉，惟停戰期內兩軍於該三省亦不加增兵力或軍火，此係詢明山省之兵力開戰及剿土匪不在此例，除通傳第一軍外，謹聞。國璋叩。又內閣電稱此條至此例一節，係馮軍統商詢之語，不在停戰約內，特轉達。○○。箇叩

致徐州張軍門 廿日

兩電均悉。現在南北停戰，議和駐兵地方按兵
不動，尊處添募新兵，似可從緩，藉免驚疑。吳管帶
等八員擬請飭令緩行。皮衣已電京製辦，尚未接復，想
必能剋期運解。德商已代飭詢，有願來者，當飭其迅
往。函定。寶。廣建同叩。箇

致泰安沈守兖州陶守沂州李守曹州丁守濟甯李直牧東昌黃守臨清州楊牧 廿三

張提督勳自徐州派員來東募兵現奉袁宮太保電云已電囑張提督切勿再募免與停戰條約有礙等語希查照如有張提督派來之員即傳知勸令速即回徐免致內地驚擾切勿代為出示希速復撫院孫禡

致北京袁宮太保東電 廿日

濟南訪有黨人密謀起事防營緝獲多人極[illegible]一人起獲手鎗炸彈業送檢察廳分別拘辦連日物議沸騰人心大憤詰諭張廣司吳道等惟當密防不可操切免致生事並盼琦

内閣、軍諮府、陸軍部致孫寶琦電（一九一一年十二月十二日）

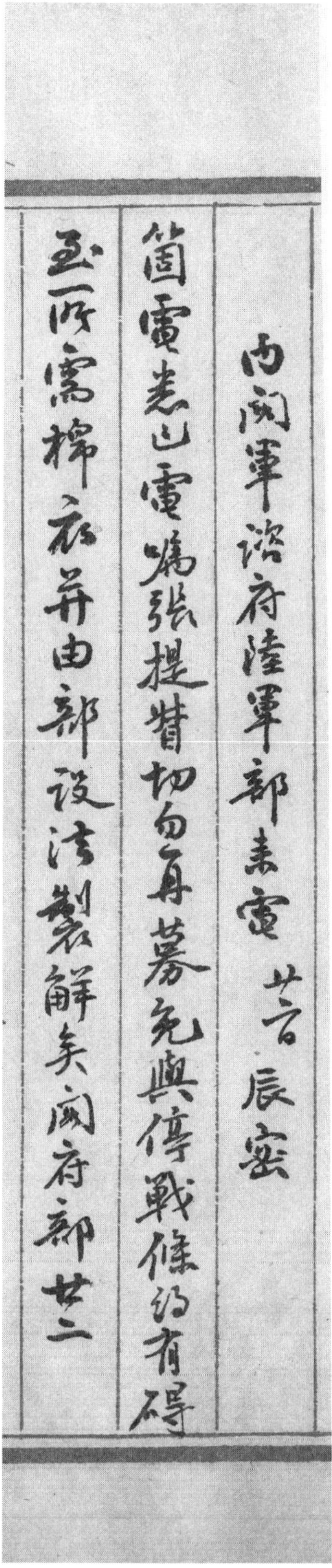
内閣軍諮府陸軍部來電 廿二日辰密
箇電悉山電鳩張提督切勿再募免與停戰條約有礙
至所需棉衣并由部設法製解矣閣府部廿二

紹川尚書先生執事：頃者得仰
顏色，極為欣幸。
閣下此來，非為全國圖幸福，世界持
和平，何至當此風潮烈之時而出挽
急遄征耶？元洪欽佩之餘，不禁為
四萬萬同胞九叩首以謝邇者。聞
公將來，各省代表已舉定伍先生
廷芳代表。元洪叩

公討論大局。昨得滬電，伍先生因國
事未克即臨楚鄂，
公蒞滬談判。頃聞通達此意，亮蒙
允許。非對國民推至誠之心，何能
出此。元洪尤為傾倒，本擬偕同赴
滬，因同人不欲洪離武昌，未克如願，深
為歉仄。茲特派胡君瑛、王君正廷同
往。并有致伍先生秩庸一函，希即

轉交爲荷

閣下此行關係中國前途至鉅，賢勞頻不
勝，追切拜禱之至。專泐，佈臆，敬請
勛安

愚弟黎元洪再拜　廿日

孫寶琦致張勳電（一九一一年十二月十三日）

致徐州張軍門 廿三日

電悉募兵事昨日得宮太保來電云已電首處切勿再募免與停戰條約有碍等語想首處亦已接到康管帶等已到濟○因病在醫院由藩司接見已囑其從緩招募可否飭令先回徐州趕將現有兵隊收集編練以資防禦請尊酌示復○漾

烟台趙守來電 廿八

王管帶倚烟本無反對取消獨立之意原期和平解
決乃有急進黨反對王管帶竟設計將王拘禁商
業學堂逼令爲大都督另舉司令兩派紛爭烟台
人民禍在頃刻當由警衛防營巡警整勢督同兵隊
將王管帶強迫搜出現在巡警局立刻取消獨立
王亦願惟恐生他變是否急速候示知府英漢等
叩勘印

孫熙澤、趙英漢致孫寶琦電（一九一一年十二月十八日）

烟台孫守等

又來電 廿八日

晨間電想邀慈鑒鑿衛軍被外來革黨鎗斃一
名傷二名革黨雖登時擊散仍恐再舉本埠兵
單萬難久支已電請葉鎮火速來兵仍懇電飭星
夜來烟不勝待命烟台現安熙澤英漢叩勘

致萊州葉鎮　廿八

據孫守電稱外來革黨將王傳炯禁錮迫令更名大都督另舉同令謀亂由警衛巡防巡警各營隊商館迫令將王交出王亦願即時取銷獨立惟慮再有危險其請已復以可即取銷責成孫守妥爲善後。誠恐外來革黨潛入攛掇進擾並望多屬嚴防至要。因病奏請開缺胡星舫接替否抑尚未定期併問。勘

致烟台巡警局趙守　廿八

電悉貴局已取銷獨立甚爲欣慰王司令奉

係被大衆公推維持大局今亦取銷甚是

希即轉致並將善後事宜會同孫守妥爲

辦理并聯電復撫院孫勘

廟頭崖張鎮葉台來電　十一月初一日

勘電謹遵。頃據烟台趙守電，急進黨逼王傳烟為都督，多舉司令，將王拘禁，經隊搜出，現巡警厥清獨立，王亦甚願。開革軍艦，即已請多派兵往烟。盛擬帶陸軍兩隊、馬隊六十、溫營一營，隨往請帥籌辦法添隊保守，並請派閩道到烟商籌一切。可否，示遵。長盛叩。勘印。

孫寶琦致葉長盛電（一九一一年十二月十九日）

登萊州葉鎮台鑒：

頃接烟台趙守英漢勘電稱：鬢衛軍被外來革黨鎗斃一名，傷六名，雖登時擊散，仍恐再羣聚奪兵，單請葉鎮火速來兵等情。望即迅派陸軍一隊、溫營一營進紮烟台，相機辦理。琦印

席頭崖張葉鎮台來電　十一月初十日

勘電謹悉閩帥退讓甚好步隊已派定適趙孫兩守電稱炳埠商民聞派兵驚惶請止往又王傳炯電不日速約進兵現未據溫報反正難搞究應如何請示遵長盛叩鹽印

北京閣府部來電 初十

頃接唐大臣由海來電稱現與伍廷芳開議據云
十九日停戰以後凡湖北山西陝西山東安徽江蘇奉天
等處均應一律停戰不得進攻俟得確實回電照諾
後務行正式之討論且閣議以後如再有此等情事須
將擅自行動之軍隊處以嚴罰等語希嚴飭所
部認真恪守信約倘於停戰期內有擅行違約進
兵之舉動定將該軍隊嚴行處罰除切復唐
大臣外此佈閣府部鑑印

致袁宫太保東密 十一月初十

鹽電謹悉二十日防營訪拿土匪誤拘革黨趙獲手槍九枝格鬥之時斃一人傷四人傷實嗣送至檢察廳當即囑以文明待遇傷者令醫院妥為醫治已釋十二人三人自認密謀起事不諱現仍留在廳是否即放乞速電示再此次軍隊辦理鹵莽業將統領營官記大過示懲在事之哨官哨長斥革看管聽候檢察廳傳訊並以附陳○○叩先

孫寶琦致山東各地軍官電（一九一一年十二月二十日）

東昌方統領　烟台趙守、孫守、董管帶　萊州葉鎮台　青州秀都統　大嶺李標統　濟寧吴道台　曹州張鎮台　沂州楊標統鑒：

頃接閣府部電稱，唐大臣由上海來電稱，現與伍廷芳開議，據云十九日停戰以後，凡湖北、山西、陝西、山東、安徽、江蘇、奉天等處均應一律停戰，不得進攻，俟得確實回電承諾，始行正式之討論。且開議以後，如再有此等情事，須將擅自行動之軍隊量以嚴罰，並請希嚴飭所部認真恪守信約，倘於停戰期內有擅行違約進兵之舉動，定將該軍隊嚴行重罰，除切復唐大臣外，此佈並因希即查照約束軍隊，切實遵行，毋釀事端，致礙大局，至要。○東。

電　初一

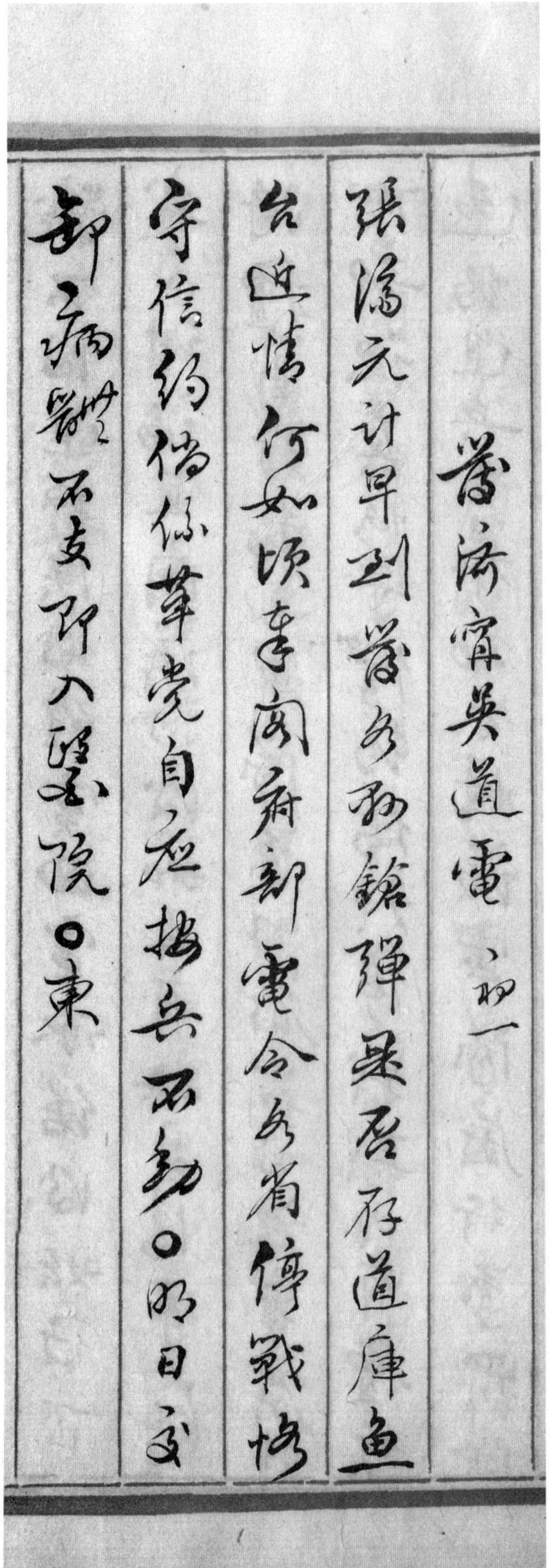
營濟寧吳道電 初一
張鎬元計早到營，務祈鎔彈壓，並存道庫。並
台近情何如。頃奉內閣部電，令各省停戰，協
守信約，倘係革黨，自應按兵不動。明日交
卸，病體不支，即入醫院。東

吉林陳撫帥鑒據吉省保安會電問行文呈式等語
查保安會係暫設之事彼此皆用函八部係補助行
政並無關防總之不改舊時之常規也一爭權利便
非會旨請轉知支 十一月初四日上午

少川先生偉鑒 景翼等迭次通電計均早達
清聽此次罷戰主和祛除殘暴雖幸略已就
緒而國是未定諸待設施海内喁喁屬望
賢達我
公民國元勛萬流仰鏡拯民水火夙具飢溺
之懷重整河山敢速
雲霓之駕切祈
安車賁臨會議大政爲一勞永逸之計立長

治久安之基共和萬年端有攸賴臨池神溯
無任欽遲專肅佈悃並頌
鈞安統維
霽照
胡景翼鞠躬 十一月九日

上海圖書館藏

中華民國浙江紹興軍政分府都督王通告

本都督光復浙江特行來紹與諸父老兄弟相見定於本月二十五日九時在大善寺特開大會宣佈意見願我父老兄弟駕臨賜教不勝幸甚

哈爾濱来電

督帥請三十日有自稱民軍者梁肇宇等率百餘人持械入傅家甸勒令懸掛白旗以中華民國關東臨時都督印章出示布告挾制各署局獨立並阻止電局發電得信親往勸諭解散並將宣布共和及南北合一各電解釋彼辭窮而退初一日復諭令繳械並許酌給資費遣散各安生業一面商之幺統領派陸軍防備而該匪等竟佔據自治公所持槍及炸彈勒

令紳商繳出地方財政查其舉動並非民軍當商公
統領用兵力勒令繳械並面囑勿先開槍總以令彼
繳械解散爲主詎今晨據林丞由電話禀報陸軍與
該匪衝突當親往傅家甸查知陸軍於今晨九鐘赴
自治會勒繳槍械彼即開槍傷陸軍二名陸軍槍斃
匪等四人捕獲二十人帶回營次公統領擬即軍法
從事再三勸導始允請示孟統制辦理此事始擬和
平解散不料仍演慘劇現已電吉撫憲電飭公統領

將拏獲人犯依法審治以昭大公地方安静如常已
飭林丞督同警長嚴加防備路界内昨商霍中將嚴
加防備派兵巡邏并飭警長謹慎搜捕捕獲即遣散
出境想可無虞謹此電陳家鏊初二日

吉林來電

欽帥鈞鑒頃據公統帶電禀匪首梁孳宇等糾黨不
計其數佔據自治會電報局人犯監獄巡警四區等
處並勒紳商羌帖四萬元已付五百且劫凶犯兩名
以及種種要挾並膽敢開槍拒敵致傷陸軍兵兩名
我兵還擊斃匪九名當場拏獲梁孳宇等十一名奪
獲槍枝三十三桿商民尚未驚擾餘黨不足為患等
情辦理尚為迅速查該匪梁孳宇等擾亂治安不法

官紙局

行爲實堪痛恨應准遵照政府艷電命令土匪如有
冒充民軍者即從嚴勦辦此次所獲匪首梁拏字等
十一名既已供認爲匪不諱當經商同簡帥電飭該
統帶會同地方官訊明即時就地正法以昭炯戒仍
補錄犯供暨監斬職名行刑日期具報並一面將餘
匪搜拏淨盡以免再生事端除另具正式公文咨呈
外謹先稟聞請紓廑念恩遠叩陽馬陰支印

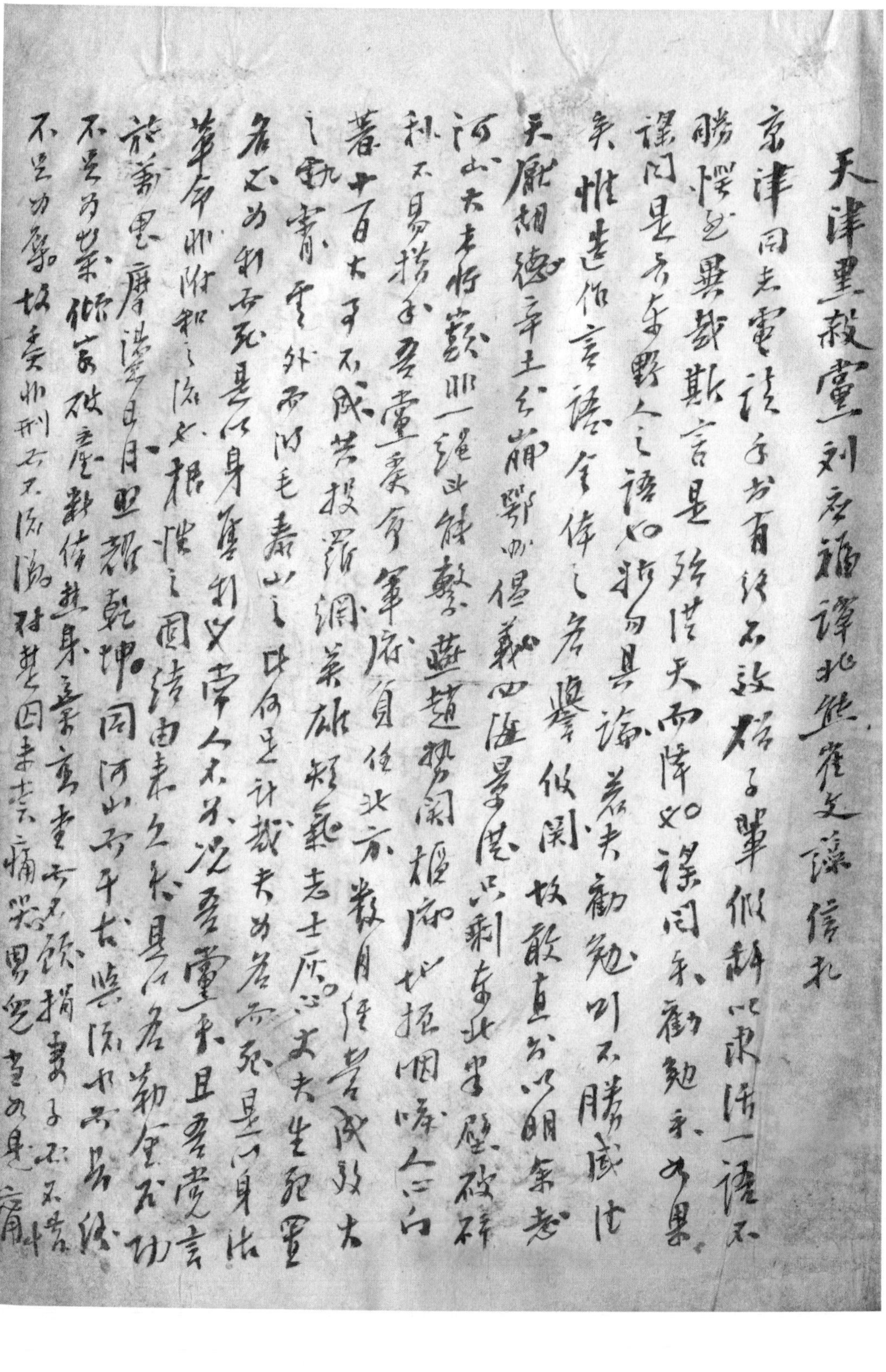

天津里敎堂刘应福谭兆熊、崔文藻信札

京津同志電請手书有錢不敢君子舉假辭以求活一語不
勝慄甚異哉斯言是殆借天而降如謀同來勸勉來如畢
謀同是為吾野人之語如拆開具諭蓋夫勸勉則不勝感佳
矣惟是作言語令偉之君復譽俯閱故敢直言以明余意
天厭胡德辛亥之前鄂州倡義而海宇莫只剩東北半壁破碎
河山大本將蹶此一綫正餘繫燕趙執閫樞府北握咽喉人亡白
朴不易揆手吾黨秉筆府自任北方數月經營成敗大
著千百大事不成共投羅網英雄短氣志士灰心丈夫生死置
之勳耳外而髮毛泰山之比何足計哉夫為君而死是以身殉
君也為利而死是以身奪利也常人不察況吾黨乎且吾黨之言
革命者附和之徒也根據之固結由來久矣且為君者勒食不功
於翁思摩濯日月照乾坤同河山而千古與流水而長終
不是為世業傾家破產斷送其身之家室妻子顛捐妻子不不當
不足功名故委而刑之不從陷對其因來書痛哭罵詈之為是宵小

雪小朝廷以求活耶。身世淒標，猶且被虜，況白族鉄鑛，排人自
目系且吳江南、黃河以北，堂堂之帝胄，舉天之綱，不忍
東海之魚，假吳江之流，滅崑山之火。吳州湖流山勢，大
勢如斯，誠時務在乎俊傑，第等山之小丈夫耳，方之英雄，被
困審判法盡訊之，武夫士神威夫默，第等神色不變，言辭
自若，拄聲而談革命，抑亂以言共和，此善為說辭，以邀人
聽信，蓋以借詞吉寔見而擅文張本，努力共進，不勝屏禱
之至

陸光熙傳

陸光熙，字緝之，蕭山人。其祖父遊京師，遂家焉。陸子少倜儻，有大志，以管葛自許，字之曰亮，遊人無以老亮稱之。少遊盛伯希之門，治儀禮及詞章訓詁家言，曾從學。陸子敬服，侍如父，循循以性至孝。父申甫先生病革，不能及陸子，割股和藥以進，疾乃瘳。申甫先生兄制之，光緒中遭際什變，南皈於鉅鍾依自奉，念舊屬，感恆革新。是以有戊戌之變，不二年而庚子拳作，戎兵滔浸都城，擾亂申甫先生，恥之，思為國殉命，屢自裁。陸子朝夕侍側，力勸而帶中，誓言生死與之偕。

贊曰：我生不辰，罹茲變。父死戊戌，子死庚子，九原相遇，破涕為笑。

熙白及門以蠶叢異軍，武功自壽，著十日人首言，棠名乃己跌而國解，乃不屑擾攘，手從以恭其親，主賓矣。入大學，專為社會護遊於加拿大教授，師從嘉定，榮邦國，遊士大夫，林肯之業。陸子擬也，謂光熙曰：大丈夫當為國雪恥，以投身軍旅，以為華夏戚于顧也矣。遂與之執熙光，以是日幸入揮武學校，專長家政習法家

揚武既畢業入步兵聯隊為一等卒伴書壯養食已是以每飯不
能忘其痛又一年入士官學校乃大成同志仁與投海死矣陸仁與
有治事才張振武史悲憤自沈惜哉已而吾來以和已力有
於朝鮮之將大角陸子大痛罵執政謂如亡國並論清室國載澧
為童騃無意開之以詩酒自放時教育中央命詢謀教学宗
趣陸子獨主軍國民教育振改衛之甚謂為革命屬用
居京師三年結納英俟非誠相與時居湖堯漢之遊辛亥秋
申甫先生以居官屬正由蘇藩撫提三吾東爭附武昌之役起
陸子連吾為軍將謀士當議入晉奉父師與吳禄貞蘭蔚相策
應吾請將回京師為根本燕晉實爽輔之武昌無師不直搗
首都非策也今入太原整軍經武以保諸故分一旅據陝西一旅
扼娘子關與北軍[illegible]親京師薄達北京以入衛之名為擒王之
計吳深以為然趣起兵不法則仁死陸之勝匹夫四掃之
自從灤濤未試將大懷以劍斫地皆曰善吾青閱之泣下在於吾
從申甫先生先告今日吾作知有保土之任衆人民耳時謀福利為許
吳與吾法果議當使行魯孫同時大舉再與告山西獨

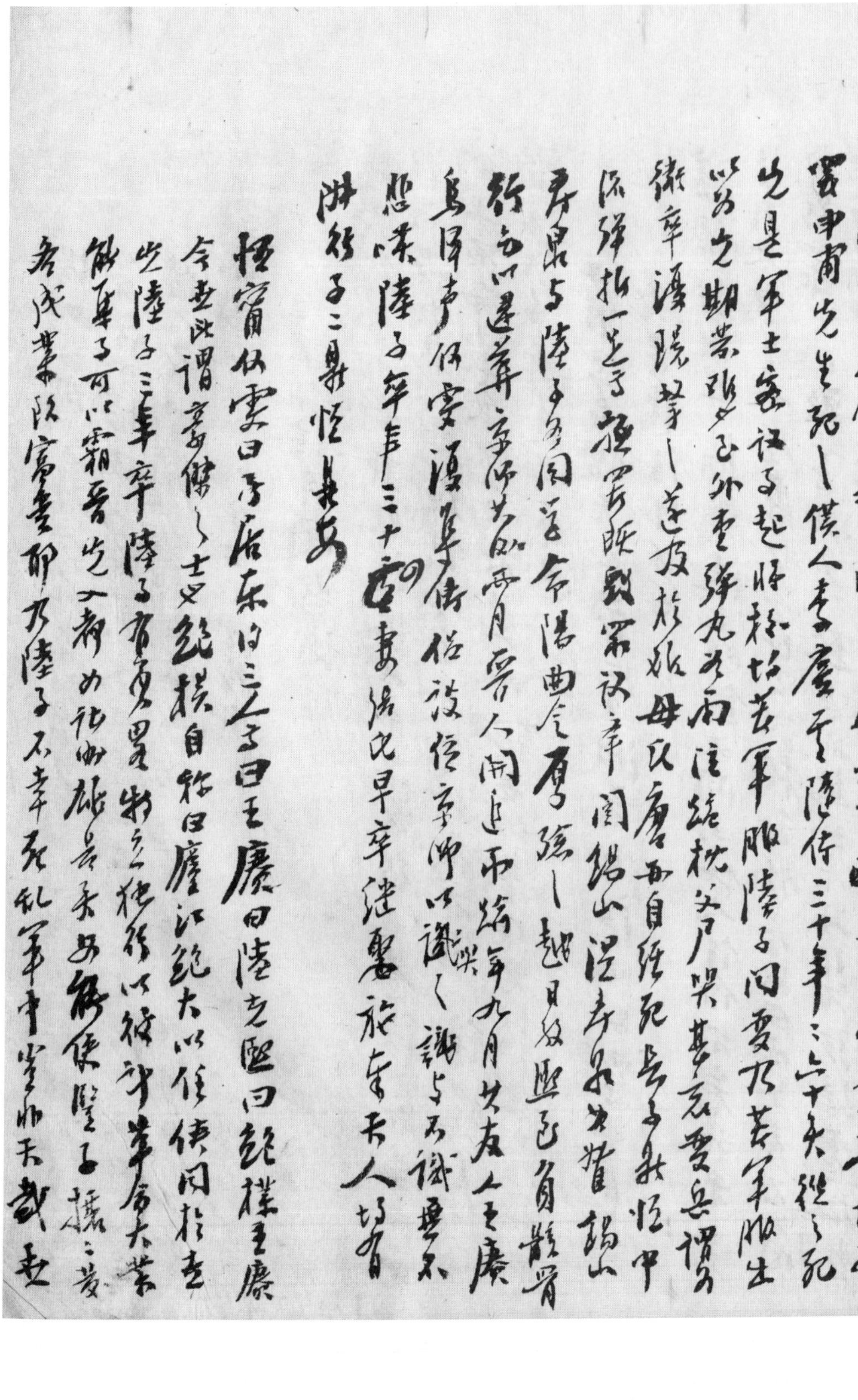

俗嘗功成之人材實欲身顯名而不足稱道或題林下指好
人亦何可勝數亦所共推有何風在年十三傲岸不羈雅善
陸子常謂陸先生非常人既聞人言陸子昶執吳一小兒女
知情之生涯唱嘆而不謂非哉

民國卅八年春節

辛亥首義
同志會工兵第八營會員錄

紀念品

工兵第八營辦事處製

辦公地址 武昌大成路武當宮

辛亥首義同志會工兵第八營會員錄

姓名	年齡	籍貫	住址	備攷
熊秉坤	六五	武昌	武昌三烈士街第七十六號	
容景芳	六〇	武昌	漢口岳飛街第廿三號	
呂中秋	六四	鄂城	武昌大成路武當宮	
蕭道生	六〇	鄂城	武昌望山門王惠橋第六十號	
李殿甲	六三	武昌	武昌鹽亭街特十三號	
周定原	六五	沔陽	武昌武昌路第五十二號	
郭楚屏	六四	黃岡	武昌文昌門少年監獄	
黃楚楠	六四	黃岡	武昌鼓架坡第十二號	
周占奎	六四	武昌	武昌糧道街第五號	
鄭廷鈞	七〇	武昌	漢口縣政一路第一〇七號	
劉定基	六五	鄂城	武昌大成路武當宮	
曹定國	六三	鄂城	武昌大成路武當宮	
張玉山	六四	襄陽	漢口利濟路玉皇四巷第卅八號	

上海圖書館藏

證章70

張東化	六四	武昌	武昌清風磯前街第卅七號	
凌振邦	六二	武昌	漢口盧溝橋路第四十八號	
胡洪啟	六四	武昌	武昌得勝磯正街第二六三號	
夏國勝	七四	漢陽	漢陽縣南正街第五十號	
王金魁	六三	武昌	漢口武勝路百家三巷第廿一號	
羅維	六三	漢陽	漢陽馬家湖第十三號	
王振甲	六二	鄂城	漢口漢正街尚德里特一號	
劉鴻翥	六〇	黃陂	武昌戈甲營太平試館第十二號	
李寶山	六二	咸寧	漢口武勝街武勝巷第八號	
張相永	六一	漢川	武昌彭楊公祠第九號	
王義貞	六〇	黃岡	漢口下橫堤公善堂	
胡占奎	六五	漢陽	武昌大成路武當宮	
錢振國	六〇	武昌	武昌糧道街長春堂藥店	
王民服	六二	夏口	漢口漢水街第九十四號	
楊金山	六五	鄂城	武昌曇華林公民巷第十二號	

袁席珍	六三	黄岡	武昌徐家棚紫頭鎮第十四號	
鄭國勝	六九	咸寧	咸寧汀泗橋正街華豐號	
散鴻恩	六五	襄陽	重慶	
楊雲開	六二	鄂城	武昌糧道街長春堂	
王元愷	五九	黄岡	黄岡樊川鄉	
熊貴麟	六一	武昌	江西	
李長庚	六二	黄岡	黄岡城内	
徐少雲	六二	鄂城	漢口民主二路自靜理堂	
張金榜	六〇	襄陽	漢口利濟路五皇四巷第卅八號	
余漢章	六二	鄂城	鄂城大東門外正街第十八號	
高有平	六五	鄂城	漢口後花樓街二巷第二號	
楊雲龍	七四	鄂城	武昌糧道街長春堂	
向福星	六四	武昌	武昌長湖北村第廿八號	
魏鴻賓	六二	武昌	武昌武勝門外	
陳洪發	六八	鄂城	武昌昌店董家嘴	

三

四

楊洪斌	六五	雲夢	武昌李家橋大港口	
羅春山	七〇	鄂城	葛洪鄉八保丁屋羅村	
王登榜	六〇	黄岡	樊城鄉第五保得勝洲	
杜鈺卿	六八	武昌	漢口皇經堂第十七號	
章玉崑	六二	武昌	武昌復早門第七十六號	
劉天凱	六三	江陵	武昌首義烈士祠	
王世才	六六	黄陂	漢口張公區新馬路第一五五號	
鄧萬青	六一	黄岡	武昌武勝門外愷字第七十六號	
胡幼齋	六二	鄂城	鄂城太平橋第廿三號	
鄭紹銀	六六	黄岡	黄岡對江得勝洲鄭家村	
邱正清	六三	黄岡	武昌中正路金華印書館	
夏洪發	六四	鄂城	華容鎮東嶽廟	
王振祥	六三	黄岡	團風河街協和雜貨店	
楊華廷	六七	黄岡	鵝公頸雷恒元石灰行	
周國棟	六三	漢陽	漢口六渡橋漢南春茶樓	

趙國英	六一	鄂城	漢口人和街華園巷第十三號	
鄭漢章	六四	襄陽	重慶	
何坤山	五九	漢陽	漢口利濟北路兩大堆	
徐震球	六三	漢川	漢口單洞門外單洞路第卅四號	
但金魁	六二	黃岡	黃岡新家冲但德生堂	
王洪陞	六一	武昌	武昌水陸街第十一號	
杜志祥	六〇	黃陂	漢口敦仁堂	
程茂震	六三	鄂城	武昌十字東街第十九號	
徐正國	六〇	孝感	孝感小東門分司街五家巷第三號	
唐仲寅	六四	沔陽	漢口同興里第十三號	
趙炳忠	六二	鄂城	葛店白滸鎮	
劉貴廷	六二	黃岡	鵝公勁雷恒元石灰行	
舒正璜	六二	武昌	重慶	
陳國卿	五九	黃岡	漢口長堤街半路口第四〇一號	
胡得勝	六五	鄂城	鄂城熊家巷第廿三號	

五

六

陳少峯	六二	黃岡	漢口劉家廟黃家墩第一五四號	
王勛臣	六〇	黃陂	漢口劉家廟	
郭萬鵬	六〇	武昌	武昌福利村第廿五號	
鄭東翰	六〇	黃岡	黃岡鄉	
章家驥	六二	武昌	武昌徐家棚粵漢區路局	
張濟川	六三	沔陽	漢口存仁巷	
李文斌	六一	武昌	武昌五里界	
陳海清	六二	鄂城	武昌梳粧台第十二號	
陳振鵬	六三	鄂城	武昌三烈士街第五十七號	
岳占魁	七二	武昌	漢口張公區三合街第一八八號	
鄧清泉	六一	黃岡	武昌王府口四官殿第十九號	
徐兆榮	六一	武昌	武昌青山五康凉	
張寶山	六〇	武昌	武昌八舖街興隆街第廿八號	
呂家高	六一	鄂城	華容鎮呂萬興	
笪海山	六二	江蘇	漢口黃陂街世彩巷特二號	

上海圖書館藏

陶金龍	六四	黄陂	漢口苗家碼頭敦仁堂	
馬祖樹	六五	武昌	武昌起義門外街第十八號	
石玉珊	六二	武昌	武昌楚材街第廿四號	
邵鎮江	六〇	武昌	漢口德國五碼頭天德里天壽巷第廿九號	
程功强	六〇	鄂城	沔陽沙陽楊興發布莊	病故
熊福清	六四	應山	漢口喬家巷第十八號	
魏文林	六二	武昌	武昌保安街第廿二號	
楊得勝	六四	武昌	武昌梅隱寺街第二十號	
曹文彬	六四	宜都	漢口下横堤公善堂	
張繼剛	六一	武昌	武昌萬佛林正街第八十五號	
張樹芬	六五	孝感	孝感南門外	
林國斌	六〇	武昌	漢口新市場四樓	
安洪啟	六三	武昌	漢口寗波里第廿一號	病故
劉炳乙	六四	武昌	漢口積慶里第七十三號	
何耀谷	六〇	浠水	團波鄉尚陳家壪	

七

郭裕勝	六二	武昌	漢口國新里第三號	病故
龍鮑操	六〇	咸寧	漢口得勝街聚慶里第四號	病故
史竹青	六七	河北	漢口下橫堤公善堂	
楊松山	六四	漢陽	武昌大成路武當宮	
姚朝宗	六三	武昌	武昌八舖街堤上第廿一號	病故
向雲甲	六〇	武昌	武昌熊廷弼路第七十三號	
黃振祥	六一	武昌	武昌豹子嶰	病故
劉紹先	六五	鄂城	天津第六區咸爾遜路第六十八號	
吳寅虎	六〇	鄂城	漢口合成里第廿一號	
馬祖義	六四	武昌	漢口廣益橋東堤街第廿三號	
張景良	六八	蘄春	武昌糧道大巷第三號	
陳金祥	六二	鄂城	華容鎮陳萬順	
羅維楨	六五	鄂城	漢口下河家墩第卅一號	
李筱珊	六五	陽新	武昌朝陽巷第十九號	
徐大耀	六三	漢陽	上海金陵路金門街吉利坊第四號	

胡慶榮	六二	武昌	武昌布理達文中	
李文海	六一	黃岡	雅淡洲西河鋪程正興	病故
賀楚祥	六一	蒲圻	漢口大智門街易左巷第四十三號	
黃國華	六二	黃陂	漢口復興區下滑坡街第六十號	
趙占奎	六五	鄂城	漢口循禮門外中正後路九十二號	
瞿耀武	六〇	漢陽	新灘鄉鮑家地	
陳玉清	六七	武昌	油坊嶺下秦公廟陳思屋村	
張興發	六三	夏口	漢口長堤街聚華茶樓	廿八年四月二夜亡故 五月二十一日送
田占魁	六四	漢陽	漢口漢水街小新碼頭第三五一號	
薛金勝	六五	隨縣	武昌西山坡第二十號	
王金勝	六二	鄂城	宜昌	
方振東	六一	武昌	漢口	
鄧定奎	七三	漢陽	漢陽顯正街第二一七號	
呂丹書	七二	鄂城	武昌巡廻街第二號	
王沛霖	七二	武昌	武昌鄧家增	

九

證章
1231

段友之	六六	武昌	武昌彭劉楊路第八十七號	
桂連陞	六九	武昌	武昌獎善街第十九號	病故
張健亭	六二	武昌	武昌糧道街第一三八號	
袁凱成	七三	鄂城	漢口中山大道第一〇七一號	病故
張輔卿	七三	漢陽	漢陽郎星巷第四十號	
夏松林	六三	鄂城	武昌大成路武當宫	
龔邦凱	六九	漢陽	漢口漢正街春森巷第十六號	病故
方大啟	六〇	武昌	武昌招賢鄉公所	
熊　弼	六〇	麻城	武昌糧道街郭家巷第二號	
安定權	六三	武昌	漢口民意四路附五十五號	
夏國泰	七四	漢陽	漢陽高公街修善堂第五十號	
楊秀青	五九	黄陂	黄陂小南門内公和米廠	
朱鶴年	六三	武昌	武昌胡林翼路忠孝村第十九號	
凌國有	六三	武昌	武昌復興路第六十五號	
張漢臣	六二	黄陂	漢口中山大道第一三五八號	

十

周漢卿	六〇	黃陂	漢口中山大道第一三五八號	
鍾漢升	六一	武昌	武昌復興路第六十五號	
江占元	六二	江蘇	武昌大成路武當宮	
龍啟勝	六二	黃岡	武昌平湖門馬巷第三號	
鄧乾勝	六八	漢陽	漢口中正大道第七七號	
李瑞棠	六〇	黃陂	漢口華清街第八號	
徐守仁	六〇	漢陽	漢口建設街第六十三號	
林寶龍	六五	武昌	武昌雄楚樓第十二號	
熊貴臣	五九	黃岡	武昌胡林翼路第四一號	
王樹臣	六五	鄂城	漢口大智路韓家巷第卅一號	
尹占奎	六三	禮山	武昌大成路武當宮	
耿少華	五九	黃陂	漢口張公隄新馬路第九十六號	
嚴志忠	六二	鄂城	漢口張公隄新馬路第一五二號	
雷作霖	六八	漢陽	漢口萬安巷下河邊救濟院	
胡玉林	六一	鄂城	武昌文昌門外後街第四十九號	

十一

鄧開國	六四	黃陂	漢口球場路第六十四號	
鄧宗懷	六〇	漢陽	漢口下河家墩第一〇二號	
趙玉山	七〇	武昌	武昌大成路武當宮	
連國卿	六一	鄂城	武昌解纜後街第二十號	
傅元凱	六五	武昌	漢口漢正街久章巷第卅四號	病故
王占甲	七三	武昌	武昌八舖街裕和隆第十八號	
余占鰲	六〇	孝感	武昌胡林翼路口第一九〇號	天成印書館交路人保轉平漢路祝家塆閻家集潘桃塆交余占鰲可也
甄國昌	六六	黃岡	漢口籃子正街第九號	
張耀廷	六一	武昌	武昌得勝橋第二六一號	
陳茂林	七五	武昌	武昌中正路第四十九號	
張大發	六八	襄陽	武昌大察院巷第十九號	
萬勝國	六〇	武昌	武昌上花園萬家村	
廖德宗	六七	鄂城	武昌先賢宮第八號	
周興漢	五九	鄂城	鄂城小南門外廟鵝嶺村莊	
涂得勝	六〇	武昌	漢口漢正街安善巷第一號	

秦占元	六九	鄂城	漢口江漢一路第廿六號	病故
安啟奎	五九	武昌	武昌忠孝門外馬蹄村第六號	
嚴占奎	六六	鄂城	漢口蔡家巷第一〇三號	
[redacted]				
李萬喜	七一	武昌	武昌大朝街第二二九號	
劉劍秋	六四	湖南	武昌中山路第八十五號	
嚴家寅	六二	鄂城	漢口陳家湖第八十六號	
張石樵	五九	漢陽	漢口桃園坊街張同興	
覃炎勳	六一	襄陽	漢口戲子街孟家巷第五號	
李鶴齡	六一	黃陂	漢口球場橫路第二五二號	
汪祖全	六三	鄂城	武昌小察院巷第十號	
沈保康	六七	嘉魚	武昌雄楚樓第十二號	
胡巨勝	七二	漢陽	漢口中山大道第一五〇〇號	
張清山	六〇	黃安	漢口新馬路第一五二號	
袁林山	七二	黃陂	漢口球場貨捐巷第五十三號	

十三

黄士臣	六〇	漢陽	漢口大通巷寶善里第四號	
鄧光有	五九	夏口	漢口球場路第六十四號	
呂春山	六三	鄂城	漢口球場造幣後街第一四四號	
王拯民	六二	武昌	武昌警鐘樓側水池公所第卅九號	
李海清	六九	武昌	漢口苗家碼頭第一四一號	
張金山	六二	鄂城	漢口熊家小巷第十二號	
田金寬	六四	武昌	武昌中正路第一〇四號	
涂玉林	五八	武昌	武昌中正橋街第五號	
葉福勝	六九	武昌	武昌糧道街第三〇一號	
魏春山	六六	鄂城	漢口朱巷瀛壺茶社	
彭連陞	六四	武昌	武昌清風橋後街第十一號	
汪延齡	五八	武昌	武昌胭脂路第一號	
余成山	五八	武昌	武昌水陸街第十號	
黄文楷	五九	黄陂	漢口造幣後街第四十四號	
凌錦堂	六四	漢陽	漢口新市場三樓	

十四

樂世舜	六一	黃陂	漢口進廟正街第卅一號	
鄧維楨	七〇	江蘇	漢口漢潤里第卅四號	
李鴻鈞	六〇	漢陽	漢口五馬路循禮巷第卅三號	
陳春龍	六〇	圻水	漢口存仁巷第五十一號	
李榮啟	六二	黃陂	漢口礄口鐵路外存仁里第廿六號	
周春泉	六〇	武昌	漢口大通巷寶善里第四號	
李炳南	六一	漢陽	漢口大通巷寶善里第四號	
劉德勝	五九	黃陂	漢口造廟後街第四十二號	
李國權	六〇	武昌	武昌胡林異路第六十六號	
鮑玉卿	六一	黃陂	漢口下橫堤公善堂	
高正奎	六八	武昌	武昌積玉橋第廿四號	
陳光煊	六四	武昌	漢口清芬一馬路第六號	
陳功生	六四	鄂城	漢口法界滿沙街第十六號	
程東山	七〇	黃陂	漢口漢景區天德里第十號	
章民福	六六	黃陂	漢口萬民街第一三五號	

十五

證章1232

十六

吴鉅勝	六一	鄂城	漢口中山大道第一〇七一號	
夏鴻鈞	六二	黄岡	上海斜橋魯班路	
周春芳	六三	黄岡	武昌武當宫	
吕鳳翥	六〇	隨縣	河南	
許少舫	五八	大冶	鄂城東門	
婁宗全	六九	武昌	南京中華路	
錢霖	五八	武昌	武昌糧道街米家巷第十一號	
李泉真	五九	禮山	武昌武當宫	
陳中華	六一	鄂城	武昌武當宫	
劉會雲	六三	黄岡	黄岡	
彭友三	六二	武昌	武昌金沙洲解纜正街第十二號	
朱得元	五八	漢陽	漢口公善堂	
游敬廷	七〇	武昌	武昌中正路第四十四號	
湯義臣	五九	漢陽	漢口公善堂	
姜樹森	七二	鄂城	武昌熊廷弼路第九十號	

李楚臣	五九	漢陽	漢口永福里第四號	
劉福祿	六二	河北	漢口民意二路第一四二號	
王春軒	六二	武昌	漢口花樓街美隆米店	
劉性初	七一	天門	武昌武昌路第五十一號	
孫士元	六〇	鄂城	武昌武當宫	
鄭長勝	六一	武昌		病故
徐干城	六七	鄂城		病故
王清泉	六〇	黄岡		病故
鄂功春	六三	武昌		病故
楊洪勝	六六	雲夢		病故
李得發	六二	武昌		病故
王連城	六一	黄岡		病故
左精忠	七〇	武昌		病故
范遠甫	六一	鄂城		病故
李占標	六二	武昌		病故
蔡玉亭	六八	鄂城		病故

十七

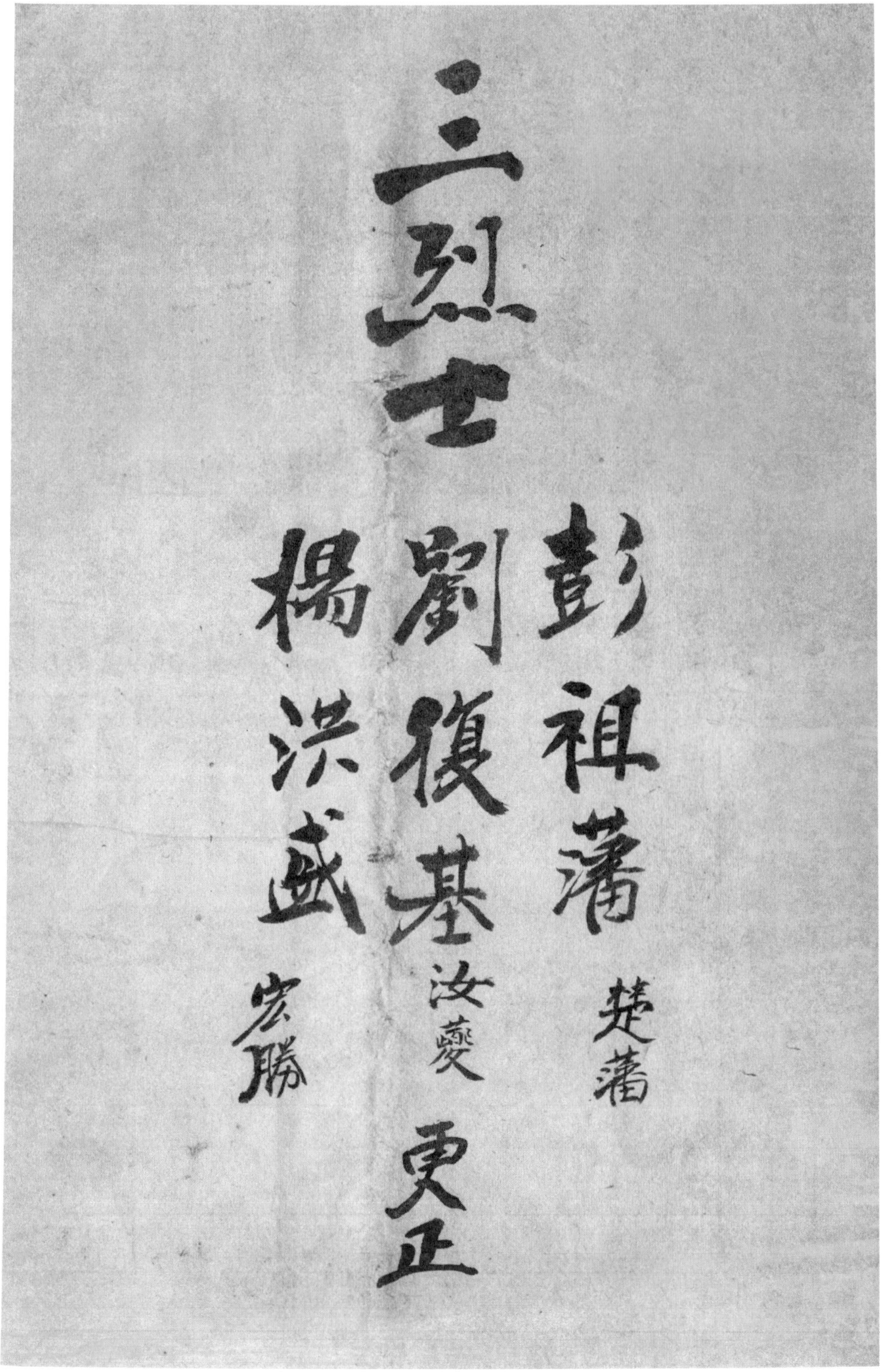

三烈士

彭祖藩 楚藩

劉復基 汝夔 更正

楊洪盛 宏勝

貼像片處

夏洪鈞

六十二歲

中華民國三十六年　月　日

225

附記

一、本證為證明辛亥首義同志會工兵八營會員身份之用
二、本證不得轉借或塗改
三、本證號碼與榮譽章號碼相同
四、本證如有遺失概不補發

指導員熊秉坤

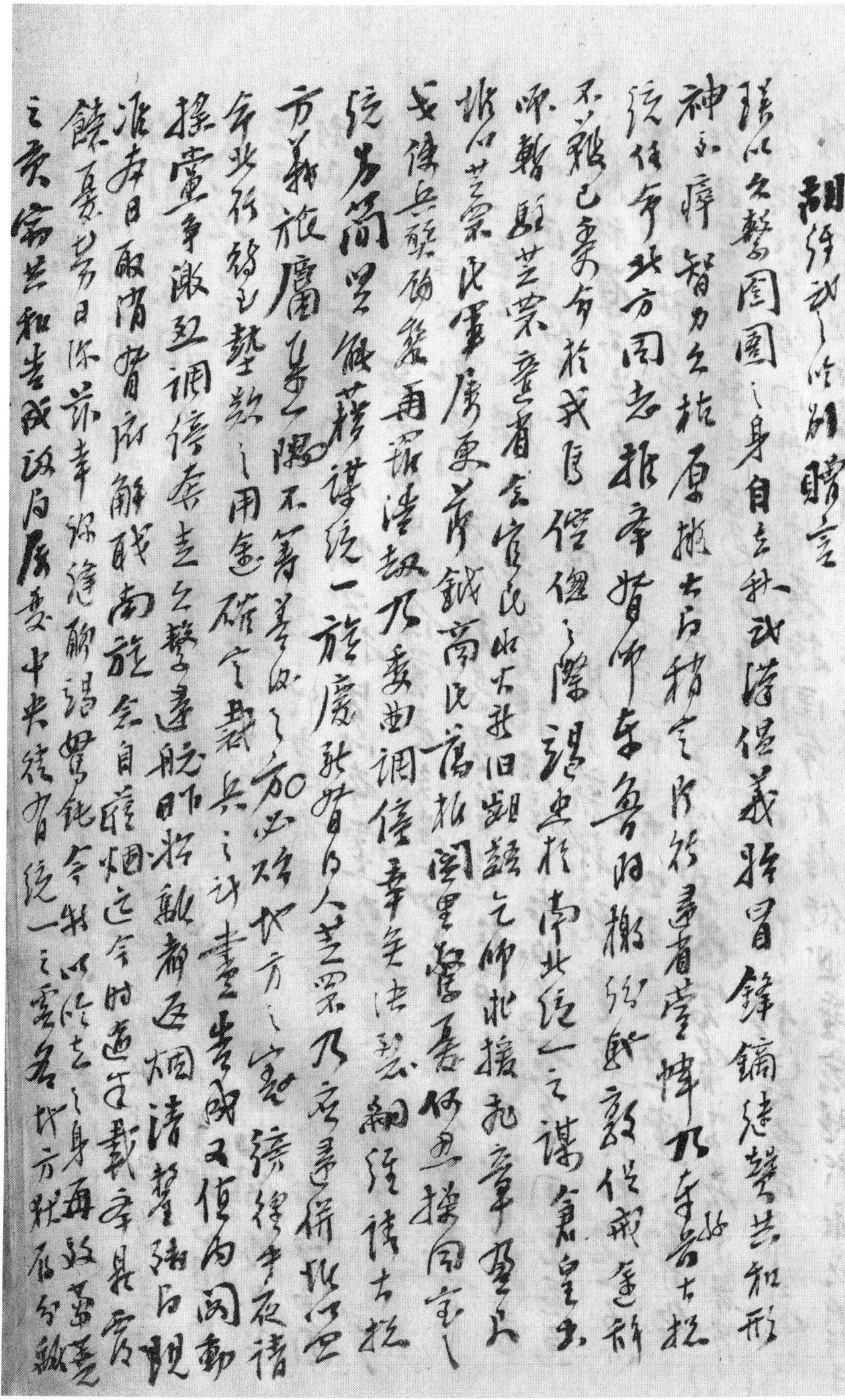
胡經武臨別贈言

之政府，然立憲之政策未行，竟至組織不定，一室
外自倚用不固，近且排斥聯盟，風雲突起，以乞之機，忽張勁，莫善自
內閣假家國，前隱於無政府之下，及其萬的敵也，太平無爲，且自
況有亡除，吸取至今日，非實為將黨，非實黨爭，今日內閣敵黨派
立而運命之，乞暫假裝改黨之說，遂者因改黨之爭，不起於國
利己之主旨，吾國黨職，以揭旨何存，黨而不已提者，權國家於孤
注，獨流政之統，又論政，遂使黨員失其主一，以之意氣排擊異己，
互相攻訐，假軌率國黨於是，異指趨於消極，然怨高強遠
隱之心，愈甚而以機利愈甚，於揭然危之志，內無交名，國危益急
去之一國之存亡，較諸一黨之勝負，孰輕孰重，豈去此知況一黨之
之勝利原不足為一黨之計，業一時之快，始原不足為一黨之者名
黨假袖諸公，或者歸告其國之英俊，或者當有所等之者，賢
藉我者獨小爭，共擔大局，張於已黨之統一，得遵各黨之提
攜，握其挈綱，同舟共濟，庶挽國命於將傾，且垂宏規於永久，所
能無似，肝膽欲狀在心，故經年不敢不告，吟嶽泣血，神與雷默

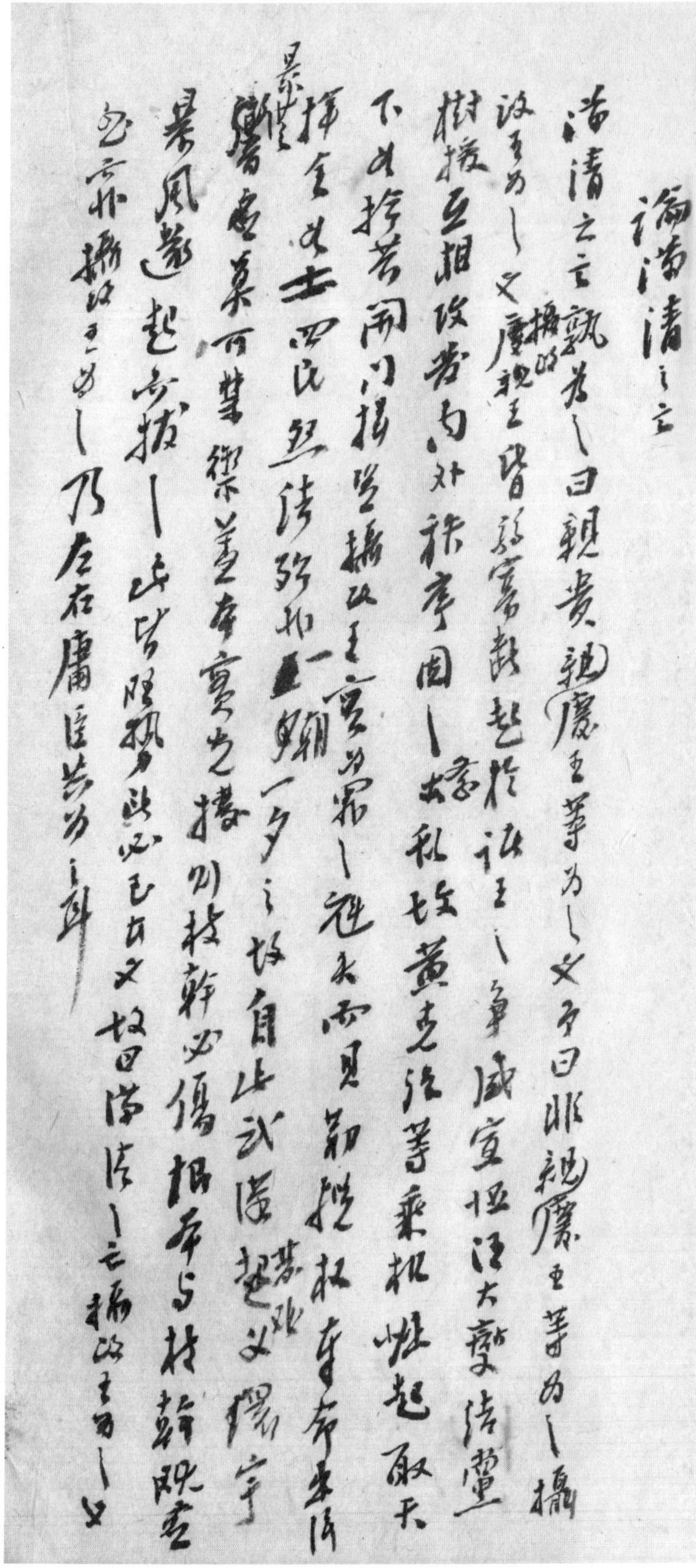

論滿清之亡

滿清之亡，孰為之？曰親貴載灃等為之。又或曰非親貴載灃等為之，攝政王為之。又攝政王之親王皆驕奢黷貨，於攝政王之專國，宜極注大權，結黨樹援，互相攻訐，內外秩序因之紊亂，於是黃克強等乘機崛起，敢天下先，於若開口提出攝政王實為眾矢之的，雖未必見節，權奪布散，揮金如土，四民怨讟，非一朝一夕之故。自此武漢起義，募兵環宇，響應莫可禁禦，蓋有實力之據，則枝幹必傷，根本與枝葉既去，暴風遂起，無救之。此皆隱勢所必至者。又故曰滿清之亡，攝政王為之，又或非攝政王為之，乃左右庸臣共為之耳。

國家出版基金項目
NATIONAL PUBLICATION FOUNDATION

上海圖書館　編

上海圖書館藏
稀見辛亥革命文獻

四

上海科學技術文獻出版社

辛亥革命時期的中國社會

導言

辛亥革命爆發後，各地軍政府開始對一些舊官僚豪强的財産予以没收。作爲鐵路幹線國有政策和四國借款合同的主要策劃者和執行者，在被稱爲革命導火索的保路運動中，盛宣懷便是革命力量矛頭所指的主要對象；革命成功后，盛氏財産自然成爲没收的對象，並且堪稱革命軍政府没收官僚豪强財産事件的一個典型事例。本專題主要收録的即是關於辛亥革命時期盛氏財産被没收以及盛宣懷設法收回這些財産的檔案文獻，通過這些文獻基本可以還原盛氏財産從被籍没到發還的整個過程。

一九一一年十一月五日，蘇州和平光復；十一月八日，盛氏在蘇州的留園、久大等典當行以及中市住宅即被民軍派人看守；十一月十三日，江蘇都督府正式發佈查封盛氏在蘇州家産的通告。數日後，江蘇都督府又採取更嚴厲的措施，宣佈江蘇省内所有盛氏財産皆須查抄。除此之外，盛氏在其他各省的財産也先後被當地軍政府没收。當此之時，先是避走青島德租界，旋又逃亡日本的盛宣懷對於此種境況根本無能爲力；無奈之中，他只能寄望藉外國人——主要是日本人——的出面，設法藏匿部分財産。然而出人意料的是，已被没收的盛氏財産，後來居然被盛宣懷一一收回。當然其過程相當曲折，可謂一波三折。

一九一二年初，剛成立不久的南京臨時政府由於面臨嚴重的財政困難，試圖利用自己已掌控的大型鋼鐵聯合企業漢冶萍公司向日本籌借大宗外債，於是其最高領導層便主動與漢冶萍總理盛宣懷接觸。盛氏便以發還自己的財産作爲合作條件，同意出面與日方談判，談判的結果是以中日合辦漢冶萍公司這一方式獲得日本借款。然而就在中日合辦漢冶萍公司草約擬成後不久，一直處於秘密狀態的談判消息被洩漏，從而招致多方面的激烈抨

擊，南京政府最終不得不放棄這一借款方案。對於盛宣懷而言，通過此種途逕來換取復産便不可能了。

接着，盛宣懷又謀求以捐賑來換取復産。從一九一〇年到一九一一年，江蘇、安徽兩省連續兩年發生嚴重水災。本來，盛宣懷於一九一二年一月底委託森格與南京臨時政府交涉復産事宜時，曾經達成捐輸三十萬元錢款用以救災的意向。由於第一次復産交易未果，這筆款項也就未予交付。袁世凱上臺以後，盛宣懷繼續運作這個未能兑現的助賑意向以圖换回財産，並且得到了袁氏的認可。其實在一九一二年年初孫中山就任臨時大總統後不久，南京政府就發佈了《内務部通飭保護人民財産令》；而袁世凱就任臨時大總統後，也於當年五月頒佈了保産令。然而盛氏的復産問題並没有得到實質性的解決；非但如此，該年六七月間還一度發生過湖北省議會以漢冶萍公司爲盛宣懷私人財産爲由而決議予以没收的事件。

一九一二年十月盛宣懷從日本回國，之後通過正規程式，以兩次保産令爲依據，向江蘇都督程德全遞交公呈要求發還自己財産，同時將從前捐賑蘇皖水災的款項轉交程德全支配，並將押産借款改爲籌措現款。程德全對此較爲滿意，便下達了核辦盛氏産業發還事宜的指令。盛宣懷向程德全開列的産業清單中只有蘇州、常熟、無錫、武進、江陰、嘉定、揚子等縣境内的財産，而江寧、上海、寶山等縣内的産業由於在辛亥革命期間「未見有充公明文」，因此盛宣懷一直未派代表清查，也未向程德全「呈請委員點交給領」，於是當盛宣懷派人前往領收這些地方的財産時，均被拒絶。這一遺留問題一直到「二次革命」時才得以解決。當時戰後南京難民的善後救濟亟待進行，盛宣懷便向時任江蘇都督張勳提出將在程德全任内捐助而未用的水利經費移作金陵賑撫之用，用以换取江蘇境内剩餘的盛氏財産。這一方式亦行之有效。至於浙江境内盛氏産業的發還問題，則一直到一九一四年才得以解決。

盛氏産業籍没與發還的過程，雖然只是辛亥革命時期中國社會萬象中的一個個例，但從相關人物的來往信函以及電文中，可以看出在這一新舊轉换的特定歷史時期，軍政商民等各界各層人等在革命洪流中的命運沉浮、彼此之間錯綜複雜的關係以及各自對於革命的不同體認等。除此之外，本專題尚收有少量反映當時其他社會情態的檔案文獻，如剪辮、社會及家庭亂象、時人對於時局的看法以及各界對於革命先烈的追思活動等等。

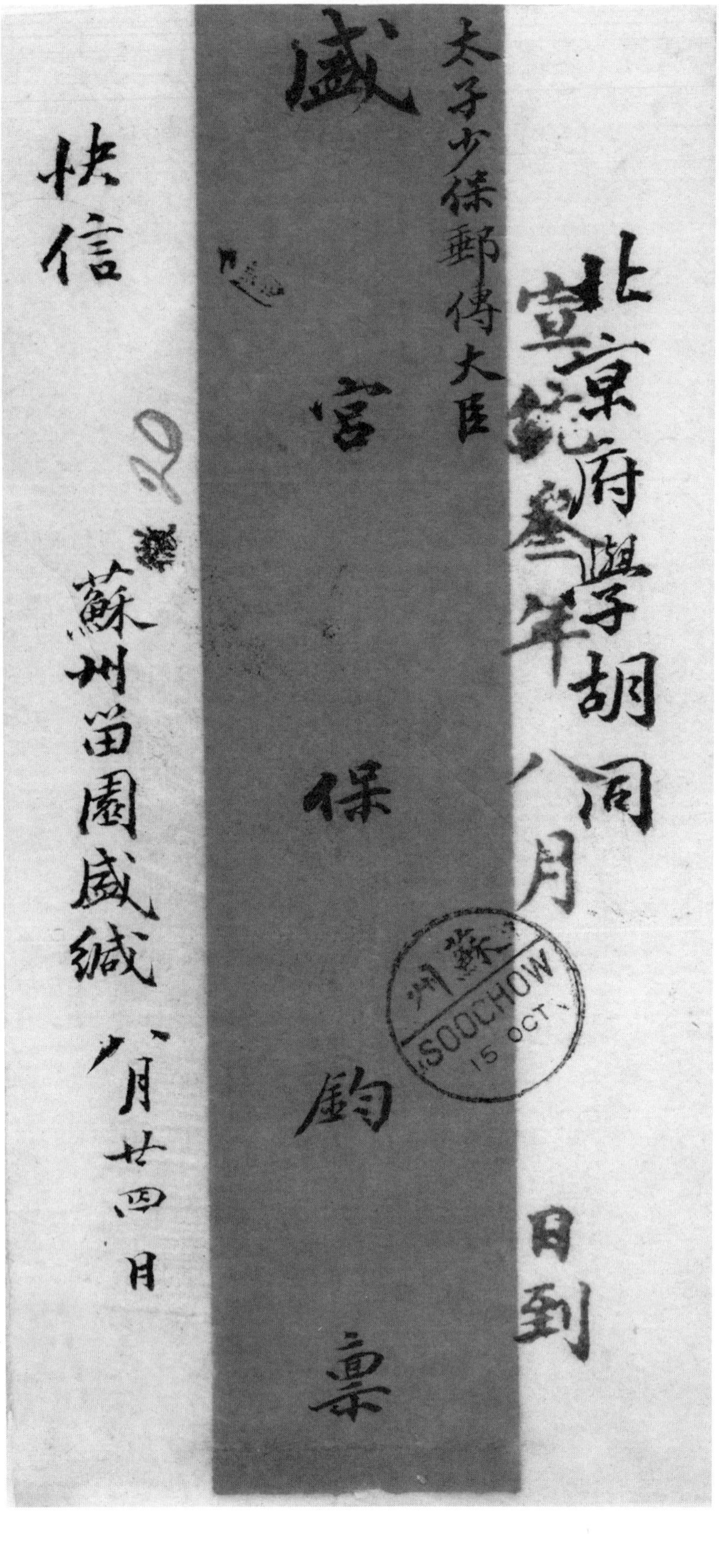

北京府學胡同

宣統叁年八月　日到

太子少保郵傳大臣

盛宮保鈞稟

快信

蘇州留園盛緘

八月廿四日

宮保叔祖大人鈞鑒敬禀者義振會借留園開會
演劇本擇於廿四五六等日嗣因武昌失守人
心惶惶姪孫與顧詠銓往返函商囑其停辦
已由顧詠銓電禀
鈞處在案今探該會辦事負洪少圃之意俟亂事
稍平擬仍在留園開會姪孫之意即使亂事
平靜不過外容其實亂機到處隱伏待事
而動聚衆串戲只可行之於上海租界仰外

人之保護也如行之內地必定鬧事現為留園計並為省垣大局計我處斷難承認在留園開會以名正言順之辭却之人亦不能怪我但未識

鈞意為然否此次會雖未開然前兩日每天上下有五六十人來園布置喧賓奪主躊躇不堪不勝其擾遊資亦大受影響矣專肅恭叩

福安 姪孫毓琳謹稟 八月廿三日

莊德華致盛宣懷電（一九一一年十一月十三日）

逕啓者十八函悉前年房內已住正金行
內東洋人兩人係高木到冉擬商正金
行家眷住西教所日內謠言四起家中
人心愈慌亂有東洋人在家人心即定門
口名公司牌均已除去換掛正金牌號蘇
州中市已被革軍看守僅人進出物件均
程係四川人欲破盡我們家產
在內聞係大都督程德全與我們為難所

致久大濟大兩當鋪亦由華軍據守並即
出示令質當人前來取衣不要本息留
園亦由華軍佔據之程道生說楸係戴
福廷作奸細獻西川將我們產業內容
盡行據實詳告彼始有佔據之心程道生廿晚來
劉中函述其餘各當亦甚危險已與東洋人商議
請其保護不知有無效果家中各人除

詠崖外全行變心親戚中僅有丁韻蘭
人上門尚來勢利其餘本家親戚不特
不上門來並且即要改姓斷絕親情人情
之薄如此真堪浩歎家顯到申後即說
我們永無翻身遂硬藏我們衣箱只
內皆是五保六保衣物約值一千餘元並揚言
我們值錢物件藏在玉佛寺內幾至寺內

心境不佳又為各親友日夜逼債鬧得不安
家中既無現款不得不暫為之昨善懷
來立刻要提存款五千元急如星火帳房
無錢如何應付雖經勸其緩提當未得復
聞係步彭之子為其出主意且以搬出令
日又回不知何意我們產業事最好託外人向
真革軍黎元洪設法或有轉機緣蘇常等革黨
均是匪類假託故不可理喻耳假革黨均是戲子丹桂園等人混充嚇人

老爺收啓

面呈

九月廿七莊

茲啓者京庽劉同仁私取器具數車後刻聞人亦出京高
貴亦大不如前置庽中事不管將器具任意竊取与同仁狼
狽為奸聞高貴已售去洋二百餘元其餘物件恐尚靠
不住派在庽之東洋人亦係下等洋人將我们物件專揀
好的截留鄰人亦來擅取常州周綫巷房屋業由
心安出面作為前年七月間以二萬金購進以免華黨
糾纏我们僅將方單交莊由莊出一收據交我们云
事平之後再面退還字樣緣華黨已派人向周

綫巷勸令出屋，心安即推此屋。我早購進堇黨

要查地契，心安云在湖南，即密令子孫二人至我處，仍

將至常州當內旭記、發記、柏記股分做抵張笠漁

（柏記只要我彭姪回經即可，惟我彭絕跡不來，其心跡極壞）

刻已提前做紙矣。柏記已暴，云因義莊經費不敷作抵

旭記、發記股（後不必理他），云因樓流所經費不敷作抵，以免人疑。公

館押在匯金一層，尚未議妥。我彭自到申後，僅至

公館一次，勢利情形令人可歎。六如來云，梧仲說我

們人切勿踏至盛公館，一去即要受窘。詠韶夫婦見

人即說盛公館切不可去，以後切記此等人勿忘。蘇州
自留園當舖被步兵搶[許氏在閘北曾府一屏後即立刻來封留園等處並搬]新宅中市看守後中市
[取架衣具盡無，[illegible]皆有兵[illegible]無[illegible]想來[illegible]府[illegible]只有數兵看守]
許氏兄至程者贊處大開痛罵我們述與你十餘年
不通音問，昔亦啓封並帶現洋十六只捐餉程亦來
蘇詎程啓封後商會又往封門，許曰：氏後至潘府
之家大開，潘亦允設法，大約中市可望和平退還。
再通商銀行華黨時往胡開要捐軍餉，惟軍
餉名目不好，已與詠莪商議附中華銀行股分四萬元，但[保護退]
尚未接到伊收據，如收據字樣尚要再做保護，我們公

舘產業退攤議捐若干你只作不知好在此事不僅

捐我們一家蘇田（安徽）我李伯行（杭州）楊杏成家均看守勤捐蘇州

程告示云我們五省具稟誤國殃民字樣並説盛氏

庶母子弟產業概免充公庶中市等可不至來胡鬧

矣昨據沈少鏞來説杭州西湖邊上所有曾公祠左公

祠彭公祠及我們專祠均派人看守將木主取出換供

孫錫麟（係宋吾官所説擬將宋渭渠至太倉以免宋佛釀禍併擬原船回來）秋董等人聞係我們看祠人作奸細查我們

地皮佛卅人尚可用惟寬家甚多聞有人説伊旗籍

在此候儁不要我故派伊臣恩兒赴島以便派差照料柳氏
亦擬赴島索銀我擬令五保六保暫留在申以防柳氏
跟六保赴島與你胡鬧你如此心境豈能再與閑氣恩
兒儁勿再放伊回家革黨員言要捉伊作勒贖之計
如被捉去非數百萬不能贖務要嚴防切勿疎虞
致貽後悔懇懇歸同仔亦係收束恩兒之計廳中無論
何人儁勿出門據高木云革黨有函信致伊勿保盛
某領事亦儁高木勿一人出門並告革黨不能傷

高木革黨云誤傷不能管領事云誤傷亦不能
可見彼黨謀我们之惡毒以後生人切勿出見即
係熟人如無要事亦勿見為是最好請一隊人相
伴出入並僱印偵探四印兵四互相保護萬勿惜費致
誤大事留得身在不怕将来無翻身之日照尤
以勿出门為第一要義素現補授總理内閣大臣
不知其心跡如何從前做一首夢想尚未忘切記切
記再革黨之暗殺隊謀害我们真是防不勝
防最好運動四國欽差出来与革黨講和解

釋我們嫌怨，想彼黨極重文明，斷不至固執
不悟也。外間說我們為倩毀得回扣六百萬，有是
實枉，須請四國欽差將此情形登報，俾大衆
皆知我們實枉。昨接青島薛姓來信云：有數
百人要掘我們坟墓等語。據說該處要办團練，
擬捐經費，我們已允助一百元。聞均大當內已被假華
黨謝騙去年三千多元。欽差鈕說現在只有保兵
險方可免意外，惟每千兩須保費六十兩，我先擬

將家產（近日亦無人出肯頂）頂在別人名下以免危險但已查過之處
不能更改只有保兵險一法惟須請律師声明
無論新舊政府概皆來糾纏及水火盜賊意外
一律照賠方准訂保近聞革黨揚言說有人
議請外兵平亂即滅此人一族等語彼黨居心真
毒我先擬不赴島因日來本家親戚向我硬借索
詐之人無（董老三竟見將其妻用鋸鋸小妻頭其心真毒）日不有真不勝其煩如秦臣之第四子亦來硬
借二百之並說赴袁世凱處大言恐嚇我真無可

想只有赴島暫避，照須將家中各事布置
妥貼後方能動身。但五六七四女只能留在家中，
緣大隊出門頗不容易，家中房屋有固為該
莊兩家代為看守照料無虞，頭進擬
關鎖，二進任自家人，三進暫借與居住，緣後
進無人居住，未免空虛。再所派夏仲之赴大冶，彼
推水土不服，不願往大冶，實嫌熱。水細緻據彼云，大
冶熱水只有三四年兩。江西現在已為革黨佔據，不知煤鐵
兩礦亦歸三井保護，此事關繫甚要，請主速
預籌。我們只要鐵廠、煤礦、鐵山、絲廠各產業不

受損失其餘器皿衣飾此等譬如被盜賊搶去，切勿放在心上。至繼伯刻已勢利更甚，信口亂言，如有信來，切勿聽伊。恩兒在京時，繼伯放多少謠言，說我們如何危險，此人真浮而不實。再恩兒此次赴島，千萬勿再放其回申，到家又不能做事，反令我心中慌急，連我不能做事。如預備不要此子，即再放其回家。京庽中我們自法華寺移去之器具及鏈連甲之物，均被東洋人扣留不放，我算連李宅之器具約值萬元左右，今均所人扣用，實屬可惡。大小風琴亦被扣，住間伊私租別家居住，彼得屋租，不管我們房子弄壞，奈何。

面呈
老爺收啓
九月廿九日
有函一要件

莊德華致盛宣懷函（一九一一年十一月十九日）

茲啓者日內重頤想已到島信中各事想亦鑒及。高木仍未來家中人心異常慌亂故又商請正金大班夫人來家居住惟伊嫌西花廳無火炉又嫌鉄路公司屋太舊亭子屋太遠觀其意似欲借居簽押房屏房我因

（我們要其保護只好暫借伊住）

事體重大未敢擅主可否應允望即斟酌告我緣此屏房內要件甚多不特搬移不易更不

知東洋人心點如何故甚難定見富孃太太連

日向我胡師爺索蘇州當鋪屋紙如不給伊竟

我向宣說如係我們之人大亂損失我們照賠如係天下大局大亂我們不能賠償各

欲在此坐索並要向帳房提款我無值允伊竟

參律搶去非關我們一人之事

敲枱拍凳無理取鬧柳嫂每日內來吵家

因漁無影來

要錢據伊自說有虧空數萬並說如不給我款

只有去開堂子度日此言雖屬笑話然伊確是無

事做不出

柳並說要五保六保至堂子內做生意度日

文頭亦來借押詭意頗存

挾制無奈又借与伊弍百兩象頭看我們失勢竟

五保六保之衣箱

硬扣衣箱一只值洋一千餘元柳向伊師我手擄不住象

頭即大翻面說要請律師控我們誣伊作賊並

要将我们家産告军政府又硬要提存款未
允伊即声言要用手鎗彈死我及詠莪再大家
來保瓜分我们家産方称伊等心愿以是燼詠
莪請一牌人同車進出保護我亦擬請女牌人
保護我欲保此性命者為保此家産我或
走或被伊等謀死家産即完家中人心如此真
堪告歎近聞家鄉人入革黨畫策欲提我们
兒子以為勸捐軍餉地步切勿放恩歐重頭回

中是為至要。聞青島有華商大頭目暫居你公館左近，欲謀害你，出門（最好不要出門，天氣甚冷，如因此致疾，醫治不易）須要坐馬車，切勿看費。坐東洋車（恐西醫又少人手又缺，須要仔細）致為人暗算。你能平安，家產尚可無礙；倘有他虞，家中各房我寔彈押不住，家產立見瓜分。我意最好出重款聘一正經洋人出入相伴，門口僱外國巡捕及洋兵數人保護，方為萬妥。雖費巨款，只要保得性命，即是萬幸。上海日內各省匪徒來此（有五六千之數）人數驟增二三四百萬，地皮

房屋亦騰漲據外人云將來滬地價值必与
香港一樣倘接電知恩高提增行我不勝
焦急恩兒在家既不能做事又不听說話徒令
我分心挂念彼又要每日出外寔是冒險望
速裝一急電來令伊赴島詠莪來說華黨
第一要捉恩頤第二捉重頤第三捉順頤且說知我
們不喜歡順頤故彼甞不甚注意此言係蘭泉
向詠莪說的是寔是話並非謠傳家中各房來

閘我並不怕只慮恩兒回來我反不能定心做事
如要我管家事即速催恩兒赴島其餘各事
均待髙木來商要再説内事有我主政外事
有詠莪料理如遇箴鐵字等事可令詠莪代
箴毋須恩兒回來家事你不必急家中人雜
來胡閘我已預籌對付之策惟其情可惡耳
現在各省謠傳我們得借款回扣銀六百兩萬兩

故各省人民大憤欲破我家豈不大冤枉中國人民不知外國人斷無不知之理可商請四國欽差設法為我們声明雪此不白之冤最好能請其據情登報不知做得到否如不登報則婦孺皆説我們借洋債發洋財非徧登告白不可最怒毒者為四川人現報館中川人甚多故罵得更狠此事最好請洋人登報將大亂情形係為種族革

看完付火

莊德華致盛宣懷函（一九一一年十一月十九日）

命赴見，非爲四川路事，一層詳細伸說，是爲至要。聞福開森在京亦恐不能久，緣吴蔚若嫌其妾太大，伊如能出來，可即請其保護。總之多費銀錢亦所不惜，倘福不肯來，或另請一年人同行出入，方爲妥當。茲選保鏢人四名赴島，言明一切在内，每月拜拾四元，飯我們的，如其勤慎奮勇，可酌給賞號若干。小霍福生亦同船赴島，所有要件均在小霍處。

〃宗子〃戴現任大少奶〃處時爲如此各事須作達觀切勿鬱悶致傷身体徐官南地託姚老五來騙我們道契我權契在你處現在他僕昂要我想將來收回徐處權柄單據先付伊銀壹萬兩其餘〃萬兩將來陸續再付待付清後權柄單方能收回拉雜布告容再續布專此順向

旅安　看完付火

九華樓製

再啓者，劉同仁心地不好，口碑又壞，將我們騾車一輛、馬車一輛並馬四匹硬取去用，華付去年二百餘元，動輒以東洋人挾制我們，真是可惡。所有器具被東洋人扣留不少，華我已運回三批，約有四五百件，照損失已不在少數。此後劉同仁如有信來，務要防備，是為至要。據華人說物件憑同仁信來方准取用，自同仁已取去物件數車矣。此人將來必入革黨，務要善防，勿使露聲色。

月初
老爺收啓
十月初二日

連牽 手書敬悉一切青島暫住大是好計滬城已為革黨佔據租界各居一律全換白旗蘇常等處相繼宣佈獨立謠言四起人心渙散東南已成靡爛矣斜橋住宅當即條〻佈〔借〕置若一時大動又怕招謠前面洋房已[illegible]分日人我想尚須多招幾國人來住藉可保護惟此事總須與欽差領事商量為妥

上海九華堂製牋

近日家中除詠籛外實無可靠之人
籛如雖可幫忙然欠太滑譯又
是中國人怕有徇俄另有玉琳在此
然又是自己人不能作證人近可慮
華文近日處處皆是華竟即公司中
譯還詠籛說亦未可全信　此次倉
猝起變千萬以此焦心第一只係要
賬件一切尚可收逢也

上海九華堂製箋

昨有謠傳北京失守慶那攝逃
今錫為來說漢口北軍大勝表華
党及民人十九万多云此兩人未識
聞總人幫忙
確否青島住息或可較靠
蘇留園及住宅已為革党赤十字会
借去聞將來要充女作醫院云
電報年四年附上請范春舫一繳
上海市面大慌西人全不管

今日法租界有人持刀横行被捕房拿去又有一小房子中因做炸彈不慎炸裂傷巡房來二人亦被拘去

上海九華堂製箋

老爺收啓

此信須親拆

十一月初九亥刻發

十五

茲查着近日因蘇州張氏來申胡鬧
索詐硬要銀三十萬兩我因無款應
付只得逃避推各處親戚均不肯收留
只得逃至詠奎處又被海鷗廿奶奶來巡
查看見恐累詠奎只得同福開森又逃
至格哩飯店不意該飯店樓下盡是
廣東革黨被其偵知後只得又逃回

公館躲藏在內將前後門關閉不見生人聞張氏近日又縮至只要五萬然我即五萬亦拿不出來何我在橋利飯店時華黨賄囑馬夫如能將我拖至華界即酬伊一萬兩備款賄通信與主人即立刻槍斃外邊情形如此家中又有張氏柳氏富氏合通中華黨擬謀我命竟令我寸步難移長此坐守家中如何了局

清夜思之，懊悔回來。前月我擬動身，你又寫信來阻我，直至今日大有進不出之勢。若不竟不走，至年底約非拾萬不得開交。彼我仍擬伺隙逃至長崎，現在張氏雖縮至五萬，然萬萬不能允許。能將張氏退去，則各款或可不至再來索詐矣。

再，福把付款之事未能照電辦理，因此端一開，後難為繼。七張紙事亦未

能照辦与革黨調和之事，日內由朱子堯与其商議，朱已允其二十萬元，彼黨索欠據，朱亦極力反對，方能議妥。我須待此事結束後始能赴東。惟聞陳都督權力不足，恐結束後別處又另生枝節耳。此事準由衆師爺出名，你只作不知，緣現在唐少川又在滬，我们一舉一動，袁黨

無不惡知彼不能不慎重行事再張
氏到申初次見面談話尚覺有理至富
氏処一走後被富氏及劉光洪夫婦母女
刁唆後第二次来即横蠻無理真是
可恨後因無人理他第三日即回蘇州我
擬諭李師爺璞臣明日赴蘇密查申
市情形近来咳病稍好經長崎如有
時醫可請其診視照舊留得青山在

不怕無再出山之日，且長崎係華黨聚會集處，到彼後須格外小心，生客切勿相見，沿途須要洋人保護。近來華黨氣燄且盛，不特華界可畏，即租界亦危險異常。有禪臣洋行買辦趙書宣常同洋人在租界行走，華黨竟將洋人撇開，將趙擊死，可見總以勿出門為是。如赴長崎，最好

請得人伴護外再多僱得兵保護方為妥當。恩頤赴島，彼處黨均偵探極清楚，將何人、何年、何項衣服及帶多少人等歲面貌均登在報上，其消息之靈通真是可怕。茲帶上黑手套一雙、絨單被、箱一只，吃食兩網，內豆乳、金柑四罐。此信看完連信紙信套一并燒去，以免後患，是為至要。前月底所寄來兩信均收到，勿念。十一月初六日寄付，再出門時如無得兵，須多請得人四五名前後保護，方免意外

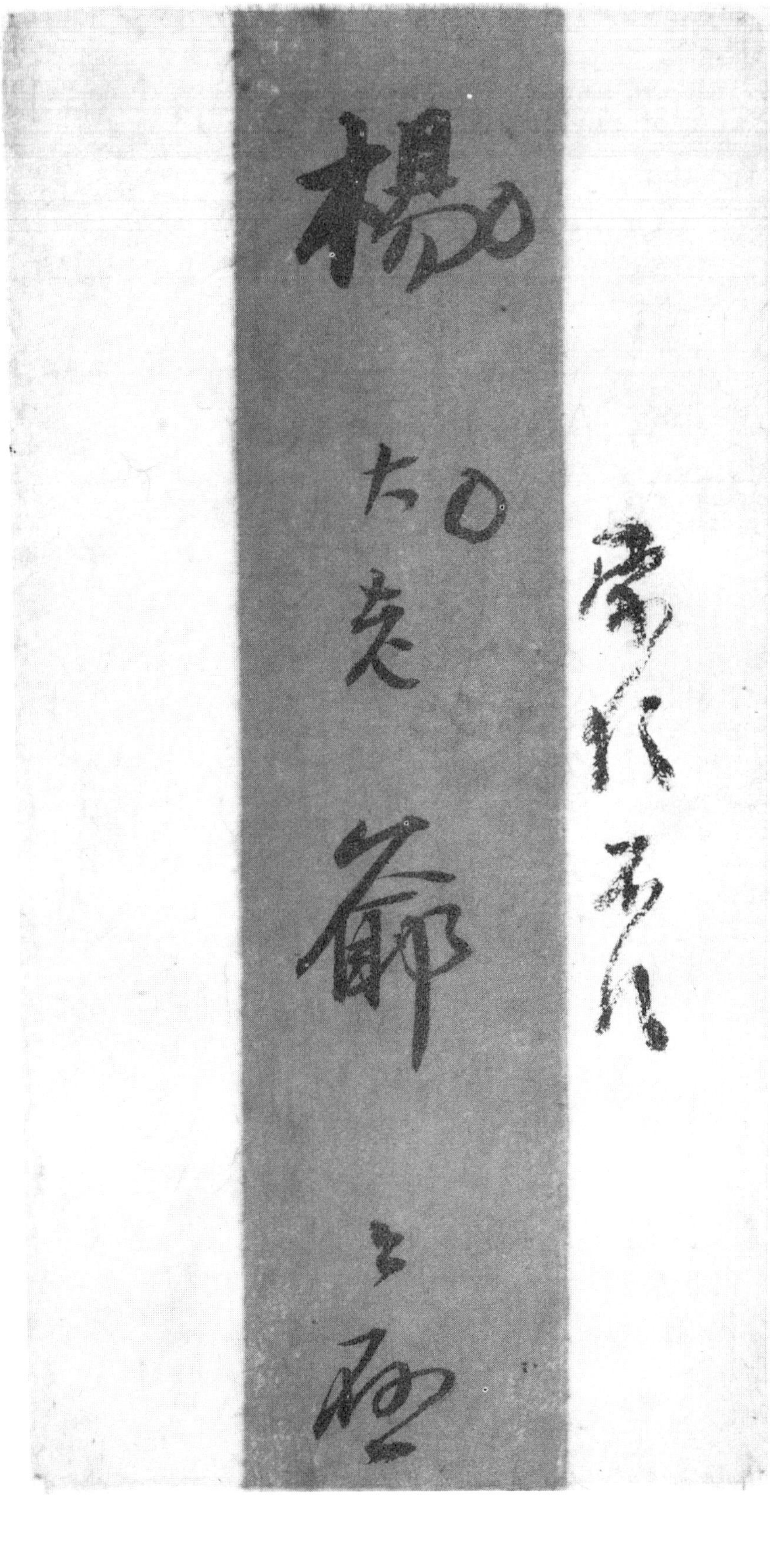

莊德華致〔盛宣懷〕函（一九一一年〔十二月〕）

茲啓者聞你要赴大連灣議事沿途須要格外小心並須多帶妥當人衛護要用錢處不可省費留園四位師爺被華軍看守關閉三日若不勝言玉麟看守亦嚴見避經多人懇求保出而華軍令限該師爺等赴申勸捐我們巨款限五日回覆如能捐助蘇地產業即全數退還並

為保護中市亦勸捐洋一萬二千元許氏已允一萬
之革軍仍不滿意尚未了結頃接來電要鐵林
三張惟鐵林外洋船不肯帶茲只得帶上藤
棚兩張棕棚一張暫為應用島中如有鐵林架
買最好否則做幾張長櫈應用亦可長櫈上打
眼四个插竹竿四根將帳子掛在竹竿上[illegible]

[redacted]華單捐餉一層現由王巽其出來担任刻
尚業議要據戴祖其說蘇州捐款只能將蘇地
產業退出滬地不在內我意擬捐助一次無論蘇
滬常州只要是我們產業須要退出保護方肯
出錢即使出錢亦要除去助餉二字只能附中華
銀行股分始待明日議妥後再函告再此事應
如能議妥最好倘議不成擬派朱小莊柯梅閣文

赴苏州会議，據楊俊卿云，並須將我们名譽
復舊，電局均被革軍佔住，吴因官亦名目不好
看，扵商局以归商局亦未被覆佔照，不知明年利
息尚能照付否，長江航路已不能行，水脚泛
漲不小，下次再寄狼皮及鹽魚、鹽肉，因外洋船
攜帶甚不便也

敬啓者昨接上海来信江蘇謠傳鄙人於各國借款得受回扣銀數百萬兩故此大憤蘇州新都督程德全牌示將盛氏產業發封充公等語所有盛氏蘇省所屬之房屋典當均派革軍看守而他家之產業並不派人看守問其何故則云盛氏產業皆從借洋債回扣得来也查 敝處留園房屋皆是合族公產典當亦屬股分公司置在數十年以前并亦非

盛宣懷一人之私產彼民軍既守文明秩序
豈應聽此無稽之談作此野蠻之事惟鄙人
代我國家簽字借款究竟有無得受回扣中
國人民或有疑惑而各國使館無不周知可
否懇請
貴大臣查明如果實係冤屈即日函囑上海各
總領事轉致蘇省新都督取銷前議即將盛
氏產業與大衆一律看待以示平允則盛氏

合族子孫感受
貴大臣大德於無既矣專布敬請
台安
盛宣懷頓首

盛宣懷一人之私產彼民軍既守文明秩序
豈應聽此無稽之談作此無理之事惟鄙人
代我國家簽字借款究竟有無得受回扣中
國人民或有疑惑而各國使館銀行無不周知可
否懇請順銀行約同各國銀行出面廣登上海各報告白辯白此誣并
貴大臣查明如果實係冤屈即自函囑上海
總領事轉致蘇省都□取銷前議即將盛
氏產業與大衆一律看待以示平允則盛氏

合族子孫感受
貴大臣雅誼大德於無既兹專布敬請
台安
盛宣懷頓首

朱之瓚致金寶如函（一九一二年一月三日）

寳如
夫子大人函丈敬稟者業前日由蘇揚甯詢悉下游一
帶均歸畢五梅總經理萍鄉煤焦所事之贊前日
已啟事集贊徐家巷亦已零售畢君前在鎮江
黃蓮生處後薦至南京韓薇朗處當同事深知
萍鄉情形及已係在漢陽運銷局同畢君久有華
韓向洋北發
命之風次此開辦甯分銷所用之人看李應南韓薇
黃係鎮江洋北發經理前將存謀
經理撥三千從而逃者
朗此人為正副經理鎮江分銷開有黃蓮生經理之從
特別減價收回車貨一千六百噸而未交款者
同事中有江和甫解蘭蓀俞俊臣等均係夜南之舊
董司務中有仍舊貫者甚家稍有零碎欠出賬目
伊等通知吳甚家均已止付傳言須要吳朱二人交

此舊賬不然恐有意外之虞矣此情形情同串
騙畢君現為軍政府總統昨日报見孫黄大總統
初十日傳鑼城内外一律剪辮壽朋如業均已剪去
髮辮處此境地令人心酸况壽朋如業刻下充當任
宿亦無空踪擬再往二三日探悉伊等實在情形
再離甯矣此請
金安並請
閤府均安

鎮江舊經理 黄懷仁常州人 趙静伯鎮江人 稍有骨氣
南京 吴壽桐 蘇州人 吴保廉貢生 朱佩臣 朱保鏗附生 皆尚有骨氣

受業制 朱之璜謹上 十一月十五
印佩臣

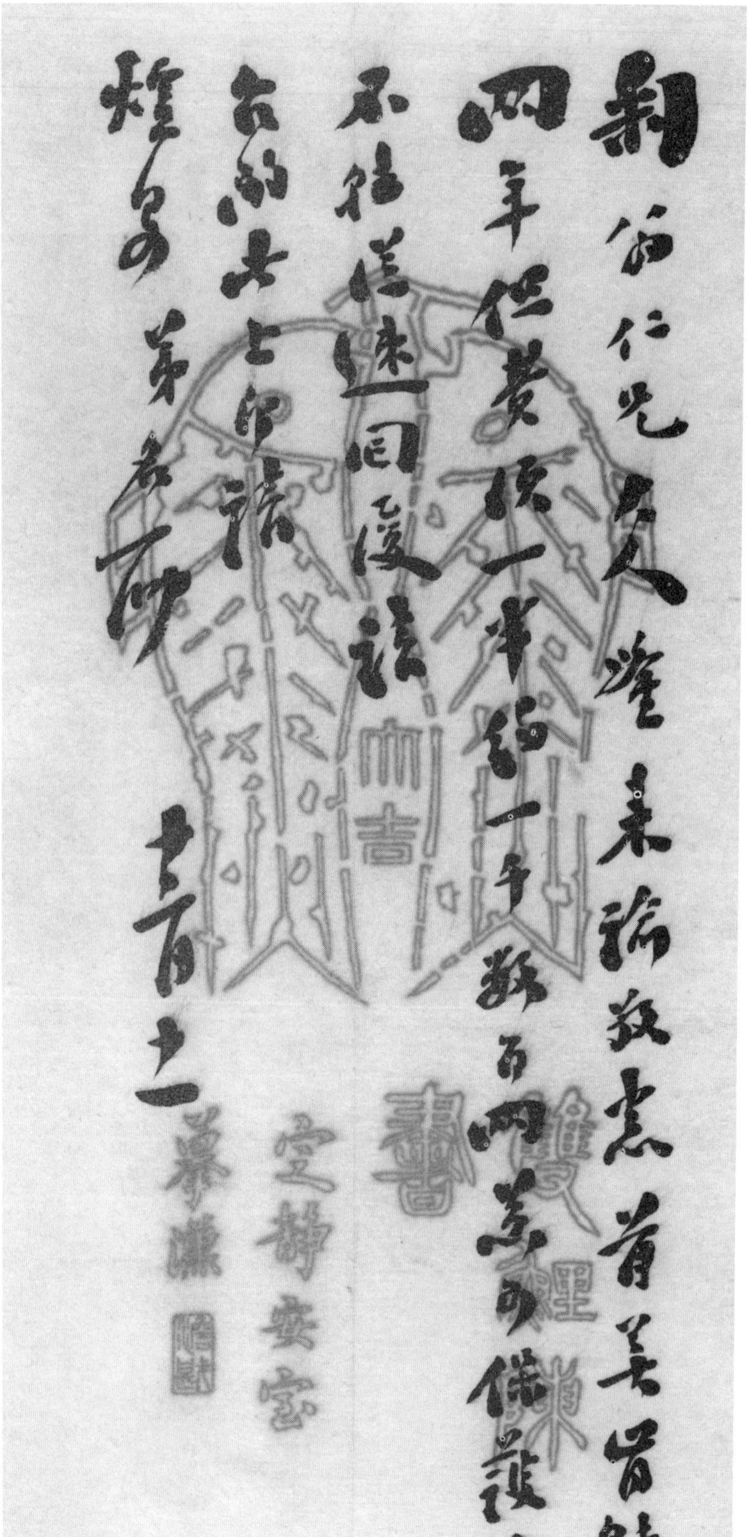

剛甫仁兄大人鑒：來諭敬悉。前奉旨特
四年經費領一半，餘一千數百兩，萬難設法，如
不能籌速回復，請
台端大力上卯請
惶急之弟名叩
吉甫上 十一

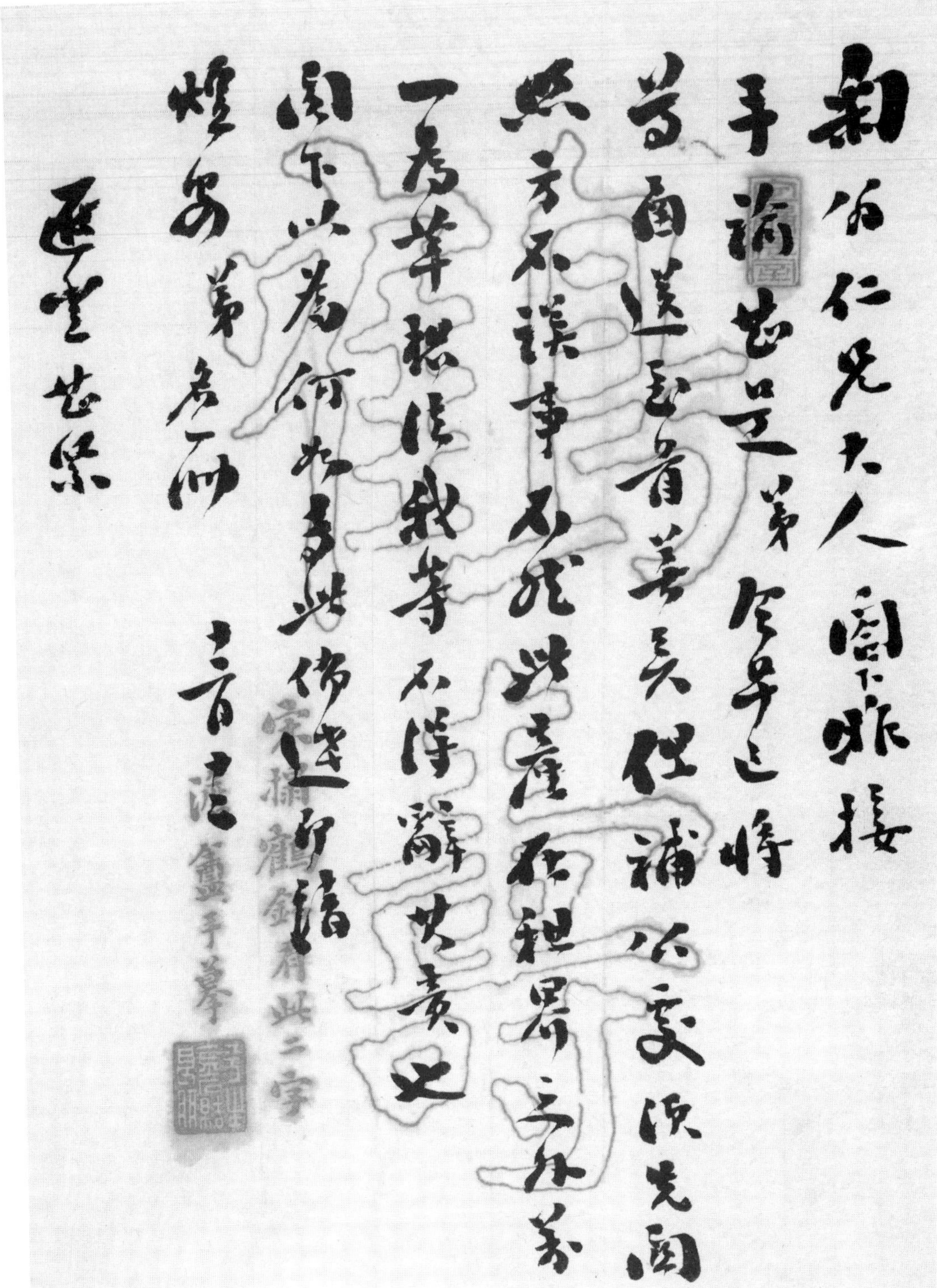

劍府仁兄大人閣下昨接
手諭悉呈弟今早已將
前函送至省署矣但補行文須先由
照方不誤事不然此層在租界之外第
一為革黨從我等不得辭其責也
閣下以為何如多此佈達即請
勛安 弟名叩
歷堂世兄
十二月十二
金盦手摹
原稿鈐有此二字

欽其寶致金忠讚函（一九一二年一月三十日）

越千仁兄
子蘘仁弟大人閣下逕啓者現據本會會員喜仲泉等呈稱
荊州被踞旗兵數万生靈陷於危險現在籌畫粗有端
倪擬即帶員前往辦理一切救濟事宜請予
核准等情前来又據面稱前經呈請
大部准將寄存河南藩庫荊防餉銀五萬發交運荊在案現
據汴撫咨解存司庫之餉銀五萬兩業已借支一空勉湊現
銀二萬兩發交佐領具領其餘三萬兩請由
貴部就近撥給亦在案惟是該處被難情形極為困苦即此

五萬之数尚虞不敷分佈且事機瞬變不可再遲屬爲代懇
左右准予從速如数撥給究區幸甚且荆餉原係寄存汴庫與
汴協解情事不同荆汴同一窘迫自不能不呼籲
大部力爲主持其情尤爲可原尚祈
裁允俾完善舉同深企叩專此布達即頌
台祺　　名正肅　十二月十三日

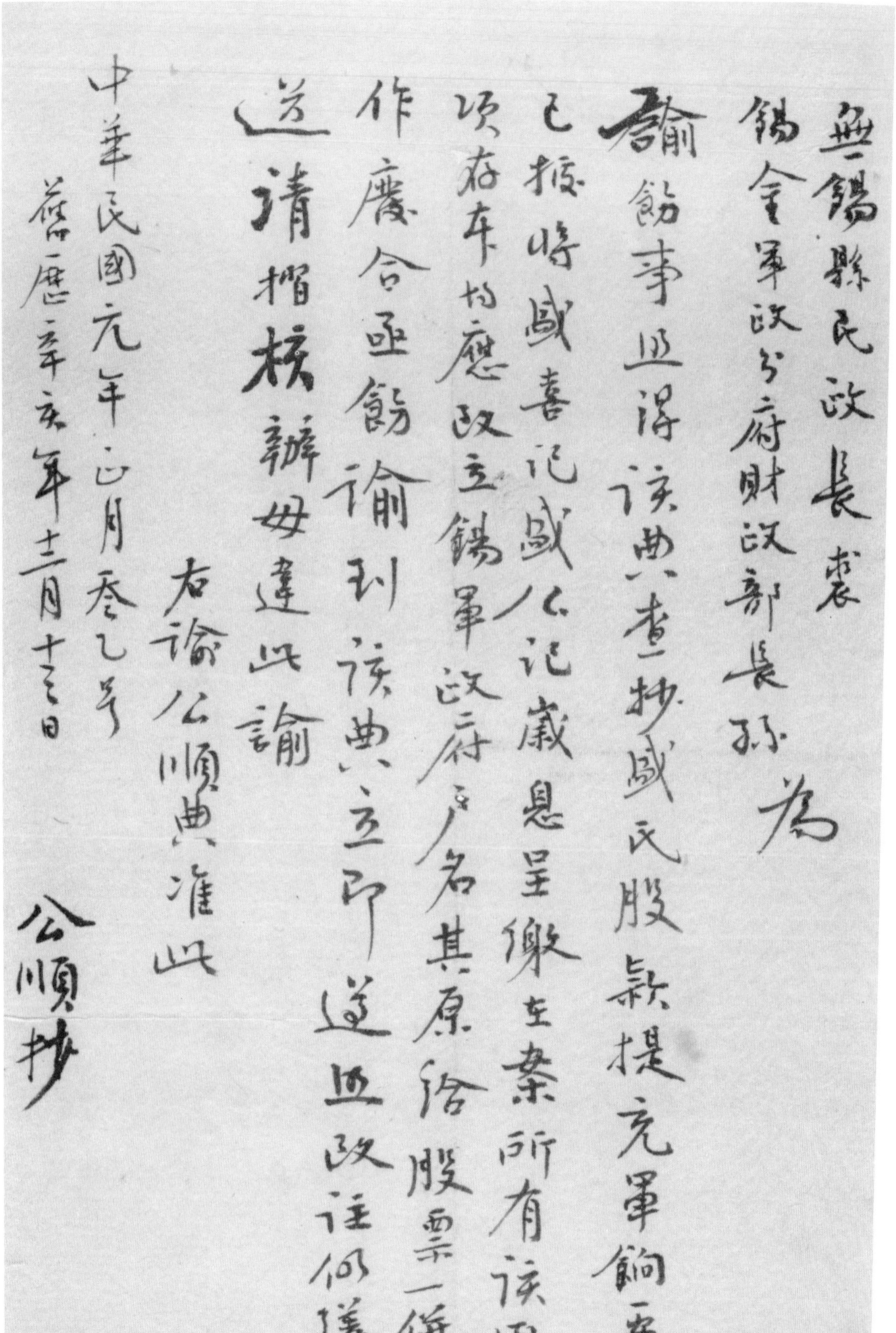
無錫縣民政長裘
錫金軍政分府財政部長孫　為
諭飭事照得該典查抄盛氏股款提充軍餉一案
已據將盛喜記盛人記歲息呈繳在案所有該典
項存本均應改立錫軍政府戶名其原給股票一併
作廢合亟飭諭到該典立即遵照改註仍繕
送請摺核辦毋違此諭
右諭公順典准此
中華民國元年正月叁一日
舊歷辛亥年十二月十三日
公順抄

無錫縣民政長暨錫金軍政分府財政部長諭公順典文（一九一二年一月三十一日）

盛善懷稟批　據呈已悉蘇滬等處凡屬尔等盛氏名下財産均在查封充公之列本縣豈能獨異現在尔等濟順公順同順各典股本業經本民政長諭提官剝撥充軍餉在案所請保全受分當股查明發還之處應毋庸議抄粘揭還此批

盛毓宗稟批　已於盛善懷呈内批示矣

日　第六版

給還盛氏財產之餘聞

常州公民盛毓宗具呈都督府以祿記受分江陰濟美等典產請飭查撥還等情奉莊代都督指令云盛氏財產沒收如確係庶母子弟者辦理本應區別盛許氏蘇地產業已據呈經程都督准予檄飭給還茲據呈稱析產股單以福祿壽喜四字分房事果屬實亦安能平空給還仰江陰民政長即遵迭次飭令分別確查聲復再行酌辦勿延切切此令

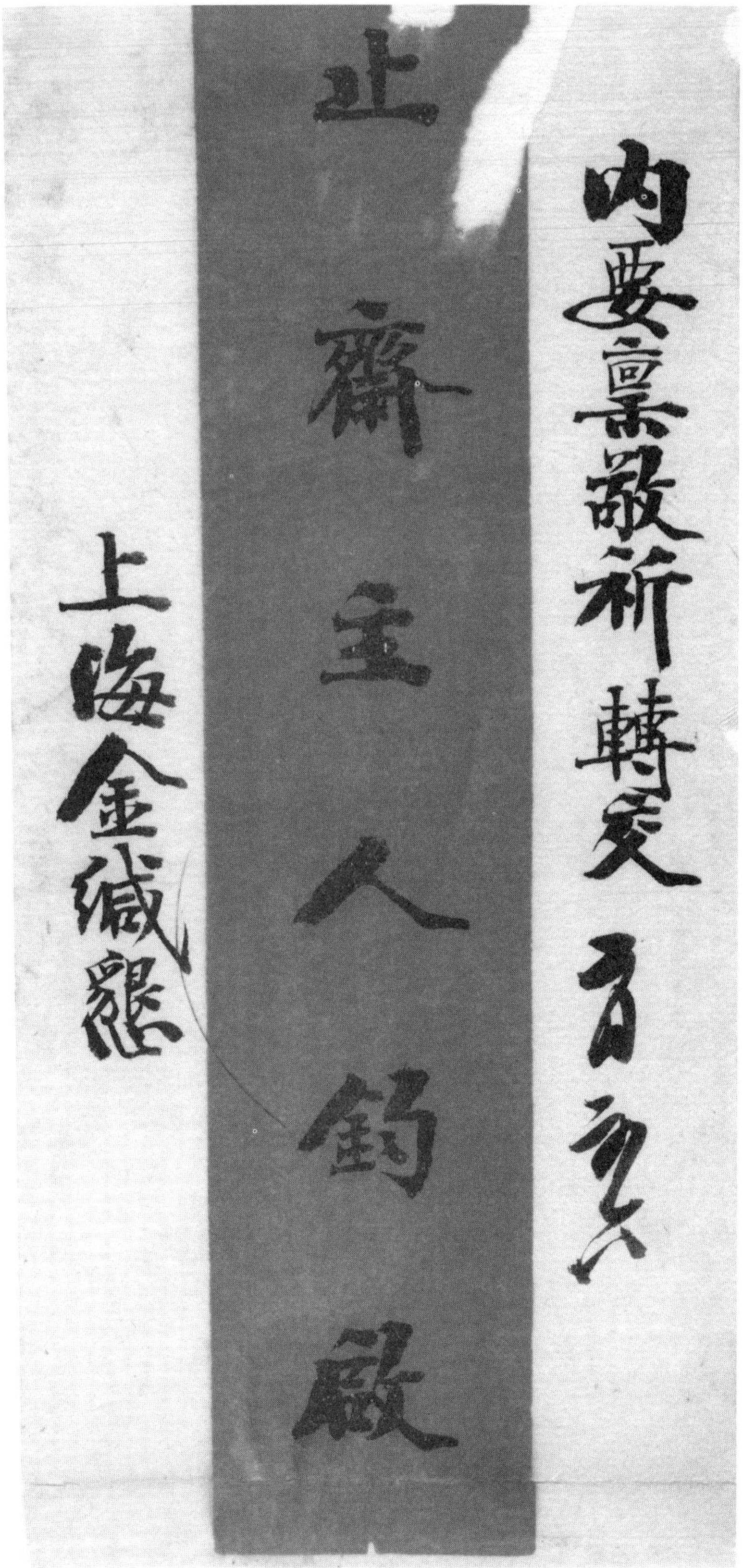
内要稟敬祈轉交
止齋主人鈞啟
上海金緘懇

金忠讚致盛宣懷函（一九一二年二月一日）

敬稟者首善堂押款十三萬兩原係欽鈺如經手道契
歸頭該數是何地段忠讚均不知悉其經手用錢二千
六百兩由
憲台飭付上年西正月六號到期時忠讚曾與陳止瀾
同往接洽首善堂洋人面允轉期一年原押據例須簽
證擬由忠讚代簽嗣因高易律師不承認必須

憲台親自簽字以致擱起原擬既未簽明轉至何時
即為無限期之押款忠讚祇知按三個月付息一次而
已鈺如月前來云首善堂押款可以加押值此窘急
之際果能加押數萬豈不甚善當請其與該堂商
量月餘未得回音日前來條首善肯轉兩年但費
須一半約一千數百兩兼可保護云云當復以首善押

款原擬並未簽註轉期即使作轉一年當正月亦歸
到期時即應商定今過期廿餘天忽來議論轉期兩
年忠謹不敢擅專況押款轉期向無用錢來示所云
須費二千數百兩兼可保護不知所需何費忠謹處
款已用罄如須保護費實付不出此款係閣下原經
手保護之事忠謹更不接洽還祈酌裁辦理等語昨

以來條此屋在租界之外萬一為革想法我等不得
辭其責貝云揣鈺如之意所需一千數百兩不出則不能
保護押屋此日人心不可不防萬一權生枝節則不免
受損務祈
飭令原經手鈺如辦妥備需用錢或保護費忠讚無
款可付並乞

憲台速爲籌撥以免誤事原條兩紙呈請

鈞鑒肅稟恭敂

崇祺 金忠讚謹稟 十二月十四日 第八千二號

盛宣懷致顧潤章電（一九一二年（二月十九日））

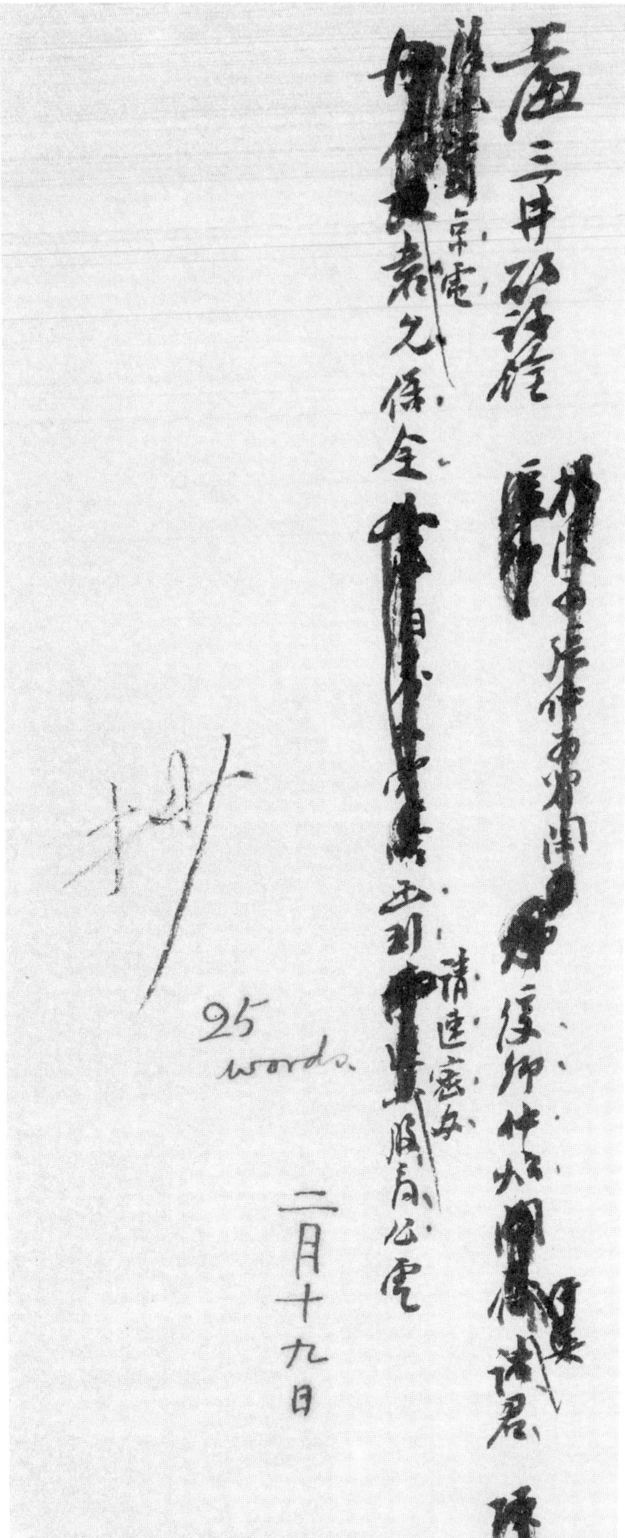

孫總統來函 二月二十三日

杏蓀執事鑒森氏來得見

尊函

執事以垂暮之年遭累重疊可念也保護維

持備能為力之處必勉為之現在南北調和袁公

不日來甯愚意欲乘此機會俾消釋前嫌令

執事樂居故里區區不盡即託森氏面陳此頌

旅安

孫文叩

《大共和報》登載《新罪言第二》（一九一二年二月二十八日）

大共和報登載新罪言第二 二月二十八日

盛氏以債帥主鐵道國有之政策。得罪於民。故民軍光復。悉以其產沒官。獨漢冶萍之股本。不敢籍沒之者。非懼日人有借款。或將起而抗議哉。 夫盛氏之罪。豈足以致籍沒乎。清諭之宣布者。不過誤國激變云云耳。此誤國激變之爰書。即借外債。亡鐵道。國有之政策也。然豈獨盛氏一人之罪耶。藉曰咎歸盛氏矣。而此鐵道國有者。我民國其不沿用之乎。此外債者。

我民國其不蹈襲之乎。有一策焉，沿且蹈之。盛氏其甘默爾息哉。此非余袒護盛氏之言也。蓋欲聲盛氏之罪。當尋得其濟私之實據。婪贓之確數。懸諸國門。以告天下。則漢冶萍之股份。皆可宣告入官。若夫東封一宅焉。西籍一田焉。吾恐彼猶將延、辯、護士、以開國、際、私法、上、交涉。斯時所封之田與宅。將啓而還之夕不暇。

中山先生閣下：頃奉二月廿三日
惠函，拜悉一一。
公以一手變天下如反掌，即以一手讓天下如敝屣，皆以為民
也。惟中華之民窮困極矣，非洞開門户，大興實業，恐亦
不能副我
公挽回時局之盛心。側聞
公閱歷歐亞，知拯濟窮困必從實業下手，路礦尤其大者，
與下走平生懷抱差幸不謀而合。他日倘得乞骸骨歸

故國或嘗與
公抵掌一痛談鋼鐵不過一實業耳漢冶萍又不過鋼
鐵一部分耳搡之縱之以弟皆惟
命是從盤其中委曲萬狀已一之難罄矣吳中祖業數
公保護維持加入一等森氏來函已經承
蒙國民政府撤銷名義藉以保全使敝族數百家均沾再造洪澍
大德尤為感泐不朽近閱東西洋報載江皖一帶災荒甚
之亟重民多食樹葉餓莩載道去年江淮大水潰破堤岸
並乞孫先生切加救之
用兵之後無力修補寔切維我

政府成立以來兩年戰事延長一年實業生民多受摧殘
饑荒載道又復連年江淮大水沖破堤岸用兵之後無力
修補非人士關心民瘼勸捐萬人且如此熱心凡我同胞
能無感動宮由我
公建業江南民流離赤子皆在咫尺覆載之中必經
地方官紳設法籌賑但念軍事初定用度浩繁振濟
雖關民命或無暇顧及緩不濟急頃與朝日商会面商擬將
族產業質交該商會抵押一款俟有獻後即行分撥
滙解呈請
尊處特發上海華洋義振会查收擇其極苦之處
趕緊散放一元可活一命活之則生不活則死民皆無
罪之民自在應救之列孟子曰不忍人之心行
不忍人之政以是度之

[illegible]

公者必能贊其成也。專此敬請

大安

○○○叩 [illegible]

黃克强先生均此致意

盛宣懷復孫中山函（第二稿）（一九一二年三月八日）

中山先生閣下頃奉二月廿三日
惠函拜悉一一
公以一手变天下如反掌即以一手謀天下如瀲旋皆以為民
也惟中華之民窮困極矣非洞開門戶大興實業恐仍
不能副我
公挽回時局之著心惻聞大[illegible]
公閱歷歐西[illegible]必從實業下手路礦尤其大者
與下走平生懷抱差幸不謀而合他日倘得[illegible]

故國或當與

公抵掌一痛談鋼鐵不過一實業耳漢冶萍又不過鋼鐵一部分耳操之縱之弟皆惟

命是從然其中委曲万狀已一之難罄矣吳中祖業多

公保護維持加人一等森氏來函已承

轉圖通飭各處藉以保全使敝族數百家均沾

大德尤為感泐相見有期再容陳謝肅復敬請

台安

黃克强先生均此致意

○○○叩 三月五日

瑚貝 濤貝 倫貝 九江 郵局
李復芳
葉觀王
旅傾 㬎記王
鹿記王
澤次

濱浪
上海董事
山本条太郎
高木陸郎
森恪
一二三百元

敬再啓者近閲東西洋报載江皖一带災荒甚重饑
民多食樹葉餓莩載道慘不忍言大约去年江淮大
水潰破堤岸用兵之後無力修補昨閱横濱東西人士聞
風勸捐外人且如此熱心凡我同胞能無感動竊惟我
公建業江南民[illegible]流離赤子皆在咫尺震[illegible]中想
亦正經[illegible]設法[illegible]但念軍事初定用度浩繁

振濟難民……因促不濟急，弟與朝日商会面商擬

將敝族產業暫交日商抵押一款，竭力措助，俾有就緒，即

行分別酌解呈請

尊處轉發上海華洋義振會查收，擇其極苦之處

趕緊散放，明知杯水車薪，然一文可活一命，得之則生，不

得則死，此時無衆民命危殆，應救目前。孟子曰：先王有不忍

人之心，斯有不忍人之政，以是度之，

公如大禹飢溺為懷，諒必能贊其成也。耑請

大安。　〇〇〇又叩

董其孫先生均此致意

復孫總統函 三月八日

中山先生閣下頃奉二月廿三日

惠函拜悉一一

公以一手変天下如反掌即以一手讓天下如敝屣皆以為民

也惟中華之民窮困極矣非洞開門戶大興實業恐

仍不能副

公挽回時局之苦心側聞

公閱歷歐亞知足民大計必從實業下手路礦圜法

尤其大者與下走平生懷抱差幸不謀而合他日倘得

文〻歸故國或當與
公抵掌一痛談鋼鐵不過一實業耳漢冶萍又不過
鋼鐵一部分耳操〻縱〻下走皆惟
命是從然其中委曲萬狀已一〻難罄矣吴中祖業蒙
公保護維持加人一等森氏來函已承
通飭各處藉以保全使敝族數百家均沾
大德感泐尤深相見有期再容陳謝復請
午安
〇〇〇叩
黄克强先生均此致意

敬再啓者近閲东西洋报載江皖一带灾荒甚重飢
民多食樹葉餓莩載道慘不忍言大约去年江淮
大水各處潰破堤岸用兵之後無力修築昨聞横濱
东西人士闻風勸捐外人且以熱心凡我同胞能無感
動竊惟我
公建業江南顛连流離赤子皆在咫尺
雲天覆載之中但軍事初定用度浩繁尚恐緩不
濟急下走與朝日商會函商擬將敝族產業暫交
日商抵押一款竭力捐助俟有就绪即行分次滙解

呈請
尊處特發上海義振會查收提緊散放明知杯水
車薪然一元可活一命多多則生不多則死孟子曰先王
有不忍人之心斯有不忍人之政以是度之
公此大禹飢溺爲懷諒必能贊其成也耑請
大安
〇〇〇又叩

致陳潤甫函 三月十八日

潤甫仁兄大人閣下前奉十二月廿三日
惠函並會議各單敬悉江皖水災愈積愈困華洋
義振愈辦愈難此皆鄙人去年籌捐太少未能扶其
本源河百不治災一日不了也自奉
諭言非敢漠置第以孑身避亂身外一無長物回首
故國親族盡皆懸罄援之由親及疏之義殊不能
遍萌庭願遲遲未復寤寐歉然昨接陶蘭泉顧
詠銓二君來信詳述

閣下札令議時大股，以弟為辦振，後僅為念
雪帥亦以為然，傅、張二君素未晤面，亦皆推舉，弟
深惠無以酬
洪公之談，且抹實，抹大筹款一時不及，恐致延誤，故
復電陶顾請就地取材，以免濡滯，弟一面託人赴東
京設法，有一富商山本條太郎允借卅万元，但須有
實業係借款，處處道契股票均已押完，上海人得
而知之。適接孫前總統來函，以蘇屬各典當產地
產允許保護維持，弟即復函捐振，以伸報効，並即

盛宣懷致陳作霖函（一九一二年三月十八日）

電致
尊處與蘭泉閣日特電各處俟有回電弟即親
赴東京籌定借款先行滙滬查蘇屬各典弟附
股不過數十萬單一壞於民軍蹂躪再壞於股友擠
偪三壞於改服料勢必不續將來斷無三十萬到手
不過有此典業藉作電保他人只知典當值錢不知
內容鉅款尚可有限約計卅萬洋可活卅万人無着餘
年作此豪舉實甚值得況人之好善誰不如我
公等援此以勸他人必有起而應之者至於弟回滬之遲

早當以賤恙之輕減為斷須磨醫院鶴崎博士專治肺病若棄而之他再來不易 馮夢翁來函擬梅翁劉朴翁林緋翁均肯任此役似宜分作三大枝迅速分請三公捐集散振辦工熟手數十員分赴災重之地一面修築堤埝一面查戶散錢並須辦糧平糶以米麥太貴請即電詢大連灣高粱價值即行采辦分運目下人材聚於滬上果能群相激勸似較易於散振華洋振会又是一事近日神戶報述江北災甚重即祈

盛宣懷致陳作霖函（一九一二年三月十八日）

諄覽上海各報皆須擇實登載向來勸捐全賴鼓
吹況今日報傳更廣爭集樂捐所設清江粥廠亦是
振務中急著亦僅甚小而亦為之夢想謂所存大
清交通兩銀行款卅餘萬將同畫餅鄙見只須有
存據可速設法墊取
公意以為何如附致 雪帥一函乞即通交手後請
善安 三月十八日愚弟盛宣懷

致王子展函 三月十八日

子展仁兄大人閣下：奉十一月十九日手函，無可作復。近接股東來函，藉知招商局幸蒙袁總統主持保護，此皆泗州之力。今人欽佩無地。頃聞泗州來滬，特致一函，即祈面交。如已回京，請即暫存。尊處再商，發否。此時蘇典收回一壞於民軍蹂躪，再壞於典友侵挪，三壞於改服制之沒而不贖，第名下雖有股分數十萬，收回不過得半之數，且緩不濟急，何

盛宣懷致王存善函（一九一二年三月十八日）

能救振不過藉作畫保他人只知典當值錢不知內容
卅萬尚能到手否則此外通商自己銀行我名下押款已
多至不再押而況他行振濟以後卅萬洋可救卅万人
垂暮餘年作此豪舉亦甚值得耳
兄若能轉托泗州與 唐揆理商定此事天亦必報以長
壽曼福也 鐵船兩公司開會光景尚祈
詳示為盼 通商清帳尚未寄到甚念 敬請
台安 三月十八日 弟止叟 手

附致楊士琦再啓 三月十八日

再接馮夢翁劉朴翁林稚翁陳潤翁等來函鳳
泗淮徐災荒尤重東西洋各報亦屢登慘象軍旅
饑饉兼顧不遑此皆弟等去年籌办無效引為
餘憾目下亟應設法補救以免壯者流為盜賊老
弱餓莩溝壑　政府統一後雖可籌款而不能如
從前請獎更難勸捐弟衰病餘年尚肯毀家
紓難但杯水何足救車薪上海產業股票均已抵
出只有蘇屬公典九處除公款外股尚有自己股分

數十萬串經民軍蹂躪如多殘失昨中山孫前總統
來函允為保護維持弟已函謝一面與東京富友
熟商保借叁拾萬元匯滬趕緊派人查放不有倡
捐何能激勸側聞
公尚在上海請即與商會推公舉員分赴查明或工
或振先其所急一面設法勸捐人之好善誰不如我
必有起而應之者但恐中山先生號令不行保護典產
仍無實驗則無可保借者亦不徒存虛願昨聞少川
總理不日蒞滬特由王閣臣特呈一電抄呈

台覽可否乞
閣下代邀　少公發一命令與蘇州揚州都督敝處
即可派人執管此間借款即可尅日滙滬不盡〻〻
均由子展面達素承
閣愛用敢瀆陳再請
大安　　小弟宣　又頓首

盛宣懷復孫中山函（一九一二年三月十八日）

復孫前總統稿 三月十八日

中山先生閣下：前奉

手書，即經脩復，計邀

台覽。近閱東西洋報載江皖一帶災荒甚重，飢民多食樹葉，餓莩載道，慘不忍言。大約去年江淮大水，各處潰破堤岸，用兵之後無力修築。昨聞橫濱東西人士聞風勸捐，外人且如此熱心，凡我同胞能無

感動。竊惟我

公建業江南，顧念流離赤子，皆在咫尺

雲天霞義之中，但軍事初定，用度浩繁，尚恐後不濟
急。因念蘇省所居久大、肇大等典，敝 族中附有股
分，以及房地各產，前蒙俯允保護維持，同深感泐。現
已邀集同股諸人，照舊派人執管，一俟就緒，擬即將
該產設法抵押一款，竭力捐助，即行分次匯解，呈請
尊處特發上海義振會查收，趕緊散放。明知杯水車
薪，然一元可活一命，如能抵押三十萬元，即可活三十萬人。
得之則生，不得則死。孟子曰：先王有不忍人之心，斯有
不忍人之政。以是度之，

公以大禹飢溺為懷必能贊其成也敬請

大安

盛宣　叩

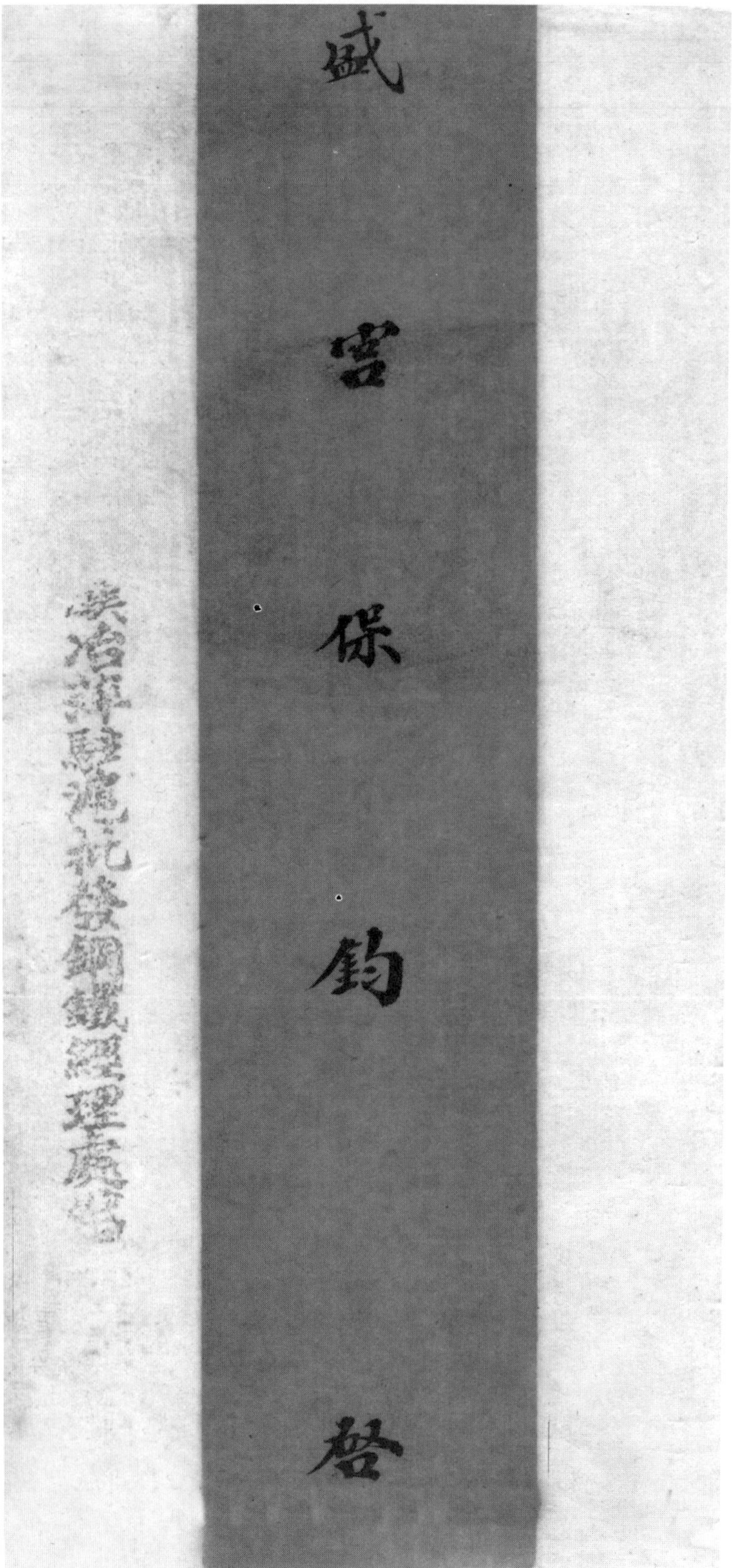

盛宫保鈞啓
漢冶萍駐滬批發鋼鐵經理處緘

宣統　年　月　日第　號

宮保鈞鑒：接奉

電諭，飭轉電孫總統及黃軍長，云小孫盛毓常在車站被

民軍拘留，向蒙保護維持，已即飭令釋回，不勝感激

等因，敬悉。當即繕譯待發，還又奉

電諭，云小孫已放，孫電勿發云云，感甚。前電已遵照不

發矣。專此，敬請

鈞安

王勳頓首　陽曆三月十八日

漢陽鐵廠駐滬批發處

敬肅者：四月廿六日接奉函

電，當即送交陳潤夫閱看。原擬藉籌賑為名，在張園開

會，於會場之上提議此事。嗣思會場人多口雜，設有阻滯，

反為不美，不如糾合上海有名紳商，均與民國興情相孚

者（即如施子英素為賑務中人，因其與前滬道蔡賬略有掛與情，故未列），聯名具呈大總統、副總統、

內閣、內務部，暨江蘇、上海、江北、安徽、浙江、江西六都督，飭發為尊

體。正在組織間，又奉

電，報捐賑廿萬元，保護內地之產業，此電由李一琴密抄

來。商會尚未接到，趙玉、潤夫密商，適電審查產，僉謂保

產與捐款合立二電，題作交易，若此輩何知，反將詆以

世翁兄贈一條全國地之壽、乃太傑宜、特將此番美意
阻碍、此其一也、公呈請四國繁費款加賑、雖不及保產
實係退一層之加法、特將世翁兄保產之意先行呈出、
則公呈為另一問題、鈞處行將多費矣、此其二也、此次
公呈本一意實為衆之讓金、相習成風、信之者固隨聲附和
所謂之者亦懾以不能言、一着衆怒難犯者、其實所謂何
索、誰不可解、所以藉華賑為名、請公四國、所有反對
可以救窮之字、塞之或美慈讓精華、可以徐圖解釋
免得久居异域、此其三也、政府能統一、然否太平不
知何日、此呈所使有效、公亦決不可遽行返國、不過共藉

二

三

知衆心所向，彼此擁擁，或不至相率作諸沈船之高興，而於究竟實亦造福不淺。天道好還，何能以目前定論，此其四也。此呈由内部程雪樓君分發，並由程伍會銜加函請大總統查詢鈞處，並將公議鈞處得孫總統電詢時，最好覆電，對於此事，則以病相辭，對於借款則指三十萬，不必提及保產，而爲鄂省之看待，自當指另。深蒙孫總統未有先保內地產業之許可，祇因漢冶萍羣起反對，遂使保護之令，擱而未發。今漢冶萍既可取消，又指巨款借賑，鈞處可緊跟一電，切懇孫總統速下保護之公令，於此一舉，既處意，諒可照行，況南京結購

取消，臨行之際，亦畀以傲人情，與其五百也，有與五者，遂將
東電在律務經手，去【資】部二本，擬持電赴蘇，因【亦】與而止。以上皆
仲純夫全藏以覆綬卿、詠銓及湘芹相商翊者也。
聞夫排悶事直白對，將五星事告行君。竹君極對
白對，且肆口謾罵，謂有吞挪款項等事，並云
報豬者甚覺吃虧，遂毛豬等語，不堪入耳。聞夫袖中呈
稿，即未出示，唯之而出，但云我有家務多年所了錢，
多係此案發給之款否？亦不計，竹君云且且看禍四日滿
治萍開會【改】無有甚風潮再說。潤夫來孫此事，懇再
阻礙，所辛經付伍已答允，其等誠懇，純夫暗中

覽。趙金箴、金箴亦係同盟人，借以掩飾者，其利泽
行之要，亦實彼人，其論辯生存三均極要好，其謬亦
認識。況彼居江北財政參議，因此與之相識，然其人除
實士藝於在路綱，而路綱在中華行，然又在中華
行組織，況孫三亦其者，其精孫之覺津，孫三
以彼為質物，而聞此民政長畫寅勾令部李徵五、
即屬之弟兄部等，跋扈施暴，手等皆其所為，
不意潛擄之情，僅以蓋其若干等亂相聯，隱之保護
某等甚力。上年曾經拘詠風戶共保，彼時中行擇有人在上方聽辦，
兇殺案詞如後詠不出，遂及於蘭，彼即力為贖辯，
且務閉從以蘭與季徵五合動，深恐徵告壽航，杯有人遙呈之云，
某之家產，正能拘不出，其甚微，不任隱秘之叢財，以議加法，財政司
議上，彼所擱之諸如此類，不一而足，蘭擬登載，亦不敢東借此

祝遂之行，湘因恩溥遣勳生來說，並論頤陶共彼有益矣。
情論若和之理，並與菁之株連，但其以為猶大不理會似的。
六難與共與時局哉，勳生僅發表大字猜思織遂函，蘭向詠猜
今元，詠以四百元應之，蘭仲免和多次，即列於楊頤之後矣。
其菁以備山菴也，此即標明資本，使共閩夫助力，備云
惟不列名，可以閩夫亦不要，惟列名，備云既不要，惟列名何相
告閩云，總呈其出而大肆反對，資本可周旋於各方，既專以惟為
謀士，而惟又仲新國中第一華內部之總機關，乃重要人物，
何可不告，即任溫廣，諸公執不排彼，言速聽其擇，備
云，汝即告知中華，暑中均以此為要，適來呼軍人為中華自暴，惟繼反對。
[illegible]何恩不救究，陳云，我再見之總當說明再做，方為

安嵩、次日（即初三）陳云：已見竹君，竹孫、我於全部表決不反
對。陸云：某公冰雪聰明，諒亦不鍾之為田也。旋見隽云：閔
說有不知何人寫信請閔於此君，撤究其字等語。我因此而覓
其詞矣，未可知也。於是陳即偏至安平，每於季平季
嘉陰卿等，均無話說，平老猶躊躇，俛僂而之太古
曰：三十萬元即為回國事，談少唐百萬。陳云：三十萬元首
第二人屈，遂意無詞。溫意竟反對，仲穗於君之意若，陵云：陳
老太界說來，我不反對，但不必列名，以免為人指摘。所以主中
無溫君也。指偉著字麹季。安徽人仲杏城之儀豫至
上海，為江北都督代表，調織續鋼之事者也。據聞中

二

排時報館二伏、申報館唐少佩而已、擬罷斥君辭
妥帖、下午閱漢冶萍合、全體反對、張審海福年後日特公呈辭
寄出、昨寄之時、伍秩庸函來書向他未來上海簽
名公呈穩、梅說當有人領名、閏夫家甚作中詞語
秘藏、且閱、唐少川亦不諳然、恐伍紹籍此將寄西、即欲
回稿、遂即四處公呈已發去、海名不及矣、擬於少川敖
江寄云呈、即於其六時行時送去、孫呈初回寄出、求不即上
擬六晚寄、又呈均擬五晚寄、排各報館能然
寄出、於公呈內說明係總統錯無此時不思復免
都督知上海唐律師、村於館務一一方面兼顧、餘雪每有此感

三

時、其於本業保護之結果，全在總統公令也。
今將此事原委曲折詳細告陳，藉說上海特
鈞和每之實况而已。屢次稱本年三場完滿，中秋則
尚不能一定耳。
飛息減收之本金。佳者本年畢業，尋之本易，彼本年所
有言，內地出產，積於牆中，以抵延爲保衛地步，
不係公然出面阻護，如有公令，自然順水推舟矣。
刻與伯棠仍其意，向需要交涉云云。其記室劉伯中
伯棠之婿 設法，久久亦似下游工來，難以久擱，或詢有抑揚，
尚未加工，業尊切托其延宕，專待此事發表再作

陶湘致盛宣懷函（一九一二年三月二十五日）

愚侄近日最苦最危，實因南京同盟會黃（黃昔回滬）之極
端反對，有炸彈等之恫嚇，而蘇城士紳竭力慰留
於丞，誠愚侄特進退維谷，並愚侄與黃稍有感
情，與鈕（永建）莫逆，今亦疏遠，所恃者張謇，而張與
陳不合，（為北方爭權）遂受於在勢甚孤立，幸在將孫仲
於名一席，第至龍，後乃於城十餘年之舊交，養親在
家，在籍茲於城陰後，所以昨日在極力辭職者
於息電局，必中籍故，必須南京宣教同盟會消
滅，代理有所變，又尚實在招致滕般事，如今則尚事
敷衍，藉保性命之需，此在恩紀念之情況也。 陶湘

十一

士乃损彼一方事、从前为其革命、九月十三被黎不适局、钮

彼先逃、已被捆、伊本之势、我之失败（当时南北自相血一扯血去、即此之故、）

革去后兼逆军继逆、逆并且藉西林所调江淮之军

兵逃为其援、即鄂相竟逃而得之、当时地方官奉李汉兴、

实情形不必说矣、伊来举铁路时、钮等运动群众、

此后乎易言、铁路收拆命者不可保其他人说将命、

者且趋劳款、群后护照、是多不伦不类之敢死队、

并钮此时满去、陈为铁路后、妹为灵心、并且有约

西欲以之、保护亦有代去诫勉、俟知其嘱竟无异识、

且多派董之、敢死队指以许多、招数为阔绰保、人

租界為陳
趙與黃蔡
[illegible]擠然陳
之名與陳
陳氏主張之
多不直之之

不敢與彼、声望大減、携人勤睽不堪於年久皆開此
李徵五顧忌、要則一氣相生、程在蘇號令僅及於署
内外[illegible]趙、宵每發爭傳命、據理特甚、孫黃亦頗不謙
與莊、莊則漫此種視陳、陳忌莊、加以草莽等事、遂
相水火、陳力辭滬、孫赴寧、租界反對、孫乃謝陳、陳憤極、
運動黎黃開會、屢欲電留、孫無以（通廣及南京）統一、復再撤、
鄭行思去、陳與汪派最密好、汪代表至北京、在
城露必將陳竭力推揚、謂民國開創、能屬於黎、蒼在
上海繼起、蘇杭決不敢動、蘇杭不動、天下未可知也、所以
項城意中、將陳與黃一体看待、陳知南京取消後、至

十二

豈不穩、趙爾巽、動南洋大臣皆說參事院及同盟
會協助之，而參事會又無總統府不合，種種自容不
堪一笑。江北都督蔣雁行，仰直隸人，張季直舉業[?]，
去年夏間至江北，為楊參謀（殿之）段調鄧、楊慕時署提督，
旋因不堪，遂反正，蔣性懦，撥弄停亡[?]，仰張軍中堅、梁
女士信江北為名望、於地方士紳公舉蔣為都督，當
時南中因蔣為袁黨、[?]之不入，蔣遂表面聯其袁黨，實
則陽與袁通，今蔣居然穩固，後軍亦肯無偏，以銀餉
黃泉之劣海軍司、江北財政並派出，遂換以為財政，而
動用鹽款，張季蘭大反對，黃攤辭，財政並辭鹽務

十二

又

謂伊人發鹽務、蔣不以為然、鹽紀鹽商亦與伊反

對，伊派之人未敢去接，並之返原處，蔣楨未追，未幾復去

逾有人調停，鹽務已將伊派人接收，而蔣伊處竟見其

伊矣。蔣為人持重，但有軍務知識，伊知保護居

民，與伊處不同，地方尚稱安靖，然權力不及於淮城，即如

揚之徐寶山，業在淮上為人，蔣閑，蔣無如之何，淮以東城

非矣。揚州有徐寶山，從前徐老虎，獨自一霸，無

論何人無從干問，不過徐極愛揚西等處，維持法亦

尚可利用之。以上係江蘇一省各都督之內容也。

總之中山先生令，視如弁髦，項城之令，事事維謹耶。

至於各處保產事，中山先生肯出公令，各都督不可奉行，彼有項城公令，則

無患矣。誠如來示，出了一個有限無用。

恩織、有據城電局、以心定一半、蔣則始而人之改初
道且佘銅、而蔣侍素擬將一切擅行否破、孫寶山持
唐有萊穴、陳祝三稱為難民團、無有負隅之勢、
據城者無如何安置之徐峰下明文、而被等確係據城之[illegible]
無賴、請所以中山弃天如敝縱也、
以上因正係罵間季刊
後諭除知　銷電每未蒙江蘇內狀、銷由見示、言之、
捷之如今世界、毫無一定、必須南京都督、江蘇政
為一都督、江北後改為捷督、而將數十萬新招烏合
之眾、遣撤殆盡、唐何安枕、民無論財力所及
十五

統帶之責，亦仍須多
命令，今上
稍須盡下不
知突然無
此耳

既有財力，無惡互相爭競，仍以兵并無此財力，祈以年爲
東上海，時時有兵變之驚。上海猶多人熱鬧之區，
令不已，以下將宗等在華界閒強擄
者去，然盤據而此等兵弁動均未受命令，命則相
率效尤，並不出自長官，亦且非長官所能禁[illegible]
鄰居上海，莫不視華界爲畏途，華等出入刻刻
爲意，固不止爲因在館寓安一面已也。
我且然，則內地如此之破壞，諸其公四，甚於此月，況
其公此付亦能有餘，且其過繼，倉以保護產業，則
一以保化產，又可保當產，殊不值，則當以此爲籍釋然

十六

罢耳。昨孟庸生云，謇、罗先生識，與某公反對，而孔
書產先生等事，曾（因圖者張在南京被劫論而言）載振與人極端反對，仲托宣而言義孔
為某公也，實爲民國之害耳。播說季直曾言
鈞處之事，並使條附之，而大定，方有加法，此爲我其時云
陳閣夫之意，以為如俟大定時候再行組織，則無題目
可做文章。最好以實振為題，而實脈之利不容緩，所
器日甚，此公之意也。茲呈有三十二人，即有三十三人之
請函，以待此三十二人，似難盡異某公為被所憲
三十萬元老院報此事，又為善不得矣。謹候某等
並以公呈之內，但仁云帳需等塾臣報，報內新加之

七

但云詢某公、是指共否、均在某公之回電、弟去(?)望之人
所欲計及並某公不以叢鋪抄借、知冊某不可得
並以冊某、亦保叢產者、正語弟保護叢產去(?)從(?)
得與冊某、弟語出此冊某、以稱買保護也、職以答
電有保護產業、作乃電致孫也、外方(?)閣子孟庸
生言滬浩萍(?)全分、某公細告友人、語其子孫之
叢、孫云被有某公指(?)語令加之說、梅生手(?)尋遊
語孫上了某公之叢、於是定相語罷、不留餘地、某
某意之、此語確否、不必說、誠恐孫將公望樓摘於乎
無益、所以電致請閣臣即熱(?)南京、運動此款(?)最

六

因亂跳接遠方有之主宗，將是跡傳為主顧貴一時，未行回電。北廠總辦今日已告之，仍俟厰奪，或由先後再定。

要。九二號原所項城有公令，係產不能十分有效，至於揚州書產、鎮江、北柳、蘇杭乃可及，已托孫君從中設法，因錢公最愛揚西，特託周夫錢來換局部。特公至抄錄西寄，且有孫君如何再行後閱。擬有函來，已請由詠祥陳明楊植陶均接種疑者不可再入，即入亦無益，即手函亦著有五際電華周侍郎一人，以對其合意二月周君均維持，會中人來西亦不獨背，自自無幾已奉電示，允可亦決行矣。一切再詳函請

福安。 知名不具 三月廿五

鈞鑒稿及付稿並名雅名均抄呈 核閱

九

盛宣懷復馮煦函（一九一二年三月二十五日）

復馮夢華函稿 三月廿六日

夢華先生世大人閣下滄桑變幻正切輖思昨奉
手函敬諗
台駕在滬擾亂之中猶復以飢溺為懷不禁展卷
卷三歎淮北連歲奇荒總由水利不修不有振濟
以治其標目下死亡太慘不有疏濬以探其本將來後
患無窮
公與陳林諸君組織江皖工振會實有同心滬報又
言吾吳已有 季直先生與

公為會長皖省有杏城壽平兩先生為會長熱
腸重望上下必能相通 袁揔統撥款三十萬元即
是江甯造幣廠移存通商銀行之新幣更有借
款一百六十萬兩分六禮拜交到參議院想必議准
得此想可暫濟目前尤幸季老夙有濟淮長
策似宜一面測勘一面籌款庶可早日觀成
閣下現與同任之振請竭力綢繆勿竟其緒不止此
窮又以為籌款固難而得人办事尤難中之難此事
與桑梓得任建功立業不同須實有不忍人之心常思

於物有濟乃能拚性命了此事。鄙見既已有款，不可不分投任事，或查户，或籌糧，振之事也；或估工，或辦料，工之事也。江北、皖北如何分派集款、集人，如何分任。災區廣闊，分洋義振亦不必辭，惟國外且進義捐，國內詎無仁粟。弟承

公下商，雖一無憑藉，尚願破産以副

仁命。上海産業股票均已抵與他人，現與此間財主熟商，擬借三十万元以備急振之後勁，山本條太郎已允籌助，惟抵保尚未能定。弟有蘇、揚、公與九所內

有弟股分數十万于孫中山揔統來信允為保護或
可藉為抵保一俟成議即當滙上弟志在必成務
乞我
公即與張季老楊杏老余壽老會商先請梅孫朴
生兩公分赴極重災地一面派友查户給票一面購糧
平糶米麥必貴奉錦高梁價目便宜仍循舊案
趕緊採運招商局輪船想不難調用向來勸捐全
賴報紙鼓吹近聞上海新聞不甚登載反不及洋
報所言之慘切諒因災區消息不甚通靈可否諄

告前逢電函勤發會中辦筆墨人尤不可少呂幼
舲熟悉此事弟審現無事辦可請其盡義務
也錢善就醫須靡松風海氣呼吸發宜大約一時
尚不能離此療病所也手復敬請
台安　　世愚弟盛宣懷　三月廿五日
再承
示振款尚存三十万餘金昨已分交各有義紳往
籌工振惟大清交通名分行還難提現仍同畫餅
以此設想恐通商銀行所撥之三十萬元亦未必能

一氣齊備特附致該銀行董班一信請其儘先
撥付聞該銀行亂前所存公款亦不少于展綸輝
兩君潤翁均與相識後先其所急必有同心耳頌
德祉 弟宣 又顿

致王伯敏函稿 四月初三日 三月廿八日

伯敏仁弟大人閣下：迭奉

手書，藉悉

安旋滬上。武漢口之役，行李必有所失，然值此亂離時勢，一家無恙，未始非吾

弟一生忠厚之報。尚憶去年敝

駕到京，先付此價，旋派漢局，方冀補酬三十餘年

相從之誼，豈料江漢適當其衝，局陷之後，官線不通，

而華報各線郵局皆以不及移線租界為憾。陸軍

軍諮處函請嚴密郵部故有候查密電以解之來
示宋電未免誤會至於薪水上海帳房因各處不通來
往錢有斷炊之虞不得已僅房租所入支派各房親
丁以及津貼薪資善舉各項皆減半非有所偏頗承
園房所求止仍舊一百廿元米珠薪桂本房難減已密
房頗詠錫每月另備六十元送上以免各人援引漢
此找款候回滬後再與陳處商同請法可也復頌
近祺

久
止叟手泐

再来示去歲爲官像报銷案卷遗留漢電局費
盡心力業已取回但不知是何年何案而向来各省各
局报銷之案經部中核銷之後案卷留存承办之人手内
亦作廢紙如有所揭亦必須到案質证
閣下即係承办之員万勿誤听人言徒傷數十年師弟
之義惟既已取回所有川費自当付还請即
交明頤孫甥及劉祥查收可也再頌
台祉 兄又頓
止叟[illegible]

致孫函稿　壬子三月三十日

中山先生閣下兩上蕪緘度邀

青鑒漢冶萍股東反對已正函致日代

表取消前議並面告前途。。一人願負

責任重謗不得另生枝節仰乞俯許提攜下走交涉數十年

向以信義為操縱用敢上紓

尊廑惟鋼鐵關係自強根本需才孔亟華商

心有餘而力不足恐非政府與商民合

辦不能從速恢張以與歐美抗衡也聞

公卽責後卽離南京而上海爲社會人才
薈萃之藪八方消息靈通可否
襜帷暫駐以慰天下喁喁之望敬請
鈞安

孫中山再啓

敬再啓者敝族祖產前蒙
俯諾保護心感靡涯適值江皖急振已商
三井儗將各典當抵保一款儘數捐助惟
聞蘇州都督仍以未奉
公令無所率從而動產日銷磨將歸烏
有殊負
仁人愛護之初心況久大蘇典已有陳姓來
催拍賣肇大揚典亦有奸商覬覦於小

民大損於公家何益謹附公呈兩扣伏祈
裁奪即日發交江蘇江北兩都督准如所請
辦理本不敢以私產小事干瀆
尊嚴
公將去矣無可呼籲不勝感激悚惶之至
盛宣○謹又啓 三月二十九日

滬軍都督陳去函稿　三月卅一日

英士先生閣下：久聞

聲譽，不忘溯洄。昨接小孫毓常家信，知本月十六

日在江灣車站被擄，當由家屬報明

蒙處飭查省釋。小孫年未及歲，家居讀書，不

問外事，突生無妄。幸蒙

貴軍政府諸公截留送還，足徵

秩序安寧，莫名感謝。弟僑居神戶鄉間，杜門

養痾，一俟病愈，再當回國面謝。一切手布，敬頌

台安

愚弟盛〇〇啓

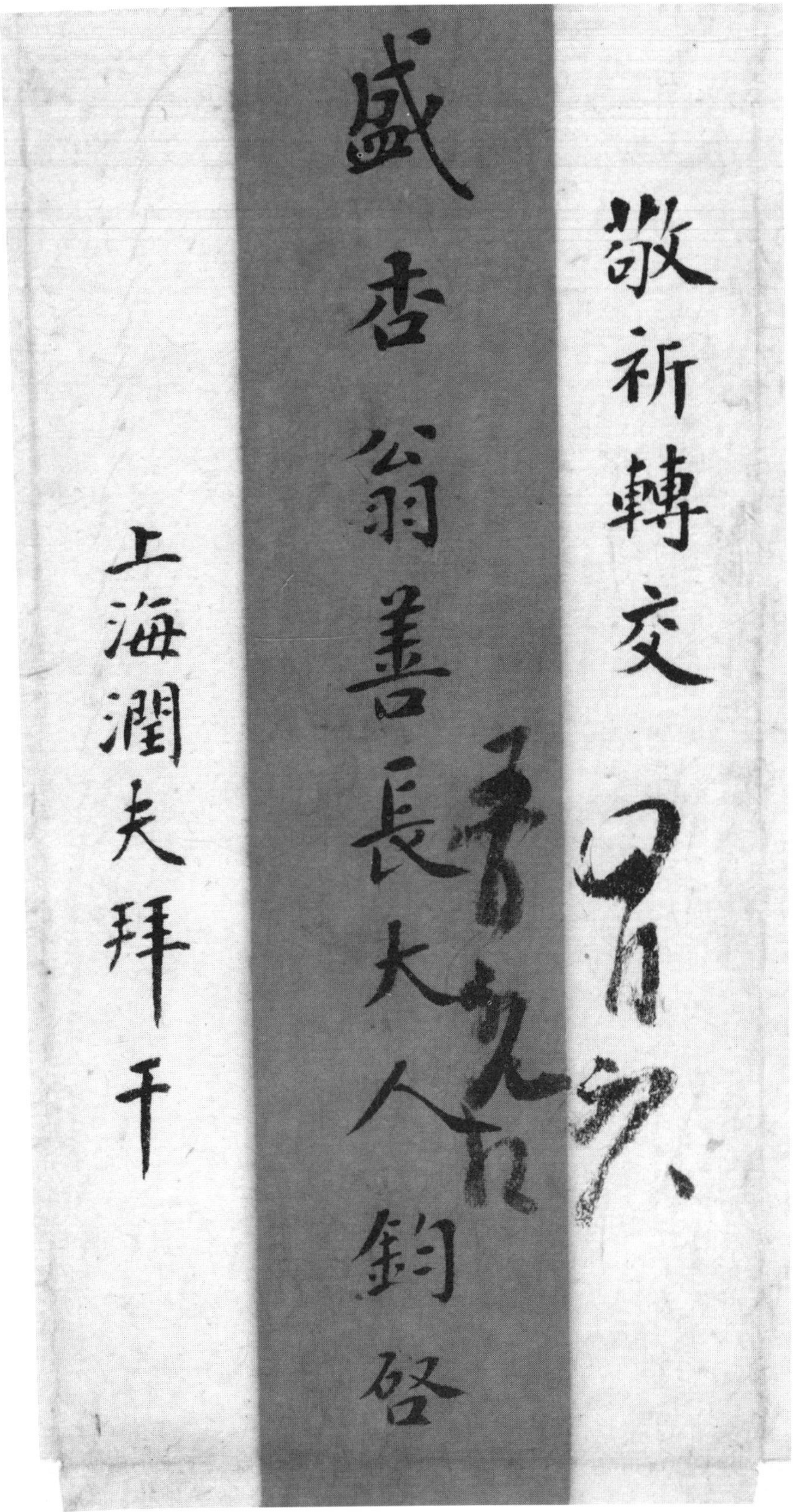
敬祈轉交
盛杏翁善長大人鈞啓
上海潤夫拜干

杏公先生閣下奉讀

手諭敬審

軫念遺黎大波推浥雖西江之水有待激揚而垂

天之雲終將膚合翹欽

慈宇謹爲兩省溝瘠百叩祈請前霖等奉揚

德意分别致函並啟十一如黎宋卿陳英士莊思緘

等處皆已復書賛成深嘆

仁嫩比以

藝學社製箋

鈞電保護典款一節，小有參差，未獲同意。霖望輕力弱，愧不足以仰裨海岱。而救灾治本之計，非賴鼎力籌濟，難期經始。頃者春水方漲，江北皖北皆不及施工，秋冬之間似當另行組織，爲桑土之綢繆。魏、劉二君均往助治江工賑，盼援之函迭至，無暇與聞滬上會事。林稚眉已往津京承汪并及。頃奉

藝學社製箋

電詢高粱每百觔日金四元送大連落比南來麵合
算否查目前日金匯價每元合規銀七錢七分上海
正月起所購每百觔祗元[illegible]至目前漲[illegible]無大
批若往東辦但是無款購買徒嗟巧婦之炊所
盼望者仍在
大君子慨發慈祥也祗復敬請
鈞安 陳作霖謹呈 四月十六日

藝學社製箋

敬再肅者中山先生蒞滬曾言　盛君函押九
典助賑衆聞無不為怪我復信不提九典至捐如
不捐聽他自與義賑會接洽昨　雪翁譚及初見
我　公電探聞以典押救災反對者多特擬公啓
加信以揚仁風解散嫌疑追後聞因押一事
伍君大不為然并有函不願附名之說其時十一公
啓已發矣旋接　黎副總統以及各都督復書
均稱賛我

藝學社箋

公慈祥愷悌不忘災黎日前　內閣唐過滬
時江皖義賑會董見　唐公云昨有人電杏公
將漢冶萍三萬股股票寄來可以押銀等語
止之衆董不復下問其權在握即商　杏城
力言渠仍以股票爲實昨十五歸　唐總理回
京衆董送行求電前來渠答皆是空言惟　雪樓
先生囑務須直陳以告知己頃聞　莊公因病
辭職或者　程公另有深意特照轉陳

崇肅再請
崇安 作霖又叩

再程雪帥復任蘇督辭之不獲昨已發表以往謁談及
公事據云押典與取贖股票兩問題皆不能獨斷為
公另設他法無需代為著想惟有請
公自行設法如能辦得到者無不照行屈為致意云云
併以附陳務祈
垂察為禱

藝學社製箋

復徐冠南函稿　四月二十八日

冠南仁兄大人閣下昨奉
手書敬悉閘北地事鄙人任郵部時慕連鈺次曾
先後來言
尊處願以七折歸併等語當時鄙人亦極願意尚非
難於籌款實因滬甯滬杭車路歸併在即該地適
當中心點已與洋總管樸愛德商明辦理是該地價
值飛漲可操左券且權操自我利在目前若以便宜之
價賠自

尊處而以貴價售出何以對
閣下合股之情意此種情形曾告慕連鈺如諒早特
達
尊聽矣現今局勢変遷权不我操歸併車站又無
把握若由鄙人擔任該地亦不致永無翻身之日惟敝處
久產業多被侵佔銀行錢莊滙劃不通一切困難情
形之諒邀
洞鑒昨鈺如來函亦述及
閣下需款孔亟彼此皆同苟能為力無不照办無奈

目下力不從心若必欲歸併祗有以漢冶萍股票暫時交換將來市面稍好仍可將現銀換回股票此係兩全办法因敝處舍此無物可抵四千餘万事誠仗鼎力關垂無任感激專復即頌

台祺

弟名心 頓首

盛宣懷復陳作霖函（一九一二年五月七日）

復陳潤夫函稿 五月初七日

潤夫先生閣下兩奉
手書備聆種切承
示安民徧地死亡相繼為謀生聚實弭隱禍皖中圩堤
毀已開工僅就無為州一堤而言可獲秋收千餘萬石各
圩倘皆修復出穀六千餘萬石通國元氣在此一點無如各
圩工皆無款接濟焦急萬狀
仁人之言其利甚溥且復深謀遠慮更非煦煦為仁可比
每一展誦欽佩何可勝言鄙人於振務數十年來無役不

浮雖皆量力勸倡捐金仗四方響應遠及歐美細至婦孺
每一役少或十餘萬或數十百萬樂此不疲亦並無求福之心
此次避亂異地行李蕭然內地家產既被民軍強佔租
界契據均為公司借押不特手無現錢并已無物可抵旋
因日商森恪傳孫前總統之意先為保護蘇產當即
特商山本條太郎允為暫借三十萬元六個月為期即以蘇產
作保已立票據由高木陸郎送至東京並以書之詒孫蘭
泉遞呈莊督嗣聞孫已至卻莊即批駁適接漢冶萍李
協理來電新總董擬任撥足股分三千萬元方可電懇

其多招一百五十万元將該公司借押於正金銀行之三万股
贖回即由新商頂替願以一百万元交至
尊處提為急振其餘現洋五十万元抵還通商銀行欠
欵（因愚父子共欠通商銀行一百餘萬而急須歸還）遠一琴過神戶談及公司現在短缺
股分尚難招足多招之說應毋庸議又之目下漢冶萍股分
出售只值六折 敝處產業祇此大宗雖立願售以一百万
救人然亦不值賤賣以致助振還債兩面受損且內有借
押公產股分將來照價買還尤不值因頃承
尊示天道自在公理易明近日據實函報告 計二万急圖

鄭稍後飢民餓斃道殣相望實不忍聞並接義振
會同人公行需款尚亟來據特焦思兩次空言實何以對饑
公熱心及　許君子〻期望現查有來經手六合公司存
於漢冶萍總公司規銀十八万兩壬子舊曆二月十五到
期註明隨時歸還約可合洋二十四五萬元茲特將票
據一紙附上並致漢冶萍公司董事一函請其即將
此款憑票如數交付
為寄查收想此數月無多公司眾擎易舉諸同人莫不
飢溺為懷如能念及災黎則此不無小補無論如何總可設法

速為籌給並祈
收到之後迅速分撥久災區交與魏梅孫劉樸生劉
蘭階劉鶴莊諸君趕緊及時查放若照平時千錢
救一命似可活二十餘萬人手願足矣本從前倡捐因欲
勸人不能不使人知現既勸捐之責務求
閣下毋庸宣布亦毋庸登報免致招搖是所感禱專
此敬請
台安

總統命令

五月十二日報供載

五月十一日臨時大總統命令共和以法治為基民權以財產為世界萬國法律所同自頃戰事告終元氣未復正宜同謀樂利以奠民生况保護公產保護私產禁止濫捕禁止擅驅均經前孫大總統辦理各案乃捕人索餉之事迭有所聞國法所存民業奚恃本大總統既膺公選即當以國利民福為己任用特申誡國人須知人民權利載在臨時約法保有財產自由無故不得侵犯從前用兵之際雖有將無主之財產及官吏私產充公等事乃出於軍事上之便宜斷難認為習慣現在政府成立自應實行憲戢武斷嗣後應由各省長官及各軍隊長官恪遵約法嚴飭所屬切實保護人民財產倘有違法私謀摩情事一經告發務必按

法懲治其從前迫脅立約尚未履行者自本令之日始概失効力至
若其雖犯科應行籍沒者自可按照法律由檢察官提起公訴歸
司法衙門審斷使無辜之人不得越俎之理本大總統為恢復秩序起
見深願國民同享幸福共保和平其各懍遵此令

天津孫慕韓函稿　五月十三日

孟晉仁弟親家左右：奉三月初一日

手書，敬聆一一。

抄致項城總統函稿，全為彼一面立說，可謂善於措詞。

籌振題目尤為無足重輕，然前月上海廿餘人已具

公呈黎副總統及各都督，均以為然，惟大總統置之

不論。其時駢指在滬，想必為彼作祟。下走即函复

滬紳願捐振而不必籌振，此次

公去函亦必為所撓。即如漢冶萍事，明是孫逸仙先

與三井訂立契約仍威偪四公司承認尚幸稍有操縱得以輕輕取消彼猶以影響共和勸我勿以揭破我想項城一面蹤不聞親雖千言萬語未必見信聞章太炎等頗知其詳同盟會甚為統一黨可以許主佐猜疑報紙騰說未知不確否黎宋卿近來謳歌載道甚為輿論所服從近日上海張季直等將七會歸併一大會組織政黨聞推黎為首子房佐已為相湯和在參議院亦超邁羣流吳景濂素在奉天不知其人如何項城與中山

到京未必肯來此君似已不能得人心

尊論滿清未必再起中國未必無人論者皆如此云

項城實一世之雄論其才識經驗斷無其匹黎孫皆

不足慮惟中外皆恐其道德不足人人以小人之心度

君子之腹未知何故其實現處君人之位且三千年

來第一人之位何必再以機械勝已如下走本未

才具平常不過於財政實業稍肯用心而十年郵

長已蒙賞識逢人便道鄙人信以爲真此次潛回

龍再出承澤起之攝政畀之決之於如春而如

春決之於鄙人竭力解說乃底於成此事有林炳章在内閣有缺之京堂徐東海亦知其略也試問承澤其再出也是否係如春贊成今滿清已失念之傷心數月以來從未提起今讀尊示正月初八九痛言我歷史嘲笑其身敗名裂何前後之不相符耶承公以辦振爲言且有南中士呈在先苟以兩省實繫人民爲重就使真有仇隙何妨發一電來人非至愚決不應任不過量力揄揩者盡吾心示人以彼此

無猜而已矣衰病如是斷無再入政界之理
尊處諒必不復如到京晤談時直告之勿使誤
會我尚有入政界之心也至臧倉之於我儕非尼我
也記得從前在北洋臧倉告人曰若使某為某所信
用豈復有我之地步哉大約謂
以離開而遠之則仍此意而某以之困在鼓中不自
知也不惜三千年第一好机會難保不中傷於此渠啓
超共和統一之黨論已在上海開辦十万部鄙人多所參贊以組織大政黨
維政府為宗旨既已不能君主矣亦必須使政府能為

霸主所謂共和形式專制精神方能收統一之效五
分八裂各省長由民選即五分八裂之現形也聯邦之
制斷不能行於中國因外交窒礙邊疆更難控御耳
目下人皆知財政困難外債監督之非易郤見財政分
與外交相爲表裏分實業相爲維持非通籌兼濟
斷何能有的款指還既何能示信外人取消監督
聞六國欲將債務歸入政治輿論視爲危險罷免
不如先修商約既是開明協約以債務列入一款而詳（第一款已可指明英日俄日協約之保全中國領土）
細條目仍可派財政部與各銀行團議定將來還債即

以裁厘加税改良塩務劃一幣制國有鐵路擴充郵便
試行所得税工商礦務洞開門户分數十年抵還而有
餘養民之政在是强國之机亦在是須將前議債款
全資虛靡撤開另議仍以~~幾~~條大幹路爲借款關（造路乃可養民陸軍二匯轉工皆用）
在圖中鍵其餘移緩就急以救今係不過是保目前節料外交
團必信我而樂從人謂內政修而後外交固吾謂外
交凝而後內政無不備因此時則使政府强有力若
能稍借外力必可事半功倍吾老矣吾亦必不見
行於頃城

公雖不十分親信，究免猜疑。如念中華關係之重

大，項城地位之艱難，或可設

另揀一員赴京面陳。如以為然，（行將特說本來何必做武員差）下走可暗助我

公，但不可使人知之。我可發誓不再入政界也。手此，敬請

台安

姻如仲○○頓首

天津孫慕韓再拜啓　五月十三日

再承

示清況已在天津湊買洋房一所清風兩袖洵

堪欽佩鄙居天津日用浩大

屬商匯豐每月向津行支用五百金以萬金為度自

應四一辦之在京時曾分匯金往來但有欠無存爾

前因置買府學胡同李偉侯之房屋以抵借欠金

已七萬及到期未能歸還近日來處有人要買已

託其代售如能售脫歸還本息之外尚有所餘所

盛宣懷致孫寶琦函（一九一二年五月十三日）之二

趕緊至來，必肯出原價，則正金必催贖。徑前漢冶萍往（尚有另欠五万，共十二万）
來甚巨，現已辭職，若非群勢利，恐難空借。已許其實
股分票一万元，以作信於附股，致一園諸股派人送交正
金矣。寅相寺內處當可索其回信，備至年底
以尚滯津門，當不難續辦。至正金津以內不相識，
故不能不候其來以待致也。聞知卿在津置產者甚
多，如有人要通商，只少有大洋房一所在英租界，
可代為介紹也。
外仲又頓

天津姻慕韓再啓　五月十三日

再，舍姪我龍英來，携奉手書，已是隔年，蕉唐然一縣，情娓娓，而獲如至寶也。王道全令分兩振，合元德華買辦，前島時無周，失以後要喫飯不易，故曾代介紹一言，今舍振來了，要借商埠產業值五萬金者交押德華，三年為無過，方能取回。若在平时，此處上海頗有地房，仍將借押，無奈自下連斜橋住宅、小只等住宅、歸女私產，均為漢冶萍借去抵押，所剩蘇常內地產業洋

行不能抵押者均為民政司佔奪家產已告居絕行處之中只有通商存天津洋房一所之印契可以暫時抵押舍此只有倫貝子有八万之漢冶萍股票又肯借與王道先如德華不要股票別人只要以可將此股票八万之寄與通商銀行暫時抵換其天津房契據有電奉詢 台端奉電始知倫貝子不久且通商銀行亦亟於售屋不能久借可見 舍姪次事所言之不能着實也銀行被人倒帳買來賠償損失之事若是之自己產業不妨為自己人担險否則不易為代謀〻全

今聞已入總統幕中 王道能通變必有相需推
而舍短不易謀事未知尚有他法啓漢冶萍已交部
以後毋事共資無股分一味虛憍之氣中華實業
如何能有進境招商局亦只有一退步到如此還使十
年前弟手內所積以充股利最壞者股東資格不及
他人共和之後更無道德只有縱橫天下事恐有無好
氣象七十歲人斷不能目睹昇平矣可嘆

致天津義京函稿 五月十三日

幼盦賢姪覽：連接八號至十一號手書均悉。二報第已收到數次，蓋章尤便檢閱爲善。春深較暖，近因旅店開銷太費，已在西山租屋八間，環山樹木森茂，真山真水，足以忘機，柴門拒客，終日看書課子，生平未曾過此清閒日子。每接上海家信，內地房產典舖悉被民軍占奪，在滬公司股票均已押售，出剩房租養家過度，苦窮苦甚，耳不忍聞。江皖兩省災民遍地，南省數十紳士公呈 據德都

皆望我回去亦振梨宋卿頗以振務為重極以為

此項墩想必以為然目下民窮財盡人性勞利我

兄擔任必致無效故已函復南紳辭謝決計暫不

歸國此報所傳季直望我亦振想即指此而言

雲台屬

姪向我情意可感 大總統本來待我不薄如果

不病兄處老亦必圖報効前能於財政實業稍

有裨助亦可盡一分子民之職不必身入政界亦可

於國家有益無如肺病不能用心故漢冶萍畢生心血

所造成者亦已全行推出何況其他昨聞
雲台將有遠行想鐵係盡虛謠傳唐擬理財此
重任六國借債想亦已有成議聞見國債銀款
歸到極底撥須另辦鐵路幣制及各項實業今已奉
利有著自能取信於人此等議論曾與少川談過似
尚意見相同以照雲台仍可將此意質之高明之人
當許可也報紙即是輿論此次革命報館當叙首功
然做到出色談何容易要大資本要好筆墨
姪於此二者均缺恐只能幫人而不能樹一幟也余此時萬

事處心手中無現錢極想助姪臂力只能催諸
異日泗州去信不復值此時勢未必肯雪中送炭
姪才識於此時頗相宜近來議論頗中肯綮能從此
改頭換面苦盡甘來當爲吾家中千里駒依我愚
見此時家用甚輕不必急回上海往來京津結識幾
個好友只要得一知己便可斷圈豆足不必過於濫
交致損名譽天下事以道德爲根本忠信篤敬可
行蠻陌而信字更爲要緊儉字亦是終身第一要義
不儉則必不信請詳細思之我從前未能提拔自

家子弟甚為抱歉目下裝處万難仍當月助百金前
特寄上銀四百兩作為四个月之費用即望查收
至娛太之之喪費四三百元何以尚未匯到致煩孫
舘親筆信尚抄有稿特以附
閱昨又函詢孫舘致函周僕無可找尋請即函
致該僕可持
姪親筆函往孫舘補付因其手頭亦甚窘迫即如我
之自本用費每月數百金亦不能應付而至為之
慨然曾君屢生嫌時為我致意其公甫是否能

宜不甚清楚，此方事望勤寄信为盼。手复，

顺问

近祉

止叟手

致長崎李伯行函稿　五月十四日

伯行仁兄大人閣下：前得
手諭，藉知
台駕仍即返崎。適令趙為生回南面叩一切，兼閱上海報
載鐵路合同作廢，並列名，未知
公又回去否？一琴言陳英士去後，秩序尚可，好此次敝處內
地產業概已無著。仲帥乃
尊處已來過否？漢冶萍弟已告辭，因
公未返，請四川充第二董，聞亦不主持，盡歸趙竹君、張

季直、葉揆初無一真股東在內，均号好手，東方承
雅愛相助，患難之交，發兹蓋信，兩生來信，董事已章，須
西人二名，華人一名，方能開議。現在只有西董二人，逞西乐擬
股東能會議。現在各押款首善匯豐到期，須由東方向銀
主直接，又須派人經理息款，向漢冶萍付息，亦須議而後定
等語。弟一時尚不能歸來，知
閣下何日回滬？前在鄂時所見之劉世兄（蕪湖大清銀行，能通英文語）現若在
滬，請即出面，致託其代充董事，亦須寄下，以便轉寄兩生選
否，是所至禱。如劉君不在上海，有無別人可托之

盛宣懷致李經方函（一九一二年五月十四日）

示知愛年處係請其作經理人，而房租大宗，今年已為通和捷足，明年方能完備。敝產擬出售，以抵愛年處經手須要借用錢否？我二人素甚好友，欲覓代表，若無妥人，但望公能早回上海，則諸事可托。招商局泗州不肯管事，盡為廣幫胡鬧。中華只有此實業，竟要送掉，可歎。長崎亦有好屋可租，過夏擬即搬來，可相依耳。手頌

台祺

世愚弟〇〇頓首 四月十四日

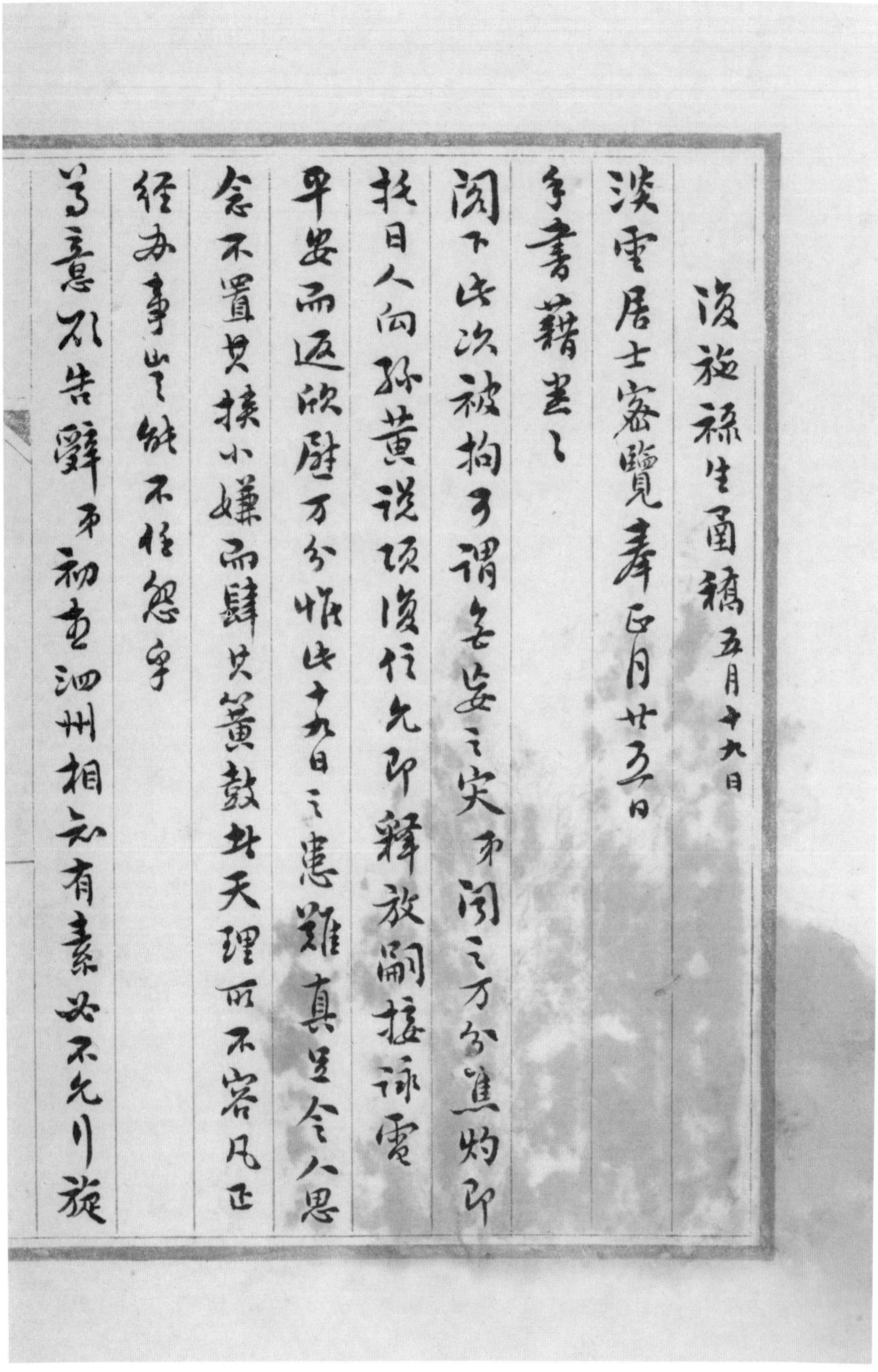

復施祿生函稿 五月十九日

淡雲居士察覽：奉四月廿五日手書，藉悉一一。閣下此次被拘，可謂無妄之災，弟聞之萬分焦灼，即託日人向孫、黃說項，復得允即釋放，嗣接詠霓平安而返，欣慰萬分。惟此十九日之患難，真足令人思念不置。其挾小嫌而肆其簧鼓，於天理所不容，凡正經辦事者，豈能不怪怨乎為意。不告辭，弟初至泗州相知有素，必不允，則旋

欠告白元三董何舊善堪自歴但未知泗州能否
當家董事会此何情形去年所借滙中一百五十万
昨華托談及擬作上海全產而抵押
两作用何產抵押若干期限請將合同稿抄寄上年
股利周印以通商股票抵付帳畀想亦必須詳叙五
月间將開股东大会近闻有人主持將該局售賣未
知此議發自何人航業既不能與外人合股又不能歸
國家办理各國多此様式施總長欲以招商局改為
中華航業公司實屬名正言順然華人乃有此種
潤大新商多此以局產抵押給還舊股本另行組織

而已去年南京政府曾想以招商局抵押現銀一千

万兩其时日本郵船会社想買併問滙丰因抵押在前必須

先儘英國未知一千万〻說滙丰曾否若應我從前

約估產業可值二千万兩目下約估尚值一千五六百

万兩

閣下總司十載必有考核南京政府要賣要押其

時曾有人估價於過抵押能覓以比較否鄙見航業公司必不

能離開華商办理。而華商若不另行組織。事权

不一。精神不振。亦斷無起色之時。且董事会程度不

且共和之後國家或不致派員干預但股東自棄權利更無法想辛亥年帳目諒已結出請即抄寄一分現在股票每股大概價如何有人肯賣出否去年詢倫輝賣出只九十餘兩如在百金左右能多買否閣下所執之股票千萬勿賣此事會中張李仲炤二君皆有大股張與松岩至熟其議論如何秩庸杏城權力孰大鳳墀輝庭精神興致如何輝庭前主張包租仲炤則云租不如賣又有一人條陳分作兩公司之添新股以好抵制之洋公司

阁下主何策以维持此局，即祈
详细密示。去年以四万分给各友，弟曾核准已否？分
函陶斋、寯甚来函以从前亏积，伊与缉庚均应
酌派。今年以何大德油厂速设法租出，三井不要，
恐久搁机器损坏。又上海金融渐活否？设请
台祺

弟止叟顿 五月十九

盛宣懷致高木陸郎函（一九一二年五月二十日）

致高木陸郎函稿 五月二十日

啟者連寄兩函計已收到漢冶萍擬續致製鐵所
銀行兩信李先生帶回上海交董事會通過再寄敝
處轉交
閣下務望
台駕速來神戶面商一切另附節畧所云數事皆不
能緩且日內李先生必有信到正可交與
閣下帶回東京也何日成行希先電示此頌
近佳
五月二十日盛〇〇啟

一又新紗廠工商長陳其美來文抄送目下須有一
華人出名
一朝日商會保護之事欽差想已商量能否保
護　何處能保護何處不能保護須速定奪以
免兩誤　前合同所訂典產地產現今典當均已
被佔商會無可保護已經揭曉惟漢口蘇州杭
州南京各處房地如何辦法即須定奪實難再
遲請即與
山本條太郎森恪二君商妥並將前首合同帶

來再行面議

一漢口寄去地契三件有無回音即祈發電問明

一上海現有急用須借規銀十万兩左右以地契作抵

半年為期請與銀行一商以便面定

潤夫先生閣下兩奉
手書備聆種切承
示災民徧地死亡相從為謀生聚實拜隱禍皖中圩堤
悉已開工僅就無為州一隄而言可獲秋收千餘萬石各
圩倘皆修復出穀六千餘萬石通國元氣在此一點無如各圩
工皆無款接濟焦急萬狀
仁人之言其利甚溥且復深謀遠慮更非煦煦為仁可比
每一展誦欽佩何可勝言鄙人於振務數十年來無役

盛宣懷致陳作霖函（第一稿）（一九一二年五月三十日）

不從雖皆量力倡捐而四方響應遠及異邦或十餘万
或數十百萬樂此不疲亦並無求福之心此次避亂異地行
李蕭條內地家產既被民軍強佔租界契據均為
公司借押不特手無現錢并無物可抵旋因日商森恪傳
孫中山先生之意允為保護蘇產當即與商山本條太
郎允為暫借三十萬元六个月為期以蘇產作保已立
票據由高木送至東京並非虛言始託蘭泉遞呈莊
背嗣聞孫已交部莊即批駁而接漢冶萍李協理來
電新總董任招足股分三千萬元乃電懇貝多招一百

五十萬元將該公司借押於正金銀行之三萬股可贖回 由新高頂替

願以一百萬元交至

尊處撥其餘五十萬元抵還通商銀行欠款 因愚父子共欠通商銀行一百餘萬

兩急須 撥來現在連短缺股分尚難措足遑論多

歸還

招三萬股並疑弟好說大話徒作空談 又言

今要弟另捐三萬股亦特無此力似亦無此理

尊示天道自在公理昭明皆據實報告好工萬急

國難稍緩飢民餓斃道殣相望實不忍聞弟犧牲矣

進籌而 徒恃空言實無以對我

公賬查有本經手通商銀行存於漢冶萍總公司規
銀十六萬兩，壬子舊曆二月十五到期，註明隨時歸還，約可
合洋二十五萬元，茲特將票據一紙作抵附還，上月內公司
經理李一琴由神戶回上海，即當面談此款，即於新曆五
月內憑票如數交還
尊處查收。想此數月來公司衆擎易舉，張季老
領袖其間，必能念及實業，以此不無小補，無論如何，總可
設法速為籌結。又聞孫中山前由漢冶萍公司代借日
本三百萬圓，尚有五十萬圓存於三井，未動，或可取而
日本……未必而用……

此項以金公銀須積吃虧耳挪實如救大熏在目現款

閣下與　洪公斟酌詳盡不要又多後敵後語

台安

復陳潤夫

潤夫先生閣下：前奉
手書，備聆種切。承
示安民、備饑二事，相繼為謀，生靈實彌浩劫。院中圩堤，甚之開
工，僅就善兩端之一堤而言，亦可藉救性命，修築後無圩傷人，方修濟
生數十萬饑民，修築後通圖之策在此一舉，然若干圩工，皆需之款接濟
書面。
仁人之言，其利甚溥。弟雖衰病，鄙人非振務數十年，筆墨不停，業
無不三復，豈量救禍之心，更次遲疑異地，川李蕭規，而於國實繫念

此次查帳托苐子要現錢不能買往還事，苐因與商霖懷傳
聆前日從之之意，允為保護不致產業者由於商山本條太郎之承諾
借三十萬元之六個月為期，即以蘇產作保之正金一案，係因高木陸郎之
至東京，將托蕭泉函呈霖賢，謝閣諸公之意即霖由抵驗出以典當
抵押借款一節之情形也。然捐指之心並非因此諉卸，適接李一琴
來電，漢冶萍新經董撥作指定股分二千萬元，由乃電府其多招
一百五十萬元，將該公司借抵押於正金銀行之三萬股，煤四萬由新有須轉

抵作一百萬元，尚不
無敷。擬加息股，計五十萬元之數，即由交通銀行欠款內一律過戶，
此項漢冶萍公司股分，存儲招足，每股一律存清儲股分，仍照股價回還，
時當人心不同，隨議又不能行，此事為今之股票押款一節之情形也。
中國乃商辦，招股未能補繳，滬董與六合公司商辦洋股，擬定十八萬元業已
到期，擬即將該公司撥回招用，原借款上海來電說，現在該公司支絀，難籌付，
尚未允，擬再作宣言。據塞

在底、前款兩不能收回、前存兩不抵借、運動各衛、呼應不靈、患時
匯相過而成、一陸撥無、保對千萬實繫、之
諸公等、天道自在、不難易矣、
來示謂吾精義、中懷有努力羣謗、偽者一淨、在國家
所深不敢、遙深此間君之激忱、尤佩頌感謂、敬請
台安、
宣懷 弟頓首
閏月十四
祝原伯今清脩同候
請安

潤夫先生閣下：兩奉
手書，備聆種切。承
示灾民遍野，死亡相繼，爲謀生靈實弭隱禍。皖中
圩堤患已開工，僅就無爲州一堤而言，可援秋收千
餘萬石，各圩倚此修復，出穀六千餘萬石，通國元
氣在此一點。無如各圩工皆無款接濟，等因。
仁人之言，其利甚溥，至爲欽佩。鄙人於振務數十年
無役不從，樂此不疲，並無求福之心。此次避亂兵火，
行李蕭然，而故國灾黎無時不在懷抱。第手無

現銑不能勇往從事。前回日商森恪偕孫前統接之意，允為保護蘇廠，當即轉商山本條太郎允為暫借三十萬元，六個月期，即以蘇廠作保，正立票據，由高木陸郎送至東京，擬託蘭京源遞呈莊督閱，因孫已交卸，莊即批駁，此以典當抵押借款一節之情形也。然振招之心並未因此遂卸，適接李一琴來電，漢冶萍新接董擬任招足股分二千萬元，弟乃電邀其分招一百五十萬元，將該公司借押於正金銀行之三萬股股票，即由新商頂替，願以一百萬元

盛宣懷致陳作霖函（第三稿）（一九一二年五月三十日）

子玉
弟處趕辦急振，條五十万元歸還不在匯豐行欠
款，昨一桑道出神戶，談及弟處股分，雖招足多
招一層，應毋庸議。股分騰回，以便轉售，一時無人過
問，所議又不能行，此又唐云所云股票押銀一節之
情形也。不心力所到，仍未能稍撼，復查已亦合弟
存漢冶萍規元十八万兩，業已到期，亟擬設法，該弟
撥歸振用，乃接上海來電，該弟等分支經費難
籌付，不亦不敢再以空言搪塞

左右之款而不能收回之產而不能抵借遂動無
術呼應不靈此時所遂相逼而成一腔熱血愧對
千万矣黎況
諸公乎天道自在公理易明
來示殊已精義不惟已勉力纂維倘已下問再圖報
命決不敢遽厭此向善之微忱也臨穎感喟敬請
台安

再承
示諭　雪須不押典占取贖股票皆不能办惟有自
行想法必能办得到者無不以行籌得　雪帥美意
深為感泐弟心緒惡劣病氣日增所有產業親
族從閙不堪近見　大總統命令各親族来占怪弟
在海外置之不理頃蒙
公艇之以振務相屬弟無不願會大綱必須分開办
理可否請
閣下設法面商　雪帥如何方能發還即將雪帥

吩咐之請
示知無不以办也耳請
台安　弟又[illegible]

復常州莊惲馮紳之函 陽曆六月初八日

心安
次遠
曉卿
我兄大人閣下：久不通訊，忽奉

惠書，敬審

造福桑梓，維持危局，遠道聞之，不勝欽仰。江鄉災況雖比淮北為輕，麥價漸平，而秋收尚早，米價尤昂，貧民何能堪此。

諸公設法購麥麵，趕就城平糶，以資接濟，具見

藎籌周密。所請撥款兩万元以濟公，雪帥諒必照准。承

屬撥款相助，仍於糶價歸還，家鄉善舉，誼不容辭。

謹備規元叁千兩，毋庸還款。如此章雖子歸本亦
請留存，作為別項善舉之用。惟弟此次避亂東行，
一無所有，内地產業典當盡為佔據，莊都督並謂
本處紳士所呈請，故難發還；上海產業則為漢冶萍公
司借押，自己住宅及廣仁善堂之產無不押出，
滬東兩廠僅賴房租過日。電詢家中，實屬無款可
撥。查漢冶萍借款已有到期者，特附上匯信一封，
即祈
轉寄曉翁，如能親往一行，尤圖祖向葉揆一

寄撰初均處相知應或付款可不致延宕也弟
疾欲按前更劃步步假精神均非去年可比此間
有一須磨醫院善治肺病故一時不作歸計耳
手此奉復敬請
台安
漢冶萍可匯信李葉
六月八日弟宣頓首

一琴
撰初仁兄大人閣下逕啓者常州紳士惲次翁莊心
翁馮曉翁以西貧民平糶故處須酌量指助弟
已允指規元叁千兩而滬東兩處無款可撥即行

復李伯行函稿 六月十二日

伯行我兄世大人閣下：奉初七日

手書，並知

台駕十六返滬，從此故國優游，何羨如之。弟本

擬赴馬關相見，面談一切，正在趣行，得

復電已告暇，接晤不得，已派五兒走謁，謹將應商

應托之事詳布於左。

一、東方公司組織已成，洋董濮頼孫、馬西爾、福開森，

華董公與顧詠銓，經理愛爾德、趙雨生，此後賴

公主持必能安洽天下事不可知現在東方雖未出面
而組織不能不完備暗中亦要所謂備而不用也
一該公司之建設不第為六合過戶起見擬產業
雜亂各彙做抵藉此歸宿故不能永遠以此為定
額目下帳目似應照註冊合同所列之地價二百四十二
万八千兩為根據須付足股票二萬四千二百八十股抵付與
售主方能合符然目下已稍有更動容俟開單寄與
顧趙二君核明再行轉達
一六合公司借與漢冶萍公司之欵原係一百八十九万六千一百

六十九兩四錢三分今已還過十二万兩只餘十一票尚欠一百七十七万六千餘兩接頌函已換新票三張尚有八票擬李一琴面商亦宜更換新票楊俊卿之意到期則換詠銓函述律师之意东方未必知照漢冶萍○不囿要緊○只要將轉期之新票過入東方8此有交涉8東方即可干預8等語此係最要關鍵8務求閣下即與律师妥商办理是所至禱

一以上借票照例應归东方收執方能掣回股票組織完全惟現在公司係借用律师審曾与潑福二君訂明

暂存我處弟未回滬或專買錢箱一只存於通商銀
行將要件放存其鑰匙即交顧善經管之
主裁
一問愛爾德所擬售產用金一厘二毫半原屬公道
惟弟處產業出進甚多若係他人經手勢必另要
用錢而愛爾德不過記一筆帳公司實未便給與用錢
鄙見若係愛爾德經手售出之產則必給與用金一厘
二毫半趙丙生係副經理應否分潤愛爾德與
公尚有感情須告知此公司皆自產自辦如遇有代人經

手自可從優

一福開森來函六月內由美回如道日本皆可一見請
查其何日由美起程示知因弟須赴東京一行也
一呂處內地產業全行歸還謠傳係託英人硬要確否
一上海租界秩序漸寧弟入冬亦想回去亦俟決定
一長崎此有空氣洋房可租請令小兒一看為過夏假之
用
一挾帶之物甚多請即轉交頤詠銓查收為感此請
大安

世小弟名心印　六月十三日

再復李伯行函稿 六月十三日

再李進之宗璡係光緒四年弟署天津道時閣下薦來曾令其父為捻兵與通譜嘱為教導卅年未栽培教育如親子弟以實缺云孫被劾去年到京相投即派清江電局曾與公商為清江開办錢路可派會办使有出頭速收買商路即已札委矣近日來信清浦逃歸一貧如洗其情可憫但來信之中頗有借電報局浮費遺失薛鄉（伊親家）附股收條一事為之語似關切而促人來信提起未免有藉端

敲詐之意查遺失收条担文電已有案據決無從
患進之不必受人愚弄徒傷感情務祈
閣下待進之到寓良之開導勿以鄙人此時暫時避亂
意存非岸我有飯吃自無不念舊代為設法以覓生
機若欲學習敲詐試想孫黄以政府力量託人勸
我捐餉卅万銷露強勒弟生性迂拙尚不能行而
況貝餘因
公愛進之用以附及再頌
台祺　弟又頓

筱珊小山

藝風主人雅鑒別後正切葭思奉

手翰藉諗

安還淞濱壹是順平足慰亦承

示先哲遺書續編告成屬印纂錄歸墊款年

心血萃此除篇甚足感佩惟國變之後內地產業

被佔上海住宅亦為漢冶萍借押盈合債戶銀行

錢莊追毫不能挪移僅棧數處房租支持危東

兩寓薪伙因是遲遲未復頃接硯詠鈴來電書

板已運到宗尾欠約千元等語值此鄭雖執家塾
影運板可謂到底不懈足徵係福頌已出改詠銓即
在房祖之內設法分攤必不能一次付清即分兩三次付
清為度焉耳
鑒原為禱此板已屬仍歸諸君安置圖書館所
須補刻換刻等事惟有仍費
蓋神甚此向時一手辦妥義務附呈股票一千元
以為酬筆漢冶萍將來必有大興旺之日勿以目
下漢視之前集板片久存留園近接園友函云

盛宣懷致繆荃孫函（一九一二年六月十九日）

前月有人搬往常州，豈思織恐被人遺竊而送往
卯云
公設法探詢，似不曾併存上海圖書館，或可隨時刷
印，以資保守。九月初六送府學胡同板片已運滬
寫檢查刘仲魯處所存，請即
函屬其寄津交孫慕韓舍親轉寄，不須磨耽
醫憂病，更加極想生還，故圖書館頓圖書亦堪
娛老。惟人心思亂，未有已時，民困已極，而風氣日靡，
豈有如此而能平安無事耶。敬請
著安
六月九日弟宣頓

復俞棣雲函稿 六月廿二日

棣雲仁弟大人閣下：昨接五月三十一號

手書，藉諗

起居納福，至以為慰。壹中經濟困難，現將後進

房屋租與倪宅，月租九十元，聊資貼補。甚費

蓋籌棺材一項，每月祇以十具為限，俟市回滬再

行籌款。比間濱山面海，空氣充足，於衛生最為

適宜。鄙人眠食粗安，惟咳嗆時作，近審汉磨有一醫

院專療肺病，亦可就近診視，且過夏天再作計

綏遠企

停雲我勞何以專復敬頌

善安　愚兄

復豫白氏

賢嫂夫人妝次：客秋匆匆出京，辱承
惠顧，未及接晤，深抱歉衷。比奉
來書，知世兄差事裁撤，
情況極為艱窘，函已轉達。夫子函致寶興隆
素保三君自新曆五月分起，每月墊付銀伍兩，
即由
賢嫂按月派人去領，聊盡棉薄。值此時局，處
此境地，惟希
原諒而已。復請
坤安

愚妹盛莊氏斂衽

盛宣懷致表鑒函（一九一二年〔六月〕）

致北京袁保三

保三仁兄大人閣下判袂以來時深渴念比維
履候勝常為頌茲有啟者豫建侯之夫人豫白
氏景況素難弟在京時每月津貼銀伍兩並為央
世兄世良在電話局派一差事頃接來信差已
裁撤朝不顧夕懇為稍為賙濟以救眉急等語
世誼問懷亟為惻念即請
尊處自新曆五月分起每月墊付京松銀伍兩
由豫夫人按月派人至

等處領取此項墊款俟弟回滬統計歸還可也
弟養病瀛島眠食粗安足慰
注存附上豫太三一信即希
飭為探送是禱此請
台安　愚弟
附豫信一件

竹君我兄世大人閣下前[illegible]助寸函計達
典籤近惟
台候日佳為頌弟因左足紅腫兩月不愈想因
山居為嵐氣所侵昨[illegible]仍就醫青山博士
醫治稍有效驗回憶昔年遘難相[illegible]疾病相
扶持情如昨也近日常赴公園各圖書館博覽羣
籍現[illegible]奇異無所不有閎羅[illegible]蘊蓄縑金[illegible]
攜所藏而來盡亦有概於吾華數千年名[illegible]精英
淪落於外人之手一去不返尤非金[illegible]不比

公襟懷夐遠若到此一覽蓋無不喟然長歎也中前
因上海為各國聚處可以持久不變特建圖書館一所
以便士林假閱聞南中舊家藏書迫於亂離傾筐而
出若能趁此時廣為蒐羅未始不可為東南保全國粹
公諒有同心許先措上日金二萬元即查明代為留意收
買俟奉
覆書再告
續大約以四萬元為度
該館已有之書開俟編印即當寄呈
前道他日館成歸國時尚當奉約以
董斯館俾以人境然於蘭陵子弟雖處極變尚有

錄呈
[illegible]也 壽帶 敬託
台安 鄉世兄均 [illegible]
敬再啟者漢口兵變最重聞變局六被傷燬昨
聞日東大業廠利益甚厚 研究所以略有心
得如 [illegible]
鄙處可樊麗翁有擬負擔之意 敝處擬[illegible]
餘[illegible]為附股東知[illegible]
略示 鄙人老且病無志國問世惟善自實業會
尚有餘勇可賈不知
以贊成否 中又頓

北京楊杏翁

馮劉函告鳳泗淮徐沉災須辦工振漢冶萍合辦草約開會取消後宣本想返滬推籌欵束手更非昔比孫公現允發還蘇屬典產擬即以籌押叁拾萬元倡捐助振可否代請大總統核准電飭唐總理即與孫公及蘇皖都督商定以便趕辦至紉公益

宣叩

石[illegible]

上海九華堂自製箋

湖北議會沒收漢冶萍事

董事會呈湖北都督黎元洪文曰、如謂盛宣懷得罪民國。應將盛股罰令充公。此係司法範圍以內之事。如司法部判令盛股充公。持盛氏所有股票至公司過戶。公司自應照章辦理。否則非公司所能與聞。工商部咨、公司為純粹商辦性質、本部亦能與之證明。至盛氏一人之股本。應否罰令充公。自係司法範圍之事。不得因盛氏有股在內。遂將各股東一概抹

煞致啟衆商疑懼之心。

去年南京政府成立之時，內務部曾頒布保護人民財產命令五條。

本年五月北京袁大總統命令民權以財產為重，保護財產為世界萬國法律所同，嗣後應由各省長官及各軍隊長官恪遵約法，保護人民財產，倘再有逞私謀奪情事，一經告發，務必按法懲治。至若坐贓犯罪，應行籍沒者，自可按照法律，由檢察官提起公訴，歸司法衙門審斷，決無盡人可得越俎之理等語。

論鄂議會收没漢冶兩廠之無理 七月二日時報

前日本報要聞欄載有漢冶萍公司呈文一通內言、鄂省議會近因徇張紳等之請。故將漢冶兩廠没收作為鄂省公有財產。特具呈黎副總統仲辦。此事記者閱畢。不禁太息痛恨於人民財產自由權被蹂躪之甚也。夫世界無論何國。國無論何種政體。莫不以保障人民之生命財產。為國家應盡之職權。人民之對於國家。又無論負何種義務。亦莫不以保有生命財產為人民應享有之權利。是

故各國革命。其結果所購得者。不外此等權利。吾國自約法頒布後。即規定此權利於第六條之第三項中。其所以異於暴民政治者。全恃此約法為保障焉耳。不然無故可沒收人財產。則甲可沒收乙者。乙亦可沒收甲。不幾蹂躪社會與暴民政治等邪。去歲南京政府成立時。內務部鑒於此事之易啟攘奪也。曾頒布保護人民財產命令五條。在當日視之。記者猶恨其為時已晚。然而使各省能切實奉行。則秩序亦不難漸復。不謂閱時半

知尚有此等事發生。且不發生於個人之關係，而發生於全省之關係。此則記者所不解也。在鄂省議會之意，豈不曰漢冶之財產與平常人之財產異，漢冶之財產為民國罪人盛之財產也。盛既得罪於民國，則其財產宜沒收之。執是以言，則漢冶宜為國有，不宜為湖北省有。何也？盛得罪於民國，非得罪於湖北也。彼鄂議會何以解此？夫國家制定約法，祇有鞏固人民權利，未有蹂躪人民權利者。此而可為，是與

强盗何異也。且漢冶萍之不盡爲盛一人之私產。彼公司呈文中既已詳辦之矣。前清農工商部有官股。湖南有公股。招商局有股。今乃一概不問。全數指之爲盛之股。縱盛不敢出而抗辯。而謂諸有關係之股東。其能默爾而息乎。夫漢冶萍之產業。非戰利品比也。兩國戰爭。彼國爲此國所敗。則其所擄掠者可没收之。謂之戰利品。今鄂省既非與該公司立於對敵之地位。是萬無没收人財產之理。即讓一步言之。謂該公

司多盛　之股。盛　得罪於民國。沒收之不
為過。然孰是說也。則得罪於民國者。何獨一
盛。　盛　可沒收。以外凡跡涉嫌疑者。皆在
沒收之列。此風一開。吾恐尤而效之者。將强凌弱。
衆暴寡。不演出暴民專制之大亂不止。且所謂得
罪。吾不知以何者為界限。謂其犯刑事罪歟。則
盛　終滿清之世。未受刑事之宣布。謂其反
對民國歟。盛　自民國起義後。即逃匿海外。
未聞有抵抗之行為。謂盛氏實得罪民國。不

能以常法論，亦不能牽及其合資營業之人。據種種方面，鄂議會此舉，殆無一而可。奈何悍然不顧，而不法行為，乃竟出之法定之機關乎。夫感民人，誠何足惜。惟為民國前途計，欲維持社會秩序，不得不尊重約法。欲尊重約法，則凡有背於約法之行為者，不能不加以糾正。蓋凡物必有所有權者，此所有權者，即約法所云人民有保護財產之自由權者此也。明乎此，則凡各省之强毀人民祠宇者，皆屬不法之行為，為法治國所不容者爾。

時報論湖北議會沒收漢冶兩廠之無理

七月初二日

在湖北省議会之意豈不曰漢冶之財產爲民國罪人盛氏之財產也孰是以言則漢冶宜爲國有不宜爲湖北有也彼議會何以解此且漢冶萍之盡爲盛氏一

致梁啟超函稿　七月七日　神戸市西嶠廬

飲冰先生台鑒：別來甚念。財政一經
調查互較，必更出
佳著，惜未能先睹為快。如玉茗計可達，京有電
來否？子與總理聲望既佳，能成純粹超然內閣，
特免為安民慶幸。漢冶萍公司屢承
宏論，以鋼鐵關係自強，勗其設致，自去年八月停
工，以每日須繞子金七千兩，至還未久，正在籌款提
倡，乃鄂議會復以數人捏控，請仍妥監情，欲強权

沒收全國合資之公司，遽爾通函黎都督不加審
察，竟派員赴滬查辦，於千瘡百孔之時，尤堪敵
詐需索，詐爲奇聞。弟初疑或係藉口，合辦續約爲
我詬病，正擬預備辯証，及觀控詞一則曰南京政府
借款抵押之時，再則曰當南京抵借之日，是該紳等
未嘗不知合辦草約出於南京，無從諉卸，而妄稱一
人私產，立意破壞，似此胡鬧，雖廿一行省廿六萬執股
之股東必起而相爭，毋庸代爲顧慮，然中華實業
從此休矣。招商局正在開會整理，亦無涉矣。且漢冶

萍所負中西東息債兩倍於資本金皆屬股商
肩任豈亦是一人私產可以大言沒收乎此風一播四
洲嘲笑黎公徒然未免影響至於漢冶萍歷史
公司簿計證書指不勝屈行篋中留有案牘章程
計五本附呈
有心人一覽閱濟武先生離鄂後鄂議院稍減色
可否將此五本即交濟公閱後迅速加函寄鄂當可
不待辯而自明如鄙人已辭職本可不問惟念當年
與張相創業之艱難與今日全國精神振墮之關係

以興濟公正思保持財政舍實業更從何處着手
用特縷晰以告唯
鑒察焉手此布臆敬請
台安
七月七日弟〇〇頓啓

JUL 11 1912

上海支店來電寫

七月十日上海發　同日横濱着

中村雄次郎、倉知鐵吉、盛宣懷ヘ左ノ通リ
傳言セヨ
湖北省都督ニテ愈〻漢冶萍公司ハ盛宣懷
個人財産ト認メ全部没收政府ニ於テ監
督スル旨大冶礦務局ヘ通知有之旨由電
報有之旨ニ付當地ニ於テハ明日臨時董事
會開催至急株主臨時總會召集公司原
債總額發表政府ニ於テ没收ノ上ハ當然原
債償却ノ責ハ政府ニ帰スベク聲言スル筈
但之レカ爲メニ日本トノ約束銑鉄礦石ニ對シ
間違ヲ醸シ損害ヲ被ル恐ナキニシモアラズ
豫メ相當ノ抗議警告ヲ爲シ置カレタシ
高木陸郎

高木陸郎致中村雄次朗、倉知鐵吉、盛宣懷等電（譯文）（一九一二年七月十日）

上海正金銀行分行來電

七月初十上海發

照左轉中村雄次郎倉知鐵吉盛〇〇大冶礦務
局來電湖北都督通知大冶礦務局云將漢冶萍
公司認爲盛〇〇個人財產全部沒收歸政府監督
在此切明日開臨時董事會趕緊召集股東臨時
總會將負債總額發表應聲言政府如將沒
收所有負債即歸政府償還惟此事恐於日本
預定鐵礦石有礙應請預先抗議敬告
至禱　高木陸郎

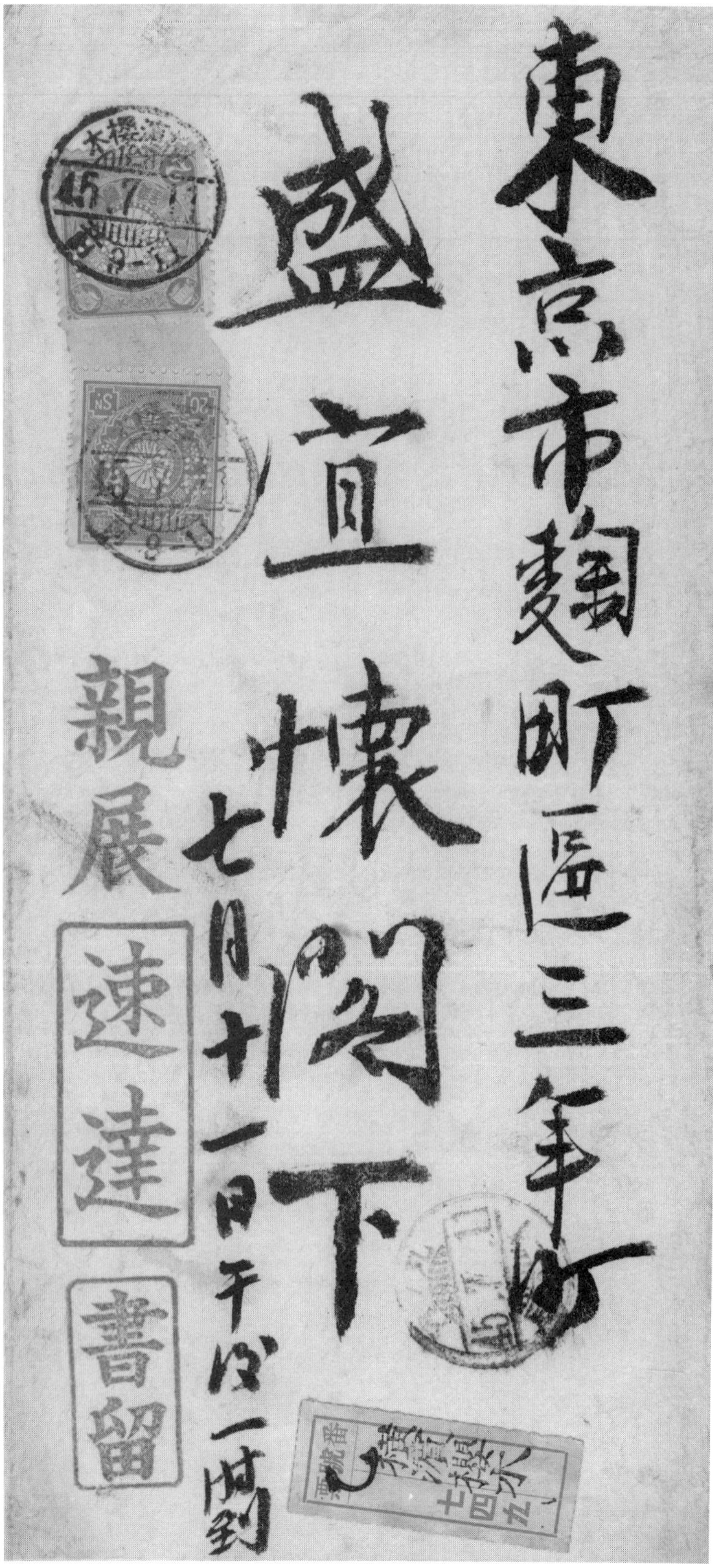
東京市麹町區三年町
盛宣懷閣下
七月十一日午後一時到
親展
速達
書留

井上準之助致盛宣懷函（一九一二年七月十一日）

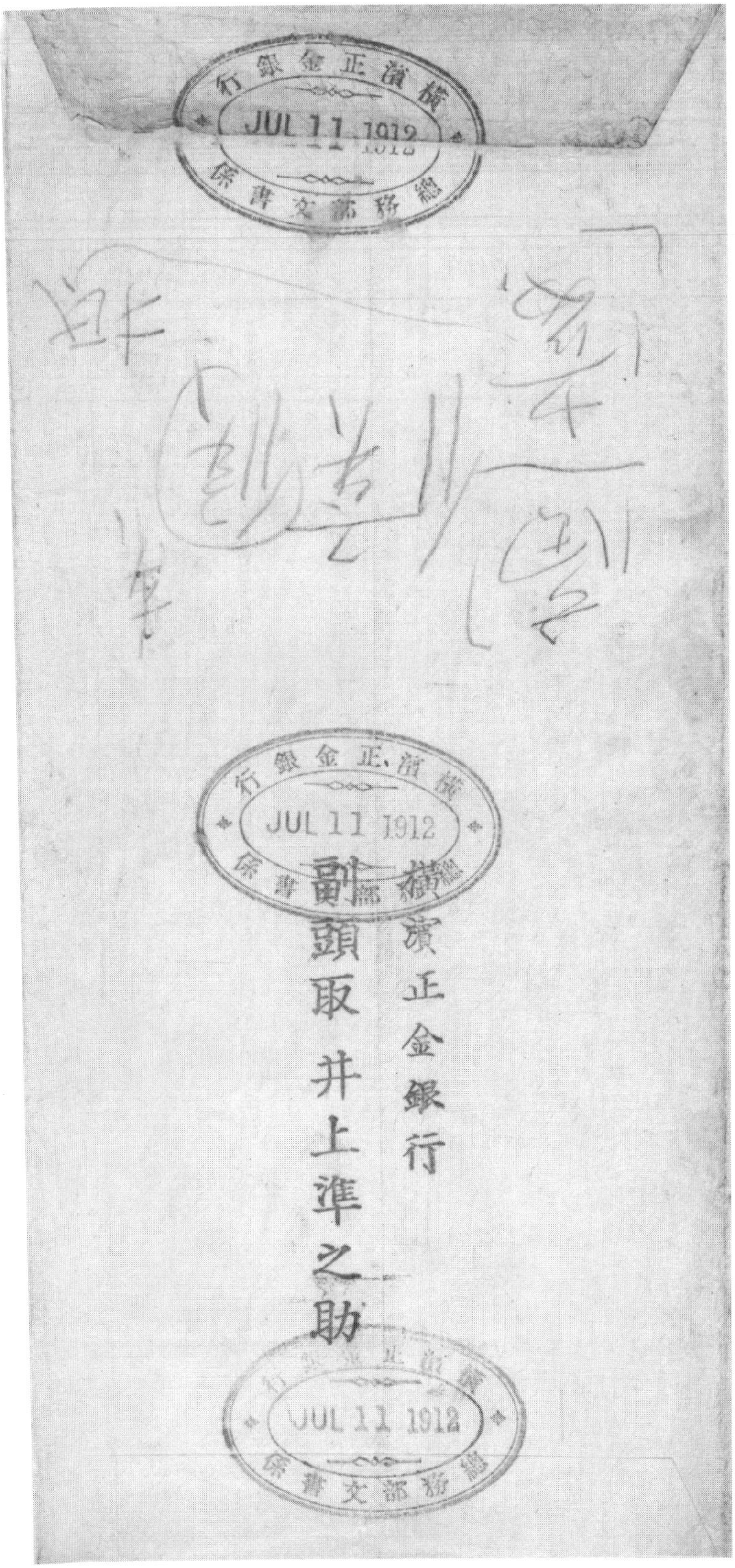

拜啓在上海高木陸郎氏ヨリ
尊臺御聞ニ達シ度旨依賴有之候趣
ヲ以テ別紙寫之通リ弊行上海支
店ヨリ電報有之候間茲ニ供
御高覽候敬具
明治四十五年七月十一日
横濱正金銀行
副頭取 井上準之助
盛大人
台鑒

横濱正金銀行

復正金井上函稿 七月十一日

拜復者頃奉
尊函藉聆一切承
示高木陸郎氏上海來電湖北省都督以漢冶萍
公司爲個人財產全部沒收政府監督等因此等
作爲實足令人詫異漢冶萍公司雖爲鄙人所創辦
實係株式会社在清國時農工商部注冊鑿々有
據況於
貴國銀行及製鐵所合同借款甚有關涉明治四十三

年十一月

貴銀行北京支店尚有漢冶萍公司股票押借銀一百萬兩合同第三款註明統歸盛宮保個人擔保等語，此一百萬兩亦請

注意，拱荷

閱切感幸，何如。復請

台安

七月十一日盛　拜啓

井上準之助閣下

盛宣懷復井上準之助函（一九一二年七月十一日）

吕氏函稿

蟄盦我兄如握奉六月廿三日
手翰敬聆一一入夏以来
貴体如何函中不提想必甚佳念念 賤恙較在
京坊彿近兩月左足背腫不消入夜尤甚不得已至
東京秋青山博士医治稍有效髦年極思歸國
上海租界原可住足但似中倒机係恐多憂煩惱
尊意擬之天理人情國憲民法豈容默不一言數語何
殊錢鑄不徒感激且深佩服 弟生平但知埋頭做事

功不鋪張過不辭白喫虧者即如保護東南非我
覆巢難免生靈塗炭勸設北洋大學南洋公學造就
人才不少輪船電線煤礦鐵廠銀行紡織莫不倡
其難甚任舉之勇在能自籌商資以商出益人才見
其收利之處不少而不知其受害之處亦多也光緒二三年
聘英礦師鄺師敦開廣濟興國吉陽煤礦墊款製
機六十萬得一大冶鐵廠光緒十七八年濬小清河糜
銀七十餘萬青齊之民至今受惠以上兩款有報銷而無
撥款商籌商辦挹注艱窘輒呼仰屋李文忠歎曰

盛宣懷致呂景端函（一九一二年七月十一日）

某某能成數實業在富名某某動招奇謗亦在富名
之去年官郵部與幣制定三大策一速交通而保疆
之二統國幣而充民用三公外債而挈制邦交約計五年
可收大效適值郵交倉猝致起政敵藉口鐵路國有
藉口借用外債加以禍國殃民之罪姑勿論以粵漢
路國有國有若不早成何以通滇藏試問將來民國政策
能不歸國有否況當時仍准商民附股國郵又過擔盈
稽之責耶姑勿論鐵路借債合同然及寬實早啟之
某不過去其弊之太甚幣制及東三省實業合同皆心組

識有利無弊，其幣制乃以速成。東三省可以藉各國之力
共相維持，條款俱在，由必為識者所共諒。試問將來
民國財政能不借外債否？況前合同四國買借票者不
過得五厘息，經手賺奈家不過得五毫扣用耳。至本
年正月，漢冶萍廠礦忽有華日合辦之議，紛擾總代
表何天炯，先有公函請公司合辦，繼以黃興來電強迫
董授全權於三井，得以立迫成議。三井遂持南京政
府件合同，較保公司以辦。若使合辦遵照臨時政府
合同簽字，即便成鐵案，無可挽回。乃不得已授權李維格

另議公司草合同第十款聲明俟由民國政府核准
再開股東大會決議過半贊成方能彼此議訂正合同
惟指方小田切所奉係已由民國政府核准我民政
已定為俟寧拒之將南京政府所定之約置之不問三
月間取消公司合同因得力於股東會不贊成尤得力於
公司合同未經呈請政府核准也一髮千鈞伊誰之
力似不僅無罪抑且有功然則蘇鄂督批詞禍國殃
民罪大惡極究何所指蘇省沒收財產鄂省且欲沒
收股份誠如

尊論若再不起訴天下人將疑我實有不可告人之
隱罪故諱莫如深他日蓋棺論定亦留疑竇然
財保產業事小辯是非事大
尊意以業呈總統國務院在項城早有兩次命令
諄諄告誡迫又託人傳致敝處內有財產必盡力保護
之語似出至誠非空言市惠者可比現將呈訴大意
[illegible]以為抵准黎宋卿程雪樓兩督亦或假道德
收人心惟議院純驕不解似不可喻此次漢冶萍公司呈
黎副總統文稱如謂盛得罪民國應將盛股罰令

堯公此係司法範圍以内之事又七月二日時報社論鄂
議會没收漢冶萍兩廠之無理甚而設詞詰問謂鄂
紳[illegible]有内界限甚持之論大約呈内必須將國憲民法
盡情發揮以便兼呈法部聽其研究本有人傑陳功
我控告莊都督吾不肯為而呈内不可不與國憲民法
吻合滬上專门法學如雷孟諸君子乞
公衡稿後即另之繳商校正莊思緘批提出立屬呈詞
想亦不過少數人挾嫌敲詐目下祇可就此振痛切
論駁鄂紳等亦可帶叙尤屬無理謂

大手筆做此大文章，必不讓隨硯一篇專美於前也。聯指罷職，懷擒平和，鄂桑北京已決議維持此篇，即請迅速定稿，即寄來京，以便趕緊繕發。
任盼禱之至。手復，敬頌
暑安。
弟止叟謹白　七月十一日

七月十二中央新聞晚刊

上海特電

漢冶萍没收

湖北省議会所有威〇〇股份全部離開私人之關係而為湖北省公有由七月決定開工然而對此議決外國人借款之關係上有盛氏反對雖然立刻不能没收黎元洪之移公有然後作抵有借款之意嚮將来情形此何要留神云云

致孫慕韓函稿　七月十五日

孟晉仁棣親家大人閣下：奉五月廿九日、六月六日手書，敬聆一一。賤恙咯血時發，須磨醫士不甚致力，六月杪挈眷子赴東京，就前田君[illegible]寓之[illegible][illegible]青山博士療治，足腫已消，惟矮屋數椽，不及山園之曠達。承友頗勸南歸，免作他鄉之鬼。乃近日行止，報紙又載鄂省欲將漢冶萍公司收歸作爲鄂省公產，藉口該公司係盛產，並非公司債，仍要照習，欲以強權奪民國合資之廠礦，僅以數人提議，會遽爾通過，黎都督不加審察

盛宣懷致孫寶琦函（一九一二年七月十五日）之一

竟派員赴滬查辦於千瘡百孔之時又增虧詐露案上海
商界詆為奇聞鄙人初疑必係藉口從前中日合辦漢冶萍
誣語痛予譏嘲同一則曰南京政府抵押之時再則曰南京抵
借之日憤爭屢均是該紳等未嘗不知合辦草約出於南
京無從誘詰而妄稱一人私產之意破壞似此野蠻胡鬧最
（共收一千三百餘万之股分每股五十元共計廿六万數千股）
廿一行省廿六有股分[illegible]亦延為相爭毋庸代為顧
慮然中華實業必大受影響必風傳播四洲嘲笑
且漢冶萍所負外債而信於資本金皆屬股商肩任
中華股商無非卑擲而懷揣空券于世有一人私產乎

星三多手漢冶萍公司歷史序什證書指不勝屈
屢中帶有東續章程 奉附呈
台覽此事經冊商辦 項城大總統實贊成之鄙人曾
欲推歸國有 項城亦嘗在樞府時批定推廣招集
華商經冊籌理 總統當知其非一人私產也 招商局
孫黃將欲強奪抵押一千万元幸蒙 總統大力保全
天下稱頌 漢冶萍孫黃先以日本訂合辦之草約幸新慶
至是奉加一續約聲明須候政府核准再加股東會通
過多數贊成方能議定已會同東率三股東開會皆

不贊成而一廢草約，今又生此風浪，若非我　總統已言維持，
何能解圍。須知銅鐵關係自强，上則須實業，又同
其可不保留。次大局底定，中華不啟富強則已矣，必欲圖
富強，其斷能不從興辦實業入手。欲辦從來又豈能不
先保全已成之實業入手。此不必但護藉路之艱苦似亦
斷難聽其胡鬧[illegible]拔甄言　袁總統如力量恐
不足致平安者，則曰非無力量，是漸進不宜急進耳。但成
趙然由國印力量之大者也。聞漢冶萍事（收回鄂省）孫係卿至
不以為然，所查有公股商股盛股之分別，不特股票之

無姓名敝族稍有創始股分皆抵押与人以何法沒收且
盛以公益為國家撤敝公司而其股分票何以獨可違背命令
而竟思沒收之乎祗以蘇州產業沒收未肯以此事私事
干瀆大總統[illegible]代人皆各呈訴鄙人理無
一言疑大總統決不復盛也昨奉
函示總統談及南來諸人尚多不滿意於慶那盛
總統力闢之昭息目前不如暫在日本所有財產允為
盡力保護等語讀之不勝感激滿腔猜疑私心揣測
原不值一笑五六月北京兩次命令禁止沒收財產近聞

蕪湖李氏財產均已發還，即如江西瓷業公司有瑞華
儒股份，經瑞以股東名義呈請發還，亦經贛都督批
准以辦迄。頃又載前山東藩司志森呈請撥還飭還杭
州胡慶餘堂藥鋪私產，亦奉批交國務院咨行浙都督
辦理。此中亦有自應查照原呈發還，俾得自行經理，以彰
大公等語。湘粵票本富名而實皆輾轉抵押，以一錢代
作三五錢流通市面，所以能成就數大公司者在此，而招受
無數大害者亦在此也。竊觀晚清昌言實業，各省
不少富豪，而肯捨身家以圖公益者能有幾人。新民國

財政竭蹶，似必須效法日本鼓舞實業，方能予取予求
而不厭其苛索。大總統概允保護財產，豈僅一人一家
之私，實足以感動人心，實亦為將來出資以辦事者勸。
彼等眼光此皆此無意識之舉動，何足以語大總統。重
直公面前既有此言，可否即乞
代為切實面懇，以蒙俯諾，即當遵呈，務求
大總統批行湖北江蘇都督，發還產業（家產可發還，則股份自無收復之理），俾得趁此餘
年將經手未了各事清楚產完結，若有餘剩，尚擬酌助
慈善之舉，此亦天性所樂為也。往來函件，並遵[illegible]

盛宣懷致孫寶琦函（一九一二年七月十五日）之二

先賜電示只須公呈即原遞四字手此敬請

台安

七月十五日 姻如弟宣懷頓首 光單拜叩

孫氏再啓 七月十五日

再肅

示已金按月五百兩已由已金支付並詢子息已出復已

金皆由敝處代付區區少數何勞齒及亦如暫退

總統虛先大好我看同盟會太無道德軍興以來徽

成盜界迄已人心厭亂孟子曰惟不嗜殺人者能一之

總統不折一矢而定天下方今中外無其匹矣惟

於內政外交用人不易我觀明治維新元老才德

兼備至今國政必諮詢焉今吾國人才缺為治國

無負仁義不知何以端其本
公暫可優遊似宜多覽中外歷史項城彰德兩年
未始無益熱鬧場中足以汩沒性情不及靜中有物
論也府學胡同住宅已全押款託女代售前曾電
來項城派人往看故電詢奉第二次
復電云項城確有購買宅意諒因緣即於陸
軍部敝宅頗相近洋式樓房兩重雖不華麗確甚不
爽朗住着最宜洋式傢具均備精有花木並有
自來水管如果合用祈即

轉達僖乃即日收用候
亦當即函致臣全是以所有押款書由敝處認還該
以項城總統乃無庸過問也再頌
暑祺 輯之仲容兩兄均此不另
姚夫人親母坤安 郎媛均吉
再令媛約七月內分娩已由塩屋回泥房屋較為
舒服家中有大媳婦照料收生婆亦盈鍊母小
孫傳寶已種牛痘甚壯乃吉喜已帶回上海六女出嫁
遠蒙

盛宣懷致孫寶琦函（一九一二年七月十五日）之二

厚賜感謝之至亂世白華早了另是尚有第五廿一歲
子第五女十九歲未婚配如有佳子弟淑女乞
留意爲禱　又又頓

橫濱正金銀行 JUL 16 1912 總務部文書係

上海文書來電寫

七月十五日上海發同日橫濱着

關係人ヘ傳言セヨ大冶礦山沒收ノ件袁世凱及ヒ湖北都督ヨリ公司財產ナル旨通知有之問題解決セリ株主臨時總會開催必要ニ無之大冶ヘハ平日ノ通リ營業セヨト電報セリ　高木陸郎

高木陸郎致盛宣懷電（譯文）（一九一二年七月十五日）

上海正金銀行分行

來電寫 七月十五日

傳言關係人大冶礦山沒收之件袁世凱及湖北都督通告為公司財產問題已解決不必要閒臨時股東會打電大冶云照常辦工

高木陸郎

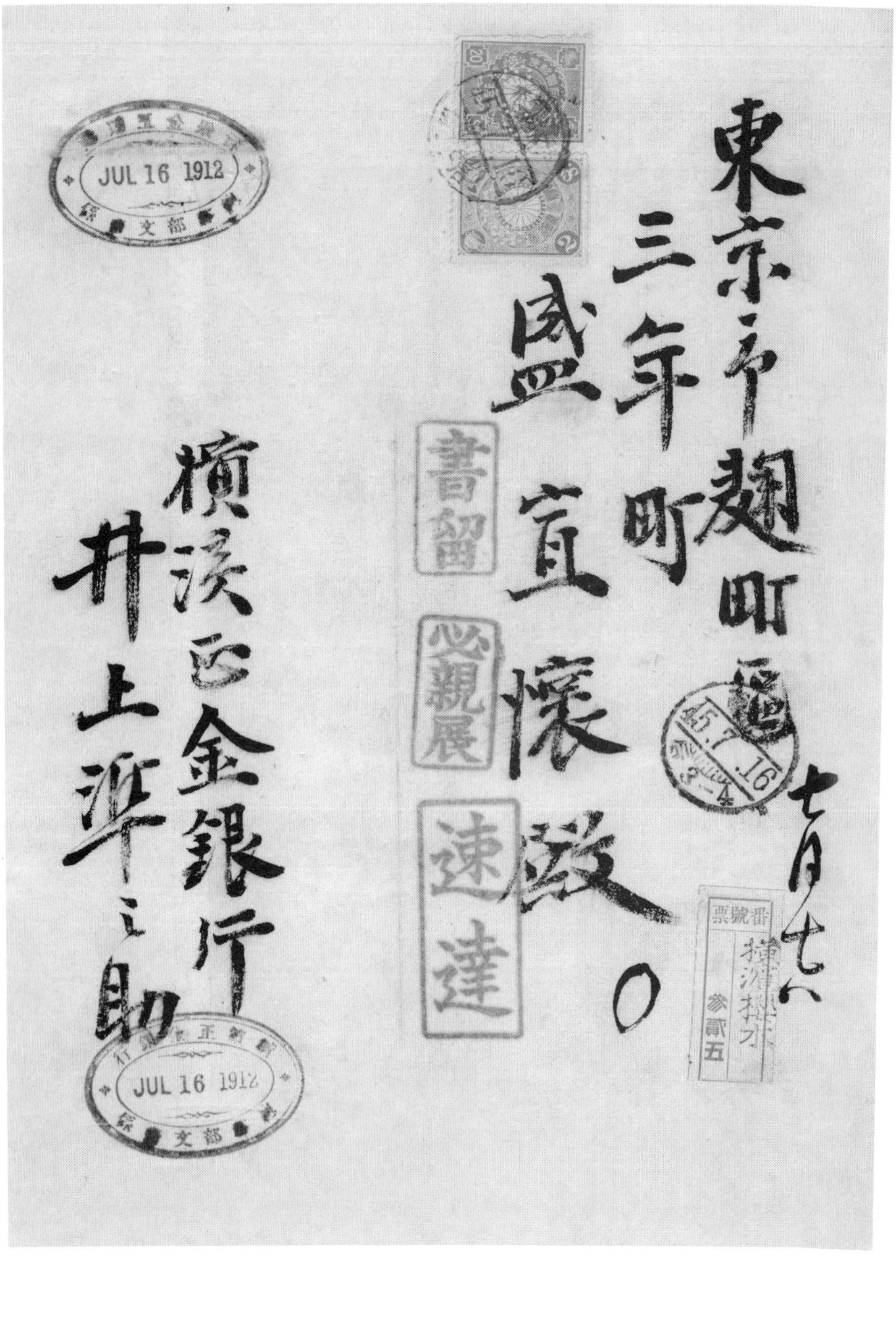

井上準之助致盛宣懷函（一九一二年七月十六日）

拜啓在上海高木陸郎氏ヨリ
尊臺御聞ニ達シ度趣依賴ニ依リ別
紙寫ノ通弊行上海支店ヨリ電報到
達仕候間茲ニ供
御高覽候敬具

明治四十五年七月十六日

横濱正金銀行
副頭取　井上準之助

盛大人
臺鑒

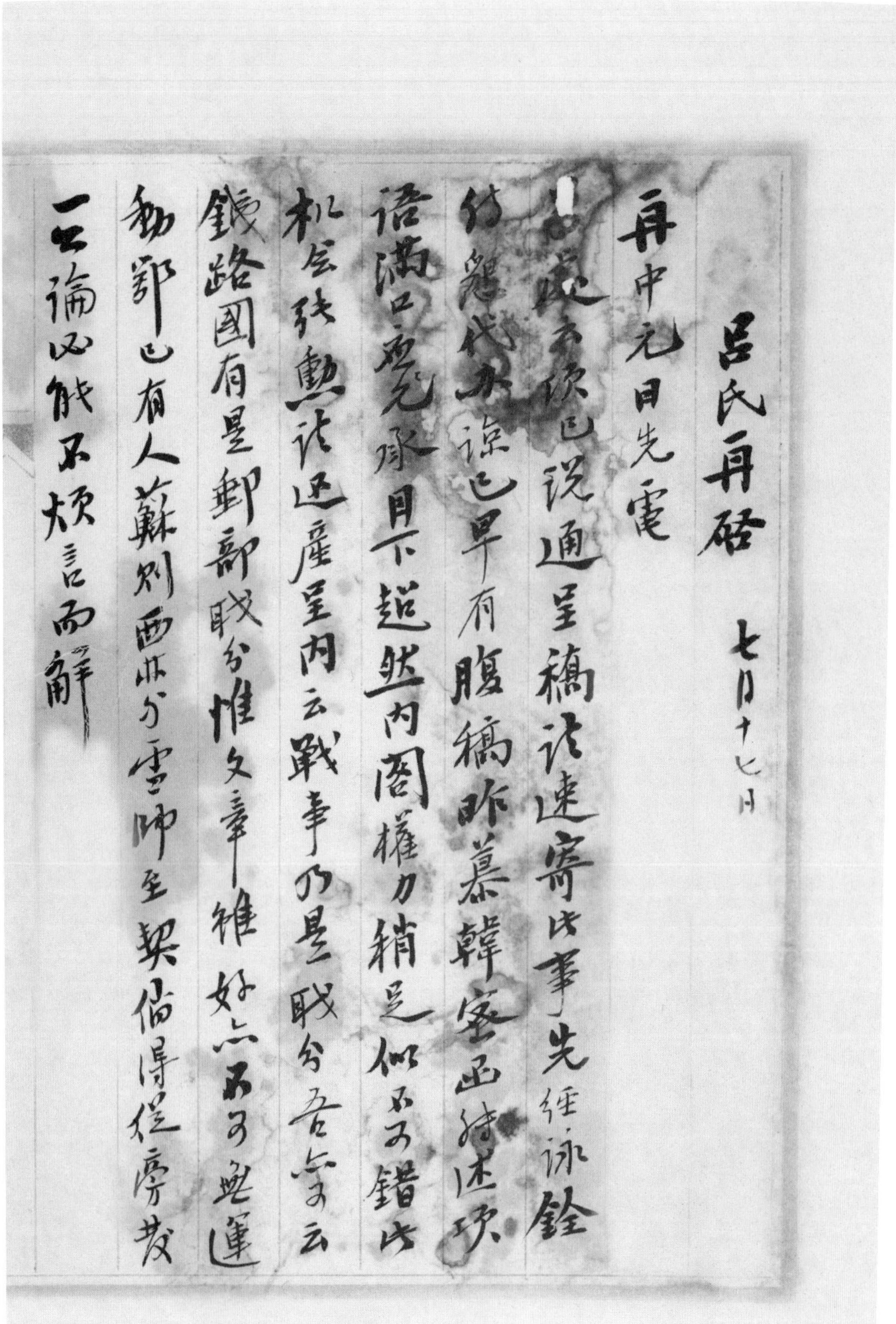

呂氏再啓　七月十七日

再中元日先電

[illegible]處亦須已説通，呈稿請速寄。此事先經詠銓

仿照代辦，諒已早有腹稿。昨慕韓密函陳述頃

語，滿口應允承。目下超然內閣權力稍足，似亦不可錯此

機會，殊動聽。迭屢呈內云：戰事乃是職分，吾等云

鐵路國有是郵部職分，惟文章雖好，亦不可無運

動。鄂已有人，蘇則西林與雲帥至契，倘得從旁拔

一言論，必能不煩言而解。

閣下便中試探，如肯不吝一言，再由親筆函懇出來
國人助我回國，十之七八，然後待時局揭曉，即擬返里度
冬也。藝風已函復，並屬詠銓付款，尚無回信。唐子權
印刷財政史來使久擱，即希面詢詳示。目下籌現款
如登天之難，時皆言好大喜功之病。圖書館費
神之已屬小莊仲雅編撰東館宋其底長篇
此請仲布 中才五十有

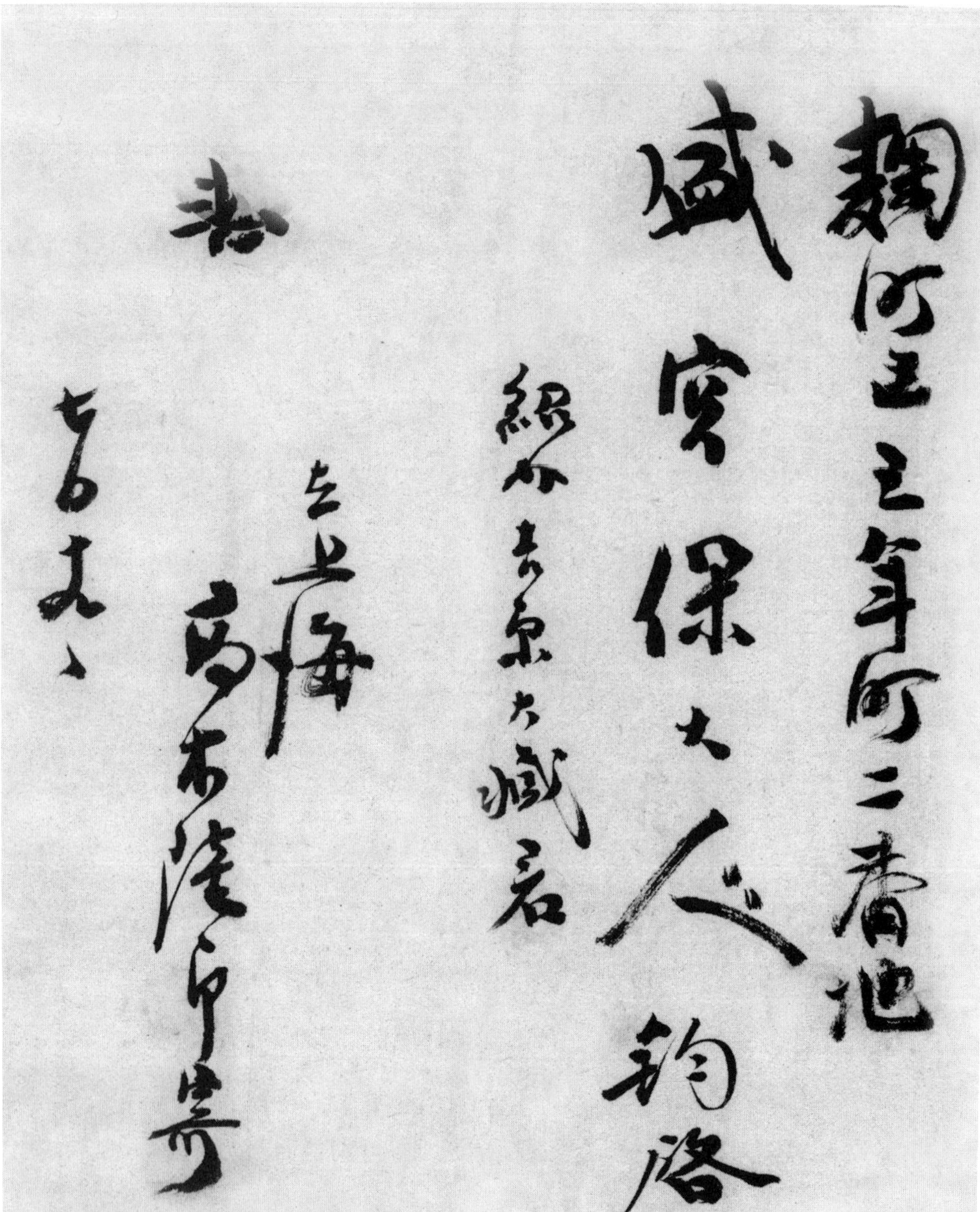
麹町區三年町三番地
盛宮保大人鈞啓
上海 高木陸郎寄

高木陸郎致盛宣懷函（一九一二年七月二十日）

高木陸郎用箋

住宅 東京府荏原郡大井町一二三五番地

杏蓀宮保大人鈞鑒：茲經竹南京故國
領事府東京大藏省，在南京貴處應
之一切詢問[redacted]東京，渠每船津領事
接洽幫忙，證祈 引見面謝為禱，
此佈即頌
旅安

弟 高木陸郎 頓首
七月二十日

弟擬乘二十三日潮江到漢，同船回滬，約下月半
動身回東京。因去漢冶萍事要最後決議，
一切面陳。證祈在東京稍候台旌。

明治四十 年 月 日

事務所 東京市麴町區内幸町一丁目三番地
電話 特長新橋二九八三番

上海正金銀行分行電 七月廿二上海发

照左轉開條人

湖北省大冶及其外不從大統領都督之命令極擾亂營業困難董事會議之結果開股東臨時總會據其決議不得已要求政府保護則公司所負義務一切以推歸政府之條件為國有將繼續營業業經理右述要件以商議目的後天（廿四）將赴北京

但是此事不整理第一步以湖北省擾亂為好機

會所爲計畫李維格等然而擬可見公司將來有
利益達
詳細容佇
高木陸郎

王氏函稿　七月二十五日

屏老仁兄閣下：奉七月十六日

手翰，敬悉一一。行間事理精括，結構謹嚴，足徵

後福綿長。弟須磨山居養痾，頗覺清淨，近因足（矮屋四間，終日悶坐，伯唐之外無人可談）

腫，就醫東京，蝸居諒難持久，然醫道攝以青山為第

一承

亦回滬，決無他慮。愛我至深，尤為感佩。昨媳婦女兒

遠來劝駕，未嘗不怦怦心動，惟大揔統兩次命令保

護人家財產，衆人皆还，而我獨不还。瑞芊儒孫葉股分

盛宣懷致王存善函（一九一二年七月二十五日）

批准發還而漢冶萍且可藉口某人私產昌言收没不知將以何等罪名加諸其人時報論之最詳似此淆亂若不能剖辯明白恐人多誤會不勝其煩惱大總統對人言某之財產必為盡力保護 某因國務多艱不敢以私事小事干瀆今既想作歸計不得不盡情上訴（緩卿同酌欲賴此文大白於天下故不得不慎重）已函囑幼舲擬稿命訥銓密呈
台端代為斟酌改妥善寄下以便謄繕先送總統再分遞黎程並須預備登報以明心迹而彰公道某之行止當以此文致否為決斷也茫茫四海天良不泯能有數人在

復數行敬請 暑安 弟名心泐 七月廿五日

啟者：

錦亭仁兄大人閣下：日前接奉惠函，歷承查勘墓地，隨時費神，

福開森前日來信，今年實開在巴黎洋行函

非來謝不可者。茲有都督與

貴府錦彥先親西湖 先人祠宇及附近一帶基地，聯絡湯

蟄仙查勘，俾歸撥收，歸公二年之辦由

閣下與議 楊都督查明地產，查閣下御聽，

高徇亦照銷沛貴閣 楊都督忽有窮修之說，未為穩當。

伏念 先人服官浙右垂廿年，遺惠及民，往地方，仲余老請

產業建祠、所置基地（或為其產地或）改為產業、陽居住（產居）悉收沒、未免稍
涉專見、撥歸公理、殊欠持平、況
統統命令、政府均將所有保護私產之條文、無有悉數充公
主權、且近聞各省前兵發時所收家財產均已呈明發還、
無論其政實足以維繫人心、務祈鼎力贊助、藉資保障
大局、無任懇盼（及）、敬祈
閣（下）鄂聯閩、將盛氏所置西湖左泉祠堂基地（暨房）一律發還、俾

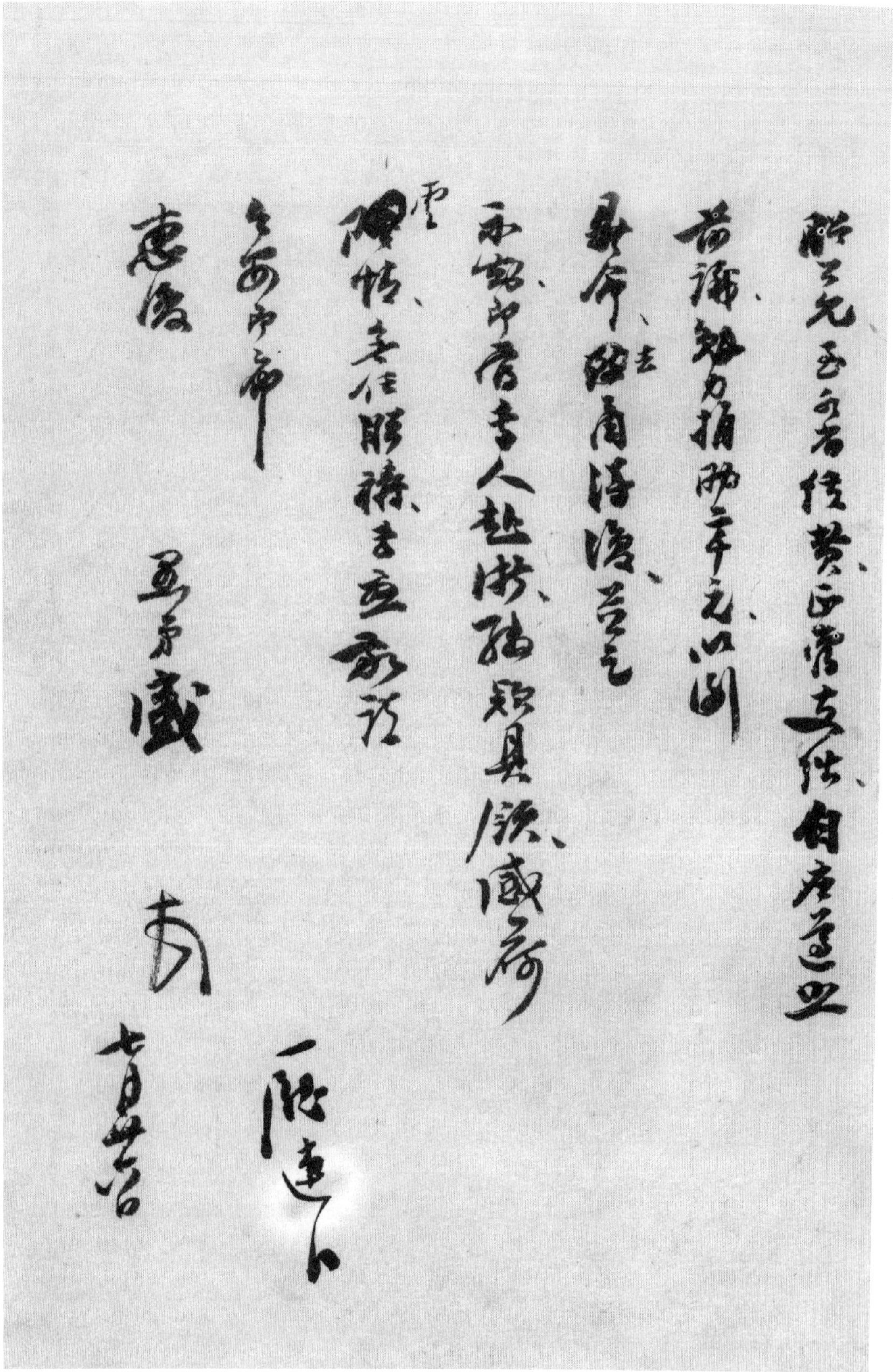

盛宣懷致吴作鎮函（一九一二年七月二十六日）

井上準之助致盛宣懷函（一九一二年七月三十一日）

拜啟漢陽鐵廠現況其他ニ付
尊臺御聞ニ達シ度趣ヲ以テ高木陸郎氏
依頼ニ依リ弊行漢口支店ヨリ別紙寫ノ通リ
電報到達仕候間茲ニ供御高覽候敬具
大正元年七月三十一日
横濱正金銀行
副頭取　井上準之助
盛大人
臺鑒

横濱正金銀行

冒鶴亭去函稿

鈍宧先生閣下：昨奉六月六日

惠書，敬讀

論世知人，具大學識，欣佩無量。鄙人老病顛連，

就医東國，雖無桃源，然不復知有秦漢。舍姪幼

庵前函曾言振館一事，意在借助資本，少當

即復函劝止，特將函稿抄呈

台覽。幼庵旅費甚難，屢來告助，惟敝處動

產不動產盡被民軍沒收，不遵約法，不顧共和名

譽。我躬不閱，遑恤[illegible]我後，此之謂矣。手復，祗頌

著安

鄉世愚弟名另具　八月八日

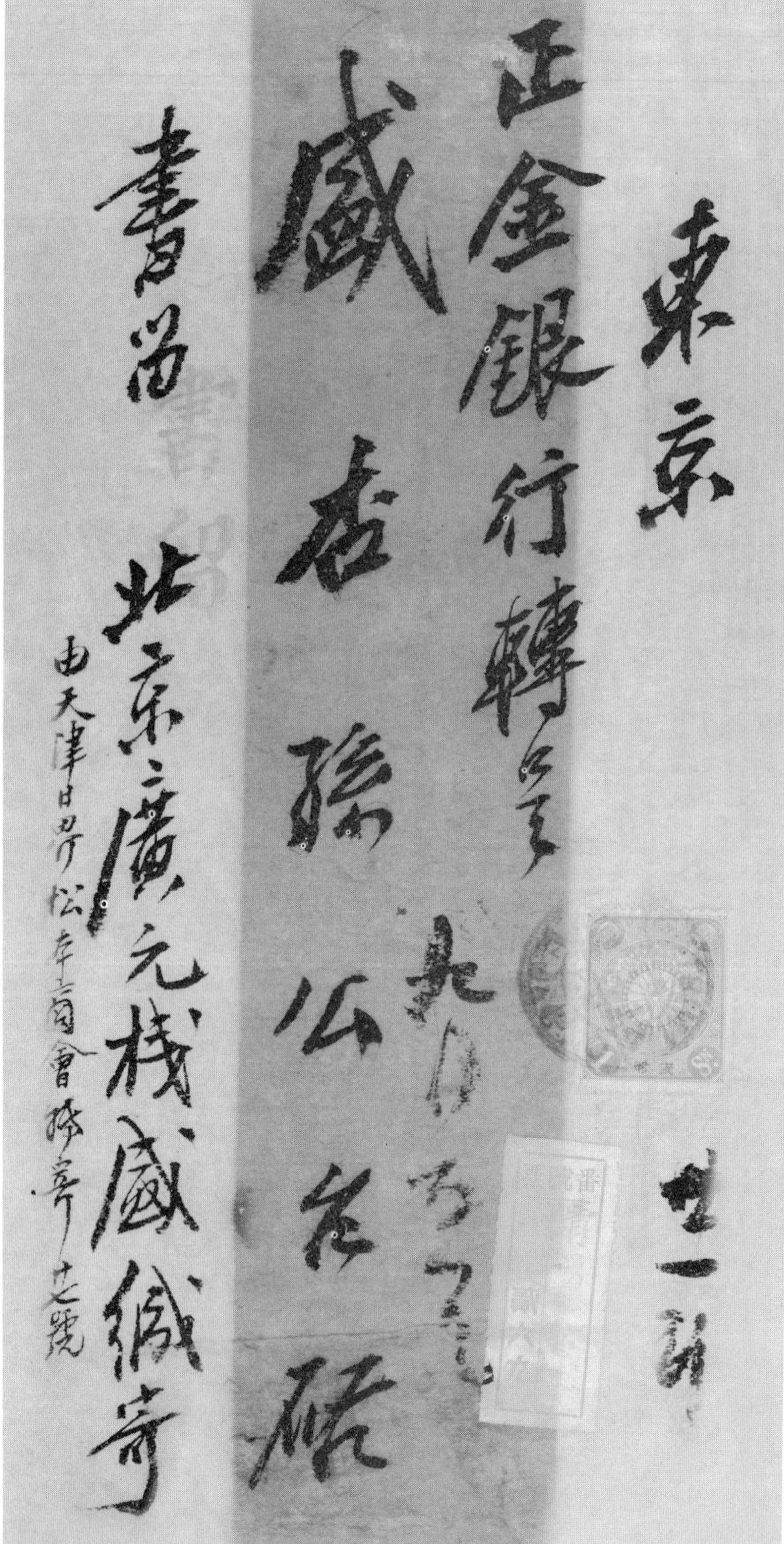
東京
正金銀行轉交
盛杏蓀公館
書留
北京廣元棧盛織寄

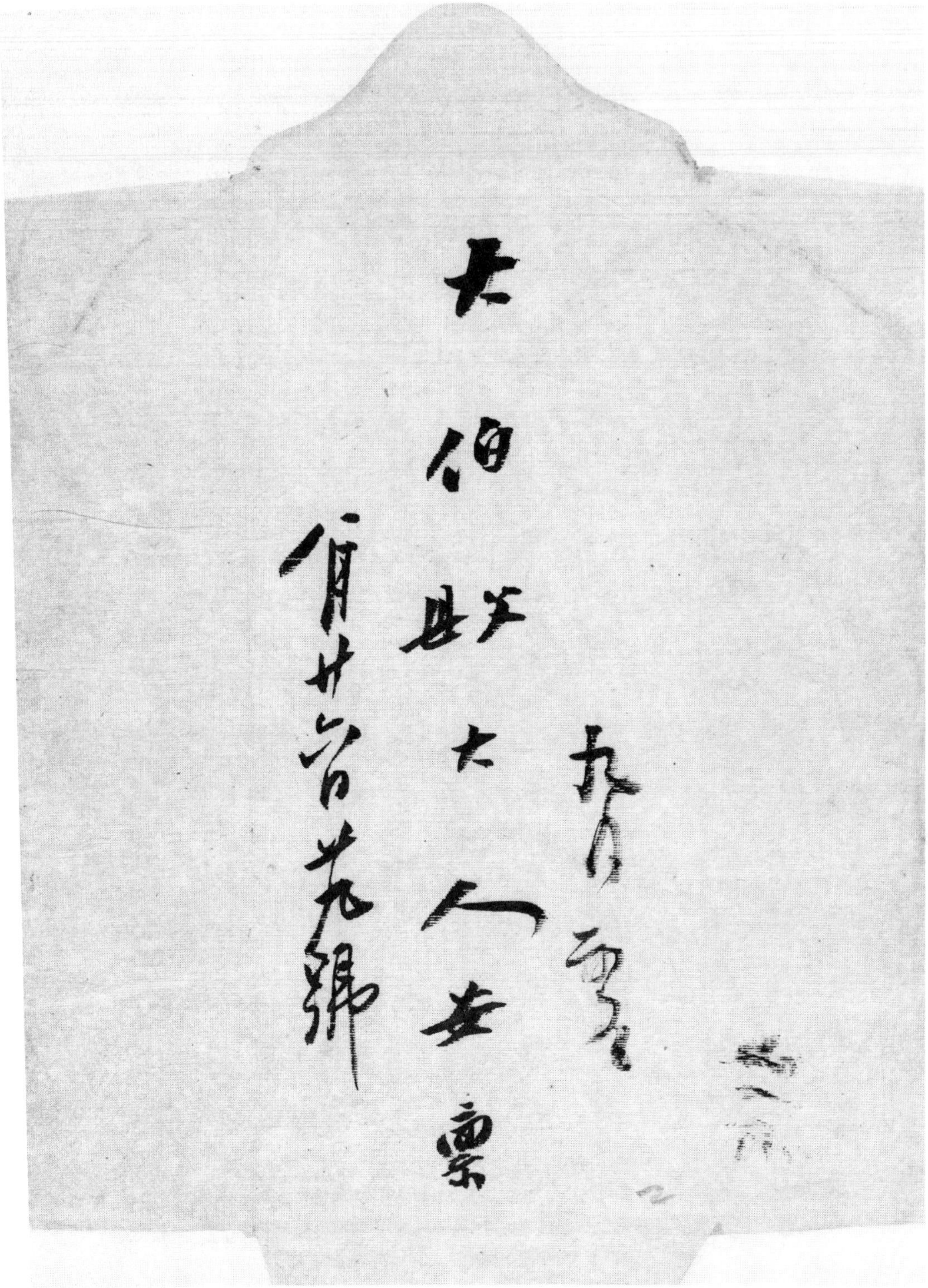
大伯父母大人安稟

盛國華致盛宣懷夫婦函（一九一二年八月二十六日）

大伯父大人鈞鑒：敬禀者，一病月餘，久疏寸
禀，而又久未得
諭，眷念殊深。姪男因與盛氏並未得罷民
國，既屢易名，屢又敗名，屢屢請贖國有。
聞頃姪男曾對參議諸公談及，殊可說得罷
國民，不能說得罷民國。今以民國而論，盛氏
功算功勳，非中山公之國有，不得如此

以至思慮憤不覺肝陽上升竟成失眠之
症幸由湛華南高朱務也診治近頗
稍痊然仍不能健飯胸中時發嘔氣
每欲勉力上登一握筆而牢騷又來所
謂欲作家書下筆難古人真不我欺也
報言風潮又甚彼們又說我們聞之痛恨
胞弟一月不出門矣所幸 新學謝公尚不我棄

時來聞該匪來鄰界搖算聯絡頗有感
情倆有々二家均屬吾各省諸者可吾化惡參
議德諸公均甚願傾囊依從蔡振要多吃幾
拆係是對友拙男視之如牛馬何金戲言
要了度我所用者中華民國如此漂亮大
尚望挽設成不可任分不止該城正在時機
々時此後為蔡公電庵謝辭張振武丹成

不了了。勢力日來議員風潮尤甚，此次城不易
對付。請子興決計避戒國務院及將解
散，惟參議正式選舉大約等不到耳。江南
家產無易已非都中當道與言一妥善
辦法，惟以蘇都程請疏通，雲樓
甚難易二十年亦將現似不日先赴湖北。因
現任湖北財政實業司長均是過從易

之恩者，即去年秋間將男爲謀
長林之王文贊現忽充實業司高等顧問官，
陽鴻藻則爲都督高等顧問，劉厚恩則爲
兵工廠總辦。黃所委爲省議員，是以先赴
湖北，所謀之約爲之明日稍叙舊情，並探口
氣，再赴南京，並擬到申，即行東渡，敘候
長者禀商辦法，將男不見

歆色着幾及一年矣回念到此不覺悲往
搭之以泥將身爲廣叢叢遂盛氏方可垂
振內庭居別死不甘心獨記姪男若年拋也
長此一做勸爲能做一日姪男死無怨服前年
冬間果能達到目的豈負提倡宗旨天也
無做不到事也近來
福體如何精神振作否耑此

盛國華致盛宣懷夫婦函（一九一二年八月二十六日）

格外保重以待時機兆男一月不到津矣嘗
既已赴鄂寧不能使人所知並以必須到津
一走再爲安排津公館作歸告知赴廬山養
病並擬到京坐火車赴漢再往江寧已滬東
渡明日下都再留一日長行極遲九月初五
前必到上海來東到滬有銀行仰行佈告
專達敬頌福侯兆男到申東渡時籌借三百元

盛國華致盛宣懷夫婦函（一九一二年八月二十六日）

以壯行色，則尤感激。大壽不出四作羅論光景，
則賤疾緣此已誰屬一時消息也。若則不啟，如
此因五月間之四百令年蒙惠之一腐日後不獨
典查亦經而已，並未嘗為
並請一切遠深，此等事易感謝。叩
鈞安，並詢
起居。為福姪婿國華謹肅　八月廿六日
申廿五

上海文店來電寫
九月二日上海發同日橫濱着

關係人へ左ノ通リ傳言セヨ
左ノ通リ葉景揆ヨリ電報有之
北京政府ハ漢冶萍公司損失補償意志有之
実間有形無形損失明細書北京へ向ケ送
致セヨ
高木陸郎

橫濱正金銀行 SEP 3 1912 總務部文書係

九月初四上午接手

上海正金銀行貴行來電

九月初二上海發、同日橫濱着

照左轉關係人

葉景揆由北京來電云

北京政府有補償漢冶萍公司損

失之意所有公司有形無形之損

失、請明細寄知、

高木陸郎

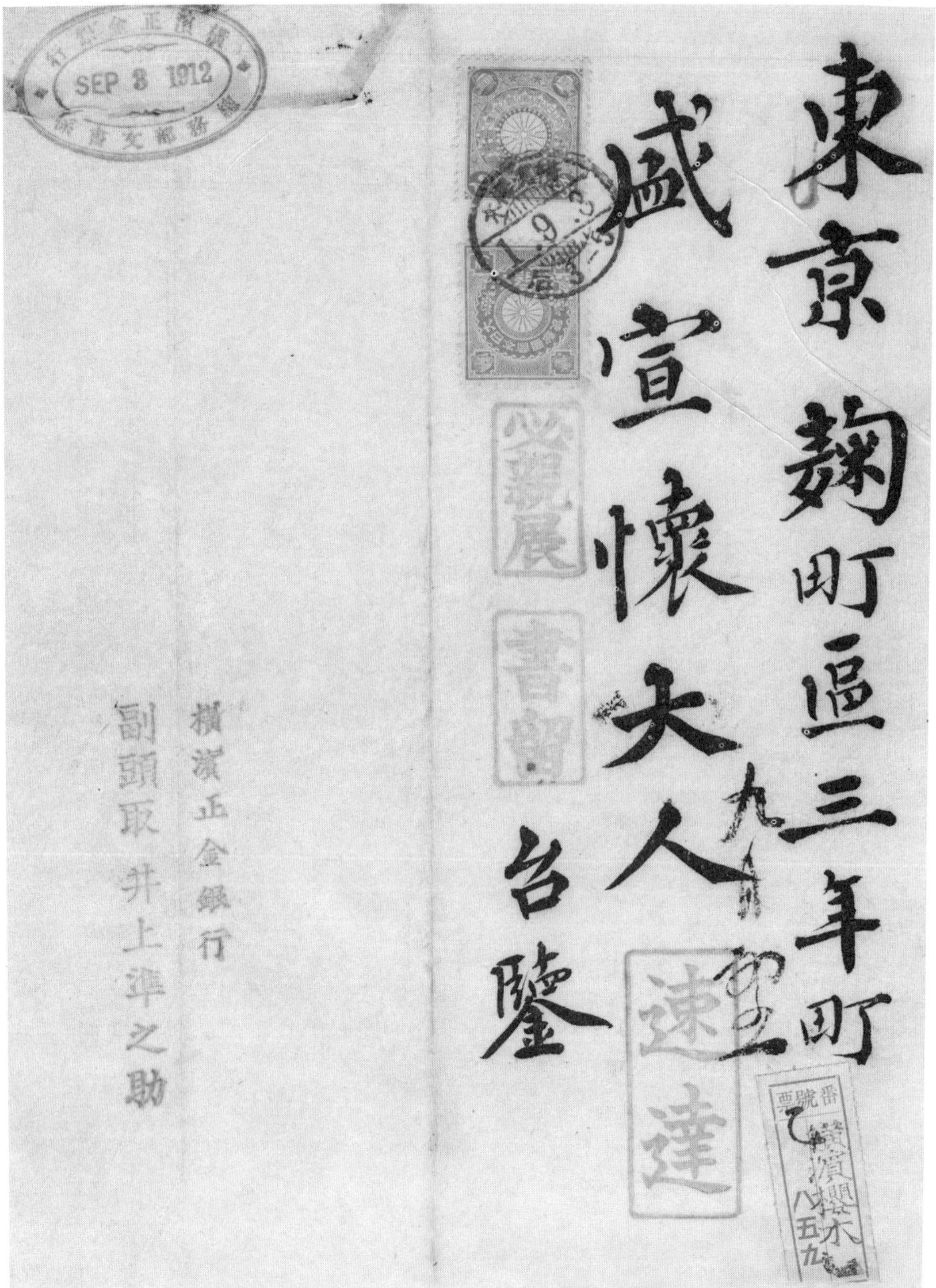
東京麹町區三年町
盛宣懷大人
台鑒
速達
書留
橫濱正金銀行
副頭取 井上準之助
SEP 3 1912

井上準之助致盛宣懷函（一九一二年九月三日）

拜啓漢冶萍公司損失補償ノ件ニ付
尊臺御聞ニ達シ度趣ヲ以テ高木陸郎氏
依頼ニ依リ辨行上海支店ヨリ別紙寫ノ通リ
電報到達仕候間茲ニ供
御高覽候敬具

横濱正金銀行

大正元年九月三日　副頭取　井上準之助

盛大人
臺鑒

横濱正金銀行

致天津孫慕韓函稿

孟晉仁弟親家閣下：昨泐寸緘，托轉寄各處信，諒已收到。茲寄上漢冶萍國有議廿本，請即轉交敝處次長分送各處，乞閱看。內附二本，請一交梁、倫貝子一函。弟閱此事艱難，均已過去，第四爐一成，年年收利，無他難處。今最要而下走者，年近七十歲，亦斷不肯放手，退一步想，但求國家得一精能老角色督辦，必能日起有功。日本枝光廠督辦中村雄次郎男爵陸軍中將，年已

近及花甲並非内行其下皆学生出身詢其何以不
用学生督办对曰不能任重須待歷練耳此间於北京
事者無消息在待日人来言漢冶萍究竟能否
國有　項城之意如何即祈
設法探明詳示為祷目下無須等款股本千萬分
三年还日債千數百萬分十五年交貨不要还本
目下还債及經費不到千萬可將萍礦抵押已詳
告所同矣以後每年售貨價一千四百萬開除之外
可得餘利五百萬兩勝一都督也

公若得此可以老於是鄉矣子興此告退何人接手
轄之已復新否大借款有無好消息存之酒健在
此也下走與兒輩今日由奈良回東京天已漸涼爽
矣
弟況如何敝產不能收回股票一概無利用度將不能支
而莊君仍不答亦奇矣手頌
公安 姻如弟名心叩 九月四日
又附寄國會議二十本請即加封轉寄朱桂莘
查收只從上海寄可耳

正金銀行上海分行來電

九月六日上海發

第一信

照左轉關係人

江西省都督派委員二人沒收萍礦

限今日接收後經總商會允延期至本

月十二為止現孫逸仙已有電致江西

省都督且託黃興電致取消沒收

惟均無效力委員之意不得都督

取消命令雖有電阻亦決不兼認復電託湖南都督派兵、漢廠熔鑄炉已修竣惟目下尚無開工、

高木陸郎

致上海吕幼舲函稿 九月六日

蟄盦仁兄大人閣下咏銓寄来二十号
手書一函並大稿一件慷慨淋漓發於無義不搜因慕
韓来信述项城之意囑為婉緩大約因参議院多方
反对尚恐駁斥不行慕韓謂其尚非推托实是好意
公亦謂项城日夕懷懑似宜稍緩再遲近晤东京最高级辯
士力譚此事彼謂民國与专制不同宜用本國律师折之法
律使輿論翕然方能收效適咏銓寄来董少卿函所論本
國律师会意见不謀而合現今袁孫交合心緒較寬指日商局

漢冶萍先公請求國有，孫中山於鐵路並主國有，至於借
款則但求脫胎前作而不可得（現議二千萬鎊稍有頭緒），民國正在力求名
譽之時，委任律師赴京遞呈，恰好機会，惟委任之人必須華
吾兼擅、卓有人望方可不戰而服人，聞雷繼興在会，未知願
任此役否，少卿並云詳細辦法及擬司法部等呈隨
公續陳。閣下於此案爛熟於胸，特將尊稿抄奉，並抄
董並以備商確。律師必以司法部為主，其第三節律師
總会國体電陳大總統，須俟呈到法部再發
此電，法部與國務院必請詳總統行都督

盛宣懷致呂景端函（一九一二年九月六日）

部姓詳文第一條有國務院既可兼遞國務院似
文第三款輒勝
可直遞大總統請與會長詳細斟酌最可奇者鄂議
會以漢冶萍為盛氏箇人私產思欲收沒經董會及
覆咨辯工商部叙商辦原案與之爭執方始明白然
猶以為盛股可乾沒也者故董事所謂奉法律以為
言立可平反不獨保全財產萍從前歸罪於我者一掃
而盡誠不愧律師之正論惟此次文法是否善就江蘇一
案而言一案解而各案自解則江甯杭州之地產亦不必
牽涉將來只須在都督處遞一小呈便可索還也如欲

提起鄂事則漢冶萍艱始之功將來於民國非常之

參[illegible]達且須畧叙矣以尚見度支部數莊批自有區

劃惟燈之艻乞

公岑艻卿諸君盡力籌之不多贅敬請

台安

九月初六日弟宣頓

高木陸郎致盛宣懷電（原文）（一九一二年九月十日）

横濱正金銀行
SEP 11 1912
總務部文書課

上海支店來電

九月十日上海發同日横濱着

關係人ヘ左ノ通リ傳言セヨ
萍郷炭坑社員坑夫一致協力シ江西省ヘ引渡反對シ派遣員ノ諭旨ヲ聞カス支配人双方ヘ板挟ミトナリ逃亡シタリ彼等ハ硬派ナル副支配人支配人ニ選擧當地ヘ認可ヲ請ヒ何處マデモ反對ニ决心セリ同人ハ創業以來従事致居功勞アル者ナルト此際不得止次第ニ付臨時支配人タルコト昨日董事會决議電命セリ江西省都督形勢右ノ次第ニ付實行難出來悟リシト見エ讓歩意向ニ有之公司ヨリモ事情精通セル者舊支配人盧鴻滄現漢口交通銀行支配人南昌ニ派遣シ都督ト交渉セシムルコト、セリ引渡シ期限延期平和解决ノ見込

高木陸郎

九月十弍日上午接到

正金銀行上海分行來電

九月初十上海發

照轉關係人

萍鄉礦社員及工人一律反對沒收不聽贛派委員命令總辦被軋已逃避會辦王張反對須仍舉為總辦電滬總公司請示昨日董事會議以該會辦於公司任事久頗有功且舍此別無辦法決議電派為

臨時辦亦矣，贛省都督見此情形
知難實行，没收已有退讓之意，現
公司派幹員盧鴻滄（前萍礦
總辦，近充漢口英商通報行總辦）前往南昌與
都督交涉，大約可望和平解決云
高木陸郎

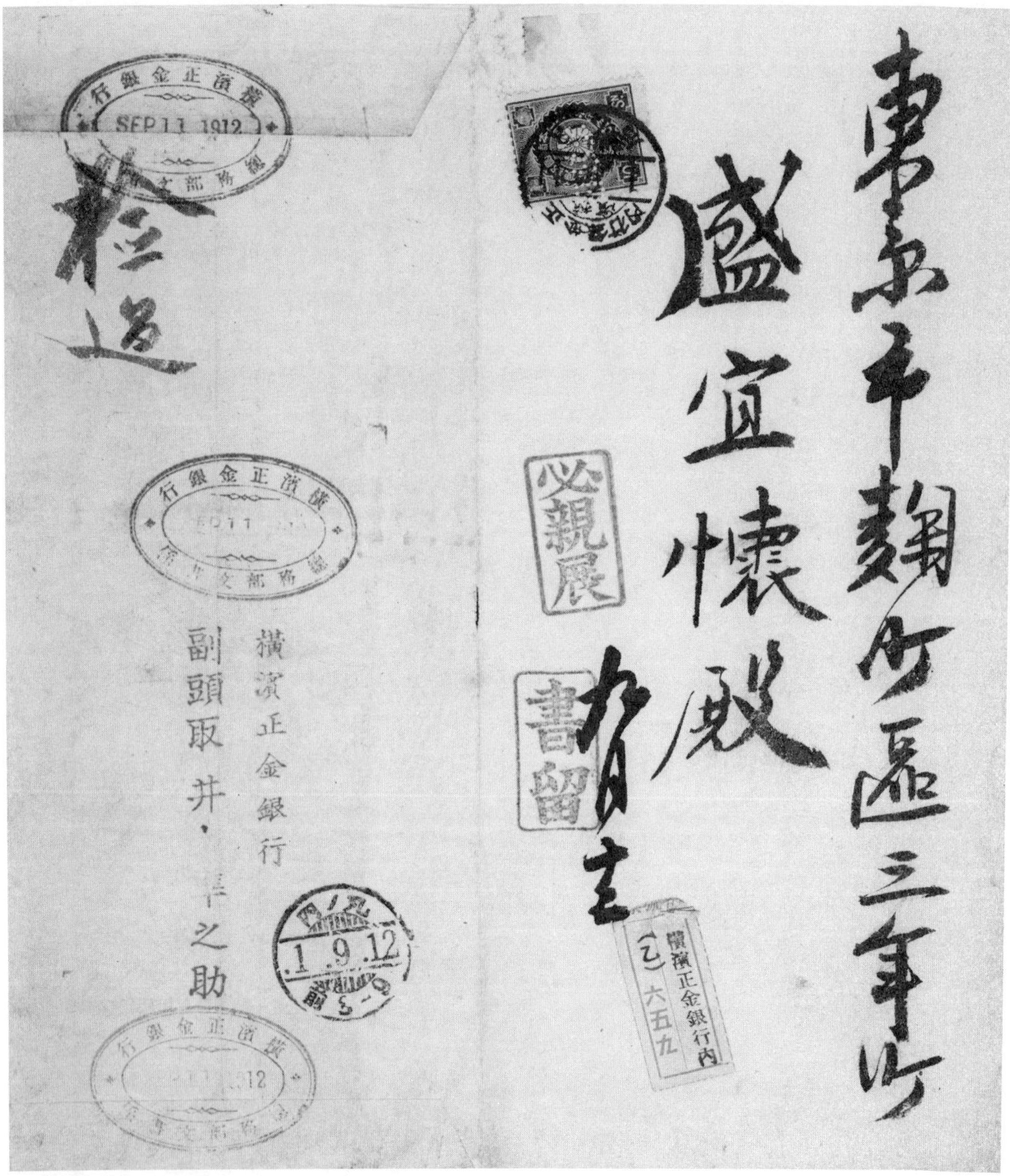
東京市麹町區三年町
盛宣懷殿
必親展
書留
横濱正金銀行
副頭取 井上準之助
SEP 11 1912
1.9.12

井上準之助致盛宣懷函（一九一二年九月十一日）

拜啓萍鄉炭坑没收ニ關スル其後ノ情報
尊臺御聞ニ達シ度趣ニ以テ高木陸郎氏依賴
ニ依リ欒行上海支店ヨリ別紙寫ノ通リ電報到
達仕候ニ付玆ニ供
御高覽候敬具

大正元年九月十一日　　横濱正金銀行
副頭取井上準之助

盛大人
臺鑒

横濱正金銀行

錢 呂幼舲 朱十莊 顧詠銓 函鑒 九月十四日

幼舲、十莊我兄

詠銓賢甥同覽：以接

公電暨函，遵留此決，請律師須邀張面議

等語以擾平古面談上海律師初辦時有雷繼

興等在內，近來人愈多愈雜，無甚知名，只有丁

榕前在高（美國法學生）等審判辦餘上堂記的是上海人葉子衡

說是無錫人讀

[illegible]翁作有副會長丁榕或即是此人，又爲鄙人辯誣

[illegible]田全產以須謀定後動，不宜急就章，餘俟回滬

盛宣懷致呂景端、朱士林、顧潤章函（一九一二年九月十四日）

拉再間办較易商量惟
詠翔來信鮑味純兩文義莊田間將柏貴鮑與（契單均在我處撥鮑柏貴）
澂新卿王丹揆至好已設向兩處探詢如能酌捐
若干即將留園田地房產一律收回等語然則爲
此田事又難遲擱義莊特將
尊翁所擬義莊呈稿寄上即請
會商將此呈稿再行修飾即與張一鵬商遞或
託鮑君先與澂新卿王丹揆看過即行呈遞
閱莊思緘前批義莊本可發還呈內是否須提

至滬前章程和庫支分提八成正即

史祿公支下錢足弟四人各分二成似不宜提及恐又

生出枝節李平書云程雪帥於錢處並無惡

感只要下面說通此用律師則提法司審判廳

皆屬緊要又稱目下無甚公道還是法律他們

還有顧忌後望

妥籌電示定奪為感手頌

秋祺

弟名心叩 九月十四亥正

朱氏函稿

小莊仁兄先生閣下：兩奉
手書，敬悉一一。律師事前因少卿寄來法尚只
道理，故已將呂勇前所擬呈稿寄滬商酌，並詳告
詠銓矣。今讀
來示，方知僅係少卿個人欲見，並無他人相助。會長
伍廷芳本屬舊交，起義後伍視爲人太舊，人情未免
太涼。該會之員既多，少卿又不能開單，似難草率
從事。若俟另舉後再辦，而昨接頤信，又已收沒蘇

州義莊糧田之説黑暗已達極點萬難再事挽
回李朴臣介紹之張一鵬本人雖不知道而其兄張
一麐確係項城老幕為呂易翁素交其弟又在
蘇督府民事皆居要津若能謀定後動或可
希冀於成惟該團組織僅止五人不嫌其魄力太小
否總之此等事不可輕率發表出爾反爾只多樹一
敵識之
另論為福不足為禍有餘朴臣亦稱張一鵬不足包
辦此係一定辦法已請面詢朴臣是否與張君親

自面談抑中間尚有陽手孟詞分於一鵬是否一
慶胞弟曾相識否務祈
執事即以全同分於祿銓模及先以秘密題商
兩君之中擇一而行應如何分別次序安置內外
之處及司法部等呈文均囑前途擬稿寄來
斟酌可否詳陳請向祿銓索閱便知即見所在
矣原系良妹涼已派阮須稍屬長崎以看情形再
商內渡廑承
問切甚感佩 宣名順頌

籌祺

弟止叟頓

九月十四日

SEP 16 1912

上海文店來電寫

九月十四日上海發同日横濱着

関係人ヘ左ノ通リ傳言セヨ
萍鄉炭坑引渡シ期限本月十二日ニ有之候處
引渡方申出無之右ハ湖南省兵士派遣保
護ノ任ニ當リ黎元洪ヨリモ不法行為注意
アリ公司代表者派遣致候ヲ機トシ中止スルモノ
カト存候中央政府ヨリモ調查委員派遣電
報有之

高木陸郎

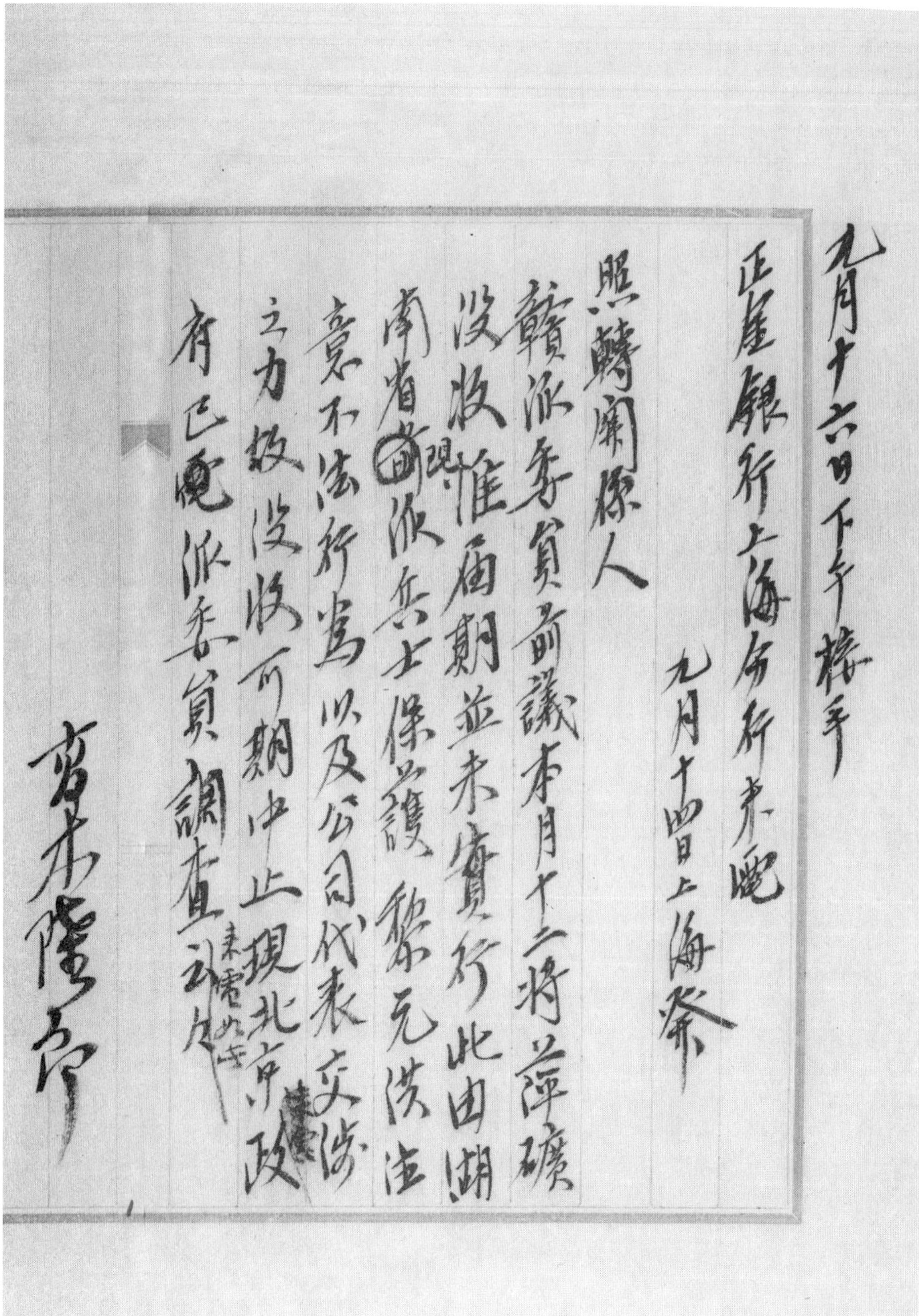
九月十六日下午接手
正金銀行上海分行來電
九月十四日上海發
照轉關係人
贛派委員前議本月十二將萍礦
沒收惟屆期並未實行此由湖
南省現派兵士保護黎元洪注
意不法行為以及公司代表交涉
之力故沒收可期中止現北京政
府已電派委員調查云（來電如此）
高木陸郎

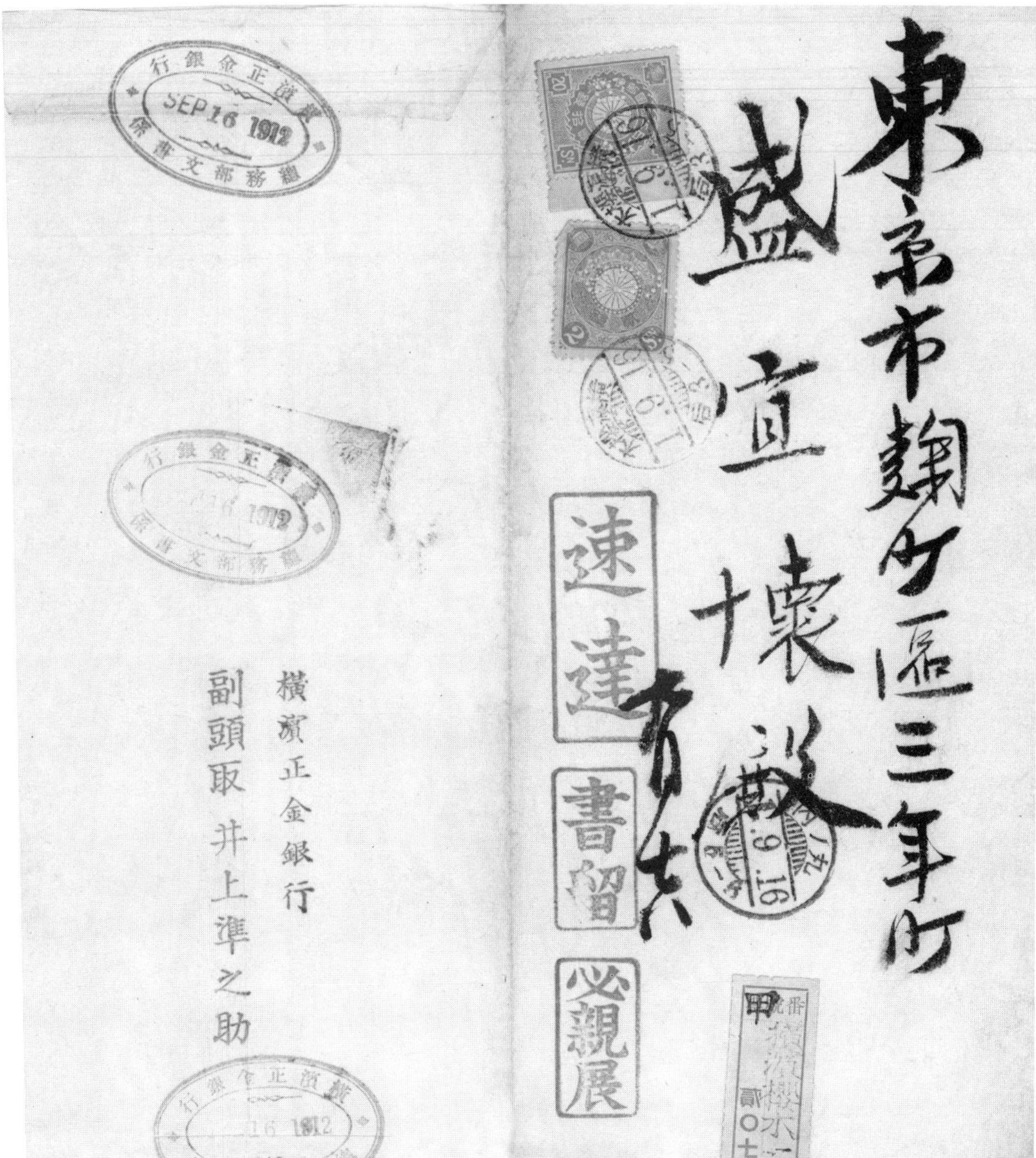

井上準之助致盛宣懷函（一九一二年九月十六日）

拜啓萍鄉炭坑沒收ニ關スル其後ノ情報
尊臺御聞ニ達シ度趣ヲ以テ高木陸郎氏
依賴ニヨリ弊行上海支店ヨリ別紙寫ノ通リ電
報到達仕候間玆ニ供
貴覽候敬具

横濱正金銀行
副頭取 井上準之助

大正元年九月十六日

盛大人
臺鑒

横濱正金銀行

宮保鈞鑒敬稟者大椿叨依
仁宇感切葵衷引企
慈輝時深馳慕恭維
褆躬集祜
福履綏和昌深頌禱吾常自去秋武漢起事即于九月十六日宣告
反正適時府縣逃亡屠惲爭權相持不決十九日夜惲兵圍攻中學
頗為羣情所排擊卒以理屈匿避旋由何健來常管理軍政公推
屠寄任民政維時張勳盤踞金陵謠言蠭起闔郡驚惶居民扶

老携幼避難四方途為之塞何健以餉需奇絀復密謀勸捐富紳以資軍用曾有派兵佔據義莊之謠人言嘖嘖尤為寒心大椿督率同人妥為防範始將簿據冊籍匙為收藏繼又多方勸解竭力周旋嗣又吊取乾豐洽賬冊之舉當經告以股本無多亦將原賬發還迨何健解職趙樂羣繼為軍政分府又以人心浮動幾釀巨禍嗣樂羣以冤殺中學校監學陳大復為黃留守拘執按律處死軍政府從此裁撤而吾常亦稍稍定矣大椿忝司莊事自去秋以來以駑鈍之資處孤危之地夙夜焦勞罔知攸措惟以勤慎自矢勉力支持義莊幸以保

全實非始願所能及此是又吾
先哲諸公之積德累仁其靈爽不可閟也今幸大局粗定人心稍安用將
近日義莊情形為
宮保詳晰陳之去歲冬租收成較為減色實以兵荒交迫謠喙紛乘佃
戶相率效尤非督催所能為力查辛亥年實收租息洋六千三百四十
三元較庚戌年短收洋七百九十元本屆夏租收數短絀則以民力凋
敝未便嚴催之故各戶津貼於去年十月間止付今年灣裡分校
停辦義莊人範家塾學生十五人延張象賢為塾師每年薪金

一百二十元一切仍照舊章學生留堂膳宿飯菜兩素一湯每月檔
暈四次藉以撙節經費金淮生房祖自去年八月迄今未付分
文常地米價翔貴每石至七元六七角義莊開辦平糶悉照前清
宣統二年所訂辦法自舊歷六月初一日起至七月三十日止現已糶竣
堪紓
廑系義莊上年贖田單契尚未查發各戶屢次索單無術應付甚
至藉口贖田不繳祖籽辦事諸多窒礙疊詢玉林以義莊活契
田在青布包內無法檢查為詞仰乞

迅賜飭查分別發還以清糾葛義莊月報按月寄交玉林棠
呈常地黨派極多意見甚深近行選舉衝突尤烈長此以往
人心愈變愈奇風俗愈趨愈下禍害正無已時也專肅寸
稟恭叩
鈞安伏乞
垂鑒 姚大椿謹稟 舊歷八月十六日

敬再稟者大椿去年四月間蒙
委常州電報局務任事以來謹慎辦公以冀仰副我
公殷殷屬望之至意詎于八月間武漢起事全國響應九月間何健
任常州軍政分府派人監制多方挑剔不得已呈請辭職交代清楚
雖不敢居潔身引退之名實不能處于嫌疑之地仰荷
關垂敬以告陳肅此再叩
鈞安伏乞
垂鑒大椿謹再稟

江蘇都督府秘書長顧賜書

唐珍先生閣下：日前奉承

惠書，並承賜子跋，蘇湖洪甚

教，苦多佩，蓉至此，致忭

不贊都閫

政通人和，

造福梓鄉，惟旅靡既。去來查者，去秋修變，殘府舒兄

親人被議，逐將詆謗人事，乃出誣惡奉，輒遭誣謗，識

狐社等藉留馮陵，南局借客搜經之策，人權於商

憲法律，遂致為所出如，要不移產，素未有封沒之

來也，翊因

輪船招商總局

大總統選頒命令、注重慈善、又經撫賑、蒙大總統、於此益見

都督省長捐金、推其善意、遂能來滬物品完整、而撥雲見日之

道，為吾人心者，因江寧、上海、寶山等縣地廣、兼時來及一律

清理、特遣代表呈齋

鈕師、吳葉寅遠並請將指撥之款、路撥全陸振

撥歸霑田、無編無稿李取

察閣咨仰

閣下察陽大道、務祈

代查撥付、俾兼慶得以收回、而款項協用

化私為公
揚惠及突孫、倩陳子益、咸
叨盛德之德，咸感、並在股東中代表陳仲立體柔橋國君，要道一切
謝言向寺要函
大稜伏希
惠復。
盛 謹啟 十月五日
一鳳凡

致孫慕韓函稿　十一月十八

孟晉仁弟親家左右：頃從滬奉十月六日
手書，敬悉一一。
公委任外交顧問，與子異諸公同事，均屬正當，
從此遇事通商，可期穩固，無任欣忭。惟京津
往返究屬不便，將來似宜全眷移京也。下走
到家後十日，妻子續至，因園荒蕪，家產蕩然，尚
幸人口無恙，免作異鄉之鬼而已。江蘇公私產業
擬即呈請都督，若遵守約法命令，似無不還

之理。除義莊田房公產之外，尚有典當九處，
聞已變價過半，即使收回，亦無實際，僅免
沒收惡名。而雪帥欲勒捐鉅款，以致尚未解決。
項城保全民業不賣之令三申，而外間陽奉陰違，
民不聊生，各省紳商稍有身家者不得不托庇
洋人宇下，恥孰甚焉。總之，外交不足懼，財政不足
憂，惟此人心日離，愈趨愈下，實非共和佳氣象。
公既不居重要職等名，總統時相照面，公誼私
情，似宜直言無隱，以盡忠告，不宜阿諛，方對得起

下走到家將一月矣，杜門養疾，從未出門，商界來談，靡不疾首蹙額。大約實業興旺尚非其時，鐵業、航業兩事，敗壞不堪。病在董事各爭私權，經理各營私利，而股東又不能過問，與東西洋公司正相反。報界輒謂北洋從前官督商辦之壞，識者乃恍然於今之董事會更不能望其肩背，可見社會程度不到，尚非帶用專制手段，不能收其利之實效也。以我看來，招商局易於整頓，而收利不能若大；漢冶萍難於推擴，而收效尤屬非常

聞揔统有下走回沪可以查清帐目此本是
股东等之擁負豈知經手諸人趋附董会中之
野屯無理者把持壟斷不欲正經股东過问新
老諸經驗識途之馬更恐失群混乱见也若非
政府主持更何從下手
公素慷慨念大局之関係然片刻人至交言不無效
聞智庵揔理具有遠識身当重任想必有以
長駕遠馭經国大謨
公或可片通筹大局使已成之實業乃由政府操

日本航權、鐵權均收回，而求進研究，故除
其柄而挽柄之，華商漸收信用，方能國風興起，
豈特內政有關係，外交財政均有關係。外人動
稱我無政府，共和以來有破壞而無建設，皆此
類是也。 智伯素昧平生，繹其居心行政，似非尋
常可比，故及之。匆叩
台安，餘容續布。姻小侄宣懷頓首

盛宣懷致呂海寰函（一九一二年十一月三十日）

致呂鏡宇函 十一月卅日

鏡宇仁兄親家左右 日前伯嚴兄過滬詢知
尊體近患腹疾久未全愈不勝系念弟請伯茀致
意敦請楊先生由火車至青島尚不甚難楊公醫
道弟曾請診實為當今第一人否則寧從西醫而華
醫之庸庸者萬不可嘗試也 公先以天資勝
於尋常自去年鼻衄以稍形不足然究逾古
稀宜一切格外頤養人生如夢帝王亦何足羨
惟俯仰無愧於天地問心可自寬耳 弟一年流離

歸國以田園荒蕪家產損失人欠我者無可討索
我欠人者刻不容緩所謂窮得不干不淨賤恙咳嗽
較增於北京形容枯槁諸事灰心尚幸咯血已數月不
發眠食尚可近日編輯衛生叢書願世人同享長
生之樂又輯道德叢書以期挽回人道以勵薄俗僕
集成奉教漢冶萍停工一年賠累甚鉅以後擬全
賴取決於股東而每逢股東開會到會者不及一半
華人放棄股權皆由於交通不便難代表願致且
百萬元由東回上海將欲開股東大會並欲更換股

盛宣懷致呂海寰函（一九一二年十一月三十日）

票如易章程皆當取決於真正股東
等處股份字號以及
閣下代收之股分均乞
迅速開單寄下以便時托妥友代表到會所有
議決辦法再當奉
聞青島同人僑居甚爲熱鬧都帥安帥次帥吳
蔚翁李季翁以外尚有何人不甚了了祈示知弟
去冬因海島寒冬氣不耐乃作東游否則可長相
聚近況能詳示否至以爲念敬請
台安 姻小弟宣懷頓首

公函祇悉。公明律師回收款憑據最為緊要，雲樗
所云必呈遞進，必彼間尚有異議，決可將前呈一併
索還。存款亦由雲樗繳回不誤等語，總之此事我處
始終守一信字，論約法命令，發還不應再有需
索。萬莊督呈內有指撥之股，故現又改為先
繳以現款，易股本以整還，款易散，本論事實，則
所虧無幾矣，但有一層必須於前途說破，則兩面
疑團皆可冰釋，各典本名下已提去之款不過

十萬業主已不願收回矣本名下未提之款既有墊

繳之款廿萬即是預繳既稱發還無論典當改名

股分改户及勒令各典所立寄存之現款分繳之字據均應一律

取消發還也

都督府同意斷不致再有誤會如同意必肯派員

出力保全如不同意只得請將前已交一併索還存

款亦由雲樗繳回矣　十二月初八日伏枕泐

幼舲
小莊　諸君均覽
詠銓

致莊心安函稿　十二月廿六日
心安仁兄姻世大人閣下：滄桑一變，舊雨勝懷，恍如隔世。九秋攜眷歸國，觸目驚心，病軀畏寒，終日龐伏温室，署曰夢醒草堂，柴門永杜，不欲再與世人爭是非，遑論其他。惟一身積累，皆半生好大喜功階之厲也，收拾餘燼，未知若何。昨奉蘇督指令撥還公私產業，特邀

曉青兄來滬面談常州事懇其清釐
承曉老念舊允為維持溆居經內子
轉懇
台端代為保護私衷感激一家同之彼
此手續均可交曉翁取消誦先兄曾
面致
雅意古道熱腸於今罕覯此宅係四
四房公產仍宜立一租契請與
曉翁誦翁酌定為禱手佈敬請
頤安

世姻愚弟

致吳縣宗縣長函稿

加彌先生大鑒：前欽

循績有年矣，受政以來，吾吳秩序寧謐，甲

于各省，此皆仰賴我

公執兩用中，經權畢協，乃能畏威懷德，翕然

相從，凡在治下莫不感頌。

使君弟避地東瀛，歸國未久，即蒙

大總統寬大政令，許以優產，遂呈請

都督准予發還蘇郡公產居多，私產甚少

昨派代表鮑君味莼敬叩
大端，仰承
閫切。伏念
大君子明鏡高懸，主持公理，委員到日，想必能
首先理楚，爲外邑表率。鄙人一俟春暖，定當
親自赴蘇籌辦，特謝悃肅，先布臆，敬請
大安。
愚弟盛　謹啓

敬再啓者由蘇州濟大典當事任壽民抄送
蘇署訓令內開奉
都督指令本民政長呈該濟大典欠款不繳情
形由該典存款應以圖摺為憑所稱仇均大存
款舛錯如果屬實應須該典自行清理未便藉
詞推諉所有該縣濟大典原領供布款八千兩
水利款四千兩自應一併追繳等因查濟大典原
領前項供布水利銀一萬二千兩本仇盛貽記乾堂
公典帳房經手其時因濟大領存公款及實戶存

款已經不少且該典已分析與別房盛許氏管業
敝處未便過問特以皖撥江陰縣濟美典八千兩
儀徵縣聲大典四千兩均有濟美聲大兩典收據
存於公典帳房爲憑本年三月具呈
前往蘇都督背附清摺聲明在案前因此
項公款一萬二千兩之本息自應由濟美聲大兩典
承認俟該產之後如果停當即行歸本如果照
開仍應照章付息決無錯誤至於濟大典原領別
項公款若干及寶户存款若干皆與敝處無涉

無任盼企併聲明專布敬請

台安　盛　再啓

為呈請事前閱臨時政府公報内載内部總長程德全咨
行通飭保護人民財産令五條内開第一條凡在民國勢
力範圍之人民所有一切私産均應歸人民享有第三條
前為清政府官吏之私産現無確實反對民國證據已在
民國保護之下者應歸該私人享有凡在人民莫不聞風

感激宣懷前因肺病赴日東就醫當民國初立之時未敢
以家產私事上瀆
鈞聽現值南北統一政令維新所有保護人民財產之公
令自必完全照辦毫無疑義所有盛氏一族私產以及盛
氏同股公產曾於三月初八日接到
前任大總統孫函允保護維持等因仰見

民國政府對於人民財產完全保護使吾國民於干戈之後並無削剝之虞展誦之餘尤深感佩惟念盛氏蘇州留園義莊善堂田地房產曾經前朝地方大吏奏准永為贍族義舉如宋之范氏義莊明之申氏義莊等至今尚存況我

民國文明郅治當有過之無不及其各房住宅產地或為

一時借用諒亦不致損傷尚有動產典當十所分設蘇州
常州及無錫江陰常熟嘉定揚子各縣皆係同治年間集
股而成從前具呈聲明係屬公典除具領生息公款及他
人股分存款外宣懷名下實有股份存
十七
百餘兩錢十九萬九千餘千洋二千元自經此亂或被蹂
躪或為侵佔雖各都督民政長派員監管難保無人藉端

侵漁且閭閻因時勢而愈窮衣服因改制而無用若欲便
民尚須加本若欲催贖即是殃民故[illegible]之於政府無大
利保護之於小民有實益聽其兩可勢必數十萬之股本
徒資中飽且恐公欵不能保全為此據實抄單呈送應請
大都督府賜查核如合於公令第一條第三條在民國保護之
下應歸人民享有伏祈

賑
迅速通飭保護各歸原業收管所有宣懷名下典當股份
會同查明實有若干自願儘數捐助江皖工振其或一時
難於提撥並當設法即以名下典本全數向人保借陸續
解交上海義振公會查收放賑振明知杯水車薪無裨大局
然災區來電食盡草根樹皮淹淹一息得錢若干即可活
若干人命況乎一倡百和何難積少成多庶幾仁粟義漿

不致全賴外人接濟以期仰副
政府恤民容衆之盛心是否有當恭候
鈞裁批示實為公便

南京程都督、應民政長鈞鑒：前承都督批准發還公私產業，感激之餘，指捐水利廿萬元，已蒙交民政長派員查明給領在案。昨經專函請民政長即派委員三人來滬，現據總代表出電，尚以未奉鈞處行知為辭，而無錫典當轉致免利放贖[illegible]業多徒藉，能有負大德。務乞貴都督迅將十二月初十日、十三日兩次指令電飭各該地方知事，並請貴民政長准移遠派委員三人尅日來滬[illegible]實係感[illegible]

盛宣懷致程德全、應德閎函（謄清稿）（一九一二年十二月）

南京程都督應民政長鈞鑒：前承都督批准發還上私産業，感激之餘，指捐水利廿萬元，已蒙移交民政長派員查明給領在案。昨經專函請民政長即派委員三人來滬，現接各處代表函電，尚以未奉鈞處行知為辭，而之無錫典當恐有免利放贖之說，深慮奉准發還後備有損失，致累追繳，心實不安。務乞貴都督迅將十二月初十日、十三日兩次指令電飭各該地方知事，並請貴民政長准移速派委員三人尅日來滬，分赴各縣，早日定案，實深感盼。宣懷

顏駿人致孫慕韓信抄錄

大哥左右兩接　手書敬悉種切上項城書今晨

面呈據

大總統云漢冶萍內容複雜一時尚無辦法現在股東代

表袁思亮等已到京而湖北江西來電不絕一則思收辦

鐵廠一則欲攘奪煤礦股東都督兩方相持不稍退

讓中央一時難定方針如

兄能先與袁君等接洽一切自能明其中為難情形云云

京又云甚願

先於政界幫忙，外交總長非先莫屬。執事之才實勝總理，已向國務員提議，惟恐參議院不表同情，意種種困難，不言可喻等語，特此布達。即頌

日祺

弟惠慶謹啓 初七日

姑丈大人鈞座敬稟者去年光復伊始宇内鼎沸張有力者乘便利時恃軍隊為護符害人生命奪人財産種々違法之事行之若素毫無顧忌蓋秩序既亂遂無法律之可言正所謂强盜世界人民失其自由之時迨南京政府成立參議院議決臨時約法由亂而治漸見端倪及項城得選總統南北達統一之目的内則組織國務員外則任命都督共和基礎稍々完備總統鑒於各省都督之武斷人民之不自由於是有五月十一日命令（全文録後）特於保護私人財産再三申誡

自此令發生即有淅江胡慶餘堂之事查被
慶餘堂為前清藩司志森之產業光復之初沒
收歸公志森始而緘默不言聽其拍人承頂繼
乃赴京呈訴奉令給還（所有總統令國務院咨文錄後）是非大定
人心為之一快姪對此不覺有所感觸昔日
大人之產業豈非事同一律乎姪不才忝為律師
有保護人權之責況屬
大人之事姪受恩深重極思盡此義務力任其難
不識能
委任否竊思

大人所以含忍而不發者殆此中利害未曾洞悉乎
敬為一剖晰之此事如行有數利焉一曰利於個
人二曰利於一族三曰利於子孫查當時沒收情
形係據五屬人民請求呈中所指並無事實曰
誤國、曰賊民、飾詞構陷有關名譽若經申辯
本法律以為言立可平反不獨保全財產舉
從前所歸罪於
大人者一掃而盡不然則罪狀坐實將為天下後世
所唾罵害莫甚於此者

大人不為産業計獨不為子孫計乎夫因循不
果足以敗事惟斷乃成古有明訓遠徵之歷史
近觀之慶餘堂案不俟智者知所適從矣如荷
採納即希
示復謹將辦事手續開列於後
(一)須用大人名義處呈司法部 國務院
(二)委任姪或本会其他律師為代理人
(三)用中華律師總会國律名義電陳大總統

（四）即將本会所發之電宣布各報

（五）運動報館於論說中映帶及之

再以上僅就大局而言至若詳細辦法及擬司法部呈詞容隨後續陳

現任司法次長汪有齡君姪學堂受業之師法律極熟不難與之據理力爭也大總統命令及胡慶餘堂案錄呈

鈞鑒肅此敬叩

福安 姪董邦幹謹上

姑母大人坤福

籍没胡慶餘案之葛藤

浙江蔣都督令財政司文云六月初三日承准國務院咨開奉大總統發下前山东布政使志森呈稱產業被民軍没收懇請飭還俾安生計等因查保護滿蒙回藏私人產業載在優待條件前京政府内務部頒發命令亦以清政府官吏私產仍應歸該私人享有等語該慶餘堂藥店既係志森私產自應查照原呈發還俾得自行經理以彰大公相應咨行查照迅籌計劃呈一件等由到本軍政府准此查杭城胡慶餘堂藥店前據財政部呈報招人投標出價承頂即以所得之價作為解散滿營之支及謀生基本金之用業據多人施鳳翔等投標出價洋二十萬一百元為最多數令核定先繳洋十萬一百元尚有十萬

元以陰曆壬子年二月終為限全數繳清計有胡慶餘堂藥舖全盤
及其資本財產各種權利並歸該商等完全所有從前胡姓所立
推據以及房屋舊有契據一律作廢等情在案現在該產項作價之未清
繳能否收回欵邑遞難咨前因合就令行財政司悉心籌議具復以憑核轉
云云
又文云案據許徐氏呈控慶餘堂經理陳楚湘馮天武假名宣告會謀
吞產粘單請飭查究等情當以該控是否屬實與慶餘堂案件有
無關涉批令民政司查明核辦去後茲據該司呈稱省城慶餘堂沒收入
官一案當時均由財政部一手主持本司署無案可稽該許徐氏呈
於本年四月十五日來司呈控陳楚湘馮天武假宣擅吞迭請懲究業

經本司批示慶餘堂沒收各件係由前財政部籌理本司署無案可稽
據本該氏夫姪先後質理慶餘堂業務變復沒被該堂經理陳楚生
馮天武二人假軍政府名查去房屋物件等語究竟實情如何本司無
憑核查仰候本財政司詳究可也等由揭發在案奉批前由理合呈復
察核等由前來查昨奉國務院咨行慶餘堂係屬私產應行給
還等情已另令行查明在案究竟當時沒收慶餘堂財產是何原
因曾否立有簿據該徐氏家產物件又因何沒收計有沒收物件有
無簿記現在何處歸何人經管據控陳楚生馮天武假名官吏合謀吞
產無論是否屬實與慶餘堂業件有無關涉亟應由司切實根查
明白以免將來糾葛合就令行財政司迅速查照妥理具復

杭州胡慶餘堂去年光復時經人主持拍賣，軍興時代無無公理之可言。昔宋太祖之伐南唐也，謂徐鉉曰：其君信有罪矣，其民何辜？王師過處，毋許犯侵民間一草一木，違者罪無赦。存心之仁，與天同量。成湯放桀，武王伐紂，於前朝財產（餘）遺之宗室，遺民歷史尚在，何嘗有没收財產之事。即明太祖驅逐胡元，對於元政府並及滇秦兩藩財產，暨吉息人之財產業資，亦未嘗籍没，充作軍餉，敢請翻閱明史，自了然也。

陳名倬致盛宣懷函（一九一三年二月二十一日）

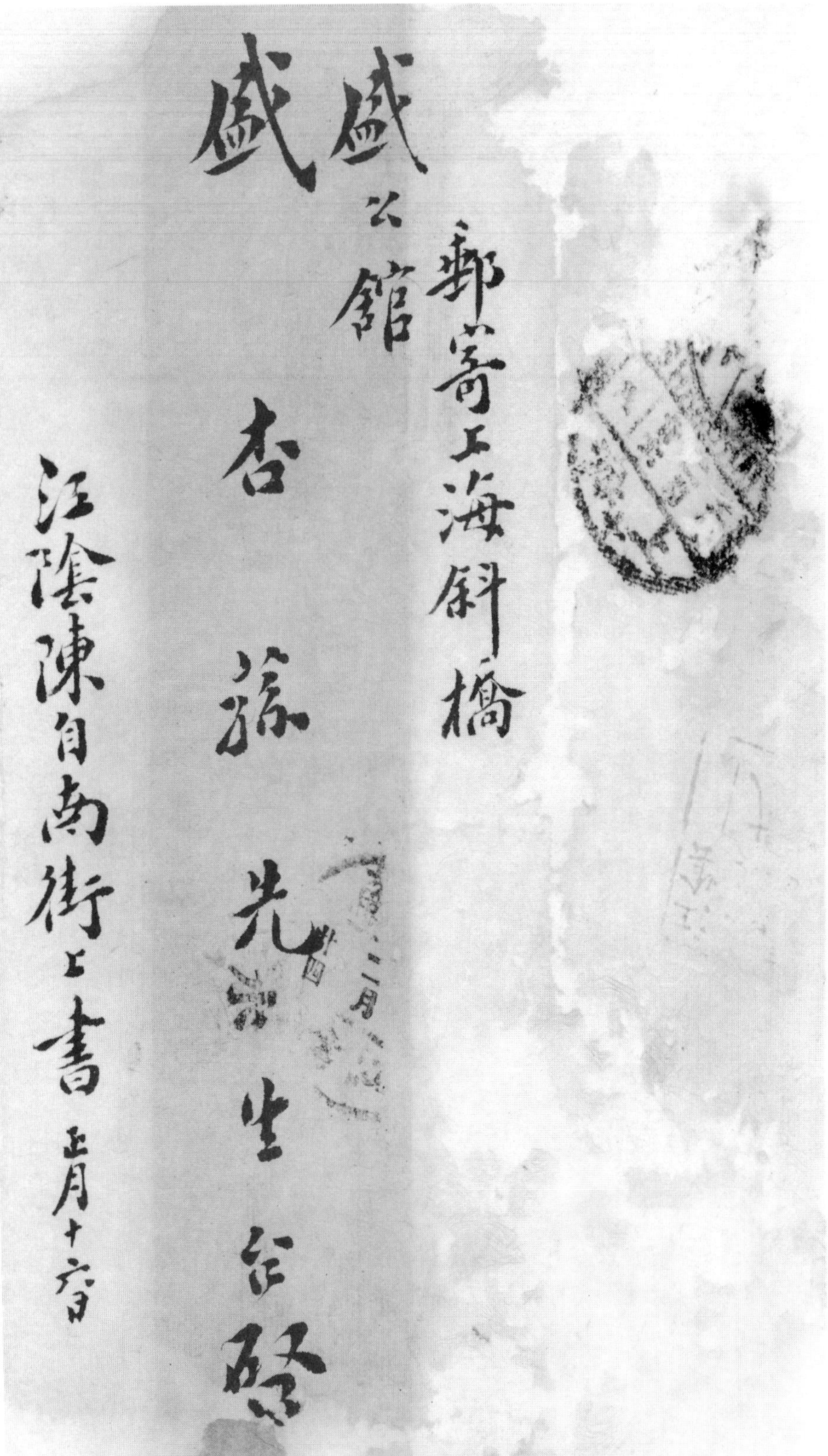
郵寄上海斜橋
盛公館
盛杏蓀先生台啓
江陰陳自南街上書
正月十六日

杏蓀仁兄大人惠鑒前奉
示復謹悉種切茲際椒花獻瑞粉荔迎春想
頤養安和
履祺嘉鬯至以為慰發還 寶産仍如
尊諭恐有名無實但是原璧歸趙已非易易想檢點查
收尚費手續未識現在曾否收清尤為記念耳典事仍需
大才主持凡屬典友無不歡欣鼓舞倍形効力 弟前懇一
節本未便作再三之瀆祇緣年時歉收米珠薪桂數筌

短髮幾致無髻可施可否

曲賜栽培便中向股友吹噓

惠假一二俾涸轍之魚藉沾洋圓是爲至感城中兩典此

當後小民無門可告益形困苦幸自開歲以來濟善已仍

舊當贖聞今屆春盤因絲布均漲大約貴色當可加貫

矣聞璜塘尚在蓋屋尚擬添設新典也專此奉懇祇請

台安叩賀

新禧

姻世愚弟陳名倬鞠躬

北京先烈紀念祠第五次報告單

敬啓者竊照本處發起贊助提倡理事同人等組織建祠手續上次截至四月二十三號止業經刷單報告

同志諸君偉鑒茲自四月二十四號起截至六月十號止所有進行經歷一切事宜合再分別摘由報告

諸君鑒核

計　開

一覆前准陸軍海軍兩部公函令由本處逕向各機關調查殉難烈士文內所附山西閻都督來電贊成建祠義舉慨許代募各項機關建築經費等因照電復晋督函一件

一覆本處同人孫中山先生前來函交款一件

一覆長蘆鹽運使楊壽枬交到捐欵五百元函一件

一准福建民政長張元奇來函助捐欵五百元照復一件

一准奉天內務司榮君厚來函助捐一百元照復一件

一准本處同人張季直先生謇來函認捐洋一百元照復一件

一准直隸甯津縣知事胡君長年來函助洋五十元　并募各界俟集成數兌京照復一件

一准陝西都督張君鳳翽來函認捐洋一千元　並代募所屬各機關俟成數彙總兌京照復一件

一准江西都督李君烈鈞認捐洋一千元　并都督府軍事顧問俞君應麓來函已奔告各同界志俟集成數速匯等語

一准直隸都督馮君國璋來函認捐洋一千元

一准四川都督兼川邊鎮撫使尹君昌衡認捐洋四百元　并代募所屬各界俟集成數兌京

一准山西國稅廳長徐君致善來函認捐洋二百元

一准山東高等審判廳廳長張君映竹來函認捐洋一百元

一准直隸陸軍旅長盧君永祥捐助洋五百元　又奉天馬統領龍潭捐洋一百元　又直隸陸軍第六師長陸軍上將李純君來函認捐洋四百元　并代募所屬各同仁俟集有成數兌京

一復山東烟台交涉使孫君錫純來函云助捐洋五百元

一准直隸正定練軍統領徐君邦傑捐洋五百元　又熱河建昌縣稅局局長馮繼周君來函共助洋二百六十元　又前復安徽都督柏烈武君認捐函一件　又前復駐俄海參崴總領事署陸是元諸君來函云已抄行旅俄各界協助俟齊兌京　又復福建都督孫道仁認捐函一件　又復福建護民政長汪（江）畬經內務司陳之麟兩君認捐函一件　又前滬都督陳君其美來函云稍緩助募即當報命　又准淮軍後路統領喬君建才來函云已募助俟後兌京

以上諸君來函自認捐之欵應俟開工函催兌京或有來函代募所屬各項機關俟集有成數兌京之慨許本事務所擬俟彙總登報勒石並編徵信錄分寄存考

一前准步軍統領江軍統朝宗　外交部次長劉君式訓　貴州唐都督蓂賡　江蘇陸軍第三師長冷君遹　浙江朱都督介人　雲南蔡都督松坡　甘肅趙都督維熙　馬軍統安良　熱河熊都統希齡　陝西秦軍第二師師長張君鈁　福建都督孫君道仁　兩淮鹽運使張君弧　奉天教育司莫君貴恒　奉天西路觀察使錢君鑅　直隸密雲副都統穆君騰額　直隸國稅廳長曹君葆洵　直隸陸軍第三師師長曹君錕　察哈爾都統兼陸軍第一師師長何君宗蓮　晋北西路司令部劉君廷森　湖南第二區司令部趙君春廷　廣東虎門司令部饒君景華　奉天第二十師師長潘君榘楹　四川國民黨支部暨江西南豐徐君士佳　黑龍江國民黨支部等先後來函均各贊成斯舉或認酌助或認已代募各項機關俟集有成數再行函寄等因業由本處隨時函覆

一准甘肅隴西護軍使張君行志來函認捐千元俟代募集有成數兌京

一准奉天都督張君錫鑾兩次來函云已照印多份遥函所屬各界勸助俟集彙齊匯京照復一件

一黎副總統來函贊成義舉已認捐助暨湖北陸軍第一師師長石星川君亦來函云鄂省重要人員均極贊成俟代募湊有成數再行彙總寄京本處均已照復

一准秘書長梁士詒先生前次函稱上年　袁大總統電致　唐總理協商優禮先烈撫育遺孤等事曾登載報章尚可覆按謹覆函以表贊同之意等因復函一件

一前覆本處同人海軍部劉總長暨參議院副議長王君正廷均函爲唐烈士才常入祠註册函各一件

一覆前准參議院陳君同熙來函舉烈士陳捷三附祠函一件

一准衆議院副議長陳君國祥來函舉烈士附祠諸君俟容函另送等因一件

一准浙江湯君壽潛來函大致謂前明節臣朱舜水忠烈可風與該處省議會相商擬在籍建祠等因

一准吉林交涉使李君家鏊等函大致謂湖廣義園地點冷落與其建祠于園不若立像于市本處存查併列入下次開議是以擬改繁盛地點建祠以廣觀贍

以上各件統計已捐認捐兩項爲數無幾其已函許向各機關代籌之項多寡尤難預知且尚多未見覆函之處除再函催各界同志請求提前代籌一俟覆函到齊即行計欵定工再行報告外合將現行經歷事宜先行佈請

同仁鑒核並祈

指教以匡不逮是幸順頌

公安

北京先烈紀念祠事務所公啓　六月十號

北京先烈紀念祠致盛宣懷函（一九一三年七月）

北京先烈紀念祠致盛宣懷函（一九一三年七月）

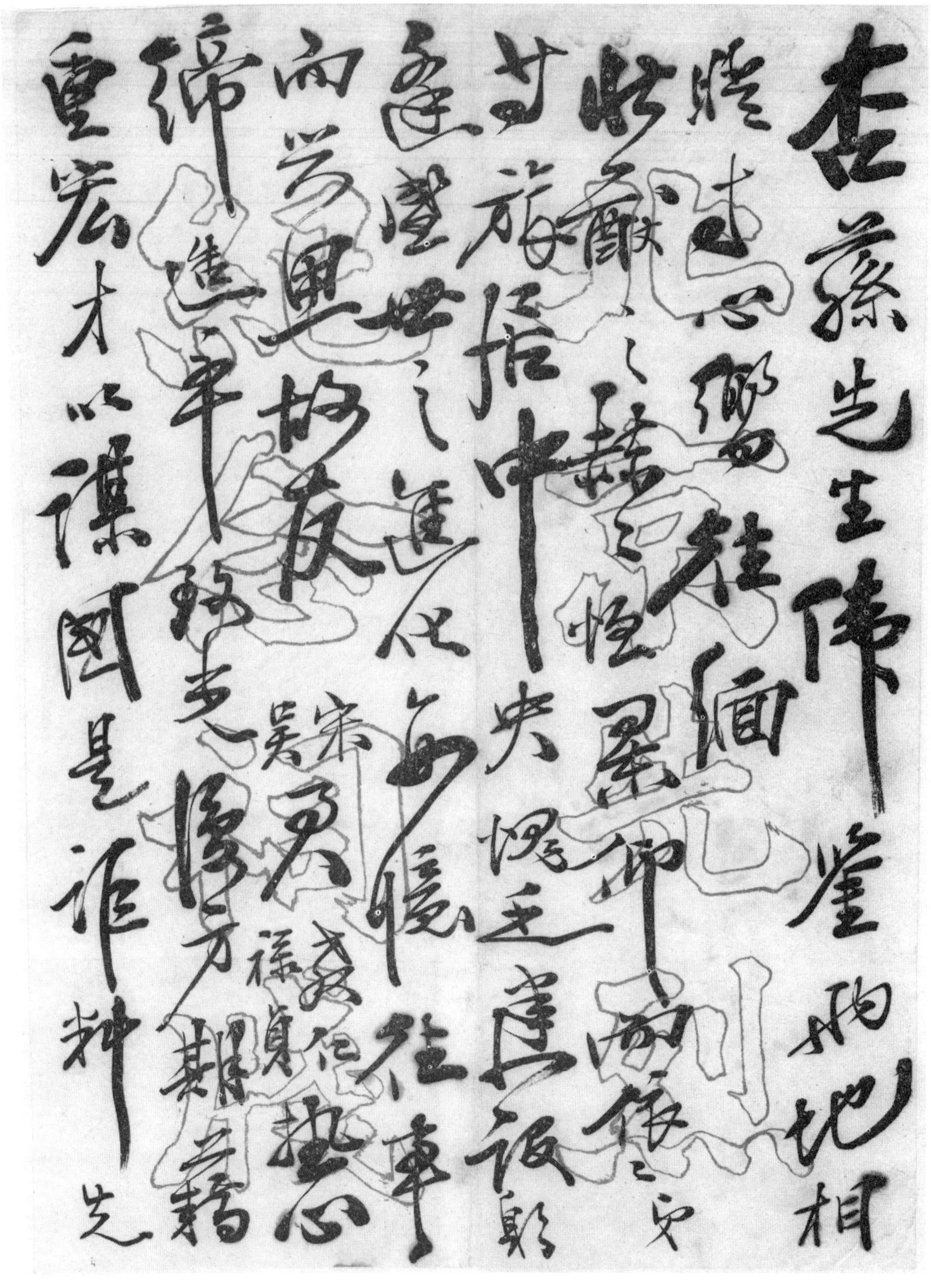

杏蓀先生偉鑒兩地相
睽違心嚮往佪面
此獻之之讀悔墨仰所依之安
甘旅指中央經是建設勳
逢盛世之雄化為憂往事
向學界故夜宋吳兩君教仁祿貞熱心
締進年輕多優方期之精
重宏才以謀國是誰料先

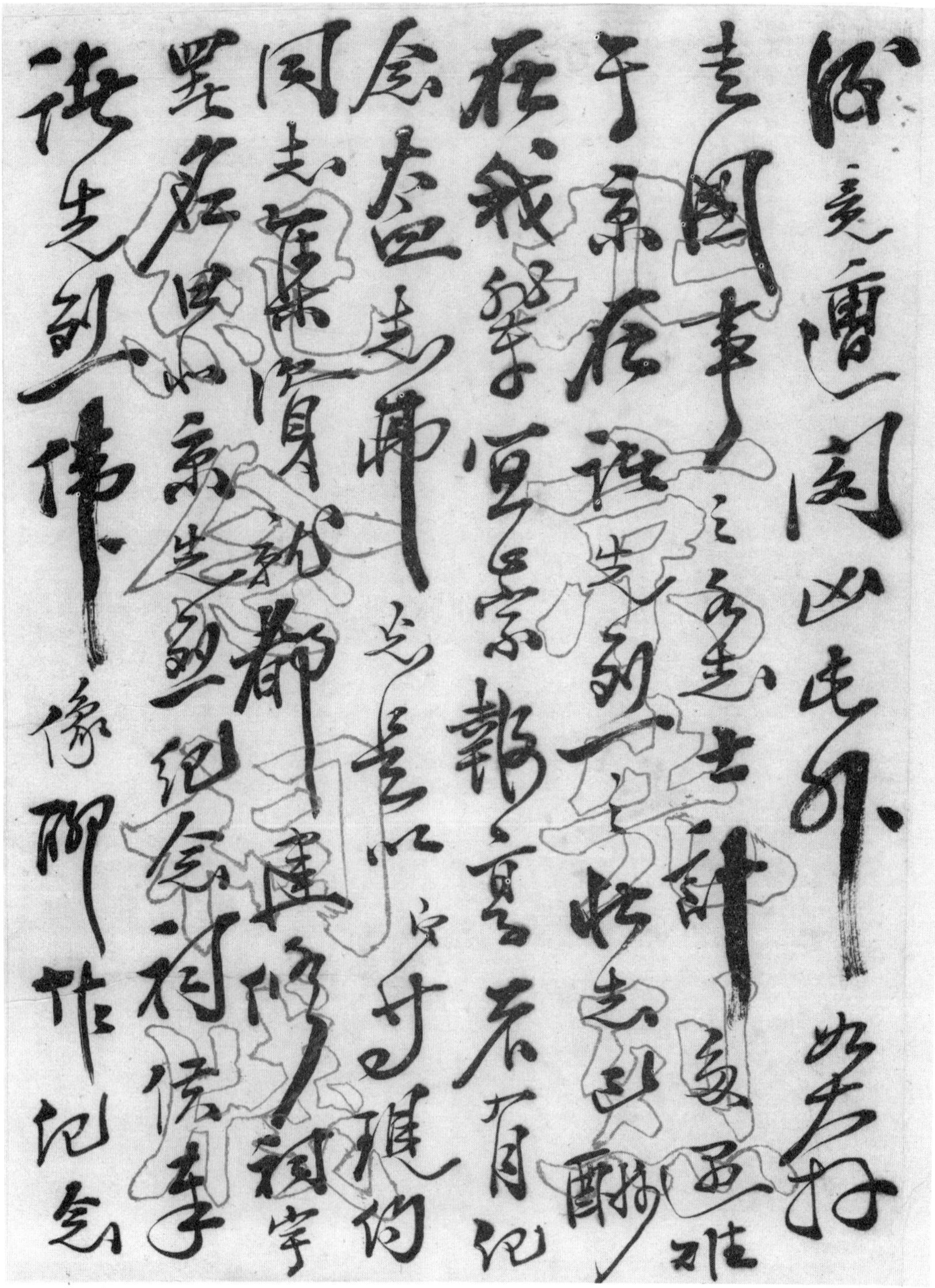

仰蒙不朽。其工程浩大，尊處
勘估需銀在拾萬以上，院
非安甘之數，集事實所[illegible]
聞其義舉，[illegible]
偉人提倡，不[illegible]是為孫[illegible]先生
[illegible]材圖致敬
右如[illegible]同意節只
臺乎輔助，從速

示知，俾得早日經始耳。如蒙
賜款，請交北京中國、交通兩銀行均
可代收。專此，敬頌
勛祺，並蘄
回玉

王
安

吳景濂
梁士詒
劉冠雄
許世英
陳振先
王賡
劉揆一

湯化龍
劉成禺
陳國祥
王正廷
張繼
馮自由
蔣作賓

公啟

北京先烈紀念祠致盛宣懷函（一九一三年七月）

先烈紀念祠捐啓

辦事處
住北京棉花五條
圓通寺內

爲先哲吳祿貞等建祠啓

竊維兩湖首義共和告成在維揚之致勝厥功固豐而先導之肇基其績尤偉不有紀念盍誌弗忘憶昔燕京戒嚴志士多遇難於是追維往事易水猶寒伏思先哲吳君祿貞學富中東志趣宏遠慷慨重義一秉血誠爲救大陸之將沉固不惜貶節於專制詎意功及垂成遇難於晉此外如廣西都督　沈秉堃暨吳烈士樾吳烈士定安陳烈士劍山彭烈士家珍楊烈士禹昌黃烈士之萌張烈士先培張君振武方君維張君德馨蔡烈士雲從李烈士世蔚周烈士伯良譚君嗣同唐君才常李烈士君白王烈士丕承林烈士圭趙烈士聲羅君明典周烈士幹臣張烈士世膺薩烈士福鏘等僉因國事遇難於京外在諸先烈之壯志已酬在我輩宜崇報享敝同志擬在北京擇地建祠聊作紀念如擇有相當地點固妙否則卽就湖廣義園增修查北京原有湖廣義園係爲供奉先賢及寄厝旅櫬之設從前在京捐軀先烈多厝於此惟緣房間年久失修現擬擇勘展增地址開渠植樹另行增築殿宇祠堂署名曰先烈紀念祠供奉吳君暨諸先烈偉像用誌不忘以垂永久第工程浩大獨力難支要在集腋成裘 敝同志等雖量力捐資惜人數太少不能不請求熱心諸公共勷義舉用特公佈如蒙

贊成卽祈
量力捐助並列
芳銜以便事竣將收支款數勒石用昭大信兼誌
隆施則
諸君重義大名庶幾與燕山同壽矣特啓

吳景濂 劉揆一 劉冠雄 王天縱 趙秉鈞 段祺瑞 朱啓鈐 陳振先 周學熙 許世英 馮自由

陸建章 孫毓筠 那彥圖 魏光燾 蔣作賓 江朝宗 袁世勳 陸徵祥 徐紹楨 貢桑諾爾布 仇亮

白逾桓 姜桂題 朱家寶 阿穆爾靈圭 胡瑛 巴勒濟尼瑪 蔣翊武 馬金敘 馮元鼎 葉恭綽 王學曾

馮大樹 顏惠慶 向瑞崑 匡一 周樹標 陳毅 馮麟霈 陳棟三 李竹舫 李超先 郭性成

富爾遜 唐士清 趙子歧 沈智夫 吳幼齡 榮源 李浩田 沈懋昭 李席珍 陳家鼎 蔣報和

仝啓

村上先生閣下逕啓者鄙人上年在
貴國時曾將所置南京地産各契約交託森恪
君據森恪君以此項契約即存儲上海
貴行銕箱之内已屬由
閣下交還敝處現聞
大駕明日即須回國望即將前項所存各契約一併
檢交是所感荷順頌
行祺
盛宣懷啓 十月廿日

孫雲軒監製

江蘇都督行營中軍閻　肇典

雲卿仁兄先生麾下：遠隔

鴻纖，正殷稱念。頃承

華翰，備切葭思。敬維

麾幢振采，

鷹揚懋績，

勳華霧晉，任寄靡涯，即春倚渡濱，鳩拔籍藏，荒月

賚銀、抱屢未艾，武裝世界，倚賴

干城，翠固民國。

南經一役，澤普三江，勳在劍銘，功垂不朽，正不獨鄉人私祝已也。

加屬

遂耆舊尤未讀，此次慕

都督如弟執事：昨得來示，均悉下文無業，一律理楚，至為感佩。兵備
之興，需款實屬甚難。擬集八萬二千有餘，經鄉老員會(?)查
封護，可並四柱公程，免至閒談，致未已與之招股，面家債不
怯，四海(?)均全數撥到，正擬(方)滿(?)要，備需，亦可
嘉惠，志相符，仰行
我兄從厚，對於建業，並為至幸，專復，敬頌
台祺，諸希
朗照。
名正肅　十八日

盛宣懷致閻肇典函（修改騰清稿）（一九一三年十一月十八日）

雲卿仁兄大人麾下：遠隔
鴻儀，正殷鶴企；欣承
華翰，倍切葭思。敬維
虎帳談兵，
鷹揚懋績，
勛章寵晋，頌禱靡涯。弟養疴滬瀆，鳩拙藉藏，
蒿目時艱，杞憂未艾。武裝世界，倚賴
干城，鞏固民國，

南征一役，澤普三江，勒石刻銘，功垂不朽，正不獨鄙人私祝已也。敝處復産首尾未清，此次蒙張都督如呈批准，得將未了各案一律理楚。至爲感佩。無錫三典爲亂黨侵奪，損失八萬二千有餘，經衛委員禀准查封，諒可遵照批示，提充公用。該款除將省庫發存該典銀一萬五千兩歸公抵補外，所餘之款本已作爲

捐助獘處決不收回倘能全數提到正可接

濟軍隊餉需亦與

来函之意相符伏祈

代爲陳明轉飭速辦是爲至幸専復敬頌

台祺諸希

朗照

名正肅

擬致江蘇都督張

紹軒都督麾下 敬啟者竊自辛亥秋間軍務驟興秩序紛亂各省富商巨族公私財產無故查封動輒籍沒人權損失法律倫亡之時勢適然難以理論而吾鄉數十年好善不倦之盛杏蓀先生竟亦同罹斯厄此我同人所大惑不解者也杏公翁於是年九月經清廷以公議罷黜就醫東瀛不問世事初未有開罪於民國者乃其先人之遺產及其親友子弟之公業不問理由

一律封没推原其故大抵皆一二擾亂治安之人
借端毁謗而社鼠城狐又從而附會其說以遂
其侵吞攘奪之計有强權無公理斯時即有正
言讜論亦莫敢攖其鋒更無所謂法律人權矣
嗣因
大總統迭頒保護民財命令人心漸定公理漸昭
呈懇都督省長將封没盛氏公私產業一律發
還當時復令捐助水利經費二十萬元始行邀
准杏翁向以為善最樂雖今昔情形不同亦初不

稍介於懷乃至今仍未完其全璧此不得已另有
呈請
台端將南京上海寶山等處地產實行變遷之
舉也○○等不敢阿其所好第就捐助之二十萬
元而論原為蘇省水利之用蘇省地大物
博河道淤積年不治得此捐款亦未聞及時
籌辦現在金陵急賑一時實無巨款可籌移
緩就急事所當然公同商酌擬請
咨商省長即將該款撥充金陵振撫之用以公

濟公同為善舉諒為全省所贊成又查無錫盛
氏承辦之典業經該縣劣紳秦毓鎏秦琢如吴
廷枚等勒提典款八萬數千餘千名為撥充圖
書館公園工程之費其實並未舉辦借公營私
均入會囊人言鑿鑿儘可密查該典皆杏翁親
友子弟股本非從權收復受累無窮雖允捐助
實係逼勒但既作為地方公款理應实事求
是似此徒飽私囊盛氏即不計較公論實難泯
滅查秦毓鎏等業經拿辦具徵

雷厲風行安良除暴同深感佩應請嚴飭該縣知事迅將勒提各款項一併提解統作振需○○等以振指事関重大而強暴勒捐之款亟應嚴究退繳方足進世界於文明而彰大公無私之善政所謂撥雲霧而見青天此豈僅為杏翁一人之私計耶是否可行伏候裁復敬頌

台祺統希

朗照

振指會同人　公啓

畀當時原購地產之屬於武漢者今則或仍隸夏口
或改隸黃陂勢不得不分別調查以昭核實茲查隸
於夏口縣境內者計地共塊畝
分釐隸於黃陂縣境內者計地共八塊畝
畝分釐均屬契價清楚界址分明管業多
年毫無糾葛自應援照蘇省成案一律發還盛氏照

地二塊、太和橋地一塊

舊管業惟查夏口縣境内各基地悉歸清丈局經管
已由代表等逕向該局直接聲明准由該局援情代
轉俟奉
批准即可收回其黄陂縣所轄之諶家磯等處基地
詢據該縣知事面稱爲該縣自治會紳士蕭子静等
以籌辦警費爲名從中把持非該知事所能越俎代

謀似應另案交涉等語代表等復查盛氏產業本無
封沒理由地方警費事屬公舉不能以個人私產提
充公用或該紳等未見正當發還之
命令謬生阻力亦未可定以上兩縣盛氏產業均在
援案發還之列擬請
分別轉飭隸於夏口縣境內者應將清丈局代轉呈

文即行批准由該局照契發還隸於黃陂縣境內者
即飭該縣知事照會自治會遵照訓令點交代表等
照契收回管業不得横生異議際此文明大啟袵席
同登
鑑空衡平既已主持於上風行草偃自應服從於下
以伸公理而安生業盛氏幸甚國民幸甚所有呈請

援案准將盛氏原置鄂省產業分飭各該縣交還管
業緣由理合開具清摺呈請
大都督俯賜察核即予批准並分别飭遵施行實為
公便除呈
省長外謹呈
計呈清摺一扣
中華民國二年十一月　　日

呈 副總統文 存查

呈 鈞覽

具呈江蘇武進縣公民盛貽範堂代表孫德全朱繼

榮爲呈請援案

淮將盛氏原置基產分飭交還管業事竊維盛氏宣懷

於前清末造因公被議出京後即赴東洋就醫民國

初建盛宣懷固未干預其事亦初無開罪之處其時

軍務騷興各省響應弱肉强食秩序淪亡而富商巨

族公私財產、查封籍沒者、不知凡幾無理由之可言
無公庭之可訴、盛氏蘇省原有產業先經封沒、鄂省
所置基地田畝遂亦聞風效尤、十律充公時局正值
阽危勢難呈訴清理嗣因國基已定世界共和迭奉
大總統保護人民財產命令各省
副總統暨各省
行政長官亦殷殷以民為邦本範圍法律尊重人權

凡為國民理應同享幸福盛宣懷於上年十二月間

具呈

江蘇都督請將前封盛氏公私產業一律發還旋奉

十二月初十日

程都督令開呈悉准將該公民所有公私產業發還

此令並移請

江蘇民政長會同委員將所請發還之產查明給領
等因在案伏查盛氏蘇省已封產業既已一律發還
則鄂省未經發還之產自應援案辦理庶足徵政治
之統一即益彰
大公之無私代表等承盛氏邀請來鄂清查按照契
據地圖逐一履勘始知今昔情形不同縣治管轄亦

異當時原購地產之屬於武漢者今則或仍隸夏口
或改隸黃陂勢不得不分別調查以昭核實茲查隸
於夏口縣境內者計循禮坊興隆街張美之巷地一
塊循禮坊半邊街地一塊大智門沙嘴地一塊又何家
墩地二塊太和橋地一塊江邊萬家廟合盛公司契買
東福公司地一塊分金爐地一塊隸於黃陂縣境內者

計諶家磯地共八塊（一段）均屬價契清楚界址分明管業
多年毫無糾葛自應援照蘇省成案一律發還盛氏
照舊管業俾查夏口縣境内各基地悉歸清丈局經管
已由代表等逕向該局直接聲明准由該局援情代轉
係奉
批准即可收回其黃陂縣所轄之諶家磯等處基地

諭據該縣知事面稱為該縣自治會紳士蕭子靜等以
籌辦警費為名從中把持非該知事所能越俎代謀似
應另案交涉等語代表等復查盛氏產業本無封沒理
由地方警費事屬公舉不能以個人私產提充公用或
該紳等未見正當發還之
命令謬生阻力亦未可定以上兩縣盛氏產業均在援

前已呈請 鄂省長[illegible] 催還 [illegible] 未奉 向諭 此件

則從浼幕欽 節卸督任內事未敢擅專貴函與否 為此呈請
案發還之劄擬請
劄浼浼飭湖察核飭令 節省長批准貴函
分別轉飭隸於東西縣境內者應撥清丈局代轉呈
文即行批准由該局照契發還隸於黃陂縣境內者即
准飭
飭該縣知事照會自治會遵照訓令照交代表等照契
收回管業不得橫生異議際此文明大啟祖席同登
鐸空衡平既已主持於上風行草偃自應服從於下以

重大權利

紳公理而安生業盛氏幸甚國民幸甚所有呈請援

案准將盛氏原置鄂省產業分飭各該縣交還管業

緣由理合呈請

大都督俯賜察核即予批准並分別飭遵施行實為

公便除呈

省長外謹呈

中華民國二年十二月　　日

呈 鄂公署文 存查

呈

具呈江蘇武進縣公民盛貽範堂代表孫德全朱繼榮

為呈請援案

准將盛氏原置基産分飭交還管業事竊惟盛氏宣懷

於前清末造因公被議出京後即赴東洋就醫民國初

建盛宣懷固未干預其事亦初無開罪之處其時軍務

驟興各省響應弱肉强食秩序淪亡而富商巨族公私

財產查封籍沒者不知凡幾無理由之可言無公庭之可
訴盛氏蘇省原有產業先經封沒鄂省所置基地田畝遂
亦聞風效尤一律充公時局正值阽危勢難呈訴清理嗣因
國基已定世界共和迭奉
大總統保護人民財產命令各省
行政長官亦殷殷以民為邦本範圍法律尊重人權凡為

國民理應同享幸福盛宣懷於上年十二月間具呈
江蘇都督請將前封盛氏公私產業一律發還旋奉十二月
初十日
程前督令開呈悉准將該公民所有公私產業發還此令並
移請
江蘇民政長會同委員將所請發還之產查明給領等因在

案伏查盛氏蘇省已封產業既已一律發還則鄂省未經發還
之產自應援案辦理庶足徵政治之統一即益彰
大公之無私代表等承盛氏邀請來鄂清查按照契據地圖逐
一覆勘始知今昔情形不同縣治管轄亦異當時原購地產之
屬於武漢者今則或仍隸夏口或改隸黃陂勢不得不分別調查
以昭核實茲查隸於夏口縣境內者計循禮坊興隆街張美之巷

地一塊循禮坊半邊街地一塊大智門沙嘴地一塊又何家墩
地二塊太和橋地一塊江邊萬家廟合盛公司契買東福公司地
一塊分金爐地一塊隸於黄陂縣境内者計諶家磯地共八塊均
屬契價清楚界址分明管業多年毫無糾葛自應援照蘇省
成案一律發還盛氏照舊管業惟查夏口縣境内各基地悉歸
清丈局經管其黄陂縣所轄之諶家磯等處基地詢據該縣知

事向稱為該縣自治會紳士蕭子綿等以籌辦警費為名從中把持
非該知事所能越俎代謀似應另案交涉等語 代表等復查盛氏
產業本無封沒理由地方警費事屬公舉不能以個人私產提充公
用或該紳等未見正當發還之
命令謬生阻力亦未可定以上兩縣盛氏產業均在援案發還之例
擬請

分別轉飭隸於夏口縣境内者應由清丈局照契發還隸於黄陂縣境内者即飭該縣知事照會自治會遵照訓令點交代表等照契收回管業不得横生異議際此文明大啟衽席同登

鑑空衡平既已主持於上風行草偃自應服從於下以伸公理而

安生業盛氏幸甚國民幸甚所有呈請援案准將盛氏原置鄂

省產業分飭各該縣交還管業緣由理合呈請

貴民政長俯賜察核即予批准並分别飭遵施行實爲公便除呈

都督暨

省長外謹呈

中華民國三年一月　日

上海英大馬路斜桥

盛宅呈

盛大太太　安啟

自漢関電報局楊寄

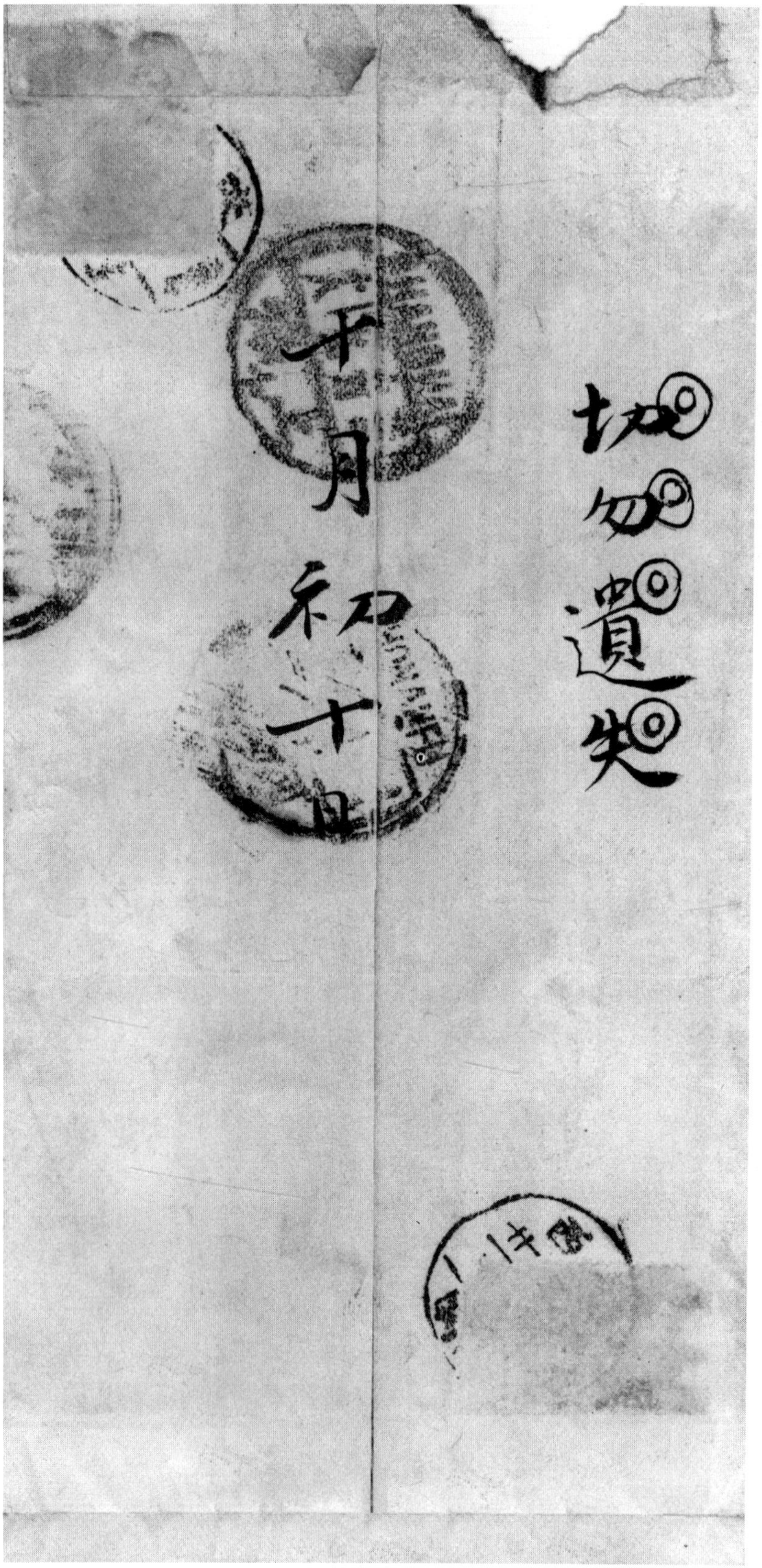
十月初十日
切勿遺失

寄母大人尊前敬禀者甥別後三載思慕時深

恭維

起居康泰

令弟迎祥甥由今春三月到汴隨即至電局謀事從洛陽

調潼幸有每月薪水數十元畧能撙家但家中甚是苦

寒故區區數十元亦不作補助矣前　舅父大人五年助力甥不勝

感激之至昨接　家嚴來書云現萬分拮据雖每月寄汴

十元亦不敷用每月房租亦需四五千文故亦無可如何日

前 慈親來書云及 寄母大人欲設法川資全眷回南甚
是感謝莫命殊多之事義 舅父大人及寄母大人栽倍將
來如有出山之日重重來滬面謝矣遲來
寄母大人在滬 福体康健否甥不勝掛念千里遙遙亦不能
來請安矣甥 前由武昌起義之後所有各物均已失去雖現
關東甚是寒冷冬季之衣一無所有亦無遇寒之衣 大人立
年栽倍甚為感謝種種苦處故不敢呈上耳尚此敬請
福安
甥明保謹禀